Dennis Rühmer

Home Server

Das eigene Netzwerk mit Intel NUC oder Raspberry Pi

Rheinwerk
Technik

Liebe Leserin, lieber Leser,

haben Sie sich schon einmal eine Schaltzentrale gewünscht, die nicht nur den komfortablen Zugriff auf Ihre Dateien bietet, sondern sich auch bestens ins eigene Heimnetz integriert? Dann bauen Sie sich zusammen mit Dennis Rühmer Ihren eigenen, privaten Home Server auf. Denn es ist einfach ein gutes Gefühl, wenn man die Kontrolle über das eigene Netzwerk behält und sicher weiß, dass die privaten Fotos und Dokumente genau da liegen, wo man es erwartet – und nicht etwa in den Händen von Dritten.

Wenn Sie einen eigenen Home Server nutzen, werden Sie damit unabhängig von Cloud-Diensten wie Dropbox oder OneDrive. Je nachdem, wie groß Ihre private Musik- und Filmesammlung ist, schaffen Sie sich sogar Alternativen zu Streaming-Angeboten wie Spotify oder Netflix, indem Sie Ihre Sammlungen im ganzen Heimnetz verfügbar machen. Oder Sie nutzen Ihren neuen Home Server, um Chatdienste, Wikis oder sogar Ihre eigene Telefonanlage bereitzustellen.

Wie das geht, zeigt Ihnen dieser Ratgeber mit vielen getesteten Konfigurationen, die Sie als Basis für Ihren eigenen Home Server verwenden können. Dennis Rühmer geht detailliert auf alle Fragen rund um die Installation und Konfiguration ein und beschreibt, wie Sie alle Dienste sicher und zuverlässig zum Laufen bekommen. Sie werden sehen, dass Sie wirklich nicht viel brauchen, um Ihren privaten Heimserver zu nutzen. Die Hardware ist nicht teuer, die Stromkosten halten sich ebenfalls in Grenzen, und was Sie an Know-how und Praxiswissen benötigen, halten Sie mit diesem Buch schon in den Händen.

Abschließend noch ein Wort in eigener Sache: Dieses Werk wurde mit großer Sorgfalt geschrieben, geprüft und produziert. Sollte dennoch einmal etwas nicht so funktionieren, wie Sie es erwarten, freue ich mich, wenn Sie sich mit mir in Verbindung setzen. Ihre Kritik und konstruktiven Anregungen sind jederzeit willkommen.

Ihr Christoph Meister
Lektorat Rheinwerk Technik

christoph.meister@rheinwerk-verlag.de
www.rheinwerk-verlag.de
Rheinwerk Verlag • Rheinwerkallee 4 • 53227 Bonn

Auf einen Blick

Wir hoffen, dass Sie Freude an diesem Buch haben und sich Ihre Erwartungen erfüllen. Ihre Anregungen und Kommentare sind uns jederzeit willkommen. Bitte bewerten Sie doch das Buch auf unserer Website unter **www.rheinwerk-verlag.de/feedback**.

An diesem Buch haben viele mitgewirkt, insbesondere:

Lektorat Christoph Meister
Korrektorat Petra Biedermann, Reken
Herstellung Melanie Zinsler
Typografie und Layout Vera Brauner
Einbandgestaltung Bastian Illerhaus
Titelbilder iStock: 1036244168 © Marjan_Apostolovic; shutterstock 774184255 © Ben Davis; Jason Kotzin (www.flirc.com)
Satz III-Satz, Husby
Druck Beltz Grafische Betriebe, Bad Langensalza

Dieses Buch wurde gesetzt aus der TheAntiquaB (9,35/13,7 pt) in FrameMaker.
Gedruckt wurde es auf chlorfrei gebleichtem Offsetpapier (90 g/m²).
Hergestellt in Deutschland.

Bibliografische Information der Deutschen Nationalbibliothek:
Die Deutsche Nationalbibliothek verzeichnet diese Publikation in der Deutschen Nationalbibliografie; detaillierte bibliografische Daten sind im Internet über *http://dnb.dnb.de* abrufbar.

ISBN 978-3-8362-7907-9

1. Auflage 2021

Informationen zu unserem Verlag und Kontaktmöglichkeiten finden Sie auf unserer Verlagswebsite **www.rheinwerk-verlag.de**. Dort können Sie sich auch umfassend über unser aktuelles Programm informieren und unsere Bücher und E-Books bestellen.

Inhalt

Materialien zum Buch

Auf der Webseite zu diesem Buch stehen folgende Materialien für Sie zum Download bereit:

- **Konfigurationsbeispiele**

Gehen Sie auf *www.rheinwerk-verlag.de/5192*. Klicken Sie auf den Reiter MATERIALIEN. Sie sehen die herunterladbaren Dateien samt einer Kurzbeschreibung des Dateiinhalts. Klicken Sie auf den Button HERUNTERLADEN, um den Download zu starten. Je nach Größe der Datei (und Ihrer Internetverbindung) kann es einige Zeit dauern, bis der Download abgeschlossen ist.

Vorwort

Sie interessieren sich dafür, einen eigenen Server für Ihr Heimnetzwerk einzurichten? Genau darum wird es in diesem Buch gehen: Mit einem modernen Einplatinen-Kleinstrechner (dem Raspberry Pi) oder einem kompakten Intel NUC lernen Sie, einen Home Server aufzusetzen, der Sie im Alltag mit zahlreichen Funktionen unterstützen wird und für viel Freude sorgen kann. Ein solcher Server erfordert nur den Bruchteil des Strombedarfs eines Desktopcomputers und erreicht trotzdem eine erstaunliche Rechenleistung.

Mitbringen müssen Sie selbst nicht viel, denn dies ist ein Einsteigerbuch. Natürlich sollten Sie über grundlegende Computerkenntnisse verfügen, ein Heimnetzwerk mit einem Router und Internetzugang haben und bereits einen Computer verwenden – wobei dessen Bauform und Betriebssystem nachrangig sind. In diesem Buch werde ich Ihnen alle Schritte ausführlich erklären und sie mit vielen Abbildungen verdeutlichen – so werden Sie sich schnell zurechtfinden. Das Buch ist in einzelne Themenabschnitte gegliedert, von denen Sie diejenigen zuerst bearbeiten können, die Sie am meisten interessieren. Um dem Leser, der sich in dieses Themengebiet erst einarbeiten möchte, entgegenzukommen, werde ich wichtige Arbeitsschritte wiederholt beschreiben.

Auf dem Server wird ein einfach zu erlernendes Linux-Betriebssystem arbeiten, das mit der Kommandozeile gesteuert wird. Davor braucht niemand Angst zu haben, denn in einem eigenen Kapitel können Sie sich die Bedienung dieses Systems spielerisch Schritt für Schritt erarbeiten. Damit Sie nicht alle Befehle mühsam abtippen müssen, finden Sie im Internet auf der Verlagsseite *www.rheinwerk-verlag.de/5192* einen Bereich, in dem Sie MATERIALIEN herunterladen können. Hier erhalten Sie viele Text- und Konfigurationsdateien, die Sie bequem für Ihren eigenen Server übernehmen können. Außerdem enthält dieser Bereich eventuelle Ergänzungen und Aktualisierungen zur Thematik. Schauen Sie doch einmal hinein!

Steigen Sie also ein in die Welt der Home Server, und sehen Sie sich an, welche vielfältigen Aufgaben ein solches Gerät übernehmen kann. Ich wünsche Ihnen viel Spaß bei der Lektüre dieses Buches und viel Freude an Ihrem eigenen Home Server!

Dennis Rühmer, im September 2020

TEIL I

Grundlagen

Kapitel 1
Die erste Begegnung mit einem Home Server

Was genau ist eigentlich ein Server? Was ist das Besondere an einem Home Server? Und welche Aufgaben kann er in einem Heimnetzwerk übernehmen?

Auf geht es! Jetzt können Sie in die Welt der Home Server eintauchen. Ich werde Sie zunächst einmal mit wichtigen Begriffen vertraut machen und Aufgabengebiete erklären. Danach stelle ich Ihnen die Hardware vor, um die sich dieses Buch dreht. Anschließend zeige ich Ihnen, wie Sie Ihren Home Server aufbauen und welche Zubehörkomponenten Sie unbedingt benötigen.

1.1 Was müssen Sie mitbringen, und was können Sie von diesem Buch erwarten?

Dieses Buch richtet sich an Einsteiger auf dem Gebiet der Server, die sich für einen kleinen Server im Heimnetzwerk interessieren und die Thematik erst einmal kennenlernen und ausprobieren möchten. In diesem Buch werde ich von Ihnen keine Serverkenntnisse erwarten, sondern Sie werden sie von Grund auf erlernen. Sie sollten allerdings schon ein gewisses Grundwissen im Umgang mit Computern mitbringen. Das ist aus zwei Gründen erforderlich: Zunächst einmal müssen Sie natürlich wissen, wo Ihnen ein Server(-dienst) überhaupt behilflich sein kann und was Sie von ihm erwarten können. Zusätzlich benötigen Sie ein Grundwissen im Umgang mit Computern, da Sie Ihren Server ja komplett allein aufsetzen werden. Grundbegriffe wie Benutzernamen und Passwörter, die Bedeutung von Programmen und deren Installation sowie der Umgang mit Dateien und Verzeichnissen auf Datenträgern sollten Ihnen also schon geläufig sein. Es schadet auch keinesfalls, wenn Sie sich mit Ihren bisherigen Computern, insbesondere mit den Optionen des jeweiligen Betriebssystems, bereits ein wenig auskennen.

Dieses Buch habe ich mit einem ansteigenden Schwierigkeitsgrad aufgebaut. Sie werden sich zunächst mit der Auswahl der Hardware und dem Zusammenbau des Servers befassen. Anschließend dreht sich alles um den Download und die Installation des Betriebssystems, das Sie sofort ausprobieren und kennenlernen können. Danach geht es direkt los mit den einzelnen Serverdiensten. In den ersten Kapiteln werde ich noch jeden Schritt einzeln durchgehen und jeden Befehl genau erklären, so dass Sie sich von Anfang an auch ohne Vorkenntnisse gut zurechtfinden. In den späteren Kapiteln werde ich einige Grundpraktiken als bekannt voraussetzen und diese nicht mehr bis ins kleinste Detail besprechen. Zum Abschluss des Buches zeige ich Ihnen dann etwas zur Absicherung des Servers. Diese Schritte setzen schon eine gewisse Erfahrung im Umgang mit Ihrem Server voraus, die Sie sich in den vorigen Kapiteln angeeignet haben.

Am besten ist es für den absoluten Einstieg daher, wenn Sie dieses Buch von Anfang bis Ende durcharbeiten. Insbesondere die ersten Kapitel inklusive der ersten Serverprojekte sollten Sie in der vorgegebenen Reihenfolge bearbeiten und auch verinnerlichen. Danach können Sie einzelne Projekte, die Sie vielleicht nicht so sehr ansprechen, durchaus überspringen. Es ist jedoch empfehlenswert, sie trotzdem zumindest durchzulesen. Auch wenn es nur beim Lesen bleibt, lernen Sie dabei den einen oder anderen Kniff und werden mit dem Ablauf der Servereinrichtung vertraut. Sie sollten jedoch nicht gleich, nachdem Sie die Einleitung gelesen haben, eines der späteren Projekte umsetzen. Die Gefahr ist groß, dass Sie hier Fehler machen und sich noch nicht zu helfen wissen. Dann sind Enttäuschung und Frustration vorprogrammiert. Wenn Sie hingegen schon etwas routinierter sind, dann erkennen Sie rasch, an »welchen Schrauben Sie drehen müssen«, falls ein Projekt nicht sofort funktioniert, und kontrollieren beispielsweise instinktiv die Zugriffsrechte auf ein Zielverzeichnis.

Wenn Sie dieses Buch komplett durchgearbeitet haben, werden Sie keinesfalls ein Serverprofi sein, denn das Thema ist dafür viel zu komplex. Professionelle Serveradministratoren haben im Regelfall eine umfangreiche, hochspezialisierte Ausbildung erhalten, die durch ein kleines Einsteigerbuch niemals ersetzt werden kann. Da ich explizit Einsteiger*innen ansprechen möchte, muss ich auch an einigen Stellen Vereinfachungen vornehmen. Ansonsten wäre die Thematik sehr schwer zu überblicken. Ich werde also an stellenweise beispielsweise schlicht den Begriff »Linux« verwenden, anstatt korrekt die jeweiligen Komponenten des Betriebssystems zu benennen. Ein wirklicher Profi würde das natürlich nicht so machen. Auch wenn Sie die Thematik also nicht bis ins Detail kennenlernen werden, so werden Sie nach der Lektüre dieses Buches aber in der Lage sein, weiterführende Literatur zu nutzen, um noch tiefer in die Thematik einzusteigen.

Folglich soll es in diesem Buch auch gar nicht darum gehen, ein professionelles System aufzubauen, das etwa jeder Art von »Hacker-Angriffen« standhält. Stattdessen soll der Fokus darauf liegen, einen Home Server einzurichten, der seine Dienste für das jeweilige Heimnetzwerk anbietet und der im Bedarfsfall auch über das Internet genutzt werden kann. Dabei ist das Ziel, mit überschaubarem Aufwand ein Gerät zu konfigurieren, das sich gegen eine Vielzahl »üblicher« Angriffsszenarien schützen kann.

Ganz wichtig ist aber, dass alle Projekte in diesem Buch nur für die private Nutzung gedacht sind. Das soll heißen, dass sie nur von Ihnen und von Ihren Familienmitgliedern genutzt werden sollten. Sie können den Benutzerkreis auch ohne weiteres auf Freunde und Bekannte ausdehnen, die Sie persönlich beispielsweise über eine E-Mail auf Ihren Server »einladen«, indem Sie etwa einen Link versenden. Die Serveranwendungen sind jedoch keinesfalls dafür gedacht, »öffentlich« zugänglich zu sein; sprich, sie sollen nicht einem breiten, unbekannten Benutzerkreis offenstehen. Zwar ist die Software, die ich Ihnen hier vorstelle, sehr wohl (auch) für den »professionellen« Einsatz gedacht, allerdings erfordert es einiges an Fachwissen auf dem Gebiet der (Daten-) Sicherheit, wenn man einen Server für die allgemeine, unbeschränkte Nutzung einrichtet. Dieses unbedingt nötige (und leider sehr umfangreiche) Fachwissen kann dieses Buch aber nicht vermitteln. Ihr Home Server wird sich also nicht dazu eignen, unbeaufsichtigt eine »öffentliche« Internetpräsenz bereitzustellen. Auch sollten Sie keine Links zu Ihrem privaten Server in einem öffentlichen Forum posten. Wenn Sie an öffentlichen Projekten interessiert sind, die sich an die Allgemeinheit richten, dann sollten Sie sich mit spezialisierter Literatur befassen, die nicht nur den jeweiligen Dienst beschreibt, sondern sich auch eingehend mit dem Bereich der Sicherheit und vor allem auch mit den rechtlichen Rahmenbedingungen auseinandersetzt.

Bevor es jetzt losgeht, noch eine Bitte: Auch, wenn es manchmal schwerfällt, sollten Sie ein Kapitel vor der Umsetzung am Computer bitte zunächst unbedingt durchlesen und verinnerlichen. Oftmals erläutere ich einen bestimmten Befehl, nachdem ich ihn genannt habe, noch einmal ausführlich, und es kann sein, dass Sie einige Elemente noch anpassen müssen. Es wäre schade, wenn Sie ihn verfrüht und damit falsch zur Ausführung bringen.

An dieser Stelle möchte ich auch noch einmal an das Vorwort erinnern: Über die dort genannte Internetadresse können Sie viele Konfigurationstexte dieses Buches als Datei herunterladen und sparen sich so das mühsame Abtippen.

Nun aber viel Spaß bei der Auswahl und Einrichtung Ihres ersten Home Servers!

1.2 Was ist ein Server?

Ein *Server* ist ein Computer, der für andere Computer in einem Netzwerk bestimmte Dienste zur Verfügung stellt. Dafür gibt es viele ganz unterschiedliche Möglichkeiten: Der Server kann beispielsweise Dateien verschiedenster Art bereitstellen. Man nennt ihn dann einen *Fileserver*, abgeleitet von der englischen Bezeichnung *file* für eine Datei. Die Dateien können Dokumente, aber auch Mediendateien wie Fotos, Musikstücke und Videos sein. Andere Computer (beziehungsweise ihre Benutzer) können die Dateien herunterladen, bearbeiten und wieder auf den Server hochladen. Ein Server kann allerdings auch gezielt bestimmte Daten aus ausgewählten Dateien (besser gesagt: Datenbanken) verwalten. So lassen sich beispielsweise Kalender mit Terminen, Aufgaben und anderen Einträgen führen. Auf diese Kalender lässt sich mit mehreren Endgeräten zugreifen, die jeweils ihren eigenen Datenbestand abgleichen. Dadurch zeigen alle Endgeräte eines Benutzers dieselben Einträge in ihren Kalendern an. Über einen Server lassen sich aber auch Verwaltungsdaten verteilen – so gibt etwa ein DNS-Server im Internet Auskunft zur IP-Adresse einer Website. Das Internet (wie wir es heute kennen) wäre undenkbar ohne die *Webserver*, die eine Internetseite an die Betrachter verteilen. Ich möchte auch nicht den *Überwachungsserver* vergessen, der es beispielsweise mehreren Computern erlaubt, Bilder von Überwachungskameras zu betrachten. Sie sehen schon: Die Aufgaben eines Servers können sehr vielfältig sein.

Im Regelfall stellt ein Server seine Dienste für mehrere Computer, die sogenannten *Clients*, zur Verfügung. Der Begriff »Server« kann auch abstrakter aufgefasst werden. Ein einzelner Computer kann sowohl für andere Computer Dienste anbieten und somit ein Server sein als auch selbst Dienste anderer Server nutzen. Es kann auch auf einem Computer einen Serverdienst geben, der nur auf diesem Computer von einem einzelnen Programm genutzt wird – es gibt also sehr unterschiedliche Einsatzgebiete für einen Server. Für den Einstieg soll aber zunächst die einfache, strikt getrennte Betrachtung genügen, bei der ein Server ein eigenständiger Computer ist, dessen Hauptaufgabe darin besteht, für andere Computer Dienste anzubieten.

Generell kann ein Server nur für eine einzelne Aufgabe ausgelegt sein (je nach ihrem Umfang oder ihrer Wichtigkeit) oder aber, was im Privatbereich eher anzutreffen sein wird, mehrere Aufgaben gleichzeitig übernehmen. In einem Netzwerk können durchaus mehrere Server vorhanden sein. Teilweise können sich auch mehrere Server eine Aufgabe teilen (man spricht dann von *Lastverteilung*), aber dies wird im Privatbereich eher selten genutzt.

Sehr häufig arbeiten Server rund um die Uhr und bieten ihre Dienste fortwährend an. Oftmals ist dies sogar eine unabdingbare Forderung. Die Website eines Unternehmens muss beispielsweise ständig erreichbar sein. In Schwachlastzeiten, beispielsweise nachts, können die Server Wartungsaufgaben durchführen (dazu zählen etwa Softwareaktualisierungen oder Backups). Je nach Aufgabe kann ein Server nachts auch abgeschaltet werden. Ein privater Fileserver für Mediendateien braucht beispielsweise nachts nicht durchzulaufen, wenn seine Benutzer üblicherweise schlafen. Das nächtliche Abschalten ist jedoch selten anzutreffen. Das liegt auch daran, dass elektrische Komponenten übermäßig häufig beim An- und Abschalten kaputt gehen. Dies kennt man vor allem von der Glühlampe. Damit sie möglichst ständig verfügbar sind, werden Server für kritische Aufgaben sehr robust ausgelegt. Oftmals kommen besondere Komponenten zum Einsatz, zum Beispiel Speicher mit einer Fehlererkennung und -korrektur oder auch redundante Netzteile. Grundlegend betrachtet ist ein Server jedoch ein normaler Computer, und jeder normale (netzwerkfähige) Computer kann Serveraufgaben übernehmen.

An einem reinen Server wird allerdings üblicherweise nicht »normal« gearbeitet. Man setzt sich also nicht direkt an den Server, um dort eine Textverarbeitung zu bedienen. Dies macht man an gewöhnlichen Arbeits- oder Desktopcomputern. Deswegen hat ein reiner Server beispielsweise (häufig) auch keine besonders gute Grafikkarte – die braucht er ja auch nicht. Auch eine Soundkarte ist nicht nötig. Dieses Spielchen geht noch weiter: Ein Server lässt sich – er ist ja schließlich an das Netzwerk angeschlossen – problemlos durch andere Computer fernsteuern. Seine Bedienung, Wartung und Konfiguration können also aus der Ferne, man sagt auf Neudeutsch »remote«, erfolgen. Das führt dazu, dass ein Server noch nicht einmal einen Monitor oder eine Tastatur oder gar eine Maus benötigt. Stattdessen ist ein Server oft nur eine schlichte »Black Box« mit einem Netzwerkanschluss, die irgendwo aufgestellt und betrieben wird. In einer Firma geschieht dies in einem Serverraum (der je nach Größe klimatisiert und brandgeschützt ist). Im privaten Umfeld kann dies auch ein Kellerraum sein, Hauptsache, es ist ein Netzwerkanschluss (und natürlich ein Stromanschluss) vorhanden. Zwar bietet auch ein Server üblicherweise Schnittstellen für Ein- und Ausgabegeräte, die aber oft nur im Störungsfall angeschlossen werden. Einen Server, der ohne Monitor und Eingabegeräte betrieben wird, nennt man auch einen *Headless Server*. Er arbeitet quasi »kopflos«. In diesem Buch soll es explizit um den Betrieb eines solchen Headless Servers gehen, denn diese Betriebsart hat viele Vorteile: Nicht nur ist der Aufstellungsort sehr variabel, sondern auch ohne große Anforderungen. Es wird nur wenig Platz für den Server benötigt, und Monitor sowie Eingabegeräte müssen nicht aufgestellt (und auch nicht extra angeschafft) werden.

1.3 Was kann Ihnen ein Home Server bringen?

Vielleicht fragen Sie sich jetzt, was Ihnen und Ihrer Familie ein Home Server so alles bringen kann und wo die Vorteile eines eigenen Home Servers im Heimnetzwerk liegen. Grundsätzlich lässt sich der Anwendungsbereich eines Home Servers aus der eingangs erwähnten (wenn auch nicht allumfassenden) Serverdefinition ableiten: Ein Server ist immer dann sinnvoll, wenn ein Dienst beziehungsweise eine Dienstleistung von mehreren anderen Computern sinnvoll genutzt werden kann. Beachten Sie, dass ich hier nur von »mehreren anderen Computern« und nicht von »mehreren anderen Benutzern« gesprochen habe. Ein Server kann auch für eine einzelne Person sinnvoll sein, die mehrere Endgeräte betreibt. Ich gebe Ihnen nun ein paar Beispiele für sinnvolle Einsatzgebiete eines Home Servers.

Denken Sie etwa an die vorhin erwähnte Kalenderverwaltung. Sie können auf Ihrem Server einen zentralen Kalender vorhalten, in dem diverse Endgeräte (Smartphones, Tablet-PCs, Notebooks, gewöhnliche PCs ...) Einträge vornehmen können. Diese Einträge werden zentral auf dem Server gespeichert, und alle Endgeräte synchronisieren ihre Kalendereinträge, so dass Ihnen überall (auf jedem Gerät) die gleiche Terminliste angezeigt wird. Wenn Sie etwa mit dem Laptop schnell den Geburtstag eines Arbeitskollegen eintragen, wird Sie Ihr Smartphone (falls entsprechend konfiguriert) darauf hinweisen, so dass Sie diesen Termin nicht vergessen. Ihr Server kann problemlos mehrere Kalender verwalten, so dass jedes Familienmitglied seinen eigenen Kalender bekommt. Dabei ist der Server nicht nur auf den Kalender beschränkt, nein, Sie können auch Ihre Kontaktliste zentral verwalten, so dass auf jedem Gerät alle Ihre Kontakte mit kompletten Rufnummern- und Adresslisten angezeigt werden.

Sinnvoll ist sicherlich auch die Nutzung als Fileserver. Dateien, die von mehreren Geräten genutzt werden, können zentral auf dem Server abgelegt werden. Jedes Gerät kann so auf diese Dateien zugreifen. Das Ganze geht natürlich auch mit einem Passwortschutz, damit nicht jeder Benutzer die Daten aller anderen Benutzer einsehen kann. So kann der Server ein zentrales Speichermedium vorhalten, das beispielsweise Speicherplatz für die Backups der anderen Computer im Netzwerk anbietet.

Sicherlich sehr interessant ist in diesem Zusammenhang die Funktion des Medienservers. Alle Mediendateien Ihrer Familie (Fotos, Musik, Filme und Serien und allgemeine Videoclips) können zentral auf Ihrem Server gespeichert und dann von dort aus an die einzelnen Endgeräte verteilt werden. So können Sie im Garten oder auf dem Balkon Ihre Lieblingsmusik hören, ohne sie vorher auf das Smartphone kopieren zu müssen. Auch lässt sich die Fotosammlung überall anschauen – und zwar bei Bedarf auch gleichzeitig oder quer gemischt auf verschiedenen Endgeräten. Sie können auch einen Film auf Ihrem Fernseher im Wohnzimmer beginnen (wenn dieser einen Medienplayer hat) und auf dem Zweitgerät im Schlafzimmer fortsetzen – wobei Sie das auch auf dem Tablet im Garten machen können. Oder lassen Sie sich das aktuelle Fernsehprogramm vom Server aus in das Netzwerk verteilen und verfolgen so eine Fernsehsendung etwa auf dem Notebook auf dem Balkon.

Der Server kann auch einen Zugangspunkt für ein virtuelles privates Netzwerk (kurz: *VPN*) bilden. Über ein eigenes VPN können Sie von unterwegs auf die Dienste des Servers und optional sogar auf Ihr ganzes Heimnetzwerk sicher verschlüsselt zugreifen. Wenn Sie möchten, können Sie sogar den heimischen Internetzugang aus der Ferne nutzen und somit verhindern, etwa in einem Café »belauscht« zu werden.

Es ist auch möglich, dass Sie sich Ihre eigene *Cloud* einrichten. Dieser zeitgenössische Begriff beschreibt den Ort, an den Daten oder sogar ganze Programme von Ihrem Arbeitsrechner hin umziehen. Die Cloud ist ein Server, der über das Internet weltweit erreichbar sein kann – was einige Vorteile mit sich bringt. So können Sie etwa Bildergalerien Ihres letzten Urlaubs erzeugen und sie mit ausgewählten Freunden zur Ansicht teilen. Dasselbe gilt natürlich ganz allgemein für Dateien jeder Art. So können Ihre Kinder sogar gemeinsam mit Freunden an Schul- oder Studienprojekten arbeiten. Auch Sie selbst vermögen mit einer Cloud Daten eines Projekts auf verschiedenen Rechnern synchron zu halten. Genauso gut lässt sich der Cloud-Server für eine zentrale Notizsammlung verwenden.

Selbstredend können Sie auf dem Server auch eine eigene Internetseite ablegen und diese nur in Ihrem eigenen Netzwerk oder sogar (mit entsprechender Vorsicht) weltweit im Internet anbieten beziehungsweise veröffentlichen (man nennt diesen Vorgang umgangssprachlich oft »hosten«). Möglich ist zum Beispiel Ihr eigenes Wiki, in dem Sie rein familieninternes Wissen wie Kochrezepte speichern.

Und wen das Internet mit etwas zu viel Werbung nervt, der freut sich vielleicht über einen Werbefilter, der auf allen Geräten im Heimnetzwerk einen Großteil der Werbung ausfiltert.

Wir können also zusammenfassen: Immer dann, wenn es in irgendeiner Form um die zentrale Datensammlung und -verteilung geht, dann ist ein Home Server sinnvoll. Ich werde in diesem Buch eine Menge möglicher Einsatzgebiete besprechen, von denen Sie gezielt diejenigen realisieren können, die Sie am meisten interessieren.

Vielleicht wundern Sie sich jetzt darüber, dass manche der Ideen, die ich Ihnen eben vorgestellt habe, doch bereits im Internet kostenlos angeboten werden. Schließlich gibt es doch eine Menge verschiedener Cloud-Dienste, die eine Dateisynchronisation oder sogar das gemeinsame Bearbeiten von Dokumenten ermöglichen. Auch Kalender-, Adress- und Notizdienste sind weitverbreitet. Ja, das ist richtig. Warum sollten Sie solche Dienste dann mit einem eigenen Home Server realisieren? Nun, der Hauptgrund für einen eigenen Home Server liegt in der Datensicherheit. Vergessen Sie nicht, dass Sie Ihre privaten Daten üblicherweise einem Cloud-Anbieter anvertrauen. Sie müssen selbst entscheiden, ob Sie dabei ein mulmiges Gefühl bekommen. Nicht selten äußern Datenschützer Bedenken gegenüber den Cloud-Diensten, denn diese verdienen schließlich teilweise mit Ihren Daten Geld. Zwar wird dort niemand Ihre private Post lesen und dann mit Ihrer Nachbarschaft herzhaft tratschend über Sie herziehen, aber es ist denkbar, dass Ihre Daten automatisiert nach bestimmten Schlagwörtern durchsucht werden, damit Ihnen bei nächster Gelegenheit passende Werbung angezeigt werden kann. Auf Ihrem privaten Home Server passiert das (mit vertrauenswürdiger Software) nicht. Außerdem sind Ihre Daten bei einem Ausfall der Internetverbindung noch jederzeit verfügbar, lediglich um ein Backup der Daten und deren Verfügbarkeit müssen Sie sich selbst kümmern.

Darüber hinaus können auch (noch) nicht alle Aufgaben bereits von Cloud-Anbietern übernommen werden. Eine besonders umfangreiche Mediensammlung können Sie kaum ins Internet auslagern und von dort bequem an mehrere Endgeräte zu Hause streamen – das würde beachtliche Kosten verursachen, da ist ein Home Server günstiger. Außerdem ist natürlich der (Daten-)Zugriff über den Home Server (im Regelfall) schneller als über das Internet.

Lassen Sie sich abschließend versichern, dass Sie mit einem Home Server eine Menge Spaß haben werden und auch eine Menge über Computer und Server lernen werden – das ist auch nicht zu verachten!

1.4 Welche Hardware bietet sich für einen Home Server an?

Jetzt, wo Sie eine Vorstellung davon haben, wo Ihnen ein Home Server im Heimnetzwerk gute Dienste leisten kann, wird es Zeit, einen Blick auf die Hardware des Gerätes zu werfen. Für den Einstieg halte ich zwei verschiedene Geräteklassen für sinnvoll, die ich Ihnen im Folgenden vorstellen möchte: den Raspberry Pi und den Intel NUC.

1.4.1 Der Raspberry Pi

Der Raspberry Pi ist die günstigere Lösung. Dabei handelt es sich um einen sogenannten *Einplatinen-Kleinstrechner*. Dieser Ausdruck besagt, dass alle wichtigen Komponenten, die ein Computer erfordert, auf einer einzelnen Platine vorhanden sind. Wenn Sie sich bereits mit dem Aufbau normaler Computer auskennen, dann sind Sie sicherlich mit dem sogenannten *Mainboard* vertraut. Dieses bringt als »Grundplatte« eines Computers bereits eine Menge an Hardware mit, bildet aber noch keinen kompletten Rechner. Im Regelfall müssen Sie einen Prozessor aufstecken sowie Arbeitsspeicher einbauen und gegebenenfalls eine Grafikkarte sowie weitere Hardwarekomponenten hinzufügen. Erst dann haben Sie einen funktionsfähigen Rechner. Bei einem Einplatinenrechner sind alle diese Bauteile bereits auf der Grundplatine vorhanden und im Regelfall sogar fest aufgelötet. Ein solcher Rechner bringt also gleich einen Prozessor samt Grafikkarte sowie Soundkarte und Arbeitsspeicher mit. Auch wichtige Schnittstellen wie etwa USB- und Netzwerkanschlüsse sind vorhanden. Während auf dem Mainboard eines normalen PCs noch sehr viele »externe« Bausteine für diverse Schnittstellen und Funktionen vorhanden sind, werden bei einem Einplatinenrechner sehr viele Funktionalitäten direkt in den Prozessor integriert – man spricht dann von einem *System-on-Chip*, kurz *SoC*. Auch wenn es das Wort vermuten lässt, ist ein Einplatinenrechner nicht unbedingt ein sofort arbeitsfähiger Rechner. Zum Betrieb fehlt zum Beispiel oftmals noch ein Speichermedium mit dem Betriebssystem, denn dieses befindet sich häufig nicht direkt auf der Platine. Stattdessen wird meist in einen aufgelöteten Speicherkartenleser eine Speicherkarte eingelegt, die Sie von der Digitalkamera oder dem Smartphone her kennen. Diese dient sozusagen als Festplatte des Rechners. Für den normalen Rechnerbetrieb sind außerdem eine Tastatur, eine Maus und ein Monitor, gegebenenfalls auch Lautsprecher sowie ein Netzteil erforderlich. Das Netzteil ist bei Einplatinen-Kleinstrechnern meistens ein Modell, wie Sie es vom Ladegerät eines Smartphones her kennen, genutzt wird nämlich ein Steckernetzteil mit einem USB-Anschluss. Das ist also eine sehr flexible und günstige Lösung. Mit diesen Komponenten erhalten Sie tatsächlich einen vollwertigen Computer. Mit ihm können Sie Texte schreiben, im Internet surfen, Programme entwickeln und Spiele spielen. Das alles ermöglicht ein Gerät, das – in universellen Einheiten gesprochen (und im Falle des Raspberry Pi) – gerade einmal die Fläche von $0{,}00788 \times 10^{-6}$ Fußballfeldern belegt, worauf die Bezeichnung »Kleinstrechner« hinweist. Natürlich kommen auf einem Raspberry Pi mit den Maßen von etwa 9 × 6 Quadratzentimetern, der zu Preisen ab rund 40 Euro gehandelt wird, keine ultimativen Hochleistungskomponenten zum Einsatz. Stattdessen werden Prozessoren verwendet, die etwa die Rechenleistung eines Mittelklasse-Smartphones mitbringen, dafür aber auch sehr stromsparend arbeiten. Einen Hochleistungsrechner erhalten Sie allerdings nicht.

Abbildung 1.1 Nur wenig größer als eine Kreditkarte: der Raspberry Pi (hier gezeigt in der Version 3)

Wer denkt sich so etwas aus, und wozu braucht man denn solche Computer? Der Raspberry Pi wurde hauptsächlich als »Lerncomputer« erfunden. Ältere Semester erinnern sich vielleicht noch an klassische Heimcomputer wie den legendären Commodore 64 (C64). Bei einem solchen Computer war es selbstverständlich, dass er eine fest eingebaute Programmiersprache mitbrachte, die der Anwender sofort benutzen konnte. So war es auch nicht unüblich, dass in damaligen Computerzeitschriften Programmtexte zum Ausprobieren und Abtippen abgedruckt wurden. Der Raspberry Pi sollte hieran wieder anknüpfen und den Ansatz weiterentwickelt in die moderne Zeit übertragen. Mit dem Raspberry Pi erhalten Sie einen kleinen, aber vollwertigen Computer, der zwar nur eine begrenzte Leistung mitbringt, dafür aber sehr günstig ist. Zum Erlernen des Programmierens verfügt dieser kleine Rechner gleich über eine Anzahl an programmierbaren Pins, die sich über ein entsprechendes Programm frei steuern lassen. Dank dieser Pins lässt sich mit dem Raspberry Pi und einigen typischen Elektronikkomponenten wie Motoren, Displays und Leuchtdioden eine unüberschaubare Vielzahl an Bastelprojekten realisieren, von kleinen Lichtorgeln bis hin zu kompletten Robotern. Als Betriebssystem kommt dabei normalerweise ein Linux-System zum Einsatz. Dies bringt gleich noch einen weiteren Effekt mit sich, denn der Raspberry Pi ermöglicht so auch das Erlernen dieses sehr mächtigen Betriebssystems.

Schnell bildeten sich große Gruppen mit begeisterten Fans des kleinen Computers, die eine gigantische Anzahl an Projekten realisierten. Dabei blieb der Einsatz des Raspberry Pi nicht nur auf das Erlernen des Programmierens beschränkt. Dank der bereits genannten Schnittstellen ist der Pi (wie man ihn auch kurz nennt) auch ideal geeignet, um eigene Digital-Elektronik-Schaltungen zu entwickeln und zu benutzen. Viele Projekte setzen ihn auch einfach als normalen Computer ein und entwickeln Anwendungen, die den Konsum vom Medien ermöglichen. So wurden auch schon längst vollwertige Mediacenter realisiert. Damit kann man Musik hören, Fotos betrachten und Filme anschauen. Es gibt auch Anwendungen, die sich speziell auf die hochwertige Musikwiedergabe verstehen. Aufgrund der eher verhaltenen Klangqualität der internen Audiohardware werden hierfür jedoch üblicherweise weitere Komponenten benötigt – die sich aber sehr einfach anschließen und verwenden lassen. Natürlich ist stets auch der Einsatz als ganz normaler Arbeitsrechner möglich.

Bei einigen dieser Aufgaben wurde ziemlich schnell die zunächst recht begrenzte Rechenleistung hinderlich. Auch zeigten sich Nachteile der ursprünglich auf Kostenersparnis getrimmten Bauweise des Kleinstrechners. So kam es zügig dazu, dass neben dem Raspberry Pi von diversen Mitstreitern Konkurrenzprodukte entwickelt wurden, die sich in Ausstattung und Rechengeschwindigkeit unterscheiden. Es begann quasi eine Form von Wettrüsten, an dem sich auch die Raspberry Pi Foundation beteiligte, die für die Entwicklung des Raspberry Pi zuständig ist. Der Endnutzer konnte sich hierüber freuen, denn während die Alternativprodukte niemals eine existenzbedrohende Gefahr für den Raspberry Pi darstellten, wurde doch auch dieser Rechner im Laufe der Zeit immer leistungsfähiger. Dabei gelang es der Raspberry Pi Foundation sogar, den Verkaufspreis über die Jahre (es gibt den Raspberry Pi nun schon seit mehr als acht Jahren) fast konstant zu halten. Heutzutage gibt es neben dem Raspberry Pi also eine Vielzahl weiterer Einplatinen-Kleinstrechner von verschiedensten Herstellern in ganz unterschiedlichen Preislagen. Auch wenn sich mit vielen dieser Geräte problemlos ein sehr guter Home Server aufbauen lässt, so möchte ich Ihnen dennoch den »klassischen« Raspberry Pi empfehlen. Der Grund liegt vor allem darin, dass er ein etabliertes Produkt ist, das über die Jahre gereift ist und eine sehr große Fangemeinde hat. Im Internet finden Sie für sehr viele Probleme schnell eine Lösung, und auch das Angebot an Zusatzgeräten ist bei keinem anderen Gerät so groß wie beim Raspberry Pi. Vor allem ist aber die Software beim Raspberry Pi sehr stabil und zuverlässig und wird kontinuierlich weiterentwickelt – hier sieht es bei den Konkurrenzprodukten hin und wieder deutlich schlechter aus.

Aber wieso sollte man überhaupt auf die Idee kommen, einen Einplatinen-Kleinstrechner, der eigentlich für Lern- und Bastelzwecke gedacht ist, als Home Server zu verwenden?

Nun, so ein Computer ist hierfür deshalb so interessant, weil er zunächst sehr günstig in der Anschaffung ist und einen extrem niedrigen Stromverbrauch hat, wodurch auch die Betriebskosten sehr niedrig bleiben. Dafür bringt er aber eine beachtliche Rechenleistung mit, die für sehr viele Serveraufgaben mehr als ausreicht.

Allerdings ist es mit den knapp 40 Euro für die eigentliche Rechnerplatine nicht getan. Hinzu kommen noch Kosten für ein Gehäuse, ein Netzteil und eine Speicherkarte, so dass mit einem Gesamtpreis von rund 85 Euro zu rechnen ist. Dafür bekommt man aber keinen anderen »richtigen« Computer. Damit ist diese Lösung schon einmal interessant für diejenigen, die einen Home Server erst einmal ausprobieren und kennenlernen wollen – Einsteiger und Einsteigerinnen also.

Der Stromverbrauch eines Raspberry Pi ist sehr niedrig. Im Leerlauf hat er beispielsweise eine Leistungsaufnahme von rund 3,5 Watt, und selbst bei Volllast steigt sie nur auf ungefähr den doppelten Wert an. Damit betragen die Stromkosten bei ständigem Dauerbetrieb rund 10 Euro – und zwar pro Jahr. Es gilt dabei folgende Rechnung: 1 Watt Dauerleistung führt zu einem Stromverbrauch von 8,76 kWh pro Jahr. Das sind bei einem Preis von 0,30 Euro/kWh genau 2,62 Euro. Sie sehen, dies ist sehr wenig; ein Raspberry Pi kann also durchaus ständig aktiv sein, was ihn für den Serverbetrieb sehr interessant macht. Selbstredend erhöhen angeschlossene Geräte (beispielsweise Speichermedien) den Stromverbrauch ein wenig. Wenn Sie aber beispielsweise USB-Sticks oder auch sparsame externe Festplatten (wie etwa SSDs oder auch genügsame mechanische Modelle) verwenden, dann können Sie auch hier von weniger als 5 Euro Kosten pro Jahr ausgehen.

Selbst mit einem Gehäuse ist ein Pi immer noch sehr klein. Er kann zum Beispiel auch hinter einem Fernseher oder auf der Fensterbank versteckt werden – es gibt sogar spezielle Gehäuse zur Montage auf der sogenannten Hutschiene im Stromverteilerkasten. Aufgrund des geringen Stromverbrauches benötigt ein Raspberry Pi keinen Lüfter; er ist absolut geräuschlos und kann auch im Schlafzimmer stehen. Der Aufstellungsort ist nahezu beliebig, es muss nur eine Netzwerkverbindung vorhanden sein. Sie sollten natürlich auf einen sicheren und gut belüfteten Aufstellungsort (selbstredend in einem Innenraum) achten, an dem sich sicherheitshalber keine leicht brennbaren Gegenstände befinden und der nicht im prallen Sonnenschein liegt.

Was erhalten Sie denn nun aber genau für eine Hardware, wenn Sie sich für einen Raspberry Pi entscheiden? Nun, wie ich schon erwähnt habe, wurde der Raspberry Pi im Laufe der Jahre bei einem fast gleichbleibenden Preis ständig weiterentwickelt. Daher macht es durchaus Sinn, bei einer Neuanschaffung zur modernsten und leistungsfähigsten Variante zu greifen.

Das ist derzeit das Modell *Raspberry Pi 4B*, das im Juni 2019 vorgestellt wurde. Zentrale Komponente des sogenannten Pi 4 ist das SoC. Hier kommt das Modell *BCM2711* vom Hersteller Broadcom zum Einsatz, das speziell für diesen Rechner entwickelt wurde. Der darin eingesetzte Prozessor besitzt vier Rechenkerne, die mit einer Frequenz von bis zu 1,5 GHz getaktet werden – das ist für einen so kleinen Rechner ganz schön viel und verspricht eine hohe Rechenleistung. Der Prozessor kann auf einen modernen Arbeitsspeicher nach DDR4-Norm zugreifen. Vom Pi 4 gibt es drei Versionen, die sich jeweils in der Größe des Arbeitsspeichers unterscheiden, Sie können zwischen den Größen 2 GB, 4 GB und 8 GB wählen. Die Serverprojekte, die ich in diesem Buch vorstelle, lasten den Arbeitsspeicher überwiegend nicht sehr stark aus. Wer nicht zu viel Geld ausgeben möchte, der kann recht gut mit einem 2 GB großen Arbeitsspeicher auskommen. Da der Aufpreis zum Modell mit 4 GB Arbeitsspeicher mit einem Straßenpreis von rund 57 Euro jedoch recht klein ausfällt, möchte ich Ihnen eher zu diesem raten, womit Sie auf der sicheren Seite sind und genügend Reserven für zukünftige Projekte haben. Einen Arbeitsspeicher der Größe 8 GB benötigen Sie jedoch im Regelfall nicht, er wirkt sich nur bei intensiver Nutzung vorteilhaft aus.

Für einen Server ist natürlich die Netzwerkverbindung wichtig. Hier bietet der Pi 4 einen Netzwerkanschluss für eine kabelgebundene Verbindung der Geschwindigkeitsklasse 1 Gigabit/s, was der Standardgeschwindigkeit moderner Heimnetzwerke entspricht. Gerade bei diesem Punkt hat sich beim Raspberry Pi in den letzten Jahren viel getan. Frühere Modelle waren nämlich bei der Netzwerkgeschwindigkeit auf 100 MBit/s beschränkt, die oftmals noch nicht einmal erreicht wurden, weil sich früher der Netzwerkanschluss die Datenrate mit den USB-Anschlüssen teilen musste. Das lag daran, dass bei älteren Pi-Modellen beide Anschlussarten über eine einzelne, gemeinsam genutzte Leitung an den Prozessor angebunden wurden. Beim Pi 4 ist das nicht mehr so. Hier ist der Netzwerkanschluss über eine eigene Leitung angeschlossen und kann ständig mit hoher Geschwindigkeit arbeiten. Auch die USB-Anschlüsse haben mittlerweile eigene Leitungen. Beim Pi 4 gibt es zwei USB-Buchsen nach dem Standard USB 3.0 und zwei USB-Buchsen nach dem Standard USB 2.0. An beide Anschlüsse können auch USB-Hubs (quasi »Mehrfachsteckdosen« für USB-Anschlüsse) eingesteckt werden, so dass sich eine Vielzahl an externen Geräten verbinden lässt. Die Stromversorgung geschieht über eine moderne USB-C-Buchse. Mit diesem Anschluss lässt sich die erforderliche Stromstärke sicher übertragen. Sie können für die Stromversorgung ein Smartphone-Ladegerät mit entsprechendem Anschluss verwenden. Es sollte, damit der Pi stets stabil arbeitet, einen Strom von 3,0 A liefern können und eine Ausgangsspannung von 5 V haben, wobei 5,1 V empfohlen werden. Wenn Sie ein neues Netzteil erwerben müssen, dann möchte ich Ihnen direkt zum Original-Netzteil raten, das von der Raspberry Pi Foundation entwickelt wurde und auf den Betrieb mit dem Pi abgestimmt wurde. Es ist zu einem günstigen Preis von knapp unter 10 Euro erhältlich, der sich nicht deutlich von Handy-Ladegeräten unterscheidet. Mit dem Original-Netzteil machen Sie jedenfalls nichts verkehrt.

Darüber hinaus bietet der Pi 4 eine Vielzahl an weiteren Anschlüssen, die allerdings für den Betrieb als Server nicht relevant sind. Für den Anschluss eines Monitors (Sie benötigen diesen im Prinzip bis auf die Ersteinrichtung gar nicht) gibt es gleich zwei Micro-HDMI-Buchsen. Diese ermöglichen tatsächlich den Betrieb des kleinen Computers gleichzeitig mit zwei Bildschirmen, wobei sogar eine 4K-Auflösung unterstützt wird. Es gibt auch einen analogen Tonausgang über einen 3,5 mm Klinkenanschluss, der jedoch beim Serverbetrieb nicht genutzt wird. Grundsätzlich verfügt jeder Raspberry Pi über die eingangs erwähnten *GPIO-Anschlüsse* (die Abkürzung steht für *General Purpose Input/Output*), die als Pfostenstecker auf der Platine zugänglich sind. Sie werden insbesondere bei Hardware-Bastelprojekten genutzt und ermöglichen eine unüberschaubare Vielzahl an Möglichkeiten. Sicherlich gibt es auch beim Serverbetrieb Möglichkeiten, die GPIO-Pins sinnvoll zu nutzen, zum Beispiel in Form einer Lampe, die bei hoher Auslastung des Speichermediums aufleuchtet. Allerdings erfordert die Ansteuerung ein wenig Programmierarbeit, die nicht Gegenstand dieses Buches sein soll. Auf der Platine gibt es noch weitere Anschlüsse, zum Beispiel einen für ein Kameramodul, das bei der Nutzung im Rahmen der Heimüberwachung sinnvoll sein kann und somit auch für den Serverbetrieb nützlich ist. Auch ein Display lässt sich direkt anschließen. Neben den kabelgebundenen Anschlüssen können Sie mit dem Pi 4 auch drahtlos Verbindung aufnehmen. Der Rechner hat dafür ein aufgelötetes Modul, das moderne WLAN- und Bluetooth-Verbindungen ermöglicht. Für den Serverbetrieb sind sie jedoch uninteressant. Die kabelgebundene Alternative verspricht stets einen stabileren und schnelleren Betrieb. Sie sollten Ihren Raspberry Pi daher in jedem Fall per Netzwerkkabel mit Ihrem Heimnetzwerk verbinden. Von der Verbindung per WLAN möchte ich dringend abraten, denn hier sind Enttäuschungen wegen einer langsamen Verbindung vorprogrammiert.

Der Prozessor des Raspberry Pi ist übrigens nicht direkt vergleichbar mit einem Modell, wie Sie es vom herkömmlichen Desktop- oder Notebook-Rechner kennen. Hier kommen üblicherweise klassische x86- beziehungsweise (eigentlich nur noch) x64-Prozessoren zum Einsatz. Für diese Prozessoren wird beispielsweise auch das Windows-Betriebssystem entwickelt, was ebenso für die meisten bekannten Anwendungen gilt. Auf dem Raspberry Pi wird jedoch eine ARM-Prozessorarchitektur verwendet. Diese unterscheidet sich deutlich von der x64-Architektur. Die ARM-Architektur ist quasi ein Alternativansatz bei der Prozessorentwicklung und bringt ihre eigenen Vor- und Nachteile mit. Ich möchte hier gar nicht ins Detail gehen, wichtig ist nur zu betonen, dass sowohl Anwendungen als auch das Betriebssystem jeweils für den verwendeten Prozessortyp angepasst werden müssen. Zwar gibt es mittlerweile einige Ansätze, ARM-Prozessoren auch für »normale« Rechner einzusetzen, sie sind allerdings noch nicht sehr verbreitet. Auf dem Raspberry Pi nutzen

Sie also folglich nicht etwa Windows als Betriebssystem, stattdessen nutzt der Raspberry Pi hier (im Regelfall) Linux.

Bei Linux handelt es sich um ein kostenloses Betriebssystem, dessen Quellcode frei verfügbar ist und an dem prinzipiell jedermann mitwirken kann. Man kann es also als eine Art von »Gemeinschaftsprojekt« auffassen, das nicht nur von einer einzelnen Firma entwickelt und gewartet wird, sondern an dem eine unüberschaubare Vielzahl an Personen beteiligt ist, die entweder hobbymäßig oder tatsächlich hauptberuflich beitragen. Der große Vorteil am Linux-System besteht nicht nur darin, dass es kostenlos ist, sondern dass es für eine Vielzahl an Prozessorarchitekturen entwickelt (und angepasst) wurde. So kann es problemlos und extrem stabil auf ARM-Prozessoren laufen. Das gilt nicht nur für das eigentliche Betriebssystem, sondern auch für die Anwendungen. Der überwiegende Teil der bekannten und wichtigen Linux-Anwendungen ist für verschiedene Prozessorarchitekturen verfügbar und lässt sich daher problemlos auf dem Raspberry Pi einsetzen. Das bedeutet also, dass Sie auf dem Raspberry Pi (vereinfacht und nicht ganz korrekt gesprochen) dieselbe Software einsetzen, wie Sie sie auch auf dem Desktop- oder Notebook-Rechner verwenden können. Der Pi benötigt also zwar Anwendungen, die auf den Prozessor angepasst sind, sich aber von der Bedienung und dem Funktionsumfang nicht von den Versionen unterscheiden (müssen), die für den Desktoprechner oder sogar für einen »echten« Server gedacht sind. Wenn Sie mit einem Pi arbeiten, dann fühlt es sich also genauso an, als würden Sie an einem »richtigen« Server arbeiten, und die Bedienschritte sind dieselben.

Abgelegt werden sowohl das Betriebssystem als auch die Anwendungen auf dem zentralen Massenspeicher des Raspberry Pi. Der kleine Computer nutzt hierfür ab Werk eine handelsübliche microSD-Speicherkarte, wie sie auch häufig bei Smartphones oder bei Digital- beziehungsweise Überwachungskameras eingesetzt wird. Auf dem Raspberry Pi ist ein geeigneter Speicherkartenleser aufgelötet, die Speicherkarte wird direkt dort eingelegt. In den letzten Jahren sind die Preise für Speicherkarten stark gesunken, weswegen der Pi durchaus mit einem Modell mit 128 GB Speicherkapazität ausgestattet werden kann, ohne das Budget übermäßig zu belasten. Gleichzeitig sind diese Speicherkarten immer schneller geworden. Trotzdem erreichen sie (noch) nicht die Geschwindigkeit, die SSDs bieten können. Daher gibt es auch die Möglichkeit, den Raspberry Pi nicht per Speicherkarte, sondern über ein USB-Speichergerät zu betreiben. Wenn dieses schneller ist als die Kombination aus Speicherkartenleser und Speicherkarte, dann ergibt sich dadurch eine Steigerung der Arbeitsgeschwindigkeit. Die höchste Leistung erhalten Sie, wenn Sie eine SSD mit einem Adapter an einen USB-3.0-Anschluss des Raspberry Pi anschließen. Allerdings ist dies mit ein wenig Bastelarbeit verbunden. In diesem Buch werde ich mich darauf beschränken, den Raspberry Pi ganz klassisch mit einer Speicherkarte für das Betriebssystem und die Anwendungen zu betreiben. Sobald die Anwendungen erst einmal beim Rechnerstart geladen sind, stehen sie im Arbeitsspeicher zur Verfügung und können daher besonders schnell genutzt werden. Sinnvoll ist es aber sicherlich, für die Nutzerdaten ein schnelles Speichermedium zu verwenden – dazu aber mehr in den entsprechenden Kapiteln dieses Buches.

Ich werde in diesem Buch insgesamt nur Open-Source-Projekte besprechen, die von jedermann entgeltfrei genutzt werden können – es entstehen für die Nutzung der Software also keine weiteren Kosten. Allerdings bedeutet dies auch, dass ein Pi-Server kein fertiges Gerät »zum Hinstellen, Anschalten und Vergessen« ist. Nein, Sie müssen sich schon damit befassen, Software zu installieren, einzurichten, zu konfigurieren und ab und an auch zu prüfen und zu warten. Dabei hilft Ihnen dieses Buch. Und, ja, Sie werden auch eine Menge lernen – und dazu sind die Pi-Computer ja auch gedacht. Sie werden also kein passiver Konsument, der eine Menge Geld auf den Tisch gelegt hat und dann ein paar knappe Bedienungsleitungen zu lesen hat, sondern Sie werden zu jemandem, der sich anschließend auch (ein wenig) mit der Materie auskennt. Das hat doch auch einen gewissen Charme, oder?

[*]

Wann nutzt man die anderen Modellvarianten des Raspberry Pi?

Neben dem Modell Raspberry Pi 4B, das ich Ihnen für den Servereinsatz empfehlen möchte, gibt es noch weitere Modellvarianten vom Raspberry Pi. Damit meine ich nicht nur die Vorgängerversionen, denn es gibt auch noch alternative Bauformen für spezielle Einsatzzwecke. Das Modell Raspberry Pi Zero ist zum Beispiel auf absolute Sparsamkeit getrimmt. Er ist nur mit den wichtigsten Komponenten bestückt und nur etwa halb so groß wie der normale Raspberry Pi. Sein Verkaufspreis ist deutlich niedriger, teilweise erhält man ihn für rund 10 Euro. Zwar ist auch der Raspberry Pi Zero ein vollwertiger Rechner, er eignet sich aber aufgrund seiner stark reduzierten Schnittstellenzahl und des nicht vorhandenen Netzwerkanschlusses weniger für den Betrieb als Home Server. Seine Stärken liegen eher im Bereich niedriger Strom- und Platzverbrauch. Daneben gibt es auch noch Sonderformen, die auf zahlreiche Schnittstellen verzichten.

1.4.2 Der Intel NUC

Beim NUC geht der Hersteller Intel im Vergleich zum Raspberry Pi einen anderen Weg. Zwar erhalten Sie auch hier einen vollwertigen Computer mit sehr kleinen Gehäusemaßen, allerdings richtet sich dieser Rechner nicht an Menschen, die das Programmieren erlernen möchten und gerne basteln, sondern an ganz gewöhnliche PC-Nutzer. Beim *NUC* (die Abkürzung steht übrigens für *Next Unit of Computing*) stand die Entwicklung eines möglichst kompakten Computers im Vordergrund, der deshalb so klein sein kann, weil er auf überflüssige Komponenten verzichtet, die in üblichen großen Tower-Gehäusen überwiegend aus Kompatibilitätsgründen vorhanden sind. Ein NUC verzichtet zum Beispiel weitgehend auf altmodische Anschlüsse, aber auch zu großen Teilen auf die Erweiterbarkeit der unmittelbaren Hardware. Sie erhalten hier ein extrem geschrumpftes Mainboard in einem schicken Aluminiumgehäuse, auf dem bereits ein stromsparender Prozessor aus der Notebook-Welt fest aufgelötet ist. Auf dem Mainboard befinden sich bereits alle wichtigen Komponenten, die man auch bei einem klassischen PC findet. Trotzdem handelt es sich nicht um einen Einplatinenrechner, denn ein NUC ist (je nach Modell) meist nicht von sich aus betriebsbereit. Das liegt unter anderem daran, dass der Arbeitsspeicher nicht schon fest auf dem Mainboard verlötet ist, sondern per üblichem (Notebook-)RAM-Riegel eingesteckt wird. Auch das Speichermedium muss üblicherweise vom Benutzer eingebaut werden. Hierfür gibt es (auch wieder je nach Modell) verschiedene Möglichkeiten: Sie können eine moderne SSD als Steckkarte (im M.2-Format) oder auch eine mechanische Festplatte im 2,5"-Format einbauen. Auch eine Kombination ist (modellabhängig) möglich, ebenso wie die Nutzung einer SSD im 2,5"-Format. Neben diesen frei konfigurierbaren Modellen gibt es als sogenannte direkt einsatzbereite NUC-Mini-PCs auch vorkonfigurierte Komplettpakete, bei denen sogar schon ein Betriebssystem installiert ist und die ohne Bastelei direkt nach dem Auspacken einsatzbereit sind. Generell beschränkt sich beim NUC die Auswahl eigener Hardware auf Speichermedium und Arbeitsspeicher.

Abbildung 1.2 Ein vollwertiger Computer in einem sehr kompakten Gehäuse: der Intel NUC

Ein Intel NUC ist somit ein vollwertiger »klassischer« Computer, der sich von einem normalen Arbeitsrechner nur dadurch unterscheidet, dass er in einem sehr kleinen Gehäuse steckt und (aufgrund der Nutzung von Notebook- beziehungsweise Ultrabook-Komponenten) keine Höchstleistungen vollbringt. Der NUC ist jedoch so konzipiert, dass die Leistung für normale »Büroanwendungen« in jedem Fall ausreicht.

Nun führt die Nutzung von Notebook-Komponenten zwar dazu, dass die gesamte Leistung des Systems keine Rekorde einstellt, allerdings ergibt sich ein interessanter Vorteil: Die Stromaufnahme eines NUC-Rechners ist sehr gering. Das macht diesen Rechner für die Nutzung als Home Server interessant – zumal bei diesem Einsatzzweck zumindest für den Einstieg auch gar keine Höchstleistungen erforderlich sind.

Im Vergleich zum Raspberry Pi hat die Nutzung eines Intel NUC einige Vorteile: Wenn Sie ein geeignetes Modell wählen, dann können Sie den NUC gleichzeitig mit einer SSD im Steckkartenformat und mit einer mechanischen Festplatte bestücken. Beide Speichermedien lassen sich in das Gehäuse des NUC einbauen. Mehr noch: Einige NUC-Modelle bieten auch einen eingebauten Speicherkartenleser, der ein zusätzliches Speichermedium aufnehmen kann. Wenn Sie also Wert auf ein aufgeräumtes System legen, das nicht viel Platz verbraucht, dabei hübsch anzusehen ist und gleichzeitig viel Speicherplatz bietet, dann spricht einiges für den Intel NUC. Beim Raspberry Pi müssten Sie nämlich im Vergleich mindestens eine externe Festplatte anschließen, die je nach Modell vielleicht sogar noch ein externes Netzteil erfordert. Zusätzlich bietet der Intel NUC im Vergleich zum Raspberry Pi eine deutlich höhere Rechenleistung. Wer den Home Server besonders intensiv nutzen möchte, der sollte also eher zu einem NUC greifen. Eine klare Grenze, ab wann sich ein NUC lohnt, gibt es nicht. Wenn Sie aber einen größeren Nutzerkreis haben, wenn sich der Nachwuchs auch intensiv für Computertechnik interessiert oder wenn Sie alle Serverprojekte in diesem Buch interessant finden und sie unbedingt alle parallel einsetzen möchten, dann ist der NUC gegenüber dem Raspberry Pi die bessere Wahl. Das gilt insbesondere, wenn Cloud-Anwendungen im Vordergrund stehen sollen. Auch wenn Sie von Hardwarebastelei nicht viel halten, fahren Sie mit einem NUC-Mini-PC-Modell, das bereits ab Werk komplett ausgestattet ist, besser, denn hier entfällt jeglicher Zusammenbau von Computerkomponenten.

Natürlich hat ein NUC gegenüber dem Raspberry Pi nicht nur Vorteile, sondern auch wichtige Nachteile. Zuallererst ist der wesentlich höhere Anschaffungspreis zu nennen. Während man für einen betriebsbereiten Raspberry Pi mit Gehäuse, Netzteil und Speicherkarte (mindestens) 85 Euro ausgegeben muss, kostet ein ebenso betriebsbereiter (aber einfach ausgestatteter) Intel NUC mindestens das Doppelte. Wer also einen Home Server erst einmal ausprobieren und kennenlernen möchte, der sollte sich allein aus Preisgründen für den Raspberry Pi entscheiden. Dieser ist übrigens auch im Unterhalt deutlich billiger. Trotz des Einsatzes von Notebook-Komponenten ist die Leistungsaufnahme eines Intel NUC höher als die des Raspberry Pi. Zwar beträgt der Unterschied nur wenige Watt (je nach Modell), da der Server ja aber im Dauerbetrieb arbeitet, summiert sich das über das ganze Jahr zu Mehrkosten von 10 bis 20 Euro. Bedingt durch die höhere Leistungsaufnahme produziert der NUC auch mehr Abwärme. Ein Raspberry Pi kann mit einem geeigneten Gehäuse problemlos ohne Lüfter betrieben werden und damit komplett geräuschlos arbeiten. Er kann somit im Wohnzimmer, ja sogar im Schlafzimmer aufgestellt werden. Beim NUC kommt (wenn Sie ihn im Originalgehäuse belassen) stets ein Lüfter zum Einsatz. Zwar ist dieser nicht übermäßig laut, er kann aber im Wohnzimmer und erst recht im Schlafzimmer störend wirken. Daher kann der NUC nicht überall aufgestellt werden. Fein raus ist, wer ein Plätzchen im Keller, im Abstellraum oder vielleicht auch im Flur findet, wo ein Surren des Lüfters nicht weiter stört. Übrigens gibt es auch für den Intel NUC spezielle Gehäuse, die komplett als Kühlkörper gestaltet sind und so auch einen lüfterlosen und damit geräuschlosen Betrieb ermöglichen, sie kosten jedoch mindestens 100 Euro und sind nur als Zubehörteil von Drittherstellern erhältlich.

Ein NUC nutzt – im Unterschied zum Raspberry Pi – einen normalen Computerprozessor und kann damit auch problemlos mit Windows und den bekannten Anwendungen umgehen. Dieses Betriebssystem ist allerdings für einen Server nicht unbedingt die beste Wahl, denn viele Komponenten für den Desktopeinsatz werden beim Serverbetrieb gar nicht verwendet. Daher gibt es auch von Windows eine spezielle Serverversion, die bereits eine Vielzahl an Serverdiensten mitbringt. Allerdings handelt es sich hier um kommerzielle Software, die – je nach Einsatz – mit weiteren kostenpflichten Programmen ergänzt werden muss, was den Anschaffungspreis des Home Servers entsprechend erhöht. Daher ist auch auf dem NUC ein Linux-Betriebssystem interessant, das kostenlos eingesetzt werden kann – was genau wie beim Raspberry Pi auch für die Anwendungen, hier also besonders für die Serverdienste, gilt.

Für dieses Buch und Sie als Anwender ergibt sich ein wertvoller Zusatznutzen: Da es sich bei beiden Rechnersystemen mehr oder weniger um dasselbe Betriebssystem und dieselben Anwendungen handelt, ist auch die Bedienung (mit ganz wenigen Ausnahmen) exakt gleich. Fast alle Anleitungen in diesem Buch können also 1:1 auf beiden Systemen genutzt werden. Daher spielt es keine Rolle, für welchen Rechnertyp Sie sich entscheiden. Selbst wenn eines Tages ein Wechsel erfolgen sollte, wird Sie der Umzug nicht vor große Schwierigkeiten stellen.

Wie schon angedeutet, gibt es vom NUC zahlreiche verschiedene Modelle, die sich in der Ausstattung und auch in der Erweiterbarkeit unterscheiden. Die Modellpalette wird vom Hersteller Intel fortlaufend weiterentwickelt, neue Modellserien erschienen in der Vergangenheit mehr oder weniger im Jahrestakt. Allen Modellen ist jedoch gemein, dass teilweise etwas sperrige Modellbezeichnungen verwendet werden; achten Sie beim Kauf und bei der Auswahl also bitte genau auf die jeweilige Typennummer.

Für die meisten NUC-Modelle (spezielle Versionen für Computerspieler ausgenommen) wird dieselbe Gehäusegrundform verwendet, deren Grundfläche lediglich 11,7 × 11,2 Quadratzentimeter beträgt. Es gibt diese Gehäuseform jedoch in zwei verschiedenen Höhen. Bei der niedrigeren Variante mit einer Höhe von rund 3,7 cm kann als Massenspeicher üblicherweise nur eine einzelne SSD im M.2-Steckkartenformat verwendet werden. Im Gegensatz dazu erlaubt die höhere Gehäuseform (sie ist etwa 5,3 cm hoch) bei den meisten Modellen zusätzlich den Einbau einer Festplatte im 2,5"-Format, wie sie etwa in Notebooks verwendet wird. Beim Kauf müssen Sie darauf achten, ein Modell zu wählen, das maximal 7 Millimeter hoch ist – Festplatten mit einer dickeren Bauform können nicht eingebaut werden. Sie können den Einbauschacht entweder mit einer klassischen mechanischen Festplatte oder mit einer SSD bestücken. Für einen Home Server, der oftmals entsprechenden Speicherplatz verwalten soll, ist in den meisten Fällen die höhere Gehäusevariante die sinnvollere, selbst wenn Sie zunächst nur mit einer einzelnen SSD-Steckkarte arbeiten wollen. Die Kombination einer SSD mit einer normalen mechanischen Festplatte ist recht interessant: Daten können von der SSD besonders schnell gelesen werden. Hier kann der Nutzer solche Daten ablegen, die mit möglichst hohem Tempo, insbesondere mit niedriger Zugriffszeit, gelesen (oder geschrieben) werden sollen. Daten, bei denen es nicht sonderlich auf die Geschwindigkeit ankommt, lassen sich preisgünstig auf der mechanischen Festplatte ablegen. Diese ist nicht nur günstiger als eine SSD, sondern bietet (derzeit) im Vergleich meist auch eine größere Speicherkapazität (erst recht, wenn wir die Anschaffungskosten berücksichtigen). Auf die mechanische Festplatte können Sie zum Beispiel sehr gut die persönliche Mediensammlung ablegen. Diese erfordert oft einen beachtlichen Speicherplatz, muss aber zur Wiedergabe nicht sonderlich schnell gelesen werden. Selbst eine relativ einfache (und langsame) mechanische Festplatte ist schnell genug, so dass alle Familienmitglieder zeitgleich verschiedene Filme betrachten können. Meist ist es sogar so, dass sich der theoretische Geschwindigkeitsvorteil einer SSD über eine Netzwerkverbindung nur wenig bemerkbar macht. Gute mechanische Festplatten sind mittlerweile so schnell, dass sie eine Netzwerkverbindung mit 1 GB/s komplett auslasten können.

Wählen Sie also bei Ihrem Intel NUC die größere Gehäuseform, die Sie bisher stets daran erkennen konnten, dass sie ein »H« als Zusatz der Modellbezeichnung trägt.

Unterschiedliche Festplatten

Übrigens: Es ist zwar theoretisch möglich, einen entsprechenden NUC nur mit einer mechanischen Festplatte zu betreiben, aber wenn es die Möglichkeit gibt, auch eine SSD zu nutzen, dann sollten Sie eine solche mit Präferenz verbauen. Zum einen sind SSDs mit moderater Größe mittlerweile sehr günstig erhältlich, zum anderen erhöht sich mit Ihnen die Datentransferrate beachtlich. Das ist wie gesagt nicht unbedingt für die Transferleistung im Netzwerk ausschlaggebend, wohl aber für den Start des Servers und das Laden von Anwendungen. Außerdem – und das ist vielleicht noch wichtiger – haben SSDs einen niedrigeren Strombedarf, was die Betriebskosten des Servers verringert.

Ansonsten unterscheiden sich die verschiedenen NUC-Modelle vor allem im Prozessor und damit direkt in der Arbeitsgeschwindigkeit. Damit verbunden ist natürlich auch der Anschaffungspreis. Die günstigsten Geräte nutzen beispielsweise einen relativ einfachen Celeron-J-Prozessor, der nur mit zwei Prozessorkernen arbeitet. Das klingt relativ wenig, und tatsächlich stößt ein solches Gerät im normalen Desktopeinsatz schnell an seine Grenzen – auch wenn es für einfache Arbeiten durchaus sehr tauglich ist. Beim Serverbetrieb sieht das beim Heimeinsatz anders aus. Denken Sie daran: Ein Home Server muss keine komplexen Berechnungen ausführen, wie sie etwa Computerspiele oder Videoschnittanwendungen erfordern. Beim Server geht es ja meist um das Verteilen von Daten. Das Erzeugen von dynamischen Internetseiten ist hier häufig schon die rechenintensivste Aufgabe, die aber selbst ein kleiner Celeron-Prozessor mit nur zwei Rechenkernen relativ gut stemmen kann. Ein solcher Prozessor kann in vielen Anwendungen bereits deutlich schneller rechnen als ein Raspberry Pi. Wer also besonders rechenintensive Anwendungen nutzt (wie etwa die eigene Cloud), der freut sich auch mit diesem kleinen Prozessor über eine deutlich schnellere Arbeitsgeschwindigkeit – die sich bei der angesprochenen Cloud etwa durch einen flotteren Seitenaufbau äußert. Wenn Sie den Server intensiv nutzen oder mit einer größeren Nutzerzahl arbeiten, dann können Sie auch ein Modell mit vier Rechenkernen wählen. Dieses bringt gegenüber einem Zweikernmodell eine entsprechend höhere Rechenleistung mit und kann daher auch mit mehreren gleichzeitig stattfindenden Zugriffen besser umgehen. Ein solcher Prozessor ist beispielsweise in Form eines Pentium Silver erhältlich.

Wenn Sie gehobene Ansprüche an ihren Server stellen und eine besonders hohe Rechengeschwindigkeit oder eine umfangreiche Ausstattung erwarten, dann können Sie die deutlich leistungsstärkeren Core-i-Prozessoren in Betracht ziehen. Sinnvoll ist ihr Einsatz in einem Home Server etwa dann, wenn der Server ständig von einer größeren Benutzergruppe, zum Beispiel in einem Büro oder in einem Verein genutzt wird und man eine zügige Abarbeitung der Aufgaben erwartet. Sollen Cloud-Anwendungen eingesetzt werden, die umfangreiche Internetseiten generieren müssen – etwa für zahlreiche Fotogalerien, die von mehreren Nutzern gleichzeitig verwendet werden – dann macht ein stärkerer Prozessor ebenfalls Sinn. Das Gleiche gilt, wenn Sie an einer umfangreichen Heimüberwachung interessiert sind, die etwa mehrere Videokameras gleichzeitig überwacht und überprüft, ob es in einem Kamerabild zu einer unerwarteten Bewegung kommt. In diesem Fall ist ein Home Server auf Basis eines Core-i3-Prozessors sinnvoll. Und wenn Sie noch mehr Leistung benötigen oder nicht mit einem stark begrenzten Budget arbeiten muss, dann können Sie auch zu einem Core i5-Prozessor greifen.

Bei den bisher betrachteten Prozessoren haben die beiden kleineren Varianten den Vorteil einer sehr niedrigen Leistungsaufnahme. Ein Pentium Silver J5005 hat beispielsweise eine Thermal Design Power von 10 Watt, während ein leistungsstärkerer Core-i3-Prozessor schon bis zu 15 W (im Maximalfall sogar bis zu 25 W) umsetzt, damit eine stärkere und lautere Kühllösung erfordert und meist auch im Leerlauf bereits einen größeren Strombedarf hat.

Es gibt beim Intel NUC auch noch schnellere Prozessoren, und gewiss gibt es auch Anwendungen, die sie im Serverbetrieb auslasten können. Wenn Sie sich zu den wirklichen Powerusern zählen und den Server richtig intensiv nutzen wollen, der schafft es auch, einen leistungsfähigen Core-i5-Prozessor an die Grenzen zu bringen. Professionelle Anwender werden natürlich über die Leistungsfähigkeit eines NUC-Rechners nur müde lächeln – aber in diesem Buch soll es ja explizit um den Einsatz als Home Server gehen, den Sie ja erst einmal kennenlernen möchten, und dafür sind noch schnellere Prozessoren nicht notwendig. Wer das entsprechende Budget zur Verfügung hat, der sollte sich lieber nach einem »richtigen« Server umsehen, der nicht nur die entsprechende Rechenleistung bietet, sondern auch mit mehreren Speichergeräten umgehen kann.

Aus der Modellpalette des Jahres 2020 bietet sich also als kleinste Version das Modell *Intel NUC-Kit NUC7CJYH* an. Es ist mit dem Celeron-J4005-Prozessor ausgestattet, der mit zwei Kernen arbeitet, und ist in der Grundversion (ohne Festplatte und Arbeitsspeicher) für knapp 100 Euro erhältlich. Den deutlich schnelleren Prozessor Pentium *Silver J5005*, der mit vier Kernen arbeitet, bietet das Modell *Intel NUC-Kit NUC7PJYH*, das allerdings rund 150 Euro kostet. Diese beiden Modelle eignen sich von der Arbeitsgeschwindigkeit bereits sehr gut für einen Home Server, haben jedoch einen wichtigen Nachteil: Sie können bei beiden Modellen nur jeweils ein Massenspeichermedium im 2,5"-Format (mit einer Bauhöhe von 7 mm) einbauen. Dabei kann es sich entweder um eine SSD oder um eine mechanische Festplatte handeln. Der gleichzeitige Einbau einer M.2-SSD und einer mechanischen Festplatte ist leider nicht möglich. Wenn Sie diese Flexibilität nicht benötigen, dann können Sie aber auch mit so einem Modell sehr gut arbeiten. Ist der Speicherbedarf gering, dann genügt der Einbau einer schnellen SSD – Modelle mit einer Speicherkapazität von 256 oder 512 GB sind relativ günstig erhältlich (dazu gleich mehr). Wenn die Zugriffsgeschwindigkeit nicht so wichtig ist, dafür aber der Speicherplatzbedarf hoch ist, dann können Sie eine Festplatte mit einer Kapazität von 2 TB einbauen, die jedoch einen höheren Strombedarf hat. Jederzeit lässt sich auch eine externe Festplatte anschließen. Auch ein Kartenleser für SD-Karten ist an Bord, der zur Erweiterung des Speicherplatzes genutzt werden kann.

[+]

Die NUC-Mini-PC-Modelle sind bereits komplett ausgestattet

Viele der hier vorgestellten Modelle sind als Mini-PC-Version auch bereits vollständig ausgestattet und damit sofort betriebsbereit erhältlich. So enthält das Modell *NUC7CJYSAL* zu rund 200 Euro bereits ab Werk 4 GB Arbeitsspeicher und eine 32 GB große (besser gesagt: kleine) SSD, auf der bereits ein Windows-10-Betriebssystem installiert ist. Bei diesem Modell lässt sich sogar zusätzlich eine 7 mm hohe Festplatte einbauen. Wenn Sie also einen Home Server ausprobieren möchten, aber partout keine Hardware zusammenbauen wollen, dann finden Sie hier ein Gerät, das nach dem Auspacken sofort betriebsbereit ist.

Möchten Sie doch lieber zwei Speichermedien in das Gehäuse einbauen oder benötigen Sie mehr Rechenleistung, dann ist zunächst das Modell *Intel NUC-Kit NUC10i3FNH* interessant. Es enthält den Prozessor Intel Core i3-10110U, der über zwei leistungsfähige Rechenkerne verfügt, die Hyper-Threading unterstützen, so dass insgesamt vier Rechenkerne zur Verfügung stehen. Die Grundversion ohne Speicher ist für rund 250 Euro erhältlich. Noch mehr Leistung bietet das Modell *Intel NUC-Kit NUC10i5FNH*. Hier erhalten Sie für rund 330 Euro den Prozessor Intel Core i5-10210U. Dieser verfügt über vier echte Rechenkerne, die Hyper-Threading unterstützen, womit acht Rechenkerne angesprochen werden können. Bei beiden Modellen können Sie sowohl eine M.2-SSD als auch eine 2,5" große Festplatte einbauen.

[*]

Es muss nicht unbedingt der Intel NUC sein

Intel war, was ultrakompakte Mini-PCs angeht, mit dem NUC sicherlich ein Vorreiter, allerdings gibt es mittlerweile auch von anderen Herstellern besonders kleine PCs, deren Abmessungen denen eines Intel NUC ähneln und die sich für einen Einsatz als Home Server eignen. Auch hier werden überwiegend Notebook-Komponenten eingesetzt, so dass die Systeme stromsparend arbeiten. Interessant sind beispielsweise die *ZBOX*-Geräte vom Hersteller Zotac. Sie sind sogar in einer lüfterlosen Version erhältlich. Diese bietet sich an, wenn der Server in einem Wohnraum arbeiten muss.

Der Arbeitsspeicher wird beim Intel NUC stets in Form von SODIMM-Riegeln eingebaut, wie man sie auch in Notebooks verwendet. Der NUC erfordert DDR4-SODIMM-Speicher. In letzter Zeit ist dieser Speichertyp sehr günstig geworden. Sie können also ohne große Belastung des Budgets zu einem Kit mit 8 GB Kapazität greifen, das nur etwa 30 Euro kostet. Selbst die Ausstattung mit 16 GB Arbeitsspeicher fällt mit etwa 55 Euro nicht wesentlich ins Gewicht (diese Größe wird nur für Modelle mit einem Core-i-Prozessor empfohlen). Noch größere Arbeitsspeicher machen beim angedachten Einsatzzweck allerdings kaum Sinn. Achten Sie aber darauf, dass Sie ein Kit mit zwei Speicherriegeln kaufen, weil dies durch den sogenannten *Dual-Channel-Betrieb* eine höhere Arbeitsgeschwindigkeit verspricht, auch wenn sich diese beim Home Server nicht sehr stark auswirkt. Aus demselben Grund genügt es, wenn Sie ordentlichen Arbeitsspeicher eines Markenherstellers aus dem unteren Preisbereich kaufen, dieser ist für den Betrieb im Home Server im Regelfall schnell genug. Grundsätzlich bietet ein NUC nur zwei Speicherbänke, eine spätere Aufrüstung des Speichers ist also nur durch Tausch, nicht aber durch Ergänzung der Speicherriegel möglich. Aber immerhin: Bei einem Raspberry Pi ist eine Aufrüstung grundsätzlich nicht möglich, hier muss stets die gesamte Rechnerplatine ausgewechselt werden.

Auch der Preis von SSDs im M.2-Format ist in letzter Zeit deutlich gesunken. Es bietet sich an, zu einem Modell mit 256 GB Speicherkapazität zu greifen. Rechnern Sie mit Preisen von knapp 40 Euro. Wenn Sie etwas mehr ausgeben möchten (und entsprechenden Speicherbedarf haben), können Sie auch ein 512 GB fassendes Modell für etwa 60 Euro kaufen. Bevor Sie zu einer noch größeren SSD greifen, macht es erst einmal Sinn, den Home Server (falls möglich) zusätzlich mit einer mechanischen Festplatte auszurüsten, die auf die Speicherkapazität bezogen deutlich günstiger ist. Beispielsweise erhalten Sie mittlerweile schon eine Festplatte mit einer Kapazität von 2 TB zum Preis von rund 65 Euro (achten Sie auf die maximale Bauhöhe von 7 mm).

Alle NUC-Modelle bringen bereits ab Werk ein ausreichend dimensioniertes Netzteil mit. Sie müssen also wirklich nur Massen- und Arbeitsspeicher ergänzen und können danach direkt loslegen.

1.5 Ist so ein Server überhaupt schnell genug? Und wann entscheide ich mich für welches Modell?

Die Fortschritte, die es in der Technikwelt gibt, sind schon beachtlich. Wenn man sich vor fünf oder sechs Jahren einen Home Server auf Basis eines Raspberry Pi erstellte, dann konnte man damit schon eine ganze Menge machen. Die gebotene Leistung reichte allemal aus, um auch mehrere Serverdienste parallel betreiben zu können. Wenn die eigene Familie nicht gerade nur aus technikbegeisterten Mitgliedern bestand, die sich alle auf einen Raspberry-Pi-Server stürzten, dann konnte man mit so einem Gerät schon sehr viel Freude haben. Natürlich war die reine Leistung recht begrenzt, und dann und wann war auch ein wenig Wartezeit nötig, aber nutzbar war so ein Gerät auf alle Fälle. Und nun, in der Gegenwart, erhalten Sie mit einem Raspberry Pi 4 eine deutlich gesteigerte Rechenleistung, die sämtliche Serveranwendungen noch einmal deutlich beschleunigt. Das Schöne in der Welt der Server ist, dass die Leistungsanforderungen von vielen Diensten nicht unbedingt mitgewachsen sind. Daher ist es tatsächlich so, dass eine Vielzahl an Serverdiensten auf moderner Pi-Hardware nun deutlich schneller arbeitet als noch vor ein paar Jahren.

Natürlich ist ein Pi-Computer ganz gewiss kein High-End-Hochleistungsrechner. Das will er auch nicht sein, denn er ist ja vorrangig ein Lerncomputer. Und für rund 40 Euro können Sie auch keine gigantischen Rechenleistungen erwarten. Aber es ist schon erstaunlich, was mit so einem Gerät alles ohne große Probleme möglich ist. Ich hatte es vorhin schon einmal kurz angerissen: Für einfache Aufgaben benötigt ein Home Server meist gar keine gigantischen Leistungsreserven. Bedenken Sie einmal, was ein Home Server eigentlich meistens macht: Er verteilt Daten. Ein Server braucht keine üppige grafische Benutzerumgebung mit detailreichen Icons und muss keine aufwendigen Animationen anzeigen und berechnen. Er spielt auch keine Videos direkt ab, er rendert auch keine Webseite. Alle diese wirklich leistungsfordernden Aufgaben braucht der Server nicht zu erfüllen – er arbeitet ja headless und kümmert sich nur um die Datenverteilung. Viele seiner Aufgaben belasten einen Server (im typischen

Heimnetzwerk) nur sehr wenig. Denken Sie etwa an die Kalender-, Aufgaben- und Kontaktverwaltung, an einen Uhrzeitserver oder an einen Server, der Webcam-Einzelbilder bereitstellt. Alle diese Aufgaben erfordern kaum Rechenleistung und nur ein geringes Datentransferaufkommen. Diese Aufgaben erledigt ein Raspberry Pi spielerisch. Natürlich gibt es auch Aufgaben, bei denen eine größere Datenmenge zu übertragen ist, allen voran bei klassischen Datenübertragungen des File- oder Medienservers, insbesondere bei Videodateien. Auch diese Aufgaben erledigt ein Pi ohne größere Probleme. Es gibt darüber hinaus Anwendungen, die einen Server deutlicher belasten. Dazu zählen beispielsweise das Echtzeitstreaming eines Webcam-Videos (je nach gewünschtem Format) und auch das Konvertieren von Audiodaten bei einem Telefongespräch, wenn unterschiedliche Technologien in Einklang gebracht werden müssen. Eine weitere rechenintensive Arbeit ist das Zusammenstellen von Website-Inhalten bei einem Cloud-Projekt. Diesen Aufgaben ist ein Pi-Server oftmals durchaus gewachsen, allerdings kann er nicht besonders viele dieser Aufgaben gleichzeitig bearbeiten oder zusätzlich eine Menge kleinerer Aufgaben übernehmen.

Sie sehen schon, eine pauschale Aussage zur Leistungsfähigkeit lässt sich gar nicht treffen, zumal es auch sehr wichtig ist, wie viele Nutzer der Server hat und wie viele dieser Nutzer tatsächlich gleichzeitig auf den Server zugreifen. Es ist auch sehr wichtig, welche Anwendungen diese Nutzer gleichzeitig nutzen.

Generell kann man jedoch sagen, dass die Leistung eines Pi-Servers für eine vierköpfige Familie mit normalen Bedürfnissen tatsächlich ausreichend ist – auch wenn Sie das zunächst verwundern wird. An dieser Stelle machen sich ein paar Beispiele zu typischen Anwendungsfällen gut, dabei sage ich Ihnen gleich, wo ein Intel NUC im Vorteil ist.

Als üblicher Fileserver erreicht der Raspberry Pi (wenn der Datenträger selbst ausreichend schnell ist) eine Datenübertragungsrate von etwa 100 MByte/s (lesend) beziehungsweise 55 MByte/s (schreibend). Das ist deutlich mehr, als eine übliche USB-2.0-Festplatte zu leisten vermag. Diese Datenrate reicht locker zum gleichzeitigen Betrachten mehrerer Filme in 4K-Auflösung mit einer Datenrate von 5–10 MByte/s (das sind etwa 40–80 MBit/s). Sie sehen, das reicht selbst dann, wenn fünf Filme gleichzeitig geschaut werden. Ein einfacher Intel NUC erreicht lesend nicht wesentlich höhere Datenraten pro Sekunde, kann aber bei Schreibvorgängen mehr Leistung bieten. Beim Filmeschauen macht das keinen Unterschied. Wer aber häufig größere Datenmengen auf den Server kopiert, der freut sich unter Umständen über das höhere Arbeitstempo des Intel NUC.

Reicht die Leistung aus, damit drei Familienmitglieder gleichzeitig eine VPN-Verbindung nach Hause ins Heimnetz aufbauen und nutzen können? Ja, das tut sie. Beide Computer sind schnell genug, um eine übliche Internetverbindung auslasten zu können. Wer jedoch modernste Glasfaseranschlüsse nutzt, dabei große Datenmengen transportiert und Durchsatzraten jenseits von 100 MBit/s erwartet, der benötigt mehr Rechenleistung, als der Raspberry Pi im Servereinsatz bieten kann, und sollte eher zum Intel NUC greifen.

Können zwei Personen einen Film schauen, zwei weitere Fotos betrachten und eine dritte Musik hören? Ja, das geht. Und zwar problemlos mit dem Raspberry Pi.

Möchten Sie über Ihre eigene Cloud die letzten Urlaubsfotos dem Freundeskreis zum Ansehen bereitstellen? Wenn es ungefähr 15–20 Freunde sind, von denen gleichzeitig drei bis vier auf die Fotos zugreifen: kein Problem. Allerdings werden Cloud-Anwendungen immer leistungsfähiger und fortlaufend weiterentwickelt. Dadurch steigt ihr Leistungsbedarf immer weiter an. Während sich früher die Foto-Funktionen tatsächlich auf das Anzeigen einer einfachen Diashow beschränkten, werden Bilder heutzutage automatisch in der Größe angepasst, gedreht und mit weiteren Informationen versehen. Bei einer intensiven Nutzung der Cloud stößt der Raspberry Pi irgendwann an seine Grenzen, so dass der Nutzer relativ lange auf die Anzeige einer Webseite warten muss. Wer die Cloud also intensiv nutzt und dort viele Dateien ablegt und synchronisiert, der wird mit einem Intel NUC eher glücklich als mit dem Raspberry Pi.

Können drei bis vier Personen gemeinsam an einem Schulprojekt arbeiten und beispielsweise gemeinsam an einem Dokument schreiben (Stichwort: kollaborative Textverarbeitung)? Ja, auch das geht. Allerdings gilt auch hier dasselbe wie vorhin: Je leistungsfähiger die Office-Umgebung in einem Cloud-Service wird, desto eher wird es auf dem Raspberry Pi hakelig. Wer diese Funktionen aber nicht unbedingt nutzt, der fährt mit dem Pi-Server nach wie vor sehr gut.

Kritisch wird es für den Raspberry Pi immer dann, wenn alle diese Aufgaben gleichzeitig ablaufen müssen oder Ihre Familie nur aus Technikfreaks besteht. Dafür reicht die Leistung dann nicht mehr aus, und der Server ist überlastet. In so einem Fall fällt er natürlich nicht gleich aus, aber die Abarbeitung der Aufgaben verzögert sich. Zum Beispiel wird der Seitenaufbau der Cloud-Anwendung langsamer, die Filmwiedergabe beginnt zu stocken, Fotos bei der Diashow laden nur sehr langsam nach. Doch auch dafür gibt es eine Lösung: Da die Pi-Computer so günstig sind und einen sehr niedrigen Stromverbrauch haben, der finanzielle und natürliche Ressourcen schont, können Sie auch beispielsweise zwei Server betreiben, die sich die Aufgaben teilen. So können Sie die arbeitsintensiven Anwendungen auf die Server aufteilen. Sie können auch beispielsweise Filme nach den unterschiedlichen Interessen separieren oder einen Server für die Eltern und einen für die Kinder vorsehen.

Abschließend sei noch einmal gesagt, dass es prinzipiell für dieses Buch keine Rolle spielt, für welchen Computer Sie sich entscheiden. Es gibt nur Unterschiede bei der Ersteinrichtung, also der Installation und Konfiguration des Betriebssystems. Ab diesem Punkt sind alle Bedienschritte und nahezu alle Möglichkeiten für beide Rechner exakt dieselben. Bei der Installation und Grundeinrichtung gibt es noch (weitestgehend) getrennte Wege, danach wird aber alles einheitlich.

1.6 Gibt es denn auch leistungsfähigere Alternativen?

Fragt das etwa jemand, noch bevor es richtig losgeht? Nun gut, ja, die gibt es. Aber die sollten Sie erst dann überdenken, wenn tatsächlich Bedarf besteht. Das Tolle am Raspberry Pi ist ja, dass er so günstig ist und so wenig Strom verbraucht und dafür doch schon eine Menge mitbringt, die vielfach ausreicht. Und wem die Leistung des Raspberry Pi nicht ausreicht, der findet bereits im Intel NUC eine deutlich leistungsfähigere Alternative.

Allerdings ist auch ein Intel NUC kein »richtiger« Server, auch nicht für den Heimbereich, sondern eine Lösung zum Kennenlernen der Thematik. Sowohl der Raspberry Pi als auch der NUC richten sich, wenn die Geräte als Home Server genutzt werden, an Einsteiger*innen oder Nutzer mit moderaten Anforderungen.

Einen großen Unterschied finden wir als Erstes bei den Speichermedien. Hier sind beide Systeme recht begrenzt. Ein richtiger Server bietet im Regelfall deutlich mehr Einschübe für interne Speichermedien, die zur Erhöhung der Ausfallsicherheit auch in so genannten *RAID-Verbänden* betrieben werden können. Selbstverständlich ist hier die Möglichkeit, auch 3,5" Zoll große klassische Festplatten einzubauen. Je nach Modell nutzen besser ausgestattete Server nicht nur insgesamt »robustere« Hardware, sondern auch die Möglichkeit der Fehlererkennung und -korrektur beim Arbeitsspeicher. Dies fehlt dem Raspberry Pi und dem Intel NUC genauso wie die Möglichkeit einer vollwertigen Fernsteuerung, die beispielsweise auch einen abgeschalteten oder abgestürzten Server neu starten kann.

Wer von seinem Home Server entsprechende Leistungen erwartet, aber mit begrenztem Budget auftritt, der kann zunächst versuchen, sich mit kompakten Komponenten aus der normalen Computerwelt einen kleinen Server zusammenzubauen. Es gibt zahlreiche Mainboards im platzsparenden Mini-ITX-Format (teilweise sogar explizit für den Servereinsatz), die eine Vielzahl von Anschlüssen für Festplatten mitbringen und auch RAID-Verbände unterstützten. Mit einem entsprechenden Gehäuse kann man so einen nahezu »richtigen« Server aufbauen.

Wenn es noch professioneller sein soll, dann lohnt sich ein Blick beispielsweise auf die ProLiant-Serverreihe vom Hersteller HP. Hierbei handelt es sich um kleine, aber vollwertige Server für den Einsatz im (gut ausgestatteten) Heimnetzwerk oder in einem kleinen Unternehmen. Natürlich haben solche Geräte nicht nur ihren Preis, sondern bringen auch einen entsprechenden Strombedarf mit sich und sind, erst recht, wenn sie mit klassischen Festplatten bestückt sind, keinesfalls lautlos.

Einen ausgedienten älteren Standard-PC umzufunktionieren, ist übrigens keine gute Idee, vor allem wegen des Stromverbrauchs. Ein normaler, älterer PC kann durchaus eine Leistungsaufnahme von 100 W haben (oder sogar noch mehr) und damit für jährliche Stromkosten von mehr als 250 € sorgen, vor allem, wenn er ständig durchläuft.

Eine Alternative zum Home Server bieten möglicherweise auch NAS-Geräte. Diese beschränken sich längst nicht mehr auf die Bereitstellung von Speicherplatz, der im Netzwerk genutzt werden kann, sondern sie bieten eine mannigfaltige Palette von Serverdiensten an. Auf einem modernen NAS-Gerät können Sie problemlos eine Website hosten, Sie können Ihre eigene Cloud nutzen und die persönliche Mediensammlung verwalten. Auch diese Geräte sind für die Nutzung im Heimnetzwerk sehr interessant. Allerdings haben auch sie im Vergleich etwa zum Raspberry Pi einen deutlich höheren Stromverbrauch, einen höheren Platzbedarf, und sie arbeiten grundsätzlich mit Lüftern.

1.7 Was benötigen Sie an Einzelkomponenten für Ihren Home Server?

Bei der Vorstellung der Hardware im vorigen Abschnitt habe ich es schon kurz angesprochen: Mit Ausnahme der Mini-PC-Versionen des Intel NUC sind beide Rechnersysteme »ab Werk« noch nicht einsatzbereit, sondern müssen mit zusätzlichen Komponenten ergänzt werden.

Beim Intel NUC benötigen Sie, wie gesagt, neben dem Basisgerät noch ein Speichermedium. Zusätzlich ist Arbeitsspeicher in Form eines DDR4-SODIMM-Kits erforderlich.

Beim Raspberry Pi ist der Zusammenbau des Rechners tendenziell sogar noch einfacher, denn hier muss lediglich die Platine in ein Gehäuse eingebaut werden. Dennoch sind für den Raspberry Pi insgesamt mehr Komponenten erforderlich. Ich möchte Ihnen für die Auswahl der benötigten Dinge noch kurz ein paar Tipps geben. Die notwendigen Komponenten können Sie einzeln erwerben, oder Sie greifen zu einem der häufig anzutreffenden Paketangebote. Paketangebote bringen jedoch den Nachteil mit sich, dass Sie sich nicht mehr jede einzelne Komponente individuell aussuchen können.

1.7.1 Der Pi-Computer und die Speicherkarte

Zunächst brauchen Sie natürlich den eigentlichen Pi-Einplatinenrechner. Ihn bekommen Sie entweder bei diversen Internethändlern oder aber auch lokal in einigen Elektronik(bastler)läden. Wie zuvor gesagt eignet sich für Serveranwendungen am besten das Modell Raspberry Pi 4B mit 2 GB, besser jedoch 4 GB Arbeitsspeicher. Der Einplatinenrechner kommt ganz nackt in einem Karton und ist noch nicht betriebsbereit. Unter anderem ist noch keine Speicherkarte für die Programme und das Betriebssystem vorhanden.

Abbildung 1.3 Eine microSD-Karte (links) und eine SD-Karte normaler Baugröße (rechts)

Der Raspberry Pi nutzt eine handelsübliche microSD-Speicherkarte. Je höher die Speicherkapazität der Karte ist, desto mehr Platz haben Sie für die Programme und für die Daten, die der Server verarbeiten soll, und desto seltener wird zusätzlicher Speicher als Festplatte oder USB-Stick notwendig.

Speicherkarten mit einer Kapazität von 64 Gigabyte sind für rund 10 Euro erhältlich und bieten für den Anfang ausreichend Speicherplatz. Wer absehen kann, dass er mit größeren Datenmengen arbeiten wird, der kann auch zu einer größeren Speicherkarte mit 128 GB Kapazität greifen. Es lohnt sich allerdings nicht, gleich »auf Vorrat« einzukaufen. Speicherkarten sind prinzipiell ein Verschleißteil, und die Preise sinken kontinuierlich. Daher die Empfehlung: Beginnen Sie mit einem 64-Gigabyte-Modell, und probieren Sie erst dann größere Karten aus, wenn der freie Speicherplatz knapp wird. Sie können den Karteninhalt auch später noch auf eine größere Karte umkopieren (und zwar mit dem weiter hinten besprochenen Backup-Verfahren). Wenn Sie bereits größere Karten besitzen, dann können Sie sie ebenso ausprobieren.

Entscheiden Sie sich für eine möglichst schnelle Karte. Beachten Sie aber, dass das Speicherinterface der Pi-Computer eine begrenzte Datenübertragungsrate von ungefähr 40 MB/s aufweist. Nehmen Sie also eine Karte, die diese Geschwindigkeiten erreicht. Ultra-Ultra-Extreme-Hypertastic-Pro-2-Karten braucht es aber nicht, da so hohe Datentransferraten vom Speicherkarten-Interface des Pi-Computers nicht ausgenutzt werden können.

Beachten Sie aber auch unbedingt, dass es sich bei der Speicherkarte mehr oder weniger um ein Verschleißteil handelt. Auch wenn sie keine bewegten mechanischen Komponenten enthält, so ist sie doch nur für eine begrenzte Zahl von Schreibzugriffen ausgelegt. Daher müssen Sie unbedingt eine geeignete Backup-Strategie einplanen, wie ich sie in diesem Buch vorstellen werde. Bei normaler Benutzung sollte die Speicherkarte aber trotzdem eine Betriebszeit von mehreren Jahren erreichen.

Bei der Nutzung einer Speicherkarte in einem Smartphone oder einer Digitalkamera wird diese relativ selten beschrieben – jedenfalls deutlich seltener als etwa in einer Überwachungskamera, deren Bildinformationen fortlaufend abgespeichert werden. Hierbei wird die Speicherkarte deutlich stärker beansprucht. Daher haben die Hersteller von Speicherkarten spezielle Modelle entwickelt, die zwar etwas teurer und nicht ganz so schnell sind, dafür aber deutlich mehr Schreibzugriffe verkraften als normale Modelle und so insgesamt eine längere Betriebsdauer erreichen. Derartige Speicherkarten werden mit Zusätzen wie »High Endurance« bezeichnet. Ihr Einsatz kann sich durchaus im Raspberry Pi lohnen, denn hier kommen im normalen Betrieb einige Schreibzugriffe zusammen. Beispielsweise legen viele Serverdienste routinemäßig Logdateien an, die häufig aktualisiert werden und auf der Speicherkarte abgelegt sind. Wer seinen Pi-Server also intensiv nutzen möchte und vielleicht auch selbst häufig Daten abspeichern möchte, für den könnte sich eine solche Speicherkarte mit »hoher Ausdauer« lohnen.

Da das Betriebssystem mit allen Einstellungen und allen Anwendungen auf dieser einen Speicherkarte gespeichert wird, enthält sie quasi die gesamte Rechneridentität. Das können Sie zu Ihrem Vorteil ausnutzen: Wenn Sie für den Einstieg dann und wann noch ein wenig »herumprobieren« möchten und Angst haben, Ihren eigentlichen Server durch Falscheinstellungen funktionsunfähig zu machen, dann können Sie einfach mit zwei Speicherkarten arbeiten. Eine Karte nutzen Sie für den »echten« Server für den stabilen Betrieb, eine zweite Karte zum Ausprobieren und Experimentieren. Bei der zweiten Karte kann es sich ruhig um ein günstiges Modell mit moderater Geschwindigkeit und kleinerer Speicherkapazität handeln (schon 8 Gigabyte genügen). Installieren Sie auch hierauf ein Betriebssystem, das Sie zum Üben und Ausprobieren verwenden. So können Sie eine neue Serveranwendung erst in Ruhe konfigurieren und testen, bevor Sie sie auch auf der »richtigen« Speicherkarte installieren. Übrigens dient die Speicherkarte hauptsächlich zur Aufnahme des Betriebssystems, der Anwendungen und eventuell einiger Benutzerdaten. Als Hauptspeicher für besonders intensive Fileserver-Anwendungen ist sie jedoch nicht gedacht, da diese mit den Zugriffen des Betriebssystems konkurrieren. Umfangreiche Datenmengen sollten Sie daher auf ein externes Speichermedium auslagern. Dabei kann es sich um eine externe Festplatte oder auch einen großzügig bemessenen USB-Stick handeln.

1.7.2 Das Netzteil und das Gehäuse

Ein sehr wichtiger Aspekt ist das Netzteil. Ein Netzteil liegt dem Raspberry Pi 4 nicht bei und muss separat erworben werden. Sie benötigen ein 5-Volt-Netzteil mit einem USB-C-Anschluss, wie Sie es vom Smartphone oder Tablet her kennen. Es sollte sich um ein leistungsfähiges Modell handeln, das eine Stromstärke von 3,0 Ampere liefern kann, also für eine Leistung bis zu 15 W ausgelegt ist. Dies ist besonders wichtig, wenn Sie noch einiges an Zubehör wie USB-Sticks oder gar eine Festplatte anschließen möchten. Wie bereits zuvor erwähnt, gibt es von der Raspberry Pi Foundation mittlerweile ein genau passendes Netzteil für den Raspberry Pi 4, das ausreichend Leistung bereitstellen kann und das problemlos im Internet erhältlich ist. Da es genau auf den Pi abgestimmt ist, sollte bevorzugt verwendet werden.

Abbildung 1.4 Das Netzteil für Ihren Pi-Computer

[»]

Achten Sie bitte in jedem Fall auf ein gutes und hochwertiges Markengerät

Die Stromversorgung muss stabil sein, denn andernfalls kann der Server abstürzen. Da leider viele Fälschungen angeboten werden, sollten Sie keine Handy-Billigware kaufen, es sei denn, Sie kaufen mit Sicherheit Originalware. Rechnen Sie mit Preisen um 10 Euro. Achten Sie auch auf die bei Elektroartikeln relevanten Prüfzeichen und Schutzvorkehrungen (wie einen Überlastungsschutz und eine Temperatursicherung), denn das Netzteil kommt ja mit der 230-Volt-Netzspannung in Berührung, und der Server soll schließlich auch im Dauerbetrieb störungsfrei durchlaufen. Es wäre nicht gut, wenn das Netzteil dabei in Flammen aufginge. Geben Sie lieber ein oder zwei Euro mehr aus, und achten Sie auch auf eine ausreichende Kabellänge, auf gute, solide Anschlüsse und auch auf einen Knickschutz.

Bislang ist der Pi-Computer immer noch nur eine nackte Platine, die so nicht sonderlich hübsch anzusehen ist, keinen Berührungsschutz hat und schnell einstaubt. Sie sollten sich also um ein Gehäuse bemühen. Es gibt verschiedene Versionen, die sich im Design, Material und im Farbton unterscheiden. Bei der Wahl des Gehäuses müssen Sie unbedingt darauf achten, dass es für den Raspberry Pi 4 geeignet ist. Beim Wechsel vom Raspberry Pi 3 zum Raspberry Pi 4 wurden nämlich einige Anschlüsse geändert, so dass die moderne Version nicht mehr zu alten Gehäusen passt. Wie schon beim Netzteil, so gibt es auch beim Gehäuse ein passendes Modell von der Raspberry Pi Foundation, das modular aufgebaut ist und entweder in einem schwarzen oder einem rosaroten Farbton erhältlich ist. Von diesem Gehäuse möchte ich Ihnen jedoch eher abraten. Es ist zwar durchaus hochwertig verarbeitet und hübsch anzusehen, bietet aber kein sehr gutes Kühlkonzept. Da der Prozessor des Raspberry Pi 4 sehr leistungsfähig ist und recht schnell getaktet ist, wird auch einiges an Abwärme produziert. In einem geschlossenen Gehäuse wird der Prozessor schnell so heiß, dass dessen Leistung zum Schutz vor Überhitzung gedrosselt wird. Der Raspberry Pi geht hierdurch zwar nicht kaputt, aber er arbeitet langsamer, als er mit guter Kühlung könnte. Es gibt daher einige Gehäuse mit einer integrierten Kühlfunktion, bei der das gesamte Gehäuse als passiver Kühlkörper arbeitet. Da der Pi relativ sparsam ist, genügt schon eine relativ einfache Konstruktion. Sie ermöglicht einen kontinuierlichen Betrieb mit Höchstleistung, ohne dass die Rechengeschwindigkeit des Prozessors limitiert werden muss. Ein formschönes Beispiel findet sich beispielsweise im FLIRC-Case, dessen Rahmen aus massivem Metall besteht und das für etwa 20 Euro im Internet zu beziehen ist. Daneben gibt es weitere Alternativen, die Sie rasch im Internet finden werden.

Abbildung 1.5 Das »FLIRC-Case« eignet sich gut, wenn der Raspberry Pi als Server genutzt werden soll.

Ein gutes Gehäuse hält die Platine mit Schraubverbindungen fest und ist auch selbst verschraubt. Schraubenlose Klickversionen sollten Sie zuerst überprüfen, denn manche einfachen Varianten verspannen die Platine unnötig, was zu Langzeitschäden führen kann. Manche Gehäuse bieten auch Öffnungen für die Pfostenstecker auf der Platine, gerade auch für den Anschluss des separat erhältlichen Kameramoduls. Aufgrund der eingebauten WLAN-Antenne kommen für den Raspberry Pi 4 keine (komplett) geschlossenen Metallgehäuse in Betracht – zumindest dann nicht, wenn Sie die WLAN-Funktionalität auch benutzen möchten.

1.7.3 Optionales Zubehör

Manchmal werden Ihnen auch gleich noch Kühlkörper angeboten, die Sie auf den Prozessor und den Spannungswandler aufkleben können. Im Grunde genommen benötigen Sie diese Bauteile mit einem guten Gehäuse jedoch nicht. Sie können sogar hinderlich sein, weil sie für die Kühlkonstruktion des Gehäuses im Weg sind.

Ihr Pi-Server benötigt zwangsweise eine Netzwerkverbindung. Nach wie vor ist die beste Lösung der Anschluss über die kabelgebundene LAN-Schnittstelle. Wenn Sie bereits eine Hausverkabelung haben, dann ist natürlich jeder Standort möglich.

Eine Alternative zur strukturierten Hausverkabelung ist Powerline, also die Datenübertragung über die Stromleitung. Hierfür müssen Sie aber Powerline-Adapter einsetzen, die wiederum zu einem entsprechenden Stromverbrauch führen. Rechnen Sie bei stromsparenden Geräten mit Kosten um 5 Euro pro Jahr. Bedenken Sie auch eine theoretisch vorhandene Brandgefahr, die jedes elektrische Gerät mit sich bringt. Wie die WLAN-Verbindung ist die Nutzung des Powerline-Verfahrens für den Serverbetrieb also eher eine Notlösung. Versuchen Sie auf alle Fälle, den Server per (Netzwerk-)Kabel an das Heimnetzwerk anzuschließen.

Im Prinzip war es das jetzt schon. Für die Erstinbetriebnahme benötigen Sie noch ein freies HDMI-Kabel und eine (einfache) USB-Tastatur. Unbedingt erforderlich ist auch ein normaler PC. Den werden Sie aber wohl besitzen, wenn Sie sich für einen Netzwerkserver interessieren, richtig? Der PC muss einen Kartenleser für die Speicherkarten haben, die in den Pi-Computer eingelegt werden. Sie benötigen den Speicherkartenleser, um das Betriebssystem des Pi-Computers auf dessen Speicherkarte zu kopieren. Das Gerät kann auch zur Erstellung eines Backups (also einer Sicherheitskopie) benutzt werden. Notfalls müssen Sie einen externen Speicherkartenleser erwerben. Für microSD-Karten sind Adapter auf die normale SD-Größe erhältlich und liegen vielen Karten direkt bei. Es ist nicht entscheidend, unter welchem Betriebssystem der Desktoprechner arbeitet.

1.7.4 USB-Sticks und externe Festplatten

Wenn Sie bereits absehen können, dass der Speicherplatz auf der Speicherkarte für Ihre Serveraufgaben zu gering bemessen ist, dann können Sie auch gleich eine entsprechende Speicherlösung erwerben. Sie haben mehrere Möglichkeiten. Die erste Möglichkeit ist ein USB-Stick. Er bietet den Vorteil der geringen Stromaufnahme, was ihn für den Dauerbetrieb interessant macht. Nachteilig ist ein hoher Preis pro Gigabyte Speicherkapazität. Achten Sie auf ausreichende Lese- und Schreibgeschwindigkeiten. Denken Sie daran, dass der moderne Pi 4 bereits über USB-3.0-Anschlüsse verfügt und damit auch entsprechend schnelle USB-Sticks auslesen kann. Die zweite Möglichkeit ist eine externe 3,5" große Festplatte mit eigener Stromversorgung. Sie bietet den größten Speicherplatz fürs Geld, ist aber auch mechanisch groß und schwer, erfordert ein weiteres Netzteil und hat den höchsten Stromverbrauch. Moderne externe Festplatten haben jedoch einen deutlich geringeren Stromverbrauch, gerade auch im Standby-Betrieb, den sie von selbst nach einer Zeit der Inaktivität einlegen. So etwas ist für den Serverbetrieb also recht gut geeignet. Die Stromkosten sind abhängig von der Nutzungsintensität, betragen jedoch durchschnittlich weniger als 10 Euro pro Jahr. Die dritte Möglichkeit wäre der Anschluss einer externen 2,5" großen Notebook-Festplatte, die ihren Betriebsstrom direkt über den USB-Anschluss erhält. Hier sollten Sie entsprechende Testberichte studieren und zu einem Modell greifen, das einen möglichst geringen Strombedarf hat, damit die Stromversorgung des Raspberry Pi nicht übermäßig belastet wird.

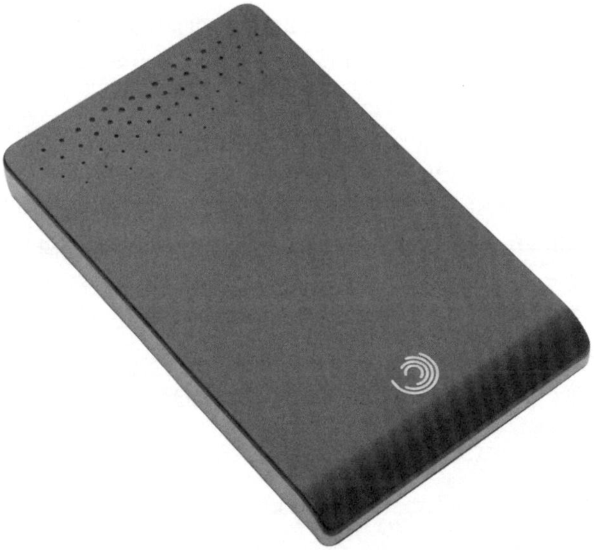

Abbildung 1.6 Eine externe Festplatte – sie eignet sich wunderbar, um den Speicherplatz des Pi-Servers zu vergrößern.

Beim Anschluss einer solchen Festplatte kommt es ganz besonders darauf an, dass der Raspberry Pi von einem hochwertigen und leistungsstarken Netzteil versorgt wird. Der Anschluss von mehr als einer Festplatte ohne eigene Stromversorgung ist nicht empfehlenswert. Eine Alternative ist die Nutzung eines aktiven USB-Hubs mit eigener Stromversorgung. Es genügt ein gewöhnliches, schlichtes Markengerät Ihres favorisierten Herstellers – daran können (je nach Leistungsfähigkeit) auch mehrere Notebook-Festplatten angeschlossen werden. Natürlich können Sie auch einen Intel NUC sowohl mit USB-Sticks als auch mit externen Festplatten erweitern. Da der Intel NUC ein ausreichend starkes Netzteil mit einer großzügigen Leistungsreserve hat, müssen Sie hier bei der Auswahl der Festplatte nicht so sehr auf deren Leistungsaufnahme achten. Auch der Anschluss mehrerer Festplatten ohne eigene Stromversorgung ist problemlos möglich.

1.8 Wie bauen Sie den Server zusammen?

1.8.1 Der Zusammenbau des Raspberry Pi

Den Zusammenbau Ihres Pi-Servers müssen Sie selbst vornehmen, aber er ist wirklich sehr einfach und hat nicht viel mit üblicher »Computerbastelei« zu tun, schließlich ist der Raspberry Pi bereits ein kompletter Einplatinenrechner. Leider hängen die genauen Schritte von Ihrem Gehäuse ab, aber da Sie auf ein gutes Gehäuse geachtet haben, gehört sicherlich auch eine Anleitung dazu. Im Prinzip beschränkt sich der Zusammenbau darauf, die Platine des Computers in das Gehäuse einzubauen und dieses dann zu schließen. Gehäuse mit integrierter Kühllösung erfordern häufig noch das Aufkleben eines Wärmeleitpads auf den Prozessor des Raspberry Pi. Achten Sie darauf, dass alle Anschlüsse gut zugänglich sind und sauber mit den Gehäusekanten abschließen. Das war es schon. Mehr ist nicht nötig. Legen Sie die Speicherkarte noch nicht ein, sie muss erst am »großen« Computer mit Daten gefüllt werden. Ebenso sollten Sie an dieser Stelle weder das Netzteil noch weitere USB-Geräte anschließen.

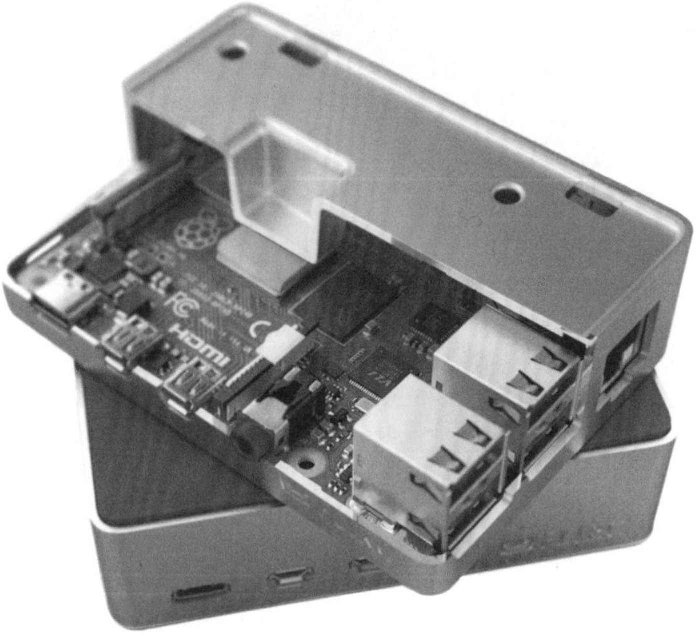

Abbildung 1.7 Beim »FLIRC-Case« dient das ganze Gehäuse als Kühlkörper. Somit ist ein lautloser Betrieb des Servers möglich.

1.8.2 Der Zusammenbau des Intel NUC

Der Einbau der für den NUC benötigten Komponenten (Arbeitsspeicher, SSD im M.2-Format sowie gegebenenfalls zusätzliche mechanische Festplatte) ist relativ einfach. Jeder, der schon einmal einen Computer zusammengebaut hat, bekommt das leicht hin, und wer unsicher ist, der fragt einfach einen erfahrenen Bekannten um Hilfe.

Dem Intel NUC liegt direkt eine entsprechende Anleitung bei. Für den Einbau müssen Sie lediglich die Bodenplatte des NUC abschrauben. Wenn Sie die Bodenplatte abnehmen, dann sehen Sie im Inneren den Träger für die Festplatte, den Sie einfach herausheben können; achten Sie dabei darauf, dass Sie die Anschlusskabel nicht abziehen. Auf dem Mainboard sehen Sie die beiden meist weißlich gefärbten Speicherbänke, in die Sie die Speicherriegel einsetzen, bis diese hörbar einrasten. Eine M.2-SSD wird im Mainboard in den Halterahmen eingelegt, bis zum Ende eingeschoben und dann gegen eine Federkraft am gegenüberliegenden Ende mit einer kleinen Schraube befestigt. Die Position der Schraube muss gegebenenfalls an die Länge der SSD-Karte angepasst werden. Entfernen Sie dazu (falls nötig) einen der Auflagebolzen. Eine Festplatte wird lediglich in den Halterahmen eingeschoben. Sie muss lediglich mit den Anschlüssen passend ausgerichtet werden. Mehr ist nicht zu tun, der NUC kann direkt wieder zusammengebaut werden – das Ganze dauert höchstens 10 Minuten. Danach können Sie gleich mit der Installation des Betriebssystems beginnen.

Abbildung 1.8 Der Einbau der Hardware ist beim Intel NUC in wenigen Minuten erfolgt.

1.9 Welches Betriebssystem bekommt Ihr Server?

Grundsätzlich kann ein Server unter jedem modernen Betriebssystem aufgesetzt werden, also kann auch beispielsweise jeder normale Windows- oder Mac-Computer zu einem Server werden. Aber wenn Sie noch einmal kurz an die Aufgaben eines Servers denken, dann merken Sie rasch, dass sie sich doch deutlich von denen eines normalen Computers unterscheiden und dass viele Funktionen, die ein Betriebssystem für einen Desktop-/Arbeitsplatzrechner mitbringt (wie zuvor schon erwähnt), gar nicht benötigt werden. Am Server wird nicht direkt gearbeitet, er braucht also folglich auch keine grafische Desktopumgebung, die würde nur unnötig Systemressourcen beanspruchen. Ebenso wenig sind 3D-Schnittstellen für eine Grafikkarte nötig. Stattdessen ist es besonders wichtig, dass ein Server stabil läuft, auch über einen längeren Zeitraum. Er bekommt daher nur die Software, die zum Betrieb nötig ist. Er erhält keine unnötigen Programme, keine Tools, die »vielleicht einmal ganz nützlich sind«. Man beschränkt sich auf das Notwendigste und nutzt Software, die ausgereift ist. Man nimmt nicht immer die allerneuesten, sondern getestete Versionen, die sich bewährt haben. Allerdings ist eine Sache wichtig: Ich rede hier von veralteter Software, sondern von Software mit bekannter und getesteter Funktionalität. Sicherheitstechnisch ist Serversoftware natürlich immer auf dem neuesten Stand und wird auch regelmäßig aktualisiert, sie enthält nur (noch) nicht die allerneuesten Funktionen. Deswegen gibt es also spezielle Serverbetriebssysteme, die – wenn auch mit klassischen Desktopsystemen durchaus vergleichbar – doch etwas anders aufgebaut sind.

Viele Server werden unter Linux betrieben. Dies ist ein freies und sehr häufig auch kostenloses Betriebssystem (ja, zwischen frei und kostenlos besteht ein Unterschied). Es ist besonders auf Robustheit und Sicherheit ausgelegt und weniger auf möglichst kinderleichte Bedienung. Nein, es erfordert schon gewisse Kenntnisse, bietet dann aber eine erstaunliche Flexibilität und Konfigurierbarkeit, die andere Systeme nicht erreichen.

Wie vorhin erwähnt, arbeitet der Raspberry Pi aufgrund der Prozessorarchitektur (fast) immer mit einem Linux-Betriebssystem. Auch der Intel NUC kann dieses System problemlos nutzen. Keine Sorge und bitte keine Angst vor dem Linux-Betriebssystem: Ich werde hier im Buch alle nötigen Schritte ganz in Ruhe und mit vielen Erklärungen besprechen, Sie aber nicht (allzu oft) mit »irgendwann einmal nützlichen« Befehlen überhäufen. Sie werden durch sicheres Ausprobieren und Anwenden lernen, sich gut im System zurechtzufinden, und auch kleinere Probleme schnell selbst lösen können. Nur Mut!

Es gibt verschiedene Linux-Systeme, sogenannte *Distributionen*, die sich teilweise an unterschiedlichen Aufgabengebieten orientieren. Für Ihren Home Server werden Sie ein Linux-System einsetzen, das speziell für den Serverbetrieb entwickelt wurde. Es kommt recht spartanisch daher, ohne jeden Schnickschnack, ohne viel Software, belegt aber im Gegenzug nur sehr wenig Ressourcen und läuft extrem stabil. Es bietet keine grafische Benutzeroberfläche, sondern nur eine für den Einstieg zunächst steinzeitlich wirkende Kommandozeile, die ein wenig an alte DOS-Zeiten erinnert, aber damit nicht wirklich viel gemeinsam hat. Die Kommandozeile von Linux ist, wenn sie auch altmodisch wirken mag, auf der Höhe der Zeit und unglaublich flexibel und performant. In diesem Buch wird fast alles über diese Kommandozeile erledigt. Durch Textbefehle installieren Sie genau die Software, die Sie benötigen, und richten sie ganz nach Ihrem Wunsche ein. Auch ein professioneller Serveradministrator arbeitet sehr viel mit der Kommandozeile und kann dort alles erreichen, was nötig ist. Gleichzeitig wird der Server nicht unnötig belastet und wird nicht langsamer und auch nicht instabiler. Bedenken Sie in diesem Zusammenhang auch, dass ein aufwendiges Betriebssystem mit einer umfangreichen grafischen Benutzeroberfläche und vielen Komfortfunktionen naturgemäß auch ein größeres Potential für Fehler und Sicherheitslücken hat.

Nebenbei: Natürlich können Sie sowohl den Raspberry Pi als auch den Intel NUC auch mit einem Desktop-Linux-System ausstatten. Dieses bringt dann auch eine grafische Benutzeroberfläche mit, deren Bedienung mit der von Windows oder auch macOS vergleichbar ist. Dabei haben Sie dann auch ganz normal einen Webbrowser, ein E-Mail-Programm, Office-Programme zur Dokumentenbearbeitung sowie ein paar Spielchen. Sie können bei Interesse auch einmal eine normale Desktopfassung ausprobieren. Beim Raspberry Pi geht das ja durch einen simplen Wechsel der Speicherkarte ganz einfach. Sie werden überrascht sein, dass Sie mit dem Raspberry Pi alltägliche Aufgaben problemlos erledigen können. Komplette Desktopsysteme sind aber für den Serverbetrieb nicht nötig und damit auch nicht Gegenstand dieses Buches.

Kapitel 2
Installation des Betriebssystems

Nun ist es an der Zeit, dass Ihr Home Server ein Betriebssystem bekommt. In diesem Kapitel lernen Sie, es zu installieren.

Jetzt werden Sie das Betriebssystem für Ihren Home Server installieren und konfigurieren. Dieser Vorgang wird sich deutlich von dem unterscheiden, was Sie von Ihrem Desktopcomputer gewohnt sind. Die beiden Rechnertypen (der Raspberry Pi und der Intel NUC) unterscheiden sich bei der Installation des Betriebssystems deutlich voneinander, daher beschreibe ich die Durchführung in getrennten Abschnitten.

Bevor es losgeht, möchte ich Ihnen noch kurz etwas zum verwendeten Betriebssystem erklären. Wie zuvor erwähnt, arbeitet der Raspberry Pi mit einem Linux-Betriebssystem, und auch für den Intel NUC möchte ich, wenn er als Home Server arbeitet, die Nutzung eines solchen Systems empfehlen. Wenn Sie mit Linux noch überhaupt nicht vertraut sind, dann wird es Sie interessieren, dass dieser Begriff eigentlich nur den Kernel benennt – Sie können sich darunter so etwas wie die Kernkomponente des Betriebssystems vorstellen, die sehr hardwarenah arbeitet und für Programme und Dienste Schnittstellen anbietet. Um diesen Kernel herum gibt es im Betriebssystem zahlreiche Anwendungen und Befehle, die nur dann ausgeführt werden können, wenn der Kernel zuvor korrekt geladen wurde und ausgeführt wird. Der Kernel ist quelloffen und kann von jedermann genutzt werden. Daher verwundert es nicht, dass es unterschiedliche Ansätze gibt, diesen Kernel mit Anwendungen und Befehlen »zu verheiraten«. Folglich gibt es nicht nur ein »Linux-Betriebssystem«, sondern es gibt diverse Arten davon. Man nennt diese unterschiedlichen Ansätze *Distributionen*. Sie nutzen zwar mehr oder weniger denselben Kernel, unterscheiden sich aber im Drumherum.

Eine bekannte und geachtete Linux-Distribution, die sich besonders für den Einsatz auf einem Server eignet, nennt sich *Debian*. Sie können dieses System direkt auf einem Server nutzen, es gibt allerdings auch weitere Linux-Distributionen, die ihrerseits auf Debian basieren und einige Dinge anders regeln. Für den Intel NUC bietet es sich an, direkt Debian zu verwenden. Debian ist allerdings in seiner ursprünglichen Form nicht für den Raspberry Pi erhältlich, hier wird ein Betriebssystem namens *Raspberry Pi OS* verwendet, das auf Debian basiert.

Debian selbst ist ein Open-Source-Projekt, an dem sehr viele Menschen mitwirken. Das System besteht nicht nur aus dem eigentlichen Linux-Kernel (der für das Raspberry Pi OS angepasst wird), sondern auch aus einer sehr umfangreichen Softwarebibliothek. In dieser Bibliothek sind sehr viele Programme enthalten, die ebenfalls aus dem Open-Source-Bereich stammen und kostenlos installiert und genutzt werden können. Dabei bringt Debian von Haus aus für diese Zusatzprogramme ein Installationssystem mit, das die Installation dieser Programme sehr stark vereinfacht – im Prinzip ist zur Installation eines Programms nur ein einzelner Textbefehl nötig. Mehr dazu erkläre ich Ihnen, wenn Sie das Betriebssystem später in diesem Buch kennenlernen. Wichtig ist an dieser Stelle jedoch zu betonen, dass Debian sehr großen Wert auf die Stabilität der beteiligten Programme legt. Jede Software, die in Debian aufgenommen wird, muss einen umfangreichen Test bestehen, der sich auf einen mehrere Monate dauernden Zeitraum erstreckt (es können sogar mehrere Jahre sein). Während dieser Zeit werden Fehler korrigiert, so dass die Software am Ende nicht nur stabil, sondern auch sicher arbeitet und möglichst keine bekannten Sicherheitslücken aufweist. Debian enthält also vielleicht nicht die neuesten Fassungen einer Software mit den allerneusten Funktionen, dafür aber eine sehr stabil und sicher arbeitende Programmbibliothek. Als Nutzer eines Desktopcomputers werden Sie sich hier vielleicht etwas wundern, aber so ein Linux-Server, der auf Debian basiert, kann tatsächlich ohne weiteres mehrere Jahre ohne einen einzigen Absturz durchlaufen. Damit eignet sich dieses System ideal für die Nutzung auf einem Server. Die große Stabilität und die hohe Sicherheit des Systems sind sicherlich die Hauptgründe, warum Debian auch auf vielen »richtigen« Servern eingesetzt wird, und zwar längst nicht nur im Heimbereich, sondern gerade auch in höchst professionellen Rechenzentren.

Debian wird fortlaufend weiterentwickelt. Neben kleineren Versionsupdates, die hauptsächlich Fehlerkorrekturen enthalten, gibt es auch große Änderungen, die als eigenständige Version erscheinen. Bei einem großen Update, also einer neuen eigenständigen Version, ändert sich auch die beteiligte Software und wird entsprechend aktualisiert. Gegenwärtig ist von Debian die Version 10 aktuell, die neben der Versionsnummer zusätzlich den Namen *Buster* trägt. Sollte die Zeit schon etwas fortgeschritten sein, dann ist möglicherweise bereits Version 11 aktuell, die den Namen *Bullseye* tragen wird. Wer sich über diese Bezeichnungen wundert: Die Debian-Versionen sind immer nach Charakteren des Animationsfilms *Toy Story* benannt – es gab beispielsweise schon Versionen mit den Namen *Lenny*, *Wheezy*, *Jessie* und *Stretch*.

In der Bedienung auf der Kommandozeile unterscheidet sich ein unverändertes Debian (fast) nicht von Raspberry Pi OS. Das ist der Hauptgrund, warum dieses Buch sowohl für den Raspberry Pi als auch den Intel NUC »gültig« ist.

Nachdem Sie nun etwas zum Betriebssystem gelernt haben, können Sie sich an dessen Installation machen. Fahren Sie bitte mit dem Abschnitt fort, der zu Ihrem Rechnertypen passt.

2.1 Die Installation des Betriebssystems für den Raspberry Pi

Wie ich im vorigen Kapitel schon erwähnt habe, ist die Speicherkarte das Speicher-Herzstück Ihres Raspberry Pi. Alle Informationen und Einstellungen, die den Rechner und das Betriebssystem betreffen, sind hierauf gespeichert. Es gibt auf dem Pi kein BIOS (beziehungsweise kein UEFI) mit Einstellmöglichkeiten, wie Sie es vom Desktop-PC gewohnt sind. Der gesamte Zustand des Computers ist also auf der Speicherkarte gespeichert. Das hat zwei interessante Effekte. Nummer eins: Sie können auf einer weiteren Speicherkarte ein alternatives Betriebssystem installieren, das eine komplett abweichende Softwareausstattung und andere Einstellungen verwendet. Mit dieser Speicherkarte verhält sich Ihr Pi dann komplett anders – als wäre er ein anderer Computer. Stecken Sie wieder die ursprünglich genutzte Karte ein, dann ist alles wieder wie zuvor. Nummer zwei: Wenn Sie Ihre Speicherkarte in einen anderen, baugleichen Raspberry Pi einstecken, dann verhält er sich genauso wie Ihr erster Pi. Wie eingangs erwähnt, sollten Sie sich diese nette Eigenschaft zunutze machen und mit zwei verschiedenen Speicherkarten arbeiten, von denen Sie eine zum Üben und Ausprobieren verwenden.

Das Betriebssystem für den Raspberry Pi ist kostenfrei im Internet erhältlich; Sie müssen es nur herunterladen, entpacken und anschließend auf der Speicherkarte installieren. Sie benötigen also zwingend einen weiteren betriebsbereiten Computer. Es ist nachrangig, unter welchem Betriebssystem dieser Computer arbeitet. Er muss zum Herunterladen des Betriebssystems allerdings einen Internetzugang haben, und er benötigt zwingend einen Speicherkartenleser für SD-Karten. Halten Sie gegebenenfalls einen externen Speicherkartenleser bereit, der an einen freien USB-Anschluss angesteckt wird.

2.1.1 Der Download der nötigen Daten

Das Betriebssystem Raspberry Pi OS wird direkt von der Raspberry Pi Foundation entwickelt. Naja, eigentlich ist das so vielleicht nicht ganz korrekt, es gibt nämlich nicht genau »das eine« Betriebssystem. Nein, Sie können aus einer ganzen Reihe verschiedener Linux-Distributionen wählen, die Sie als Betriebssystem auf dem Raspberry Pi nutzen. Jede Distribution hat ihre eigenen Vor- und Nachteile und eignet sich für verschiedene Anwendungszwecke. Raspberry Pi OS ist aber sozusagen das Standardsystem, vielleicht könnte man auch von einem »offiziellen System« sprechen. Es wird fortlaufend weiterentwickelt und aktualisiert. Es ist daher auf keinen Fall verkehrt, dieses System für den Home Server einzusetzen.

Sie können das Raspberry Pi OS direkt aus dem Internet herunterladen. Öffnen Sie dazu an Ihrem Desktopcomputer einen Internetbrowser und darin die Seite *https://www.raspberrypi.org/downloads/*.

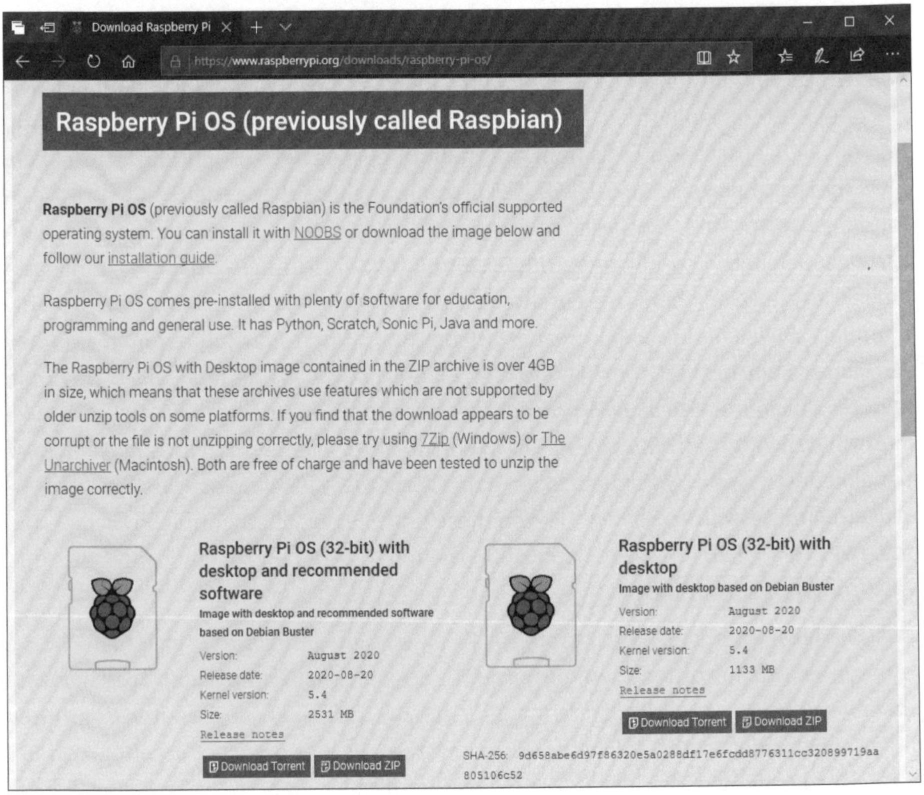

Abbildung 2.1 »www.raspberrypi.org/downloads/« – Download von Raspberry Pi OS

Auf dieser Seite werden Ihnen verschiedene Betriebssysteme angeboten, unter anderem das umfangreiche Paket *NOOBS*, das gleich mehrere Betriebssysteme vereint und sich üblicherweise gut für den Anfang eignet, wenn Sie den Raspberry Pi erst einmal ausprobieren möchten.

Sie wählen jedoch bitte nicht dieses System, sondern wie gesagt Raspberry Pi OS. Klicken Sie dazu auf entsprechende Schaltfläche, die mit einem Himbeersymbol verziert ist. Lange Zeit gab es Raspberry Pi OS (beziehungsweise Raspbian, wie es früher hieß) nur als ein recht großes »Universalpaket«. Das Betriebssystem umfasste zahlreiche Anwendungen und auch eine komplette Desktopumgebung mit einer grafischen Oberfläche. Mit diesem System verhält sich der Pi-Computer wie ein klassischer Desktoprechner und kann beispielsweise eine Textverarbeitung ausführen. In dieser Form ist das Betriebssystem nach wie vor erhältlich und eignet sich für eine Vielzahl von Anwendungsfällen. Sie können es bei Gelegenheit einmal ausprobieren: Das komplette System würden Sie durch den Download von *Raspberry Pi OS (32-bit) with desktop and recommended software* erhalten.

Für einen Server ist dieses umfangreiche Betriebssystem aber weniger geeignet. Eine Vielzahl der installierten Programme werden Sie überhaupt nicht benötigen. Selbst der Desktop ist nicht nötig, denn der Server wird über die Kommandozeile gesteuert. Mehr noch: Diese Komponenten sind sogar hinderlich, weil sie ständig gewisse Systemressourcen beanspruchen, zumindest aber Platz auf der Speicherkarte belegen. Daher können Sie sich darüber freuen, dass es das Raspberry Pi OS auch in einer »lite«-Variante gibt (die derzeit *Raspberry Pi OS (32-bit) Lite* genannt wird). Bei dieser leichtgewichtigen Variante gehören wesentlich weniger Programme zum Lieferumfang, auch ein Desktop ist nicht enthalten. Dieses Betriebssystem ist für die Servernutzung ideal, denn bis auf die fehlenden Komponenten ist es ansonsten identisch mit dem vollständigen Raspberry Pi OS. Suchen Sie also auf der Seite nach dem Eintrag für das Raspberry Pi OS in der Lite-Version. Klicken Sie dann auf DOWNLOAD ZIP, und laden Sie die entsprechende Datei auf Ihre Festplatte. Diese Datei ist rund 450 MB groß. Auch hier gilt: Sollte die Zeit schon weit fortgeschritten sein, dann ist möglicherweise bereits Version 11 mit dem Codenamen *Bullseye* aktuell. Sie sollten stets die aktuelle Version benutzen. Die Anleitungen in diesem Buch basieren zwar auf Buster, sollten jedoch auch auf Bullseye übertragbar sein. Es ist aber nicht auszuschließen, dass sich manche Konfigurationspunkte bei der neuen Version geändert haben – werfen Sie bei Unklarheiten einen Blick auf die Verlagsseite in diesem Buch, und schauen Sie, ob es ein Erratum gibt.

Während der Download läuft, notieren Sie sich die Kombination aus Benutzername und Passwort, die auf der Internetseite sehr versteckt ist. Sie finden diese Angaben, indem Sie ganz unten auf der Seite in der Sektion SUPPORT auf die Schaltfläche FAQ klicken. Sie gelangen dann zu den Frequently Asked Questions – den häufig gestellten Fragen. Benutzername und Passwort (auf Englisch: *username* and *password*) finden sich dann (derzeit) unterhalb des Fragenkapitels TROUBLESHOOTING. Alternativ finden Sie die Angaben, wenn Sie oben auf der Downloadseite für das Raspberry Pi OS den INSTALLATION GUIDE anklicken. Normalerweise lautet die Kombination *pi* für den Benutzernamen und »raspberry« für das Passwort.

Nachdem der Download abgeschlossen ist, muss das Betriebssystem auf der Speicherkarte des Raspberry Pi installiert werden. Diese müssen Sie also nun in den Speicherkartenleser Ihres Desktoprechners einlegen. Die heruntergeladene Datei können Sie aber nicht einfach mit den normalen Bordmitteln des Betriebssystems auf die Speicherkarte kopieren, das würde nicht funktionieren. In der komprimierten Datei, die Sie aus dem Internet heruntergeladen haben, befindet sich nämlich eine sogenannte *Image-Datei* mit der Dateiendung *.img*. Diese Image-Datei enthält ein Abbild der Speicherkarte (es handelt sich auf Neudeutsch um ein »komplettes Image«). Darin sind direkt Informationen enthalten, wie die benötigten Daten auf sehr hardwarenaher Ebene auf der Speicherkarte abgelegt sein müssen. Dieses Abbild ist also direkt arbeitsfähig; der Raspberry Pi kann sofort damit booten und den Betrieb aufnehmen. Dafür muss das Image aber entsprechend hardwarenah 1:1 auf die Speicherkarte geschrieben werden.

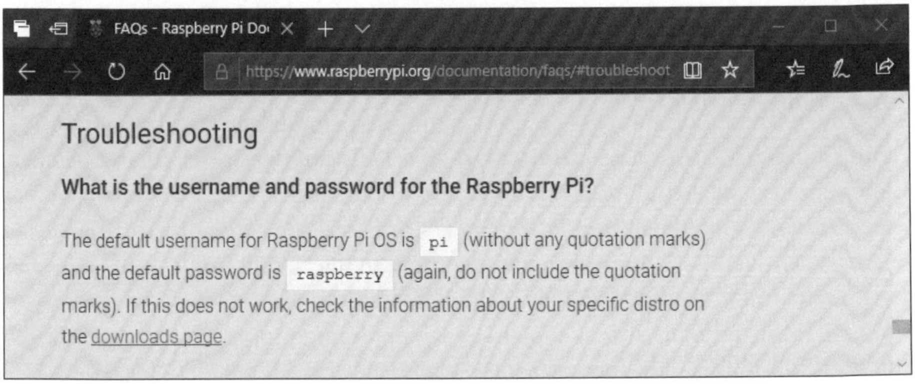

Abbildung 2.2 Das gut versteckte Passwort für das Betriebssystem

Für diesen Prozess gibt es eine Reihe verschiedener Programme. Sowohl für Windows- als auch für macOS- und Linux-Rechner gibt es die komfortable Software *Balena Etcher*, die sich sehr gut für das Beschreiben der Speicherkarte eignet. Ich möchte Ihnen daher zunächst zeigen, wie Sie mit diesem Programm arbeiten. Der Vorteil der Nutzung besteht darin, dass das Programm unter den genannten Betriebssystemen am Desktoprechner stets gleich bedient wird. Es akzeptiert sogar direkt die komprimierte Zip-Datei des Raspberry Pi OS genau so, wie Sie sie aus dem Internet heruntergeladen haben – Sie müssen die Datei also zunächst nicht entpacken. Außerdem überprüft Balena Etcher die geschriebenen Dateien auf Korrektheit. Der einzige Nachteil des Programms liegt darin, dass es selbst recht groß ist, Sie müssen zuerst rund 120 MB aus dem Internet herunterladen. Daher beschreibe ich nachfolgend alternative Schritte, die keinen so großen Download erfordern. Sie unterscheiden sich allerdings je nach zugrundeliegendem System und richten sich eher an den fortgeschrittenen Anwender. Für den Einstieg machen Sie mit Balena Etcher aber nichts verkehrt.

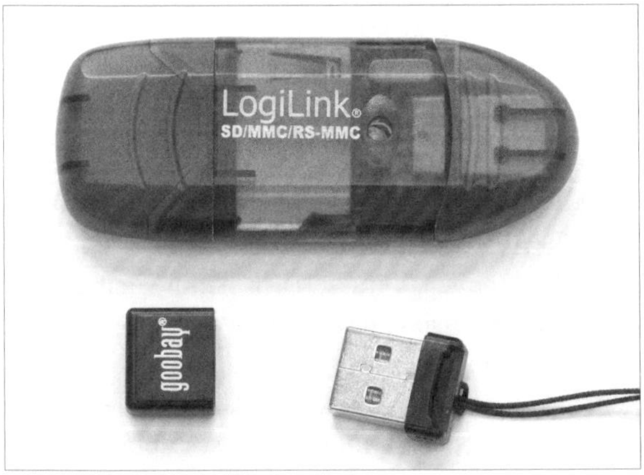

Abbildung 2.3 Kartenleser für den PC gibt es in verschiedenen Bauformen und -größen.

2.1.2 Die Nutzung von Balena Etcher

Das Programm Balena Etcher erhalten Sie auf der Internetseite *https://www.balena.io/etcher/*. Laden Sie dort das Installationsprogramm für das Betriebssystem herunter, das Sie auf Ihrem Desktoprechner einsetzen. Windows-Nutzer erhalten im Auswahlmenü die Option, eine direkt lauffähige portable Datei herunterzuladen, die nicht installiert werden muss. Wenn Sie eine normale Version heruntergeladen haben, dann installieren Sie das Programm auf die gewohnte Weise. Spätestens jetzt müssen Sie die Speicherkarte des Raspberry Pi in den Speicherkartenleser am Desktoprechner einstecken. Damit Sie nicht ein anderes Speichermedium versehentlich löschen, sollten Sie alle anderen externen Speichergeräte vom Rechner abstecken. Starten Sie dann das Programm Balena Etcher.

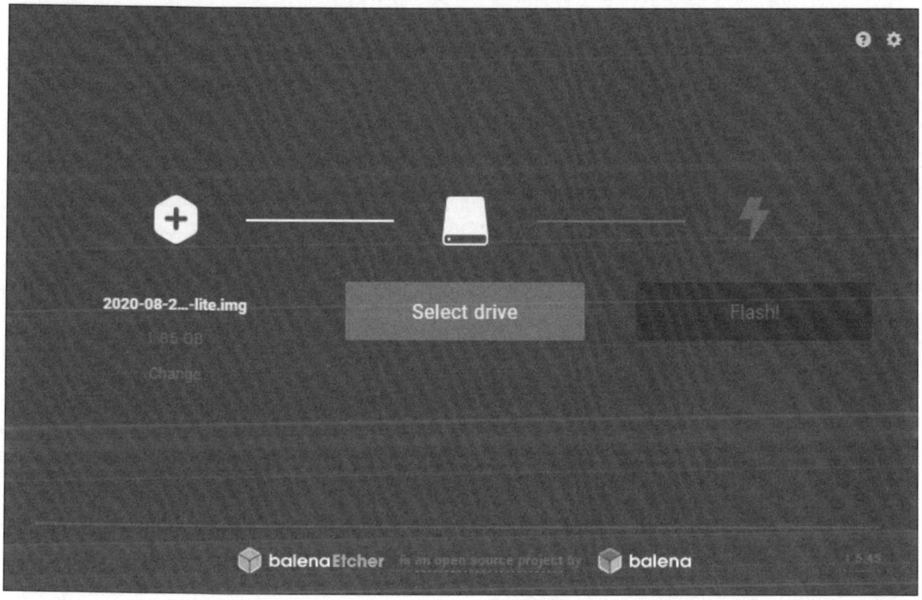

Abbildung 2.4 »Balena Etcher« lässt sich sehr leicht bedienen und eignet sich ideal für den Einstieg.

Die Bedienung von Balena Etcher ist sehr einfach. Zuerst müssen Sie dem Programm mitteilen, welche Datei das Betriebssystem erhält und auf die Speicherkarte geschrieben werden soll. Dies stellten Sie in Etcher in der linken Sektion ein. Klicken Sie dort auf SELECT IMAGE, und navigieren Sie zu der Datei, die das Raspberry Pi OS enthält und die Sie zuvor heruntergeladen haben. Ein Entpacken der Datei ist nicht notwendig. Bestätigen Sie Ihre Auswahl. Jetzt müssen Sie kontrollieren, dass Etcher die korrekte Speicherkarte beschreiben wird. Werfen Sie einen Blick in die mittlere Sektion, und klicken Sie auf SELECT DRIVE. Wählen Sie im Auswahldialog die Speicherkarte aus, die Sie für den Raspberry Pi nutzen möchten. Achten Sie auf die Bezeichnung und den nutzbaren Speicherplatz. Klicken Sie auf CONTINUE, das Programm kehrt dann wieder zum Hauptbildschirm zurück. Wenn alles stimmt, dann klicken Sie nur noch rechts auf FLASH!. Damit wird (unter Windows gegebenenfalls nach einer Sicherheitsrückfrage des Betriebssystems) der Schreibvorgang gestartet. Das Beschreiben der Speicherkarte dauert einige Minuten, anschließend überprüft das Programm die geschriebenen Daten auf Korrektheit. Sie erhalten die Meldung FLASH COMPLETE!, wenn alles abgeschlossen ist. Dann können Sie die Speicherkarte entfernen und sie in den ausgeschalteten (!) Raspberry Pi einlegen. Achten Sie auf die korrekte Orientierung. Normalerweise müssen die Kontakte der Speicherkarte nach oben in Richtung der Platine des Pi-Computers zeigen. Sie können jetzt mit der Ersteinrichtung im folgenden Kapitel beginnen. Schließen Sie dafür bitte zunächst keinerlei Zusatzgeräte an den Raspberry Pi an.

Nachfolgend beschreibe ich das Beschreiben der Speicherkarte mit alternativer Software, jeweils getrennt für die zugrundeliegenden Betriebssysteme auf dem Desktoprechner.

[+]

Eine ganz neue Alternative: der Raspberry Pi Imager

Obwohl das Programm Balena Etcher schon sehr intuitiv zu bedienen ist, gibt es seit kurzem sogar eine noch komfortablere Alternative: den offiziellen *Raspberry Pi Imager*. Mit diesem Programm (erhältlich unter *https://www.raspberrypi.org/downloads/* kann das Raspberry Pi OS nicht nur mit wenigen Mausklicks auf die Speicherkarte geschrieben, sondern auch direkt in einem Arbeitsgang aus dem Internet geladen werden. Die Software ist für diverse Betriebssysteme erhältlich und so einfach zu bedienen, dass man dafür keine Anleitung benötigt. Achten Sie aber darauf, dass Sie für den Serverbetrieb die »lite«-Fassung des Raspberry Pi OS laden.

Abbildung 2.5 Der »Raspberry Pi Imager« ist eine ebenfalls sehr einfach zu bedienende Alternative.

2.1.3 Der Ablauf auf einem Windows-System

Auf einem Windows-System können Sie alternativ das kostenlose Open-Source-Programm *Win32DiskImager* verwenden. Sie erhalten dieses Programm auf seiner Projektseite *https://sourceforge.net/projects/win32diskimager/*.

Bei Interesse lesen Sie sich ruhig die Internetseite durch. Klicken Sie dann auf den DOWNLOAD-Button, und laden Sie das knapp 15 MB große Installationsprogramm herunter. Installieren Sie das Programm nach dem Download auf Ihrem PC.

Jetzt legen Sie die Speicherkarte, die Sie für Ihren Pi-Server vorgesehen haben, in den Speicherkartenleser Ihres PCs. Öffnen Sie den Explorer, und ermitteln Sie den Laufwerksbuchstaben des Speicherkartenlesers mit der richtigen Speicherkarte. Da deren Inhalt komplett gelöscht wird, ist es wichtig, dass Sie den richtigen Laufwerksbuchstaben benutzen. Nicht benötigte USB-Speichergeräte sollten Sie zur Vermeidung von Irritationen sicherheitshalber entfernen. Stellen Sie sicher, dass sich auf der Speicherkarte keine wichtigen und noch ungesicherten Daten befinden.

Als Nächstes müssen Sie die komprimierte Zip-Datei, die das Raspberry Pi OS enthält, entpacken. Sie erhalten dadurch eine **.img*-Datei. Merken Sie sich den Dateipfad, unter dem Sie die Datei abgelegt haben.

Jetzt öffnen Sie das Programm Win32DiskImager. Es sollte eine Verknüpfung im Startmenü vorhanden sein. Klicken Sie im Programm bei IMAGE-DATEI auf das bläuliche Ordner-Icon, und wählen Sie im sich neu öffnenden Fenster das Image (also die eben entpackte **.img*-Datei) aus. Kontrollieren Sie, dass es die richtige **.img*-Datei ist. Wählen Sie jetzt rechts im Programmfenster unter DATENTRÄGER das Laufwerk aus, das Ihre Speicherkarte abbildet. Kontrollieren Sie, dass es das richtige Laufwerk ist. Dann betätigen Sie den SCHREIBEN-Button, der sich unten im Programmfenster befindet. Bestätigen Sie eine eventuelle Sicherheitsabfrage.

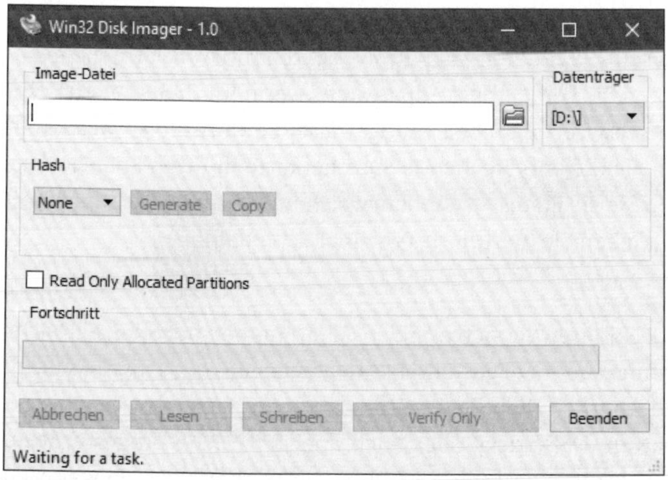

Abbildung 2.6 »Win32DiskImager« beschreibt Speicherkarten unter Windows.

Nun beginnt der Schreibvorgang, bei dem der Inhalt des Images auf die Speicherkarte kopiert wird. Der Schreibvorgang dauert je nach Geschwindigkeit der Speicherkarte einige Minuten. Ist der Schreibvorgang beendet, erhalten Sie eine kurze Information vom Win32DiskImager.

Falls Sie neugierig sind und einen Blick auf den Karteninhalt riskieren wollen, dann seien Sie bitte nicht enttäuscht, wenn Sie nur eine kleine Partition mit einer Größe von weniger als 100 MB und einigen wenigen Dateien vorfinden. Die Speicherkarte enthält jetzt nämlich mehrere Partitionen, von denen Windows nur diese eine Partition erkennen kann, die allerdings auch sehr wichtig ist und in der Sie keinesfalls Daten verändern sollten.

Nehmen Sie die Speicherkarte aus Ihrem PC, und legen Sie sie in Ihren Pi-Computer ein. Achten Sie darauf, dass Sie die Karte richtig herum einschieben; im Regelfall bedeutet dies, zumindest wenn der Pi-Computer in einem üblichen Gehäuse eingebaut ist, dass Sie die Karte mit der Beschriftung nach unten und den Kontakten nach oben weisend einschieben müssen. Wichtig ist, dass der Pi-Computer zu diesem Zeitpunkt noch nicht mit dem Stromnetz verbunden ist. Eventuelle Zusatzgeräte wie USB-Sticks und Ähnliches sollten zu diesem Zeitpunkt ebenfalls noch nicht eingesteckt sein. Bereiten Sie ein Netzwerkkabel vor, das zur Verbindung des Pi-Computers mit Ihrem Router verwendet werden kann, schließen Sie es jedoch noch nicht an. Fahren Sie jetzt mit Abschnitt 3.1, »Erste Inbetriebnahme des Home Servers mit Tastatur und Monitor«, fort.

2.1.4 Der Ablauf auf einem macOS-Gerät

Auf einem macOS-Gerät können Sie das Kopieren direkt mit der Kommandozeile durchführen. Hierfür genügen schon einfache Bordmittel – Sie müssen also keine zusätzliche Software installieren. Nachteilig bei dieser Methode ist, dass Sie die Befehle von Hand eingeben und selbst auf deren Korrektheit achten müssen. Öffnen Sie zunächst ein Terminal. Haben Sie keine Angst – spätestens wenn Ihr Pi-Server erst einmal läuft, dann führt um das Terminal beziehungsweise die Konsole sowieso kein Weg mehr herum. Legen Sie die entsprechende Speicherkarte in Ihren Speicherkartenleser ein. Nun müssen Sie als Erstes feststellen, welcher Gerätepfad der Speicherkarte zugewiesen wurde. Geben Sie hierfür im Terminal den Befehl

```
sudo diskutil list
```

ein, und drücken Sie [↵]. Notieren Sie sich nun den Gerätenamen der Speicherkarte. Im Regelfall ist dies *disk* mit einer nachgestellten Ziffer, beispielsweise *disk1*. Es empfiehlt sich übrigens zur Sicherheit, bei diesem Vorgang keine weiteren Speichergeräte wie externe Festplatten, USB-Sticks oder auch Speicherkarten eingesteckt zu haben – so können sie auch nicht versehentlich gelöscht werden. Für die weiteren

Schritte darf die Speicherkarte nicht im Dateisystem des Rechners eingebunden sein. Führen Sie also einen unmount-Befehl für Ihre Speicherkarte aus:

```
sudo diskutil unmountDisk disk1
```

Dabei ersetzen Sie disk1 durch den Gerätenamen Ihrer Speicherkarte, beziehungsweise passen Sie die Ziffer gemäß Ihrer Systemumgebung an.

[!]

Bitte aufpassen bei der Auswahl des Gerätes

Stellen Sie unbedingt sicher, dass es sich um das richtige Gerät handelt. Geben Sie außerdem nur den reinen Gerätepfad und keine weiteren Partitionsdetails an, also wirklich nur disk1 beziehungsweise das bei Ihnen Zutreffende.

Navigieren Sie nun mit dem cd-Befehl in jenes Verzeichnis, in dem sich die heruntergeladene Datei mit Raspberry Pi OS befindet. Entpacken Sie sie, so dass Sie eine **.img*-Datei erhalten. Notieren Sie sich den vollständigen Dateinamen. Um die Speicherkarte mit dem Inhalt der Image-Datei zu beschreiben, geben Sie folgenden Befehl ein:

```
sudo dd if=IMAGE-DATEI.img of=/dev/rdisk1 bs=1M && diskutil eject disk1
```

Passen Sie dabei unbedingt den Dateinamen der **.img*-Datei an, und ersetzen Sie IMAGE-DATEI entsprechend. Ändern Sie ebenfalls unbedingt disk1 in den Gerätenamen Ihrer Speicherkarte. Achtung: Es wird allgemein empfohlen, den Kopiervorgang auf der Hardwareebene durchzuführen, deswegen ist bei dem of=... ein zusätzliches r vor dem Gerätenamen vorhanden. Sollte der Befehl bei Ihnen zu Problemen führen, dann versuchen Sie die Ausführung ohne dieses r. Wenn alle Daten korrekt eingegeben sind, dann drücken Sie [↵]. Der Kopiervorgang nimmt eine gewisse Zeit in Anspruch, die Speicherkarte wird danach ausgeworfen.

Legen Sie die Speicherkarte anschließend in Ihren Pi-Computer ein. Fahren Sie dann mit Abschnitt 3.1, »Erste Inbetriebnahme des Home Servers mit Tastatur und Monitor«, fort.

2.1.5 Der Ablauf auf einem Linux-Gerät

Aufgrund der Verwandtschaft zwischen macOS und Unix sind die Befehle bei der Verwendung von Linux (das ja ebenfalls auf Unix basiert) recht ähnlich. Auch auf einem Linux-System gelingt das Kopieren mit einfachen Bordmitteln. Wenn Sie einen Linux-Rechner einsetzen, dann müssen Sie ebenfalls zunächst den Gerätenamen der Speicherkarte ermitteln. Um möglichen Fehlern vorzubeugen, empfiehlt es sich auch hier, möglichst keine weiteren Speichergeräte am Computer angeschlossen zu haben. Öffnen Sie zunächst ein Terminal. Legen Sie dann die Speicherkarte in den Speicherkartenleser ein. Nutzen Sie hiernach den Befehl

```
dmesg
```

und ermitteln Sie den Gerätenamen der Speicherkarte, beispielsweise *sdb*. Sollte die Speicherkarte bei Ihnen (automatisch) in das Dateisystem eingehängt worden sein, dann ist jetzt ein `umount`-Befehl erforderlich (der ohne ein *n* als zweiten Buchstaben geschrieben wird):

```
sudo umount /dev/sdb1
```

Führen Sie den Befehl so oft aus, wie es Partitionen auf der Speicherkarte gibt. Gibt es beispielsweise auch noch eine Partition *sdb2*, dann müssen Sie außerdem den Befehl `sudo umount /dev/sdb2` ausführen. Wenn Sie unsicher sind, können Sie auch noch höhere Ziffern testen, bis Sie schließlich eine Fehlermeldung über einen nicht gefundenen Mountpoint erhalten. Berücksichtigen Sie, dass Sie diese Befehle an Ihre Situation anpassen müssen. Navigieren Sie in das Verzeichnis, in dem sich die entpackte Image-Datei für Ihren Pi-Computer befindet. Notieren Sie sich den kompletten Dateinamen. Geben Sie nun folgenden Befehl ein, der den Inhalt der Image-Datei auf die Speicherkarte kopiert:

```
sudo dd if=IMAGE-DATEI.img of=/dev/SPEICHERKARTE bs=1M && sync
```

Ersetzen Sie in diesem Befehl `IMAGE-DATEI` durch den Namen der Image-Datei und `SPEICHERKARTE` durch den Gerätenamen Ihrer Speicherkarte (natürlich ohne Spezifizierung möglicher Partitionen).

So könnte der Befehl beispielsweise aussehen:

```
sudo dd if=raspberrypios.img of=/dev/sdb bs=1M && sync
```

Drücken Sie dann [↵], und warten Sie ab, bis der Vorgang abgeschlossen ist. Der Zeitbedarf hängt von der Größe der Image-Datei und der Geschwindigkeit der Speicherkarte ab und beträgt im Regelfall durchaus einige Minuten. Nach Abschluss können Sie die Speicherkarte aus dem Speicherkartenleser nehmen und in Ihren Pi-Computer einlegen. Fahren Sie dann mit Abschnitt 3.1, »Erste Inbetriebnahme des Home Servers mit Tastatur und Monitor«, fort.

2.2 Die Installation des Betriebssystems für einen Intel NUC

Auf dem Intel NUC können Sie direkt das ursprüngliche Debian-System verwenden. Eine Anpassung wie bei Raspberry Pi OS ist nicht nötig. Das liegt daran, dass der NUC ja »normale« x86/x64-Computerprozessoren verwendet, für die keine Anpassung der Software erforderlich ist.

2.2.1 Einen USB-Stick für die Installation erstellen

Sie finden Debian auf seiner offiziellen Internetpräsenz auf der Website *https://www.debian.org*, die Sie nun mit einem Webbrowser öffnen.

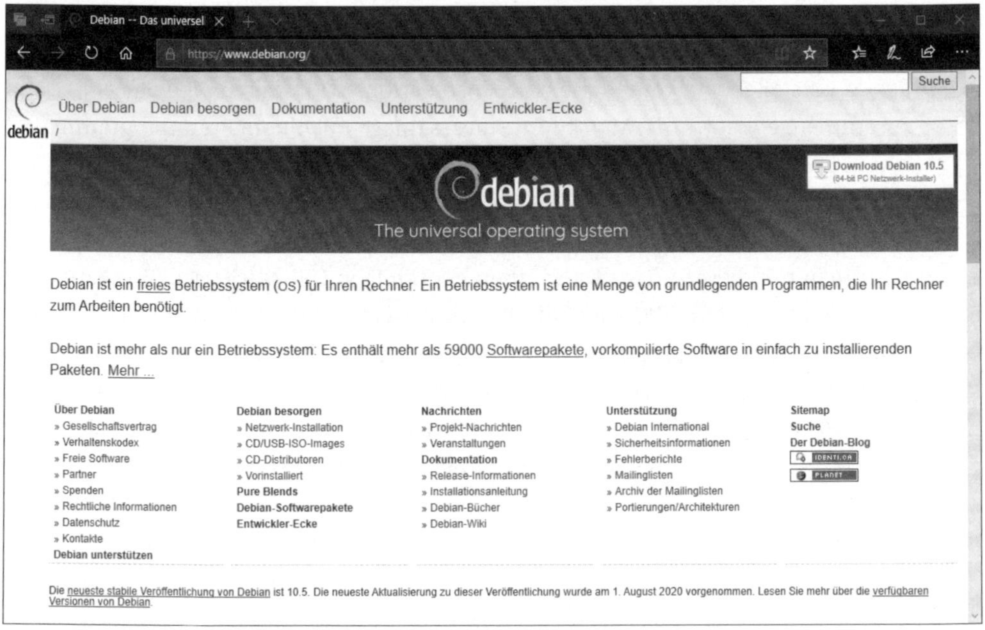

Abbildung 2.7 »www.debian.org« – die Homepage von Debian

Wundern Sie sich nicht, wenn Sie eine besonders umfangreiche Internetseite mit zahlreichen Einträgen und Kategorien zu sehen bekommen. Debian ist ein besonders umfangreiches Projekt, und es gibt sehr viele Informationen dazu. Es schadet gewiss nicht, sich auf der Seite ein wenig umzusehen und sich (zumindest grob) zu informieren, aber lassen Sie sich nicht entmutigen, falls Sie nur einen kleinen Teil verstehen – das ist ganz normal. Anschließend können Sie sich um den Download kümmern. Suchen Sie dazu auf der Hauptseite die Sektion DEBIAN BESORGEN, und klicken Sie dort auf NETZWERK-INSTALLATION. Normalerweise sollten Sie dahin über folgenden Link gelangen:

https://www.debian.org/distrib/netinst

Für die Einrichtung eines Home Servers bietet es sich an, vom Betriebssystem zunächst eine Installationsdatei zu laden, die für KLEINE CDS ODER USB-STICKS gedacht ist. Suchen Sie auf der Webseite diese Sektion. Unterhalb des Eintrags finden Sie eine Liste mit Prozessorarchitekturen. Für einen NUC-Home Server klicken Sie auf den Eintrag AMD64. Damit erhalten Sie Zugang zu einer Version von Debian, die für x64-Prozessoren gemacht ist (die Bezeichnung *amd64* wird synonym verwendet). Einen solchen Prozessor nutzt auch Ihr Intel NUC. Anschließend startet direkt der Download. Ein möglicher Dateiname könnte *debian-10.5.0-amd64-netinst.iso* sein. Stellen Sie sich auf einen Download von rund 350 MB ein. Nach dem Download müssen Sie die erhaltene *.zip*-Datei entpacken. Sie finden darin eine Image-Datei mit der

Dateiendung *.iso*. Diese Datei enthält ein vollständiges Abbild (beziehungsweise auf Neudeutsch: ein komplettes Image) des Installationsdatenträgers. Sie können sich das so vorstellen wie eine Kopie einer Installations-DVD, die in eine einzelne Datei zusammengefasst wurde. Man könnte dieses Image mit einem Brennprogramm und einem DVD-Brenner sogar auf eine DVD brennen und diese zur Installation des Betriebssystems verwenden. Allerdings sind optische Datenträger schon längst aus der Mode gekommen, und der NUC bietet auch gar kein DVD-Laufwerk. Stattdessen erstellt man mit dieser Image-Datei einen bootfähigen USB-Stick. Der NUC kann (wie jeder andere moderne PC auch) direkt von diesem USB-Stick gestartet werden und lädt das Installationsprogramm vom USB-Stick. Anschließend wird die Installation genauso durchgeführt, als wäre der Rechnerstart von einer bootfähigen DVD erfolgt. Dabei ist die Installation von einem USB-Stick deutlich schneller als die von einer DVD, da die Daten vom USB-Stick wesentlich schneller gelesen werden können. Wer in letzter Zeit schon einmal einen Rechner neu aufgesetzt hat, der wird mit dieser Installationsart längst vertraut sein, denn sie ist seit einigen Jahren gebräuchlich.

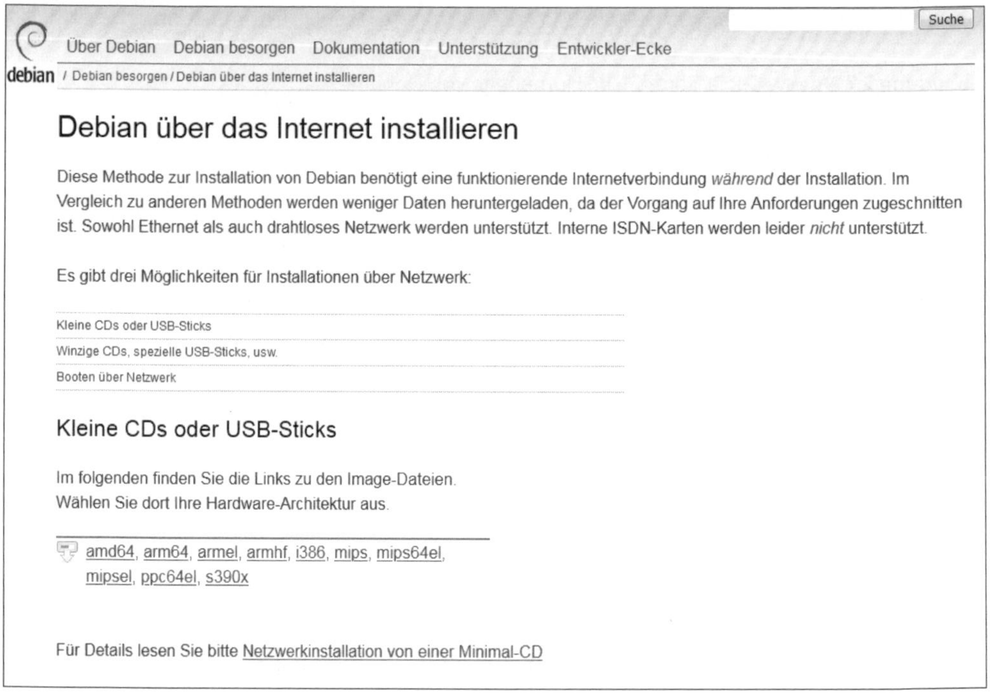

Abbildung 2.8 Die korrekte Version aus dem Internet laden

Sie müssen nun also als Nächstes einen USB-Stick vorbereiten, den Sie zur Installation verwenden möchten. Hier genügt ein ganz normaler USB-Speicherstick mit einer Kapazität von mindestens 4 GB. Je schneller der Stick ist, desto schneller ist die

Installation, aber davon abgesehen gibt es keine weiteren Anforderungen. Beachten Sie aber unbedingt, dass alle Daten auf dem Stick komplett gelöscht werden. Legen Sie also vorher unbedingt eine Sicherheitskopie an, oder verwenden Sie einfach einen neuen USB-Stick, der sich mittlerweile ja schon für unter 5 Euro erstehen lässt. Nach der Installation kann der Stick gelöscht und für andere Zwecke verwendet werden – ich möchte Ihnen aber raten, ihn als Installationsmedium für den Notfall aufzubewahren. So haben Sie stets die Installationsdaten zur Hand und können den Server jederzeit neu aufsetzen, falls beim Experimentieren einmal etwas schiefgehen sollte.

Die ISO-Datei des Debian-Installationsprogramms kann nicht einfach wie jede andere Datei auf den USB-Stick kopiert werden. Zumindest nicht, solange Sie den Stick tatsächlich als Installationsmedium nutzen möchten. Hierfür ist eine spezielle Software nötig, die die in der ISO-Datei zusammengefassten Daten wieder vereinzelt und sie an die richtige Stelle auf den USB-Stick schreibt. Es gibt im Internet viele verschiedene Programme, die sich dieser Aufgabe annehmen, die meisten davon sind kostenlos erhältlich. Erfahrene Anwender können gerne ihren persönlichen Favoriten (wie etwa Rufus oder UNetbootin) benutzen, Einsteigern empfehle ich jedoch das Programm *Balena Etcher*, das von der Internetseite *https://www.balena.io/etcher/* kostenlos heruntergeladen werden kann und das für diverse Betriebssysteme erhältlich ist. Windows-Nutzer erhalten auf der Seite eine direkt lauffähige portable Datei. macOS-Nutzer bekommen eine direkt installierbare Datei, Linux-Nutzer ein App-Image, das zunächst noch entpackt werden muss.

Für das Beschreiben des USB-Sticks stecken Sie aus Sicherheitsgründen alle USB-Speichergeräte von Ihrem Rechner ab – damit Sie nicht versehentlich ein falsches Gerät auswählen und alle Daten darauf löschen. Schließen Sie dann als Einziges den für die Installation des NUC-Servers angedachten USB-Stick an. Starten Sie nun das sehr einfach zu bedienende Programm Balena Etcher. Als Erstes müssen Sie die Datei, die das Betriebssystem enthält, auswählen. Dies stellten Sie in Etcher in der linken Sektion ein. Klicken Sie dort auf SELECT IMAGE, und navigieren Sie zu der Debian-Datei, die Sie zuvor aus dem Internet heruntergeladen haben. Bestätigen Sie Ihre Auswahl. Jetzt müssen Sie den USB-Stick auswählen, den Etcher beschreiben wird. Klicken Sie in der mittleren Spalte auf SELECT DRIVE. Wählen Sie im Auswahldialog den korrekten USB-Stick aus. Achten Sie auf die Bezeichnung und den nutzbaren Speicherplatz. Wenn alles stimmt, dann klicken Sie rechts auf FLASH!. Damit wird (nach einer Rückfrage) der Schreibvorgang gestartet. Je nach Arbeitsgeschwindigkeit des Sticks dauert dieser Vorgang einige Minuten. Sie erhalten eine entsprechende Meldung, wenn der Vorgang abgeschlossen ist. Danach können Sie den USB-Stick vom Rechner entfernen und ihn an den NUC anschließen. Jetzt folgt die eigentliche Installation des Systems auf der SSD (beziehungsweise dem primären Speichergerät) Ihres NUC-Servers.

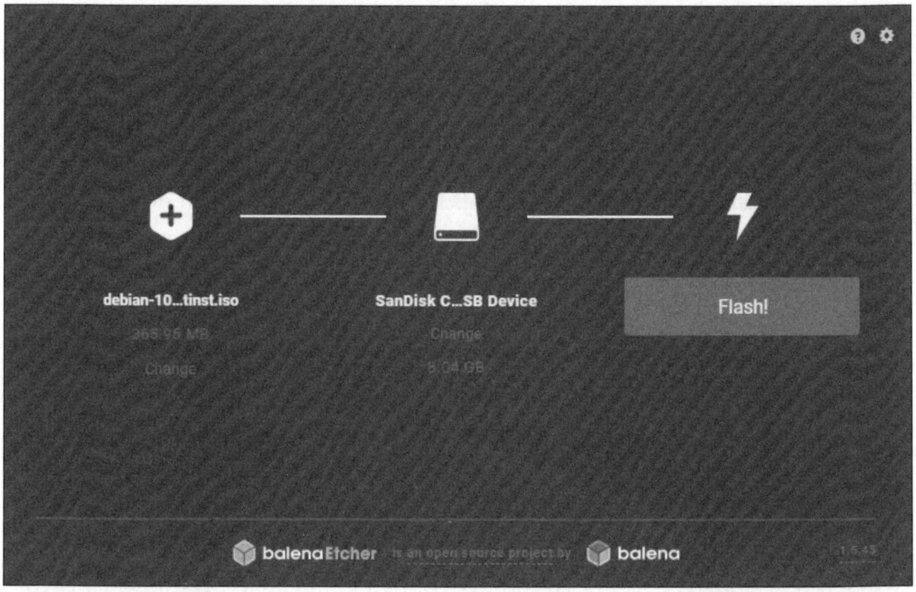

Abbildung 2.9 Mit »Balena Etcher« wird das Image auf den USB-Stick geschrieben.

Für die Installation benötigen Sie Tastatur, Maus und Monitor sowie eine Netzwerkverbindung mit Internetzugang. Schließen Sie alle Geräte am NUC an, bevor Sie ihn einschalten.

[»] **Ein eventuell vorhandenes Betriebssystem wird gelöscht**

Wenn Sie sich für ein Mini-PC-Kit des Intel NUC entschieden haben, dann befindet sich auf der SSD des NUC eine Installation von Windows 10, die direkt genutzt werden kann. Bei der Installation von Debian kann dieses Betriebssystem über Umwege erhalten bleiben, normalerweise wird es aber gelöscht. Wenn Sie das System aufheben möchten, dann sollten Sie zunächst von der SSD des Intel NUC ein Backup erstellen. Hierfür gibt es verschiedene Möglichkeiten, und Anleitungen finden sich rasch im Internet. Sie können das Backup zum Beispiel direkt mit dem Backup-System unter Windows erstellen oder Software von Drittanbietern unter Windows nutzen. Ein alternativer Weg besteht darin, ein sogenanntes Live-Linux-System (wie etwa Ubuntu) von einem USB-Stick zu starten und mit dem Werkzeug `dd` ein Image von der SSD des NUC auf eine externe Festplatte zu erstellen.

2.2.2 Das Betriebssystem auf dem Intel NUC installieren

Wenn Sie den NUC einschalten, wird direkt das Installationsprogramm vom USB-Stick geladen. Sie werden vom Installationsassistenten begrüßt. Auch wenn der NUC später als Home Server ohne einen Monitor bedient wird und seine Grafikkarte nur für Wartungszwecke eine Textkonsole ausgibt, so haben Sie die Möglichkeit, während der Installation eine grafische Benutzerumgebung zu nutzen. Wählen Sie also den Eintrag GRAPHICAL INSTALL mit den Pfeiltasten der Tastatur, und drücken Sie dann auf [↵]. Das Installationsprogramm wechselt zum graphischen Modus, den Sie von nun an auch mit der Maus bedienen können.

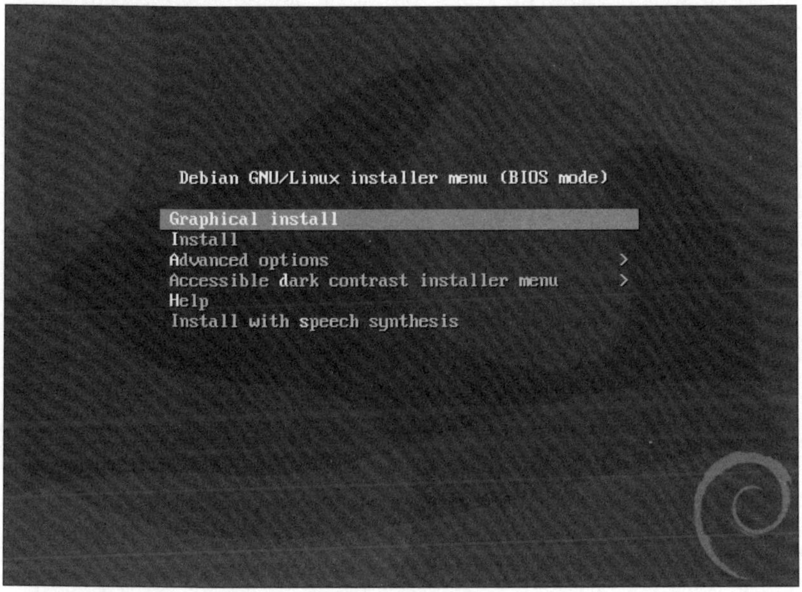

Abbildung 2.10 Debian mit einer grafischen Benutzerumgebung installieren

Dort angekommen müssen Sie zunächst die Sprache wählen, die das Installationsprogramm verwendet. Dies wird auch die Sprache sein, die der Home Server später nutzt. Die Voreinstellung ist Englisch; die deutsche Sprache erhalten Sie, wenn Sie den Eintrag GERMAN – DEUTSCH auswählen. Klicken Sie nach der Auswahl auf CONTINUE. Anschließend müssen Sie den Standort auswählen, der unter anderem zur Einstellung der Zeitzone genutzt wird. Wählen Sie Ihr Land aus, und klicken Sie auf WEITER. Im nächsten Schritt wählen Sie das Layout der Tastatur aus. Damit stellen Sie ein, dass die Tastatur die deutschen Umlaute korrekt wiedergibt. Diese Einstellung betrifft nur Tastaturen, die direkt an den NUC angeschlossen sind. Gehen Sie danach mit der Schaltfläche WEITER zur folgenden Seite. Das Installationsprogramm wird nun einige Daten vom USB-Stick laden und die Hardware des NUC-Gerätes erkennen. Das dauert einen kleinen Augenblick. Danach müssen Sie den *Hostnamen* des Servers festlegen. Dieser wird auch als *Rechnername* bezeichnet. Über den Hostnamen können Sie den Rechner später im Netzwerk ansprechen und ihn von den übrigen Netzwerkgeräten unterscheiden. Praktisch jedes Netzwerkgerät verwendet einen solchen Namen. Zulässige Zeichen sind `a-z`, `0-9` und der Bindestrich `-`. Weitere Zeichen sollten Sie nicht nutzen. Mögliche Hostnamen könnten beispielsweise schlicht `home-`

`server`, `server`, `nucserver` oder `server01` sein. Geben Sie den gewünschten Hostnamen ein, und wechseln Sie zur nächsten Seite. Dort sollen Sie einen Domainnamen eingeben. Für die Nutzung im Heimnetzwerk sind diese Daten nicht relevant; Sie können das Feld leer lassen. Wenn Sie einen Router verwenden, der für das Heimnetzwerk eine eigene Domain nutzt, dann können Sie auch diese eintragen. Die bekannte Fritz-Box verwendet hier etwa die Domain `fritz.box`. Anschließend gehen Sie zur nächsten Seite.

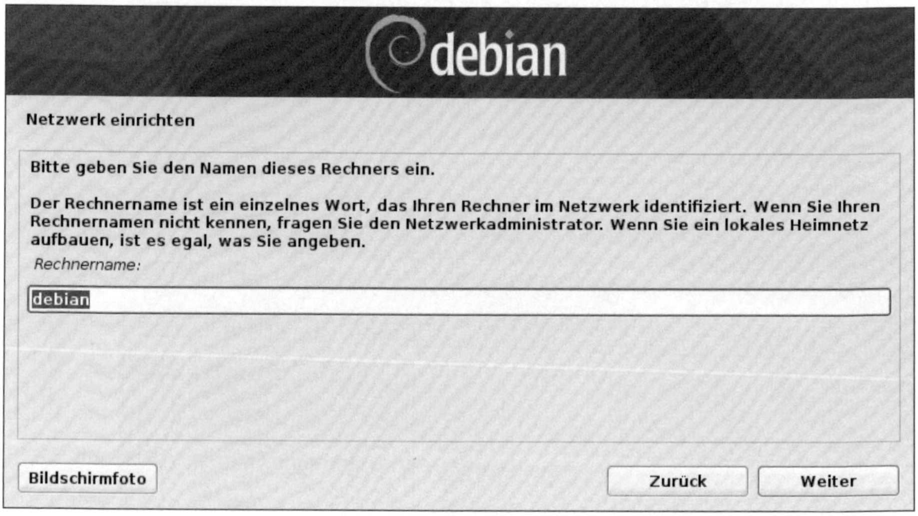

Abbildung 2.11 Den Hostnamen für den neuen Server festlegen

Dort geht es um die Einrichtung eines Passworts für den Nutzer *root*. Hierunter versteht man den obersten Systemadministrator, der die volle Kontrolle über das System hat. Er darf alle Einstellungen verändern, sämtliche Dateien erstellen und löschen und beliebige Programme installieren. Dieses Benutzerkonto wird allerdings nicht für die tägliche Arbeit mit dem Server genutzt. Unter Linux wird grundsätzlich mit mehreren Benutzerkonten gearbeitet, und man legt sich ein eigenes Benutzerkonto für die tägliche Arbeit an. Die nötigen Rechte für kritische Aufgaben erhält man nur temporär über einen speziellen Befehl – dazu später mehr. Das Passwort, dass Sie jetzt vergeben, ist daher nur für den Notfall relevant. Mit ihm erhalten Sie Zugang zum Heimserver, falls Sie das Passwort Ihres normalen Nutzerkontos vergessen haben. Wählen Sie jetzt ein besonders sicheres Passwort, das Klein- und Großbuchstaben, Satzzeichen und Ziffern enthält und in keinem Wörterbuch vorkommt. Es sollte mindestens zehnstellig sein. Notieren Sie sich das Passwort, und heben Sie es an einem sicheren Ort auf, der vor fremden Zugang geschützt ist. Das Passwort des *root*-Kontos darf niemand Unbefugtem in die Hände fallen, weil er damit sofort die volle Kontrolle über Ihren Server hätte. Halten Sie das Passwort aber zunächst griffbereit, Sie werden es nach der Installation noch genau einmal für die Ersteinrichtung benötigen. Nachdem Sie das Passwort (mit einer Wiederholung) eingegeben haben, klicken Sie auf WEITER.

Abbildung 2.12 Ein sicheres Passwort für den Nutzer »root« vergeben

Als Nächstes werden Sie das erste »normale« Benutzerkonto anlegen. Dieses Konto ist für Sie als Administrator gedacht und wird für die tägliche Arbeit am Home Server genutzt. Es wird zunächst nur mit eingeschränkten Rechten erstellt und kann keine kritischen Dinge verändern. Zu einem Benutzerkonto gehören ein *vollständiger Name*, ein *Benutzername* und ein *Passwort*. Zuerst geben Sie den vollständigen Namen, bestehend aus Vorname und Nachname ein. Sie sollten hier korrekte Daten verwenden, weil der vollständige Name vom System an mehreren Stellen, zum Beispiel als Absendername einer E-Mail, verwendet wird. Auf der nächsten Seite legen Sie den Benutzernamen fest. Der Benutzername hat gegenüber dem vollständigen Namen eine höhere Wertigkeit. Unter dem Benutzernamen melden Sie sich am System an und Ihre persönlichen Daten werden unter diesem Namen geführt. Als Benutzername eignet sich zum Beispiel der Vorname oder eine Kombination aus Vor- und Nachname, auch Spitznamen sind möglich. Man sollte den Benutzernamen allerdings am besten der realen Person zuordnen können. Für den Benutzernamen sind nur Kleinbuchstaben (und Ziffern) zulässig. Als Nächstes müssen Sie ein Passwort für dieses Benutzerkonto erstellen. Wählen Sie auch für dieses Konto ein sicheres, ausreichend langes Passwort, das sich nicht erraten lässt und das nicht in einem Wörterbuch vorkommt. Sie sollten es sich gut merken können, weil Sie es für die tägliche Arbeit mit dem Home Server benötigen. Dieses Passwort sollte keinen unbefugten Personen in die Hände fallen, weil es später dazu dient, auch sicherheitskritische Werte am Home Server zu verändern. Mit der Eingabe des Passworts ist die Erstellung des Nutzerkontos abgeschlossen.

Als Nächstes geht es um die Einrichtung der Hardware. Zunächst müssen Sie sich um die Festplatte kümmern. Hier bietet es sich an, die Automatik zu bemühen und die gesamte Festplatte zu nutzen. Selektieren Sie also den Eintrag Geführt – vollständige Festplatte verwenden, und klicken Sie auf Weiter. Im nächsten Dialog werden Sie üblicherweise gefragt, welche Festplatte Sie zur Installation verwenden möchten. Wenn Sie in Ihrem NUC sowohl eine SSD als auch eine mechanische Festplatte eingebaut haben, dann wählen Sie hier die SSD aus. Orientieren Sie sich an der Kapazität und dem Namen. Klicken Sie dann auf Weiter. Danach geht es um die Partitionierung. Für Einsteiger bietet es sich an, alle Dateien des Systems auf eine Partition zu schreiben. Dies macht es am Einstieg etwas übersichtlicher und vereinfacht Backups. Wählen Sie daher den ersten Eintrag.

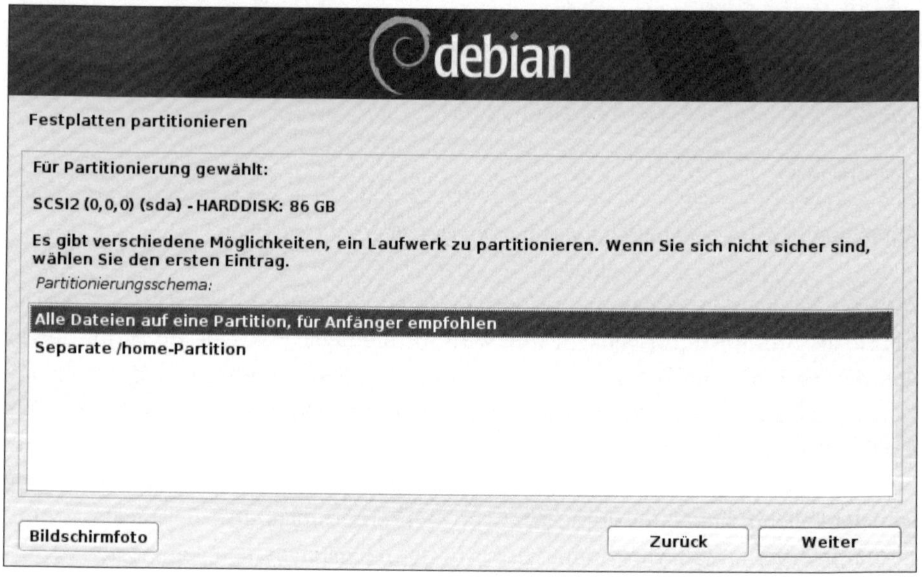

Abbildung 2.13 Die Festplatte partitionieren

Wer schon etwas fortgeschritten ist und sich mit Debian gut auskennt, der kann auch eine separate */home*-Partition erstellen. Nachfolgend werden Ihnen alle ausgewählten Parameter angezeigt. Selektieren Sie den Eintrag Partitionierung beenden und Änderungen übernehmen, und klicken Sie auf Weiter. Bevor es richtig losgeht, müssen Sie die Werte ein weiteres Mal bestätigen. Wählen Sie im Auswahlfeld Änderungen auf die Festplatten schreiben die Option Ja, und klicken Sie auf Weiter. Hierdurch werden alle Daten auf der SSD gelöscht – dort sollte sich bei einem jungfräulichen System allerdings nichts befinden. Wenn Sie ein komplett ausgestattetes Mini-PC-Kit des Intel NUC erstanden haben, dann befindet sich auf der SSD eine Kopie von Windows 10 – siehe dazu den Textkasten »Hinweis: Ein eventuell vorhandenes Betriebssystem wird gelöscht«. Klicken Sie auf WEITER.

Nun startet die eigentliche Installation des Basissystems. Die notwendigen Daten werden auf die Festplatte (also auf die SSD) kopiert. Das dauert ein paar Minuten. Danach werden Sie gefragt, ob Sie zusätzliche CDs oder DVDs einlesen möchten, die der Paketmanager als Quelle verwendet. Da Sie keine anderen DVDs oder CDs zur Verfügung haben, lautet die Antwort hier konsequenterweise NEIN. Das Installationsprogramm verbleibt bei der Konfiguration des Paketmanagers. Dieser kümmert sich später um die Installation nahezu aller Programme und lädt die benötigten Daten aus dem Internet. Jetzt geht es darum, dass Sie dafür als Quelle einen Server auswählen, der sich möglichst in Ihrer Nähe befindet und eine schnelle Datenübertragung über das Internet bietet. Wählen Sie zunächst Ihr Land aus, auf der nächsten Seite können Sie die Voreinstellung übernehmen. Fortgeschrittene Nutzer können die Liste nach einer Stadt in der Nähe absuchen – die hier genannten Spiegelserver werden oft von Hochschulen betrieben, die über eine schnelle Internetverbindung verfügen. Sie können problemlos einen solchen Eintrag verwenden, machen mit der Voreinstellung `deb.debian.org` aber auch nichts verkehrt. Auf der folgenden Seite können Sie einen Proxyserver konfigurieren. Im Heimnetzwerk haben üblicherweise alle Geräte über den zentralen Router einen direkten Zugang zum Internet, ein Proxyserver wird nicht verwendet. Sie können das Feld leer lassen und auf WEITER klicken.

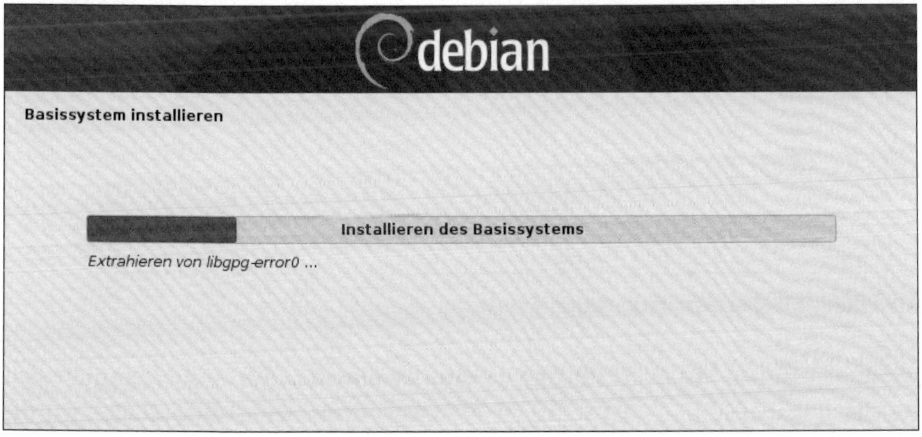

Abbildung 2.14 Das Basissystem installieren

Hierauf wird die benötigte Software geladen und installiert. Danach haben Sie die Wahl, ob Sie anonymisierte Nutzungsdaten an die Entwickler der Distribution senden möchten – hier können Sie frei wählen.

Danach geht es an das Eingemachte. Sie erhalten eine Seite zur Softwareauswahl und müssen entscheiden, welche Komponenten installiert werden sollen. Die ersten Einträge kümmern sich um die Desktopumgebung des Systems – im Prinzip also um die grafische Benutzeroberfläche. Für Ihren Home Server ist eine solche nicht nötig. Sie werden den Server später über das Netzwerk fernbedienen und dazu eine Textkonsole benutzen. Die grafische Benutzeroberfläche würde also nur unnötig Systemressourcen belegen, der Server arbeitet schneller ohne sie. Bitte wählen Sie daher in diesem Fenster als Einziges den SSH SERVER und die STANDARD-SYSTEMWERKZEUGE aus. Alle anderen Optionen sind nicht nötig und sollten deaktiviert werden. Klicken Sie dann auf WEITER. Jetzt erfolgt der größte Teil der Installation, der einen Moment dauern wird.

Abbildung 2.15 Die Installation auf die Nutzung als Server anpassen

Wenn die Dateien installiert sind, geht es um den *Bootloader*. Dieser kümmert sich um den initialen Start des Betriebssystems, nachdem der Server angeschaltet wurde. Sie werden gefragt, ob Sie den GRUB-Bootloader in den *Master Boot Record* der Festplatte installieren wollen. Hier können Sie zustimmen, denn es wird auf Ihrem Server nur ein einzelnes Betriebssystem geben, daher gibt es keine Probleme, wenn Sie der Frage zustimmen. Betätigen Sie dann die Schaltfläche WEITER. Sollte der NUC über mehrere Speichergeräte verfügen, dann erhalten Sie eine Liste zur Auswahl. Es geht darum, welches Speichergerät für den Systemstart beziehungsweise die Installation des Bootloaders verwendet werden soll. Wählen Sie aus der Liste die SSD des Servers aus, und fahren Sie fort.

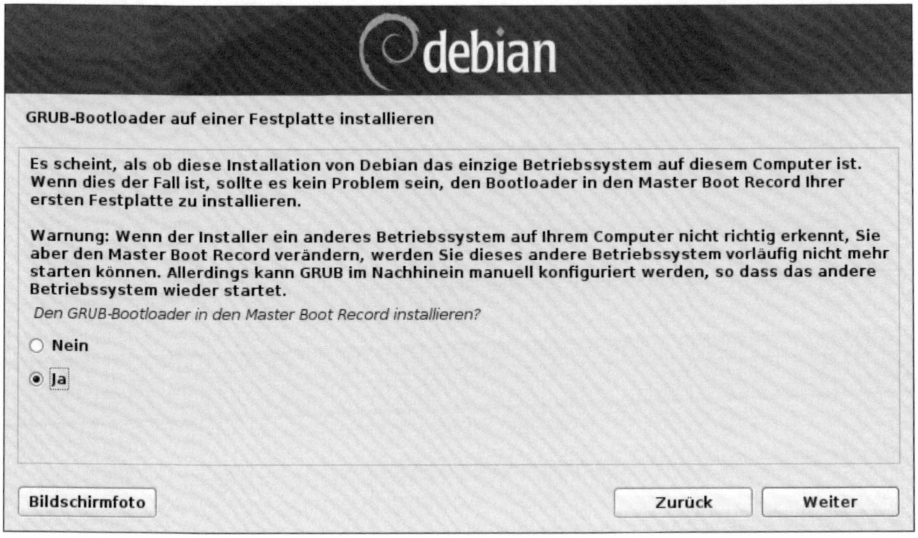

Abbildung 2.16 Den Bootloader installieren

Damit ist die Installation abgeschlossen. Sie müssen den USB-Stick mit den Installationsdaten jetzt vom NUC abstecken, damit der Computer beim folgenden Neustart von der SSD bootet. Zum Abschluss klicken Sie noch einmal auf WEITER. Sie können direkt mit den Grundeinstellungen im folgenden Kapitel weitermachen.

Kapitel 3
Erste Inbetriebnahme Ihres Servers

Nachdem Ihr zukünftiger Server ein Betriebssystem erhalten hat, können Sie ihn nun grundlegend einrichten.

Nun wird es aber höchste Zeit, dass Sie Ihren Server zum ersten Mal in Betrieb nehmen. Es ist zwar problemlos möglich, ihn direkt über das Netzwerk anzusprechen, es schadet aber gewiss nichts, zunächst einmal mit Tastatur und Monitor nachzusehen, ob auch alles wie gewünscht funktioniert. Ich empfehle Ihnen daher, für die erste Inbetriebnahme eine Tastatur und einen Monitor an den Server anzuschließen. Die Tastatur muss über einen USB-Anschluss verfügen, für den Monitor muss eine HDMI-Verbindung genutzt werden (wobei zum Beispiel DVI-Adapter natürlich verwendet werden können und einige NUC-Modelle auch einen Displayport oder sogar einen VGA-Anschluss bieten, die beide ebenso genutzt werden können). Falls Ihnen kein geeigneter Monitor zur Verfügung steht, können Sie auch einen Fernseher mit HDMI-Anschlüssen nutzen. Die Tastatur können Sie von einem Desktoprechner ausborgen, da sie nur vorübergehend benötigt wird. Funktastaturen sollten ebenso problemlos funktionieren wie kabelgebundene Varianten. Da der Server ja nur über eine Textkonsole bedient wird, ist der Anschluss einer Maus nicht nötig.

Von nun an benötigt Ihr Server allerdings durchgehend eine Netzwerkverbindung. Schließen Sie also für die Verbindung ein Netzwerkkabel an. Sie müssen es auf der einen Seite am Server anschließen, die andere Seite verbinden Sie es mit Ihrem Heimnetz-Router oder einem damit verbundenen Switch. Diese Netzwerkverbindung sollte auch eine Internetverbindung bereitstellen.

Etwaige USB-Speichergeräte sollten an beiden Computertypen noch nicht angeschlossen sein.

3.1 Erste Inbetriebnahme des Home Servers mit Tastatur und Monitor

Nutzer des Intel NUC haben es recht einfach, weil sie den Computer ja schon für die Installation des Betriebssystems verwendet haben. Am Ende der Installationsprozedur sehen Sie nach dem abschließenden Neustart auf dem Bildschirm direkt eine

Aufforderung zur Anmeldung am System. Diese sehen Sie nach jedem Neustart des Servers.

Wenn Sie einen Raspberry Pi nutzen, dann müssen Sie ihn zunächst für den ersten Start vorbereiten. Schließen Sie Tastatur, Monitor und Netzwerkzugang an. Verbinden Sie dann das Netzteil mit dem Pi-Computer. Dafür nutzen Sie den USB-C-Anschluss auf der Längsseite des Rechners. Schalten Sie den Fernseher beziehungsweise den Monitor ein, und stecken Sie dann erst das Netzteil in die Steckdose. Der Raspberry Pi wird jetzt booten. Es werden mehrere LEDs aufleuchten, von denen je nach Gehäuse eventuell nicht alle von außen sichtbar sind. Eine rote LED, die durchgängig leuchten wird, zeigt an, dass der Computer mit Strom versorgt ist. Eine grüne LED wird aufleuchten, wenn Lese- oder Schreibzugriffe auf die Speicherkarte stattfinden. Sie sollten hier eine Aktivität erkennen können. Auch am Netzwerkanschluss sollten Sie durch unregelmäßiges Blinken der eingebauten LEDs eine Aktivität vernehmen. Auf dem Bildschirm werden schließlich oben vier Himbeeren zu sehen sein. Es gibt für jeden Prozessorkern jeweils eines dieser Symbole. Es werden sehr viele Textzeilen durchlaufen, ab und an werden grüne ok-Schriftzüge zu lesen sein. Irgendwann ist der Bootvorgang beendet, und es erscheint eine Login-Aufforderung mit einem Doppelpunkt. Alles ist in Ordnung.

Sollte dem nicht so sein, dann prüfen Sie zunächst noch einmal den korrekten Sitz aller Anschlüsse, insbesondere auch den der Speicherkarte. Prüfen Sie mit einem anderen Gerät, ob das Netzteil auch funktioniert. Notfalls kann das Netzteil eines Smartphones oder Tablets aushelfen (wenn die rote LED am Pi-Computer leuchtet, dann sollte das Netzteil aber in Ordnung sein). Wiederholen Sie gegebenenfalls die Installation des Betriebssystems auf der Speicherkarte. Kontrollieren Sie, dass Sie die Speicherkarte nicht versehentlich verkehrt herum eingelegt haben. Wechseln Sie notfalls auch das Speichermedium. Spätestens jetzt muss der Bootvorgang klappen.

Damit sind nun beide Computersysteme am gleichen Punkt angelangt: Sie können sich jetzt zum ersten Mal am jeweiligen System anmelden. Dazu müssen Sie einen Benutzernamen und ein Passwort eingeben. Beim Raspberry Pi haben Sie sich diese Kombination beim Download des Betriebssystems notiert. Normalerweise ist das *pi* für den Benutzernamen und »raspberry« für das Passwort. Beim Intel NUC haben Sie die Daten während der Installation vergeben und notiert. Bitte nutzen Sie zunächst das *root*-Konto mit dem zugehörigen Passwort und noch nicht Ihr eigenes Benutzerkonto. Geben Sie mit der Tastatur den Benutzernamen »root« ein, bestätigen Sie mit der [↵]-Taste, und tippen Sie anschließend das zugehörige Passwort ein. Achtung – hier lauert beim Raspberry Pi jetzt eine kleine, gemeine Falle: Der Pi verwendet derzeit die englische Tastaturbelegung. Das führt dazu, dass einige Tasten anders belegt sind. Unter anderem sind die Tasten [y] und [z] vertauscht. Nutzer des NUC haben hier keine Probleme, weil sie die Tastatureinstellungen schon während der Installation korrekt vorgenommen haben. Für den Raspberry Pi lautet das Passwort jedoch üblicherweise »raspberry« und enthält damit den Buchstaben »y«. Wenn Sie dieses Passwort nun ganz normal eingeben, dann erkennt der Raspberry Pi daraus »raspberrz« und verweigert Ihnen den Zutritt. Das ist umso gemeiner, weil bei der Eingabe des Passworts aus Sicherheitsgründen keine Ausgabe auf dem Monitor erfolgt. Es werden noch nicht einmal Sternchen angezeigt, damit jemand Boshaftes keine Informationen über die Länge des Passworts bekommt. Wundern Sie sich also nicht, wenn auf dem Monitor bei der Eingabe des Passworts nichts zu lesen ist. Zum Glück können Sie sich nun aber einfach behelfen. Anstatt das Passwort »raspberry« einzutippen, geben Sie einfach »raspberrz« ein. Der Raspberry Pi erhält dann korrekt die Eingabe »raspberry« und gewährt Ihnen Zutritt. Übrigens: Die englische Tastaturbelegung gilt nicht, wenn Sie später den Server über einen anderen Computer fernsteuern. Nach dem erfolgten Login landen Sie zum ersten Mal auf der Kommandozeile, auf der Sie der Kommando-Prompt willkommen heißt. Herzlichen Glückwunsch, Sie haben Ihren Home Server nun zum ersten Mal gestartet, und er arbeitet einwandfrei!

Sie könnten den Server an dieser Stelle einmal zur Übung ausschalten. Dazu geben Benutzer des Intel NUC mit der Tastatur den Befehl

```
halt
```

ein und drücken [↵].

Für Benutzer des Raspberry Pi gilt derselbe Befehl, hier ist jedoch ein Befehlsvorsatz nötig. Geben Sie den Befehl

```
sudo halt
```

ein, und drücken Sie dann [↵]. Warum dieser Vorsatz nötig und sinnvoll ist, werde ich im weiteren Verlauf klären.

Ihr Home Server wird nun heruntergefahren. Der NUC wird anschließend abgeschaltet, beim Raspberry Pi wird die Aktivität nach einer Wartezeit eingestellt. Wenn der Vorgang abgeschlossen ist, dann können Sie sein Netzteil aus der Steckdose entfernen. Sie sollten den Home Server immer herunterfahren, bevor Sie den Stecker ziehen. Andernfalls könnte ein Datenverlust entstehen. Ein solcher droht dann, wenn der Server gerade Daten auf die Speicherkarte schreibt und plötzlich stromlos wird.

Bitte schalten Sie den Home Server jetzt erneut an, und melden Sie sich auch noch einmal am System an. Nutzer des Intel NUC verwenden diesmal bitte nicht das *root*-Konto, sondern das persönliche Nutzerkonto mit dem zugehörigen Passwort. (Zum Anschalten müssen Sie beim Raspberry Pi stets das Netzteil erneut in die Steckdose stecken, einen Anschalter gibt es nur beim Intel NUC.)

Zur Steuerung Ihres Servers über eine Netzwerkverbindung (sowie ganz allgemein für jeden Zugriff) benötigen Sie zwingend seine IP-Adresse. (Fast) Alle Geräte im Netzwerk haben eine solche Adresse. Im »Werkszustand« bezieht der Server seine IP-Adresse dynamisch und sucht dazu nach einem DHCP-Server. Das *Dynamic Host*

Configuration Protokoll (kurz: *DHCP*) ermöglicht die automatisierte Netzwerkkonfiguration von angeschlossenen Computern. Der zugehörige Server muss in Ihrem Netzwerk vorhanden sein und wird normalerweise automatisch ohne Ihr Zutun von Ihrem Router bereitgestellt. (Wenn Sie über fortgeschrittene Kenntnisse verfügen und diesen DHCP-Server absichtlich deaktiviert haben, dann reaktivieren Sie ihn bitte für die Erstinstallation.) Sie müssen die IP-Adresse des Servers nun in Erfahrung bringen, damit Sie mit ihm über das Netzwerk kommunizieren können.

Geben Sie nun am Server den folgenden Befehl ein, und drücken Sie danach die [↵]-Taste. Bitte beachten Sie, dass Sie das `I` tatsächlich großschreiben müssen, alle anderen Zeichen müssen kleingeschrieben werden. Nicht vergessen: Auf dem Raspberry Pi ist derzeit die englische Tastaturbelegung aktiv. Dort sind einige Tasten anders belegt. Um den Bindestrich (das Minuszeichen) einzugeben, drücken Sie die Taste [ß]:

```
hostname -I
```

Sie erhalten jetzt eine Textausgabe, die die IP-Adresse Ihres Pi-Computers enthält. Wenn Ihr Netzwerk bereits über eine (zusätzliche) IPv6-Verbindung verfügt, dann ist diese Ausgabe etwas länger und mehrteilig. Hier interessiert aber nur der IPv4-Teil. Die IPv4-Adresse besteht nur aus Ziffern, die in vier Gruppen angeordnet sind, die durch Punkte getrennt sind. In folgender Beispielausgabe wäre die Adresse, die jetzt interessiert, also die `192.168.178.73`. Notieren Sie sich die Adresse, die für Sie zutrifft. Eine mögliche Ausgabe könnte lauten:

```
192.168.178.73 fd00::b:22a:e2c4:63d3 1k1h:8az2:g321:a8b9:cd:fed:12ab:ffff
```

Falls es (was normalerweise nicht vorkommen sollte) mehrere vierteilige Adressen gibt, dann notieren Sie sich alle und probieren sie im folgenden Abschnitt nacheinander aus.

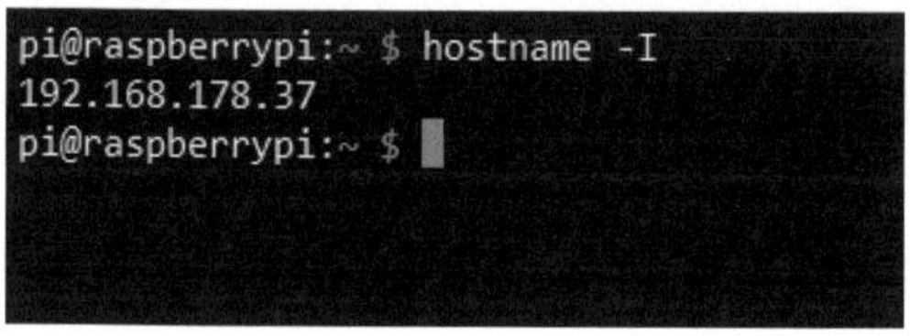

Abbildung 3.1 Die IP-Adresse des Computers anzeigen lassen

Ein anderer Weg, die IP-Adresse herauszubekommen, führt über den Befehl `sudo ifconfig`. Diesen können Sie beim NUC derzeit noch nicht ausführen, er funktioniert im Moment nur am Raspberry Pi. Die Ausgabe dieses Befehls ist jedoch etwas länger und für Einsteiger möglicherweise recht unübersichtlich.

Alternativ können Sie den Server im Heimnetzwerk auch über seinen Hostnamen ansprechen. In diesem Fall ist die IP-Adresse nicht unbedingt nötig. Probieren Sie das ruhig einmal aus. Öffnen Sie auf einem Linux- oder Mac-Rechner ein Terminal. Wenn

Sie einen Windows-PC verwenden, dann öffnen Sie die Eingabeaufforderung. (Betätigen Sie dazu die Tastenkombination [Win]+[r], und geben Sie cmd ein. Alternativ können Sie auch das Startmenü öffnen und dann cmd eingeben. Drücken Sie auf [↵].) Geben Sie nun in der Eingabeaufforderung den folgenden Befehl ein, wenn Sie einen Raspberry Pi nutzen: ping raspberrypi. Wenn Sie einen NUC verwenden, dann geben Sie ping gefolgt von einem Leerzeichen und dem Hostnamen, den Sie bei der Installation vergeben haben, ein. Drücken Sie in jedem Fall anschließend auf die [↵]-Taste. Wenn die Namensauflösung funktioniert, dann erhalten Sie etwa unter Windows folgende Beispielanzeige:

```
Ping wird ausgeführt für raspberrypi [192.168.178.73] mit 32 Bytes Daten:
Antwort von 192.168.178.73: Bytes=32 Zeit=2ms TTL=64
```

Vollständig wird die Ausgabe wie in Abbildung 3.2 aussehen:

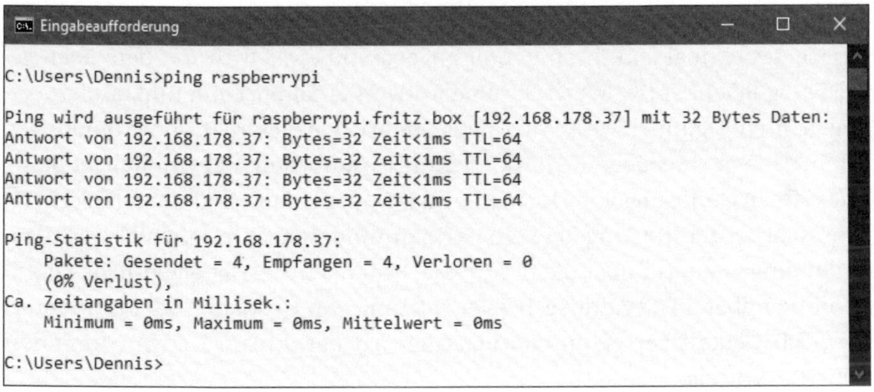

```
Eingabeaufforderung

C:\Users\Dennis>ping raspberrypi

Ping wird ausgeführt für raspberrypi.fritz.box [192.168.178.37] mit 32 Bytes Daten:
Antwort von 192.168.178.37: Bytes=32 Zeit<1ms TTL=64
Antwort von 192.168.178.37: Bytes=32 Zeit<1ms TTL=64
Antwort von 192.168.178.37: Bytes=32 Zeit<1ms TTL=64
Antwort von 192.168.178.37: Bytes=32 Zeit<1ms TTL=64

Ping-Statistik für 192.168.178.37:
    Pakete: Gesendet = 4, Empfangen = 4, Verloren = 0
    (0% Verlust),
Ca. Zeitangaben in Millisek.:
    Minimum = 0ms, Maximum = 0ms, Mittelwert = 0ms

C:\Users\Dennis>
```

Abbildung 3.2 Der »raspberrypi« antwortet!

Unter einem Linux-System müssen Sie den ständig fortlaufenden Befehl jetzt mit der Tastaturkombination [Strg]+[c] abbrechen. Wenn bei Ihnen die Bildschirmausgabe so aussieht wie in der Abbildung, dann funktioniert die Namensauflösung einwandfrei. Auch auf diesem Weg können Sie die IP-Adresse Ihres Home Servers in Erfahrung bringen, denn der ping-Befehl zeigt sie direkt auf dem Bildschirm an (es ist im Beispiel die Zahl in eckigen Klammern beziehungsweise die Zahl hinter Antwort von).

Lesen Sie aber (beispielhaft unter Windows) hingegen:

```
Ping-Anforderung konnte Host "raspberrypi" nicht finden
```

dann hat dieser Weg nicht funktioniert. Möglicherweise liefert Ihnen der Befehl unter Windows auch bereits eine IPv6-Adresse, die deutlich länger ist sowie Buchstaben und Doppelpunkte enthält. Theoretisch ist die Verbindung auch mit dieser Form der IP-Adresse problemlos möglich. Falls einige Komponenten Ihres Netzwerks aber noch älteren Datums sind oder Ihr Router nicht geeignet konfiguriert ist, dann kann es Probleme geben. Sie können die Verbindung mit dieser Adresse versuchen und bei einem Fehlschlag den `ping`-Befehl explizit anweisen, Ihnen die jeweilige IPv4-Adresse zu liefern, die nur Ziffern enthält und von modernen Netzwerkgeräten ebenfalls vergeben wird. Dazu führen Sie unter Windows den (für den NUC anzupassenden) Befehl `ping raspberrypi -4` aus.

Und es gibt sogar noch einen weiteren Weg, den Home Server im Heimnetzwerk anzusprechen und seine Dienste zu nutzen. Dafür muss aber der Router mitspielen und diese Funktion unterstützen. Das ist bei vielen, aber leider nicht bei allen Geräten der Fall. Neben dem Hostnamen können Sie nämlich, wenn es denn vom Router unterstützt wird, ein Netzwerkgerät über eine spezielle Domain aufrufen. Einige Router bedienen nämlich eine Domain, über die sich zum Beispiel das Webinterface aufrufen lässt. Bei der bekannten FritzBox ist dies zum Beispiel die Domain `fritz.box`. Entsprechende Domains gibt es auch bei vielen anderen Routern. Nun können Sie Geräte im Heimnetzwerk einfach ansprechen, indem Sie ihren Hostnamen als Subdomain vor die Domain des Routers stellen – beispielsweise `raspberrypi.fritz.box`. Führen Sie das einmal (auf Ihren Router angepasst) beispielhaft mit dem eben genannten `ping`-Befehl durch. Wenn Sie eine Antwort erhalten, dann funktioniert dieser Weg in Ihrem Heimnetzwerk. Allerdings werde ich in diesem Buch Verbindungen zum Home Server stets über die (feste) IP-Adresse aufbauen. Der Grund liegt darin, dass die Namensauflösung von Hostname oder Domain dann und wann fehlschlägt (zum Beispiel bei der Nutzung über ein VPN), zumindest aber (minimal) länger dauert als der direkte Zugriff über die IP-Adresse. Bedenken Sie: Der eigentliche Zugriff erfolgt immer über die IP-Adresse, bei der Nutzung von Hostname oder Domain ist stets zunächst eine Übersetzung nötig. Daher hat der direkte Zugriff (zumindest theoretische) Vorteile.

Nachdem Sie nun also die IP-Adresse Ihres Servers herausbekommen haben, sollten Sie sich diese notieren. Jetzt können Sie mit der Einrichtung des Servers weitermachen – darum geht es in Abschnitt 3.2, »Basiskonfiguration für den Intel NUC«, beziehungsweise Abschnitt 3.3, »Basiskonfiguration für den Raspberry Pi«.

[+]

Alternative Wege, die IP-Adresse des Home Servers zu erfahren

Neben den hier vorgestellten Wegen gibt es weitere Möglichkeiten, die IP-Adresse eines Netzwerkgerätes zu erfahren. Zum einen können Sie einen Blick in das Webinterface Ihres Routers werfen. Die meisten Geräte bieten dort eine Übersicht über alle Geräte im Heimnetzwerk und nennen dabei auch deren jeweilige IP-Adresse. Dort wird auch Ihr Home Server unter seinem Hostnamen aufgeführt sein. Zum anderen können Sie einen sogenannten *Netzwerkscanner* einsetzen. So ein Programm prüft für alle möglichen IP-Adressen des Heimnetzwerks, ob dort jeweils ein Gerät auf Anfragen antwortet. Das Programm generiert eine Tabelle, in der ebenfalls die Hostnamen mit der zugehörigen IP-Adresse verzeichnet sind. Bekannte Netzwerkscanner sind *nbtscan*, *SoftPerfect Network Scanner* und *Angry IP Scanner*.

3.2 Basiskonfiguration für den Intel NUC

Der Intel NUC ist derzeit noch nicht so konfiguriert wie der Raspberry Pi. Das liegt daran, dass Sie beim Intel NUC ein »nacktes« Debian-System installiert haben. Beim Raspberry Pi wurde hingegen ein Image verwendet, das schon zahlreiche Konfigurationen speziell für diesen Rechner enthält. Bevor Sie Ihren NUC-Server richtig nutzen können, sind daher zunächst noch ein paar Konfigurationsschritte nötig.

Bei der Installation des Betriebssystems wurde das wichtige Paket `sudo` nicht automatisch installiert. Dieses Paket macht auf einem System den gleichnamigen Befehl verfügbar. Über den Befehl `sudo` (eigentlich ist es ein Befehlsvorsatz) kann sich ein normaler Systemnutzer vorübergehend *root*-Rechte verschaffen. Erst dadurch ist er in der Lage, Änderungen am System vorzunehmen und beispielsweise neue Software zu installieren. Mit einem normalen Benutzerkonto (wie Sie es bei der Installation angelegt haben) ist dies zunächst nicht möglich. Noch einmal zur Erinnerung: Das *root*-Konto sollte nicht für die alltägliche Arbeit genutzt werden. Da es jegliche Änderung am System erlaubt und oftmals noch nicht einmal eine Bestätigung eingeholt wird, ist die Arbeit damit viel zu gefährlich. Daher ist das Vorhandensein des `sudo`-Paketes für alle späteren Arbeiten unabdingbar. Daher sollten Sie es gleich installieren. Derzeit nutzen Sie bereits Ihr eigenes Benutzerkonto, das aber noch sehr eingeschränkt ist. Es ist Ihnen unter diesem Konto derzeit nicht erlaubt, neue Software zu installieren. Geben Sie daher nun den Befehl `su` ein, und drücken Sie auf [↵]. Sie werden nach einem Passwort gefragt. Hier müssen Sie jetzt aber nicht Ihr persönliches Passwort eingeben, sondern das des *root*-Nutzers, das Sie bei der Installation vergeben haben. Geben Sie dieses Passwort ein, und drücken Sie auf [↵]. Über diesen Befehl wechseln Sie Ihre Identität zum *root*-Nutzer. Sie haben nun die volle Kontrolle über das System, was sehr gefährlich ist. Prüfen Sie daher unbedingt jeden Ihrer Befehle auf Korrektheit, bevor Sie ihn ausführen.

Um nun das `sudo`-Paket zu installieren, nehmen Sie zunächst ein Update der Paketquellen vor – was das genau bedeutet, das erkläre ich Ihnen später in Ruhe. Dafür geben Sie folgenden Befehl ein und drücken dann auf [↵]:

```
apt update
```

Anschließend installieren Sie das `sudo`-Paket mit diesem Befehl

```
apt install sudo
```

Bestätigen Sie die Installationsanfrage gegebenenfalls mit der [↵]-Taste, und warten Sie, bis die Installation vollständig ist. Den gesamten Vorgang sehen Sie in Abbildung 3.3.

Für den korrekten Betrieb des Servers ist noch ein weiteres Programmpaket notwendig, das Funktionen rund um den Netzwerkbetrieb zur Verfügung stellt. Bitte installieren Sie es über folgenden Befehl, den Sie auch wieder mit [↵] ausführen:

```
apt install net-tools
```

Anschließend beenden sie Ihre Sitzung als *root*-Nutzer mit dem Befehl

```
exit
```

den Sie wie üblich mit der [↵]-Taste ausführen. Damit sind Sie wieder der zuvor eingeloggte Systemnutzer. Im Moment können Sie allerdings den `sudo`-Befehlsvorsatz noch nicht nutzen. Ich werde Ihnen später zeigen, wie das funktioniert. Damit ist der NUC schon komplett eingerichtet, und Sie können ihn ein wenig kennenlernen. Weiter geht es in Abschnitt 3.4, »Aufbauen der ersten SSH-Verbindung«.

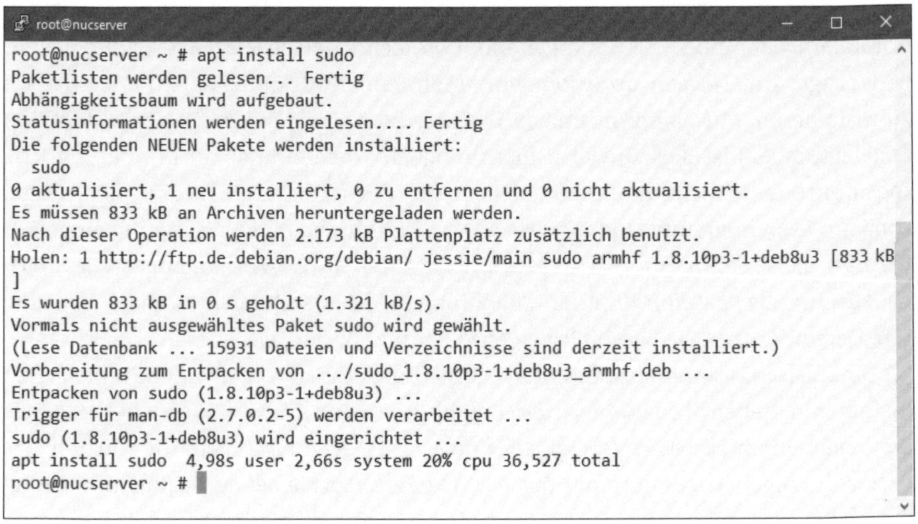

```
root@nucserver
root@nucserver ~ # apt install sudo
Paketlisten werden gelesen... Fertig
Abhängigkeitsbaum wird aufgebaut.
Statusinformationen werden eingelesen.... Fertig
Die folgenden NEUEN Pakete werden installiert:
  sudo
0 aktualisiert, 1 neu installiert, 0 zu entfernen und 0 nicht aktualisiert.
Es müssen 833 kB an Archiven heruntergeladen werden.
Nach dieser Operation werden 2.173 kB Plattenplatz zusätzlich benutzt.
Holen: 1 http://ftp.de.debian.org/debian/ jessie/main sudo armhf 1.8.10p3-1+deb8u3 [833 kB
]
Es wurden 833 kB in 0 s geholt (1.321 kB/s).
Vormals nicht ausgewähltes Paket sudo wird gewählt.
(Lese Datenbank ... 15931 Dateien und Verzeichnisse sind derzeit installiert.)
Vorbereitung zum Entpacken von .../sudo_1.8.10p3-1+deb8u3_armhf.deb ...
Entpacken von sudo (1.8.10p3-1+deb8u3) ...
Trigger für man-db (2.7.0.2-5) werden verarbeitet ...
sudo (1.8.10p3-1+deb8u3) wird eingerichtet ...
apt install sudo  4,98s user 2,66s system 20% cpu 36,527 total
root@nucserver ~ #
```

Abbildung 3.3 Die Installation von »sudo«

3.3 Basiskonfiguration für den Raspberry Pi

Ihr erster Weg führt Sie unter Raspberry Pi OS in das Konfigurationsprogramm, in dem Sie wichtige Parameter wie die Systemsprache einstellen können. Rufen Sie das Konfigurationsprogramm namens `raspi-config` mit folgendem Befehl auf:

```
sudo raspi-config
```

Geben Sie dazu diesen Befehl ein, und drücken Sie anschließend die [↵]-Taste. Es öffnet sich ein Konfigurationsprogramm, das sogar eine kleine Benutzeroberfläche aufweist, die aber lediglich im Textmodus dargestellt wird.

Sie beginnen Ihre Reise mit der Kategorie NETWORK OPTIONS. Wählen Sie diesen Punkt aus, und bestätigen Sie die Auswahl mit der [↵]-Taste. Dasselbe machen Sie im Untermenü mit dem Eintrag HOSTNAME. Damit können Sie den Hostnamen Ihres Servers einstellen. Wählen Sie hier den Namen, unter dem Ihr Pi-Server in Ihrem

Netzwerk erreichbar sein soll, etwa bei Dateifreigaben. Ein Beispiel könnte schlicht `piserver` lauten. Sie erhalten zunächst einen Hinweisbildschirm mit Informationen, welche Zeichen für den Hostnamen erlaubt sind. Das sind die Buchstaben a–z, die Ziffern 0–9 sowie der Bindestrich. Bestätigen Sie diese Informationen mit der [↵]-Taste, und geben Sie anschließend den neuen Hostnamen ein; die Eingabe müssen Sie wie immer bestätigen. Anschließend landen Sie wieder im Hauptmenü.

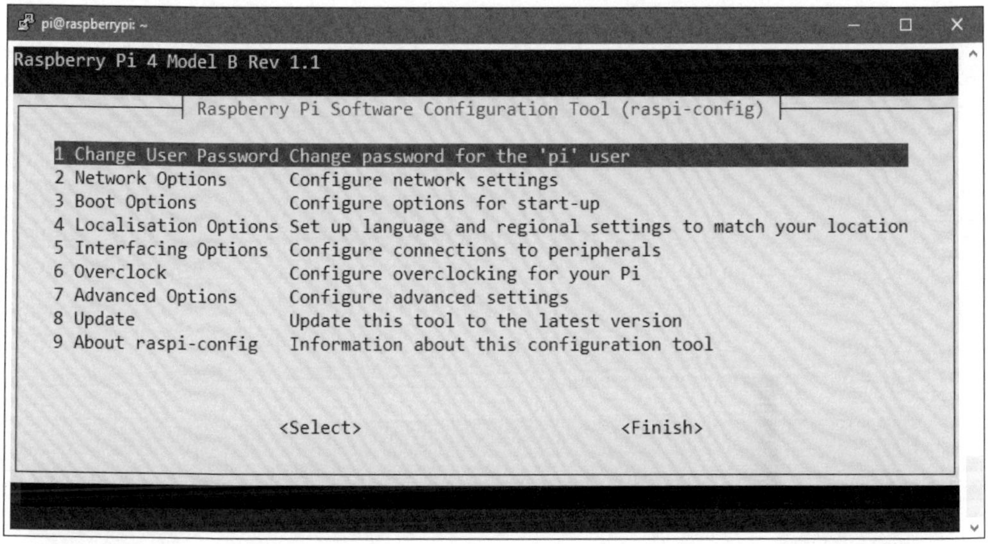

Abbildung 3.4 Ein Überblick über »raspi-config«

Dort öffnen Sie den Menüpunkt LOCALISATION OPTIONS, Sie werden also die Sprache und das Zeitformat einstellen. Zuerst wählen Sie CHANGE LOCALE.

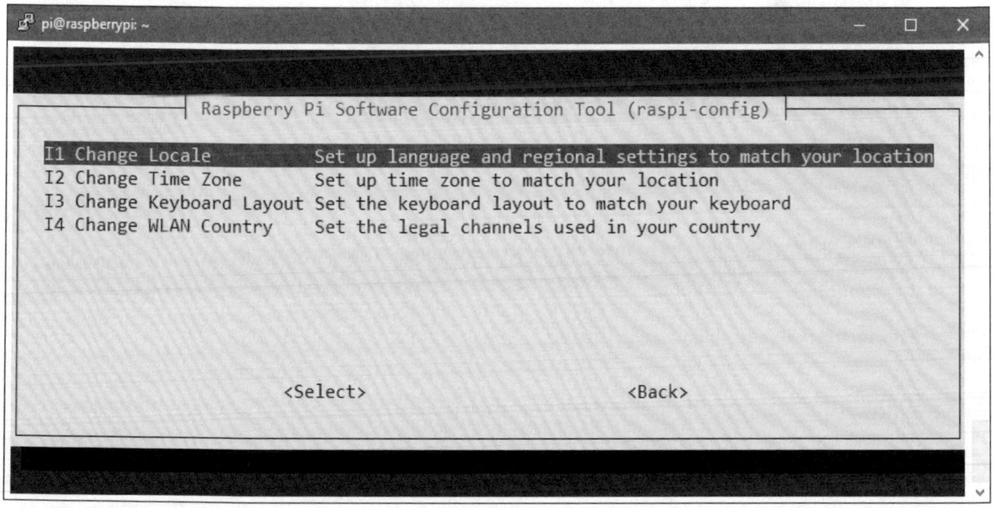

Abbildung 3.5 Ändern der »Locale« mit »raspi-config«

Hierbei geht es um die Einstellung der Sprache des Betriebssystems und der verschiedenen Anwendungen. Dass Sie die [↵]-Taste betätigen, werde ich nun nicht mehr jedes Mal erwähnen.

Wenn Sie die deutsche Sprache gegenüber der englischen Voreinstellung bevorzugen, dann suchen Sie in dem sich öffnenden Einstellungsdialog mit den normalen Pfeiltasten nach dem Eintrag `de_DE.UTF-8 UTF-8`. Achten Sie auf die Endung `UTF-8`. Falls Sie sich in Österreich befinden, dann suchen Sie nach dem Eintrag mit dem Kürzel `AT` statt `DE`, für die Schweiz entsprechend nach dem Kürzel `CH`. Daneben existieren auch Locales für Liechtenstein (`LI`), Luxemburg (`LU`) und Belgien (`BE`). Wählen Sie den entsprechenden Eintrag mit den Pfeiltasten und aktivieren Sie ihn – Achtung! – mit der Leertaste. Er wird mit einem Sternchen gekennzeichnet. Danach suchen Sie mit den Pfeiltasten nach dem Eintrag `en_GB.UTF-8 UTF-8`. Dies ist der voreingestellte Eintrag, der ebenfalls mit einem Sternchen gekennzeichnet ist. Wählen Sie diesen Eintrag aus, und nutzen Sie ebenfalls die Leertaste, um ihn zu deaktivieren; das Sternchen verschwindet hierauf. Nun können Sie abschließend die [↵]-Taste betätigen. Im folgenden Schirm müssen Sie die Locale auswählen, die als Voreinstellung genutzt werden soll.

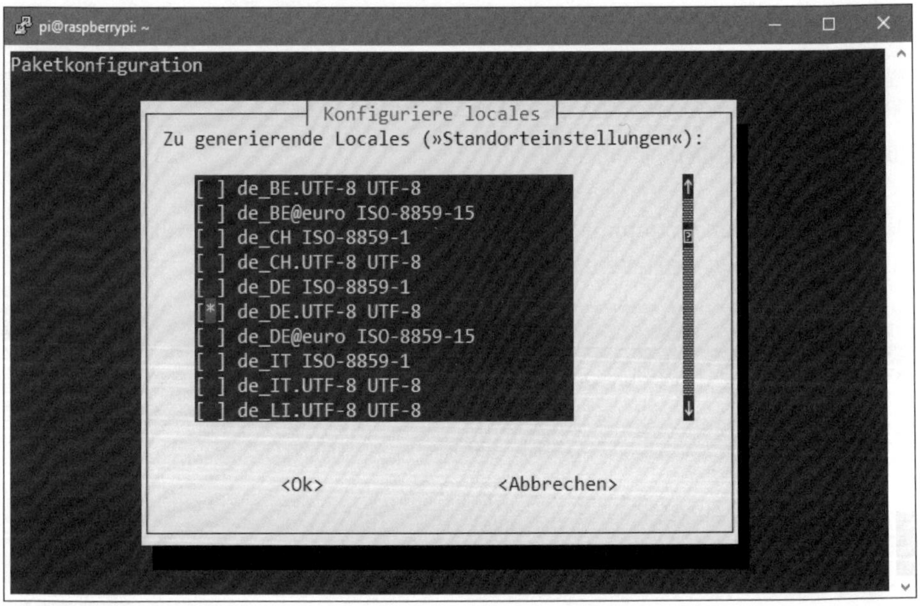

Abbildung 3.6 »de_DE.UTF-8« ändert die Systemsprache in Deutsch.

Wählen Sie mit den Pfeiltasten erneut Ihre gewünschte Sprache aus, und drücken Sie die [↵]-Taste. Nach einer kurzen Wartezeit landen Sie wieder im Hauptfenster. Gehen Sie erneut zum Localisation Options-Dialog, und wählen Sie diesmal zum Einstellen der Zeitzone Change Time Zone. Es erscheint eine Liste mit den Kontinenten. Wählen Sie zuerst Europe, und drücken Sie ↵. Wählen Sie dann die entsprechende Hauptstadt (beziehungsweise zutreffende Stadt), zum Beispiel Berlin oder Zurich, und drücken Sie die ↵-Taste. Nun müssen Sie ein drittes und letztes Mal zu den Localisation Options gehen und dort das Keyboard-Layout einstellen. Wählen Sie den Eintrag Change Keyboard Layout, und drücken Sie die ↵-Taste. Dieser Schritt ist jedoch nur dann von Relevanz, wenn Sie etwa zur Fehlersuche eines Tages (erneut) eine Tastatur direkt an Ihrem Raspberry Pi angeschlossen haben. Das Gute an diesem Eintrag ist, dass er keine weiteren Eingaben erfordert. Warten Sie einfach, bis wieder der Hauptbildschirm angezeigt wird.

Wenn Sie das eingebaute WLAN-Modul verwenden möchten (was für den Serverbetrieb, wie bereits erwähnt, nicht unbedingt sinnvoll ist), dann müssen Sie nun noch einmal in den Localisation Options-Dialog zurück und den Punkt Change WLAN Country auswählen. Dort wählen Sie mit den Pfeiltasten das Land aus, in dem Ihr Server arbeiten soll.

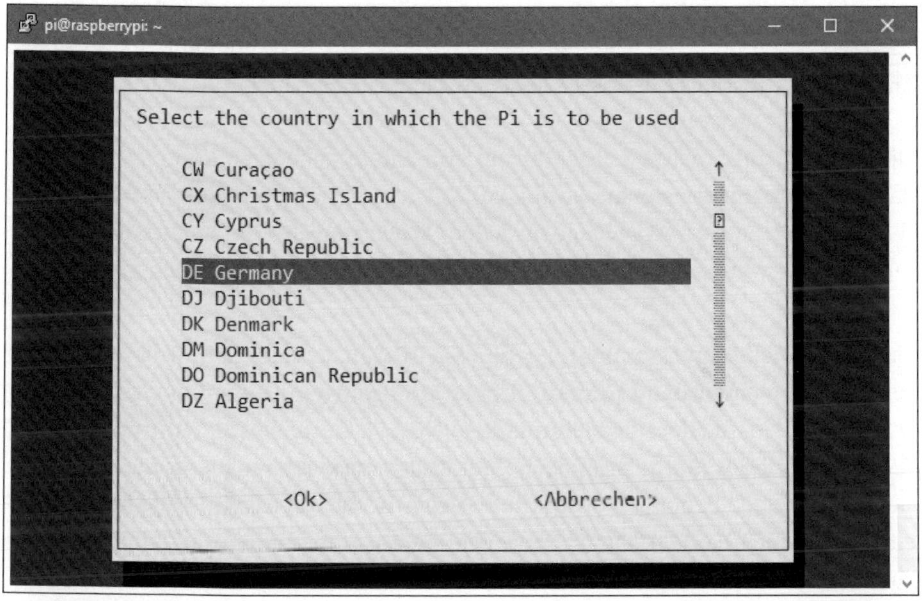

Abbildung 3.7 Die Auswahl des Standorts entscheidet über die WLAN-Kanäle, die der Raspberry Pi verwenden darf.

Bestätigen Sie die Auswahl (zweimal) mit der ↵-Taste.

Sollten Sie das optionale Kameramodul zum Raspberry Pi erworben und auch angeschlossen haben, dann müssen Sie es zunächst aktivieren. Öffnen Sie den Menüpunkt Interfacing Options und darin den Unterpunkt Camera. Darüber können Sie das Kameramodul aktivieren (und im Falle der Nichtnutzung auch wieder deaktivieren).

Ganz wichtig ist jetzt die Aktivierung des SSH-Servers. Öffnen Sie dazu noch einmal den Menüpunkt Interfacing Options und darin den Unterpunkt SSH.

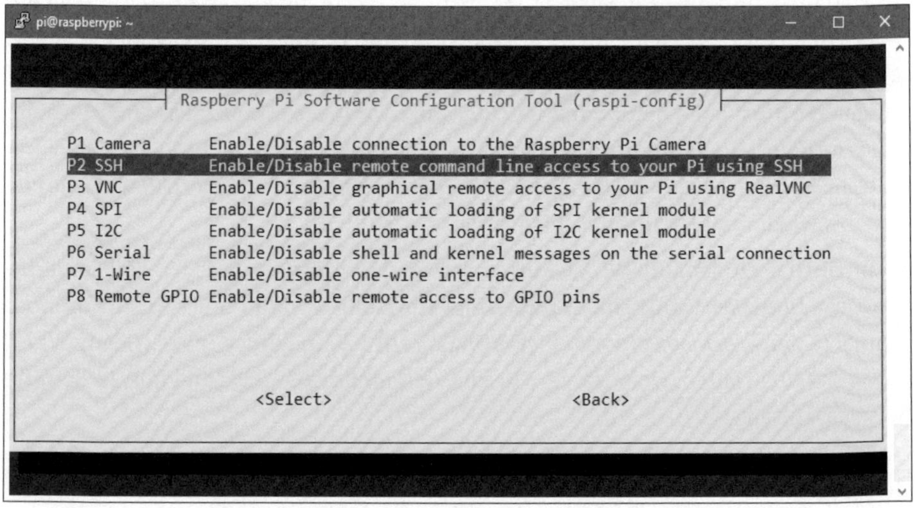

Abbildung 3.8 Lassen Sie den SSH-Server unbedingt eingeschaltet.

Dieser sorgt dafür, dass Sie Ihren Server von einem beliebigen Computer aus über das SSH-Protokoll fernsteuern können. Dieser Menüpunkt muss unbedingt aktiviert sein – antworten Sie auf die Frage nach der Aktivierung also mit Yes, und kontrollieren Sie die Einstellung sorgfältig. Sie erhalten eine Bestätigung, die Sie mit der ↵-Taste schließen.

Sie landen wieder im Hauptmenü. Wenn Sie für den Serverbetrieb weitere Ressourcen sparen möchten, dann können Sie noch einmal in den Menüpunkt Interfacing Options gehen und dort die Menüpunkte VNC, SPI, I2C, Serial, 1-Wire und Remote GPIO deaktivieren. (Sie müssen nach jeder Änderung wieder in dieses Menü zurück.) Diese Funktionen benötigen Sie für Ihren Server nicht. Allerdings ist die Ressourceneinsparung nicht sonderlich groß, vorsichtige Naturen können sie daher auch einfach unangetastet lassen.

Weiter geht es im Hauptmenü mit dem Menüpunkt Advanced Options. Hier müssen Sie noch einiges einstellen. Öffnen Sie diesen Menüpunkt.

[!]

Hier gibt es einiges zu tun

Bei der Änderung eines Eintrags kehrt das Konfigurationsprogramm immer wieder zum Hauptbildschirm zurück. Sie müssen jedoch einige Änderungen im Advanced Options-Menü vornehmen, also kehren Sie bitte bis auf Widerruf immer wieder in dieses Menü zurück.

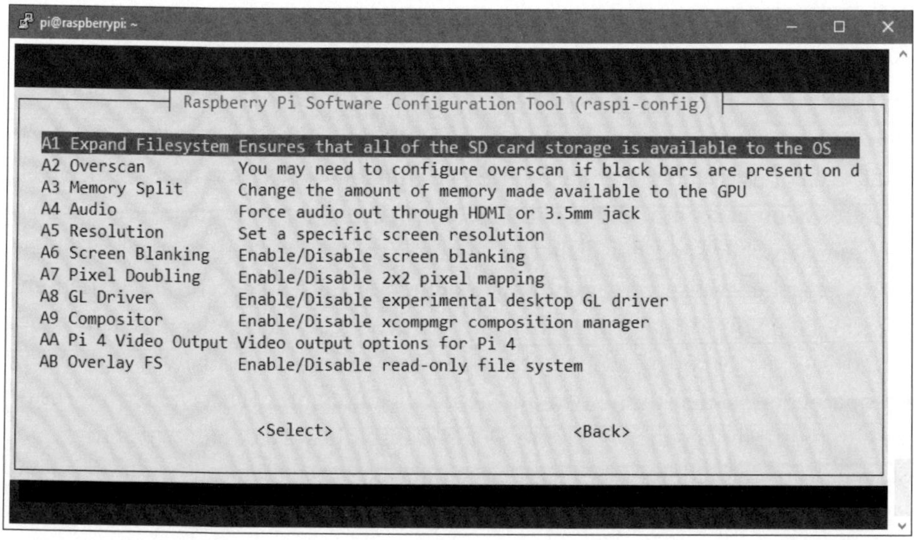

Abbildung 3.9 Die Funktion hinter dem ersten Eintrag stellt sicher, dass der Raspberry Pi die gesamte Speicherkarte verwendet.

Der erste Menüpunkt heißt EXPAND FILESYSTEM. Er kümmert sich darum, dass dem Betriebssystem die gesamte Speicherkarte zur Verfügung steht. Bedenken Sie, dass das Image, dass Sie heruntergeladen haben, nicht so groß ist wie Ihre Speicherkarte, es belegt nur einen Teil davon. Normalerweise wird mittlerweile das Dateisystem bereits beim allerersten Start so eingestellt, dass es die komplette Speicherkarte nutzt, es schadet aber nichts, diesen Vorgang noch einmal zu starten. Öffnen Sie also den eben genannten Eintrag. Der Vorgang läuft automatisch ab, und Sie landen nach einer Bestätigung wieder im Hauptmenü. Gehen Sie dann wieder in die Sektion ADVANCED OPTIONS.

OVERSCAN ist für Sie nicht von Interesse, denn Sie möchten Ihren Pi-Server ja zukünftig ohne einen Monitor betreiben. Gehen Sie weiter zu MEMORY SPLIT. Wieder gilt: Es wird zukünftig kein Monitor angeschlossen, es genügt also der Minimalwert für den Arbeitsspeicher für die Grafikkarte, den sich diese vom Hauptspeicher abzweigt. Sie können hier tatsächlich den Wert 1 eintragen. Keine Sorge: Dies wird die Grafikfunktion nicht vollständig abschalten, auch im Fehlerfalle steht Ihnen der HDMI-Anschluss mit der Kommandozeile jederzeit zur Verfügung.

Im Menüpunkt AUDIO können Sie festlegen, welche Audioschnittstelle (die Klinkenbuchse oder der HDMI-Ausgang) für die Tonausgabe verwendet wird. Normalerweise dient der Server nicht der Tonausgabe, aber wenn Sie an die Klinkenbuchse einen Verstärker mit Lautsprechern anschließen wollen, dann wählen Sie hier die entsprechende Einstellung.

Die weiteren Menüpunkte sind in dieser Kategorie für den Serverbetrieb nicht relevant. Sie sind also im ADVANCED OPTIONS-Menü fertig und können nun wieder im Hauptmenü bleiben.

Wie Sie vielleicht schon bemerkt haben, gibt es dort den Menüpunkt CHANGE USER PASSWORD, den Sie aber hier nicht beachten müssen. Sie werden nämlich gleich ein weiteres Benutzerkonto anlegen, das Sie mit Ihrem eigenen Namen versehen können, und anschließend das bisherige Benutzerkonto mit dem Namen *pi* löschen. Diese Vorgehensweise verspricht einen kleinen Sicherheitsgewinn und einen entsprechenden Komfortgewinn. Wählen Sie mit den Pfeiltasten daher nun den Eintrag FINISH aus, der sich ganz rechts unten befindet. Sie müssen ausnahmsweise den Pi-Computer einmal neu starten, worauf Sie ein Dialogtext hinweist. Wählen Sie YES für »ja«, und drücken Sie die [↵]-Taste. Der Pi-Computer wird darauf neu starten, und Sie sehen auf dem Bildschirm die Ihnen schon bekannten Meldungen, die stets beim Rechnerstart erscheinen.

Damit haben Sie die Basiskonfiguration abgeschlossen. Nun können Sie zum ersten Mal eine Verbindung zum Home Server über das Netzwerk aufbauen und den Server fernsteuern. Dabei werden Sie das bekannte SSH-Protokoll nutzen.

3.4 Aufbauen der ersten SSH-Verbindung

Wenn Sie die erste Inbetriebnahme mit Tastatur und Monitor erfolgreich absolviert haben, dabei die IP-Adresse des Home Servers in Erfahrung gebracht und auch die Ersteinrichtung durchgeführt haben, dann können Sie nun »in die Vollen gehen« und den Server über die Netzwerkverbindung fernsteuern.

Dabei werden Sie die Kommandozeile des Home Servers auf Ihrem klassischen Desktopcomputer anzeigen lassen. Alle Eingaben, die Sie in dieser Kommandozeile vornehmen, werden direkt auf Ihrem Home Server ausgeführt. Man verwendet dafür das sogenannte *SSH-Protokoll*, das eine verschlüsselte Verbindung zu dem Server herstellt und beispielsweise die Übertragung von Befehlen und Antworten ermöglicht. Nutzen Sie einen Computer mit einem Linux-Betriebssystem, einen macOS-Rechner oder einen Windows-Rechner mit Windows 10, dann können Sie sich freuen, denn der Zugriff gelingt bereits mit Bordmitteln. Alles, was Sie brauchen, ist ein Terminal beziehungsweise die Eingabeaufforderung. Öffnen Sie also ein Terminal oder die Eingabeaufforderung. Unter Windows drücken Sie dazu [⊞] + [r] und geben `cmd` in die Eingabemaske ein. In dem neuen Fenster geben Sie folgenden Befehl ein:

```
ssh benutzername@IP.Adresse.Ihres.Homservers
```

Ersetzen Sie den Ausdruck `IP.Adresse.Ihres.Homeservers` durch die vorhin notierte IP-Adresse. Den Ausdruck `benutzername` ersetzen Sie durch den Benutzernamen, den

Sie zum Anmelden benutzen. Für den Raspberry Pi lautet dieser *pi*, beim Intel NUC nutzen Sie bitte den Benutzernamen, den Sie bei der Installation vergeben haben (bitte nutzen Sie hierfür nicht das *root*-Konto). Wenn Sie nun [↵] drücken, wird direkt eine Verbindung zu Ihrem Server aufgebaut. Gegebenenfalls müssen Sie bei der allerersten Verbindung Ihrem neuen Sever noch das Vertrauen aussprechen und eine Sicherheitsfrage beantworten. Sie werden anschließend zur Eingabe des Passworts aufgefordert (Achtung: Hier erscheinen bei der Eingabe des Passworts keinerlei Anzeigen auf dem Bildschirm). Dieses lautet für den Raspberry Pi nach wie vor (im Regelfall) »raspberry«. Beim Intel NUC haben Sie bei der Installation ein eigenes Passwort vergeben. (Bei dieser Eingabemaske sollte die deutsche Tastaturbelegung normal zur Verfügung stehen.) Wenn Sie den Kommando-Prompt sehen, dann funktioniert die Verbindung einwandfrei. Um die Verbindung zu Ihrem Home Server wieder zu beenden, geben Sie einfach den Befehl `exit` ein und führen ihn durch die Betätigung der [↵]-Taste aus.

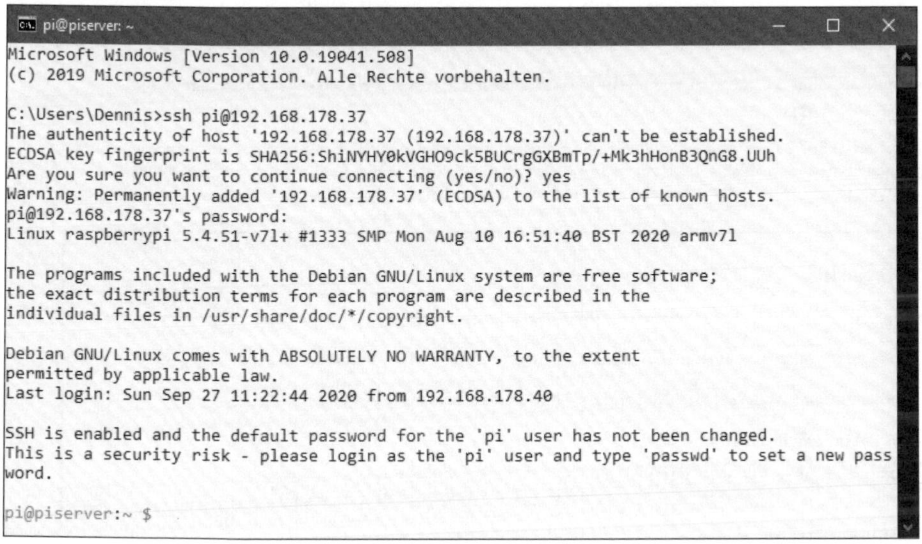

Abbildung 3.10 Unter Windows 10 können Sie direkt mit dem Home Server kommunizieren.

Nutzer älterer Windows-Fassungen (die aus Sicherheitsgründen nicht mehr genutzt werden sollten) oder solche, die sich etwas mehr Komfort wünschen, müssen allerdings zunächst erst noch ein zusätzliches Programm installieren, denn der Zugriff ist allein mit Bordmitteln nicht möglich. Um beispielsweise unter Windows 7 die Eingabeaufforderung Ihres Servers anzuzeigen, setzen Sie die weitverbreitete Software *PuTTY* ein. PuTTY ist ein Open-Source-Programm und ist unter anderem unter folgender Adresse erhältlich:

http://www.chiark.greenend.org.uk/~sgtatham/putty/download.html

PuTTY bringt auch unter Windows 10 gegenüber den Bordmitteln einen größeren Funktionsumfang mit. Laden Sie sich also PuTTY herunter, und installieren Sie es entsprechend. PuTTY ermöglicht den Zugriff auf die Konsole des Pi-Computers über mehrere Verbindungsmöglichkeiten, unter anderem über das SSH-Protokoll. Ich empfehle auch Nutzern von Windows 10, dieses Programm einmal auszuprobieren, da sich damit zahlreiche Konfigurationsoptionen eröffnen, die sich früher oder später nützlich machen. Unter anderem können Sie sich bequem einen Schnellzugriff für Ihren Server anlegen, so dass Sie nicht jedes Mal die komplette Adresse eintippen müssen.

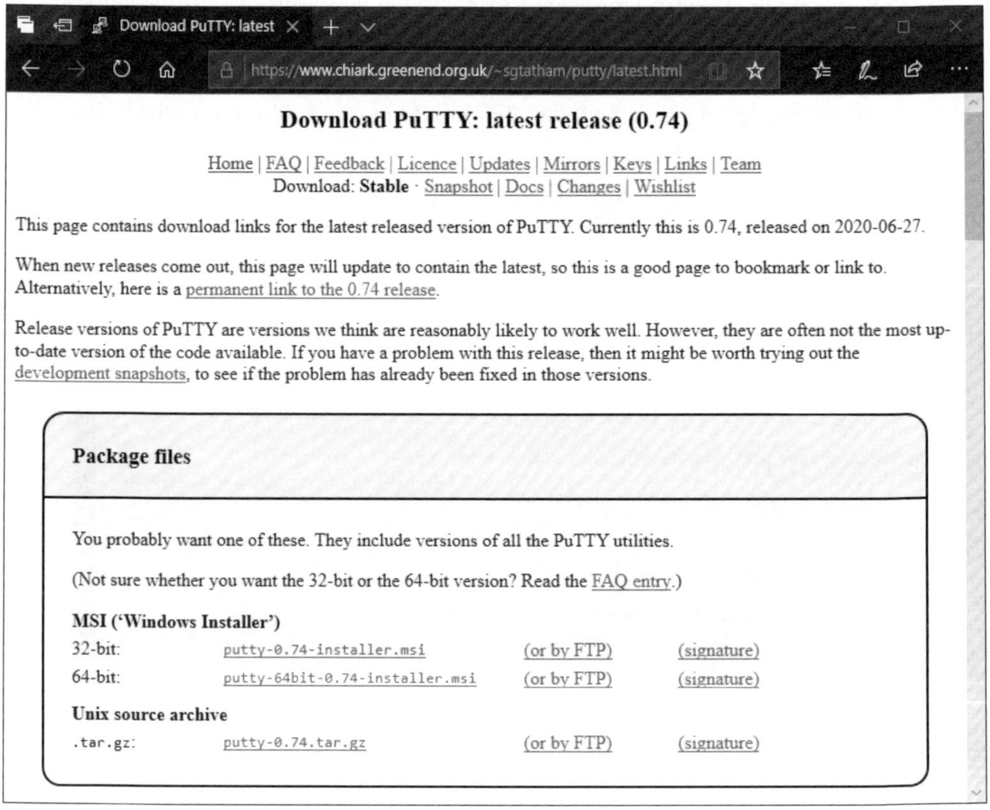

Abbildung 3.11 Die »PuTTY Download Page«

Am besten legen Sie gleich einen Shortcut zu PuTTY auf den Desktop oder in die Taskleiste, denn mit diesem Programm werden Sie sehr oft arbeiten. Öffnen Sie nun eine Instanz von PuTTY.

Im Feld HOST NAME (OR IP ADDRESS) geben Sie die notierte IP-Adresse Ihres Home Servers ein, der Port hat die Nummer 22. Starten Sie die Verbindung durch die Betätigung der ↵-Taste. Es wird eine Meldung (wie in Abbildung 3.13) erscheinen, die Sie über einen neuen unbekannten Schlüssel informiert.

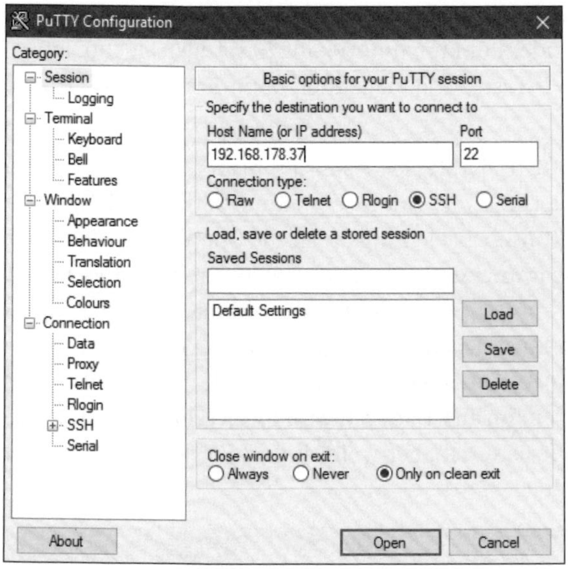

Abbildung 3.12 PuTTY mit Ihrem Home Server verbinden

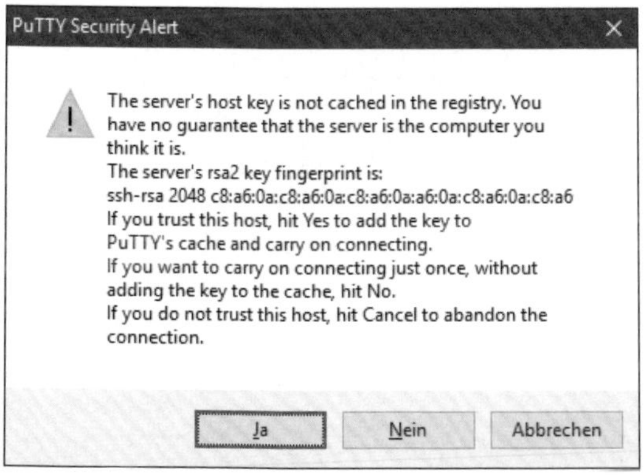

Abbildung 3.13 PuTTY kennt Ihren Home Server noch nicht und bittet um Bestätigung.

Dies ist bei der ersten Anmeldung an einem neuen Computer völlig normal. Akzeptieren Sie diese Meldung. Nach kurzer Zeit erhalten Sie die Login-Aufforderung auf Ihrem Bildschirm. Geben Sie den Benutzernamen und das Passwort ein.

Abbildung 3.14 Anmeldung über SSH an Ihrem Home Server

Das Passwort wird während der Eingabe aus Sicherheitsgründen nicht angezeigt, auch die Anzeige von Sternchen oder Punkten unterbleibt. Bestätigen Sie Ihre Eingaben mit einem Druck auf die [↵]-Taste, und Sie landen beim Kommando-Prompt auf der Kommandozeile.

Bitte verinnerlichen Sie die Schritte und Abläufe dieses Abschnitts. Sie haben soeben den »offiziellen« Weg kennengelernt, direkt mit Ihrem Home Server in Kontakt zu treten. Die Verbindung über die Konsole beziehungsweise die Übertragung der Kommandozeile werden Sie zukünftig immer dann benötigen, wenn Sie auf Ihrem Server ein Programm installieren, eine Konfiguration ändern oder überhaupt einmal »nach dem Rechten schauen« möchten. Etwas ist auch noch ganz wichtig: Wenn Sie die Verbindung zu Ihrem Server wieder beenden wollen, dann tippen Sie den Befehl `exit` in die Kommandozeile ein und führen ihn aus. Dadurch wird Ihre Verbindung zum Server geschlossen. Der Server bleibt dadurch aber weiterhin in Betrieb, er wird nicht heruntergefahren oder abgeschaltet.

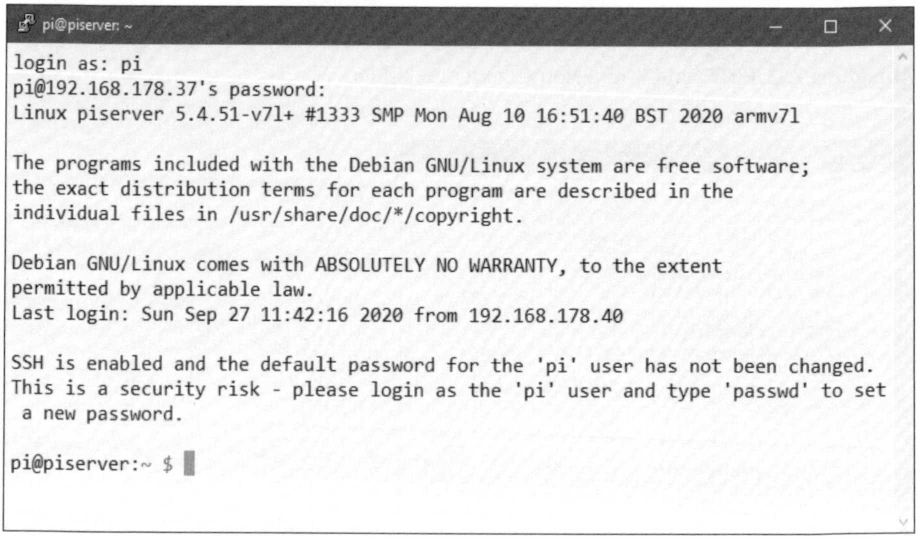

Abbildung 3.15 Der erste erfolgreiche Login

An dieser Stelle ein kleiner Komforttipp: Bei einer neuen Verbindung jedes Mal die IP-Adresse eingeben zu müssen, das ist etwas umständlich. Deswegen bietet PuTTY die Möglichkeit, diese Adressen (und eine Menge anderer Einstellungen) abzuspeichern. Im Moment ist dieser Schritt nicht sinnvoll, denn Sie werden später dem Server eine feste IP-Adresse geben (die von der aktuellen zumeist abweicht), aber wenn das erfolgt ist, dann sollten Sie eine sogenannte *Session* speichern. Dazu öffnen Sie noch einmal PuTTY und tippen im Feld HOST NAME (OR IP ADDRESS) die neue, feste IP-Adresse Ihres Servers ein. Sie verbinden sich jetzt jedoch nicht, sondern geben im unteren Feld SAVED SESSIONS einen aussagekräftigen Namen ein. Am besten verwenden Sie einen Namen, der eindeutig Ihren Server identifiziert. Klicken Sie nun auf die Schaltfläche SAVE. Zukünftig können Sie die Verbindung zu Ihrem Server bequem durch einen einfachen Doppelklick auf seinen Namen in der Liste herstellen.

Herzlichen Glückwunsch, Ihr Home Server funktioniert einwandfrei. Sie können jetzt die ersten Schritte mit dem neuen System unternehmen! Tastatur und Monitor sind jetzt nicht mehr nötig und können abgesteckt werden.

3.5 Die ersten Schritte mit dem neuen System

Auf geht's! Jetzt können Sie Ihrem Home Server richtig kennenlernen. Zuerst zeige ich Ihnen etwas zu Benutzern und ihren Rechten.

3.5.1 Benutzer und ihre Rechte

Wie Sie vielleicht schon wissen, ist Linux ein konsequentes Mehrbenutzer-System. Es kann also (durchaus auch gleichzeitig) von mehreren unterschiedlichen Benutzern bedient werden. Unter Linux werden daher verschiedene Benutzerkonten angelegt und voneinander unterschieden. Diese Benutzerkonten können über verschiedene Rechte im Umgang mit dem System verfügen. Zunächst einmal gibt es einen besonderen Benutzer, der allen anderen Benutzern übergeordnet ist und über die umfangreichsten Rechte ohne Einschränkungen verfügt. Dieser Benutzer nennt sich *root*. Oftmals wird dafür auch die Bezeichnung *Administrator* verwendet, wobei der *root*-Benutzer sozusagen der oberste Administrator ist, der wirklich alle Einstellungen eines Systems verändern kann. Er kann auch jedes beliebige Programm installieren oder vom System entfernen. Ebenso darf er sämtliche Dateien löschen – auch solche, die eigentlich anderen Benutzern gehören. Damit ist es diesem Benutzer auch möglich, das Betriebssystem zu zerstören, indem er kritische Dateien ändert oder löscht. Der *root*-Benutzer ist also ziemlich mächtig. Eine jede Installation sowohl des ursprünglichen Debian als auch von Raspberry Pi OS enthält ein solches *root*-Konto.

Der Nutzer *root* verfügt also über alle Rechte, man sagt auch kurz, er hat *root*-Rechte. Es ist offensichtlich, dass dies etwas gefährlich ist, denn ein unachtsam falsch eingegebenes Kommando kann fatale Folgen haben. Dies führt auch zu weiteren Sicherheitsbedenken, denn ein böswilliger Nutzer kann so relativ einfach das System beschädigen. Aus diesem Grund hatten Sie bei der Installation beim Intel NUC auch ein besonders sicheres Passwort für den *root*-Nutzer vergeben. Beim Raspberry Pi hat der *root*-Nutzer zunächst gar kein Passwort, sondern sein Konto ist deaktiviert. Der dort existierende Nutzer *pi* hat jedoch das Recht, den Befehlsvorsatz `sudo` zu nutzen, der ihm vorübergehend *root*-Rechte verleiht – dazu später mehr.

Im Unterschied zum *root*-Nutzer verfügen normale Nutzerkonten »für den täglichen Gebrauch« nur über eingeschränkte Rechte. Ein normaler Benutzer kann nicht einfach wahllos Dateien löschen oder Programme installieren. Es ist ihm daher nicht möglich, das System auf einfachem Wege zu beschädigen. Dies ist also ein essentielles Sicherheitskonzept.

Normalerweise sollte man daher stets unter einem solchen eingeschränkten Benutzerkonto arbeiten. Das gilt auch für Sie als Systemadministrator. Nun ist es aber etwas hinderlich, wenn Sie als Administrator wichtige Systemzugriffe nicht ausführen dürfen, weil Sie hierfür keine Rechte haben. Deswegen haben sich kluge Leute einen besonderen Befehl ausgedacht, der es erlaubt, dass auch normale Systembenutzer temporär über *root*-Rechte verfügen können. Hierbei handelt es sich um das sogenannte *sudo-Kommando*. Dieser Befehlszusatz wird einem auszuführenden Befehl vorangestellt. *sudo* steht für *substitute user (identity and) do*, also frei übersetzt etwa »ersetze Benutzer [durch ...] und tue ...«. Manchmal nennt man den Befehl in der Langform auch »superuser do«, was anzeigen soll, dass man im Regelfall dieses Kommando nutzt, um einen Befehl als Supernutzer (also Administrator) auszuführen. `sudo` ist ein sehr wichtiger Befehlsvorsatz, den Sie öfter benutzen werden. Er ist aber auch gefährlich, denn er erlaubt es sogar, das ganze Betriebssystem zu zerstören. Sie sollten ihn also immer mit Bedacht einsetzen! Bevor Sie das `sudo`-Kommando benutzen dürfen, müssen Sie sich zunächst gegenüber dem Computer mit Ihrem Passwort authentifizieren.

Wichtig ist zu wissen, dass nicht jeder Benutzer automatisch das `sudo`-Kommando verwenden darf. Dies bleibt ausgewählten Benutzern vorbehalten. Bei einem Home Server regelt man das meist so, dass Sie als Administrator das `sudo`-Kommando verwenden dürfen, alle anderen »normalen« Systembenutzer jedoch nicht. Unter Raspberry Pi OS gibt es übrigens eine Besonderheit, die aus sicherheitstechnischer Sicht etwas problematisch ist: Dem voreingestellten Nutzer `pi` ist es »ab Werk« gestattet, das `sudo`-Kommando ohne vorherige Passworteingabe zu verwenden. Das ist zum Basteln (denken Sie bitte an den ursprünglichen Anwendungszweck des Raspberry Pi) sehr komfortabel, für den Betrieb als Home Server aber keine gute Idee. Sie sollten daher auf dem Raspberry Pi das ursprüngliche Konto löschen und durch ein neues, angepasstes und abgesichertes Konto ersetzen – mehr dazu im folgenden Abschnitt.

3.5.2 Ein eigenes Benutzerkonto erstellen

Bei der Installation des Intel NUC haben Sie direkt ein erstes Nutzerkonto angelegt, so dass Sie neben dem *root*-Konto bereits über ein persönliches Benutzerkonto verfügen. Sie müssen daher zunächst keine weiteren Nutzerkonten anlegen.

Wenn Sie hingegen den Raspberry Pi verwenden, dann verfügt er wie zuvor erwähnt bereits über ein Nutzerkonto mit dem Namen *pi*. Aus Sicherheitsgründen empfiehlt es sich aber, dieses Konto nicht für den Betrieb des Servers zu verwenden, sondern ein neues Konto anzulegen, das etwas restriktivere Sicherheitseinstellungen nutzt. In diesem Abschnitt zeige ich Ihnen, wie Sie ein persönliches Benutzerkonto anlegen, unter dem Sie zukünftig arbeiten werden.

Die Schritte in diesem Abschnitt können auch verwendet werden, um weitere Benutzerkonten zum Beispiel für die Familienmitglieder und die sonstigen Servernutzer zu erstellen.

Die Schritte in diesem Absatz sind auch für den Intel NUC gültig, auf dem Sie natürlich auch weitere Benutzerkonten anlegen können. Allerdings können sie derzeit noch nicht ausgeführt werden. Ihnen fehlen noch die Rechte dazu. Erst wenn Ihr Nutzerkonto den `sudo`-Befehlsvorsatz nutzen kann, können Sie weitere Nutzerkonten anlegen. Nutzer des NUC überspringen daher diesen Absatz zunächst und konfigurieren erst ihr Benutzerkonto, wie ich es in den folgenden Absätzen beschreibe. Danach können Sie jederzeit hierher zurückkehren und weitere Benutzerkonten für die Familienmitglieder anlegen.

Ein Benutzerkonto erfordert einen Benutzernamen und ein Passwort. Den Benutzernamen können Sie frei wählen; es empfiehlt sich, nur Kleinbuchstaben zu verwenden und auf Leerzeichen, Bindestriche und Sonderzeichen zu verzichten. Ein guter Benutzername ist beispielsweise Ihr Vorname. Beispielhaft werde ich in diesem Buch den Benutzernamen *hans* verwenden und ein entsprechendes Benutzerkonto anlegen. Bereiten Sie nun folgenden Befehl vor:

```
sudo adduser hans
```

Ersetzen Sie dabei `hans` durch den von Ihnen gewünschten Benutzernamen.

Auch dieser Befehl verlangt nach Administratorrechten, daher müssen Sie den `sudo`-Befehlsvorsatz verwenden. Drücken Sie anschließend [↵]. Nach einigen Informationen werden Sie zur Eingabe des zukünftigen Passworts aufgefordert. Dieses ist ein sehr wichtiges Passwort, das Sie von nun an stets zum Einloggen an Ihrem Home Server verwenden müssen. Dabei spielt es keine Rolle, ob Sie sich direkt am Gerät oder über eine SSH-Verbindung über das Netzwerk anmelden. Wenn Sie dieses Benutzerkonto im nächsten Abschnitt um das Recht erweitern, den `sudo`-Vorsatz zu nutzen, dann werden Sie dieses Passwort auch benötigen, um vorübergehend Administratorrechte anzunehmen. Mit diesem Passwort können also alle Einstellungen Ihres Servers geändert und alle Dateien gelesen und gelöscht werden. Wählen Sie also ein sicheres Passwort, das Sie sich aber leicht merken können. Natürlich kann auch hier ein Passwortmanager zum Einsatz kommen. Das Passwort muss eine ausreichende Länge von mindestens zehn Zeichen haben sowie aus zufällig angeordneten Zahlen, Buchstaben in Groß- und Kleinschreibung sowie Sonderzeichen bestehen. Hinweise zum Umgang mit Passwörtern finden Sie in Abschnitt 21.4, »Nur ich und sonst keiner: sichere Passwörter«, im letzten Teil dieses Buches. Beachten Sie, dass während der Eingabe keine Anzeige auf der Konsole erfolgt, es werden auch keine Sternchen ausgegeben – dies dient der Sicherheit. Wiederholen Sie Ihr Passwort anschließend. Stimmen beide Eingaben überein, dann wird das Passwort erfolgreich gesetzt.

Nach dem Festlegen des Passworts können Sie weitere Informationen zum neuen Benutzer eingeben, beispielsweise den vollständigen Namen sowie Raum- und Telefonnummern. Diese Werte sind optional, Sie können sie auch weglassen, aber es schadet nicht, dort ruhig »echte« Werte anzugeben, soweit sie verfügbar sind. Insbesondere den vollständigen Namen sollten Sie eingeben, denn er wird später unter anderem beim Versenden von E-Mails verwendet. Bestätigen Sie Ihre Angaben anschließend mit der [↵]-Taste. Ihr neuer Benutzer ist nun angelegt.

Wenn Sie mit mehreren Benutzern auf Ihren Server zugreifen möchten, dann können Sie jetzt auf dieselbe Weise weitere Benutzer anlegen. Ein jeder Benutzer bekommt im Dateisystem sein eigenes Home-Verzeichnis, in dem er seine eigenen Dateien anlegen und verwalten kann. Benutzer können jedoch auch später noch jederzeit hinzugefügt (allerdings nur etwas umständlich wieder gelöscht) werden. Es bietet sich an, beispielsweise für jedes Familienmitglied einen eigenen Benutzer anzulegen. Sie können das jetzt gleich erledigen oder auf später verschieben.

Den vollständigen Vorgang sehen Sie zusammengefasst in Abbildung 3.16.

Auf diese Weise haben Sie ein Benutzerkonto für einen normalen Benutzer erstellt. Ein solches Konto verfügt nur über normale Rechte und darf insbesondere das sudo-Kommando nicht verwenden. Die Zugangsdaten sind sofort gültig. Als Administrator werden Sie mit einem solchen Konto aber noch keine Freude haben, denn Sie benötigen unbedingt das Recht, den sudo-Vorsatz zu benutzen. Wie das geht, zeige ich Ihnen im folgenden Abschnitt.

```
pi@piserver: ~
pi@piserver:~ $ sudo adduser hans
Lege Benutzer »hans« an ...
Lege neue Gruppe »hans« (1001) an ...
Lege neuen Benutzer »hans« (1001) mit Gruppe »hans« an ...
Erstelle Home-Verzeichnis »/home/hans« ...
Kopiere Dateien aus »/etc/skel« ...
Geben Sie ein neues Passwort ein:
Geben Sie das neue Passwort erneut ein:
passwd: Passwort erfolgreich geändert
Benutzerinformationen für hans werden geändert.
Geben Sie einen neuen Wert an oder drücken Sie ENTER für den Standardwert
        Vollständiger Name []: Hans Beispiel
        Zimmernummer []:
        Telefon geschäftlich []:
        Telefon privat []:
        Sonstiges []:
Sind die Informationen korrekt? [J/n] J
pi@piserver:~ $
```

Abbildung 3.16 Das Anlegen eines neuen Benutzers

3.5.3 Die Rechte eines normalen Benutzers im Unterschied zum Administrator

Wie bereits mehrfach betont, sind die Rechte eines normalen Benutzers aus gutem Grund recht eingeschränkt. Derzeit haben Sie beispielsweise auf beiden Rechnertypen unter Ihrem neuen Benutzerkonto noch nicht das Recht, den sudo-Befehl zu nutzen. Unter dem neuen Benutzerkonto sind Sie derzeit nur ein normaler Benutzer ohne besondere Rechte. Sie können zwar Ihre eigenen Dateien anlegen, bearbeiten und löschen, aber Sie können unter diesem Konto keine Systemeinstellungen verändern und keine weiteren Programme installieren. Das gilt übrigens für jeden Benutzer, den Sie mit dem vorgestellten Befehl anlegen. Ein neuer Benutzer kann also auf dem Server nicht allzu viel kaputtmachen, mit Ausnahme vom kompletten Beschreiben der Speicherkarte mit seinen eigenen Dateien. Machen Sie sich dies bitte unbedingt klar. Es bedeutet auch, dass Sie etwa für den Nachwuchs ein Benutzerkonto anlegen können, das dieser beispielsweise für Dateifreigaben benötigt. Er kann sich dann auf dem Server anmelden, aber nur seine eigenen sowie allgemein verfügbare Dateien lesen und verändern, jedoch keine kritischen Systemdateien.

Diese »Rechtslage« können Sie nun einmal detailliert kennenlernen. Loggen Sie sich aus Ihrem Home Server aus, indem Sie einmal

```
exit
```

eingeben und [↵] drücken. Die SSH-Verbindung wird dabei geschlossen, und es erscheint gegebenenfalls eine entsprechende Meldung. Bauen Sie nun eine neue Verbindung zum Home Server auf, und loggen Sie sich mit Ihrem neuen (beim NUC: mit Ihrem bestehenden) Benutzerkonto ein. Versuchen Sie jetzt einmal, die Paketquellen zu aktualisieren. Geben Sie den Befehl

```
apt update
```

ein, und drücken Sie [↵]. Das funktioniert nicht, wie Sie Abbildung 3.17 entnehmen können!

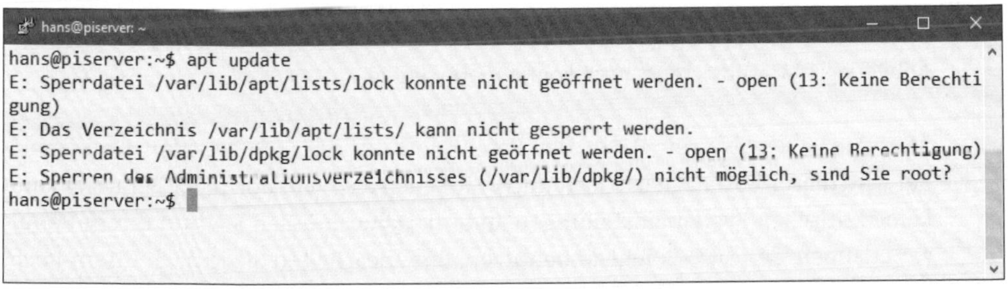

Abbildung 3.17 Fehlende Rechte verhindern das Ausführen von Programmen.

Den Fehlermeldungen können Sie entnehmen, dass Sie keine Berechtigungen für diesen Befehl haben. Dank des sudo-Paketes können Sie sich temporär diese Rechte verleihen. Zur Erinnerung: sudo funktioniert ganz einfach – Sie müssen nur ein sudo vor den Befehl schreiben, den Sie mit *root*-Rechten ausführen möchten. Ein Leerzeichen danach bitte nicht vergessen.

[!]

»sudo« ist ziemlich mächtig

Ein sinngemäßes »sudo lösche alle Dateien« wird tatsächlich alle Dateien löschen – setzen Sie `sudo` immer mit Vorsicht ein.

Probieren Sie den `sudo`-Befehl nun einmal aus. Versuchen Sie die Aktualisierung der Paketquellen mit einem vorangestellten `sudo`:

```
sudo apt update
```

Sie erhalten bei der ersten Befehlseingabe einen Hinweistext, der noch einmal an die Bedeutung des `sudo`-Befehls erinnert. Lesen Sie diesen Text durch, Sie sollten ihn tatsächlich immer beachten. Sie werden nun aufgefordert, Ihr Passwort einzugeben. Hierbei handelt es sich um Ihr »normales« Benutzer-Passwort, das Sie auch zum Einloggen verwenden. Wenn Sie es eingeben und mit [↵] bestätigen, dann erhalten Sie eine etwas barsche Fehlermeldung aus Abbildung 3.18: `hans ist nicht in der sudoers-Datei. Dieser Vorfall wird gemeldet.`

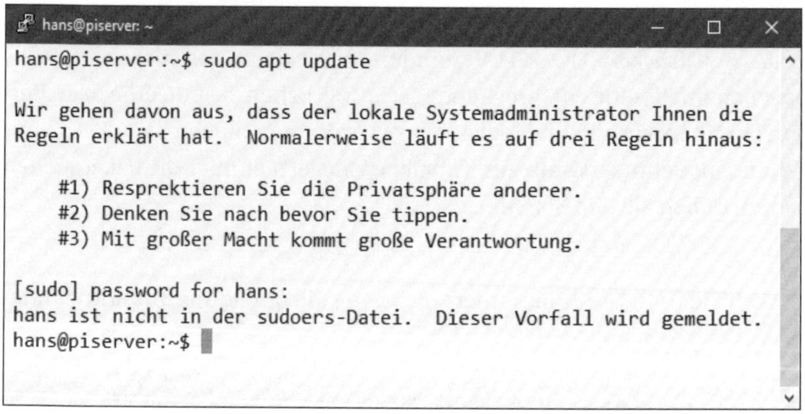

Abbildung 3.18 »sudo« muss noch konfiguriert werden.

Aha – Sie haben also kein Recht, den Befehlsvorsatz `sudo` zu verwenden. Und gemeldet wird dieser Vorfall gleich auch noch. Sie sehen also: Ein normaler Benutzer kann keine kritischen Systemeinstellungen ändern. Daher müssen Sie nun Ihrem Benutzer erlauben, den `sudo`-Befehl zu benutzen. Bitte bearbeiten Sie je nach Ihrem Rechnertyp einen der beiden folgenden Punkte:

- **Am Raspberry Pi:** Nutzer des Raspberry Pi müssen sich dafür zum vorerst letzten Mal unter dem initialen Benutzerkonto *pi* anmelden. Beenden Sie zunächst wieder mit dem Befehl `exit` und der [↵]-Taste die Verbindung zum Server. Bauen Sie eine neue Verbindung auf, und loggen Sie sich mit den Daten des Benutzers *pi* ein.

Geben Sie nun folgenden Befehl ein, der es dem Benutzer *hans* zukünftig erlauben wird, den sudo-Befehl zu nutzen:

```
sudo usermod -aG sudo hans
```

Ersetzen Sie dabei hans durch Ihren Benutzernamen, und drücken Sie [↵]. Auch hier müssen Sie wieder den sudo-Befehlsvorsatz verwenden, der für das aktuelle Konto bereits aktiviert ist. Der Befehl bewirkt, dass *hans* als Benutzer in die Benutzergruppe mit dem Namen *sudo* aufgenommen wird.

- **Am Intel NUC:** Nutzer des Intel NUC wechseln vorübergehend wieder zum *root*-Nutzer. Führen Sie den Befehl su aus (die [↵]-Taste nicht vergessen), und geben Sie dann das Passwort des *root*-Nutzers (!) ein. Geben Sie nun folgenden Befehl ein, der es dem Benutzer *hans* zukünftig erlauben wird, den sudo-Befehl zu nutzen:

  ```
  /sbin/usermod -aG sudo hans
  ```

  Ersetzen Sie dabei hans durch Ihren Benutzernamen, und drücken Sie [↵]. Der Befehl bewirkt, dass *hans* als Benutzer in die Benutzergruppe mit dem Namen *sudo* aufgenommen wird. Tippen Sie zum Schluss den Befehl exit ein, und drücken Sie auf [↵].

Unter Linux gibt es nämlich Benutzergruppen. In diesen Gruppen können mehrere Benutzer Mitglied sein. Ein Benutzer kann mehreren Gruppen angehören. Die Gruppen werden unter anderem zur Definition bestimmter Berechtigungen verwendet. Nur Nutzer, die der Benutzergruppe *sudo* angehören, können den sudo-Befehlsvorsatz verwenden. Das Kürzel -aG bedeutet im Befehl *append group*, also »füge zur Gruppe hinzu«. Das war es schon. Mit dem Befehl lassen sich auf Wunsch noch (jederzeit) weitere Benutzer zur *sudo*-Gruppe hinzufügen, falls es erforderlich sein sollte. Alle Mitglieder dieser Gruppe dürfen den sudo-Befehl verwenden. Da dies weitreichende Rechte mit sich bringt, sollten Sie sehr genau überlegen, wen Sie in diese Benutzergruppe aufnehmen. Sie müssen sich jetzt wieder vom Server ab- und erneut mit Ihrem persönlichen Benutzerkonto anmelden (das ist unbedingt erforderlich). Probieren Sie jetzt noch einmal den Befehl

```
sudo apt update
```

gefolgt von der [↵]-Taste aus. Wieder werden Sie nach Ihrem Passwort gefragt. Nur wird diesmal der Befehl funktionieren.

Übrigens: Es ist gar keine schlechte Idee, die Möglichkeit des direkten *root*-Logins für Netzwerkverbindungen zu deaktivieren. Momentan ist der *root*-Benutzer am NUC noch so konfiguriert, dass Sie sich sowohl über eine SSH-Verbindung über das Netzwerk als auch direkt am Server mit seinen Zugangsdaten einloggen können. Unter Raspberry Pi OS gibt es auch einen *root*-Benutzer, allerdings hat dieser derzeit kein Passwort und kann sich nicht direkt am System anmelden. Die Möglichkeit der Anmeldung des *root*-Nutzers über eine SSH-Verbindung kann ein Sicherheitsrisiko darstellen, allerdings nur dann, wenn sich in Ihrem Heimnetzwerk nicht-vertrauenswürdige Subjekte aufhalten oder wenn Sie den SSH-Zugang aus dem Internet erreichbar machen möchten. Ein Hacker kennt natürlich den Nutzernamen *root* und braucht nur noch das Passwort zu erraten – hier kann er einfach stupide durchprobieren. Die direkte Freigabe über das Internet ist für einen Home Server nicht unbedingt erforderlich, es gibt bessere Methoden. Es schadet trotzdem nicht, den SSH-Login für den *root*-Benutzer zu deaktivieren. Keine Sorge, im Fehlerfalle können Sie sich immer noch direkt mit Tastatur und Bildschirm am Server als Benutzer *root* anmelden – hier hat ein Hacker keinen leichten Zugang. (Benutzer von Raspberry Pi OS müssen dafür erst, wie später gezeigt, ein Passwort setzen.) Das Deaktivieren des *root*-Kontos zum Einloggen über eine SSH-Verbindung ist relativ einfach, erfordert aber wenigstens rudimentäre Linux-Kenntnisse, vor allem im Umgang mit einer Datei im Editor. Es schadet also nicht, jetzt tatsächlich zuerst das Linux-Grundlagenkapitel durchzuarbeiten. Anschließend finden Sie die Anweisungen zum Deaktivieren des *root*-Logins über das SSH-Protokoll weiter hinten im Buch im Sicherheitskapitel (Kapitel 21). Sie können dies dann jederzeit vornehmen, nur vergessen sollten Sie es nicht. Ein guter Zeitpunkt, dies nachzuholen, ist spätestens dann, wenn der Server vom Test- in den Regelbetrieb übergeht. Sollte es irgendwann einmal, warum auch immer, unbedingt nötig sein, eine direkte SSH-Verbindung über das Internet aufzubauen, dann sollten Sie die Einstellung jedoch vorher unbedingt vornehmen!

3.5.4 Das System auf den aktuellen Stand bringen

Jetzt möchte ich endlich das Geheimnis lüften, was sich hinter dieser ominösen Aktualisierung der Paketquellen verbirgt, die Ihnen nun schon mehrfach begegnet ist. Wie Sie vielleicht wissen, gibt es unter Debian (und somit auch unter Raspberry Pi OS) die sogenannten *Paketquellen*. Dahinter verbirgt sich nichts weiter als eine ziemlich große Sammlung (mit mehr als 50.000 Einträgen) von Programmen und Bibliotheken, die Sie sehr einfach auf Ihrem Home Server installieren können. Diese Programme wurden umfangreich überprüft, und sie werden regelmäßig gewartet, insbesondere unter Sicherheitsaspekten. Die Programme entstammen (in der Standardeinstellung) dem Open-Source-Bereich und können frei genutzt werden. Man kann den Debian-Paketquellen also ein gewisses Vertrauen aussprechen.

Ihr Home Server führt eine Liste aller in diesen Paketquellen enthaltener Programme. Darin ist auch vermerkt, unter welcher Internetadresse ein bestimmtes Programm bezogen werden kann. Um ein neues Programm installieren zu können, bedarf es einer aktuellen Liste dieser Quellen. Ist die Liste nicht aktuell, ist das nicht schlimm, es kann aber dazu führen, dass eventuell ein Programm nicht installiert werden kann, weil die veraltete Quellliste auf einen nicht mehr existierenden Speicherort verweist.

Es ist daher eine gängige Praxis, vor einer Softwareinstallation zunächst die Liste der Paketquellen zu aktualisieren.

Die Aktualisierung der Liste der Paketquellen bleibt dem *root*-Benutzer vorbehalten (denn gefälschte Paketquellen können ein Sicherheitsrisiko darstellen). Die Paketquellen aktualisiert der *root*-Nutzer mit dem Befehl `apt update`. Als normaler Systemnutzer müssen Sie sich zunächst *root*-Rechte verschaffen, Sie müssen also den `sudo`-Befehlsvorsatz verwenden, der Ihnen temporär (also für eine gewisse Zeit) *root*-Rechte verleiht. Geben Sie also nun folgenden Befehl ein, und führen Sie ihn mit einer Betätigung der [↵]-Taste aus:

```
sudo apt update
```

Anschließend müssen Sie Ihr persönliches Benutzerpasswort eingeben und auf [↵] drücken. Warten Sie den Aktualisierungsvorgang ab, der durchaus einen Moment in Anspruch nimmt. Am Schluss erscheint wieder die normale Eingabeaufforderung, die Sie in Abbildung 3.19 sehen.

```
hans@piserver: ~
hans@piserver:~ $ sudo apt update
OK:1 http://raspbian.raspberrypi.org/raspbian buster InRelease
OK:2 http://archive.raspberrypi.org/debian buster InRelease
Paketlisten werden gelesen... Fertig
Abhängigkeitsbaum wird aufgebaut.
Statusinformationen werden eingelesen.... Fertig
Aktualisierung für 19 Pakete verfügbar. Führen Sie »apt list --upgradable« aus,
um sie anzuzeigen.
hans@piserver:~ $
```

Abbildung 3.19 Die Liste der Paketquellen wurde aktualisiert.

Eng mit der Aktualisierung der Paketquellen verbunden ist die Aktualisierung der installierten Programme. Von Zeit zu Zeit gibt es Updates. Unter Debian handelt es sich dabei vor allem um Sicherheitsupdates, die Sie für ein sicheres System installieren sollten. Neue Funktionen werden für die Programme nicht geliefert, dies bleibt einer neuen Version des Gesamtsystems vorbehalten. Auch wenn Sie Ihr System eben erst frisch aufgesetzt haben, könnten bereits einige Updates bereitstehen. Deshalb sollten Sie jetzt den Befehl zur Aktualisierung der installierten Programme nutzen. Der Befehl lautet `apt upgrade`. Auch dabei müssen Sie wieder den `sudo`-Befehlsvorsatz verwenden. Führen Sie also nun den Befehl

```
sudo apt upgrade
```

aus (vergessen Sie nicht die Betätigung der [↵]-Taste).

Vor der Installation eventueller Updates müssen Sie noch eine Bestätigung mit [j] für »ja« liefern.

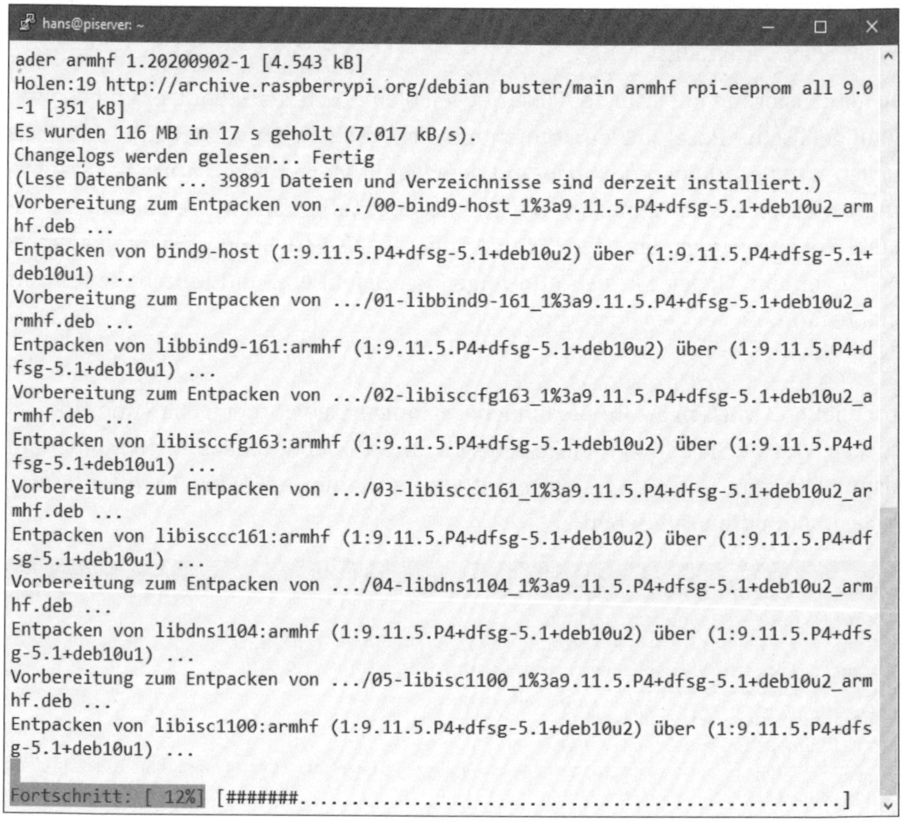

Abbildung 3.20 Die installierten Programme werden auf den neuesten Stand gebracht.

Übrigens: Schauen Sie sich die Rückfrage auf dem Bildschirm `Möchten Sie fortfahren [J/n]?` einmal genau an (sie erscheint nur, wenn es auch Aktualisierungen gibt). Bemerken Sie, dass das `J` großgeschrieben, das `n` aber kleingeschrieben ist? Die Angabe bedeutet nicht etwa, dass Sie ein großgeschriebenes »J« eingeben müssen, sondern kennzeichnet die Standardeinstellung. Sie wird automatisch ausgeführt, wenn Sie die [↵]-Taste drücken. Es ist also gar nicht nötig, das [j] einzugeben, ein einfacher Druck auf die [↵]-Taste genügt. Lediglich für einen Abbruch müssen Sie das [n] eingeben. Dies gilt für fast alle Abfragen auf der Kommandozeile – nur so als Komforttipp.

Glückwunsch! Ihr Home Server ist jetzt so weit eingerichtet, dass Sie mit der Arbeit beginnen können. Falls Sie noch nie mit Linux gearbeitet haben, sollten Sie jetzt unbedingt das Kapitel zu den Linux-Grundlagen (Kapitel 4) lesen und es sorgsam durcharbeiten. Führen Sie auch alle dort angegebenen Beispiele aus, und lernen Sie die Befehle. Denken Sie daran, dass Sie zur Konfiguration fast nur mit der Kommandozeile arbeiten werden und es gewiss nicht schadet, wenn Sie sich gut damit auskennen. Benutzer von Raspberry Pi OS sollten zuvor noch den folgenden Abschnitt 3.5.5, »Aufräumarbeiten am Raspberry Pi«, bearbeiten.

3.5.5 Aufräumarbeiten am Raspberry Pi

Beim Raspberry Pi ist das initiale Benutzerkonto *pi* nun nicht mehr nötig und sollte aus Sicherheitsgründen gelöscht werden. Haben Sie noch eine SSH-Verbindung unter dem Benutzerkonto *pi* geöffnet, dann beenden Sie sie nun mit dem Befehl `exit`. Sofern noch nicht geschehen, bauen Sie eine Verbindung unter Ihrem persönlichen Benutzerkonto zum Pi-Server auf. Dann geben Sie folgenden Befehl ein:

```
sudo userdel -r pi
```

Dies wird das Benutzerkonto *pi* mitsamt seinen Dateien von Ihrem System löschen. Von nun an müssen Sie stets Ihr eigenes Benutzerkonto verwenden. Wundern Sie sich nicht, wenn dieser Befehl die Rückmeldung `userdel: pi Mail-Warteschlange (/var/mail/pi) nicht gefunden` zurückgibt – dies ist kein Fehler, sondern nur eine Information.

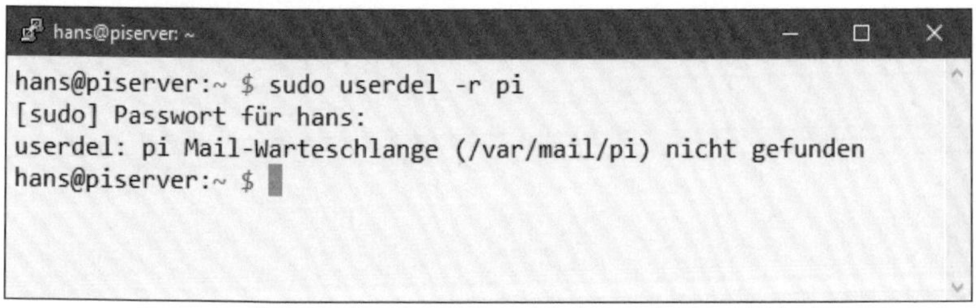

Abbildung 3.21 Der Benutzer »pi« wird vom System entfernt.

Übrigens: Im Unterschied zum Intel NUC hat der *root*-Benutzer unter Raspberry Pi OS wie zuvor erwähnt kein Passwort, er kann sich also auch nicht direkt einloggen. Das gilt sowohl für die SSH-Konsole als auch für das Einloggen direkt am Pi-Computer. Wenn Sie das *root*-Konto verwenden möchten, dann müssen Sie dem *root*-Benutzer zuerst ein besonders sicheres Passwort geben.

Führen Sie hierfür folgenden Befehl aus:

```
sudo passwd root
```

Damit setzen Sie das Passwort für den *root*-Nutzer. Sie können es im Fehlerfalle zum Einloggen über eine SSH-Verbindung und auch direkt am Server über eine Tastatur benutzen. Dies ist im Fehlerfall eventuell recht praktisch. Hierbei gilt aber, dass Sie zur Steigerung der Sicherheit den Login für das *root*-Konto über eine SSH-»Fern«-Konsole deaktivieren sollten. Ziehen Sie dies in Erwägung, wenn der Server in den Regelbetrieb übergeht. Die Deaktivierung erfordert rudimentäre Linux-Kenntnisse, die Sie im Linux-Grundlagenkapitel (Kapitel 4) lernen. Den genauen Ablauf der Deaktivierung können Sie weiter hinten im Sicherheitskapitel in Abschnitt 21.11, »Offizielle Zertifikate mit Let's Encrypt erhalten«, nachschlagen.

Jetzt heiß es aber: Auf in das folgende Linux-Grundlagenkapitel!

Kapitel 4
Grundlagen des Linux-Betriebssystems

Jetzt ist es an der Zeit, dass Sie das Betriebssystem Ihres zukünftigen Home Servers kennenlernen. In diesem Kapitel lernen Sie wichtige Befehle, die Sie für Ihre tägliche Arbeit kennen sollten.

Wenn Sie mit einem Computer, der unter einem Linux-Betriebssystem arbeitet, einen Server aufbauen möchten, dann werden Sie nicht umhinkommen, sich ein wenig mit diesem Betriebssystem zu beschäftigen. Das hat auch den Vorteil, dass Sie einiges darüber lernen werden, wie Ihr Server funktioniert und welche Funktionen Sie gegebenenfalls nachrüsten oder auch deaktivieren können.

Salopp formuliert: Einfach eine Kiste hinstellen, die *out-of-the-box* als Fertigserver irgendwelche Dinge tut, nein, das wäre doch langweilig, oder? In diesem Kapitel werden Sie sich mit dem Betriebssystem und den essentiellen Befehlen beschäftigen, die Sie für die Einrichtung Ihres Servers unbedingt kennen sollten. Den besten Lerneffekt erreichen Sie, wenn Sie das Kapitel sorgfältig von Anfang bis Ende durcharbeiten und alle Beispiele auf Ihrem Gerät nachvollziehen.

4.1 Arbeiten mit dem Dateisystem: Verzeichnisse, Dateien und ihr Inhalt

Zur Einrichtung eines Servers unter Linux müssen Sie vor allem zwei Dinge regelmäßig tun: Sie werden Software installieren und sie konfigurieren. Dabei müssen Sie sehr oft mit Dateien, insbesondere Konfigurationsdateien, hantieren, und Sie müssen Zugriffsrechte auf Dateien und Verzeichnisse vergeben. Sie werden also viel mit dem Dateisystem arbeiten. Ich beginne daher meine Einführung in die Arbeit mit Linux mit essentiellen Befehlen rund um das Dateisystem.

Sicherlich sind Sie beispielsweise von Ihrem Windows- oder macOS-Computer den Umgang mit Dateien und Verzeichnissen gewöhnt. Linux arbeitet auf diesem Gebiet zum Glück ganz ähnlich wie diese Betriebssysteme. Beliebige Informationen beziehungsweise Daten lassen sich in Dateien speichern. Diese Dateien haben einen Dateinamen, und sie können auch eine Dateiendung besitzen. Unter Linux hat sie nicht immer eine so große Bedeutung wie unter Windows, erst recht nicht, wenn man mit der Kommandozeile arbeitet, was Sie bei Ihrem Server ja tun werden. Die Dateien befinden sich zumeist in *Verzeichnissen*. Das sind die klassischen *Ordner*, wie Sie sie von anderen Systemen kennen. Verzeichnisse können Unterverzeichnisse haben. Auf diese Weise lassen sich Dateien organisieren. Sie können zum Beispiel Ihre privaten Fotos schön säuberlich chronologisch und nach Anlässen sortieren, dabei wären also beispielsweise folgende Verzeichnisstrukturen möglich:

Fotos/Urlaubsbilder/1995/Mallorca/Hotelbilder

Fotos/Geburtstage/2016/Lukas

Der Schrägstrich bedeutet, dass hier ein neues Unterverzeichnis beginnt, man sich jetzt also eine Gliederungsebene tiefer befindet. *Lukas* ist also ein Unterverzeichnis des Jahres *2016*, das wiederum ein Unterverzeichnis von *Geburtstage* ist. Dieses Verzeichnis befindet sich im großen Hauptverzeichnis *Fotos* – das, wenn es denn unbedingt sein muss, auch *Meine Fotos* heißen könnte (es aufgrund des Leerzeichens aber nicht unbedingt sollte). Die gesamte Angabe wird als *Verzeichnispfad* bezeichnet. Im Unterverzeichnis *Lukas* können sich dann – vielleicht neben weiteren Unterverzeichnissen – die eigentlichen Fotodateien der Geburtstagsfeier befinden. Möglich wäre zum Beispiel folgender Pfad zu einer Datei:

Fotos/Geburtstage/2016/Lukas/Lukas_16-01-20_99.jpg

Dies ist ein *Dateipfad*, der den (gesamten) Weg zu einer Datei beschreibt.

Wenn Sie viel mit dem Dateisystem unter Windows arbeiten, dann merken Sie rasch einen wichtigen Unterschied: Während unter Windows die Verzeichnishierarchie mit einem umgekehrten Schrägstrich (\), dem Backslash, verdeutlicht wird, benutzt Linux einen normalen Schrägstrich. Windows würde also analog zu obigem Beispiel folgenden Verzeichnispfad verwenden:

Fotos\Geburtstage\2016\Lukas\Lukas_16-01-20_99.jpg

Es gibt noch mehr Unterschiede: Es gibt unter Linux keine Laufwerksbuchstaben. Stattdessen gibt es ein Oberverzeichnis, dem alle anderen Verzeichnisse entspringen. Laufwerke werden wiederum durch ein Verzeichnis repräsentiert. Genauer gesagt, wird der Inhalt einzelner Partitionen eines physischen Datenträgers in bestimmten Verzeichnissen abgebildet. Überhaupt hat unter Linux das Dateisystem eine ganz andere Bedeutung als unter Windows. Wenn ich einmal etwas salopp und nicht ganz exakt spreche, dann ist für Linux quasi immer alles eine Datei, selbst die (Hardware-) Geräte sind ganz grob betrachtet Dateien. So kann man auch die Soundkarte als eine Datei betrachten, auch wenn es sich um eine spezielle Datei handelt. Wird (nach wie vor salopp betrachtet) ein Klang in diese Datei geschrieben, dann wird er über die Lautsprecher ausgegeben. So ist das auch beim Bildschirm. Deswegen haben Hardwaregeräte unter Linux sogar ein normales Verzeichnis – auch hieran müssen sich

Windows-Benutzer erst gewöhnen. Beide Betriebssysteme haben aber gemeinsam, dass es Hardwaretreiber gibt, die die eigentliche Kommunikation zwischen dem Betriebssystem und dem jeweiligen Gerät regeln.

Die meisten Verzeichnisse übernehmen unter Linux bestimmte Aufgaben. Ein wichtiges Verzeichnis ist das *Home-Verzeichnis*. Ein jeder Computerbenutzer hat (im Regelfall), wenn er am Computer registriert ist, sein eigenes Home-Verzeichnis. Darin speichert er seine persönlichen Dateien ab. Das können Dokumente sein, aber auch Fotos, Musik und überhaupt alle Dateien, die unter seine persönliche Verwaltung fallen. Wenn Sie zu Ihrem Server eine Verbindung über das SSH-Protokoll aufbauen, dann wird Ihnen die Konsole angezeigt, jener zumeist schwarze Textkasten mit dem Cursor, der auf Ihre Texteingabe wartet. Direkt nach dem Anmelden beziehungsweise Einloggen landen Sie automatisch in Ihrem Home-Verzeichnis.

In diesem Home-Verzeichnis können Sie prima den Umgang mit Dateien und Verzeichnissen kennenlernen. Sie werden gleich einige Dateien und Verzeichnisse erstellen, löschen, umbenennen, kopieren und sich auch mit den Zugriffsrechten beschäftigen. Wie in einer Konsole üblich, werden Sie dafür Textbefehle beziehungsweise -kommandos eingeben. Viele dieser Befehle gibt es in dieser Form schon seit Urzeiten. Meistens handelt es sich um Abkürzungen von gesprochenen Anweisungen. Nur keine Angst, vieles ist ziemlich einfach und auch sehr logisch. Nur eines gleich vorweg: Bei den Datei- und Verzeichnisnamen (sowie allgemein bei allen Befehlen) wird streng zwischen Groß- und Kleinschreibung unterschieden. Auch das ist ein wichtiger Unterschied zu anderen Betriebssystemen. Geben Sie die Befehle, die ich im Folgenden besprechen werde, genauso ein, wie sie hier angegeben sind.

Loggen Sie sich jetzt über eine SSH-Sitzung auf Ihrem Server ein. Dabei gehen Sie genauso vor wie schon bei der Einrichtung des Betriebssystems. Los geht es. Wie gesagt, nach dem Einloggen befinden Sie sich in Ihrem Home-Verzeichnis. Das erkennen Sie an dem Symbol ~, der sogenannten *Tilde*, die neben dem Textcursor auftaucht. Dieses Zeichen symbolisiert stets das Home-Verzeichnis des aktuellen Benutzers. Mit der Tilde können Sie ganz normal in Befehlen arbeiten. Loggen Sie sich später als ein anderer Benutzer ein, dann symbolisiert dieses Zeichen also das Home-Verzeichnis dieses Nutzers, das natürlich ein völlig anderes ist als das Home-Verzeichnis des zuvor genutzten Benutzerkontos. Unter welchem Benutzernamen Sie sich eingeloggt haben, zeigt Ihnen ebenfalls der Kommando-Prompt links vom Textcursor. Dort steht am Zeilenbeginn stets der aktuelle Benutzername, gefolgt von einem @-Symbol, das man – wie bei der E-Mail-Adresse – mit »an«, »bei« oder »auf« übersetzen kann. Es folgt der Hostname des Rechners beziehungsweise Servers, auf dem Sie sich eingeloggt haben. Dies ist also der Hostname Ihres Home Servers. Nach einem Doppelpunkt wird das aktuelle Verzeichnis angezeigt, in dem Sie sich im Moment befinden. Das ist – wie gesagt – im Moment Ihr persönliches Home-Verzeichnis. Das $-Zeichen schließt diese Informationen ab und macht kenntlich, dass Sie von nun an Befehle eingeben können, die – falls erforderlich – im aktuellen Verzeichnis arbeiten werden. Lassen Sie sich zunächst einmal anzeigen, was sich in diesem Verzeichnis befindet. Den Verzeichnisinhalt gibt unter Linux das Kommando `ls` (als Kurzform von *list*) aus. Geben Sie also bitte Folgendes ein, und drücken Sie danach auf die [↵]-Taste:

```
ls
```

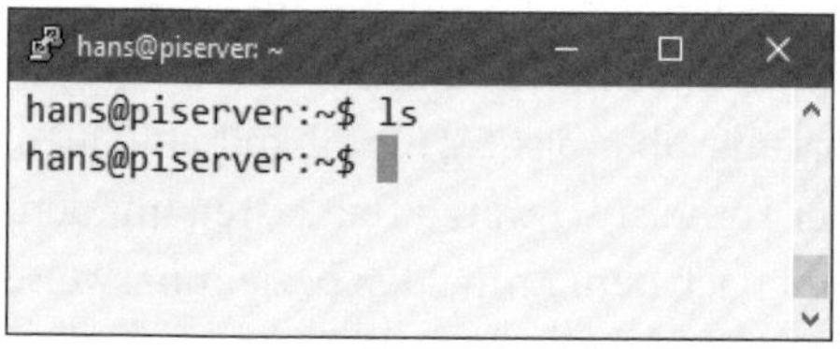

Abbildung 4.1 Der erste Aufruf von »ls« – noch ist Ihr Home-Verzeichnis ganz leer.

Möglicherweise sind Sie jetzt ein wenig enttäuscht, wenn gar nichts passiert, aber es kann ja auch nichts passieren, da Sie ja noch einen ganz »jungfräulichen« Server haben – und da gibt es nun einmal noch keine Dateien im Home-Verzeichnis. Höchste Zeit, dass Sie das ändern. Erstellen Sie doch jetzt einfach ein paar Verzeichnisse. Ein Verzeichnis legen Sie mit dem Befehl `mkdir` gefolgt von einem Verzeichnisnamen an. `mkdir` ist als Abkürzung von englisch *make directory* einfach zu merken. Die Verzeichnisse werden, wenn nicht anders spezifiziert, im aktuellen Arbeitsverzeichnis angelegt. Erstellen Sie nun mit diesem Befehl das Verzeichnis *verzeichnis1*. (Vergessen Sie dabei die abschließende Betätigung der [↵]-Taste nicht. Diesen Schritt werde ich von nun an voraussetzen und nicht mehr jedes Mal wiederholen.)

```
mkdir verzeichnis1
```

Wie zuvor erwähnt, können Datei- und Verzeichnisnamen ein Leerzeichen enthalten, was jedoch nicht unbedingt empfehlenswert ist, weil der Umgang mit diesem Zeichen einige Stolpersteine bietet. Der Umgang mit Umlauten sollte dank der eingangs gewählten Locale jedoch sicher sein. Die Länge darf 255 Zeichen nicht überschreiten. So, jetzt können Sie noch einmal den Befehl `ls` ausführen, und voilà: Diesmal erhalten Sie die knappe Ausgabe, dass es einen Eintrag *verzeichnis1* gibt.

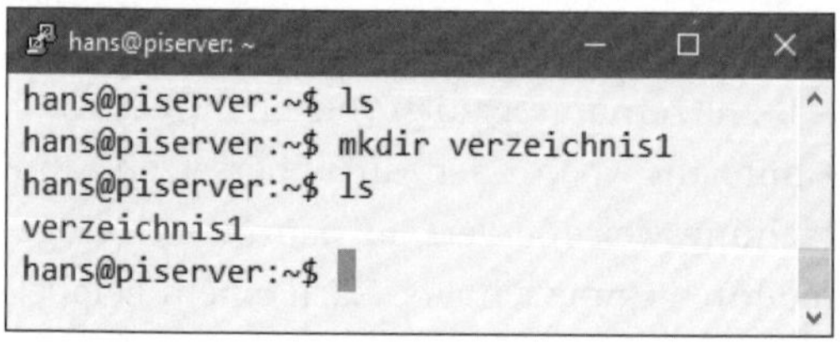

Abbildung 4.2 Nun findet sich ein Verzeichnis.

Nun können Sie in dieses neue Verzeichnis wechseln. Momentan sind Sie ja noch direkt im Home-Verzeichnis, und alle Befehle werden hier ausgeführt. In ein anderes Verzeichnis wechseln Sie mit dem Befehl `cd` (von: *change directory*), dem Sie anhängen, wo Sie hinwollen. Wechseln Sie nun mit folgendem Befehl in das Verzeichnis *verzeichnis1*:

```
cd verzeichnis1
```

Der Schriftzug vor dem Textcursor zeigt Ihnen an, dass Sie sich jetzt im Verzeichnis mit dem Namen *verzeichnis1* befinden, das unterhalb Ihres Home-Verzeichnisses liegt. So könnte diese Angabe also aussehen:

```
hans@homeserver:~/verzeichnis1$
```

Erstellen Sie nun im *verzeichnis1* zur Übung zwei weitere Verzeichnisse:

```
mkdir verzeichnis2
```

```
mkdir verzeichnis3
```

Jetzt können Sie im Verzeichnis *verzeichnis1*, in dem Sie sich ja im Moment immer noch befinden, eine Textdatei erstellen und diese mit ein klein wenig Inhalt füllen. Sie lernen nun zum ersten Mal einen sehr verbreiteten Texteditor kennen, mit dem Sie Texte (und vor allem Konfigurationsdateien) erstellen und bearbeiten können. Dieser Texteditor heißt *nano*. Sie rufen ihn (jetzt bitte aber noch nicht) mit dem Befehl `nano` auf. Diesem Befehl können Sie einfach den Namen der Datei, die Sie bearbeiten wollen, anhängen.

Wenn Sie einen Dateinamen anhängen, der schon vergeben ist, dann wird die dazugehörige Datei geöffnet, und Sie können ihren Inhalt lesen und bearbeiten. Gibt es diese Datei noch nicht, dann ist das nicht schlimm, Sie erhalten dann eine leere Anzeige, die Sie mit Text füllen können und die unter dem neuen Dateinamen abgespeichert werden kann. Das können Sie jetzt ausprobieren. Legen Sie doch eine Textdatei mit dem Namen *textdatei.txt* an. Führen Sie dazu folgenden Befehl aus:

```
nano textdatei.txt
```

Wunderbar. Sie haben gerade Ihr erstes »richtiges« Programm ausgeführt. Der Texteditor `nano` erscheint, ein Programm, mit dem Sie sich noch sehr oft beschäftigen werden. `nano` kommt mit seiner Bedienung dem Nutzer anderer Betriebssysteme entgegen. Die Bedienung ist relativ intuitiv, allerdings erfolgt die Navigation stets mit der Tastatur. Mit der Maus können Sie direkt im Terminal- beziehungsweise PuTTY-Fenster lediglich Text markieren und auch einfügen, aber dazu mehr in Abschnitt 4.9.

Jetzt werden Sie die leere Datei mit Inhalt füllen. Geben Sie nun einfach einen beliebigen Text ein, beispielsweise: »Hallo Home Server, wie geht es dir?« Sie werden sehen, Ihr Text wird direkt angezeigt.

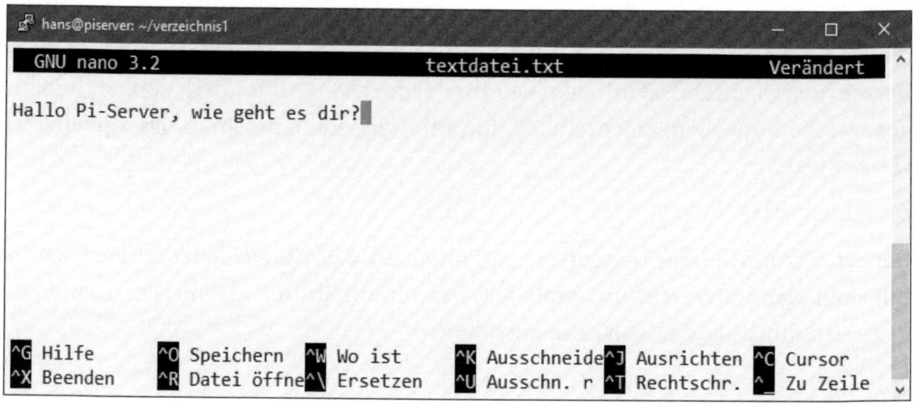

Abbildung 4.3 Der Texteditor »nano«

Ich zeige Ihnen nun einen kombinierten Befehl in nano, der die Datei speichert und den Editor beendet. Dies geschieht mit der Tastenkombination [Strg]+[x]. Das bedeutet, Sie drücken auf die [Strg]-Taste und dann, während Sie diese Taste festhalten, auf die [x]-Taste. Diese Kombination ist der Befehl zum Beenden von nano. Vor dem Beenden wird Sie nano fragen, ob Sie Ihre Datei speichern wollen. Sie finden diese Frage am unteren Bildschirmrand. nano spricht hierbei übrigens noch nicht von einer Datei (diese existiert im Moment ja auch noch nicht), sondern von einem Puffer, in dem Ihre Eingabe zunächst zwischengespeichert ist. Bejahen Sie die Frage ruhig durch Drücken von [j] für »ja«, so wie es unten angezeigt wird. Ein [n] würde übrigens nano beenden, ohne die Eingaben beziehungsweise Änderungen zu speichern. Zur Bestätigung müssen Sie die [↵]-Taste drücken, vorher können Sie noch den Dateinamen lesen (und übrigens optional auch verändern), unter dem die Datei gespeichert werden soll. Drücken Sie [↵], nano wird daraufhin beendet. Ihre Eingaben befinden sich jetzt in der Textdatei *textdatei.txt*.

Das können Sie direkt überprüfen. Öffnen Sie die soeben erstellte Textdatei noch einmal mit nano:

```
nano textdatei.txt
```

Sie können jetzt Ihren eingegebenen Text lesen. Beenden Sie nano daraufhin wieder mit der Tastenkombination [Strg]+[x]. Wenn Sie keine Änderungen vorgenommen haben, erscheint auch keine Nachfrage zum Speichern der Datei, Sie brauchen also kein [j] oder [n] einzutippen.

Nun werden Sie sich die Änderung im Dateisystem anschauen. Geben Sie nochmals den Befehl

```
ls
```

ein.

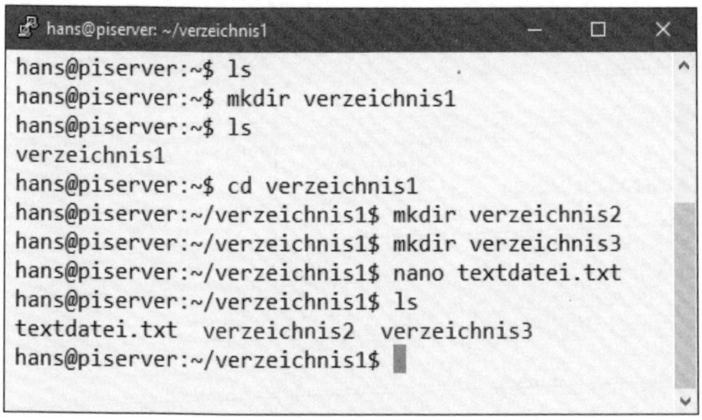

Abbildung 4.4 »ls« gibt nun etwas mehr aus.

Sie erhalten die Information, dass es die Einträge *verzeichnis2*, *verzeichnis3* und *textdatei.txt* gibt. Aber das Ganze ist sehr unübersichtlich, es ist nur eine Liste. Ihnen wird keine Information über den Typ angezeigt, es wird keine Information über das Datum oder die Dateigröße gegeben. Doch halt, etwas Information gibt es dort schon: Bemerken Sie die verschiedenen Farben? Verzeichnisnamen werden – zumindest in der Standardeinstellung – in dunkelblauer Schrift angezeigt, Mediendateien rosa, Textdateien grau und Programme grün. Das ist wichtig und erleichtert die Arbeit ungemein.

Zum Glück kann `ls` aber noch viel mehr. `ls` können Sie (wie sehr viele Linux-Text-Kommandos) mit sogenannten *Schaltern* oder auch *Parametern* erweitern, die durch einen einfachen Bindestrich angehängt werden. Führen Sie einmal Folgendes aus:

```
ls -la
```

Jetzt erhalten Sie eine tabellarische Übersicht mit deutlich mehr Informationen. Sie können den Befehl aber noch stärker erweitern. Testen Sie einmal die Eingabe von:

```
ls -lha
```

Dabei ist die Reihenfolge der Parameter bei `ls` beliebig (was keineswegs für alle Befehle gilt). Was hat sich nun getan? Schauen Sie sich doch einmal die Spalte an, die Ihnen die Dateigröße angibt (es ist die mittlere Spalte). Ohne das `h` wurde sie in der Einheit Byte ausgegeben. Mit dem `h` werden die Dateigrößen schön in Tausendereinheiten angezeigt. Das kann man als Mensch wesentlich besser lesen. Genau dafür dient das `h`, denn es steht für *human readable*.

Im Einzelnen bedeuten die Parameter, die Sie eingegeben haben, Folgendes:

- `h` = *human readable* (für den Menschen leicht lesbare Größenangaben)
- `a` = *all* (alle Dateien anzeigen, inklusive versteckter Elemente)
- `l` = *long* (langes, ausführliches Format verwenden)

Die vollständige Ausgabe sehen Sie in Abbildung 4.5.

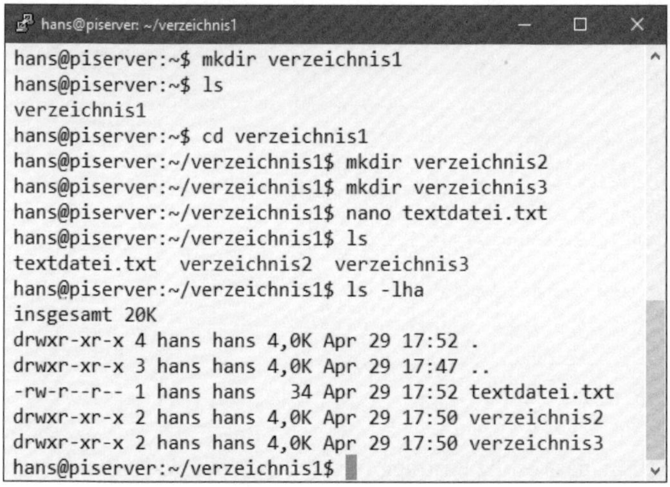

```
hans@piserver:~$ mkdir verzeichnis1
hans@piserver:~$ ls
verzeichnis1
hans@piserver:~$ cd verzeichnis1
hans@piserver:~/verzeichnis1$ mkdir verzeichnis2
hans@piserver:~/verzeichnis1$ mkdir verzeichnis3
hans@piserver:~/verzeichnis1$ nano textdatei.txt
hans@piserver:~/verzeichnis1$ ls
textdatei.txt  verzeichnis2  verzeichnis3
hans@piserver:~/verzeichnis1$ ls -lha
insgesamt 20K
drwxr-xr-x 4 hans hans 4,0K Apr 29 17:52 .
drwxr-xr-x 3 hans hans 4,0K Apr 29 17:47 ..
-rw-r--r-- 1 hans hans   34 Apr 29 17:52 textdatei.txt
drwxr-xr-x 2 hans hans 4,0K Apr 29 17:50 verzeichnis2
drwxr-xr-x 2 hans hans 4,0K Apr 29 17:50 verzeichnis3
hans@piserver:~/verzeichnis1$
```

Abbildung 4.5 »ls -lha« sorgt für eine übersichtlichere Auflistung.

Im nächsten Schritt lernen Sie, eine zu Datei löschen. Das geht mit dem Befehl `rm` (von *remove*). Auch hier fügen Sie den Namen der Datei an, die Sie löschen möchten. Führen Sie diesen Befehl aus:

```
rm textdatei.txt
```

Dies wird die zuvor angelegte Textdatei löschen. Eine Bestätigung wird Ihnen dabei nicht gegeben – wundern Sie sich darüber nicht. Möchten Sie hingegen nicht nur eine Datei, sondern ein Verzeichnis löschen, dann benutzen Sie analog den Befehl `rmdir` (von *remove directory*). Probieren Sie einmal den Befehl:

```
rmdir verzeichnis3
```

Lassen Sie sich nun den Verzeichnisinhalt mit `ls` ausgeben, dann sehen Sie, dass die Textdatei und das Verzeichnis gelöscht wurden. Der Befehl `rmdir` funktioniert allerdings nur bei leeren Verzeichnissen. Dazu ein Beispiel. Wechseln Sie einmal in das Verzeichnis *verzeichnis2*:

```
cd verzeichnis2
```

Üben Sie noch einmal das Anlegen einer Textdatei:

```
nano textdatei.txt
```

Geben Sie wieder einen beliebigen Text ein; mit der Tastenkombination [Strg]+[x] und [j] speichern Sie und beenden `nano`.

Mittels `ls` können Sie sehen, dass die Textdatei erstellt wurde.

Jetzt gehen Sie im Dateisystem – man kann auch Verzeichnisbaum sagen – eine Ebene zurück oder auch eine Ebene höher, je nachdem, welchen Ausdruck Sie bevorzugen. Dafür nutzen Sie den Befehl `cd ..`, wobei das Leerzeichen – im Unterschied zu

DOS beziehungsweise Windows – essentiell ist. Führen Sie also bitte Folgendes einmal aus:

```
cd ..
```

Jetzt sind Sie wieder im übergeordneten Verzeichnis *verzeichnis1*. Mittels `ls` können Sie erkennen, dass Sie außerhalb von *verzeichnis2* sind, in dem Sie eben die Textdatei erstellt haben. Versuchen Sie einmal, dieses Verzeichnis zu löschen:

```
rmdir verzeichnis2
```

Sie bekommen eine Fehlermeldung. Das Verzeichnis lässt sich nicht löschen, weil es nicht leer ist. Das ist richtig, denn die soeben angelegte Textdatei befindet sich ja darin.

Um ein Verzeichnis samt Inhalt zu löschen, benutzt man eine Erweiterung des `rm`-Befehls: `rm -r verzeichnisname`. Das `-r` steht dabei für »rekursiv«, es löscht also zuerst alle Dateien in allen möglichen Unterverzeichnissen und entfernt zum Schluss das Verzeichnis `verzeichnisname`. Probieren Sie das einmal aus:

```
rm -r verzeichnis2
```

Wie Sie sehen, funktioniert dieser Befehl. Eine Überprüfung mit `ls` zeigt, dass *verzeichnis2* und alle darin befindlichen Dateien gelöscht wurden. Den Beweis finden Sie in Abbildung 4.6.

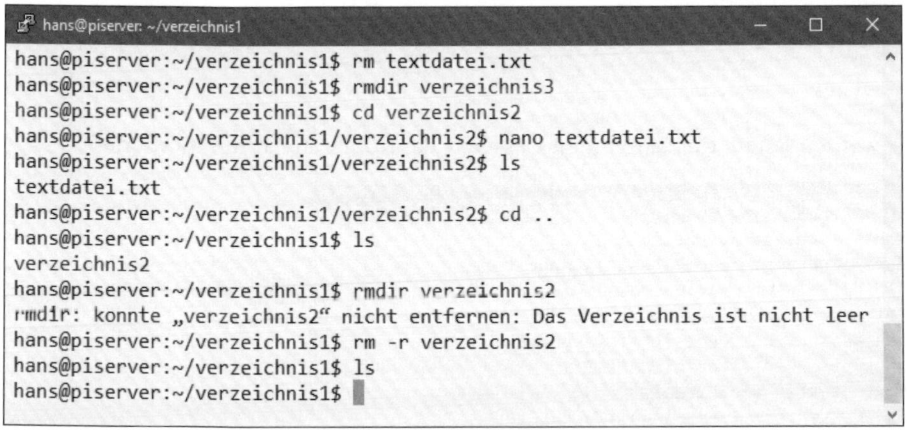

Abbildung 4.6 Dateien und Verzeichnisse löschen mit »rm«

Übrigens: Eine Papierkorb-Funktion bietet Ihr Server derzeit nicht. Löschen bedeutet wirklich löschen. Gehen Sie mit den Löschbefehlen also stets überlegt um.

Jetzt geht es an das Kopieren und Verschieben von Dateien. Erstellen Sie dazu wieder das Verzeichnis *verzeichnis3*:

```
mkdir verzeichnis3
```

Legen Sie nun zur allgemeinen Übung wieder eine Textdatei an (jedoch ohne vorher ins Verzeichnis *verzeichnis3* zu wechseln):

```
nano text
```

Nein, die Dateiendung *.txt* fehlt hier nicht versehentlich. Ich hatte eingangs ja schon gesagt, dass unter Linux – besonders auf der Kommandozeile – mit Dateiendungen anders umgegangen wird und es durchaus vorkommen kann, dass eine Datei keine Endung hat. Probieren Sie daher auch einmal aus, mit Dateien ohne Endungen zu arbeiten.

Geben Sie einen Beispieltext ein, speichern Sie den Text, und beenden Sie `nano` mit der Tastenkombination [Strg]+[x] und anschließender Bestätigung.

`ls` zeigt, dass die Datei angelegt wurde.

Der Befehl, mit dem Sie eine Datei oder auch ein ganzes Verzeichnis kopieren, lautet `cp quelle ziel`. `cp` steht für *copy*. Kopieren Sie so die Datei *text* einmal in die Datei *text2*:

```
cp text text2
```

`ls` zeigt, dass es jetzt zwei Dateien gibt. Sie können sich übrigens den Inhalt einer Datei direkt auf der Kommandozeile ausgeben lassen – ohne jede Bearbeitungsfunktion. Das ermöglicht der Befehl `cat`. Probieren Sie es einmal mit beiden Dateien nacheinander aus:

```
cat text
```

```
cat text2
```

Sie werden sehen: Der Dateiinhalt ist gleich, das Kopieren hat funktioniert.

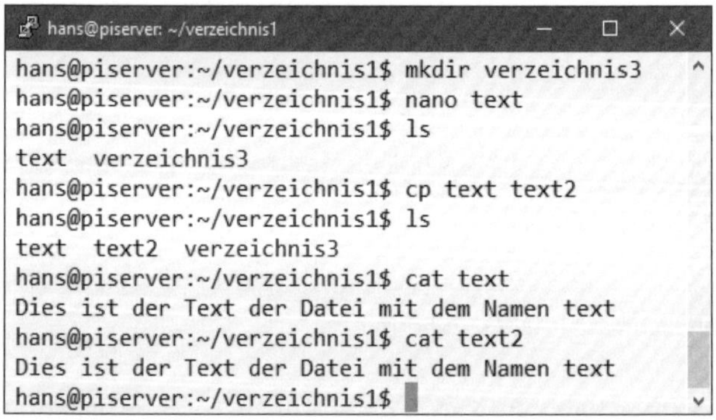

Abbildung 4.7 Zwei identische Dateien: »cat« liefert den Beweis.

Jetzt können Sie die Datei *text* in das Verzeichnis *verzeichnis3* kopieren. Das geht auch mit dem `cp`-Befehl:

```
cp text verzeichnis3/
```

Ist Ihnen aufgefallen, dass am Ende des Verzeichniseintrags ein Schrägstrich steht? Dieser Schrägstrich macht deutlich, dass es sich beim vorangehenden Eintrag um ein Verzeichnis und nicht um eine Datei handelt. Solange Eindeutigkeit besteht, ist der Schrägstrich optional und wird meistens weggelassen. Dieser Befehl würde also auch ohne diesen Schrägstrich funktionieren. Sie können bei besonders wichtigen Operationen aber einen Schrägstrich am Ende eines Verzeichnisnamens setzen, damit sichergestellt ist, dass ein Verzeichnis gemeint ist, denn bei Dateien darf niemals ein Schrägstrich am Ende stehen. Ich werde in diesem Buch im Regelfall ohne den Schrägstrich arbeiten, aber stets mit angeben, ob eine Datei oder ein Verzeichnis gemeint ist.

`ls` bringt jetzt in Erfahrung, dass das Original noch da ist. Wechseln Sie mit

```
cd verzeichnis3
```

in das Verzeichnis *verzeichnis3*, dann bestätigt `ls`, dass die Datei auch in diesem Verzeichnis vorhanden ist. Sie können den Inhalt wieder mit

```
cat text
```

überprüfen.

Gehen Sie nun mittels

```
cd ..
```

wieder eine Ebene zurück. Jetzt zeige ich Ihnen, wie Sie Dateien verschieben.

Das Verschieben einer Datei funktioniert mit dem Befehl `mv` (von *move*). Wie beim `cp`-Befehl lautet die Syntax auch hier analog `mv quelle ziel`. Verschieben Sie einmal die Datei *text2* in das Verzeichnis *verzeichnis3*:

```
mv text2 verzeichnis3/
```

Auch hier habe ich zur Sicherheit einen Schrägstrich eingetragen. `ls` offenbart, dass die Datei *text2* jetzt weg ist. Wechseln Sie mit

```
cd verzeichnis3
```

in das Verzeichnis *verzeichnis3*.

Hier bestätigt `ls`, dass die Datei *text2* jetzt dort vorhanden ist. Den Inhalt können Sie wieder mit `cat text2` überprüfen.

Mit dem `mv`-Befehl können Sie auch Dateien umbenennen. Probieren Sie das aus:

```
mv text2 text3
```

Dieser Befehl benennt die Datei *text2* in die Datei *text3* um. Das überprüfen Sie mit `ls`. Sie sehen, *text2* ist verschwunden, dafür gibt es jetzt *text3*, wie Ihnen Abbildung 4.8 zeigt.

Möglich ist sogar das gleichzeitige Kopieren (beziehungsweise Verschieben) und Umbenennen. Testen Sie das einmal. Wechseln Sie wieder zurück in das übergeordnete Verzeichnis *verzeichnis1* mit dem Befehl

```
cd ..
```

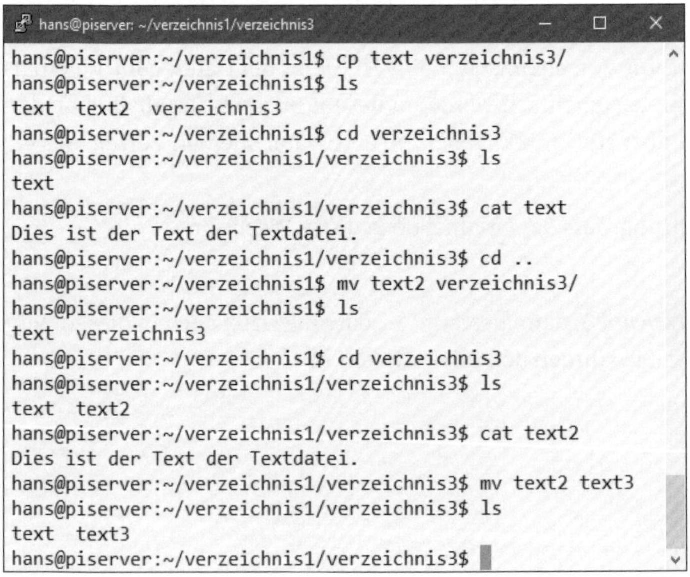

Abbildung 4.8 Dateien kopieren und verschieben mit »cp« und »mv«

Nun kopieren Sie die Textdatei mit dem Namen *text* in das Verzeichnis *verzeichnis3* und nennen sie dabei in die Datei *text4* um. Das erledigt dieser Befehl:

```
cp text verzeichnis3/text4
```

Haben Sie bemerkt, dass Sie nun zum wiederholten Male einen Dateipfad an einen Befehl übergeben haben? Sie haben die Datei soeben über eine Verzeichnisgrenze hinweg kopiert. Bei Befehlen, die auf dem Dateisystem arbeiten, können Sie dies im Regelfall immer tun. Sie können also auch einen Verzeichnispfad an den `cat`-Befehl übergeben. Dieser Befehl wird Ihnen nun die Ausgabe der neu erstellten Datei *text4* in *verzeichnis3* ausgeben:

```
cat verzeichnis3/text4
```

Der Befehl heißt also »ausgesprochen«: Gebe den Inhalt der Datei *text4* aus, die sich im *verzeichnis3* befindet. So wie der Befehl im Moment geschrieben ist, wird *verzeichnis3* im aktuellen Arbeitsverzeichnis gesucht. Es handelt sich um eine sogenannte *relative* Pfadangabe. Die Angaben erfolgen relativ zum aktuellen Pfad. Der Befehl kann nur dann ausgeführt werden, wenn die Angaben zum Inhalt des aktuellen Verzeichnisses passen. Natürlich gibt es auch eine *absolute* Pfadangabe. Dabei spezifiziert man den exakten Pfad zu einer Datei. Dieser Pfad ist auch dann gültig, wenn Sie sich in einem völlig anderen Verzeichnis aufhalten. Folgender Befehl spezifiziert beispielsweise den Pfad zur Datei *text4* unabhängig vom aktuellen Arbeitsverzeichnis:

```
cat ~/verzeichnis1/verzeichnis3/text4
```

Dieser Befehl gibt also den Inhalt der Datei *text4* aus, die sich im *verzeichnis3* befindet, das ein Unterverzeichnis von *verzeichnis1* ist, das sich in Ihrem persönlichen Home-Verzeichnis befindet. Erinnern Sie sich daran, dass die Tilde (~) als Abkürzung für den Pfad in Ihr persönliches Home-Verzeichnis fungiert.

Natürlich ist die Angabe von relativen beziehungsweise absoluten Pfadangaben bei jeder Dateioperation möglich und kann beliebig viele Verzeichnisse umfassen. Möchten Sie etwa eine Datei über mehrere Unterverzeichnisse hinweg kopieren, die sich aber alle im selben aktuellen Verzeichnis befinden, dann würde dies folgender Befehl realisieren (den Sie bitte mangels vorhandener Dateipfade nicht ausführen):

```
cp verzeichnis4/verzeichnis4a/verzeichnis4b/datei.txt verzeichnis5/⮐
  verzeichnis5a/
```

Beachten Sie nochmals, dass es sich bei diesem Beispiel um eine relative Pfadangabe handelt. Sowohl *verzeichnis4* mit seinen Unterverzeichnissen als auch *verzeichnis5* mit seinen Unterverzeichnissen müssen alle im selben aktuellen Verzeichnis liegen. Diesen Befehl können Sie im Moment nicht ohne Fehlermeldung ausführen, weil es diese Verzeichnisstruktur ja gar nicht gibt. Sie können sie aber durchaus als gute Übung einmal anlegen, inklusive der Textdatei *datei.txt*. Danach können Sie den Befehl einmal erfolgreich ausführen und auch überprüfen. Dazu müssen Sie im aktuellen Verzeichnis (das eigentlich *verzeichnis1* seien sollte) das Verzeichnis *verzeichnis4* mit dem Unterverzeichnis *verzeichnis4a* und dem Unter-Unterverzeichnis *verzeichnis4b* anlegen. Anschließend legen Sie dort die Textdatei *datei.txt* an und füllen sie mit einem Beispielinhalt. Dann müssen Sie wieder drei (!) Ebenen zurückgehen und darauf *verzeichnis5* mit seinem Unterverzeichnis *verzeichnis5a* anlegen. Wenn Sie jetzt wieder eine Ebene zurückgehen, dann können Sie den Kopierbefehl ausführen. Probieren Sie das einmal aus. Schreiben Sie sich dazu die nötigen Befehle am besten erst einmal mit Stift und Zettel auf. Anschließend vergleichen Sie Ihre Ausarbeitung mit folgender Lösung, die Sie dann am Server ausprobieren können:

```
mkdir verzeichnis4

cd verzeichnis4

mkdir verzeichnis4a

cd verzeichnis4a

mkdir verzeichnis4b

cd verzeichnis4b

nano datei.txt
```

```
cd ..
cd ..
cd ..
mkdir verzeichnis5
cd verzeichnis5
mkdir verzeichnis5a
cd ..
cp verzeichnis4/verzeichnis4a/verzeichnis4b/datei.txt ⮐
  verzeichnis5/verzeichnis5a/
```

Nun können Sie sich den Dateiinhalt mit diesem Befehl anzeigen lassen:

```
cat verzeichnis5/verzeichnis5a/datei.txt
```

Jetzt wird es Zeit, eine »kleine Gemeinheit« zu verdeutlichen. Anders als Windows unterscheidet Linux – wie vorhin bereits gesagt – ja zwischen der Groß- und Kleinschreibung von Datei- und Verzeichnisnamen. Während unter Windows die Bezeichner *text.txt* und *Text.txt* auf dieselbe Datei verweisen, ist das unter Linux nicht so. Das müssen Sie sich unbedingt merken. Deswegen ist es so wichtig, dass Sie Befehle immer ganz korrekt eingeben und besonders auf die Groß- und Kleinschreibung achten. Bitte probieren Sie das einmal aus, indem Sie folgende Dateien mit unterschiedlichen Inhalten füllen und sich diese anschießend mit dem `cat`-Befehl wieder anzeigen lassen:

```
nano text3
nano texT3
nano TEXT3
```

Sie werden sehen: Es handelt sich um drei verschiedene Dateien.

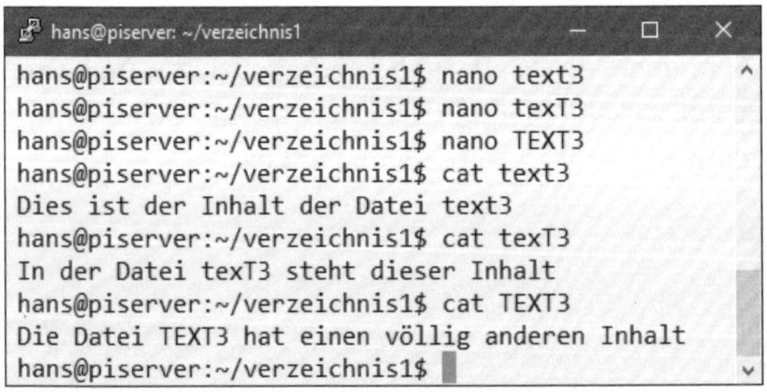

Abbildung 4.9 Achtung: Unterscheiden Sie zwischen Groß- und Kleinschreibung.

Denken Sie bitte daran. Für den Anfang schadet es nicht, die Namen der eigenen Dateien und Verzeichnisse zunächst einmal komplett mit Kleinbuchstaben zu schreiben, dann ist ein Stolperstein schon einmal eliminiert.

4.2 Eine erste Berührung mit dem Thema Sicherheit

Jetzt kommen Sie zum ersten Mal mit dem Thema Sicherheit in Bezug auf Dateien in Berührung. Dies ist ein sehr wichtiges Thema, insbesondere für einen Server. Unter Linux wird das Thema Sicherheit sehr wichtig genommen. Das fängt (wie Sie wissen) schon damit an, dass ein »gewöhnlicher« Benutzer – also jemand, der am Computer übliche Alltagsaufgaben ausführt – gar nicht das Recht hat, bestimmte systemkritische Befehle auszuführen. Er kann also nicht einfach nach Belieben Dateien erstellen, verändern und löschen. Diese Herangehensweise ist in Linux schon seit Ewigkeiten üblich, andere Betriebssysteme haben diese Philosophie erst deutlich später übernommen. Unter Linux kann der gewöhnliche Benutzer keine kritischen Dateien verändern oder löschen, er kann noch nicht einmal einfach so Programme installieren.

Zur Einleitung wiederhole ich etwas, was Sie schon bei der Ersteinrichtung probiert hatten: die Aktualisierung der Paketlisten, die Verweise auf alle Programme bieten, die Sie optional installieren können. Führen Sie zur vertiefenden Wiederholung noch einmal folgenden Befehl aus:

```
apt update
```

Sie werden feststellen, dass dies nicht geht. Sie erhalten eine Fehlermeldung, und der Befehl wird abgebrochen. Die Ausführung dieses Befehls bleibt dem Administrator des Computers beziehungsweise des Servers vorbehalten. Natürlich sind Sie in der realen Welt der Administrator dieses Servers, und eigentlich müssen Sie diesen Befehl auch ausführen dürfen. Für Ihren Server sind Sie im Moment aber nur ein normaler Benutzer. Erst wenn Sie (wie Sie wissen) explizit *root*-Rechte anfordern, dann werden Sie auch für Ihren Server temporär zum Administrator und dürfen den Befehl zur Ausführung bringen. *root*-Rechte fordern Sie mit dem Befehlsvorsatz sudo an. Dies steht für ***substitute user do*** und weist Linux an, den unmittelbar folgenden Befehl (und nur ihn) mit den Rechten des Administrators auszuführen. Wie bei der Einrichtung des Servers gezeigt, darf nicht jeder Benutzer einfach so einen Befehl als Administrator ausführen, aber für Ihr Benutzerkonto haben Sie dies bei der Servereinrichtung vorgesehen, indem Sie sich zur Benutzergruppe sudo hinzugefügt haben. Probieren Sie also folgenden Befehl aus:

```
sudo apt update
```

Linux wird Sie zur Bestätigung Ihrer Identität nach Ihrem Passwort fragen, damit es sichergehen kann, dass wirklich Sie es sind, der diesen Befehl ausführen möchte. Nach der Eingabe wird der Befehl ausgeführt. Sie werden das sudo-Kürzel sehr oft gebrauchen. Setzen Sie es trotzdem immer überlegt ein, und denken Sie daran, dass Sie mittels sudo auch kritische Dateien löschen können. Damit können Sie auch Ihren Server so verändern, dass er nicht mehr richtig startet oder nicht mehr aus dem Netzwerk erreichbar ist. Also kurzum: erst denken, dann lenken.

[+]

»sudo« kann mehr als nur »root«

Bei der Ersteinrichtung hatte ich schon kurz gesagt, dass man `sudo` oft mit *superuser do* abkürzt. Dabei nimmt man den Nutzer *root* quasi als Superuser an. Aber das wird `sudo` nicht gerecht, denn die Abkürzung steht ja für *substitute user do*. Mittels `sudo` können Sie nämlich nicht nur vorübergehend die Identität von *root* annehmen, sondern jede beliebige Identität. Möchten Sie etwa einen Befehl unter dem Benutzerkonto *max* ausführen, dann nutzen Sie den Befehlsvorsatz `sudo -u max`, den Sie vor den gewünschten Befehl stellen. Die Nutzung anderer Identitäten als *root* geschieht eher selten. Sie kann aber beispielsweise nützlich sein, um zu schauen, ob der Webserver (der unter dem Benutzerkonto *www-data* agiert) auf bestimmte Dateien zugreifen oder bestimmte Befehle ausführen kann.

4.3 Die Rechte im Dateisystem

Jetzt möchte ich über die Dateirechte sprechen, denn auch dabei gibt es einiges zu beachten. Kurz gesagt: Nicht jeder Benutzer darf jede Datei lesen oder verändern. Auch beim Zugriff auf Dateien wird unter Linux nach Benutzerrechten unterschieden. Das gilt konsequenterweise auch für alle Programme, die ja nichts anderes als ausführbare Dateien sind. Dabei geht es aber nicht nur darum, welcher Benutzer welche Programme starten darf, sondern auch darum, dass alle Programme und Dienste (Services) unter einem bestimmten Benutzerkonto ausgeführt werden. Sie übernehmen die Rechte von dem Benutzer, der sie gestartet hat. Ein Programm agiert also in Form eines bestimmten Benutzers und hat damit auch – oftmals zum Glück – keinen kompletten Zugriff auf alle Dateien, sondern nur auf ausgewählte Elemente.

4.3.1 Die grundlegenden Dateirechte

Die grundlegenden Dateirechte können Sie sich direkt im Detail anschauen. Lassen Sie sich zunächst den detaillierten Verzeichnisinhalt Ihres aktuellen Verzeichnisses mit folgendem Befehl anzeigen (normalerweise sollten Sie sich jetzt im *verzeichnis1* befinden, und es sollten aus dem vorigen Abschnitt einige Dateien und Unterverzeichnisse darin liegen):

```
ls -lha
```

Wenn Sie alle vorherigen Beispiele ausgeführt haben, dann erhalten Sie eine Ausgabe, die folgendem Beispiel recht ähnlich sieht:

```
hans@homeserver:~/verzeichnis1$ ls -lha
insgesamt 28K
drwxr-xr-x 5 hans hans 4,0K Jul 15 11:08 .
drwxr-xr-x 3 hans hans 4,0K Jul 15 10:26 ..
```

```
-rw-r--r-- 1 hans hans 16 Jul 15 10:38 text
-rw-r--r-- 1 hans hans 16 Jul 15 11:18 text3
-rw-r--r-- 1 hans hans 16 Jul 15 11:18 texT3
-rw-r--r-- 1 hans hans 16 Jul 15 11:18 TEXT3
drwxr-xr-x 2 hans hans 4,0K Jul 15 10:44 verzeichnis3
drwxr-xr-x 3 hans hans 4,0K Jul 15 11:08 verzeichnis4
drwxr-xr-x 3 hans hans 4,0K Jul 15 11:09 verzeichnis5
```


In der Spalte ganz links sehen Sie verschiedene Buchstaben. Die erste Stelle gibt an, ob es sich um ein Verzeichnis (dann steht dort ein `d`) oder eine Datei handelt (dann steht dort ein Strich). Die folgenden Buchstaben kodieren die Zugriffsrechte. Die Buchstabenfolge wird aus drei Gruppen mit jeweils drei Zeichen gebildet. Es gibt folgende Rechte:

Wenn eine Datei gelesen werden darf, wird dies durch ein `r` (von *readable*) gekennzeichnet. Es steht immer an erster Stelle innerhalb der Dreiergruppe.

Wenn eine Datei geschrieben beziehungsweise verändert werden darf, wird dies durch ein `w` (von *writable*) gekennzeichnet. Es steht an zweiter Stelle der Dreiergruppe (das einleitende `d`- oder `-`-Zeichen nicht mitgerechnet).

Ist eine Datei ein Programm, das ausgeführt werden darf, so wird dies durch ein `x` (von *executable*) gekennzeichnet. Es steht an dritter Stelle. Übrigens: Damit Sie ein Verzeichnis betreten und sich seinen Inhalt anzeigen lassen können, müssen Sie über entsprechende *executable*-Rechte verfügen. Für Verzeichnisse ist dann also ein `x` zu setzen, wenn es einem bestimmten Benutzer erlaubt sein soll, sich den Verzeichnisinhalt anzeigen zu lassen.

Wenn eines dieser Rechte verweigert wird, dann steht an der entsprechenden Stelle ein Strich (den man auch als ein Minuszeichen für »nicht vorhanden« auffassen kann). Diese Rechtegruppen werden wie gesagt jeweils dreimal vergeben.

Die erste Dreiergruppe gibt die Rechte für den Dateibesitzer an. Unter Linux hat jede Datei (und jedes Verzeichnis) einen eindeutigen Besitzer. Der Besitzer ist beispielsweise ein regulärer Computerbenutzer. In Ihrem eigenen Home-Verzeichnis sollten Sie der Besitzer einer Datei sein. Für andere Home-Verzeichnisse gilt Entsprechendes. Dateien können aber auch beispielsweise über jeweilige Benutzer einem Programm »gehören«. So werden zum Beispiel Webseiten auf Ihrem Server dem dafür vorgesehenen Besitzer (und Benutzer) *www-data* zugeordnet, unter dem der Webserver agiert. Den Namen des Dateibesitzers können Sie in der dritten Spalte der Ausgabe von `ls -lha` ablesen (das einleitende `d` beziehungsweise `-`-Zeichen nicht als eigene Spalte gerechnet).

Die zweite Dreiergruppe gibt die Dateirechte für die besitzende Gruppe an. Eine Datei gehört also einem Besitzer und einer Gruppe. Hierbei handelt es sich um eine Benutzergruppe. Der Besitzer muss nicht Mitglied der angegebenen Gruppe sein, aber es kann eine Gruppe geben, in der nur der Besitzer Mitglied ist. Unter Linux sind verschiedene Gruppen möglich, zum Beispiel die *user*-Gruppe für alle »normalen« Benutzer, die *audio*-Gruppe für Benutzer, die auf Audiogeräte zugreifen können, oder auch die *sudo*-Gruppe für diejenigen Benutzer, die Administratorbefehle ausführen dürfen. Ein Benutzer kann Mitglied mehrerer Gruppen sein, zum Beispiel den Gruppen *user*, *audio* und *sudo* angehören. Eine Gruppe kann beliebig viele Mitglieder haben. Die besitzende Gruppe einer Datei können Sie in der vierten Spalte der `ls -lha`-Ausgabe ablesen. In Ihrem Home-Verzeichnis hat die besitzende Gruppe meistens Ihren Benutzernahmen mit Ihnen als einzigem Mitglied, aber es sind auch andere Einträge möglich.

Die letzte Dreiergruppe gibt schließlich die Rechte für alle anderen an. Damit sind also diejenigen gemeint, die nicht der Besitzer der Datei sind und auch nicht der besitzenden Gruppe als Mitglied angehören. Eine Datei kann also beispielsweise der Mutter mit dem Benutzernamen *mutter* gehören und der besitzenden Gruppe *eltern* zugeordnet sein, der (als einziger weiterer Nutzer) auch der *vater* angehört. Die übrigen Familienmitglieder fallen dann unter »alle anderen«.

Dazu ein Beispiel: Sie können mit den Rechten beispielsweise erreichen, dass der Besitzer einer Datei diese lesen, bearbeiten und ausführen darf. Er hat also *Vollzugriff*. Die besitzende Gruppe darf die Datei lesen und ausführen, jeder andere darf sie sich nur anschauen. Das ist durchaus sinnvoll, denn eine ausführbare Datei kann auch beispielsweise ein Skript sein, das man sich durchlesen kann. (Ein Skript ist grob betrachtet eine Textdatei, die mehrere Befehle enthält, die nacheinander abgearbeitet werden.) Dies ergäbe folgende Rechtekodierung:

```
rwx r-x r--
```

Im vorigen Beispiel hätte die Mutter also Vollzugriff auf die Datei. Der Vater, der der Benutzergruppe *eltern* angehört, darf diese Datei lesen und ausführen. Die Kinder, die nicht identisch mit der Mutter sind und auch nicht der Benutzergruppe *eltern* angehören, dürfen diese Datei nur lesen, aber nicht verändern oder ausführen.

Sie sollten nun ein wenig mit den Dateirechten und Stift und Papier üben und verschiedene Kombinationen durchspielen. Schnell werden Sie erkennen, dass dies alles durchaus Sinn ergibt, denn es kann Dateien geben, die nicht von jedem gelesen oder verändert werden dürfen, beispielsweise Dateien mit kritischen Programmeinstellungen oder sogar Passwörtern.

4.3.2 Die Änderung der Zugriffsrechte

Den Umgang mit den Dateirechten können Sie nun ein wenig verinnerlichen. Erstellen Sie in einem beliebigen Übungsverzeichnis innerhalb Ihres Home-Verzeichnisses (wechseln Sie dahin gegebenenfalls mit einem simplen `cd` ohne weitere Argumente) eine neue Textdatei mit dem Namen *gesperrt*:

```
nano gesperrt
```

Geben Sie ihr den Inhalt »Geheimtext«, und speichern Sie die Datei wie üblich ab. Lassen Sie sich mit

```
cat gesperrt
```

den Inhalt anzeigen. Offensichtlich funktioniert das. Schauen Sie sich mit `ls -lha` den Grund an, warum dies so ist. Sie sehen, dass in jeder Rechtegruppe das `r` für diese Datei gesetzt ist, also darf sich ausnahmslos jeder diese Datei anschauen. Jetzt versuchen Sie, diese Datei zu ändern. Öffnen Sie sie zunächst wieder mit dem Editor `nano`:

```
nano gesperrt
```

Ergänzen Sie den Zusatz »sehr wichtig«, speichern Sie die Datei, und beenden Sie dann `nano`. Auch das funktioniert. Warum dies so ist, zeigt Ihnen wieder `ls -lha`. In der Ausgabe lesen Sie, dass Sie als Besitzer Schreibrechte haben, das `w` ist gesetzt. Das werden Sie jetzt ändern und einmal das Schreibrecht für diese Datei komplett entziehen. Dateirechte ändern Sie mit dem Befehl `chmod`, eine Kurzform von *change mode*. Den Befehl können Sie nur ausführen, wenn Sie selbst der Besitzer einer Datei sind, ansonsten sind Administratorrechte nötig, die Sie wieder mit einem vorgestellten `sudo` erhalten. Es schadet nicht, wenn Sie den Befehl stets mit `sudo` ausführen. Bedenken Sie bitte, dass dieser Befehl weitreichende Folgen haben kann, und setzen Sie ihn nur wohlüberlegt ein. Jetzt entziehen Sie der Datei einmal die Schreibrechte, indem Sie dem Befehl ein `-w` (ausgesprochen: *minus writable*) anhängen und die zu ändernde Datei benennen:

```
sudo chmod -w gesperrt
```

Wenn Sie nun wieder `ls -lha` ausführen, dann sehen Sie, dass die Schreibrechte für die Datei *gesperrt* jetzt entfernt wurden. An der Stelle des `w` steht dort ein `-`.

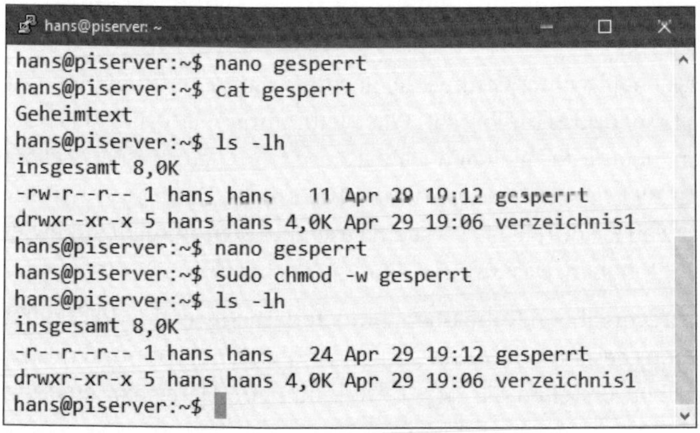

Abbildung 4.10 Rechte verändern mit »chmod«

Versuchen Sie doch nun einmal eine Änderung. Öffnen Sie die Datei mit `nano`, ergänzen Sie den Text »Lustig, Lustig, oder?«, und versuchen Sie, die Datei abzuspeichern. Das wird Ihnen nicht gelingen; `nano` wird Sie am unteren Bildschirmrand darüber informieren, dass Sie kein Schreibrecht haben (`Fehler beim Schreiben von gesperrt: Keine Berechtigung`). Versuchen Sie noch einmal das Schließen des Editors mit der Tastenkombination `Strg`+`x`, und geben Sie diesmal ein `n` als Antwort auf die Speicherfrage ein. `nano` wird sich beenden, aber Ihr neuer Text wird nicht mit in die Datei aufgenommen, wie Ihnen ein `cat gesperrt` zeigen wird.

Den `chmod`-Befehl können Sie mit den Kürzeln `x`, `r` und `w` aufrufen und jedes Recht einzeln oder eine Kombination der Rechte setzen oder entziehen. Zum Entziehen benutzen Sie ein `-`, zum Setzen ein `+`. Folgender Befehl setzt zum Beispiel allgemein die Ausführrechte und entzieht die Schreibrechte (für die fiktive Datei namens *dateiname*):

```
sudo chmod +x-w dateiname
```

Dieser Befehl setzt die Rechte aber gleichzeitig für alle Benutzergruppen (Besitzer, besitzende Gruppe, alle anderen). Eine Ausnahme bildet das Attribut `w`, das nur für den Besitzer gesetzt und entfernt wird. Das ist natürlich nicht immer gewünscht. Sie können die Befehle daher wie folgt eingeben:

```
sudo chmod u+rwx dateiname

sudo chmod g+rwx dateiname

sudo chmod o-rwx dateiname
```

Wenn Sie vor die Rechtekombination ein `u` (für *user*) schreiben, dann gilt die Eingabe für den Besitzer einer Datei. Ein `g` (für *group*) wendet die Eingabe auf die besitzende Gruppe an. Ein `o` (für *others*) schließlich steht für alle anderen.

Das ist noch nicht alles: Statt `+` und `-` zu benutzen, die jeweils nur Rechte hinzufügen oder entfernen, können Sie die Rechte auch explizit zuweisen. Dafür verwenden Sie ein `=`.

Nehmen wir an, eine Datei hat in einer Gruppe die Rechte `rwx` und Sie entziehen mit `chmod -rw dateiname` das Lese- und Schreibrecht. Was bleibt übrig? Natürlich das Ausführrecht `x`. Jetzt nutzen Sie auf der gleichen Datei (!) `chmod =rw dateiname`. Welche Rechte hat die Datei nun? Richtig, nur das Lese- und Schreibrecht. Denn das Ausführrecht haben Sie entfernt, weil Sie durch das `=` fest ein Lese- und Schreibrecht zugewiesen (und nicht hinzugefügt) haben. Das Resultat sind die Rechte `rw-`.

Nun können Sie die Rechtevergabe in Ruhe üben. Bitte ändern Sie jetzt jedoch nicht die Rechte der Datei namens *gesperrt*, denn sie werden Sie gleich noch einmal unverändert brauchen! Zum Üben erstellen Sie jetzt bitte eine neue Datei namens *abc*. Bearbeiten Sie nun folgende Aufgabe zum Üben:

Gegeben sei die Datei `abc` mit folgenden Rechten: `rwx rwx rwx`.

Legen Sie eine solche Datei an. Es werden nun folgende Befehle angewendet; überlegen Sie sich den jeweiligen Rechtezustand, und überprüfen Sie ihn dann jeweils durch die Ausführung des Befehls `ls -lha`.

```
sudo chmod -x abc

sudo chmod o-rw abc

sudo chmod g-w abc

sudo chmod +r abc

sudo chmod g=rw abc

sudo chmod u=rwx abc
```

Wie lauten die Rechte nun, nachdem alle Befehle ausgeführt wurden? Die Lösung lautet: `rwx rw- r--`.

Als Ergänzung für Wissbegierige: Natürlich kann man mit den Dateirechten auch sonderbare Spezialfälle anstellen. Wenn Sie Lust haben, dann testen Sie (rein optional) einmal in Eigenregie die Rangfolge der Berechtigungen anhand eines Spezialfalls. Erstellen Sie zum Üben eine Textdatei, die folgende Rechte besitzt: `r-- --- rw-`. Die Frage lautet: Dürfen Sie als Besitzer in diese Datei schreiben und sie löschen oder nicht? Bitte finden Sie die Antwort durch übendes Ausprobieren selbst heraus. Sollten Sie nach dem Probieren noch Lust auf einen weiteren Spezialfall haben, dann probieren Sie die Situation einmal bei folgenden (ungewöhnlichen) Zugriffsrechten aus: `--- --- rwx`. (Sollten Sie beim Löschen eine Rückfrage erhalten, dann beantworten Sie sie mit einem ausgeschriebenen `ja`.) Genug davon, fürs Erste zumindest.

4.3.3 Die Änderung der Dateibesitzer

Nun lernen Sie, den Besitzer einer Datei zu ändern. Auch dies werden Sie öfter gebrauchen. Ein Beispiel ist das Zuweisen einer Webseite an den *www-data*-Benutzer. Zur Einführung ändern Sie einmal den Besitzer der Datei *gesperrt* in den *root*-Benutzer. Dies stellt sozusagen die höchste Ebene dar, die Datei gehört dann quasi dem Administrator oder auch dem System selbst. Das Ändern des Besitzers erfolgt mit dem Befehl `chown` (von *change owner*). Auch `chown` verwenden Sie (am besten) immer mit dem `sudo`-Vorsatz. Die Syntax lautet: `sudo chown besitzer:gruppe dateiname`.

Dabei gibt `besitzer` den neuen Besitzer und `gruppe` die neue besitzende Gruppe an. Sie können auch nur einen Parameter spezifizieren und den Doppelpunkt entsprechend setzen, dann wird zum Beispiel der Gruppenname auf die Gruppe des aktuellen Benutzers gesetzt oder aber nur der Gruppenname geändert. Ich werde aber zur Vereinfachung zunächst stets beide Parameter angeben. Probieren Sie folgenden Befehl aus:

```
sudo chown root:root gesperrt
```

Damit haben Sie den Besitzer in *root* und die besitzende Gruppe ebenfalls in *root* geändert. Überprüfen Sie dies mit `ls -lha`. Für diese Datei sind Sie nun nicht mehr der Besitzer, sondern zählen zu »allen anderen«. Probieren Sie nun wieder die Ausgabe der Datei mit

```
cat gesperrt
```

Sie werden sehen, die Ausgabe erscheint trotzdem. Warum? Nun, weil das Leserecht `r` immer noch für alle Gruppen gesetzt ist. Entziehen Sie doch einmal »allen anderen« die Leserechte:

```
sudo chmod o= gesperrt
```

Dies entzieht »allen anderen« alle Rechte (ja, das funktioniert durch den simplen Parameter `o=` ohne weitere Angaben, denn es wird ja explizit nichts gesetzt). Probieren Sie wieder

```
cat gesperrt
```

Diesmal schlägt die Ausgabe fehl. Warum? Sie sind weder der Dateibesitzer (Sie sind nicht *root*) noch Mitglied der Gruppe *root* (Sie sind zwar in der Gruppe *sudo*, nicht aber in *root*). Sie fallen in die Kategorie »alle anderen«. Und die darf nichts. Punkt.

Dürfen, das tut der Besitzer *root* – und mit `sudo` können Sie sich zu *root* machen. Probieren Sie also einmal ein

```
sudo cat gesperrt
```

Das wird funktionieren, wie Sie in Abbildung 4.11 sehen!

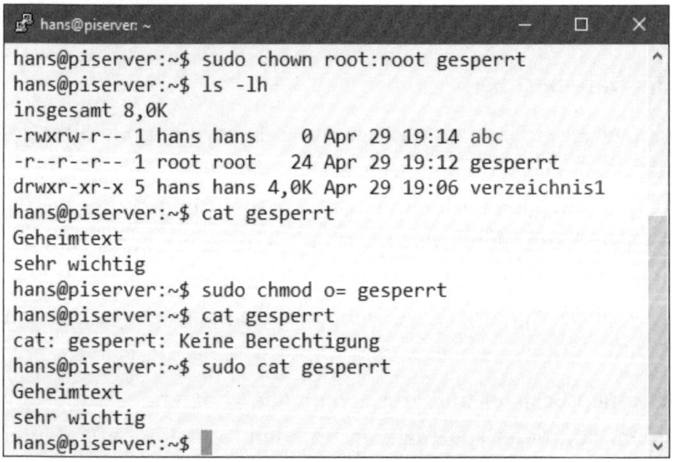

Abbildung 4.11 Dateibesitzer ändern mit »chown«

Durch das `sudo` haben Sie für diesen einen Befehl die Identität *root*, also die Identität des Administrators, angenommen.

4.3.4 Sonderfälle bei den Dateirechten

Jetzt wird es etwas schwieriger. Jetzt kommt das Thema Löschen und ein kniffeliger Sonderfall. Ob Sie nun als »alle anderen« die soeben betrachtete Datei `gesperrt` wohl löschen dürfen? Probieren Sie einmal

```
rm gesperrt
```

Linux wird nun nicht etwa das Löschen verbieten, wie man zuerst vermuten würde, sondern Sie fragen, ob Sie die `schreibgeschützte Datei 'gesperrt' entfernen` möchten. Bestätigen Sie doch einmal mit [j]. Überprüfen Sie dann den Verzeichnisinhalt mit `ls -lha`. Sie werden sehen, dass die Datei gelöscht wurde. Warum? Sie sind doch nicht der Besitzer der Datei, Sie haben keine Schreibrechte, nein, Sie haben noch nicht einmal Leserechte. Aber Sie sind der Besitzer des übergeordneten Verzeichnisses. Ihnen »gehört« Ihr Home-Verzeichnis. Und in einem Verzeichnis, das Ihnen gehört, da dürfen Sie Dateien löschen. Und umgekehrt: In einem Verzeichnis, das Ihnen nicht gehört, dürfen Sie natürlich nicht einfach alle Dateien löschen. Prüfen Sie das einmal. Wechseln Sie in das spezielle Verzeichnis */tmp*, das der Aufnahme von temporären Dateien dient:

```
cd /tmp
```

In diesem Verzeichnis sollten Sie etwas vorsichtiger sein und unter keinen Umständen irgendwelche Dateien verändern. Führen Sie nur die folgenden Schritte aus, und nehmen Sie keine eigenen Experimente vor. Legen Sie zunächst eine Testdatei an:

```
sudo nano gesperrt
```

Füllen Sie die Datei mit einem Beispieltext, und speichern Sie sie mit der Tastenkombination [Strg]+[x] und der folgenden Bestätigung ab. Nun ändern Sie den Besitzer in den *root*-Benutzer (was eigentlich überflüssig ist, weil die Datei durch das vorgestellte `sudo` bereits dem Benutzer *root* gehört):

```
sudo chown root:root gesperrt
```

Dann entziehen Sie »allen anderen« sämtliche Rechte:

```
sudo chmod o= gesperrt
```

Versuchen Sie einmal, die Datei zu löschen:

```
rm gesperrt
```

Obwohl die Rechte dieselben sind wie in Ihrem Home-Verzeichnis, können Sie die Datei nicht löschen. Sie erhalten (trotz vorheriger Frage) die Rückmeldung `Die Operation ist nicht erlaubt`. Das liegt daran, dass Ihnen das Verzeichnis */tmp* nicht gehört. Nur der Benutzer *root* darf immer alles, notfalls auch die Dateien anderer Leute löschen. Folglich wird der Befehl

```
sudo rm gesperrt
```

erfolgreich sein, wie Sie einmal üben und mit einem `ls -lha` überprüfen können. Umgekehrt bedeutet dies aber auch, dass Sie eine Datei, die Ihnen gehört, in einem

Verzeichnis, das Ihnen nicht gehört und in dem Sie keine Schreibrechte haben, nicht löschen können.

Wechseln Sie jetzt wieder mit einem

```
cd
```

in Ihr Home-Verzeichnis zurück. Den ganzen Vorgang sehen Sie in Abbildung 4.12.

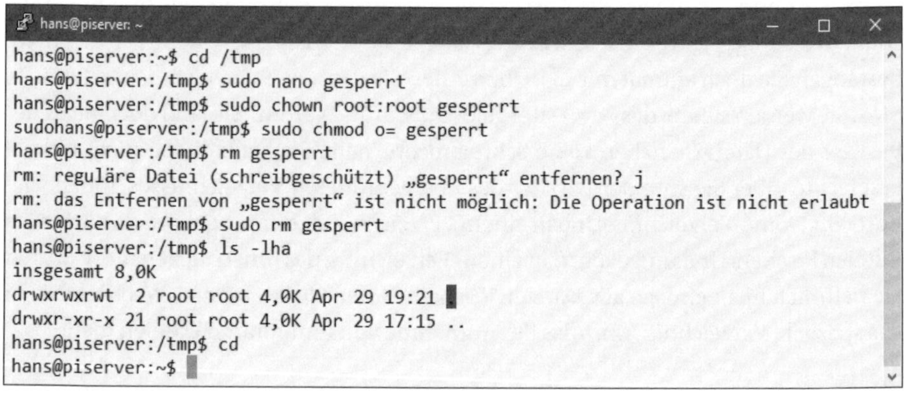

Abbildung 4.12 Verzeichnis und Benutzerrechte auseinanderhalten

Und was meinen Sie? Ist jetzt nicht eine gute Zeit zum Üben? Keine Angst! In Ihrem eigenen Home-Verzeichnis können Sie sich austoben, ohne etwas kaputtzumachen. Sie sollten jedoch, insbesondere wenn es in Ihrem Home-Verzeichnis bereits wichtige Dateien gibt, zuerst ein Unterverzeichnis zum Üben erstellen.

Damit sind Sie mit den grundlegenden Befehlen erst einmal durch. Jetzt ist es Zeit, Ihren Server besser kennenzulernen und sich mit weiteren Befehlen und Verallgemeinerungen zu befassen.

4.4 Geht es nicht auch etwas kryptischer?

Zum Abschluss – scherzhaft übertrieben – etwas zum Angeben: Sie kennen ja bereits den `chmod`-Befehl, mit dem Sie die Rechte einer Datei steuern können – ein sehr wichtiges Sicherheitsmerkmal des Dateisystems. Dabei haben Sie Parameter kennengelernt, die Sie auf der Kommandozeile übergeben können, zum Beispiel das `u` für den Besitzer, das `+` zum Hinzufügen eines Rechts oder das `w` für den Schreibzugriff. Man nennt diese Art der Eingabe der Rechte den *symbolischen Modus*, weil hier für die Rechte alltagsnahe Symbole genutzt werden. Was meinen Sie, wird der aufstrebende Linux-Profi die Dateirechte im symbolischen Modus angeben? Nein, natürlich nicht. Er verwendet dafür kryptische Zahlenkombinationen, die so rein gar nicht an die eigentlichen Rechte erinnern. Er nutzt den sogenannten *Oktalmodus*. Ich möchte Ihnen das einmal zeigen, denn diesen Modus werden Sie später noch öfter brauchen.

Der Oktalmodus sieht eine Gruppe von drei Ziffern zur Rechteeingabe vor. Es müssen stets alle drei Ziffern eingegeben werden (es können mit dem so genannten *Sticky Bit* sogar vier sein, aber diese Spezialfälle möchte ich hier nicht besprechen). Die erste Ziffer steht dabei für die Rechte des Besitzers, die zweite für die besitzende Gruppe und die dritte für alle anderen. Diese Reihenfolge ist bindend! Die verschiedenen Rechte, zum Beispiel das Recht zum Lesen und das Recht zum Ausführen, werden durch einen bestimmten Wert symbolisiert. Wenn jemand keine Rechte an einer Datei erhalten soll, dann wird eine `0` gesetzt. Wenn ein bestimmtes Recht vergeben werden soll, dann wird sein Wert anstelle der `0` vergeben. Sollen mehrere Rechte vergeben werden, dann werden die einzelnen Werte addiert. Es gibt folgende Rechte:

- kein Recht: `0`
- Leserecht: `4`
- Schreibrecht: `2`
- Ausführrecht: `1`

Soll eine Datei gelesen und geschrieben werden können, dann werden die Werte der beiden Rechte addiert, das ergibt: 4 + 2 = 6. Sie müssen bei dem jeweiligen Besitzer eine `6` eintragen. Für alle Rechte wäre es eine `7`. Soll die Datei nur gelesen und ausgeführt werden dürfen, dann wäre es eine `5`.

Übersetzen wir gemeinsam die symbolischen Rechte `rwx rw- r--`: Der Besitzer soll alles dürfen, er bekommt eine `7` eingetragen. Die Gruppe darf lesen und schreiben, sie bekommt eine `6`. Der Rest darf nur lesen, also erhält er eine `4`. Insgesamt ergibt sich die Kombination `764`.

Und wie geben Sie diese jetzt ein? Das geschieht einfach an Stelle der symbolischen Notation:

```
sudo chmod 764 dateiname
```

Probieren Sie dies ruhig einmal aus. Wenn Sie durch Tests eine beliebige Textdatei ausführbar machen, dann sollten Sie dies aber am Schluss der Übung wieder rückgängig machen.

Bedenken Sie, dass bei einem Verzeichnis das Attribut »Ausführrecht« gesetzt sein muss, damit man überhaupt in dieses Verzeichnis wechseln kann.

Üben Sie aber bitte vorher einmal: Welche Oktalzahl ergibt sich für die Rechte: `rw- r-- ---` und welche für `rwx r-x --x`?

4.5 Informationen über den Speicherplatz erhalten

Für Sie als Serverbesitzer ist es sicherlich sehr wichtig zu wissen, wie viel freier Speicherplatz noch vorhanden ist. Den freien Speicherplatz können Sie sich mit dem Befehl

```
df -h
```

anzeigen lassen. `df` ist die Abkürzung für *disk free*. Erneut formatiert das `-h` die Ausgabe dieses Befehls als *human readable*. Von Interesse ist besonders die Zeile, bei der in der Spalte `Eingehängt auf` nur ein einzelner Schrägstrich / ohne weiteren Text zu lesen ist: Sie enthält den freien Speicherplatz auf der Speicherkarte beziehungsweise der Festplatte. Die Spalte `Verf.` (als Kurzform von verfügbar) gibt diesen Wert an.

Möchten Sie hingegen wissen, wie viel Speicherplatz bereits belegt ist, dann nutzen Sie wie in Abbildung 4.13 den Befehl

```
sudo du -sh /
```

Daraus ist der Parameter `h` bereits bekannt. Mittels `s` lassen Sie sich nur eine Summe aller Verzeichnisse anzeigen. Der einzelne Schrägstrich verweist auf den Ursprung des gesamten Dateisystems, das sogenannte *Wurzelverzeichnis* (dazu mehr in Abschnitt 4.6). Dieser Befehl (als Abkürzung von *disk usage*) ist aber nicht nur für das gesamte Dateisystem (deswegen das vorgestellte `sudo`), sondern oftmals auch für ein bestimmtes Verzeichnis interessant. Wenn Sie Folgendes ausführen:

```
du -sh ./
```

dann wird Ihnen der Speicherplatz angezeigt, den das aktuelle Verzeichnis belegt. Der Punkt kennzeichnet stets das aktuelle Verzeichnis. (Genauso wie die zwei Punkte, wie Sie sie beim `cd`-Befehl verwenden, auf das darüberliegende Verzeichnis verweisen.) Anschließend informiert Sie

```
du -sh ~
```

über den Speicherverbrauch Ihres Home-Verzeichnisses. Was meinen Sie, worüber wird wohl der Befehl

```
du -sh ~/verzeichnis1
```

Auskunft geben? Ein kurzer Test verrät es Ihnen.

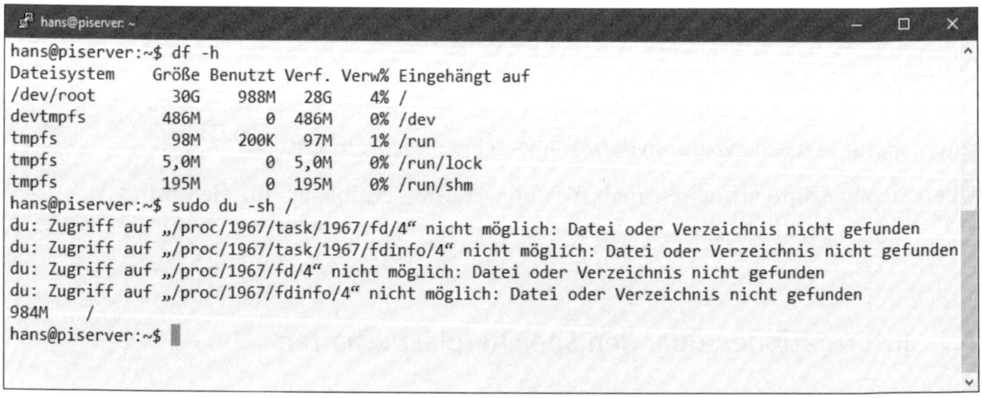

```
hans@piserver:~$ df -h
Dateisystem    Größe Benutzt Verf. Verw% Eingehängt auf
/dev/root        30G    988M   28G    4% /
devtmpfs        486M       0  486M    0% /dev
tmpfs            98M    200K   97M    1% /run
tmpfs           5,0M       0  5,0M    0% /run/lock
tmpfs           195M       0  195M    0% /run/shm
hans@piserver:~$ sudo du -sh /
du: Zugriff auf „/proc/1967/task/1967/fd/4“ nicht möglich: Datei oder Verzeichnis nicht gefunden
du: Zugriff auf „/proc/1967/task/1967/fdinfo/4“ nicht möglich: Datei oder Verzeichnis nicht gefunden
du: Zugriff auf „/proc/1967/fd/4“ nicht möglich: Datei oder Verzeichnis nicht gefunden
du: Zugriff auf „/proc/1967/fdinfo/4“ nicht möglich: Datei oder Verzeichnis nicht gefunden
984M    /
hans@piserver:~$
```

Abbildung 4.13 Speicherbelegung mit »du« und »df« anzeigen

[+]

Was war das nochmal für eine Datei?

Wenn Sie mit Ihrem Server ein Weilchen gearbeitet haben, dann werden Sie früher oder später auf eine Datei stoßen, deren Sinn und Zweck sich Ihnen nicht sofort erschließt. In diesem Fall kann Ihnen der Befehl `file` behilflich sein. Fügen Sie dem Kommando `file` einfach (mit einem Leerzeichen) den Dateinamen der fraglichen Datei an, und führen Sie den Befehl aus. `file` wird sich die Datei ansehen und Ihnen einige Informationen dazu ausgeben – so wissen Sie schnell, ob es sich um eine Textdatei, um eine Multimediadatei oder um ein ausführbares Programm handelt.

4.6 Die Verzeichnisse und ihre Bedeutung

Nun geht es etwas eingehender um die Verzeichnisse, die es standardmäßig im Dateisystem gibt. Bislang haben Sie sich (fast) nur in Ihrem Home-Verzeichnis bewegt. Sie haben hier zwar auch Unterverzeichnisse angelegt, sind aber unterhalb des Home-Verzeichnisses geblieben. Natürlich gibt es noch viele andere Verzeichnisse. Nicht nur hat jeder Benutzer sein eigenes Home-Verzeichnis, sondern es gibt auch Verzeichnisse für die Programme oder für deren Konfigurationsdateien. Übrigens: Wenn Sie einmal in einem beliebigen Verzeichnis sind und zurück in Ihr Home-Verzeichnis wollen, dann genügt dafür ein einfaches

```
cd
```

ohne weitere Angaben.

Es wird Zeit, dass Sie sich ansehen, was sich außerhalb Ihres Home-Verzeichnisses im Dateisystem befindet. Das Dateisystem entspringt quasi an der Wurzel. Es gibt ein Wurzelverzeichnis, das kein übergeordnetes Verzeichnis mehr hat. Es ist sozusagen das Hauptverzeichnis des Dateisystems.

Dorthin gelangen Sie mit einem

```
cd /
```

Bitte führen Sie diesen Befehl aus. Der Schrägstrich gibt dabei das Wurzelverzeichnis an. (Hierfür ist auch die Bezeichnung *Root* geläufig, die vom englischen Wort für »Wurzel« stammt, aber nicht mit dem *root*-Benutzer verwechselt werden darf. Man spricht daher auch von *Wurzelverzeichnis*.) Von hier aus können Sie jedes beliebige Verzeichnis und jede Datei erreichen – auch Ihr Home-Verzeichnis. Dieses befindet sich übrigens sinnigerweise im Verzeichnis */home* und dann unter einem Verzeichnis mit Ihrem Benutzernamen. Heißt Ihr aktueller Benutzer *hans*, dann ist sein Home-Verzeichnis */home/hans*. Beachten Sie bitte den Schrägstrich am Anfang! Sie gehen hier also direkt vom Wurzelverzeichnis aus (das manchmal auch *Stammverzeichnis* genannt wird). Dieser absolute Pfad beginnt also bei der Wurzel / und geht weiter in die Verzeichnisse *home* und *hans*. Sie können jeden Befehl, der eine Dateiangabe benötigt, immer direkt mit dem kompletten absoluten Pfad angeben. Wenn Sie also in einem Verzeichnis */sonstwo/hier/ganz/weit/hinten* sind, dann können Sie trotzdem `nano /home/hans/verzeichnis3/gesperrt` aufrufen. Bitte machen Sie sich damit vertraut. Bitte verinnerlichen Sie sich auch die unterschiedliche Bedeutung der Schrägstriche. In einem Beispielpfad */eins/zwei/* bedeutet der erste Schrägstrich, dass der Pfad beim Wurzelverzeichnis beginnt. Der zweite Schrägstrich zwischen *eins* und *zwei* verdeutlicht, dass es nun eine Verzeichnisebene tiefer geht. Der dritte Schrägstrich am Ende besagt, dass *zwei* auch ein Verzeichnis ist.

Lassen Sie sich mit `ls` einmal den Inhalt des Wurzelverzeichnisses ausgeben, wie Sie es in Abbildung 4.14 sehen. Sie werden bemerken, dass es dort neben */home* noch viele weitere Verzeichnisse gibt.

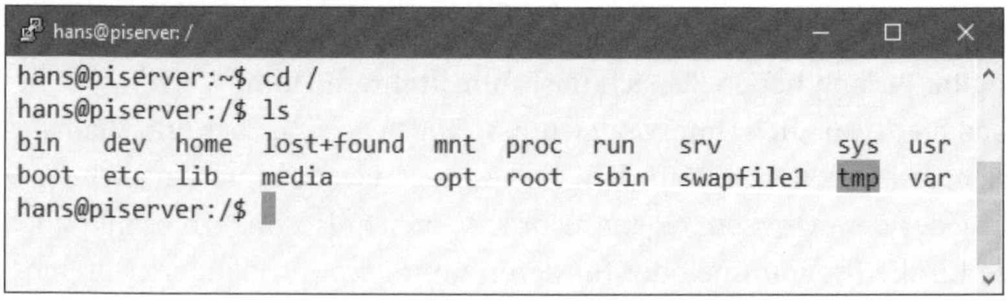

Abbildung 4.14 Die Dateihierarchie des »Wurzelverzeichnisses«

Bitte spielen Sie hier nicht daran herum, weil sich in diesen Verzeichnissen viele wichtige Dateien befinden (obwohl Sie durch Ihr eingeschränktes Nutzerkonto ja gut geschützt sind). Natürlich können Sie sich mit den `cd`-Befehlen sowie mit `ls` ruhig überall umsehen.

Schauen Sie sich einmal die einzelnen Verzeichnisse und ihre Bedeutung an:

- */bin*: Dieses Verzeichnis enthält unverzichtbare Programme, die von jedem Benutzer ausgeführt werden können. *bin* steht als Kurzwort für *binary*, also Binär(-datei) (im Unterschied zum Beispiel zu Textdateien). So werden meistens Programme, die in Maschinensprache vorliegen, genannt. In diesem Verzeichnis befinden sich beispielsweise die Programme, die zu den Befehlen `cp`, `mv` und `cat` gehören. Sie finden hier auch den Texteditor `nano`.
- */boot*: Hierin befinden sich Dateien, die zum Booten des Systems erforderlich sind. Oft ist hier der berühmte Linux-Kernel zu finden, aber es gehören auch Dateien des Bootmanagers dazu. Beim Raspberry Pi ist in dieses Verzeichnis eine spezielle Partition eingebunden, die beispielsweise auch auf einem Windows-PC lesbar ist.
- */dev*: Bedeutet *devices* – also Geräte. Dieses Verzeichnis enthält sehr spezielle Dateien, die sogenannten *Gerätedateien*. Sie wissen ja: Unter Linux ist alles eine

Datei – auch ein Hardwaregerät. Im Prinzip sind dies die Treiberschnittstellen zu der wirklichen Hardware. Das System oder ein Programm gibt einen Befehl über diese speziellen Dateien an den Gerätetreiber, der dann die Aufgabe auf der Hardware ausführt.

- */etc*: Was sich hinter *et cetera* verbirgt, verrät der Name nicht so leicht. Dieses Verzeichnis wird Sie öfter beschäftigen, denn hierin befinden sich zahlreiche Konfigurationsdateien zu fast allen Programmen und Systemeinstellungen.
- */home*: Im Home-Verzeichnis befinden sich die einzelnen Home-Verzeichnisse aller Benutzer – so auch Ihres. Das Home-Verzeichnis dient zur Aufnahme aller persönlichen, privaten Dateien.
- */lib*: ist das *library*-Verzeichnis, also das Bibliothekenverzeichnis. Damit werden Sie nicht sehr viel zu tun haben. Es nimmt sehr wichtige Bibliotheken für den Systemstart und die Ausführung vieler Programme auf. Auch die sogenannten Kernelmodule finden sich hierin. Wie gesagt: Für den Anfang haben Sie hier so gut wie nie etwas verloren.
- */lost+found*: Nein, Linux verliert nicht einfach irgendwo etwas und legt es dann hier ab, sondern nutzt dieses Verzeichnis bei der Überprüfung des Dateisystems. Wenn es einen Fehler gibt (Schreibfehler bei Stromausfall etwa) und eine Datei beschädigt wird, dann werden die jeweiligen Fragmente in diesem Verzeichnis gespeichert. Im Regelfall sollte es leer sein.
- */media*: Dies ist ein etwas universelleres Verzeichnis. Eigentlich nimmt es hauptsächlich eingebundene Speichermedien wie USB-Sticks, CD-ROM-Laufwerke oder externe Festplatten auf und macht sie von hier aus zugänglich – denn unter Linux gibt es ja keine Laufwerksbuchstaben. Daher kann eine externe Festplatte beispielsweise unter */media/hdd/* verfügbar sein. Mit dieser Thematik werden Sie sich noch eingehend beschäftigen.
- */mnt*: bedeutet *mount(ed)*, also eingebunden. Es wird in diesem Buch nur sehr selten (beziehungsweise nie) genutzt werden und ist eigentlich dazu gedacht, temporär eingebundene Partitionen verfügbar zu machen. Normalerweise ist es leer.
- */opt*: Heißt das etwa *optional*? Ja, das tut es. Aber dieses Verzeichnis ist nicht etwa unbedeutend und kann optional gelöscht werden, nein, hier sollte eigentlich optionale Software gespeichert werden. Oftmals sind das kommerzielle Programme, die ihre eigenen Bibliotheken mitbringen und nicht direkt zum System gehören (und auch nicht von ihm verwaltet werden). In diesem Buch bleibt dieses Verzeichnis im Regelfall leer.
- */proc*: Das ist auch eines der spezielleren Verzeichnisse. *Processes* – also Prozesse – enthält Informationen zu allen aktuell laufenden Programmen, zum Beispiel deren Namen und die Speichernutzung. Sie können sich die »Dateien« mit `cat`

ausgeben lassen. Es gibt beispielsweise beim Raspberry Pi eine Datei mit der aktuellen Prozessortemperatur. Auch einige Kernelfunktionen können hierüber angesprochen und ausgelesen werden. Sie werden dieses Verzeichnis kaum benutzen. Zur Information können Sie sich einmal ein wenig umschauen; nutzen Sie aber nur die Befehle `cd`, `ls` und `cat`, dann kann nichts schieflaufen.

- */root*: Der *root*-Benutzer hat gewisse Privilegien. Dies ist das Home-Verzeichnis des *root*-Nutzers. Es liegt so weit oben im Dateisystem, damit es in jedem (Fehler-) Falle immer vorhanden und nutzbar ist. Im Regelfall bleibt es für die Anwendungen in diesem Buch leer, aber als *root*-Benutzer kann man hier seine eigenen Dateien abspeichern.
- */run*: Dieses Verzeichnis enthält Dateien der aktuell laufenden Programme. Hier finden Sie sehr viele *.pid*-Dateien, die die Prozessnummern eines Programms mitteilen, falls Sie diesem Programm ein Signal, zum Beispiel eine Aufforderung zum Beenden, senden möchten. Es ist eher etwas für fortgeschrittene Benutzer und eigentlich auch eher für die Programme selbst gedacht.
- */sbin*: Hierin finden sich *system binaries* – also Systemprogramme. Das Verzeichnis ist im Prinzip vergleichbar mit dem */bin*-Verzeichnis, bis auf den Unterschied, dass sich in */sbin* spezielle Programme befinden, die tiefgreifende Änderungen am System vornehmen können und auf die (meist) nur der *root*-Benutzer Zugriff hat.
- */srv*: Das Verzeichnis *services* nimmt optional Daten der einzelnen Dienste auf, die vom Server bereitgestellt beziehungsweise verteilt werden. Sie können dieses Verzeichnis beispielsweise für gemeinsam genutzte Dateifreigaben verwenden. Hierin sollten Sie auch eine gemeinsam genutzte Mediensammlung, deren Inhalte sich durchaus ändern können (wie Videos, Fotos, Musik), unterbringen. Im Grundzustand ist dieses Verzeichnis meistens (noch) leer.
- */sys*: »System« enthält ebenso wie */proc* Schnittstellen zu Systemkomponenten.
- */tmp*: Diesen Ausdruck kennen Sie vielleicht von Windows oder anderen Betriebssystemen. Auch unter Linux nimmt das *tmp*-Verzeichnis temporäre Dateien auf, die von Programmen benötigt werden. Beim Systemstart wird sein Inhalt automatisch gelöscht. Hierin können Sie temporäre Daten für Tests anlegen. Vorsichtige Naturen verwenden besser das eigene Home-Verzeichnis.
- */usr*: Dieses Verzeichnis ist meist sehr groß und enthält sehr viele Dateien und Unterverzeichnisse. Die Abkürzung steht nicht (mehr) für *users*, sondern für *unix system resources*. Da wird einem schon klar, worum es hier geht: die Systemressourcen. Dazu gehören sehr viele Programme und ihre Bibliotheken. Hier finden sich auch eventuelle Spiele. Aber auch temporäre Druckerdateien sind hier abgelegt. */usr* ist nicht zum manuellen Experimentieren vorgesehen.
- */var*: *variable* ist auch ein Kandidat, der zunächst schwer zu deuten ist. Dies ist so eine Art Universalverzeichnis. Hierin legen viele Programme Informationen und

Daten ab. Unter anderem werden hier (meist) alle Websites aufbewahrt. Hier finden Sie auch (fast) alle Logdateien des Systems.

Es gehört übrigens zum guten Ton, dass Programme inklusive des Betriebssystems niemals neue Verzeichnisse direkt auf der obersten Ebene des Dateisystems anlegen. Einige Systemadministratoren vermeiden dies ebenfalls. Andere wiederum sind der Meinung, dass man als »Herrscher über das System« ebenfalls die Kontrolle über das Dateisystem hat. Wer mit der letztgenannten Meinung übereinstimmt, der kann natürlich auch ein eigenes Verzeichnis auf oberster Ebene anlegen. So nutzen beispielsweise einige Anwender durchaus das selbst erstellte Verzeichnis */av* (als Kürzel von *audio-video*) zur Aufnahme von gemeinsam genutzten Mediendateien.

Zum Abschluss ein Tipp: Mit dem merkwürdig klingenden Befehl

```
man hier
```

können Sie sich das gesamte Dateisystem einmal in Ruhe anschauen und sich alle Verzeichnisse erklären lassen. Der Befehl ist die Kurzform von *manual* (also Bedienungsanleitung) und *hierarchy* (also Hierarchie). Mit den Pfeiltasten können Sie den gesamten umfangreichen Text durchlaufen und mit der Taste [q] die Anzeige beenden.

Sie sehen schon: Das Dateisystem ist sehr, sehr umfangreich. Am besten beherzigen Sie einen Rat: Außerhalb Ihres Home-Verzeichnisses sollten Sie nur dann etwas machen, wenn Sie genau wissen, was Sie tun. Im Regelfall werden Sie nur in den Verzeichnissen */etc* (hier geht es hauptsächlich um die Anpassung von Konfigurationsdateien) und */var* (Webseiten ablegen, Logdateien lesen) Dateioperationen ausführen müssen. Darüber hinaus werden Sie natürlich in */media* Speichermedien einbinden und gegebenenfalls in */srv* eine Mediensammlung sowie Dateifreigaben verwalten.

4.7 Wichtige Befehle für den Alltag

Als Nächstes möchte ich Ihnen einige wichtige Befehle zeigen, die Ihnen bei der Einrichtung, aber auch bei der späteren Wartung Ihres Servers weiterhelfen werden. Diese Befehle sind für den Anfang vielleicht nicht alle interessant, aber sie werden den fortgeschrittenen Nutzer bei so mancher Aufgabe unterstützen. Probieren Sie die Befehle ruhig auch einmal aus.

4.7.1 Print Working Directory (»pwd«)

`pwd` – dieses Kürzel steht nicht etwa für *password*, damit hat dieser Befehl überhaupt nichts zu tun. Bitte nicht verwechseln! *Print working directory* bedeutet so viel wie

»drucke Arbeitsverzeichnis«. Der Befehl zeigt Ihnen den kompletten Pfad zu dem Verzeichnis an, in dem Sie sich gerade befinden. Dies ist überaus praktisch, wenn Ihnen wegen Überlänge nicht der ganze Pfad am Kommando-Prompt angezeigt wird. Sie können den durch `pwd` ausgegebenen Verzeichnispfad bequem mit der Maus selektieren, ihn dadurch in PuTTY in die Zwischenablage kopieren (ja, das Markieren genügt) und dann beispielsweise im Editor `nano` in eine Konfigurationsdatei einfügen. (Das geht in PuTTY direkt mit einem einfachen Klick mit der rechten Maustaste. Unter Linux und macOS erhalten Sie ein kleines Menü, das eine Option zum Einfügen des Textes bietet, oder können direkt die Zwischenablage nutzen.)

4.7.2 Who (»w«)

`w` – ja, dieser Befehl besteht tatsächlich nur aus einem Buchstaben. `w` ist die Abkürzung für *who*, also »wer«. Der Befehl zeigt Ihnen alle derzeit auf dem Server angemeldeten Benutzer an. So sehen Sie, wer außer Ihnen im Moment noch an einer Konsole aktiv ist und eventuell Änderungen vornimmt.

4.7.3 Der »lesende Taskmanager«: Table Of Processes (»top«)

`top` ist ein sehr wichtiger und vielseitiger Befehl. `top` (als Kurzform von *table of processes*) ist unter Linux so etwas wie der Taskmanager unter Windows, allerdings nur mit anzeigenden Funktionen. Wenn Sie `top` ausführen, erhalten Sie eine bildschirmfüllende Anzeige mit den aktuell ausgeführten Prozessen und wichtigen Daten zur Systemauslastung wie in Abbildung 4.15. Ich möchte Ihnen einige der vielen Anzeigen vorstellen. Sie helfen Ihnen bei der Analyse, wie stark Ihr Server derzeit ausgelastet ist und welche Programme und Services am meisten Systemressourcen verbrauchen.

In der ersten Zeile der Ausgabe erhalten Sie zunächst am linken Rand die aktuelle Uhrzeit. Neben dem Wort UP steht die *Up-Time* Ihres Servers, das ist die Zeit, die Ihr Server seit dem letzten Neustart ununterbrochen durcharbeitet. Es folgt die Angabe, wie viele Nutzer zurzeit aktiv eingeloggt sind. Der letzte Wert, LOAD AVERAGE, gibt die durchschnittliche Auslastung der Prozesswarteschlange in den letzten 1, 5 und 15 Minuten an. Dieser Wert ist für viele zunächst verwirrend. Mit ihm können Sie erkennen, wie es um die Prozessorauslastung steht. Der Wert gibt an, wie viele Prozesse derzeit auf die Abarbeitung durch den Prozessor warten, weil dieser ausgelastet ist. Es gilt Folgendes: Ist der angezeigte Wert kleiner als die Gesamtzahl verfügbarer Prozessorkerne, dann hat Ihr Server noch Kapazitäten frei. Ist der Wert größer, dann ist er komplett ausgelastet, vielleicht bereits überlastet. Letzteres ist der Fall, wenn die Werte ständig höher sind als die Prozessorkernzahl (beim Raspberry Pi 4 gibt es beispielsweise vier Kerne, beim Intel NUC ist dies modellabhängig). Ein kurzfristiges Überschreiten ist jedoch in Ordnung.

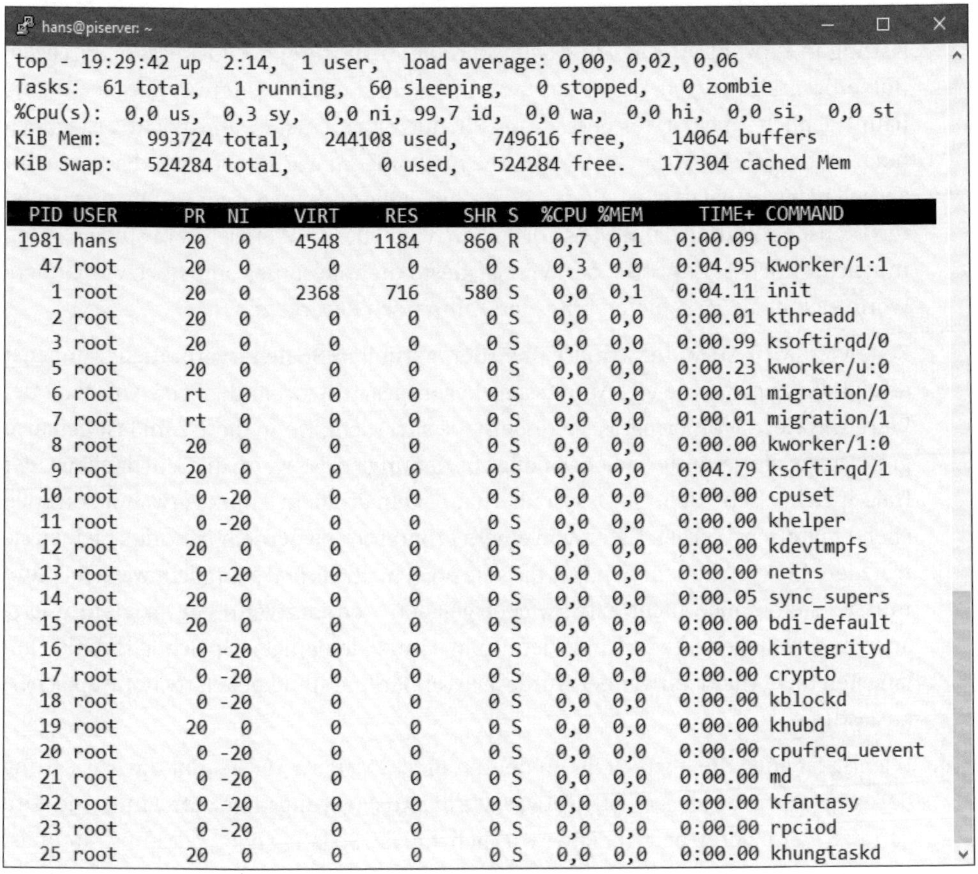

Abbildung 4.15 Systeminformationen mit »top« betrachten

Zeile zwei zeigt Ihnen an, wie viele Programme (*Tasks*) derzeit laufen. TOTAL ist die Gesamtzahl, RUNNING gibt an, wie viele Programme derzeit aktiv ausgeführt werden, SLEEPING nennt entsprechend die Anzahl der Programme, die auf einen Befehl (oder ein Ereignis) warten und derzeit keine Rechenleistung erfordern. Dies kann zum Beispiel der Webserver sein, von dem derzeit keine Webseite angefordert wird und der auf neue Verbindungen wartet. Wundern Sie sich nicht, wenn diese Zahl recht groß ist, denn es kann durchaus sein, dass im Hintergrund sehr viele Dienste warten. Die beiden letzten Spalten geben die Zahl der angehaltenen Prozesse (STOPPED) beziehungsweise die der ZOMBIE-Prozesse an, die beendet wurden und keine (beziehungsweise kaum noch) Ressourcen belegen, aber zu Informationszwecken (für andere Programme und für Profis) noch in der Prozessliste geführt werden. Für den Einstieg ist der Wert nicht relevant und auch nicht kritisch. Lediglich wenn diese Zahl im Laufe der Zeit immer größer wird, dann stimmt etwas nicht. Ein Rechnerneustart ist dann zu überlegen.

Zeile drei, %CPU(S), ist sehr wichtig, denn sie gibt direkt die aktuelle Prozessorauslastung in Prozent an. Die Einträge geben die Auslastung des Prozessors durch Benutzerprogramme (US), durch das System (SY) und durch weitere Parameter an, die hauptsächlich für (weit) fortgeschrittene Benutzer bedeutsam sind. Wichtig ist jedoch noch ID, der *idle*-Wert. Er gibt direkt eine Auskunft, zu wie viel Prozent der Prozessor aktuell *nicht* ausgelastet ist. Wenn Sie prüfen wollen, ob Ihr Server noch einen weiteren Dienst verkraftet, dann ist es vorteilhaft, wenn der ID-Wert selbst in Spitzenzeiten möglichst hoch ist (je größer der Wert ist, desto mehr Reserven sind noch vorhanden; Werte kleiner als 20 % bieten hingegen kaum noch Reserven).

Zeile vier, MIB MEM, informiert über den aktuellen Speicherverbrauch. Zunächst erfolgt die Angabe, wie viel Arbeitsspeicher insgesamt vorhanden ist. Dann folgt der Wert, wie viel davon belegt ist. Wundern Sie sich nicht, wenn diese Zahl fast genauso groß ist wie die gesamte Speichermenge beziehungsweise wenn die Zahl daneben, der freie Speicher, sehr klein ist. Das ist überhaupt kein Problem. Linux verwaltet den Speicher dynamisch. Werden Daten von einem Programm nicht mehr benötigt, bleiben sie trotzdem im Speicher, für den Fall, dass sie doch noch einmal gebraucht werden. Dann müssen sie nämlich nicht extra wieder geladen werden. Wenn ein Programm jetzt aber neuen Speicherbedarf hat, dann gibt Linux denjenigen Speicher frei, der am längsten nicht mehr verwendet wurde. Dies erklärt die ständige relativ hohe Speicherauslastung.

Wichtig ist auch die letzte Zeile im oberen Block: MIB SWAP. Sie gibt die Auslastung der *Swap-Partition* an. Das ist so etwas wie die Auslagerungsdatei von Linux. Sie wird genutzt, wenn der Arbeitsspeicher wirklich voll ist. So lange bei USED eine `0` steht, ist alles in Ordnung. Ein Eingriff wird erst dann erforderlich, wenn sich USED der Gesamtgröße nähert. Dann müssen Sie entweder die Swap-Partition vergrößern oder doch lieber überlegen, ob nicht zu viele Dienste aktiv sind.

Es folgt der Hauptblock von `top`. Das ist die Liste aller Prozesse, die zurzeit aktiv sind. Die Liste ändert sich stets; ganz oben stehen die Prozesse, die derzeit am meisten den Prozessor beanspruchen. So erkennen Sie sofort, welches Programm oder welcher Service den Rechner gerade auslastet. Ganz links steht immer die *Prozess-ID* (kurz *PID*), die Sie benötigen, wenn Sie beispielsweise einen Prozess beenden wollen. Die Spalte USER ist auch wichtig, denn sie zeigt an, unter welchem Benutzerkonto das Programm ausgeführt wird. Von Bedeutung sind die Spalten %CPU und %MEM. Sie geben an, wie groß die Auslastungen von Prozessor und Speicher durch das Programm sind. In der Spalte TIME+ steht die Gesamtzeit, die das Programm den Prozessor bisher genutzt hat. Ein hoher Wert bedeutet, dass dieses Programm sehr rechenintensiv ist und das System oft in Anspruch nimmt. Zuletzt ist schließlich der Name des Programms genannt. Die Tabelle zeigt nur die Einträge an, die gerade auf den Bildschirm passen, sie ist aber viel länger. Sie können sie mit den Pfeiltasten durchlaufen.

Sie beenden `top` mit der Tastenkombination [Strg]+[c].

4.7.4 Network Statistics (»netstat«)

`netstat` ist ein sehr universeller Befehl zur Anzeige der momentanen Netzwerkverbindungen. Mit Hilfe von `netstat` können Sie schnell überprüfen, was auf Ihrem Server gerade so los ist und welche Netzwerkverbindungen gerade bestehen. Wenn Sie nur den Befehl `netstat` ohne weitere Zusätze eingeben, dann erhalten Sie eine ziemlich unübersichtliche Liste des aktuellen Netzwerkzustandes. Wesentlich klarer wird es, wenn Sie sich eine Tabelle mit allen aktuellen Verbindungen, die das TCP-Protokoll verwenden, ausgeben lassen. Dazu dient der Befehl

```
sudo netstat -tapen
```

Nun bekommen Sie eine Ansicht, die alle Verbindungen nach den einzelnen TCP-Ports aufgeschlüsselt anzeigt.

Hinweis: Sollte der Befehlsaufruf von `netstat` bei Ihnen fehlschlagen, dann ist dieses Programm noch nicht installiert. Holen Sie die Installation mit folgenden Befehlen nach:

```
sudo apt update
```

```
sudo apt install net-tools
```

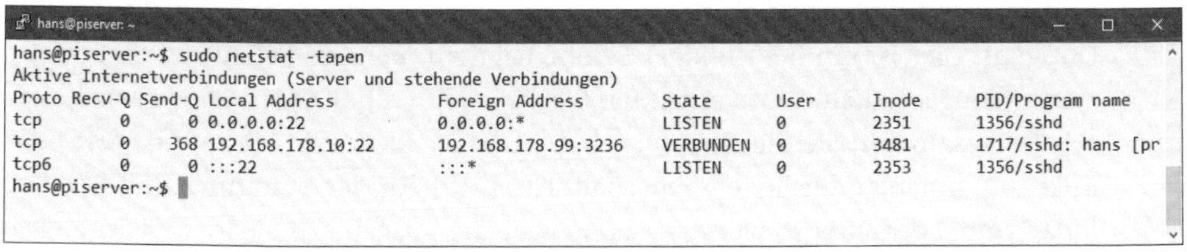

```
hans@piserver:~$ sudo netstat -tapen
Aktive Internetverbindungen (Server und stehende Verbindungen)
Proto Recv-Q Send-Q Local Address           Foreign Address         State       User       Inode      PID/Program name
tcp        0      0 0.0.0.0:22              0.0.0.0:*               LISTEN      0          2351       1356/sshd
tcp        0    368 192.168.178.10:22       192.168.178.99:3236     VERBUNDEN   0          3481       1717/sshd: hans [pr
tcp6       0      0 :::22                   :::*                    LISTEN      0          2353       1356/sshd
hans@piserver:~$
```

Abbildung 4.16 Verbindungen mit »netstat« anzeigen

Spalte sechs in Abbildung 4.16 ist interessant, denn hier ist angegeben, ob auf dem betreffenden Port nur auf eine eingehende Verbindung gewartet wird oder ob tatsächlich eine Kommunikation stattfindet. Dies ist der Fall, wenn dort ein TIME_WAIT oder ein VERBUNDEN steht. Bei einem LISTEN wird nur auf eventuelle Verbindungen gewartet. In der vierten Spalte können Sie die jeweiligen Ports ablesen, die für eine Kommunikation genutzt werden. Wie Sie sicherlich wissen, läuft die Kommunikation im Netzwerk über sogenannte *Ports*. Jede Anwendung und jeder Dienst verwenden (mindestens) einen Port, Doppelbelegungen von Ports sind zu vermeiden. Es gibt für jede IP-Adresse über 65.000 Ports, so dass die Anzahl nicht stark limitiert ist. Wichtige Dienste haben einen Standardport, so läuft beispielsweise eine SSH-Verbindung üblicherweise über Port 22, unverschlüsselte Internetseiten werden über Port 80 übertragen. Sie sehen auch, ob eingehende Verbindungen nur von Programmen auf dem eigenen Server möglich sind (Eintrag 127.0.0.1:XXXX), ob sie nur aus Ihrem internen Netzwerk möglich sind (DIE.IP-ADRESSE.IHRES.SERVERS:XXXX) oder ob sie von allen Netzwerkzonen zulässig sind (0.0.0.0:xxxx). Beachten Sie jedoch, dass Sie im Regelfall noch durch Ihren Router vor eingehenden Anfragen aus dem Internet geschützt sind (oder anders gesagt, dass diese externe eingehende Kommunikation blockiert wird). Sie können mit diesem Eintrag also kontrollieren, ob alle Ihre Services korrekt lauschen und »bereit« sind. Natürlich erkennen Sie auch, wenn Sie wirklich einen guten Überblick haben, ob es eventuelle Dienste gibt, die zwar lauschen, dies aber nicht von Ihnen beabsichtigt tun. Für den Anfang sollten Sie diese Überprüfung jedoch nicht so kritisch vornehmen. Es kann durchaus sein, dass hier auch wichtige Systemdienste oder Zusatzfunktionen anderer Services aktiv sind und dies alles völlig normal und ungefährlich ist. Die anderen Spalten sind zunächst ebenfalls noch nicht interessant.

Vielleicht ist Ihnen diese Ansicht immer noch zu unübersichtlich? Vielleicht interessiert Sie nur rasch eine Liste mit allen momentan bestehenden Verbindungen? Bitteschön, der folgende leicht zu merkende Befehl erledigt genau das. Er sortiert sogar gleich die IP-Adressen in aufsteigender Reihenfolge. Probieren Sie ihn einmal aus, achten Sie aber besonders auf die Leerzeichen:

```
sudo netstat -tapen | awk '{print $5}' | tail -n+3 | ⤶
  grep -v 0.0.0.0:* | grep -v ::: | sort
```

Übrigens: Dies ist ein mehrteiliger Befehl, bei dem mehrere Befehle zu einer Kette zusammengesetzt sind. Das erkennen Sie an dem Symbol | (dem *Pipe-Symbol*). Sie erhalten es, indem Sie die Tasten `Alt Gr` und `<` drücken. Letztere ist fast ganz links unten neben der linken Umschalttaste (`⇧`) auf der Tastatur zu finden. Das Pipe-Symbol bedeutet so viel wie »... und gebe die Ausgabe an ...«. Im konkreten Fall wird also die Ausgabe von `netstat -tapen` an den `awk`-Befehl gegeben, dieser übergibt an den Befehl `tail`, dessen Ausgabe dann an den `grep`-Befehl geleitet wird, bis zum Schluss die Ausgabe an `sort` gegeben wird, der diese dann sortiert. Mit `grep` und `awk`, beides sehr wichtige Befehle, werde ich mich gleich noch befassen. Der `tail`-Befehl schneidet übrigens die ersten zwei Zeilen von der Ausgabe ab und entfernt somit die Überschriften der Ausgabe von `netstat`.

Sie können mit `netstat` noch viel mehr erledigen, aber für den Anfang genügen die Beispiele. Eine Sache ist aber vielleicht noch interessant: Möglicherweise ist Ihnen der Umgang mit IP-Adressen noch nicht sehr geläufig und Sie würden die Netzwerk- oder Hostnamen Ihrer Rechner, soweit verfügbar, bevorzugen. Auch das geht. Probieren Sie doch einmal folgenden Befehl aus:

```
sudo netstat -tap
```

Sie erhalten die gleiche Tabelle wie vorhin, jedoch jetzt mit Namen für die Rechner und mit den Protokollbezeichnungen für die Ports, soweit bekannt. Gerade für den Einstieg finden Sie sich so möglicherweise einfacher und besser zurecht. Diese Ausgabe funktioniert auch mit dem eben besprochenen mehrteiligen Befehl. Da die Ausgabe etwas anders ist, müssen Sie ihn jedoch etwas umschreiben. Folgender Befehl liefert alle derzeit verbundenen TCP-Verbindungen mit Namensnennung:

```
sudo netstat -tap | awk '{print $5}' | tail -n+3 | ⤸
  grep -v *:*    | sort
```


Beachten Sie, dass dies jedoch nicht alle Verbindungen Ihres Servers sind. Neben dem TCP gibt es vor allem noch das verbindungslose Protokoll UDP. Da UDP verbindungslos ist, können Dienste mit aktiver Kommunikation nicht so einfach überwacht werden. Probieren Sie aber auch einmal die Ausgabe der UDP-Verbindungen aus. Dies erledigt folgender Befehl:

```
sudo netstat -uapen
```

4.7.5 Global/Regular Expression/Print (»grep«)

`grep` ist ein Filterbefehl. Er ermöglicht es, die Ausgabe eines vorangegangenen Befehls oder den Inhalt einer Datei abhängig von einer bestimmten Zeichenkette auszugeben. Sie können sich beispielsweise von einer mehrzeiligen Textdatei diejenigen Zeilen ausgeben lassen, in denen ein bestimmtes Wort vorkommt. Sie können sich auch diejenigen Zeilen ausgeben lassen, in denen dieses Wort nicht vorkommt. Auf diese Weise können Sie den Dateiinhalt filtern. Angenehm ist dies zum Beispiel bei der Analyse von Logdateien. Vielleicht möchten Sie aus einem umfangreichen Log genau die Einträge angezeigt bekommen, die einen bestimmten Benutzer betreffen oder ein bestimmtes Datum oder ein bestimmtes Programm? Dann hilft Ihnen `grep`. `grep` bietet mehrere Parameter, von denen Sie hier zunächst nur zwei kennenlernen werden, nämlich a) gar keine und b) den Schalter `-v`.

`grep` kann man – wie zuvor beim `netstat`-Befehl gezeigt – auf die Ausgabe eines vorherigen Befehls anwenden. Dann sieht die Syntax so aus:

```
befehl1 | grep TextDerVorkommenMuss
```

Der senkrechte Strich | ist wieder das Pipe-Symbol, das die Ausgabe des ersten Befehls als Eingabe an den zweiten Befehl weiterleitet. Sie geben es mit `Alt Gr`+`<` ein.

`befehl1` wäre dann ein Befehl, der eine längere Ausgabe erzeugt, und `grep TextDerVorkommenMuss` sorgt dafür, dass nur diejenigen Zeilen von der Befehlsausgabe komplett ausgegeben werden, in denen dieser Text vorkommt.

Der (sinngemäße) Befehl

```
befehl1 | grep -v TextDerNichtVorkommenDarf
```

führt im Gegensatz dazu, dass alle Zeilen ausgegeben werden, in denen `TextDerNicht-VorkommenDarf` nicht enthalten ist.

Manchmal möchte man auch gezielt nach Einträgen suchen, die mit einem bestimmten Zeichen beginnen. Suchen Sie nach einer Zeile, die mit einem »x« beginnt, dann geben Sie Folgendes ein:

```
befehl1 | grep ^x
```

`grep` können Sie aber wie folgt auch direkt auf eine Textdatei anwenden:

```
grep TextDerVorkommenSoll /pfad/zur/datei/die/durchsucht/werden/soll
```

Der Schalter `-v` funktioniert analog.

Probieren Sie den `grep`-Befehl einmal aus. Sie können sich eine mehrzeilige Textdatei mit Hilfe von `nano` erstellen oder auch mit der Ausgabe von `ls -lha` und einigen Verzeichnisnamen üben.

`grep` erlaubt natürlich auch die Verwendung von Platzhaltern:

```
grep text /pfad/*.txt
```

würde alle Dateien im `/pfad/` untersuchen, die auf `.txt` enden, und

```
grep text /pfad/LogNr?.log
```

würde nach allen `LogNrX.log`-Dateien suchen, bei denen `X` ein einzelnes beliebiges Zeichen ist.

Abschließend möchte ich zum Üben einmal den Befehl aus dem `netstat`-Abschnitt untersuchen. Zur Erinnerung, er lautete:

```
sudo netstat -tapen | awk '{print $5}' | tail -n+3 | ⮐
  grep -v 0.0.0.0:* | grep -v ::: | sort
```

Die beiden `grep`-Befehle machen Folgendes:

`grep -v 0.0.0.0:*` listet alle Zeilen auf, in denen `0.0.0.0:*` nicht vorkommt. `grep -v :::` listet die Zeilen nicht auf, in denen `:::` vorkommt. Dabei ist * ein universeller Platzhalter für beliebig viele Zeichen, der aber natürlich auch ein einzelnes, »richtiges« * einschließt. Möchten Sie explizit nur das * als Zeichen und nicht als Platzhalter betrachten, dann schreiben Sie einen umgekehrten Schrägstrich \ davor. Dies ist das sogenannte *Escape-Zeichen*.

4.7.6 »awk«

`awk` ist eigentlich kein Befehl, sondern eine eigene Programmiersprache zur Bearbeitung von Textdateien. Mit `awk` kann man gezielt in Abhängigkeit von bestimmten (textlichen) Bedingungen Befehle ausführen lassen. `awk` wird jedoch sehr häufig auf einen bestimmten Anwendungsfall reduziert: Das ist die Ausgabe bestimmter Spalten eines mehrspaltigen Textes. Ein Beispiel ist eine tabellarische Logdatei. Sie enthält für einen allgemeinen Datenzugriff sehr häufig das Datum und die Uhrzeit des Zugriffs, eventuell die IP-Adresse des Anfragenden oder das Ziel der Anfrage. Häufig interessiert nur eine einzelne Spalte dieser ganzen Informationsfülle. Hier hilft awk weiter. Wenn Sie sinngemäß folgenden Befehl ausführen:


```
cat logdatei | awk '{print $1}'
```

dann wird dieser aus der Datei logdatei nur die erste Spalte ausgeben. Die 1 können Sie durch eine beliebige Zahl ersetzen; der Wert, den Sie eingeben, entspricht der Spalte, die ausgegeben werden soll.

awk selbst kann nur auf Ausgaben anderer Befehle angewendet werden, daher benötigen Sie hier cat zur Einleitung.

Probieren Sie dies einmal mit einer beliebigen mehrspaltigen Textdatei oder aber einem Befehl, der eine mehrspaltige Ausgabe erzeugt, aus. Ein guter Befehlskandidat ist wieder ls -lha. Versuchen Sie einmal, sich zu Übungszwecken nur die Dateigrößen aller beliebigen Dateien eines Verzeichnisses ausgeben zu lassen.

Übrigens: awk und grep lassen sich wunderbar kombinieren. Schauen Sie sich noch einmal das Beispiel von netstat an:

```
netstat -tap | awk '{print $5}' | tail -n+3 | ⮐
   grep -v 0.0.0.0:* | grep -v *:* | sort
```

Hier sorgt awk dafür, dass aus der großen netstat-Tabelle nur diejenigen Einträge genommen werden, die in der fünften Spalte stehen. Nur diese fünfte Spalte wird dann von grep weiterbearbeitet.

So, nun folgt eine Aufgabe für Sie: Wechseln Sie bitte in ein beliebiges Verzeichnis mit vielen Dateien und Verzeichnissen. Legen Sie notfalls rasch eines in Ihrem Home-Verzeichnis an. Ihre Aufgabe ist es, sich eine Liste einer bestimmten Dateieigenschaft, und zwar den Erstellungsmonat, ausgeben zu lassen – allerdings nur von allen Verzeichnissen. Wie machen Sie das?

Die Lösung: Schauen Sie sich die Ausgabe von ls -lha an. Sie merken rasch, dass der Monat in der sechsten Spalte steht. Folglich liefert

```
ls -lha | awk '{print $6}'
```

eine Übersicht aller Monate – allerdings sowohl von Dateien als auch von Verzeichnissen. Dieses Beispiel sehen Sie in Abbildung 4.17.

Betrachten Sie jetzt die Ausgabe von ls -lha genauer. Alle Verzeichniseinträge beginnen mit einem d.

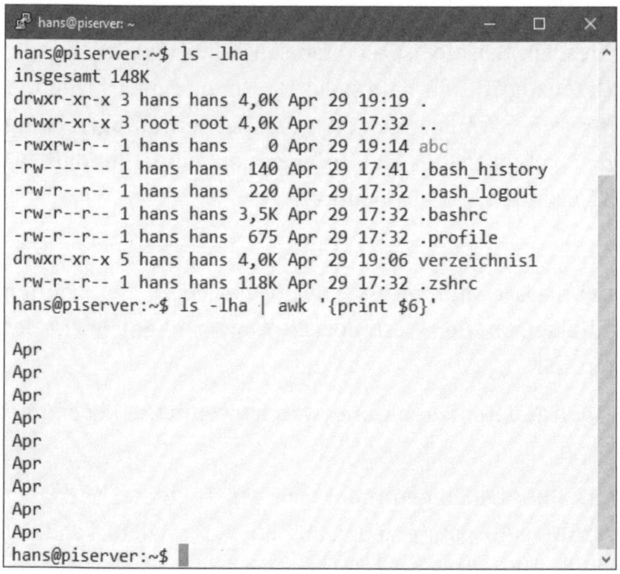

Abbildung 4.17 Ausgabe einzelner Tabellenspalten mit »awk«

Hier hilft `grep` weiter, und zwar mit der Option `^d`. Sie sorgt dafür, dass nur Zeilen bearbeitet werden, die mit einem `d` beginnen. Sie müssen den Befehl vor dem `awk`-Befehl einfügen. Das ist die Lösung:

```
ls -lha | grep ^d | awk '{print $6}'
```

Wenn Sie Schwierigkeiten haben, das `^`-Zeichen einzugeben: Drücken Sie zunächst die Taste [^] und danach einmal die Leertaste. Nun wird das Zeichen eingegeben, ohne dass ein Leerzeichen eingefügt wird. Jetzt können Sie den Befehl einmal so modifizieren, dass nur der Monat der Dateien angezeigt wird. Auf die Lösung kommen Sie aber allein, richtig?

4.8 Häufige Aufgaben und wie Sie sie erledigen

In diesem Abschnitt bespreche ich Aufgaben und ihre Lösung, die sich Ihnen häufiger stellen. Vielleicht sind für Sie nicht alle Punkte interessant und werden sofort gebraucht, aber dieses Kapitel soll Ihnen auch in zukünftigen Situationen als Nachschlagewerk dienen.

4.8.1 Die SSH-Verbindung zum Server trennen

Hier noch einmal schnell zur Wiederholung und zum Nachschlagen: Die aktuelle SSH-Verbindung zu Ihrem Server trennen Sie mit dem Befehl

```
exit
```

Dabei wird nur die aktuelle Verbindung geschlossen, der Server bleibt mit allen laufenden Diensten weiterhin in Betrieb. Dieser Befehl wird ein PuTTY-Fenster schließen. Ein Terminal unter Linux und macOS kehrt wieder zur eigentlichen Rechner-Shell zurück. Eine neue Verbindung zu Ihrem Server kann jederzeit wieder aufgebaut werden.

4.8.2 Den Server abschalten oder neu starten

Im Regelfall passiert nichts Schlimmes, wenn Sie einfach den Netzstecker vom Server ziehen, um diesen abzuschalten, es sei denn, es findet gerade ein Schreibzugriff auf eine wichtige Datei statt. Dann kann dabei das Dateisystem ungültig werden. Dies führt dazu, dass Ihr Server nicht mehr startet. Unter Umständen kann das Dateisystem an einem anderen Linux-Rechner wieder repariert werden. Schlägt dies fehl, müssen Sie ein Backup einspielen, das Sie hoffentlich gemacht haben. Leider weiß man vorher nie so genau, wann ein kritischer Schreibzugriff stattfindet. Auch wenn er selten ist und sprichwörtlich nur beim tausendsten Mal auftritt – fahren Sie bitte den Server vor dem Ziehen des Netzsteckers immer ordentlich herunter. Allein schon deshalb, um ein gutes Vorbild zu geben. Schauen Sie sich also an, wie Sie Ihren Server ordentlich herunterfahren und neu starten.

»shutdown«

Normalerweise läuft ein Server ständig, rund um die Uhr. *24/7* sagt man oft dazu, das bedeutet, er läuft 24 Stunden an 7 Tagen die Woche. Natürlich akzeptieren die meisten Menschen den altmodischen Ausdruck »ständig« aber noch genauso ohne Fehlermeldung. Manchmal ist es aber doch nötig, den Server neu zu starten oder auszuschalten, beispielsweise bei einer Urlaubsreise oder bei umfangreichen Softwareänderungen. Möglicherweise nutzen Sie Ihren Server auch nur sporadisch und möchten ihn beispielsweise nachts abschalten.

Das Abschalten und Neustarten leitet der Befehl `shutdown` ein. Diesem Befehl müssen Sie zwingend einen Parameter und eine Ausführungszeit anhängen. Außerdem erfordert er `sudo`-Rechte.

Der Befehl

```
sudo shutdown -h now
```

fährt den Rechner sofort herunter und schaltet ihn ab. Das `-h` steht dabei für *halt*, also für »anhalten«.

`halt` ist eine Kurzfassung für den Befehl `shutdown -h now`. Mit *root*-Rechten ausgeführt fährt er den Rechner sofort herunter:

```
sudo halt
```

Der Befehl

```
sudo shutdown -r now
```

fährt den Rechner sofort herunter und startet ihn dann neu. Dabei steht das `-r` für *reboot*, also für »neu starten«.

`reboot` ist eine Kurzfassung für den Befehl `shutdown -r now`. Auch er erfordert *root*-Rechte:

```
sudo reboot
```

startet den Rechner sofort neu.

Die bei Ihnen wahrscheinlich nur selten benötigte Erweiterung

```
sudo shutdown -r +5 "Server startet in 5 Minuten neu, ⮐
  bitte Arbeit beenden und abspeichern."
```

wird tatsächlich den Server in fünf Minuten neu starten. Der Hinweistext ist beliebig und wird allen derzeit verbundenen Benutzern auf der Kommandozeile angezeigt. Sie können auch andere Zeitwerte als `+5` eingeben.

Molly-Guard

Es gibt eine kleine Schutzfunktion vor dem versehentlichen Herunterfahren oder Neustarten Ihres Servers über einen Konsolenbefehl. Dies ist dann sinnvoll, wenn Sie mehrere Server haben, die sich auf der Kommandozeile ja alle recht ähnlich sind. Damit Sie nicht versehentlich den falschen Server herunterfahren, kann eine kleine Skriptsammlung mit dem Namen *Molly-Guard* durch Abfrage des Servernamens sicherstellen, dass Sie den Befehl an den richtigen Rechner gesendet haben. Wenn Sie daran Interesse haben, dann installieren Sie Molly-Guard mit folgendem Befehl (und aktuellen Paketquellen):

```
sudo apt install molly-guard
```

Dabei handelt es sich übrigens nicht um einen Service, der ständig im Hintergrund läuft und so Ressourcen belegt. Nein, es werden nur die »echten« Befehle zum Herunterfahren und Neustarten (alle, die ich hier besprochen habe) durch Skripte ersetzt, die zunächst den Hostnamen des Rechners abfragen, bevor die richtigen und unveränderten Befehle ausgeführt werden. Molly-Guard können Sie durch den Befehl

```
sudo apt remove molly-guard
```

auch jederzeit wieder rückstandslos entfernen.

Diese nette Schutzfunktion bewahrt Sie nur vor versehentlicher Falscheingabe, aber nicht vor bewussten, böswilligen Aktionen. Diese werden durch die Administratorenrechte verhindert, die ja die Befehle zum Neustarten und Herunterfahren einschränken (und die Eingabe des Passworts erzwingen).

4.8.3 Die Arbeit mit »tar«-Archiven

Oftmals hat man es mit komprimierten Dateien zu tun, die beispielsweise bei der Übertragung über das Internet Downloadzeit sparen. Von anderen Betriebssystemen sind Sie bestimmt den Umgang mit Zip-Archiven gewöhnt, aber das Zip-Format ist unter Linux (obwohl es gut unterstützt wird) nicht so geläufig. Unter Linux werden vollständige offene Formate wie *bzip* oder *gzip* bevorzugt. Darüber hinaus gibt es einen weiteren Unterschied: Von Zip-Archiven sind wir es gewohnt, dass sich quasi alle Dateien in einem Archiv befinden. Unter Linux wird jedoch oftmals der Ansatz vertreten, dass ein bestimmtes Programm nur eine einzelne Aufgabe übernimmt, die es dafür aber sehr gut erledigt. Folglich können an Archiven bis zu drei Programme beteiligt sein. Zuerst einmal sammelt das Programm `tar` alle einzelnen Dateien ein und erstellt daraus einen sogenannten *Tarball*, in dem alle Dateien zusammengefasst sind. Hierbei wird jedoch keine Kompression verwendet. Die Kompression dieser »Sammelmappe« übernehmen anschließend darauf spezialisierte Programme wie `bzip2` und `gzip`. Ab und an wünscht man sich ein verschlüsseltes Archiv, das sich nur mit einem Passwort öffnen lässt. Hier springt ein drittes Programm ein, das das komprimierte Archiv verschlüsselt. Das kann zum Beispiel *OpenSSL* sein.

Jetzt zeige ich Ihnen, wie Sie unter Linux mit komprimierten Tarball-Archiven umgehen. Haben Sie ein solches Archiv aus dem Internet heruntergeladen, dann werfen Sie zunächst einen Blick auf die Dateiendung. Lautet diese *.tar.gz*, dann wurde der Tarball mit `gzip` komprimiert. Eine solche Datei entpacken Sie mit folgendem Befehl:

```
tar -xvzf archivdatei.tar.gz
```

Dabei stehen die Parameter `x` für *extract* (also extrahieren oder entpacken), `v` für *verbose* (also redsam, es werden viele Informationen ausgegeben), `z` für das Archivformat *gzip* und `f` für *file*, also die Anweisung, generell mit einer Datei zu arbeiten. Die Dateien werden im aktuellen Verzeichnis entpackt. Möchten Sie speziell ein Zielverzeichnis angeben, dann nutzen Sie den Parameter `-C` folgenderweise:

```
tar -xvzf archivdatei.tar.gz -C /pfad/zum/zielverzeichnis
```

Bei der Dateiendung `.tar.bz` wurde `bzip2` genutzt. Hierbei können Sie folgenden Befehl zum Entpacken nutzen:

```
tar -xvjf archivdatei.tar.bz2
```

Abgesehen von der Dateiendung unterscheidet sich dieser Befehl nur durch den Parameter `j` anstelle des Parameters `z` von den vorigen Beispielen, `j` kodiert folglich das Archivformat `bzip2`. Den Parameter `-C` können Sie optional in analoger Form verwenden.

Sollten Sie auf Ihrem Server auf Probleme stoßen, weil Programmkomponenten zum Entpacken von `bzip2`- oder `gzip`-komprimierten Archiven nicht installiert sind, dann ist das kein großes Problem. Mit folgendem Befehl installieren Sie die benötigten Komponenten einfach nach (löschen Sie einfach den nicht benötigten Anteil):

```
sudo apt install bzip2 gzip
```

Zum Schluss zeige ich Ihnen noch, wie Sie selbst ein komprimiertes Archiv erstellen. Der Befehlsaufruf für ein gzip-komprimiertes Archiv lautet folgenderweise:

```
tar -cvzf /pfad/zur/archivdatei.tar.gz ⤸
  /pfad/zur/datei1 /pfad/zur/datei2
```

Hierbei dient der Parameter c zur Erstellung eines Archivs (von englisch: *create*). Die übrigen Parameter sind Ihnen bereits bekannt. Sie geben nun als Erstes den Pfad zur Archivdatei an, und zwar einen beliebigen absoluten oder relativen Pfad. Wenn Sie nur einen Dateinamen nennen, dann wird die Datei im aktuellen Arbeitsverzeichnis erzeugt. Anschließend geben Sie einfach den Pfad zu den Dateien oder Verzeichnissen an, die Sie in das Archiv aufnehmen möchten. Sie können nur eine Datei oder ein Verzeichnis oder eine beliebige Liste angeben und erneut relative und absolute Pfade verwenden und mischen.

Möchten Sie lieber das bzip2-Format nehmen, dann tauschen Sie den Parameter z gegen ein j aus und ändern die Dateiendung des Archivs in *.tar.bz*. Das gzip-Format ist häufig schneller als bzip2, dafür erhält man mit bzip2 kleinere Archivdateien.

4.8.4 Das Passwort ändern

Hin und wieder ist es erforderlich, das Benutzerpasswort zu ändern. Die Änderung kann in sicherheitskritischen Umgebungen regelmäßig erforderlich sein. Spätestens dann, wenn das bisherige Passwort bekannt wurde und nun nicht mehr vor unberechtigten Rechnerzugriffen schützt, ist ein Passwortwechsel unverzüglich durchzuführen – doch dazu sollte es gar nicht erst kommen.

Zum Glück ist das Ändern des Passwortes sehr einfach. Geben Sie dazu den Befehl

```
passwd
```

ein. Sie werden zur Eingabe Ihres bisherigen Benutzerpasswortes aufgefordert. Anschließend geben Sie das neue Passwort ein und bestätigen es. Das war es schon.

Der Befehl ändert stets das Passwort des aktuellen Benutzers. Soll das Passwort eines anderen Benutzers geändert werden, so muss sich dieser zunächst anmelden.

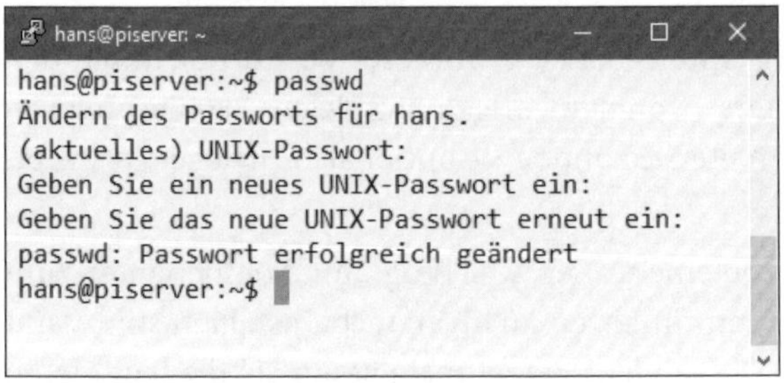

Abbildung 4.18 Passwörter ändern mit »passwd«

Alternativ kann auch der *root*-Benutzer den Passwortwechsel durchführen. Geben Sie dazu

```
sudo passwd Benutzername
```

mit dem entsprechenden Benutzernamen ein. Die restlichen Schritte sind selbsterklärend. Machen Sie sich bewusst, dass der *root*-Benutzer jedem Benutzer ein neues Passwort setzen kann, ohne das bisherige Passwort des jeweiligen Benutzers zu kennen! Deswegen an dieser Stelle noch einmal der Hinweis, dass Sie sich bitte genau überlegen, welchem Benutzer Sie die Möglichkeit einräumen, den sudo-Befehl zu benutzen.

4.8.5 Einen neuen Benutzer anlegen

Wenn Sie auf Ihrem Server einen weiteren Benutzer hinzufügen möchten, der sich darauf anmelden können soll und ein eigenes Home-Verzeichnis bekommt, dann können Sie das mit folgendem Befehl erledigen:

```
sudo adduser nutzername
```

Ersetzen Sie nutzername einfach durch den Namen, den der neue Benutzer erhalten soll. Verwenden Sie am besten die Kleinschreibung, und nutzen Sie nur Buchstaben und gegebenenfalls Ziffern. Sie werden danach zur Angabe einiger Daten aufgefordert. Ganz wichtig ist die Vergabe des Benutzerpasswortes, das Sie auch einmal bestätigen müssen. Es folgen weitere Angaben zum vollständigen Namen, zur Telefonnummer und zur Zimmernummer (falls relevant). Geben Sie entsprechende Informationen ein, oder lassen Sie die Felder leer.

Der neue Benutzer kann sich von nun an am System anmelden. Er bekommt auch ein eigenes Home-Verzeichnis unter */home/nutzername*, in dem er Dateien speichern kann. Beachten Sie, dass die Erstellung eines neuen Systembenutzers nicht bedeutet, dass er auch sofort in allen Serverdiensten zur Verfügung steht. Beim Fileserver-Dienst Samba etwa müssen Sie noch ein Samba-Passwort setzen. Bitte schauen Sie zur entsprechenden Konfiguration gegebenenfalls bei den jeweiligen Diensten in diesem Buch nach.

Noch etwas ist wichtig: Ein neuer Systembenutzer ist nicht automatisch Mitglied der *sudo*-Gruppe. Dies bedeutet, dass er sich keine *root*-Rechte beschaffen kann, auch nicht durch Eingabe seines Passwortes. Er kann also keine kritischen Systemeinstellungen ändern und gemäß den Dateirechten außer seinen eigenen auch keine fremden Dateien löschen oder bearbeiten. Wenn Sie explizit möchten, dass der neue Benutzer ebenfalls sudo-Rechte erhält, dann fügen Sie ihn mit folgendem Befehl zur *sudo*-Gruppe hinzu:

```
sudo usermod -aG sudo nutzername
```

Dabei ersetzen Sie nutzername entsprechend. Ist der Benutzer bereits angemeldet, so muss er sich zunächst vom Server einmal abmelden. Dies geschieht mit dem Befehl exit oder auch logout. Bei der nächsten Anmeldung hat er das Recht, das sudo-Kommando mit seinem eigenen Passwort zu verwenden. Beachten Sie bitte auch, dass Sie weitere eventuell benötigte Gruppenzugehörigkeiten (zum Beispiel zur Gruppe *users*) manuell setzen müssen.

4.8.6 Einen Benutzer löschen

Es ist nicht ganz ungefährlich, einen Systembenutzer zu löschen, besonders dann nicht, wenn er mit bestimmten Diensten und Services verwoben ist. Wenn dies nicht der Fall ist, dann können Sie einen Benutzer jedoch gefahrlos löschen. Dazu dient das von Ihnen um den jeweiligen Benutzernamen angepasste Kommando:

```
sudo deluser nutzername
```

Dies entfernt den Benutzer aus dem System. Es löscht jedoch keine seiner Dateien. Wenn auch das Home-Verzeichnis mit allen dort enthaltenen Dateien gelöscht werden soll, dann erweitern Sie den Befehl:

```
sudo deluser --remove-home nutzername
```

Um dieses Kommando nutzen zu können, benötigt Ihr Server eine bestimmte Programmkomponente, die Sie, falls sie derzeit nicht vorhanden ist, mit dem Befehl

```
sudo apt install perl-modules
```

nachinstallieren können. Der obige Befehl wird jedoch keine Dateien außerhalb des Home-Verzeichnisses des betreffenden Nutzers löschen. Seine E-Mails beispielsweise können, je nach Konfiguration, an einem anderen Ort erhalten bleiben.

Wenn wirklich alle Dateien eines Benutzers, unabhängig vom Speicherort, unwiderruflich gelöscht werden sollen, dann müssen Sie »das ultimative Kommando« ausführen (das ebenfalls die Komponente *perl-modules* erfordert):

```
sudo deluser --remove-all-files nutzername
```

Das löscht aber wirklich alles. Nutzen Sie es mit Bedacht. Sie dürfen sich derzeit nicht in einem zu löschenden Verzeichnis befinden.

Egal, für welches Löschkommando Sie sich entscheiden, Sie haben die Möglichkeit, ein Backup der Dateien anzulegen. Ergänzen Sie dazu den Befehl mit einem -backup, beispielsweise

```
sudo deluser --remove-home --backup nutzername
```

Dieser Befehl wird im aktuellen Verzeichnis (das nicht das Home-Verzeichnis des zu löschenden Benutzers sein darf) ein komprimiertes Archiv mit den jeweiligen Daten des gelöschten Benutzers erstellen. Der Dateiname lautet beispielsweise *nutzername.tar.bz2*. Auch dieser Befehl benötigt die soeben benannte zusätzliche Programmkomponente.

4.8.7 Einen Benutzer umbenennen

Es ist nicht wirklich zu empfehlen, einen Benutzer umzubenennen, und daher gibt es auch keinen direkten Befehl dafür. Das Problem ist, dass es eine Menge an Einstellungen geben kann, die geändert werden müssen, je nachdem, welche Programme und Services genutzt werden. Wenn es sich um einen Benutzer handelt, der nicht tief mit dem System verwoben ist – also sagen wir, ein normaler Benutzer, der nur einige Dateien verwaltet oder Logdateien liest –, dann können Sie folgenden Weg gehen:

Zuerst legen Sie einen neuen Nutzer mit dem gewünschten neuen Namen an.

Alle Dateien des alten Benutzers müssen jetzt dem neuen Besitzer zugewiesen werden:

```
sudo chown -R neuer-nutzername:neuer-nutzername ⮐
  /home/alter-nutzername
```

Der Parameter -R bewirkt rekursives Verhalten, so dass alle Dateien in allen Unterverzeichnissen bearbeitet werden. Danach müssen die Dateien des »alten« Home-Verzeichnisses in das »neue« Home-Verzeichnis kopiert werden:

```
sudo cp -R /home/alter-nutzername/* /home/neuer-nutzername/
```

Nun können Sie den alten Benutzer löschen:

```
sudo deluser --remove-home alter-nutzername
```

Die Nutzung dieser Befehlsfolge sollte jedoch die absolute Ausnahme bilden. Sie sollte nicht angewendet werden, wenn der Benutzer mit anderen Diensten verbunden ist und außerhalb seines Home-Verzeichnisses Dateien angelegt hat.

4.8.8 Einen Benutzer einer Benutzergruppe hinzufügen

Diesen Schritt habe ich zwar schon mehrfach besprochen, aber als Referenz zum Nachschlagen sei die Prozedur hier nochmals erwähnt. Um einen Benutzer einer bereits existierenden Benutzergruppe hinzuzufügen, führen Sie folgenden angepassten Befehl aus:

```
sudo usermod -aG gruppenname benutzername
```

Dies wird den Benutzer `benutzername` der Gruppe `gruppenname` hinzufügen. Das Kürzel `-aG` steht für *append to group*, also kurz »füge zur Gruppe ... hinzu«.

4.8.9 Einen Benutzer aus einer Benutzergruppe löschen

Es kann auch durchaus einmal erforderlich sein, einen Benutzer wieder aus einer Benutzergruppe zu löschen. Haben Sie beispielsweise dem Benutzer *peter* erlaubt, den sudo-Befehl zu nutzen, indem Sie ihn der Benutzergruppe *sudo* hinzugefügt haben, und möchten Sie dies nun wieder rückgängig machen, dann nutzen Sie dafür folgenden Befehl:

```
sudo deluser peter sudo
```

Allgemein lautet der Befehl zum Löschen eines Benutzers aus einer Benutzergruppe:

```
sudo deluser benutzername gruppenname
```

4.8.10 Eine Benutzergruppe anlegen oder löschen

Möchten Sie für eigene Zwecke eine neue Benutzergruppe anlegen, dann geht das ganz einfach mit dem Befehl

```
sudo addgroup gruppenname
```

Dabei ersetzen Sie den Ausdruck `gruppenname` durch den Namen, den die Benutzergruppe erhalten soll. Wenn eine Benutzergruppe nicht mehr benötigt wird, dann können Sie sie wieder mit dem angepassten Befehl

```
sudo delgroup gruppenname
```

vom System löschen.

4.8.11 Den Hostnamen ändern

Manchmal ist es erforderlich, den Netzwerk- oder exakter den Hostnamen eines Servers zu ändern. Häufig ist das dann der Fall, wenn das Netzwerk mal richtig »aufgeräumt« und organisiert oder erweitert werden soll. Um den Hostnamen zu ändern, gibt es beim Raspberry Pi eine elegante Möglichkeit: Am besten nutzen Sie dafür das Konfigurationstool `raspi-config`, das Sie bereits bei der Installation des Servers in Abschnitt 3.4 kennengelernt haben. Dieses können Sie einfach nochmals aufrufen und die entsprechende Option wählen.

Es gibt aber noch eine zweite Möglichkeit, insbesondere für die Nutzer eines Intel NUC, die direkt auf der Kommandozeile durch die Änderung von Einträgen in Textdateien zum Ziel führt:

Öffnen Sie zunächst die Datei */etc/hostname* mit dem Texteditor `nano`; da Sie systemkritische Werte ändern wollen, sind *root*-Rechte erforderlich:

```
sudo nano /etc/hostname
```

Diese Datei enthält nur ein einziges Element, nämlich den Hostnamen des Rechners. Löschen Sie den bisherigen Inhalt, und geben Sie den neuen Hostnamen ein. Merken Sie sich die exakte Schreibweise. Der Hostname sollte keine Sonderzeichen enthalten. Zahlen sind aber erlaubt, ebenso der Bindestrich. Der Unterstrich wird häufig akzeptiert, kann aber zu Problemen führen und sollte nicht genutzt werden.

Als Zweites müssen Sie eventuell noch die Datei */etc/hosts* mit folgendem analog aufgebauten Befehl bearbeiten:

```
sudo nano /etc/hosts
```

Diese Datei ist etwas länger; es interessiert hier nur ein einziger Eintrag, der nicht immer vorhanden ist. Prüfen Sie, ob es bei Ihnen folgenden Eintrag gibt:

```
127.0.1.1 bisheriger_hostname
```

Anstelle von `bisheriger_hostname` sollte dort der bisherige Hostname stehen. Ersetzen Sie ihn durch den neuen Namen. Geben Sie ihn unbedingt genauso ein wie in der ersten Datei. Dies ist sehr wichtig. Ebenso wichtig ist, dass Sie den Eintrag `127.0.1.1` mit zwei einzelnen Einsen ändern, keinesfalls den Eintrag `127.0.0.1 localhost`, der nur eine einzelne Eins enthält. Achten Sie also auf die vorletzte Ziffer. Ist der Eintrag bei Ihnen nicht vorhanden, dann ist keine Aktion erforderlich, Sie brauchen und sollten ihn auch nicht anlegen. Je nach Netzwerkumgebung stehen dort möglicherweise auch zwei Einträge in der Form:

```
127.0.1.1 hostname.routername hostname
```

`routername` wird beispielsweise von einer FritzBox geliefert. Ersetzen Sie in diesem Fall nur die Anteile `hostname`, jedoch bei beiden Einträgen gleichermaßen. Die Änderung tritt beim nächsten Neustart automatisch in Kraft. Da Sie ja aber mit Linux arbeiten, ist ein Neustart des Servers natürlich nicht unmittelbar erforderlich. Um den geänderten Hostnamen im laufenden Betrieb zu übernehmen, führen Sie folgenden Befehl aus:

```
sudo hostname -F /etc/hostname
```

Das war es schon. Ab sofort ist Ihr Server unter dem neuen Hostnamen erreichbar.

Aber: Wenn Sie bereits (gemäß Kapitel 7) den Dienst Samba verwenden, um Dateifreigaben zu realisieren, dann müssen Sie diesen Service einmal neu starten, damit auch er den neuen Hostnamen übernimmt. Dazu geben Sie

```
sudo service smbd restart
sudo service nmbd restart
```

ein. Wichtig ist, dass Sie in Samba keinen eigenständigen NetBIOS-Namen definiert haben. Da Sie das in diesem Buch allerdings nicht gelernt haben, sollte es hier keine Probleme geben (und falls Sie es doch getan haben sollten, dann korrigieren Sie dies bitte wieder in der Datei */etc/samba/smb.conf*).

Sie sollten nach dieser Aktion nun zunächst die Arbeit Ihres Servers kontrollieren. Prüfen Sie, ob alle Dienste einwandfrei funktionieren. Wenn dem so ist, dann sind keine weiteren Aktionen nötig, und Sie können den restlichen Text dieses Abschnitts ignorieren. Nur wenn es Probleme mit einem Dienst beziehungsweise dessen Erreichbarkeit gibt, dann sollten Sie die folgende Passage durchgehen. Manche Programme haben nämlich den bisherigen Hostnamen in ihre Konfigurationsdateien übernommen und reagieren nun unter Umständen allergisch, wenn er sich geändert hat. Das gilt auch dann, wenn Sie zur Änderung des Hostnamens auf dem Raspberry Pi das Konfigurationsprogramm benutzt haben. Sie müssen jetzt überprüfen, ob bei Ihnen ein Programm eventuell den alten Hostnamen in seiner Konfigurationsdatei gespeichert hat. Dazu können Sie den schon bekannten Befehl `grep` benutzen, der Dateien nach bestimmten Zeichenketten filtern kann. Wenn Sie folgenden Befehl ausführen

```
sudo grep -lr "alter hostname" /etc/*
```

und dabei `alter hostname` durch den vorherigen Hostnamen ersetzen, dann werden Ihnen alle Dateien aufgelistet, in denen dieser Name vorkommt. */etc/* bezeichnet dabei das Verzeichnis, in dem die Konfigurationsdateien liegen. An dieser Stelle lernen Sie noch zwei weitere Parameter des `grep`-Befehls kennen: Die Optionen `l` und `r`.

Den Parameter `r` kennen Sie bereits vom Löschbefehl `rm -r`. Dort sorgt er für rekursives Verhalten, bei dem alle Dateien in allen Unterverzeichnissen bearbeitet werden. Dasselbe tut er beim `grep`-Befehl, das heißt, es werden alle Dateien in allen Unterverzeichnissen durchsucht.

Der Parameter `l` hingegen bewirkt, dass Ihnen nur die Dateinamen angezeigt werden, nicht jedoch die Dateiinhalte.

Überprüfen Sie, ob das nicht korrekt arbeitende Programm mit seiner Konfigurationsdatei Teil der Ausgabe ist. Ihre Aufgabe ist es nun, für die dem kritischen Dienst zuzuordnenden Dateien den Texteditor `nano` mit *root*-Rechten zu bemühen. Suchen Sie mit der Tastenkombination [Strg]+[w] nach der Stelle, an der der alte Hostname vorkommt. Geben Sie dazu den alten Hostnamen ein. Ersetzen Sie ihn durch den neuen Namen, achten Sie besonders auf die Schreibweise. Betrachten Sie allerdings stets kritisch den Dateiinhalt, und legen Sie zuvor unbedingt eine Sicherungskopie der Datei an. Hierfür bietet sich auch die Backup-Funktion von `nano` an, die Sie mit der Tastaturkombination [Alt]+[b] aktivieren.

[!]

Hier bitte nichts verändern!

Keinesfalls sollten Sie Änderungen an Dateien im Verzeichnis */etc/ssh* vornehmen! Es kann (wie in Abbildung 4.19 gezeigt) passieren, dass dort Einträge gefunden werden.

Abbildung 4.19 Findet die Suche nach einem alten Hostnamen Einträge im Verzeichnis »/etc/ssh«, dann dürfen Sie diese nicht verändern.

Am besten ändern Sie nur solche Dateien, die Sie bereits kennen und eindeutig bekannten Programmen und Diensten zuordnen können. Es schadet gewiss nicht, wenn Sie vorher (gemäß Kapitel 24, im dritten Abschnitt des Buches) eine Sicherheitskopie des gesamten Systems anlegen, mit der Sie es unkompliziert zurücksetzen können, falls doch etwas schiefgelaufen ist.

Nun sollte aber wirklich alles unter dem neuen Hostnamen erreichbar sein.

4.9 Einige Komfortfunktionen von »nano«

Jetzt können Sie noch etwas zum Texteditor nano lernen. Diesen Abschnitt müssen Sie nicht gleich für den Einstieg bearbeiten, sondern können ihn sich für später aufheben, wenn sich Ihre Kenntnisse schon ein wenig gefestigt haben. Den Editor nano werden Sie sehr oft einsetzen, meistens zur Bearbeitung und Anpassung von Konfigurationsdateien anderer Programme.

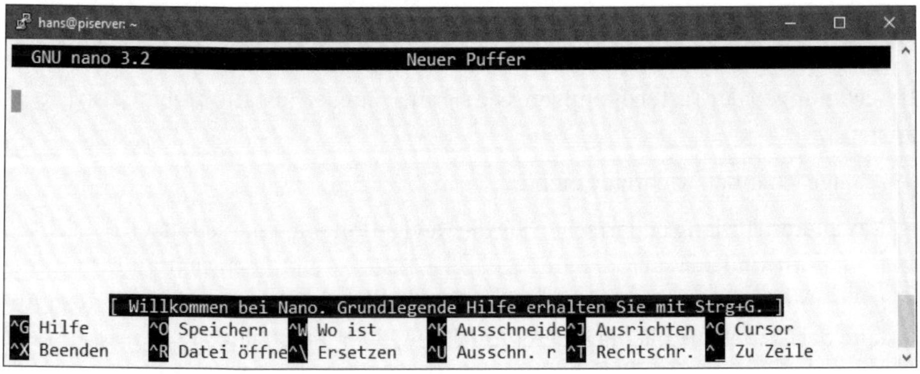

Abbildung 4.20 Der Editor »nano«

Bislang haben Sie nano »mit Händen und Füßen« bedient, das heißt, Sie haben nur sehr grundlegende Funktionen kennengelernt und hauptsächlich die Cursortasten zur Navigation sowie die Tastenkombination [Strg]+[x] zum Beenden und Abspeichern verwendet. Tatsächlich genügen diese wenigen Befehle bereits für fast alle Aufgaben. nano bietet jedoch wie jeder vernünftige Editor noch eine Reihe von Komfortfunktionen, die die Textbearbeitung deutlich vereinfachen. Es ist nicht nötig, sich gleich mit allen Funktionen zu befassen, und Sie müssen auch nicht alle Befehle auswendig lernen, Sie können diese ja – wenn es erforderlich wird – jederzeit hier nachschlagen. In einer ruhigen Stunde sollten Sie sich jedoch kurz einmal mit diesen Komfortmerkmalen beschäftigen und prüfen, ob Sie sie sich nicht doch aneignen möchten. An dieser Stelle erfolgt leider gleich eine Warnung: Mit den gewohnten Tastenkombinationen aus der Windows- oder macOS-Welt haben die Tastaturkürzel von nano leider überhaupt nichts gemeinsam. Wundern Sie sich also bitte nicht, wenn teilweise gleich sehr merkwürdig anmutende Tastenfolgen auftauchen.

Zunächst betrachte ich noch einmal nano selbst. Das Programm ist sehr übersichtlich aufgebaut. Am oberen Bildschirmrand gibt es eine Leiste, die links die aktuelle Version von nano anzeigt, die in der Mitte den Namen der aktuell geöffneten Datei ausgibt und die rechts darüber informiert, ob diese Datei durch eine Texteingabe verändert wurde. Am unteren Bildschirmrand informieren zwei Zeilen über einige mögliche Befehle. Vielleicht wundern Sie sich, was es mit dem ^-Zeichen vor einigen Befehlskürzeln auf sich hat. Dies ist das Zeichen für die [Strg]-Taste. Wenn Sie genau schauen, dann werden Sie in der Standardansicht ^X finden – als Kürzel für [Strg]+[x], den Befehl zum Beenden. Dieser Infobereich passt seinen Inhalt je nach Funktion an. Überprüfen Sie das einmal, indem Sie eine Textdatei verändern und nun [Strg]+[x] drücken.

Die Befehle geben Sie in nano entweder mit der [Strg]- oder der [Alt]-Taste ein, gegebenenfalls kommt noch die [⇧]-Taste hinzu. Die Eingaben werden immer durch eine weitere Taste ergänzt – so wie zum Beispiel [Strg]+[x] bedeutet, dass die Tasten [Strg] und [x] gleichzeitig betätigt werden sollen. Ich werde hier im Buchtext die Bezeichnungen der Tasten benutzen, wie sie auch auf der Tastatur stehen, also [Strg] anstatt [^].

Jetzt zeige ich Ihnen wichtige Befehle:

- **Navigieren:** Bislang beherrschen Sie die Navigation mit den Pfeiltasten ([↑], [↓], [→], [←]), und der [Bild↑]- und [Bild↓]-Taste. Es gibt noch weitere Tastaturbefehle, mit denen Sie zu bestimmten Stellen springen können. Wenn Sie zum Anfang der aktuellen Zeile navigieren möchten, dann betätigen Sie [Strg]+[a] oder ganz einfach die [Pos1]-Taste. Zum Ende der aktuellen Zeile springen Sie mit [Strg]+[e] oder der [Ende]-Taste. Die aktuelle Zeile ist diejenige, in der sich gerade der Textcursor befindet. Möchten Sie hingegen zum Anfang der Datei springen, dann nutzen Sie eine doppelte Funktion: Drücken Sie zuerst die Tastenkombination [Strg]+[-] und danach [Strg]+[y]. Nutzen Sie dabei die Taste für den Bindestrich und nicht die Taste für das Minuszeichen auf dem Nummernblock der Tastatur. Unter Linux kann erstere Kombination problematisch sein und die Ansicht im Terminal verkleinern; benutzen Sie stattdessen die Tastenkombination [Alt]+[g]. Zum Ende der Datei springen Sie mit dieser Kombination: [Strg]+[-] (beziehungsweise [Alt]+[g]) gefolgt von [Strg]+[v].
- **Text suchen:** Eine sehr wichtige Funktion ist die Textsuche. Hin und wieder werden Sie hier im Buchtext aufgefordert, beispielsweise in einer Konfigurationsdatei den Eintrag fpm-enable auf yes zu setzen. Nun liegt es an Ihnen, zunächst erst einmal den betreffenden Eintrag zu finden. Das können Sie manuell machen, indem Sie die gesamte Datei durchlesen und mit den Pfeiltasten navigieren – oder Sie

betätigen einfach Strg+W (*w* wie englisch: *where?* oder deutsch: »wo?«) und lassen nano suchen. Geben Sie einfach den Suchtext ein, wie Sie am unteren Bildschirmrand dazu aufgefordert werden. Nach Betätigen der ↵-Taste wird der erste Suchtreffer angezeigt. Wenn Sie wiederholt suchen möchten, drücken Sie Alt+W. Sie können alternativ auch nochmals Strg+W drücken. Der bisherige Suchbegriff wird in eckigen Klammern angezeigt. Sie brauchen nur ↵ zu drücken, jetzt wird der nächste Treffer zur Ansicht gebracht.

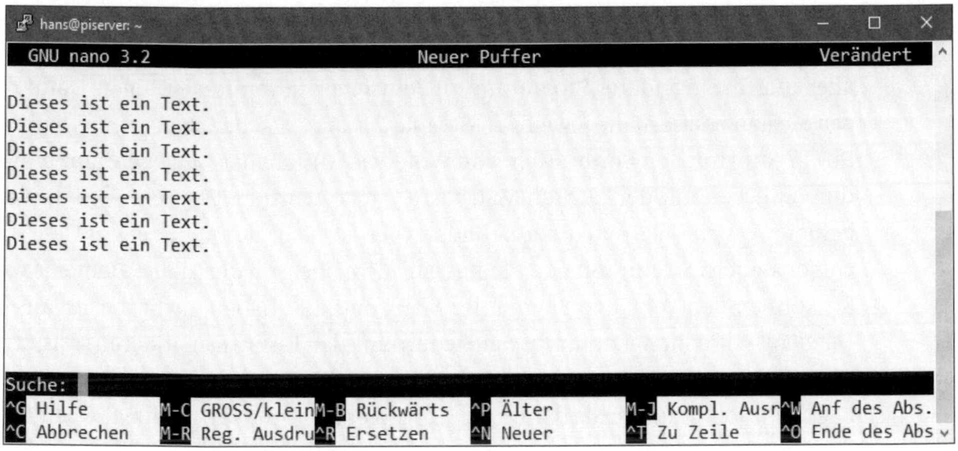

Abbildung 4.21 Text mit »nano« suchen

- **Suchen & Ersetzen:** Eng mit der Suche verbunden ist das Suchen & Ersetzen. Auch das kann nano. Der Shortcut hierfür lautet Alt+R (das *r* steht für *replace*). Sie geben zunächst den Suchtext ein (also den Text, der ersetzt werden soll) und drücken ↵, danach geben Sie den neuen Text ein und bestätigen mit der ↵-Taste. nano sucht nach dem zu ersetzenden Text und fragt Sie, ob die Ersetzung vorgenommen werden soll. Ihre Möglichkeiten: J für ja, N für nein, A für Alles automatisch ohne Rückfrage ersetzen und Strg+C, um die Funktion ohne Änderungen abzubrechen.
- **Zeilennummern anzeigen:** In größeren Textdateien ist es mitunter praktisch, sich die Zeilennummerierung anzeigen zu lassen, insbesondere, wenn man mehrere Dateien vergleichen möchte. nano kann zwar keine durchgehende Zeilennummerierung am Bildschirmrand anzeigen, dafür aber eine Information einblenden, in welcher Zeile (und Spalte) sich der Cursor im Moment befindet. Dazu dient die Tastenkombination Strg+C, mit der Sie die aktuelle Zeilennummer anzeigen. Sie werden merken, dass diese Information wieder verschwindet beziehungsweise sich nicht aktualisiert, wenn Sie in der Datei navigieren. Das ist gerade beim manuellen Suchen relativ unkomfortabel. Jetzt hilft Ihnen die Tastenkombination Alt+C weiter, die diese Information dauerhaft einblendet. Mit Strg+-

(dem Bindestrich) beziehungsweise [Alt]+[g] können Sie auch direkt zu einer Zeilennummer springen, die Sie dann eingeben müssen (verwenden Sie dazu die Ziffernreihe über den Buchstaben, nicht den Nummernblock).

- **Text markieren, kopieren, ausschneiden und einfügen:** Text können Sie direkt mit gedrückter linker Maustaste markieren. Nutzen Sie zum Verbindungsaufbau unter Windows PuTTY, dann wird der markierte Text automatisch in die Zwischenablage kopiert, sobald Sie die Maustaste loslassen. Nutzer anderer Betriebssysteme erhalten nach einem Klick auf die rechte Maustaste ein Auswahlmenü mit dieser Funktion. Sie können den Text innerhalb von nano an einer anderen Textposition, aber auch in ein anderes Programm auf demselben Computer einfügen. Dafür nutzen Sie ganz normal die jeweiligen Befehle für die Zwischenablage. Innerhalb von PuTTY (und mit den Bordmitteln von Windows 10) geht das hingegen ganz einfach durch Klicken mit der rechten Maustaste – aber Achtung: Der Text wird dort eingefügt, wo sich der Textcursor befindet. Dies ist nicht der Mauszeiger! Den Textcursor steuern Sie nur mit den Pfeiltasten, nicht aber mit der Maus. Kleiner Haken: Sie können den Text, den Sie mit der Maus markiert haben, nicht in nano aus der Datei ausschneiden. Dazu müssen Sie ihn mit der Tastatur markieren, was etwas umständlich ist: Navigieren Sie den Cursor zunächst dahin, wo die Markierung beginnen soll. Drücken Sie dann [Alt]+[a]. Wenn Sie nun die Pfeiltasten betätigen, dann markieren Sie den Text. Sie können mit den Tasten [↑] und [↓] auch mehrere Zeilen markieren. Den markierten Text können Sie nun mit [Alt]+[6] in die Zwischenablage kopieren oder mit [Strg]+[k] ausschneiden. Den Text können Sie anschließend an einer neuen Cursorposition wieder mit der Tastenkombination [Strg]+[u] einfügen. Übrigens: Mit [Strg]+[k] können Sie auch ohne vorherige Markierung immer die aktuelle Textzeile löschen und bei Bedarf mit [Strg]+[u] wieder an anderer Stelle einfügen. Den ganzen Text einer Datei auf einmal markieren (um ihn dann zu löschen oder zu kopieren), das geht mit nano nicht so einfach wie beispielsweise mit dem Windows-Editor. Um den ganzen Text zu markieren, springen Sie zunächst an den Dateianfang mit [Strg]+[-] (beziehungsweise [Alt]+[g]) gefolgt von [Strg]+[y]. Starten Sie das Markieren mit [Alt]+[a]. Springen Sie an das Dateiende mit [Strg]+[-] (beziehungsweise [Alt]+[g]) gefolgt von [Strg]+[v]. Nun ist der ganze Text markiert und kann beispielsweise mit [Strg]+[k] entfernt werden.
- **Komfortfunktionen:** Es gibt noch eine Reihe weiterer Funktionen, die in so mancher Situation nützlich sind:
  - Mit dem Tastaturkürzel [Alt]+[d] lassen sich Dateistatistiken anzeigen. Dies umfasst unter anderem die Zahl der Wörter und Zeilen einer Textdatei.
  - Wenn Sie [Alt]+[s] betätigen, dann schalten Sie das »sanfte Rollen« ein. Ja, auch so eine Funktion gibt es auf der Kommandozeile. Sie ist dann praktisch, wenn viel in einem längeren Text gesucht werden soll. Ist sie aktiv, rollt der Text

sanft über den Bildschirm, anstatt grob zu springen. Das ermöglicht dem Leser, schneller die ursprüngliche Zeile wiederzufinden und rasch weiterzulesen.

- Wenn Sie mit nano ein sogenanntes Shell-Skript betrachten oder bearbeiten, dann werden die verschiedenen Befehle in unterschiedlichen Farben dargestellt. Dies ist praktisch, da Sie zum Beispiel Kommentare so leichter erkennen. Diese Funktion können Sie mit [Alt]+[y] aktivieren oder deaktivieren. Den automatischen Einzug (also die Einrückung bestimmter Befehlszeilen) schalten Sie mit [Alt]+[i] ein und aus.
- Um eine Datei zu speichern, ohne nano zu beenden, drücken Sie [Strg]+[o].
- Wenn Sie sich für eine Liste aller Tastaturkürzel interessieren, dann betätigen Sie [Strg]+[g]. Denken Sie daran, dass hier die [Strg]-Taste durch ein ^ dargestellt wird und dass die [Alt]-Taste durch ein M (von »Meta«) symbolisiert wird. Die Liste verlassen Sie mit der Tastenkombination [Strg]+[x].

- **Schalter für die Kommandozeile:** Sie können nano auch mit Schaltern auf der Kommandozeile steuern. Fügen Sie die Parameter einfach zwischen dem nano-Befehl und dem Dateinamen ein, beispielsweise so: `nano -B dateiname`.
  - -B aktiviert eine Backup-Funktion. Dies ist eine sehr praktische Funktion. Oft passiert es, dass man vergessen hat, vor einer Dateiänderung ein Backup anzulegen. Dann geht natürlich die Änderung schief, das Programm läuft nicht wie erwünscht, und man möchte wieder zurück. Schade, dass es jetzt kein Backup gibt. nano kann Ihnen helfen. Wenn Sie beim Aufruf von nano direkt den Befehlsschalter -B anhängen, dann wird von der Datei beim Abspeichern zunächst ein Backup angelegt. Dabei wird an den Dateinamen eine Tilde, also das Symbol ~ angehängt, die Backup-Datei heißt dann also beispielsweise *abc.conf~*. Bei einer weitreichenden Änderung sollten Sie die Nutzung dieser Funktion in Betracht ziehen. Allerdings gibt es nur ein einzelnes fortlaufend aktualisiertes Backup, weiter zurückschauen können Sie nicht, weswegen Sie stets den in diesem Buch empfohlenen Weg gehen und bei Änderungen zuerst eine Sicherheitskopie der Originaldateien anlegen sollten. Früher gab es für diese Funktion auch eine eigene Tastenkombination, die aber in der Zwischenzeit leider aus nano entfernt wurde.
  - -S aktiviert das sanfte Rollen.
  - -t erspart Ihnen das [j] beim Beenden und Speichern von nano. Achtung: Alle Ihre Änderungen werden beim Beenden von nano direkt abgespeichert. Nutzen Sie diesen Parameter mit äußerster Vorsicht und am besten in Kombination mit -B.
  - -v ist eine Sicherheitsfunktion. Sie aktiviert den Lesemodus, der keine Dateiveränderungen erlaubt. Wenn Sie eine kritische Datei betrachten wollen, die nicht aus Versehen verändert werden darf, dann nutzen Sie diesen Parameter.

4.10 Einhängen eines externen Speichermediums in das Dateisystem

Es ist offensichtlich, dass insbesondere die Speicherkarte eines Raspberry Pi nur eine begrenzte Kapazität bietet. Für einen Server, der viele Dateien von mehreren Benutzern speichern soll, vielleicht sogar deren komplette Film-, Musik- und Fotosammlung, wird das recht schnell knapp. So kann auch eine kleinere Festplatte in einem Intel NUC rasch komplett belegt sein. Zum Glück bieten beide Geräte mehrere USB-Anschlüsse, an die sich problemlos ein externes Speichermedium anschließen lässt. Was liegt da näher, als beispielsweise einen USB-Stick oder eine externe USB-Festplatte anzuschließen und zur Vergrößerung des Speicherplatzes zu nutzen? Die Durcharbeitung dieses Abschnitts erfordert gefestigte Einsteigerkenntnisse. Sie sollten ihn erst dann bearbeiten, wenn Sie die Kenntnisse aus dem Linux-Grundlagenteil sicher beherrschen. Für den Einstieg sollten Sie zunächst mit dem internen Speichermedium arbeiten. Ein externes Speichermedium wird (für den Einstieg) stets in Ergänzung zur eingebauten Festplatte beziehungsweise Speicherkarte betrieben. Bei der Einrichtung von Serverdiensten können Sie selbst entscheiden, welche Daten Sie wo speichern möchten.

4.10.1 USB-Stick oder externe Festplatte? Und welche?

Beim Anschluss üblicher USB-Sticks gibt es praktisch keine Probleme; Sie sollten nur darauf achten, dass der USB-Stick ausreichend hohe Lese- und Schreibgeschwindigkeiten bietet.

Bei externen Festplatten müssen Sie hingegen ein bisschen aufpassen. Die Frage lautet: Eignet sich jede Festplatte? Zur Beantwortung dieser Frage müssen Sie vor allem auf die Stromversorgung der Festplatte schauen. Die Speicherkapazität der Festplatte bereitet hingegen keine Probleme, Sie haben im Regelfall die freie Wahl. Welche Möglichkeiten bieten sich Ihnen? Wenn Sie eine externe 3,5" große Festplatte mit eigenem Netzteil einsetzen, dann wird es kaum Schwierigkeiten geben, denn die Festplatte bekommt ihren Strom vom eigenen Netzteil, und über die USB-Schnittstelle werden praktisch nur Daten übertragen. Allerdings ist der Strombedarf dieser Geräte recht hoch. Hin und wieder gibt es auch 2,5"-Festplatten (das sind die mechanisch kleineren Modelle, die auch in Notebooks verwendet werden) mit eigenem Netzteil. Auch sie machen keine Probleme. Genauer hinschauen müssen Sie, wenn Sie einen Raspberry Pi nutzen und die Festplatte kein eigenes Netzteil besitzt, sondern ihren Strom über den USB-Anschluss bezieht – was nur bei externen 2,5"-Festplatten vorkommt. Die Stromversorgung, die ein Raspberry Pi über die USB-Anschlüsse bietet, ist begrenzt. Zuallererst ist es sehr wichtig, dass Sie sich für ein gutes Markennetzteil entschieden haben, das dem Pi-Computer wirklich ständig eine Stromstärke von mindestens 3,0 A liefern kann. Sie können dann eine genügsame externe 2,5"-Festplatte ohne eigenes

Netzteil anschließen. Sie sollten beim Kauf darauf achten, dass Ihr favorisiertes Modell eine möglichst niedrige Leistungsaufnahme hat, denn hier gibt es teilweise deutliche Unterschiede von bis zu mehreren Watt. Generell haben moderne Festplatten einen geringeren Strombedarf als alte Modelle. Wenn Sie einen besonders stromsparenden Server aufsetzen möchten, dann sollten Sie nicht nur auf den Stromverbrauch während des Betriebs, sondern auch auf den Verbrauch im Ruhe- beziehungsweise Standby-Betrieb achten.

Abbildung 4.22 Einige USB-Sticks, wie Sie sie bestimmt kennen

Mit einer externen Festplatte, die komplett vom USB-Anschluss versorgt wird, lasten Sie das »Strombudget« Ihres Pi-Computers allerdings schon deutlich aus. Sie sollten dann keine weiteren leistungsintensiven USB-Geräte mehr anschließen. Während ein zusätzlicher normaler USB-Stick in Ordnung geht, ist eine weitere (stromintensive) externe Festplatte oftmals des Guten zu viel. Ihr Anschluss kann den Pi-Computer aufgrund einer schwankenden Versorgungsspannung abstürzen lassen. Wenn Sie vorhaben, an Ihren Server mehrere USB-Geräte anzuschließen, wie beispielsweise eine Webcam, einen TV-Empfänger und eine leistungsintensive Festplatte, ja vielleicht sogar einen (passiven) USB-Hub für weitere Geräte einplanen, dann ist eine Festplatte mit eigenem Netzteil sicherlich die bessere Lösung. Zwar ist diese deutlich klobiger und hat auch einen größeren Strombedarf, bietet dafür aber geringere Kosten pro Terabyte Speicherplatz. Eine Alternative wäre in diesem Fall die Verwendung eines aktiven USB-Hubs mit eigenem ausreichend starken Netzteil.

Wenn Sie hingegen ganz besonders auf eine geringe Leistungsaufnahme Ihres Servers Wert legen und keinen so großen Speicherbedarf haben, dann ist sicherlich ein USB-Stick die beste Lösung, auch wenn Modelle mit großer Speicherkapazität wie etwa 512 GB noch recht teuer sind. Außerdem sind insbesondere günstige USB-Sticks nicht immer mit hochwertigen Speichermodulen bestückt, weswegen sie sich nicht für besonders intensive Schreib- und Lesevorgänge eignen. Festplatten oder gute SSDs bieten hier Vorteile.

4.10.2 Was ist die beste Strategie?

Der folgende Abschnitt wird ein bisschen schwierig. Schwierig deshalb, weil ich versuchen werde, viele verschiedene Möglichkeiten aufzuzeigen und zu realisieren. Außerdem werden Sie mit einigen recht komplizierten Befehlen arbeiten müssen, die nicht leicht zu verstehen sind und keine Abweichung bei der Syntax erlauben. Sie werden im Folgenden unterscheiden müssen, ob Sie wahllos diverse Speichermedien anschließen wollen, ob Sie bestimmte feste Geräte bevorzugen und ob diese bereits beim Startvorgang (also beim Einschalten, man sagt auch beim *Bootvorgang*) angeschlossen sein sollen oder erst im laufenden Betrieb verbunden werden. Vielleicht werden Sie sich fragen, was denn nun die beste Strategie ist und wie Sie am besten vorgehen sollten.

Zunächst einmal wäre es sicherlich wünschenswert, wenn Ihr Server über einen ausreichend bemessenen Speicherplatz verfügt. Der Server sollte alle Daten aufnehmen können, für die er gedacht ist. Zusätzlich sollte es genügend Reserven für zukünftige Erweiterungen geben. Dieser Speicherplatz sollte dem Server ständig zur Verfügung stehen. Somit sollten alle Daten schon beim Start des Servers verfügbar sein, damit alle Serverdienste damit arbeiten können. Die Datenträger sollten Sie dann am besten über den Server beziehungsweise die Netzwerkverbindung und einen beliebigen Dienst mit Daten befüllen. Dies ist die sicherste Variante, die am wenigsten Fehlerpotential bietet. Im Prinzip wünscht man sich also eine ständig verfügbare interne Festplatte mit ausreichender Kapazität. Leider ist in der Realität aber häufig die eingebaute Festplatte beziehungsweise die Speicherkarte früher oder später quasi vollständig belegt. Für den Einstieg ist Folgendes daher vermutlich die beste Option: Wählen Sie ein externes Speichermedium, das Ihnen eine ausreichende Speicherkapazität bietet. Wofür Sie sich entscheiden, ist nachrangig. Schließen Sie dieses Speichergerät an Ihren Server an, und betrachten Sie den Anschluss als fest: Das Speichergerät gehört dem Server, es ist beim Startvorgang angeschlossen, wird nicht während des Betriebs entfernt, und alle Schreibzugriffe finden über den Server statt. Da dieses Speichermedium ausschließlich vom Server bedient wird, sollten Sie es mit einem Linux-Dateisystem formatieren. Dieses erlaubt Ihnen den Umgang mit Dateirechten, wie Sie es bisher gelernt haben.

Wenn Sie diesen einfachen und zu empfehlenden Weg gehen, dann brauchen Sie sich zunächst nur mit dem nachfolgend beschriebenen manuellen Mount-Vorgang sowie dem automatischen Einhängen über die Datei *fstab* zu befassen. Das Einzige, was noch erforderlich ist, wäre das Formatieren mit dem Linux-Dateisystem.

Eines Tages werden Sie jedoch zu den fortgeschrittenen Nutzern gehören und sich eine größere Flexibilität wünschen. Es kann auch sein, dass die Aufgaben Ihres Servers oder die Situation in Ihrem Heimnetzwerk bereits jetzt eine größere Flexibilität erfordern. Deswegen werde ich in diesem Kapitel auch Optionen aufzeigen, wie sich Speichergeräte während des Betriebs einbinden lassen. In den folgenden Abschnitten werden sich einige Aufgaben und Bedienschritte ähneln. Wundern Sie sich bitte nicht, wenn Sie beim Lesen auf kleinere Wiederholungen treffen; sie dienen dem besseren Verständnis und sind dann nützlich, wenn Sie einen bestimmten Abschnitt zu einem späteren Zeitpunkt realisieren oder erneut bearbeiten möchten.

4.10.3 Der USB-Speicher ist angeschlossen ... und dann? – Das Mounten

Von Ihrem »großen« Arbeitsrechner sind Sie es wahrscheinlich gewohnt, dass Sie einen USB-Stick oder eine Festplatte gleich nach dem Einstecken benutzen können. Unter Windows wird dem Speichermedium automatisch ein eigener Laufwerksbuchstabe zugewiesen und, wenn nicht deaktiviert, dann öffnet sich auch gleich ein Fenster, das Optionen beispielsweise zur Medienwiedergabe anbietet. Auch auf einem Mac-Rechner wird das Speichermedium automatisch in das Dateisystem eingebunden, und es wird ein entsprechendes Symbol für den Zugriff darauf präsentiert. Unter einem »nackten« Linux-System, wie Sie es auf Ihrem Home Server verwenden, passiert das hingegen nicht automatisch. Der USB-Speicher wird hier zwar ebenfalls automatisch erkannt, es wird das Dateisystem festgestellt, und es wird ihm eine Gerätekennung gegeben, er erhält also einen Eintrag in einem Unterverzeichnis von */dev*, aber das war es dann auch schon. Sie können noch nicht auf die Dateien zugreifen. Hierfür müssen Sie den USB-Stick oder die Festplatte zuerst einmal in das Dateisystem einbinden. Man nennt diesen Vorgang schlicht *mounten* und sagt in fragwürdigem Neudeutsch, der Stick beziehungsweise die Festplatte wird »gemountet«. Anschaulich bedeutet dies, dass es im Dateisystem ein beliebiges Verzeichnis gibt, unter dem sich die Dateien des USB-Speichers befinden. Beim Zugriff auf dieses Verzeichnis wird also nicht das interne Speichermedium, sondern das externe Pendant verwendet. Windows-Nutzer müssen sich an dieser Stelle noch einmal ins Gedächtnis rufen, dass es unter Linux keine Laufwerksbuchstaben gibt.

Den Mount-Vorgang müssen Sie normalerweise manuell durchführen. Dies ist – insbesondere, wenn es häufiger vorkommt – etwas mühsam. Zum Glück kann man ihn automatisieren, genauso, wie Sie es von Ihrem »großen« Rechner her kennen. Trotzdem möchte ich den manuellen Weg einmal durchsprechen, damit Sie wissen, worum es in etwa geht. Dazu stecken Sie jetzt bitte erst einmal einen USB-Stick an Ihren angeschalteten Server an. Verwenden Sie einen USB Stick, der mit dem FAT32-Dateisystem formatiert ist. Benutzen Sie noch keinen NTFS-formatierten Stick, der würde zurzeit unter Umständen noch nicht funktionieren. Wie Sie sehen, passiert scheinbar nichts. Geben Sie aber einmal in der Konsole

```
sudo dmesg
```

ein und drücken die [↵]-Taste, dann erhalten Sie eine lange Liste mit wichtigen Systemmeldungen seit dem Systemstart.

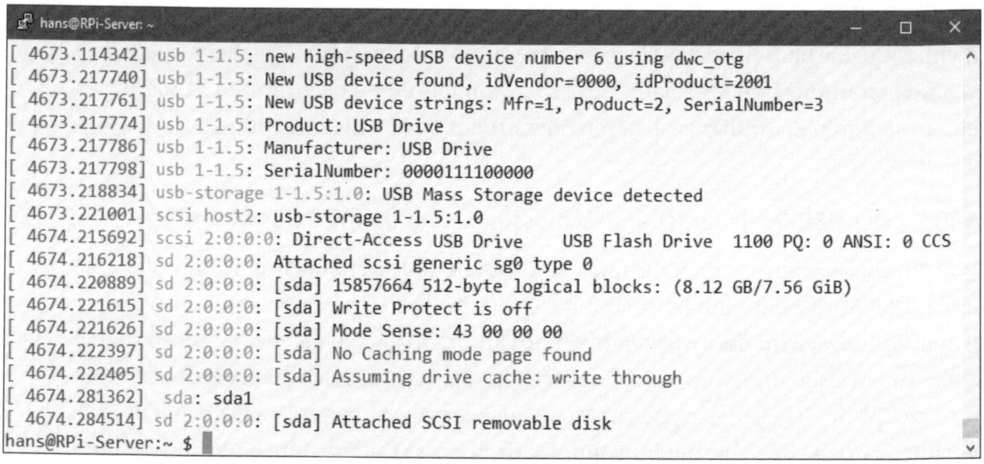

```
hans@RPi-Server: ~
[ 4673.114342] usb 1-1.5: new high-speed USB device number 6 using dwc_otg
[ 4673.217740] usb 1-1.5: New USB device found, idVendor=0000, idProduct=2001
[ 4673.217761] usb 1-1.5: New USB device strings: Mfr=1, Product=2, SerialNumber=3
[ 4673.217774] usb 1-1.5: Product: USB Drive
[ 4673.217786] usb 1-1.5: Manufacturer: USB Drive
[ 4673.217798] usb 1-1.5: SerialNumber: 0000111100000
[ 4673.218834] usb-storage 1-1.5:1.0: USB Mass Storage device detected
[ 4673.221001] scsi host2: usb-storage 1-1.5:1.0
[ 4674.215692] scsi 2:0:0:0: Direct-Access USB Drive    USB Flash Drive  1100 PQ: 0 ANSI: 0 CCS
[ 4674.216218] sd 2:0:0:0: Attached scsi generic sg0 type 0
[ 4674.220889] sd 2:0:0:0: [sda] 15857664 512-byte logical blocks: (8.12 GB/7.56 GiB)
[ 4674.221615] sd 2:0:0:0: [sda] Write Protect is off
[ 4674.221626] sd 2:0:0:0: [sda] Mode Sense: 43 00 00 00
[ 4674.222397] sd 2:0:0:0: [sda] No Caching mode page found
[ 4674.222405] sd 2:0:0:0: [sda] Assuming drive cache: write through
[ 4674.281362]  sda: sda1
[ 4674.284514] sd 2:0:0:0: [sda] Attached SCSI removable disk
hans@RPi-Server:~ $
```

Abbildung 4.23 Die Ausgabe von »dmesg« nach Anschluss eines USB-Sticks

Ganz zum Schluss finden Sie wie in Abbildung 4.23 gezeigt ein paar Einträge über ein neu angeschlossenes USB-Gerät, die mit einer Zeile ähnlich der folgenden beginnen:

```
[ 407.579774] usb 1-1.3: new high-speed USB device number 3 using xhci_hcd
```

Das zeigt Ihnen, dass das Linux-System ein neues Gerät erkannt hat. Eine Zeile ähnlich wie

```
[ 407.686566] scsi host0: usb-storage 1-1.3:1.0
```

stellt klar, dass auch ein USB-Speichergerät erkannt wurde.

Sie können an dieser Stelle übrigens auch ein verbreitetes Zusatzkommando verwenden: den Befehl `tail`. Wie der Name vermuten lässt, gibt dieser Befehl nur die letzten Zeilen einer ansonsten umfangreichen Befehlsausgabe aus. Probieren Sie einmal folgenden Befehl, der nur die letzten 20 Zeilen der `dmesg`-Ausgabe darstellt:

```
sudo dmesg | tail -n 20
```

Nun liegt es an Ihnen, das Speichergerät in das Dateisystem einzubinden. Dafür benötigen Sie die Information, unter welcher Gerätedatei der USB-Speicher derzeit angesprochen werden kann. Im Regelfall – zumindest für USB-Massenspeicher – findet er sich unter */dev/sd?*, wobei das Fragezeichen durch einen kleingeschriebenen Buchstaben ersetzt wird, beispielsweise ergibt sich */dev/sda* für das erste Speichermedium und */dev/sdb* für das zweite. Achtung: Beim Intel NUC bezeichnet */dev/sda* bereits die interne Festplatte oder SSD (mit Ausnahme der je nach Modell fest aufgelöteten Variante beim voll ausgestatteten Mini-PC-Kit), ein USB-Stick wird also (aufsteigend) mit */dev/sdb* bezeichnet. Jede Partition auf dem Speichermedium erhält nun wiederum ihre eigene Gerätedatei. Wenn sich – was meistens der Fall sein dürfte – auf dem USB-Speicher nur eine einzelne Partition befindet, dann ist sie unter */dev/sda1* ansprechbar (wenn *a* der richtige Zuweiser ist). Wenn auf dem Gerät zwei Partitionen vorhanden sind, dann gibt es natürlich auch ein */dev/sda2*. Nun ist es wichtig, dass nicht etwa das komplette Gerät */dev/sda* in das Dateisystem eingebunden wird, nein, dies geschieht immer partitionsweise. Sie formulieren nun also einen Befehl, der Folgendes bewirkt:

»Hänge bitte die erste Partition vom Gerät *sda*, kurz also */dev/sda1*, in das Verzeichnis */hier/solls/rein* ein. Danke!«

Unter welcher Gerätedatei findet sich denn nun Ihr USB-Speicher? Nun, in den Tiefen der `dmesg`-Ausgabe findet sich bereits ein Hinweis darauf, und wenn Sie genau schauen, dann werden Sie ihn auch finden. Allerdings gibt es noch eine wesentlich komfortablere Variante, und die führt über den Befehl `fdisk`. Geben Sie einmal

```
sudo fdisk -l
```

ein, und drücken Sie [↵]. Eine Beispielausgabe für einen Raspberry Pi sehen Sie in Abbildung 4.24.

Dieser Befehl gibt Ihnen eine Liste (dafür das `-l`) aller im System vorhandener Speicherpartitionen aus. Bitte spielen Sie mit `fdisk` nicht weiter herum, da dieses Programm auch direkt Partitionen (und damit sämtliche Daten) auf dem Speichermedium löschen kann. Die Ausgabe sieht vermutlich der folgenden Beispielausgabe recht ähnlich (möglicherweise werden Ihnen zuerst zahlreiche Einträge für ein `Disk /dev/ram`-Gerät angezeigt, diese können Sie ignorieren):

```
Disk /dev/mmcblk0: 30,2 GiB, 32462864384 bytes, 63404032 sectors
Units: sectors of 1 * 512 = 512 bytes
Sector size (logical/physical): 512 bytes / 512 bytes
I/O size (minimum/optimal): 512 bytes / 512 bytes
Disklabel type: dos
Disk identifier: 0x0ccea0b3

Device Boot Start End Sectors Size Id Type
/dev/mmcblk0p1 2048 43007 40960 20M c W95 FAT32 (LBA)
/dev/mmcblk0p2 43008 63404031 63361024 30,2G 83 Linux

Disk /dev/sda: 7,6 GiB, 8119123968 bytes, 15857664 sectors
Units: sectors of 1 * 512 = 512 bytes
Sector size (logical/physical): 512 bytes / 512 bytes
I/O size (minimum/optimal): 512 bytes / 512 bytes
Disklabel type: dos
Disk identifier: 0x00000000

Device Boot Start End Sectors Size Id Type
/dev/sda1 2048 15855615 15853568 7,6G b W95 FAT32
```

```
hans@RPi-Server:~ $ sudo fdisk -l
Disk /dev/mmcblk0: 30,2 GiB, 32462864384 bytes, 63404032 sectors
Units: sectors of 1 * 512 = 512 bytes
Sector size (logical/physical): 512 bytes / 512 bytes
I/O size (minimum/optimal): 512 bytes / 512 bytes
Disklabel type: dos
Disk identifier: 0x0ccea0b3

Device         Boot Start      End  Sectors  Size Id Type
/dev/mmcblk0p1       2048    43007    40960   20M  c W95 FAT32 (LBA)
/dev/mmcblk0p2      43008 63404031 63361024 30,2G 83 Linux

Disk /dev/sda: 7,6 GiB, 8119123968 bytes, 15857664 sectors
Units: sectors of 1 * 512 = 512 bytes
Sector size (logical/physical): 512 bytes / 512 bytes
I/O size (minimum/optimal): 512 bytes / 512 bytes
Disklabel type: dos
Disk identifier: 0x00000000

Device     Boot Start      End  Sectors  Size Id Type
/dev/sda1        2048 15855615 15853568  7,6G  b W95 FAT32

hans@RPi-Server:~ $
```

Abbildung 4.24 Die Beispielausgabe von »fdisk«

In diesem Beispiel ist zunächst von einem Gerät `Disk /dev/mmcblk0` die Rede. Dies ist die interne Speicherkarte des Raspberry Pi, im Beispiel mit einer Kapazität von 32 GB. Es folgen einige Informationen zur Datenträgerstruktur, die hier nicht weiter interessieren. Danach folgen die einzelnen Partitionen, die es auf diesem Speichermedium gibt. Wie Sie sehen, gibt es (unter `Device`) zwei Partitionen: */dev/mmcblk0p1* und */dev/mmcblk0p2*. Erstere hat eine Größe von 20 MB und enthält die wichtigen Dateien für den Systemstart. Ihren Inhalt sehen Sie übrigens auch, wenn Sie die Speicherkarte an einen Windows-PC anschließen (Achtung: Verändern Sie dabei bitte nichts). Die zweite Partition erstreckt sich über den Rest der Speicherkarte und nimmt das eigentliche Dateisystem auf. Nutzer des (entsprechend ausgestatteten) Intel NUC sehen stattdessen direkt die eingebaute Festplatte */dev/sda* mit ihren Partitionen. Der zweite große (unterste) Block widmet sich einem angeschlossenen USB-Stick. Es handelt sich (beim Raspberry Pi) um das Gerät */dev/sda* mit einer Speicherkapazität von 8 GB. Wie Sie ganz zum Schluss lesen können, enthält es eine Partition namens */dev/sda1*, die mit dem Dateisystem FAT32 formatiert ist. Wenn Sie mehrere USB-Sticks angeschlossen hätten, dann gäbe es natürlich noch weitere Einträge. Sollte es ein etwas speziellerer USB-Stick mit mehreren Partitionen sein, dann enthielte die Liste natürlich auch beispielsweise einen Eintrag */dev/sda2*. Sie wissen im Beispiel nun (dank der Einträge für Größe und Dateisystemtyp), dass Sie */dev/sda1* in das Dateisystem einhängen müssen. Nur wohin? Sie können sich das Zielverzeichnis beliebig aussuchen. Es empfiehlt sich aber, ein Unterverzeichnis innerhalb von */media* zu verwenden. Legen Sie daher einfach ein Verzeichnis namens */media/usbspeicher* an:

```
sudo mkdir /media/usbspeicher
```

Nun können Sie den Mount-Vorgang für den USB-Stick ausführen. Dazu ist prinzipiell folgender Befehlsrumpf nötig:

```
sudo mount PARTITION ZIELPUNKT
```

Im Beispiel geben Sie also ein:

```
sudo mount /dev/sda1 /media/usbspeicher
```

Drücken Sie [↵]. Fertig. Das Verzeichnis, in den Sie den USB-Speicher einbinden, sollte zuvor leer sein. Falls dort Dateien vorhanden sind, dann werden sie unsichtbar, wenn das Verzeichnis als Zielpunkt für den Mount-Vorgang dient. Erst wenn der Datenträger wieder aus dem Dateisystem ausgehängt wird, kann wieder auf die Daten zugegriffen werden.

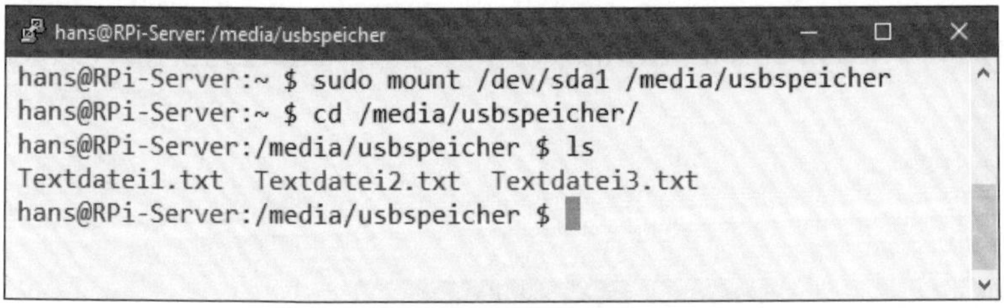

Abbildung 4.25 Einhängen von externen Datenspeichern mit »mount«

Übrigens: Der mount-Befehl bietet eine Menge weiterer Optionen, die Sie erst einmal nicht benötigen. Sie können sich diese jedoch übungshalber einmal mit

```
sudo mount --help
```

anzeigen lassen.

Wechseln Sie doch nun einmal mit

```
cd /media/usbspeicher
```

in das Verzeichnis, dem nun der USB-Speicher zugewiesen wurde. Lassen Sie sich den Inhalt mit ls anzeigen, und navigieren Sie mit cd. Sie werden sehen, dies ist Ihr USB-Speicher, den Sie nun (fast) ganz normal verwenden können. Die gesamte Prozedur gilt analog auch für USB-Festplatten gleich welcher Baugröße.

Wozu diente eben das Wörtchen »fast«? Nun, es gibt noch eine Unzulänglichkeit: USB-Speichermedien mit einem FAT32-Dateisystem (besser VFAT) werden bisher so eingebunden, dass nur der *root*-Besitzer Schreibrechte bekommt. Alle anderen Benutzer erhalten nur Leserechte. Wenn Sie also eine Datei verändern oder neu anlegen möchten, dann müssen Sie den sudo-Befehlsvorsatz verwenden. Das kann je nach Situation von Interesse sein, wenn normale Systembenutzer die Dateien auf dem Speichermedium nicht verändern dürfen. Wenn Sie beispielsweise eine Mediensammlung auf Ihrem USB-Stick haben, die (normalerweise) nicht gelöscht werden soll, dann kann diese Einstellung vorteilhaft sein. Ein versehentliches Löschen wird unterbunden, notfalls können Sie mit einem `sudo` eingreifen. Dass Sie jedes Mal den `sudo`-Befehlsvorsatz verwenden müssen, kann jedoch etwas unbequem sein. Aber keine Sorge: In Kürze werde ich Ihnen die Steuerung der Zugriffsrechte erklären.

4.10.4 Den USB-Speicher wieder entfernen

Was ist, wenn die Arbeit mit dem USB-Speicher beendet ist? Einfach abstecken und gut? Nein, nicht ganz. Im Grundzustand wird nämlich die Verknüpfung zwischen dem Dateisystem und dem entsprechenden Speichermedium nicht wieder automatisch gelöst. Wenn Sie den USB-Speicher einfach abstecken, dann führt dies zu Zugriffsproblemen und Fehlermeldungen im Dateisystem. Bevor Sie das Speichermedium entfernen, müssen Sie es also aus dem Dateisystem wieder korrekt aushängen. Hierfür dient der Befehl `umount` (Achtung, er heißt nicht u*n*mount!). Im Beispiel müssen Sie also

```
sudo umount /dev/sda1
```

eingeben.

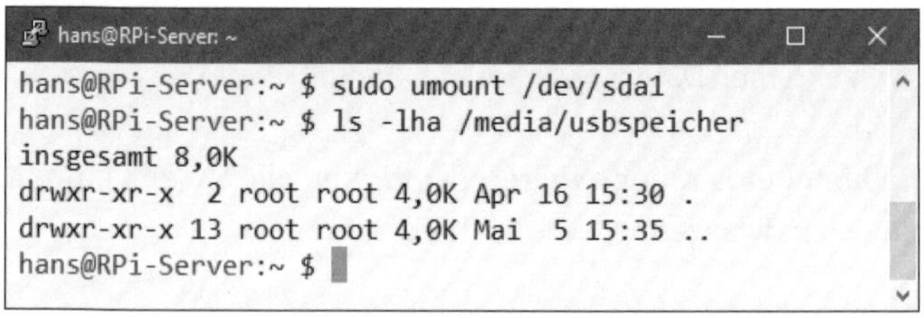

Abbildung 4.26 Datenspeicher aushängen mit »umount«

Eventuell müssen Sie `sda1` entsprechend anpassen. Vorher müssen Sie jedoch sicherstellen, dass keine Anwendung mehr auf den USB-Speicher zugreift, ansonsten kann `umount` Ihrem Befehl nicht folgen und gibt eine Warnung aus, dass jenes Gerät gerade noch in Verwendung ist. Außerdem dürfen Sie sich im Moment des »Un-Mountens« nicht im Verzeichnis des USB-Sticks befinden. Lautet Ihr aktueller Verzeichnispfad also noch */media/usbspeicher*, dann wird der Un-Mount-Vorgang ebenfalls fehlschlagen. Wechseln Sie also vorher mit einem `cd` in Ihr Home-Verzeichnis. Jetzt sollte das Aushängen aus dem Dateisystem erfolgreich sein (falls nicht noch andere Programme gerade auf den Stick zugreifen). Sie können den USB-Speicher dann abstecken.

Generell müssen Sie natürlich immer darauf achten, dass Sie ein USB-Speichermedium erst dann abstecken, wenn alle Speicherzugriffe abgeschlossen sind. Das kennen

Sie von Ihrem gewöhnlichen Desktopcomputer. Entfernen Sie das Speichermedium, während darauf geschrieben wird, kann es zu Datenverlust kommen. Im ungünstigsten Fall wird das Dateisystem beschädigt, und der gesamte Speicherinhalt geht verloren.

4.10.5 Auf NTFS-formatierte Datenträger zugreifen

Das Linux-Betriebssystem bringt von Haus aus schon eine recht breite Unterstützung für verschiedene Dateisysteme mit und kann auch viele Windows-Formate lesen und schreiben. Das moderne NTFS-Dateisystem gehört jedoch nicht komplett dazu – zumindest nicht ohne die Installation von zusätzlicher Software. Dies ist aber kein Problem. Das kleine Paket `ntfs-3g` rüstet die Fähigkeit, das NTFS-Dateisystem zu lesen und zu schreiben, ganz einfach nach. Um es zu installieren, genügt die Ausführung folgenden Befehls:

```
sudo apt install ntfs-3g
```

Drücken Sie nach der Eingabe auf die [↵]-Taste, und bestätigen Sie auch die Installationsrückfrage entsprechend. Nach der Installation können Sie sofort ein beliebiges Speichermedium mit dem NTFS-Dateisystem verwenden.

Wenn Sie ein USB-Speichergerät mit dem NTFS-Dateisystem in das Dateisystem einhängen, dann geschieht dies (in der Voreinstellung) so, dass alle Benutzer vollständige Zugriffsrechte erhalten, also lesen, schreiben und ausführen können. Dies ist also ein deutlicher Unterschied zu FAT32-formatierten Speichermedien. Nachfolgend zeige ich Ihnen, wie Sie auch bei NTFS-formatierten Speichermedien die Zugriffsrechte verändern können.

4.10.6 Auf exFAT-formatierte Datenträger zugreifen

Möglicherweise verwenden Sie bereits einen modernen USB-Stick größerer Speicherkapazität, der das Dateisystem exFAT nutzt. Dieses Dateisystem wird von modernen Windows-Versionen für größere externe (Flash-)Speichermedien verwendet.

Im Grundzustand kann der Home Server mit diesem Format aus der Windows-Welt nichts anfangen. Das lässt sich aber genauso wie beim NTFS-Format – relativ schnell ändern. Um Ihren Home Server »fit« für dieses Dateisystem zu machen, installieren Sie einfach mit folgendem Befehl die benötigte Unterstützung:

```
sudo apt install exfat-fuse
```

Sie können danach exFAT-formatierte Speichergeräte direkt verwenden. Nicht verschwiegen werden soll an dieser Stelle jedoch der Hinweis, dass sich für Speichergeräte, die explizit für den Home Server bestimmt sind, ein Linux-Dateisystem besser eignet. Ein solches lernen Sie in Abschnitt 4.10.12 anzulegen.

4.10.7 Die Zugriffsrechte manuell festlegen

In diesem Abschnitt zeige ich Ihnen, wie Sie die Zugriffsrechte beim Mount-Vorgang anpassen können. Momentan werden FAT32-Speichermedien so eingebunden, dass nur der *root*-Benutzer Schreibrechte bekommt, alle anderen Benutzer dürfen alle Daten lesen und ausführen. Bei NTFS-formatierten Medien erhalten alle Benutzer Vollzugriff. Zunächst einmal ist es wichtig, dass Sie die Ihnen derzeit bekannte Rechtevergabe auf Benutzer- und Gruppenebene mit FAT32- und NTFS-Speichermedien nicht verwenden können. Das ist nur mit einem Linux-Dateisystem möglich – deswegen habe ich Ihnen dieses auch eingangs für das Haupt-Speichermedium empfohlen. Für eingehängte FAT32- und NTFS-Dateisysteme können Sie nur ein globales Zugriffsrecht vergeben, das dann für alle Dateien dieses Speichermediums gilt (genauer gesagt, gilt diese Rechtevergabe für die jeweilige Partition auf dem Speichergerät).

Jetzt zeige ich Ihnen, wie Sie diese »globalen« Zugriffsrechte setzen. Hängen Sie zunächst Ihr Speichermedium wieder wie zuvor gezeigt aus dem Dateisystem aus. Sie können nun folgende Optionen für die gesamte einzuhängende Partition vergeben:

- den Besitzer aller Dateien und aller Verzeichnisse
- die besitzende Gruppe für alle Dateien und Verzeichnisse
- die Zugriffsrechte getrennt für Dateien und Verzeichnisse

Diese Optionen geben Sie in Form einer Liste an, die Sie mit dem einleitenden Parameter `-o` nach dem `mount`-Kommando anhängen. Die einzelnen Optionen trennen Sie mit Kommata ohne Leerzeichen.

Die Einstellung von Besitzer und besitzender Gruppe ist relativ einfach. Für den Besitzer definieren Sie die Option `uid=` als Kurzform von *user ID*. Sie hängen dann einfach den jeweiligen Benutzernamen an. Für die besitzende Gruppe gilt analog `gid=` als Kurzform für *group ID*.

Die Vergabe der Zugriffsrechte ist schwieriger. Die Eingabe erfolgt im *maskierten Oktalmodus* in Form einer Zifferngruppe. Bitte lesen Sie hierfür zuerst die Ausführungen zur »kryptischen Rechtevergabe im Oktalmodus«, die Sie in Abschnitt 4.4 finden. Dort haben Sie gelernt, wie Sie Zugriffsrechte im Oktalmodus setzen, bei dem es für jedes Recht eine Ziffer gibt. Die Ziffern werden addiert, wenn mehrere Rechte vergeben werden sollen. Jetzt bekommen Sie es aber mit dem maskierten Oktalmodus zu tun. Hierbei müssen Sie das errechnete Recht im Oktalmodus von der Ziffer 7 abziehen. Ein Beispiel: Sie möchten für eine Datei ausschließlich Leserechte vergeben. Dafür steht im Oktalmodus die Ziffer `4`. Im maskierten Oktalmodus gilt: 7 – 4 = 3. Sie müssen also eine `3` setzen. So können Sie schließlich die Rechte für Verzeichnisse in Form der `dmask` und die Rechte für Dateien in Form einer `fmask` angeben. *d* und *f* stehen natürlich für *directory* beziehungsweise *file*. Es werden immer vier Ziffern eingegeben. Die erste Ziffer ist für die Anwendungen in diesem Buch stets eine Null. Es folgen – wie im Oktalmodus – die Rechte für den Besitzer, dann die besitzende Gruppe und dann die Rechte für alle anderen.

Dazu ein Beispiel: Sie möchten die Partition */dev/sda1*, die zu einem USB-Stick gehört, in das Verzeichnis */media/usbspeicher* einbinden, wie Sie es in Abbildung 4.27 sehen.


```
hans@piserver:~$ sudo mount /dev/sda1 /media/usbspeicher/
hans@piserver:~$ ls -lha /media/usbspeicher/
insgesamt 8,0K
drwxr-xr-x 2 root root 4,0K Jan  1  1970 .
drwxr-xr-x 3 root root 4,0K Mai  5 17:02 ..
-rwxr-xr-x 1 root root    0 Mai  5  2020 Textdatei1.txt
-rwxr-xr-x 1 root root    0 Mai  5  2020 Textdatei2.txt
-rwxr-xr-x 1 root root    0 Mai  5  2020 Textdatei3.txt
hans@piserver:~$
```

Abbildung 4.27 »mount« ohne angepasste Rechte

Sie möchten, dass der Besitzer der Dateien auf den Benutzer *hans* gesetzt wird. Die Dateien sollen der Gruppe *users* gehören. Der Besitzer und die Gruppe sollen volle Zugriffsrechte erhalten. Alle anderen dürfen die Dateien nur lesen. Jetzt müssen Sie beachten, dass Sie für Verzeichnisse das Ausführrecht setzen müssen, damit sich ein Benutzer ihren Inhalt anzeigen lassen kann. Sie möchten also im klassischen symbolischen Modus folgende Rechte vergeben: für Dateien `rwx rwx r--` und für Verzeichnisse: `rwx rwx r-x`.

Daraus ergibt sich im Oktalmodus: für Dateien `0774` und für Verzeichnisse: `0775`.

Im maskierten Oktalmodus (jede Ziffer von 7 abziehen, die Null bleibt vorweg) ergibt sich also für Dateien `0003` und für Verzeichnisse `0002`.

Jetzt müssen Sie folgenden `mount`-Befehl ausführen:

```
sudo mount -o uid=hans,gid=users,fmask=0003,dmask=0002 /dev/sda1 /media/usb-
speicher
```

```
hans@piserver:~$ sudo mount -o uid=hans,gid=users,fmask=0003,dmask=0002 /dev/sda1 /media/usbspeicher/
hans@piserver:~$ ls -lha /media/usbspeicher/
insgesamt 8,0K
drwxrwxr-x 2 hans users 4,0K Jan  1  1970 .
drwxr-xr-x 3 root root  4,0K Mai  5 17:02 ..
-rwxrwxr-- 1 hans users    0 Mai  5  2020 Textdatei1.txt
-rwxrwxr-- 1 hans users    0 Mai  5  2020 Textdatei2.txt
-rwxrwxr-- 1 hans users    0 Mai  5  2020 Textdatei3.txt
hans@piserver:~$
```

Abbildung 4.28 Angepasste Rechte für »mount«

Wie zuvor erwähnt, werden die einzelnen Optionen mit Kommata getrennt, sie stehen jedoch ohne Leerzeichen hintereinander weg. Nebenbei müssen Sie natürlich sicherstellen, dass die angedachten Benutzer auch Mitglied der Gruppe *users* sind. Wie Sie Benutzer zu einer Gruppe hinzufügen, haben Sie in Abschnitt 4.8.8 gelernt, dafür dient der (angepasste) Befehl:

```
sudo usermod -aG users benutzername
```

Falls es auf Ihrem Rechner noch keine Gruppe *users* gibt, dann müssen Sie sie mit dem Befehl

```
sudo addgroup users
```

erstellen. Auf diese Weise können Sie auch Gruppen mit anderem Namen für eigene Konfigurationen anlegen.

Ein zweites Beispiel: Sie möchten, dass die eingehängten Daten dem Benutzer *hans* gehören. Die Gruppe interessiert Sie nicht, Sie möchten nur *hans* betrachten und ihn als einzigen Benutzer erlauben. Sie können nun die Gruppe auf *root* setzen oder ebenfalls *hans* eintragen, denn es gibt stets eine Gruppe mit dem Namen des Benutzers, in der normalerweise nur dieser Mitglied ist. Alle anderen sollen keinerlei Zugriffsrechte haben. Sie möchten also im Oktalmodus folgende Rechte vergeben: Dateien und Verzeichnisse: 0770. Daraus wird im maskierten Oktalmodus: 0007. Also müssen Sie folgenden Befehl zum Einhängen verwenden:

```
sudo mount -o uid=hans,gid=hans,fmask=0007,dmask=0007 ⮐
  /dev/sda1 /media/usbspeicher
```

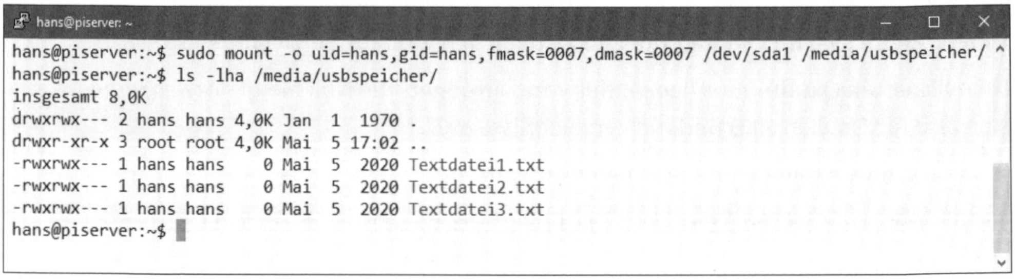

Abbildung 4.29 Stark eingeschränkte Rechte für »mount«

Natürlich können Sie sich nach diesem Muster beliebige eigene Rechtekombinationen erstellen. Der Befehl zum Aushängen bleibt hiervon jedoch unberührt, es gilt exakt das, was Sie zuvor gelernt haben.

4.10.8 Grundsätzliches zum automatischen Mounten

Sie haben in den vorherigen Abschnitten das manuelle Einbinden eines beliebigen USB-Speichermediums in das Dateisystem kennengelernt. Sie sind nun in der Lage,

USB-Speichergeräte mit verschiedenen Dateisystemen (dazu gehören natürlich auch die unter Linux verwendeten ext-Formate) zu verwenden. Dies ist jedoch bisher ein rein manueller Vorgang, der bei jedem Anschließen und Abstecken eines Speichermediums sowie bei jedem Rechnerneustart auszuführen ist. Das ist wenig komfortabel und lässt sich zum Glück auch automatisieren. Die folgenden Abschnitte beschreiben mehrere Möglichkeiten, mit denen sich der Mount-Vorgang automatisieren lässt. Sie können auf Ihrem Server problemlos alle Optionen realisieren oder sich nur bestimmte Optionen heraussuchen. Es kommt nicht zu einer gegenseitigen Beeinflussung.

Im nächsten Abschnitt betrachte ich die Option, beliebige USB-Speichergeräte automatisch in das Dateisystem einzubinden. Sie können damit jeden funktionierenden USB-Stick anschließen, dem automatisch ein Verzeichnis unterhalb von */media* zugewiesen wird. Somit können Sie den Speicherplatz Ihres Servers praktisch unbegrenzt erweitern. Dieser Vorgang entspricht in etwa dem, was Sie von Ihrem Desktopcomputer gewohnt sind.

Diese Option hat jedoch einen Nachteil, den ich später noch ausführlicher behandeln werde: Das Mount-Verzeichnis ist mehr oder weniger variabel. Wenn ein bestimmter Dienst seine Daten unter einem festen Dateipfad erwartet, ist dies ungünstig. Deswegen gibt es auch die Option, einen bestimmten Datenträger (und nur ihn) stets in einem ganz bestimmten Dateipfad einzuhängen. Diese Option werde ich in Abschnitt 4.10.10, »Automatisierter Mount-Vorgang mit festem Verzeichnispfad«, besprechen. Sie können diese Option parallel zum allgemeinen automatischen Mount-Vorgang einrichten. Sollten Sie jedoch nur mit speziellen Speichermedien arbeiten wollen und nicht an einem allgemeinen automatischen Mount-Vorgang beliebiger Medien interessiert sein, dann können Sie sich auch nur auf die spezialisierte Option konzentrieren und den folgenden Abschnitt überspringen. Dies kann für einen Server aus Sicherheitsgründen sogar die bessere Lösung sein. An einem Server sollten Speichermedien nämlich üblicherweise längerfristig verfügbar sein und nicht zu beliebigen Zeitpunkten getauscht werden. Da dies jedoch je nach Aufgabenstellung – insbesondere in einem Heimnetz – durchaus erforderlich werden kann, werde ich diesen Punkt nachfolgend besprechen.

4.10.9 Automatisierter Mount-Vorgang mit beliebigen USB-Speichermedien

Jetzt geht es um den automatischen Mount-Vorgang beliebiger (funktionierender und unterstützter) USB-Speichergeräte. Diese Option ist hauptsächlich dann interessant, wenn Sie häufig externe Speichermedien anschließen wollen, weil Sie mit diesen Medien Daten austauschen möchten. Dies kann beispielsweise der Fall sein, wenn Sie neue Fotos zur Fotosammlung auf dem Haupt-Speichermedium des Servers hinzufügen wollen. Oder Sie möchten Daten vom Haupt-Speichermedium des Servers auf ein externes Speichermedium verschieben, weil die Daten an einem anderen Ort weiterbearbeitet werden sollen. Das Automatisieren ist dann von Relevanz, wenn dieser Vorgang bei Ihnen häufiger ausgeführt wird. Wenn diese Aufgabe bei Ihnen nur gelegentlich ansteht, dann können Sie diesen Vorgang jedoch auch einfach manuell durchführen, wie ich es zuvor gezeigt habe.

Wenn Sie den Mount-Vorgang beliebiger Medien automatisieren möchten, dann ist eine kleine Skriptsammlung mit dem Namen `usbmount` hilfreich, die Ihnen die Aufgabe des Ein- und Aushängens von Speichermedien abnimmt. Installieren Sie das Paket einfach mit dem Befehl

```
sudo apt install usbmount
```

Bestätigen Sie die gewohnte Installationsrückfrage. Beachten Sie wie immer, dass Sie gegebenenfalls die Liste der Paketquellen aktualisieren müssen (und dafür den Befehl `sudo apt update` verwenden).

Nach der Installation werfen Sie bitte einen Blick in den Inhalt von */media* (mit den Befehlen `cd /media` und dann `ls`). Sie werden sehen, dass es dort nun eine ganze Reihe neuer Verzeichnisse gibt:

```
usb usb0 usb1 usb2 usb3 usb4 usb5 usb6 usb7
```

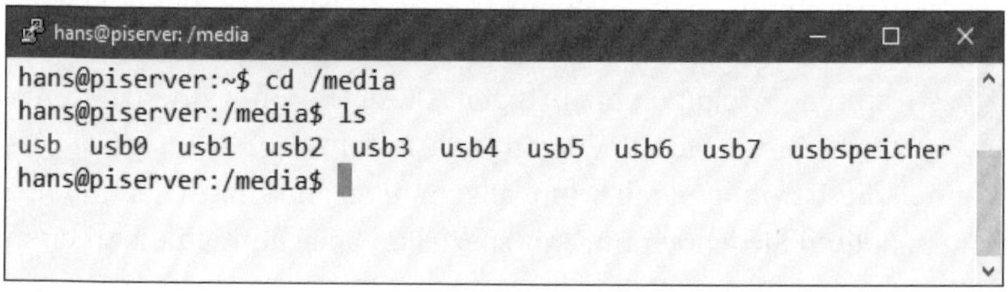

Abbildung 4.30 Der Inhalt von »/media« nach Installation von »usbmount«

Nun müssen Sie noch einige Konfigurationsschritte ausführen und eine Konfigurationsdatei anlegen. Erstellen Sie dafür unterhalb des Verzeichnisses */etc/systemd/system* zunächst folgendes Verzeichnis:

```
sudo mkdir /etc/systemd/system/systemd-udevd.service.d
```

Jetzt öffnen Sie den Texteditor `nano` und darin folgende neue Datei:

```
sudo nano /etc/systemd/system/systemd-udevd.service.d/⮐
  00-custom-mountflags.conf
```

Geben Sie folgenden Inhalt in die Datei ein:

```
[Service]
PrivateMounts=no
```

Beenden Sie anschließend `nano`, und speichern Sie die Datei mit der Tastenkombination `Strg`+`x` und einer anschließenden Bestätigung ab.

Jetzt müssen Sie noch den Service `udev` neu starten, der sich um die automatische Erkennung von neuen Geräten kümmert:

```
sudo systemctl daemon-reexec
```

```
sudo service systemd-udevd restart
```

Damit ist die Konfiguration abgeschlossen.

Wenn Sie nun ein USB-Speichergerät anschließen (verwenden Sie zunächst unbedingt eines mit einem FAT32- oder Linux-Dateisystem), dann wird es automatisch in das Dateisystem eingehängt. Verwendet wird dazu das nächste noch unbenutzte Verzeichnis aus der soeben vorgestellten Verzeichnisliste. Das erste Gerät erhält also *usb0*, das zweite *usb1*, und so weiter. Das Verzeichnis *usb* ohne eine Ziffer stellt lediglich eine Verknüpfung zum Verzeichnis *usb0* dar. Probieren Sie es einmal aus.

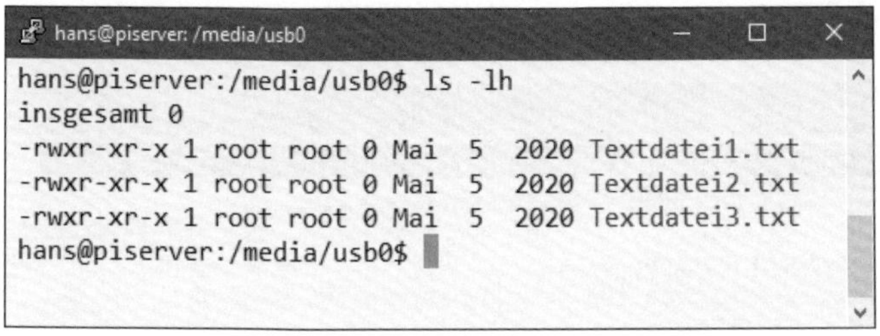

Abbildung 4.31 Inhalt eines automatisch eingehängten Speichersticks

Navigieren Sie in das entsprechende Verzeichnis, und lassen Sie sich die Dateien anzeigen. Nun können Sie das Speichergerät wieder abstecken (ohne ein vorheriges manuelles Aushängen), und Sie werden sehen, dass sich im entsprechenden Verzeichnis keine Dateien mehr befinden. Ist das nicht praktisch? Sie sollten jedoch vor dem Aushängen das aktuelle Verzeichnis verlassen. Wechseln Sie am besten direkt in das Verzeichnis */media*. Wenn Sie nach dem Abstecken wieder im jeweiligen Verzeichnis */media/usbX* nachsehen, dann werden Sie feststellen, dass der USB-Speicher korrekt ausgehängt wurde.

Wenn Sie jetzt ein wenig mit den eingehängten Speichermedien arbeiten, dann fällt Ihnen vielleicht etwas bereits Bekanntes auf: Wenn Sie ein FAT32-formatiertes Speichermedium in das Dateisystem einhängen, dann gehört das Mount-Verzeichnis dem *root*-Benutzer. Nur dieser Benutzer hat Schreibzugriffsrechte. Alle anderen Benutzer dürfen die Daten nur lesen. Das können Sie mit dem Befehl `ls -lha` im jeweiligen Verzeichnis überprüfen. Natürlich können Sie das auch mit `usbmount` ändern. Dabei müssen Sie exakt die Rechtevergabe verwenden, die Sie zuvor beim manuellen Mount-Vorgang kennengelernt haben. Ich möchte Ihnen hier einmal zwei Beispiele zeigen und dabei entweder grundsätzlich jedem den Schreibzugriff erlauben oder aber den Schreibzugriff nur dem Besitzer *hans* sowie den Mitgliedern der Benutzergruppe *users* gestatten.

Bevor es mit der Konfiguration losgeht, sollten Sie jedoch zunächst eine Sicherheitskopie der Konfigurationsdatei anlegen:

```
sudo cp /etc/usbmount/usbmount.conf ⮐
  /etc/usbmount/usbmount.conf.orig
```

Wenn etwas schiefläuft, dann können Sie diese Sicherungskopie wieder mit dem Befehl

```
sudo cp /etc/usbmount/usbmount.conf.orig ⮐
  /etc/usbmount/usbmount.conf
```

zurückspielen.

Beim ersten Beispiel erlauben Sie den Schreibzugriff für jedermann. Dazu öffnen Sie die Konfigurationsdatei von `usbmount` mit dem Texteditor über folgenden Befehl:

```
sudo nano /etc/usbmount/usbmount.conf
```

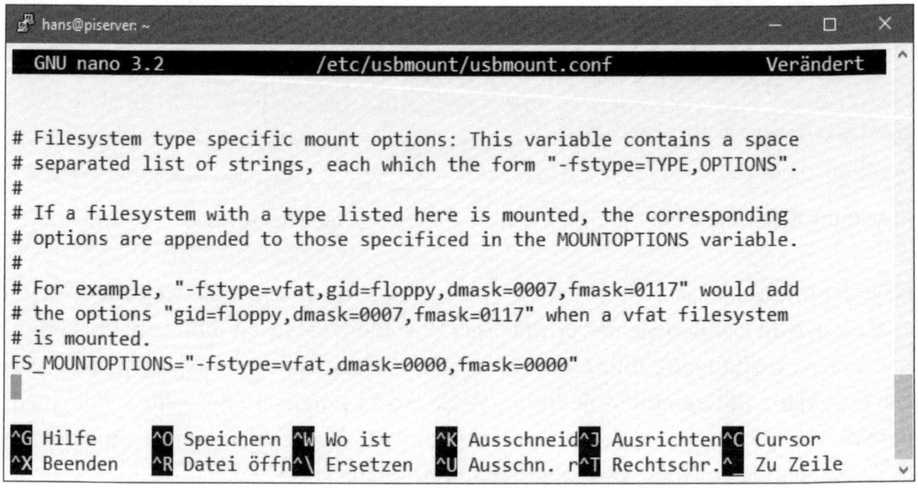

Abbildung 4.32 Die Datei »/etc/usbmount/usbmount.conf«

Suchen Sie nach dem Eintrag

```
FS_MOUNTOPTIONS=""
```

der sich etwas weiter unten in der Datei befindet (nutzen Sie zum Suchen gegebenenfalls das Tastaturkommando `Strg`+`w`). In diesem Eintrag spezifizieren Sie die Optionen. Hierbei dürfen Sie jedoch nicht – wie beim manuellen Einhängen – den Parameter `-o` verwenden. Stattdessen müssen Sie das verwendete Dateisystem spezifizieren. Dafür dient der einleitende Parameter `-fstype`. Für das FAT32-Dateisystem müssen Sie hier `vfat` eintragen. Zwischen `vfat` und `FAT32` gibt es eigentlich grundlegende Unterschiede, meistens werden die Begriffe jedoch – was nicht korrekt, aber trotzdem recht geläufig ist – synonym verwendet. Alle Optionen werden mit Kommata ohne Leerzeichen getrennt. Ändern Sie den Eintrag also so ab, dass er folgende Form annimmt:

```
FS_MOUNTOPTIONS="-fstype=vfat,dmask=0000,fmask=0000"
```

Achten Sie bitte noch einmal darauf, dass in der Liste, die von den Anführungszeichen umschlossen wird, keine Leerzeichen nach den Kommata stehen. Beachten Sie, dass hier kein Benutzer und keine Gruppe spezifiziert wurde. Das braucht man in diesem Fall auch nicht, weil der Zugriff sowieso für alle komplett erlaubt wurde. Besitzer und Gruppe verbleiben in der Einstellung *root*. Natürlich könnten Sie auch eine Gruppe und einen Besitzer angeben (was aber keine Auswirkung hätte).

Drücken Sie nun die Tastenkombination [Strg]+[x]. nano fragt, ob Sie Ihre Änderungen abspeichern wollen, was Sie bejahen, indem Sie [j] eingeben. Anschließend drücken Sie auf [↵]. Dies wird den Texteditor beenden.

Ein Neustart eines Dienstes ist nicht nötig, beim nächsten Anstecken eines USB-Speichers (mit einem FAT32-Dateisystem) werden alle Benutzer vollständigen Lese-, Schreib- und Ausführzugriff haben.

Nun folgt Beispiel zwei. Hier erlauben Sie den schreibenden Speicherzugriff nur dem Nutzer *hans* und den Mitgliedern der Gruppe *users*. Auch hierfür ändern Sie wieder den Eintrag `FS_MOUNTOPTIONS` in der Konfigurationsdatei von `usbmount`, die Sie zuerst öffnen:

```
sudo nano /etc/usbmount/usbmount.conf
```

Suchen Sie wieder nach dem Eintrag

```
FS_MOUNTOPTIONS=
```

und ändern Sie ihn so ab, dass er folgenden Inhalt bekommt:

```
FS_MOUNTOPTIONS="-fstype=vfat,uid=hans,gid=users,dmask=0002,fmask=0003"
```

Auch hier sei darauf hingewiesen, dass nach den Kommata kein Leerzeichen steht. Speichern Sie die Datei, und beenden Sie nano mit der Tastenkombination [Strg]+[x] und einer Bestätigung. Dieser Eintrag wird dazu führen, dass der Benutzer *hans* und alle Mitglieder der Gruppe *users* vollständige Lese-, Schreib- und Ausführrechte bekommen. Alle anderen erhalten Leserechte für Dateien, aber keine Schreib- und Ausführrechte (mit Ausnahme von Verzeichnissen).

Natürlich können Sie auch eigene Rechte vergeben, wie ich es zuvor gezeigt habe.

Beachten Sie aber, dass alle Rechteänderungen grundsätzlich auf alle USB-Speichergeräte gleichzeitig wirken und nicht nur auf ein bestimmtes Modell.

Bislang funktioniert `usbmount` noch nicht automatisch mit Sticks, die mit dem NTFS oder dem exFAT-Dateisystem formatiert sind. Wenn Sie auch mit solchen USB-Sticks arbeiten möchten, dann müssen Sie die Konfiguration von `usbmount` noch etwas anpassen. Dazu öffnen Sie wieder die Konfigurationsdatei:

```
sudo nano /etc/usbmount/usbmount.conf
```

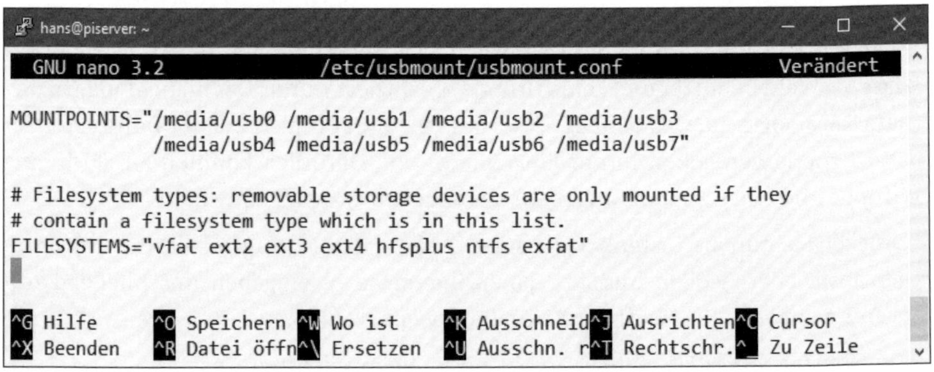

Abbildung 4.33 Dateisysteme in der Datei »/etc/usbmount/usbmount.conf« hinzufügen

Suchen Sie in dieser Datei nach folgender Zeile (die relativ weit oben in der Datei steht):

```
FILESYSTEMS="vfat ext2 ext3 ext4 hfsplus"
```

Ergänzen Sie am Schluss das Element `ntfs` und/oder das Element `exfat`. Die Zeile sollte dann beispielsweise so aussehen:

```
FILESYSTEMS="vfat ext2 ext3 ext4 hfsplus ntfs"
```

Wie Sie übrigens der Zeile entnehmen können, werden nicht nur das Windows-Format FAT und die Linux-Formate ext, sondern auch Speichermedien im Format HFS+ automatisch unterstützt. Speichern Sie anschließend die Datei ab, und beenden Sie `nano` auf die übliche Weise. Von nun an werden auch USB-Sticks automatisch eingebunden, die mit NTFS oder dem exFAT-Dateisystem arbeiten. Voraussetzung ist selbstredend, dass das Betriebssystem über die entsprechenden Komponenten zum Umgang mit diesen Dateisystemen verfügt. NTFS-Speichersticks werden zunächst wieder so eingebunden, dass jeder Benutzer volle Zugriffsrechte erhält. Sie können aber auch wie zuvor für beide Dateisysteme die Zugriffsrechte beschränken. Die Einstellungsmöglichkeiten für NTFS- und exFAT-formatierte Datenträger sind die gleichen wie für VFAT-Systeme. Die Optionen werden am besten für alle Dateisysteme unabhängig definiert, aber in dieselbe Zeile geschrieben. Möchten Sie also Optionen sowohl für VFAT- als auch für NTFS-formatierte Datenträger einstellen, dann müssen Sie (alleinig) folgende `FS_MOUNTOPTIONS` eingeben:

```
FS_MOUNTOPTIONS="-fstype=vfat,gid=users,dmask=0002,fmask=0003 ⤶
  -fstype=ntfs,gid=users,dmask=0002,fmask=0003"
```

Suchen Sie also wieder die bisherige Zeile `FS_MOUNTOPTIONS`, und ändern Sie sie so, dass sie obigen Inhalt annimmt. Wie Sie sehen, werden die Optionen für die beiden Dateisysteme durch ein Leerzeichen getrennt. Dieses ist das einzige Leerzeichen in dem Ausdruck. Sie können gegebenenfalls unterschiedliche Optionen für beide Datenträgerformate wählen. Es ist ebenso möglich, nur für eines der beiden Systeme Optionen anzugeben. Für das exFAT-Format gelten analoge Einstellungen. An dieser Stelle kommt es leider gegebenenfalls unter Raspberry Pi OS mit NTFS-formatierten Speichermedien zu Problemen. Diese äußern sich darin, dass Sie nicht auf die Speichermedien zugreifen können, sondern eine Fehlermeldung erhalten: `Zugriff auf /media/usb0 nicht möglich: Der Socket ist nicht verbunden`.

Dies betrifft stets den automatischen Mount-Vorgang (manuell wird es ohne Probleme funktionieren). Wenn der Zugriff bei Ihnen nicht funktionieren sollte, dann hilft es nur, auf ein anderes Dateisystem auszuweichen oder den Stick manuell in das Dateisystem einzubinden.

Die nette Hilfestellung `usbmount` hat jedoch noch einen wichtigen Nachteil, den ich zuvor schon besprochen hatte: Was passiert, wenn Sie in beliebiger Reihenfolge USB-Speichergeräte anschließen? Nun, diese erhalten natürlich beliebige Mount-Punkte, je nachdem, welcher *usbX*-Eintrag im Verzeichnis */media/* als nächster noch frei ist. Was aber, wenn eines davon ein »wichtiges« Gerät ist, auf das beispielsweise Ihre Nextcloud oder Ihr Medienserver zugreifen soll? Diese Programme sind schließlich so konfiguriert, dass sie einen festen Verzeichnispfad erwarten. Beispielsweise könnte der Fileserver-Dienst Samba immer das Verzeichnis */media/usb0* freigeben – aber was ist, wenn der USB-Stick plötzlich unter */media/usb1* eingehängt wurde? Sie sehen: Noch sind Sie nicht am Ziel. Sie müssen erst sicherstellen, dass ein bestimmtes Gerät immer in einem festen Verzeichnispfad eingehängt wird. Dieser Pfad darf nicht versehentlich von anderen Geräten verwendet werden.

4.10.10 Automatisierter Mount-Vorgang mit festem Verzeichnispfad

Ich möchte Ihnen nun zeigen, wie Sie den automatischen Mount-Vorgang so einstellen, dass ein bestimmtes Gerät immer in einem ganz bestimmten Verzeichnispfad eingehängt wird. Küren Sie nun einen Ihrer USB-Sticks zum »Hauptstick«. Dieser soll von nun an stets im Verzeichnis */media/hauptstick* eingehängt werden. Sie benötigen für diesen Schritt nicht die zuvor installierte Komponente `usbmount`. Wenn Sie sie nicht installieren, dann werden andere USB-Sticks als Ihr Hauptstick nicht automatisch in das Dateisystem eingebunden. Sie können `usbmount` jedoch auch zusätzlich installieren. Dann wird jeder andere USB-Stick in der Liste */media/usbX* erscheinen, ganz gleich, ob der Hauptstick bereits angeschlossen ist oder nicht. Natürlich können Sie auch mehrere dieser »speziellen« Hauptgeräte anlegen, indem Sie die Anleitung einfach duplizieren. Selbstverständlich ist anstelle eines USB-Speichersticks auch eine USB-Festplatte möglich..

Es ist offensichtlich, dass diese feste Zuordnung von Speichergerät und Dateipfad sehr wichtig ist, insbesondere für einen Server. Sobald Sie nämlich ein externes Speichermedium für einen beliebigen Serverdienst verwenden möchten, muss es immer unter einem gleichbleibenden Pfad verfügbar sein, sonst gibt es unweigerlich Probleme. Um die folgende Einstellung kommen Sie also nicht herum. Die folgenden Schritte verlangen Ihre absolute Aufmerksamkeit, denn Tippfehler führen schnell »ins Aus«. Es ist besonders wichtig, dass Sie alle Befehle sehr gründlich befolgen. Achten Sie unbedingt auch auf eventuelle Leerzeichen, und kontrollieren Sie alle Eingaben, bevor Sie [↵] drücken.

Bevor Sie richtig beginnen, legen Sie mit diesem Befehl zunächst erst einmal das (Beispiel-)Verzeichnis an, in das Ihr Hauptstick eingebunden werden soll:

```
sudo mkdir /media/hauptstick
```

Wenn Sie später noch weitere Geräte hinzufügen wollen, müssen Sie weitere eigenständige Einhängepunkte definieren. Sie können jederzeit auch einen alternativen eigenen Verzeichnisnamen benutzen.

Sie haben nun zwei Möglichkeiten: Entweder Sie streben eine möglichst hohe Flexibilität an, oder Sie möchten lieber mit einem »festgezurrten« System arbeiten. Überlegen Sie sich, ob Sie Ihre Haupt-USB-Speichergeräte, die den Speicherplatz für Ihre Serverdienste bereitstellen, auch während des Betriebs an- und abstecken möchten oder müssen. Wie ganz zu Beginn erwähnt, sollten diese Speichergeräte für den Einstieg am besten ständig mit dem Server verbunden und bereits während des Bootvorgangs angeschlossen sein. Wie beschrieben finden die Serverdienste einen inkonsistenten Datenbestand vor, wenn die Geräte während des Betriebs entfernt werden. Das ist oftmals nicht schlimm, kann aber dazu führen, dass Sie beispielsweise die Datenbank des Medienservers einmal aktualisieren müssen. Gelegentlich kann es jedoch in einem Heimnetzwerk erforderlich sein, einen Datenträger während des Betriebs zu entfernen, beispielsweise dann, wenn eine umfangreiche Filmbibliothek aktualisiert werden soll und das Kopieren von vielleicht mehreren Hundert Gigabyte ansonsten über eine Netzwerkverbindung zu lange dauern würde. Wünschen Sie diese Flexibilität und möchten also auch die Haupt-Speichergeräte während des Betriebs an- und abstecken, dann sollten Sie zuerst die sogenannten *udev-Regeln* nutzen, die auch während des Rechnerbetriebs arbeiten. Diese Regeln werde ich im nächsten Abschnitt besprechen. Je nach Situation führen diese Regeln unter Umständen aber auch zu Problemen. Für den Einstieg sollten Sie nicht vergessen, dass man den Server auch alternativ zu einem Zeitpunkt geringer Nutzung herunterfahren kann, um dann die Daten zu ändern. Anschließend kann der Server wieder gestartet werden.

Üblicherweise sollten die `udev`-Regeln auch erreichen, dass ein bereits beim Bootvorgang eingesteckter Haupt-USB-Stick automatisch korrekt eingebunden wird. Natürlich können Sie dann die udev-Regeln auch definieren, wenn Ihr Speichermedium im laufenden Betrieb angesteckt bleibt. Falls Ihr angeschlossenes Speichergerät nach dem Rechnerstart jedoch mit den udev-Regeln nicht automatisch am gewohnten Speicherort zur Verfügung steht, dann sollten Sie zusätzlich die anschließend beschriebenen Einstellungen in der Datei *fstab* anwenden.

Möchten Sie jedoch lieber mit einem fest verbundenen Speichermedium arbeiten, das Sie nicht während des Betriebs ab- und wieder anstecken wollen, sondern das ab dem Serverstart fest verbunden bleibt, dann ist für Sie die alleinige Nutzung der Datei *fstab* ausreichend, und Sie brauchen sich um die udev-Regeln nicht zu kümmern. Sie können dann sofort mit dem Abschnitt »Die Nutzung der Datei ›fstab‹« fortfahren.

[*]

Früher war manches anders

Nebenbei für Wissbegierige: In früheren Versionen von Debian waren unter Umständen beide Einstellungen nötig. Die udev-Regeln kümmerten sich ausschließlich darum, einen USB-Speicher während des Rechnerbetriebs korrekt in das Dateisystem einzubinden. Sie kümmerten sich nicht um Speichergeräte, die schon beim Start des Rechners angeschlossen waren. Hier sprang die Datei *fstab* ein, die wiederum nur den Systemstart überwachte. Seit der Debian-Version 8 Jessie hat es hier aber einige Änderungen gegeben, und beide Verfahren führen mehr oder weniger zum Erfolg. Bei der Nutzung der Datei *fstab* ist jedoch das automatische Aushängen während des Betriebs bei Ihrer derzeitigen Softwarekonfiguration nicht garantiert, weswegen Sie diese Option alleinstehend nur für fest verbundene Speichermedien nutzen sollten.

Wenn Sie nun etwas verunsichert sind, dann sollten Sie zunächst die Einstellungen durch Ausprobieren kennenlernen und sich dann für eine oder beide Methoden entscheiden. Sie sollten solche Tests jedoch mit einem optionalen Datenbestand (und beim Raspberry Pi mit einer zweiten Speicherkarte) durchführen, bei dem es unkritisch ist, wenn er aufgrund der Versuche einmal nicht im Netzwerk zur Verfügung steht.

Die Nutzung von »udev«-Regeln

Ich zeige Ihnen zunächst die Erstellung von udev-Regeln. udev ist ein spezielles Programm, das die Gerätedateien im Verzeichnis */dev* verwaltet und unter anderem für die Erkennung von Hotplug-Ereignissen wie dem Anstecken eines USB-Speichergerätes zuständig ist. Zunächst einmal brauchen Sie eine Eigenschaft des Hauptsticks, die diesen eindeutig identifiziert und von allen anderen USB-Speichergeräten unterscheidet, damit udev Ihren Hauptstick eindeutig erkennen kann. Eine sehr gute Eigenschaft ist die Seriennummer eines Gerätes, die sich auch bei ansonsten baugleichen

Geräten unterscheidet. Stecken Sie also zuerst einmal Ihren Hauptstick (bitte als einzigen USB-Speicher) an Ihren Home Server an.

Bitte klären Sie nun mit Hilfe des Befehls

```
sudo fdisk -l
```

hinter welcher Gerätedatei sich Ihr USB-Hauptstick verbirgt. Aber Achtung: Sie benötigen hier nicht die Partition, sondern das gesamte Gerät. Halten Sie also Ausschau nach */dev/sda* oder */dev/sdb* ohne nachfolgende Ziffern; den Eintrag finden Sie in der durch `Disk` eingeleiteten Zeile. Wenn Sie mutig sind, dann können Sie sich die Befehlsausgabe auch wieder mit dem `grep`-Befehl zurechtkürzen. Folgender Befehl listet dann nur die relevante Zeile auf, die Ihren Hauptstick enthalten wird:

```
sudo fdisk -l | grep ^"Disk /dev/sd"
```

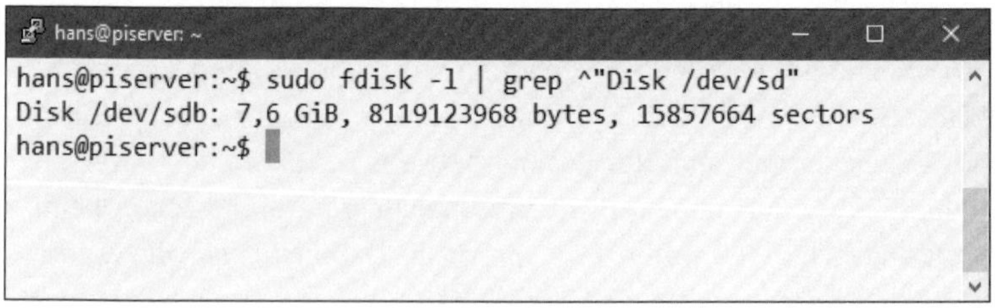

Abbildung 4.34 Die richtige Gerätedatei ermitteln

Haben Sie das Gerät in Erfahrung gebracht, so geben Sie folgenden Befehl ein:

```
sudo udevadm info -a -n /dev/sda | grep serial
```

Ersetzen Sie dabei `/dev/sda` entsprechend durch Ihr Gerät. Sie erhalten in etwa folgende Ausgabe:

```
ATTRS{serial}=="6138A3B19Q"
ATTRS{serial}=="sw-ehci"
```

Dabei wird die Seriennummer bei Ihnen natürlich völlig anders aussehen. Notieren Sie sich den Wert in der oberen Zeile zwischen den Anführungszeichen, hier also `6138A3B19Q`. Die untere Zeile braucht Sie nicht zu interessieren, eventuell wird sie bei Ihnen nicht einmal angezeigt. Achten Sie darauf, die Seriennummer korrekt abzuschreiben, besonders auch bei der Groß- und Kleinschreibung eventueller Buchstaben.

Nun müssen Sie sehr kompliziert anmutende Regeln definieren, die die entsprechende automatische Einhängung vornehmen. Hierfür bemühen Sie wieder den Texteditor `nano`. Geben Sie folgenden Befehl ein:

```
sudo nano /etc/udev/rules.d/60-usbspecialmount.rules
```

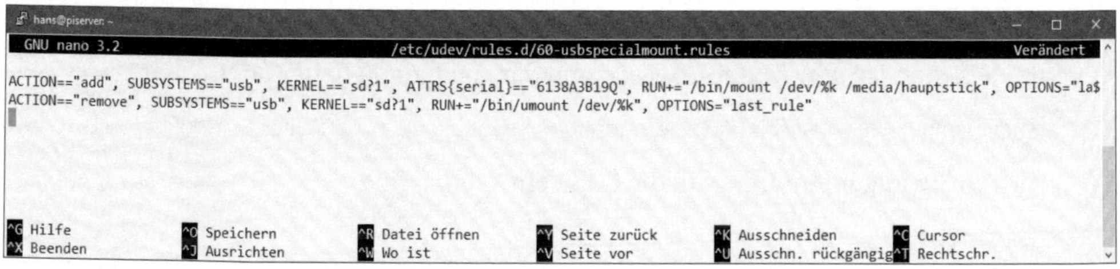

Abbildung 4.35 Die Datei »/etc/udev/rules.d/60-usbspecialmount.rules«

Es handelt sich um eine spezielle Datei, die Sie neu erstellen und die an »sechzigster« Position vom Programm udev abgearbeitet werden soll. Dieser Dateiname ist eine Spezialität von udev, die Sie aber jetzt erst einmal nicht weiter interessieren muss. Viel wichtiger ist, dass Sie folgende Zeilen fehlerfrei eingeben. Achten Sie auf die Groß- und Kleinschreibung und auch auf die Leerzeichen. Ersetzen Sie dabei die Beispielseriennummer 6138A3B19Q durch Ihre Seriennummer, so wie Sie sie sich notiert haben. Die Seriennummer muss von Anführungszeichen umschlossen werden. Aus Platzgründen müssen in diesem Buch die Einträge auf mehrere Zeilen verteilt werden. Verwenden Sie für jeden der folgenden zwei Einträge (die jeweils mit ACTION beginnen) wie in Abbildung 4.35 gezeigt jedoch nur eine Zeile ohne Umbrüche:

```
ACTION=="add", SUBSYSTEMS=="usb", KERNEL=="sd?1", ATTRS{serial}=="6138A3B19Q", ↩
  RUN+="/bin/mount /dev/%k /media/hauptstick", OPTIONS="last_rule"
ACTION=="remove", SUBSYSTEMS=="usb", KERNEL=="sd?1", RUN+="/bin/umount ↩
  /dev/%k", OPTIONS="last_rule"
```

Beachten Sie, dass nach den Kommata stets ein Leerzeichen steht. Die erste Zeile dient der Erkennung des neu angeschlossenen Hauptsticks. Sie enthält den Befehl zum Einhängen des Speichermediums in das Dateisystem. Die zweite Zeile enthält den Befehl, der beim Abstecken des Speichermediums ausgeführt wird. Beachten Sie: Dieser Befehl muss nicht speziell für den Hauptstick angepasst werden. Stattdessen entfernt er einfach das gerade abgesteckte Speichergerät aus dem Dateisystem. Bitte machen Sie sich mit dieser Logik vertraut. Der spezielle Ausdruck sd?1 fängt alle relevanten Geräte ab, bei denen sich das Fragezeichen durch einen beliebigen Buchstaben ersetzen lässt. Somit ist die Regel stets gültig, auch wenn mehrere Speichergeräte angeschlossen sind. Die korrekte Auswahl geschicht einzig über die Seriennummer.

Speichern Sie die Datei ab, und beenden Sie nano. Dafür betätigen Sie wieder die Tastenkombination [Strg]+[x] und bestätigen die Sicherheitsfrage mit den Tasten [j] und [↵].

Nun müssen Sie noch einige Konfigurationsschritte ausführen und eine Konfigurationsdatei anlegen. Dies ist nur erforderlich, wenn Sie die folgenden Schritte nicht schon bei der Einrichtung von usbmount durchgeführt haben: Erstellen Sie zunächst unterhalb des Verzeichnisses */etc/systemd/system* folgendes Verzeichnis:

```
sudo mkdir /etc/systemd/system/systemd-udevd.service.d
```

Jetzt öffnen Sie den Texteditor nano und darin folgende neue Datei:

```
sudo nano /etc/systemd/system/systemd-udevd.service.d/00-custom-mountflags.conf
```

Geben Sie folgenden Inhalt in die Datei ein:

```
[Service]
PrivateMounts=no
```

Beenden Sie anschließend nano, und speichern Sie die Datei mit der Tastenkombination [Strg]+[x] und einer anschließenden Bestätigung ab.

Jetzt müssen Sie noch den Service udev neu starten, der sich um die automatische Erkennung von neuen Geräten kümmert:

```
sudo systemctl daemon-reexec
```

```
sudo service systemd-udevd restart
```

```
sudo service udev restart
```

Das war es schon. Nun können Sie Ihren Hauptstick entfernen und neu einstecken und prüfen, ob er auch tatsächlich im Verzeichnis */media/hauptstick* eingehängt wird. Wenn nicht, überprüfen Sie nochmals alle Schritte. Wenn alles funktioniert, dann stecken Sie bitte noch einen weiteren USB-Stick an, ziehen danach den Hauptstick wieder ab und prüfen bei jedem Schritt die Verzeichnisinhalte in */media*. Der Hauptstick wird immer im Verzeichnis */media/hauptstick* eingebunden. Haben Sie zusätzlich usbmount installiert, dann werden alle anderen Sticks in */media/usbX* eingebunden. Achten Sie aber unbedingt darauf, dass Sie das Speichergerät erst dann vom Server abstecken, wenn alle Speicherzugriffe abgeschlossen sind. Entfernen Sie das Gerät während eines Speichervorgangs, dann kann dies zu einem Datenverlust führen. Unter Umständen kommt es zu Problemen, wenn Sie sowohl usbmount als auch udev-Regeln eingerichtet haben. Sie bemerken dann, dass Ihr Hauptstick sowohl von udev als auch von usbmount eingehängt und beim Abstecken nicht automatisch von beiden Diensten wieder ausgehängt wird. In diesem Fall können Sie entweder den noch übrig gebliebenen Mount-Punkt ganz einfach manuell aushängen. Je nach Systemkonfiguration ist es auch hilfreich, zusätzlich die im nächsten Abschnitt besprochene Einstellung in der Datei *fstab* vorzunehmen. Eine weitere Alternative ist ein etwas radikaler Schritt: die Deinstallation von usbmount. Dazu nutzen Sie den Befehl

```
sudo apt remove usbmount
```

Übrigens: Diese udev-Regeln sind nicht nur auf einen einzelnen Stick beschränkt. Wenn Sie mehrere Speichermedien haben (dazu gehören auch ganz allgemein Festplatten), die immer in bestimmte Verzeichnisse eingehängt werden sollen, dann können Sie das natürlich mit der vorigen Anleitung auch erreichen. Dafür müssen Sie einfach nur wieder die Seriennummer in Erfahrung bringen (genau wie zuvor beschrieben) und in der Textdatei *60-usbspecialmount.rules* entsprechend die erste Zeile mit `ACTION=="add"` mit der weiteren Seriennummer und einem eigenen Mount-Punkt im Dateisystem duplizieren. Die zweite Zeile mit `ACTION=="remove"` steht hingehen nur einmal in dieser Datei, ganz gleich, wie viele Speichermedien Sie berücksichtigen möchten.

Auch an dieser Stelle müssen Sie sich noch einmal um die Rechte kümmern. Während es bei Linux-Dateisystemen keine Probleme gibt, müssen Sie bei Windows-Formaten wieder etwas genauer hinschauen und wiederholt etwas Hand anlegen. Bei FAT32-Systemen erhält zunächst wieder nur der *root*-Benutzer Schreibzugriff.

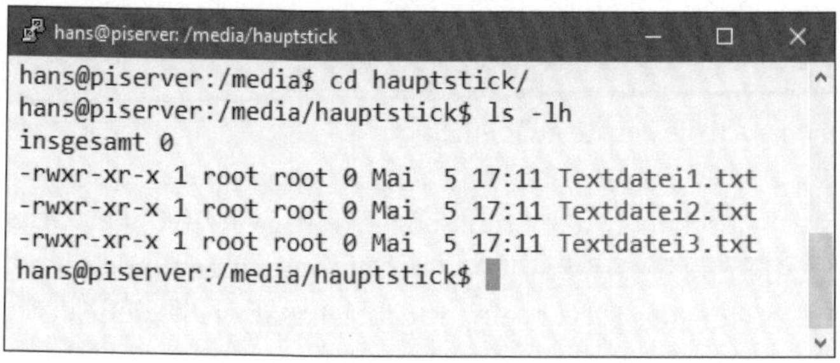

Abbildung 4.36 Noch hat nur »root« Schreibrechte.

NTFS-Dateisysteme werden erneut so eingebunden, dass alle Benutzer vollen Zugriff erhalten. Sie können jedoch auf Wunsch Anpassungen vornehmen. Es gelten wieder die zuvor besprochenen Optionen. Angenommen, Sie möchten erneut erreichen, dass nur der Benutzer *hans* und die Mitglieder der Gruppe *users* volle Zugriffsrechte erhalten und alle anderen lediglich Leserechte bekommen. Mit anderen Worten – Sie möchten die bekannten Optionen:

```
uid=hans,gid=users,dmask=0002,fmask=0003
```

setzen.

Sie fügen diese Optionen in dem Argument `RUN` der soeben bearbeiteten Ausdrücke in der Zeile `ACTION=="add"` ein. Der Ausdruck lautet bisher:

```
RUN+="/bin/mount /dev/%k /media/hauptstick"
```

Die Optionen fügen Sie nun vor dem Argument `/dev/%k` ein. Beachten Sie, dass Sie dieses Mal wieder den Parameter `-o` voranstellen müssen. Im Beispiel würde der neue Ausdruck also lauten:

```
RUN+="/bin/mount -o uid=hans,gid=users,dmask=0002,fmask=0003 /dev/%k ⮐
  /media/hauptstick"
```

Erneut stehen bei den Optionen nach den Kommata keine Leerzeichen. Die Angaben vor und nach dem `RUN`-Argument dürfen Sie nicht antasten beziehungsweise verändern. Natürlich können Sie bei Bedarf auch andere `uid`-, `gid`-, `dmask`- und `fmask`-Parameter definieren, falls dies erforderlich seien sollte. Beachten Sie insbesondere, dass diesmal die Eintragungen unabhängig vom Dateisystemtyp sind, aber nur für den konfigurierten USB-Stick gelten. Das Ergebnis sehen Sie in Abbildung 4.37.

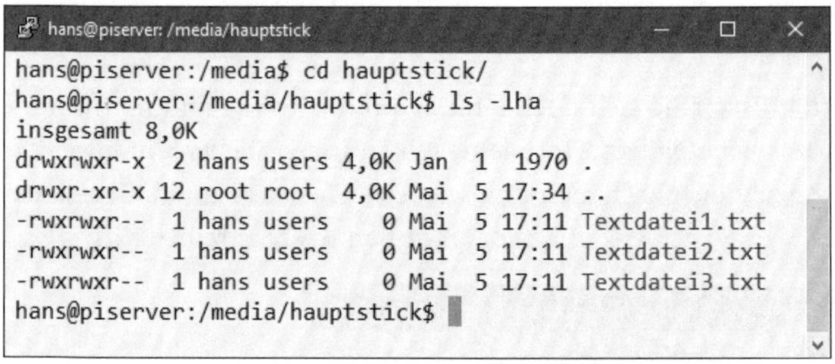

Abbildung 4.37 Nun stimmen auch die Rechte auf dem Stick.

Wenn Sie diese Methode realisiert haben, dann müssen Sie nun – wie zuvor beschrieben – klären, ob Ihr Hauptstick auch korrekt in das Dateisystem eingebunden wird, wenn er bereits beim Startvorgang des Servers eingesteckt ist. Starten Sie den Server also einmal neu, und kontrollieren Sie den Inhalt des Einhängeverzeichnisses. Wurde der USB-Stick korrekt eingebunden, dann sind Sie an dieser Stelle fertig. Wurde der Stick beim Start des Servers jedoch nicht korrekt eingebunden, dann sollten Sie auch noch den nächsten Abschnitt bearbeiten.

Die Nutzung der Datei »fstab«

Jetzt können Sie sich ansehen, wie Sie den automatischen Mount-Vorgang mit festem Dateipfad über die Datei *fstab* erweitern können. In einer früheren Version des Betriebssystems war dieser Schritt nur dafür zuständig, den USB-Speicher beim Bootvorgang korrekt einzubinden. Daher war er für alle interessant, die den Hauptstick gar nicht mehr vom Server abstecken wollten. Natürlich ist er auch interessant, wenn Sie eine externe Festplatte verwenden, die einzig für den Server vorgesehen ist. Derzeit führt auch dieser Schritt oftmals dazu, dass das Speichergerät auch während des Rechnerbetriebs angeschlossen werden kann und dann korrekt eingebunden wird. Je nach Konfiguration gibt es jedoch Probleme beim automatischen Aushängen.

Auch für die Datei *fstab* müssen Sie wieder einen Wert in Erfahrung bringen, der den Hauptstick eindeutig identifiziert, und ihn dann mit zusätzlichen Befehlen in eine Textdatei eintragen. Leider funktioniert dieser Weg nicht mit der Seriennummer des Datenträgers, sondern über die *UUID* der entsprechenden Partition. Die UUID (ausgeschrieben *Universally Unique Identifier*) identifiziert (in dieser Anwendung) direkt und eindeutig die entsprechende Partition auf Ihrem Datenträger. Stecken Sie nun Ihren Hauptstick als einziges USB-Speichermedium an Ihren Server an.

Geben Sie folgenden Befehl ein:

```
sudo blkid
```

Sie erhalten nun eine Übersicht aller am Server angeschlossener Speichermedien mit ihrer jeweiligen UUID. Zuerst ist im Beispiel die SD-Speicherkarte eines Raspberry Pi angegeben, dann folgt ein Hauptstick:

```
/dev/mmcblk0p1: UUID="CEB3-61B3" TYPE="vfat"
/dev/mmcblk0p2: UUID="f4g8ah2b-2a14-3a7e-b3a1-e237g333d3ab" TYPE="ext4"
/dev/sda1: LABEL="HAUPTSTICK" UUID="2A64-BA12" TYPE="vfat"
```

Natürlich werden `UUID` und gegebenenfalls `LABEL` bei Ihnen anders lauten. Notieren Sie sich nun die UUID für die entsprechende Partition Ihres Hauptsticks, in diesem Beispiel also `2A64-BA12`, und notieren Sie sich auch das verwendete Dateisystem, das im Eintrag `TYPE` angegeben ist, hier also `vfat`.

Nun müssen Sie in einer kritischen Systemdatei einen Eintrag hinzufügen. Dies ist die Datei */etc/fstab*. Hier müssen Sie besonders auf die richtige Eingabe achten; Tippfehler können dazu führen, dass Ihr Server nicht mehr korrekt startet.

Es schadet also tatsächlich nicht, wenn Sie sicherheitshalber an dieser Stelle Ihren Server ausschalten und ein System-Backup des Servers erstellen. Somit haben Sie einen Sicherheitsanker, falls bei den folgenden Schritten etwas schiefgeht und Ihr Server nicht mehr startet. Natürlich können Sie am Raspberry Pi diesen Vorgang auch zunächst mit einer zweiten Speicherkarte testen.

Erstellen Sie zuerst ein Backup dieser Datei:

```
sudo cp /etc/fstab /etc/fstab.orig
```

Öffnen Sie die Datei anschließend zur Bearbeitung:

```
sudo nano /etc/fstab
```

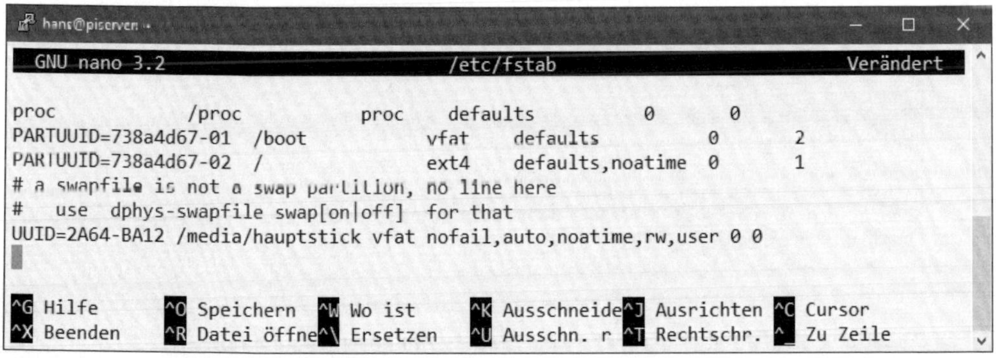

Abbildung 4.38 Die Datei »/etc/fstab« des Raspberry Pi

Die Einträge in der Datei */etc/fstab* folgen einem bestimmten Muster. Nacheinander werden folgende Werte eingegeben:

<file system> <dir> <type> <options> <dump> <pass>

Zuerst kommt das gewünschte *file system*, das ist hier die UUID Ihres Gerätes. Es folgen (mindestens) ein Leerzeichen, danach das gewünschte Einhängeverzeichnis, dann wieder ein Leerzeichen, dann das auf dem USB-Speicher verwendete Dateisystem. Nun folgen wieder ein Leerzeichen und dann eine Liste mit sehr wichtigen Optionen. Achtung: Die Optionen werden mit Kommata getrennt, zwischen denen aber kein Leerzeichen steht. Danach stehen Angaben zu einem automatisierten Backup-Lauf, die wieder mit Leerzeichen getrennt sind und (für die Anwendungen in diesem Buch) auf `0` gesetzt werden. Geben Sie ganz am Ende der Datei folgende neue Zeile ein. Ändern Sie die UUID entsprechend Ihrer Notiz, und passen Sie gegebenenfalls auch unbedingt das Dateisystem (hier VFAT) entsprechend an:

```
UUID=2A64-BA12 /media/hauptstick vfat nofail,auto,noatime,rw,user 0 0
```

Die Option `noatime` sorgt dafür, dass nicht bei jedem Dateizugriff das Zugriffsdatum in die Datei geschrieben wird. Das minimiert Schreibzugriffe und verbessert die Gesamtleistung. Die anderen Optionen sind recht speziell und für den Einstieg zunächst nicht interessant. Die einzige Ausnahme ist `nofail`. Diese Option bewirkt, dass der Rechner ganz normal startet, auch wenn Ihr Hauptstick nicht eingesteckt ist. Würde diese Angabe fehlen, dann würde der Bootvorgang anhalten. Beenden Sie `nano` mit der Tastenkombination [Strg]+[x], bestätigen Sie die Schreibfrage mit [j] und [↵]. Nun ist alles erledigt. Jetzt können Sie Ihren Server einmal mit dem Befehl

```
sudo reboot
```

neu starten. Den Hauptstick lassen Sie bitte eingesteckt. Nach dem Booten werden Sie sehen: Der Hauptstick ist sofort unter */media/hauptstick* ansprechbar. Das Booten wird auch funktionieren, wenn der Stick nicht eingesteckt ist.

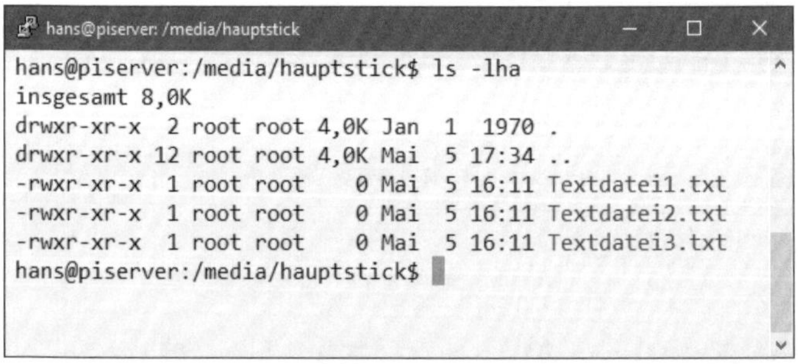

```
hans@piserver:/media/hauptstick$ ls -lha
insgesamt 8,0K
drwxr-xr-x  2 root root 4,0K Jan  1  1970 .
drwxr-xr-x 12 root root 4,0K Mai  5 17:34 ..
-rwxr-xr-x  1 root root    0 Mai  5 16:11 Textdatei1.txt
-rwxr-xr-x  1 root root    0 Mai  5 16:11 Textdatei2.txt
-rwxr-xr-x  1 root root    0 Mai  5 16:11 Textdatei3.txt
hans@piserver:/media/hauptstick$
```

Abbildung 4.39 Ihr Stick wird jetzt auch nach dem Booten eingebunden.

Jetzt müssen Sie sich noch ganz kurz um die Dateirechte kümmern. Bei einem Linux-Dateisystem gelten die dort festgelegten Rechte. Ansonsten gelten wieder die üblichen Standardwerte für NTFS- und VFAT-Dateisysteme. Sie können nun wieder optional die bekannten Parameter `uid`, `gid`, `dmask` und `fmask` so konfigurieren, wie ich es bereits mehrfach gezeigt habe. Möchten Sie erreichen, dass jeder vollen Zugriff bekommt, dann müssen Sie diese Parameter definieren:

```
dmask=0000,fmask=0000
```

Möchten Sie erreichen, dass nur der Benutzer *hans* und die Mitglieder der Gruppe *users* Schreibzugriff bekommen, dann gilt (genau wie zuvor besprochen) folgende Einstellung:

```
uid=hans,gid=users,dmask=0002,fmask=0003
```

Diese Parameter müssen Sie nun in der Datei */etc/fstab* entsprechend ergänzen. Dies machen Sie direkt bei den Optionen. Im ersten Fall würde die Zeile also lauten:

```
UUID=2A64-BA12 /media/hauptstick vfat nofail,auto,noatime,rw,user, ⮐
  dmask=0000,fmask=0000 0 0
```

Im zweiten Fall:

```
UUID=2A64-BA12 /media/hauptstick vfat nofail,auto,noatime,rw,user,uid=hans, ⮐
  gid=users,dmask=0002,fmask=0003 0 0
```

Achten Sie wieder darauf, dass zwischen den Optionen ein Komma, aber kein Leerzeichen steht.

Nach dem üblichen Abspeichern der Datei sind Sie nun aber wirklich fertig.

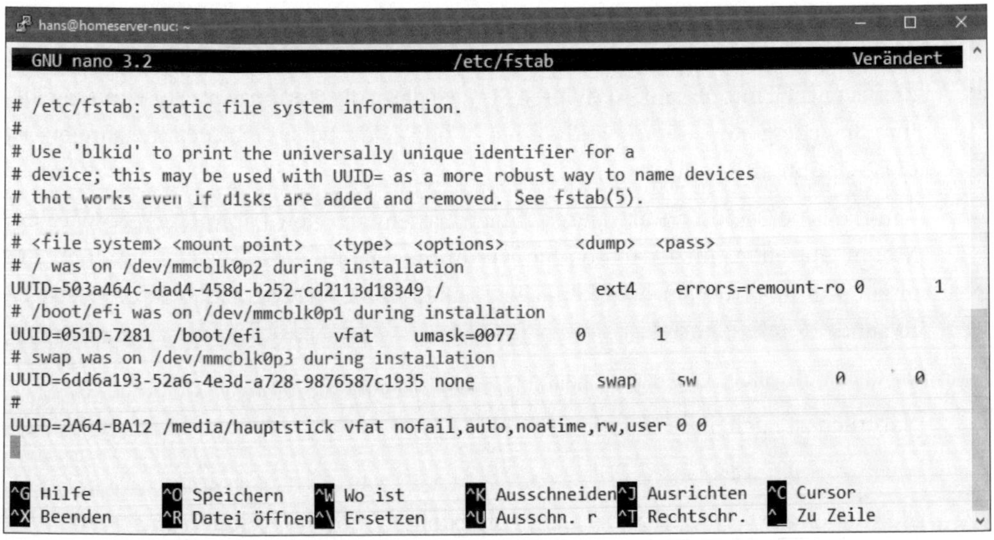

Abbildung 4.40 Die Datei »/etc/fstab« des Intel NUC ohne Anpassung der Dateirechte

4.10.11 Die Option »sync« nutzen

An dieser Stelle noch rasch ein Wort zur fakultativen Option sync. Sicherlich ist Ihnen von anderen Betriebssystemen und Computern geläufig, dass Sie einen USB-Stick nicht einfach so von einem Computer abziehen sollten, sondern dass immer empfohlen wird, ihn zuerst korrekt per Software zu entfernen. Das handhaben alle modernen Betriebssysteme so. Der Grund liegt – wie zuvor erwähnt – vor allem darin, dass man den Datenträger nicht dann abstecken sollte, wenn gerade (noch) Schreibzugriffe stattfinden. Nun gibt es je nach System eine Einstellung, dass Schreibzugriffe erst gepuffert und dann erst verzögert (oft auch erst beim Aushängen) auf dem Datenträger ausgeführt werden. Dieses Verhalten ist zunächst auch auf Ihrem Server aktiv. Es hat gewisse Vorteile hinsichtlich der Geschwindigkeit und der Abnutzung der Datenträger. Es kann also dazu führen, dass Speichervorgänge noch über einen längeren Zeitraum ausgeführt werden. Es ist dann unter Umständen gefährlich, wenn Sie den Datenträger einfach so abstecken, weil es dabei zu Datenverlust kommen kann. Sie sollten daher immer die Betriebsanzeige des USB-Speichers beobachten.

Wenn Sie feststellen, dass Speichervorgänge häufig noch dann stattfinden, wenn die eigentlichen Befehle schon längst beendet sind, dann wird in diesem Fall häufig die Option sync empfohlen. Sie führt dazu, dass Schreibzugriffe nicht gepuffert, sondern direkt auf dem Speichermedium ausgeführt werden. Sie sollten diese Option aktivieren, wenn Sie Ihre Datenträger öfter vom Rechner abstecken, ohne sie vorher korrekt auszuhängen, und wenn Sie verzögerte Speicherzugriffe feststellen. Insbesondere in Kombination mit den hier gezeigten Optionen zum automatischen Aushängen ist dies eventuell interessant. Aktivieren Sie also dann die Option sync. Für Benutzer, die ihre Speichergeräte ständig verbunden haben oder die sie manuell aushängen, ist diese Option nicht nötig.

Um die sync-Option zu aktivieren, fügen Sie einfach den Parameter zur Liste der Mount-Optionen hinzu. Achten Sie wie immer darauf, dass Sie die Optionen mit einem Komma trennen, aber kein Leerzeichen in die Liste setzen. Beispielsweise ist folgende Notation korrekt:

```
mount -o uid=hans,gid=users,sync,fmask=003,dmask=002 /dev...
```

Natürlich ist auch diese Notation korrekt:

```
mount -o sync /dev/...
```

Sie können die sync-Option bei allen vorgestellten Mount-Optionen einsetzen.

4.10.12 Einen externen Datenträger mit einem Linux-Dateisystem formatieren

Die Nutzung eines Linux-Dateisystems ist immer dann interessant, wenn das Speichermedium ausschließlich für Ihren Server bestimmt ist. Sie können dann die feingranulare Steuerung der Zugriffsrechte auf Dateiebene verwenden. Außerdem hat die Nutzung eines Linux-Systems oftmals Geschwindigkeitsvorteile. Verwenden Sie also ein festes Speichermedium für Ihren Server, dann sollten Sie seine Formatierung mit dem sogenannten *ext-Dateisystem* in Erwägung ziehen. Beachten Sie aber insbesondere, dass der Zugriffsschutz auf Dateien bei externen Datenträgern etwas problematisch ist. Sie können das Speichermedium nämlich problemlos an einem anderen Computer anschließen und dadurch (als Administrator) automatisch Vollzugriff auf alle Daten erhalten. Wenn Ihre Daten besonders schützenswert sind, dann sollten Sie den Server mit allen Speichermedien in einem (geeigneten und belüfteten) verschließbaren (Server-)Schrank betreiben. Auch die Verschlüsselung des Dateisystems kann eine Alternative darstellen.

Möchten Sie einen externen Datenträger mit einem Linux-Dateisystem formatieren, weil Sie darauf auch die Rechteverwaltung eines Linux-Dateisystems nutzen möchten, dann können Sie dies mit den folgenden Befehlen tun. Sie können dann anschließend ganz normal darauf Verzeichnisse und Dateien erstellen und verschiedene Besitzer und Zugriffsrechte definieren, genauso wie Sie es vom internen Speichermedium her kennen.

Bei der Formatierung eines Datenträgers müssen Sie sehr konzentriert vorgehen. Ein kleiner Fehler kann zum Datenverlust auf einem anderen wichtigen Speichermedium führen. Zur Sicherheit sollten Sie also alle nicht benötigten Datenträger vom Server trennen. Noch einmal zur Erinnerung: Beim Formatieren werden alle Daten, die sich auf dem Datenträger befinden, gelöscht. Zwar werden sie nicht wirklich überschrieben, aber Sie können nach der Formatierung nicht mehr auf die Daten zugreifen, der Datenträger ist »leer«. Nur mit Spezialtools und Glück lassen sich die Daten wiederherstellen. Stellen Sie vor dem Formatieren unbedingt sicher, dass sich keine wichtigen Daten auf dem Speichermedium befinden. Lassen Sie sich nun mit Hilfe des Befehls

```
sudo fdisk -l
```

alle verbundenen Datenträger anzeigen. Identifizieren Sie das entsprechende Speichermedium. Achtung: Formatiert werden immer nur einzelne Partitionen. Niemals wird das gesamte Speichergerät formatiert. Notieren Sie sich nun also den Pfad der Partition, die formatiert werden soll, beispielsweise */dev/sda1*. Wenn Sie einen Intel NUC verwenden, dann achten Sie bitte genau darauf, dass Sie das externe USB-Gerät korrekt identifiziert haben. Vor dem Formatieren muss der Datenträger aus dem Dateisystem ausgehängt werden. Geben Sie dazu folgenden Befehl ein, bei dem Sie den Pfad zur entsprechenden Partition gegebenenfalls anpassen:

```
sudo umount /dev/sda1
```

Jetzt müssen Sie sich nur noch für ein geeignetes Dateisystem entscheiden. Wenn es sich bei dem Speichermedium um einen USB-Stick handelt, dann hat sich hier das klassische ext2-Dateisystem bewährt. Um die Formatierung mit dem ext2-Dateisystem durchzuführen, geben Sie folgenden Befehl ein, bei dem Sie wieder den Partitionspfad entsprechend anpassen und unbedingt darauf achten, auch die entsprechende Ziffer am Schluss mit anzugeben:

```
sudo mkfs.ext2 /dev/sda1
```

Ich betone nochmals, dass Sie mit diesem Befehl alle bisher auf dem Datenträger befindlichen Daten unlesbar machen.

Wenn Sie eine externe Festplatte formatieren möchten, dann können Sie sich auch für das moderne ext4-Dateisystem entscheiden, das jedoch etwas höhere »Ansprüche« mitbringt, die eine Festplatte aber problemlos erfüllt. Unter anderem ist ext4 dank einer sogenannten *Journaling-Funktion* etwas unempfindlicher gegenüber Datenverlusten bei einem plötzlichen Stromausfall. Geben Sie zur Formatierung mit dem ext4-Dateisystem folgenden Befehl ein, bei dem Sie ebenfalls den Partitionspfad entsprechend anpassen und ganz genau auf die Ziffer am Schluss achten:

```
sudo mkfs.ext4 /dev/sda1
```

Die Formatierung nimmt eine gewisse Zeit in Anspruch.

Nach dem Formatierungsvorgang können Sie der Partition noch einen Namen, ein sogenanntes *Label*, zuweisen. Dies vereinfacht den Umgang und die Erkennung bei späteren Operationen. Wählen Sie ein einfaches Label, das den Datenträger gut beschreibt, etwa *backup*. Die Verwendung des Leerzeichens ist möglich, allerdings müssen Sie das gesamte Label dann in Anführungszeichen einschließen, beispielsweise so: `"Stick 2"`. Setzen Sie das Label mit folgendem Befehl, bei dem Sie `LABEL` und den Partitionspfad entsprechend anpassen:

```
sudo tune2fs -L LABEL /dev/sda1
```

Damit sind Sie fertig. Sie können den neu formatierten Datenträger nun wieder in das Dateisystem einbinden (also *mounten*). Den ganzen Vorgang sehen Sie zusammengefasst in Abbildung 4.41.

Beachten Sie aber bei frisch formatierten Linux-Speichermedien unbedingt, dass das Mount-Verzeichnis zunächst dem Benutzer *root* gehört und normale Benutzer keine Schreibrechte in diesem Verzeichnis haben. Sie müssen daher die Besitz- und die

Zugriffsrechte des Mount-Verzeichnisses selbst nach dem Mounten des USB-Speichermediums einmalig ändern.

```
hans@piserver:~$ sudo umount /dev/sda1
hans@piserver:~$ sudo mkfs.ext2 /dev/sda1
mke2fs 1.44.5 (15-Dec-2018)
/dev/sda1 hat ein vfat-Dateisystem mit Namen „hans“
Trotzdem fortfahren? (j,n) j
Ein Dateisystems mit 1981696 (4k) Blöcken und 495808 Inodes wird erzeugt.
UUID des Dateisystems: a52d9bcc-9f16-9f16-9f16-204d4377a03f16
Superblock-Sicherungskopien gespeichert in den Blöcken:
        32768, 98304, 163840, 229376, 294912, 819200, 884736, 1605632

beim Anfordern von Speicher für die Gruppentabellen: erledigt
Inode-Tabellen werden geschrieben: erledigt
Die Superblöcke und die Informationen über die Dateisystemnutzung werden
geschrieben: erledigt

hans@piserver:~$ sudo tune2fs -L Hauptstick /dev/sda1
tune2fs 1.44.5 (15-Dec-2018)
hans@piserver:~$
```

Abbildung 4.41 Ein ext2-Dateisystem erstellen

Kapitel 5

Grundlagen des Netzwerks

In diesem Kapitel erkläre ich Ihnen die Grundstruktur eines (Heim-) Netzwerks. Sie werden lernen, wie die Netzwerkkommunikation funktioniert und welche Komponenten erforderlich sind.

Wenn Sie dieses Kapitel lesen, dann sollten Sie sich mit Ihrem zukünftigen Home Server bereits ein wenig befasst haben. Sie sollten das Betriebssystem installiert, konfiguriert und den Umgang damit etwas verinnerlicht haben. Und Sie sollten Ihr Gerät bereits erfolgreich in Ihr Heimnetzwerk eingebunden haben. Dieses Netzwerk ist der Hauptgegenstand des aktuellen Kapitels. Ich möchte Ihnen zeigen, was für Geräte sich in einem Netzwerk befinden, wie sie untereinander kommunizieren und wie überhaupt die Verbindung hergestellt wird. Da das Thema Netzwerke sehr umfangreich ist, werde ich mich nur an seiner Oberfläche bewegen können, um Ihnen das Grundwissen für die erfolgreiche Administration Ihres Heimnetzwerkes mit auf den Weg zu geben. Eines gleich vorweg: Keine Sorge, allzu kompliziert wird es nicht, versprochen! Wenn Sie sich bereits in der Computerwelt auskennen, dann werden Sie vielleicht enttäuscht sein, dass Sie hier nicht allzu viel Neues lernen werden. Sollten Sie die Thematik lieber etwas straffen wollen, dann können Sie das gerne tun, auf alle Fälle sollten Sie aber die letzten Abschnitte lesen, denn dort stellen Sie eine feste IP-Adresse für Ihren Server ein. Dies ist für dessen reibungslose Funktionalität unverzichtbar, weswegen Sie diesen Abschnitt unbedingt bearbeiten sollten. Steigen Sie also ein, und schauen Sie sich ein wenig in Ihrem Netzwerk um.

5.1 Was ist ein Netzwerk?

Zugegeben, was ein Netzwerk ist, werden Sie sicherlich schon wissen. Ein Netzwerk ist im Prinzip ein Verbund von mehreren Rechnern, die untereinander kommunizieren können. Die Infrastruktur des Netzwerkes erlaubt es also, dass sich Rechner gegenseitig Daten zusenden. Diese Daten können beliebiger Natur sein. Es kann sich um ein fertiges Textdokument handeln, das auf einem Rechner begonnen und auf einem anderen fortgesetzt oder begutachtet werden soll. Es können aber auch beispielsweise Audiodateien sein oder ein Videostream. Auch Telefongespräche sind möglich, denn die Rechner in einem Netzwerk müssen nicht immer klassische Desktopcomputer sein – so kann es sich bei den Daten auch um die Einkaufsliste handeln, die ein moderner Kühlschrank erstellt hat. An der Kommunikation sind mindestens zwei Geräte beteiligt, es können aber auch Daten an beliebig viele Computer gleichzeitig gesendet werden. Ein Netzwerk besteht also mindestens aus zwei Geräten (und entsprechender Infrastruktur), nach oben hin gibt es (fast) keine Grenzen.

Netzwerke waren früher zuerst einmal für Unternehmen interessant, in denen verschiedene Abteilungen Daten austauschen mussten. Dieser Austausch wird generell umso wichtiger, je größer ein Unternehmen ist, besonders wenn es mehrere Standorte besitzt. Netzwerke waren darüber hinaus schon immer für Computerspieler interessant, denn sie ermöglichen es, dass mehrere Personen gemeinsam (oder auch gegeneinander) spielen. Denken Sie beispielsweise an die mitunter riesigen LAN-Partys, die zu diesem Zweck abgehalten werden. Mit dem Einzug der Computer in die Welt der Unterhaltungselektronik sind Netzwerke auch für den Heimgebrauch interessant geworden, denn sie erlauben die Verteilung von Medieninhalten bequem über Geräte- und Zimmergrenzen.

5.2 Wie funktioniert die Verbindung der Geräte untereinander?

Für eine erfolgreiche Kommunikation im Netzwerk bedarf es zuerst einmal einer Form der physikalischen Verbindung der Geräte untereinander. Was liegt zunächst einmal näher, als diese Verbindung über ein Kabel herzustellen? Nicht nur aus historischen Gründen erscheint dieser Ansatz sinnvoll, denn auch in der Welt der Signalübertragung stellt ein klassisches Kabel eine sehr gute Möglichkeit der Verbindung dar. Eine solche Verbindung ist (geeignet ausgelegt) nicht nur mechanisch und elektrisch stabil, sondern ermöglicht auch eine definierte und störungsfreie Übertragung der Signale. In unserem Alltag findet man viele Beispiele für Kabelverbindungen, gerade auch im Bereich der Unterhaltungselektronik. Für die Netzwerkverbindung mehrerer Computer wurden im Laufe der Zeit unterschiedliche Technologien und Protokolle entwickelt, die die Verbindung regelten. Die moderne Ethernet-Technologie verwendet beispielsweise definierte Leitungen (im Alltag meist schlicht »Kabel« genannt), die je nach angestrebter Verbindungsgeschwindigkeit (und je nach verwendetem Netzwerkstandard) entweder vier oder acht einzelne Adern aufweisen, die zu Paaren zusammengefasst und unterschiedlich aufwendig elektrisch geschirmt werden. Die einzelnen Adernpaare sind aus elektrischen Gründen verdrillt, weswegen man von *Twisted-Pair-Kabeln* spricht.

Die aufwendigsten Kabelversionen für die schnellsten Verbindungen besitzen einen eigenen Schirm für jeweils ein Aderpaar sowie einen zusätzlichen Gesamtschirm, der noch einmal das ganze Bündel umgibt. Die unterschiedlichen Kabelversionen werden in sogenannte *Categories* eingeteilt, die zu *Cat* abgekürzt und mit einer Versionsnummer versehen werden.

Abbildung 5.1 Ein LAN-Kabel

Heute immer noch im Einsatz sind beispielsweise Kabel nach Cat-5 beziehungsweise der erweiterten Spezifikation Cat-5e, die aufwendigsten Kabel sind derzeit nach Cat-8 spezifiziert. Der eigentliche Anschluss erfolgt gegenwärtig meist über sogenannte *RJ-45-Stecker* (und -Buchsen), wobei die Stecker eine kleine Plastiknase haben, die sie in der Buchse arretiert. Ein modernes Ethernet-Netzwerk ist sternförmig aufgebaut, das heißt, dass alle Rechner an eine Zentraleinheit angeschlossen werden – den sogenannten *Switch*. In großen Netzwerken kann es auch mehrere Switches geben, die ebenfalls miteinander verbunden sind. Mit dem Switch werde ich mich gleich noch einmal intensiver beschäftigen. Das Netzwerkkabel muss dabei nicht quer durch die Räume zu einer Zentraleinheit geführt werden, nein, wie bei Stromleitungen ist auch eine Verlegung des Kabels in der Wand möglich. Genauso lassen sich auch Netzwerksteckdosen vorsehen, an die bequem ein Rechner angeschlossen werden kann. Ein Kabel für die Verlegung in der Wand (eine sogenannte *Installationsleitung*) ist meist recht steif und verwendet massive, starre Leiter in seinem Inneren. Die Verbindung zwischen einem Rechner und einer Wandsteckdose (oder einem anderen Netzwerkgerät) wird über deutlich flexiblere Leitungen hergestellt, die feine, mehradrige Litzen in ihrem Inneren verwenden. Sie haben RJ-45-Stecker auf beiden Seiten und werden *Patchkabel* genannt. Das liegt daran, dass sie auch an der Zentraleinheit vielfach genutzt werden und durch schnelles Einstecken eine zuverlässige Verbindung aufbauen.

Eine solche Kabelverbindung kann sehr hohe Datenübertragungsraten ermöglichen. Moderne Netzwerke erreichen oft eine Bruttoübertragungsrate von bis zu 1 Gbit/s, was umgerechnet 125 MByte/s entspricht. Es gibt auch schon Nachfolgetechnologien, die beispielsweise eine zehnfache Übertragungsrate bieten, jedoch in üblichen Heimnetzen noch nicht sehr verbreitet sind.

Eine Kabelverbindung ist allerdings nicht bei allen Geräten praktikabel. Sicherlich ist sie bei stationären Computern problemlos, aber sie wird bei mobilen Geräten wie Notebooks, Smartphones und Tablets nicht recht glücklich machen. Schließlich möchte niemand zum entspannten Surfen im Garten mit dem Tablet erst noch umständlich ein Netzwerkkabel ausrollen müssen. Glücklicherweise gibt es eine Alternative in Form des *Wireless LAN*, kurz *WLAN*. Hierbei werden die Daten über eine Funkverbindung übertragen. Dass so etwas gut funktionieren kann, das kennen Sie vom Smartphone, vom terrestrischen Fernsehen und vom Radio her. Bei der Funkverbindung übernehmen den Datentransport sich frei im Raum ausbreitende elektromagnetische Felder (die also explizit nicht von einem Kabel geführt werden). So lassen sich auch tragbare Geräte in ein Netzwerk einbinden und ermöglichen den Datenaustausch untereinander. Mit entsprechender Hardware kann ein Netzwerk sowohl einen kabelgebundenen als auch einen kabellosen Teil haben und trotzdem die Kommunikation auch zwischen den beiden Teilen problemlos möglich machen. Auch ein WLAN kann recht hohe Datentransferraten erreichen, die sogar über 1 Gbit/s liegen – eine feine Sache also. Dass eine Funktechnologie aber auch durchaus eher schlecht funktionieren kann, das kennen Sie ebenfalls vom Smartphone, vom terrestrischen Fernsehen und vom Radio. Funkverbindungen können nämlich Probleme mit einem »schlechten Empfang« haben – und der macht auch vor dem WLAN nicht halt. Die Signale eines WLANs können durch Objekte in der Umgebung (Möbel, Wände, Decken ...) in ihrer Stärke gedämpft werden, zusätzlich können sich ihnen Signale anderer Geräte (Mobilfunktelefone, Mikrowellenherde ...) überlagern und einen optimalen Empfang stören. Dies alles reduziert die Datenübertragungsrate mitunter erheblich.

Zusätzlich bedingt ein WLAN einen beachtlichen sogenannten *Protokoll-Overhead*, der tatsächlich nur etwa die Hälfte der Bruttoübertragungsrate für die Übertragung der Nutzdaten erlaubt. Meistens sind die Übertragungsraten im WLAN also deutlich langsamer als diejenigen über eine direkte Kabelverbindung. Während diese Verbindung also für mobile Geräte willkommen ist, so ist sie für stationäre Geräte nur eine Notlösung, es sei denn, es werden nur geringe Übertragungsraten erforderlich, wie beispielsweise bei einem Internetradio oder einem Musikempfänger, eventuell auch bei einem Drucker. Deswegen werden viele Neubauten vom Einfamilienhaus bis zum Mietwohnungskomplex heute gleich mit einer entsprechenden Netzwerkverkabelung vorgesehen, die wenigstens eine Anschlussdose in allen Wohnräumen vorsieht. Für Altbauten gibt es darüber hinaus eine Behelfslösung, bei der die zu übertragenden Daten auf die normale Stromleitung aufmoduliert und hierüber geführt werden. Auch diese Technologie hat ihre Tücken, denn die erreichten Übertragungsraten können durch Störungen, schlechte elektrische Installationen, lange Leitungen und weitere Gründe deutlich reduziert werden, außerdem erfordert jeder Netzwerkpunkt bei dieser Technologie einen eigenen Adapter mit eigenem Stromverbrauch – diese Variante ist also eher eine Notlösung. Wann immer es geht, sollten Sie auf eine durchgängige, normale Kabelverbindung zurückgreifen.

5.3 Wie funktioniert die Verbindung logisch?

Nachdem Sie nun wissen, wie die Verbindung physikalisch hergestellt wird, beschreibe ich, wie die Daten logisch zwischen den Kommunikationspartnern ausgetauscht werden. Auch hierfür gab und gibt es eine Reihe von verschiedenen Protokollen. Moderne Netzwerke basieren fast alle auf dem *TCP/IP-Standard*. Unter dem Begriff werden mehrere Protokolle zusammengefasst, von denen ich hier der Einfachheit halber nur die direkten Namensgeber TCP und IP beachten möchte. Diese Protokolle kennen Sie sicherlich von der Kommunikation aus dem Internet. Es handelt sich um sehr leistungsfähige und gut skalierbare Protokolle. TCP und IP sind zwei verschiedene Protokolle, die jedoch eng zusammenarbeiten. Während sich TCP um die (fehlerkorrigierte) Übertragung der Daten kümmert, ist IP für deren »Verpackung« zuständig. Prinzipiell werden die Daten, die übertragen werden sollen, in kleine Informationshäppchen zerteilt. Diese kleinen Informationsblöcke werden *Pakete* genannt, sie erhalten wie bei der Post einen Absender und einen Empfänger und einige zusätzliche Protokollinformationen. Sie können sich das so vorstellen, als würden Sie ein Bild in Form eines Puzzlespiels versenden, jedes Teil einzeln. Die beiden Protokolle TCP und IP verpacken jedes Puzzleteil säuberlich in einen eigenen Umschlag, schreiben Absender, Empfänger und sonstige Informationen darauf und übergeben sie dann sinngemäß der »Post«, die sich um die Übertragung kümmert. Beim Empfänger kommen alle diese Teile wieder an. Und zwar genauso chaotisch, wie man es bei einem Puzzle erwarten wird, denn TCP/IP kümmert sich völlig absichtlich nicht darum, dass alle Pakete in exakt der richtigen Reihenfolge eintreffen. Dabei trägt der TCP-Teil aber Sorge, dass die Post nicht überlastet wird und dass alle Teile korrekt beim Empfänger ankommen. Trotzdem wird das Puzzle für den Empfänger ziemlich langweilig, weil die Protokolle fein säuberlich die richtige Stelle auf jedes Puzzleteil geschrieben haben, an die es im fertigen Bild gehört. (Nein, TCP/IP ist trotzdem kein Spielverderber!)

Jetzt müssen Sie noch den Empfänger und den Absender spezifizieren. Das sind die sogenannten *IP-Adressen*. Beim derzeit immer noch häufig genutzten IP in der Version 4 besteht eine IP-Adresse aus vier Zahlenblöcken. Jeder Block kann einen Wert zwischen 0 und 255 annehmen, es gibt also IP-Adressen von 0.0.0.0 bis 255.255.255.255. Jeder Computer – besser gesagt, jede Netzwerkkomponente – hat eine eigene IP-

Adresse, die nur einmal vergeben ist, und zwar an ihn beziehungsweise sie selbst. Somit ist jeder Empfänger und jeder Absender über seine IP-Adresse eindeutig identifizierbar. TCP/IP ermöglicht aber nicht nur die Verbindung von ein paar Computern bei Ihnen zu Hause im Wohnzimmer, sondern die Verbindung aller Computer weltweit – und das sind viele. Alle Netzwerke, die es gibt, können miteinander verbunden werden – deswegen ist das Internet auch *das Netz der Netze*. Heutzutage läuft es etwas anders, dazu komme ich später noch, aber ursprünglich bekam erst einmal jedes Netzwerk einer jeden Institution (Firma, Universität, Regierung ...) einen bestimmten Adressbereich. Angenommen, das Netzwerk einer Firma bekam die Adressen 0.0.0.1 bis 0.0.0.10 und das einer anderen die Adressen 0.0.0.11 bis 0.0.0.20 zugewiesen. Über das Internet können nun alle Rechner aus beiden Netzwerken untereinander kommunizieren. Allerdings – Moment einmal. Denken wir einmal pragmatisch. Alle Daten, die zum jeweiligen Ziel versendet werden, müssen ja über die Internetverbindung »nach draußen« gesendet werden, während die internen Daten ja intern verteilt werden. Wie geschieht die Zuordnung zwischen »gehört zu meinem Netzwerk« und »muss über das Internet versendet werden«? Auch bei dieser Vorstellung hilft uns wieder die Post, denn in einigen Regionen gibt es Briefkästen mit zwei verschiedenen Einwürfen: eine für die Post in die lokale Region und einen für den Rest der Welt. Nun, man könnte natürlich einfach den eigenen Adressbereich angeben, über den sich das Netzwerk erstreckt. Das wären aber viele Nummern, die man da eintippen (und speichern) müsste. Stattdessen gibt es die sogenannte *Subnetzmaske*. Auch dies ist eine Zahlenfolge mit vier Gruppen zu je drei Ziffern, die durch Punkte getrennt werden. Jede Gruppe hat Werte von 0 bis 255. Die Subnetzmaske definiert sozusagen, welche IP-Adressen zum eigenen lokalen Netzwerk gehören und welche sich außerhalb befinden. Das ist wichtig für die Kommunikation in einem Netzwerk und die richtige Zustellung der Daten. Die Subnetzmaske »maskiert« einen Teil der IP-Adresse eines Netzwerkteilnehmers und bezeichnet damit die Startadresse des eigenen Netzes. Zusätzlich gibt sie an, wie groß das eigene Netz ist. Ein Beispiel, das bei Ihnen zu Hause auftreten kann: Sie haben die Subnetzmaske 255.255.255.0, und einer Ihrer Computer hat die IP-Adresse 192.168.1.5. Anhand dieser Kombination können Sie sich (etwas umständlich) errechnen, dass Ihr Netzwerk maximal 254 Teilnehmer umfasst, und zwar im Adressbereich 192.168.1.0 bis 192.168.1.255 (ja, das sind 256 Adressen, aber die Adressen xxx.xxx.xxx.0 und xxx.xxx.xxx.255 haben Sonderfunktionen).

Warum ist das so kompliziert? Nun, in einem üblichen (Heim-)Netzwerk gibt es ein besonderes Gerät, das die Kommunikation ins Internet, also »nach draußen« übernimmt. Das ist Ihr *Router*. Wann immer es eine Kommunikation zu einem Teilnehmer im Internet gibt, laufen die Daten über diesen Router. Ein Computer in Ihrem Netzwerk wird also ein Datenpaket mit einem Adressaten im Internet Ihrem Router übergeben. Dazu muss er wissen, wann ein Empfänger nicht Teil Ihres Netzwerkes ist – und dazu dient die Subnetzmaske.

Wenn sich der Teilnehmer in Ihrem Netzwerk befindet, dann läuft das Ganze natürlich nicht über Ihren Router (zumindest nicht über diesen Teil eines All-in-one-Gerätes). Stattdessen werden die Daten direkt zugestellt. Übrigens: Die Kommunikation beziehungsweise die Adressierung der Kommunikationspartner innerhalb Ihres Netzwerkes läuft (vereinfacht ausgedrückt) gar nicht direkt über die IP-Adresse der Computer! Zwar hat jedes Gerät eine IP-Adresse, und die Kommunikation wird auch dorthin adressiert, in Wahrheit sprechen sich die Computer innerhalb eines Subnetzes jedoch über ihre *MAC-Adresse* an. Sie wissen schon, das ist diese merkwürdige Zahlen-und-Buchstaben-Kombination, die auch immer bei Netzwerkgeräten auftaucht. Auch diese Adresse ist für jedes Gerät einmalig (so sollte es zumindest sein). Wenn nun in Ihrem Netzwerk ein Datenpaket an den Teilnehmer 192.168.1.5 zugestellt werden soll, dann wird der Absendercomputer (einmalig) an alle Rechner symbolisch fragen, welches Gerät denn bitteschön die IP-Adresse 192.168.1.5 hat. Dieses antwortet dann entsprechend: »Ich, die 00-AB-CD-EF-12-34.« Genau dorthin werden die Daten dann gesendet. Jetzt wissen Sie auch gleich, wozu die MAC-Adresse verwendet wird. Wenn Sie darüber noch mehr erfahren wollen, dann sollten Sie sich einmal mit dem *ISO/OSI-Schichtenmodell* beschäftigen, das Ihnen die Zusammenhänge im Netzwerk erklärt und Ihnen zeigt, dass die Kommunikation über IP-Adressen auf einer abstrakteren Ebene läuft als die Kommunikation mit Hilfe der MAC-Adresse. Das ist ein sehr spannendes Thema, führt hier jetzt aber eindeutig zu weit. Ich befasse mich hier lieber mit der Infrastruktur, also auf welche Komponenten außer Computern und Kabeln Sie sonst noch in Ihrem Netzwerk treffen können.

Nur eines noch schnell: Für uns Menschen ist der Umgang mit diesen Zahlenkolonnen etwas umständlich, wir würden »sprechende« Namen bevorzugen, etwa »Papas Rechner« oder »Mamas Tablet«. Im IP-Teil ist für diese Hostnamen kein Platz – hier wird nur mit Zahlenkolonnen gearbeitet. Es gibt jedoch Dienste, die uns Menschen weiterhelfen. Wir können sehr wohl einen Rechner mit einem sprechenden Namen adressieren. Ein Dienst übersetzt nun diesen Namen in die jeweilige IP-Adresse. Ganz so wie das Telefonbuch bei der (historischen) Post funktioniert. So etwas gibt es (in bestimmter Ausprägung) auch in Ihrem internen Heimnetz. Ganz besonders wichtig ist dies aber bei Internetadressen. Hier kommt nämlich das *DNS*, das *Domain Name System*, ins Spiel, das sich um die Zuordnung der IP-Adresse zu einer Domain (also einem »sprechenden Namen«) kümmert. Das Schema lautet beispielsweise: *www.example.com*? Entspricht der 10.9.8.7. Jetzt ist aber davon genug.

[*]

Die Moderne lässt grüßen: IPv6 steht vor der Tür

Die Beispiele zu IP-Adressen, die ich Ihnen bisher gegeben habe, beziehen sich alle auf das klassische IP in Version 4. Bei diesem Protokoll gibt es jedoch – wie schon kurz erwähnt – nicht genügend Adressen für alle Geräte, die weltweit am Internet teilnehmen möchten. Daher wurde das IP in Version 6 (kurz IPv6) entwickelt. Seine

IP-Adressen sind deutlich länger und bestehen nicht nur aus Dezimalzahlen, sondern sie verwenden eine hexadezimale Notation und sind insgesamt 128 Bit lang. Das Protokoll befindet sich seit mehreren Jahren in der Einführung. Viele Internetseiten sind schon darüber zu erreichen, und viele Internetanschlüsse können auch schon damit umgehen. Der normale Internetnutzer bekommt davon kaum etwas mit. Im lokalen Heimnetzwerk kann das Protokoll auch schon genutzt werden, hier genügt aber bisweilen der Einsatz von IPv4, mit dessen Adressen einfacher umgegangen werden kann. Standardmäßig verwenden entsprechend ausgerüstete Heimnetzwerke beide Protokolle, mit einer Präferenz für das ältere IPv4, so dass Sie es problemlos zur Kommunikation mit Ihrem Home Server nutzen können. Auch über das Internet sollte es keine Probleme geben (es sei denn, Ihr Anschluss ist für IPv4 nicht mehr geeignet, dazu später mehr). Wichtig ist für Sie nur zu wissen, dass Sie Ihren Home Server im modernen Heimnetzwerk sowohl über IPv4 als auch über IPv6 ansprechen können. Mit Ersteren ist einfacher umzugehen, und es gibt keine Nachteile bei der Übertragungsgeschwindigkeit. Wundern Sie sich nur bitte nicht, wenn Ihnen einer der Befehle hier im Buch neben einer IPv4- auch eine IPv6-Adresse ausgibt.

5.4 Was sind weitere Komponenten eines Netzwerks?

Bislang habe ich Ihnen von den Komponenten im Netzwerk nur die Computer, die Netzwerkkabel und den Router vorgestellt. Momentan enden die Netzwerkkabel beispielsweise an einer Wandsteckdose. Angenommen, Sie haben eine Wandsteckdose mit zwei Anschlüssen, aber ausgerechnet drei Computer, die daran Anschluss finden sollen. Was ist jetzt zu tun? Sie benötigen so etwas wie eine »Mehrfachsteckdose« für Netzwerkanschlüsse. So etwas gibt es in Form eines *Switches*. Dies ist ein Gerät mit mehreren Netzwerkanschlüssen. Es gibt beispielsweise Geräte mit 4, 8, 16, 24 und sogar 48 Anschlüssen. Ein Switch mit vier Anschlüssen ist häufig auch in einem Heimrouter eingebaut. An die Anschlüsse können Netzwerkgeräte angeschlossen werden. Alle Geräte, die Sie anschließen, können miteinander kommunizieren.

Als zentraler Verteiler spannt ein Switch daher sozusagen das Netzwerk auf. Deswegen ist diese »ominöse Zentraleinheit«, von der ich im vorigen Abschnitt sprach, tatsächlich ein Switch. Alle Wandsteckdosen werden zu diesem zentralen Switch geführt. Jetzt wird auch besonders deutlich, warum ein Netzwerk nach heutigem Standard eine sternförmige Struktur hat. In einem sehr kleinen Netzwerk kann durchaus der Switch in einem Router die zentrale Verteilung vornehmen. Wenn die vier Anschlüsse nicht ausreichen, dann macht das nichts, denn in einem Netzwerk kann es durchaus mehrere Switches geben. Sie können beispielsweise auch alle Computer in einem bestimmten Zimmer an einen Switch anschließen und diesen dann wiederum mit dem zentralen Router-Switch-Kombigerät verbinden. Ebenso kann in einem größeren

Netzwerk ein entsprechend dimensionierter Switch alle Computer aufnehmen, und ein eigenständiger Router wird einfach ebenfalls daran angeschlossen, auch das funktioniert problemlos.

Sie müssen aber eines berücksichtigen: Eine einzelne Netzwerkverbindung, die mit einem Kabel realisiert wurde, bietet genau einmal die maximale Datentransferrate. Haben Sie zehn Computer an einen Switch angeschlossen und hängt dieser an dem zentralen »Router ins Internet«, dann teilen sich alle zehn Computer diese eine Verbindung ins Internet. Wenn Sie nun beispielsweise an den zentralen Router Ihren Server anschließen, dann teilen sich die zehn Computer an dem vorgeschalteten Switch ebenso diese eine Verbindung zum Server, der am Router hängt. Man spricht hierbei übrigens von einer *Kollisionsdomäne*. In einem Heimnetzwerk sollte eine moderne Gigabit-Verbindung nicht so schnell limitierend sein, in einem großen Firmennetzwerk muss man aber schon genau überlegen und planen.

Ein Switch ist übrigens ein Gerät mit einer gewissen Intelligenz. Es sorgt nämlich dafür, dass zwei angeschlossene Kommunikationspartner immer direkt miteinander kommunizieren können, ohne dass die anderen angeschlossenen Geräte hiervon etwas mitbekommen. So steht an einem Gigabit-Switch mit zehn Computern beispielsweise für die Kommunikation zwischen den Geräten 1 und 2 sowie zwischen den Geräten 5 und 10 sowie 4 und 7 jeweils die volle Geschwindigkeit von einem Gigabit/Sekunde zur Verfügung. In Summe kann also das gesamte Kommunikationsaufkommen in diesem Netzwerk weit über einem Gigabit/Sekunde liegen (wenn man alle Teilnehmer summiert). Deswegen sagt man auch, ein Switch verkleinert die Kollisionsdomäne.

Früher gab es noch keine Switches, da wurden sogenannte *Hubs* verwendet, die genauso aussehen wie ein Switch (zumindest von außen). Diese haben jedoch keine Intelligenz. Eingehende Datenpakete werden bei einem Hub einfach gleichzeitig an alle Ausgänge verteilt, egal, an welches Ziel sie gerichtet sind. Bei einem Hub teilen sich also alle angeschlossenen Geräte die mögliche Datenrate. In Summe kann das gesamte Datentransferaufkommen an einem Gigabit-Hub also die Grenze von einem Gigabit/Sekunde nicht überschreiten. Ein Hub verkleinert die Kollisionsdomäne nicht. Deswegen sollte er heutzutage auch nicht mehr zum Einsatz kommen. Haben Sie noch einen im Einsatz, dann sollten Sie diesen ernsthaft rasch durch einen Switch ersetzen.

So, angenommen, Ihr Netzwerk ist klein, und die vier Anschlüsse am Switch Ihres Routers genügen vollkommen. Dann ist Ihr Router gleichzeitig die eigentliche Zentralkomponente. Was aber ist ein Router nun eigentlich? Ein Router verbindet Netzwerke miteinander. Sie haben sich nun zu Hause ein schönes privates Netzwerk aufgebaut, und solange Sie nur »intern« von einem Computer zum anderen kommunizieren möchten, läuft diese Kommunikation bequem über Ihren Switch. Ein Router ist nicht nötig. Was aber, wenn Sie in ein anderes Netzwerk kommunizieren möchten, beispielsweise ins Internet, dem Netz der Netze? Wie Sie wissen, erkennen die Computer in Ihrem Netzwerk anhand der Subnetzmaske, dass sich der angesprochene Zielrechner nicht mehr im eigenen Netz befindet. Was machen die Rechner nun? Sie wenden sich mit dem Datenpaket, das »nach draußen« soll, an Ihren Router. Der Router kümmert sich um die Zustellung der Datenpakete »nach draußen«. Früher sagte man zum Router *Gateway*. Dieser Begriff beschreibt bildlich recht anschaulich, was passiert, ist aber heutzutage nicht mehr korrekt, weil ein Gateway eigentlich ein etwas anderes Gerät ist. Ein Router ist immer mit mehreren Netzen verbunden. Auf der einen Seite ist dies Ihr Heimnetz, auf der anderen Seite ist es der Anschluss über Ihren Provider an das Internet (noch einmal: das Netz der Netze). Wenn der Router nun von einem Ihrer Computer ein Paket mit einer Zieladresse im Internet erhält, dann nimmt er es entgegen und richtet sich seinerseits wieder an einen anderen Router. Anhand komplizierter Routingtabellen wird das Datenpaket nun so lange zwischen verschiedenen Routern ausgetauscht, bis es schließlich im adressierten Zielnetzwerk ankommt und zugestellt wird. Auch hier kann uns die klassische Briefpost mit Umschlagzentren, Verteilerstationen und Zustellämtern wieder bei der gedanklichen Visualisierung unterstützen.

In Ihrem Router sind aber meistens noch andere Geräte eingebaut. Dort findet sich oftmals eine NAT-Funktion, mit der ich mich in Abschnitt 21.1 befassen werde. Es gibt eine Firewall und einen Access-Point, der sich um die Vermittlung zischen Ihrem kabelgebundenen und dem kabellosen Netzwerkteil kümmert. Oftmals übernimmt der Router auch die Funktion einer kleinen Telefonanlage samt Übersetzung der Telefongespräche in Voice-over-IP-Verbindungen.

In großen Firmennetzwerken sind dies alles eigenständige Geräte, die natürlich deutlich größer, robuster und leistungsfähiger sind als ein kleiner Heimrouter. Doch die detaillierte Betrachtung dieser Komponenten würde an dieser Stelle deutlich zu weit führen und sollte besser Gegenstand spezialisierter Literatur sein.

5.5 Was für Geräte befinden sich im Netzwerk?

Der Trend ist eindeutig und hat spätestens mit dem Begriff des *Internet of Things* (kurz: *IoT*) noch einmal deutlich an Bedeutung gewonnen: In einem üblichen Computernetzwerk befinden sich nicht nur klassische Computer. Auch wenn alles einmal so angefangen hat, tummeln sich hier auch solche Geräte, die früher gerade einmal einen Einschalter hatten, heute aber auch eine gewisse eingebaute Intelligenz besitzen. Natürlich ist klar, dass sich neben den Desktopcomputern auch ein zentraler Server in einem Netzwerk befinden kann, der dort seine Dienste anbietet, die von Geräten wie Smartphones, Tablets und Notebooks genutzt werden. Diese Geräte lassen sich im Geiste noch ohne Kopfschmerzen als Computer bezeichnen. Es können aber auch andere Geräte mit einer Netzwerkschnittstelle ausgerüstet werden. Ein

Drucker beispielsweise kann einen eingebauten Printserver besitzen und seine Druckdienste allen Geräten im Netzwerk anbieten. Eine Spielkonsole möchte vielleicht Zugriff auf den gemeinsamen Internetzugang haben, um Multiplayerspiele zu ermöglichen. Der Fernseher mit seiner Smart-TV-Funktion bezieht Inhalte aus dem Internet, kann aber auch die lokale Mediensammlung vom heimischen Server zur Darstellung bringen. Moderne Telefone funktionieren nach dem Voice-over-IP-Verfahren, bei dem das Internet zur Übertragung der Telefongespräche genutzt wird. Auch sie können daher eine Netzwerkschnittstelle haben. Spätestens ab jetzt öffnet sich das Feld der Heimüberwachung und Heimautomatisierung. Der Kühlschrank kann an das Netzwerk angeschlossen werden und über Bestandslisten informieren und im schlimmsten Fall seinen Inhalt sogar automatisch über eine Bestellung ergänzen. Wer möchte, kann auch die Rolladensteuerung und die Beleuchtung sowie die Heizung an das Netzwerk anschließen und von diversen Geräten aus steuern – wenn es unbedingt sein muss, dann auch von außerhalb über das Internet. Sie können auch Überwachungskameras anschließen, ihre Bilder auf dem zentralen Server aufzeichnen und von unterwegs nachschauen, ob auch alles noch mit rechten Dingen zugeht. Natürlich können Sie ebenso das aktuelle Fernsehprogramm über das Netzwerk verteilen und es sich beispielsweise auf einem Tablet im Garten oder auf dem Balkon anschauen. Sie sehen schon: Die Anzahl an Möglichkeiten, die ein an sich simples Computernetzwerk bietet, ist sehr groß. Ein jeder muss für sich selbst entscheiden, welche dieser Möglichkeiten er für sinnvoll erachtet und welche er zur Spielerei zählen möchte.

5.6 Statische und dynamische IP-Adressen im Heimnetz

Wie Sie wissen, wird für die Kommunikation innerhalb eines IP-basierten Netzwerks die IP-Adresse zur Identifikation der beteiligten Computer verwendet. Zwar können wir Menschen beispielsweise Internetressourcen auch über Domainnamen ansprechen, innerhalb eines Heimnetzwerkes ist die Identifikation von Computern über sprechende Namen jedoch nicht ganz einfach. Oftmals ist die Verwendung des Hostnamens eines Rechners nicht für alle Dienste beziehungsweise Protokolle möglich oder funktioniert generell nicht. Eine Ausnahme bildet beispielsweise das SMB-Protokoll, das zur Verwendung von Hostnamen das Protokoll *NetBIOS* mitbringt. Auch einige Router wie beispielsweise die beliebten FritzBox-Geräte ermöglichen eine Namensauflösung für verbundene Rechner, bei der der Hostname in die entsprechende IP-Adresse übersetzt wird. Sie setzen dabei sogar eine eigene Domain ein, die den Zugriff vereinfacht. Eine Namensauflösung kostet jedoch auch immer etwas Zeit und verursacht unnötiges Datenaufkommen, denn die eigentliche Kommunikation läuft dann ja doch wieder über die IP-Adresse. Folglich muss jedes Gerät in Ihrem Netzwerk eine IP-Adresse besitzen, und diese darf nur einmalig vergeben sein.

Zum Glück gibt es in Ihrem Router (und ich gehe von jetzt an einfach davon aus, dass Sie ein entsprechendes All-in-one-Gerät in Betrieb haben) eine Funktion mit dem Namen *DHCP-Server*. Diesen Dienst haben Sie schon bei der Einrichtung des Home Servers kennengelernt. Das *Dynamic Host Configuration Protocol* (DHCP) kümmert sich unter anderem darum, dass jedes neue Netzwerkgerät (auf Wunsch) eine noch freie – also derzeit nicht verwendete – IP-Adresse zugewiesen bekommt. Dazu sendet das neu angeschaltete Gerät eine allgemeine Anfrage ins Netzwerk, man möge ihm doch bitte eine IP-Adresse mitteilen. Der DHCP-Server schlägt in seiner internen Tabelle nach und bietet dem Gerät eine noch freie IP-Adresse an, die dieses dann annimmt. Üblicherweise gibt es in einem (Heim-)Netzwerk nur einen DHCP-Server (mehrere davon könnten zu Problemen führen). Diese so vergebenen IP-Adressen haben nur eine begrenzte Gültigkeitsdauer: »Hier, neues Gerät, du kannst die IP-Adresse 192.168.178.12 die nächsten vier Tage lang benutzen.« Das neue Gerät wird dann rechtzeitig (nach der Hälfte der Zeit) beim DHCP-Server nachfragen, ob es die IP-Adresse weiterverwenden darf.

Wenn ein Gerät einmal für längere Zeit nicht aktiv gewesen ist, dann kann es passieren, dass sein IP-Adresse in der Zwischenzeit an ein anderes Gerät vergeben wurde. Das ist erst einmal nicht weiter schlimm, das Gerät fragt bei nächster Gelegenheit einfach wieder beim DHCP-Server nach und erhält eine neue IP-Adresse. Aber was geschieht, wenn Sie von einem anderen Gerät auf ebendieses zugreifen möchten? Sie wissen ja, dass Sie dafür (meistens) die IP-Adresse benötigen, nur leider hat sich diese nun gerade geändert. Sie müssen also in der Konfiguration des Routers nachschlagen, wie die aktuelle IP-Adresse Ihres Zielgerätes gerade lautet. Das ist ziemlich unkomfortabel. Besonders schlecht ist dies, wenn es sich um den zentralen Server handelt. Angenommen, Sie bieten auf dem Server viele verschiedene Dienste an, die Sie mit diversen Endgeräten nutzen. Wenn sich nun einmal die IP-Adresse Ihres Servers ändert, dann müssen Sie sie auf sämtlichen Clientgeräten aktualisieren. Das ist erst recht nicht sonderlich komfortabel.

Ein Server sollte folglich immer unter derselben IP-Adresse erreichbar sein. Sie müssen also eine IP-Adresse für Ihren Server reservieren. Das ist kein Problem, denn IP-Adressen für Heimnetzwerke gibt es genug. Üblicherweise werden für ein Heimnetzwerk 256 IP-Adressen für 254 mögliche Geräte vorgesehen – das entspricht übrigens einer Subnetzmaske von 255.255.255.0. Auf Wunsch können auch größere Heimnetze errichtet werden, aber 254 mögliche Geräteplätze genügen vermutlich erst einmal. Und von diesen 254 möglichen Adressen lässt sich bestimmt eine einzelne dauerhaft für Ihren Server reservieren. Es muss allerdings eines gewährleistet sein: Jede IP-Adresse darf immer nur einmal zur selben Zeit vergeben sein. Wenn Sie jetzt dem Server einfach irgendeine IP-Adresse fest einprogrammieren, dann weiß davon der DHCP-Server nichts, und es kann passieren, dass er diese Adresse (auch) an ein anderes Gerät vergibt – und schon haben Sie den Salat: Zwei Geräte haben dieselbe Adresse, und es kommt mit Sicherheit zu Problemen bei der Kommunikation. So geht es also nicht.

Wenn Sie einen guten Router haben, dann bietet dieser vielleicht für den DHCP-Server die Option, bestimmten Geräten immer automatisch dieselbe IP-Adresse zuzuweisen. Damit sind Sie aus dem Schneider: Nun bekommt Ihr Server immer dieselbe IP-Adresse zugewiesen, und Sie brauchen sich um nichts zu kümmern. Lediglich wenn Sie den Router einmal austauschen, müssen Sie auf die entsprechende Konfiguration achten. Sollte Ihr Router diese Funktion bieten und diese für Sie einfach einzurichten sein, dann können Sie sie für Ihren Home Server aktivieren. Notieren Sie sich in jedem Fall die dauerhaft zugewiesene IP-Adresse. Als Beispiel sehen Sie in Abbildung 5.2 die Oberfläche einer FritzBox, mit der Sie einem Computer durch den DHCP-Server eine feste IP-Adresse in Ihrem Heimnetzwerk zuweisen können.

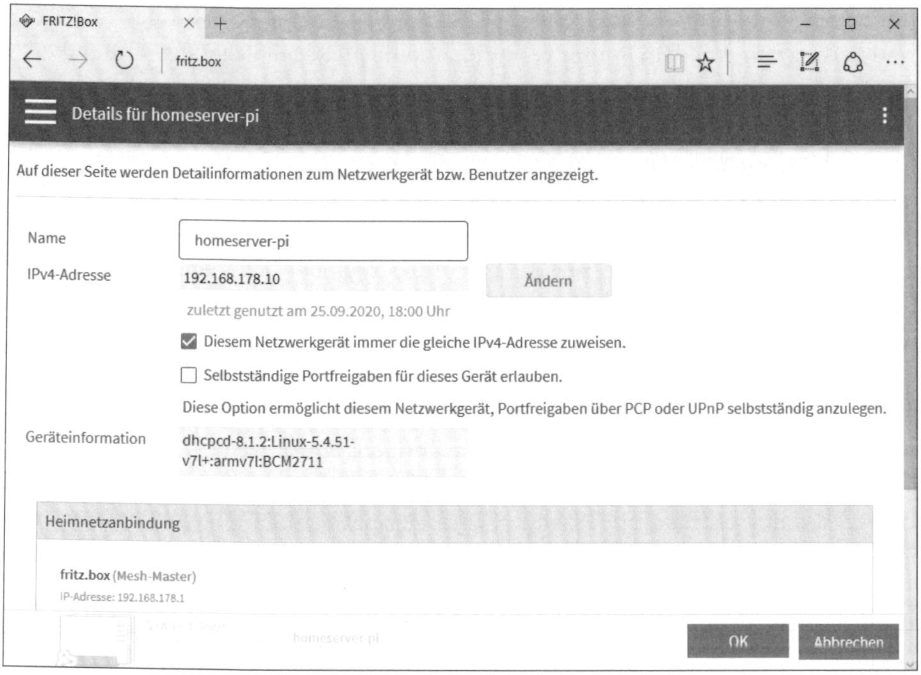

Abbildung 5.2 Die Vergabe einer festen IP-Adresse durch den DHCP-Server einer FritzBox

Darüber hinaus gibt einen anderen Weg, der ebenfalls zum Ziel führt und den ich jetzt vorstellen möchte. Der DHCP-Server vergibt nämlich nur IP-Adressen aus einem bestimmten Bereich von IP-Adressen. Dieser Bereich kann maximal alle in Ihrem Netzwerk möglichen IP-Adressen umfassen, aber er kann auch kleiner sein. Angenommen, Ihr Netzwerk erstreckt sich über den IP-Adressbereich 192.168.1.0 bis 192.168.1.255. Sie können nun den DHCP-Server so einstellen, dass er beispielsweise nur IP-Adressen aus dem Bereich 192.168.1.21 bis 192.168.1.200 vergibt. Die IP-Adressen 192.168.1.0 bis 192.168.1.20 sowie 192.168.1.201 bis 192.168.1.255 werden jetzt nicht automatisch zugewiesen und können problemlos bestimmten Geräten als feste IP-Adresse vergeben werden, so lange dies nur einmal pro IP-Adresse geschieht. Manche Routermodelle sehen eine solche Konfiguration bereits von Haus aus vor. Bei anderen Routern erstreckt sich der IP-Adressbereich des DHCP-Servers zunächst über das gesamte eigene Netzwerk; in diesem Fall ist eine manuelle Anpassung erforderlich.

Ich kann an dieser Stelle unmöglich vorhersagen, wie die aktuelle Konfiguration bei Ihnen zu Hause aussieht. Es gibt so viele verschiedene Routermodelle und Konfigurationen, dass ich hier keinesfalls zwei oder drei Universalfälle angeben kann, die mit Sicherheit auch bei Ihnen zutreffen. Nein, Sie müssen in das kalte Wasser springen und die Konfiguration Ihres Routers selbst überprüfen und gegebenenfalls anpassen. Öffnen Sie also das entsprechende Webinterface Ihres Routers, indem Sie dessen IP-Adresse in Ihren Browser eingeben (natürlich muss dieser Rechner über eine Netzwerkverbindung mit dem Router verbunden sein). Im Regelfall hat der Router die IP-Adresse 1 aus Ihrem Adressbereich, also beispielsweise die 192.168.1.1. Wenn Sie die Adresse nicht genau kennen, dann müssen Sie sie erst in Erfahrung bringen. Öffnen Sie also beispielsweise an einem Windows-PC die Eingabeaufforderung. Drücken Sie dazu die Tastenkombination [⊞]-Taste + [r], geben Sie in das sich öffnende Textfeld `cmd` ein, und drücken Sie dann [↵]. In der Eingabeaufforderung geben Sie den Befehl `ipconfig` ein. In der längeren Liste, die sich öffnet, befindet sich irgendwo der Eintrag STANDARDGATEWAY. Nutzen Sie notfalls die Scrollbalken. Neben dem Eintrag befindet sich die IP-Adresse Ihres Routers. Unter macOS müssen Sie die Konsole öffnen, darin den Befehl `sudo ifconfig` ausführen und in der Ausgabe nach dem Ausdruck ROUTER suchen. Unter Linux (was natürlich auch für Ihren Home Server zutrifft) nutzen Sie den Befehl `route -n`. Hier können Sie übrigens eine Erweiterung benutzen, die Sie schon kennen: Mit den Befehlen `grep` und `awk` können Sie die Ausgabe so formatieren, dass nur der hier interessante Wert angezeigt wird. Probieren Sie einmal folgenden Befehl aus:

```
route -n | awk '{print $2}' | grep -v 0.0.0.0
```

Mit der in Erfahrung gebrachten IP-Adresse erreichen Sie das Webinterface Ihres Routers über einen Browser.

Welche IP-Adresse und welchen IP-Adressbereich Ihr Router verwendet, lässt sich nicht genau vorhersagen. Im Prinzip gibt es drei große IP-Adressbereiche, die speziell für Heimnetzwerke reserviert und nicht für die Kommunikation im Internet vorgesehen sind. Dies sind die IP-Adressbereiche

- 10.0.0.0 bis 10.255.255.255
- 172.16.0.0 bis 172.31.255.255
- 192.168.0.0 bis 192.168.255.255

Ist eine Kommunikation an eine dieser Adressen gerichtet, dann wird sie per Definition niemals über das Internet geleitet. Meistens wird ein Teilbereich des zuletzt genannten Bereichs verwendet. Wie ich bereits erwähnt habe, wird für private Netzwerke im Regelfall die Subnetzmaske 255.255.255.0 verwendet, die besagt, dass sich das Netz über einen IP-Adressbereich xxx.xxx.xxx.0 bis xxx.xxx.xxx.255 erstreckt.

Geben Sie nun im Webinterface des Routers Ihr Passwort ein (Sie sollten unbedingt eines setzen), und suchen Sie dann nach der Konfiguration Ihres DHCP-Servers. Je nach Router befindet sich die Konfiguration an einer anderen Stelle. Oftmals ist der Eintrag im Menüpunkt NETZWERK versteckt. Kontrollieren Sie, wie der DCHP-Server eingestellt ist. Welchen IP-Adressbereich nutzt er? Erstreckt er sich über alle möglichen IP-Adressen? In diesem Fall sollten Sie ihn geeignet reduzieren. Es ist gar keine schlechte Idee, den DHCP-Server so einzustellen, dass er die IP-Adressen xxx.xxx.xxx.21 bis xxx.xxx.xxx.200 vergibt. So verbleiben noch 19 IP-Adressen am Anfang sowie 54 IP-Adressen am Ende des IP-Adressbereiches für feste Zuordnungen, und der DCHP-Server kann immer noch 180 IP-Adressen vergeben. Die ersten 19 IP-Adressen können so beispielsweise für Server und die letzten 54 IP-Adressen für besondere Zwecke, beispielsweise spezielle VPN-Verbindungen oder feste Clientgeräte (beispielsweise Drucker), genutzt werden. Nehmen Sie also gegebenenfalls eine Anpassung vor. Beachten Sie, dass die ersten drei Ziffernblöcke unbedingt mit der IP-Adresse Ihres Routers übereinstimmen müssen (wenn die Subnetzmaske 255.255.255.0 genutzt wird). Ist der DHCP-Server bereits so konfiguriert, dass er nicht den gesamten Adressbereich nutzt, dann müssen Sie keine Änderung vornehmen. In jedem Fall sollten Sie sich die Konfiguration des DHCP-Servers jetzt notieren. Kontrollieren Sie eventuelle Änderungen sorgfältig, denn die Einstellungen sind kritisch! Speichern Sie dann die Einstellungen ab. Ihren aktuellen Computer sollten Sie nun einmal neu starten, damit er eine gültige IP-Adresse bekommt. Dasselbe sollten Sie mit allen Geräten machen, die derzeit im Netzwerk aktiv sind. Kontrollieren Sie nach einem Neustart, ob Sie noch bequem ins Internet kommen und ob auch das Webinterface des Routers noch erreichbar ist. Wenn nicht, haben Sie einen schweren Fehler gemacht. Kontrollieren Sie den Zugriff von einem anderen Gerät aus. Sollten Sie nicht weiterkommen, dann bitten Sie einen erfahrenen Freund um Hilfe, der Ihnen weiterhelfen kann.

Nun müssen Sie sich aus dem IP-Adressbereich, der nicht (mehr) vom DHCP-Server verwaltet wird, eine IP-Adresse aussuchen, die Sie Ihrem Home Server fest zuweisen werden. Wenn Sie den IP-Adressbereich des DHCP-Servers bei xxx.xxx.xxx.21 haben beginnen lassen, dann können Sie beispielsweise die xxx.xxx.xxx.10 als neue IP-Adresse für Ihren Server benutzen. Suchen Sie sich eine IP-Adresse aus, und notieren Sie sie. Für die ersten drei Blöcke xxx.xxx.xxx. übernehmen Sie den Adressteil von der IP-Adresse Ihres Routers. Ist Ihr Router also unter der IP-Adresse 192.168.1.1 zu erreichen, dann lautet die zukünftige IP-Adresse für Ihren Home Server beispielsweise 192.168.1.10. Lautet die IP-Adresse Ihres Routers 192.168.178.1, dann wäre 192.168.178.10 die IP-Adresse Ihres Home Servers und so weiter. Jetzt wird es Zeit, dass Sie Ihren Server mit dieser neuen festen IP-Adresse konfigurieren.

5.7 Eine statische IP-Adresse für Ihren Home Server vergeben

Eine feste IP-Adresse müssen Sie für Ihren Server per Hand vergeben. Er bekommt sie ja schließlich nicht vom DHCP-Server zugewiesen. Hierfür müssen Sie zuerst wieder eine Verbindung zu Ihrem Server über das SSH-Protokoll herstellen. Wie das geht, haben Sie bereits in Abschnitt 3.2 zur Einrichtung gelernt.

[!]

Möglicherweise hat sich die IP-Adresse des Servers geändert

Noch ist Ihr Server so eingestellt, dass er seine IP-Adresse automatisch bezieht. Da Sie nun – möglicherweise – den Adressbereich des DHCP-Servers geändert haben, hat sich vielleicht auch die IP-Adresse Ihres Servers geändert. Wenn Sie jetzt Schwierigkeiten haben, den Server anzusprechen, dann müssen Sie wieder von vorn beginnen und die Schritte nochmals ausführen, die nötig sind, um die IP-Adresse des Servers zu erfahren. Es ist aber das letzte Mal, versprochen!

Bauen Sie also eine Verbindung zu Ihrem Home Server auf, und loggen Sie sich dort ein; ich warte hier so lange auf Sie.

Die Vergabe einer festen IP-Adresse geschieht – wie immer – durch einen Eintrag in einer Datei. Diese Datei werden Sie mit dem Texteditor `nano` bearbeiten. Es ist wichtig, dass Sie seine Funktionen zumindest grundlegend beherrschen, schauen Sie gegebenenfalls noch einmal im Linux-Grundlagenkapitel (Kapitel 4) nach. Natürlich müssen Sie die Einstellungen nur vornehmen, wenn der Server von sich aus eine feste IP-Adresse verwenden soll. Wenn Sie Ihren Router so eingestellt haben, dass sein DHCP-Server dem Home Server stets dieselbe IP-Adresse zuweist, dann sind jetzt keine Änderungen nötig. Achtung: Die folgenden Einstellungen sind kritisch. Falscheingaben führen dazu, dass der Server nicht mehr über die Netzwerkverbindung erreichbar ist. Sie können ihn dann nur noch direkt per angeschlossener Tastatur und verbundenem Monitor bedienen!

Die beiden Betriebssysteme, das unveränderte Debian und Raspberry Pi OS, gehen bei der Konfiguration der Netzwerkverbindungen verschiedene Wege. Ich werde die Konfigurationen für den Intel NUC und den Raspberry Pi daher wieder in getrennten Abschnitten besprechen. Fahren Sie mit dem Abschnitt fort, der zu Ihrem Computermodell passt.

5.7.1 Die Konfiguration für den Intel NUC

Beim Intel NUC müssen Sie die Datei */etc/network/interfaces* bearbeiten. Zunächst sollten Sie eine Sicherheitskopie dieser Konfigurationsdatei erstellen, für den Fall, dass etwas schiefgeht. Das machen Sie mit dem Befehl

```
sudo cp /etc/network/interfaces /etc/network/interfaces.orig
```

Dies wird ein Backup der *interfaces*-Datei anlegen. Wenn etwas schiefläuft, dann können Sie dieses Backup mit folgendem Befehl wieder zurückspielen:

```
sudo cp /etc/network/interfaces.orig /etc/network/interfaces
```

Der Fehlerfall ist meistens mit dem Umstand verbunden, dass sich der Intel NUC nur noch direkt über eine angeschlossene Tastatur und einen verbundenen Monitor bedienen lässt. Nach dem Zurückspielen des Backups sollte der NUC (nach einem Neustart) wieder über das Netzwerk zu erreichen sein.

Öffnen Sie nun zur Vergabe der festen IP-Adresse folgende Datei mit dem Texteditor `nano` zur Bearbeitung:

```
sudo nano /etc/network/interfaces
```

Das vorgestellte `sudo` verleiht Ihnen Administratorrechte und verlangt nach der Eingabe Ihres Passworts. Sie werden bemerken, dass diese Datei schon einige Einträge aufweist, wie etwa in Abbildung 5.3.

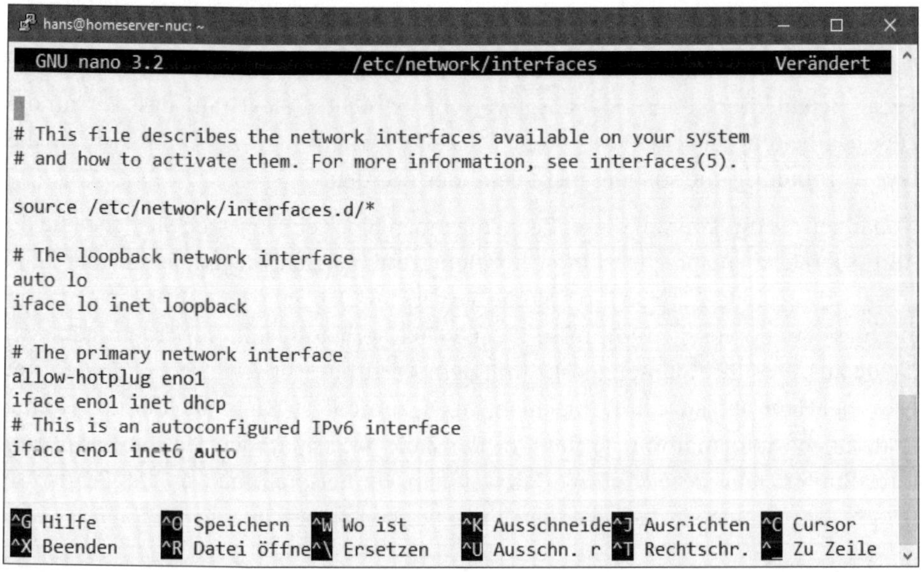

Abbildung 5.3 Die Datei »/etc/network/interfaces«

Die Datei sieht ungefähr so aus:

```
# This file describes the network interfaces available on your system
# and how to activate them. For more information, see interfaces(5).

source /etc/network/interfaces.d/*

# The loopback network interface
auto lo
```

```
iface lo inet loopback

# The primary network interface
allow-hotplug eno1
iface eno1 inet dhcp
# This is an autoconfigured IPv6 interface
iface eno1 inet6 auto
```

Listing 5.1 Netzwerkkonfiguration mit »/etc/network/interfaces«

Sie müssen nun einige Änderungen vornehmen. Navigieren Sie den Textcursor mit den Pfeiltasten zu der Zeile

```
iface eno1 inet dhcp
```

und setzen Sie ein Raute-Symbol (das #-Zeichen) vor den Zeilenbeginn, so dass diese Zeile so aussieht:

```
# iface eno1 inet dhcp
```

Damit »degradieren« Sie diese Zeile zu einem Kommentar, der nicht mehr vom Server als Befehl interpretiert oder ausgewertet wird. Achten Sie darauf, dass Sie nur die Zeile bearbeiten, bei der ein `inet` steht. Die Zeile mit dem `inet6` kümmert sich um die IPv6-Verbindung und soll hier nicht verändert werden.

Nun fügen Sie direkt unter dieser Zeile folgenden Block ein. Ersetzen Sie dabei die IP-Adressbereiche entsprechend Ihrer Konfiguration. Zunächst legen Sie mit der Zeile `address` die feste IP-Adresse Ihres Home Servers fest. Ich gehe hier als Beispiel davon aus, dass der Server die IP-Adresse 192.168.178.10 erhalten soll. Außerdem gehe ich davon aus, dass Ihre Subnetzmaske (mit dem Ausdruck: `netmask`) 255.255.255.0 lautet – was bei Heimnetzen sehr wahrscheinlich ist, zumindest, wenn Sie hier noch keine Änderungen vorgenommen haben. In der Zeile `gateway` tragen Sie die IP-Adresse Ihres Routers (alte Bezeichnung: Gateway) ein. Im Beispiel nutzt er die IP-Adresse 192.168.178.1. Passen Sie die folgenden Einstellungen gemäß Ihrer Situation an:

```
# static configuration
iface eno1 inet static
address 192.168.178.10
netmask 255.255.255.0
gateway 192.168.178.1
```

Die erste Zeile dient übrigens nur als beschreibender Kommentar, und Sie können davor gerne eine Leerzeile setzen, dies steigert die Übersichtlichkeit.

[!]

Die Eingaben lieber zweimal kontrollieren

Achten Sie unbedingt auf die Korrektheit der Daten, und denken Sie daran, dass Sie hier Ihre Werte eintragen müssen! Das gilt auch dann, wenn Sie eine andere Adresse als x.x.x.10 verwenden möchten!

Die Datei sollte jetzt so aussehen (natürlich mit Ihren Werten):

```
# This file describes the network interfaces available on your system
# and how to activate them. For more information, see interfaces(5).

source /etc/network/interfaces.d/*

# The loopback network interface
auto lo
iface lo inet loopback

# The primary network interface
allow-hotplug eno1
#iface eno1 inet dhcp

# static configuration
iface eno1 inet static
address 192.168.178.10
netmask 255.255.255.0
gateway 192.168.178.1

# This is an autoconfigured IPv6 interface
iface eno1 inet6 auto
```

Sollten sich weitere Zeilen in der Datei befinden, die durch ein Raute-Symbol eingeleitet werden, dann können Sie sie ignorieren. Es ist auch möglich, dass es noch weitere Zeilen gibt, die andere Geräte des Servers konfigurieren. Bitte ändern Sie an diesen anderen Zeilen nichts! Betätigen Sie jetzt die Tastenkombination `Strg`+`x`, um `nano` zu beenden und die geänderte Datei abzuspeichern.

[!]

In meinem Beispiel heißt die Netzwerkkarte »eno1«

Normalerweise lautet die Bezeichnung für die Netzwerkkarte beim Intel NUC (unter Debian) *eno1*. So wird sie auch in der Datei */etc/network/interfaces* genannt. Sollte bei Ihnen dort eine andere Bezeichnung stehen, dann müssen Sie sie verwenden – an den Bezeichnungen der Netzwerkkarten hat sich in letzter Zeit einiges verändert. Wenn Sie unsicher sind, dann können Sie den Befehl `netstat -i | grep en` ausführen. Er listet die kabelgebundenen Netzwerkgeräte auf. Entnehmen Sie die Bezeichnung der Tabelle, der korrekte Eintrag steht gleich vorn und beginnt mit `en`.

Die geänderte Konfiguration finden Sie zusammengefasst in Abbildung 5.4.

Starten Sie jetzt Ihren NUC einmal neu, indem Sie den Befehl

```
sudo reboot
```

ausführen. Nach dem Neustart (Sie sollten etwa eine Minute warten) wird das Gerät unter seiner neuen festen IP-Adresse erreichbar sein. Probieren Sie dies mit Hilfe einer neuen SSH-Verbindung aus.

Wenn Sie auch nach längerer Wartezeit keine Verbindung aufbauen können (denken Sie daran, als Zieladresse jetzt die neue feste IP-Adresse zu nutzen), dann haben Sie vermutlich einen Fehler begangen. Jetzt hilft nur noch eines: Verbinden Sie den NUC mit einem Monitor oder einem Fernseher, und schließen Sie eine USB-Tastatur an. Jetzt müssen Sie noch einmal die soeben erörterten Einstellungen auf Richtigkeit hin kontrollieren; erst wenn alles passt, wird Ihr Server wieder über das Netzwerk erreichbar sein.

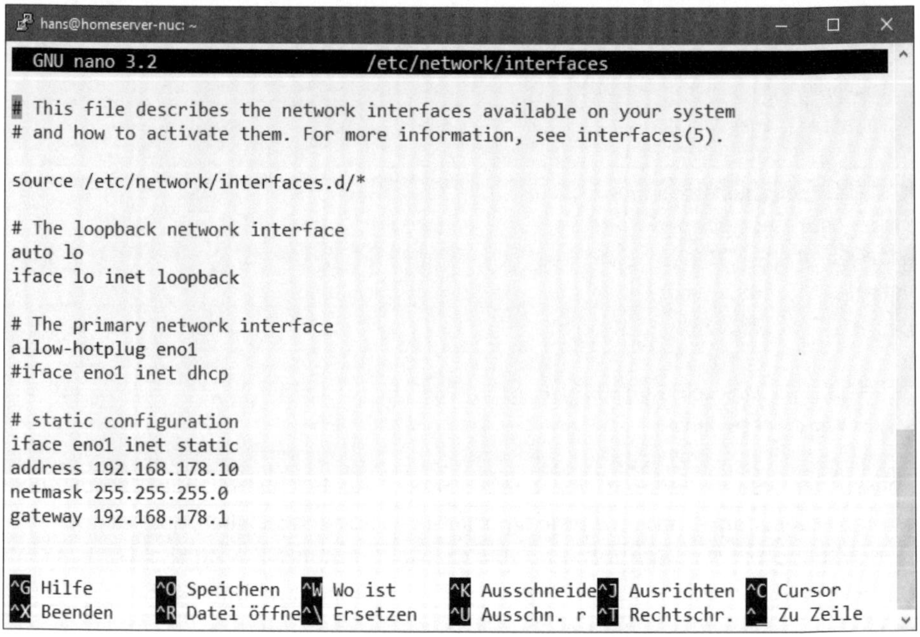

```
hans@homeserver-nuc: ~
  GNU nano 3.2                 /etc/network/interfaces

# This file describes the network interfaces available on your system
# and how to activate them. For more information, see interfaces(5).

source /etc/network/interfaces.d/*

# The loopback network interface
auto lo
iface lo inet loopback

# The primary network interface
allow-hotplug eno1
#iface eno1 inet dhcp

# static configuration
iface eno1 inet static
address 192.168.178.10
netmask 255.255.255.0
gateway 192.168.178.1

^G Hilfe      ^O Speichern   ^W Wo ist     ^K Ausschneide^J Ausrichten  ^C Cursor
^X Beenden    ^R Datei öffne^\ Ersetzen    ^U Ausschn. r ^T Rechtschr.  ^_ Zu Zeile
```

Abbildung 5.4 Die Änderungen an »/etc/network/interfaces«

Wenn Sie diese nicht ganz einfache Hürde genommen haben, dann ist Ihr Server nun endlich unter einer festen IP-Adresse zu erreichen und kann sich fast schon »wie ein richtiger Server« fühlen.

Übrigens: Sollten Sie zukünftig den automatischen Bezug einer IP-Adresse wieder reaktivieren wollen, dann müssen Sie die Datei */etc/network/interfaces* wieder auf ihren Originalzustand zurücksetzen. Sie können sich die Originalwerte in Ihrer Backup-Datei ansehen, die Sie mit dem Editor nano betrachten können.

Sie wären dann so weit, in die Hauptkapitel dieses Buches einzusteigen und nach Herzenslust entsprechende Dienste aufzusetzen und zu konfigurieren. Viel Spaß!

5.7.2 Die Konfiguration für den Raspberry Pi

Der Raspberry Pi behandelt die Netzwerkkonfiguration anders als der Intel NUC. Oftmals wird die Einrichtung unter dem Raspberry Pi sogar als einfacher empfunden. Unter Raspberry Pi OS müssen Sie mit der Datei */etc/dhcpcd.conf* arbeiten. Zunächst erstellen Sie eine Sicherungskopie dieser Datei:

```
sudo cp /etc/dhcpcd.conf /etc/dhcpcd.conf.orig
```

Sollte es bei der Konfiguration zu einem Fehler kommen, dann können Sie dieses Backup zurückspielen und den Originalzustand wiederherstellen. Dazu geben Sie diesen Befehl ein:

```
sudo cp /etc/dhcpcd.conf.orig /etc/dhcpcd.conf
```

Im Fehlerfall wird Ihr Raspberry Pi nicht mehr über das Netzwerk erreichbar sein. Sie müssen also Tastatur und Monitor anschließen und die Konfiguration mit diesen Geräten ausführen. Denken Sie besonders bei der Eingabe des Benutzernamens, des Passworts und des Schrägstrichs daran, dass möglicherweise noch die englische Tastaturbelegung eingestellt ist.

Genug vom Fehlerfall und zurück zum Regelfall: Öffnen Sie nun die Konfigurationsdatei mit folgendem Befehl zur Bearbeitung mit dem Editor `nano`:

```
sudo nano /etc/dhcpcd.conf
```

Sie werden bemerken, dass diese Datei bereits einige Einträge enthält, an denen Sie bitte nichts verändern.

Zur Vergabe der festen IP-Adresse geben Sie ganz am Ende der Datei folgenden Textblock ein, den Sie an Ihre persönliche Situation anpassen:

```
interface eth0
static ip_address=192.168.178.10/24
static routers=192.168.178.1
static domain_name_servers=192.168.178.1
```

Die erste Zeile macht deutlich, dass Sie das kabelgebundene Netzwerkgerät konfigurieren möchten. An dieser Zeile ist keine Änderung nötig. In der zweiten Zeile stellen Sie die gewünschte feste IP-Adresse ein. Achten Sie darauf, dass sich am Zeilenende der Ausdruck `/24` befindet. Dies ist eine alternative Schreibweise für die Subnetzmaske 255.255.255.0. Diesen Eintrag müssen Sie unbedingt beibehalten (es sei denn, Ihre Subnetzmaske weicht hiervon ab, was aber bei privaten »Einsteiger-«Netzwerken eher ungewöhnlich ist). Möchten Sie beispielsweise die IP-Adresse 192.168.1.15

nutzen, dann lautet die Zeile folglich `static ip_address=192.168.1.15/24`. In der dritten Zeile tragen Sie die IP-Adresse Ihres Routers ein. Im Beispiel lautet diese 192.168.178.1. Weitere Angaben sind hier nicht erforderlich. Auch in der vierten Zeile müssen Sie die IP-Adresse Ihres Routers eintragen. Hiermit legen Sie den sogenannten DNS-Server fest, der sich um die Namensauflösung kümmert. Im Regelfall wird Ihr Router diese Funktionalität bieten, weswegen hier seine IP-Adresse einzutragen ist.

Die fertige Konfiguration sehen Sie in Abbildung 5.5.

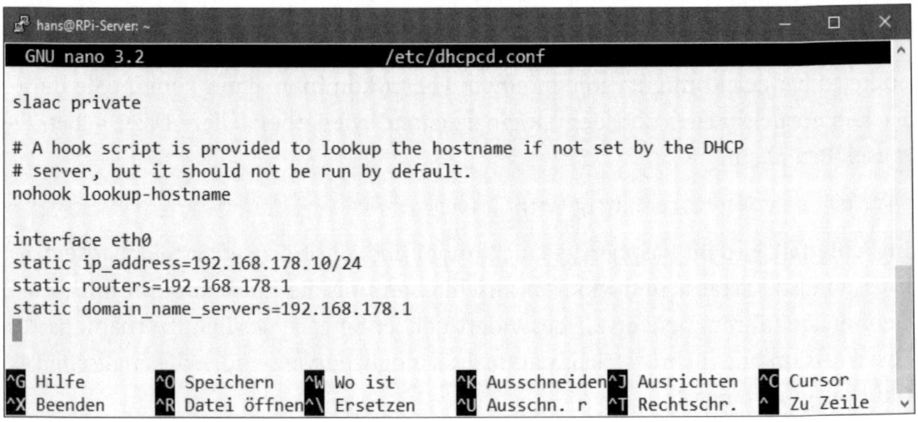

Abbildung 5.5 Die Datei »/etc/dhcpcd.conf« des Raspberry Pi konfigurieren

Dies schließt die Eintragungen in dieser Datei ab. Sie können den Editor mit der Tastenkombination [Strg]+[x] beenden und die Frage zum Speichern der Daten mit den Tasten [j] und [↵] bestätigen.

Um die neuen Einstellungen zu aktivieren, müssen Sie Ihren Raspberry Pi mit folgendem Befehl einmal neu starten:

```
sudo reboot
```

Nach dem Neustart (Sie sollten etwa eine Minute warten) wird Ihr Raspberry Pi unter seiner neuen festen IP-Adresse erreichbar sein. Sie können dies mit einer neuen SSH-Verbindung ausprobieren.

Wenn Sie auch nach längerer Wartezeit keine Verbindung aufbauen können (denken Sie daran, als Zieladresse jetzt die neue feste IP-Adresse des Raspberry Pi zu nutzen), dann haben Sie vermutlich einen Fehler begangen. Sie müssen jetzt wie zuvor beschrieben Ihr Backup der Konfigurationsdatei zurückspielen und den Konfigurationsvorgang wiederholen.

Übrigens: Sollten Sie zukünftig den automatischen Bezug einer IP-Adresse wieder reaktivieren wollen, dann setzen Sie die Datei */etc/dhcpcd.conf* wieder auf ihren Originalzustand zurück. Sie können sich die Originalwerte in Ihrer Backup-Datei ansehen, die Sie mit dem Editor nano betrachten können. Normalerweise sollten Sie nur die am Ende zugefügten Zeilen entfernen müssen.

Nun können Sie Ihren Raspberry Pi wirklich als »Pi-Server« bezeichnen und mit den Hauptkapiteln dieses Buches experimentieren. Viel Spaß!

5.8 Aktivieren einer WLAN-Verbindung

Ich habe es ja schon mehrfach anklingen lassen: Es ist wirklich keine gute Idee, den Home Server über eine WLAN-Verbindung in Ihr Netzwerk einzubinden. Die erreichbare Datentransferrate ist zu gering, Ärger und Enttäuschungen sind vorprogrammiert. Wann immer möglich, sollten Sie den Server direkt per Kabelverbindung an Ihren Router anschließen. Dies gilt auch dann, wenn ansonsten alle anderen Geräte per WLAN mit dem Netzwerk verbunden sind. Da Ihr Home Server ja nur klein ist, sollte sich in der Nähe des Routers noch ein Plätzchen finden lassen. Falls dort der Platz knapp ist, dann können Sie den Server auch über ein ausreichend langes Kabel anschließen. Patchkabel sind mit Längen von bis zu 30 Metern erhältlich – damit sollten Sie eigentlich auskommen. Bei einer kompletten Hausverkabelung ist der Standort natürlich beliebig.

Nur wenn es wirklich gar nicht anders geht, dann ist eine WLAN-Verbindung die letzte Lösung vor dem Aufgeben. In diesem kurzen Abschnitt werde ich Ihnen zeigen, wie Sie Ihren Home Server per WLAN in Ihr Netzwerk einbinden. Ein Raspberry Pi 4 bringt gleich eine eingebaute WLAN-Funktionalität mit, das Gleiche gilt für fast alle modernen NUC-Modelle.

Bevor Sie mit der Einrichtung der WLAN-Verbindung beginnen, sollten Sie kontrollieren, ob die WLAN-Funktionalität einwandfrei erkannt wurde und zur Verfügung steht. Sehen Sie dazu auf Ihrem Heimserver (mit den Befehlen cd und ls) über die Konsole nach, ob es im Verzeichnis */dev* (der ja die Hardware des Computers repräsentiert) einen Eintrag wlan0 gibt. Wenn das zutrifft, dann kann eine WLAN-Verbindung problemlos genutzt werden, wenn nicht, dann ist das weniger gut. Dies ist ein Zeichen, dass es keinen passenden Treiber gibt. Sie müssen sich dann auf die Suche im Internet machen.

Um den Home Server in Ihr WLAN einzubinden, ist die Änderung einer Konfigurationsdatei notwendig. Sie benötigen zur Einrichtung eine noch freie feste IP-Adresse aus Ihrem Netzwerk (diese darf nicht dieselbe sein wie für eine eventuelle Kabelverbindung), die IP-Adresse Ihres Routers und die verwendete Subnetzmaske. Außerdem benötigen Sie die SSID Ihres WLANs (also den Netzwerknamen) und das dazugehörige Kennwort.

Auch bei der Einrichtung einer WLAN-Verbindung unterscheiden sich die beiden Betriebssysteme (unverändertes) Debian und Raspberry Pi OS wieder voneinander. Bitte fahren Sie mit dem Abschnitt fort, der zu Ihrem Modell passt.

5.8.1 Die Einrichtung für den Intel NUC

Die Einrichtung des WLANs am Intel NUC ist leider etwas schwieriger und auf alle Fälle nur etwas für den fortgeschrittenen Nutzer. Wenn Sie erst anfangen, sich mit Serversystemen zu beschäftigen, empfehle ich eine Kabelverbindung! Denn leider sind bei manchen NUC-Modellen die WLAN-Hardwaremodule noch recht neu und werden von Linux noch nicht gut unterstützt, wobei sich das in Zukunft stark verbessern wird. Installieren Sie zuerst folgendes Paket:

```
sudo apt install iw
```

Führen Sie dann folgende Befehle aus:

```
netstat -i | grep w
```

```
sudo iw scan
```

Sollten diese Befehle bei Ihnen nichts ausgeben, dann wurde die WLAN-Hardware vom System nicht erkannt. Sie müssten nun den Treiber selbst kompilieren – eine Aufgabe, die selbst dann kompliziert und nervig ist, wenn Sie sich schon besser mit Linux auskennen. Bemühen Sie sich daher um eine alternative Lösung– notfalls hilft ein WLAN-Zugangspunkt mit einem Kabelanschluss. Sie können auch auf einen unterstützten USB-WLAN-Stick zurückgreifen, von denen es erfreulich viele gibt. Suchen Sie nach einem WLAN-Stick, der von Linux gut unterstützt wird. Führen Sie nach dessen Anschluss erneut die oberen Befehle aus.

Wenn Sie es trotzdem mit der Boardhardware selbst probieren möchten und die bisherige Linux-Unterstützung testen wollen: Sie müssen zunächst die Liste der Paketquellen um den Eintrag »non-free« ergänzen. Das machen Sie mit `nano`:

```
sudo nano /etc/apt/sources.list
```

Ändern Sie dort diese Zeilen:

```
deb QUELLSERVER buster main
deb-src QUELLSERVER buster main
```

so um:

```
deb QUELLSERVER buster main non-free
deb-src QUELLSERVER buster main non-free
```

Anstelle von `QUELLSERVER` ist bei Ihnen die Adresse Ihrer Paketquelle im Internet vermerkt. Speichern Sie die Datei, und verlassen Sie `nano`.

Führen Sie dann folgende Befehle aus:

```
sudo apt update
```

```
sudo apt install firmware-iwlwifi
```

Bevor Sie die WLAN-Funktionalität in Betrieb nehmen können, müssen Sie zusätzliche Software installieren. Das erledigt folgender Befehl:

```
sudo apt install wpasupplicant wireless-tools
```

Wenn alles gut funktioniert, dann nennen Ihnen die beiden eingangs genannten Befehle nach einem Neustart des Servers den Namen des WLAN-Gerätes. Ich gehe im Beispiel vereinfachend davon aus, dass das Gerät unter der Bezeichnung *wlo1* firmiert. Bei Ihnen heißt das Gerät vermutlich anders, zum Beispiel *wlp2s0*. Es wird jedoch stets mit einem *w* beginnen. Sie müssen in der folgenden Anleitung alle Bezeichnungen entsprechend anpassen.

Die Konfiguration der WLAN-Hardware erfolgt in der Datei */etc/network/interfaces*. Zunächst sollten Sie eine Sicherheitskopie dieser Datei erstellen, für den Fall, dass etwas schiefgeht. Das machen Sie mit dem Befehl:

```
sudo cp /etc/network/interfaces /etc/network/interfaces.wlan.orig
```

Dies wird ein Backup der *interfaces*-Datei erstellen. Wenn etwas Gravierendes schiefläuft, dann können Sie dieses Backup mit folgendem Befehl wieder zurückspielen (das machen Sie notfalls mit Tastatur und Monitor, direkt am NUC angeschlossen):

```
sudo cp /etc/network/interfaces.wlan.orig /etc/network/interfaces
```

Öffnen Sie mit dem Texteditor `nano` (dessen Bedienung Sie bereits verinnerlicht haben sollten) nun die Originaldatei zur Bearbeitung:

```
sudo nano /etc/network/interfaces
```

Wenn Sie dem Home Server zuvor bereits eine feste IP-Adresse für eine Kabelverbindung gegeben haben, dann dürfte Ihnen diese Datei noch bekannt vorkommen. Kontrollieren Sie, ob sich in der Datei eventuell bereits ein Block für die WLAN-Konfiguration befindet. Dies erkennen Sie an folgenden Zeilen:

```
auto wlo1
allow-hotplug wlo1
iface wlo1 inet dhcp
```

Wenn sich dort bereits so ein Block befindet, dann löschen Sie ihn und die zugehörigen (direkt folgenden) Zeilen, die sich um die WLAN-Einrichtung kümmern. Wichtig: Löschen Sie keine Zeilen, die nicht zu diesem Block gehören; insbesondere keine, die zur *eno1*-Schnittstelle gehören oder die mit einem `Pre-Up` beginnen (wie beispielsweise der Eintrag der Firewall `iptables`)!

Fügen Sie nun (am Ende der Datei) folgenden neuen Block ein, in den Sie Ihre Parameter eintragen. Ich gehe als Beispiel davon aus, dass Sie die IP-Adresse 192.168.178.11 für den Server verwenden wollen, aber Sie sind in der Wahl frei und nur von Ihren eigenen Gegebenheiten (beispielsweise hinsichtlich des DHCP-Adressbereiches) abhängig. Geben Sie auch die SSID und das Passwort für Ihr WLAN ein.

Aber Achtung: Die Anführungszeichen müssen im Textblock verbleiben und dürfen nicht entfernt werden! Achten Sie darauf, dass Sie die Zeilen `address`, `gateway`, `wpa-ssid` und `wpa-psk` (sowie gegebenenfalls `netmask`) auf Ihre Situation passend ändern. In der Zeile `gateway` tragen Sie die IP-Adresse Ihres Routers ein.

```
auto wlo1
allow-hotplug wlo1
iface wlo1 inet static
address 192.168.178.11
netmask 255.255.255.0
gateway 192.168.178.1
wpa-ap-scan 1
wpa-scan-ssid 1
wpa-ssid "WLAN-SSID"
wpa-psk "WLAN-PASSWORT"
```

Listing 5.2 WLAN-Konfiguration mit »/etc/network/interfaces«

Kontrollieren Sie nochmals, ob alle Angaben vollständig sind und zu Ihrer Umgebung passen. Eine Beispielkonfiguration finden Sie in Abbildung 5.6.

Speichern Sie dann die Datei mit der Tastenkombination [Strg]+[X] ab, bestätigen Sie die Speicherfrage und verlassen damit `nano`. Nach einem Neustart des Servers mit

```
sudo reboot
```

ist die neue WLAN-Konfiguration aktiv, und Sie werden den Server in Ihrem Netzwerk finden.

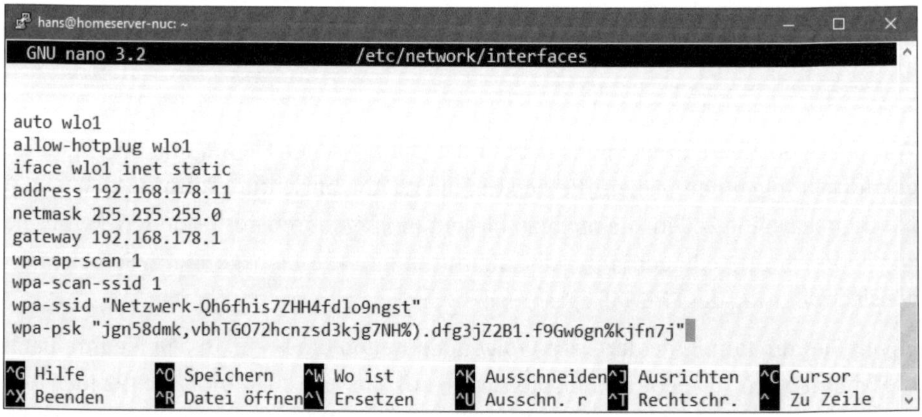

Abbildung 5.6 »/etc/network/interfaces«, konfiguriert für die WLAN-Nutzung

Wenn Sie mutig sind, dann können Sie auch alternativ folgenden Befehl verwenden, der nur die WLAN-Komponente neu startet:

```
sudo ifconfig wlo1 down; sudo ifconfig wlo1 up
```

Wenn ich Ihnen verrate, dass das `if` die Kurzform von *interface* ist, dann ist dieser Befehl praktisch selbsterklärend. Beachten Sie aber in diesem Zusammenhang `;`-Zeichen. Es sorgt dafür, dass die beiden Befehle nacheinander ausgeführt werden. Diese Verkettung kann (bei etwaigen zukünftigen Experimenten) sehr wichtig sein, denn der erste Befehl(-steil) trennt die aktuelle WLAN-Verbindung. Wären Sie bereits (ausschließlich) per WLAN mit Ihrem Server verbunden und würde der zweite Befehl(-steil) die Verbindung nicht gleich wieder aufbauen, dann könnten Sie nicht mehr mit Ihrem Server kommunizieren und ebenso wenig wieder die Netzwerkverbindung reaktivieren.

Natürlich können Sie eine Kabelverbindung vor dem Neustart trennen. Sollte der Home Server nicht in Ihrem WLAN verfügbar sein, dann kontrollieren Sie alle Eingaben auf Plausibilität und Fehlerfreiheit hin. Wenn gar nichts mehr geht, auch die Kabelverbindung nicht, dann müssen Sie Tastatur und Monitor an den Server anschließen und sich so auf Fehlersuche machen. Wahrscheinlich haben Sie in der Datei */etc/network/interfaces* einen Fehler gemacht. Denken Sie daran, dass Sie zuvor ein Backup der ursprünglichen Konfiguration angelegt haben, das Sie notfalls wieder zurückspielen können.

5.8.2 Die Einrichtung für den Raspberry Pi

Beim Raspberry Pi müssen Sie mit zwei Dateien arbeiten. In der einen werden Sie die Zugangsdaten für Ihr WLAN eintragen, in der anderen werden Sie eine feste IP-Adresse für die WLAN-Verbindung konfigurieren.

Beginnen Sie zunächst mit den Zugangsdaten für Ihr WLAN. Diese Daten sind in der Datei */etc/wpa_supplicant/wpa_supplicant.conf* einzutragen. Öffnen Sie zunächst diese Datei mit folgendem Befehl mit dem Editor:

```
sudo nano /etc/wpa_supplicant/wpa_supplicant.conf
```

Sie werden sehen, dass diese Datei bereits wenige Einträge aufweist, die Sie bitte nicht verändern. Achten Sie aber darauf, dass die Datei bereits den Eintrag `country=DE` (oder das für Sie zutreffende Kürzel) enthält. Wenn nicht, dann müssen Sie es ergänzen. Fügen Sie nun am Ende der Datei folgenden neuen Block ein:

```
network={
        ssid="WLAN-SSID"
        psk="WLAN-PASSWORT"
        scan_ssid=1
```

```
        proto=RSN
        key_mgmt=WPA-PSK
        group=CCMP
        pairwise=CCMP
}
```

Listing 5.3 WLAN-Konfiguration mit »/etc/wpa_supplicant/wpa_supplicant.conf«

Tragen Sie in der Zeile `ssid=` die SSID Ihres WLANs ein. In der Zeile `psk=` geben Sie das dazugehörige Passwort an. Beachten Sie, dass diese beiden Angaben wie gezeigt von Anführungszeichen umschlossen sein müssen. Weitere Angaben sind nicht erforderlich. Sie können die Datei nun mit der Tastenkombination [Strg]+[x] schließen und Ihre Änderungen abspeichern.

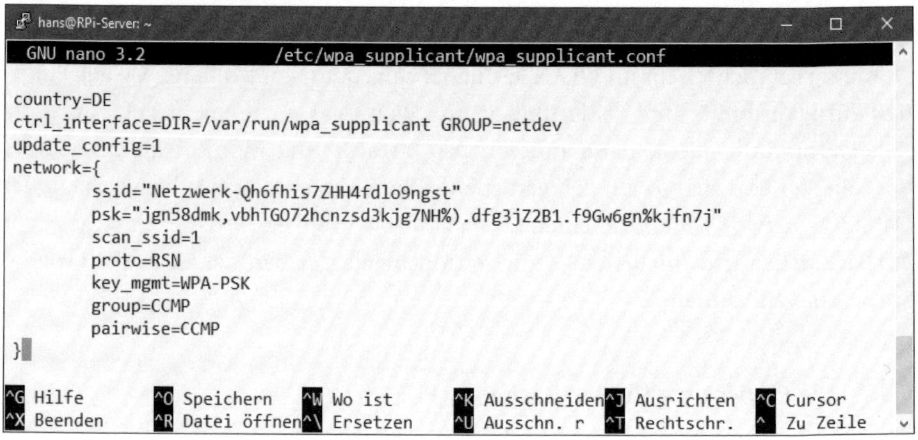

Abbildung 5.7 Die fertige Konfiguration der Datei »/etc/wpa_supplicant/wpa_supplicant.conf«

Sollten Sie für Ihr WLAN statt der (noch) als sicher eingestuften WPA2-Verschlüsselung den älteren (als unsicher geltenden) WPA-Mechanismus verwenden, dann müssen Sie in den beiden Zeilen `group` und `pairwise` den Eintrag `CCMP` gegen `TKIP` tauschen. Sie sollten dann jedoch mit hoher Priorität die Anschaffung eines modernen Routers (und moderner WLAN-Geräte) angehen.

Prinzipiell ist damit bereits die WLAN-Verbindung vorbereitet und stünde nach einem Neustart des Pi-Computers mit einer dynamisch bezogenen IP-Adresse zur Verfügung. Sie sollten jedoch noch einen Schritt weiter gehen und eine feste IP-Adresse vergeben. Die folgenden Schritte sind (fast) exakt dieselben wie bei der kabelgebundenen Verbindung. Sie benötigen zuerst wieder eine freie feste IP-Adresse (nicht dieselbe wie bei der Kabelverbindung), die IP-Adresse Ihres Routers und die genutzte Subnetzmaske.

Nun öffnen Sie die Datei */etc/dhcpcd.conf* zur Bearbeitung. Dies machen Sie mit folgendem Befehl:

```
sudo nano /etc/dhcpcd.conf
```

Sie können zuvor ein Backup anlegen und seien an dieser Stelle noch einmal an die Backup-Funktion von `nano` erinnert, die Sie mit dem Befehlsschalter `-B` aktivieren. Bitte ändern Sie an den bisherigen Einträgen nichts, sondern fügen ganz am Ende der Datei folgenden neuen Block ein:

```
interface wlan0
static ip_address=192.168.178.11/24
static routers=192.168.178.1
static domain_name_servers=192.168.178.1
```

Die erste Zeile kennzeichnet, dass Sie das Gerät *wlan0* konfigurieren möchten. In der zweiten Zeile geben Sie die gewünschte feste IP-Adresse an. Beachten Sie, dass der obligatorische Wert `/24` am Zeilenende die Subnetzmaske codiert und für den Wert 255.255.255.0 steht. In der dritten und vierten Zeile tragen Sie die IP-Adresse Ihres Routers ein.

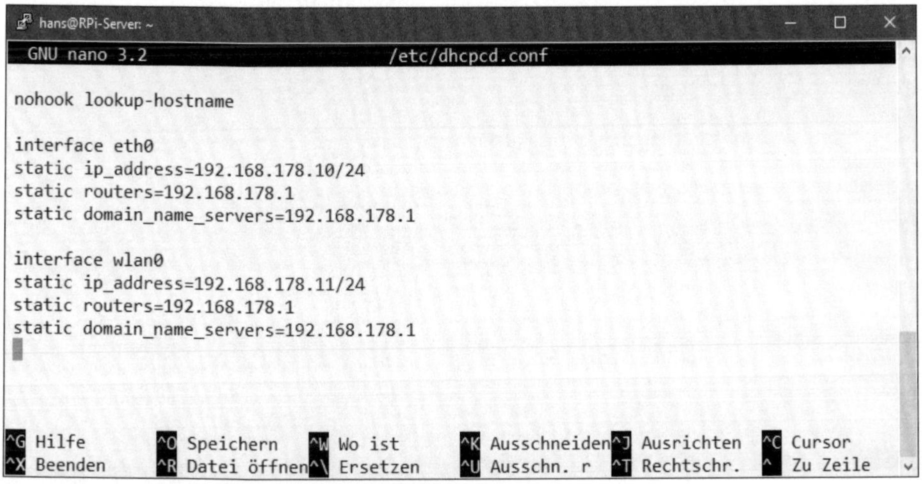

Abbildung 5.8 Die Einstellungen in der Datei »/etc/dhcpcd.conf« sind komplett

Dies schließt die WLAN-Einrichtung für Ihren Raspberry Pi ab. Nach einem Neustart wird der Pi-Computer in Ihrem WLAN zu finden sein. Andernfalls müssen Sie sich auf die Fehlersuche begeben und alle soeben bearbeiteten Dateien kontrollieren. Sollte der Raspberry Pi noch nicht einmal über die Kabelverbindung erreichbar sein, dann müssen Sie sogar zu einer Tastatur und einem Monitor greifen und auf diese Weise die Einstellungen kontrollieren.

Kapitel 6
Im Fehlerfall

Dieses Kapitel soll Ihnen behilflich sein, wenn einmal etwas nicht sofort funktioniert und Sie sich auf die Suche nach dem Fehler begeben wollen. Ich zeige Ihnen, wo übliche Stolpersteine lauern.

Computer machen keine Fehler. Das kann ganz schlicht so gesagt werden. Einzige Ausnahme: Der Computer ist kaputt. Fehler machen immer nur Menschen. Entweder begeht sie der Benutzer – beispielsweise durch falsche Eingaben, mit denen ein Programm nichts anfangen kann oder die eine unbeabsichtigte Aktion auslösen – oder aber der Programmierer, dessen Programm nicht das tut, was es tun soll. Zum Glück gilt aber auch, dass jeder Mensch Fehler macht. So können wir alle von uns behaupten, dass uns Fehler auch bei der Arbeit mit einem Computer bereits begegnet sind. Ein jeder hat schon mit Fehlermeldungen zu kämpfen gehabt und erlebt, dass ein Programm nicht das machte, was er von ihm erwartet hatte.

Folglich können also auch Fehler bei der Einrichtung eines eigenen Servers auftreten. Die Software, die ich in diesem Buch vorstelle, ist weitverbreitet und teilweise millionenfach im Einsatz. Natürlich haben ihre Programmierer auch Fehler gemacht, die aber schon zu einem sehr großen Teil erkannt und behoben wurden. Schließlich ist es auch das Ziel der eingesetzten Debian-Distribution, ein ausgereiftes, ausgiebig getestetes und stabiles Betriebssystem zu liefern. Natürlich ist dieses System nicht fehlerfrei, aber es ist oftmals wahrscheinlicher, dass der Fehlerteufel eher bei der Installation und Konfiguration zugeschlagen hat. Gerade wenn Sie vielleicht zum ersten Mal einen Server aufsetzt oder die Eingabe der vielen Textbefehle noch nicht gewöhnt ist, entstehen schnell Fehler – zum Glück bei jedem von uns. Für solche Fehler braucht man sich nicht zu schämen, denn wie immer kann man, wenn man sie erkannt und behoben hat, einiges aus ihnen lernen. Ärgern können sie einen aber trotzdem, besonders wenn man sich auf eine neue Anwendung schon freut oder diese gar dringend braucht.

In diesem Kapitel werde ich also ein paar mögliche Fehlerquellen durchgehen. Sie sollen Ihnen behilflich sein, wenn ein neu installierter Serverdienst nicht so funktioniert wie erwartet und Sie sich auf die Suche nach der Ursache des Problems machen.

6.1 Den betreffenden Dienst neu starten

In diesem Abschnitt geht es um Dienste, die zuvor fehlerfrei gearbeitet haben und dies plötzlich nicht mehr tun. In seltenen Fällen »verschluckt« sich ein Dienst und arbeitet nicht korrekt. Sie werden sehen, dass dies wirklich nur sehr selten vorkommt, aber wenn Sie einmal auf einen Dienst treffen, der plötzlich nicht mehr so arbeitet wie gewohnt, und Sie keinerlei Änderungen unternommen haben, dann sollten Sie die im Computerbereich übliche Vorgehensweise anwenden und den betreffenden Dienst einmal neu starten. Das erledigen Sie mit diesem Befehl:

```
sudo service servicename restart
```

Dabei müssen Sie natürlich den Ausdruck `servicename` durch den Namen des betreffenden Dienstes ersetzen.

Es kann übrigens auch zu einem interessanten, aber ganz anderen Problem gekommen sein: Gegenwärtig werden mehr und mehr Internetanschlüsse auf das neue Protokoll IPv6 umgestellt. Bei der Umstellung kann es zu Problemen kommen. Ist nämlich Ihr Home Server plötzlich auch unter einer IPv6-Adresse erreichbar und wird vom Clientrechner (innerhalb Ihres privaten Netzwerks) unter dieser angesprochen, dann kann es passieren, dass der jeweilige Dienst »noch nicht mitspielt«. In diesem Fall sollten Sie testweise das IPv6-Protokoll auf dem Clientrechner deaktivieren und den Dienst nochmals überprüfen.

6.2 Schritt für Schritt vorgehen

Grundsätzlich sollten Sie die Serverprojekte, gerade wenn es die erstmalige Anwendung ist, immer mit einem »Bottom-up«-Ansatz angehen, so wie ich es in diesem Buch auch bespreche. Sie sollten also mit einer spartanischen Rumpfkonfiguration beginnen, die nur nötige Funktionen bietet, und diese erst einmal ausgiebig testen. Testen Sie beispielsweise in einem sicheren Heimnetzwerk (!) zunächst eine unverschlüsselte Verbindung, bevor Sie eine aufwendige Verschlüsselung und Authentifizierung implementieren. Zum Testen sollten Sie immer Allerweltsdaten verwenden, an denen niemand ein ernsthaftes Interesse hat, zum Beispiel Textdateien mit »test« als Inhalt. Bauen Sie, wenn das Grundgerüst funktioniert, dann langsam die erforderlichen Funktionen ein und testen diese, bevor Sie weitere aktivieren. Gerade im Fehlerfall sollten Sie »zu den Wurzeln« zurückkehren. Prüfen Sie, ob eventuell Sicherheitsfunktionen wie Ihre Firewall oder Fail2ban den Zugriff blockieren (beides sind Sicherheitsfunktionen aus dem dritten Teil des Buches). Testen Sie die Funktionsfähigkeit in einem sicheren Heimnetz eventuell mit abgeschalteten Sicherheitsfunktionen (die Sie später jedoch unbedingt wieder aktivieren sollten).

Wenn Sie auf einen Fehler stoßen, dann lesen Sie zunächst die Fehlermeldung, soweit es eine gibt. Oftmals wird Ihnen hier natürlich direkt der Fehler aufgezeigt. Denken Sie daran, dass viele Dienste eine Logdatei führen. Es kann bei einem Problem nicht schaden, einen Blick in die Logdatei zu werfen. Viele Programme legen ihre Logdateien im Verzeichnis */var/log* an, die Sie sich mit `nano`, gegebenenfalls mit `sudo`-Rechten, ansehen können. Oft finden Sie dort Fehlermeldungen oder Hinweise, warum das Programm nicht so arbeitet wie erwartet. Einige Dienste schreiben ihre Statusmeldungen auch in das globale *syslog*, das Sie mit `nano` unter */var/log/syslog* erreichen.

6.3 Beliebte Fehler: Tippfehler

An dieser Stelle sei vor allem noch einmal daran erinnert, dass Linux leider (oder aber auch zum Glück) praktisch keine Toleranz gegenüber Fehleingaben mitbringt. Es ist also wirklich wichtig, dass Sie die Anleitungen in diesem Buch ganz exakt befolgen und genau auf die Orthografie der einzelnen Befehle achten. Bedenken Sie:

Linux unterscheidet zwischen der Groß- und Kleinschreibung. Das gilt sowohl für Datei- und Verzeichnis- als auch für Befehlsnamen. Achten Sie also penibel hierauf. Das ist insbesondere auch bei Dateien relevant, die Sie selbst anlegen und auf die Sie dann in Konfigurationsdateien verweisen. Es kann schnell passieren, dass es die Datei `configuration.cfg` sowohl im Verzeichnis */home/peter/downloads* als auch in */home/peter/Downloads* gibt und man natürlich stets die falsche Datei wählt.

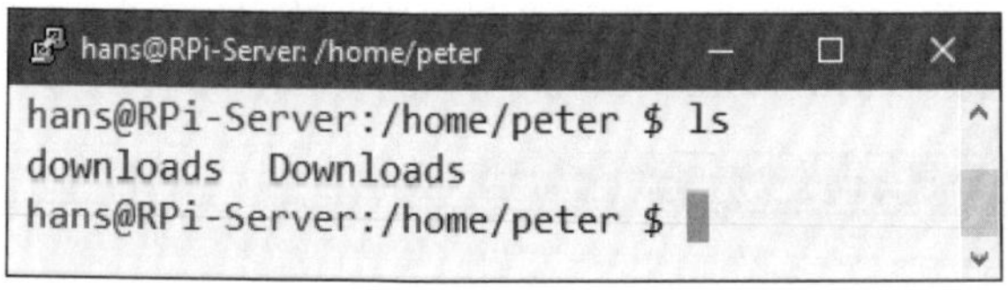

Abbildung 6.1 Tippfehler passieren leicht.

Leerzeichen sind auch ein beliebter Fehler. Bitte schenken Sie Leerzeichen bei der Befehlseingabe immer Beachtung. Im Regelfall sind zu viele Leerzeichen weniger kritisch als zu wenige. Dies ist insbesondere wichtig bei der Übergabe von Parametern bei einem Befehlsaufruf. Berücksichtigen Sie aber, dass Leerzeichen in Datei- und häufig auch in Benutzernamen zwar möglich und akzeptabel sind, jedoch auch zu einer Fehlerquelle werden können. Wenn möglich, vermeiden Sie hier Leerzeichen und nutzen lieber, wenn erlaubt, den Unterstrich »_«. Wenn Sie explizit eine Datei mit einem Leerzeichen im Namen referenzieren müssen, dann denken Sie daran, dass Sie zur Eingabe das Escape-Zeichen benötigen. Es wird durch einen umgekehrten Schrägstrich \ dargestellt. Schreiben Sie also statt *»/mein verzeichnis«* korrekt

»*/mein\ verzeichnis*«. Einige Befehle erwarten auch, dass Ausdrücke mit Leerzeichen von Klammern oder Anführungszeichen umschlossen werden.

Sonderzeichen führen auch häufig zu Problemen, wenn verschiedene Zeichensätze im Spiel sind. Vermeiden Sie also am besten Sonderzeichen in Dateinamen und anderen Benutzereingaben.

Wenn Sie sicher sind, dass Sie alle Eingaben korrekt vorgenommen haben, alle Dateien korrekt benannt und am richtigen Platz sind, dann gibt es durchaus noch andere Dinge, die Probleme bereiten können.

Denken Sie bitte auch daran, dass Sie viele Konfigurationstexte dieses Buches über die Internetadresse *https://www.rheinwerk-verlag.de/5192/* als Datei herunterladen können. Sie finden sie dort im Kasten MATERIALIEN.

6.4 Beliebte Fehler: die Rechtevergabe

Ein ganz wichtiger Punkt ist natürlich die Rechtevergabe auf dem Dateisystem. Schnell kann es passieren, dass ein Programm (oder Dienst) auf eine Datei oder ein Verzeichnis zugreifen möchte oder muss, aber für diese Ressource nicht die nötigen Zugriffsrechte hat. Rufen Sie sich noch einmal in Erinnerung, dass eine Datei verschiedene Rechte hat (Leserechte, Schreibrechte, Ausführrechte) und diese entweder gewährt oder verwehrt werden können. Zusätzlich wird immer zwischen dem Besitzer, der besitzenden Gruppe und allen anderen unterschieden. Prüfen Sie also, ob das entsprechende Programm die notwendigen Rechte für alle notwendigen Dateien hat. Dies sind beispielsweise Konfigurationsdateien, es kann sich aber auch etwa bei einer Webanwendung um das Zielverzeichnis für Nutzer-Dateiuploads handeln.

```
hans@RPi-Server: /dev/snd
hans@RPi-Server:/dev $ cd snd
hans@RPi-Server:/dev/snd $ ls -la
insgesamt 0
drwxr-xr-x  2 root root      140 Mai  5 16:42 .
drwxr-xr-x 14 root root     3280 Mai  5 16:52 ..
crw-rw----  1 root audio 116,  0 Mai  5 16:42 controlC0
crw-rw----  1 root audio 116, 16 Mai  5 16:42 pcmC0D0p
crw-rw----  1 root audio 116, 17 Mai  5 16:42 pcmC0D1p
crw-rw----  1 root audio 116,  1 Mai  5 16:42 seq
crw-rw----  1 root audio 116, 33 Mai  5 16:42 timer
hans@RPi-Server:/dev/snd $
```

Abbildung 6.2 Achten Sie auf die Rechte und Besitzer der Dateien.

Nutzen Sie den Befehl `ls -la`, um sich (in Kombination mit `cd`) die Zugriffsrechte auf die Dateien und Verzeichnisse anzuschauen. Wenn Sie nicht wissen, unter welchem Benutzerkonto ein Programm ausgeführt wird, dann hilft Ihnen entweder ein Blick in die entsprechende Konfigurationsdatei oder der Aufruf von `top`, dem universellen

Prozess-Informationscenter, weiter. Eine Anleitung dazu finden Sie in Abschnitt 4.7.3. Hier werden Ihnen alle Prozesse sowie die zugehörigen Benutzerkonten aufgelistet. Ebenso ist es möglich, dass ein Hardwaregerät (das ja auch als Datei repräsentiert wird) ebenfalls bestimmte Zugriffsrechte erfordert. Zum Beispiel kann das Audiogerät */dev/snd* oder */dev/audio* so eingestellt sein, dass nur Mitglieder der Benutzergruppe *audio* (sowie natürlich der *root*-Benutzer) hierauf Zugriff erhalten. Prüfen Sie die »Rechtslage« und je nach Befehl auch, ob dieser mit *root*-Rechten (also vorangestelltem `sudo`) den gewünschten Effekt erzielt. Denken Sie hieran auch beispielsweise bei einer Webcam (und dem Gerät */dev/video0*).

6.5 Beliebte Fehler: Konfigurationsfehler

Als Nächstes sollten Sie einmal die logische Konsistenz überprüfen. Sehen Sie nach, ob tatsächlich alle Ihre Eingaben über alle notwendigen Konfigurationen konsistent sind. Ein beliebter Fehler ist beispielsweise, dem PHP-Modul anzugeben, dass es auf Eingaben über einen TCP-Port warten soll, während der Webserver jedoch so eingestellt ist, dass er einen Datei-Socket verwendet. (Keine Sorge, ich werde in diesem Buch sicherstellen, dass dieses Problem bei Ihnen ganz gewiss nicht auftritt!) Hier herrscht keine Konsistenz, das kann so nicht funktionieren. Nur wenn die Einstellungen einheitlich sind, dann kann ein reibungsloses Zusammenspiel funktionieren. Ein Beispiel für eine solche falsche Konfiguration sehen Sie in Abbildung 6.3. Man sollte sich schon entscheiden, ob man von `Lotto-Ergebnis` oder `Lotto-Resultat` spricht.

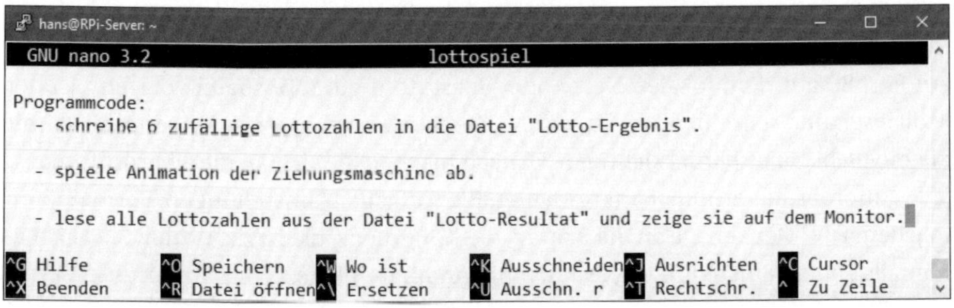

Abbildung 6.3 Ein Beispiel für einen Konfigurationsfehler: Die Lottozahlen befinden sich nicht in der Datei »Lotto-Resultat«, sondern in »Lotto-Ergebnis«.

Eng mit diesem Punkt verwandt sind logische Fehler. Prüfen Sie für alle Einstellungen, ob sie wirklich richtig sind und das bewirken, was Sie erreichen wollen. Oft passiert es zum Beispiel, dass ein Netzwerkdienst nur Verbindungen vom *localhost* akzeptiert, also vom eigenen Server – nicht jedoch von einem Rechner im Netzwerk. Somit kann auf den Dienst gar nicht aus dem lokalen Netzwerk zugegriffen werden. Hier passieren besonders gerne Flüchtigkeitsfehler. Das Netzwerk-Interface wird häufig bei `eth0` belassen, obwohl doch `wlan0` für das WLAN nötig wäre, gerne gibt es auch einen Zahlendreher in der IP-Adresse des Servers oder der Subnetzmaske. Natürlich können aber auch eigentlich triviale Fehler die Ursache eines Problems sein. Prüfen Sie also auch immer, ob die Netzwerkanbindung des Servers überhaupt funktioniert, also ob andere Serverdienste normal erreichbar sind und korrekt arbeiten. Hierzu können Sie als erste Anlaufstelle den Befehl `ping` verwenden, wie Sie ihn in Abschnitt 3.2 bei der Einrichtung des Home Servers kennengelernt haben. Wenn nämlich schon der Ping nicht funktioniert, dann müssen Sie zunächst Ihr Netzwerk auf Fehler hin prüfen und sicherstellen, dass Ihr Server erreichbar ist. Prüfen Sie also insbesondere die Konfiguration der IP-Adressen sowohl auf dem Server als auch auf dem Clientrechner. In diesem Zusammenhang kann es nicht schaden, sich klarzumachen, dass auch der Clientrechner »schuld sein kann«. Auch hier sind Fehlkonfigurationen möglich. Prüfen Sie gegebenenfalls den entsprechenden Serverdienst also auch von einem anderen Clientrechner aus. Am besten ist es, wenn dieser ein anderes Betriebssystem benutzt (verwenden Sie beispielsweise ein Smartphone).

6.6 Zurück auf null und von vorn beginnen

Wenn gar nichts hilft, dann sollten Sie den Serverdienst einmal komplett deinstallieren (mit dem `apt purge`-Befehl, wie ich ihn ganz zum Schluss des Buches erörtere) und noch einmal komplett von vorn anfangen. Und wenn auch das nichts nutzt, dann hilft vielleicht folgende Gedankenübung, die aber leider nicht ganz einfach ist: Greifen Sie zu Papier und Stift – und zwar zu einem großen Blatt Papier! Skizzieren Sie auf diesem Blatt Papier den kompletten Ablauf des Programms, das nicht so recht funktioniert. Schreiben Sie wirklich alles auf, zum Beispiel auch »erwartet Verbindungen auf Port 80 aus dem lokalen Netz« oder »liest Konfigurationsdatei von */etc...*« oder »soll lesen und schreiben auf */var/lib/...*«. Denken Sie ruhig etwas länger nach, damit Sie möglichst alles berücksichtigen. Danach machen Sie sich an die Überprüfung. Ist jede Anforderung erfüllt? Funktionieren alle Aufgaben/Einstellungen/Formalitäten in jedem Fall? Denken Sie an die Syntax, die Kongruenz, die Logik. Prüfen Sie gegebenenfalls andere Einstellungen, Dateirechte und Dateipfade.

Wenn Sie gar keinen Erfolg haben, dann geht es ab ins Internet. Suchen Sie mit einer Suchmaschine nach Ihrem Problem. Suchen Sie nach Fehlermeldungen. Fragen Sie eventuell in einem Forum nach, das sich mit dem Dienst beschäftigt. Prüfen Sie auch den (eher unwahrscheinlichen) Fall, dass ein zwischenzeitliches Update des Programms eine andere Konfigurationseinstellung erfordert.

Und denken Sie immer daran, regelmäßig ein Backup der Speicherkarte und aller wichtigen Dateien auf externen Speichermedien zu erstellen und zum Üben (beim Raspberry Pi) eine zweite Speicherkarte zu verwenden.

TEIL II

Serverprojekte

Kapitel 7
Dateien im Netzwerk freigeben: ein Fileserver mit Samba

Eine der wichtigsten Aufgaben eines Home Servers ist es, den Zugriff auf Dateien über das Netzwerk zu ermöglichen. In diesem Kapitel lernen Sie dafür die Einrichtung eines sogenannten Fileservers.

Eine sehr wichtige Aufgabe eines Home Servers ist die des *Fileservers*. Dateien, auf die häufig von mehreren Computern im Heimnetzwerk zugegriffen wird, werden an zentraler Stelle auf dem Home Server gesammelt und von dort aus allen angeschlossenen Rechnern zur Verfügung gestellt. Das können beispielsweise die Dateien eines aktuellen Schul- oder Studienprojekts sein, an dem mit mehreren verschiedenen Rechnern (großer PC im Arbeitszimmer, Notebook im Wohnzimmer auf der Couch, Tablet im Garten) gearbeitet wird. Häufig wird auch die zentrale Speicherung aller Mediendateien, also Filme, Fotos und Musik, genutzt. Die Medieninhalte können so von allen Geräten im Netzwerk abgespielt werden. Dies schließt nicht nur Tablets und Smartphones ein, sondern auch entsprechende Mediaplayer oder Smart-TVs. Aus einem Raspberry Pi oder einem Intel NUC lässt sich auch prima ein Mediacenter (also ein Gerät, das Mediendateien abspielt) basteln – auch dieses kann die Medieninhalte vom zentralen Server beziehen. Natürlich kann ein Fileserver auch als zentrales Backup-Medium dienen, das verschiedene Versionen eines beliebigen Projekts abspeichert.

Auch mit Ihrem Home Server lässt sich sehr gut ein Fileserver aufbauen. Dabei werden – stets abhängig vom genutzten Speichermedium – durchaus Datentransferraten im hohen zweistelligen Bereich erreicht. In Leserichtung sind bei optimalen Bedingungen sogar bis knapp über 100 MB/s möglich. Die Software, die ich Ihnen für den Fileserver-Betrieb empfehlen möchte, nennt sich *Samba*. Samba ist sehr weit verbreitet und wird sehr häufig in Netzwerken verwendet, um Dateifreigaben anzubieten, die mit dem Windows-typischen *SMB-Protokoll* kompatibel sind. Das bedeutet, dass man von einem Windows-Rechner ohne großen Aufwand direkt auf eine Samba-Dateifreigabe zugreifen kann. Als *Freigabe* bezeichnet man im Alltag ganz allgemein einen Dateispeicherort, meist ein Verzeichnis mit eventuellen Unterverzeichnissen, auf den mit mehreren (Netzwerk-)Geräten lesend oder schreibend zugegriffen werden kann. Da dieses Protokoll so stark verbreitet ist, wird es auch von vielen Anwendungen auf Smartphones und Tablets unterstützt. Auch Linux- und

Mac-Rechner können unkompliziert auf diese Freigaben zugreifen. Es gibt zwar noch weitere Arten von Dateifreigaben im Netzwerk, die oftmals sogar den Vorteil geringerer Hardwareanforderungen haben, aber leider nicht so universell einsetzbar sind wie Samba mit der Unterstützung des SMB-Protokolls.

7.1 Die Samba-Installation auf dem Home Server

Als Erstes werden Sie Samba installieren und eine Freigabe eines Verzeichnisses vom primären Speichermedium des Home Servers einrichten, denn dann haben Sie bereits etwas zum Ausprobieren und Kennenlernen. Da das Hauptspeichermedium nur eine begrenzte Kapazität bietet (was besonders für den Raspberry Pi mit seiner Speicherkarte gilt), können Sie in einem zweiten Schritt, wie Sie es im Grundlagenkapitel gelernt haben, ein externes Speichermedium anbinden, etwa einen USB-Stick oder auch eine externe Festplatte. Wenn Sie beim Raspberry Pi seine Speicherkarte nutzen, sind naturgemäß keine sonderlich hohen Datentransferraten möglich. Das liegt an der begrenzten Datentransferrate, sowohl von der eigentlichen Karte als auch vom Speicherkartenleser des Raspberry Pi. Deutlich höhere Geschwindigkeiten erreichen Sie, wenn Sie ein externes Speichermedium nutzen, das mit einem USB-3.0-Anschluss verbunden ist und mit einem Linux-Dateisystem wie ext4 formatiert ist (siehe dazu Kapitel 4). Auch beim Intel NUC limitiert bei den Desktop-Kits der eingebaute, fest verlötete Massenspeicher oft die Geschwindigkeit. Wesentlich schneller wird es mit einer »richtigen« SSD oder einer eingebauten, ausreichend schnellen mechanischen Festplatte. Jetzt geht es aber zunächst um die Installation und Einrichtung von Samba.

Samba ist direkt in den Paketquellen des Betriebssystems integriert. Zur Installation melden Sie sich zunächst über eine SSH-Verbindung wie gewohnt auf Ihrem Home Server an.

Zunächst sollten Sie stets (besonders nach längerer Wartezeit) die Paketquellen aktualisieren, indem Sie den Befehl

```
sudo apt update
```

ausführen. Häufig wird übrigens bei der Installation einer neuen Komponente nach der Aktualisierung der Paketquellen auch der Befehl

```
sudo apt upgrade
```

ausgeführt. Hiermit werden aktuelle Paketversionen der bereits installierten Softwarekomponenten eingespielt. Somit sind alle Programme auf dem neuesten Stand, bei dem bekannte Fehler korrigiert wurden. Dies kann durchaus auch bedeuten, dass verschiedene Programme nun besser zusammenarbeiten, deswegen ist die Aktualisierung der Softwarekomponenten vor einer Neuinstallation oftmals eine gute Idee.

Jetzt kann Samba einfach installiert werden, indem Sie

```
sudo apt install samba
```

eingeben, die ↵-Taste drücken und anschließend noch einmal mit der ↵-Taste bestätigen. Von nun an werde ich nicht mehr jedes Mal erwähnen, dass zur Ausführung eines Befehls die ↵-Taste zu betätigen ist. Die vollständige Installation sehen Sie in Abbildung 7.1.

```
hans@piserver: ~
hans@piserver:~ $ sudo apt install samba
[sudo] Passwort für hans:
Paketlisten werden gelesen... Fertig
Abhängigkeitsbaum wird aufgebaut.
Statusinformationen werden eingelesen.... Fertig
Die folgenden zusätzlichen Pakete werden installiert:
  attr ibverbs-providers libavahi-client3 libboost-atomic1.67.0
  libboost-iostreams1.67.0 libboost-regex1.67.0 libboost-system1.67.0
  libboost-thread1.67.0 libcephfs2 libcups2 libgfapi0 libgfrpc0 libgfxdr0
  libglusterfs0 libgpgme11 libibverbs1 libjansson4 libldb1 libnspr4 libnss3
  libpython2.7 librados2 libtdb1 libtevent0 python-crypto python-dnspython
  python-gpg python-ldb python-samba python-talloc python-tdb samba-common
  samba-common-bin samba-dsdb-modules samba-libs samba-vfs-modules tdb-tools
Vorgeschlagene Pakete:
  cups-common python-crypto-doc bind9 bind9utils ctdb ldb-tools ntp | chrony
  smbldap-tools ufw winbind heimdal-clients
Die folgenden NEUEN Pakete werden installiert:
  attr ibverbs-providers libavahi-client3 libboost-atomic1.67.0
  libboost-iostreams1.67.0 libboost-regex1.67.0 libboost-system1.67.0
  libboost-thread1.67.0 libcephfs2 libcups2 libgfapi0 libgfrpc0 libgfxdr0
  libglusterfs0 libgpgme11 libibverbs1 libjansson4 libldb1 libnspr4 libnss3
  libpython2.7 librados2 libtdb1 libtevent0 python-crypto python-dnspython
  python-gpg python-ldb python-samba python-talloc python-tdb samba
  samba-common samba-common-bin samba-dsdb-modules samba-libs
  samba-vfs-modules tdb-tools
0 aktualisiert, 38 neu installiert, 0 zu entfernen und 0 nicht aktualisiert.
Es müssen 26,8 MB an Archiven heruntergeladen werden.
Nach dieser Operation werden 101 MB Plattenplatz zusätzlich benutzt.
Möchten Sie fortfahren? [J/n]
```

Abbildung 7.1 Die Installation von Samba kann je nach bereits installierter Software unterschiedlich umfangreich ausfallen.

Wundern Sie sich nicht, wenn die Installation gerade auf einem »frischen« System recht lange dauert, denn Samba erfordert einige (auch von anderen Programmen genutzte) zusätzliche Komponenten, die zu Beginn vielleicht noch nicht installiert sind.

Während der Installation erscheint möglicherweise ein Dialogfenster, das Sie fragt, ob Sie Informationen über WINS-Server per DHCP beziehen möchten. Antworten Sie in diesem Fall mit NEIN, denn diese Funktion ist im Heimnetzwerk nicht vorhanden.

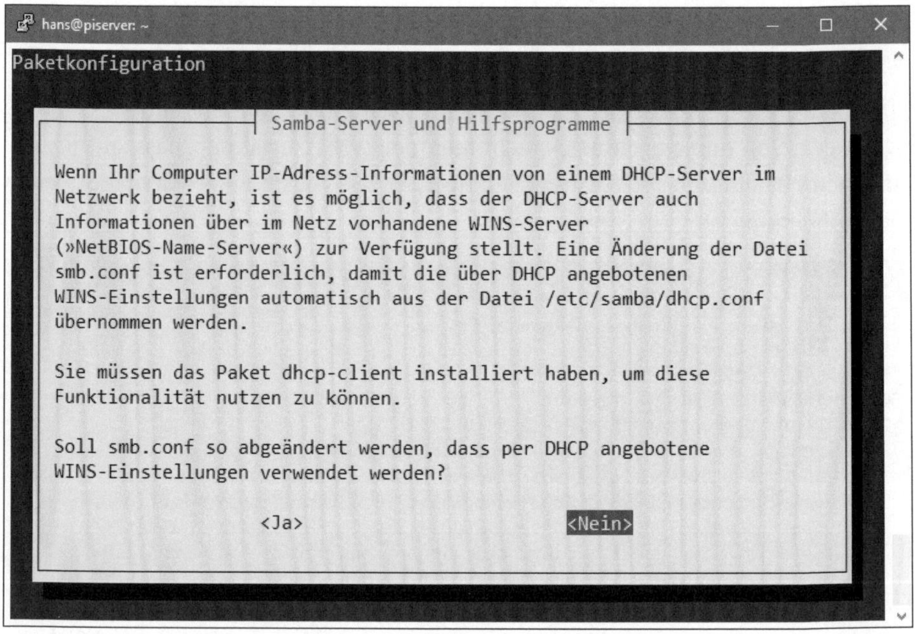

Abbildung 7.2 Auf diese Frage müssen Sie mit »Nein« antworten.

Nach der Installation von Samba müssen Sie ein Verzeichnis bereitstellen, das später im Netzwerk freigegeben wird. Dazu geben Sie natürlich niemals das gesamte System-Speichermedium frei, das wäre viel zu gefährlich. Stattdessen wählen Sie ein eigenständiges Verzeichnis aus. Nur auf dieses haben die Nutzer dann über das Netzwerk Zugriff. Zu Übungszwecken erstellen Sie am besten ein Verzeichnis namens *smb_freigaben* im Verzeichnis */srv*. Bitte denken Sie daran, dass Sie Verzeichnisse immer ordentlich benennen sollten, so dass schnell auf ihren Einsatzzweck geschlossen werden kann. Wechseln Sie also zunächst in das Verzeichnis */srv* (das der Aufnahme veränderlicher Daten dient, die von Netzwerkdiensten verwaltet werden) mit dem Befehl

```
cd /srv
```

und legen Sie dort mit folgendem Befehl ein neues Verzeichnis namens *smb_freigaben* an:

```
sudo mkdir smb_freigaben
```

Das `sudo` vor dem Befehl ist nötig, weil ein normaler Systembenutzer im */srv*-Verzeichnis üblicherweise keine Schreibrechte besitzt. Das soeben angelegte Verzeichnis kann derzeit nur vom Benutzer *root* beschrieben werden. Überprüfen Sie das einmal schnell, und geben Sie zur Übung den Befehl zur Auflistung der Dateien und Verzeichnisse ein:

```
ls -la
```

Sie sehen, das Verzeichnis *smb_freigaben* gehört dem Benutzer *root*, und nur dieser hat Schreibrechte (das sehen Sie am Rechtekürzel `w`). Das müssen Sie zunächst mit folgendem Befehl ändern (bitte ersetzen Sie `benutzername` durch Ihren eigenen Benutzernamen):

```
sudo chown benutzername:benutzername smb_freigaben
```

Sollte Ihr Benutzername also beispielsweise *hans* lauten, dann führen Sie folgenden Befehl aus:

```
sudo chown hans:hans smb_freigaben
```


Ein `ls -la` zeigt Ihnen, dass das Verzeichnis nun Ihnen sowie der gleichnamigen Gruppe gehört und dass nur Sie über Schreibrechte verfügen. Wie Sie gleich lernen werden, ist es später eventuell erforderlich, die Zugriffsrechte zu verändern.

Übrigens: Verzeichnisse, die gemeinsam genutzte veränderliche Daten enthalten, die von Serverdiensten verwaltet werden sollen, speichern Sie am besten immer in einem aussagekräftig benannten Verzeichnis unterhalb von */srv*. Dort sollten Sie Verzeichnisse nach Diensten ordnen. Die gemeinsam genutzte Mediensammlung ließe sich zum Beispiel gut in einem Verzeichnis */srv/smb_freigaben/av* unterbringen. Wenn Sie – was wegen der besseren Lesbarkeit oft empfohlen wird – wechselnde teils deutsche, teils englische Dateinamen vermeiden möchten, dann können Sie die Verzeichnisse auch konsequent mit englischen Begriffen benennen. In diesem Fall wäre also die Struktur */srv/smb_shares/av* angebracht. Wie eingangs erwähnt, ist es aber auch bisweilen üblich, ein eigenes zweckgebundenes Verzeichnis direkt auf der obersten Ebene des Dateisystems zu erstellen. Möglich ist so etwa ein Verzeichnis mit dem Beispielnamen */av*, das die lokale Mediensammlung aufnehmen kann. Das alles gilt natürlich nicht für die Verzeichnisse, in die externe Datenträger eingebunden werden. Datenträger sollten immer in einem Unterverzeichnis von */media* eingebunden werden. Das */home*-Verzeichnis hingegen sollte nur für persönliche Dateien verwendet werden, die nicht gemeinsam mit anderen Nutzern geteilt werden sollen. Private Mediendateien, die nur einem bestimmten Benutzer zur Verfügung stehen sollen, sind daher also am besten in seinem Home-Verzeichnis aufgehoben.

Nun erstellen Sie ein weiteres Verzeichnis. Es soll den Namen *allgemein* tragen und zum Üben dienen. Dieses Verzeichnis werden Sie für Ihre erste Freigabe verwenden. Erstellen Sie das Verzeichnis mit dem Kommando

```
sudo mkdir /srv/smb_freigaben/allgemein
```

und legen Sie mit folgendem Befehl globale Zugriffsrechte für dieses Verzeichnis fest:

```
sudo chmod 777 /srv/smb_freigaben/allgemein
```

In diesem Befehl haben Sie die Zugriffsrechte im sogenannten *Oktalmodus* eingegeben, den Sie bereits in Abschnitt 4.4 kennengelernt haben. Aber aufgepasst: Nun darf jeder Benutzer Dateien in diesem Verzeichnis schreiben, löschen und natürlich auch lesen sowie gegebenenfalls ausführen. Sie benötigen anfangs diese weitreichende Einstellung, um die Konfiguration von Samba kennenzulernen. Natürlich können und sollten Sie später, wie Sie es im Grundlagenkapitel gelernt haben, angepasste Zugriffsrechte vergeben.

7.2 Die grundlegende Konfiguration von Samba

Im nächsten Schritt zeige ich Ihnen die Konfiguration von Samba für Ihre erste Freigabe. Dazu öffnen Sie die Konfigurationsdatei von Samba mit dem Texteditor `nano`. Es handelt sich um eine einfache Textdatei, in der Sie Samba mitteilen, welche Einstellungen Sie vornehmen möchten.

Zunächst werden Sie aber eine Sicherheitskopie dieser Konfigurationsdatei erstellen. Das macht man, um stets ein funktionierendes Backup zur Hand zu haben, falls man bei der Konfiguration etwas falsch macht und Samba hinterher nicht mehr korrekt funktioniert. Außerdem kann man somit immer nachschauen, wie die ursprünglichen Einstellungen waren, damit man seine Änderungen später nachvollziehen kann. Zwar ist dieser Schritt optional, Sie sollten ihn aber trotzdem ausführen, denn es passiert später wirklich oft, dass man von irgendeinem Programm die Konfiguration ändert und dann doch wissen möchte, wie die ursprüngliche Einstellung lautete. Deshalb sollten Sie sich angewöhnen, stets eine Sicherheitskopie zu erstellen.

Also: Wie fast jeder Service speichert auch Samba seine Konfigurationsdatei im Verzeichnis */etc* und dort wiederum in einem Unterverzeichnis mit dem Namen *samba*. (Letzteres ist nicht für jeden Service so; viele Dienste speichern direkt im Verzeichnis */etc*, ohne ein eigenes Unterverzeichnis anzulegen.) Sie kopieren nun mit folgendem Befehl die ursprüngliche Konfigurationsdatei namens *smb.conf* in die Datei *smb.conf.orig*:

```
sudo cp /etc/samba/smb.conf /etc/samba/smb.conf.orig
```

Bei diesem Befehl arbeiten Sie mit einem vollständigen Dateipfad, daher ist es irrelevant, in welchem Verzeichnis Sie sich gerade befinden. Das vorgestellte `sudo` benötigen Sie, da Sie als normaler Systembenutzer (meist) keinen Schreibzugriff auf die Dateien im Verzeichnis */etc* haben. Das ist mit Absicht so, damit man nicht versehentlich dort etwas verstellt und »zerschießt«. Falls irgendwann einmal etwas schiefläuft und Sie wieder von vorn beginnen wollen, dann kopieren Sie mit folgendem Befehl einfach das Original der Konfigurationsdatei wieder zurück:

```
sudo cp /etc/samba/smb.conf.orig /etc/samba/smb.conf
```

Jetzt können Sie mit der Konfiguration von Samba beginnen. Dazu öffnen Sie die Konfigurationsdatei (natürlich ist das die Version ohne das *.orig* am Namensende) zur Bearbeitung mit `nano`:

```
sudo nano /etc/samba/smb.conf
```

Wieder ist das sudo nötig, damit Sie diese Datei nicht nur lesen (das ginge auch ohne sudo), sondern auch verändern und abspeichern können.

Eine wichtige Einstellung gilt den Zugriffsrechten. Am besten konfigurieren Sie Samba so, dass man nicht einfach so auf die Freigaben zugreifen kann, sondern sich explizit mit einem Benutzernamen und einem Passwort identifizieren muss. Dies dient der Sicherheit. Zu dem Benutzernamen muss ein Benutzerkonto auf dem Home Server existieren. Dies ist in einem kleineren Heimnetzwerk sicherlich kein Problem. Natürlich wäre dieses Vorgehen in einer großen Firma nicht unbedingt praktisch, für große Benutzergruppen gibt es auch noch andere Lösungen, aber im überschaubaren Heimnetzwerk mit vielleicht maximal sechs verschiedenen Benutzern ist das ein absolut praktikabler Weg. Glücklicherweise verwendet Samba diese Art der Zugriffskontrolle schon seit einiger Zeit als Voreinstellung, so dass Sie bei der aktuellen Version keine Änderung vornehmen müssen.

Im weiteren Verlauf können Sie den Zugriff auf die Freigaben dann so konfigurieren, dass bestimmte Benutzer die Dateien lesen und verändern (also schreiben) können, während andere nur über ausschließliche Leserechte verfügen. So kann zum Beispiel der Medienplayer ein Konto erhalten, das keine Dateiänderung erlaubt, was ein versehentliches Löschen verhindert.

Nun können Sie auch schon Ihre Freigabe definieren. Gehen Sie mit den Pfeil- oder Bildlauftasten bis an das Ende der Datei, und fügen Sie ganz zum Schluss folgenden Abschnitt ein:

```
[Allgemeine Freigabe]
   comment = Home Server Testfreigabe
   path = /srv/smb_freigaben/allgemein
   writeable = yes
   guest ok = no
```

Listing 7.1 Konfiguration von Samba in »/etc/samba/smb.conf«

Dies ist eine ganz einfache Form der Dateifreigabe. Sie werden sie später noch erweitern. Die fünf Zeilen bewirken Folgendes:

Die erste Zeile enthält den Namen der Freigabe, so wie er später von anderen Geräten angezeigt und verwendet wird. Ihre Freigabe trägt im Moment den Namen Allgemeine Freigabe (mit einem großgeschriebenen »A«), und so würde sie beispielsweise in der Dateiansicht des Netzwerks von Windows auch aufgeführt. Sie können hier einen beliebigen Namen eingeben, es wäre auch [DonnerstagRegnetEsOft] möglich, allerdings sollten Sie einen sinnvollen Namen wählen, beispielsweise [Medien] für eine Medienfreigabe. Bitte beachten Sie insbesondere, dass diese Benennung durchaus vom realen Verzeichnisnamen abweichen kann – wie Ihre aktuelle Freigabe es sehr schön zeigt.

- Der `comment` enthält einen frei wählbaren Kommentar zur Freigabe; er dient dazu, sich zu notieren, was mit der Freigabe bezweckt werden soll.
- Die Zeile `path` enthält den Pfad zu dem Verzeichnis, das Sie freigeben möchten. Es geht um jenes Verzeichnis, das Sie vorhin extra angelegt haben. Das war das Verzeichnis */srv/smb_freigaben/allgemein*. Natürlich können Sie hier nach dieser kleinen Einführung auch selbständig ein anderes Verzeichnis eintragen.
- Der Eintrag `writable` legt fest, ob auf die Freigabe überhaupt geschrieben werden darf. Setzen Sie ein `yes`, also ein »ja«, damit Sie auch Dateien zum Testen auf Ihren Home Server kopieren können. Wenn Sie hingegen ein Verzeichnis hätten, das bereits Dateien enthält, die nicht verändert werden dürfen, dann könnten Sie alternativ ein `no` setzen. Damit wären alle Dateien nur lesbar und ließen sich nicht verändern oder neu erstellen.
- Die letzte Zeile besagt schließlich, dass Sie unbedingt einen Benutzernamen und ein Passwort benötigen, um auf die Freigabe zugreifen zu können. Ein Gast in Ihrem Netzwerk ohne ein eigenes Benutzerkonto darf nicht auf die Dateien zugreifen. Für Gäste könnten Sie ein `yes` setzen. Das werde ich Ihnen später an einem Beispiel zeigen.

Die Einrückung der vier unteren Zeilen (mit je drei Leerzeichen) dient hauptsächlich der Optik und der Gliederung der Datei. Für Ihre erste Freigabe ist die Konfiguration schon komplett. Zusammengefasst sehen Sie sie noch einmal in Abbildung 7.3.

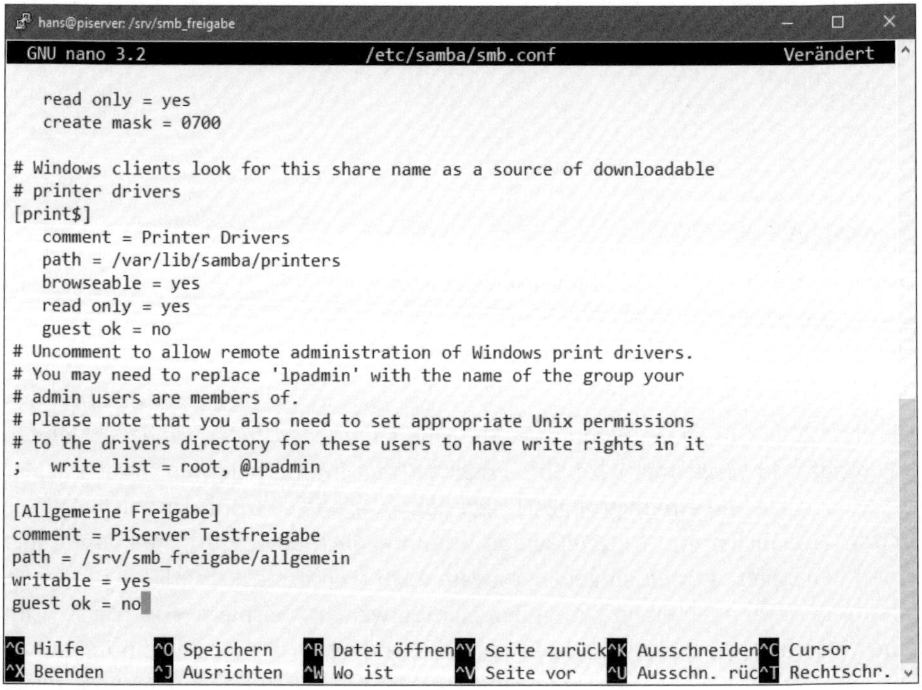

Abbildung 7.3 Die erste Samba-Freigabe

Sie können die Änderungen in der Datei jetzt abspeichern. Dazu drücken Sie einmal die Tastenkombination Strg+x. nano wird daraufhin fragen, ob Sie Ihre Änderungen speichern wollen, was Sie mit der j-Taste bejahen und anschließend mit der Betätigung der ↵-Taste bestätigen. Daraufhin wird die Konfiguration gespeichert und anschließend nano automatisch beendet. Sie befinden sich dann wieder auf der Kommandozeile.

Sie müssen jetzt ein Passwort für die Freigabe definieren. Dieses müssen Sie später zusammen mit dem Benutzernamen an einem Clientrechner eingeben, wenn Sie auf die Freigabe zugreifen möchten.

[«]

Wichtig: Samba-Passwörter

Der Benutzername entspricht dem Namen, unter dem Sie sich am Home Server anmelden beziehungsweise angemeldet haben. Es wird hier nämlich ein ganz normales Systembenutzerkonto verwendet. Für jedes Benutzerkonto gibt es ein einzelnes Passwort, mit dem auf eine Freigabe zugegriffen werden kann. Es ist unabhängig vom Systempasswort dieses Benutzers. Sie können also ein völlig anderes Passwort verwenden als das, das Sie zum Einloggen auf Ihrem Home Server nutzen. Das ist auch zu empfehlen, weil das Passwort vielleicht auf dem einen oder anderen Client nur unzureichend geschützt gespeichert wird und so schnell ausgelesen werden kann. Nehmen Sie also besser ein (sicheres) Passwort, das vom Systempasswort abweicht.

Geben Sie Folgendes ein:

```
sudo smbpasswd -a benutzername
```

Dabei ersetzen Sie benutzername durch Ihren eigenen Benutzernamen, unter dem Sie sich normalerweise anmelden. Vergeben Sie anschließend ein sicheres Passwort, und bestätigen Sie es. Sie erhalten die entsprechend angepasste Rückmeldung:

```
Added user benutzername.
```

Für den Anfang genügt dieser eine Benutzer. Sie können später wie gezeigt jedoch für alle relevanten Nutzer Samba-Konten und Passwörter vergeben. (Sollten Sie später einen Benutzer wieder löschen möchten, dann werfen Sie einen Blick in den Textkasten »Hinweis: Nach dem Üben bitte das Aufräumen nicht vergessen« am Ende des Kapitels.)

Nun müssen Sie Samba noch Ihre Änderungen bekannt machen. Dies geschieht durch die Aufforderung an Samba, die Konfiguration neu zu laden. Wie unter Linux üblich, startet man hierzu nicht den ganzen Home Server neu, sondern allgemein nur den Dienst (hier also Samba), der Änderungen unterlag. Das erledigen Sie mit folgenden Befehlen:

```
sudo service smbd restart
```

```
sudo service nmbd restart
```

Samba besteht hier aus zwei getrennten Komponenten. Der Service `smbd` ist die Komponente, die die eigentliche Freigabe bereitstellt. Als Zweites kümmert sich `nmbd` um NetBIOS-Dienste und bietet darüber eine Namensauflösung an. Mit deren Hilfe können Sie Ihre Freigaben ganz einfach in einer Netzwerkansicht auffinden. Das war es auch schon. Nun können Sie beispielsweise zu einem Windows-Client-Rechner gehen und dort im Datei-Explorer den Eintrag NETZWERK öffnen. Sie müssten dort, wie in Abbildung 7.4 gezeigt, nun einen Computer mit dem Namen Ihres Home Servers finden. Eventuell dauert es einen Moment, bis er dort erscheint.

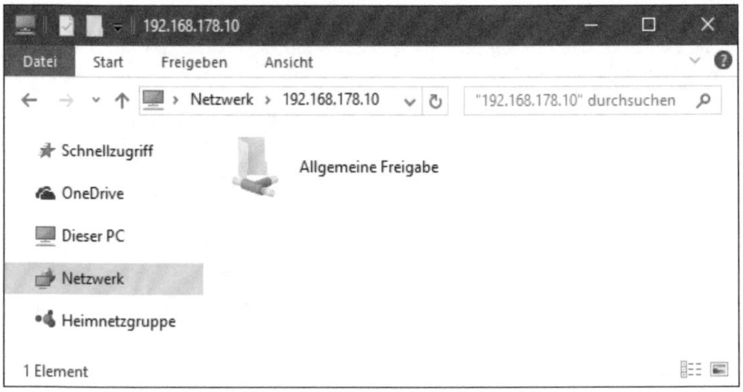

Abbildung 7.4 Die Freigabe erscheint unter Windows.

Alternativ können Sie auch direkt auf die Freigabe Ihres Home Servers zugreifen, indem Sie im Datei-Explorer oben in die Adresszeile den (angepassten) Hostnamen Ihres Home Servers eingeben:

```
\\Hostname-Ihres-Home-Servers
```

Wenn Sie auf die Freigaben des Servers zugreifen, dann werden Sie zur Eingabe eines Benutzernamens und eines Passworts aufgefordert. Verwenden Sie den Benutzernamen, für den Sie zuvor mit dem Befehl `smbpasswd` Zugangsdaten erstellt haben. Als Passwort verwenden Sie das dabei vergebene Samba-Passwort.

[+]

Muss die Passwortabfrage unbedingt sein?

Nein, nicht unbedingt: Es gibt für Windows-Benutzer einen Trick, diese Abfrage (so sie unerwünscht ist) zu vermeiden: Wenn Sie denselben Benutzernamen und dasselbe Passwort sowohl zur Anmeldung unter Windows als auch für den Freigabezugriff verwenden (ja, Sie müssen hierfür in Windows ein Passwort zur Anmeldung nutzen), dann erscheint diese Abfrage nicht. Sie können, wenn es Ihrer Bequemlichkeit dient, auch das Passwort mit dem Häkchen im Fenster abspeichern (achten Sie aber darauf, dass dann nicht andere Computerbenutzer unberechtigten Zugriff auf Ihre Freigaben erhalten).

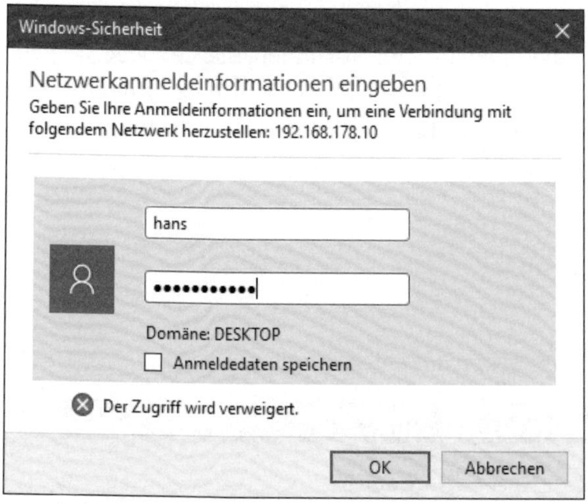

Abbildung 7.5 Die Anmeldung an Ihrem Samba-Server

Natürlich können Sie die Freigabe auch unter einem Apple-System und auf einem normalen Desktop-Linux-Computer erreichen. Auch dort sollte der Home Server in der jeweiligen Netzwerkansicht automatisch gefunden werden und Ihnen nach der Anmeldeprozedur Zugang zur Freigabe `Allgemeine Freigabe` gewähren. Alternativ erreichen Sie etwa unter Ubuntu Ihre Freigaben über folgende Adresse, die Sie angepasst in die Adresszeile des Dateibrowsers eingeben: `smb://IP.ADRESSE.DES.HOME.SERVERS`

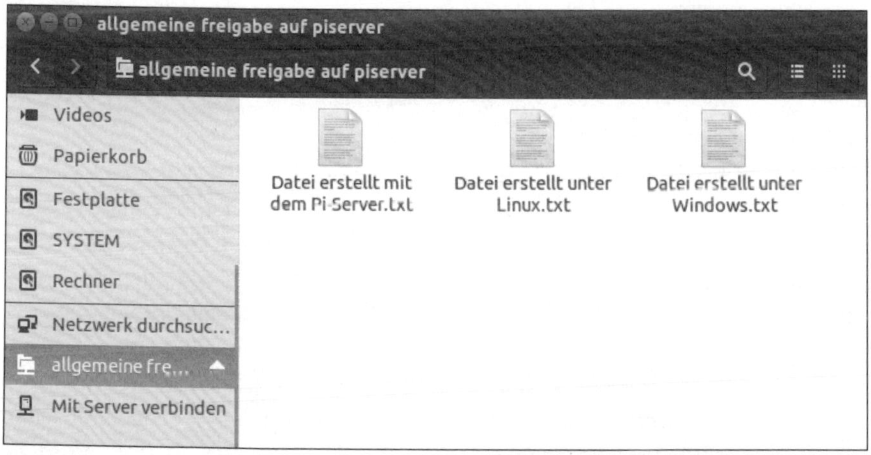

Abbildung 7.6 Auch unter Linux funktioniert die Freigabe mit Samba.

Öffnen Sie den Ordner *Allgemeine Freigabe* einmal – er sollte noch leer sein. Sie können jetzt in diesen Ordner Dateien kopieren oder direkt darin erstellen. Machen Sie dies mit ein paar Beispieldateien.

Anschließend können Sie testweise von einem weiteren Computer aus auf diese Freigabe zugreifen und werden dort dieselben Dateien vorfinden, die Sie soeben erstellt haben. Sie können das auch direkt auf dem Home Server überprüfen. Öffnen Sie eine Konsolensitzung zum Home Server, und navigieren Sie in das Verzeichnis */srv/smb_freigaben/allgemein*:

```
cd /srv/smb_freigaben/allgemein
```

Lassen Sie sich den Verzeichnisinhalt mit

```
ls -la
```

ausgeben. Auch hier werden Sie die soeben erstellten Dateien sehen.

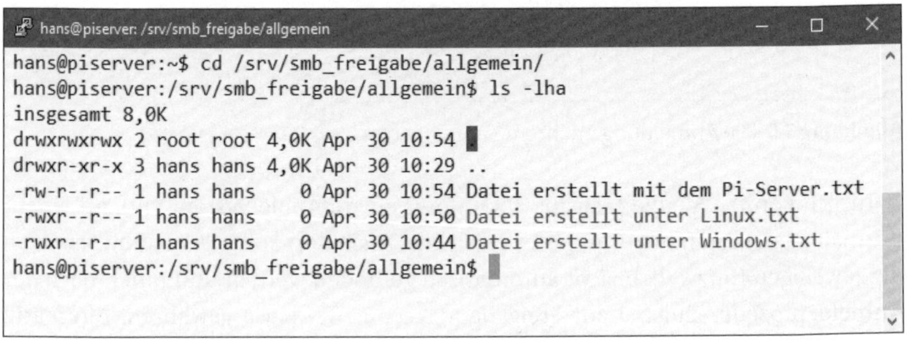

```
hans@piserver: /srv/smb_freigabe/allgemein
hans@piserver:~$ cd /srv/smb_freigabe/allgemein/
hans@piserver:/srv/smb_freigabe/allgemein$ ls -lha
insgesamt 8,0K
drwxrwxrwx 2 root root 4,0K Apr 30 10:54 .
drwxr-xr-x 3 hans hans 4,0K Apr 30 10:29 ..
-rw-r--r-- 1 hans hans    0 Apr 30 10:54 Datei erstellt mit dem Pi-Server.txt
-rwxr--r-- 1 hans hans    0 Apr 30 10:50 Datei erstellt unter Linux.txt
-rwxr--r-- 1 hans hans    0 Apr 30 10:44 Datei erstellt unter Windows.txt
hans@piserver:/srv/smb_freigabe/allgemein$
```

Abbildung 7.7 Auch über die Konsole können Sie die Dateien sehen.

Ihr erster kleiner Fileserver funktioniert. Sie haben jetzt ein so genanntes *NAS-Gerät* (die Abkürzung steht für *Network Attached Storage* und bezeichnet einen Datenspeicher, der über eine Netzwerkverbindung verfügbar ist).

[»]

Funktioniert das bei Ihnen nicht?

Falls das Ganze bei Ihnen noch nicht funktioniert hat und Sie einen Windows-basierten Clientrechner benutzen, dann sollten Sie noch eine Sache überprüfen: die sogenannte *Arbeitsgruppe*. Damit Rechner gemeinsam auf eine Freigabe zugreifen können und diese automatisch angezeigt wird, müssen sie in der gleichen Arbeitsgruppe sein. Bei Windows ist normalerweise *WORKGROUP* als Arbeitsgruppe voreingestellt, dies sieht auch Samba so vor. Falls Sie diesen Namen geändert haben, dann müssen Sie die angeschlossenen Computer nun auf einen gemeinsamen Nenner bringen. Entweder ändern Sie den Wert in Samba auf dem Home Server oder auf den angeschlossenen Windows-Rechnern in *WORKGROUP*. Unter Windows 10 ändern Sie diesen Wert etwa wie folgt: Tippen Sie in das Suchfeld (alternativ bei geöffnetem Startmenü) einfach »Arbeitsgruppennamen ändern« ein, und öffnen Sie den angezeigten Eintrag. Klicken Sie im neuen Fenster auf ÄNDERN.... Im Eingabefeld ganz unten im Fenster können Sie die Arbeitsgruppe benennen. Andere Betriebssysteme gestatten direkt beim Zugriff auf die Freigabe die Benennung einer Arbeitsgruppe.

Alternativ kann man das natürlich auch auf dem Home Server angleichen. Dazu öffnen Sie wieder die Datei *smb.conf*:

```
sudo nano /etc/samba/smb.conf
```

Suchen Sie nach dem Eintrag `workgroup = WORKGROUP`, und ändern Sie den Wert `WORKGROUP` entsprechend. Speichern Sie die Änderungen wieder mit der Tastenkombination [Strg]+[x] ab, und – ganz wichtig – starten Sie anschließend Samba neu:

```
sudo service smbd restart
sudo service nmbd restart
```

Wie gesagt, dies ist nur nötig, wenn es nicht gleich geklappt hat und es daran lag, dass die Arbeitsgruppen unterschiedlich benannt waren.

7

7.3 Die Freigabe des Home-Verzeichnisses

Wenn Sie auf Ihrem Clientrechner in der Ansicht des Ordners *Allgemeine Freigabe* in der Verzeichnisstruktur eine Ebene höher gehen, dann werden Sie sehen, dass dort noch ein weiteres Verzeichnis existiert. Neben dem Verzeichnis *Allgemeine Freigabe* ist dort ein zweites mit dem Namen Ihres Benutzerkontos vorhanden. Nutzern anderer Betriebssysteme als Windows wird dies eventuell nicht angezeigt, sie können jedoch jederzeit durch eine manuelle Eingabe der Adresse darauf zugreifen (genauso wie auf den Ordner *Allgemeine Freigabe*).

Wenn Sie das Verzeichnis einmal öffnen, erleben Sie keine Überraschung, denn dies ist einfach das Home-Verzeichnis Ihres Benutzernamens auf dem Home Server. Es befindet sich (angepasst) unter */home/benutzername*. Alle Dateien, die Sie hier ablegen, werden Sie auch unter Ihrer Freigabe finden. Würden Sie beim Zugriff auf die Dateifreigaben des Home Servers ein anderes Benutzerkonto verwenden, dann sähen Sie jetzt natürlich auch das zugehörige Home-Verzeichnis. Das ist zurzeit aber noch nicht möglich, da Sie in Samba erst ein Benutzerkonto mit einem Passwort definiert haben. Wenn Sie ein zweites Benutzerkonto anlegen (und Samba wie gezeigt neu starten), dann können Sie dies einmal an einem zweiten Clientrechner ausprobieren. Die Freigabe ist allerdings in der Standardeinstellung schreibgeschützt; Sie können also nur Dateien lesen, aber nicht neu erstellen oder verändern.

Sie haben nun folgende drei Möglichkeiten:

1. Ihnen gefällt es so, wie es ist: Jeder Benutzer bekommt beim Anmelden an einer Freigabe des Home Servers sein jeweiliges Home-Verzeichnis schreibgeschützt angezeigt. Es sind keine Änderungen erforderlich.
2. Sie möchten gar nicht, dass ein Home-Verzeichnis angezeigt wird beziehungsweise verfügbar ist. Dann können Sie diese Art der Freigabe abschalten.

3. Sie möchten die automatische Freigabe des Home-Verzeichnisses mit vollen Schreibrechten nutzen und den Schreibschutz abschalten. Bedenken Sie bitte bei dieser Option, dass das Home-Verzeichnis normalerweise auf dem Hauptspeichermedium des Home Servers liegt und andere Nutzer Sie als Serveradministrator ganz schön ärgern können, wenn sie hier beliebig viele Dateien ablegen und dadurch das Speichermedium des Servers komplett füllen. Das ist besonders für Nutzer des Raspberry Pi mit seiner Speicherkarte oder für NUC-Nutzer mit einer kleineren SSD relevant.

Wenn Sie etwas ändern möchten, dann geht das wieder über die Konfigurationsdatei von Samba. Wechseln Sie zu der Konsole Ihres Home Servers, und öffnen Sie dort die Konfigurationsdatei wie bereits mehrfach gezeigt. Navigieren Sie mit den Bildlauf- oder den Pfeiltasten zum folgenden Abschnitt:

```
#====================== Share Definitions ======================
[homes]
   comment = Home Directories
   browseable = no

# By default, the home directories are exported read-only. Change the
# next parameter to 'no' if you want to be able to write to them.
   read only = yes
```

Listing 7.2 Die Freigabe des Home-Verzeichnisses in der Samba-Konfiguration

Möchten Sie auf Ihr Home-Verzeichnis vollständige Schreibzugriffsrechte erhalten, dann ändern Sie die Zeile `read only = yes` wie folgt ab:

```
read only = no
```

Möchten Sie hingegen die Home-Verzeichnisse überhaupt nicht freigeben und stattdessen erreichen, dass sie gar nicht angezeigt werden (und auch nicht manuell aufgerufen werden können), dann fügen Sie in der Konfigurationsdatei in dem soeben dargestellten Block direkt nach der Zeile

```
[homes]
```

folgende Zeile hinzu:

```
available = no
```

Der Block sieht dann also folgendermaßen aus:

```
#====================== Share Definitions ======================
[homes]
   available = no
   comment = Home Directories
```

Wenn Ihre Änderungen komplett sind, dann speichern Sie die Konfigurationsdatei mit der Tastenkombination Strg+x und der üblichen Bestätigung ab, und starten Samba anschließend mit den zwei Befehlen

```
sudo service smbd restart
```

```
sudo service nmbd restart
```

neu und aktivieren dadurch die Änderungen. Sie können diese jetzt einmal ausprobieren.

[+]

Ursprüngliche Werte bei Änderungen als Kommentar erhalten

Hier noch schnell ein wertvoller Tipp: Wenn Sie eine Konfigurationsdatei verändern möchten, um eine neue Option auszuprobieren, dann nutzen Sie das Raute-Zeichen, um die vorherige Einstellung zu sichern. Möchten Sie etwa die Beispielzeile

```
cryptic_value = 18462
```

ändern und sich den vorherigen Wert merken, dann schreiben Sie doch einfach Folgendes:

```
#ursprünglicher Wert
#cryptic_value = 18462
#von mir geändert auf:
cryptic_value = 38972
```

Das Raute-Zeichen dient zur Ausweisung eines Kommentars. So gekennzeichnete Einträge werden (von fast allen Diensten, manche nutzen alternativ auch das ;-Zeichen) ignoriert – der Tipp gilt also nicht nur für Samba. Sie können so auch Hinweise für zukünftige Änderungen geben. Wenn Sie Ihre Änderungen wieder zurücknehmen wollen, dann haben Sie den ursprünglichen Wert gleich zur Hand.

7.4 Die grundlegende Rechtevergabe

Nun soll es um das Thema Rechtevergabe gehen. Sie können bei den Freigaben sehr detaillierte Zugriffsrechte (also Lese- und Schreibrechte) vergeben. Bestimmten Benutzern können Sie einen Lesezugriff geben, weitere Benutzer erhalten auf Wunsch einen Schreibzugriff, andere dürfen noch nicht einmal lesen. Dies ist sehr praktisch und wichtig, um sensible Daten vertraulich zu halten und andere vor versehentlichem (oder absichtlichem) Löschen zu schützen.

Bevor Sie nun richtig einsteigen, ist eine Sache ganz besonders wichtig: Niemals darf man bei allen Arbeiten mit den Samba-Freigaben vergessen, dass unter allem immer das Linux-Dateisystem arbeitet. Seine Zugriffsrechte werden von Samba nicht überboten, sondern Samba muss sich den Linux-Dateirechten unterordnen.

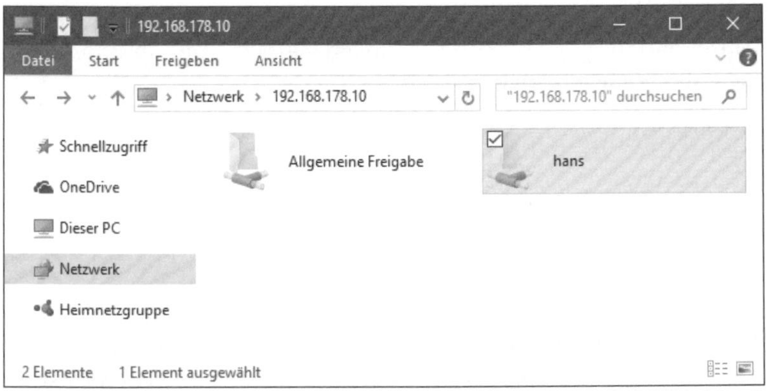

Abbildung 7.8 Verschiedene Freigaben für verschiedene Benutzer: Jeder Benutzer erhält Zugriff auf sein persönliches Home-Verzeichnis.

Ein Beispiel: Erinnern Sie sich bitte an die Linux-Dateirechte, und nehmen Sie an, Sie hätten ein Verzeichnis */srv/smb_freigaben/vater*. Es gehört dem Benutzer *vater*. Nur er hat Schreib- und Lesezugriff, die besitzende Gruppe und alle Übrigen haben überhaupt keine Zugriffsrechte. Nun können Sie problemlos eine Samba-Freigabe definieren, die allen Leserechte gibt und dem Sohn der Familie zusätzlich einen Schreibzugriff ermöglicht, aber das wird nicht funktionieren.

Versucht jemand, über das Netzwerk auf eine Freigabe zuzugreifen, dann geschieht dieser Zugriff in Wirklichkeit auf der Ebene des Dateisystems unter dem Benutzernamen, den er beim Zugriff auf die Freigabe angegeben hat. Dies ist sehr wichtig. Versucht also irgendjemand – außer dem Vater –, auf das Verzeichnis über das Netzwerk zuzugreifen, dann tritt er also auf Dateisystemebene als Benutzer entsprechend seinem Samba-Benutzernamen auf – und der hat keinen Zugriff auf dieses Verzeichnis. Er kann sich den Inhalt also noch nicht einmal anschauen. Genauso wenig kann der Sohn in dieses Verzeichnis schreiben, er kann überhaupt nicht darauf zugreifen, (fast) egal, was in der Samba-Konfiguration erlaubt ist. Daran müssen Sie immer denken. Wenn das Dateisystem einem Benutzer den Zugriff – ganz gleich ob lesend oder schreibend – verwehrt, dann kann ihn Samba nicht erlauben. Die meisten Probleme lassen sich lösen, indem Sie die Dateisystemrechte für den Benutzer und für die Gruppe entsprechend setzen und alle gewünschten Benutzer dieser Gruppe zuweisen.

Sie können allerdings auch direkt in der Konfiguration von Samba die Rechte steuern (und so im Regelfall einschränken). Dies geschieht sozusagen oberhalb des Dateisystems. Vielleicht fragen Sie sich nun, welche Einstellung Sie bevorzugen sollten. Wo sollten Sie besser die Rechte definieren? Auf dem Dateisystem oder in der Samba-Konfiguration? Die Antwort ist einfach: Zuerst einmal sollten Sie immer die Zugriffsrechte des Dateisystems einstellen.

Auch dazu ein Beispiel: Ein Verzeichnis sei so konfiguriert, dass es auf der Ebene des Dateisystems allen Benutzern den Lese- und Schreibzugriff erlaubt. Über Samba können Sie den Zugriff auf Freigaben dieses Verzeichnisses einschränken. Nun kann ein Benutzer beim Zugriff auf die Freigabe nur noch entsprechend den Samba-Einstellungen verfügen. Was passiert aber, wenn er sich direkt am System anmeldet, beispielsweise über eine SSH-Verbindung? Nun, dann umgeht er Samba und arbeitet direkt mit dem Dateisystem – und hat entsprechend vollen Zugriff. Das ist vielleicht nicht gewünscht. Zuerst einmal sollten Sie also die Rechte auf dem Dateisystem setzen, die dann auch genauso für eine Samba-Freigabe gelten. Darf der Sohn auf ein Verzeichnis schreibend zugreifen, dann darf er das (in der Grundkonfiguration) auch über eine Samba-Freigabe tun. In einigen Fällen genügt dies schon, eine weitere Einstellung in Samba ist dann nicht erforderlich.

Überlegen Sie für Ihre eigenen Freigaben also zunächst, welche Benutzer welche Zugriffsrechte erhalten sollen, und passen Sie, wie Sie es in Abschnitt 4.3 gelernt haben, die Rechte des Dateisystems entsprechend an. Legen Sie notfalls passende Benutzergruppen an, und fügen Sie die benötigten Mitglieder hinzu. Denken Sie auch daran, die relevanten Zugriffsrechte für die Benutzergruppe des jeweiligen Verzeichnisses zu setzen.

Wenn die Optionen des Dateisystems zum Beispiel bei externen Datenträgern mit Dateisystemen wie FAT, FAT32 oder auch NTFS nicht zur Verfügung stehen, dann greifen Sie zur Rechtevergabe auf die Möglichkeiten von Samba zurück, mit denen Sie der folgende Abschnitt vertraut macht. Sie sollten aber niemals vergessen, dass Sie als Benutzer direkt am System dann unter Umständen ganz andere Zugriffsrechte haben.

7.5 Die erweiterte Konfiguration von Samba

Jetzt zeige ich Ihnen die (optionale) Rechteverwaltung von Samba. Für die Beispiele gehe ich davon aus, dass der Home Server für eine vierköpfige Familie arbeitet, die aus Vater, Mutter, Tochter und Sohn besteht. Alle haben ein Benutzerkonto auf dem Home Server und ebenfalls (!) ein Samba-Passwort. Jetzt sollen mehrere Freigaben eingerichtet werden, die jedoch jeweils nicht von allen Benutzern verwendet werden dürfen.

Als Erstes soll eine Freigabe */srv/smb_freigaben/kritisch* für »sensible« Daten angelegt werden, auf die nur die Eltern Zugriff haben sollen. Es könnte sich dabei beispielsweise um berufliche Daten handeln. Auf der Ebene des Dateisystems haben alle Benutzer Vollzugriff (etwa weil es sich um einen externen Datenträger mit einem FAT-Dateisystem handelt), der nun beim Zugriff über die Freigabe eingeschränkt werden soll.

[»]

Möchten Sie mitmachen und die Beispiele praktisch nachvollziehen?

Wenn Sie möchten, dann legen Sie zur Übung jetzt ein solches Verzeichnis an und orientieren sich dabei am ursprünglichen Beispiel. Sie können auch einfach die zuvor erstellte Freigabe mit dem Namen `Allgemeine Freigabe` nutzen, die direkt das Verzeichnis */srv/smb_freigaben/allgemein* verwendet. Dieses Beispiel mit der vierköpfigen Familie ist zwar eine gute Übung, kann aber dazu führen, dass Sie neue Benutzerkonten anlegen müssen. Diese können Sie später aber – da nur für diese Übung benutzt – wieder wie im Grundlagenkapitel gezeigt entfernen. Falls möglich, sollten Sie jedoch mit bereits existierenden Konten arbeiten. Eine bessere Lösung wäre, etwa einen Pi-Home Server – wie zu Beginn des Buches erwähnt – zum Üben mit einer zweiten Speicherkarte zu betreiben. So müssen Sie das Originalsystem nicht unnötig antasten. Beachten Sie, dass für diese Übung im Dateisystem ein allgemeiner Schreibzugriff auf das Übungsverzeichnis erforderlich ist. Sie können diese Anleitung natürlich auch nur rein theoretisch verfolgen.

Bislang sähe die Freigabe in der Konfigurationsdatei von Samba (*/etc/samba/smb.conf*) so aus:

```
[kritisches]
   comment = kritische sensible Daten
   path = /srv/smb_freigaben/kritisch
   writeable = yes
   guest ok = no
```

Listing 7.3 Die Freigabeverwaltung in »/etc/samba/smb.conf«

Das würde dazu führen, dass jeder Netzwerkbenutzer, der ein Benutzerkonto und ein Samba-Passwort hat, auf diese Dateien lesend und schreibend zugreifen kann (immer vorausgesetzt, die Rechte würden auch auf der Ebene des Dateisystems so gewährt). Sie können das als Übung einmal mit den vier verschiedenen Benutzerkonten ausprobieren. Beachten Sie, dass jeder Benutzer ein eigenes Samba-Passwort haben muss. (Wenn Sie nur einen Windows-Client-Rechner haben und den Benutzernamen der Freigabe wechseln möchten, dann können Sie den Rechner einfach zwischendurch neu starten.) Wenn Sie mehrere Rechner zur Verfügung haben, dann loggen Sie sich doch einmal mit verschiedenen Benutzerkonten auf der Freigabe ein. Erstellen Sie dann einige Textdateien zur Übung. Wenn Sie an die Konsole des Home Servers zurückkehren, dann werden Sie sehen, dass dort im Dateisystem die Dateien unterschiedlichen Benutzern gehören. Nutzen Sie zur Ansicht den Befehl `ls -la`.

Nun können Sie dies mit den Mitteln von Samba so modifizieren, dass nur noch die Eltern auf die Freigabe zugreifen können; beide dürfen lesen und schreiben, alle anderen noch nicht einmal lesen. Dazu ändern Sie den Konfigurationsblock folgendermaßen:

```
[kritisches]
   comment = Kritische sensible Daten
   path = /srv/smb_freigaben/kritisch
   writeable = yes
   valid users = vater mutter
   guest ok = no
```


Listing 7.4 Zugriff auf bestimmte Nutzer begrenzen

Dabei haben Sie die Zeile `valid users = vater mutter` zugefügt. Wenn Sie die Datei wie gewohnt abspeichern und Samba neu starten, dann wird dieses Verzeichnis in der Ansicht der Freigabe zwar weiterhin allen Benutzern angezeigt, aber nur die Benutzer *vater* und *mutter* können es öffnen und darin schreiben. Zusammengefasst sehen Sie die Datei noch einmal in Abbildung 7.9.

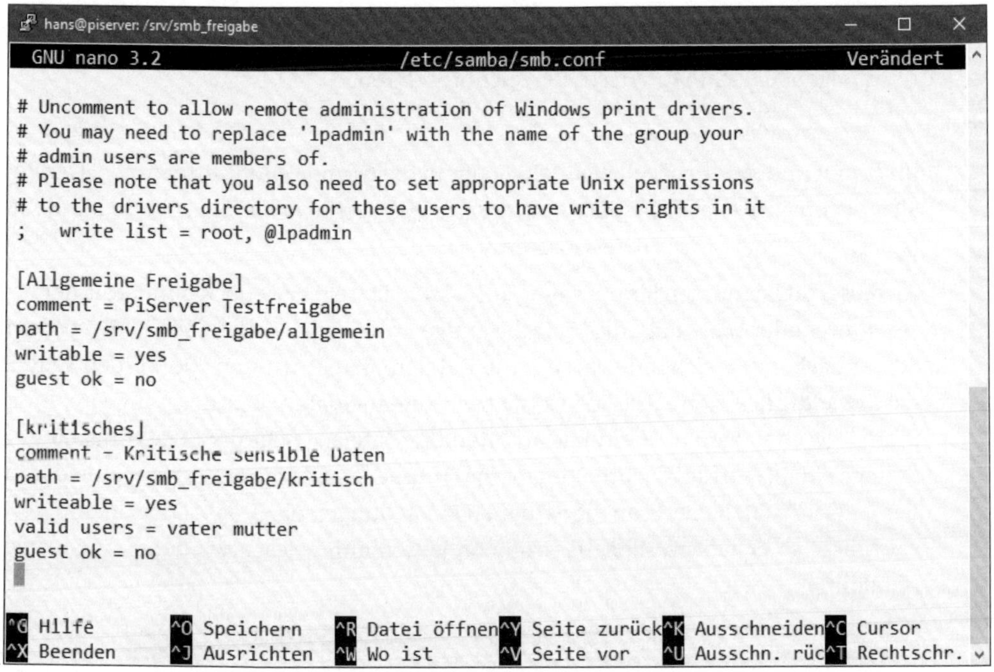

Abbildung 7.9 Die Einschränkung der Freigabe mit den »kritischen Daten«

Noch einmal zur Verdeutlichung: Diese Freigabe wird allen Benutzern angezeigt, somit wissen alle, dass dieses Verzeichnis existiert. Darauf zugreifen können aber nur bestimmte Benutzer.

Abbildung 7.10 Die Anmeldung wurde eingeschränkt – dem Sohn wird der Zugriff verweigert.

Dasselbe Resultat würden Sie erhalten, wenn Sie auf der Ebene des (Linux-)Dateisystems folgende Rechte für dieses Verzeichnis setzten:

```
rwx rwx --- vater eltern
```

und *vater* und *mutter* als einzige Mitglieder in die Gruppe *eltern* aufnehmen. Der Besitzer kann entweder *vater* oder *mutter* sein. Wie vorhin erwähnt, ist diese Methode (sofern verfügbar) auch zu bevorzugen.

An dieser Stelle müssen Sie ein wenig aufpassen: Erstellen Sie doch einmal als Benutzer *mutter* oder *vater* über die Freigabe einige Dateien, und sehen Sie dann auf dem Server nach, mit welchen Rechten diese Dateien erstellt wurden. Sie werden sehen, dass zwar die Besitzerrechte korrekt (je nach angemeldetem Benutzer) auf *vater* oder *mutter* gesetzt werden, allerdings erhalten die Dateien nicht die Zugehörigkeit zur Gruppe *eltern*. Stattdessen erhalten sie die Gruppenzugehörigkeit des angemeldeten Benutzers. Zusätzlich führen die aktuellen Einstellungen dazu, dass Dateien und Verzeichnisse so erstellt werden, dass sie von jedermann gelesen werden können, wie Abbildung 7.11 zeigt.

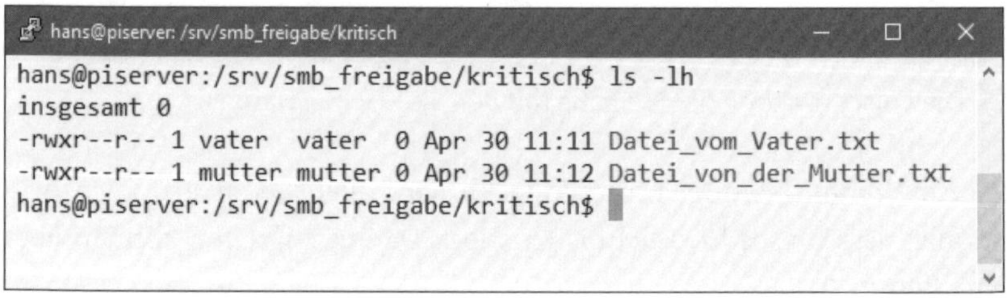

Abbildung 7.11 Die Rechte auf dem Dateisystem passen noch nicht.

Dies entspricht nicht dem ursprünglichen Wunsch. Ich zeige Ihnen weiter unten, wie man das ändert. Vielleicht stört es Sie jetzt besonders, dass diese Freigabe überhaupt in der Freigabeansicht der Clients angezeigt wird und jeder von ihrer Existenz erfährt. Sie können die Freigabe verstecken, indem Sie die Zeile

```
browsable = no
```

mit in den Konfigurationsblock der Freigabe aufnehmen, beispielsweise als letzten Eintrag unter die Zeile `guest ok = no`. Nach dem obligatorischen Neustart von Samba und einer Aktualisierung der Ansicht auf den Clientrechnern wird die Freigabe nun für niemanden mehr angezeigt, auch nicht für den Vater oder die Mutter, wie Sie in Abbildung 7.12 sehen.

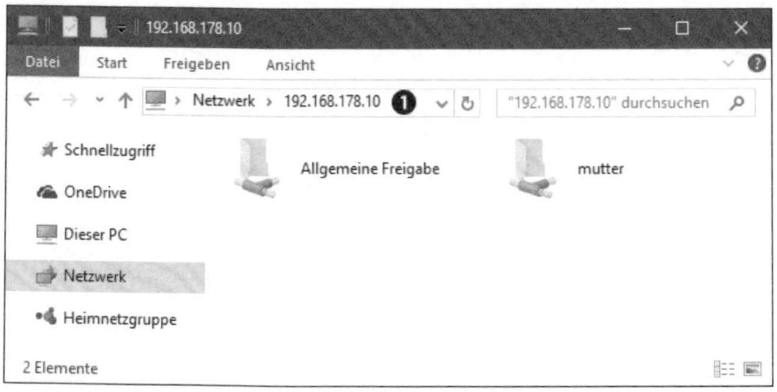

Abbildung 7.12 Die Freigabe ist nun versteckt.

Diese beiden Benutzer können jedoch nach wie vor manuell darauf zugreifen, wenn sie zum Beispiel unter Windows *\\servername\kritisches* in die Adresszeile ❶ eingeben. Für macOS- und Linux-Systeme gilt Entsprechendes. Sie können sich beispielsweise auch unter der Adresse *smb://homeserver/kritisches* direkt mit dem Server verbinden ❷ (beachten Sie in diesem Fall die Orientierung der Schrägstriche). Alternativ können Sie statt des (angepassten) Hostnamens auch die IP-Adresse des Home Servers nutzen. Anderen Benutzern als den Eltern wird der Zugriff jedoch verweigert.

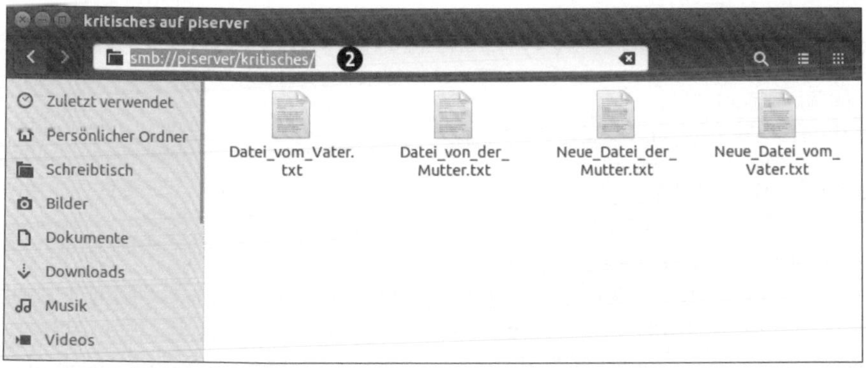

Abbildung 7.13 Mit dem richtigen Namen kann noch auf die Freigaben zugegriffen werden.

Ein anderes Beispiel: Der Sohn der Familie sei ein begnadeter Geschichtenerzähler; er schreibt täglich eine neue Kurzgeschichte, die er im Verzeichnis */srv/smb_freigaben/kurzgeschichten* ablegt. Sie hätten jetzt gerne eine Freigabe für dieses Verzeichnis, das alle Benutzer lesen können, aber nur der Sohn beschreiben darf. Wie immer gilt: Dies ist auf dem (Linux-)Dateisystem kein Problem und die zu bevorzugende Variante. Zum Testen der Möglichkeiten von Samba erstellen Sie bitte zunächst ein Verzeichnis, das von allen Benutzern beschrieben werden darf. Anschließend erstellen Sie hierfür in der Konfigurationsdatei von Samba folgenden Block:

```
[Kurzgeschichten]
   comment = Wunderbare Kurzgeschichten
   path = /srv/smb_freigaben/kurzgeschichten
   writeable = no
   write list = sohn
   guest ok = no
```

Listing 7.5 Schreibrechte konfigurieren

Obwohl in diesem Block explizit definiert ist, dass kein Schreibzugriff besteht, gilt das nicht für den Benutzer *sohn*. Ihm wurde durch `write list = sohn` ein exklusiver Schreibzugriff gegeben. Probieren Sie das aus, indem Sie Samba neu starten und dann unter verschiedenen Benutzernamen auf die Freigabe zugreifen.

Nun komme ich zu Beispiel Nummer drei: Die Tochter der Familie veranstaltet zu Hause öfter mit ein paar Freundinnen LAN-Partys. Sie hätte gerne ein Verzeichnis, in dem sie allgemeine Dateien, beispielsweise Spielanleitungen, für ihre Freundinnen zur Verfügung stellt. Sie nutzt das Verzeichnis */srv/smb_freigaben/infos*. Sie selbst möchte auf das Verzeichnis Schreibzugriff haben, alle anderen sollen auch ohne Benutzerkonto lesenden Zugriff auf diese Dateien haben. Das realisiert folgender Block in der Konfigurationsdatei von Samba:

```
[Oeffentlich]
   comment = Für jeden lesbare Infos
   path = /srv/smb_freigaben/infos
   writeable = no
   write list = tochter
   guest ok = yes
```

Listing 7.6 Rechte für Gäste

Durch das simple Setzen von `guest ok = yes` erreicht sie dies. Nun kann jeder Gast auch ohne ein Benutzerkonto und ohne Passwort auf diese eine Freigabe lesend zugreifen. Sollte es insbesondere unter Windows doch zu einer Passwortabfrage kommen, dann tragen Sie einfach als Benutzername `anonymous` ein und lassen das Kennwortfeld leer.

Diese Art der Rechtevergabe direkt über Samba ist wie gesagt hauptsächlich dann interessant, wenn sich das Datenverzeichnis auf einem eingebundenen NTFS- oder FAT-formatierten Laufwerk befindet. Dort steht die bekannte Rechteverwaltung nicht ohne weiteres zur Verfügung. Sie kann (bei Ihrem Home Server, wie er derzeit eingerichtet ist) nur auf Datenträgern genutzt werden, die (wie in Abschnitt 4.10.12 gezeigt) mit einem Linux-Dateisystem formatiert sind.

7.6 Die Rechtevergabe im Detail für Sonderfälle

Zum Abschluss zeige ich Ihnen noch etwas speziellere Parameter. Diese benötigen Sie beispielsweise für die vorhin erwähnte Freigabe der kritischen Daten, auf die nur die Benutzer *vater* und *mutter* Zugriff haben sollen. Alle Parameter, die ich hier bespreche, können Sie als zusätzliche Zeile bei der Konfiguration einer Freigabe in den jeweiligen Block aufnehmen. Interessant sind die Optionen

```
force user = benutzername
```

und

```
force group = gruppe
```

Derzeit sind Ihre Freigaben so konfiguriert, dass bei ihrer Nutzung Dateien und Verzeichnisse im Dateisystem unter dem Benutzerkonto erstellt werden, unter dem Sie sich beim Zugriff auf die Freigabe anmelden. Greifen Sie also beispielsweise über den Benutzernamen *vater* auf die Freigabe zu und erstellen eine Textdatei, dann gehört diese im Dateisystem korrekt dem *vater*. Allerdings erhält diese Datei nicht die Gruppenzugehörigkeit *eltern*. Stattdessen gehört sie ebenfalls der Gruppe *vater*. Das entspricht – wie vorhin erwähnt – nicht dem eigentlichen Wunsch.

Mit den beiden Optionen `force user` und `force group` können Sie das anpassen. Somit tritt jeder Benutzer, der über das Netzwerk auf eine Datei oder ein Verzeichnis zugreift, als dieser angepasste Benutzer beziehungsweise als diese angepasste Gruppe auf. In dem Beispiel mit den Eltern müssen Sie bei der Definition der Freigabe `kritisches` also die Zeile

```
force group = eltern
```

hinzufügen.

Ebenso interessant sind diese beiden Optionen:

```
create mask = 0660
```

und

```
directory mask = 0770
```

Damit legen Sie die Zugriffsrechte fest, die eine neue Datei oder ein neues Verzeichnis bekommt. Ein Beispiel: Sie haben ein Verzeichnis, dessen Dateien auf Dateisystemebene besondere Zugriffsmuster haben – wie etwa zuvor das Verzeichnis namens *kritisch*, auf das nur die Eltern Schreib- und Leserechte haben sollten und allen anderen der Zugriff komplett verweigert wird. Dateien, die Sie über die Freigabe neu erstellen, sollen bitte auch diesen Kriterien genügen. Das ist momentan aber nicht der Fall. Wie vorhin erwähnt, erhalten neu erstellte Dateien die Rechte `rwx r-- r--`. Das bedeutet, dass jeder die Dateien lesen kann. Das können Sie mit den beiden Parametern `create mask` und `directory mask` ändern. Sie führen dazu, dass sowohl Dateien als auch Verzeichnisse besondere Rechte erhalten. Setzen Sie die Befehle so, wie sie oben aufgeführt sind, dann dürfen Dateien und Verzeichnisse vom aktuellen Benutzer und von der aktuellen Gruppe (gemäß der Samba-Anmeldung) gelesen, geschrieben und ausgeführt werden. Alle anderen dürfen sie aber noch nicht einmal betrachten, sogar den Inhalt der Verzeichnisse können sie nicht einmal anzeigen lassen.

Hier kommt übrigens die Notation der Rechte im Oktalmodus zum Einsatz. Es werden also nicht die Buchstabenkürzel `r`, `w` und `x` genutzt, stattdessen erfolgt die Eingabe der Rechte über Ziffern. Die Bedeutung der Ziffern finden Sie in Abschnitt 4.4 des Grundlagenkapitels unter der etwas scherzhaften Überschrift »Geht es nicht auch etwas kryptischer?«. (Für Wissbegierige: Hier sollte man übrigens das spezielle Sticky Bit, also die erste Ziffer einer Viergruppe, explizit auf null setzen, damit es keine Probleme bei den Besitzeigenschaften der Daten gibt.) Sie können die Rechtevergabe aber auch noch enger fassen: Soll die Erlaubnis wirklich nur für den aktuellen Benutzer gelten, dann müssen Sie die vorletzte Ziffer auch auf null setzen.

Zusammengefasst muss die Freigabe des kritischen Verzeichnisses so konfiguriert werden:

```
[kritisches]
   comment = Kritische sensible Daten
   path = /srv/smb_freigaben/kritisch
   writeable = yes
   valid users = vater mutter
   guest ok = no
   browsable = no
   force group = eltern
   create mask = 0660
   directory mask = 0770
```

Listing 7.7 Fortgeschrittene Rechteverwaltung mit Samba

Jetzt können tatsächlich nur die Eltern auf die Freigabe zugreifen und Dateien lesen und erstellen. Niemand anderes kann auf die Freigabe zugreifen. Dateien, die von den Eltern erstellt werden, erhalten auch die entsprechenden Rechte und Gruppenzugehörigkeiten.

```
hans@piserver: /srv/smb_freigabe/kritisch
hans@piserver:/srv/smb_freigabe/kritisch$ ls -lh
insgesamt 0
-rwxr--r-- 1 vater  vater  0 Apr 30 11:11 Datei_vom_Vater.txt
-rwxr--r-- 1 mutter mutter 0 Apr 30 11:12 Datei_von_der_Mutter.txt
-rw-rw---- 1 mutter eltern 0 Apr 30 11:16 Neue_Datei_der_Mutter.txt
-rw-rw---- 1 vater  eltern 0 Apr 30 11:20 Neue_Datei_vom_Vater.txt
hans@piserver:/srv/smb_freigabe/kritisch$
```

Abbildung 7.14 Die unterschiedlichen Rechte und Gruppen auf Dateisystemebene: Nun passt alles wunschgemäß.

Sollten Sie Bedarf an Freigaben mit eng gefassten Benutzerrechten haben, dann sollten Sie nun ein wenig mit der Rechtevergabe experimentieren. Aufgrund der Wichtigkeit möchte ich hier jedoch daran erinnern, dass Sie (sofern möglich) zunächst immer die Rechte des Dateisystems kontrollieren und anpassen. Ebenso ist es wichtig, dass Sie überprüfen, mit welchen Rechten und Besitzverhältnissen neue Dateien und Verzeichnisse erstellt werden.

Nach dem Üben bitte das Aufräumen nicht vergessen

Abschließend sollten Sie sich noch um eventuell angelegte Übungsbenutzer und -verzeichnisse kümmern. Wenn die Übungstätigkeiten beendet sind, dann können Sie die Verzeichnisse und auch die Benutzer wie im Grundlagenkapitel gezeigt wieder entfernen. Dies ist bei den Benutzern problemlos möglich, weil sie als Übungsnutzer nicht tief im System verwurzelt sind. Möchten Sie einen Übungsbenutzer abschließend auch wieder aus der Samba-Konfiguration löschen, dann verwenden Sie folgenden anzupassenden Befehl:

```
sudo pdbedit -x benutzername
```

Dies wird den Benutzer auch aus der Datenbank von Samba entfernen; seine Zugangsdaten verlieren dann komplett an Gültigkeit.

Nun aber viel Spaß mit Ihrem kleinen Fileserver!

Kapitel 8
Medien per UPnP streamen: ein Medienserver mit MiniDLNA

In einem Heimnetzwerk werden häufig Mediendateien von einem zentralen Server zu den Endgeräten übertragen, die sie abspielen. In diesem Kapitel zeige ich Ihnen die Einrichtung eines nützlichen Medienservers.

Wenn Sie Mediendateien wie Fotos, Videos und Musikstücke in Ihrem Heimnetzwerk an Abspielgeräte senden möchten, dann gibt es noch eine wichtige Alternative zu den Dateifreigaben über Samba: einen *UPnP-Medienserver*.

Das SMB-Protokoll ist nämlich ein wenig umständlich in der Implementierung und nicht immer komfortabel zu bedienen. Oftmals erfordert die Nutzung auch gewisse Hardwareressourcen. *Universal Plug and Play* – kurz *UPnP* – geht einen anderen Ansatz und definiert einen Standard zur Medienübertragung über ein Streamingprotokoll. Beim Streaming wird eine Mediendatei in Form eines kontinuierlichen Datenstroms an das Wiedergabegerät gesendet und dort – was ganz wichtig ist – zunächst gepuffert. Es gibt also einen Zwischenspeicher auf dem Wiedergabegerät, der dann zum Einsatz kommt, wenn die Datenübertragungsrate kurzzeitig schwankt und zurückgeht. Auf diese Weise ist eine kontinuierliche Wiedergabe ohne Unterbrechungen wahrscheinlicher, als wenn es keinen Zwischenspeicher gäbe.

UPnP versucht, ohne einen großen Konfigurationsaufwand auszukommen. Die Mediendateien werden einfach von einem Medienserver angeboten, der eine Datenbank über seinen Bestand verwaltet. Diese Datenbank kann mit den Wiedergabegeräten durchsucht und die gewünschte Mediendatei dann abgespielt werden. UPnP-Medienserver informieren alle Geräte im Netzwerk über ihre Existenz beziehungsweise Präsenz, so dass man sie nicht erst manuell in den Abspielgeräten eintragen muss. Stattdessen führt man einen einfachen Suchvorgang aus, der alle Medienserver auflistet. Es kann übrigens in einem Netzwerk durchaus mehrere dieser Medienserver geben. Man kann sich den passenden aussuchen und dessen Datenbank bequem durchstöbern. Diese ist im Regelfall automatisch sortiert, nicht nur grob nach den Medientypen (Fotos, Musik, Videos), sondern meist sogar sehr fein beispielsweise nach Musikstilrichtungen, Aufnahmedaten oder Kameratypen. Diese Informationen erhält der Medienserver aus den Metadaten der Mediendateien, beispielsweise den *ID3-Tags* bei MP3-Musikstücken, und übernimmt diese bei einem Indexierungsvorgang aller Medien automatisch in seine Datenbank. Dabei ist wieder das Wörtchen »automatisch« wichtig, denn dies alles läuft ohne einen Benutzereingriff. Noch etwas strenger als UPnP geht DLNA zu Werke. Die genauen Unterschiede sind eher theoretischer Natur. Auch wenn unter beiden Begriffen nicht dasselbe zu verstehen ist, so ergibt sich im Alltag doch meist eine ausreichende Kompatibilität, erst recht, wenn übliche Medienformate genutzt werden. Daher können Sie die hier vorgestellten Programme problemlos mit DLNA-fähigen Geräten nutzen.

Übrigens – neben den Servern und den Abspielgeräten definiert der Standard eine weitere Geräteklasse: den sogenannten *Controller*. Das ist so eine Art Fernbedienung, meist in Form eines Tablets oder eines Smartphones, ausgerüstet mit einer entsprechenden App. Mit ihr kann man bequem auf dem Display die Datenbank eines oder mehrerer Medienserver durchstöbern und das ausgewählte Medium auf einem beliebigen Wiedergabegerät abspielen. Die Mediendaten werden dabei direkt zwischen Server und Wiedergabegerät übertragen, der Controller dient nur der Vermittlung.

Ich möchte einen Nachteil hier aber nicht verschweigen: Da UPnP mit möglichst wenig Konfigurationsaufwand auskommen will, wurde bewusst auf eine Benutzerverwaltung und damit auf eine Authentifizierung verzichtet. Kurz gesagt: Wenn Sie etwas in Ihrem Heimnetzwerk zur Wiedergabe anbieten, dann bieten Sie es für alle Mitglieder des Netzwerks an. Es gibt keine (einfache) Möglichkeit, den Zugriff direkt auf der Benutzerebene zu beschränken.

Ihren Home Server können Sie nun um die Funktion eines UPnP-beziehungsweise DLNA-Medienservers erweitern, auf den Sie mit Ihren UPnP-/DLNA-Abspielgeräten zugreifen.

8.1 Vorbereitung des Home Servers

Für die Realisierung eines Medienservers sind natürlich die Mediendateien ganz wichtig, denn ohne sie ist ein Medienserver nicht sehr sinnvoll. Insbesondere Videodateien können jedoch einen erheblichen Speicherbedarf haben, ein einzelner Spielfilm überschreitet bei guter Bildqualität (also geringer Komprimierung) schnell und deutlich die Gigabyte-Grenze. Wenn Sie also viele Videodateien über Ihren Server bereitstellen möchten, dann kommen Sie um ein externes Speichermedium (beziehungsweise eine zusätzliche interne Festplatte beim Intel NUC) nicht umhin. Das Speichermedium wird in den meisten Fällen wohl eine klassische Festplatte sein, denn diese bietet das beste Speicherplatz-Kosten-Verhältnis. Zum Ausprobieren können Sie aber auch erst einmal ein paar Fotos, Musikstücke und kurze Testvideos auf Ihren Home Server kopieren und dort auf dem primären Speichermedium ablegen.

Theoretisch müssen Sie übrigens im entsprechenden Verzeichnis nicht unbedingt Ordnung halten, das würde der Medienserver mit seiner Datenbank schon richten – aber nein, das so gehen Sie bitte nicht vor. Halten Sie auch im Medienverzeichnis

Ordnung, trennen Sie also die einzelnen Medientypen voneinander, und sortieren Sie die Medien dann entsprechend weiter sauber in Unterverzeichnisse ein.

Jetzt können Sie einen Verzeichnispfad für Ihre ersten Versuche anlegen. Diesen können Sie später auch eigenhändig ändern. Zunächst bietet es sich an, auf dem Speichermedium Ihres Servers das Verzeichnis */srv/mediensammlung* zu erstellen und darin die Unterverzeichnisse *fotos, videos* und *musik* anzulegen. Mit folgendem Befehl erstellen Sie zunächst das Verzeichnis */srv/mediensammlung*:

```
sudo mkdir /srv/mediensammlung
```

Nun legen Sie mit diesen drei Befehlen die Unterverzeichnisse *fotos, musik* und *videos* an:


```
sudo mkdir /srv/mediensammlung/fotos
sudo mkdir /srv/mediensammlung/musik
sudo mkdir /srv/mediensammlung/videos
```

Als Nächstes setzen Sie die Zugriffsrechte nun so, dass der Besitzer und die besitzende Gruppe alle Dateien lesen und verändern dürfen. Alle anderen Benutzer dürfen alle Dateien lesen und in allen Verzeichnissen navigieren. Dies ist wichtig, damit auch der Medienserver die Dateien lesen kann. Das realisiert folgender Befehl:

```
sudo chmod -R 775 /srv/mediensammlung
```

Jetzt werden Sie den Besitzer von allen Verzeichnissen ihn Ihr persönliches Benutzerkonto ändern. Dies ist wichtig, damit Sie beispielsweise über eine FTP-Verbindung in diesen Verzeichnissen Dateien erstellen können. Ersetzen Sie im folgenden Befehl den Beispielnutzer `hans` (und natürlich auch den Gruppennamen) durch Ihren eigenen Benutzernamen:

```
sudo chown -R hans:hans /srv/mediensammlung
```

In dem soeben ausgeführten Befehl haben Sie außerdem die besitzende Gruppe auf `hans` festgelegt. Das Ergebnis sehen Sie in Abbildung 8.1.

[+]

Mit mehreren Benutzern auf das Medienverzeichnis zugreifen

Natürlich können Sie hier auch problemlos eine andere Benutzergruppe eintragen und sie mit den Mitgliedern belegen, die Schreibzugriff auf das Medienverzeichnis erhalten sollen. Hinweise zum Umgang mit diesen Gruppen finden Sie in Abschnitt 4.8.8 und in Abschnitt 4.8.10. Eine neue Benutzergruppe können Sie für diesen Zweck beispielsweise *mediennutzer* nennen. Mit den derzeitigen Rechten `775` dürfen alle Mitglieder der besitzenden Gruppe ebenfalls in das Medienverzeichnis schreiben. Sollten Sie allein die Herrschaft über das Verzeichnis behalten wollen, dann belassen Sie es einfach dabei, bei der besitzenden Gruppe Ihren eigenen Benutzernamen einzutragen. Dies ist möglich, weil es stets eine Benutzergruppe gibt, die den gleichen Namen wie das jeweilige Benutzerkonto trägt und in der (im Standardfall) nur dieser eine Benutzer Mitglied ist.

```
hans@piserver:~$ sudo mkdir /srv/mediensammlung
[sudo] password for hans:
hans@piserver:~$ sudo mkdir /srv/mediensammlung/fotos
hans@piserver:~$ sudo mkdir /srv/mediensammlung/musik
hans@piserver:~$ sudo mkdir /srv/mediensammlung/videos
hans@piserver:~$ sudo chmod -R 775 /srv/mediensammlung
hans@piserver:~$ sudo chown -R hans:hans /srv/mediensammlung
hans@piserver:~$
hans@piserver:~$ sudo addgroup mediennutzer
Lege Gruppe »mediennutzer« (GID 1006) an ...
Fertig.
hans@piserver:~$ sudo usermod -aG mediennutzer vater
hans@piserver:~$ sudo usermod -aG mediennutzer mutter
hans@piserver:~$ sudo chown -R hans:mediennutzer /srv/mediensammlung
hans@piserver:~$ ls -lha /srv/mediensammlung/
insgesamt 20K
drwxrwxr-x 5 hans mediennutzer 4,0K Apr 30 11:28 .
drwxr-xr-x 4 root root         4,0K Apr 30 11:28 ..
drwxrwxr-x 2 hans mediennutzer 4,0K Apr 30 11:28 fotos
drwxrwxr-x 2 hans mediennutzer 4,0K Apr 30 11:28 musik
drwxrwxr-x 2 hans mediennutzer 4,0K Apr 30 11:28 videos
hans@piserver:~$
```

Abbildung 8.1 Die angelegten Verzeichnisse mit den korrekten Besitzern

In diese Verzeichnisse können Sie nun Ihre Mediendateien kopieren. Sie können die Mediendaten über eine Samba-Dateifreigabe oder auch über ein externes Speichermedium in die Verzeichnisse kopieren. Ebenso lässt sich beispielsweise – wenn von Ihnen schon realisiert – eine (S)FTP(S)-Verbindung nutzen. Überprüfen Sie nach dem Kopieren mit dem Befehl `ls -la`, dass alle Benutzer lesenden Zugriff auf die Dateien haben.

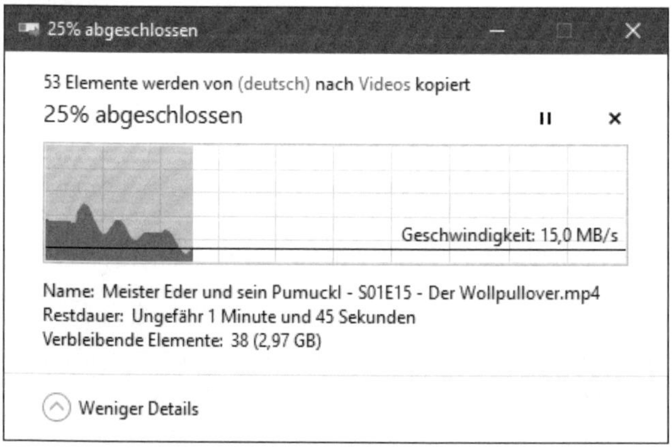

Abbildung 8.2 Medien auf den Server kopieren – neben dem direkten Kopieren per USB-Medium können Sie natürlich auch eine Samba-Freigabe verwenden.

8.2 Die Installation der benötigten Komponenten

Eine sehr gute und gleichzeitig sehr einfach zu konfigurierende (also konsequent dem UPnP-Gedanken folgende) Software für einen UPnP-Medienserver ist *MiniDLNA*. Mittlerweile heißt diese Software *ReadyMedia*, da sie aber in den Paketquellen noch als MiniDLNA geführt wird, werde ich sie auch weiterhin so nennen. (Am Namen können Sie erkennen, dass die Software eigentlich einen DLNA-Server erstellt. Da es sich bei DLNA aber quasi um eine enger gefasste »Teilmenge« von UPnP handelt, besteht eine Kompatibilität mit UPnP-fähigen Abspielgeräten.)

Zunächst werden Sie MiniDLNA auf Ihrem Home Server installieren. Das geht ganz einfach. Öffnen Sie eine Konsole zu Ihrem Home Server, führen Sie ein Update der Paketquellen aus (mit dem Befehl `sudo apt update`), und installieren Sie dann MiniDLNA mit dem folgenden Befehl:

```
sudo apt install minidlna
```

```
hans@piserver: ~
  libdrm-amdgpu1 libdrm-common libdrm-nouveau2 libdrm-radeon1 libdrm2 libexif12 libflac8
  libfontconfig1 libgdk-pixbuf2.0-0 libgdk-pixbuf2.0-bin libgdk-pixbuf2.0-common libgl1
  libgl1-mesa-dri libglapi-mesa libglvnd0 libglx-mesa0 libglx0 libgme0 libgraphite2-3 libgsm1
  libharfbuzz0b libid3tag0 libjbig0 libllvm9 libmp3lame0 libmpg123-0 libogg0 libopenjp2-7
  libopenmpt0 libopus0 libpango-1.0-0 libpangocairo-1.0-0 libpangoft2-1.0-0 libpixman-1-0 librsvg2-2
  librsvg2-common libsensors-config libsensors5 libshine3 libsnappy1v5 libsoxr0 libspeex1
  libssh-gcrypt-4 libswresample3 libthai-data libthai0 libtheora0 libtiff5 libtwolame0 libva-drm2
  libva-x11-2 libva2 libvdpau-va-gl1 libvdpau1 libvorbis0a libvorbisenc2 libvorbisfile3 libvpx5
  libwavpack1 libwebp6 libwebpmux3 libx11-xcb1 libx264-155 libx265-165 libxcb-dri2-0 libxcb-dri3-0
  libxcb-glx0 libxcb-present0 libxcb-render0 libxcb-shm0 libxcb-sync1 libxcb-xfixes0 libxdamage1
  libxfixes3 libxrender1 libxshmfence1 libxvidcore4 libxxf86vm1 libzvbi-common libzvbi0
  mesa-va-drivers mesa-vdpau-drivers va-driver-all vdpau-driver-all
Vorgeschlagene Pakete:
  libbluray-bdj opus-tools librsvg2-bin lm-sensors speex
Die folgenden NEUEN Pakete werden installiert:
  fontconfig fontconfig-config fonts-dejavu-core libaacs0 libaom0 libavcodec58 libavformat58
  libavutil56 libbdplus0 libbluray2 libcairo2 libchromaprint1 libcodec2-0.8.1 libcroco3 libdatrie1
  libdrm-amdgpu1 libdrm-common libdrm-nouveau2 libdrm-radeon1 libdrm2 libexif12 libflac8
  libfontconfig1 libgdk-pixbuf2.0-0 libgdk-pixbuf2.0-bin libgdk-pixbuf2.0-common libgl1
  libgl1-mesa-dri libglapi-mesa libglvnd0 libglx-mesa0 libglx0 libgme0 libgraphite2-3 libgsm1
  libharfbuzz0b libid3tag0 libjbig0 libllvm9 libmp3lame0 libmpg123-0 libogg0 libopenjp2-7
  libopenmpt0 libopus0 libpango-1.0-0 libpangocairo-1.0-0 libpangoft2-1.0-0 libpixman-1-0 librsvg2-2
  librsvg2-common libsensors-config libsensors5 libshine3 libsnappy1v5 libsoxr0 libspeex1
  libssh-gcrypt-4 libswresample3 libthai-data libthai0 libtheora0 libtiff5 libtwolame0 libva-drm2
  libva-x11-2 libva2 libvdpau-va-gl1 libvdpau1 libvorbis0a libvorbisenc2 libvorbisfile3 libvpx5
  libwavpack1 libwebp6 libwebpmux3 libx11-xcb1 libx264-155 libx265-165 libxcb-dri2-0 libxcb-dri3-0
  libxcb-glx0 libxcb-present0 libxcb-render0 libxcb-shm0 libxcb-sync1 libxcb-xfixes0 libxdamage1
  libxfixes3 libxrender1 libxshmfence1 libxvidcore4 libxxf86vm1 libzvbi-common libzvbi0
  mesa-va-drivers mesa-vdpau-drivers minidlna va-driver-all vdpau-driver-all
0 aktualisiert, 100 neu installiert, 0 zu entfernen und 0 nicht aktualisiert.
Es müssen 49,0 MB an Archiven heruntergeladen werden.
Nach dieser Operation werden 674 MB Plattenplatz zusätzlich benutzt.
Möchten Sie fortfahren? [J/n]
```

Abbildung 8.3 Die Installation von MiniDLNA kopiert auch alle erforderlichen Bibliotheken auf Ihren Server.

Nach der zweimaligen Betätigung der [↵]-Taste erfolgt die Installation von MiniDLNA und aller zugehörigen und benötigten Bibliotheken. MiniDLNA wird als ein Service installiert, der anschließend sofort gestartet wird, wie Sie in Abbildung 8.4 sehen.

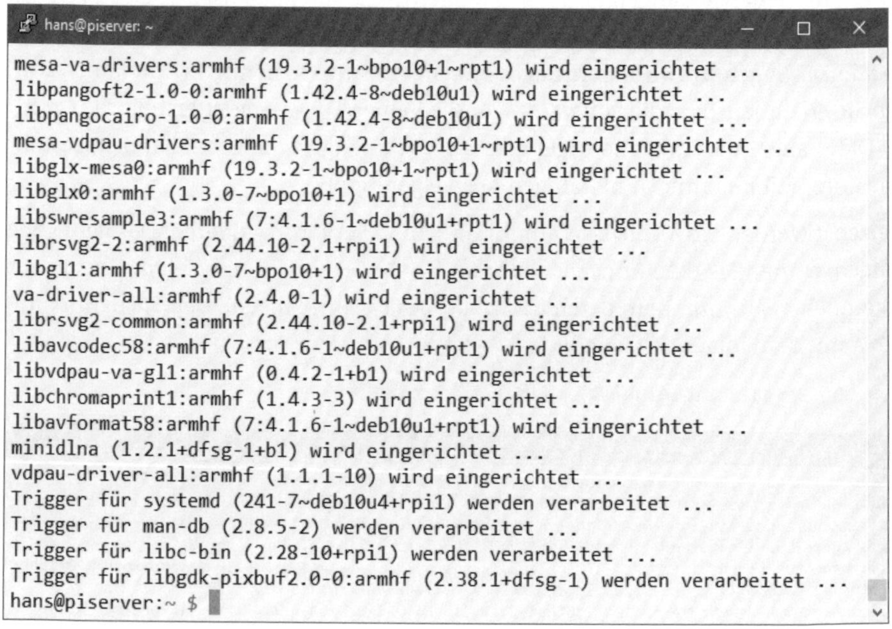

Abbildung 8.4 Die fertige Installation von MiniDLNA

8.3 Die grundlegende Konfiguration von MiniDLNA

Nun können Sie sich an die Konfiguration machen, die erfreulich kompakt ausfällt.

Die Konfigurationsdatei von MiniDLNA findet sich unter */etc/minidlna.conf*. Bitte legen Sie zunächst ein Backup dieser Datei mit folgendem Befehl an:

```
sudo cp /etc/minidlna.conf /etc/minidlna.conf.orig
```

Wenn Ihnen bei der Konfiguration ein Fehler unterläuft und Sie wieder zurück zum Ausgangszustand möchten, dann können Sie das Backup wieder zurückspielen. Das erledigt im Bedarfsfall folgender Befehl:

```
sudo cp /etc/minidlna.conf.orig /etc/minidlna.conf
```

Jetzt öffnen Sie die Konfigurationsdatei zur Bearbeitung im Editor `nano`. Das geschieht mit diesem Befehl:

```
sudo nano /etc/minidlna.conf
```

Die Datei ist zwar etwas länger, Sie müssen aber nur sehr wenige Punkte konfigurieren. Zunächst müssen Sie MiniDLNA mitteilen, wo sich Ihre Mediendateien befinden, die es verwalten und anbieten soll. Suchen Sie mit den Pfeiltasten den Abschnitt, der mit

```
# Path to the directory you want scanned for media files.
```

beginnt. Am Ende dieses Abschnitts finden Sie einen Eintrag, der auf

```
media_dir=/var/lib/minidlna
```

zeigt. Sie können problemlos dieses Verzeichnis für Ihre Mediendateien benutzen, aber Sie hatten ja vorhin extra dafür den gemeinsam genutzten Verzeichnispfad */srv/ mediensammlung* angelegt. Ändern Sie den Eintrag also bitte entsprechend in:

```
media_dir=/srv/mediensammlung
```


Es werden übrigens automatisch alle Unterverzeichnisse dieses Pfades berücksichtigt und alle darin enthaltenen Medientypen in die Datenbank aufgenommen (indexiert) und zur Wiedergabe angeboten.

Dies genügt bereits zur grundlegenden Konfiguration. Vorsichtige Naturen können diese Konfiguration jetzt gleich ausprobieren. Dazu speichern Sie die Konfigurationsdatei mit der Tastenkombination [Strg]+[x] ab und bestätigen die Speicherfrage mit der [↵]-Taste.

Wagnisfreudige Nutzer können auch gleich zu der erweiterten Konfiguration in Abschnitt 8.5 springen und erst nach seiner Bearbeitung zur Inbetriebnahme übergehen.

8.4 Die Inbetriebnahme von MiniDLNA

Nach Beendigung der Konfigurationsarbeiten müssen Sie MiniDLNA einmal neu starten, indem Sie den Befehl

```
sudo service minidlna restart
```

ausführen. MiniDLNA wird daraufhin automatisch anfangen, Ihre Mediendateien zu indexieren und entsprechend anzubieten. Sie können den Status und Umfang der Datenbank übrigens einfach überprüfen, indem Sie in einem beliebigen Webbrowser folgende Seite aufrufen, bei der Sie die *IP-Adresse.Ihres.Home.Servers* entsprechend eintragen:

http://IP-Adresse.Ihres.Home.Servers:8200

Das war es schon. Ihr Medienserver steht nun für Sie bereit. Sie können jetzt ein beliebiges UPnP-/DLNA-Wiedergabegerät öffnen und werden dort (eventuell nach einem Suchvorgang) Ihren Medienserver finden.

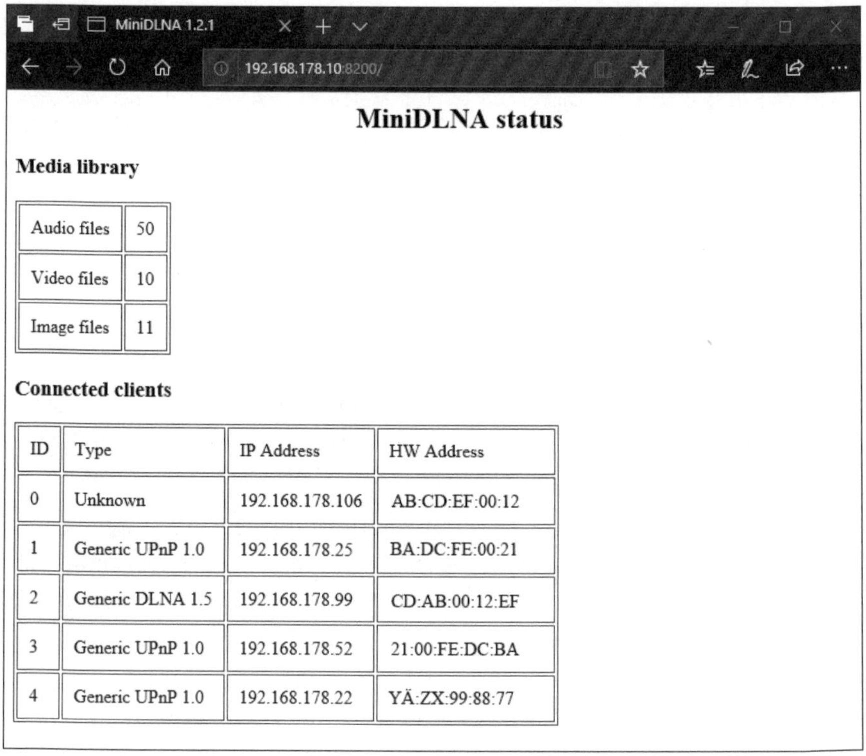

Abbildung 8.5 Das (rein informative) Webinterface von MiniDLNA

Dabei spielt es keine Rolle, ob es sich um ein Smartphone, ein Tablet, ein geeignetes UPnP-Küchenradio oder einen Netzwerk-Musikplayer an der HiFi-Anlage handelt. Beispielhaft sehen Sie in den folgenden Abbildungen den Zugriff mit einer FritzBox-App namens *FRITZ!App Media* für Smartphones und Tablets.

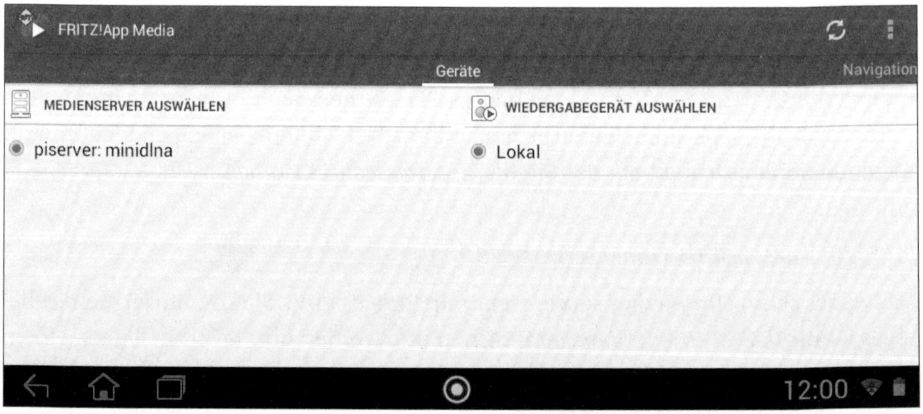

Abbildung 8.6 Der Medienserver meldet sich in einer DLNA-Anwendung (hier beispielhaft FRITZ!App Media).

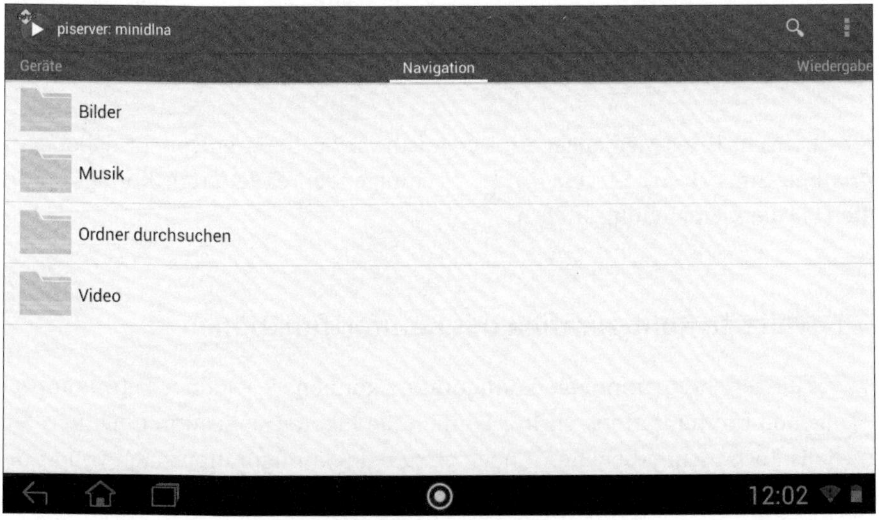

Abbildung 8.7 Die Datenbank des Medienservers ist automatisch ordentlich sortiert ...

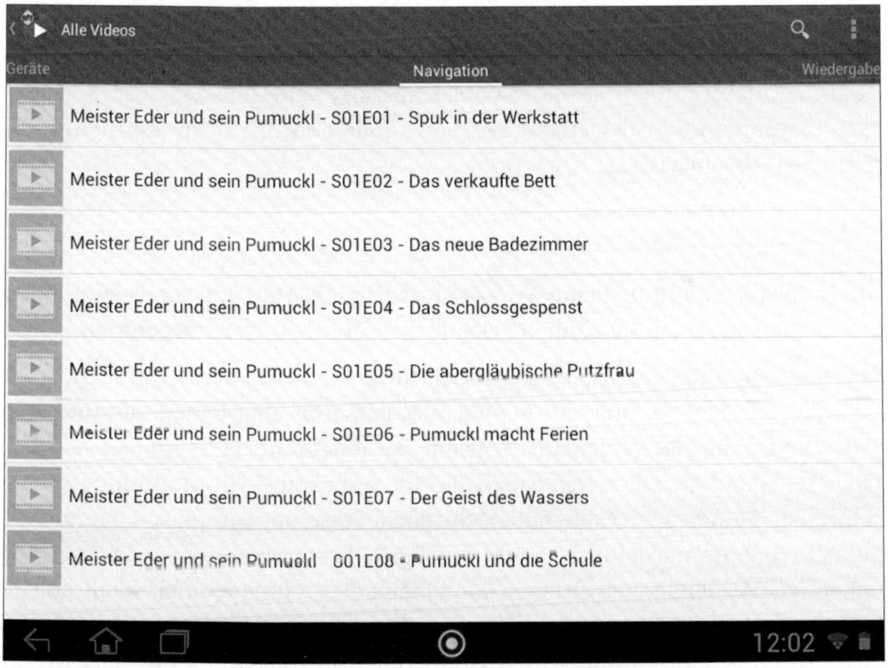

Abbildung 8.8 ... so dass eine gewünschte Mediendatei schnell gefunden und wiedergegeben werden kann.

Gegebenenfalls benötigen Sie auf Ihrem Mobilgerät noch eine passende DLNA- beziehungsweise UPnP-App, die sich jedoch rasch im jeweiligen App-Bezugspunkt finden lässt.

Haben Sie bisher nur die zuvor beschriebene minimale Konfiguration realisiert, dann meldet sich MiniDLNA mit dem Namen

```
hostname: minidlna
```

in der Übersicht Ihrer Medienserver. Der Ausdruck `hostname` entspricht dabei dem Hostnamen Ihres Home Servers. In der nachfolgenden erweiterten Konfiguration können Sie diese Einstellung ändern.

8.5 Erweiterte Konfiguration mit Komfortfunktionen

Die zuvor eingerichtete minimale Konfiguration können Sie jetzt noch etwas anpassen. Folgende Konfigurationsschritte können Sie fakultativ ausführen. Öffnen Sie dazu – falls noch nicht geschehen – noch einmal die Konfigurationsdatei von MiniDLNA mit dem Befehl:

```
sudo nano /etc/minidlna.conf
```

Ein interessanter Punkt ist, dass Sie beliebig viele unabhängige `media_dir=` -Einträge untereinander eingeben können. Haben Sie beispielsweise noch ein zweites Verzeichnis namens */media/grosse_festplatte*, das Mediendateien einer externen Festplatte enthält, dann können Sie dieses Verzeichnis als zweite Zeile `media_dir=/media/grosse_festplatte` unter der ersten `media_dir`-Zeile anordnen. Die Konfiguration wird dann so aussehen:

```
media_dir=/srv/mediensammlung
media_dir=/media/grosse_festplatte
```

MiniDLNA wird daraufhin beide Verzeichnisse indexieren und alle gefundenen Mediendateien anbieten. Sie können beliebig viele Eintragungen vornehmen.

Zusätzlich können Sie Verzeichnisse speziell für einen Medientyp eintragen. Dazu ein Beispiel, bei dem Sie eine gut gepflegte Musiksammlung haben, die für jedes Musikalbum ein eigenes Verzeichnis vorsieht, das jeweils auch Coverbilder (Vorder- und Rückseite) enthält. Zusätzlich haben Sie eine respektable Filmsammlung, die zu den einzelnen Filmen auch Coverbilder und sogar Fotos der Filmplakate bietet. Das ist gar nicht so unwahrscheinlich, denn wenn Sie in Ihrem Netzwerk ein Mediacenter betreiben, das Mediendateien abspielt, dann bietet dieses oft die Möglichkeit, solche Bildinformationen mit zu verwalten. Die Frage lautet jetzt: Wenn Sie sich über Ihren Medienserver Ihre Fotosammlung anschauen wollen, möchten Sie dann neben Ihren Familienfotos auch die Coverbilder Ihrer Musik- und Videosammlung angezeigt bekommen? Eher nicht, oder? In diesem Fall können Sie jetzt MiniDLNA anweisen, aus einem Medienverzeichnis nur einen bestimmten Medientyp zu beachten und alle anderen Typen zu ignorieren. Das geht folgendermaßen: Sie hatten vorhin Ihre Filme ja extra in das Verzeichnis */srv/mediensammlung/videos* einsortiert. Ihre Musik befindet sich in */srv/mediensammlung/musik* – und die Fotos, na ja, natürlich in einem entsprechenden Verzeichnis. Anstatt in MiniDLNA jetzt nur einmal das `media_dir`-Verzeichnis für den gesamten Pfad */srv/mediensammlung* zu definieren, fügen Sie die einzelnen Medienverzeichnisse nun getrennt jeweils mit der Ergänzung `A`, für Audiodateien, `V`, für Videodateien und `P`, für Fotos (englisch: *photos*) vor dem Dateipfad ein. Sie geben also Folgendes ein:

```
media_dir=V,/srv/mediensammlung/videos
media_dir=A,/srv/mediensammlung/musik
media_dir=P,/srv/mediensammlung/fotos
```


Achten Sie dabei auf das Komma vor dem Verzeichnispfad und darauf, dass danach (und davor) kein Leerzeichen steht. Den allgemeinen Eintrag `media_dir=/srv/mediensammlung` entfernen Sie. Nun wird MiniDLNA nur noch die Videos aus dem Videoverzeichnis, nur noch die Musik aus dem Musikverzeichnis und nur noch die Fotos aus dem Fotoverzeichnis berücksichtigen und alle anderen Medientypen ignorieren.

Jetzt können Sie noch den sogenannten *Friendly Name* festlegen. Das ist der Name, unter dem Ihr Medienserver von den Abspielgeräten gefunden wird. Suchen Sie nach dem Eintrag

```
# Name that the DLNA server presents to clients.
# Defaults to "hostname: username".
#friendly_name=
```

und vergeben Sie einen Namen, der Ihnen zusagt. Entfernen Sie dafür das Raute-Symbol vor der letzten Zeile dieses Blocks. Beispielsweise könnte der Eintrag lauten:

```
friendly_name=Pi-Server Medienserver
```

Noch einmal zur Erinnerung: Das Raute-Symbol kennzeichnet eine Zeile als Kommentar, der vom jeweiligen Programm nicht bearbeitet wird.

Wenn Sie möchten, dass über die Aktivitäten von MiniDLNA Buch geführt wird (um im Fehlerfalle eine Analyse machen zu können), dann können Sie das Raute-Symbol in der Zeile

```
# Path to the directory that should hold the log file.
#log_dir=/var/log
```

vor dem Eintrag `log_dir=/var/log` entfernen. In der so benannten Datei wird MiniDLNA dann wichtige Informationen eintragen. Dies ist aber wirklich nur zur Fehleranalyse nötig.

Kopieren Sie öfter neue Mediendateien auf den Server und wünschen sich dabei, dass sich die Datenbank des Medienservers automatisch aktualisiert, dann entfernen Sie einfach das Raute-Symbol im Block

```
# Automatic discovery of new files in the media_dir directory.
#inotify=yes
```

vor dem Eintrag `inotify=yes`. Mit dieser empfehlenswerten Option erscheinen Ihre neuen Medien automatisch in der Bibliothek Ihres Medienservers.

Zum Abschluss der Konfiguration speichern Sie die Konfigurationsdatei wieder mit der Tastenkombination [Strg]+[x] ab und starten anschließend MiniDLNA mit dem Befehl:

```
sudo service minidlna restart
```

neu.

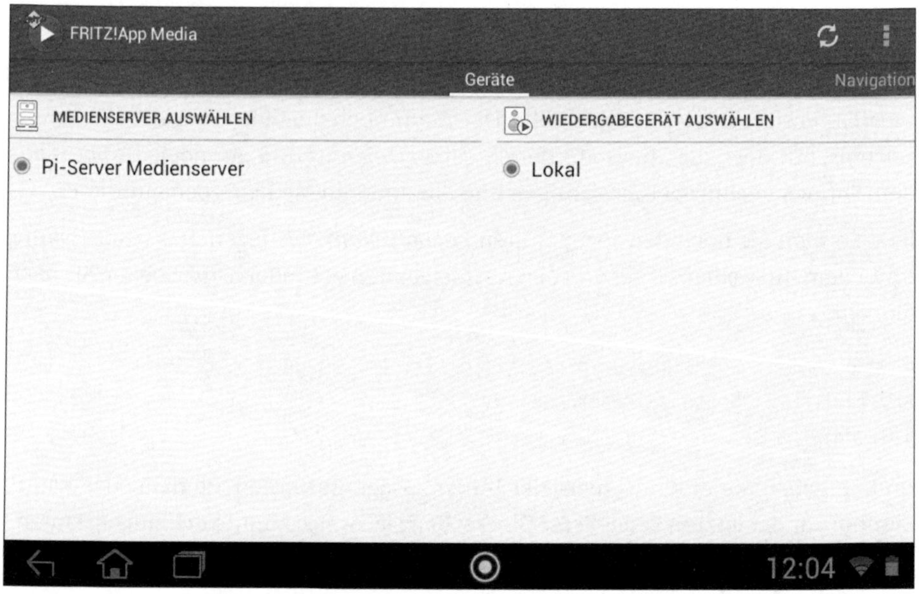

Abbildung 8.9 Jetzt hat der Medienserver einen neuen Namen.

8.6 Läuft nicht? Eine kleine Fehlersuche

In seltenen Fällen ist die Datenbank von MiniDLNA nicht aktuell oder aktualisiert sich nicht richtig. Das kann beispielsweise bei einem plötzlichen Stromausfall oder einem nicht sorgsam ausgehängten externen Datenträger passieren. In diesem Fall können Sie MiniDLNA auffordern, die Datenbank komplett neu zu erstellen. Das erledigt folgender Befehl, dessen Ausführung jedoch nur im (seltenen) Bedarfsfall erforderlich ist:

```
sudo service minidlna force-reload
```

Ganz zum Schluss noch etwas Wichtiges: MiniDLNA tritt auf Ihrem Home Server als Benutzer *minidlna* auf. Achten Sie darauf, dass dieser Benutzer auch Zugriff auf Ihre Mediendateien hat, ansonsten können sie nicht zum Abspielen angeboten werden.

Bei dem Beispielpfad hatten Sie das durch entsprechende Berechtigungen sichergestellt, bitte achten Sie auch bei eigenen Verzeichnissen auf diese Einstellungen. Eine einfache Lösung besteht darin, einfach das Zugriffsrecht für *alle anderen* zumindest auf *Lesen erlaubt* zu setzen und dafür den angepassten Befehl

```
sudo chmod o+r dateiname
```

oder noch besser

```
sudo chmod -R o+r /srv/mediensammlung
```

zu verwenden.

Ganz wichtig ist auch, dass der Benutzer für Verzeichnisse das Ausführrecht `x` bekommt. Ansonsten kann das Verzeichnis nicht betreten und indexiert werden. Überprüfen Sie also, ob dieses Recht für alle Verzeichnisse (nicht jedoch die darin enthaltenen Dateien) gesetzt ist. Möchten Sie für einen ganzen Dateipfad das Ausführrecht für alle Unterverzeichnisse (nicht jedoch die darin enthaltenen Dateien setzen), dann führen Sie folgenden Befehl aus:

```
sudo find /srv/mediensammlung -type d -print0 | ⮐
  sudo xargs -0 chmod o+x
```

Achten Sie dabei darauf, dass zwischen `type` und `d` ein Leerzeichen steht, dieses jedoch nicht im Ausdruck `print0` vorkommt. Wenn Sie viele neue Dateien und Verzeichnisse in Ihre Mediensammlung kopiert haben, dann ist es empfehlenswert, diesen Befehl auszuführen.

Kapitel 9
Dateien per FTP übertragen: ein FTP-Server mit ProFTPD

In diesem Kapitel zeige ich Ihnen einen FTP-Dienst, der dazu verwendet werden kann, Dateien mit dem Server auszutauschen.

Eine immer noch weitverbreitete Methode, auf Dateien eines Servers zuzugreifen, ist die Nutzung des *File Transfer Protocols*, kurz *FTP*. Dieses Protokoll ist bereits recht alt und arbeitet eigentlich rein kommandobasiert, allerdings wird dem Benutzer heutzutage die Eingabe der Kommandos auf der Kommandozeile von grafischen FTP-Programmen abgenommen. Mittels FTP kann man einfach über eine Netzwerkverbindung Dateien von einem Server herunterladen und auf diesen hochladen. FTP kann gegenüber anderen Methoden zur Dateiübertragung durchaus Geschwindigkeitsvorteile bieten, insbesondere auf Systemen mit begrenzter Rechenleistung.

Auf einem Home Server kann FTP beispielsweise dann sinnvoll eingesetzt werden, wenn Sie von einem anderen Rechner aus auf den Datenbestand Ihres Home Servers zugreifen wollen. Exemplarisch genannt sei die Aktualisierung und Ergänzung der Foto- und Musiksammlung. Ein häufiger Einsatzfall ist auch die Änderung eines Websiteprojekts, das Sie auf den Home Server hochladen wollen. Eine FTP-Verbindung kann sowohl für den Datenaustausch innerhalb des heimischen Netzwerkes als auch für Verbindungen über das Internet genutzt werden. Damit eignet sie sich auch, um mit einem (vertrauenswürdigen) Bekannten Daten auszutauschen. Der hier vorgestellte FTP-Server ist ebenso gut geeignet, wenn die Benutzergruppe etwas größer wird und diese Benutzer nur Zugriff auf bestimmte Dateiressourcen haben sollen. Allerdings gibt es zu FTP mittlerweile modernere Alternativen. Für das Ergänzen der Mediensammlung ist häufig eine Samba-Freigabe besser geeignet. Solche Freigaben lassen sich im Heimnetzwerk oftmals komfortabler nutzen. Und für den Datenaustausch über das Internet bietet sich eher eine Cloud-Lösung an. Schauen Sie dazu in Kapitel 13, »Die eigene Cloud mit Nextcloud« – diese bietet modernere und einfach zu nutzende sichere Zugriffsmöglichkeiten.

Allerdings erlauben solche Lösungen nicht den Zugriff auf das gesamte Dateisystem. Hier kann wiederum FTP punkten, denn dieses Protokoll und der in diesem Kapitel vorgestellte Serverdienst machen das problemlos möglich. Aber auch hier möchte ich wieder etwas bremsen, denn für die Nutzung zu administrativen Zwecken (auch über eine

VPN-Verbindung) ist besonders der letzte Abschnitt dieses Kapitels interessant, der sich mit einer SFTP-Verbindung befasst. Hierbei handelt es sich um eine Datenübertragung, die mit FTP verglichen werden kann, die aber über das SSH-Protokoll arbeitet und besonders sicher ist. Sie ist bereits auf Ihrem Home Server aktiv und stellt damit eine sinnvolle Alternative zum klassischen FTP dar. Letztendlich ist FTP auf einem Home Server also meist nicht mehr essentiell, sondern oftmals eine nette Spielerei. Ich möchte Ihnen das Verfahren trotzdem zeigen, damit Sie es bei Gelegenheit (möglichst auf einem Zweitgerät) ausprobieren oder für spezielle Situationen einsetzen können.

Ich werde in diesem Kapitel drei Varianten eines FTP-Servers besprechen. Zum einen ist dies die klassische unverschlüsselte Variante, die Sie aber nur bei sich im internen Netzwerk einsetzen sollten, und zum anderen die »modernere« verschlüsselte Variante, bei der es zwei verschiedene Ansätze gibt: das FTPS- und das eben erwähnte sehr interessante SFTP-Verfahren.

9.1 Installation des FTP-Servers und Konfiguration von unverschlüsselten Verbindungen

Ich zeige Ihnen zunächst die unverschlüsselte Variante, die auch der Startpunkt für die verschlüsselte Version ist.

Als FTP-Server eignet sich das Programm *ProFTPD*, das Sie mit folgendem Befehl installieren:

```
sudo apt install proftpd
```

Vergessen Sie nicht, vorher gegebenenfalls ein Update der Paketquellen zu machen. Die Installation sehen Sie in Abbildung 9.1:

```
hans@piserver: ~
hans@piserver:~ $ sudo apt install proftpd
Paketlisten werden gelesen... Fertig
Abhängigkeitsbaum wird aufgebaut.
Statusinformationen werden eingelesen.... Fertig
Hinweis: »proftpd-basic« wird an Stelle von »proftpd« gewählt.
Die folgenden zusätzlichen Pakete werden installiert:
  libhiredis0.14 libmemcached11 libmemcachedutil2 proftpd-doc
Vorgeschlagene Pakete:
  openbsd-inetd | inet-superserver proftpd-mod-ldap proftpd-mod-mysql
  proftpd-mod-odbc proftpd-mod-pgsql proftpd-mod-sqlite proftpd-mod-geoip
  proftpd-mod-snmp
Die folgenden NEUEN Pakete werden installiert:
  libhiredis0.14 libmemcached11 libmemcachedutil2 proftpd-basic proftpd-doc
0 aktualisiert, 5 neu installiert, 0 zu entfernen und 0 nicht aktualisiert.
Es müssen 4.365 kB an Archiven heruntergeladen werden.
Nach dieser Operation werden 9.044 kB Plattenplatz zusätzlich benutzt.
Möchten Sie fortfahren? [J/n]
```

Abbildung 9.1 Die Installation von »ProFTPD«

Nach der Installation wird der ProFTPD-Service automatisch gestartet.

Prinzipiell ist der FTP-Server schon jetzt ohne weitere Konfigurationsarbeiten betriebsbereit. An dieser Stelle haben Sie bereits einen FTP-Server, der für alle offiziellen Home Server-Benutzer das gesamte (!) Dateisystem anbietet.

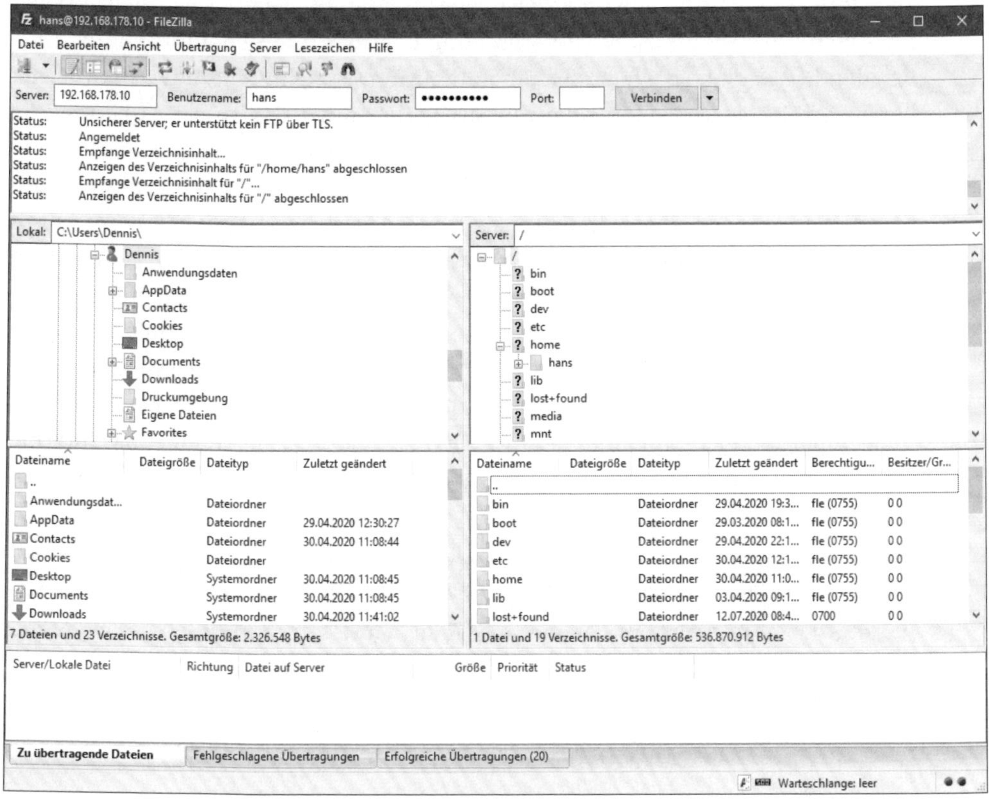

Abbildung 9.2 Die erste Verbindung zeigt alle Verzeichnisse.

Sie können mit einem beliebigen FTP-Programm auf diesen Server zugreifen. Dazu müssen Sie die IP-Adresse Ihres Home Servers angeben und für die Verbindung den Port 21 verwenden. Bei der Verbindung müssen Sie sich gegenüber dem FTP-Server authentifizieren, das machen Sie mit den Daten Ihres Benutzerkontos auf dem Home Server, also dem Benutzernamen und dem zugehörigen Passwort – somit wird unbefugter Zugriff erschwert. Sie können sich jetzt im gesamten Dateisystem bewegen und – ganz wichtig – entsprechend den Zugriffsrechten des Benutzers nach Belieben Änderungen vornehmen. Das bedeutet also, dass Sie als normaler Systembenutzer beispielsweise keine Änderungen im */etc*-Verzeichnis durchführen können, da Sie hierfür keinen Schreibzugriff auf die Objekte in diesem Verzeichnis haben. Merke: Auf Daten, auf die Sie über die Kommandozeile ohne ein vorgestelltes `sudo` keinen Zugriff bekommen, erhalten Sie diesen auch nicht über die FTP-Verbindung. Allerdings gibt es bei FTP-Verbindungen kein `sudo` -Kommando. Sie können sich also nicht Zugriff auf geschützte Dateien verschaffen.

Aber Obacht: Es handelt sich um eine komplett unverschlüsselte Verbindung. Jeder, der diese Verbindung belauschen kann, bekommt alle übertragenen Daten, also auch Ihren Benutzernamen und Ihr Passwort frei Haus geliefert. Sie sollten also niemals eine unverschlüsselte FTP-Verbindung über das Internet aufbauen und folglich den FTP-Server, so wie er derzeit konfiguriert ist, keinesfalls aus dem Internet heraus erreichbar machen. Bedenken Sie bei der unverschlüsselten Übertragung ebenfalls die Sicherheit des Datentransfers in Ihrem heimischen Netzwerk. Je nachdem, welche Kenntnisse man mitbringt, ist es ein leichtes, den Datentransfer abzuhören. Wenn ein Familienmitglied sich also als Hacker übt, dann bekommt es mit einem leicht verfügbaren (für administrative Zwecke gedachten) Sniffer-Programm gegebenenfalls sehr einfach Zugriff auf die übertragenen Daten und damit auch auf das Benutzerpasswort. Sie müssen selbst entscheiden, ob das in Ordnung ist und Sie allen vertrauen oder ob weitere Sicherheitsvorkehrungen notwendig werden, damit der Login zum Server (und damit der Zugang zu den dort gespeicherten Daten) sicher bleibt. Sollte es unbedingt erforderlich sein, den FTP-Server über das Internet erreichbar zu machen, dann sollten Sie sich die Verschlüsselung unbedingt einmal ansehen.

[»]

Berücksichtigen Sie auch den physischen Zugriff auf den Server

Beim Thema Sicherheit des Datenbestandes sollten Sie aber auch stets eines berücksichtigen: Jeder mit physischem Zugriff zum Home Server kann einfach dessen Speicherkarte oder Festplatte ausbauen und diese beispielsweise an einem Linux-PC nach Lust und Laune auslesen und verändern.

9.2 Konfiguration für verschlüsselte Verbindungen

Ich zeige Ihnen jetzt die Aktivierung der *TLS-Verschlüsselung*, so dass Sie einen *FTPS*-Server bekommen, der die komplette Verbindung über TLS verschlüsselt. TLS ermöglicht abhörsichere Verbindungen. Sie kennen dieses Verfahren mit Sicherheit schon von HTTPS-Verbindungen im Internet. Für die Einrichtung von verschlüsselten Verbindungen nach dem FTPS-Standard müssen Sie die Konfigurationsdatei von ProFTPD öffnen und bearbeiten. Die Konfigurationsdatei befindet sich in */etc/proftpd/proftpd.conf*. Öffnen Sie sie mit dem Texteditor `nano`:

```
sudo nano /etc/proftpd/proftpd.conf
```

Die Konfigurationsdatei von ProFTPD ist bereits im Auslieferungszustand recht umfangreich. Sie müssen für die Aktivierung der Verschlüsselung nur einen einzigen

Eintrag ändern, aber natürlich können (und sollten) Sie vorher wie üblich ein Backup der Konfigurationsdatei machen. Hierbei hilft Ihnen auch der Schalter `-B`, den Sie direkt auf der Kommandozeile übergeben können. Wenn er aktiviert ist, dann wird automatisch eine Sicherungskopie erstellt, sobald Sie die geladene Datei verändern und abspeichern. Rufen Sie also `nano` mit dem Schalter `-B` und der Konfigurationsdatei von ProFTPD auf:

```
sudo nano -B /etc/proftpd/proftpd.conf
```

Jetzt geht es an die Änderung. Nutzen Sie an dieser Stelle doch einmal die Suchfunktion von `nano`. Drücken Sie die Tastenkombination [Strg]+[w]. Diesen Shortcut sehen Sie auch am unteren Bildschirmrand in der Liste der Shortcuts. Das »w« erinnert an »wo«, und genau dafür steht der Shortcut, mit ihm kann man suchen. Am unteren Bildschirmrand wird ein Suchfeld erscheinen. Tippen Sie dort `Include /etc/proftpd/tls.conf` ein, und drücken Sie die [↵]-Taste. `nano` wird diesen Eintrag suchen und anschließend auf dem Bildschirm anzeigen.

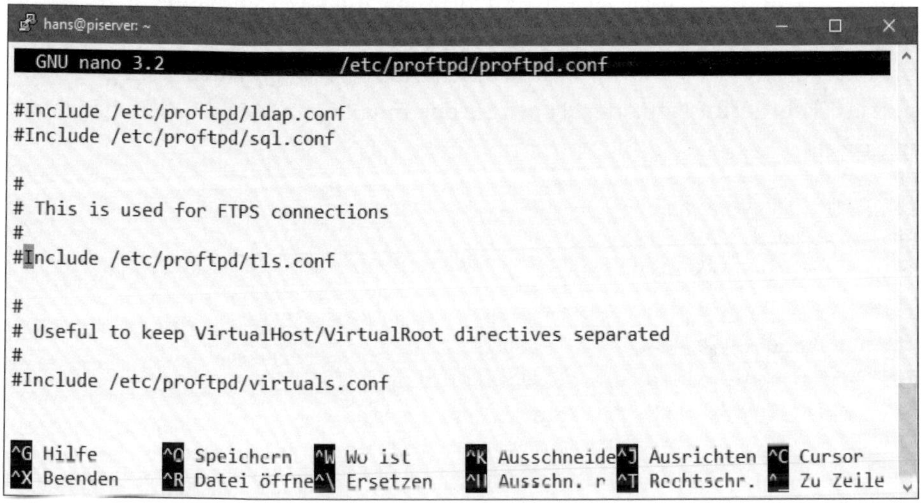

Abbildung 9.3 Konfiguration der Datei »/etc/proftpd/proftpd.conf«

Der Eintrag befindet sich in diesem Block:

```
# This is used for FTPS connections
#
#Include /etc/proftpd/tls.conf
```

Entfernen Sie vor dem gefundenen Eintrag (also der letzten Zeile in diesem Block) das vorangehende Raute-Symbol. Das war es schon, mit dieser Datei sind Sie fertig. Drücken Sie zum Speichern die Tastenkombination [Strg]+[x], bestätigen Sie mit [j], und verlassen Sie damit `nano`.

Jetzt kommt der deutlich aufwendigere Teil: Sie müssen die Verschlüsselungseinstellungen konfigurieren. Diese Einstellungen nehmen Sie in der Datei */etc/proftpd/tls.conf* vor. Zunächst legen Sie unbedingt ein Backup dieser Datei an:

```
sudo cp /etc/proftpd/tls.conf /etc/proftpd/tls.conf.orig
```

Nun öffnen Sie die Datei zur Bearbeitung mit `nano`:

```
sudo nano /etc/proftpd/tls.conf
```

Wenn Sie sich diese Datei ansehen, dann werden Sie feststellen, dass sie ziemlich umfangreich ist. Leider müssen Sie auch einen beachtlichen Teil davon verändern. Es wäre wenig produktiv, wenn ich Sie jetzt ständig mit »suchen Sie den Block mit ... und ändern Sie ihn in ...« quäle. Wesentlich einfacher ist es, wenn Sie den gesamten bisherigen Inhalt dieser Datei löschen und dann direkt die benötigten Parameter von Hand eingeben. Löschen Sie also nun den ganzen Dateiinhalt, indem Sie so oft die Tastenkombination [Strg]+[k] betätigen, bis die Datei leer ist. Dafür muss sich der Textcursor zunächst ganz oben in der linken Ecke befinden. Wenn das erledigt ist, dann tippen Sie den folgenden Text in den Editor ein, oder nutzen Sie die Internetadresse *https://www.rheinwerk-verlag.de/5192/*, um den Konfigurationstext als Datei herunterzuladen. Fügen Sie den Inhalt dann über die Zwischenablage in `nano` ein.

```
<IfModule mod_tls.c>
TLSEngine on
TLSLog /var/log/proftpd/tls.log
TLSProtocol TLSv1.3
TLSOptions NoCertRequest
TLSRSACertificateFile /etc/proftpd/ssl/proftpd.crt
TLSRSACertificateKeyFile /etc/proftpd/ssl/proftpd.key
TLSVerifyClient off
TLSRequired on
</IfModule>
```

Listing 9.1 Sichere Konfiguration des FTP-Servers

In Zeile 2 legen Sie fest, dass Sie von jetzt an TLS-verschlüsselte Verbindungen zulassen wollen. Zeile 3 definiert dafür eine Logdatei. Mit dem `TLSProtocol`-Eintrag bestimmen Sie, welche TLS-Version Sie benutzen möchten. Version 1.3 ist die derzeit aktuellste Fassung des TLS-Protokolls. Zeile 5 definiert, dass Sie nur mit einem einzelnen Zertifikat arbeiten und nicht noch eine Bestätigung einer Certificate Authority wünschen – diese Vorgehensweise genügt für die Nutzung im Heimnetzwerk.

Danach legen die Zeilen 6 und 7 fest, wo sich der private und der öffentliche Schlüssel für die Verschlüsselung befinden; ich komme gleich noch einmal auf diese Dateien zurück. Danach wird festgelegt, dass sich die Clients nicht auch noch über ein Zertifikat authentifizieren müssen (es genügen Benutzername und Passwort), und die letzte Zeile besagt, dass Sie keine unverschlüsselten Verbindungen mehr zulassen wollen.

Speichern Sie diese Datei nun ab, und beenden Sie `nano`, indem Sie `Strg`+`x` drücken und mit `j` bestätigen.

Wie eben beschrieben, brauchen Sie jetzt die Dateien, die den öffentlichen Schlüssel (als Teil des Zertifikats) und den zugehörigen privaten Schlüssel enthalten. Wie Sie vielleicht schon wissen, werden diese Daten für eine asymmetrische Verschlüsselung mit dem TLS-Verfahren unbedingt benötigt. Ich werde Sie später (bei der Einrichtung von VPN-Verbindungen in Abschnitt 15.4) noch einmal ausführlicher mit dieser Thematik vertraut machen. Jetzt werden Sie erst einmal die benötigten Dateien mit *OpenSSL* erstellen. Dazu müssen Sie zunächst klären, ob OpenSSL bereits auf Ihrem Home Server installiert ist. Rufen Sie einfach die Installation auf, und schauen Sie, was ausgegeben wird:

```
sudo apt install openssl
```

Achten Sie wie immer auf aktuelle Paketquellen. Wenn OpenSSL noch nicht installiert ist, dann holen Sie das jetzt direkt nach. Wenn es schon installiert und aktuell ist, erhalten Sie die informierende Meldung `openssl ist schon die neueste Version`. Sie brauchen dann nichts weiter zu tun. Im anderen Fall wird OpenSSL installiert.

Sie müssen jetzt das Verzeichnis erstellen, das die beiden Schlüssel aufnehmen wird:

```
sudo mkdir /etc/proftpd/ssl
```

Achten Sie darauf, dass sich der Verzeichnisname mit den soeben vorgenommenen Einstellungen in der Datei */etc/proftpd/tls.conf* deckt. Nun werden Sie die Schlüssel erstellen. Dazu dient der folgende, recht lange Befehl:

```
sudo openssl req -new -x509 -sha256 -days 3650 -newkey rsa:4096 ⮐
  -nodes -out /etc/proftpd/ssl/proftpd.crt ⮐
  -keyout /etc/proftpd/ssl/proftpd.key
```

Dieser Befehl erstellt ein Zertifikat nach dem Standard x509, das für zehn Jahre gültig bleibt. Der Schlüsselaustausch erfolgt mit dem RSA-Verfahren, die Schlüssellänge soll 4.096 Bit betragen, und das Zertifikat wird mit einer modernen SHA-256-Signatur versehen. Diese Kombination verspricht derzeit eine besonders hohe und in jedem Fall angemessene Sicherheit.

```
hans@piserver:~ $ sudo openssl req -new -x509 -sha256 -days 3650 -newkey rsa:4096 -node
s -out /etc/proftpd/ssl/proftpd.crt -keyout /etc/proftpd/ssl/proftpd.key
Generating a RSA private key
.................................++++
..............................................++++
writing new private key to '/etc/proftpd/ssl/proftpd.key'
-----
You are about to be asked to enter information that will be incorporated
into your certificate request.
What you are about to enter is what is called a Distinguished Name or a DN.
There are quite a few fields but you can leave some blank
For some fields there will be a default value,
If you enter '.', the field will be left blank.
-----
Country Name (2 letter code) [AU]:DE
State or Province Name (full name) [Some-State]:Niedersachsen
Locality Name (eg, city) []:Hannover
Organization Name (eg, company) [Internet Widgits Pty Ltd]:private use
Organizational Unit Name (eg, section) []:FTP-Server
Common Name (e.g. server FQDN or YOUR name) []:piserver
Email Address []:hans@example.com
hans@piserver:~ $
```

Abbildung 9.4 Die Erstellung eines SSL-Zertifikats

Vor der Erstellung der Zertifikate werden einige Angaben abgefragt. Füllen Sie alle Felder aus, und geben Sie dabei »echte« und richtige Werte oder zumindest eindeutig wiedererkennbare Werte an, denn dies dient Ihrer eigenen Sicherheit. Folgende Angaben werden benötigt:

- `Country Name (2 letter code) [AU]`: Hier geben Sie Ihr Länderkürzel mit einer Länge von zwei Buchstaben ein, also `DE` für Deutschland, `CH` für die Schweiz, `AT` für Österreich und so weiter.
- `State or Province Name (full name) [Some-State]`: In dieses Feld geben Sie Ihr Bundesland beziehungsweise Ihren Kanton ein.
- `Locality Name (eg, city) []`: Hier geben Sie den Namen Ihrer Stadt ein, beispielsweise »Hamburg«.
- `Organization Name (eg, company) [Internet Widgits Pty Ltd]`: Hier wird eigentlich ein Firmenname eingetragen. Da Sie privat auftreten, können Sie hier etwas Fantasievolles angeben oder auch einfach die Kennung »privat« verwenden.
- `Organizational Unit Name (eg, section) []`: Dieses Feld nimmt einen (für unsere Zwecke ebenfalls fiktiven) Abteilungsnamen auf. Sie können hier den Ausdruck »FTP-Server« verwenden.

- `Common Name (eg, YOUR name) []`: In dieses Feld tragen Sie eine eindeutige Adresse für den Server ein. Das kann Ihre Webadresse sein, wenn Sie eine vorzuweisen haben. Alternativ können Sie den Hostname Ihres Servers eintragen.
- `Email Address []`: Hier tragen Sie Ihre E-Mail-Adresse ein.

Beachten Sie, dass alle Informationen denjenigen angezeigt werden, die sich zu Ihrem Server verbinden. Die eingegebenen Informationen dienen der Identitätsprüfung. Wenn Sie Angst haben, dass jemand Ihre E-Mail Adresse für Werbezwecke missbraucht, dann sollten Sie dort ein Zweitkonto eintragen. Wenn Sie nicht mit Ihrem richtigen Namen auftreten möchten, weil dies möglicherweise Angreifer anlocken könnte, dann können Sie auch ein Pseudonym verwenden. Dies ist allerdings nur akzeptabel, weil Sie sich Ihr eigenes Zertifikat generieren und es selbst unterzeichnen. Normalerweise werden für »offizielle« Zertifikate stets richtige Daten verwendet.

Sie sollten nun den privaten Schlüssel, der außer Ihnen wirklich niemandem in die Hände fallen darf, vor unberechtigtem Zugriff schützen. Das machen Sie mit folgendem Befehl:

```
sudo chmod 0400 /etc/proftpd/ssl/proftpd.key
```

Von jetzt an kann nur noch der jeweilige Besitzer lesend auf den Schlüssel zugreifen. Das ist in diesem Fall der *root*-Benutzer (wobei dieser Benutzer trotz eingeschränkter Rechte als »Superadministrator« die Datei durchaus auch verändern könnte). An dieser Stelle ist die Konfiguration beendet, und Sie müssen abschließend ProFTPD noch einmal neu starten:

```
sudo service proftpd restart
```

Falls Sie eine Fehlermeldung bekommen, dann überprüfen Sie noch einmal alle Eingaben auf Richtigkeit.

Von nun an ist die Verschlüsselung aktiv. Wenn Sie sich jetzt mit Ihrem FTP-Client zu Ihrem Server verbinden, dann wird Ihnen Ihr Zertifikat präsentiert werden, das Sie annehmen müssen. Ab jetzt sind alle Verbindungen sicher verschlüsselt, und niemand kann Ihr Passwort ausspionieren. (Es sei denn, es gibt in einem Programm eine gravierende Sicherheitslücke, die jemand Versiertes ausnutzt!)

Der besonders interessierte Nutzer kann jetzt noch eine Option zur Erhöhung der Sicherheit nutzen. Sie können nämlich zu Ihrem Serverzertifikat einen Fingerabdruck erstellen lassen. Dieser Fingerabdruck ist einzigartig und passt nur zu Ihrem persönlichen FTP-Server beziehungsweise dessen Zertifikat. Sie können diesen Fingerabdruck Ihrem Kommunikationspartner auf einem sicheren Wege mitteilen.

Wenn Ihre Stimme und gewisse Charakteristika Ihrem Kommunikationspartner bekannt sind, genügt dafür in der Regel ein Telefongespräch. Wenn sich nun jemand mit Ihrem Server verbinden möchte, dann wird ihm (von jedem besseren FTP-Programm) der Fingerabdruck des Zertifikats wie in Abbildung 9.5 angezeigt.

Abbildung 9.5 Ein FTP-Client zeigt ein für ihn unbekanntes Zertifikat. Der angezeigte Fingerabdruck kann für den Identitätsvergleich verwendet werden.

Diesen kann er mit dem Wert vergleichen, den er von Ihnen erhalten hat. Stimmen die Werte überein, dann kann er sich ziemlich sicher sein, wirklich mit Ihrem Server verbunden zu sein. Dies ist von Vorteil, wenn sensible Daten übertragen werden müssen. Um den Fingerabdruck zu generieren und anzuzeigen, geben Sie folgenden Befehl ein:

```
sudo openssl x509 -fingerprint -sha1 ⮐
  -in /etc/proftpd/ssl/proftpd.crt | head -n 1
```

Die Ausgabe sollte so ähnlich wie in Abbildung 9.6 aussehen.

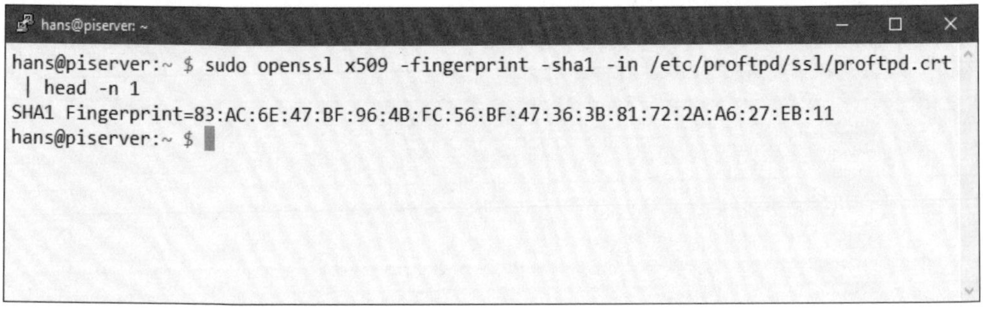

Abbildung 9.6 Der Fingerprint Ihres Zertifikats

9.3 Die Benutzerrechte einschränken

9.3.1 Den Zugriff nur auf das jeweilige Home-Verzeichnis erlauben

Vielleicht stört es Sie, dass die Benutzer über eine FTP-Verbindung derzeit Zugriff auf das gesamte Dateisystem erhalten – wenn auch nur mit ihren jeweiligen Benutzerrechten. Sie können die Konfiguration von ProFTPD aber so ändern, dass sich die Benutzer nur in ihren jeweiligen Home-Verzeichnissen bewegen können und nur dort Dateien einsehen, erstellen und ändern dürfen. Alle anderen Verzeichnisse bleiben ihnen verborgen.

Wenn Sie dies erreichen möchten, dann öffnen Sie noch einmal die allgemeine Konfigurationsdatei von ProFTPD:

```
sudo nano /etc/proftpd/proftpd.conf
```

Suchen Sie mit der Tastenkombination Strg+W nach dem Ausdruck

```
# DefaultRoot
```

und entfernen Sie das vorgestellte #-Zeichen (und das Leerzeichen vor dem D).

Wenn Sie die Datei jetzt mit der Tastenkombination Strg+X abspeichern und damit nano beenden und anschließend den FTP-Server mit dem Befehl

```
sudo service proftpd restart
```

neu starten, dann können sich die Nutzer nur noch in ihren eigenen Home-Verzeichnissen bewegen.

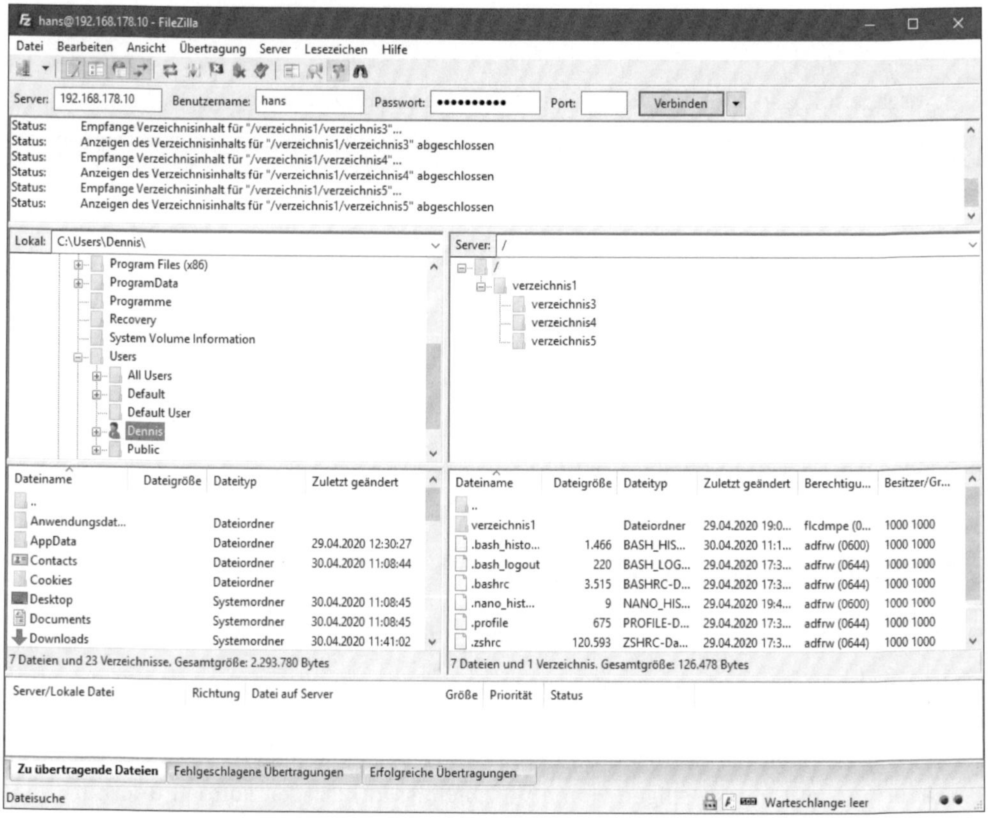

Abbildung 9.7 Einschränkung auf das Home-Verzeichnis

9.3.2 Einen Gastzugang einrichten

Manchmal wünscht man sich für seinen FTP-Server einen Gast-Account. Beispielsweise könnte ein Freund oder Bekannter einmal bei Ihnen zu Besuch sein und Ihnen einige Dateien kopieren wollen. Normalerweise sollten Sie jetzt beispielsweise zu einem USB-Stick greifen und die jeweiligen Dateien auf dieses Speichermedium kopieren. Sie können dann den USB-Stick an Ihren jeweiligen Rechner anschließen, den Inhalt sichten und gegebenenfalls auf den Server kopieren. Wenn der Bekannte jedoch nicht bei Ihnen zu Hause ist, dann ist dieser Weg schwierig. Das Gleiche gilt, wenn Ihnen auch zu Hause gerade kein USB-Stick zur Verfügung steht. Sie könnten jetzt darüber nachdenken, einen anonymen Zugang zu Ihrem FTP-Server einzurichten. Von dieser Methode möchte ich aber abraten, denn sie bietet kaum Möglichkeiten zur Authentifizierung und ist damit recht unsicher. Besser ist es, einen Gastnutzer anzulegen. Sie könnten dazu zunächst ein Gast-Benutzerkonto auf Ihrem Home Server erstellen, damit Gäste über ein eigenes Passwort Zugriff auf den FTP-Server bekommen. Das ist jedoch ein wenig gefährlich, denn damit ermöglichen Sie den Gästen schließlich auch das direkte Einloggen auf Ihrem Home Server.

Es gibt die (bessere) Möglichkeit, einen Systembenutzer zu erstellen, der sich nicht am System anmelden kann. Sie kennen beispielsweise vielleicht schon den Benutzer *www-data*, der etwas mit dem Webserver zu tun hat und zwar auf dem System vorhanden ist, sich aber nicht anmelden kann. Das liegt unter anderem daran, dass diesem Benutzer gar kein Passwort zugewiesen wurde. Sie können allerdings auch einen Benutzer anlegen, der eine bestimmte Form des Befehlsinterpreters bekommt, die ein Anmelden nicht möglich macht. Dieser Benutzer hat dann zwar ein gültiges Passwort, er kann jedoch keine Konsolensitzung zu Ihrem Home Server aufbauen. Auch ein direktes Einloggen über eine angeschlossene Tastatur ist nicht möglich. Ich zeige Ihnen nun einmal, wie so etwas geht, möchte Sie aber gleich etwas bremsen. Bitte lesen Sie den Abschnitt erst zu Ende, denn ich werde noch eine Alternative vorstellen, die für Sie vielleicht noch besser geeignet ist. Gehen wir daher die Befehle zunächst theoretisch durch. Mit folgendem Befehl würden Sie einen Benutzer mit dem Benutzernamen *gastftp* anlegen, der sich nicht an Ihrem Server anmelden kann:

```
sudo adduser gastftp --shell /bin/false
```

Selbstverständlich könnten Sie ihm auch einen anderen Namen geben. Wenn Sie diesen Befehl ausführen, dann werden Sie ganz normal zur Vergabe eines Passworts aufgefordert. Sie können ebenfalls optionale Informationen wie eine Zimmernummer angeben. Der Benutzer bekommt auch ein Home-Verzeichnis unter dem Pfad */home/gastftp* zugewiesen. Wenn Sie allerdings mit seinen Kontodaten eine SSH-Verbindung zu Ihrem Home Server aufbauen wollen, dann werden Sie keinen Erfolg haben.

Sie können nun diese Daten Ihrem Bekannten geben. Er kann sich damit direkt am FTP-Server anmelden und auf die Dateien zugreifen. Es empfiehlt sich hierbei dringend, wie oben beschrieben die Zeile

```
DefaultRoot ~
```

mit in die Konfiguration von ProFTPD aufzunehmen, damit der Benutzer nur auf sein eigenes Home-Verzeichnis Zugriff hat.

Sie müssen außerdem die Zeile

```
RequireValidShell off
```

mit in die Konfigurationsdatei von ProFTPD schreiben, ansonsten wird der Zugriff nicht möglich sein. Suchen Sie am besten nach diesem Ausdruck, und entfernen Sie wie immer das vorangehende #-Zeichen. Um die Konfiguration zu aktivieren, müssen Sie ProFTPD wie zuvor gezeigt einmal neu starten.

Die Verzeichnisrechte werden zunächst so angelegt, dass jeder Benutzer die Dateien im Home-Verzeichnis von *gastftp* lesen kann. Zum Löschen und Bearbeiten sind jedoch *root*-Rechte erforderlich.

Diese Methode hat jedoch einen kleinen Nachteil. Zwar kann sich der Nutzer *gastftp* nicht direkt am System anmelden, aber er könnte sich mit seinen Daten bestimmten Diensten gegenüber authentifizieren. Denken Sie beispielsweise an Dienste, die eine Anmeldung mit den Benutzerdaten eines System-Accounts akzeptieren. Es könnte also sein, dass ein Benutzer hier Unfug treibt. Sie sollten das Benutzerpasswort daher nur an vertrauenswürdige Personen weitergeben.

Daher zeige ich Ihnen jetzt eine Alternative mit höherer Sicherheit, die für das angedachte Szenario besser geeignet ist. Sie können einen Systembenutzer – wie vorhin etwas versteckt erwähnt – auch so anlegen, dass er gar kein Passwort erhält. Er kann sich also dem System gegenüber überhaupt nicht authentifizieren und sich auch nicht ProFTPD gegenüber ausweisen. Allerdings bietet ProFTPD die Option, für solche Benutzer ein eigenes Passwort zu vergeben, das nur für den FTP-Server gültig ist und nur dort zur Anmeldung verwendet werden kann. Dieses »FTP-Passwort« kann unabhängig davon vergeben werden, ob es für einen Benutzer ein Systempasswort gibt oder nicht. Damit ist diese Methode für Gastnutzer ideal.

Um einen Benutzer zu erstellen, der erst gar kein Passwort erhält (und sich damit überhaupt nicht authentifizieren kann), geben Sie folgenden Befehl ein:

```
sudo adduser ftpgast --disabled-login --shell /bin/false
```

Diesmal werden Sie nicht zur Vergabe eines Passworts aufgefordert. Sie können jedoch erneut die optionalen Informationen wie die Zimmernummer eingeben. An dieser Stelle müssen Sie etwas aufpassen, denn Sie müssen sich zwei wichtige Werte notieren, die Sie gleich für die Konfiguration von ProFTPD benötigen werden. Bitte schauen Sie sich die Ausgabe des `adduser`-Befehls genau an, die folgende Form aufweisen wird:

```
Lege Benutzer "ftpgast" an ...
Lege neue Gruppe "ftpgast" (1003) an ...
Lege neuen Benutzer "ftpgast" (1003) mit Gruppe "ftpgast" an ...
```

Betrachten Sie zuerst Zeile zwei, die über die neu angelegte Gruppe informiert. Notieren Sie sich das Stichwort »Gruppe« und die Zahl in Klammern, hier im Beispiel wäre das also die `1003`. Der Wert ist die ID der Benutzergruppe *ftpgast*, abgekürzt *gid* (von *Group ID*). Als Zweites notieren Sie sich das Stichwort »Benutzer« und die Zahl in Klammern in der dritten Zeile, die über einen neu angelegten Benutzer informiert. Im Beispiel ist dies erneut die `1003`, die Werte müssen jedoch nicht immer übereinstimmen. Dies ist die Benutzer-ID des Benutzers *ftpgast*, die sogenannte *uid* (für *User ID*).

Sie werden dieses Benutzerkonto jetzt zu ProFTPD hinzufügen und dort ein Passwort vergeben. Wechseln Sie zunächst in das Konfigurationsverzeichnis von ProFTPD:

```
cd /etc/proftpd
```

Nun bereiten Sie folgenden Befehl zur Ausführung vor, führen ihn aber noch nicht aus (Sie müssen ihn vor der Ausführung nämlich noch anpassen):

```
sudo ftpasswd --passwd --name ftpgast --uid 1003 --gid 1003 ⮐
  --home /home/ftpgast --shell /bin/false
```

Dieser Befehl startet das Programm `ftpasswd`. Dieses wird einen ProFTPD-Account mit dem Benutzernamen *ftpgast* anlegen. Dieser Name kann zwar theoretisch vom Namen des eben erstellten Systembenutzers abweichen, der Einfachheit halber sollten jedoch beide Namen übereinstimmen. Nun müssen Sie aktiv werden und die eben notierten Parameter `--uid` und `--gid` eintragen. Ersterer spezifiziert die ID des Benutzers, der zweite die ID der Benutzergruppe. Die Parameter sorgen dafür, dass der zu erstellende Benutzer unter dieser User-ID und dieser Gruppen-ID auf der Ebene des Dateisystems auftritt und seine Dateien als Benutzer *ftpgast* erstellt. Mit dem Parameter `--home` spezifizieren Sie das Verzeichnis, in dem sich der Gastbenutzer bewegen darf. Hierfür nutzen Sie das Verzeichnis */home/ftpgast*. Sie können alternativ auch auf ein anderes von Ihnen bereits angelegtes Verzeichnis verweisen (etwa */srv/ftp/gast*), das Sie (für sich selbst) zum Beispiel über eine Samba-Freigabe über das Heimnetzwerk zugänglich machen. So können Sie auf die Dateien, die der Gast erstellt hat, direkt ohne Umweg über FTP zugreifen. Beachten Sie aber, dass der Benutzer *ftpgast* in diesem Verzeichnis Schreibrechte haben muss. Alternativ können Sie selbst auch mit dem Gastkonto über FTP auf die Daten zugreifen und sie etwa auf Ihren Desktop-PC kopieren.

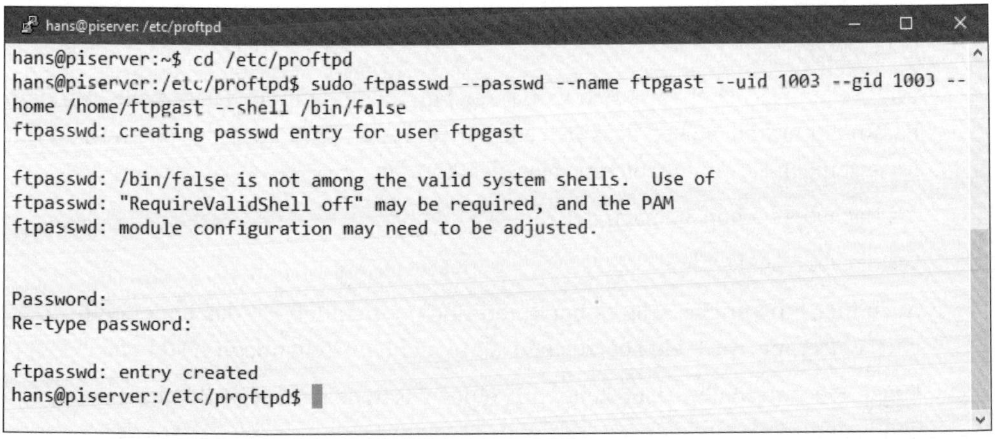

Abbildung 9.8 Einen Gastzugang für »ProFTPD« anlegen

Die Angabe `--shell /bin/false` unterstreicht das Vorhaben, dass sich der Gast nicht anmelden können darf.

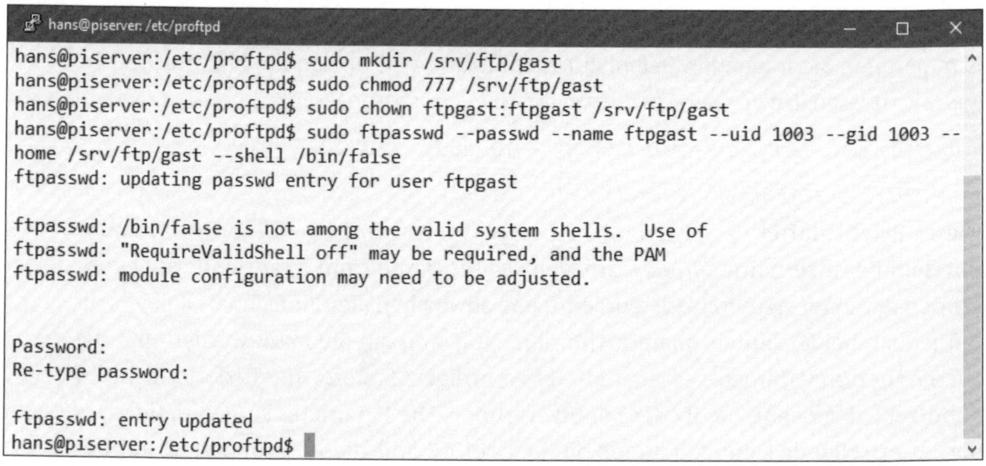

Abbildung 9.9 Das Verzeichnis des Gastbenutzers ändern

Nach Eingabe des Befehls werden Sie aufgefordert, ein Passwort zu vergeben. Sie sollten wie üblich ein sicheres Passwort verwenden. An dieser Stelle nochmals zur Erinnerung: Dieses Passwort gilt nur für die FTP-Verbindung und kann nicht zum Einloggen an den Home Server verwendet werden.

Um ProFTPD den neuen Benutzer auch bekannt zu machen, öffnen Sie noch einmal seine Konfigurationsdatei mit folgendem Befehl:

```
sudo nano /etc/proftpd/proftpd.conf
```

Suchen Sie dort zunächst nach dem Ausdruck

```
DefaultRoot ~
```

und stellen Sie sicher, dass sich kein #-Zeichen davor befindet. Diese Zeile (mit dem Parameter ~) stellt sicher, dass sich alle Nutzer (und damit auch der Gastnutzer) nur im jeweiligen Home-Verzeichnis bewegen können.

Als Nächstes suchen Sie nach der Zeile

```
RequireValidShell off
```

Auch hier müssen Sie, falls es bei Ihnen noch vorhanden ist, das einleitende #-Zeichen entfernen. Auch ein Leerzeichen sollte nicht am Zeilenbeginn stehen.

Fügen Sie unterhalb dieser Zeile, mit einer zusätzlichen Leerzeile abgetrennt, folgende neue Zeile ein:

```
AuthUserFile /etc/proftpd/ftpd.passwd
```

Damit teilen Sie dem FTP-Server mit, dass er (auch) diese Datei zum Abgleich der Benutzerpasswörter verwenden soll. Abschließend beenden Sie den Editor und speichern die Konfigurationsdatei mit der Tastenkombination [Strg]+[x] ab. Sie müssen dann noch einmal den FTP-Server neu starten:

```
sudo service proftpd restart
```

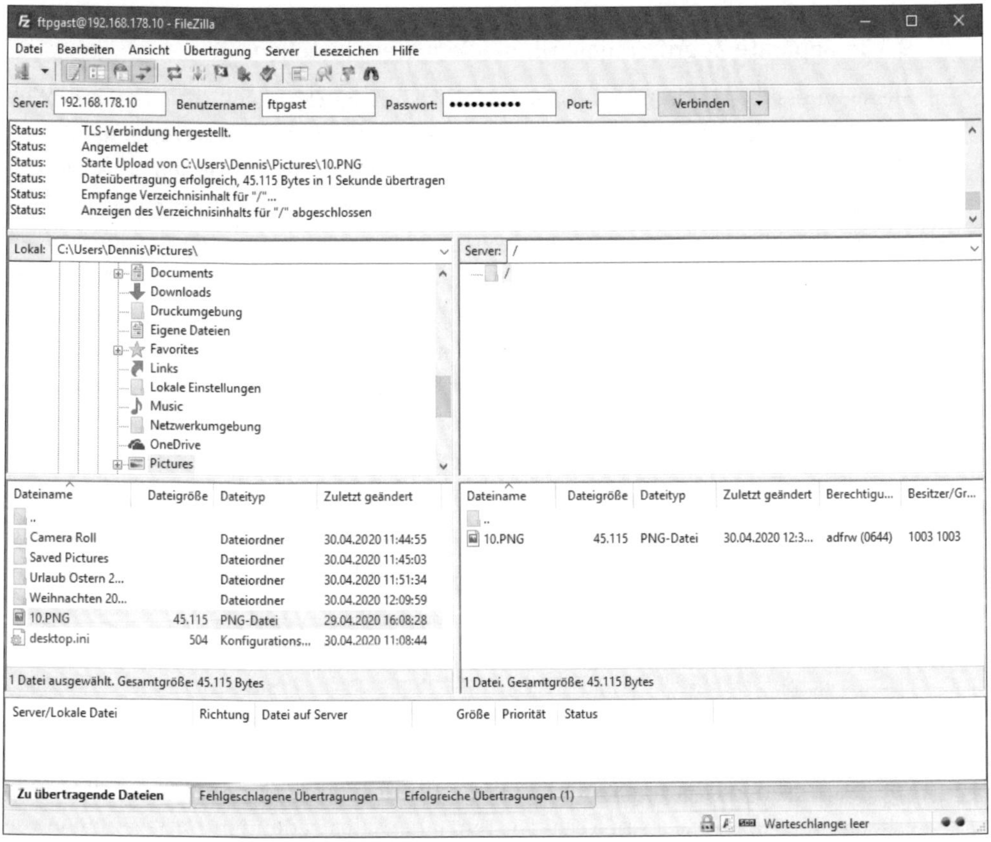

Abbildung 9.10 Nun können auch Gäste Dateien austauschen.

Nun kann der Gast-Account auf Ihrem Server benutzt werden. Hierfür verwenden Sie den Benutzernamen, den Sie beim Befehl `ftpasswd` spezifiziert haben, im Beispiel also *ftpgast* sowie das Passwort, das Sie mit demselben Befehl eingegeben haben. Beachten Sie, dass der Gastnutzer hiermit gewisse Schreibrechte auf das Speichermedium des Servers bekommt. In boshafter Absicht könnte er dieses also komplett mit Daten füllen. Auch der umgekehrte Weg ist möglich: Sie können (entweder über das Gastkonto oder mit geeigneten Schreibrechten) im Verzeichnis des Gastnutzers Dateien erstellen, die sich der Gast anschließend herunterladen kann. Der Austausch funktioniert also in beide Richtungen.

Natürlich ist es wie immer nicht auszuschließen, dass es an bestimmter Stelle Sicherheitslücken geben kann, die sich ausnutzen lassen. Sie sollten von der Möglichkeit des Gast-Accounts daher nur aus triftigen Gründen Gebrauch machen und die Zugangsdaten trotz allem nur vertrauenswürdigen Personen geben. Dieser Account ist keinesfalls dazu geeignet, über das Internet Dateien mit wildfremden Personen zu teilen.

9.3.3 Separate Zugriffsregeln für die Benutzer einstellen

Sie sagen, es gibt jetzt immer noch einen Punkt, mit dem Sie nicht zufrieden sind? Vielleicht stören Sie sich ein wenig an der Tatsache, dass mit der Direktive `DefaultRoot ~` alle Nutzer in ihre jeweiligen Home-Verzeichnisse eingesperrt werden? Das ist zwar für Gäste und weniger privilegierte Systembenutzer sehr sinnvoll, aber vielleicht hätten Sie als Administrator gerne einen weitreichenderen Zugriff, möglichst doch wieder über das ganze Dateisystem? Das lässt sich einrichten. Dazu definieren Sie mehrere `DefaultRoot`-Direktiven. Diese wirken allerdings nicht auf einzelne Benutzerkonten Ihres Servers, sondern auf Benutzergruppen. Das ist ein sehr wichtiger Unterschied, der sich aber in der Praxis nicht so gravierend auswirkt, denn jeder Benutzer belegt normalerweise als einziges Mitglied eine Gruppe, die den gleichen Namen wie sein Benutzerkonto trägt. Zum beliebten Beispielnutzer *hans* gibt es also auch eine gleichnamige Benutzergruppe. Wenn Sie mehrere `DefaultRoot`-Direktiven angeben, dann werden sie in Form eines Stapels von oben nach unten bearbeitet. Die erste Regel, die auf einen Benutzer passt, wird angewendet. Sie könnten zum Beispiel Folgendes eintragen:

```
DefaultRoot / sudo
DefaultRoot /etc peter
DefaultRoot ~
```

Wenn jetzt der Nutzer *hans* Mitglied der *sudo*-Gruppe ist und sich anmeldet, dann erhält er Zugriff auf das ganze Dateisystem (aber selbstredend nur mit seinen jeweiligen Benutzerrechten). Angenommen, *peter* ist nicht Mitglied der *sudo*-Gruppe. Aber er ist Mitglied seiner eigenen Gruppe, die ebenfalls den Namen *peter* trägt. Er bekommt Zugriff auf das Verzeichnis */etc* mit allen Unterverzeichnissen. Andere Verzeichnisse kann er aber nicht aufrufen. Jeder andere Benutzer fällt nicht unter diese beiden Zeilen (wenn er nicht Mitglied der Benutzergruppe `sudo` ist). Für ihn gilt die dritte Regel, die alle anderen Nutzer auffängt. Er darf sich also nur in seinem eigenen Home-Verzeichnis bewegen. Sie sehen, dass die letzte Zeile wichtig ist, wenn Gäste und eingeschränkte Benutzer vorhanden sind. Sie sollten die letzte Zeile `DefaultRoot ~` daher grundsätzlich als letzte unter die anderen `DefaultRoot`-Direktiven schreiben.

Beachten Sie aber, dass die Zeile `DefaultRoot ~` nicht bereits *zuvor* in der Konfiguration von ProFTPD stehen darf – sie muss am Ende der `DefaultRoot`-Direktiven stehen. Beachten Sie auch, dass Sie diese Direktiven generell nicht ganz am Ende der Konfigurationsdatei eintragen dürfen, dies könnte zu Problemen führen. Am besten ist es, wenn Sie Ihre eigenen Einträge dort ergänzen, wo sich schon der erste (ursprüngliche) `DefaultRoot`-Eintrag befindet, dann kann nichts schieflaufen. Kontrollieren Sie die Konfigurationsdatei also entsprechend.

Übrigens: Wenn nur Sie selbst Zugriffsrechte auf das gesamte System erhalten wollen, dann können Sie statt der beiden erstgenannten Zeilen auch einfach sich selbst anführen. Die Zeile

```
DefaultRoot / hans
```

mit Ihrem eigenen Nutzernamen funktioniert natürlich auch, weil Sie selbst wiederum Mitglied Ihrer eigenen Gruppe sind.

Ferner müssen Sie beachten, dass der Zugriff auf das Dateisystem immer nur mit den jeweiligen Benutzerrechten erfolgt.

An dieser Stelle ist die einführende Konfiguration von ProFTPD komplett. Theoretisch können Sie jetzt Ihren FTP-Server auch über das Internet erreichbar machen und benutzen. Aber Vorsicht: Wenn Sie diesen FTP-Server nun im Internet freigeben, dann ist zwar die Verbindung sicher verschlüsselt, aber der Zugang nur durch den Benutzernamen und das dazugehörige Passwort geschützt. Achten Sie unbedingt darauf, dass Sie ein ausreichend langes, sicheres und kompliziertes Passwort verwenden. Bedenken Sie auch, dass Sie je nach Konfiguration eventuell das ganze Dateisystem freigegeben haben. Sie sollten den FTP-Zugang daher nur benutzen, wenn es unbedingt erforderlich ist.

Wie Sie vielleicht schon wissen, gibt es darüber hinaus beim FTP-Datentransfer den *aktiven* und den *passiven Modus*. Diese beiden Modi legen fest, ob der Server oder der Client die zur Datenübertragung zu verwendenden (Netzwerk-)Ports bestimmt. ProFTPD unterstützt theoretisch beide Modi. Wenn Sie den FTP-Server über das Internet erreichbar machen möchten, dann ist die Konfiguration des passiven Modus allerdings etwas anspruchsvoller. Einfacher ist die Realisierung des aktiven Modus. In diesem Fall müssen Sie in der Firewall und/oder in Ihrem Router nur zwei Portfreigaben setzen: Sie müssen die beiden Ports 20 und 21 für das TCP-Protokoll für eingehende Verbindungen erlauben. An dieser Stelle möchte ich auch noch einmal an die eingangs erwähnte Cloud-Lösung erinnern, die für einfache Dateifreigaben über das Internet oftmals besser geeignet ist.

9.4 Die Nutzung von FTP über das SSH-Protokoll: SFTP

An dieser Stelle zeige ich Ihnen den zweiten Ansatz, den ich eingangs für eine verschlüsselte FTP-Verbindung angekündigt hatte. Das ist *SFTP*. Verwechseln Sie es bitte nicht mit dem eben besprochenen FTPS, denn SFTP ist keine Erweiterung des üblichen FTP-Protokolls, sondern eine eigenständige Lösung. SFTP ist so etwas wie die Nutzung von FTP über das SSH-Protokoll.

SSH kennen Sie schon von der üblichen Konsole, die Sie sich zur Fernsteuerung Ihres Home Servers anzeigen lassen, aber SSH kann noch mehr, unter anderem mittels SFTP auch Dateiübertragungen vornehmen.

Auf den ersten Blick funktioniert SFTP so ähnlich wie FTP, und für den Anwender gibt es auch nicht viel zum Umgewöhnen. Sie benötigen für SFTP auf der Clientseite lediglich ein entsprechend ausgestattetes FTP-Programm. Die gute Nachricht lautet: Viele moderne FTP-Client-Programme beherrschen auch den Umgang mit SFTP. Weitverbreitete Beispiele sind die Programme *FileZilla* und *WinSCP*.

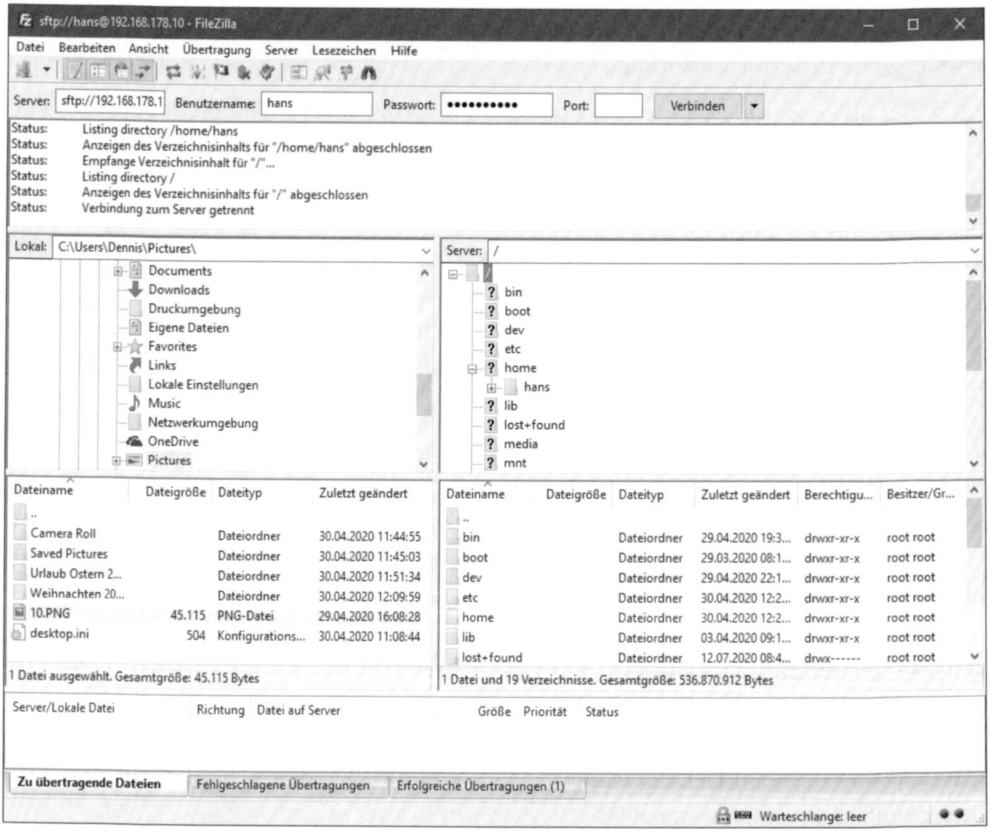

Abbildung 9.11 Ihr Home Server beherrscht auch »SFTP«, das mit vielen Clients genutzt werden kann.

Es kommt sogar noch besser: Auf Ihrem Home Server ist SFTP bereits aktiviert. Sie brauchen keine Konfiguration vorzunehmen.

Benutzen Sie einfach Ihr (geeignetes) FTP-Client-Programm, und verbinden Sie sich mit Ihrem Home Server über dessen statische IP-Adresse. Geben Sie Ihren Home Server-Benutzernamen und das zugehörige Passwort ein. Eine Kleinigkeit müssen Sie noch beachten: SFTP läuft über Port 22. Geben Sie also eine 22 in das Feld der Portnummer ein, und verbinden Sie sich. Die Verbindung, die nun aufgebaut wird, ist wie alle SSH-Verbindungen stark verschlüsselt und somit nach heutigen Maßstäben abhörsicher. In der Grundkonfiguration erhalten Sie ebenfalls Zugriff auf das gesamte Dateisystem – natürlich mit den Rechten des angemeldeten Benutzers.

Wenn Sie nur mal rasch einige Dateien auf Ihrem Home Server ändern möchten, dann ist dies vermutlich die eleganteste Methode. Sie bietet ohne großen Konfigurationsaufwand eine sichere Verschlüsselung und ist in der Bedienung sehr einfach. Probieren Sie dieses Verfahren also unbedingt einmal aus. Es eignet sich allerdings nicht für den Dateiaustausch mit Gästen.

Bedenken Sie auch, dass Sie für SFTP keine zusätzliche Serversoftware installieren müssen und dass Sie insbesondere auch keinen zusätzlichen Service benötigen, der Ressourcen kostet.

Theoretisch können Sie den SSH-Port auch aus dem Internet verfügbar machen, denn die Verbindung ist sicher verschlüsselt. So lässt er sich auch für Dateiübertragungen nutzen. Beachten Sie aber unbedingt, dass Sie damit nicht nur die Möglichkeit des Dateitransfers schaffen, sondern eben auch die Möglichkeit der Fernwartung freischalten, denn Sie können sich dann ganz normal von der ganzen Welt aus mit Hilfe Ihrer öffentlichen IP-Adresse zu Ihrem Home Server verbinden und eine Konsole öffnen. Dies kann zwar praktisch sein, aber auch ein erhebliches Sicherheitsrisiko darstellen, wenn Ihr Zugang »geknackt« wird. Seien Sie sich dessen bitte unbedingt bewusst. Wenn Sie das machen möchten, dann setzen Sie als Erstes ein besonders sicheres Passwort, und lesen Sie dann die Hinweise zur Serversicherheit in Kapitel 21 besonders gründlich durch. Allerdings kann erneut gesagt werden, dass zur Dateiübertragung über das Internet andere Dienste (wie die oft genannte eigene Cloud-Lösung) jedoch besser geeignet sind. Beachten Sie auch nochmals unbedingt, dass sich diese Methode keinesfalls zum Datenaustausch mit fremden Personen eignet.

Kapitel 10
Statusinformationen per E-Mail erhalten: »msmtp« als MTA

E-Mails sind aus dem modernen Leben kaum mehr wegzudenken. Auch Ihr Home Server kann automatisiert E-Mails versenden und seine Nutzer über wichtige Ereignisse informieren. Ich zeige Ihnen hier, wie Sie das einrichten.

Viele Serverdienste, die Sie auf Ihrem Home Server installieren können, sind in der Lage, bei bestimmten Ereignissen automatisch eine E-Mail zu versenden. Ein Beispiel ist der Dienst `chkrootkit`, der das System auf Eindringlinge überprüft und entsprechende Statusberichte versenden kann. Auch viele Website-Projekte können eine Benachrichtigung verschicken. Dazu gehört beispielsweise das DokuWiki, das neue Benutzer über ihre Zugangsdaten informiert.

Damit von Ihrem Home Server E-Mails versendet werden können, ist ein sogenannter *MTA*, ein *Mail Transfer Agent*, notwendig. Dieses Programm nimmt die zu versendende E-Mail entgegen und leitet sie an einen (externen) *SMTP-Server* weiter. Ein externer SMTP-Server wird im Regelfall von einem E-Mail-Provider bereitgestellt. Ich werde in diesem Buch einen sehr kompakten MTA besprechen, mit dem Sie E-Mails über ein bestehendes E-Mail-Konto bei einem externen E-Mail-Provider versenden können. Ich rede von dem MTA namens *msmtp*. Dabei handelt es sich zwar erst einmal nicht direkt um einen MTA, aber das Programm wird durch eine kleine Zusatzkomponente ganz unkompliziert dazu und eignet sich ideal für einen kleinen Home Server. Es läuft nicht ständig im Hintergrund und beansprucht daher auch nicht fortlaufend Systemressourcen. `msmtp` wird nur dann aufgerufen, wenn eine E-Mail zu versenden ist, und wird nach dem Versand auch gleich wieder beendet. Sie können sich `msmtp` so vorstellen wie ein »halbes« E-Mail-Programm auf Ihrem klassischen PC, das keine E-Mails abruft, sondern sie nur versendet.

10.1 Die Installation auf dem Home Server

Zur Installation benötigen Sie ein bereits bestehendes E-Mail-Konto bei einem externen Provider. Welchen E-Mail-Provider Sie benutzen, ist nicht von Belang, es kann ein E-Mail-Konto Ihres Internetproviders sein oder aber auch ein Konto bei einem kostenlosen beziehungsweise werbefinanzierten Anbieter. Wichtig ist nur, dass der E-Mail-Provider den E-Mail-Versand über einen SMTP-Server unterstützt – es sich also nicht um einen reinen webbasierten Dienst handelt. Ihr Home Server wird die E-Mail-Adresse dieses Kontos als Absenderadresse verwenden. Es bietet sich an, für diesen Zweck ein eigenständiges Zweitkonto zu verwenden, damit es nicht zu unerwünschten Nebeneffekten mit dem E-Mail-Konto kommt, das Sie ansonsten im Alltag nutzen. Zur Inbetriebnahme von `msmtp` benötigen Sie von diesem E-Mail-Konto Ihren Benutzernamen, Ihr Passwort und die Adresse des SMTP-Servers des jeweiligen E-Mail-Providers. Letztere erfahren Sie üblicherweise auf dessen Internetseiten. Bitte notieren Sie sich auch die Portnummer, die für den Versand erforderlich ist. Aus Sicherheitsgründen sollten Sie nur einem Provider vertrauen, der auch eine verschlüsselte Übertragung von E-Mails erlaubt, aber das sollte bei allen großen E-Mail-Providern mittlerweile eigentlich selbstverständlich sein.

Die Installation von `msmtp` ist ganz einfach. Geben Sie dazu Folgendes ein:

```
sudo apt install msmtp msmtp-mta bsd-mailx
```

Bestätigen Sie mit [↵]. `msmtp` ist das Paket für `msmtp`, `msmtp-mta` rüstet die benötigten MTA-Fähigkeiten nach, und `bsd-mailx` stellt Zusatzprogramme rund um den E-Mail-Verkehr bereit, allen voran einen Befehl, mit dem Sie direkt auf der Kommandozeile (Test-)E-Mails versenden können. Wie immer denken Sie bitte daran, vor der Installation die Paketquellen mit dem Befehl `sudo apt update` zu aktualisieren.

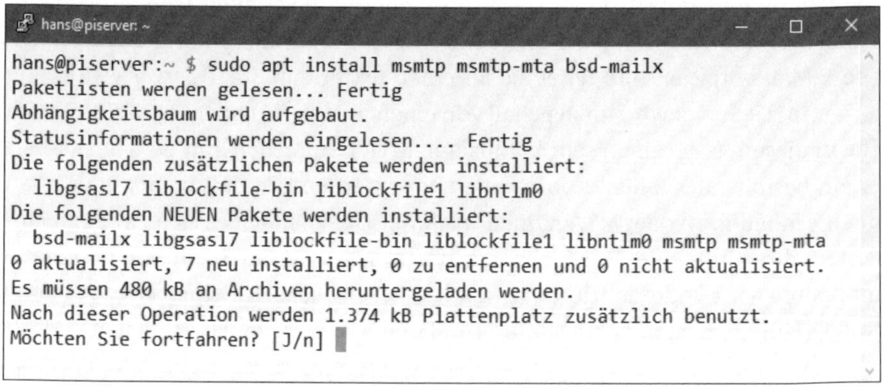

Abbildung 10.1 Die Installation von »msmtp«

10.2 Die Konfiguration von »msmtp«

Im nächsten Schritt müssen Sie die Konfiguration von `msmtp` an Ihre Bedürfnisse anpassen. Die Konfigurationsdatei heißt *msmtprc* und ist zunächst noch gar nicht vorhanden. Sie können sie daher direkt im Editor `nano` neu erstellen. Führen Sie dazu folgenden Befehl aus:

```
sudo nano /etc/msmtprc
```

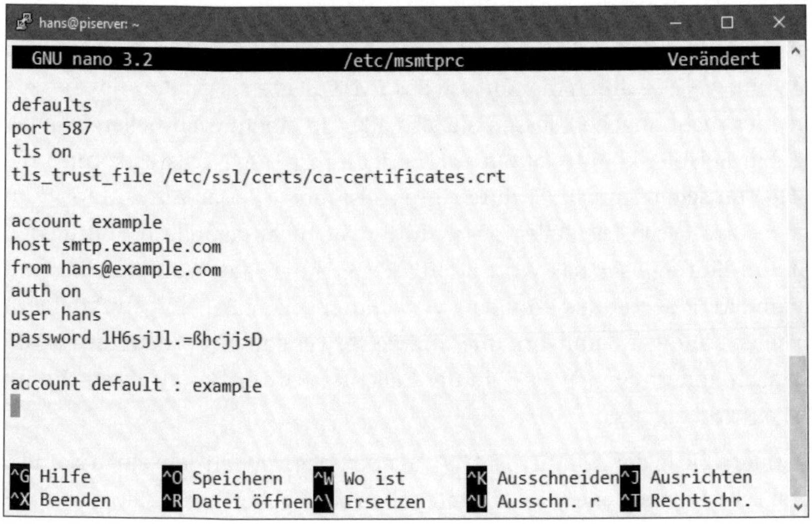

Abbildung 10.2 Die Konfigurationsdatei »/etc/msmtprc« in angepasster Form

Fügen Sie nun die folgenden Zeilen in den Editor ein; nutzen Sie dazu gegebenenfalls das Downloadangebot bei den Materialien zum Buch.

```
defaults
port 587
tls on
tls_trust_file /etc/ssl/certs/ca-certificates.crt

account NAME
host ADRESSE
from ADRESSE
auth on
user BENUTZERNAME
password PASSWORT

account default : NAME
```

Jetzt passen Sie die Konfiguration an. Los geht es mit dem Block `defaults`. Schauen Sie zunächst in die Konfigurationseinstellungen von Ihrem E-Mail-Provider. Sie finden dort die Adresse des SMTP-Servers. Wichtig ist als erstes der nötige Port. Oftmals ist dieser direkt bei der Adresse des SMTP-Servers angegeben, dann wird er dort durch einen Doppelpunkt abgetrennt. Andere Provider geben den Port separat an. Oft genutzt wird beispielsweise Port 587. Den für Sie zutreffenden Port tragen Sie in der Zeile `port` ein – die Beispielkonfiguration oben ist bereits auf Port 587 eingestellt.

Weiter geht es mit dem Block, der durch `account` eingeleitet wird. Hiermit spezifizieren Sie die Zugangsdaten für Ihr E-Mail-Konto. Ersetzen Sie zunächst das Wort `NAME` durch eine beliebige Bezeichnung für dieses Konto, beispielsweise den Namen des E-Mail-Providers. Verwenden Sie am besten nur Kleinbuchstaben. In der Zeile host ersetzen Sie nun ADRESSE durch die Adresse des SMTP-Servers. Den Port des Servers müssen Sie hier nicht angeben, lassen Sie also alles ab einem eventuellen Doppelpunkt weg. Ein Beispiel könnte lauten mail.example.org. Als Nächstes kommt die Zeile from. Hier tauschen Sie ADRESSE durch Ihre vollständige E-Mail-Adresse aus, zum Beispiel hans@example.com. Die Zeile auth on dürfen Sie nicht verändern. Stattdessen ersetzen Sie im Eintrag user das Wort BENUTZERNAME durch den Wert, den Sie zum Anmelden am SMTP-Server des Providers verwenden sollen. Bei einigen Providern ist dies ein eigenständiger Benutzername, andere verwenden hier erneut die E-Mail-Adresse. Danach ändern Sie PASSWORT in der Zeile password in das zu Ihrem Konto gehörende Passwort ab.

Als Letztes ändern Sie in der Zeile account default den Wert NAME in denselben Namen, den Sie zuvor schon in der Zeile account weiter oben eingegeben haben. Sie spezifizieren mit diesem Eintrag nämlich das E-Mail-Konto, das msmtp vorzugsweise verwenden soll – auf Wunsch kann das Programm nämlich auch mit mehreren Konten umgehen.

Damit sind Sie fertig. Eine Beispielkonfiguration könnte so aussehen:

```
defaults
port 587
tls on
tls_trust_file /etc/ssl/certs/ca-certificates.crt

account example
host smtp.example.com
from hans@example.com
auth on
user hans
password 1H6sjJl.=ßhcjjsD

account default : example
```

Listing 10.1 Die Beispielkonfiguration von »msmtp«

Sie können nano jetzt mit der Tastenkombination Strg+X beenden und dabei die Änderungen natürlich auf gewohnte Weise abspeichern.

Wie Sie sicherlich bemerkt haben, speichert msmtp Ihr Passwort im Klartext in der Konfigurationsdatei. Wenn Ihnen dabei unwohl ist und Sie befürchten, dass sich ein boshafter Mensch Zugriff auf Ihren Server verschafft und Ihr E-Mail-Passwort entwendet, dann zeige ich Ihnen am Ende dieses Kapitels einen Weg, die Konfigurationsdatei vor unbefugtem Zugriff zu schützen.

Beachten Sie auch unbedingt, dass jeder (System-)Nutzer, der `msmtp` nutzt, gleichzeitig dieses (eine) E-Mail-Konto für den Versand verwendet. Daher habe ich Ihnen auch anfangs geraten, für diese Zwecke ein eigenes E-Mail-Konto zu verwenden und nicht Ihre Hauptadresse zu nutzen.

Sie sind ansonsten fertig. Ein Neustart eines Services ist nicht erforderlich, denn wie eingangs festgestellt, gibt es einen solchen bei der Nutzung von `msmtp` ja gar nicht.

10.3 Der Versand der ersten E-Mail

Sie können `msmtp` jetzt gleich testen, indem Sie sich eine E-Mail an Ihre eigene Adresse schicken. Ersetzen Sie in folgender Zeile `IhreEmpfangsadresse@example.com` durch Ihre E-Mail-Adresse, an die Sie sich nun mit folgendem Befehl eine Test-E-Mail senden können:

```
echo "Hallo dies ist eine Testmail!" | ⤶
  mail -s "Test"  IhreEmpfangsadresse@example.com
```

Geben Sie diese Zeile (mit Ihrer Adresse) ein, und drücken Sie abschließend die [↵]-Taste.

Noch einmal zur Erinnerung: Der senkrechte Strich | ist das Pipe-Symbol. Es wird dann verwendet, wenn die Ausgabe des vorigen Befehls als Eingabe des folgenden Befehls verwendet werden soll. Sie geben es ein, indem Sie die Tastenkombination [Alt Gr]+[<] drücken.

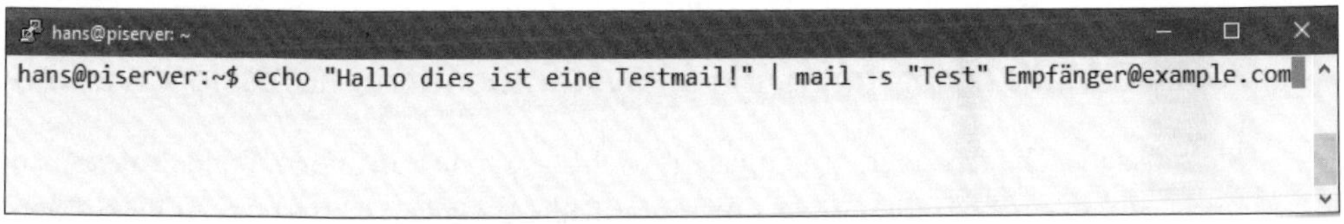

Abbildung 10.3 Das Versenden der ersten E-Mail

Warten Sie nun einen Augenblick, und fragen Sie dann Ihre E-Mails ab. Nach kurzer Zeit sollten Sie wie in Abbildung 10.4 die Test-E-Mail erhalten haben.

Wenn dem nicht so ist, dann überprüfen Sie die Konfigurationsdatei von `msmtp`. Insbesondere die Einträge zu Ihrem Benutzernamen, Ihrem Passwort und dem SMTP-Server Ihres Providers nebst zugehörigem Port für die verschlüsselte Kommunikation sind besonders wichtig. Gelegentlich können auch die Sicherheitseinstellungen Ihres E-Mail-Providers für einen Fehlschlag beim Versenden der E-Mail verantwortlich sein. Einige E-Mail-Provider sind hier aus Sicherheitsgründen sehr restriktiv. Kontrollieren Sie daher auch die entsprechenden Einstellungen bei Ihrem E-Mail-Provider, und aktivieren Sie beispielsweise den »externen Login« oder den »Login mit Programmen von Drittanbietern« oder den »Login mit Legacy-Tools« in der jeweiligen (Web-)Konfiguration.

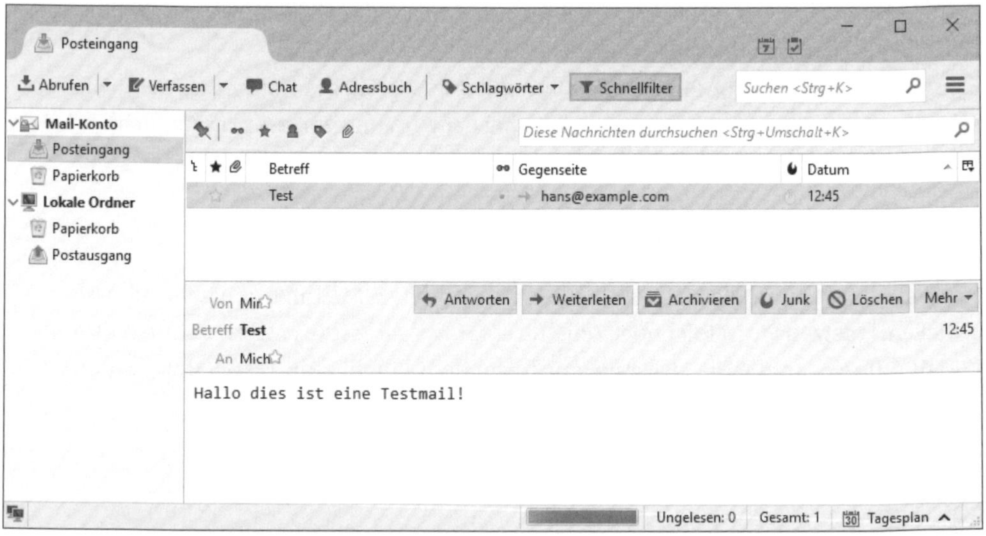

Abbildung 10.4 Die E-Mail ist angekommen.

Wenn es gar nicht funktioniert, dann sollten Sie ein E-Mail-Konto bei einem anderen Provider testen. Beachten Sie auch, dass es teilweise eine gewisse Zeit dauert, bis eine E-Mail zugestellt wird.

10.4 E-Mails empfangen, die an Systembenutzer adressiert werden

Sie müssen sich jetzt noch um eine sehr wichtige Sache kümmern. Viele Programme und Dienste sind nämlich nicht nur in der Lage, E-Mails nach extern zu versenden, sondern möchten auch den Systembenutzern Informationen zukommen lassen. Sie möchten beispielsweise über kritische Ereignisse wie eine vollständig beschriebene Festplatte informieren. Darin lag übrigens teilweise sogar die ursprüngliche Funktion einer E-Mail. Dass Programme die Benutzer informieren können, ist natürlich bei einem Server besonders interessant – dieser hat ja schließlich keinen permanent überwachten Bildschirm. Die Programme richten ihre Informationen an den jeweiligen Systembenutzer beziehungsweise direkt an den Administrator, also an den Benutzer *root*. Daher können Sie auf Ihrem Home Server auch ohne weiteres eine E-Mail an den Benutzer *root* oder an einen beliebigen anderen Systembenutzer versenden. Da Sie jetzt einen MTA installiert haben, gibt es bei der Zustellung dieser E-Mails aber ein Problem: Normalerweise werden die E-Mails an Systembenutzer direkt in eine Datei auf dem zentralen Speichermedium geschrieben. Dafür wird das

Verzeichnis */var/mail/* benutzt. Da nun `msmtp` aktiv ist, wird jedoch versucht, diese System-E-Mails direkt nach außen zu versenden, was natürlich schiefgeht. Hier werden nämlich Empfänger-Adressen in der Form *root@hostname* verwendet, wobei *hostname* dem Hostnamen Ihres Home Servers entspricht. Eine E-Mail kann aber offensichtlich nicht über das Internet an die Adresse *root@homeserver* zugestellt werden, das ist – wenn entsprechend konfiguriert – nur innerhalb eines Netzwerkes möglich. Deswegen gibt es eine Option, die Zieladressen entsprechend umschreibt. E-Mails, die an Systembenutzer gerichtet sind, werden einfach einem existierenden externen E-Mail-Konto zugestellt.

Ihre Aufgabe ist es jetzt, eine Liste mit allen Systembenutzern anzulegen, die Ihren Home Server benutzen. Das können beispielsweise die Familienmitglieder sein. Zu jedem Benutzer müssen Sie sich eine E-Mail-Adresse notieren. An diese E-Mail-Adresse werden die jeweiligen Systemmeldungen gesendet. Hierbei können Sie die echten E-Mail-Adressen der Systembenutzer verwenden. Ebenso sind Zweitadressen möglich. Alternativ können Sie eine gemeinsame Adresse benutzen, an die alle E-Mails gerichtet werden sollen. Die Einrichtung nehmen Sie in der Datei */etc/mail.rc* vor. Öffnen Sie diese Datei mit dem Editor `nano`:


```
sudo nano /etc/mail.rc
```

Die Datei enthält im Grundzustand lediglich die folgenden zwei Zeilen, die Sie keinesfalls verändern dürfen:

```
set ask askcc append dot save crt
ignore Received Message-Id Resent-Message-Id Status Mail-From ↩
  Return-Path Via Delivered-To
```

Geben Sie jetzt am Dateiende für jeden Systembenutzer sowie für die beiden Benutzer *root* und *www-data* jeweils eine Zeile ein, die folgendem Muster entspricht:

```
alias benutzername benutzername<externeE-MailAdresse>
```

Für den Beispielbenutzer *hans* mit der fiktiven E-Mail-Adresse *hans@example.com* sähe die Zeile also so aus:

```
alias hans hans<hans@example.com>
```

Denken Sie auch daran, für die Benutzer *root* und *www-data* einen Eintrag anzulegen. Diese E-Mails sollten an Ihre E-Mail-Adresse gesendet werden, denn diese Informationen sind für Sie als Administrator bestimmt:

```
alias root root<IhreEMail@example.com>
alias www-data www-data<IhreEMail@example.com>
```

Anschließend können Sie die Datei mit der Tastenkombination [Strg]+[X] abspeichern und `nano` beenden.

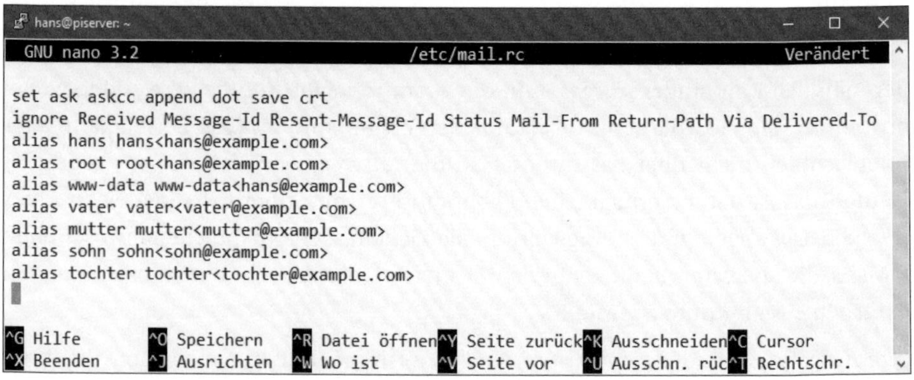

Abbildung 10.5 Die Konfigurationsdatei »/etc/mail.rc«

Ein Neustart eines Dienstes ist nicht erforderlich. Sie können jetzt eine Test-E-Mail an einen Systembenutzer schreiben. Dazu ist folgender Befehlsaufruf nötig, den Sie mit dem entsprechenden Benutzernamen anpassen:

```
echo "Hallo dies ist eine Testmail!" | mail -s "Test" benutzername
```

Möchten Sie also eine E-Mail an den Benutzer *hans* versenden, dann führen Sie folgenden Befehl aus:

```
echo "Hallo dies ist eine Testmail!" | mail -s "Test" hans
```

Als Ergebnis bekommt *hans* eine E-Mail an seine von Ihnen soeben eingegebene Adresse. Als Absender wird die Adresse verwendet, die in der Konfiguration von `msmtp` definiert ist.

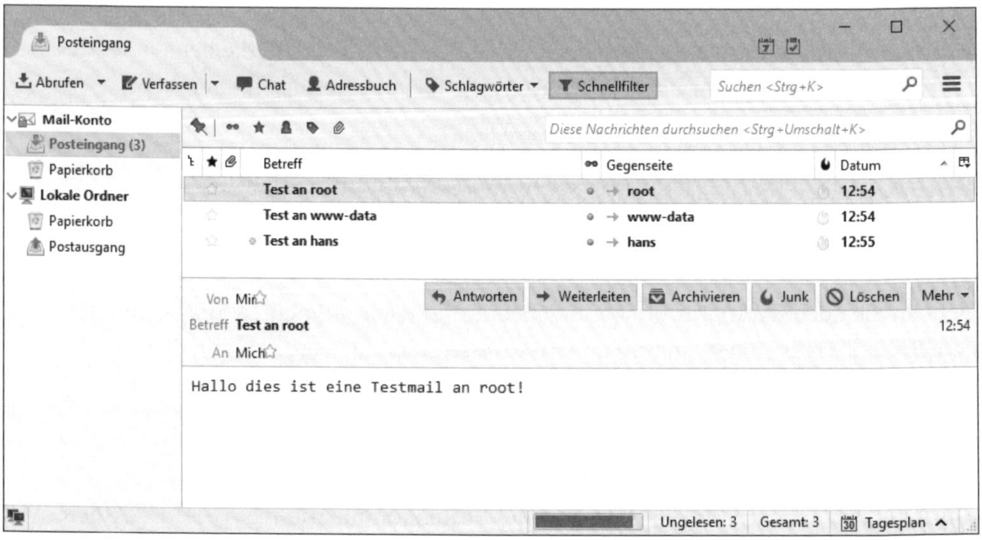

Abbildung 10.6 Nun erhalten Sie wichtige Nachrichten per E-Mail.

Zukünftig erhalten Sie als Administrator nun eine E-Mail, wenn ein Programm oder ein Dienst Ihnen wichtige Informationen mitteilen möchte. Überprüfen Sie dies auch, indem Sie eine Test-E-Mail an den Benutzer *root* schreiben.

10.5 Absichern der Konfigurationsdatei

Zuvor hatte ich erwähnt, dass das Passwort für Ihr E-Mail-Konto unverschlüsselt in der Konfigurationsdatei von `msmtp` gespeichert wird. Dies kann ein Sicherheitsrisiko darstellen, da das Passwort von allen Systembenutzern ausgelesen werden kann. Auch aus diesem Grund sollte also auf ein gemeinsam genutztes Zweitkonto zurückgegriffen werden.

Es gibt allerdings einen kleinen Kniff, mit dem Sie den Zugriff auf die Konfigurationsdatei einschränken können. Vielleicht denken Sie sich jetzt, man könnte die Konfigurationsdatei so konfigurieren, dass nur der *root*-Benutzer Zugriffsrechte erhält. Das funktioniert aber nicht, da `msmtp` mit normalen Benutzerrechten gestartet wird und somit auch selbst keinen Zugriff auf seine eigene Konfigurationsdatei hätte. Stattdessen rufen Sie sich bitte in Erinnerung, dass es beim Thema Dateirechte ja auch noch die besitzende Gruppe gibt. Sie können `msmtp` so konfigurieren, dass es zwar mit normalen Benutzerrechten arbeitet, jedoch zusätzlich mit einer bestimmten Gruppenzugehörigkeit auftritt. Dann können Sie die Konfigurationsdatei so einstellen, dass sie nur vom *root*-Benutzer und von der besitzenden Gruppe gelesen werden darf, der ausschließlich `msmtp` angehört. Und genau das werde ich Ihnen jetzt zeigen. Aber Achtung: Bei den folgenden Befehlen darf Ihnen kein Tippfehler unterlaufen, denn es könnte sonst passieren, dass `msmtp` den Dienst komplett einstellt. Es ist daher auch nicht verkehrt, vorher ein System-Backup anzulegen. Sie sollten diesen Schritt außerdem nur dann ausführen, wenn das E-Mail-Passwort ein besonders schützenswertes Gut ist und Sie Manipulationen befürchten.

Zunächst müssen Sie eine neue Benutzergruppe mit dem Namen *msmtp* erstellen, wobei sie auf den meisten System bereits existieren wird:

```
sudo addgroup msmtp
```

Nun werden Sie die Konfigurationsdatei von `msmtp` so konfigurieren, dass sie der besitzenden Gruppe *msmtp* gehört. Anschließend legen Sie die Zugriffsrechte fest. Die Kombination `640` erlaubt Lesen und Verändern für den Besitzer (das ist der *root*-Benutzer), reine Leserechte für die besitzende Gruppe (also *msmtp*) und verbietet allen anderen den kompletten Zugriff:

```
sudo chown root:msmtp /etc/msmtprc
sudo chmod 640 /etc/msmtprc
```

Als Letztes werden Sie die Rechte der eigentlichen Programmdatei von `msmtp` setzen. Diese befindet sich im Verzeichnis */usr/bin*. In diesem Verzeichnis nehmen Sie nur ausnahmsweise einmal Änderungen vor, denn Fehleingaben können hier kritische Auswirkungen haben. Zuerst ändern Sie wieder die besitzende Gruppe – und zwar nur sie, denn ein Besitzer ist in diesem Befehl ganz bewusst nicht angegeben. Achten Sie beim zweiten Befehl auf die Ihnen bisher unbekannte Notation `g+s`. Das spezielle Bit `s` sorgt dafür, dass neue Dateien die Gruppenzugehörigkeit vom jeweiligen Verzeichnispfad übernehmen. Dies ist eine Sicherheitsmaßnahme, die dafür sorgt, dass auch ein Update reibungslos verlaufen wird:

```
sudo chown :msmtp /usr/bin/msmtp
```

```
sudo chmod g+s /usr/bin/msmtp
```

Nun sind die Änderungen komplett. Sie sollten jetzt wie zuvor beschrieben eine Test-E-Mail an Ihre eigene (Haupt-)Adresse versenden und prüfen, ob `msmtp` weiterhin korrekt arbeitet.

10.6 Ein paar Worte zu einem eigenen E-Mail-Server

Zum Abschluss noch ein Hinweis zum allgemeinen E-Mail-Verkehr. Natürlich wäre es möglich, auf Ihrem Home Server einen kompletten E-Mail-Server zu installieren. Ihr Home Server könnte also selbst E-Mails annehmen und auch versenden, ohne dass Sie auf die Hilfe eines E-Mail-Providers angewiesen wären. Die Software dafür ist ebenfalls als Open-Source-Projekt verfügbar. Die Einrichtung ist zwar nicht ganz einfach (und birgt auch viele Gefahren), wäre aber zu bewältigen gewesen. Warum verzichte ich in diesem Buch daher bewusst auf eine solche Lösung?

Sie würden an dieser Anwendung nämlich vermutlich nur wenig Freude haben. Zwar spräche aus datenschutzrechtlicher Sicht einiges für einen eigenen Server, allerdings sind im offiziellen E-Mail-Verkehr Server von Privatleuten nicht gerne gesehen. Das gilt insbesondere für Postausgangsserver, die E-Mails versenden. Der Grund für diese »Abneigung« liegt darin, dass private Internetanschlüsse oftmals eine wechselnde IP-Adresse verwenden. Ein privater Postausgangsserver versendet seine E-Mail also von wechselnden IP-Adressen. Das machten sich in der Vergangenheit sehr häufig zwielichtige Subjekte zunutze und verwendeten solche Postausgangsserver zur massenhaften Versendung von unerwünschten Spam-E-Mails. Wenn dies ein richtiger E-Mail-Provider mitbekam, dann sperrte er die betreffende IP-Adresse. Das nutzte aber nicht viel, denn der gesperrte Postausgangsserver war kurze Zeit später unter einer anderen IP-Adresse wieder aktiv. Dieses Katz-und-Maus-Spiel führte dazu, dass die großen E-Mail-Provider schließlich nahezu alle privat genutzten IP-Adressen für Postausgangsserver gesperrt haben. Sie können zu Hause zwar einen solchen Server aufsetzen, aber niemand würde die E-Mails, die Sie versenden, annehmen.

Zusätzlich bräuchten Sie eine eigene Domain, die mit Kosten verbunden ist. Zwar ließe sich zur Not vielleicht auch mit einer kostenlosen dynamischen DNS-Adresse arbeiten, diese ist allerdings nicht sonderlich »hübsch« und eignet sich nicht für eine seriöse Visitenkarte mit Kontaktdaten.

Und es gibt noch einen weiteren Punkt, der gegen einen privaten E-Mail-Server spricht: Zwar nähme Ihr Home Server artig alle eingehenden E-Mails an, aber nur dann, wenn er rund um die Uhr ohne Fehler arbeitet. Bei einem Stromausfall oder Hard- oder Softwaredefekt kann er keine E-Mails annehmen. Üblicherweise werden diese E-Mails dann (nach einer Wartezeit) als unzustellbar an den Absender zurückgesendet. Das ist keine befriedigende Situation.

Zusammengefasst rate ich Ihnen also, keinen eigenen E-Mail-Server aufzusetzen. Das soll aber nicht heißen, dass man dieses Thema als Privatperson zu den Akten legen sollte. Wenn Sie sich für einen eigenen E-Mail-Server interessieren und zukünftig in der Serveradministration fortgeschritten sind, dann können Sie sich mit einigen kommerziellen Angeboten auseinandersetzen, die Ihnen einen eigenen E-Mail-Dienst ermöglichen und die Nachteile einer rein privaten Lösung vermeiden.

Sprachqualität optimiert. Es nutzt bereits den modernen *Opus-Codec*, der mit einer sehr niedrigen Latenz und hoher Bandbreite (im Frequenzbereich des Audiosignals) arbeitet und somit eine hohe Sprachqualität erreichen kann.

Das Gesamtsystem kann auf Wunsch so eingerichtet werden, dass es nur im lokalen Heimnetzwerk verfügbar ist (und beispielsweise bei einer LAN-Party genutzt wird). Das ist wie immer auch die Standardkonfiguration. Der Mumble-Server ist also nicht über das Internet erreichbar, alle Spieler müssen sich im Heimnetzwerk befinden – wobei sich natürlich einige externe Spieler über eine VPN-Verbindung einwählen können. Allerdings kann der Server auch so eingerichtet werden, dass er Verbindungen direkt über das Internet annimmt. So können sich auch entfernte Spieler ohne den Umweg über eine VPN-Verbindung schnell einwählen. Zwar entfällt bei der Nutzung über das Internet der Vorteil der kurzen Laufzeiten im Heimnetzwerk, aber über den Datenschutz brauchen Sie sich nach wie vor nicht zu sorgen. Mumble verschlüsselt alle Sprachdaten (bereits in der Grundkonfiguration) mit einem modernen Verschlüsselungssystem, so dass die Konversation auch über das Internet privat bleibt. Mumble bietet auch einen Textchat, bei dem die Textnachrichten nach gegenwärtigem Maßstab sicher verschlüsselt werden. Der Zugang zum Server kann durch ein Passwort geschützt werden, auch die Nutzung von Zertifikaten ist möglich. Nur am Rande: Ähnlich wie OpenVPN bietet Mumble auch die sogenannte *Perfect Forward Secrecy*. Sollte also irgendwann die Verschlüsselung durch »Erraten« des Schlüssels »geknackt« werden, dann ist nicht die gesamte Kommunikation entschlüsselbar, sondern nur ein zeitlich begrenzter Teil.

Mumble bietet noch eine Vielzahl an weiteren Funktionen. So lassen sich direkt mehrere Räume und Unterräume erzeugen, die von verschiedenen Teams genutzt werden können. Auch gegnerische Teams können ein- und denselben Server nutzen und nur untereinander kommunizieren. Über ein sogenanntes *Overlay*, also eine kleine Einblendung, wird direkt im Spiel angezeigt, wer gerade spricht. Diese Funktion ist praktisch, wenn in hektischen Situationen mehrere Personen durcheinander sprechen oder wenn man die Stimme nicht direkt einer Person zuordnen kann (etwa, wenn man mit fremden Personen spielt). Das funktioniert mit fast allen Spielen, die DirectX in den Versionen 9, 10 oder 11 oder OpenGL nutzen. Einige Spiele bieten von sich aus die Möglichkeit, Daten über die Position der einzelnen Spieler im Spielgeschehen zu liefern. Mumble kann diese Daten nutzen und die Sprache der Spieler aus der Richtung erklingen lassen, aus der man sie quasi im Spielgeschehen vermuten würde. Das funktioniert nicht mit allen Spieltiteln; eine Liste unterstützter Spiele findet sich im Internet unter *https://wiki.mumble.info/wiki/Games*. Für die Mikrofonsignale bietet Mumble eine automatische Pegelanpassung. Musiker werden einem solchen System zwar nichts abgewinnen können, bei der Sprachkonversation stellt es aber sicher, dass die Stimme stets laut genug erscheint und gut zu verstehen ist. Über eine Aufnahmefunktion lässt sich die gesamte Konversation mitschneiden.

Beim Textchat können die Nachrichten von einer Sprachausgabe vorgelesen werden. Somit bekommt man sie auch während des Spielens mit. Dafür nutzt Mumble die Routinen des jeweiligen Betriebssystems – die Resultate sind qualitativ recht unterschiedlich. Auf modernen Systemen hört sich das aber recht passabel und gut verständlich an.

Allerdings hat Mumble auch einige Einschränkungen. Es handelt sich um eine Insellösung, die ihr eigenes Protokoll für den Datenaustausch verwendet. Alle Spieler, die miteinander sprechen möchten, müssen also Mumble verwenden. Es gibt keine Möglichkeit, Brücken zu anderen Diensten wie etwa Teamspeak, Skype oder Discord zu bauen. Man darf auch den benötigten Datenverkehr nicht außer Acht lassen – insbesondere für den Server. Je mehr Personen das System nutzen und je mehr Personen gleichzeitig sprechen, desto höher ist die Datenrate. Die Qualität der Sprachübermittlung ist in Mumble einstellbar. Bei der höchsten Einstellung ergibt sich eine Datenrate (pro Person) von 144 Kbit/s, bei der niedrigsten Einstellung sind es 15,8 Kbit/s. Sind 10 Personen in einem Spiel und spricht eine Person, dann müssen bei der höchsten Einstellung 1,4 Mbit/s übertragen werden. Sollten im schlimmsten Fall alle zehn Personen sprechen, dann steigt der Bedarf auf fast 13 Mbit/s an – wobei das in der Realität kaum vorkommen wird. Dennoch soll an dieser Stelle nicht unerwähnt bleiben, dass für hohe Qualitätsansprüche und größere Spielrunden eine schnelle Internetverbindung vorteilhaft ist. Wer Mumble nur im Heimnetzwerk nutzt, der hat hier natürlich keine Probleme.

Genug der Einführung, jetzt zeige ich Ihnen, wie Sie den Serverdienst von Mumble auf Ihrem Home Server installieren und einrichten.

11.2 Die Installation und Einrichtung des Serverdienstes auf dem Home Server

Die Serverkomponente von Mumble heißt *Murmur*. Und obwohl der Dienst so heißt, verbirgt er sich (unter Debian) hinter dem Paket mit dem Namen `mumble-server`. Sie installieren Murmur auf Ihrem Home Server also mit folgendem Befehl:

```
sudo apt install mumble-server
```

Bei der Installation (bitte auf aktuelle Paketquellen achten) werden noch einige weitere Pakete installiert. Das zeigt Ihnen auch Abbildung 11.1. Murmur nutzt einige Routinen, die von Systemen für die Fensterdarstellung auf einem Desktop bereitgestellt werden, und einige Teilpakete davon müssen installiert werden.

Nach der Installation können Sie direkt die Grundeinstellungen konfigurieren. Führen Sie dazu folgenden Befehl aus:

```
sudo dpkg-reconfigure mumble-server
```

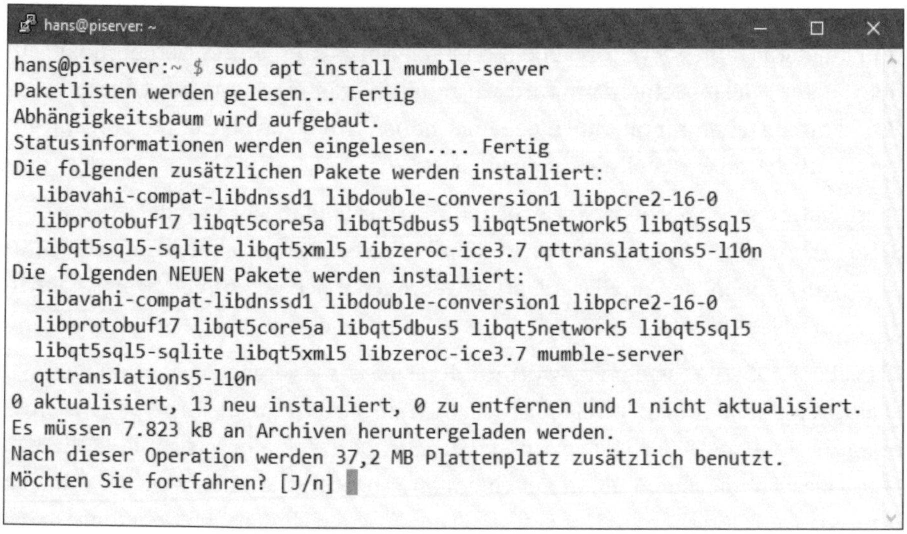

Abbildung 11.1 Die Installation des Serverdienstes ist schnell erledigt.

Sie sehen jetzt einen Konfigurationsassistenten. Zuerst werden Sie gefragt, ob der Murmur-Dienst (wundern Sie sich bitte nicht, wenn Sie eines Tages den Programmnamen `murmurd` lesen, das `d` steht für *Daemon* und kennzeichnet den Serverdienst) stets automatisch beim Systemstart aufgerufen werden soll. Für den Einstieg ist dies vorteilhaft, weil er sich nicht um den manuellen Aufruf kümmern muss. Da Murmur bei der Nichtnutzung kaum Ressourcen verbraucht, fällt ein Dauerbetrieb nicht ins Gewicht. Fortgeschrittene Nutzer können sich (insbesondere für den gelegentlichen Betrieb) auch dagegen entscheiden, müssen dann aber den Dienst stets manuell starten.

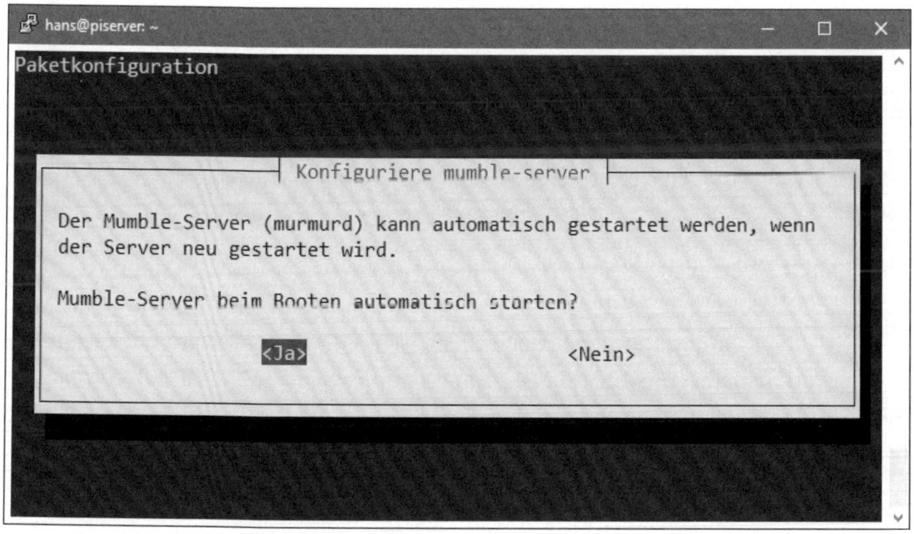

Abbildung 11.2 Der Assistent führt durch die Einrichtung des Servers.

Die zweite Frage klärt die gewünschte Prozesspriorität. Falls gewünscht, kann Murmur auf dem Home Server mit einer höheren Priorität ausgeführt werden. Sollte auf dem Server »viel los sein«, dann wird Murmur mit Präferenz ausgeführt, die anderen Programme stehen hintan. Auch bei einer hohen Arbeitslast bleibt die Sprache gut verständlich und wird vollständig übertragen.

Diese Option sollte normalerweise nicht nötig sein. Sollten Sie tatsächlich den Home Server schon gut ausgelastet haben und Probleme bei der Sprachübertragung erwarten, dann können Sie von dieser Option Gebrauch machen, normalerweise können Sie jedoch NEIN auswählen.

Als Letztes müssen Sie ein Passwort für den *SuperUser* vergeben. Den zugehörigen Dialog zeigt Abbildung 11.3. Der *SuperUser* (Achten Sie bitte auf die Groß-/Kleinschreibung!) ist ein spezieller Nutzer unter Mumble, der eine administrative Rolle hat. Wenn Sie sich mit seinen Daten mit einem Mumble-Client anmelden, dann erhalten Sie Zugriff auf Optionen zur Nutzerverwaltung. Für den alltäglichen Gebrauch ist dieses Konto nicht gedacht. Wählen Sie ein sicheres Passwort, und merken Sie es sich gut. Klicken Sie abschließend auf OK.

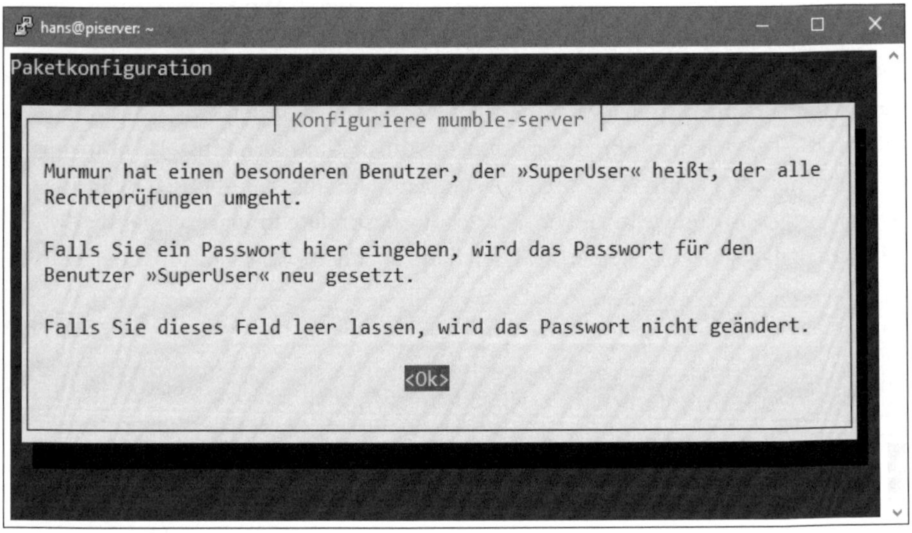

Abbildung 11.3 Vergeben Sie ein Passwort für den »SuperUser«.

Damit ist die Konfiguration aber noch nicht abgeschlossen. Weiter geht es mit der Konfigurationsdatei von Murmur. Diese heißt *mumble-server.ini*, sie befindet sich im Verzeichnis */etc*. Einen Teil davon sehen Sie in Abbildung 11.4. Legen Sie zunächst ein Backup der Datei an, und rufen Sie dann `nano` wie folgt auf:

```
sudo nano /etc/mumble-server.ini
```

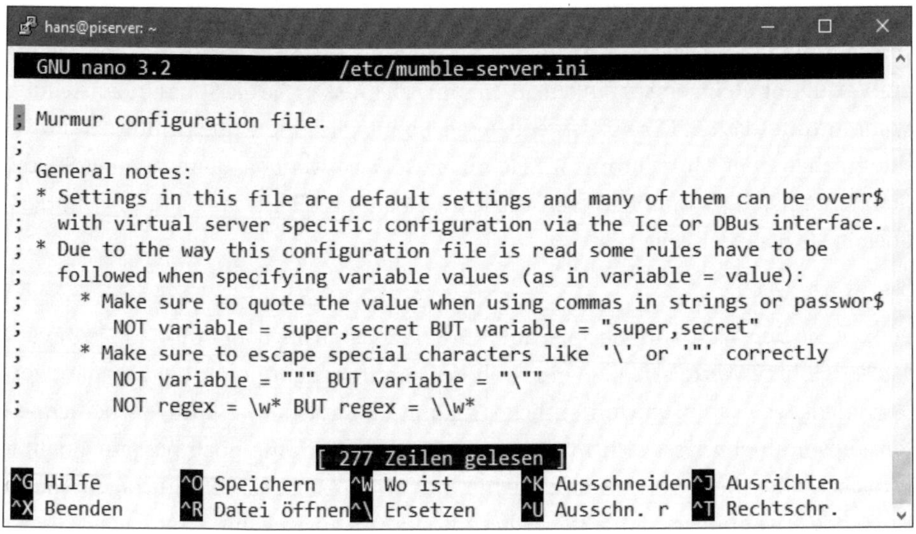

Abbildung 11.4 Die Konfigurationsdatei ist umfangreich, aber einfach zu verstehen.

Murmur ist zunächst so eingerichtet, dass sich jeder Nutzer ohne eine Authentifikation am Server anmelden kann. Der Server steht also jedermann (im Heimnetzwerk) offen. Wenn Sie den Server tatsächlich nur im Heimnetzwerk betreiben, dann kann das so ausreichend sein.

Sollten Sie jedoch die Nutzung über das Internet in Erwägung ziehen, dann sollten Sie unbedingt ein Zugangspasswort setzen. Dieses müssen die Clients beim Betreten des Servers vorweisen; stimmt es nicht, dann bleibt ihnen der Zugang verwehrt. Möchten Sie ein Passwort setzen, dann suchen Sie nach dem Eintrag

```
serverpassword=
```

Geben Sie nach dem =-Zeichen das gewünschte Passwort ein.

Beim Anmelden wird im Clientprogramm ein Willkommenstext angezeigt. Auf Wunsch können Sie ihn anpassen. Suchen Sie dazu nach der Zeile

```
welcometext=
```

Sie können den ursprünglichen Text frei ändern. Achten Sie aber darauf, dass Sie Ihren Text in Anführungszeichen setzen. Wie Sie dem Originaleintrag entnehmen können, ist die Formatierung über HTML-Tags möglich (aber nicht notwendig). Sie könnten also Folgendes eingeben:

```
welcometext="<br />Hallo, Willkommen auf dem Home Server!<br /><b>Bitte ⮐
   seid nett zueinander!</b><br />"
```

Dabei würde der Text über zwei Zeilen ausgegeben, der zweite Teil würde gefettet.

Wenn Sie nur über eine langsame Internetverbindung verfügen und Mumble über das Internet nutzen möchten, dann sollten Sie die maximale Datenrate, die den Clients zur Verfügung steht, einschränken. In diesem Fall müssen Sie die Standardeinstellung von Murmur (das sind 72 Kbit/s) reduzieren. Sollten Sie eine schnelle Internetverbindung haben oder Murmur nur im Heimnetzwerk verwenden, dann können Sie die Standardeinstellung erhöhen – ansonsten bleiben die Clients auf 72 Kbit/s limitiert. Suchen Sie nach der Zeile

```
bandwidth=72000
```

Senken Sie den Wert zum Beispiel auf `64000` oder `56000` ab, oder erhöhen Sie ihn auf `144000`. Höhere Werte erlauben eine höhere Datenrate der Clients; der Standardwert verspricht zwar schon eine ordentliche Qualität für Sprachanwendungen, bei schnellen Verbindungen lässt sich mit höheren Werten aber eine noch bessere Qualität erreichen. Bitte beachten Sie, dass Sie hier nur einen Maximalwert eintragen. Die zu nutzende Datenrate wird direkt im Clientprogramm ausgewählt.

In der Standardkonfiguration arbeitet Murmur mit maximal 100 gleichzeitig verbundenen Personen. Das sollte auch für große Spielrunden reichen. Das Limit wird festgelegt über die Zeile

```
users=100
```

Dort können Sie den Wert (falls erforderlich) anpassen. Wer mit einer langsamen Internetverbindung arbeitet, der kann den Wert auch reduzieren.

Die verbleibenden Optionen richten sich eher an den fortgeschrittenen Nutzer. Sollten Sie – für die Nutzung über das Internet – bereits über ein eigenes Zertifikat verfügen (zum Beispiel von Let's Encrypt), das zu Ihrer persönlichen Domain gehört, dann können Sie es auch von Murmur nutzen lassen. Murmur generiert sich normalerweise ein selbsterstelltes Zertifikat, was im Client bei der Verbindung zu einer Zertifikatswarnung führt. Möchten Sie dies vermeiden, dann können Sie ihr eigenes Zertifikat verwenden. Suchen Sie dazu nach den folgenden Zeilen:

```
;sslCert=
;sslKey=
```

Entfernen Sie zunächst das `;`-Zeichen, und geben Sie dann die Dateipfade zu der Zertifikatsdatei und zum privaten Schlüssel an. Beachten Sie, dass Murmur lesenden Zugriff auf beide Dateien benötigt. Murmur wird normalerweise unter dem Benutzernamen *mumble-server* ausgeführt.

Als Letztes können Sie (optional) noch erzwingen, dass alle Clients über Zertifikatsdateien verfügen. Suchen Sie dazu nach folgender Zeile, entfernen Sie das `;`-Zeichen, und ändern Sie `False` in `True`:

```
;certrequired=False
```

Damit ist die Konfiguration abgeschlossen. Speichern Sie Ihre Eingaben, und beenden Sie den Editor nano.

Sie müssen jetzt den mumble-server einmal neu starten, damit er die geänderte Konfiguration übernimmt. Das erledigt folgender Befehl:

```
sudo service mumble-server restart
```

Nun ist Murmur vollständig konfiguriert und wartet auf die Nutzung durch einen Client.

So starten Sie den Server manuell

Sollten Sie sich bei der Einrichtung dazu entschieden haben, den mumble-server nicht automatisch starten zu lassen, dann müssen Sie ihn stets manuell aufrufen. Das machen Sie mit dem Befehl sudo -u mumble-server /usr/sbin/murmurd -ini /etc/mumble-server.ini. Mit einem sudo killall murmurd beenden Sie den Serverdienst nach der Nutzung.

11.3 Die Nutzung des Servers über das Internet

Möchten Sie den Mumble-Server Murmur auch über das Internet nutzen, dann müssen Sie auf dem Heimserver dafür keine Vorkehrungen treffen. Der Dienst ist quasi schon für die Nutzung über das Internet vorbereitet, der Zugang wird nur durch Ihren Router blockiert.

Damit ist sichergestellt, das Verbindungsanfragen von außen blockiert werden. Lesen Sie am besten zunächst Kapitel 21, »Die (Daten-)Sicherheit Ihres Home Servers«. Dort erkläre ich Ihnen einige Grundsätze zur Nutzung eines Serverdienstes über das Internet.

Anschließend richten Sie in Ihrem Router eine Portfreigabe beziehungsweise Portweiterleitung ein. Murmur benötigt zwei Portfreigaben. Sie müssen Port 64738 sowohl für das TCP als auch das UDP freigeben. Mehr ist nicht zu tun. Ein Beispiel für diese Einrichtung sehen Sie in Abbildung 11.5. Sollten Sie auf Ihrem Home Server die Firewall iptables aktiviert haben (siehe ebenfalls Kapitel 21), dann müssen Sie auch dort diese beiden Freigaben einrichten.

Anschließend ist der Murmur-Serverdienst über das Internet erreichbar. Natürlich müssen Sie bei Verbindungen, die Sie außerhalb Ihres Heimnetzes aufbauen, später im Clientprogramm bei der Verbindung entweder Ihre externe IP-Adresse oder Ihren Domainnamen eingeben. Denken Sie daran, dass alle Verbindungen sicher verschlüsselt werden, ihre Kommunikation also privat bleibt. Achten Sie aber darauf, dass Sie ein sicheres Serverpasswort verwenden, damit sich niemand Unbefugtes verbindet.

In diesem Zusammenhang ist auch die Registrierung von Nutzern beim Server sinnvoll, damit sich niemand anderes als Sie selbst ausgeben kann. Mehr dazu in Abschnitt 11.5, »Erhöhung der Sicherheit: die Registrierung beim Server«.

Abbildung 11.5 Eine der beiden Portfreigaben wird eingerichtet.

11.4 Die Installation und Konfiguration von Clientanwendungen

Nach der Einrichtung des Servers können Sie sich an die Installation und Einrichtung der Clientanwendungen auf den gewünschten Spielerechnern machen.

Am einfachsten haben es Nutzer von Linux-Systemen, die auf Debian basieren – etwa Ubuntu. Hier ist das Mumble-Client-Programm schon direkt in den Paketquellen verfügbar. Es kann auf einem solchen Desktoprechner also einfach mit diesem Befehl installiert werden:

```
sudo apt install mumble
```

Nutzer von Windows oder macOS müssen den üblichen Weg über den Download aus dem Internet und die manuelle Installation gehen. Rufen Sie zunächst im Browser die Seite

https://www.mumble.info/downloads/

auf. Wählen Sie dort die zu Ihrem Betriebssystem passende Datei. Laden Sie sie herunter, und führen Sie sie aus.

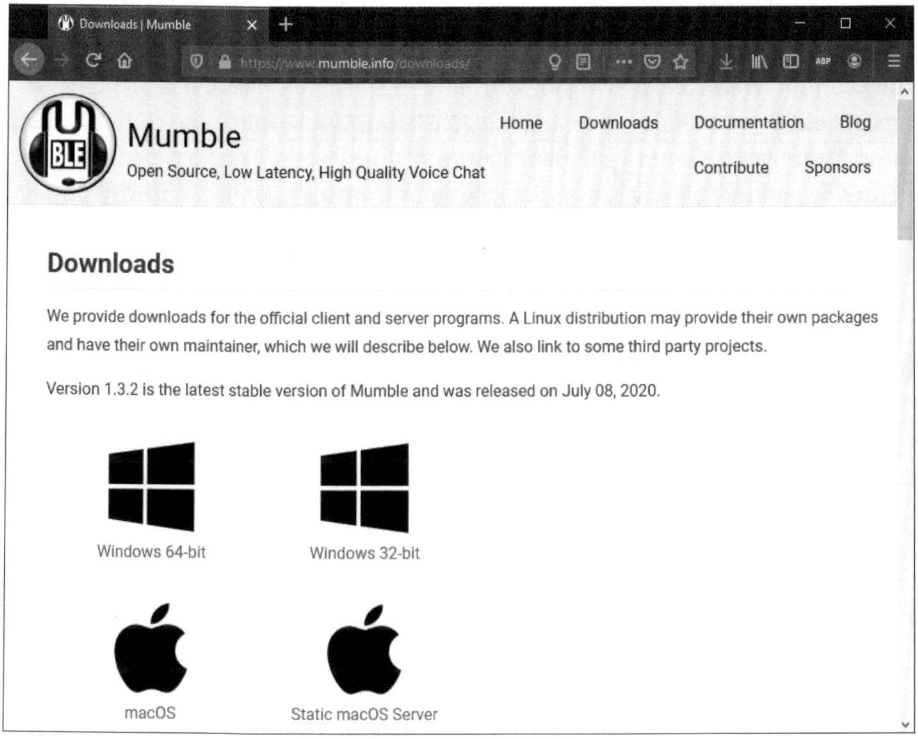

Abbildung 11.6 Auf der Webseite von Mumble lassen sich die benötigten Clientanwendungen herunterladen.

Nach dem Start des Installationsprogramms werden Sie zuerst gefragt, ob Sie nur eine Clientanwendung oder auch einen Serverdienst installieren möchten. Da Letzterer ja schon auf dem Home Server arbeitet, genügt die Installation der Clientapplikation. Nach dem Kopieren der Daten bietet Ihnen der Assistent an, Mumble direkt zu starten. Da vor einer Nutzung noch einiges zu konfigurieren ist, sollten Sie von dieser Option Gebrauch machen. Stellen Sie jedoch zunächst sicher, dass Ihre Soundkarte einwandfrei funktioniert. Schließen Sie am besten auch direkt Ihr Headset an.

Beim ersten Start der Clientanwendung von Mumble erscheint zunächst der AUDIO EINSTELLUNGS-ASSISTENT, der Ihnen auch eine kleine Einführung gibt. Klicken Sie auf der Willkommensseite auf WEITER.

Zuerst müssen Sie wie in Abbildung 11.7 Ihre Soundkarte auswählen. Stellen Sie das gewünschte Gerät für die Eingabe (das Mikrofon) und die Ausgabe (die Kopfhörer) ein. Sollten Sie nur eine Soundkarte im System verbaut haben, dann gibt es nicht viel Auswahl; auf modernen Systemen gibt es jedoch häufig mehrere Geräte, achten Sie darauf, das jeweils richtige auszuwählen. Sollten Sie kein Headset zur Verfügung haben, dann können Sie beim Eingabegerät die Echounterdrückung aktivieren. In diesem Fall werden die Routinen des Sprachcodecs zur Reduktion eventueller Echosignale verwendet. Bei der Nutzung eines Headsets ist das nicht nötig, und Sie sollten die Funktion daher abschalten, damit es nicht zu einer unnötigen Klangverminderung kommt. Wenn Sie die eingangs erwähnten Spiele mit positionsabhängiger Audiodarstellung verwenden, dann können Sie beim Ausgabegerät die Unterstützung durch Mumble aktivieren. Außerdem kann auf Wunsch eine Lautstärkereduktion anderer Anwendungen aktiviert werden, die dann zum Zuge kommt, wenn in Mumble jemand spricht. So kann die Sprachverständlichkeit erhöht werden – insbesondere, wenn Personen leise sprechen oder es in Spielen »heiß hergeht« oder auch wenn Sie neben dem Spiel noch Musik oder ein Hörbuch hören. Klicken Sie dann auf WEITER.

Abbildung 11.7 Der »Audio Einstellungs-Assistent« führt Schritt für Schritt durch den Einstellungsprozess.

Als Nächstes geht es um die Einstellung des Audiopuffers. Dies hat eine direkte Auswirkung auf die Latenz, also die Laufzeit von Audiosignalen. Damit es zu möglichst geringen Verzögerungen kommt, ist ein kleiner Puffer wünschenswert. Ist der Puffer zu klein, dann kommt es aber zu Tonstörungen und Aussetzern. Daher muss man oft einen Kompromiss wählen. Sie hören nun über die Kopfhörer einen Beispieltext. Schieben Sie den Regler im Fenster weiter nach links, und kontrollieren Sie, ob es zu Tonstörungen kommt. Stellen Sie den Regler so ein, dass Sie keine Störungen wahrnehmen. Auf leistungsfähigen Systemen kann das durchaus die äußerste Position ganz links sein. Mit der Schaltfläche WEITER gelangen Sie zur nächsten Seite.

Dort müssen Sie die Lautstärke des Mikrofons einstellen. Folgen Sie dazu einfach den Anweisungen des ausführlichen Assistenten. Zuerst müssen Sie die Verstärkung und Empfindlichkeit des Mikrofons in den Systemeinstellungen des Betriebssystems einstellen. Hierbei geht es darum, dass das Signal nicht zu laut ist, wenn Sie sehr laut sprechen. Ansonsten könnte es zu Verzerrungen kommen. Reduzieren Sie daher im Betriebssystem die Empfindlichkeit des Mikrofons, so dass der Balken in Mumble auch bei lauter Sprechweise nicht in den roten Bereich ausschlägt. Danach geht es um den anderen Fall: Jetzt müssen Sie ganz leise sprechen, dabei soll die Sprache stets im grünen Bereich sein. Wenn Sie nicht sprechen, darf der Balken nur im blauen Bereich ausschlagen. Passen Sie gegebenenfalls den Schieberegler in Mumble an, und klicken Sie dann auf WEITER.

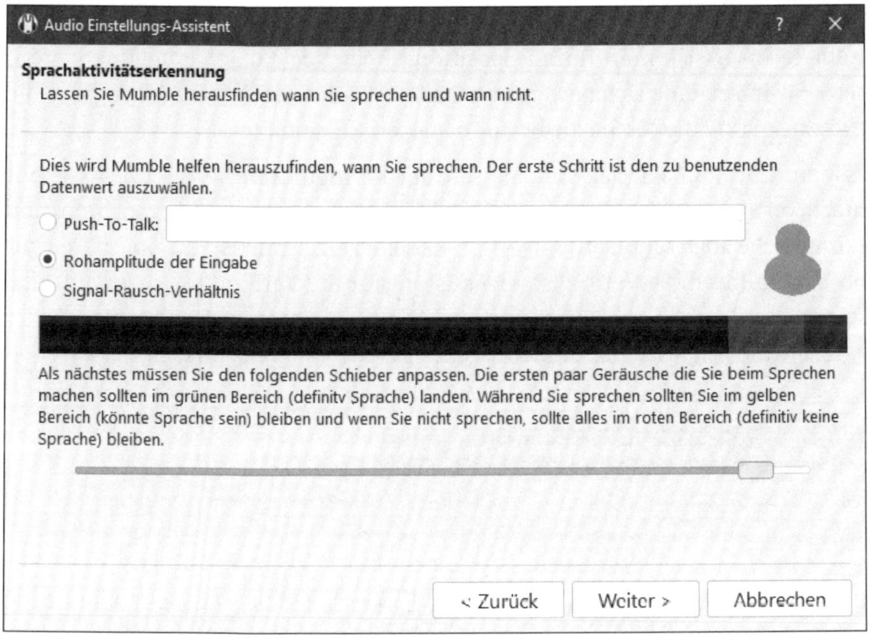

Abbildung 11.8 Stellen Sie sicher, dass Sie gut verstanden werden.

Jetzt stellen Sie die Schwelle für die Spracherkennung ein. In Mumble werden (wie in vielen anderen Systemen auch) nur dann Daten übertragen, wenn auch gesprochen wird. Dafür gibt es zwei Methoden: Entweder Sie müssen bei der Push-to-talk-Methode wie einst beim Walkie-Talkie eine Taste drücken, wenn Sie sprechen möchten, oder das System erkennt automatisch, wenn Sie sprechen und startet augenblicklich die Übertragung. Die zweite Methode ist offensichtlich komfortabler, aber auch etwas »gefährlicher«, weil stets alles, was gesagt wird, auch übertragen wird. Stellen Sie die gewünschte Option im Assistenten ein. Bei der ersten Methode müssen Sie eine Taste bestimmen, bei der zweiten eine Schwelle einstellen. Dazu sollte in Sprechpausen nur ein Ausschlag im roten Bereich zu sehen sein. In diesem Fall findet später keine Audioübertragung statt. Wenn gesprochen wird, sollte zuerst der grüne und fortwährend zumindest der gelbe Bereich aufleuchten. Gehen Sie nach der Einstellung mit WEITER zur nächsten Seite.

Sie können jetzt die Qualität der Sprachübertragung wählen. Im lokalen Netzwerk können Sie das Maximum auswählen. Wenn Sie über das Internet kommunizieren möchten, dann müssen Sie möglicherweise genauer hinsehen. Kritisch wird es, wie erwähnt, wenn Ihre Internetverbindung langsam ist oder Sie mit vielen Spielern gleichzeitig konferieren möchten. Dabei müssen Sie sowohl die Empfangsrichtung für den Client als auch die Senderichtung für den Server berücksichtigen. Auf dieser Seite können Sie auch einstellen, ob Sie für Chatnachrichten die Sprachausgabe des Betriebssystems nutzen möchten – das lässt sich aber auch später noch im Programm ändern. Klicken Sie auf WEITER.

Nun geht es im Assistenten um die positionsabhängige Audiodarstellung (sofern aktiviert). Sie hören eine sich bewegende Quelle. Wählen Sie die Einstellung aus, die Sie bevorzugen und die für Sie die beste Lokalisierbarkeit bietet.

Nach einem Klick auf WEITER sind Sie mit der Konfiguration fertig. Der Assistent fragt noch, ob Sie anonyme Nutzungsdaten an die Entwickler senden möchten, und dann können Sie auch schon auf ABSCHLIESSEN klicken. Damit ist Mumble bereit zur Verbindung zu Ihrem Server. Falls der Assistent für die Verbindung nicht automatisch erscheint, dann klicken Sie einfach im Menü auf SERVER • VERBINDEN..., oder betätigen Sie die Schaltfläche mit dem Weltkugel-Symbol ganz links in der Symbolleiste.

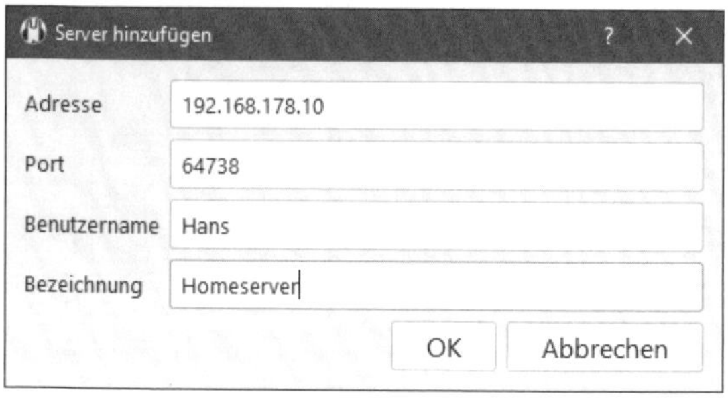

Abbildung 11.9 Fügen Sie den Home Server als neuen Server hinzu.

Klicken Sie im Assistenten auf SERVER HINZUFÜGEN.... Mumble weist Sie möglicherweise darauf hin, dass schon Daten in der Zwischenablage sind – klicken Sie in diesem Fall auf IGNORIEREN. Geben Sie anschließend (wie in Abbildung 11.9) die IP-Adresse Ihres Home Servers ein. Sollten Sie den Server über das Internet ansprechen, dann müssen Sie Ihre externe IP-Adresse oder aber Ihre Domain (auch dynamische DNS-Dienste sind selbstredend nutzbar) eingeben. Denken Sie bei der Nutzung über das Internet an die nötigen Freigaben. Den Benutzernamen können Sie frei wählen – unter dieser Bezeichnung werden Sie in der Teilnehmerliste geführt. Sie können für den

Eintrag auch eine Bezeichnung vergeben, unter der diese Verbindung später im Auswahlfeld geführt wird. Den Port müssen Sie üblicherweise nicht verändern – es sei denn, Sie haben als fortgeschrittener Nutzer eine Änderung vorgenommen. Der Standardport lautet 64738. Klicken Sie abschließend auf OK. Sie werden nun direkt mit dem Server verbunden und in den obersten Sprachkanal eingeloggt – dieser heißt übrigens *root*. Wenn Sie bei der Einrichtung von Murmur ein Serverpasswort vergeben haben, dann müssen Sie es zunächst eingeben. Möglicherweise erhalten Sie beim Verbinden auch eine Zertifikatswarnung. Sie erscheint, wenn Murmur ein selbsterstelltes Zertifikat verwendet – das ist die Standardeinstellung. Zertifikatswarnungen sollten Sie immer ernst nehmen; an dieser Stelle ist sie zwar technisch unvermeidbar, aber nicht von großer Relevanz, denn Sie sind ja mit Ihrem Heimserver verbunden. Sie können die Warnung also ignorieren und dem selbsterstellten Zertifikat vertrauen. Wenn sich nun ein zweiter Client verbindet, dann ist sofort eine Konferenz möglich, und Sie können sich unterhalten. Die übrigen Funktionen von Mumble sind selbsterklärend. Sie finden links den Chatbereich für Textnachrichten, Sie sehen rechts die Teilnehmerliste; durch Anklicken eines Namens werden im Optionsmenü mehrere Optionen sichtbar, dazu gehört etwa auch eine private Chatfunktion. Über die Symbolleiste können Sie auch neue Sprachräume erstellen und die Räume wechseln. Probieren Sie dies am besten direkt aus.

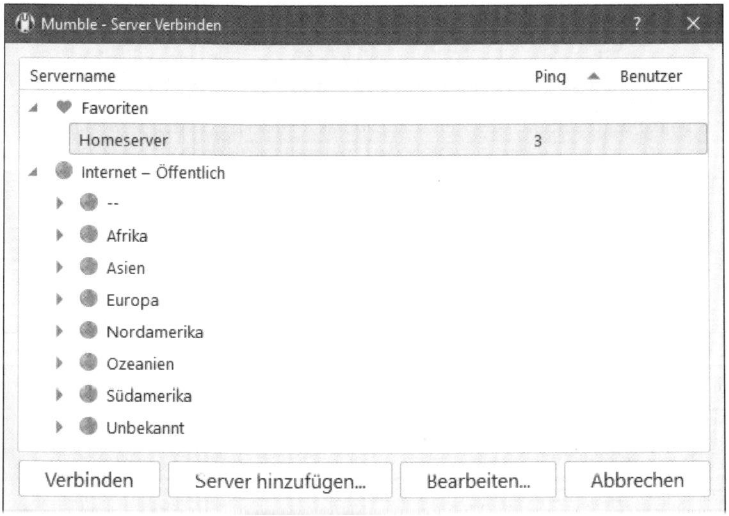

Abbildung 11.10 Der Home Server ist eingetragen und kann genutzt werden.

Noch ein Hinweis: Wie zuvor erwähnt, gibt es unter Mumble den speziellen Nutzer mit dem Namen *SuperUser*. Für ihn hatten Sie bei der Installation von Murmur ein separates Passwort angelegt. Über den Verbindungs-Assistenten können Sie in der Clientanwendung auch eine Verbindung für diesen Nutzer hinzufügen. Wenn Sie dieses Konto ergänzen, dann erhalten Sie nach der Verbindung im Client im Menü

SERVER einige Administrationsfunktionen etwa zur Bearbeitung der Nutzerliste auf dem Server. Dem normalen Nutzer sind diese Funktionen nicht zugänglich.

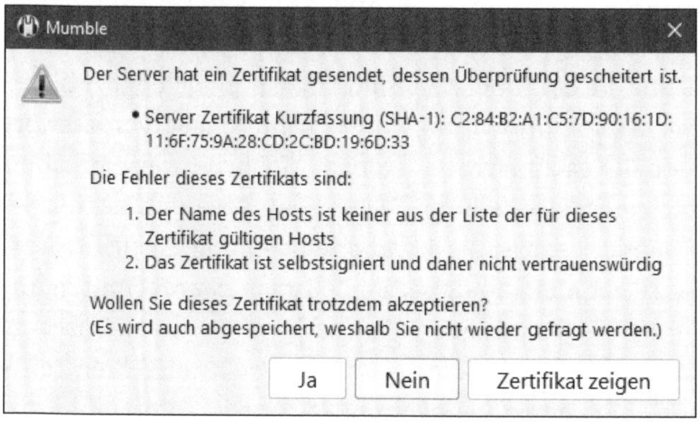

Abbildung 11.11 Die Zertifikatswarnung erscheint, weil der Serverdienst ein selbsterstelltes Zertifikat verwendet.

Wenn Sie Mumble über ein mobiles Endgerät nutzen möchten, dann schauen Sie in Ihren jeweiligen App-Bezugspunkt, und suchen Sie dort nach einer entsprechenden App. Für Android bieten sich etwa die Apps *Plumble* und *Mumla* an, unter iOS ist *Mumble* verfügbar. Bei beiden Apps funktioniert die Anmeldung am Server wie unter der Desktopversion.

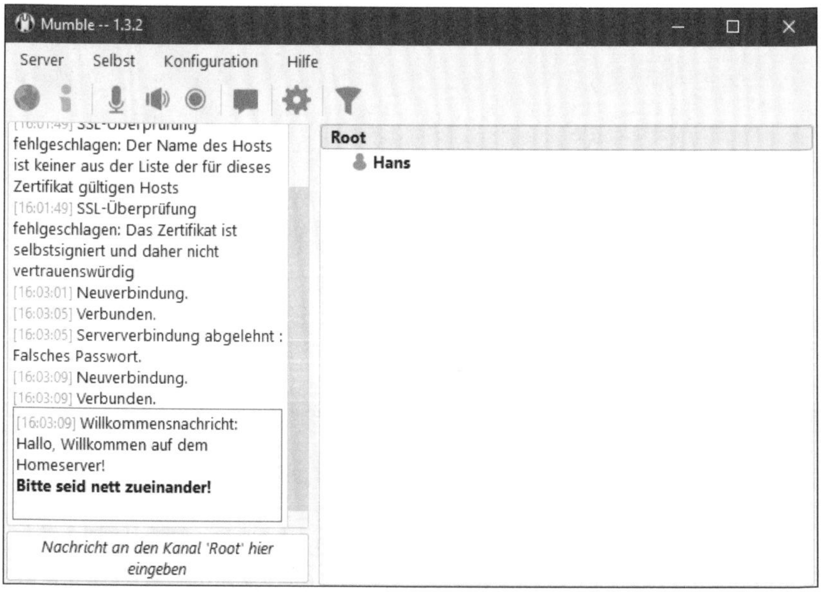

Abbildung 11.12 Die Verbindung steht! Die Unterhaltung kann beginnen!

11.5 Erhöhung der Sicherheit: die Registrierung beim Server

Jetzt zeige ich Ihnen noch eine Funktion, mit der Sie die Sicherheit des Systems erhöhen können. Konkret geht es um einen Mechanismus zur Authentifizierung, so dass Identitäten geschützt werden. Dazu können sich Nutzer beim Server registrieren. Denken Sie daran, dass es unter Mumble ja keine Nutzerkonten im eigentlichen Sinn gibt, sondern dass alle Nutzer ein gemeinsames Serverpasswort verwenden. Öffnen Sie im Clientprogramm Mumble zunächst den Zertifikats-Assistenten. Diesen finden Sie im Menü KONFIGURATION. Klicken Sie dort auf die Option NEUES ZERTIFIKAT ERSTELLEN und anschließend auf WEITER. Geben Sie nun Ihren Namen und Ihre E-Mail-Adresse an. Klicken Sie wieder auf WEITER. Sie sehen danach eine Zusammenfassung der Daten und müssen erneut WEITER anklicken. Danach werden Sie aufgefordert, vom Zertifikat eine Sicherungsdatei abzuspeichern, die Sie unbedingt an einem sicheren Ort verwahren sollten. Klicken Sie abschließend auf ANWENDEN, und bestätigen Sie die Erfolgsmeldung. Jetzt können Sie sich mit diesem Zertifikat beim Server registrieren. Anschließend erlaubt der Server die Nutzung Ihres Benutzernamens nur noch, wenn der Client das soeben erzeugte Zertifikat vorweisen kann. Melden Sie sich zunächst erneut beim Server an. Klicken Sie danach im Menü auf SELBST • REGISTRIEREN..., und schließen Sie die Registrierung ab. Damit kann keine andere Person Ihren Namen verwenden. Sollten Sie Ihr Benutzerkonto auch auf weiteren Rechnern verwenden wollen, dann müssen Sie dort zunächst Ihr Zertifikat importieren. Das funktioniert selbsterklärend über den Zertifikats-Assistenten (siehe Abbildung 11.13).

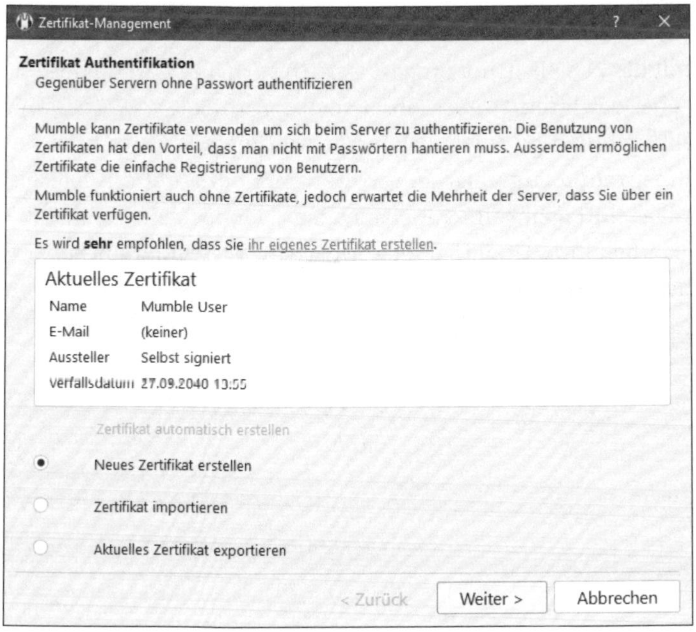

Abbildung 11.13 Mit dem »Zertifikat-Management« lassen sich einfach eigene Zertifikate für Mumble erstellen.

Damit ist alles für die sichere Nutzung von Mumble auch über das Internet eingerichtet. Wenn Sie möchten, dann können Sie sich Informationen zur Verschlüsselung anzeigen lassen. Klicken Sie dazu einfach auf SERVER • INFORMATIONEN....

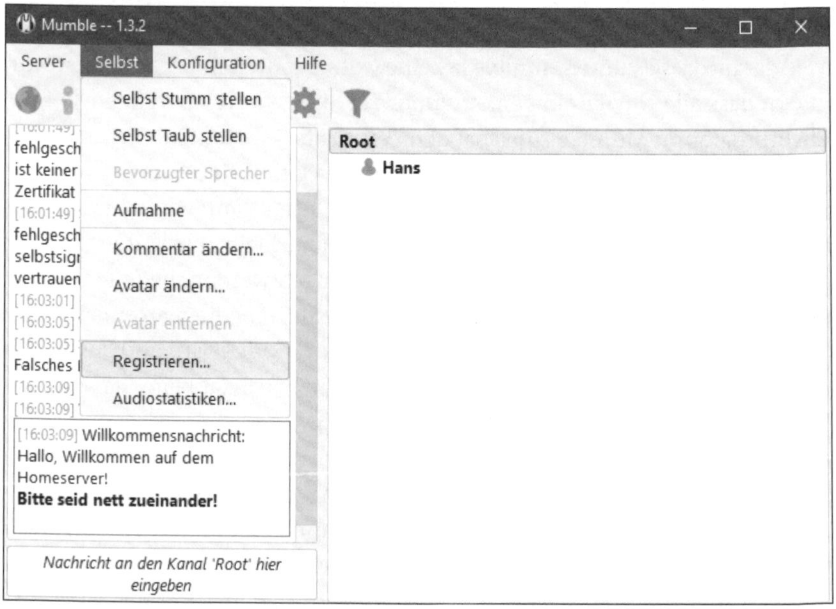

Abbildung 11.14 Registrieren Sie sich beim Server, damit Ihr Benutzername nur von Ihnen genutzt werden kann.

Im Zusammenhang mit der Zertifikatsnutzung ist es auch vorteilhaft, wenn der Server bei der Nutzung über das Internet über ein offizielles Zertifikat verfügt. Damit wird auch dessen Identität bestätigt. Zuvor, bei der Einrichtung von Murmur in Abschnitt 11.2, habe ich Ihnen die Stelle gezeigt, an der Sie in der Konfigurationsdatei ein entsprechendes Zertifikat eintragen können. Schauen Sie auch noch einmal in Kapitel 21, »Die (Daten-)Sicherheit Ihres Home Servers«, wo ich die Erstellung solcher Zertifikate beschrieben habe. Nun aber viel Spaß bei der Nutzung von Mumble!

Kapitel 12

Verwalten von Informationen und Anleitungen: ein eigenes Wiki mit DokuWiki

Haben Sie Informationen, die Sie sich gerne merken und zukünftig wieder lesen möchten? Wollen Sie diese Informationen gar mit anderen Menschen teilen? Dann sollten Sie sich Ihr eigenes Wiki einrichten!

Mit Ihrem Home Server können Sie problemlos Ihr eigenes Wiki verwalten – dieses Wort stammt übrigens aus dem Hawaiianischen und bedeutet so viel wie »schnell«. Ein Wiki dient dazu, »Wissen« an einer zentralen Stelle zu sammeln und vorrätig zu halten. Dabei kann es sich zum Beispiel um Arbeitsanweisungen handeln, um Vorschriften, wie ein Ablauf auszusehen hat. Es können auch Kochrezepte sein, die Sie gesammelt haben. Denkbar sind auch Anleitungen zur Einrichtung eines Computerservers oder Resultate und Auswertungen von Experimenten. Das Wörtchen »sammeln« kann man ruhig etwas weiter fassen: Bei einem Wiki geht es häufig darum, das Wissen von mehreren Personen zu sammeln. Es können (müssen aber nicht) also mehrere Personen ihre Erfahrungen in ein Wiki eintragen. Auch das »vorrätig halten« sollte man in einem größeren Kontext sehen, denn oftmals soll nämlich bei einem Wiki das Wissen auch mehreren Personen angeboten werden. Bei dem Beispiel eines Rezeptbuches könnten also alle Familienmitglieder ihre jeweiligen Lieblingsrezepte in das gemeinsame Wiki-Kochbuch eintragen, und jeder (im Heimnetzwerk) könnte es lesen. Somit hat auch der studierende Nachwuchs beispielsweise über einen VPN-Zugang Zugriff auf das Wiki-Kochbuch und kann die elterlichen Ratschläge und Rezepte in der WG-Küche selbst nachkochen.

Das bekannteste Wiki kennen Sie sicherlich alle: die *Wikipedia*, das weltbekannte Onlinelexikon mit »der Weisheit der vielen«. Jede Person, die wissenswertes Wissen hat, ist eingeladen, sich an diesem Lexikon zu beteiligen und die generierten Inhalte der ganzen Welt anzubieten. So weit muss Ihr eigenes Wiki natürlich nicht gehen. Sobald Sie allerdings Informationen haben, die Sie speichern, organisieren und eventuell mit anderen teilen möchten, sollten Sie sich für Ihr eigenes Wiki interessieren. Die viel genannten »anderen« können beispielsweise weitere Familien- oder auch Vereinsmitglieder in einem geschlossenen Computernetzwerk oder aber sogar tatsächlich alle Menschen im ganzen Internet sein.

In ein Wiki gibt man normalerweise Textinformationen ein, die sich durch Mediendateien ergänzen lassen. Dazu werden hauptsächlich Fotos verwendet, aber es sind auch Audio- und Videoclips sowie allgemeine Dateien möglich. Natürlich können auch Links zu wichtigen oder interessanten Seiten eingebunden werden. Die Textinformationen werden meist durch einprägsame Steuerzeichen formatiert, die zum Beispiel die Fettschrift oder die Darstellung einer Überschrift aktivieren. Diese sogenannte *Syntax* ist darauf ausgelegt, möglichst schnell und sicher erlernbar zu sein. Vielfach helfen auch Editoren, wie man sie von der Textverarbeitung her kennt, weiter. Das Wiki-System übernimmt anschließend die Formatierung einer Internetseite, auf der es die eingegebenen Informationen ansprechend darstellt. Dafür wird eine Gestaltungsgrundlage, ein sogenanntes *Theme*, definiert. Prinzipiell betrachtet ist also ein Wiki auch eine Art von *Content-Management-System*, ein *CMS*. Es nimmt Informationen von einer oder mehreren Personen entgegen, ordnet sie auf einer Website entsprechend einer Designregel an und sieht gegebenenfalls auch Links zu folgenden oder verwandten Abschnitten oder Unterseiten vor. Ein nachgeschalteter Webserver bietet die so erstellten Seiten dann den interessierten Nutzern zum Abruf an.

Auch auf Ihrem Home Server können Sie ein Wiki betreiben. Möglich ist sogar die Verwendung des Wiki-Systems, das die Wikipedia nutzt. Dieses trägt den Namen *MediaWiki*. Dieses System stellt allerdings gewisse Hardwareansprüche und kann einen kleinen Home Server schon beachtlich und im Hinblick auf die im privaten Umfeld benötigten Funktionen auch oftmals unnötig auslasten. Ich zeige Ihnen lieber eine leichtgewichtige Alternative mit geringeren Anforderungen, die jedoch ebenfalls alle wichtigen Funktionen bietet und auch eine sehr ansprechende Seitengestaltung vorsieht. Ihr Name lautet *DokuWiki*. Der Wortteil »Doku« deutet bereits an, dass hier irgendetwas dokumentiert werden soll, was für den angedachten Einsatz sicherlich auch angemessen ist. DokuWiki bietet den großen Vorteil, dass es ohne ein aufwendiges Datenbanksystem auskommt. Während viele andere Systeme eine MySQL-Datenbank voraussetzen, die gewisse Hardwareressourcen belegt, arbeitet DokuWiki ausschließlich mit einzelnen Textdateien. Für jeden Eintrag beziehungsweise für jede Seite gibt es eine eigene Textdatei. Das mag bei gigantischen Projekten nicht unbedingt der Übersichtlichkeit dienen – im kleineren Rahmen ist das jedoch sehr vorteilhaft. So sind unter anderem Backups oder Systemwechsel relativ einfach möglich. DokuWiki bietet auch einen eingebauten Texteditor, der das Eingeben von Informationen auch für den Einstieg recht einfach macht. Das System bringt eine komfortable Benutzerverwaltung mit, die die Steuerung von Schreibzugriffen erlaubt. Natürlich handelt es sich auch hier um ein Open-Source-Projekt, das gebührenfrei genutzt werden kann. Die Hardwareanforderungen sind erfreulich niedrig, so dass Sie dieses Wiki problemlos parallel zu anderen Serverdiensten nutzen können. Im Folgenden zeige ich Ihnen die Installation auf Ihrem Home Server. Dabei richten Sie das System zunächst so ein, dass es nur innerhalb Ihres Heimnetzwerks erreichbar ist.

12.1 Die Installation auf dem Home Server

Das DokuWiki-System ist (grob betrachtet) prinzipiell eine große Sammlung von Internetseiten. Sie benötigen also zunächst einen Webserver, der die Seiten vorrätig hält und sie an die Clientcomputer (also die Leser und Autoren) ausliefert. DokuWiki arbeitet mit dynamischen Seiten, deren Inhalt entsprechend der Benutzeranfragen erstellt wird. Zur Generierung von dynamischen Seiten setzt DokuWiki auf PHP. Sie benötigen also eine Kombination aus Webserver und zugehöriger PHP-Erweiterung. Ich empfehle Ihnen hierzu den bewährten Webserver *nginx* (der übrigens auch bei sehr vielen bekannten und sehr großen Internetsites genutzt wird und sich englisch »engine x« ausspricht) mit der Erweiterung *php7.3-fpm*. Ein Datenbanksystem benötigen Sie wie gesagt nicht.

Falls noch nicht geschehen, installieren Sie bitte zunächst den Webserver `nginx` sowie die Erweiterung `php7.3-fpm` mit folgendem Befehl (und zuvor aktualisierten Paketquellen):


```
sudo apt install nginx php7.3-fpm
```

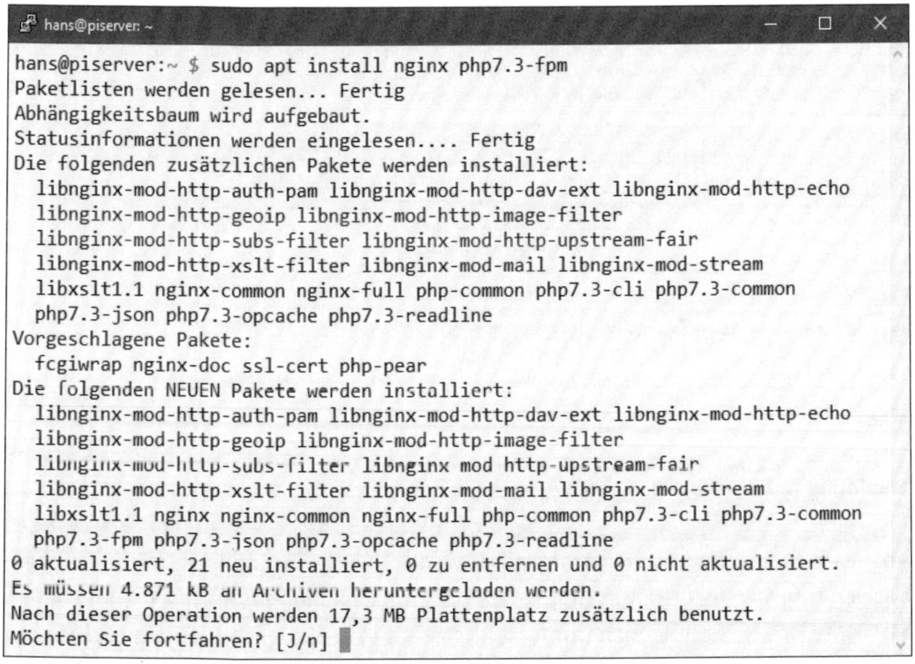

Abbildung 12.1 Die Installation des Webservers

Für DokuWiki ist es nützlich, zusätzlich die PHP-Module `php7.3-gd` und `php7.3-xml` zu installieren, die unter anderem Aufgaben zur Bildverwaltung übernehmen. Erweitern Sie also mit folgendem Befehl Ihre PHP-Installation um diese Module:

```
sudo apt install php7.3-gd php7.3-xml
```

Nun werden Sie die Dateien für das DokuWiki-System aus dem Internet herunterladen und sie in das Arbeitsverzeichnis des Webservers kopieren. Am besten arbeiten Sie zunächst in Ihrem Home-Verzeichnis. Wechseln Sie also mit dem Befehl `cd` in dieses Verzeichnis. Als Nächstes werden Sie ein Arbeitsverzeichnis für die temporären Dateien mit dem Namen *wikitemp* erstellen. Führen Sie dazu folgenden Befehl aus:

```
mkdir wikitemp
```

Mit einem anschließenden

```
cd wikitemp
```

wechseln Sie in dieses Arbeitsverzeichnis.

Jetzt laden Sie mit folgendem Befehl die aktuellste Version des DokuWiki-Paketes aus dem Internet herunter:

```
wget http://download.dokuwiki.org/src/dokuwiki/⮐
  dokuwiki-stable.tgz
```

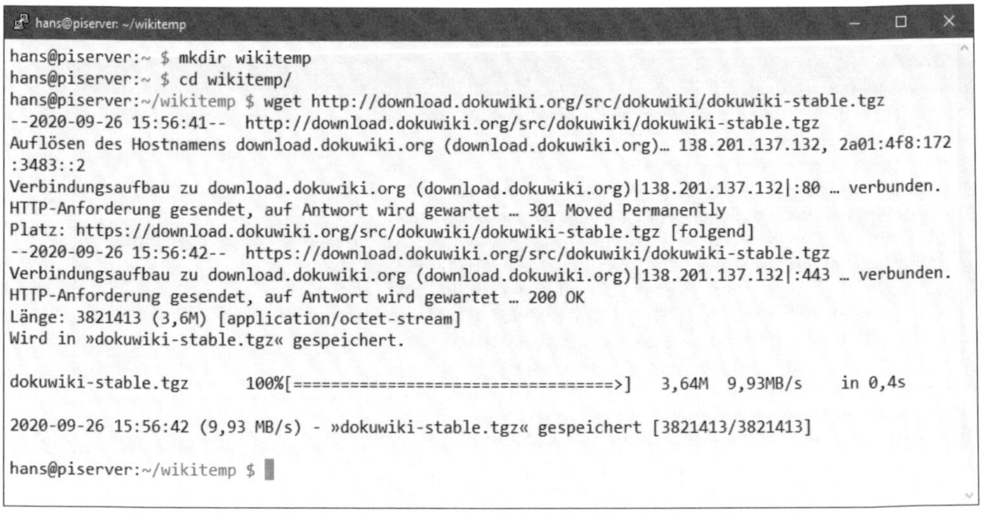

Abbildung 12.2 »DokuWiki« wird heruntergeladen.

An dieser Stelle schadet es natürlich nicht, wenn Sie sich zumindest kurz auf der zugehörigen Internetsite *http://www.dokuwiki.org* umschauen und prüfen, ob der soeben genannte Downloadlink noch immer gültig ist und zur aktuellsten Version führt.

Der `wget`-Befehl lädt ein komprimiertes *.tgz*-Archiv auf den Home Server. Dieses Archiv können Sie nun mit diesem Befehl entpacken:

```
tar -xvzf dokuwiki-stable.tgz
```

Dabei wird ein neues Unterverzeichnis erstellt. Es nennt sich *dokuwiki-DATUM* – mit einem entsprechenden Datumszusatz, beispielsweise *dokuwiki-2020-07-29*. So will man dieses Verzeichnis aber nicht auf der Festplatte haben; also benennen Sie es um, so dass es nur noch *dokuwiki* heißt.

Zunächst löschen Sie aber das *.tgz*-Archiv, damit es bei den weiteren Schritten nicht mehr stört:

```
rm dokuwiki-stable.tgz
```

Lassen Sie sich jetzt zunächst mit

```
ls
```

den Verzeichnisinhalt anzeigen, und notieren Sie sich, wie das erstellte Verzeichnis heißt. Nun benennen Sie das Verzeichnis entsprechend um:

```
sudo mv dokuwiki-2020-07-29/ dokuwiki/
```

Sie müssen den Befehlsteil `dokuwiki-2020-07-29/` so benennen, wie das Verzeichnis bei Ihnen heißt. Hier hilft Ihnen die Autocomplete-Funktion. Geben Sie einfach `sudo mv dok` ein, und drücken Sie dann (ohne ein weiteres Leerzeichen einzugeben) die [⭾]-Taste. Wenn es außer dem DokuWiki-Verzeichnis keine weiteren Verzeichnisse mit ähnlichem Namen gibt, dann wird der Name automatisch ergänzt. Achten Sie auf die beiden Schrägstriche, die sehr wichtig sind und kennzeichnen, dass Sie mit kompletten Verzeichnissen arbeiten möchten.

Jetzt werden Sie dieses Verzeichnis in das Arbeitsverzeichnis des Webservers verschieben, das sich unter */var/www/html* befindet. Um in dieses Verzeichnis schreiben zu können, sind *root*-Rechte erforderlich, die Ihnen der Befehlsvorsatz `sudo` gewährt:

```
sudo mv dokuwiki/ /var/www/html/
```

Der Webserver `nginx` wird unter dem relativ eingeschränkten Benutzerkonto *www-data* auf die Dateien in seinem Arbeitsverzeichnis zugreifen. Die Einschränkung der Rechte dient der Sicherheit. Im Moment hat der Benutzer *www-data* noch keinen Schreibzugriff auf das DokuWiki-Verzeichnis. Sie müssen ihm diesen Schreibzugriff gewähren, weil Sie ansonsten keine Einträge in Ihrem Wiki anlegen könnten. Dazu führen Sie die folgenden Befehle aus:

```
sudo chown -R www-data:www-data /var/www/html/dokuwiki
sudo chmod -R 744 /var/www/html/dokuwiki
```

Als Nächstes müssen Sie `nginx` einrichten und konfigurieren. Wechseln Sie zunächst in das Verzeichnis, in dem der Webserver die Konfigurationsdateien für die Webseiten vorrätig hält:

```
cd /etc/nginx/sites-available
```

Hier zeigt Ihnen die Ausgabe in Abbildung 12.3, dass noch keine Webseiten vorhanden sind.

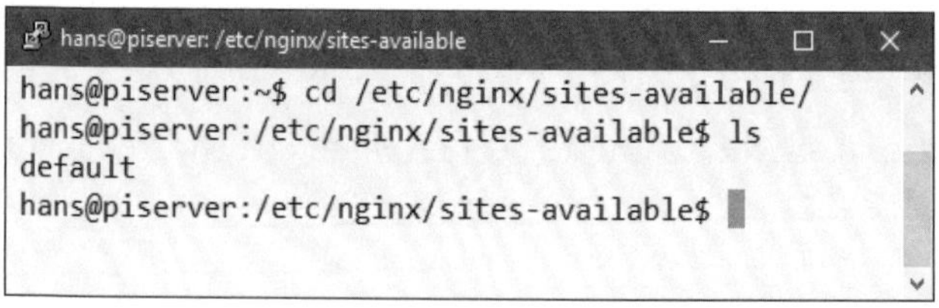

Abbildung 12.3 Noch sind keine Seiten vorhanden (mit Ausnahme der »default«-Seite).

`nginx` kann übrigens auch mehrere Websites verwalten und ausliefern. Ich sollte jedoch besser von mehreren Website-Projekten sprechen, denn natürlich besteht das DokuWiki selbst beispielsweise aus vielen einzelnen Seiten. Sie können jedoch neben dem DokuWiki-Projekt beispielsweise parallel eine Nextcloud-Installation betreiben. Auch Letztere ist ein Website-Projekt. Wenn Sie aktuell neben dem DokuWiki keine andere Site angelegt haben, also DokuWiki Ihr erstes Website-Projekt ist, dann befindet sich in diesem Verzeichnis nur die Konfigurationsdatei namens *default*. Lassen Sie sich jetzt ruhig einmal den Inhalt mit dem Befehl `ls` anzeigen, und prüfen Sie den Datenbestand. Die Datei namens *default* stellt Beispieleinstellungen für eine Universal-Website bereit. Sie werden sie jedoch nicht benutzen, sondern sich eine eigene neue Konfigurationsdatei anlegen, die sich um die Verwaltung der DokuWiki-Site kümmert. Öffnen Sie dazu zunächst den Texteditor `nano` mit dem Befehl

```
sudo nano dokuwiki
```

Füllen Sie die Datei nun mit dem Konfigurationstext für das DokuWiki – nutzen Sie dafür die Internetadresse aus dem Vorwort, über die Sie den Konfigurationstext als Datei herunterladen können. Kopieren Sie den Text in die Zwischenablage, und fügen Sie ihn über den Editor `nano` ein. Achten Sie darauf, dass Sie den Inhalt vollständig und fehlerfrei kopieren. Hier zeige ich Ihnen einmal, wie der Inhalt aussehen könnte:

```
server {
  listen 80;
  root /var/www/html/dokuwiki/;
  index doku.php;
  server_name IP-ADRESSE.VON.IHREM.HOMESERVER;

  client_max_body_size 15M;
  client_body_buffer_size 128k;

  location ~ /(data|conf|bin|inc)/ {
    deny all;
  }

  location ~ /\.ht {
    deny all;
```

```
    }

    location /dokuwiki/ {
      deny all;
    }

    location / {
      try_files $uri $uri/ @dokuwiki;
    }

    location @dokuwiki {
      rewrite ^/_media/(.*) /lib/exe/fetch.php?media=$1 last;
      rewrite ^/_detail/(.*) /lib/exe/detail.php?media=$1 last;
      rewrite ^/_export/([^/]+)/(.*) /doku.php?do=export_$1&id=$2 last;
      rewrite ^/(.*) /doku.php?id=$1&$args last;
    }

    location ~ ^/lib/.+\.(css|gif|js|png|jpg|jpeg|ico)$ {
      expires 60d;
    }

    location ~ \.php$ {
      fastcgi_split_path_info ^(.+\.php)(/.+)$;
      try_files $uri $uri/ /doku.php;
      fastcgi_pass 127.0.0.1:9000;
      fastcgi_index index.php;
      include fastcgi_params;
      fastcgi_param SCRIPT_FILENAME $document_root$fastcgi_script_name;
    }

}
```

Listing 12.1 Die Konfigurationsdatei des DokuWikis

Speichern Sie die Datei zunächst mit der Tastenkombination [Strg]+[o] und Betätigung der [↵]-Taste ab. Diese Tastaturkombination wird den Editor nano nicht beenden, sondern geöffnet lassen. Das ist hilfreich, denn Sie müssen sich den Dateiinhalt noch einmal genauer ansehen.

Zeile zwei, `listen 80;`, müssen Sie eventuell ändern. Sie definiert den (Netzwerk-)Port, auf dem die DokuWiki-Site ausgeliefert wird. Wie Sie wissen, funktioniert die Kommunikation im Netzwerk über sogenannte *Ports*. Üblicherweise belegt eine Anwendung immer genau einen Port. Auf diese Weise wird der gesamte Netzwerkverkehr sortiert und gerichtet. Sie kennen beispielsweise schon Port 21, der beim FTP-

Verkehr verwendet wird, ebenso ist Ihnen Port 22 geläufig, der bei SSH-Verbindungen genutzt wird. 80 ist der HTTP-Standardport, der üblicherweise von Webseiten im Internet benutzt wird. Normalerweise müsste man bei einem Aufruf einer Internetseite im Browser stets auch den jeweiligen Port angeben, damit die gewünschte Internetseite genau spezifiziert wird. Beim Standardport 80 ist dies aber nicht so, er muss bei der Eingabe in die Adresszeile des Browsers nicht mit eingegeben werden, und wird automatisch ergänzt. Läuft eine Seite unter Port 80, dann genügt die Eingabe des Domainnamens beziehungsweise der IP-Adresse des Servers, und die Seite wird angezeigt. Zwar können unter einem Port durchaus auch mehrere Websites erreichbar sein, aber das ist nicht immer elegant und kann auch für Verwirrung gerade bei der Konfiguration sorgen. Am besten sollten Sie daher stets nur ein Website-Projekt pro Port nutzen. Wenn Sie noch keine andere Website bereitstellen und DokuWiki Ihr erstes Website-Projekt ist, dann können Sie die Einstellung problemlos auf Port 80 belassen. Der Blick in das Verzeichnis */etc/nginx/sites-available* hat Sie darüber informiert, ob Sie bereits eine weitere Site betreiben. Wenn sich dort nur die Standarddatei namens *default* befindet, der Sie soeben die Datei *dokuwiki* zur Seite gestellt haben, dann haben Sie keine weiteren Websites im Einsatz.

Falls Sie aber mehrere Website-Projekte im Einsatz haben (beispielsweise neben DokuWiki eine Nextcloud-Installation), dann sind jetzt Konfigurationsarbeiten angesagt. Denken Sie daran, dass Port 80 (da ohne direkte Eingabe erreichbar) quasi Ihre Hauptseite definiert. Unter Port 80 sollte also Ihre wichtigste Website beziehungsweise das wichtigste Website-Projekt erreichbar sein. Für jede weitere Website benötigen Sie einen eigenen noch unbenutzten Port. Möglich ist beispielsweise die Nutzung der Ports ab 8080 und höher (8081, 8082 ...). Tragen Sie nun also gegebenenfalls bei `listen` den entsprechenden noch unbenutzten Port ein. Eine mögliche Zeile könnte also lauten:

```
listen 8080;
```

An dieser Stelle ein wichtiger Tipp: Führen Sie am besten Buch über Ihre bisherigen Portbelegungen. So wissen Sie rasch, welcher Port bereits durch einen anderen Dienst belegt ist. Beachten Sie insbesondere, dass auch Dienste wie beispielsweise der Webcam-Streaming-Dienst *motion* einen eigenen, ansonsten unbenutzten Port benötigen.

Zu ändern ist in jedem Fall auch noch Zeile vier in Listing 12.1. Hier müssen Sie den Ausdruck `IP-ADRESSE.VON.IHREM.HOMESERVER` durch die statische IP-Adresse Ihres Home Servers ersetzen. Ändern Sie die Zeile bitte entsprechend ab. Achten Sie dabei auf das Semikolon am Zeilenende. Eine korrekte Zeile könnte lauten:

```
server_name 192.168.178.10;
```

Die nachfolgenden Blöcke regeln den Zugriff auf die DokuWiki-Site. Beispielsweise wird der Zugriff auf DokuWiki-interne Seiten in den Verzeichnissen *data*, *conf*, *bin* und *inc* verweigert. Diese Verzeichnisse befinden sich in Unterverzeichnissen von

/var/www/html/dokuwiki. In diesen Verzeichnissen hat niemand etwas zu suchen, erst recht nicht ein böswilliger Nutzer. Deswegen verbietet man hier den Zugriff mit `deny all`.

Der Block `location @dokuwiki` dient dazu, dass `nginx` die Adresse angeforderter Seiten automatisch umschreiben kann. Es gibt nämlich in DokuWiki eine Option, dass es »schöne Adressen« verwendet – dazu später mehr. Damit das funktioniert, benötigt man diesen Block. Der nächste Block mit dem Eintrag `expires` regelt das Cachen (also das Zwischenspeichern) von sogenannten *statischen Dateien* im Clientbrowser. Diese liegen im Unterverzeichnis */var/www/html/dokuwiki/lib*. Es handelt sich quasi um das Theme, also die Gestaltung der Wiki-Seiten, dazu zählen beispielsweise Grafiken für den Seitenhintergrund oder für Schaltflächen. Durch diese Einstellung bleiben diese Elemente für zwei Monate im Cache der Clientbrowser gespeichert und müssen nicht bei jedem Seitenzugriff neu geladen werden. Dies beschleunigt den Seitenaufbau.

Zum Abschluss finden Sie einen Block für die PHP-Bearbeitung, mit einigen Einträgen, die die Sicherheit erhöhen, so dass es einem Angreifer nicht zu leicht gemacht wird, Schadcode auszuführen. Hierfür sind hauptsächlich die Zeilen `fastcgi_split_path_info` und `try_files` zuständig. An diesen Zeilen sind keine Änderungen nötig.

Wenn Sie die IP-Adresse und gegebenenfalls den Port geändert haben, dann speichern Sie die Datei ab und verlassen den Texteditor `nano` mit den Tastaturbefehlen [Strg]+[x] und einem [j] sowie dem obligatorischen Betätigen der [↵]-Taste.

Jetzt müssen Sie `nginx` mitteilen, dass Ihr DokuWiki nicht nur eine theoretisch verfügbare Site ist, sondern eine, die auch tatsächlich bereitgestellt werden soll. Dies erreichen Sie durch eine Verknüpfung der soeben bearbeiteten Konfigurationsdatei zwischen dem Verzeichnis */etc/nginx/sites-available* und dem Verzeichnis */etc/nginx/sites-enabled*. Geben Sie dazu Folgendes ein:

```
sudo ln -s /etc/nginx/sites-available/dokuwiki ⮐
  /etc/nginx/sites-enabled/dokuwiki
```

Das Kommando `ln` (von englisch: *link*) mit dem Parameter `-s` (für: *symbolic*) sorgt dafür, dass eine Verknüpfung von der Quelle (erste Pfadangabe) zum Ziel (zweite Pfadangabe) erstellt wird.

Je nachdem, ob Sie bereits weitere Website-Projekte angelegt haben, müssen Sie sich noch um die vorhin betrachtete Datei *default* kümmern, die eventuell noch aktiv ist. Dieser Schritt ist nötig, wenn DokuWiki Ihr erstes Website-Projekt ist. Haben Sie schon ein weiteres Site-Projekt aktiviert, dann haben Sie diesen Schritt schon an anderer Stelle erledigt. Zur Erinnerung: Die Datei *default* befindet sich im Verzeichnis */etc/nginx/sites-available* und enthält eine Grundkonfiguration für den Webserver `nginx`. Für Ihr DokuWiki haben Sie allerdings eine eigenständige Konfigurationsdatei erstellt und die Datei *default* nicht weiter beachtet. So zeige ich Ihnen das in diesem Buch übrigens für alle Website-Projekte. Das Problem ist nun, dass sich diese Grundkonfiguration mit der aktuellen Konfiguration von DokuWiki etwas beißt, denn zunächst sind beispielsweise beide so konfiguriert, dass sie Port 80 bedienen und es so zu unschönen Überschneidungen kommt. Sie werden daher die Datei *default* deaktivieren. Ein radikaler Schritt wäre es an dieser Stelle, die Datei einfach zu löschen. Aber das wäre schade, denn damit gingen einige wertvolle Hinweise, die diese Datei enthält, verloren. Zum Glück bietet `nginx` ja aber das Konzept mit den zur Verfügung stehenden und den davon aktivierten Sites. Das kommt jetzt gelegen. Sie können nämlich die *default*-Seite ruhig als verfügbare Site belassen, sie aber nicht aktivieren. Das machen Sie folgenderweise: Die Datei *default* bleibt im Verzeichnis */etc/nginx/sites-available* bestehen. Zu dieser Datei gibt es eine Verknüpfung in das Verzeichnis */etc/nginx/sites-enabled*. Eine ähnliche Verknüpfung hatten Sie zuvor für die Konfigurationsdatei von DokuWiki angelegt. Und genau diese Verknüpfung der Datei *default* werden Sie jetzt löschen. Wechseln Sie mit folgendem Befehl in das letztgenannte Verzeichnis:

```
cd /etc/nginx/sites-enabled
```

Rufen Sie `ls -la` auf. Im Verzeichnis müsste es neben der Datei namens *dokuwiki* die Datei *default* geben. Dies ist die Verknüpfung zur gleichnamigen »Originaldatei« im Verzeichnis */etc/nginx/sites-available*. Entfernen Sie diesen Link mit dem Befehl:

```
sudo rm default
```

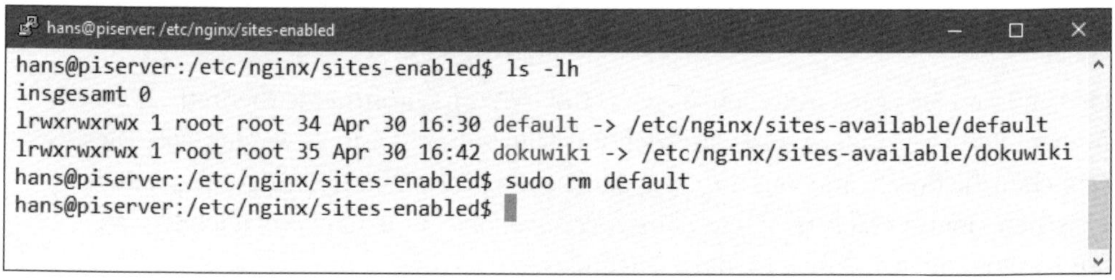

Abbildung 12.4 Das Entfernen der Verknüpfung zur »default«-Seite

Damit sind Sie schon fertig. Natürlich können Sie auch auf Nummer sicher gehen und die Datei *default* zusätzlich aus dem Verzeichnis */etc/nginx/sites-available* entfernen. Aber bitte löschen Sie diese Datei nicht einfach, sondern verschieben Sie sie in einen Backup-Ordner in Ihrem Home-Verzeichnis. Dieser Schritt ist jedoch nicht nötig, das Löschen der Verknüpfung genügt vollkommen.

Nachdem Sie diese Aufgabe erledigt haben (auf dem konfigurierten Port also nur noch eine Site aktiv ist), müssen Sie eine Änderung in der PHP-Konfiguration vornehmen. Diese regelt die Kommunikation zwischen dem Webserver und der eigentlichen PHP-Schnittstelle, die Sie auf einen Netzwerkport umlegen. Öffnen Sie dazu mit `nano` folgende Datei:

```
sudo nano -B /etc/php/7.3/fpm/pool.d/www.conf
```

Bei diesem Befehl legt der Parameter `-B` automatisch ein Backup dieser Datei an. Suchen Sie mit dem Tastaturkommando [Strg]+[W] nach dem Eintrag `listen =`. Ändern Sie den Eintrag in folgende Zeile:

```
listen = 127.0.0.1:9000
```

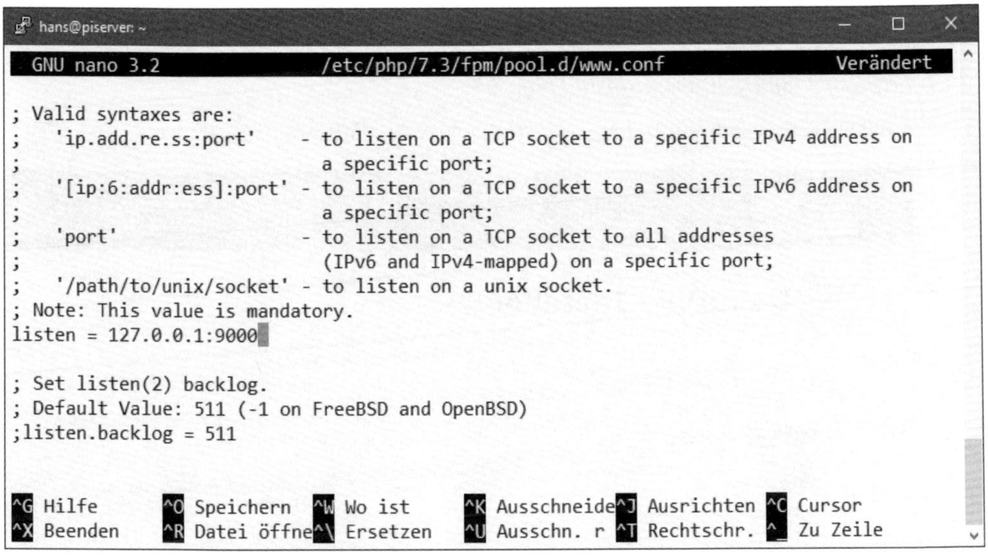

Abbildung 12.5 Die Konfigurationsdatei »/etc/php/7.3/fpm/pool.d/www.conf«

Beenden Sie `nano`, und speichern Sie die Datei mit [Strg]+[X] ab.

Nun müssen Sie den Webserver `nginx` und den Service `php7.3-fpm` jeweils einmal neu starten, damit sie die geänderte Seitenkonfiguration auch übernehmen:

```
sudo service nginx restart
sudo service php7.3-fpm restart
```

Wenn eine Fehlermeldung erscheint, dann haben Sie sich höchstwahrscheinlich bei der Konfigurationsdatei vertippt. Überprüfen Sie diese dann noch einmal. Ansonsten sind Sie so weit: Öffnen Sie auf Ihrem Computer einen Webbrowser, und surfen Sie Ihr DokuWiki an. Geben Sie dazu die IP-Adresse Ihres Home Servers ein, und ergänzen Sie entweder nichts, wenn Sie Port 80 gewählt haben (Ihre Eingabe lautet dann beispielsweise nur »192.168.178.10«), oder einen Doppelpunkt gefolgt von der in der Konfiguration angegebenen Portnummer (beispielsweise »192.168.178.10:8080«). Je nach Browser ist es eventuell nötig, der Adresse ein *http://* voranzustellen.

Nun sollte sich das DokuWiki öffnen. Aber halt – bevor Sie es nutzen können, müssen Sie es zunächst noch konfigurieren und initialisieren.

12.2 Die grundlegende Ersteinrichtung

Zur Ersteinrichtung ergänzen Sie die Adresse im Browser um den Eintrag */install.php*. Geben Sie also beispielsweise (mit angepasster IP-Adresse und Port) entweder:

http://192.168.178.10/install.php

oder

http://192.168.178.10:8080/install.php

ein. Dies wird die Installationsseite des DokuWikis öffnen.

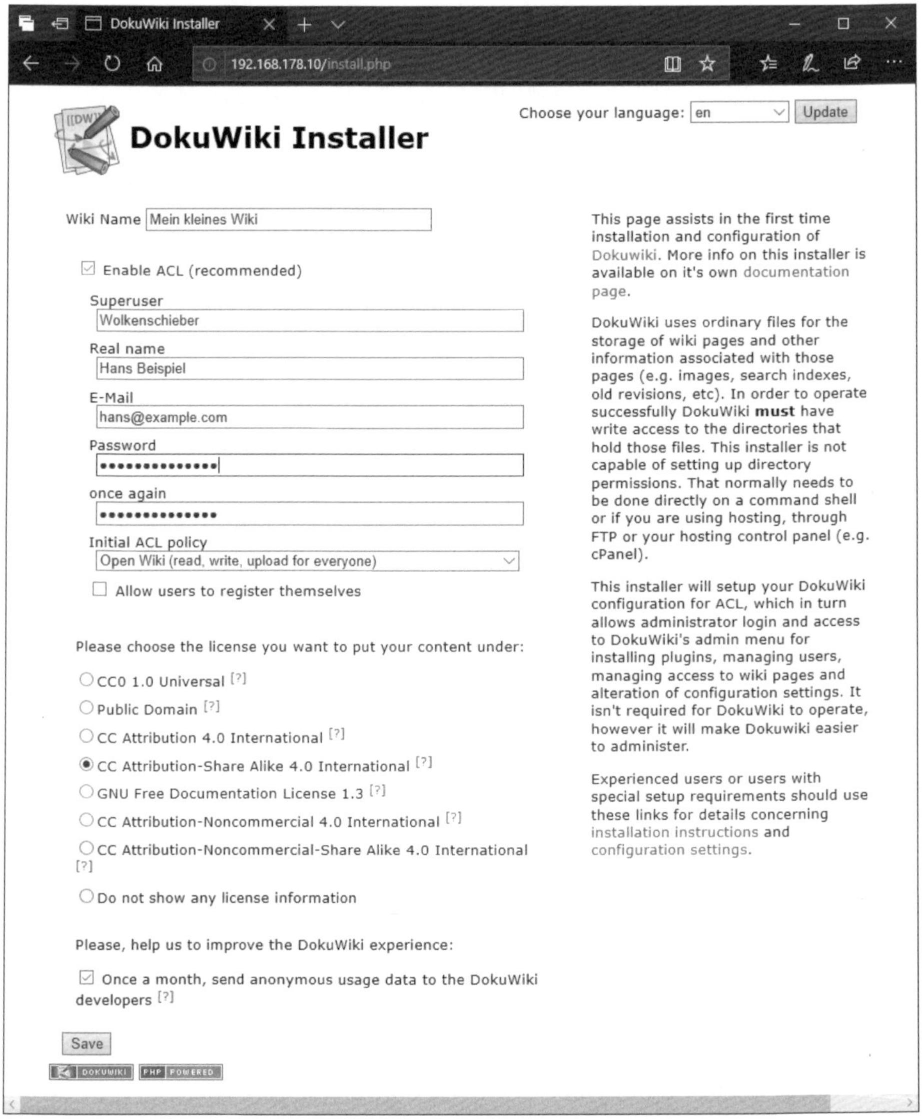

Abbildung 12.6 Die Installationsseite Ihres Wikis

Vergeben Sie nun als Erstes einen Namen für das Wiki – dafür dient das Feld WIKI NAME. Anschließend sollten Sie in das Feld ENABLE ACL einen Haken setzen. Damit aktivieren Sie die Benutzerverwaltung des DokuWikis. Nun müssen Sie einen Namen für den Administrator und ein zugehöriges sicheres Passwort vergeben. Der Administrator wird übrigens als SUPERUSER bezeichnet. Bedenken Sie: Der Administrator sollte nicht »Administrator« und auch nicht »admin« heißen. Sie machen es sonst einem potentiellen Angreifer nur unnötig einfach. Lassen Sie sich etwas nicht leicht zu Erratendes einfallen, beispielsweise »Wolkenschieber« oder auch »Z28FF«. Diese Strategie sollten Sie übrigens immer anwenden, wenn Sie einen Benutzernamen für einen Systemverwalter wählen müssen. Der Grund liegt darin, dass automatisierte Angreifer häufig die Standardwerte probieren und sich bei einem Scheitern oftmals direkt dem nächsten System zuwenden. In das Feld REAL NAME tragen Sie den vollständigen echten Namen des Administrators ein. Füllen Sie auch das Feld für die E-Mail-Adresse korrekt aus.

Sie müssen nun noch eine Entscheidung zur Benutzerpolitik des DokuWikis treffen. Hierfür dient das Listenfeld INITIAL ACL POLICY. Es hat als Voreinstellung den Eintrag OPEN WIKI. Dieser erlaubt es jedermann, Artikel zu lesen und zu bearbeiten. Sie können alternativ ein PUBLIC WIKI anlegen, das jedermann lesenden Zugriff gestattet, aber nur registrierten Benutzern ein Schreibrecht einräumt. Es wird auch die Option CLOSED WIKI geboten. Hierbei bleibt sogar das Lesen von Artikeln registrierten Benutzern vorbehalten. Abschließend können Sie entscheiden, ob sich neue Benutzer selbst registrieren dürfen oder ob das Anlegen von Benutzerkonten dem Administrator vorbehalten bleibt. Wenn Sie in das Kästchen ALLOW USERS TO REGISTER THEMSELVES einen Haken setzen, dann gestatten Sie die eigenständige Registrierung der Benutzer. Sie können sich dann noch optional für die Lizenzierung Ihrer erstellten Inhalte entscheiden und auf Wunsch anonymisierte Nutzerdaten zur Produktverbesserung an die Entwickler des DokuWikis senden. Wenn alle Eingaben komplett sind, klicken Sie auf die Schaltfläche SAVE.

Ist die Installation abgeschlossen, dann sollten Sie die Datei *install.php* innerhalb der DokuWiki-Installation löschen. Sie wird nicht mehr gebraucht und stellt nur ein unnötiges Sicherheitsrisiko dar. Löschen Sie also auf der Kommandozeile des Servers die Datei *install.php*, die sich im Verzeichnis */var/www/html/dokuwiki/* befindet, mit dem Befehl

```
sudo rm /var/www/html/dokuwiki/install.php
```

Als letzten Schritt sollten Sie noch im Home-Verzeichnis aufräumen. Das vorhin angelegte Arbeitsverzeichnis für temporäre Dateien benötigen Sie jetzt nicht mehr und entfernen es mit folgendem Befehl:

```
rm -R ~/wikitemp
```

Damit sind Sie fertig. Nun können Sie Ihr DokuWiki benutzen.

12.3 Die Konfiguration des DokuWikis

Die Konfigurationsoptionen von DokuWiki sind sehr umfangreich und würden allein ein ganzes Buch erfordern. Glücklicherweise sind aber viele Einstellungen bereits sehr alltagstauglich, so dass Sie sich im System schnell zurechtfinden und nach kurzer Eingewöhnungszeit bereits sehr einfach neue Artikel und Seiten erstellen werden. Ich beschränke mich daher auf einige wesentliche Punkte.

Öffnen Sie zunächst die Hauptseite Ihres DokuWikis (ohne den Eintrag */install.php*).

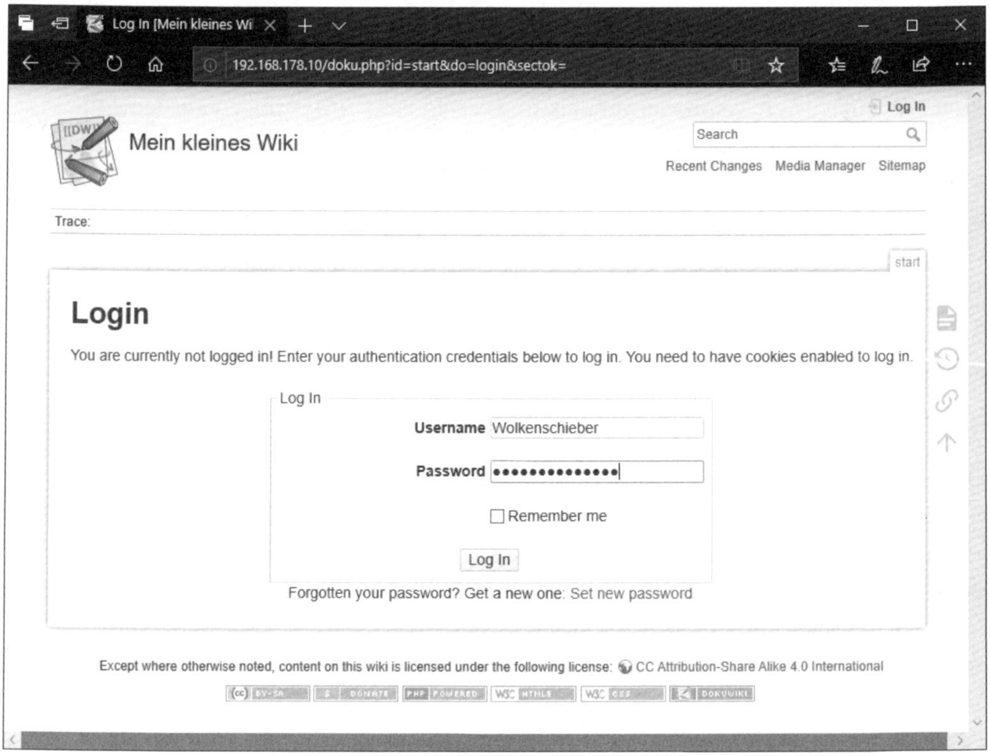

Abbildung 12.7 Loggen Sie sich in Ihr Wiki ein.

Ganz oben rechts finden Sie den Menüpunkt Log In, den Sie zum Einloggen in Ihr DokuWiki verwenden. Klicken Sie ihn an, und geben Sie auf der folgenden Seite den Benutzernamen (Username) Ihres zuvor eingerichteten Administratorkontos sowie das dazugehörige Passwort ein.

Das Kästchen Remember me sollten Sie beim Administratorkonto aus Sicherheitsgründen nicht aktivieren, denn damit würde eine automatische Anmeldung ohne Passworteingabe ermöglicht. Klicken Sie anschließend auf Log In.

Wenn Sie sich als Administrator eingeloggt haben, dann enthält die kleine Menüleiste am oberen Seitenrand den Punkt ADMIN, der mit einem Zahnradsymbol gekennzeichnet ist. Klicken Sie diesen Eintrag mit der Maus an.

Sie erhalten anschließend eine Übersichtsseite mit den Administrationsoptionen. Klicken Sie zunächst auf den Eintrag CONFIGURATION SETTINGS. Es öffnet sich eine recht umfangreiche Tabelle, in der Sie diverse Einstellungen vornehmen können.

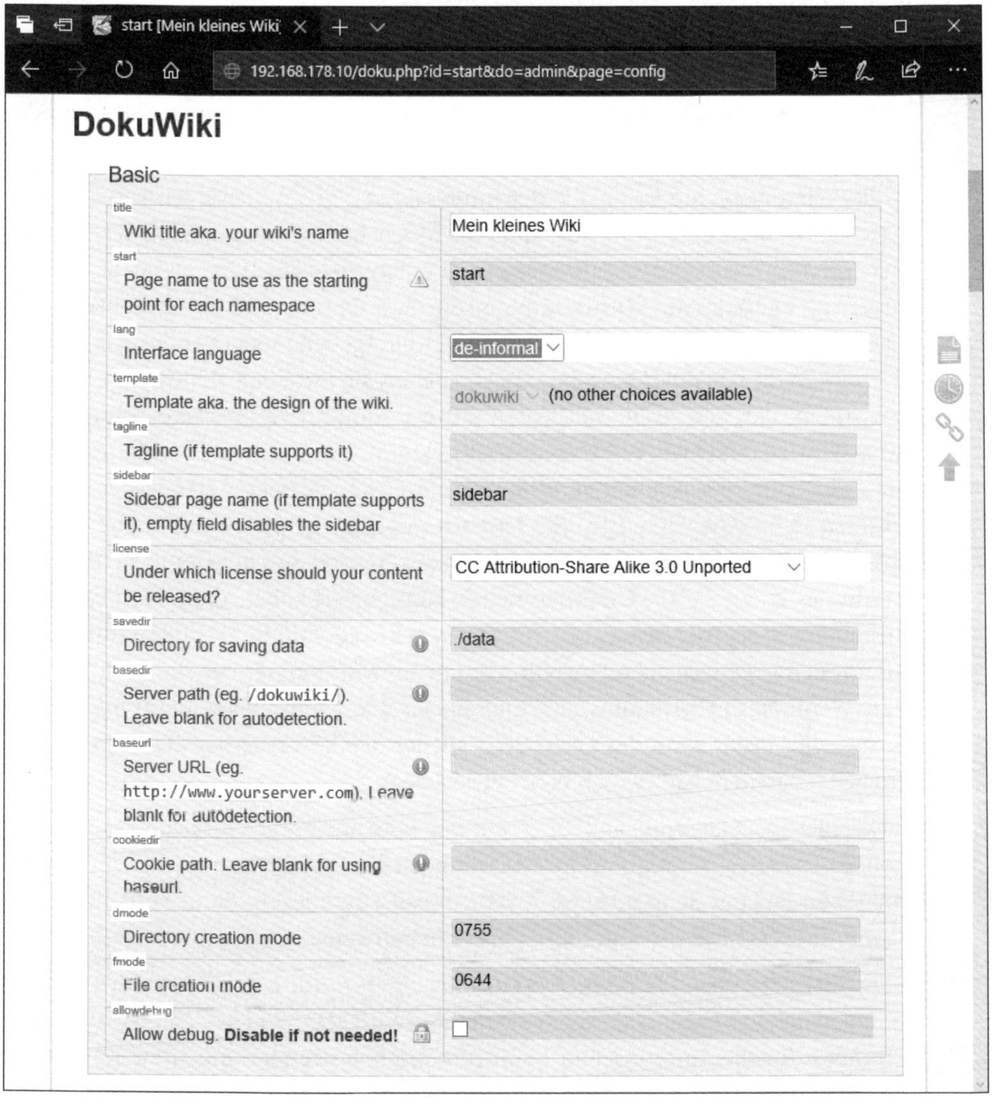

Abbildung 12.8 Die Konfigurationsmöglichkeiten des DokuWikis

Viele Nutzer möchten gerne zuerst ihre jeweilige Muttersprache einstellen. Die Sprache des DokuWikis können Sie in der dritten Zeile unter dem Eintrag LANG – INTER-

FACE LANGUAGE auswählen. Die Standardeinstellung lautet EN für Englisch, aber es werden viele weitere Sprachen geboten. Dazu gehören auch die Einstellung DE für die formelle deutsche Sprache sowie die Option DE-INFORMAL, die eine alltagsnahe Sprache verwendet und beispielsweise das Du für die Anrede benutzt. Wenn Sie die Sprache des DokuWikis ändern möchten, dann treffen Sie hier Ihre Auswahl.

Die restlichen Optionen dieser Seite müssen Sie zunächst nicht verändern, denn die Voreinstellungen genügen für viele Zwecke. Sie können sich natürlich mit den Optionen vertraut machen, aber seien Sie bitte vorsichtig. Manche Einstellungen können dazu führen, dass Ihr DokuWiki nicht mehr funktioniert und nicht mehr erreichbar ist. In diesem Fall müssen Sie die komplette Installation wiederholen und zuvor das Verzeichnis */var/www/html/dokuwiki* entfernen.

Es gibt allerdings eine Sache, die der interessierte Nutzer auswählen kann. Vorhin hatte ich bei der Einrichtung kurz über die Möglichkeit gesprochen, dass DokuWiki »schöne URLs« verwendet. Dafür hatten ich Ihnen extra eine Einstellung beim Webserver `nginx` gezeigt. Auf Wunsch können Sie diese Option jetzt verwenden, denn sie macht sich gut, wenn Sie Links zu einer Seite weitergeben möchten oder selbst direkt in Ihrem Archiv navigieren wollen. Dazu suchen Sie bitte den Konfigurationsblock ADVANCED, der sich recht weit unten auf der Administrationsseite befindet. Der zweite Eintrag USEREWRITE – USE NICE URLS kümmert sich um die Formatierung der URLs. Der Eintrag ist mit einem roten Ausrufezeichen versehen. Das geschieht nicht umsonst, denn eine verkehrte oder falsch konfigurierte Option sorgt dafür, dass Ihr DokuWiki nicht mehr erreichbar ist. Die Änderung ist daher in jedem Fall nur etwas für Mutige. Wenn Sie alle Optionen richtig konfiguriert haben, dann können Sie die Einstellung von NONE in .HTACCESS ändern. Achtung: Andere Optionen funktionieren mit den gegenwärtigen Einstellungen nicht. Nun müssen Sie die Daumen drücken. Wenn diese Einstellung aufgrund eines Fehlers fehlschlägt, dann müssen Sie die gesamte Installation des DokuWikis wiederholen. Vorsichtige Naturen werden also lieber bei nicht ganz so schönen URLs bleiben.

Klicken Sie anschließend ganz unten auf der Seite auf die Schaltfläche SAVE. Damit speichern Sie Ihre Konfigurationseinstellungen ab. Wenn Sie anschließend erneut ganz oben auf der Seite auf den ADMIN-Schriftzug klicken, dann wird Ihnen die Hauptseite des Administratorkontos in der neuen Spracheinstellung angezeigt.

Jetzt sollten Sie noch ein Benutzerkonto für einen Autor anlegen. Dieser Punkt ist dann von Relevanz, wenn Sie kein vollständig geöffnetes Wiki betreiben wollen, also zumindest für die Autorenschaft Benutzerkonten verwenden möchten. Klicken Sie den ersten Punkt in der Administrationsübersicht an, der in der deutschen Fassung BENUTZERVERWALTUNG heißt.

Der obere Teil der Seite zeigt Ihnen die bisherige Benutzerliste, die derzeit nur den Administrator umfasst. In der unteren Tabelle können Sie einen Benutzer hinzufügen.

Geben Sie dafür einen Benutzernamen, ein Passwort, einen ausgeschriebenen echten Namen und eine E-Mail-Adresse an. Das Feld GRUPPEN können Sie leer lassen. Wenn Sie einen E-Mail-MTA installiert haben – wie ich es in Kapitel 10, »Statusinformationen per E-Mail erhalten: ›msmtp‹ als MTA«, besprochen habe –, dann können Sie auch das Kästchen BENUTZER BENACHRICHTIGEN anklicken, worauf dieser eine E-Mail-Nachricht mit seinen Zugangsdaten erhält. Zum Anlegen klicken Sie auf die Schaltfläche ZUFÜGEN. Damit ist das erste von vielen möglichen Benutzerkonten erstellt.

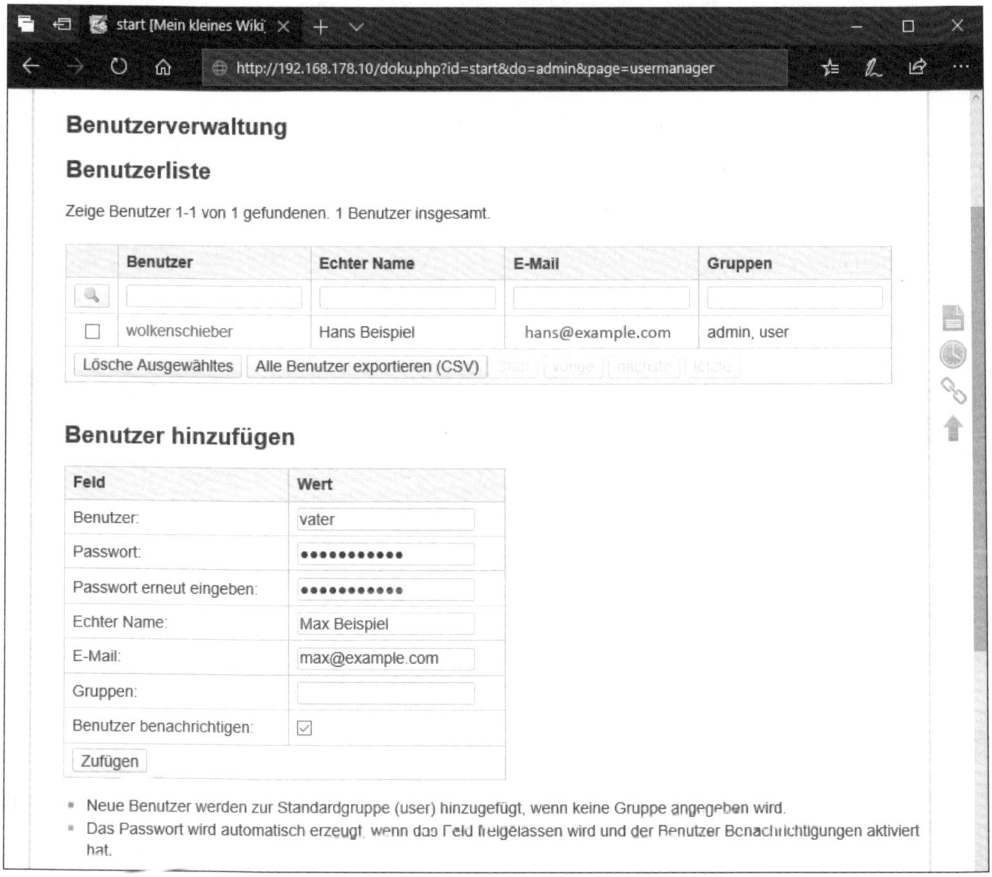

Abbildung 12.9 Die Benutzerverwaltung des Wikis

Wenn eines Tages Ihr DokuWiki etwas umfangreicher geworden ist und Sie sich eine feinere Kontrolle von Benutzerrechten wünschen, dann ist für Sie der zweite Punkt der Hauptseite der Administrationsoptionen interessant, denn er kümmert sich um eine detaillierte Zugangsverwaltung. Für den Einstieg benötigen Sie diesen Punkt jedoch nicht. Sie können sich jetzt als Administrator abmelden (mit der Schaltfläche ganz oben rechts) und unter dem neu erstellten Benutzerkonto als »normaler Autor« anmelden. Nun wird es an der Zeit, dass Sie Ihren ersten Artikel erstellen.

12.4 Eine kleine Einführung in die Benutzung

Ich zeige Ihnen nachfolgend noch kurz, wie Sie Ihr DokuWiki benutzen. Loggen Sie sich zunächst mit einem Benutzerkonto, das über Schreibrechte verfügt, direkt im DokuWiki ein. Klicken Sie einmal links oben auf das DokuWiki-Symbol oder auf den Titel Ihres Wikis, den Sie bei der Einrichtung eingegeben haben. Sie gelangen daraufhin auf die Startseite, die anfangs jedoch noch ganz leer ist.

Ganz wichtig ist: Innerhalb des DokuWikis gibt es keine Schaltfläche für die Aktion »neue Seite anlegen«. Das mag zunächst verwunderlich sein, aber DokuWiki funktioniert so, dass eine Seite stets über eine andere Seite aufgerufen werden kann. Dies stellt sicher, dass keine Seite »verlorengeht« – also irgendwo existiert, aber nur über die Suche gefunden werden kann. In einem (ordentlich gepflegten) Wiki können Sie sich also immer über Links von Seite zu Seite hangeln und somit jede Seite aufrufen, die es gibt. Um im DokuWiki also eine neue Seite zu erzeugen, müssen Sie erst einmal einen Link zu dieser neuen Seite erstellen. Das ist erst einmal etwas seltsam, denn Sie erstellen einen Link zu einer Seite, die es noch gar nicht gibt, aber so ist nun einmal das Konzept.

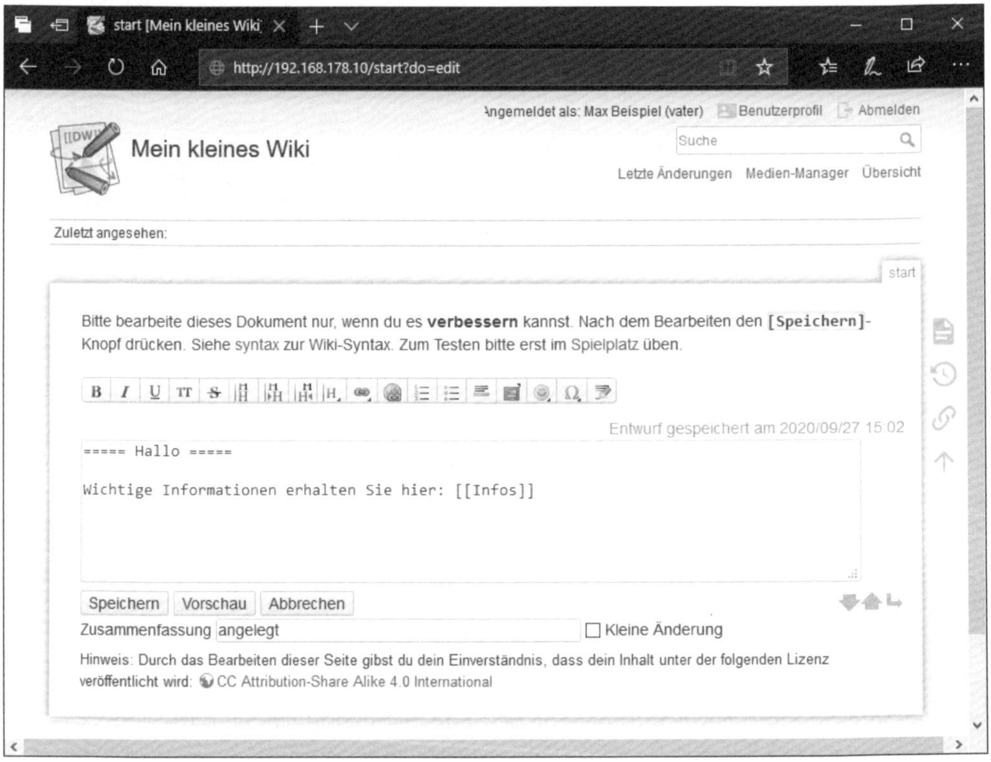

Abbildung 12.10 Eine erste Seite erstellen

Klicken Sie also auf der Startseite auf der rechten Seite auf das Bleistiftsymbol, und wählen Sie SEITE ANLEGEN. Sie können jetzt erst einmal einen Willkommenstext eingeben, ein einfaches »Hallo« tut es für den Anfang. Mit den Schaltflächen in der Symbolleiste können Sie den Text als Überschrift formatieren. Sie können das auch direkt im Editor tun. Überschriften werden durch Gleichheitszeichen formatiert, deren Anzahl über die Gliederungsebene entscheidet. Die höchste Ebene besteht aus fünf Gleichheitszeichen, die niedrigste aus dreien. Geben Sie also

```
===== Hallo =====
```

ein, und Sie erhalten später eine entsprechend formatierte Überschrift. Nun legen Sie einen Link zu einer neuen Seite an. Geben Sie einen einführenden Text ein, beispielsweise: »Wichtige Informationen erhalten Sie hier:«, gefolgt von dem Verweis auf die neu zu erstellende Seite: `[[Infos]]`. Mit den zwei eckigen Klammern erstellen Sie einen Link zu einer (neuen) Seite, hier mit dem Namen `Infos`. Im Grundzustand übernimmt DokuWiki diesen Namen später auch als Titel auf der neuen Seite, Sie können das jedoch in den Einstellungen auf Wunsch ändern. Speichern Sie anschließend diese Seite mit der Schaltfläche unterhalb des Texteditors wie in Abbildung 12.10 ab.

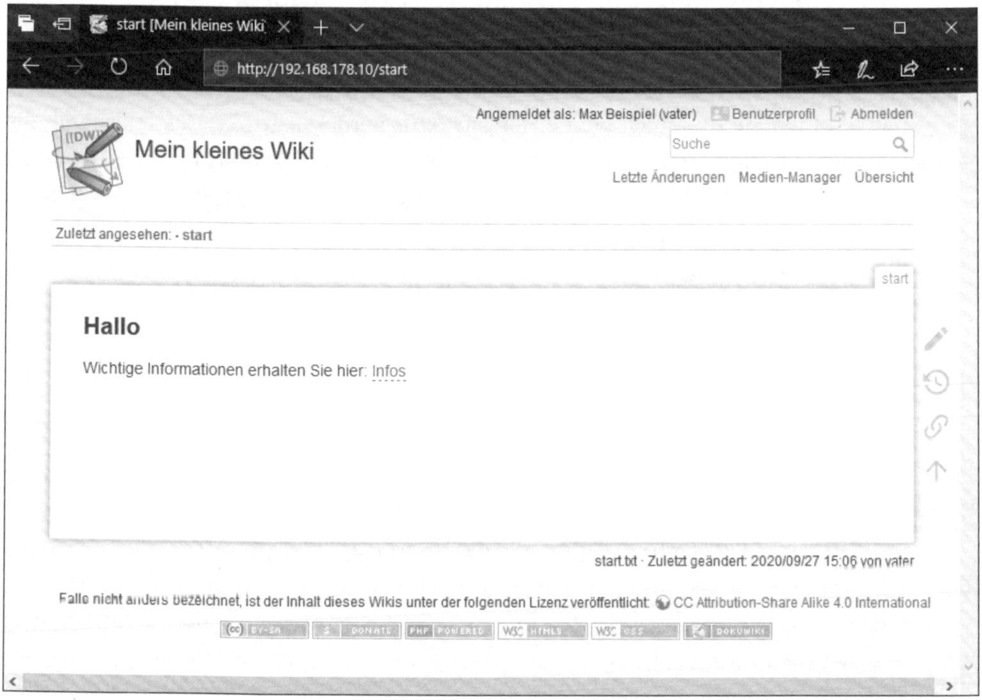

Abbildung 12.11 So sieht Ihre erste Seite aus.

In Abbildung 12.11 sehen Sie jetzt die endgültige Fassung Ihrer Seite. »Hallo« ist als groß gedruckte Überschrift dargestellt, darunter finden Sie Ihren einführenden Text und dann, in roter Farbe, den Link zu Ihrer Seite, die es noch gar nicht gibt. Klicken Sie diesen Link an, und Sie gelangen zu einer Seite, auf der steht, dass es diese Seite (beziehungsweise dieses Thema) noch nicht gibt und dass sie (beziehungsweise es) jetzt angelegt werden kann. Tun Sie das ruhig – klicken Sie wieder rechts auf den Bleistift, und wählen Sie SEITE ANLEGEN. Jetzt können Sie den »richtigen« Text eingeben. Probieren Sie unbedingt auch die Optionen zur Formatierung des Textes aus, die Ihnen die Symbolleiste bietet, und lernen Sie damit gleich die jeweilige Syntax im Texteditor – so werden Sie später wesentlich schneller beim Eingeben Ihrer Texte.

Sie finden in der Symbolleiste auch eine Schaltfläche zum Einfügen von Bildern, die Sie jedoch zuerst hochladen müssen. Anschließend können Sie sich aussuchen, wie groß das Bild dargestellt wird, wie es positioniert werden soll und ob es mit Informationen oder einem Link angezeigt werden soll. Wenn Sie fertig sind, dann stellen Sie die Seite online. Glückwunsch! Ihre erste Wiki-Seite steht.

Wenn Sie wollen, können Sie natürlich auch auf Ihrer eigentlichen Themenseite Links zu anderen Seiten setzen. Das können beispielsweise Informationen zu den Zutaten eines Kochrezeptes sein, es sind aber auch Links zurück zu den Indexseiten denkbar. Ein Link zurück zur Startseite sieht beispielsweise so aus: `[[start]]`. Allerdings müssten Sie diese Links jeweils auf jeder Seite anlegen.

Noch ein Tipp: Wenn Sie in Ihrem Wiki mehrere Themengebiete verwalten möchten, dann sollten Sie dies auch bei der Linkstruktur berücksichtigen. Das realisieren Sie über einen Doppelpunkt zwischen der Kategorie und der eigentlichen Seite. Das funktioniert etwa so: Der Link `[[computertipps:index]]` zeigt zum Beispiel auf eine Seite im Themengebiet *Computertipps*, während der Link `[[kochrezepte:quarkkuchen]]` auf ein (neues) Rezept im Themengebiet *Kochrezepte* verweist. Wenden Sie dies bitte unbedingt an, denn damit wird Ihr Wiki übersichtlicher.

12.5 Größere Dateien erlauben

Es gibt nur noch eine Kleinigkeit, die Sie optional anpassen können. Im Grundzustand erlaubt nämlich Ihre aktuelle Installation nur Datei- beziehungsweise Bilderuploads mit einer maximalen Dateigröße von 15 MB. Dies kann bei größeren Dateien zu wenig sein, woraufhin der Upload fehlschlägt. Wenn Sie mit größeren Dateien arbeiten möchten, die dann allerdings auch schneller Ihr Speichermedium füllen, dann können Sie das auf Wunsch jetzt einrichten. Dazu wechseln Sie wieder zur Kommandozeile Ihres Home Servers und öffnen dort die Konfigurationsdatei des Webservers für das DokuWiki:

```
sudo nano /etc/nginx/sites-available/dokuwiki
```

Nutzen Sie am besten die Suchfunktion von nano, um die benötigte Zeile schnell zu finden. Dafür dient die Tastenkombination [Strg]+[W]. Suchen Sie nach dem Ausdruck client_max_body_size. In der Standardeinstellung ist der Wert auf 15M für 15 Megabyte gesetzt. Diesen Wert können Sie nun beispielsweise auf 60M erhöhen. Danach speichern Sie die geänderte Datei wie gewohnt ab.

Um die geänderte Einstellung zu aktivieren, ist ein erneutes Laden der Konfigurationsdatei des Webservers mit folgendem Befehl erforderlich:

```
sudo service nginx reload
```

Das war es für den Anfang schon. Alles Weitere können Sie durch (vorsichtiges) Ausprobieren erfahren, das meiste ist sogar komplett selbsterklärend.

Nun viel Spaß beim Erstellen Ihres Wikis!

Kapitel 13
Die eigene Cloud mit Nextcloud

Ab in die Cloud! Nein, das gilt nicht für Sie, aber vielleicht ja für Ihre Daten? Schauen Sie sich an, wozu eine Cloud gut ist, abgesehen vom Regen-Erzeugen ...

Vorhang auf für Ihre eigene Cloud! In diesem Kapitel lernen Sie, wie Sie sich Ihre eigene Cloud einrichten, die Ihnen Zugriff auf eine Menge interessanter und sehr nützlicher Funktionen bietet. Dazu zählen nicht nur das Verwalten und Teilen von Dateien, Fotos, Videos und Musik, sondern auch die Synchronisation von Kalendern, Adressbüchern, Aufgabenlisten, die Verwaltung von Notizen, das gemeinsame Bearbeiten von Dokumenten und der automatische Abgleich ganzer Verzeichnisse – um nur einige Aufgaben zu nennen. Sie sehen schon, mit einer eigenen Cloud können Sie sehr viele nützliche Dinge tun, so dass Sie sich hiermit ruhig einmal beschäftigen sollten. Zunächst erkläre ich aber erst einmal, was eine Cloud überhaupt ist.

13.1 Was ist eine Cloud überhaupt?

Sie kennen sicher das englische Wort *cloud*, das eine gewöhnliche Wolke beschreibt. Eine Wolke ist etwas Nebulöses, sie ist nicht wirklich greifbar; wie weit sie entfernt ist und wo sie sich genau befindet, ist nur schwer abschätzbar. Trotzdem ist sie ganz sicher da. Der Ausdruck Cloud(-Computing) beschreibt einen Ansatz, bei dem Daten – aber durchaus auch Programme und jede Form von Anwendungen – nicht mehr auf dem heimischen Computer (oder einem Firmenrechner), sondern im Netzwerk auf einem Server bereitliegen. Wenn von der »Cloud« die Rede ist, dann ist meist das Internet gemeint. Die lokalen Daten und Anwendungen ziehen also auf einen Server im Internet. Sie ziehen in die Cloud (= Wolke), also im Prinzip irgendwohin. Wo das physisch ist, das weiß man als Anwender nicht (immer) ganz genau und braucht es im Prinzip auch nicht zu wissen, denn der große Vorteil liegt darin, dass die Daten und Anwendungen nun von überall aus verfügbar sind, schließlich ist das Internet allgegenwärtig.

Nur sicher, das sollten die Daten dann bitteschön trotzdem sein. Aber egal, wo Sie sich aufhalten, solange das Internet verfügbar ist (und das Passwort zur Hand ist), können Sie auf Ihre Daten zugreifen. Das bedeutet aber auch, dass Sie (ausgewählte)

Daten natürlich auch relativ einfach ausgewählten Personen zugänglich machen können. Sie können Ihre Daten oder Programme also für andere (gegebenenfalls passwortgeschützt) freigeben, neudeutsch sagt man, sie mit ihnen *teilen*. Das geschieht über spezielle Links, die Sie einer Zielperson zusenden können. So lässt sich nicht nur mit Arbeitskollegen gemeinsam an einem Bericht arbeiten, sondern Sie können auch Freunden die neuesten Katzenfotos präsentieren. Dazu legen Sie in der Cloud-Anwendung eine Freigabe an und senden den zugehörigen Link einfach per E-Mail oder über eine Chatnachricht – viel mehr ist nicht zu tun.

Die Freunde öffnen den Link mit einem normalen Webbrowser. Die Fotos werden dann von dem Cloud-Dienst schön aufbereitet in einer Galerie direkt im Webbrowser dargestellt, und die Betrachter sehen Navigationselemente, können die Bilder vergrößern und auch herunterladen. Das ist also auch eine Art von Anwendung, die geteilt wird.

Was mit Fotos geht, das geht übrigens auch mit Dokumenten. Auch diese können Sie teilen, mehr noch, Sie können sie sogar direkt im Browser wie in einem kleinen Office-Programm bearbeiten. Zwar gibt es dabei nicht alle Funktionen einer großen Office-Anwendung, aber das Wichtigste für den täglichen Umgang ist integriert. Da die Daten so einfach an mehrere Personen weitergegeben werden können, ist es leicht möglich, auch die Funktion anzubieten, mit mehreren Personen gemeinsam und gleichzeitig am selben Dokument zu arbeiten. Während eine Person noch einen neuen Text eingibt, übernimmt ein Kollege bereits die Korrektur. Oftmals ist sogar eine Versionsverwaltung möglich, die ältere Dokumentversionen verfügbar hält. Sollten Sie sich also einmal die Frage stellen, ob Sie beispielsweise eine textliche Ausarbeitung nicht vielleicht doch in einer früheren Dokumentfassung besser gelöst hatten, dann können Sie einfach eine vorige Version des Dokuments zu Rate ziehen. Das Besondere ist nur, dass eben das Programm komplett im Browser abläuft, in einer Webanwendung. Eine weitere schon oft angesprochene Anwendung ist ein Kalender mit Aufgaben und Terminen. Diese können Sie nämlich von überall aus eintragen. In einem Team können Sie auch gleich Terminvorschläge für Kollegen eingeben und eigene Kalender (mit einstellbarem Detailgrad) für ausgewählte Personen einsehbar machen.

Dass von überall auf die Cloud zugegriffen werden kann, ist sicherlich ein sehr wichtiges Merkmal. Bemerkenswert ist jedoch auch, dass dies mit jedem internetfähigen Gerät geschehen kann. Dies ermöglicht schließlich die Synchronisation, also den Datenabgleich. Jedes Gerät bekommt den gleichen Datenbestand. Was am Handy eingetragen wird, ist (falls gewünscht) auch am PC sichtbar, der mit der Cloud verbunden ist. Das gilt sowohl für ein Gerät zu Hause als auch für eines bei den Eltern oder der Freundin.

Eine Cloud kann verschiedenste Dienste anbieten, daher gibt es also nicht *die* eine Cloud. Meistens bieten Cloud-Lösungen jedoch zunächst die Speicherung und Verteilung von beliebigen Dateien, Dokumenten, Bildern, Kontakten (Adressen), Kalendern, Bookmarks/Lesezeichen und Aufgaben. Genauso gut sind aber auch Funktionen zur Notizverwaltung, zum Chatten oder zum Musikhören möglich.

Cloud-Dienste werden im Internet von vielen verschiedenen Anbietern angeboten. Manche beschränken sich auf wenige Funktionen oder sind gar strikt spezialisiert, so dass man letztendlich vielleicht sogar mehrere verschiedene Cloud-Dienste nutzt. Häufig sind die Angebote kostenfrei oder bieten erweiternde kostenpflichtige Dienste. Kostenfreie Angebote sind oftmals werbefinanziert oder decken ihre Kosten durch die Verarbeitung bestimmter anonymisierter Benutzerdaten, beispielsweise von Anwenderprofilen. Das mag vielleicht nicht jedem gefallen. Zum Glück müssen Sie Ihre Daten nicht irgendeinem Anbieter anvertrauen, nein, auch der Home Server kann Cloud-Aufgaben übernehmen. Sie können sich dabei aussuchen, ob Ihre eigenen Cloud-Dienste nur im lokalen Netzwerk verfügbar bleiben oder auch über das Internet zur Verfügung stehen. Auch die Begrenzung auf das Heimnetzwerk ergibt durchaus Sinn, weswegen ich Ihnen auch in einem Buch über einen Home Server, der nicht primär Dienste über das Internet anbietet, eine solche Cloud-Lösung vorstellen möchte. Mögliche Anwendungen in einem Heimnetzwerk wären beispielsweise der Abgleich Ihrer Adressbücher und Kalender mit mehreren Geräten, der Austausch der neuesten Fotos mit den Familienmitgliedern oder das gemeinsame Korrekturlesen einer wichtigen Schularbeit.

Im nächsten Abschnitt betrachte ich einmal die wichtigen Vorteile, aber auch die Nachteile einer eigenen Cloud-Lösung.

13.2 Vor- und Nachteile einer eigenen Cloud-Lösung

Der Hauptvorteil einer eigenen Cloud ist sicherlich der, dass die eigenen Daten zu Hause auf dem eigenen Server bleiben und somit (wenn dieser nicht gerade gehackt wird) nicht in fremde Hände fallen. Sie müssen also keine Angst vor Datenspionage haben, auch nicht vor einer automatisierten Schlagwortanalyse zur Erstellung personalisierter Werbung. Außer den einmaligen Kosten für die Anschaffung des Servers und des Speicherplatzes entstehen – abgesehen vom Stromverbrauch – keine weiteren Kosten. Wenn man berücksichtigt, dass bei kommerziellen Cloud-Anbietern für größere Speichervolumina schnell höhere Kosten entstehen, dann hat sich die Anschaffung einer eigenen Festplatte schnell amortisiert. Sie haben außerdem die garantierte Gewalt über die Daten: Wenn Sie diese löschen, dann sind sie auch tatsächlich gelöscht (es sei denn, jemand hat sich über eine Freigabe eine Kopie erstellt). Sie können sich sicher sein, dass keine fremde Person noch eine Kopie zurückbehält. So lange der eigene Server läuft und über eine funktionierende Netzwerkverbindung verfügt, sind die Daten und Dienste nutzbar. Sie müssen keine Angst haben, dass der

Anbieter seine Dienste von heute auf morgen einstellt. Sie brauchen auch keine plötzlichen Änderungen zu fürchten. Solange Sie die eigene Cloud nicht ändern, bleibt der Funktionsumfang nebst dem bekannten Bedienkonzept in gewohnter Form bestehen. Darüber hinaus kann ein großer Anbieter jederzeit das Ziel von Angreifern werden, denn ein Datendiebstahl erweist sich oftmals als äußerst lukrativ. Das gilt insbesondere dann, wenn den Dienst auch prominente Persönlichkeiten nutzen und dort beispielsweise privates Bildmaterial abspeichern. Dass jemand ausgerechnet eine einzelne beliebige private Cloud hacken möchte, wird hingegen vermutlich deutlich weniger wahrscheinlich sein. Allerdings sollten große Anbieter auch über entsprechend geschultes Personal verfügen, die gezielte Angriffe zu verhindern versuchen.

Damit wäre ich bei den Nachteilen einer eigenen Cloud-Lösung. Sie müssen sich als Administrator um die Funktionsfähigkeit und eine Backup-Strategie selbst kümmern und auch ein grundlegendes Sicherheitskonzept implementieren. Fällt der eigene Server beispielsweise durch eine Stromunterbrechung aus, dann ist die eigene Cloud nicht mehr erreichbar. Im Brandfall oder bei einem Festplattendefekt sind möglicherweise sogar alle Daten verloren. Sie müssen also regelmäßige Backups erstellen und dafür sorgen, dass der Server stabil läuft. Insbesondere wenn die eigene Cloud aus dem Internet erreichbar ist, müssen Sie sich auch mit der Sicherheit befassen und dem Cloud-Programmierer vertrauen, dass er sorgsam programmiert und keine Sicherheitslücken übersehen hat.

Zusammengefasst kann man sagen, dass eine eigene Cloud sehr praktisch ist und dass Sie sich das Konzept durchaus einmal anschauen sollten. Ich möchte Ihnen daher eine sehr bekannte und sehr aktiv weiterentwickelte eigene Cloud-Lösung vorstellen: die *Nextcloud*. Das ist ein Open-Source-Projekt, das sich zum Ziel gesetzt hat, eine Cloud-Lösung zu entwickeln, die man selbst auf einem eigenen Server betreiben kann. Das Schöne an der Nextcloud ist, dass sie nicht von vornherein einen festgezurrten Funktionsumfang hat, sondern durch Zusatzmodule stark erweitert und an die persönlichen Bedürfnisse angepasst werden kann.

Nextcloud wird von vielen Personen entwickelt und gepflegt, von denen sich auch viele um die Sicherheit der Anwendung kümmern. Wie immer gilt jedoch: Die Nutzung erfolgt auf eigenes Risiko. Bevor Sie also gleich alle Schranken öffnen und die Cloud ins Internet stellen, sollten Sie sie vielleicht erst einmal im lokalen Netz testen und nur bei Bedarf, vielleicht auch nur temporär, aus dem Internet erreichbar machen. Außerdem sollten Sie – unter Sicherheitsaspekten – nicht in einen Feature-Rausch verfallen und alle »vielleicht mal ganz interessanten« Funktionen installieren, sondern sich auf die wesentlichen und tatsächlich benötigten Anwendungen konzentrieren.

Nextcloud gehört zu den Anwendungen mit einem höheren Ressourcenbedarf, der mit jedem gleichzeitig aktiven Benutzer (auch verbundene Geräte zählen hierzu) ansteigt. Wenn keine Benutzer aktiv sind, dann werden jedoch kaum Hardwareressourcen in Anspruch genommen. Da es unwahrscheinlich ist, dass Sie gleichzeitig sehr viele Dienste Ihres Servers nutzen (der Mensch ist schließlich nicht wirklich multitaskingfähig), spricht jedoch von der leistungstechnischen Seite nichts gegen ein Ausprobieren. Aufgrund des leistungsfähigeren Prozessors ist bei der Nutzung der Nextcloud ein Intel NUC oftmals gegenüber dem Raspberry Pi im Vorteil. Das gilt insbesondere für rechenintensive Dienste, die kein großes Datenaufkommen erzeugen, wie beispielsweise Vorschaugalerien einer Bildersammlung.

Nextcloud selbst läuft auf einem Webserver. Die eigentliche Nextcloud-Anwendung ist »nur« eine Sammlung von intelligent gemachten dynamischen Internetseiten, die jedoch eine Menge PHP-Programmcode enthalten und somit zu einem Programm werden, das im Internetbrowser läuft (beziehungsweise auf dem Home Server ausgeführt wird). Sie benötigen auf dem Home Server folglich einen Webserver, der PHP unterstützt (damit dieser Programmcode ausgeführt werden kann). Nextcloud benötigt ferner eine Datenbank, in der sämtliche Dateioperationen gespeichert werden. Dort wird also beispielsweise eingetragen, welche Datei wem gehört, wo sie angezeigt wird, welche Version aktuell ist und ob die Datei gerade mit anderen Personen geteilt wird. Sie ist also das Gedächtnis der Nextcloud. Hier bietet es sich an, eine MySQL-Datenbank zu verwenden. Dabei handelt es sich um eine leistungsfähige Serveranwendung, die ständig im Hintergrund läuft und somit Ressourcen beansprucht, aber von Ihnen im Gegenzug nicht nur für die Nextcloud, sondern (vielleicht auch erst in fernerer Zukunft) auch für andere Dienste genutzt werden kann.

13.3 Die Installation der Nextcloud auf dem Home Server

Die Installation der Nextcloud ist sicherlich der aufwendigste und komplizierteste Vorgang, den Sie in diesem Buch durchführen werden, insbesondere wird Ihre Tipparbeit umfangreich ausfallen. Dabei sollten Sie aber Fehler vermeiden. Installieren Sie Nextcloud also in Ruhe und bei guter Konzentration.

13.3.1 Grundlegende Komponenten

Los geht es mit der Installation des Webservers. Auch für die Nextcloud eignet sich der ressourcenschonende Webserver `nginx` sehr gut. Sie benötigen für die Nextcloud auch die Anwendung `php7.3-fpm`, die als Interpreter für PHP-Seiten fungiert. Wenn Sie diese Programmpakete noch nicht installiert haben, dann holen Sie dies jetzt mit folgendem Befehl nach (den Sie auch dann gefahrlos ausführen können, wenn die Installation schon erfolgt ist):

```
sudo apt install nginx php7.3-fpm
```

Nextcloud benötigt eine umfangreiche Liste an PHP-Erweiterungen. Leider lässt sich nicht voraussagen, für welche Nextcloud-Funktionen Sie sich interessieren werden, daher installieren Sie am besten ein »Universalpaket«. Keine Sorge, der belegte Speicherplatz hält sich in Grenzen, und das System wird auch nicht unnötig belastet. Der folgende Befehl installiert auch einen sogenannten *Cache* (mit dem Namen *php-apcu*), der bei der Generierung der Cloud-Seiten weiterhilft und so insgesamt für eine höhere Geschwindigkeit der Nextcloud sorgt. Installieren Sie also folgende Zusatzmodule:

```
sudo apt install php7.3-common php7.3-json
sudo apt install php7.3-ldap php7.3-xml php7.3-gd
sudo apt install php7.3-curl php7.3-mbstring php7.3-zip
sudo apt install php7.3-mysql php7.3-bz2 php7.3-intl php7.3-gmp
sudo apt install php-smbclient php-apcu php-imagick ffmpeg
```

Die Installation der letztgenannten Pakete sehen Sie in Abbildung 13.1.

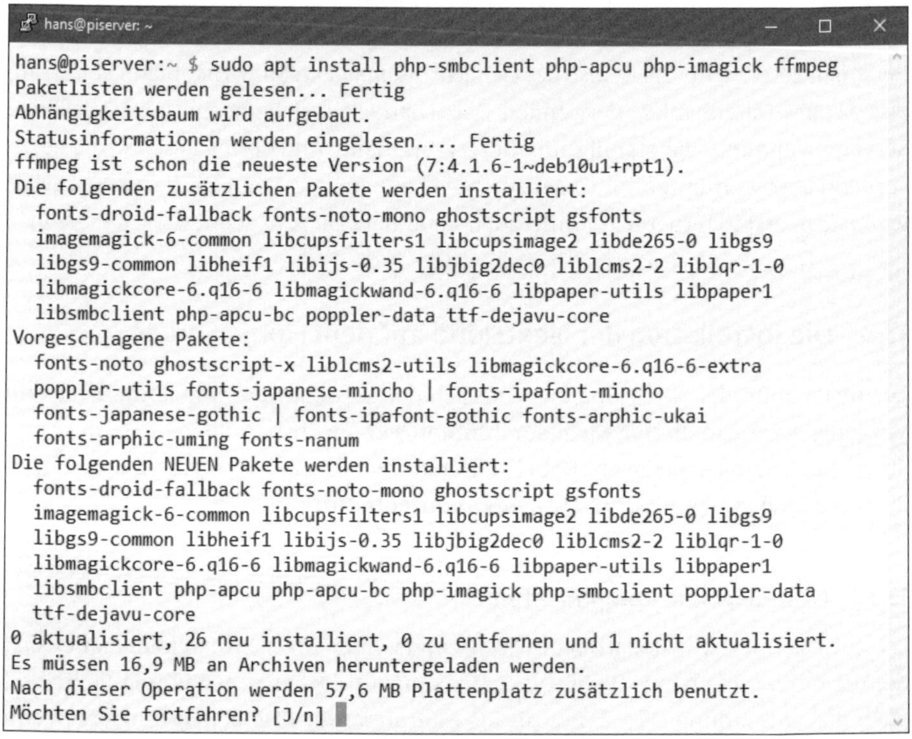

```
hans@piserver:~ $ sudo apt install php-smbclient php-apcu php-imagick ffmpeg
Paketlisten werden gelesen... Fertig
Abhängigkeitsbaum wird aufgebaut.
Statusinformationen werden eingelesen.... Fertig
ffmpeg ist schon die neueste Version (7:4.1.6-1~deb10u1+rpt1).
Die folgenden zusätzlichen Pakete werden installiert:
  fonts-droid-fallback fonts-noto-mono ghostscript gsfonts
  imagemagick-6-common libcupsfilters1 libcupsimage2 libde265-0 libgs9
  libgs9-common libheif1 libijs-0.35 libjbig2dec0 liblcms2-2 liblqr-1-0
  libmagickcore-6.q16-6 libmagickwand-6.q16-6 libpaper-utils libpaper1
  libsmbclient php-apcu-bc poppler-data ttf-dejavu-core
Vorgeschlagene Pakete:
  fonts-noto ghostscript-x liblcms2-utils libmagickcore-6.q16-6-extra
  poppler-utils fonts-japanese-mincho | fonts-ipafont-mincho
  fonts-japanese-gothic | fonts-ipafont-gothic fonts-arphic-ukai
  fonts-arphic-uming fonts-nanum
Die folgenden NEUEN Pakete werden installiert:
  fonts-droid-fallback fonts-noto-mono ghostscript gsfonts
  imagemagick-6-common libcupsfilters1 libcupsimage2 libde265-0 libgs9
  libgs9-common libheif1 libijs-0.35 libjbig2dec0 liblcms2-2 liblqr-1-0
  libmagickcore-6.q16-6 libmagickwand-6.q16-6 libpaper-utils libpaper1
  libsmbclient php-apcu php-apcu-bc php-imagick php-smbclient poppler-data
  ttf-dejavu-core
0 aktualisiert, 26 neu installiert, 0 zu entfernen und 1 nicht aktualisiert.
Es müssen 16,9 MB an Archiven heruntergeladen werden.
Nach dieser Operation werden 57,6 MB Plattenplatz zusätzlich benutzt.
Möchten Sie fortfahren? [J/n]
```

Abbildung 13.1 Ein Teil der benötigten Pakete wird installiert.

Jetzt geht es um die Datenbank, die als zentraler Speicherort für alle Verwaltungsinformationen dient. Hier bietet sich das bekannte *MariaDB*-System an, das vollständig kompatibel mit dem ebenfalls bekannten MySQL-System ist. Sie installieren es mit folgendem Befehl:

```
sudo apt install mariadb-server
```

Das Datenbanksystem MariaDB installiert sich als Serverdienst und steht somit allgemein für mehrere Programme und Anwendungen zur Verfügung. Unter MariaDB können verschiedene Datenbanken angelegt werden, die jeweils von bestimmten Benutzern gelesen und verändert werden dürfen. Für die Nutzung durch Nextcloud müssen Sie daher zunächst einen Benutzerzugang einrichten, den die Nextcloud für den Zugriff auf ihre Datenbank unter MariaDB verwendet. Außerdem können Sie gleich eine entsprechende Datenbank erstellen.

MariaDB hat ihre eigene Kommandozeile. Diese können Sie aus der normalen Linux-Konsole aufrufen. In die Kommandozeile von MariaDB gibt man SQL-Kommandos zur Datenbankverwaltung ein. Systembefehle sind nicht zulässig. Nach Abschluss der Datenbankarbeiten werden Sie diese SQL-Konsole wieder verlassen und landen wieder in der normalen Linux-Konsole. Um die SQL-Konsole von MariaDB zu betreten, geben Sie folgenden Befehl ein:

13

```
sudo mariadb
```

Danach landen Sie auf dem Kommandoprompt für die Datenbankverwaltung, der so aussieht:

```
MariaDB [(none)]>
```

Als Erstes werden Sie eine neue, leere Datenbank für Nextcloud anlegen, die Sie *nextcloud_db* nennen. Geben Sie Folgendes ein, achten Sie besonders auf das Semikolon am Schluss, und drücken Sie dann die [↵]-Taste:

```
CREATE DATABASE nextcloud_db;
```

Darauf erhalten Sie eine Bestätigungsmeldung von MariaDB in der Form:

```
Query OK, 1 row affected (0.001 sec)
```

Als Nächstes werden Sie einen Benutzer anlegen, der auf die Datenbank *nextcloud_db* zugreifen darf. Diesen Benutzer nennen Sie *nextcloud*. Er bekommt auch ein Passwort, das Sie frei wählen können. Hier ist als Beispiel »passwort« vorgegeben. Ändern Sie den Eintrag entsprechend, und wählen Sie ein sicheres Passwort, das Sie sich bitte merken (und gegebenenfalls notieren). Geben Sie Folgendes ein – achten Sie wieder auf die beizubehaltenden Apostrophe (beziehungsweise die einzelnen Anführungszeichen) und das Semikolon am Schluss:

```
CREATE USER 'nextcloud'@'localhost' IDENTIFIED BY 'passwort';
```

Wieder wird MariaDB den Vorgang bestätigen:

```
Query OK, 0 rows affected (0.001 sec)
```

Nun wird dem Benutzer *nextcloud* das Recht gegeben, die Datenbank *nextcloud_db* nach Herzenslust zu verändern. Geben Sie also folgenden Befehl ein:

```
GRANT ALL PRIVILEGES ON nextcloud_db.* TO 'nextcloud'@'localhost';
```

Daraufhin erscheint wieder die bekannte Bestätigungsmeldung.

Zum Abschluss wenden Sie folgenden Befehl an, der die Berechtigungen aktiviert:

```
FLUSH PRIVILEGES;
```

Sie sind jetzt in der Konsole von MariaDB fertig und können sie mit dem Befehl

```
quit
```

verlassen. Danach landen Sie wieder auf dem Linux-Kommandoprompt. Zusammengefasst sehen Sie die Schritte in Abbildung 13.2.

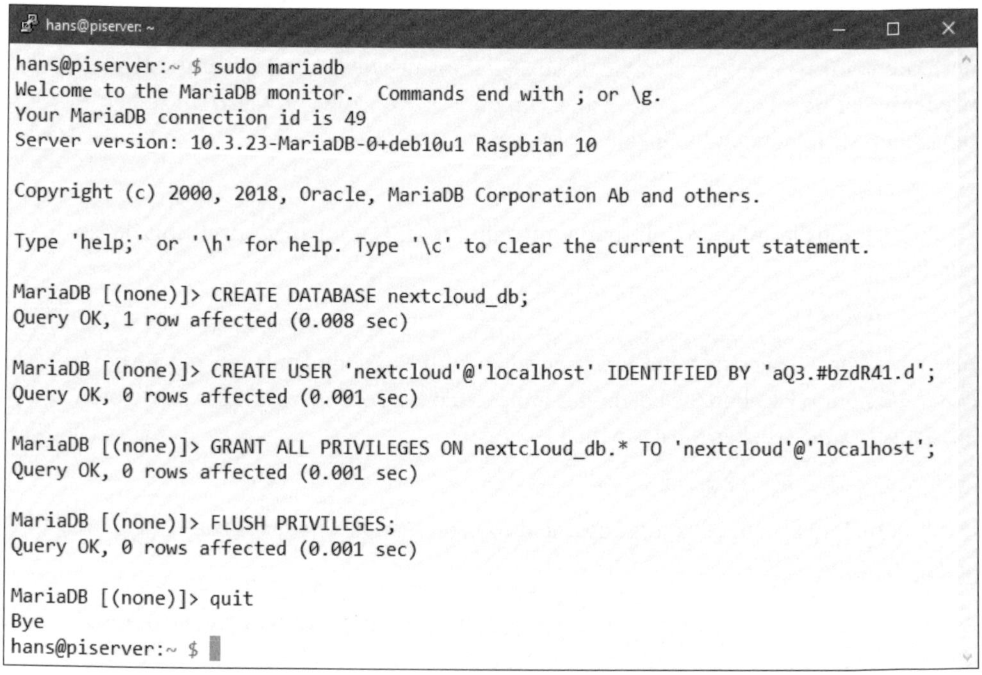

Abbildung 13.2 In der MariaDB-Konsole eine neue Datenbank anlegen

Nun sollten Sie die MariaDB-Installation noch ein wenig absichern. Dazu gibt es ein kleines Skript, das diverse Einstellungen vornimmt. Führen Sie dieses Skript mit folgendem Befehl aus:

```
sudo /usr/bin/mysql_secure_installation
```

Sie werden nun nach einigen Optionen gefragt. Bei der Frage nach dem Passwort für den *root*-Nutzer geben Sie bitte nichts ein, sondern drücken direkt auf [↵]. Als

Nächstes erhalten Sie die Option, für die Nutzung des *root*-Zugangs für die MariaDB-Verwaltung ein eigenes Passwort zu setzen. Beachten Sie, dass es sich hier nicht etwa um den *root*-Nutzer des Linux-Betriebssystems handelt, nein, MariaDB verwaltet einen davon unabhängigen *root*-Zugang, der sozusagen als Administrator für das Datenbanksystem dient. Es schadet gewiss nicht, wenn Sie diesem Zugang sein eigenes Passwort geben. Merken Sie es sich aber gut! Sie müssen es zukünftig verwenden, wenn Sie am MariaDB-System etwas verändern möchten. Alle weiteren Fragen sollten Sie mit ja beantworten und entsprechend auf [↵] drücken, dies erhöht die Sicherheit der Datenbanken.

13.3.2 Vorbereitungen für die verschlüsselte TLS-gestützte Verbindung

Sicherlich interessieren Sie sich für eine sichere Nextcloud-Installation, die den (Netzwerk-)Zugriff über eine verschlüsselte TLS-Verbindung (vormals SSL) absichert. Dafür benötigen Sie folgende Komponenten, die Sie bitte ebenfalls installieren:

```
sudo apt install openssl
```


Sie müssen jetzt ein für die Verschlüsselung nötiges Schlüsselpaar und das dazugehörige eigene Zertifikat erstellen und dieses selbst unterzeichnen. Mit diesem Zertifikat können Sie sich in Zukunft für eine Dauer von zehn Jahren gegenüber den Nutzern ausweisen. Da Sie es selbst unterzeichnen, hat es jedoch nur eine geringe Authentifizierungskraft. Dies wird die Verschlüsselung des Webzugriffs nicht negativ beeinflussen. (Achtung: Es geht hier nur um die Verschlüsselung der Daten während der Übertragung, nicht bei der Speicherung auf dem Server!) Es wird aber dazu führen, dass Sie beim Einloggen in Ihre Nextcloud vom Browser eine Fehlermeldung angezeigt bekommen. Diese ist bei selbst signierten Zertifikaten unvermeidlich und lässt sich nicht pauschal für alle Nutzer umgehen. Wenn Sie sich hieran stören und Nextcloud auch über das Internet nutzen wollen, dann können Sie bei einem beliebigen Anbieter eine dynamische DNS-Adresse registrieren oder sogar eine richtige Domain mieten. Danach können Sie sich mit dem Dienst Let's Encrypt (siehe dazu Kapitel 21, »Die (Daten-)Sicherheit Ihres Home Servers«) ein von den großen Browsern als vertrauenswürdig eingestuftes Zertifikat erstellen. In diesem Fall unterbleiben Sicherheitswarnungen. Bei der Nutzung ausschließlich im Heimnetzwerk lässt sich die Fehlermeldung nicht vermeiden, sie kann aber auch unterdrückt werden – dazu später mehr. Zur Not können auch fremde Benutzer über die zu erwartende Fehlermeldung kurz unterrichtet werden.

Erstellen Sie also Ihr eigenes Zertifikat mit folgendem einzeiligen Befehl:

```
sudo openssl req -new -x509 -sha256 -days 3650 ⮐
  -newkey rsa:4096 -nodes -out ⮐
  /etc/nginx/cert.pem -keyout /etc/nginx/cert.key
```

Ein Assistent wird Sie nach mehreren Daten fragen, wie Sie in Abbildung 13.3 sehen.

```
hans@piserver:~$ sudo openssl req -new -x509 -sha256 -days 3650 -newkey rsa:4096 -nodes -ou
t /etc/nginx/cert.pem -keyout /etc/nginx/cert.key
Generating a 4096 bit RSA private key
.........................................................++
..........++
writing new private key to '/etc/nginx/cert.key'
-----
You are about to be asked to enter information that will be incorporated
into your certificate request.
What you are about to enter is what is called a Distinguished Name or a DN.
There are quite a few fields but you can leave some blank
For some fields there will be a default value,
If you enter '.', the field will be left blank.
-----
Country Name (2 letter code) [AU]:DE
State or Province Name (full name) [Some-State]:Hessen
Locality Name (eg, city) []:Frankfurt
Organization Name (eg, company) [Internet Widgits Pty Ltd]:private use
Organizational Unit Name (eg, section) []:private use
Common Name (e.g. server FQDN or YOUR name) []:Hans Beispiel
Email Address []:hans@example.com
hans@piserver:~$
```

Abbildung 13.3 Das Erstellen des SSL-Zertifikats

Diese sollten Sie möglichst wahrheitsgemäß oder zumindest eindeutig auf Sie zurückführbar beantworten.

Geben Sie also für den Ländernamen das Kürzel »DE« für Deutschland, »AT« für Österreich, »CH« für die Schweiz oder das für Sie zutreffende Kürzel ein. Bei STATE geben Sie Ihr Bundesland beziehungsweise Ihren Kanton ein, nachfolgend geben Sie Ihre Stadt an. Es folgt ein Feld, in dem normalerweise ein Firmenname eingegeben wird (ORGANIZATION NAME). Hier können Sie etwas Phantasie zeigen, das Gleiche gilt für den ORGANIZATIONAL UNIT NAME, also die entsprechende Abteilung. Sie können sich auch mit dem Eintrag PRIVATE USE begnügen. COMMON NAME ist jedoch ein wichtiges Feld, hier sollten Sie Ihren Namen oder (falls vorhanden) Ihren Domainnamen eingeben. Es folgt die Eingabe einer E-Mail-Adresse. Hier können Sie ohne weiteres eine Zweit- oder Ersatzadresse benutzen.

Nun werden automatisiert zwei Dateien erstellt: zum einen das eigentliche Zertifikat, das auch Ihren öffentlichen Schlüssel enthält (*/etc/nginx/cert.pem*), zum anderen Ihr privater Schlüssel (*/etc/nginx/cert.key*). Die letzte Datei muss unbedingt geheim bleiben und darf niemandem in die Hände fallen. Wenn Sie sich bei Gelegenheit mit dem Verfahren der asymmetrischen Verschlüsselung vertraut machen, dann werden Sie feststellen, dass dies keinesfalls für die erste Datei zutrifft. Mehr zur Bedeutung des Zertifikats und der Schlüsseldaten finden Sie in Kapitel 15, »VPN-Verbindungen mit

OpenVPN«. Mit dem folgenden Befehl stellen Sie die Dateisicherheit so ein, dass nur der *root*-Besitzer lesend auf den privaten Schlüssel zugreifen kann, Sie wählen also die höchstmögliche Sicherheitsstufe:

```
sudo chmod 0400 /etc/nginx/cert.key
```

13.3.3 Konfiguration des Webservers

Nun kommt der schwerste Teil: die Konfiguration des Webservers. Öffnen Sie den Texteditor nano, und erstellen Sie die Konfigurationsdatei für den Webserver:

```
sudo nano /etc/nginx/sites-available/nextcloud
```

Abbildung 13.4 Ein Ausschnitt der Konfigurationsdatei des Webservers

In diese Datei fügen Sie jetzt den benötigten Konfigurationstext ein. Wagemutige finden nachfolgend den entsprechenden Konfigurationstext und können ihn (bitte fehlerfrei) direkt abtippen. Das artet allerdings schon fast in eine Folterarbeit aus. Wesentlich komfortabler ist es, wenn Sie sich den Inhalt aus den Materialien zum Buch als Datei herunterladen und ihn über die Zwischenablage in den Texteditor einfügen.

[»]

Nextcloud-Updates

Bitte beachten Sie, dass ich in diesem Buch natürlich nur den aktuellen Entwicklungsstand der Nextcloud widerspiegeln kann. Gegenwärtig beziehen sich die Konfigurationsanweisungen auf Version 19 von Nextcloud. Neuere Versionen erfordern gegebenenfalls eine Anpassung der Serverkonfiguration. Daher können Sie alternativ auch die aktuelle Version aus dem Internet verwenden. Sie finden den Konfigurationstext für den Webserver `nginx` unter folgender Internetseite:

https://docs.nextcloud.com/server/19/admin_manual/installation/nginx.html

Navigieren Sie zur Sektion `Nextcloud in the webroot of nginx`, und kopieren Sie den Dateninhalt über die Zwischenablage in `nano`.

Bevor Sie die Datei speichern, kontrollieren Sie auf alle Fälle den Inhalt.

```
 upstream php-handler {
   server 127.0.0.1:9000;
   #server unix:/var/run/php/php7.3-fpm.sock;
}

server {
    listen 80;
    listen [::]:80;
    server_name IP-ADRESSE.VON.IHREM.HOMESERVER;
    # enforce https
    return 301 https://$server_name:443$request_uri;
}

server {
    listen 443 ssl http2;
    listen [::]:443 ssl http2;
    server_name IP-ADRESSE.VON.IHREM.HOMESERVER;

    ssl_certificate /etc/nginx/cert.pem;
    ssl_certificate_key /etc/nginx/cert.key;

    # Add headers to serve security related headers
    add_header Referrer-Policy "no-referrer" always;
    add_header X-Content-Type-Options "nosniff" always;
    add_header X-Download-Options "noopen" always;
    add_header X-Frame-Options "SAMEORIGIN" always;
    add_header X-Permitted-Cross-Domain-Policies "none" always;
    add_header X-Robots-Tag "none" always;
```

```
add_header X-XSS-Protection "1; mode=block" always;

# Remove X-Powered-By, which is an information leak
fastcgi_hide_header X-Powered-By;

# Path to the root of your installation
root /var/www/html/nextcloud;

location = /robots.txt {
    allow all;
    log_not_found off;
    access_log off;
}

location = /.well-known/carddav {
  return 301 $scheme://$host:$server_port/remote.php/dav;
}
location = /.well-known/caldav {
  return 301 $scheme://$host:$server_port/remote.php/dav;
}

# set max upload size
client_max_body_size 512M;
fastcgi_buffers 64 4K;

# Enable gzip but do not remove ETag headers
gzip on;
gzip_vary on;
gzip_comp_level 4;
gzip_min_length 256;
gzip_proxied expired no-cache no-store private no_last_modified ⮐
    no_etag auth;
gzip_types application/atom+xml application/javascript application/json ⮐
    application/ld+json application/manifest+json application/rss+xml ⮐
    application/vnd.geo+json application/vnd.ms-fontobject ⮐
    application/x-font-ttf application/x-web-app-manifest+json ⮐
    application/xhtml+xml application/xml font/opentype image/bmp ⮐
    image/svg+xml image/x-icon text/cache-manifest text/css text/plain ⮐
    text/vcard text/vnd.rim.location.xloc text/vtt text/x-component ⮐
    text/x-cross-domain-policy;

location / {
    rewrite ^ /index.php;
```

```
}

location ~ ^\/(?:build|tests|config|lib|3rdparty|templates|data)\/ {
    deny all;
}
location ~ ^\/(?:\.|autotest|occ|issue|indie|db_|console) {
    deny all;
}

location ~ ⮐
        ^\/(?:index|remote|public|cron|core\/ajax\/update|status|ocs\ ⮐
        /v[12]|updater\/.+|oc[ms]-provider\/.+)\.php(?:$|\/) {
    fastcgi_split_path_info ^(.+?\.php)(\/.*|)$;
    set $path_info $fastcgi_path_info;
    try_files $fastcgi_script_name =404;
    include fastcgi_params;
    fastcgi_param SCRIPT_FILENAME $document_root$fastcgi_script_name;
    fastcgi_param PATH_INFO $path_info;
    fastcgi_param HTTPS on;
    # Avoid sending the security headers twice
    fastcgi_param modHeadersAvailable true;
    # Enable pretty urls
    fastcgi_param front_controller_active true;
    fastcgi_pass php-handler;
    fastcgi_intercept_errors on;
    fastcgi_request_buffering off;
    fastcgi_read_timeout 240;
}

location ~ ^\/(?:updater|oc[ms]-provider)(?:$|\/) {
    try_files $uri/ =404;
    index index.php;
}

# Adding the cache control header for js, css and map files
# Make sure it is BELOW the PHP block
location ~ \.(?:css|js|woff2?|svg|gif|map)$ {
    try_files $uri /index.php$request_uri;
    add_header Cache-Control "public, max-age=15778463";
    # Add headers to serve security related headers (It is intended to
    # have those duplicated to the ones above)
    # Before enabling Strict-Transport-Security headers please read into
    # this topic first.
```

```
        #add_header Strict-Transport-Security "max-age=15768000; ⮐
            includeSubDomains; preload;" always;
        #
        # WARNING: Only add the preload option once you read about
        # the consequences in https://hstspreload.org/. This option
        # will add the domain to a hardcoded list that is shipped
        # in all major browsers and getting removed from this list
        # could take several months.
        add_header Referrer-Policy "no-referrer" always;
        add_header X-Content-Type-Options "nosniff" always;
        add_header X-Download-Options "noopen" always;
        add_header X-Frame-Options "SAMEORIGIN" always;
        add_header X-Permitted-Cross-Domain-Policies "none" always;
        add_header X-Robots-Tag "none" always;
        add_header X-XSS-Protection "1; mode=block" always;

        # Optional: Don't log access to assets
        access_log off;
    }

    location ~ \.(?:png|html|ttf|ico|jpg|jpeg|bcmap)$ {
        try_files $uri /index.php$request_uri;
        # Optional: Don't log access to other assets
        access_log off;
    }
}
```

Listing 13.1 Die Konfiguration von Nextcloud mit »nginx«

Nachdem Sie die Daten in den Editor eingefügt haben, sind in jedem Fall noch Anpassungen am Konfigurationstext erforderlich.

Ersetzen Sie die beiden Ausdrücke `IP-ADRESSE.VON.IHREM.HOMESERVER` durch die IP-Adresse Ihres Home Servers im Heimnetzwerk, das Semikolon am Schluss behalten Sie bei. Eine mögliche Zeile könnte also lauten:

`server_name 192.168.178.10;`

Sollten Sie allgemein die Version direkt aus dem Internet verwenden, dann müssen Sie hier den Ausdruck `cloud.example.com` wie gezeigt durch die IP-Adresse des Home Servers ersetzen.

Nutzer des Raspberry Pi werden bei der folgenden Einrichtung möglicherweise mit der Version der Konfiguration aus dem Internet in eine Zeitbeschränkung laufen. Das liegt an der vergleichsweise geringen Rechenkapazität des kleinen Rechners.

Damit das nicht passiert, müssen Sie die maximale Zeitdauer für die Abarbeitung von PHP-Skripten erhöhen. Suchen Sie dafür in der Konfigurationsdatei nach dem Block, der so beginnt:

```
location ~ ⮐
   ^\/(?:index|remote|public|cron|core\/ajax\/update|status|ocs\ ⮐
   /v[12]|updater\/.+|oc[ms]-provider\/.+)\.php(?:$|\/) {
```

Fügen Sie dort als neue letzte Zeile vor der schließenden geschweiften Klammer diesen Ausdruck hinzu:

```
fastcgi_read_timeout 240;
```

Außerdem sind in der Internetversion die Speicherorte für die Zertifikatsdaten zunächst anders angegeben, dort steht nämlich:

```
ssl_certificate /etc/ssl/nginx/cloud.example.com.crt;
ssl_certificate_key /etc/ssl/nginx/cloud.example.com.key;
```

Das stimmt aber nicht mit dem Speicherort überein, den Sie verwendet haben, daher müssen Sie diese Zeilen wie folgt ändern:

```
ssl_certificate /etc/nginx/cert.pem;
ssl_certificate_key /etc/nginx/cert.key;
```

Als Letztes müssen Sie noch das Stammverzeichnis der Nextcloud-Installation korrekt eintragen. Ändern Sie also die Zeile

```
root /var/www/nextcloud;
```

in

```
root /var/www/html/nextcloud;
```

Die Datei, die Sie soeben erstellt beziehungsweise bearbeitet haben, enthält Konfigurationsanweisungen für den Webserver `nginx`. Mit diesen Informationen wird der Webserver so konfiguriert, dass er die jeweilige Webseite – in diesem Fall also Nextcloud – korrekt und sicher ausliefert. Unter anderem wird konfiguriert, welche Dateien beziehungsweise Seitenbestandteile von einem Benutzer nicht direkt aufgerufen werden dürfen oder wie mit PHP-Seiten zu verfahren ist. In diesem Buch müssen Sie für jedes Website-Projekt (das üblicherweise aus vielen zusammengehörenden Einzelseiten besteht) eine solche Datei erstellen. Mit der alleinigen Konfiguration eines Website-Projektes ist es unter `nginx` aber nicht getan. `nginx` unterscheidet nämlich Website-Projekte, die zwar (fertig) konfiguriert und damit verfügbar sind, von den fertig konfigurierten und tatsächlich auch aktivierten Sites. Die Konfigurationsdateien der zuerst genannten Sites befinden sich im Verzeichnis */etc/nginx/sites-available*, für die aktivierten Sites wird das Verzeichnis */etc/nginx/sites-*

enabled verwendet. Momentan ist die Nextcloud-Site zwar konfiguriert und verfügbar, aber noch nicht aktiv. Sie können sie also noch nicht mit einem Webbrowser aufrufen. Um das zu ändern, müssen Sie eine Verknüpfung dieser Datei in das Verzeichnis */etc/nginx/sites-enabled* erstellen. Theoretisch könnten Sie die Konfigurationsdatei auch einfach dorthin kopieren, aber es ist üblich (und weniger fehleranfällig), die Datei nur einmal zu erstellen und dann zu verknüpfen. Geben Sie hierzu folgenden Befehl ein:

```
sudo ln -s /etc/nginx/sites-available/nextcloud ⮐
  /etc/nginx/sites-enabled/nextcloud
```

An dieser Stelle müssen Sie noch einen sehr wichtigen Punkt klären. Wie Sie wissen, sind Netzwerkdienste unter sogenannten *Ports* erreichbar. Üblicherweise agiert auf einem Port nur jeweils ein Dienst. Das gilt auch für den Webserver. Theoretisch könnten mehrere Website-Projekte dieses Webservers unter ein und demselben Port erreichbar sein, aber so eine Konfiguration ist recht aufwendig und fehleranfällig. In diesem Buch für den Einstieg ist es besser, jeweils nur ein Website-Projekt unter einem Port verfügbar zu machen. Das bedeutet also, dass Sie beispielsweise Ihr DokuWiki-Projekt unter einem anderen Port erreichen als Ihre Nextcloud. Beim Aufruf einer Seite in Ihrem Browser haben Sie bisher vermutlich nur sehr selten eine Portnummer mit angeben müssen. Das liegt daran, dass die meisten Sites unter Port 80 arbeiten. Dieser Port ist sozusagen die Voreinstellung, er wird automatisch verwendet, soweit kein anderer Port spezifiziert ist. Deswegen sollten Sie Ihr wichtigstes und am meisten genutztes Website-Projekt unter diesem Port 80 verfügbar machen. Die Konfiguration, die Sie vorhin eingegeben haben, geht davon aus, dass Sie Nextcloud unter Port 80 einrichten wollen. Nextcloud ist damit also Ihre wichtigste Anwendung. Die Konfiguration leitet jedoch alle Anfragen, die auf Port 80 eingehen, automatisch zu Port 443 um, der als Voreinstellung für verschlüsselte Verbindungen genutzt wird. Sie müssen jetzt klären, ob Sie bereits ein weiteres Website-Projekt erstellt haben, beispielsweise das DokuWiki. Wenn dem so ist, dann ist die Wahrscheinlichkeit groß, dass eine Site Port 80 verwendet. In diesem Fall müssen Sie entweder die Konfiguration von Nextcloud oder die Konfiguration der anderen Site ändern. Wenn Sie unsicher sind, welche Website die wichtigste ist, dann sollten Sie Nextcloud zur wichtigsten Site erklären. Das liegt daran, dass dieses Projekt so viele verschiedene Funktionen bietet und auch mit mehreren Geräten genutzt werden kann. Es ist einfacher, eines der anderen Projekte umzustellen. Um ein anderes Projekt wie DokuWiki oder Chyrp umzustellen, wechseln Sie zuerst in das Verzeichnis

```
cd /etc/nginx/sites-available
```

In diesem Verzeichnis werden die Konfigurationsdateien der Website-Projekte aufbewahrt. Lassen Sie sich den Inhalt mit dem Befehl `ls` anzeigen.

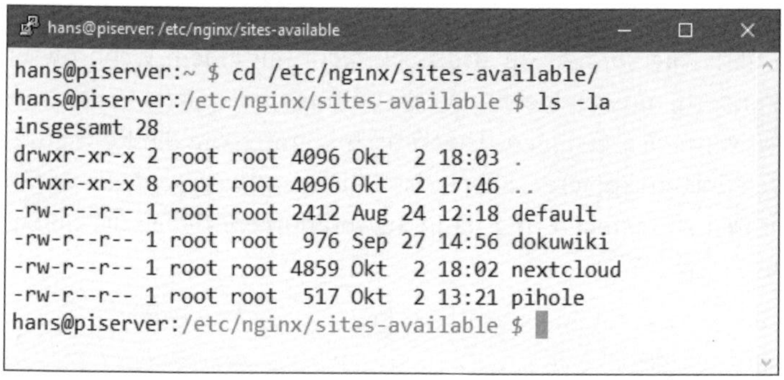

Abbildung 13.5 Die bereits konfigurierten Seiten des Webservers

Öffnen Sie nun jede einzelne Datei, mit Ausnahme der Datei *default*, mit dem Editor `nano`. Kontrollieren Sie, auf welchem Port dieses Projekt arbeitet. Das erkennen Sie an der Zeile

```
listen XYZ;
```

wobei `XYZ` für den jeweiligen Port steht. Ändern Sie jetzt die Ports entsprechend. Jeder Port darf nur einmal verwendet werden. Sie können für die Projekte, die nicht unter Port 80 erreichbar seien sollen, einen Port beispielsweise aus dem Bereich 8080 bis 8089 verwenden. Führen Sie stets Buch über Ihre Portvergaben. Speichern Sie die geänderte Konfiguration ab, und starten Sie den Webserver `nginx` erneut (mit dem Befehl `sudo service nginx restart`). Im Webbrowser erreichen Sie von jetzt an eine Site unter dem Beispielport 8080 unter folgender (um die IP-Adresse anzupassende) Adresse:

http://IP-Adresse.Von.Ihrem.HomeServer:8080

Sollten Sie Ihre Website über das Internet erreichbar gemacht haben, dann müssen Sie Ihre externe IP-Adresse verwenden, die Ihnen von Ihrem Internet-Provider zugeteilt wurde. Eventuell angelegte Lesezeichen haben jetzt ihre Gültigkeit verloren und müssen um den geänderten Port ergänzt werden.

[»]

Die Verschlüsselung auch für andere Website-Projekte aktivieren

Ein kleiner Exkurs: Bitte beachten Sie auch, dass ich Ihnen eine verschlüsselte Übertragung bisher nur für die Nextcloud gezeigt habe. Dieses Website-Projekt ist das einzige, das derzeit Port 443 für verschlüsselte Verbindungen nutzt. Sollten Sie an einer Verschlüsselung eines weiteren Projekts in Eigenregie interessiert sein, dann müssen Sie beachten, dass auch Port 443 nur von einer Site verwendet werden darf. Sie müssen auch dann die Konfigurationen Ihrer Website-Projekte entsprechend ändern. Auch für verschlüsselte Verbindungen können Sie einen Port aus dem Bereich 8080 bis 8089 verwenden, allerdings müssen Sie beim direkten Seitenaufruf statt des *http://*-Adressteils den Adressteil *https://* verwenden. Sie können übrigens (als etwas fortgeschrittener Nutzer) die hier gezeigte Konfiguration für verschlüsselte Verbindungen auch auf die anderen Website-Projekte übertragen. Für besonders sichere Umgebungen können Sie sich sogar jeweils ein eigenes Schlüsselpaar erzeugen. Für das DokuWiki mag die Verschlüsselung allerdings nur bei der Nutzung als rein privates, geschlossenes Wiki sinnvoll sein. Sie sollten zuvor ein Backup der `nginx`-Konfigurationsdateien anlegen.

Jetzt aber zurück zum Thema: Nun müssen Sie sich (gegebenenfalls) noch um die Datei */etc/nginx/sites-available/default* kümmern, die bei einer Neuinstallation von `nginx` angelegt wird. Diese Datei enthält eine Grundkonfiguration für eine Beispielseite und wird für den Alltagsbetrieb nicht benötigt. Sie könnte sogar stören, da Teile ihres Inhalts mit der Nextcloud-Konfiguration in Konflikt stehen. Sie sollten sie also unschädlich machen und deaktivieren. Für Sie kommt es jetzt darauf an, ob Sie `nginx` für Nextcloud soeben neu installiert haben oder ob Sie diesen Webserver bereits für ein anderes Website-Projekt verwendet und eingerichtet haben. Wenn Letzteres der Fall ist, dann haben Sie sich schon um diese Datei gekümmert und brauchen hier nichts weiter zu unternehmen. Ist `nginx` jedoch noch »ganz neu«, dann sollten Sie nun aktiv werden. Gemäß der Tradition, zuerst nichts Wichtiges zu löschen, sollten die Datei *default* nicht direkt löschen, sondern nur ihre Verknüpfung in das Verzeichnis */etc/nginx/sites-enabled* entfernen. Somit ist diese Site zwar (für zukünftige Änderungen) noch verfügbar, im Moment aber nicht aktiv. Geben Sie also hierfür folgenden Befehl ein:

```
sudo rm /etc/nginx/sites-enabled/default
```

Wenn Sie sich nicht sicher sind, ob Sie diesen Befehl bereits zuvor ausgeführt haben, dann schadet es nicht, ihn nochmals auszuführen, denn falls die Datei bereits entfernt wurde, erhalten Sie eine dementsprechende Information.

13.3.4 Anpassung der PHP-Konfiguration

Als Nächstes müssen Sie Änderungen an der PHP-Konfiguration vornehmen. Diese dienen der Steuerung der Kommunikation zwischen dem Webserver und dem eigentlichen PHP-Interpreter, welche Sie auf einen Netzwerkport umlegen. Öffnen Sie dazu mit `nano` folgende Datei:

```
sudo nano /etc/php/7.3/fpm/pool.d/www.conf
```

Suchen Sie mit dem Tastaturkommando Strg+W nach dem Eintrag `listen =`. Ändern Sie den Eintrag, so dass er folgenden Inhalt bekommt:

```
listen = 127.0.0.1:9000
```

Wenn Sie bereits eine andere Website aufgesetzt haben, dann kann es auch hier sein, dass Sie diesen Eintrag bereits geändert haben. Nextcloud benötigt jedoch (als einziges der in diesem Buch vorgestellten Website-Projekte) über PHP zusätzlichen Zugriff auf bestimmte Variablen. Den Zugriff beziehungsweise die Bereitstellung dieser Variablen müssen Sie erst einrichten. Suchen Sie in der noch immer geöffneten Datei nach diesem Suchbegriff:

```
;env[HOSTNAME]
```

Sie finden einen Block mit fünf aufeinanderfolgenden Zeilen, die jeweils mit einem Semikolon gefolgt vom Wörtchen env beginnen. env steht als Abkürzung für *environment variable*, also auf Deutsch für eine Umgebungsvariable, in der wichtige Informationen über Speicherplätze abgelegt werden. Ihre Aufgabe ist es jetzt, vor allen fünf Zeilen das Semikolon zu löschen. Anschließend sollte dieser Block so aussehen:

```
; Pass environment variables like LD_LIBRARY_PATH. ⮐
  All $VARIABLEs are taken from
; the current environment.
; Default Value: clean env
env[HOSTNAME] = $HOSTNAME
env[PATH] = /usr/local/bin:/usr/bin:/bin
env[TMP] = /tmp
env[TMPDIR] = /tmp
env[TEMP] = /tmp
```

Listing 13.2 Festlegen der Variablen für Nextcloud

Beachten Sie, dass vor den ersten drei einleitenden Zeilen ohne das env am Zeilenanfang das Semikolon erhalten bleibt. Dieses Zeichen gibt nämlich an, dass die folgende Zeile als ein Kommentar betrachtet und vom Programm nicht weiter beachtet wird. Da die ersten drei Zeilen tatsächlich ein Kommentar sind, dürfen Sie sie natürlich nicht zu einem Programmbefehl machen, denn dies würde eine Fehlermeldung provozieren.

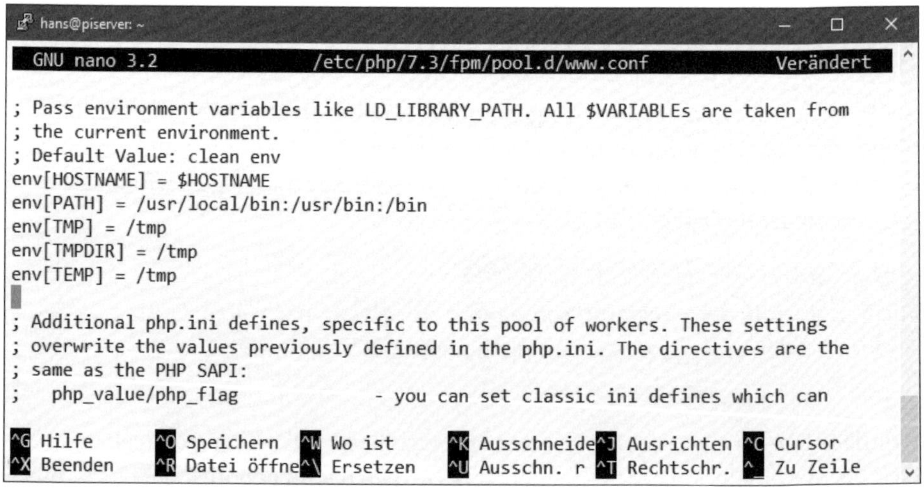

Abbildung 13.6 Bearbeiten der Datei »/etc/php/7.3/fpm/pool.d/www.conf«

Speichern Sie nach der Bearbeitung der fünf Zeilen die Datei mit der Tastenkombination `Strg`+`x` ab, und beenden Sie daraufhin `nano`.

13.3.5 Installation der eigentlichen Nextcloud

Jetzt sind Sie endlich so weit, dass Sie Nextcloud installieren können. Zuerst legen Sie in Ihrem Home-Verzeichnis ein Arbeitsverzeichnis an, in das Sie gleich wechseln. Geben Sie die folgenden drei Befehle nacheinander ein:

```
cd
```

```
mkdir nextcloudinst
```

```
cd nextcloudinst
```

Öffnen Sie auf Ihrem Computer (auf dem auch die SSH-Verbindung zum Home Server läuft) einen Internetbrowser, denn Sie müssen nachschlagen, welches die derzeit aktuelle Nextcloud-Version ist. Leider gibt es bei Nextcloud keinen Universal-Link, der stets zur aktuellen Version führt, daher rufen Sie bitte folgende Seite auf:

https://nextcloud.com/de/install/#instructions-server

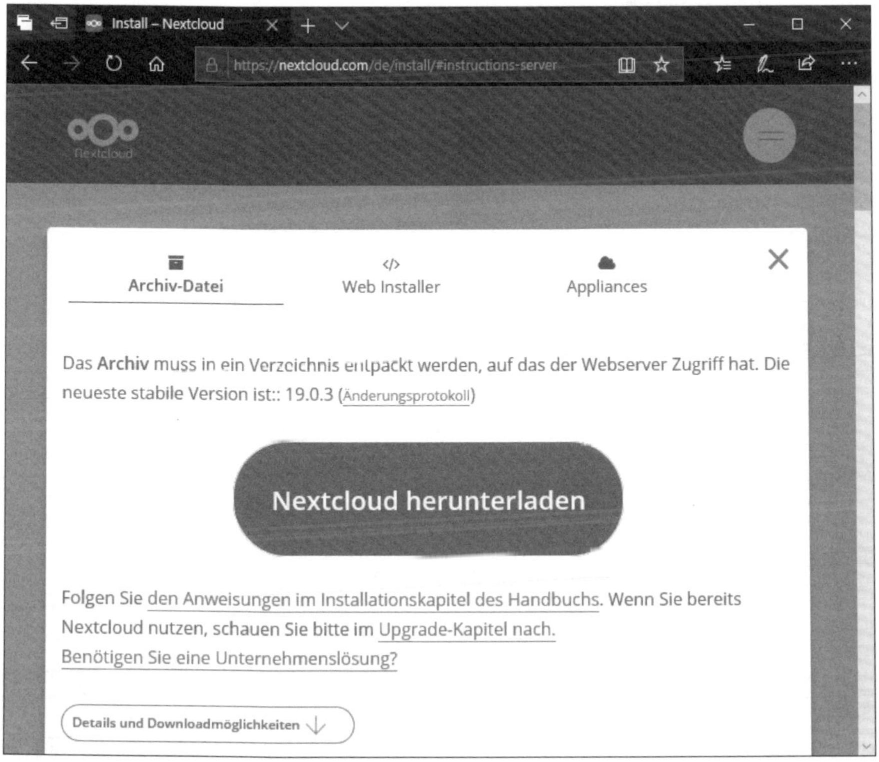

Abbildung 13.7 Die Internetseite verrät Ihnen den Link, unter dem Sie die Nextcloud herunterladen können.

Sie erhalten eine Seite, auf der Sie die aktuelle Version über eine große Schaltfläche herunterladen können. Kopieren Sie den Link in die Zwischenablage. Ersetzen Sie anschließend in der Konsole Ihres Home Servers im folgenden Befehl den Ausdruck `LINK` durch diesen Link, und führen Sie den Befehl aus:

```
wget LINK
```

Beachten Sie, dass Sie unter PuTTY den Link mit einem einfachen Klick auf die rechte Maustaste bequem in die Konsole einfügen können. In den Terminals von macOS und Linux können Sie ebenfalls die Zwischenablage bemühen. Ein möglicher Befehl könnte, wie in Abbildung 13.8 zu sehen, lauten:

```
wget https://download.nextcloud.com/server/releases/ ⮐
  nextcloud-19.0.3.zip
```

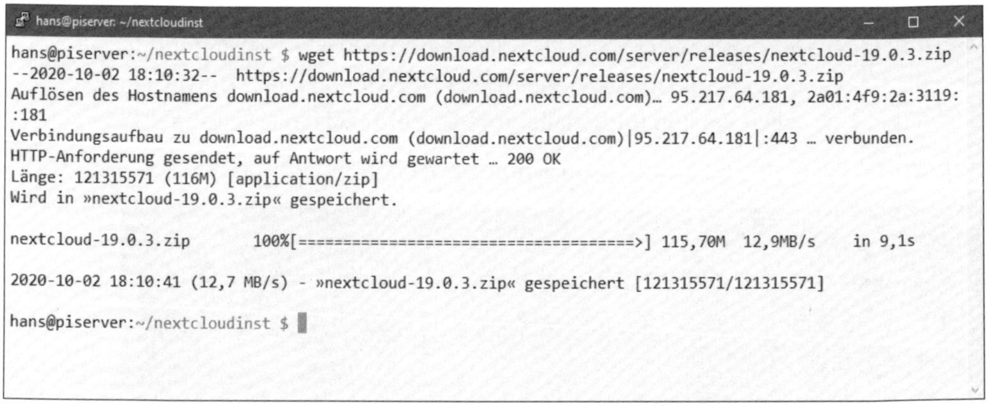

Abbildung 13.8 Der Download der Nextcloud

Wie immer müssen Sie das eben heruntergeladene Archiv jetzt entpacken. Es handelt sich um ein Zip-Archiv, wie Sie es vom Desktop-PC her kennen. Möglicherweise ist auf Ihrem Home Server die nötige Software zum Umgang mit Zip-Archiven noch nicht installiert. Das können Sie aber jederzeit nachholen. Führen Sie zunächst folgenden Befehl aus:

```
sudo apt install zip unzip
```

Nun kann die Datei entpackt werden. Nutzen Sie zur Eingabe des Dateinamens einfach die Autocomplete-Funktion. Geben Sie zunächst

```
unzip n
```

ein, und drücken Sie nicht [↵], sondern [↹]. Daraufhin wird der Dateiname automatisch ergänzt. Falls dies nicht funktioniert, lassen Sie sich mit `ls` den Verzeichnisinhalt anzeigen und geben den Dateinamen manuell ein. Ein möglicher Befehl könnte lauten:

```
unzip nextcloud-19.0.3.zip
```

Dies wird den Archivinhalt entpacken und ein Verzeichnis mit dem Namen *nextcloud* erzeugen. Das Entpacken wird einen gewissen Moment dauern.

[+]

Wer doch lieber nicht mit Zip arbeiten möchte ...

Falls Sie Schwierigkeiten mit dem Einsatz des `unzip`-Kommandos haben, dann können Sie auch ein *.tar.bz2*-Archiv nutzen. Klicken Sie daher unterhalb der großen Schaltfläche auf DETAILS UND DOWNLOADMÖGLICHKEITEN. Es öffnet sich ein Menü. Kopieren Sie dort den Link zum *.tar.bz2*-Archiv in die Zwischenablage. Das Archiv ist ein sogenannter *Tarball*, der zusätzlich mit `bzip2` komprimiert wurde – daher kommt die doppelte Dateiendung. Der Tarball-Teil kann mit Bordmitteln entpackt werden, für den `bzip2`-Teil benötigen Sie auf dem Home Server ein entsprechendes Programm. Da ein solches möglicherweise noch nicht installiert ist, führen Sie einfach folgenden Befehl aus: `sudo apt install bzip2`. Anschließend können Sie den Befehl `sudo tar -xjf ARCHIVNAME` nutzen, um das Archiv zu entpacken.

Verschieben Sie anschließend dieses Verzeichnis in das Verzeichnis */var/www/html*, das von `nginx` bedient wird. Führen Sie dazu folgenden Befehl aus:

```
sudo mv nextcloud/ /var/www/html/
```

Jetzt können Sie mit den folgenden zwei Befehlen rasch Ihr Arbeitsverzeichnis aufräumen, denn Sie benötigen es nicht mehr:

```
cd
```

```
rm -R nextcloudinst
```

Nun müssen Sie dafür sorgen, dass `nginx`, der unter dem Benutzer *www-data* arbeitet, entsprechenden Zugriff auf den Nextcloud-Ordner im Verzeichnis */var/www/html* bekommt:

```
sudo chown -R www-data:www-data /var/www/html/nextcloud
```

Achtung: Dies dürfen Sie streng genommen nur dann machen, wenn Sie Nextcloud nur im lokalen Heimnetz verwenden möchten, in dem Sie allen Mitgliedern vertrauen. Durch den Besitzerwechsel des Nextcloud-Verzeichnisses auf *www-data* geben Sie diesem Benutzer nämlich sehr umfangreiche Rechte. Im Heimnetz mag das in Ordnung sein, es ist jedoch Folgendes denkbar: Jemand könnte durch eine Sicherheitslücke Zugriff auf den Benutzer *www-data* bekommen, der nun umfangreiche Rechte im Verzeichnis */var/www/html/nextcloud* hat. Das kann zu Problemen führen. Wenn Sie also vorhaben, Ihre Nextcloud aus dem Internet erreichbar zu machen, oder wenn es auch in Ihrem Heimnetzwerk allzu neugierige und experimentierfreudige Gesellen gibt, dann sollten Sie die Verzeichnisstruktur sicherheitsmäßig so gut es geht härten. Ich werde daher in Abschnitt 13.5 entsprechende Maßnahmen besprechen.

Jetzt müssen Sie noch ein eigenes Datenverzeichnis für Nextcloud erstellen. Dies ist das Verzeichnis, in dem alle von den Benutzern angelegten Dateien gespeichert werden. Standardmäßig liegt dieses Datenverzeichnis gemeinsam mit den Programmdateien von Nextcloud im Verzeichnis */var/www/html/nextcloud*. Aus Sicherheitsgründen ist dies jedoch nicht empfehlenswert. Auch für ein späteres Update ist es eher hinderlich. Erstellen Sie also ein separates Datenverzeichnis für Nextcloud im Verzeichnis */var*

```
sudo mkdir /var/nextclouddata
```

und geben Sie dem Benutzer *www-data* hierüber die Herrschaft. Der Benutzer *www-data* muss auf dieses Verzeichnis Schreibzugriff haben, ansonsten könnten die Benutzer von Nextcloud keine Dateien abspeichern. Dazu führen Sie folgenden Befehl aus:

```
sudo chown www-data:www-data /var/nextclouddata
```

Man verwendet hier übrigens kein Verzeichnis unterhalb von */srv*, weil es sich nicht um Daten handelt, die direkt von verschiedenen Diensten oder Benutzern geteilt werden. Ist bei Ihnen der Speicherplatz auf Ihrem Hauptspeichermedium knapp bemessen, und gehen Sie von einer intensiven Nutzung der Nextcloud aus? In diesem Fall können Sie natürlich auch ein Verzeichnis auf einem externen Datenträger wählen, den Sie unterhalb des Verzeichnisses */media* in das Dateisystem eingebunden haben. Hinweise zum genauen Vorgehen finden Sie im Grundlagenkapitel (Kapitel 4, »Grundlagen des Linux-Betriebssystems«).

Abschließend müssen Sie aufgrund der umfangreichen Änderungen sowohl den Webserver `nginx` als auch den PHP-Interpreter `php7.3-fpm` einmal neu starten. Das erledigen Sie mit folgenden beiden Befehlen:

```
sudo service php7.3-fpm restart
sudo service nginx restart
```

13.3.6 Der erste Aufruf im Browser

Im Prinzip haben Sie es jetzt geschafft. Nach dieser umfangreichen Arbeit steht Ihnen Ihre Nextcloud zur Verfügung. Sie können diese nun erstmals aufrufen und einrichten. Legen Sie gleich los? Auf geht es:

Öffnen Sie auf Ihrem Desktopcomputer einen Webbrowser, und navigieren Sie zu der IP-Adresse Ihres Home Servers. Eine mögliche Eingabe könnte lauten:

http://192.168.178.10

Auf Ihrem Home Server wird der Webserver `nginx` diese Anfrage, die intern auf Port 80 eingeht, automatisch auf Port 443 umleiten und daraus eine verschlüsselte TLS-Kommunikation machen. Das ist genau das, was man möchte: Eine unverschlüsselte

Kommunikation ist nicht möglich, eine Verschlüsselung wird erzwungen. Es ist nicht nötig, die Seite mit einem einleitenden *https://* aufzurufen, die Änderung wird `nginx` automatisch vornehmen. Sollten Sie direkt Port 443 ansprechen wollen, dann ist jedoch ein *https://* zu verwenden. Wenn bei Ihnen Nextcloud unter einem anderen Port arbeitet, dann müssen Sie die Adresse ergänzen. Fügen Sie am Ende einen Doppelpunkt und den genutzten Port hinzu.

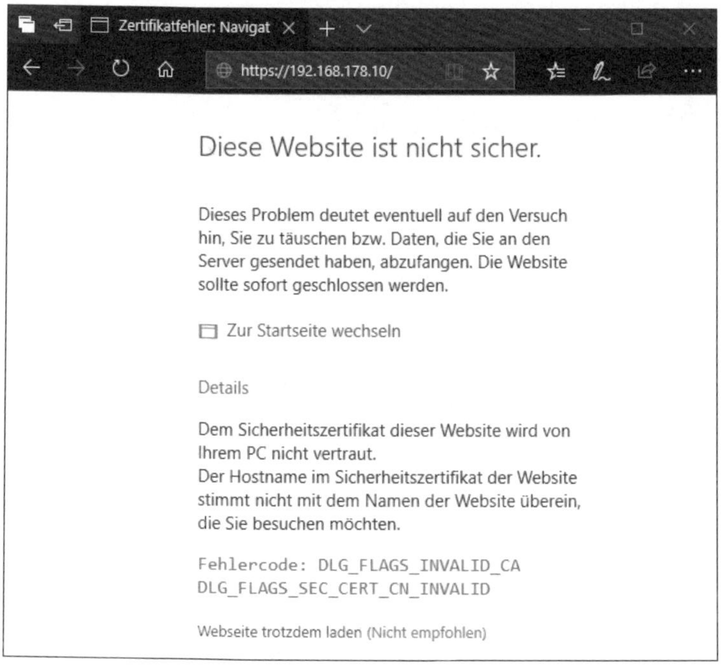

Abbildung 13.9 Die Warnung vor einem selbst erstellten Zertifikat

Wie vorhin bereits erwähnt, erscheint jetzt die angesprochene Fehlermeldung, die auf das Zertifikat zurückzuführen ist, das Sie selbst unterzeichnet haben. Für jedes selbst unterzeichnete Zertifikat ist diese Fehlermeldung unvermeidlich. Sie hat Sicherheitscharakter und warnt, dass hier etwas nicht stimmt. Normalerweise sollten Sie so eine Warnung sehr ernst nehmen und jede weitere Kommunikation mit einer solchen Seite unterlassen. In diesem speziellen Fall ist die Warnung jedoch unangebracht, denn Sie selbst haben ja dieses Zertifikat ausgestellt, und Sie wissen schließlich, was Sie tun oder besser, was Sie getan haben. Leider kann das natürlich Ihr Browser nicht wissen. Ihre Aufgabe ist es jetzt, dieses Zertifikat trotzdem zu akzeptieren und die eigentliche Seite aufzurufen. Die konkrete Vorgehensweise ist leider von Browser zu Browser unterschiedlich. Suchen Sie nach Ausdrücken wie »trotzdem fortfahren« oder »Ich kenne das Risiko«. Wird Ihnen die Option angeboten, eine Ausnahmeregel zu erstellen, dann nehmen Sie sie an, das erspart Ihnen, dass die Fehlermeldung künftig bei diesem Browser noch einmal auftritt.

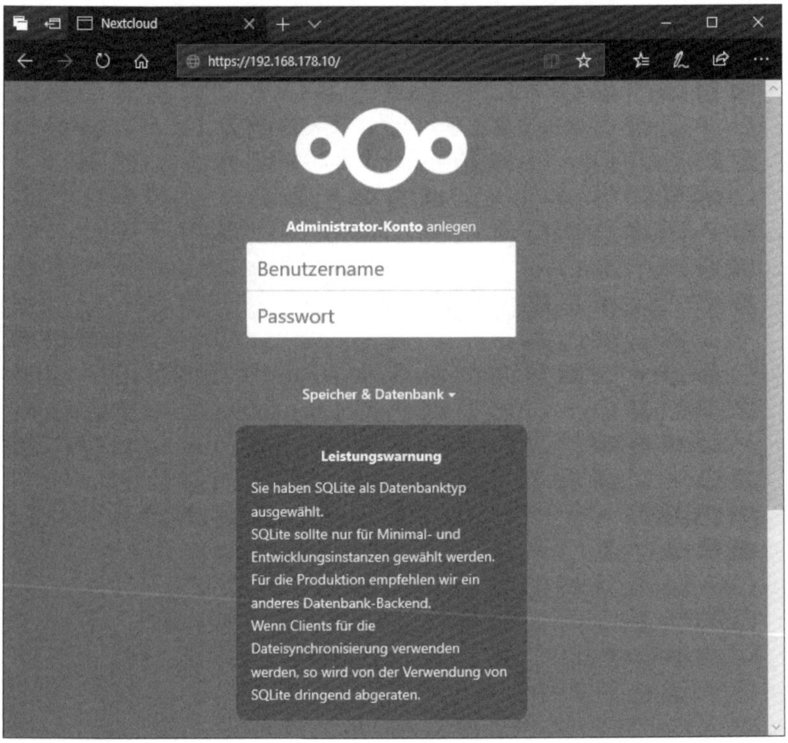

Abbildung 13.10 Das Webinterface wird nun angezeigt.

[!]

Die Fehlermeldung erscheint bei jedem Benutzer!

Die Meldung erscheint bei jedem erstmaligen Seitenaufruf, auch bei fremden oder externen Nutzern. Wenn Sie Ihre Nextcloud also über das Internet erreichbar machen möchten, um beispielsweise Freunden die bereits so oft angekündigten Urlaubsfotos zu präsentieren, dann sollten Sie sie über die bevorstehende Fehlermeldung unterrichten, um Missverständnisse zu vermeiden.

13.4 Die Konfiguration der Nextcloud

Nach der aufwendigen Installation wird Ihnen nun die erste Konfigurationsseite Ihrer Nextcloud präsentiert, wie sie Abbildung 13.11 schon einmal darstellt.

Als Erstes müssen Sie ein Administratorkonto erstellen. Vergeben Sie hierfür einen Benutzernamen und ein Passwort. Dieses Konto dient der Konfiguration von Nextcloud und sollte nicht zum normalen Gebrauch verwendet werden. Vergeben Sie einen Benutzernamen, der nicht sofort auf den administrativen Charakter schließen lässt. Vermeiden Sie aus Sicherheitsgründen also Namen wie »Administrator« oder

»admin«. Jeder Hacker probiert zunächst diese Begriffe aus. Wählen Sie stattdessen einen Namen, der nicht auf die Chef-Position schließen lässt. Das Passwort sollte sicher sein (also komplex, zufällig und lang), Nextcloud wird Ihnen die (vermutete) Sicherheit mit einem Balken anzeigen.

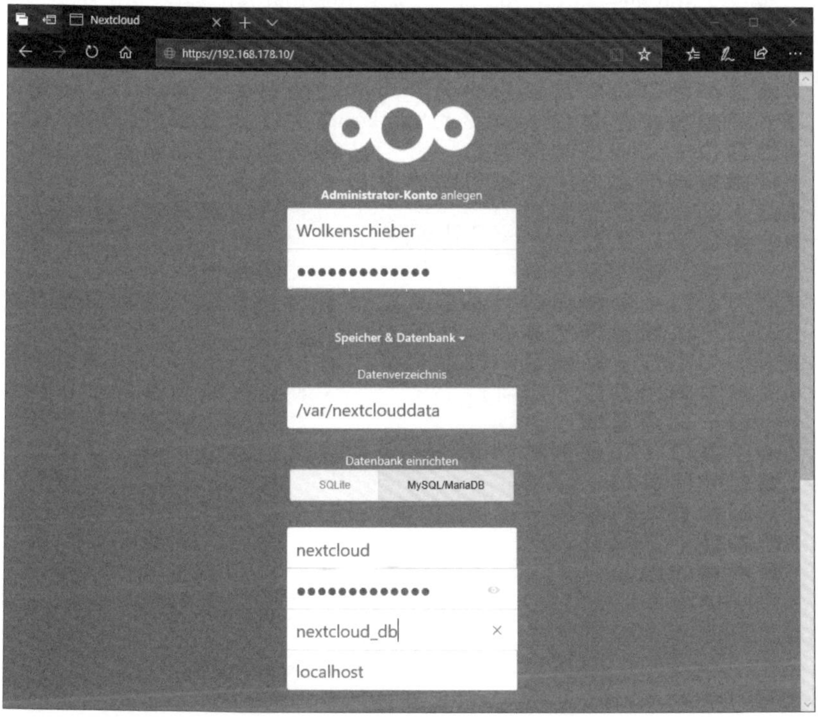

Abbildung 13.11 Die erste Konfigurationsseite der Nextcloud

Unterhalb des Passwortfeldes finden Sie einen Eintrag für das Datenverzeichnis unter der Überschrift SPEICHER UND DATENBANK. Klicken Sie in das Feld DATENVERZEICHNIS, und ändern Sie das Datenverzeichnis in das Verzeichnis, das Sie vorhin angelegt haben, also in */var/nextclouddata*.

Als Nächstes müssen Sie die Verbindung zum Datenbanksystem herstellen. Stellen Sie zuerst ein, dass Nextcloud das System MYSQL/MARIADB verwendet. Dann geben Sie die Daten ein, die Sie bei der Einrichtung von MariaDB erstellt haben. Füllen Sie also in der Sektion DATENBANK EINRICHTEN das Feld DATENBANK-BENUTZER mit dem Namen »nextcloud«. Geben Sie in das Feld DATENBANK-PASSWORT das Passwort ein, das Sie in der Konsole von MariaDB diesem Benutzer gegeben haben. In das Feld DATENBANK-NAME tragen Sie »nextcloud_db« ein. Den letzten Eintrag belassen Sie auf »localhost«.

Weiter unten fragt Sie Nextcloud, ob sie die empfohlenen Apps installieren soll – dabei handelt es sich um häufig benutzte Erweiterungen für Nextcloud, die ein Großteil der Nutzer verwendet. Aktivieren Sie also das Kontrollkästchen und klicken Sie dann auf die Schaltfläche INSTALLATION ABSCHLIESSEN. Jetzt müssen Sie einen Moment Geduld haben, während Ihre Nextcloud eingerichtet wird. Das kann durchaus ein paar Minuten dauern. Wenn der Vorgang abgeschlossen ist, sehen Sie einen Willkommensbildschirm. Sie können sich durch die einzelnen Informationsseiten durchklicken oder die Anzeige direkt mit dem X-Symbol oben rechts schließen. Anschließend steht Ihre Nextcloud zur Verfügung.

Als erste Amtshandlung sollten Sie ein Benutzerkonto für den ersten richtigen Benutzer anlegen.

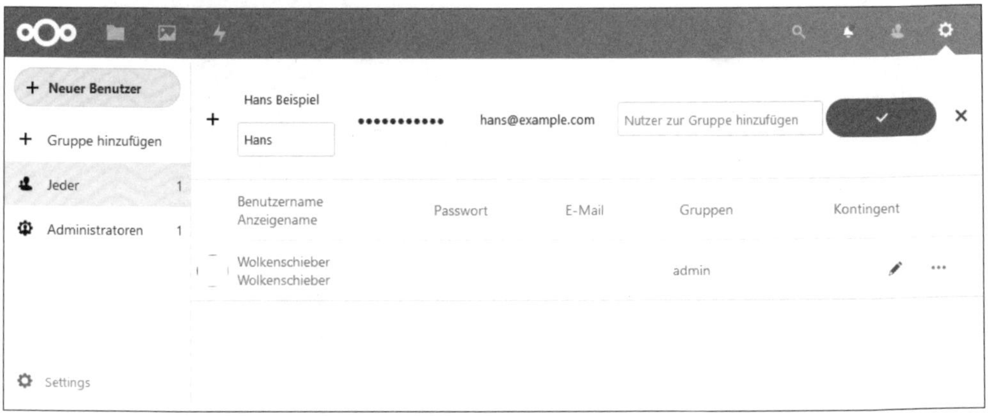

Abbildung 13.12 Einen ersten Benutzer anlegen

Klicken Sie oben rechts auf das Zahnradsymbol und dann auf BENUTZER. Nach kurzer Wartezeit sehen Sie oben links die Schaltfläche + NEUER BENUTZER. Klicken Sie darauf, und füllen Sie dann oben in der Mitte des Bildschirms die Felder mit den Daten für den neuen Benutzer. Klicken Sie dann auf die blaue Schaltfläche mit dem Häkchen. Danach können Sie sich als Administrator abmelden (ebenfalls im Menü mit dem Zahnradsymbol oben rechts) und sich unter dem soeben neu erstellten Benutzernamen anmelden. Sie können dann beginnen, die Optionen und Möglichkeiten von Nextcloud zu entdecken.

Beim ersten Aufruf als neuer Benutzer landen Sie zunächst in der Dateiansicht von Nextcloud (sobald Sie den Willkommensbildschirm geschlossen haben). Falls Ihr Benutzerkonto die englische Sprache verwendet und Sie dies ändern möchten, so geht das problemlos über das Einstellungsmenü, das Sie ganz oben rechts aufrufen können. Hier können Sie die persönlichen Daten ändern und auch die Sprachfassung umstellen.

In der Dateiansicht können Sie einzelne Dateien hochladen, Ordner erstellen, ja sogar Dateien anlegen. Textdateien lassen sich direkt in Nextcloud bearbeiten. Die weiteren Funktionen finden Sie in der Symbolleiste, die sich oben auf dem Bildschirm zeigt. Im Grundzustand ist der Funktionsumfang der Nextcloud jedoch recht beschränkt. Viele der versprochenen Funktionen sind scheinbar gar nicht vorhanden. Das liegt daran, dass sie erst einzeln vom Administrator freigeschaltet werden müssen. Dazu gleich mehr.

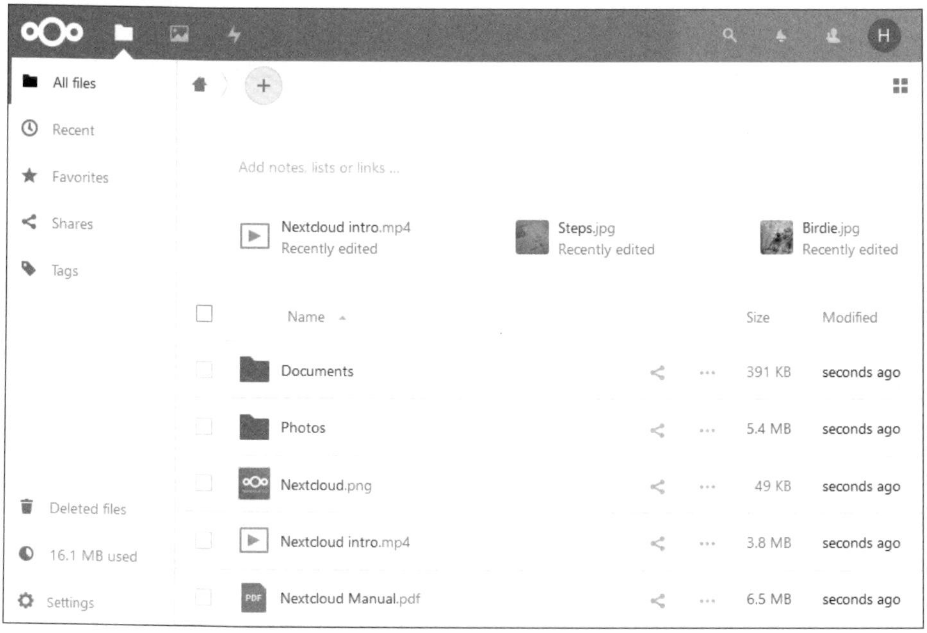

Abbildung 13.13 Die Hauptseite der Nextcloud

Zunächst müssen Sie allerdings noch den gewählten PHP-Beschleuniger *APCu* in der Konfiguration von Nextcloud eintragen, damit er auch Nextcloud bekannt ist. Das ist erst an dieser Stelle möglich, weil Nextcloud erst jetzt die entsprechende Konfigurationsdatei angelegt hat.

Öffnen Sie also in der Konsole Ihres Home Servers folgende Datei:

```
sudo nano /var/www/html/nextcloud/config/config.php
```

Sie werden sehen, dass die letzte Zeile dieser Datei so aussieht:

```
);
```

Ergänzen Sie *vor* dieser letzten Zeile folgenden Ausdruck:

```
'memcache.local' => '\OC\Memcache\APCu',
```

Achten Sie auf das Komma am Zeilenende. Die Zeile, die Sie einfügen, darf nicht direkt am Dateiende stehen. Die letzte Zeile in dieser Datei muss die Konfiguration schließen und daher lauten:

```
);
```

Abbildung 13.14 zeigt Ihnen das Endergebnis. Speichern Sie anschließend die Datei, und beenden Sie nano mit dem Tastaturkommando [Strg]+[x].

Abbildung 13.14 Bearbeiten der Datei »/var/www/html/nextcloud/config/config.php«

Wenn Sie einen Intel NUC oder einen Raspberry Pi mit 4 GB an Arbeitsspeicher verwenden, dann können Sie die Menge an Arbeitsspeicher, die der PHP-Interpreter für Skriptausführungen verwenden darf, vergrößern. Dies führt dazu, dass Nextcloud insgesamt etwas flüssiger läuft. Öffnen Sie dazu folgende Datei mit nano:

```
sudo nano /etc/php/7.3/fpm/php.ini
```

Suchen Sie darin nach dem Ausdruck

```
memory_limit =
```

Ändern Sie ihn so ab:

```
memory_limit = 512M
```

Speichern Sie die Datei anschließend, und verlassen Sie nano. Die geänderten Einstellungen werden durch einen Neustart der PHP-Komponente aktiv:

```
sudo service php7.3-fpm restart
```

Nun ist es an der Zeit, den Funktionsumfang von Nextcloud entsprechend Ihrer Bedürfnisse zu erweitern.

Hierzu wechseln Sie wieder in das Administratorkonto der Nextcloud.

Im persönlichen Menü ganz oben rechts in der Ecke finden Sie den Eintrag Apps. Über dieses Symbol gelangen Sie in die Anwendungsübersicht Ihrer Nextcloud. In den einzelnen Kategorien auf der linken Seite finden Sie den Zugang zu vielen Funktionen wie einem Kochbuch, einem Chatsystem, einem Notizeneditor, einem PDF-Konverter, einer Texterkennung für Bilder, einem erweiterten Musikplayer oder sogar einem RSS-Reader. Durchstöbern Sie in Ruhe die angebotenen Anwendungen. Ein Klick auf die Schaltfläche Herunterladen und Aktivieren genügt, und den Benutzern stehen diese Anwendungen zur Verfügung (bitte klicken Sie immer nur bei einer Anwendung auf die Schaltfläche, und warten Sie dann zunächst die Installation ab). Beachten Sie auch die begrenzte Leistungsfähigkeit Ihres Home Servers. Aktivieren Sie nur die Anwendungen, die Sie tatsächlich nutzen möchten. Ausprobieren können Sie natürlich alle für Sie interessanten Anwendungen, aber nach einer Testphase sollten Sie sich für Ihre Favoriten entscheiden.

Sie können in diesem Menü auch nicht benötigte Anwendungen deaktivieren und löschen. Ein guter Kandidat hierfür ist zum Beispiel der ONLYOFFICE-Konnektor. Bei ONLYOFFICE handelt es sich um eine leistungsfähige Office-Suite, die direkt im Browser arbeitet und das gemeinsame Bearbeiten von Dokumenten über das Internet erlaubt – im Prinzip eine feine Sache, die sich direkt in Nextcloud integrieren lässt.

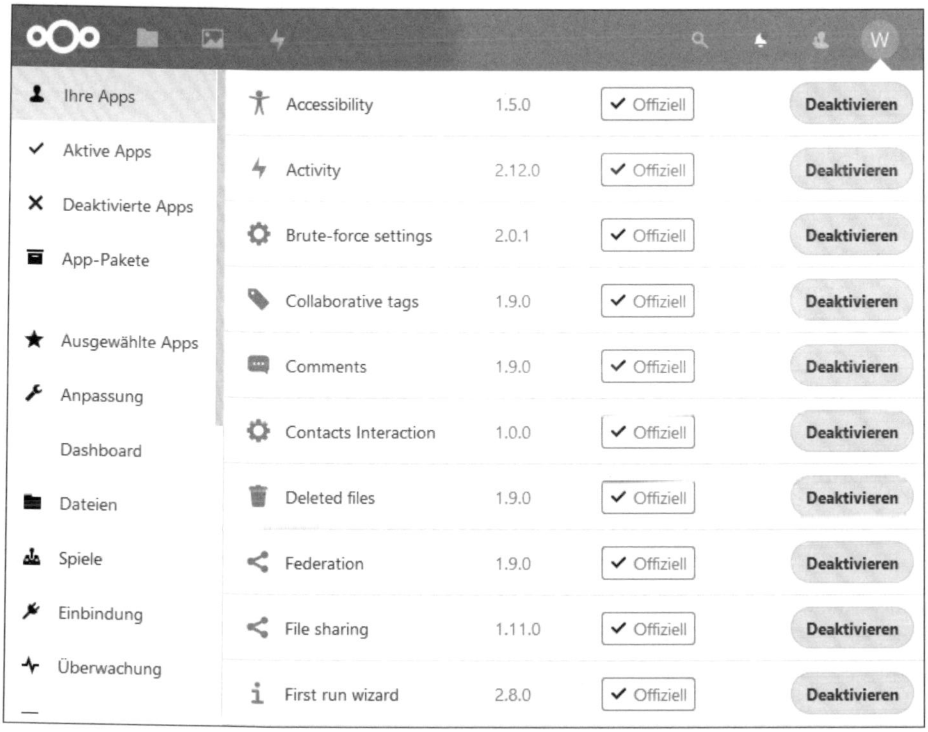

Abbildung 13.15 Weitere Apps zur Nextcloud hinzufügen

Leider sind die Anforderungen von ONLYOFFICE beachtlich – und das betrifft sowohl die Installation als auch die genutzten Hardwareressourcen. Daher eignet sich dieses Programm nicht unbedingt für die Nutzung auf einem kleinen Home Server, und Sie können die Verbindungsschnittstelle getrost löschen. Probieren Sie stattdessen eine der leichtgewichtigeren Alternativen in der Apps-Übersicht aus.

[+]

Den Zugriff über den Hostnamen ermöglichen

Bislang haben Sie Ihre Nextcloud stets über die feste IP-Adresse des Home Servers aufgerufen. Dies ist auch der Weg, der am besten funktioniert. Wenn man (was alternativ möglich ist) die Nextcloud unbedingt über den Hostnamen des Home Servers aufrufen möchte, dann erleidet man zunächst Schiffbruch. Nextcloud hat eine Sperre eingebaut, die derzeit nur den Aufruf direkt über die IP-Adresse erlaubt. Um diese Sperre zu deaktivieren, öffnen Sie die Konfigurationsdatei mit `sudo nano /var/www/html/nextcloud/config/config.php`. Ergänzen Sie im Eintrag `'trusted_domains' => array (` eine weitere Zeile. Orientieren Sie sich am Aufbau der bereits vorhandenen Einträge. Beginnen Sie mit der nächsten freien Ziffer und fügen Sie nach dem stilisierten Pfeil den Hostnamen des Home Servers zwischen einfachen Anführungszeichen ein. Die Zeile muss mit einem Komma enden und der Block mit `),` geschlossen werden. Ein Beispiel lautet `1 => 'HomeServer',`. Die Änderung ist eher etwas für den erfahrenen Nutzer.

13.5 Sichere Verzeichnisrechte vergeben

Wie zuvor beschrieben können Sie jetzt die Sicherheit der Installation erhöhen, indem Sie deutlich restriktivere Schreibrechte für die Nextcloud-Verzeichnisse setzen. Dies erhöht die Sicherheit der Installation, führt aber auch zu geringen Komforteinschränkungen (zum Beispiel wird hierdurch ein bequemes Update der Nextcloud per Webinterface verhindert). Empfehlenswert ist diese Härtung, wenn Ihre Nextcloud längere Zeit direkt über das Internet erreichbar sein soll. Wer das Programm nur im Heimnetzwerk nutzt oder nur kurzzeitig online stellt, der kann diesen Schritt überspringen. Führen Sie zur Erhöhung der Sicherheit folgende Befehle aus:

```
sudo find /var/www/html/nextcloud/ -type f -print0 | ⤶
  sudo xargs -0 chmod 0640

sudo find /var/www/html/nextcloud/ -type d -print0 | ⤶
  sudo xargs -0 chmod 0750

sudo chown -R root:www-data /var/www/html/nextcloud

sudo chown -R www-data:www-data /var/www/html/nextcloud/apps

sudo chown -R www-data:www-data /var/www/html/nextcloud/config
```

```
sudo chown -R www-data:www-data /var/www/html/nextcloud/data
sudo chown -R www-data:www-data /var/www/html/nextcloud/themes
sudo chown root:www-data /var/www/html/nextcloud/.htaccess
sudo chown root:www-data /var/www/html/nextcloud/data/.htaccess
sudo chmod 0644 /var/www/html/nextcloud/.htaccess
sudo chmod 0644 /var/www/html/nextcloud/data/.htaccess
```

Je nach Nextcloud-Version gibt es möglicherweise eine Fehlermeldung, dass eines der konfigurierten Verzeichnisse nicht gefunden wurde. Dies hat jedoch keine weiteren Konsequenzen.

In seltenen Fällen führt diese restriktive Rechtevergabe dazu, dass bestimmte Einstellungen der Nextcloud nicht mehr verändert werden können. Hierzu zählt die Änderung der maximalen Uploadgröße. Es wird wie gesagt auch beim automatischen Update der Installation zu Problemen kommen. Sie sollten in regelmäßigen Fällen die Administrationsseite der Nextcloud aufrufen und prüfen, ob es eine aktualisierte Version gibt. Nextcloud bietet ein automatisches Updateprogramm an, das jedoch mit den eingeschränkten Rechten oftmals nicht korrekt arbeitet. Wenn Sie also aufgrund der restriktiven Rechte auf Probleme und Fehler stoßen, dann können Sie die Rechtevergabe wieder vorübergehend lockern. Dazu dienen folgende Befehle. Natürlich dürfen Sie nicht vergessen, nach Abschluss der Konfigurationsarbeiten wieder wie soeben beschrieben die restriktiven Rechte zu setzen.

```
sudo chown -R www-data:www-data /var/www/html/nextcloud
sudo chmod 744 /var/www/html/nextcloud
```

13.6 Ihre Nextcloud aus dem Internet erreichbar machen

Wenn Sie Ihre Nextcloud direkt aus dem Internet erreichbar machen möchten (weil eine VPN-Lösung aufgrund eines externen Nutzerkreises nicht in Frage kommt), dann ist zunächst noch etwas Vorarbeit angesagt. Vermutlich nutzen Sie einen privaten Internetanschluss, und da ist es nicht unüblich, dass sich Ihre externe IP-Adresse alle 24 Stunden ändert. Das gilt vor allem für DSL-Anschlüsse. Basiert Ihre Internetverbindung auf einem Kabel(fernseh)anschluss, dann ändert sich Ihre IP-Adresse deutlich seltener, zumindest aber bei einem Neustart Ihres Routers. Die Verbindungsherstellung zu Ihrer Nextcloud über Ihre externe IP-Adresse ist also keine gute Lösung. Wenn sich Ihre IP-Adresse ändert, dann können Sie Ihre Nextcloud nicht mehr unter der bisherigen IP-Adresse erreichen. Deswegen müssen Sie sich zunächst ein Konto bei einem dynamischen DNS-Anbieter einrichten. Im Internet finden sich neben kostenpflichtigen auch diverse kostenfreie Angebote. Auch der Hersteller der beliebten FritzBox-Geräte bietet seinen Kunden einen vergleichbaren Dienst an. Bei einem dynamischen DNS-Dienst erhalten Sie eine feste Internetadresse (in Form einer Domain), die auf Ihre jeweils gültige externe IP-Adresse verweist. Ändert sich Ihre externe IP-Adresse, dann teilt Ihr Router diese Änderung dem dynamischen DNS-Anbieter mit. Das zeigt, dass Sie auch Ihren Router entsprechend konfigurieren müssen. Sehr viele Router bieten hierfür bereits vorgefertigte Optionsmenüs an, in die Sie nur die Daten eintragen müssen, die Sie von Ihrem DNS-Anbieter erhalten haben. Im Regelfall sind das zumindest Ihre Domain und ein Passwort. Richten Sie ein solches Konto ein, wenn Sie Ihre Nextcloud über das Internet erreichbar machen möchten.

Nextcloud selbst bietet noch einen kleinen Schutzmechanismus, den Sie nun geeignet konfigurieren müssen. Sie müssen nämlich Nextcloud mitteilen, dass sie von jetzt an nicht nur aus Ihrem persönlichen Heimnetzwerk erreichbar ist, sondern auch über eine bestimmte Adresse im Internet. Bei dieser bestimmten Adresse handelt es sich um Ihre persönliche Domain, die Sie von Ihrem dynamischen DNS-Anbieter erhalten haben.

Um diese Adresse Nextcloud bekannt zu machen, öffnen Sie zunächst mit folgendem Befehl die Konfigurationsdatei Ihrer Nextcloud mit dem Texteditor `nano`:

```
sudo nano /var/www/html/nextcloud/config/config.php
```

Suchen Sie nach dem Abschnitt, der durch die Zeile `'trusted_domains' =>` eingeleitet wird und beispielsweise wie folgt aussehen kann:

```
'trusted_domains' =>
array (
  0 => '192.168.178.10',
),
```

In der Zeile `0 =>` steht in Anführungszeichen die interne IP-Adresse Ihres Home Servers. Unterhalb dieser Zeile fügen Sie eine Zeile ein, die mit `1 =>` beginnt und dann in einfachen Anführungszeichen Ihre Domain enthält. Die Zeile muss unbedingt mit einem Komma abschließen. Ein Beispiel für diesen geänderten Block könnte so aussehen:

```
'trusted_domains' =>
array (
  0 => '192.168.178.10',
  1 => 'ihre-adresse.example.com',
),
```

Beachten Sie insbesondere, dass der Block mit einer geschlossenen Klammer und einem Komma enden muss. Nachdem Sie Ihre Eingaben vorgenommen haben, speichern Sie die Textdatei mit der Tastenkombination [Strg]+[x]. Ein Neustart eines Dienstes ist nicht erforderlich.

Nun müssen Sie in Ihrem Router eine *Portweiterleitung* einrichten. Je nach Modell nennt sich die Funktion auch *Freigabe*, *Portfreigabe* oder *Portöffnung*. In Abbildung 13.16 sehen Sie dies am Beispiel einer FritzBox.

Abbildung 13.16 Die Portfreigabe einer FritzBox

Ziel dieser Aktion ist es, dass aus dem Internet eingehende Verbindungen, die an Ihre Nextcloud gerichtet sind, angenommen und an Ihren Home Server weitergeleitet werden. Leiten Sie also den externen Port 443 für das TCP-Protokoll an Ihren Home Server beziehungsweise an dessen interne IP-Adresse weiter. Nutzen Sie für den Home Server ebenfalls Port 443 für das TCP-Protokoll (oder verwenden Sie die bei Ihnen genutzten Ports). In der Kurzfassung muss also Folgendes eingestellt werden:

```
Extern, Port 443, TCP ==> Home Server, Port 443, TCP
```

Hiermit leiten Sie ausschließlich verschlüsselte TLS-Verbindungen auf Ihren Home Server weiter. Dafür ist Port 443 zuständig. Sie müssen also, wenn Sie aus dem Internet auf Ihre Nextcloud zugreifen wollen, ein *https://* vor Ihre Domain stellen. Folgende Adresse wäre also beispielsweise einzugeben:

https://www.ihre-eigene-domain.example.com

[»] **Wenn Ihr Heimnetzwerk nur per IPv6 zu erreichen ist**

Die Anleitungen in diesem Kapitel gehen davon aus, dass Ihr Heimnetzwerk noch über eine klassische IPv4-Adresse zu erreichen ist. Keine Frage: Dem Protokoll IPv6 gehört die Zukunft des Internets, und das muss auch so sein. Viele Internetanbieter schalten schon jetzt Zugänge, bei denen eine Verbindung über das Internetz in das Heimnetzwerk nur über eine IPv6-Adresse möglich ist. In diesem Fall müssen Sie im Router keine IPv4-Portweiterleitung einstellen, sondern Sie müssen die eingebaute Firewall entsprechend konfigurieren. Geben Sie also Port 443 für den Home Server in der IPv6-Firewall des Routers frei. Beachten Sie, dass Ihre dynamische DNS-Adresse in diesem Fall aber nicht mit der externen IP-Adresse des Routers verknüpft sein darf. Stattdessen muss sie mit der externen IPv6-Adresse Ihres Home Servers verbunden sein. Sie erhalten diese Adresse, indem Sie am Home Server den Befehl `sudo ifconfig` ausführen. Die externe IPv6-Adresse des Home Servers beginnt zumeist mit `2` oder `3`, keinesfalls jedoch mit `fe80` oder `fd00`.

Wenn Sie auf Ihrem Home Server die `iptables`-Firewall installiert haben, dann müssen Sie natürlich ebenso eine Freigabe für Port 443, TCP, für eingehende Verbindungen eingeben. Eine Anleitung dazu finden Sie in Abschnitt 21.5 zur Firewall.

Beachten Sie, dass es – wie zuvor erwähnt – auch bei externen Verbindungen zu einer Zertifikatswarnung kommt, die Sie annehmen müssen – sofern Sie ein selbstunterzeichnetes Zertifikat verwenden. Über das Zertifikat wird normalerweise eine Authentifizierung vorgenommen. Das Zertifikat enthält Angaben zu Ihrer Person (die Sie bei seiner Erstellung eingegeben haben). Normalerweise gäbe es jetzt eine vertrauenswürdige (»amtliche«) Stelle, die dieses Zertifikat unterzeichnet und damit seine Richtigkeit bestätigt. Wenn sich nun jemand mit Ihrer Nextcloud verbinden würde, dann würde das Zertifikat mit der Unterschrift der vertrauenswürdigen Stelle bestätigen, dass die Verbindung tatsächlich zu Ihrer Nextcloud aufgebaut wurde und es keinerlei Manipulationen gegeben hat. Sie haben das Zertifikat vorhin jedoch selbst unterzeichnet. Dadurch hat es natürlich keinerlei Beweiskraft und könnte leicht gefälscht werden. Die Verbindung zu der Nextcloud ist zwar nach wie vor sicher verschlüsselt, man kann sich aber nicht hundertprozentig sicher sein, dass man wirklich mit Ihrer Nextcloud verbunden ist.

In diesem Fall können Sie sehr gut die kostenlosen Zertifikate von Let's Encrypt einsetzen. Hierbei wird Ihre Identität überprüft, besser gesagt, es wird sichergestellt, dass unter Ihrer Domain auch wirklich Ihr Server antwortet. Wenn Sie dies einrichten möchten, dann erfahren Sie alles Nötige in Abschnitt 21.11, »Offizielle Zertifikate mit Let's Encrypt erhalten«.

Bei der Nutzung offizieller Zertifikate muss der »server_name« angepasst werden

Sollten Sie eines Tages ein »offizielles« Zertifikat beispielsweise von Let's Encrypt einsetzen, dann müssen Sie in der Konfiguration von `nginx` für Ihre Nextcloud den `server_name` anpassen. Öffnen Sie dazu `sudo nano /etc/nginx/sites-available/nextcloud` und ändern Sie beide Einträge `server_name`. Sie müssen hier Ihren Domainnamen eintragen – verwenden Sie unbedingt denselben Namen, auf den das Zertifikat ausgestellt ist.

Aber auch bei der Nutzung selbstunterzeichneter Zertifikate gibt es eine Option, mit der Sie sicherstellen können, dass Sie wirklich mit Ihrer eigenen Nextcloud verbunden sind. Das funktioniert mit dem SHA-1-Fingerabdruck Ihres öffentlichen Schlüssels. Dieser identifiziert den öffentlichen Schlüssel Ihrer eigenen Installation und kann nicht (oder nur sehr schwer) gefälscht werden.

Sie erhalten den korrekten Fingerabdruck, wenn Sie auf der Konsole Ihres Home Servers folgenden Befehl ausführen:

```
sudo openssl x509 -fingerprint -sha1 -in /etc/nginx/cert.pem | head -n 1
```

Das Ergebnis sehen Sie in Abbildung 13.17.

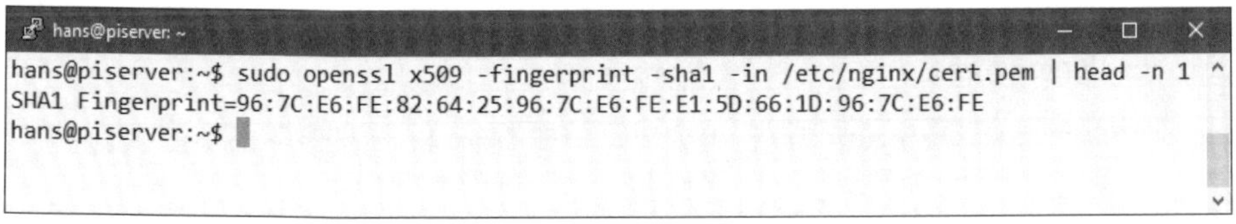

Abbildung 13.17 Der Fingerabdruck Ihres Serverzertifikats

Den ausgegebenen Wert können Sie dann als Referenz benutzen. Diesen Wert vergleichen Sie mit dem Fingerabdruck bei einer Verbindung zu Ihrer Nextcloud. Lassen Sie sich bei einer Zertifikatswarnung das Zertifikat anzeigen. Die meisten Browser zeigen Ihnen dann auch den Fingerabdruck des Zertifikats beziehungsweise den des öffentlichen Schlüssels an. Stimmen beide Werte überein, dann sind Sie mit großer Sicherheit mit Ihrer privaten Nextcloud verbunden. Bei besonders kritischen Datentransfers können Sie den Fingerabdruck auch (auf sicherem Wege) externen Benutzern zur Authentifikation übermitteln.

13.7 Backup der Nextcloud-Installation

Es ist gar nicht allzu unwahrscheinlich, dass Ihre Nextcloud-Installation wichtige Daten aufnehmen wird. Es wäre schade, wenn diese durch einen Fehler oder eine Fehlfunktion verlorengingen. Deswegen ist es eine gute Idee, in regelmäßigen Abständen ein Backup der Nextcloud-Installation anzulegen. Ihre persönliche Nextcloud unterscheidet sich von einer frischen Standardinstallation in zwei Dingen: zum einen in Ihren persönlichen Daten, die im Verzeichnis */var/nextclouddata* gespeichert werden beziehungsweise die in der Datenbank gespeichert sind, und zum anderen in der allgemeinen Konfigurationsdatei der Nextcloud mit dem Dateinamen */var/www/html/nextcloud/config/config.php*. In ein Backup müssen alle Komponenten eingeschlossen werden.

Es ist natürlich vorteilhaft, wenn Sie das Backup auf einem externen Datenträger erstellen. Sollten sich nämlich sowohl die eigentliche Installation als auch das Backup auf dem Hauptspeichermedium befinden und dieses beschädigt werden, wären alle Daten verloren. Hängen Sie also zunächst einen externen Datenträger in das Dateisystem Ihres Home Servers ein, und erstellen Sie dort mit dem Befehl `mkdir` ein Verzeichnis für das Backup der Nextcloud. Wechseln Sie anschließend mit dem (angepassten) Befehl `cd` in dieses Backup-Verzeichnis.

Zuerst aktivieren Sie den Wartungsmodus der Nextcloud, damit sich während des Backups keine Dateien verändern können. Dazu führen Sie folgenden Befehl aus:

```
sudo -u www-data php /var/www/html/nextcloud/occ ⤵
  maintenance:mode --on
```

Nun erstellen Sie das Backup. Folgender Befehl sichert als Erstes die Datenbank in das aktuelle Verzeichnis:

```
mysqldump --lock-tables -h 127.0.0.1 -u nextcloud -p[password] ⤵
  nextcloud_db > nextcloud_db_backup_$(date +"%Y%m%d").bup
```

Der etwas merkwürdig aussehende Ausdruck `$(date +"%Y%m%d")` im Dateinamen wird an der Stelle übrigens das aktuelle Tagesdatum einfügen. Dies ist praktisch, da Sie so relativ leicht unterschiedliche Backup-Versionen erkennen können. Bei dem Befehl müssen Sie noch `[password]` durch das Passwort des Datenbank-Benutzers `nextcloud` ändern. Achtung: Zwischen dem `-p` und dem Passwort steht kein Leerzeichen! Das Passwort wird ohne eckige Klammern direkt angeschlossen, etwa so:

```
mysqldump --lock-tables -h 127.0.0.1 -u nextcloud ⤵
   -pLustigesPasswort123 nextcloud_db > ⤵
   nextcloud_db_backup_$(date +"%Y%m%d").bup
```

Der folgende Befehl erstellt als Nächstes im aktuellen Verzeichnis ein komprimiertes Backup-Archiv und fasst alle relevanten Daten zusammen. Er benennt es `nextcloud_data_backup_$(date +"%Y%m%d").tar.gz`. Zur Sicherung der Privatsphäre erzeugt dieser Befehl keine Bildschirmausgabe. Beachten Sie, dass die Ausführung der folgenden Aktion je nach Umfang Ihrer Nextcloud einen gewissen Zeitrahmen in Anspruch nimmt

```
sudo tar -czf nextcloud_data_backup_
  $(date +"%Y%m%d").tar.gz /var/nextclouddata/
  /var/www/html/nextcloud/config/config.php
```

Im Arbeitsverzeichnis gibt es jetzt zwei Dateien: das komprimierte Backup mit den Daten von Nextcloud und das Backup der Datenbank. Beide Dateien gehören zusammen und müssen als eine Einheit betrachtet werden. Verwahren Sie daher beide Dateien zusammen auf.

Nachdem das Backup erstellt wurde, müssen Sie unbedingt wieder den Wartungsmodus der Nextcloud deaktivieren. Ansonsten könnte keiner der Benutzer mehr auf die Nextcloud zugreifen. Sie deaktivieren den Wartungsmodus mit diesem Befehl:

```
sudo -u www-data php /var/www/html/nextcloud/occ
  maintenance:mode --off
```

Zusammengefasst sehen Sie diese Schritte in Abbildung 13.18.

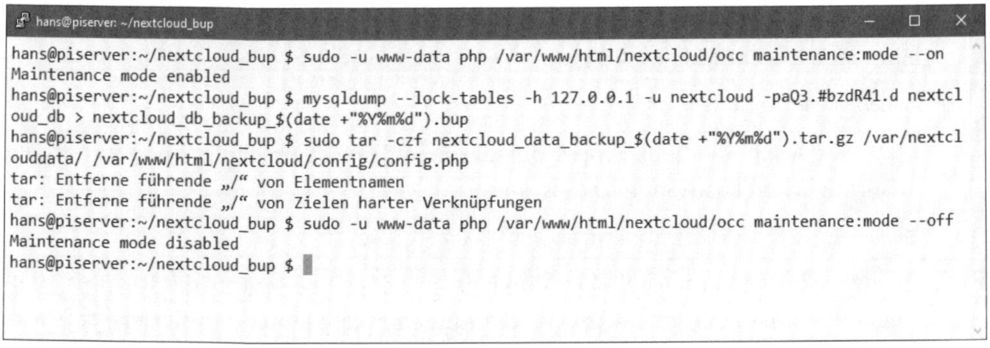

Abbildung 13.18 Das Backup wird im Wartungsmodus ausgeführt.

Dieses Backup sollten Sie nun zu regelmäßigen Zeitpunkten erstellen. Beachten Sie, dass das Backup alle persönlichen Dateien der Benutzer enthält. Sie sollten es also sicher verwahren und vor unberechtigtem Zugriff schützen. Setzen Sie die Rechte so, dass nur der *root*-Besitzer auf diese Daten zugreifen kann. Wenn Ihr übliches externes Speichermedium keine detaillierte Rechtevergabe unterstützt, dann verschieben Sie die Daten auf ein anderes Speichermedium, das Sie sicher verschlossen verwahren. Natürlich können Sie zum Erstellen des Backups auch ein eigenständiges Medium anschließen, das Sie anschließend wieder trennen.

Sollte es irgendwann einmal zu einem Fehlerfall kommen und möchten Sie ein Backup Ihrer Nextcloud wiederherstellen, dann müssen Sie zunächst eine frische Nextcloud installieren, so wie es diese Anleitung bisher gezeigt hat. Anschließend können Sie Ihre persönlichen Daten mit den folgenden Befehlen zurückspielen. Passen Sie gegebenenfalls den Pfad zu der Backup-Datei an – der Befehl geht davon aus, dass sich die Backup-Datei im aktuellen Arbeitsverzeichnis befindet. Legen Sie am besten zuerst ein neues Verzeichnis an, denn es werden einige temporäre Daten erstellt.

Sie müssen zunächst wieder den Wartungsmodus der Nextcloud aktivieren, dann das Backup zurückspielen und abschließend den Wartungsmodus wieder deaktivieren:

```
sudo -u www-data php /var/www/html/nextcloud/occ ⮐
  maintenance:mode -on
```

[»]

Alle Dateien müssen zusammenpassen

Der Stand der Datenbank muss natürlich zum Stand des *data*-Verzeichnisses passen, ansonsten drohen Datenverlust und weitere Probleme. Achten Sie also darauf, dass Sie identische Versionen sowohl vom Daten-Backup als auch vom Backup der MySQL-Datenbank zurückspielen.

Sollte es bei Ihnen bereits ein Verzeichnis für die Daten der Nextcloud geben, dann sollten Sie es sicherheitshalber löschen, damit der neue Datenbestand genau zu den Einträgen in der Datenbank passt:

```
sudo rm -rf /var/nextclouddata/
```

Jetzt entpacken Sie die Backup-Datei, der Befehl speichert die Daten sofort an der ursprünglichen Position im Dateisystem:

```
sudo tar -xzf nextcloud_data_backup_XXXXX.tar.gz -C /
```

Ersetzen Sie den Namensteil `XXXXX` durch das jeweilige Tagesdatum des Backups. Hierbei helfen Ihnen der Befehl `ls` oder die Autocomplete-Funktion mit der [⭾]-Taste weiter.

Jetzt spielen Sie das Backup der MySQL-Datenbank ein. Das erledigt folgender Befehl:

```
mariadb -h 127.0.0.1 -u nextcloud -p[password] ⮐
  nextcloud_db < nextcloud_db_backup_XXXXX.bup
```

Hierbei müssen Sie wieder das `[password]` des Datenbank-Benutzers `nextcloud` eingeben. Auch hier steht wieder *kein* Leerzeichen zwischen dem `-p` und dem eigentlichen Passwort. Ersetzen Sie außerdem erneut `XXXXX` durch das Datum des Backups, das Sie zurückspielen möchten.

Abschließend können Sie den Wartungsmodus der Nextcloud wieder deaktivieren:

```
sudo -u www-data php ⮐
  /var/www/html/nextcloud/occ maintenance:mode --off
```

Führen Sie diese Befehlskette wirklich nur im Notfall aus, da sie Ihre aktuelle Nextcloud-Installation auf den Stand des letzten Backups zurücksetzt.

Kapitel 14
Blockieren von unerwünschten Inhalten beim Webzugriff mit Pi-Hole

Wollten Sie schon immer einen Türsteher für Ihr Heimnetzwerk haben, der Ihrer Firewall zur Seite steht und unerwünschte Inhalte blockiert? Kein Problem mit Pi-Hole!

In diesem Kapitel möchte ich Ihnen die Software *Pi-Hole* vorstellen, die oft als ein Werbefilter (oder auch Adblocker) bezeichnet wird, aber zunächst einmal nüchtern betrachtet einen lokalen DNS-Server mit einer Filterfunktion bereitstellt. Über das *DNS*, das *Domain Name System*, habe ich Ihnen schon in anderen Kapiteln etwas erzählt. Salopp betrachtet können Sie sich unter dem DNS so eine Art von »Telefonbuch des Internets« vorstellen. Internetseiten kennt man vor allem unter ihrem jeweiligen Domainnamen, den Sie auch in die Adresszeile des Browsers eingeben, wenn Sie die entsprechende Seite aufrufen möchten. Der zur gewünschten Seite gehörende Webserver, der sie zum Abruf bereithält, wird über das Internet, aber nicht direkt über den Domainnamen angesprochen. Nein, die gesamte Kommunikation über das Internet erfolgt immer über IP-Adressen, ganz gleich, ob es sich um eine klassische IPv4-Verbindung oder die moderne IPv6-Variante handelt. Eine Kommunikation über Domainnamen ist nicht vorgesehen.

Das ist vergleichbar mit dem (klassischen) Telefon: Man möchte zwar Lieschen Müller sprechen, wählt aber nicht direkt ihren Namen, sondern die zugehörige Telefonnummer. Wenn man diese nicht auswendig kennt, dann schlägt man im Telefonbuch nach oder fragt die Auskunft. Auch bei Webseiten kennt man die zugehörige IP-Adresse nur in ganz seltenen Fällen auswendig. Als Mensch kann man sich diese IP-Adresse auch kaum merken, wesentlich leichter gelingt dies mit sprechenden Namen – eben den Domainnamen. Selbst ein Browser kennt keinesfalls die Zuordnung von allen Webseiten und deren IP-Adressen – schließlich können sich diese auch jederzeit ändern. Deshalb gibt es das DNS-System. Wenn der Browser eine bestimmte Seite aufrufen soll, etwa *www.beispiel.de*, dann fragt er die »Auskunft«, in diesem Fall einen DNS-Server. Ein DNS-Server ist Teil eines großen DNS-Netzwerks, in dem viele Server auf unterschiedlichen Hierarchieebenen arbeiten und wie ein Telefonbuch die zu einer gewünschten Domain zugehörige IP-Adresse kennen. Die erste Anlaufstelle für den Browser ist (meist nach dem eigenen Router als Zwischenstation) im Regelfall ein DNS-Server, der vom jeweiligen Internetprovider bereitgestellt wird. Der DNS-Server ist über das Netzwerk des Providers sehr schnell ansprechbar und liefert nach sehr kurzer Zeit die gewünschte Information. Mit der erhaltenen IP-Adresse kann der Browser nun den Zielserver kontaktieren und die zur Domain gehörende Webseite abrufen. Neben den DNS-Servern des Providers gibt es im Internet zahlreiche weitere DNS-Server, die direkt von Endkunden genutzt werden können. Bekannte DNS-Server werden beispielsweise kostenlos von Google angeboten.

14.1 Was ist Pi-Hole, was bietet es, und wie funktioniert es?

Das Programm Pi-Hole stellt im Heimnetzwerk einen weiteren DNS-Server bereit, der (nur) von allen dort vorhandenen Geräte genutzt werden kann. Dieser DNS-Server ist mit einer Filterfunktion ausgerüstet. Er gibt somit nicht sofort die IP-Adresse zu jeder beliebigen Webseite bekannt, sondern schaut zuerst nach, ob die angeforderte Domain auf einer *Filterliste* steht. Wenn dem so ist, dann wird die Anfrage auf eine spezielle Weise beantwortet: Anstatt die reale externe IP-Adresse mitzuteilen, »lügt« Pi-Hole ein wenig und behauptet, die gewünschte Seite wäre auf dem Rechner zu finden, der die Anfrage gestellt hat. Der anfragende Rechner schaut also in seinem eigenen Bestand nach, was offensichtlich fehlschlägt. Der Besuch einer Webseite, die auf einer Filterliste aufgeführt ist, funktioniert also nicht. Eine Filterliste wird zweckmäßigerweise mit Adressen von Webseiten gefüllt, die unerwünschte Inhalte ausliefern. Ist die gewünschte Webseite nicht auf einer Filterliste vorhanden, dann fragt Pi-Hole einfach beim nächsten DNS-Server (zum Beispiel dem des Providers) nach und erfährt so die richtige IP-Adresse der gewünschten Seite, die dem anfragenden Rechner mitgeteilt wird. Dieser kann nun die Seite korrekt kontaktieren und alle Inhalte problemlos abrufen.

Moderne Internetseiten bestehen allerdings schon lange nicht mehr nur aus der eigentlichen »Hauptseite«, sondern setzen sich aus zahlreichen Elementen zusammen, die über viele verschiedene Domains verteilt sind. Die Inhalte werden beim Aufruf der Seite vom Browser einzeln zusammengetragen und dann als zusammenhängende Seite dargestellt. Wenn Sie etwa im Browser die Seite *kochrezepte.example.com* aufrufen, dann enthält sie möglicherweise folgende Anweisungen für den Browser: »Lade das Rezept von der Domain *rez.example.com*, lade aber zusätzlich Werbung von *werbung.example.com* und ein Skript von *skript.example.com*.« Auf diese Weise können durchaus 25 und mehr Domains zusammenkommen, die der Browser kontaktieren muss und von denen er Inhalte lädt. Bei diesen vielen verschiedenen Inhalten kann es sich auch um Dinge handeln, die man als Nutzer gar nicht unbedingt erhalten möchte – zum Beispiel um Werbung. Sie könnten eine Filterliste führen, auf der die Domainnamen bekannter Werbeinhalte geführt sind – und diese kann Pi-Hole blockieren. Auf diese Weise erhalten Sie den eingangs erwähnten *Werbefilter* (oder neudeutsch: *Adblocker*). Pi-Hole hat ein eingebautes Verzeichnis solcher Quellen und sperrt den Zugriff darauf. Der anfragende Rechner erhält für Werbeinhalte wie zuvor gesagt eine falsche Antwort und kann diese Inhalte nicht laden. Dadurch werden Seitennutzer nicht nur von Werbung verschont, sondern die gewünschte Seite lädt wesentlich schneller – und benötigt insgesamt weniger Datenvolumen.

Offensichtlich funktioniert diese »Filterung« von Inhalten nur dann, wenn auch der Weg über einen DNS-Server gegangen wird. Sollten die unerwünschten Inhalte in der Internetseite direkt über eine (feste) IP-Adresse eingebunden sein, dann kann der Browser diese direkt kontaktieren, eine Auskunft des DNS-Servers ist nicht nötig, und folglich können auch keine Inhalte blockiert werden. Allerdings ist diese Methode deutlich seltener anzutreffen, im Regelfall wird stets ein DNS-Server mit einem Domainnamen bemüht.

Wer aufmerksam mitgelesen hat, dem wird schnell klar, dass über Pi-Hole keinesfalls der gesamte Internetverkehr geleitet wird; Pi-Hole kümmert sich ausschließlich um die Adressauskunft und bekommt von den eigentlichen Inhalten überhaupt nichts mit. Nach wie vor baut jeder Rechner seine Verbindung direkt über den Router zum jeweiligen Zielserver auf. Pi-Hole arbeitet also keinesfalls wie eine normale Firewall, die direkt den Internetverkehr überwacht. Deswegen kann Pi-Hole auch auf einem kleinen Home Server mit begrenzter Leistungsfähigkeit arbeiten und trotzdem ohne merklichen Leistungsverlust für das ganze Heimnetzwerk Werbeinhalte blockieren. Was Pi-Hole aber sehr wohl mitbekommt, das ist die Liste mit allen aufgerufenen Domains – und zwar für alle Geräte im Heimnetzwerk. Für Analysezwecke kann das Programm hierüber sogar Buch führen. Sie müssen als Nutzer von Pi-Hole offensichtlich genau aufpassen, denn aus Datenschutzgründen ist die vollständige Aufzeichnung aller aufgerufenen Domains nicht zu begrüßen.

Pi-Hole ist allerdings kein »Geheimtipp«, sondern schon seit mehreren Jahren erhältlich und mittlerweile gut bekannt. So haben auch die Hersteller von Inhalten, die oft blockiert werden, schon längst von Pi-Hole erfahren und arbeiten (durchaus auch mit Erfolg) an Strategien, wie ihre Inhalte trotz eines Filters wie Pi-Hole ausgeliefert und angezeigt werden. Daher haben Sie keinesfalls ein komplett werbe- und spamfreies Internet, wenn Sie Pi-Hole nutzen, aber zumindest eines mit deutlich weniger unerwünschten Inhalten.

Pi-Hole lässt sich (abgesehen von der etwas komplexeren Installation) recht problemlos auf dem Home Server einrichten und kann dort ebenso problemlos neben anderen Diensten betrieben werden. Der Ressourcenverbrauch dieses Programms ist äußerst gering. Allerdings will die Nutzung von Pi-Hole aus mehreren Gründen wohlüberlegt sein. Werbung im Internet wird zwar häufig so gestaltet, dass sie auffällig ist und möglichst angeklickt wird, sie ist aber eigentlich nicht dazu da, Nutzer zu nerven und zu ärgern. Werbeeinblendungen stellen für die Betreiber von Internetseiten eine wichtige Einnahmequelle dar. Von irgendetwas müssen schließlich auch die Betreiber von Internetseiten leben, und durch die Schaltung von Werbung erhalten sie entsprechende Einnahmen. Selbst wer eine Internetseite nur hobbymäßig betreibt und die Allgemeinheit über ein bestimmtes Thema informiert, der freut sich vielleicht über eine kleine zusätzliche Einnahmequelle und nimmt den Verdienst als Ansporn, seine Inhalte auch zukünftig (vielleicht sogar mit höherem Engagement) anzubieten. Leider wird die Werbung aber häufiger so gestaltet, dass sie auf jeden Fall wahrgenommen wird. So blinken manche Werbeanzeigen auf einer Seite oder tauchen gar plötzlich mitten beim Lesen quer über dem Bildschirm auf. Dadurch fühlen sich viele Internetnutzer genervt und möchten die Werbung verständlicherweise am liebsten ausblenden. Sie müssen es mit Ihrem eigenen Gewissen vereinbaren, ob Sie eine solche Einnahmequelle den Seiten entziehen möchten – denn ohne Anzeige von Werbung fließen auch keine Erlöse. Viele Seiten bieten aber auch die Möglichkeit, dem Seitenbetreiber direkt eine finanzielle Spende zukommen zu lassen. Wer als Nutzer also auf eine solche Seite trifft und diese etwas unterstützen möchte, der kann von dieser Möglichkeit Gebrauch machen, insbesondere, wenn ein Werbefilter aktiv ist.

Sie müssen allerdings auch berücksichtigen, dass Pi-Hole zwar als Filter für Werbeinhalte bekannt ist, aber nicht nur auf diese Funktion beschränkt ist. Werbung ist zwar oft ein Ärgernis, aber im Regelfall nicht schlimm oder gar gefährlich. Anders sieht es aus bei Internetseiten, die mit kriminellem Interesse betrieben werden, Beispiele sind etwa Spam-Quellen, Phishing-Seiten, betrügerische Onlineshops oder auch dubiose Seiten mit zweifelhaften Inhalten. Niemand möchte auf solchen Seiten landen und zum Beispiel bei einem betrügerischen Shop etwas bestellen und bezahlen, was niemals ausgeliefert wird. Neben kriminellen Inhalten ist in letzter Zeit auch immer wieder die Nachverfolgung und Speicherung der Aktivitäten von Internetnutzern ein Thema, das von Datenschützern kritisch betrachtet wird. Sogenannte *Tracking-Dienste* verfolgen, was ein Benutzer im Internet macht, welche Seiten er aufruft und von welchen Seiten er auf welche Seiten wechselt. So können relativ umfangreiche Persönlichkeitsprofile erstellt werden, die Aufschluss auf die jeweiligen Interessen geben und (nicht nur) für Werbezwecke höchst interessant sind. Viele Internetnutzer mögen diese Art der Informationserfassung nicht und fühlen sich ausspioniert oder zumindest überwacht. Tracking-Dienste finden sich in sehr vielen Angeboten im Internet, nicht nur auf Internetseiten, sondern auch in Apps auf dem Smartphone oder dem Smart-TV. Pi-Hole können Sie leicht so konfigurieren, dass es auch solche Inhalte blockt; die Software benötigt nur eine entsprechende Filterliste.

Allerdings sollten Sie sich auch hier bei der Nutzung nicht in vollständiger Sicherheit wiegen, weil die Sache mit den Filterlisten immer ein Katz-und-Maus-Spiel ist. Ein Inhalt kann nur dann blockiert werden, wenn er auf einer Filterliste geführt ist. Und wenn bekannt ist, dass ein Inhalt auf einer Filterliste auftaucht, nun, dann kann er relativ schnell unter einer neuen Adresse ausgeliefert werden, die noch nicht auf einer Filterliste steht. Pi-Hole bringt bereits im Auslieferungszustand einige Filterlisten mit, die fortlaufend aktualisiert und gepflegt werden. Das Programm aktualisiert seinen

Datenbestand also selbsttätig und bleibt so stets auf dem aktuellen Stand. Eine Erweiterung um zusätzliche Filterlisten ist problemlos möglich, im Internet finden sich rasch Quellen mehr oder weniger umfangreicher Filterlisten, die ebenfalls fortlaufend aktualisiert werden. So gibt es neben Listen für (oder besser gegen) Werbeinhalte auch Listen mit den Quellen unerwünschter Inhalte insbesondere für Smart-TV-Geräte, für eindeutig kriminelle Seiten oder auch für Seiten mit unangemessenen Inhalten für Minderjährige. Wobei der letztgenannte Schutz eher rudimentär ist. Pi-Hole blockiert schließlich keine Inhalte, sondern »verfälscht« nur die Adressauskunft. Wer die IP-Adresse einer Webseite kennt (oder anderweitig in Erfahrung bringt), der kann natürlich relativ schnell auf deren Inhalte zugreifen. Daher bietet Pi-Hole auf keinem Gebiet einen hundertprozentigen Schutz, ist aber stets eine gute Hilfe.

Pi-Hole eignet sich als kostenloses Open-Source-Programm also zunächst scheinbar ideal für die Nutzung auf dem Home Server. Und seine Dienste sind oftmals willkommen. Viele Nutzer freuen sich nicht nur über Internetseiten mit deutlich weniger unerwünschten Inhalten, sondern sie freuen sich auch darüber, dass die Seiten schneller geladen werden. Sie müssen übrigens keine Angst davor haben, dass Pi-Hole den Internetzugriff verlangsamt. Zwar ist es richtig, dass die Software als zusätzliches Glied in die DNS-Kette eingeschaltet wird, aber Internetseiten werden trotzdem meist schneller geladen, denn die Blockierung der Inhalte spart viel Zeit, und außerdem hat Pi-Hole einen Zwischenspeicher für häufig aufgerufene Seiten, deren Adresse sehr schnell mitgeteilt werden kann.

Allerdings ist genau dieses Einfügen von Pi-Hole in die DNS-Kette auch kritisch zu sehen. Wer sich überlegt, welche Aufgabe das DNS bei der Internetnutzung hat, dem wird schnell klar, dass es sich um einen äußerst wichtigen und kritischen Dienst handelt. Zwar ist nicht davon auszugehen, dass Pi-Hole bewusst falsche Ergebnisse liefert und den Nutzer bewusst auf gefälschte Seiten lockt, nein, vielmehr sollten Sie sich über die Ausfallsicherheit Gedanken machen. Das Vorhandensein und das Funktionieren eines DNS-Servers sind für die Nutzung des Internets von höchster Wichtigkeit. Fällt der DNS-Server aus, dann funktioniert der Internetzugriff zwar theoretisch nach wie vor, man kann aber so gut wie keine Seiten mehr aufrufen, weil die jeweiligen Rechner nicht mehr wissen, unter welcher IP-Adresse die gewünschte Seite aufgerufen werden kann. Pi-Hole kann auf unterschiedliche Art und Weise konfiguriert werden. Sollte es aber so eingerichtet sein, dass es tatsächlich für das gesamte Heimnetzwerk »verpflichtend« genutzt wird, dann ist es besonders wichtig, dass die Software stets korrekt ausgeführt wird. Beachten Sie, dass es sich bei einem Home Server, so wie er hier im Buch beschrieben wird, um keinen »richtigen« Server handelt. Die Hardware ist nicht darauf ausgelegt, mit höchster Verfügbarkeit und ohne Ausfall zu laufen; manche Personen tun einen Raspberry Pi gerne auch als »Spielzeug« ab, insbesondere wenn er tatsächlich als Server eingesetzt wird. Zwar können Sie als Administrator relativ schnell eingreifen, aber nur, wenn Sie für diese Aufgabe vor Ort oder zumindest verfügbar sind. Es gibt also durchaus auch Gründe, die gegen eine Nutzung von Pi-Hole sprechen. Wie immer gilt: Ausprobieren können Sie diesen Dienst jederzeit. Und bei Gefallen können Sie immer noch entscheiden, ob und in welchem Umfang Sie die Dienste von Pi-Hole in Anspruch nehmen möchten.

Vielleicht fragen Sie sich schon die ganze Zeit, warum man überhaupt einen zentralen Werbefilter braucht, wo man einen solchen doch problemlos im Browser auf dem Computer installieren kann. Das ist richtig. Allerdings gibt es solche Werbefilter nicht für jede Art von Computer. Werbefilter lassen sich schlecht auf dem Smartphone und noch schlechter auf dem Smart-TV-Gerät installieren. Hier kann ein zentraler Werbefilter vorteilhaft sein, der für das gesamte Heimnetzwerk zur Verfügung steht. Ein gut konfiguriertes Pi-Hole blockiert in einem durchschnittlichen Haushalt übrigens durchaus so um die 40 % aller DNS-Anfragen – das ist ganz schön viel. Wem die Trefferquote immer noch nicht genügt, der erhält auf Geräten, die dies ermöglichen, mit zusätzlichen Werbefiltern noch bessere Ergebnisse. Der zunächst etwas merkwürdig erscheinende Name der Software ist übrigens eine Anspielung auf ein schwarzes Loch, also jene Erscheinung im Weltraum, die absolut alles anzieht und ohne eine Möglichkeit des Entkommens festhält. Pi-Hole versteht sich als eine Art von schwarzem Loch für unerwünschte Inhalte. Wundern Sie sich also nicht, wenn die Filterlisten oder besser gesagt der Filtervorgang im Programm auch als »Gravity«, also »Schwerkraft«, bezeichnet werden.

14.2 Die Installation von Pi-Hole auf dem Home Server

Die Installation von Pi-Hole auf dem Home Server ist nicht ganz einfach, und es ist wichtig, dass Sie das Programm mit ausreichend freier Zeit und bei guter Konzentration einrichten. Legen Sie unbedingt zuvor ein Backup des Betriebssystems an! Die eigentliche Installation erscheint zwar auf den ersten Blick sehr einfach, hat aber ihre Tücken. Die Entwickler von Pi-Hole haben nämlich für die Installation ein Skript geschrieben, quasi eine Art von Installationsprogramm, das die Installation automatisch durchführt und es dem Nutzer möglichst einfach macht. Dieses Skript ist wunderbar geeignet, wenn Pi-Hole auf einem frischen System installiert werden soll und dort mehr oder minder alleine ausgeführt wird. Wenn es aber auf einem bestehenden Home Server als Ergänzung installiert werden soll, dann ist die Sache nicht so einfach. Das Skript nimmt nämlich einige Einstellungen vor und installiert Software, die normalerweise auf einem jungfräulichen System nicht vorhanden ist. Das stört aber bei bereits aufgesetzten Systemen. Konkret geht es um die Einstellung der IP-Adresse des Home Servers, vornehmlich um einen DHCP-Client und um einen Webserver.

Bedenken Sie, dass Sie für den Home Server bereits bei der Grundeinrichtung eine feste IP-Adresse vergeben haben. Dies berücksichtigt Pi-Hole jedoch nicht, sondern installiert eine zusätzliche Softwarekomponente, die die Adressvergabe regelt und die zumindest auf Intel NUC-Geräten bisher nicht vorhanden ist. Pi-Hole möchte auch einen neuen Webserver mit dem Namen *lighttpd* installieren. Einen Webserver benötigt Pi-Hole für sein Webinterface, worüber das gesamte Programm konfiguriert und gewartet wird. Allerdings verwenden alle Projekte in diesem Buch den Webserver `nginx`. Zwar ist auch lighttpd ein sehr guter Webserver, der sich ideal für leistungsschwache Geräte eignet, und ein gemeinsamer Betrieb von `nginx` und lighttpd ist problemlos möglich, aber eben nicht ressourcenschonend. Daher müssen Sie bei der Installation von Pi-Hole aufpassen und die nicht benötigten Änderungen des Installationsprogramms unbedingt nach der Installation wieder rückgängig machen, damit der Home Server nach wie vor einwandfrei läuft.

Bevor Sie anfangen, erstellen Sie also zunächst ein Backup des Betriebssystems Ihres Home Servers. Nutzer des Raspberry Pi legen bitte auch eine Sicherheitskopie der Konfigurationsdatei des DHCP-Clients an. Jetzt wird es nämlich etwas komplizierter: Pi-Hole installiert direkt (ohne Möglichkeit, dies abzuwählen) den DHCP-Client *dhcpcd* (über das Paket `dhcpcd5`), der sich um die IP-Adresse kümmert und durch das Installationsprogramm so angepasst wird, dass der Server eine feste IP-Adresse verwendet. Die Software dhcpcd kommt auf dem Raspberry Pi bereits ab Werk zum Einsatz – daher wundert es auch nicht weiter, dass Pi-Hole diesen Dienst nutzen möchte. Schließlich deutet schon der Name Pi-Hole darauf hin, dass das Programm hauptsächlich für den Raspberry Pi entwickelt wurde, auch wenn es problemlos auf anderen Geräten ohne Einschränkung verwendet werden kann. Bei der Grundeinrichtung haben Sie die gewünschte feste IP-Adresse für den Raspberry Pi bereits in die Konfigurationsdatei von dhcpcd eingetragen, und es gibt keinen Grund, dass Pi-Hole diese Datei jetzt verändert.

Als Nutzer des Raspberry Pi sollten Sie jetzt ein Backup dieser Konfigurationsdatei erstellen, das Sie nach der Installation von Pi-Hole wieder an die ursprüngliche Stelle zurückschreiben. Führen Sie dazu folgenden Befehl aus:

```
sudo cp /etc/dhcpcd.conf ~/dhcpcd.conf.bup
```

Damit wird eine Kopie der Konfigurationsdatei in Ihrem Home-Verzeichnis abgelegt. Nutzer des Intel NUC müssen diesen Schritt nicht ausführen, weil der betreffende Dienst auf dem NUC nicht installiert ist. Dort wird die Adressvergabe anders geregelt.

Dass die Installation von Pi-Hole über ein fertiges Skript erfolgt, wird von manchen Nutzern nicht gern gesehen. Schließlich weiß man zunächst nicht genau, was das Skript alles mit dem Rechner anstellen wird – und das Skript muss sogar mit *root*-Rechten ausgeführt werden, weil umfangreiche Änderungen am System nötig sind. Daher gibt es verschiedene Installationsmethoden. Ein Weg besteht darin, zunächst nur das Skript einzeln herunterzuladen und sich es zuerst in Ruhe anzusehen und zu überprüfen. Allerdings ist dieser Weg für den Einstieg wenig praktikabel, weil Sie im

Regelfall noch nicht alle Befehle des Skripts kennen und insgesamt nicht alle Schritte nachvollziehen können. Sie müssen also den Entwicklern von Pi-Hole vertrauen und das Skript (mangels entsprechender Möglichkeiten) ohne genaue Prüfung ausführen. Daher ist es umso wichtiger, dass zuvor ein Systembackup angelegt wurde, denn falls etwas schiefgeht, gibt es immer einen einfachen Weg zurück.

Um die Installation auf Ihrem Home Server zu starten, wechseln Sie zunächst mit einem `cd` in Ihr Home-Verzeichnis. Führen Sie dort folgenden Befehl aus (achten Sie auf die Groß-/Kleinschreibung bei `-sSL`):

```
curl -sSL https://install.pi-hole.net | bash
```

Damit wird das benötigte Installationsskript direkt aus dem Internet geladen. Die Installation startet automatisch.

Alternativ können Sie sich das Skript auch zunächst herunterladen. Nutzen Sie dafür den Befehl

```
wget -O basic-install.sh https://install.pi-hole.net
```

Sie können sich das Skript mit `nano` anzeigen lassen und den Inhalt überprüfen. Anschließend müssen Sie das Skript ausführbar machen und es danach starten. Das geht mit dem Befehl

```
sudo ./basic-install.sh
```

Weitere Informationen rund um die Installation finden Sie auf der Internetsite *https://pi-hole.net*.

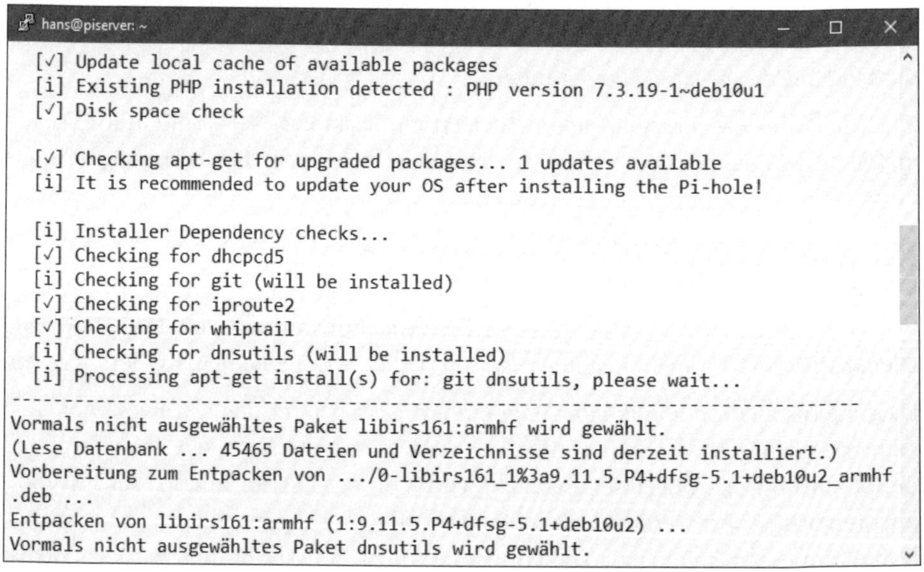

Abbildung 14.1 Der Installer wurde gestartet und prüft, was alles erledigt werden muss.

Nach dem Aufruf des Installationsskriptes werden zunächst einige Einstellungen überprüft. Einen Teil der Prüfung zeigt Abbildung 14.1.

Warten Sie so lange, bis Sie von einem grauen Infokasten auf einem blauen Hintergrund begrüßt werden. Dort wird Ihnen (auf Englisch) mitgeteilt, dass das Installationsprogramm Ihren Home Server in einen netzwerkweiten Werbeblocker umwandeln wird. Drücken Sie direkt auf [↵], denn die entsprechende OK-Schaltfläche ist bereits selektiert.

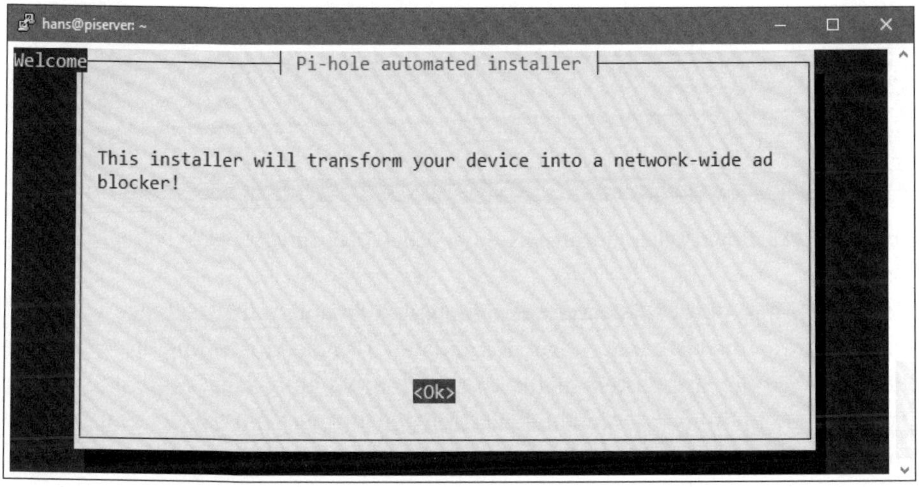

Abbildung 14.2 Los geht es! Der Installer hat einiges vor ...

Als Nächstes werden Sie daran erinnert, dass Pi-hole zwar umsonst ist und kostenlos genutzt werden kann, aber auf Spenden von den Nutzern angewiesen ist. Sie sehen einen Link zu einer Internetseite, auf der Sie das Projekt durch eine finanzielle Spende unterstützen können. Drücken Sie erneut auf die [↵]-Taste.

Jetzt geht es auch schon »ans Eingemachte«. Das Installationsprogramm weist darauf hin, dass (das Gerät mit) Pi-Hole für den korrekten Betrieb eine feste IP-Adresse benötigt und dass Sie jetzt eine solche einrichten müssen.

Drücken Sie auf [↵], dies führt Sie zur nächsten Seite des Assistenten. Falls es auf Ihrem Gerät mehrere Netzwerkschnittstellen gibt, dann müssen Sie nun diejenige auswählen, auf der Pi-Hole aktiv sein soll. Für den Home Server ist die kabelgebundene Schnittstelle zu wählen, die auf dem Raspberry Pi *eth0* heißt und auf dem Intel NUC üblicherweise *eno1* genannt wird (der Name beginnt in jedem Fall mit den Buchstaben *en*). Wählen Sie den entsprechenden Eintrag mit den Pfeiltasten aus und aktivieren Sie ihn durch einen Druck auf die Leertaste. Drücken Sie dann auf [↵], so dass die OK-Schaltfläche unten ausgewählt wird und anschließend auf [↵].

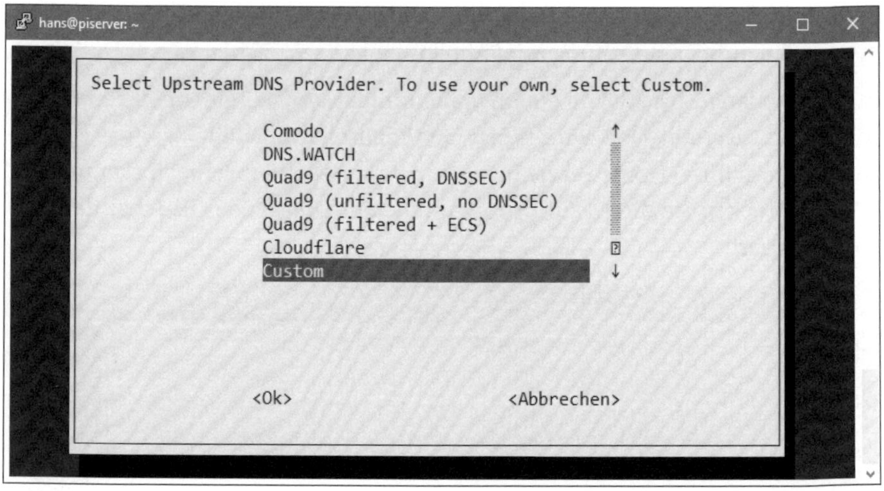

Abbildung 14.3 Der Installer möchte wissen, welchen DNS-Server Pi-Hole befragen soll.

Sie müssen nun den DNS-Server auswählen, den Pi-Hole selbst befragen wird und erhalten dazu eine Liste mit einigen Kandidaten. Um die Einstellung dieses Servers kümmern Sie sich am besten später im Detail im Webinterface. Wählen Sie daher jetzt wie in Abbildung 14.3 mit den Pfeiltasten den Eintrag CUSTOM, der sich ganz am Ende der Liste befindet. Anschließend wählen Sie wieder mit ↵ den OK-Eintrag und drücken auf ↵. Sie werden jetzt nach der Adresse Ihres gewünschten DNS-Servers gefragt. Tragen Sie hier bitte die interne IP-Adresse Ihres Routers ein. Meistens hat der Router eine IP-Adresse in der Form `xxx.xxx.xxx.1`. Die drei ersten Blöcke sind dabei identisch mit der IP-Adresse Ihres Home Servers. Gehen sie anschließend wie gewohnt zur nächsten Seite des Assistenten, und bestätigen Sie dort Ihre Angaben. Danach wechseln Sie bitte zur folgenden Seite.

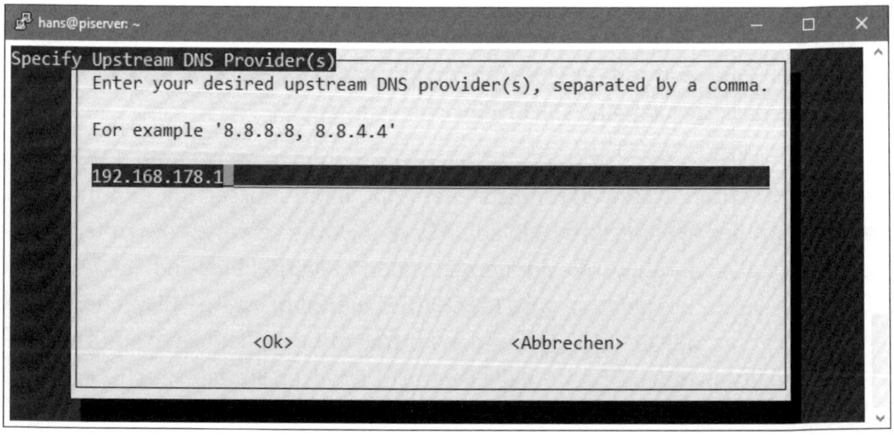

Abbildung 14.4 Zunächst tragen Sie die interne IP-Adresse Ihres Routers für den zu befragenden DNS-Server ein.

Jetzt können Sie erste Filterlisten auswählen, die Pi-Hole zum Filtern des Internetverkehrs verwenden soll. Für den Anfang können Sie alle Listen aktivieren (mit der Leertaste). Diese Listen wird Pi-Hole später automatisch abonnieren und die lokale Kopie aktuell halten. Weiter geht es auf der nächsten Seite des Assistenten. Hier müssen Sie auswählen, welche IP-Protokolle Pi-Hole verwenden soll. Im modernen Heimnetzwerk sind vermutlich sowohl das klassische IPv4-Protokoll als auch die moderne IPv6-Variante aktiv. Sie sollten daher beide Einträge aktivieren und anschließend zur nächsten Seite übergehen.

Das Installationsprogramm liest nun Ihre aktuelle Netzwerkkonfiguration ein und zeigt sie an. Sie sollten auf dem Bildschirm die feste IP-Adresse des Home Servers sowie die Adresse Ihres Routers lesen. Sollte es Abweichungen geben, ist das nicht so schlimm, weil Sie die momentanen Änderungen nach der Installation sowieso rückgängig machen – schließlich haben Sie den Home Server schon korrekt konfiguriert. Gehen Sie über Ja zur folgenden Seite. Dort werden Sie darüber informiert, dass es trotz der aktuellen Einstellungen zu einem Adresskonflikt kommen kann. Diesen Hinweis (Sie sehen ihn auch in Abbildung 14.5) können Sie aber ignorieren, denn Sie haben schon bei der Einrichtung des Home Servers Sorge getragen, dass dies nicht passieren kann. Sie können also getrost weitergehen.

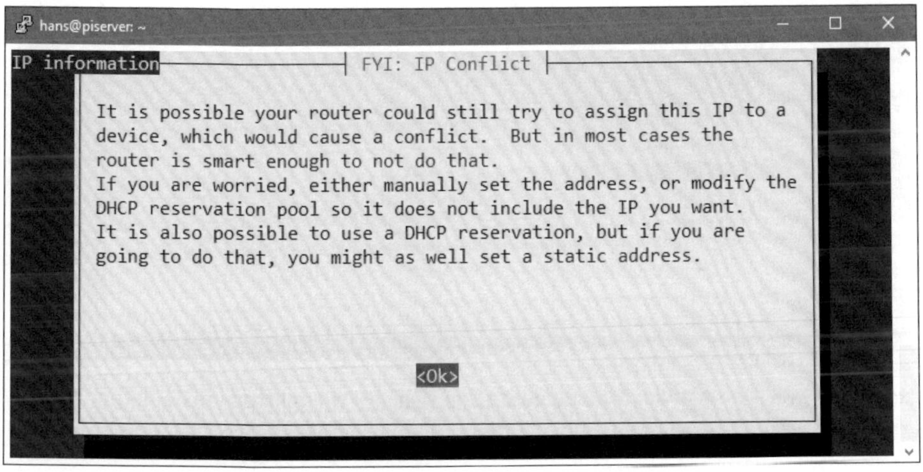

Abbildung 14.5 Diese Warnung betrifft Sie nicht, denn um die Vergabe einer IP-Adresse haben Sie sich schon längst gekümmert.

Als Nächstes müssen Sie festlegen, ob Sie das zu Pi-Hole gehörende Webinterface installieren möchten (Do you wish to install the web admin interface?). Dieses Angebot sollten Sie unbedingt annehmen, denn ansonsten wird die Konfiguration unnötig schwer. Aktivieren Sie also den Eintrag On (Recommended), und fahren Sie fort.

Jetzt müssen Sie ein wenig aufpassen: Sie werden gefragt, ob Sie den Web Server lighttpd installieren möchten. Er liefert das Webinterface an die anfragenden Clientrechner aus. Sollten Sie auf Ihrem Home Server bereits einen Webserver installiert haben, dann wählen Sie bitte OFF und installieren lighttpd nicht. Der Grund liegt darin, dass Sie ja schon einen Webserver in Betrieb haben. Er kann ohne Probleme das Webinterface von Pi-Hole zusätzlich ausliefern. Wenn Sie also schon eines der Website-Projekte aus diesem Buch installiert haben (Nextcloud, DokuWiki oder eine Webkamera-Seite), dann haben Sie schon den Webserver `nginx` in Betrieb. Sollten Sie hingegen noch kein Website-Projekt installiert und (damit) noch keinen Webserver in Betrieb haben, dann nehmen Sie das Angebot ruhig an und wählen ON (RECOMMENDED). Wenn Sie später Interesse an einem Website-Projekt haben, dann können Sie lighttpd wieder deinstallieren (mit dem Befehl `sudo apt remove lighttpd`) oder, entsprechende Erfahrung vorausgesetzt, alle Webseiten von lighttpd ausliefern lassen. Weiter geht es wie immer über OK.

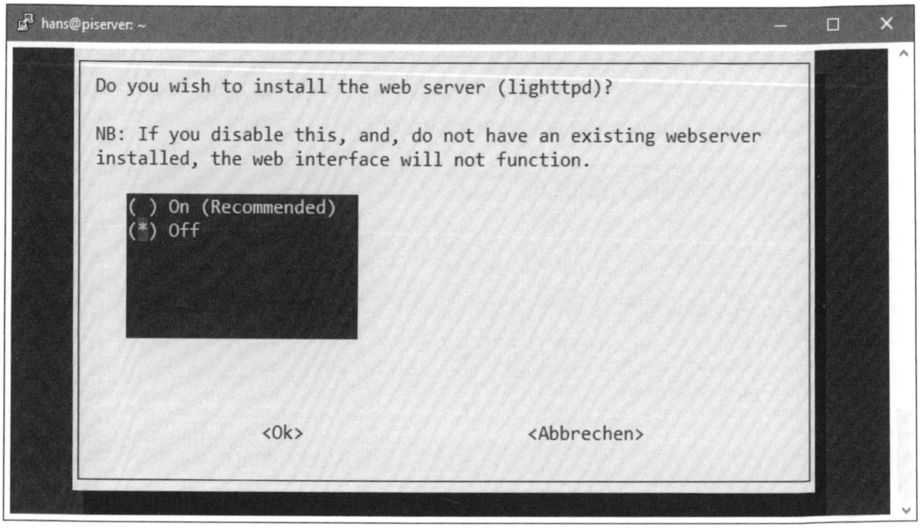

Abbildung 14.6 Der Installer möchte gerne den Webserver »lighttpd« installieren, die Projekte in diesem Buch verwenden allerdings die Alternative »nginx«.

[*]

Alternativ können Sie auch direkt »nginx« installieren

Wenn bei Ihnen bisher kein Webserver installiert ist, Sie aber schon jetzt absehen können, dass Sie eines der Website-Projekte aus diesem Buch installieren möchten, dann können Sie schon jetzt auf die Installation von lighttpd verzichten. Installieren Sie stattdessen direkt nach der Installation (und vor der Konfiguration) von Pi-Hole den Webserver `nginx`. Wie das funktioniert, ist beispielsweise in Kapitel 13, »Die eigene Cloud mit Nextcloud«, beschrieben.

Nun steht der Datenschutz im Vordergrund. Denken Sie daran: Pi-Hole erfährt als »universelles Telefonbuch« ganz genau, welche Seiten von welchem Computer beziehungsweise von welchem Benutzer aufgerufen werden. Auf Wunsch kann das Programm Buch über alle Anfragen führen. Wenn Sie dem zustimmen, dann erhalten Sie im Gegenzug später im Webinterface sehr ausführliche Filterberichte. Sie können zum Beispiel sehen, welches Gerät die häufigsten Anfragen stellte, welches Gerät am häufigsten »blockiert« wurde und welches die Seiten sind, die am häufigsten gesperrt wurden. Offensichtlich verletzt dies unter Umständen die Privatsphäre der Nutzer. Sie können das Aufzeichnen aller Anfragen daher jetzt direkt ausschalten (Einstellung OFF). Was aber auch möglich ist, das ist die spätere Deaktivierung des Mitschnitts. Sie können die Funktion daher erst einmal zu Analysezwecken aktivieren und sie dann später bequem im Webinterface »für den Regelbetrieb« abschalten. Es empfiehlt sich, alle Nutzer zunächst über den Mitschnitt zu informieren.

Wenn Sie den Mitschnitt aktiviert haben, dann können Sie auf der nächsten Seite den Detailgrad einstellen, den später die Statistiken zeigen sollen. Für den Testbetrieb können Sie ruhig alles anzeigen lassen (0 SHOW EVERYTHING). Später sollten Sie aber überlegen, ob eine niedrigere Stufe genügt oder ob Sie den Mitschnitt besser ganz abschalten. Nutzen Sie anschließend wieder die OK-Schaltfläche.


```
hans@piserver: ~
Trigger für libc-bin (2.28-10+rpi1) werden verarbeitet ...
------------------------------------------------------------------------------
  [✓] Supported OS detected
  [i] SELinux not detected
  [i] Using interface: eth0
  [i] Using upstream DNS: Custom (192.168.178.1, 192.168.178.1)
  [✓] Set IP address to 192.168.178.10
  [i] You may need to restart after the install is complete
  [i] Unable to find IPv6 ULA/GUA address, IPv6 adblocking will not be enabled
  [i] IPv4 address: 192.168.178.10/24
  [i] IPv6 address:
  [i] Web Interface On
  [i] Web Server Off
  [i] Logging On.
  [✗] Check for existing repository in /etc/.pihole
  [i] Clone https://github.com/pi-hole/pi-hole.git into /etc/.pihole...HEAD ist jet
zt bei 6b536b7 Merge pull request #3564 from pi-hole/release/v5.1.2
  [✓] Clone https://github.com/pi-hole/pi-hole.git into /etc/.pihole

  [✗] Check for existing repository in /var/www/html/admin
  [i] Clone https://github.com/pi-hole/AdminLTE.git into /var/www/html/admin...
```

Abbildung 14.7 Die Installation läuft und wird einen Moment in Anspruch nehmen.

Nun wird der blaue Assistent kurzzeitig verlassen, und Sie sehen zahlreiche Informationen auf einem schwarzen Hintergrund. Jetzt läuft nämlich die eigentliche Installation. Die nötigen Daten werden aus dem Internet heruntergeladen, und es wird alles auf Ihrem Home Server eingerichtet. Zum Abschluss sehen Sie wie in Abbildung 14.8 einen Informationsbildschirm auf blauem Hintergrund. Hier müssen Sie genau hinsehen. Zunächst sehen Sie die IP-Adresse(n), die Ihr Home Server im Heimnetzwerk verwendet. Die Daten sind aber nicht so wichtig, weil Sie ja Ihre eigene Konfiguration nutzen. Unbedingt notieren müssen Sie sich aber das Passwort, das Sie für den Zugriff auf das Webinterface von Pi-Hole benutzen müssen. Es wird ganz unten in der letzten Zeile angezeigt. Heben Sie die Notiz dieses Passwortes gut auf. Betätigen Sie anschließend wieder OK. (Sollten Sie den Bildschirm versehentlich zu früh verlassen haben, so ist das nicht schlimm. Sie finden das Passwort nach Beendigung des Assistenten in der Textausgabe, die auf dem Bildschirm sichtbar ist, in einem der `[i]`-Einträge.)

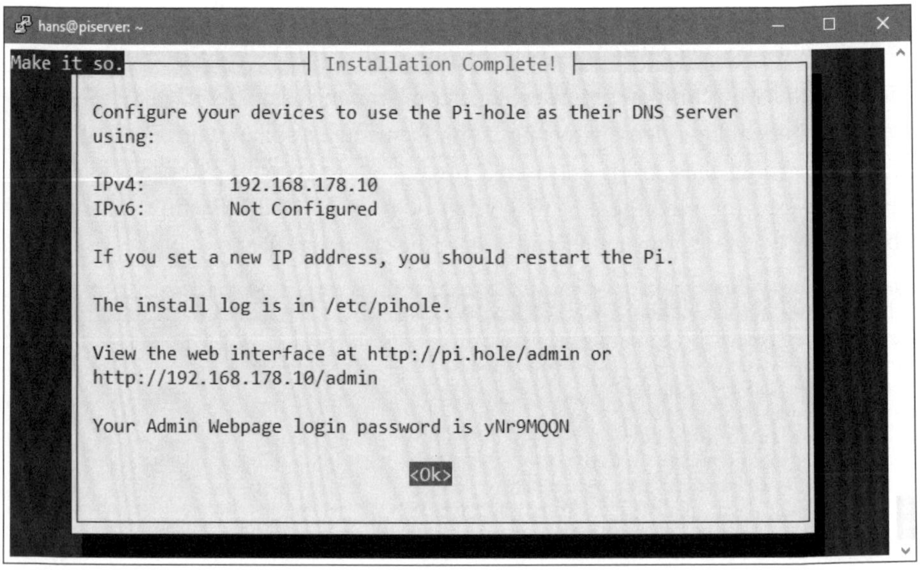

Abbildung 14.8 Der Installer ist fertig. Notieren Sie sich unbedingt die Zugangsdaten, die unten im Fenster angezeigt werden.

Nach Abschluss des Installationsassistenten müssen Sie sich um die Komponente dhcpcd kümmern, die durch das Skript installiert beziehungsweise neu konfiguriert wurde. Wenn Sie einen Intel NUC verwenden, dann können Sie die installierte Software einfach komplett löschen. Führen Sie dazu folgenden Befehl aus (der das Paket `dhcpcd5` deinstalliert, denn dies ist das Paket für die Software dhcpcd):

```
sudo apt purge dhcpcd5
```

Nutzen Sie hingegen einen Raspberry Pi, dann spielen Sie einfach Ihr Backup der dhcpcd-Einstellungen wieder zurück. Das machen Sie mit folgendem Befehl:

```
sudo mv ~/dhcpcd.conf.bup /etc/dhcpcd.conf
```

Anschließend sollten Sie den Home Server (aufgrund der gravierenden Änderungen im Netzwerkbereich) mit dem Befehl

```
sudo reboot
```

neu starten. Kontrollieren Sie, ob sich der Server nach dem Neustart korrekt unter seiner gewohnten Adresse ansprechen lässt und ob alle Dienste wie bisher funktionieren.

Wenn Sie bei der Installation den Webserver lighttpd installiert haben, dann müssen Sie jetzt nichts weiter tun – das Webinterface von Pi-Hole sollte korrekt erreichbar sein, und Sie können zur Konfiguration übergehen. Ansonsten müssen Sie jetzt `nginx` konfigurieren. Prüfen Sie als Erstes, ob die nötigen Dienste auch wirklich korrekt auf Ihrem Home Server installiert sind. Dazu führen Sie folgenden Befehl aus:

```
sudo apt install nginx php7.3-fpm php7.3-cgi php7.3-xml ⮐
   php7.3-sqlite3 php7.3-intl
```

Normalerweise sollten Sie die Meldung erhalten, dass alle Pakete bereits installiert sind. Wenn nicht, werden sie jetzt automatisch nachinstalliert. Eine Beispielausgabe zeigt Abbildung 14.9.

```
hans@piserver: ~
hans@piserver:~ $ sudo apt install nginx php7.3-fpm php7.3-cgi php7.3-xml php7.3
-sqlite3 php7.3-intl
Paketlisten werden gelesen... Fertig
Abhängigkeitsbaum wird aufgebaut.
Statusinformationen werden eingelesen.... Fertig
nginx ist schon die neueste Version (1.14.2-2+deb10u3).
php7.3-fpm ist schon die neueste Version (7.3.19-1~deb10u1).
php7.3-xml ist schon die neueste Version (7.3.19-1~deb10u1).
Vorgeschlagene Pakete:
  php-pear
Die folgenden NEUEN Pakete werden installiert:
  php7.3-cgi php7.3-intl php7.3-sqlite3
0 aktualisiert, 3 neu installiert, 0 zu entfernen und 1 nicht aktualisiert.
Es müssen 1.215 kB an Archiven heruntergeladen werden.
Nach dieser Operation werden 7.070 kB Plattenplatz zusätzlich benutzt.
Möchten Sie fortfahren? [J/n]
```

Abbildung 14.9 Für das Webinterface unter »nginx« ist schon fast alles vorhanden, es fehlen nur ein paar zusätzliche Komponenten.

Sie müssen jetzt eine Konfigurationsdatei für den Webserver `nginx` erstellen. Diese soll den Namen *pihole* tragen und im Verzeichnis */etc/nginx/sites-available* abgespeichert werden. Öffnen Sie also `nano` mit diesem Befehl:

```
sudo nano /etc/nginx/sites-available/pihole
```

Fügen Sie die folgenden Zeilen ein (nutzen Sie am besten den Downloadlink aus dem Vorwort):

```
server {
   listen        8094;
   listen        [::]:8094;
   server_name   IP.ADRESSE.IHRES.HOMESERVERS;
   root          /var/www/html/admin;
   autoindex     off;
   index         index.php index.html index.htm;

   location / {
      expires max;
      try_files $uri $uri/ =404;
   }

   location ~ \.php$ {
      include fastcgi_params;
      fastcgi_param SCRIPT_FILENAME $document_root/$fastcgi_script_name;
      fastcgi_pass 127.0.0.1:9000;
      fastcgi_param FQDN true;
   }

   location ~ /\.ht {
      deny all;
   }

}
```

Ersetzen Sie dabei den Ausdruck `IP.ADRESSE.IHRES.HOMESERVERS` durch die IP-Adresse Ihres Home Servers. Beenden Sie dann `nano` auf, und speichern Sie die Datei mit der Tastenkombination [Strg]+[x] und einer anschließenden Bestätigung.

Wichtig sind jetzt zwei Dinge, die ich schon bei der Einrichtung des DokuWikis in Kapitel 12, »Verwalten von Informationen und Anleitungen: ein eigenes Wiki mit DokuWiki«, ausführlich beschrieben habe: a) die Einrichtung des PHP-Interpreters (hier geht es um die Änderung der Kommunikation auf den Netzwerkport 9000) und b) die Vergabe eines freien Ports für das aktuelle Website-Projekt. Bitte schlagen Sie noch einmal in dem genannten Kapitel nach, dort finden Sie die nötigen Anleitungen. Die obige Datei nutzt für das Webinterface bisher den Port 8084. Sollte eine Änderung nötig sein, dann müssen Sie die soeben erstellte Konfigurationsdatei `pihole` noch einmal mit `nano` öffnen und entsprechend editieren. Achten Sie darauf, dass Sie den Port (falls nötig) in beiden `listen`-Zeilen ändern, und vergessen Sie keinesfalls die Änderung der PHP-Konfiguration (falls Sie diese nicht schon geändert haben). Notieren Sie sich den gewählten Port, Sie benötigen ihn später zum Aufrufen des Webinterfaces.

Wenn Sie die angesprochenen Punkte korrekt konfiguriert haben, dann können Sie nun die nötige symbolische Verknüpfung der Konfigurationsseite für `nginx` erstellen und das Webinterface von Pi-Hole damit aktivieren. Das machen Sie über folgenden Befehl:

```
sudo ln -s /etc/nginx/sites-available/pihole ⤸
  /etc/nginx/sites-enabled/pihole
```

Damit das Webinterface auch wirklich einwandfrei funktioniert, sollten Sie den Webserver `nginx` einmal neu laden und den PHP-Interpreter neu starten. Führen Sie dazu folgende Befehle aus:

```
sudo service nginx reload
```

```
sudo service php7.3-fpm restart
```

Jetzt sollte das Webinterface von Pi-Hole korrekt erreichbar sein. Das können Sie übrigens direkt im Terminal überprüfen. Geben Sie einmal den Befehl

```
sudo netstat -tapen
```

ein, und schauen Sie in die Ergebnisliste. Dort sollte unter dem gewünschten Port (den Sie in der Konfigurationsdatei zuvor angegeben haben) der Webserver `nginx` aktiv sein (mit dem Status `LISTEN`). Sollte dem nicht so sein, haben Sie einen Fehler gemacht und müssen Ihre Einstellungen überprüfen.

Ansonsten können Sie jetzt an einem beliebigen Rechner im Heimnetzwerk einen Internetbrowser starten und das Webinterface von Pi-Hole aufrufen. Dazu geben Sie Folgendes ein:

```
http://IP.Adresse.vom.HomeServer:Port
```

Ersetzen Sie dabei die IP-Adresse des Home Servers sowie den zuvor gewählten Port (der Standardwert lautet `8094`). Nach einem Druck auf [↵] sollte das Webinterface von Pi-Hole erscheinen. Sie können direkt mit der Konfiguration beginnen.

[*]

Was machen die komischen Verzeichnisse in /var/www/html?

Wenn Sie sich nach der Installation von Pi-Hole im Verzeichnis */var/www/html* umsehen, dann werden Sie feststellen, dass es dort zwei neue Unterverzeichnisse gibt: Eines heißt *pihole*, das andere *admin*. Beide Verzeichnisse gehören zu Pi-Hole (Zur Erinnerung: In dem genannten Verzeichnis werden alle Website-Projekte abgespeichert; der Webserver liefert Websites aus, die sich hier befinden.) Es ist unschön, dass es nun zwei neue Verzeichnisse gibt, schöner wäre es, wenn jede Website nur ein Verzeichnis belegen würde. Allerdings ist es besser, sich damit zu arrangieren, als dies zu verändern, damit bei einem eventuellen Update von Pi-Hole das Installationsprogramm möglichst alle Daten am ursprünglichen Platz findet – ansonsten wären Fehler vorprogrammiert. Ändern Sie also besser an dieser Situation nichts.

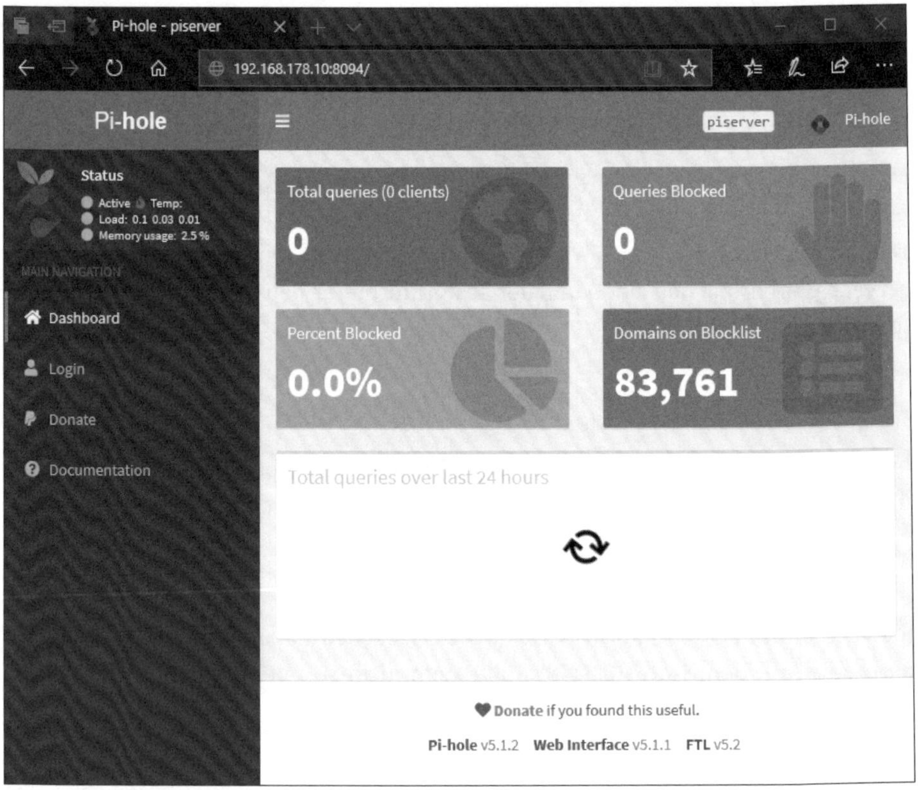

Abbildung 14.10 Das Webinterface arbeitet korrekt.

14.3 Die Konfiguration von Pi-Hole

Für einen ersten Test ist Pi-Hole direkt nach der Installation schon passend konfiguriert. Unter anderem haben Sie schon während der Installation eine Auswahl an Filterlisten eingestellt, die Pi-Hole sofort zum Filtern von Werbeanzeigen nutzt und die das Programm automatisch auf dem aktuellen Stand hält. Darum müssen Sie sich im Prinzip gar nicht weiter kümmern.

Allerdings schadet es gewiss nicht, wenn Sie einmal nach dem Rechten sehen und prüfen, ob die wichtigen DNS-Einstellungen in Pi-Hole auch korrekt gesetzt sind. Hierbei geht um den DNS-Server, den Pi-Hole selbst kontaktiert, um einem anfragenden Gerät die korrekte IP-Adresse einer Internetseite mitzuteilen, die nicht auf einer der Filterlisten geführt wird. Für den Anfang ist es eine gute Idee, Ihren Router als DNS-Server zu befragen – schließlich stellt dieser für das Heimnetzwerk einen DNS-Server zur Verfügung, den Ihre Geräte bisher (überwiegend) genutzt haben. Dies hatten Sie bei der Installation auch schon so eingestellt.

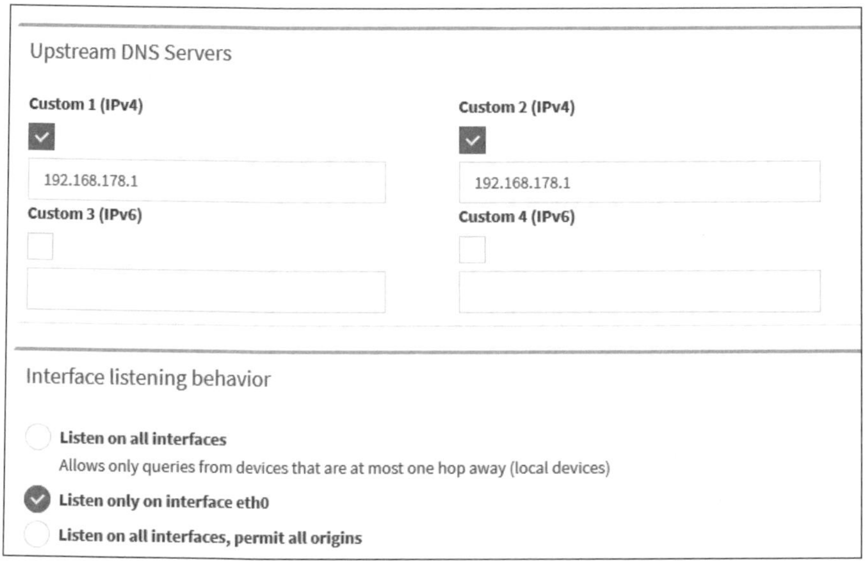

Abbildung 14.11 Die DNS-Einstellungen sind für das IPv4 korrekt gesetzt. Die IPv6-Adresse muss noch ergänzt werden.

Zur Überprüfung loggen Sie sich bitte am Webinterface von Pi-Hole ein und verwenden dazu das Passwort, dass Sie sich gegen Ende der Installation notiert haben. Wechseln Sie auf die Seite SETTINGS und dort in die Kategorie DNS. In der Sektion UPSTREAM DNS SERVERS sehen Sie die IP-Adressen der DNS-Server, die Pi-Hole befragt. Es gibt wie in Abbildung 14.11 getrennte Einträge für das IPv4- und das IPv6-Protokoll. Da ein funktionierender DNS-Server für die reibungslose Kommunikation und das Aufrufen von Internetseiten unerlässlich ist, arbeitet man häufig mit zwei Servern, die heutzutage im Regelfall mehr oder weniger gleichmäßig befragt werden. Dadurch, dass zwei Server angesprochen werden können, gibt es immer eine Sicherheit, falls einer der beiden ausfällt. Auch Internetprovider stellen häufig zwei DNS-Server bereit, die in Ihrem Router hinterlegt sind und von diesem befragt werden. Im Heimnetzwerk haben Sie allerdings in Form Ihres Routers nur einen einzelnen lokalen DNS-Server. (Das Gleiche gilt für Ihr Pi-Hole, das ja nur einmal auf Ihrem Home Server vorhanden ist.) Deswegen müssen Sie in der Konfiguration von Pi-Hole sowohl für den ersten als auch den zweiten Eintrag des DNS-Servers zunächst die interne IP-Adresse Ihres Routers eintragen, die für das IPv4-Protokoll zum Beispiel 192.168.178.1 lauten kann. Bitte prüfen Sie, ob hier in beiden Fällen die korrekte Adresse Ihres Routers eingetragen ist. Die IPv6-Adresse Ihres Routers kann man nicht vorhersagen. Bitte schlagen Sie im Webinterface Ihres Routers nach, und kopieren Sie die Adresse in die beiden Felder. Alternativ können Sie die IPv6-Adresse auch durch den `ping`-Befehl herausbekommen. Öffnen Sie ein Terminal zu Ihrem Home Server, und führen Sie folgenden Befehl aus:

```
ping -6 ROUTER
```

Dabei müssen Sie den Ausdruck `ROUTER` durch den Hostnamen Ihres Routers oder dessen Domainnamen in Ihrem Heimnetzwerk ersetzen. Viele Geräte nutzen hier eine spezielle Domain. Die bekannte FritzBox verwendet zum Beispiel die Domain *fritz.box*. In diesem Fall würde der Befehl also `ping -6 fritz.box` lauten.

Wenn diese Daten in Pi-Hole korrekt übertragen sind, dann scrollen Sie zur Sektion ADVANCED DNS SETTINGS. Deaktivieren Sie das Kästchen NEVER FORWARD NON-FQDNS. Wenn es aktiviert bliebe, dann könnte es nämlich je nach Konfiguration später Probleme geben, wenn Sie ein Netzwerkgerät mit seinem Hostnamen ansprechen wollen. Klicken Sie abschließend unten am Seitenende auf SAVE. Jetzt ist für einen ersten Test schon alles korrekt eingestellt. Ihr persönliches Pi-Hole ist jetzt aktiv und »scharfgeschaltet«. Allerdings wird es zum gegenwärtigen Zeitpunkt noch von keinem Ihrer Geräte im Heimnetzwerk (abgesehen von einigen Diensten auf dem Home Server) genutzt. Der Grund liegt darin, dass noch kein Gerät von der Existenz dieses neuen DNS-Servers weiß. Momentan wenden sich alle Geräte direkt an Ihren Router, der wiederum mit den DNS-Servern des Internetproviders kommuniziert. Sie müssen also den Geräten mitteilen, dass sie von nun an einen anderen DNS-Server befragen sollen. Hierfür gibt es mehrere Möglichkeiten:

1. Sie stellen den neuen DNS-Server bei allen gewünschten Geräten manuell ein. Nur geänderte Geräte werden Pi-Hole verwenden.
2. Sie lassen den neuen DNS-Server durch den DHCP-Server des Routers bekannt geben. Der Router wird den Home Server als DNS-Server nennen. Pi-Hole wird in die DNS-Kette zwischengeschaltet und fragt als nächste Instanz den Router.
3. Sie verändern die Einstellungen des Routers so, dass der Router Pi-Hole als DNS-Server verwendet. Pi-Hole wird direkt mit externen DNS-Servern kommunizieren. Alle Heimnetzgeräte fragen weiterhin als Erstes den Router.
4. Sie deaktivieren den DHCP-Server des Routers und verwenden fortan Pi-Hole als DHCP-Server, der entsprechende DNS-Server bekannt gibt.

Für welche Methode Sie sich entscheiden, hängt davon ab, in welchem Umfang Sie Pi-Hole benutzen möchten und was für ein Router-Gerät Sie verwenden. Am besten lesen Sie den folgenden Abschnitt zuerst in Ruhe durch und entscheiden dann, welche Methode Sie verwenden möchten. Ich werde Ihnen dort die vier Möglichkeiten im Detail vorstellen.

14.3.1 Welche Möglichkeiten für den Einsatz gibt es?

Die manuelle Einstellung des DNS-Servers

Bei dieser Variante müssen Sie bei jedem Gerät, das Pi-Hole als DNS-Server nutzen soll, manuell in die IP-Adresskonfiguration eingreifen. Dort müssen Sie als Adresse des DNS-Servers die internen IP-Adressen des Home Servers nennen. Hier ist bewusst von mehreren Adressen die Rede, weil der Home Server ja über das IPv4- und das IPv6-Protokoll erreichbar sein kann. Damit Pi-Hole effizient arbeiten kann, muss es für beide Protokollvarianten als DNS-Server arbeiten.

Bei der manuellen Adressvergabe entscheiden Sie selbst, welches Gerät Pi-Hole als DNS-Server kontaktiert und somit, auf welchem Gerät Werbung und andere unerwünschte Inhalte ausgefiltert werden sollen. Nur Geräte, die Sie explizit manuell konfigurieren, werden Pi-Hole benutzen, bei allen anderen Geräten ändert sich gar nichts.

Damit Sie ein Gerät auf diese Weise zur Zusammenarbeit mit Pi-Hole bewegen, muss es folglich gestatten, die IP-Adresskonfiguration manuell vorzunehmen. Nicht alle Geräte erlauben dies. Wenn das gewünschte Gerät etwa ausschließlich den Adressbezug per DHCP unterstützt und es nicht erlaubt, manuell hieran etwas zu ändern, dann ist der Betrieb mit Pi-Hole auf diese Weise nicht möglich. Viele einfache Geräte zum Beispiel aus dem Bereich Smart Home sowie solche Geräte, die die Einrichtung besonders einfach machen möchten, arbeiten nur über das DHCP-Verfahren und lassen sich nicht manuell konfigurieren. Bei der manuellen Konfiguration ist es übrigens gar nicht so entscheidend, dass sich die eigentliche IP-Adresse des Gerätes, die es zur Kommunikation im Netzwerk verwendet, manuell anpassen lässt. Für die Nutzung von Pi-Hole ist einzig ausschlaggebend, dass Sie die Adresse des DNS-Servers manuell eintragen können. Die normale IP-Adresse sowie etwa die Adresse des Routers können ohne Weiteres per DHCP bezogen werden. Das Betriebssystem Windows etwa gestattet so eine Konfiguration: Sie können die Adresse des DNS-Servers manuell eintragen, alle weiteren wichtigen Adressen werden per DHCP bezogen. Für den Nutzer ist diese Art der Konfiguration sehr komfortabel. Oftmals erlauben aber Geräte nur die Wahl zwischen der komplett manuellen Konfiguration oder der komplett automatischen Konfiguration per DHCP. Bei der komplett manuellen Konfiguration müssen dem Gerät neben dem DNS-Server allerdings die Adresse des Routers sowie eine IP-Adresse mitgeteilt werden. Bei dieser IP-Adresse handelt es sich dann um eine statische Adresse, so wie sie Ihr Home Server verwendet. Das entsprechende Gerät wird also stets unter derselben Adresse erreichbar sein.

Diese Art der Konfiguration erfordert für Sie einen erheblichen Verwaltungsaufwand. Sie müssen zunächst klären, welche IP-Adressen von Ihrem Router nicht über das DHCP-Verfahren genutzt werden und damit für die manuelle und statische Adressvergabe zur Verfügung stehen. Anschließend müssen Sie Buch darüber führen, welche Adresse Sie welchem Gerät zuteilen möchten, und sie anschließend bei den betreffenden Geräten eintragen.

Wo ist also der Vorteil dieses Verfahrens, warum sollte man überhaupt manuell eingreifen wollen?

Nun, ich möchte noch einmal daran erinnern, dass der DNS-Server für das reibungslose Funktionieren der Internetverbindung sehr wichtig ist. Wenn er ausfällt, dann können die Geräte im Netzwerk, die diesen DNS-Server nutzen, keine Informationen mehr zu den IP-Adressen von Internetseiten erhalten. Die Folge ist, dass das Surfen im Internet nicht mehr möglich ist; man erhält stets eine Fehlermeldung, wenn man im Browser eine Seite aufrufen möchte. Das betrifft nicht nur die eigentlichen Computer: Es ist auch möglich, dass sich auf dem Smart-TV keine Internetinhalte mehr abspielen lassen, ebenso könnten Internetspiele auf der Spielekonsole ausfallen. Bedenken Sie, dass der Home Server in Ihrem Netzwerk »allein auf weiter Flur« ist. Beim Einsatz von Pi-Hole ist er ein weiteres Glied in der DNS-Kette, das jedoch keine Ausfallsicherheit mitbringt. Wenn der Home Server ausfällt (etwa durch einen Hardwaredefekt), dann wird die DNS-Kette unterbrochen, und das beschriebene Szenario tritt ein. Wenn in dieser Situation niemand mit den nötigen Kenntnissen im Haushalt ist, dann kann der Fehler nicht einfach behoben werden. Sollten jetzt alle Geräte im Heimnetzwerk Pi-Hole benutzen, dann fällt quasi die Internetverbindung für alle Geräte, die auf einen DNS-Server angewiesen sind, mehr oder weniger aus. Daher ist es vorteilhaft, nur einige ausgewählte Geräte Pi-Hole nutzen zu lassen, denn nur sie sind von einem Ausfall betroffen. Die übrigen Geräte funktionieren normal weiter, so dass in Ruhe abgewartet werden kann, bis jemand mit den nötigen Kenntnissen vor Ort ist (etwa nach Feierabend oder am Wochenende) und den Fehler beheben kann.

Nachteilig bei dieser Methode ist aber nicht nur der genannte Verwaltungs- und Konfigurationsaufwand, sondern auch, dass sich wie gesagt leider nicht alle Geräte manuell konfigurieren lassen. Unter Umständen gestattet das Smartphone oder der Smart-TV die Konfiguration nicht, so dass die unerwünschten Inhalte auf diesen Geräten nicht ausgeblendet werden können. Allgemein kann gesagt werden, dass sich normale Desktoprechner, die unter den klassischen Betriebssystemen arbeiten, sehr gut konfigurieren lassen und daher problemlos auf manuelle Weise zur Zusammenarbeit mit Pi-Hole gebracht werden können. Bei den übrigen Geräten kommt es aber stets auf die jeweilige Implementierung an; hier hilft also nur ausprobieren.

Wenn Sie diesen Weg gehen möchten, dann öffnen Sie zuerst das Webinterface von Ihrem Router und suchen dort nach den Einstellungen des DHCP-Servers. Sie finden sie meist bei der IP-Adresskonfiguration des Heimnetzwerks. Sie kennen diese Prozedur schon von der Ersteinrichtung des Home Servers. Notieren Sie sich den Bereich, in dem der DHCP-Server IP-Adressen vergibt. Es könnte beispielhaft so sein, dass das Netzwerk die Adressen 192.168.178.1 bis 192.168.178.254 umfasst und dass der DHCP-Server davon die Adressen 192.168178.20 bis 192.168.178.199 verwendet. Sie haben also einige Adressen am unteren Ende des Adressbereichs sowie die Adressen 192.168.178.200 bis 192.168.178.254 für die manuelle Konfiguration zur Verfügung. In diese Konfiguration haben Sie möglicherweise auch schon bei der Ersteinrichtung des Home Servers eingegriffen. Sollte der DHCP-Server (noch) den gesamten Adressbereich des Netzwerks verwalten, dann müssen Sie ihn so umkonfigurieren, dass einige Adressen für die manuelle Vergabe frei bleiben – das ist aber üblicherweise der Fall. Eine solche Konfiguration sehen Sie beispielhaft in Abbildung 14.12.

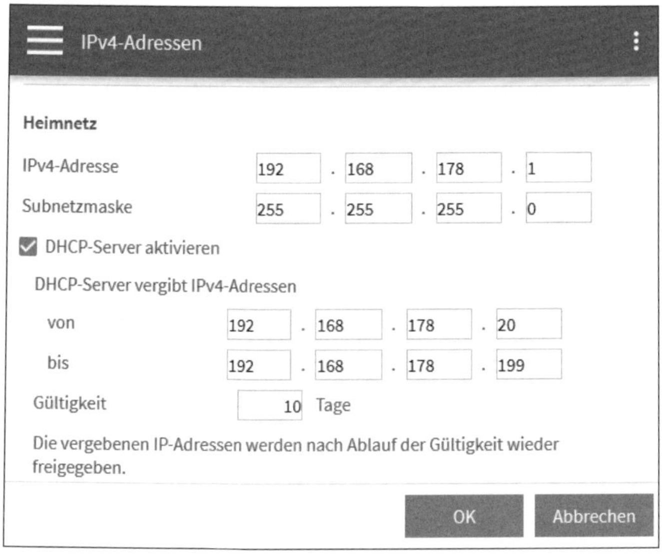

Abbildung 14.12 Der DHCP-Server im Router darf nicht den gesamten Adressbereich des Heimnetzwerks bedienen, es müssen einige Adressen für die manuelle Vergabe frei bleiben.

Schreiben Sie sich nun auf, welches Gerät welche IP-Adresse verwenden soll. Denken Sie daran, dass jede Adresse immer nur von einem Gerät zur gleichen Zeit genutzt werden darf. Notieren Sie auch die IP-Adresse Ihres Routers, die meist auf .1 endet. Wenn Sie einen modernen Internetzugang verwenden, der schon das IPv6-Protokoll unterstützt (was längst gang und gäbe sein sollte), dann müssen Sie sich außerdem die interne IPv6-Adresse des Routers notieren. Auch sie finden Sie im Webinterface. Bei den IPv6-Adressen gibt es im Heimnetzwerk üblicherweise keinen DHCP-Server, sondern die Geräte bilden ihre Adressen selbst aus Daten, die der Router im Netzwerk bekannt gibt. Sie können daher für die manuelle Konfiguration eines Gerätes problemlos die IPv6-Adresse nutzen, die das Gerät gegenwärtig verwendet. Sie erhalten die aktuelle Adresse entweder direkt am Gerät oder aber in der Netzwerkübersicht im Webinterface des Routers. Auch hier werden häufig die IP-Adressen aller Geräte genannt. Nun sollten Sie über folgende Informationen verfügen:

- IPv4-Adresse des Routers im Heimnetzwerk
- IPv6-Adresse des Routers im Heimnetzwerk
- IPv4-Adresse des Home Servers im Heimnetzwerk
- IPv6-Adresse des Home Servers
- gewünschte IPv4-Adresse für das betreffende Gerät
- momentane IPv6-Adresse des betreffenden Geräts

Mit diesen Informationen gehen Sie jetzt zur manuellen IP-Adresskonfiguration der gewünschten Geräte. Sie finden diese meist in den Netzwerkeinstellungen. Dort tragen Sie die zusammengetragenen Adressen ein. In den Feldern für den DNS-Server tragen Sie die IP-Adressen des Home Servers ein. Sollte es zwei Felder geben (für jedes Internetprotokoll), dann tragen Sie dort dieselbe Adresse ein. Sollte das Gerät (noch) nicht mit dem IPv6-Protokoll umgehen können, dann entfällt die Konfiguration dieser Adressen.

Da die Adresskonfiguration praktisch bei jedem Gerät anders vorgenommen wird, kann ich Ihnen hier leider keine genauen Erklärungen geben. Ich zeige Ihnen an dieser Stelle daher nur eine Konfiguration am Beispiel von Windows 10. Nutzen Sie dort entweder die Systemsteuerung oder das kleine Netzwerk-Symbol in der Taskleiste neben der Uhr, um das Netzwerk- und Freigabecenter zu öffnen. Dort sehen Sie eine Liste der Netzwerkverbindungen. Klicken Sie den zutreffenden Eintrag an. Es öffnet sich das Fenster mit Statusinformationen. Klicken Sie dort unten auf EIGENSCHAFTEN. Anschließend sehen Sie ein Fenster mit den Eigenschaften der Verbindung. Wählen Sie dort den Eintrag INTERNETPROTOKOLL, VERSION 4 (TCP/IPv4) aus, und klicken Sie nochmals auf EIGENSCHAFTEN. Jetzt sehen Sie wie in Abbildung 14.13 ein Fenster, in dem Sie im unteren Bereich die Adressen der DNS-Server eintragen können. Hier fügen Sie in beiden Feldern die IP-Adresse des Home Servers ein und klicken dann auf OK. Weitere Angaben sind bei Windows nicht erforderlich – diese werden weiterhin per DHCP automatisch bezogen. Sollten Sie auch das IPv6-Protokoll benutzen, dann müssen Sie den DNS-Server auch hierfür umstellen – nutzen Sie dazu den entsprechenden Eintrag im Eigenschaftenfenster der Netzwerkverbindung. Sie können anschließend wieder alle Fenster (mit der Schaltfläche OK) schließen.

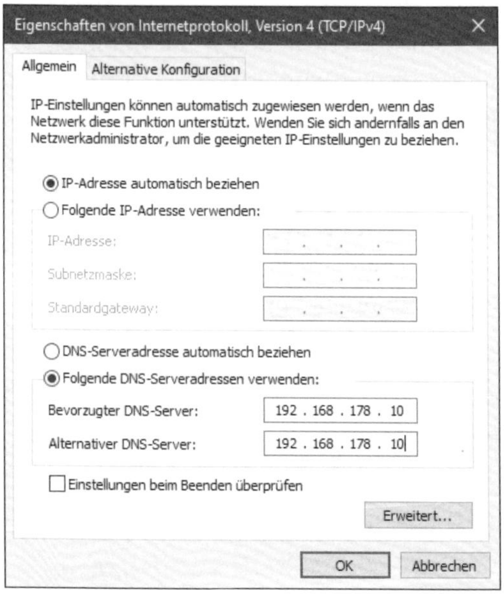

Abbildung 14.13 Unter Windows 10 lassen sich DNS-Serveradressen unabhängig von den IP-Adressen der Verbindung konfigurieren.

Nachdem Sie die Adresskonfiguration geändert haben, ist eventuell ein Neustart des Gerätes notwendig. Es wird dann direkt Pi-Hole als DNS-Server nutzen. Überprüfen Sie dies, indem Sie eine Verbindung zu einer Internetpräsenz aufbauen, die unerwünschte Inhalte ausliefert. Kontrollieren Sie auch das Webinterface von Pi-Hole. Dort müssten Sie eine entsprechende Aktivität sehen, die Ihnen anzeigt, dass eine gewisse Zahl an Zugriffen durch Pi-Hole blockiert wurde.

Die Änderung des DNS-Servers über das DHCP

Die zweite Art, wie Sie Pi-Hole verwenden können, nutzt das DHCP-Protokoll, um den beteiligten Geräten im Netzwerk den Home Server als DNS-Server zu nennen. Das funktioniert so: Üblicherweise beziehen die Geräte im Heimnetzwerk ihre IP-Adresse über den DHCP-Server. Der DHCP-Server wird im Heimnetzwerk meist vom zentralen Router bereitgestellt. Er vergibt nicht nur die eigentliche IP-Adresse, sondern informiert auch über den Router (früher sagte man fälschlicherweise oft Gateway dazu) und eben auch über den DNS-Server. Ein Gerät im Netzwerk benötigt stets diese drei Informationen. Die IP-Adresse ist wichtig für die eigene Identität des Gerätes. Es muss die Adresse des Routers kennen, damit es weiß, an welches Gerät es sich wenden kann, wenn eine Verbindung in ein anderes Netzwerk (meist in das Internet) aufgebaut werden soll – genau das macht ja der zentrale Router. Und über den DNS-Server bekommt das Gerät die IP-Adresse, die es für eine bestimmte Webseite kontaktieren muss.

14

Normalerweise gibt der DHCP-Server im Router sowohl als Adresse des Routers als auch als Adresse des DNS-Servers die eigene (Router-)Adresse bekannt – schließlich beinhaltet der Router in Heimnetzwerken als Universalgerät ja auch einen DNS-Server. Gut ausgestattete Modelle wie etwa die bekannten FritzBox-Geräte erlauben es, in die Konfiguration des DHCP-Servers einzugreifen. So lässt sich die Adresse des DNS-Servers, die der DHCP-Server bekannt gibt, nach eigenem Wunsch verändern. Wenn Sie die IP-Adresse des Home Servers eintragen, dann werden alle Geräte im Netzwerk, die über DHCP konfiguriert werden, den Home Server und damit Pi-Hole nach DNS-Auskünften befragen.

Das ist also eine sehr komfortable Option. Mit nur einem Eintrag im zentralen Router werden alle per DHCP konfigurierten Geräte zukünftig Pi-Hole benutzen. Das gilt auch für solche Geräte, die von sich aus keine manuelle Konfiguration der IP-Adresseinstellungen gestatten. Prinzipiell kann diese Einstellung dazu genutzt werden, um tatsächlich alle Netzwerkgeräte, inklusive des Smart-TVs und aller Smartphones, an Pi-Hole anzubinden. (Es sei denn, eines der Geräte spricht stets fest einen bestimmten, externen DNS-Server an.) Möchten Sie ein Gerät hiervon ausschließen, dann konfigurieren Sie dort die IP-Adresse manuell und tragen als DNS-Server einfach die IP-Adresse des Routers ein.

Diese Möglichkeit ist also sehr effektiv und mit wenig Aufwand nutzbar, hat aber auch einen entscheidenden Nachteil: Und zwar lässt sich bei den meisten Routern leider nur ein einzelner DNS-Server eintragen, der über DHCP den Netzwerkgeräten bekannt gegeben wird. Der Home Server wird damit leider zum sogenannten Single Point of Failure. Er ist der einzige DNS-Server, den alle Netzwerkgeräte verwenden. Fällt er aus, dann kommt es zu dem Szenario, das ich schon zuvor beschrieben habe: Die Netzwerkgeräte erhalten keine DNS-Informationen mehr und können somit kaum noch Internetseiten aufrufen – nur solche Seiten funktionieren noch, die (manuell) direkt über die IP-Adresse aufgerufen werden oder deren IP-Adresse noch zwischengespeichert ist. Zwar könnten Sie – dank der geringen Kosten – problemlos einen zusätzlichen Raspberry Pi mit Pi-Hole betreiben und damit die Ausfallsicherheit erhöhen, nur leider wird kein Gerät, das automatisch per DHCP konfiguriert wird, von seiner Existenz erfahren. Dafür müsste es der Router gestatten, *zwei* DNS-Server per DHCP bekannt zu geben. Technisch wäre das möglich, aber leider wird diese Funktion von den üblichen Heimnetzwerkgeräten bisher nicht unterstützt.

Sollte der Home Server tatsächlich einmal ausfallen und sich nicht schnell wiederherrichten lassen, dann muss im Router wieder auf die ursprüngliche DHCP-Konfiguration gewechselt werden. Anschließend müssen die Netzwerkgeräte neu gestartet werden. Danach wird der Internetzugriff wieder normal funktionieren.

Wem dieses Risiko zu groß ist, der kann zur Absicherung wenigstens ein Gerät im Heimnetzwerk manuell konfigurieren, so dass es nicht Pi-Hole, sondern den Router als DNS-Server benutzt. So bietet zumindest dieses Gerät bei einem eventuellen Ausfall von Pi-Hole weiterhin einen Internetzugang mit voller DNS-Unterstützung.

Wenn Sie diese Methode verwenden möchten, dann müssen Sie die Konfiguration von Pi-Hole nicht weiter anpassen. Pi-Hole wird jetzt quasi zwischen die Netzwerkgeräte und den Router geschaltet. Die Software wird den Router als nächsten DNS-Server befragen. Sie haben Pi-Hole schon nach der Installation so konfiguriert, dass es den Router als DNS-Server nutzt. Damit werden weiterhin die DNS-Server im Internet angesprochen, die auch bisher genutzt wurden.

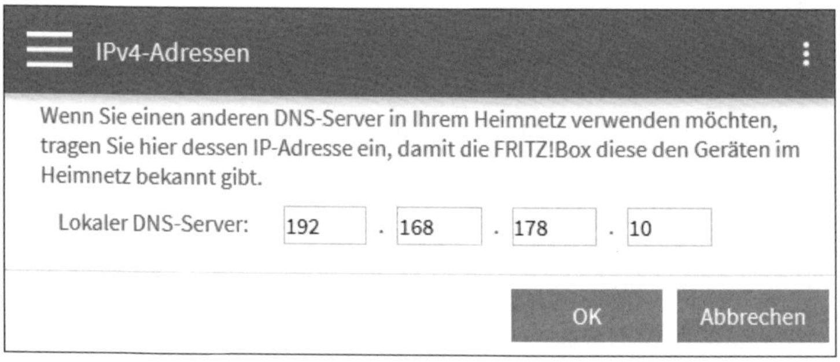

Abbildung 14.14 Im Router tragen Sie den Home Server als lokalen DNS-Server ein.

Änderungen sind einzig beim Router erforderlich, der, wie gesagt, die gewünschte Funktion unterstützen muss. Öffnen Sie also sein Webinterface, und suchen Sie dort nach den Optionen des DHCP-Servers, den Sie meist bei den Netzwerkeinstellungen finden. Prüfen Sie, ob es einen Eintrag gibt, der einen lokalen DNS-Server im Heimnetzwerk spezifizieren lässt. Tragen Sie dort die IP-Adresse des Home Servers ein. Bevor Sie einen Wert verändern, notieren Sie sich unbedingt den ursprünglichen Zustand – es schadet auch nicht, wenn Sie ein Backup der Routerkonfiguration anlegen. In einem modernen Heimnetzwerk müssen Sie die Einstellung zweimal vornehmen: einmal für das IPv4- und einmal für das IPv6-Protokoll. In beiden Fällen sind die IP-Adressen des Home Servers einzutragen. Die IPv4-Adresse ist Ihnen hinlänglich bekannt; die IPv6-Adresse erhalten Sie zum Beispiel über das Webinterface des Routers, genauer über die Übersicht über alle Heimnetzwerkgeräte. Dort wird auch der Home Server aufgeführt sein. Alternativ können Sie auf der Konsole des Home Servers den Befehl `sudo ifconfig` nutzen. Dort erhalten Sie eine Übersicht über alle genutzten IP-Adressen. Es kann durchaus sein, dass es mehrere IPv6-Adressen gibt. Wählen Sie bitte nicht die Adresse, die mit `fe80:` beginnt, sie ist für den gewünschten Zweck nicht geeignet. Wählen Sie stattdessen die längere Adresse, die zum Beispiel mit `2xxx:` oder `3xxx:` beginnt.

Nach der Änderung der Einstellungen am Router müssen die beteiligten Netzwerkgeräte neu gestartet werden. Dann beziehen sie die neuen Informationen und nutzen Pi-Hole als DNS-Server. Überprüfen Sie die Funktionalität, indem Sie Webinhalte aufrufen, die Pi-Hole blockieren soll. Überprüfen Sie auch die Aktivität von Pi-Hole im Webinterface des Programms. Sie werden sehen, dass Sie über eine stetig wachsende Zahl an blockierten Zugriffen informiert werden.

Bitte beachten Sie zum Schluss, dass selbstredend nur solche Geräte Pi-Hole nutzen werden, die ihre IP-Adresse auch per DHCP beziehen. Manuell konfigurierte Geräte nutzen weiterhin den jeweils hinterlegten DNS-Server.

Die globale Änderung des DNS-Servers für die Internetverbindung

Auch die dritte Methode, die ich Ihnen vorstellen möchte, erfordert eine Änderung der Routerkonfiguration. Hierbei wird jedoch nicht der DHCP-Server verändert; bei ihm bleibt alles beim Alten. Der DHCP-Server wird weiterhin den Router als DNS-Server bekannt geben. Allerdings wird der Router nun nicht mehr direkt beim DNS-Server des Providers nachfragen, sondern sich an Pi-Hole wenden. Pi-Hole wird anschließend seinerseits den DNS-Server des Providers kontaktieren. Bei dieser Methode wird Pi-Hole also zwischen Router und den DNS-Server des Providers geschaltet.

Auch bei dieser Methode muss der Router mitspielen, er muss es nämlich erlauben, die zu nutzenden DNS-Server anzugeben und zu verändern. Dies gestatten allerdings viele Router, die direkt von Internetprovidern zur Verfügung gestellt werden, nicht.

Im Webinterface sind diese Optionen schlicht nicht vorhanden. Stattdessen befragt der Router stets die DNS-Server des Internetproviders. Wenn Sie an dieser Methode Interesse haben, dann prüfen Sie also zuerst, ob Ihr Router die Änderung der DNS-Server ermöglicht. Sie finden die Optionen, so sie denn vorhanden sind, meist bei der Konfiguration des Internetzugangs.

Wenn Sie Glück haben und die DNS-Server verändern können, dann müssen Sie in die entsprechenden Eingabefelder die IP-Adressen des Home Servers eintragen. Abbildung 14.15 zeigt dies beispielhaft. Es sind wieder zwei getrennte Eingaben jeweils für das IPv4- und das IPv6-Protokoll vorzunehmen. Wie Sie die IPv6-Adresse des Home Servers erhalten, habe ich schon bei der vorigen Methode beschrieben. Bevor Sie einen Wert verändern, sollten Sie sich unbedingt die ursprünglichen Werte notieren. Bewahren Sie diese Information gut auf. Es schadet auch nichts, wenn Sie ein Backup der Routerkonfiguration anlegen.

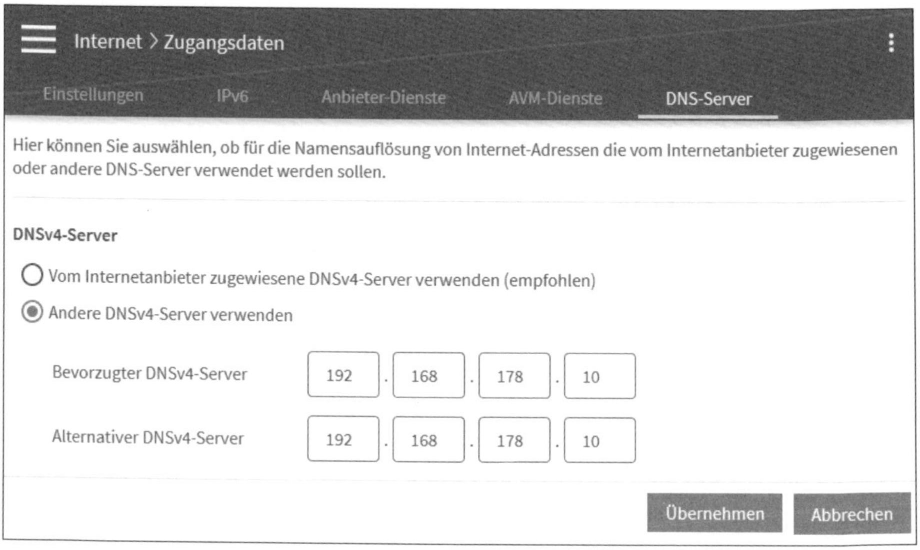

Abbildung 14.15 Der Home Server wird im Router als zu befragender DNS-Server eingetragen.

Beim Eintragen der Adressen für den DNS-Server fällt Ihnen bestimmt auf, dass Sie jeweils zwei DNS-Server benennen können. Normalerweise werden Sie im ursprünglichen Zustand auch zwei verschiedene DNS-Server vorfinden. Da Sie zunächst nur einen einzelnen Home Server betreiben, müssen Sie in beide Felder seine IP-Adresse eingeben. Damit ergibt sich zunächst dasselbe Risiko wie bei der vorher beschriebenen Methode: Sie verwenden nur einen DNS-Server (nämlich Pi-Hole), und wenn er ausfällt, ist die Nutzbarkeit des Internets stark eingeschränkt. Wer auf Nummer sicher gehen will, der nutzt einfach einen zusätzlichen Raspberry Pi mit einer weiteren Instanz von Pi-Hole. Hierfür genügt sogar ein leistungsschwaches Modell wie der Raspberry Pi Zero, denn Pi-Hole hat nur ganz geringe Leistungsanforderungen.

Damit haben Sie nun zwei DNS-Server und können ihre Adressen im Router hinterlegen. Wenn nun einer der DNS-Server ausfällt, steht immer noch der andere zur Verfügung. Damit ermöglicht diese Methode eine höhere Sicherheit.

Damit alles funktioniert, müssen Sie noch vor der Aktivierung der neuen Routerkonfiguration Pi-Hole entsprechend einstellen. Pi-Hole muss jetzt so konfiguriert werden, dass es die DNS-Server des Providers befragt und keinesfalls mehr den Router – sonst würden sich die Anfragen ja quasi im Kreise drehen. Öffnen Sie also das Webinterface von Pi-Hole, und gehen Sie in die Sektion SETTINGS und dort in die Unterkategorie DNS.

Dort tragen Sie in der Rubrik UPSTREAM DNS SERVERS die DNS-Server ein, die zuvor der Router befragt hat – nutzen Sie dafür die zuvor angelegte Notiz. Achten Sie darauf, dass Sie alle Daten korrekt eintragen. Wenn Ihr Internetzugang schon das IPv6-Protokoll verwendet, dann sind auch hierfür Eintragungen nötig, so dass insgesamt vier Adressen einzutragen sind. Klicken Sie ganz unten auf SAVE, damit die neue Konfiguration gültig wird, und aktivieren Sie die geänderten DNS-Einstellungen anschließend auch am Router.

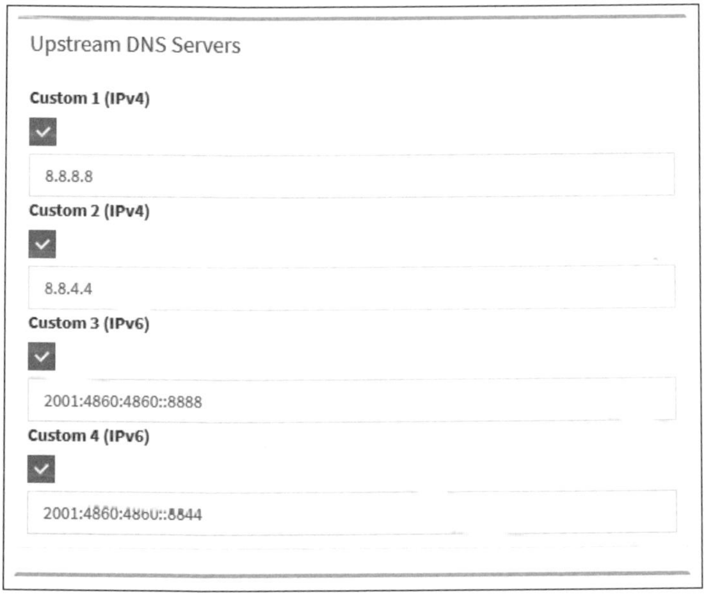

Abbildung 14.16 Im Pi-Hole werden die DNS-Serveradressen des Providers hinterlegt (hier im Beispiel sind die Adressen von Google gezeigt).

Weitere Einstellungen sind nicht erforderlich. Auch die beteiligten Geräte müssen nicht neu gestartet werden. Pi-Hole sollte sofort aktiv sein und unerwünschte Inhalte blockieren.

Wie auch bei der vorigen Methode gilt: Von nun an nutzen alle Geräte, die per DHCP konfiguriert werden, Pi-Hole als DNS-Server. Möchten Sie ein Gerät explizit ausnehmen, dann müssen Sie seine IP-Adressen manuell konfigurieren. Es muss als DNS-Server einen externen DNS-Server nutzen, zum Beispiel den Ihres Internetproviders. Vorsicht ist allerdings geboten, falls es sich um ein mobiles Gerät handelt. Es kann sein, dass der DNS-Server des Internetproviders nur in dessen Netzwerk zugänglich ist. Wenn Sie sich an einem anderen Ort in einem anderen Netzwerk aufhalten, besteht möglicherweise kein Zugang. In diesem Fall müssen Sie entweder einen öffentlich zugänglich DNS-Server verwenden (dem Sie vertrauen) oder die IP-Adresskonfiguration vorübergehend ändern. Smartphones sind hiervon üblicherweise nicht betroffen, weil die Einstellungen meist für jedes Netzwerk individuell gespeichert werden.

Die Nutzung von Pi-Hole als DHCP-Server

Wenn Sie mit den vorigen Möglichkeiten kein Glück hatten, weil Ihr Router nicht mitgespielt hat, dann können Sie sich auch direkt von Pi-Hole unterstützen lassen. Pi-Hole kann nämlich auf Wunsch einen eigenen DHCP-Server betreiben, der sich passend konfigurieren lässt. Er ersetzt den DHCP-Server im Router und verteilt an dessen Stelle die IP-Adressen im Netzwerk. Dabei wird dieser neue DHCP-Server so konfiguriert, dass er den Home Server und damit Pi-Hole als DNS-Server bekannt gibt. Dafür ist es unbedingt erforderlich, dass Sie den bisherigen DHCP-Server im Router abschalten – es sollte nämlich in einem Netzwerk niemals mehr als einen DHCP-Server geben, weil es sonst automatisch zu Unstimmigkeiten kommt.

Sicherheitstechnisch ist diese Methode nicht unbedingt begrüßenswert, weil Sie damit nicht nur einen, sondern gleich zwei kritische Dienste im Heimnetzwerk dem Home Server anvertrauen. Wenn dieser ausfällt, wird nicht nur die DNS-Kette unterbrochen, sondern Ihr Netzwerk steht auch ohne DHCP-Server da. Ich möchte Ihnen daher schon jetzt empfehlen, für den Notfall unbedingt einen Computer bereitzuhalten, der manuell konfiguriert ist und den Router als DNS-Server anspricht. Somit funktioniert von diesem Rechner aus der Internetzugang selbst dann, wenn der Home Server den Dienst versagt.

Wenn Sie den DHCP-Server von Pi-Hole nutzen möchten, dann müssen Sie zunächst das Webinterface Ihres Routers aufrufen und sich notieren, wie der derzeitige DHCP-Server konfiguriert ist. Bei den meisten Geräten werden Sie die Informationen in der Sektion zum Heimnetzwerk finden. Notieren Sie sich, welchen Adressbereich der DHCP-Server verwaltet. Wie lautet der Adressbereich des gesamten Netzwerks? Welchen Anteil davon nutzt der DHCP-Server? Wie lang ist die Lease Time?

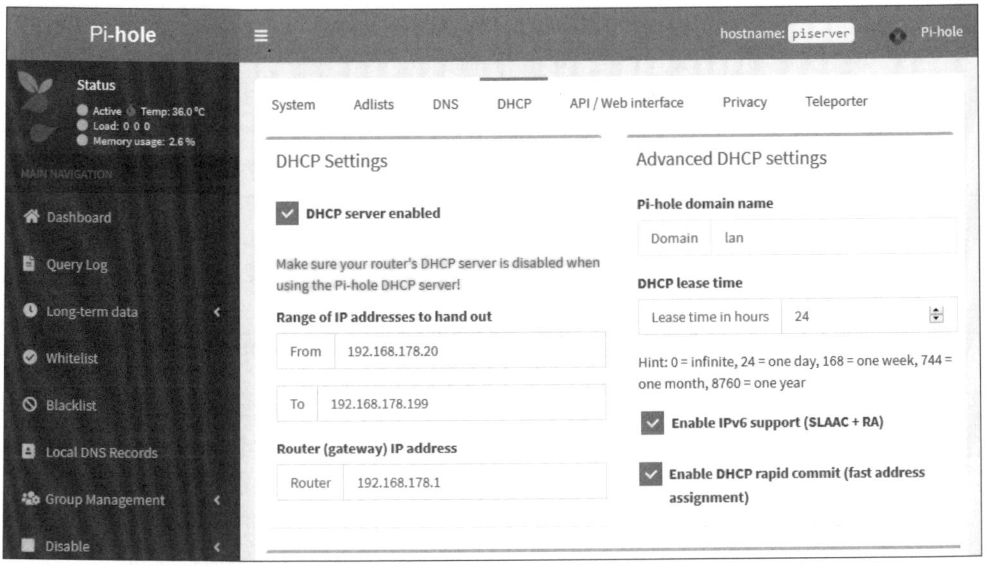

Abbildung 14.17 Pi-Hole bringt einen eigenen DHCP-Server mit, der sich alternativ zum DHCP-Server des Routers nutzen lässt.

Wenn Sie diese Informationen zusammengetragen haben, dann öffnen Sie das Webinterface von Pi-Hole. Klicken Sie dort auf Settings. In der Sektion DHCP finden Sie die Optionen zum DHCP-Server, die Sie auch in Abbildung 14.17 sehen.

Setzen Sie zunächst einen Haken in das Kästchen DHCP server enabled. Konfigurieren Sie diesen jetzt mit den Informationen, die Sie aus dem Router ausgelesen haben. Der DCHP-Server von Pi-Hole sollte genauso eingestellt werden wie der DHCP-Server vom Router. (Eine Ausnahme bildet natürlich der DNS-Server. Als DNS-Server sollte der neue DHCP-Server den Home Server bekannt geben.) Übertragen Sie den Adressbereich mit Start- und Endadresse (in der Kategorie Range of IP addresses to hand out) in die Felder From und To. In der Kategorie Router (gateway) IP address tragen Sie in das Feld Router die interne IP-Adresse Ihres Routers ein. Stellen Sie bei den Advanced DHCP settings die Lease Time entsprechend ein (im Feld Lease time in hours) – darunter versteht man die Gültigkeitsdauer der Adressvergabe. Nach der Hälfte der Lease Time werden die Geräte beim DHCP-Server nachfragen, ob die IP-Adresse noch weiterhin genutzt werden kann. Aktivieren Sie auch das Kästchen Enable DHCP rapid commit (fast address assignment). Sollten Sie im Heimnetzwerk auch (schon) IPv6 nutzen, dann aktivieren Sie auch das Kästchen Enable IPv6 support (SLAAC + RA). Wenn Sie alles eingestellt haben, dann deaktivieren Sie zuerst den DHCP-Server in Ihrem Router. Erst wenn er abgeschaltet ist, dürfen Sie den DHCP-Server von Pi-Hole aktivieren. Klicken Sie dazu unten auf der Seite auf Save. Sobald er aktiv ist, erhalten Ihre Netzwerkgeräte ihre IP-Adressinformationen zukünftig vom DHCP-Server von Pi-Hole. Änderungen an den Einstellungen der Netzwerkgeräte sind nicht erforderlich, sie finden den neuen DHCP-Server stets automatisch. Damit sie jedoch den geänderten DNS-Server benutzen, ist ein Neustart erforderlich. Starten Sie also die gewünschten Netzwerkgeräte neu, und führen Sie einen Test durch. Sie werden feststellen, dass die unerwünschten Inhalte nicht geladen werden. Auch im Webinterface von Pi-Hole können Sie dies überprüfen.

14.4 Weitere Einstellungen und Komfortfunktionen

In diesem Abschnitt möchte ich Ihnen noch einige weitere Einstellungen und Komfortfunktionen vorstellen, die den Umgang mit Pi-Hole vereinfachen.

14.4.1 Versehentlich blockierte Inhalte per Whitelist freigeben

Wenn Sie die Software Pi-Hole mit vielen zusätzlichen Filterlisten ausgestattet haben, dann kann es passieren, dass auch eigentlich erwünschte Inhalte versehentlich blockiert werden. So kann es vorkommen, dass sich auf einem Smart-TV eine gewünschte App nicht installieren lässt oder dass auf dem Smartphone ein Dienst keine Inhalte mehr anzeigt. Für diesen Fall hat Pi-Hole eine sogenannte *Whitelist* eingebaut. In diese Liste können Sie Domains eintragen, die Pi-Hole nicht blockieren soll.

Das Hinzufügen eines Eintrags zur Whitelist geht ziemlich einfach. Das größere Problem ist sicherlich, herauszufinden, welche Domain genau freigegeben werden muss. Bei dieser Aufgabe bedienen Sie sich am besten der Loggingfunktionen von Pi-Hole. Falls Sie diese aus Gründen des Datenschutzes deaktiviert haben, sollten Sie sie vorübergehend reaktivieren. Es schadet nicht, darüber die weiteren Nutzer von Pi-Hole kurz zu informieren. Öffnen Sie dann das Webinterface von Pi-Hole und darin die Sektion SETTINGS. In der Kategorie PRIVACY können Sie die Loggingfunktion mit dem Eintrag SHOW EVERYTHING AND RECORD EVERYTHING auf den höchsten Detailgrad einschalten. Klicken Sie zum Aktivieren auf APPLY. Öffnen Sie nun auf dem jeweiligen Gerät das Programm beziehungsweise die App oder die Webseite, deren Inhalte fälschlicherweise blockiert werden. Wechseln Sie dann zurück zum Webinterface von Pi-Hole und dort zu dem Eintrag QUERY LOG. Sie sehen dort eine Liste mit allen kürzlich erfolgten DNS-Anfragen. In der Spalte CLIENT müssen Sie nach dem jeweiligen Gerät suchen. Wenn Sie die `Strg`-Taste drücken und mit der Maus den Gerätenamen anklicken, dann werden Ihnen nur die Einträge des betreffenden Gerätes angezeigt. Schauen Sie sich die Liste der blockierten Anfragen genau an, und prüfen Sie, welche Domains vermutlich fälschlich gesperrt wurden. Klicken Sie bei dem in Frage kommenden Eintrag rechts auf die Schaltfläche WHITELIST. Jetzt können Sie einen weiteren Versuch starten, die Inhalte anzuzeigen. Wenn Sie Erfolg haben, dann sind Sie schon am Ziel, und es sind keine weiteren Aktionen nötig. Ansonsten kehren Sie zurück zum Webinterface von Pi-Hole und werfen einen weiteren Blick in die Liste der kürzlich erfolgten DNS-Anfragen. Fügen Sie gegebenenfalls weitere Einträge zur Whitelist hinzu, und wiederholen Sie die Prozedur, bis die gewünschten Inhalte komplett angezeigt werden. Die Konfigurationsseite der Whitelist ist in Abbildung 14.18 gezeigt.

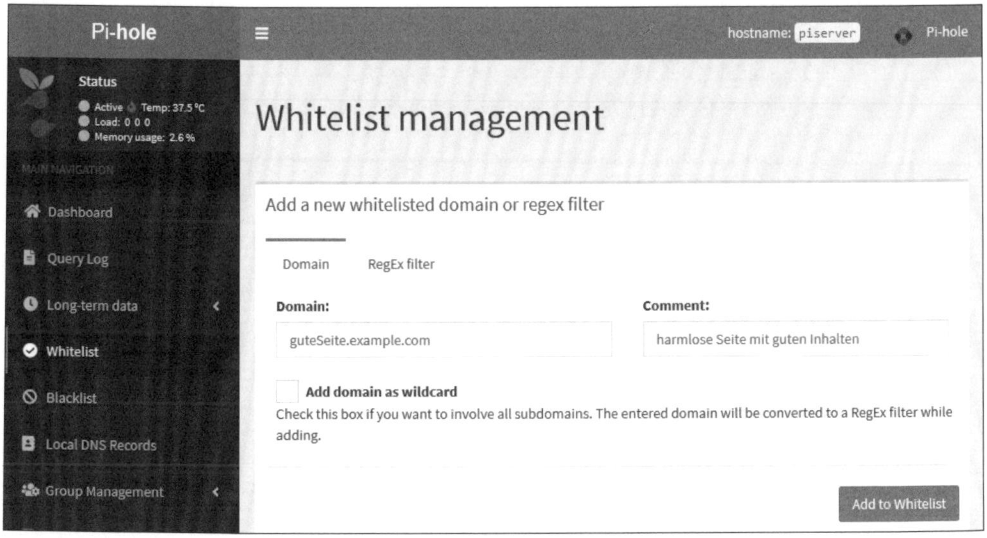

Abbildung 14.18 In die Whitelist werden Seiten eingetragen, deren Inhalte nicht gefiltert werden sollen.

Wenn Sie am Ziel sind, dann vergessen Sie nicht (sofern gewünscht), den Detailgrad des Logbuches aller Anfragen wieder auf den zuvor eingestellten Wert zu reduzieren.

Wer »White« sagt, der muss auch »Black« sagen (können)

Neben der Whitelist gibt es natürlich auch eine *Blacklist*. Falls Sie im Internet einmal auf Inhalte stoßen, die unerwünscht sind und durch Pi-Hole ausgefiltert werden sollen, dann fügen Sie einfach die gewünschte Domain zur Blacklist hinzu. Anschließend wird Pi-Hole diese Inhalte blockieren.

14.4.2 Die lokale Domain des Routers weiterhin nutzen

Viele Heimnetz-Router bedienen eine eigene Domain, die nur im Heimnetzwerk gültig ist. Wer sie aufruft, landet zunächst direkt beim Webinterface des Routers. Die bekannten FritzBox-Geräte nutzen dafür zum Beispiel die Domain *fritz.box*. Im Heimnetzwerk lässt sich diese Domain auch für die übrigen Netzwerkgeräte nutzen. Wenn Sie den Hostnamen als Subdomain voranstellen, erhalten Sie direkt Zugriff auf das jeweilige Gerät. Ihr Home Server kann also zum Beispiel unter der Domain *homeserver.fritz.box* (entsprechend angepasst) angesprochen werden. Da die Domain nicht im Internet gültig ist, kann sie nur korrekt genutzt werden, wenn der DNS-Server des Routers aktiv ist. Er löst dann die eigene Domain zu den korrekten IP-Adressen im Heimnetzwerk auf.

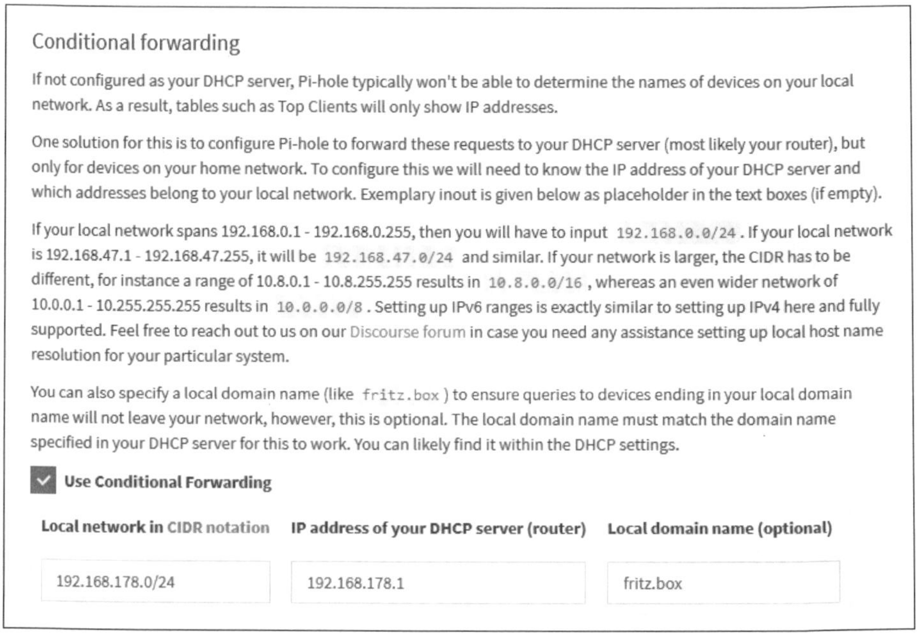

Abbildung 14.19 Dank »Conditional forwarding« lässt sich die Domain des Routers weiterhin benutzen.

Bei der Nutzung von Pi-Hole gibt es bei der Namensauflösung einer solchen Domain je nach Konfiguration möglicherweise Probleme, so dass der Zugriff nicht mehr gelingt. Es gibt allerdings eine eigne Einstellungsoption, die sich speziell um solche Domains kümmert. Richtig konfiguriert ist damit der Zugriff auch weiterhin möglich. Öffnen Sie zur Konfiguration im Webinterface von Pi-Hole zunächst die Rubrik Settings und dort die Kategorie DNS. Scrollen Sie auf der Seite nach unten zu der Sektion Conditional forwarding. Aktivieren Sie das Kästchen Use Conditional Forwarding. Dann tragen Sie im Feld Local network in CIDR notation zunächst den IP-Adressbereich Ihres Netzwerks ein. Dazu nutzen Sie die IP-Adresse `xxx.xxx.xxx.0`, deren erste drei Elemente Sie entsprechend mit Ihren Daten füllen müssen. Anschließend ergänzen Sie die Größe des Netzwerkes. Hier müssen Sie also Ihre Subnetzmaske eintragen. Übliche Heimnetzwerke verwenden meist die Subnetzmaske 255.255.255.0, die mit /24 abgekürzt wird. Ein Beispiel für den fertigen Eintrag könnte also lauten: `192.168.178.0/24`. Als Nächstes tragen Sie bei IP address of your DHCP server (router) die IP-Adresse Ihres Routers ein. Möglicherweise sind diese beiden Felder bereits korrekt ausgefüllt. Als Letztes fügen Sie im Feld LOCAL DOMAIN NAME (OPTIONAL) schließlich die entsprechende Domain Ihres Routers ein – zum Beispiel `fritz.box`. Klicken Sie abschließend auf SAVE. Jetzt sollte der Zugriff über diese Domain einwandfrei funktionieren.

14.4.3 Weitere Filterlisten zu Pi-Hole hinzufügen

Wem der Umfang der bereits in Pi-Hole integrierten Filterlisten nicht genügt, der kann problemlos weitere Filterlisten zum Programm hinzufügen. Im Internet finden sich durch eine einfache Suche mit den Stichwörtern »pi-hole« und (Englisch) »filterlist« schnell geeignete Kandidaten. Bekannte Sammlungen sind beispielsweise die *Filter-Lists*, die *EasyList* oder die *Firebog Blocklist Collection*. Auch der bekannte YouTube-Kanal *Sempervideo* stellt eigene, teilweise sogar kuratierte Filterlisten zur Verfügung – insbesondere zu speziellen Themen und Geräten. Sie müssen allerdings stets aufpassen, dass Sie eine vertrauenswürdige Quelle verwenden und dass die Listen auch regelmäßig gepflegt und überarbeitet werden. Prüfen Sie also die jeweilige Liste, bevor Sie sie zu Pi-Hole hinzufügen. Dubiose Listen könnten zum Beispiel Werbeanzeigen einer bestimmten Partei explizit nicht ausfiltern. Betreiben Sie im eigenen Sinn auch nicht unbedingt ein Wettrüsten. Pi-Hole wird nicht dadurch effektiver, dass es eine gigantische Zahl an Einträgen auf der Blockliste hat. Im Gegenteil, hier wird eher die Gefahr größer, dass erwünschte Inhalte durch insgesamt zu restriktive Listen blockiert werden.

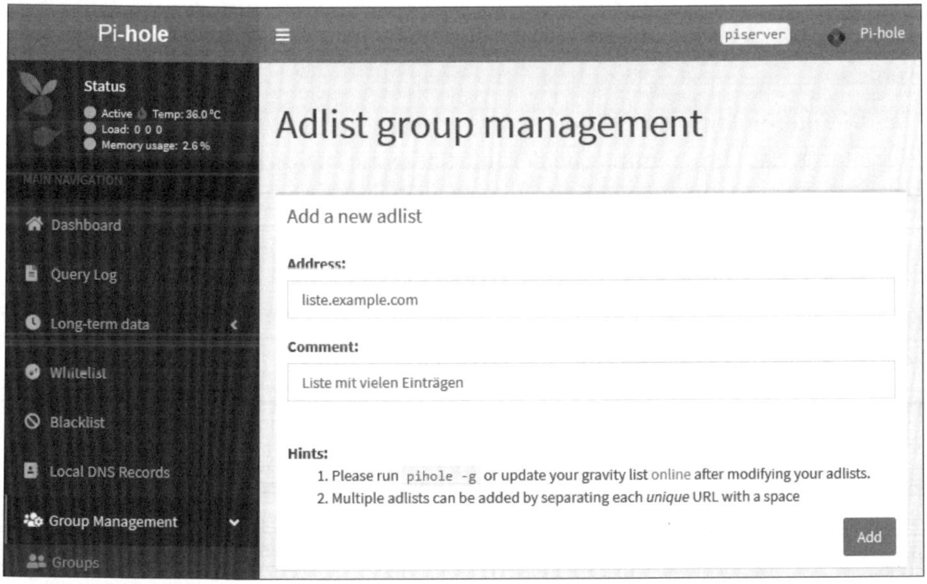

Abbildung 14.20 Eigene Filterlisten lassen sich bequem über das Webinterface hinzufügen.

Um eine Filterliste zu Pi-Hole hinzuzufügen, kopieren Sie einfach den Link zur Liste im Browser in die Zwischenablage. Klicken Sie dann im Webinterface von Pi-Hole auf die Kategorie GROUP MANAGEMENT, und öffnen Sie den Unterpunkt ADLISTS. Rechts im Fenster sehen Sie oben nun die Rubrik ADD A NEW ADLIST. Fügen Sie die Adresse der gewünschten Liste über die Zwischenablage in das linke Feld ADDRESS: ein. Im rechten Feld COMMENT: können Sie eine Information zum Inhalt der Liste eingeben. Klicken Sie anschließend auf die Schaltfläche ADD. Die zugehörige Konfigurationsseite sehen Sie in Abbildung 14.20. Damit ist die Liste zu Pi-Hole hinzugefügt, sie wird aber noch nicht verwendet. Pi-Hole muss die Liste zunächst erst einmal abrufen und die Inhalte zur Datenbank hinzufügen. Klicken Sie dazu im Webinterface die Kategorie TOOLS und dort den Eintrag UPDATE GRAVITY an. Im rechten Fenster klicken Sie nun auf UPDATE. Nun wird das Programm die Liste aus dem Internet laden und alle Einträge zur eigenen Datenbank hinzufügen. Damit ist die Liste aktiv, und die hinterlegten Domains werden zukünftig blockiert.

14.4.4 Pi-Hole vorübergehend deaktivieren

Bei der Nutzung von Pi-Hole kann es passieren, dass das Programm über das Ziel hinausschießt und erwünschte Inhalte blockiert. Wie zuvor gezeigt, können Sie in diesem Fall versuchen, die erwünschten Inhalte über die Whitelist freizugeben. Ein alternativer Weg besteht darin, das Programm für eine bestimmte Zeitspanne zu deaktivieren. In diesem Fall wird jedoch nicht etwa der DNS-Server abgeschaltet, nein, das Abschalten bezieht sich nur auf die Filterfunktion. Wenn die Abschaltung aktiv ist, dann werden einfach alle DNS-Anfragen korrekt beantwortet, so dass alle Inhalte angezeigt werden.

Um die Filterfunktion des Pi-Holes vorübergehend zu deaktivieren, öffnen Sie das Webinterface des Programms und dort die Kategorie DISABLE. Wählen Sie im Untermenü die gewünschte Zeitspanne aus, und klicken Sie den zugehörigen Eintrag an. Sie können auch einen eigenen Wert eintragen sowie den Filter auf unbestimmte Zeit ausschalten.

14.4.5 Pi-Hole aktualisieren

Da die Software Pi-Hole nicht über die normalen Paketquellen installiert wurde, wird sie bei einem normalen Update des Systems nicht berücksichtigt. Stattdessen müssen Sie zum Updaten einen eigenen Befehl ausführen. Wenn ein Update vorliegt, dann informiert Sie Pi-Hole mit einem Eintrag am unteren Seitenrand im Webinterface. Um das Update einzuspielen, führen Sie folgenden Befehl auf der Konsole des Home Servers aus:

```
sudo pihole -up
```

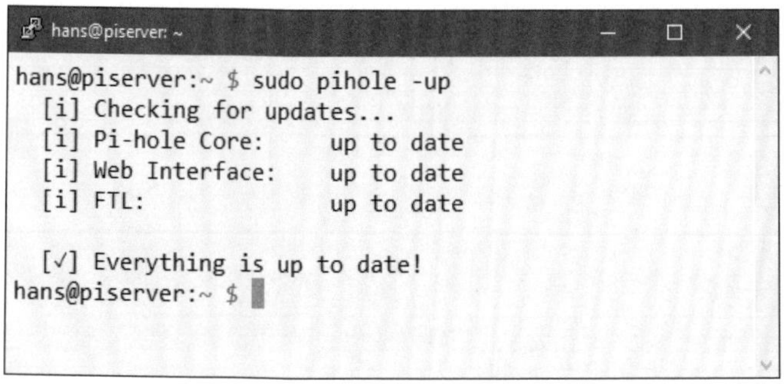

Abbildung 14.21 Nichts zu tun: Pi-Hole ist auf dem neuesten Stand.

Aber aufgepasst: Dieses Kommando hat weitreichende Auswirkungen und führt quasi fast eine komplette Neuinstallation durch. Insbesondere wird hierdurch wieder die Komponente dhcpcd installiert. Sie müssen daher den Updatevorgang genauso durchführen wie die Neuinstallation – zumindest was dhcpcd betrifft. Nutzer des Raspberry Pi müssen also zunächst ein Backup der Konfigurationsdatei anlegen:

```
sudo cp /etc/dhcpcd.conf ~/dhcpcd.conf.bup
```


das sie anschließend wieder zurückspielen:

```
sudo mv ~/dhcpcd.conf.bup /etc/dhcpcd.conf
```

Nutzer des Intel NUC müssen (wie zuvor gezeigt) nach dem Updatevorgang unbedingt (!) wieder das Paket `dhcpcd5` deinstallieren:

```
sudo apt purge dhcpcd5
```

Kapitel 15
VPN-Verbindungen mit OpenVPN

Zusätzlich zu Ihrem realen Netzwerk zu Hause können Sie sich jetzt auch noch ein virtuelles Netzwerk erzeugen, das sogar ganz privat ist. Ein VPN ist eine tolle Sache – warum das so ist, das zeigt Ihnen dieses Kapitel.

Dieses Kapitel über VPN-Verbindungen ist für Sie dann interessant, wenn Sie von unterwegs über eine sichere Verbindung auf Ihren Home Server oder auf ein anderes Gerät aus Ihrem Heimnetzwerk zugreifen möchten.

15.1 Eine Einführung in virtuelle private Netzwerke (kurz VPNs)

Die Abkürzung VPN steht für *virtuelles privates Netzwerk*. Hierunter versteht man ein eigenständiges, abgesichertes (also privates) Netzwerk, das über ein öffentliches, unsicheres Transportmedium aufgebaut wird. Meist ist dies das Internet. Da die beteiligten Computer über ein Zwischenmedium miteinander verbunden werden, bezeichnet man diese Netzwerke als virtuell. Mit anderen Worten: Sie können Computer (dazu zählen auch Smartphones und Tablets), die irgendwo auf der Welt Zugang zum Internet haben, über eine gesicherte, verschlüsselte und abhörsichere Verbindung in ein Netzwerk einbinden und dieses optional mit Ihrem Heimnetzwerk verknüpfen. Das funktioniert dann (fast) so, als wären Sie mit dem betreffenden Gerät tatsächlich zu Hause in Ihrem eigenen Netzwerk. Sie können also auf (fast) alle Dienste und (Datei-)Freigaben Ihres Netzwerks zugreifen und (fast) alle Ressourcen in Anspruch nehmen. Halten Sie sich also beispielsweise in einem Hotel auf und haben dort einen Internetzugang, dann können Sie von dort aus über Ihr VPN auf die Dateien und Dokumente auf Ihrem Home Server zugreifen. Sollten Sie an einem öffentlichen Platz sein, an dem ein WLAN-Hotspot einen Internetzugang anbietet, dann haben Sie über das VPN Zugriff auf Ihre heimische Musiksammlung. Das Ganze können Sie auch von überall aus mit dem Smartphone und einem mobilen Internetzugang machen, wenn Sie über ein ausreichend großes Datenvolumen verfügen. Eine VPN-Verbindung ist aber nicht nur für rein mobile Anwendungen interessant. Sie können selbstverständlich auch von Ihrer Zweit-, Ferien- oder Studentenwohnung aus auf die Ressourcen Ihres Heimnetzes zugreifen. So können Sie beispielsweise die

Dienste Ihrer Nextcloud nutzen und die Dateien einer Projektarbeit synchronisieren, so dass Sie bequem von jedem Standort aus hierauf zugreifen können und stets denselben Projektstand vorfinden, ohne dass dieser Dienst direkt an das Internet angeschlossen ist.

Ein VPN stellt also eine interessante Alternative zum direkten Freigeben von Diensten im Internet dar. Es bietet den Vorteil, privat zu sein. An einem VPN muss man sich zunächst erst einmal authentifizieren. Das bedeutet, dass nur jemand mit den korrekten Zugangsdaten in das Netzwerk gelassen wird und auf dessen Ressourcen zugreifen kann. Die Authentifizierung kann dabei wesentlich sicherer gemacht werden als mit einem simplen Passwort. Man macht also das VPN zwar weltweit verfügbar, begrenzt den Zugang allerdings wirkungsvoll auf einen streng limitierten Personenkreis. Zusätzlich bietet ein VPN im Regelfall eine sehr gute Verschlüsselung und ermöglicht so auch den verschlüsselten Zugriff auf Dienste, die von sich aus gar keine Verschlüsselung anbieten oder die eigentlich gar nicht für die Nutzung über das Internet gedacht sind – wie beispielsweise die Dateifreigabe über Samba. Der Nachteil eines VPNs ist, dass es im Regelfall ziemlich »global« arbeitet, denn Sie erhalten normalerweise den kompletten Zugriff auf die beteiligten Ressourcen und Dienste. Natürlich können Sie auf Wunsch den Zugriff über entsprechende Firewalls beschränken. Das wird vor allen Dingen im geschäftlichen Umfeld gemacht, wo Außendienstmitarbeiter Zugriff auf bestimmte Ressourcen erhalten sollen. Im Privatbereich gibt man jedoch mit der VPN-Verbindung meistens das komplette Netzwerk frei. Das führt aber auch dazu, dass ein Angreifer vollen Netzwerkzugriff bekommt, falls es ihm gelingen sollte, die VPN-Verbindung zu kapern. Allerdings ist dies sehr unwahrscheinlich.

Eine VPN-Verbindung ist also immer dann interessant, wenn Sie selbst oder ein Familienmitglied – also jemand aus dem engsten Umkreis – direkten Zugang zu den Ressourcen daheim erhalten soll. Eine VPN-Verbindung ist aber beispielsweise nicht geeignet, um Freunden und Bekannten den Zugang zu den Urlaubsbildern zu ermöglichen. Dafür vergibt sie viel zu weitreichende Rechte und ist darüber hinaus etwas unbequem, weil sie vor ihrer Benutzung erst einmal aktiviert und aufgebaut werden muss. Sie ist aber gut geeignet, wenn Sie von unterwegs oder von der Zweitwohnung aus auf die SSH-Konsole Ihres Rechners zugreifen möchten.

Mit VPNs können Sie aber noch viel mehr machen. Es ist auch möglich (und das zeige ich Ihnen hier auch zunächst), ein vollständig virtuelles Netzwerk aufzubauen, das keinen Zugang zum Heimnetzwerk bietet. Beispielsweise kann eine Gruppe von Freunden ein gemeinsames VPN aufbauen, in dem nur ihre eigenen Computer Mitglieder sind. Ein Zugriff auf andere Rechner in den jeweiligen (Heim-)Netzwerken besteht nicht, nur die beteiligten Computer können untereinander kommunizieren. Damit ist jede Form von Datenaustausch möglich, vor allem lassen sich jedoch gemeinsame Computerspiele realisieren. Selbstverständlich sollten Sie bei so etwas auch auf die Sicherheit achten und beispielsweise (falls vorhanden) Dateifreigaben der angeschlossenen Computer entsprechend deaktivieren und auch Serverdienste vor unerwünschtem Zugriff schützen.

Ein VPN-Netzwerk kann aber auch dazu benutzt werden, um von unterwegs die heimische Internetverbindung zu verwenden. Mit dieser Funktion gewinnt man oftmals einen Sicherheitsvorteil, weil das eigene Surf-Verhalten im Internet dann nicht mehr etwa in einem unsicheren WLAN beobachtet werden kann.

Man bezeichnet den Computer, der den VPN-Zugang anbietet, im Allgemeinen als *VPN-Server*. Die Endgeräte, die die Verbindung von außerhalb aufbauen und nutzen, werden folglich *VPN-Clients* genannt. Wie bereits erwähnt, kann es sich hierbei um stationäre Rechner, um Notebooks oder auch um Tablet-PCs und Smartphones handeln.

Mittlerweile bieten viele Router in den Heimnetzwerken die Funktion an, ein eigenes VPN aufzubauen. Sie können sich also von außerhalb über Ihren Router in Ihr Heimnetzwerk einwählen. Überprüfen Sie doch einfach einmal den Funktionsumfang Ihres Routers, vielleicht gehört er ja zu den Geräten, die diese Funktion bieten. Falls ja, dann bietet oft auch gleich der Hersteller des Routers eine entsprechende Software an, mit der sich dieser VPN-Zugang konfigurieren und nutzen lässt. Dazu zählen auch Programme, die zum eigentlichen Einwählen in Ihr Netzwerk verwendet werden. Für den Einstieg sollten Sie sich zunächst ruhig mit den Funktionen Ihres Routers beschäftigen und sie einsetzen. Der Vorteil dieser Methode liegt darin, dass sie oftmals relativ leicht einzusetzen ist und es schon genau vordefinierte Konfigurationsoptionen und -anwendungen gibt. Auf diese Weise kommen Sie also relativ einfach und mit großer Wahrscheinlichkeit zum Ziel. Sie sollten allerdings darauf achten, dass Sie stets sichere Passwörter wählen. Dies gilt nicht nur für die eigentliche VPN-Verbindung, sondern auch für das Entsperren von mobilen Endgeräten (falls ein solches verlustig geht). Konsultieren Sie also zunächst die Bedienungsanleitung Ihres Routers, und prüfen Sie, ob und wie sich ein VPN-Zugang einrichten lässt. Als Beispiel sehen Sie in Abbildung 15.1 die Oberfläche einer FritzBox, mit der Sie einen VPN-Zugang einrichten können.

Wenn Ihr Router die Funktion des VPN-Netzwerkes nicht anbietet, Sie sie aber gerne nutzen möchten, dann können Sie sie auch mit Ihrem Home Server realisieren, der die Funktion des VPN-Servers übernimmt. Clientcomputer können von unterwegs eine Verbindung zu Ihrem VPN-Server aufbauen, der die Kommunikationsabwicklung vornimmt. Sie können dann mit dem VPN-Server kommunizieren und diese Möglichkeit auch auf andere Clientcomputer oder Ihr gesamtes Heimnetzwerk erweitern.

Ein solches VPN können Sie sich etwa so vorstellen, als ob sich zu Hause an Ihrem Home Server beziehungsweise Router ein weiterer Netzwerkanschluss befände, von dem aus ein (virtuelles) sehr langes Netzwerkkabel quer durch alle Länder bis zu Ihrem Clientendgerät verlegt wäre.

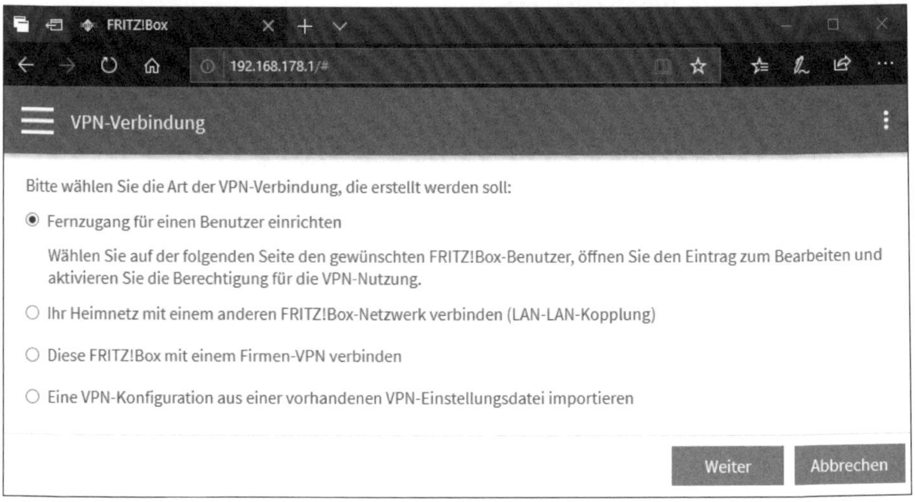

Abbildung 15.1 Einen VPN-Zugang mit einer FritzBox einrichten

Schnell noch ein Fachausdruck: Da die Verbindung abhörsicher ist, also von außen nicht mitgelesen oder verändert werden kann, spricht man oft von einem *Tunnel*. Man sagt auch, die Verbindung wird getunnelt (über ein unsicheres Netzwerk). Wie bei einem Tunnel gibt es einen Eingang bei Ihnen zu Hause und einen Ausgang an Ihrem Endgerät, aber es gibt keine Zugangsmöglichkeit außerhalb dieser beiden Punkte.

Bislang habe ich fast nur Vorteile einer VPN-Verbindung genannt, und tatsächlich ist dieses Werkzeug sehr vorteilhaft. Leider gehören jedoch VPN-Verbindungen zu den anspruchsvolleren Aspekten von Computernetzwerken. Das liegt unter anderem daran, dass man mit VPN-Netzwerken sehr viele Anwendungsfälle realisieren kann, die weit über die Erfordernisse im privaten Bereich hinausgehen. Dementsprechend werden auch sehr viele Konfigurationsoptionen geboten – und wenn es viele Konfigurationsoptionen gibt, dann entsteht auch schnell eine gewisse Unsicherheit, welche denn nun die richtigen Einstellungen sind.

Auf dem Home Server realisiert man VPN-Verbindungen relativ einfach mit der Software *OpenVPN*, die als ein Gemeinschaftsprojekt aus dem Open-Source-Bereich stammt (wobei es auch einen kommerziellen Ableger gibt). OpenVPN nutzt die »normalen« Internetprotokolle TCP beziehungsweise UDP für eine TLS-gesicherte Verbindung und implementiert dabei sein eigenes Kommunikationsprotokoll. Das TLS-Protokoll (die Abkürzung steht für *Transport Layer Security*) ist der Nachfolger des bekannten SSL-Protokolls und im Internet bei verschlüsselten Verbindungen allgegenwärtig. Es verwendet also keines der üblichen Protokolle, von denen Sie vielleicht schon im Zusammenhang mit VPN-Verbindungen gehört haben. Das bedeutet aber keineswegs, dass OpenVPN weniger leistungsfähig oder gar unsicher ist. Im Gegenteil, der Leistungsumfang, den OpenVPN bietet, ist so groß, dass ich ihn unmöglich in diesem Buch erschöpfend behandeln kann. Ich zeige Ihnen in diesem Buch, wie Sie eine »übliche« VPN-Verbindung aufbauen, die mit einer sehr sicheren Verschlüsselung und einem sehr sicheren Mechanismus zur Authentifizierung bequem von unterwegs genutzt werden kann. Trotzdem ist ihre Einrichtung recht komplex und vor allem recht umfangreich. Das ist keinesfalls OpenVPN anzulasten, sondern liegt wie gesagt in der Natur der Sache.

Gegenüber der vorhin erwähnten Routerlösung erhalten Sie mit OpenVPN ein oftmals deutlich leistungsfähigeres System, das jedoch auch entsprechend komplexer aufzusetzen ist. Ich will versuchen, Ihnen die Einrichtung der VPN-Verbindung in mehreren übersichtlichen Einzelschritten zu zeigen. Trotzdem sollten Sie eine Zeitspanne von mehreren Stunden einplanen. Wenn die Thematik für Sie ganz neu ist, dann sollten Sie sich zunächst das gesamte Kapitel in Ruhe durchlesen und für sich selbst nachvollziehen, wofür die einzelnen Schritte eigentlich gut sind. Bei der anschließenden Bearbeitung sollten Sie unbedingt über alle Tätigkeiten und erstellten Dateien Buch führen, damit Sie alle Abläufe später nachvollziehen können. Arbeiten Sie in Ruhe und bei guter Konzentration. Es ist vorteilhaft, etappenweise vorzugehen und jede Etappe auf Erfolg zu prüfen. Erst wenn Sie diesen bescheinigen können, sollten Sie zum nächsten Schritt übergehen. Wenn es nicht sofort funktioniert, dann sollten Sie zunächst den Text in diesem Buch nochmals lesen und den Schritt dann noch einmal probieren. Auf diese Weise werden Sie zum Ziel kommen.

Für OpenVPN gibt es übrigens auch eine ganze Menge von Clientprogrammen, die zum Einwählen in ein VPN genutzt werden. Dazu zählen Programme sowohl für »stationäre« als auch für mobile Betriebssysteme. Auf der Projektseite im Internet finden Sie rasch Clients für die großen Computersysteme, und wenn Sie mit Ihren mobilen Endgeräten den jeweiligen App-Bezugspunkt aufsuchen, dann werden Sie auch dort relativ rasch fündig. Probieren Sie das am besten gleich einmal aus. Es schadet gewiss nicht, wenn Sie sich zunächst die Website dieses Projektes ansehen, auf der auch Clientprogramme für Windows angeboten werden. Sie finden sie unter der Adresse *https://openvpn.net/index.php/open-source.html*.

15.2 Vorbereitungen und Voraussetzungen

Bevor Sie mit der umfangreichen Installation und Konfiguration Ihres VPNs beginnen, müssen Sie einige Vorbereitungen treffen und ein paar Voraussetzungen klären.

Zunächst muss ich kurz über IP-Adressen und IP-Adressbereiche sprechen. Zu Hause betreiben Sie ein Heimnetzwerk, das einen bestimmten IP-Adressbereich nutzt. Ein jedes Netzwerkgerät erhält eine IP-Adresse aus diesem Adressbereich. Bisher bin ich immer beispielhaft davon ausgegangen, dass Sie den IP-Adressbereich 192.168.178.0 bis 192.168.178.255 verwenden, aber in der Realität kann auch ein anderer Adressbereich genutzt werden (ich möchte mich in diesem Kapitel auf das klassische IPv4-Protokoll beschränken). Über den VPN-Dienst werden Sie nun ein zusätzliches virtuelles Netzwerk aufbauen, das nicht physikalisch existiert, sondern nur logisch existent ist. In diesem virtuellen Netzwerk treffen dann Ihr Home Server (als VPN-Server) und alle verbundenen VPN-Clients zusammen und können kommunizieren. Das virtuelle Netzwerk wird (von mir willkürlich gewählt) den IP-Adressbereich 10.8.0.0 bis 10.8.0.255 verwenden. Als erste Voraussetzung ist es unbedingt erforderlich, dass Ihr Heimnetzwerk einen anderen Adressbereich verwendet. Sollte Ihr Heimnetzwerk ausgerechnet auch zufälligerweise den Adressbereich 10.8.0.0 bis 10.8.0.255 verwenden (was eher unwahrscheinlich ist), dann müssen Sie das VPN auf einen anderen Adressbereich umkonfigurieren (ich werde das gleich besprechen).

Wenn Sie eine VPN-Verbindung aufbauen wollen, dann werden Sie sich üblicherweise nicht zu Hause im Heimnetzwerk befinden. Nein, Sie werden beispielsweise auf Reisen sein. Ihr Clientendgerät ist dabei am entfernten Ort auch wiederum Teil eines Netzwerks. Eventuell nutzen Sie mit Ihrem Smartphone einen mobilen Internetzugang oder mit einem Notebook beispielsweise das WLAN eines Hotels. Dabei ist es wichtig, dass sich der Adressbereich dieses Netzwerks, in dem sich Ihr Clientgerät befindet, weder mit dem IP-Adressbereich Ihres Heimnetzes (insbesondere, wenn Sie darauf von unterwegs zugreifen möchten) noch mit dem IP-Adressbereich Ihres VPNs überschneidet. Andernfalls können Sie keine funktionierende VPN-Verbindung aufbauen. Dazu ein Beispiel: Angenommen, Ihr Heimnetz nutzt die IP-Adressen 192.168.178.xxx. Das VPN verwendet die IP-Adressen 10.8.0.xxx. Benutzt das Netzwerk, in dem sich der VPN-Client befindet, den Adressbereich 192.168.1.xxx, dann ist alles in Ordnung. Verwendet es jedoch ebenfalls den Adressbereich 192.168.178.xxx oder 10.8.0.xxx (mit entsprechenden Subnetzmasken), dann wird Ihre Verbindung nicht funktionieren.

Offensichtlich können Sie im Vorfeld nicht wissen, welchen IP-Adressbereich das Netzwerk am entfernten Ort verwenden wird. An dieser Stelle folgt eine kleine Entwarnung: Probleme können fast nur dann auftreten, wenn Sie sich mit Ihrem Endgerät in einem WLAN oder Kabelnetzwerk befinden. Nutzen Sie mit einem Smartphone einen direkten Internetzugang über Ihren Mobilfunk-Provider, dann erhalten Sie eine öffentliche IP-Adresse, die nicht aus dem IP-Adressbereich privater Netzwerke stammt. Hier kommt es also zu keinen Problemen. Genauer hinsehen müssen Sie bei einem fremden WLAN oder Kabelnetzwerk. Wenn hierfür ein handelsüblicher Router verwendet wird, dann ist die Wahrscheinlichkeit recht hoch, dass er eine »übliche«

IP-Adresskonfiguration nutzt. Hiermit ist gemeint, dass einfach die Voreinstellung übernommen wurde, die der Hersteller ursprünglich einprogrammiert hat. Oftmals genutzte IP-Adressbereiche sind 192.168.1.xxx, 192.168.2.xxx und 192.168.178.xxx. Wenn Sie auch zu Hause einen dieser Adressbereiche nutzen, dann ist die »Gefahr« recht groß, dass es auch unterwegs zu Problemen kommt. Es gibt dafür eine Lösung, die auf dem Papier recht einfach klingt, aber recht schwierig und fehleranfällig umzusetzen sein kann: Sie müssen einfach dafür sorgen, dass Ihr Heimnetzwerk einen nicht häufig genutzten Adressbereich verwendet. Sie könnten sich beispielsweise (völlig frei gewählt) für den Adressbereich 192.168.123.xxx oder auch den Adressbereich 10.22.76.xxx entscheiden. Dies in die Praxis umzusetzen, kann jedoch recht aufwendig werden. Wenn Sie den Adressbereich in Ihrem Router ändern, dann ändern sich auch alle IP-Adressen Ihrer Endgeräte. Das ist nicht besonders schlimm, wenn das Endgerät seine IP-Adresse automatisch bezieht. Spätestens nach einem Neustart erhält es eine neue IP-Adresse. Problematisch werden Geräte mit einer fest zugewiesenen IP-Adresse. Ausgerechnet Ihr Home Server gehört zu diesen Geräten. Sie müssen solche Endgeräte dann manuell umkonfigurieren. Dabei müssen Sie die Änderung der Endgeräte vor der Änderung des Adressbereiches in Ihrem Router vornehmen – ansonsten sind die Endgeräte nicht mehr über eine Netzwerkverbindung zu erreichen. Läuft hier etwas schief, dann sind Sie beim Home Server auf die Nutzung von Tastatur und Monitor angewiesen. Für den Einstieg gebe ich Ihnen daher folgenden Ratschlag: Belassen Sie es zunächst bei Ihrer aktuellen, funktionierenden Konfiguration. Testen Sie zunächst Ihre VPN-Verbindung, und nehmen Sie in Kauf, dass es möglicherweise am entfernten Ort (zunächst) nicht funktioniert. Prüfen Sie Ihre üblichen entfernten Orte bezüglich der Adresskompatibilität. Wenn Sie feststellen, dass alles einwandfrei funktioniert, dann sind keine Änderungen nötig. Erst wenn es offensichtlich zu IP-Adresskonflikten kommt und die VPN-Verbindung unbedingt erforderlich ist, dann sollten Sie eingreifen.

Wenn eine Änderung nötig wird, dann erstellen Sie vorher unbedingt ein Backup sowohl von Ihrer Routerkonfiguration als auch (gemäß Kapitel 24, »Das System sichern«) von Ihrem Home Server. Führen Sie die Aktion an einem Tag aus, an dem Sie über genügend freie Zeit verfügen. Planen Sie sicherheitshalber einen Zeitbedarf von mehreren Stunden ein – für den Fall, dass ein Fehler auftritt. Bitten Sie eine erfahrene Person um Hilfe, die sich mit der Materie auskennt und Sie notfalls unterstützt. Bedenken Sie, dass diese Schritte ein gewisses Fehlerpotential haben und Sie im schlimmsten Fall ohne Internetzugang und ohne Heimnetzwerk sein können. Es ist übrigens unwahrscheinlich, dass das entfernte Netzwerk den IP-Adressbereich des VPN-Netzwerks verwendet. Der Grund liegt darin, dass der Adressbereich im Netzwerk 10.xxx.xxx.xxx sehr groß ist und es darin sehr viele Bereiche für mögliche Heimnetzwerke gibt. Die Wahrscheinlichkeit für eine Adresskollision ist also gering. Der Adressbereich 192.168.xxx.xxx ist hingegen kleiner, die Gefahr einer Adressüberschneidung ist also deutlich größer. Aus diesem Grund sollten Sie gegebenenfalls für Ihr Heimnetzwerk ebenfalls eine Adresszone aus dem Netzwerkbereich 10.xxx.xxx.xxx vorsehen. Ziehen Sie nochmals Abschnitt 5.6 aus dem Grundlagenteil zu Rate, in dem ich Ihnen etwas zu den Adressbereichen für Heimnetzwerke geschrieben habe.

Sie müssen sich allerdings nicht nur um IP-Adressbereiche kümmern, wenn Sie ein VPN aufbauen möchten. Wie eben besprochen, treffen sich der Home Server als VPN-Server sowie alle verbundenen Clients im virtuellen Netzwerk und können dort miteinander kommunizieren. Die VPN-Clients können dabei (fast) alle Dienste des Home Servers nutzen. Sie können jedoch (zunächst) nicht auf die anderen Rechner oder Server in Ihrem Heimnetzwerk zugreifen. Die Kommunikation ist nur innerhalb des VPNs möglich. Das Heimnetzwerk ist nicht Teil des VPNs, folglich gelingt die Kommunikation nicht. Wenn Sie die Konfiguration des VPNs entsprechend erweitern (und ich werde das auch besprechen), wird die Kommunikation mit dem Heimnetzwerk auch über eine VPN-Verbindung möglich.

Darüber hinaus müssen Sie sowohl die Firewalls in Ihrem Router als auch Ihren Home Server so konfigurieren, dass eingehende VPN-Verbindungen aus dem Internet angenommen werden. Diesen Aspekt werde ich später noch einmal aufgreifen. Haben Sie die `iptables`-Firewall auf Ihrem Home Server aktiviert, dann schauen Sie sich Abschnitt 21.5 in diesem Buch an, und frischen Sie Ihre Kenntnisse über das Einfügen von eigenen Regeln auf. Prüfen Sie in jedem Fall die Bedienungsanleitung Ihres Routers, und klären Sie, wie Sie eingehende Verbindungen aus dem Internet ermöglichen. Oftmals wird diese Funktionalität als *Portöffnung*, *Portweiterleitung* oder *Portfreigabe* bezeichnet.

Wenn Sie diese Punkte geklärt haben, dann sind Sie bereit, den VPN-Server zu installieren und zu konfigurieren.

15.3 Installation des VPN-Server-Dienstes auf dem Home Server

OpenVPN installieren Sie auf dem üblichen Weg auf Ihrem Home Server. Führen Sie dazu folgenden Befehl aus:

```
sudo apt install openvpn
```

OpenVPN verwendet zur Verschlüsselung der VPN-Verbindung die Bibliothek *OpenSSL*, die sehr leistungsfähige TLS-Verschlüsselungen ermöglicht und sehr weit verbreitet ist. Falls diese Komponente auf Ihrem Server noch nicht installiert ist oder bei der Installation von OpenVPN nicht automatisch mit installiert wurde, dann müssen Sie sie manuell ergänzen. Installieren Sie dazu einfach Folgendes:

```
sudo apt install openssl
```

Diesen Befehl können Sie jederzeit ausführen, auch wenn OpenSSL bereits installiert ist; Sie erhalten dann eine entsprechende Information.

```
hans@piserver:~ $ sudo apt install openvpn
Paketlisten werden gelesen... Fertig
Abhängigkeitsbaum wird aufgebaut.
Statusinformationen werden eingelesen.... Fertig
Die folgenden zusätzlichen Pakete werden installiert:
  easy-rsa libccid liblzo2-2 libpkcs11-helper1 opensc opensc-pkcs11 pcscd
Vorgeschlagene Pakete:
  pcmciautils openvpn-systemd-resolved
Die folgenden NEUEN Pakete werden installiert:
  easy-rsa libccid liblzo2-2 libpkcs11-helper1 opensc opensc-pkcs11 openvpn
  pcscd
0 aktualisiert, 8 neu installiert, 0 zu entfernen und 1 nicht aktualisiert.
Es müssen 1.958 kB an Archiven heruntergeladen werden.
Nach dieser Operation werden 5.437 kB Plattenplatz zusätzlich benutzt.
Möchten Sie fortfahren? [J/n]
```

Abbildung 15.2 Die Installation von »OpenVPN«

15.4 Grundlagen der zertifikatsbasierten Authentifizierung und asymmetrischen Verschlüsselung

Das Ziel ist es, ein möglichst sicheres VPN aufzubauen, das auch eine entsprechend sichere zertifikatsbasierte Authentifizierungsmethode verwendet. Zwar bietet OpenVPN auf Wunsch auch die Möglichkeit, sich mit einem (gemeinsam verwendeten) Generalpasswort zu identifizieren, aber diese Möglichkeit ist insgesamt weniger sicher. Die zertifikatsbasierte Authentifizierung ist zwar deutlich aufwendiger, kann dafür aber die Sicherheit beträchtlich erhöhen. Ich zeige Ihnen jetzt im Detail, wie dies funktioniert.

Sie werden gleich (mehrfach) ein Zertifikat und ein Schlüsselpaar generieren. Letzteres besteht aus einem öffentlichen und einem privaten Schlüssel, wobei der öffentliche Schlüssel Teil des Zertifikats ist. (Unter einem Schlüssel können Sie sich so etwas wie eine sehr lange Zeichenkette vorstellen.) So etwas kennen Sie schon von diversen verschlüsselten Verbindungen, die in diesem Buch eingerichtet werden. Sowohl der VPN-Server als auch jeder VPN-Client erhalten jeweils einen öffentlichen und einen privaten Schlüssel. Beide Schlüssel ergeben ein zusammengehöriges Schlüsselpaar, denn sie hängen voneinander ab. Der private Schlüssel gehört dabei Ihnen allein, er ist geheim und muss entsprechend geschützt werden. Der öffentliche Schlüssel hingegen darf jedermann zugänglich gemacht werden, er ist keinesfalls geheim.

Diese beiden Schlüssel dienen (unter anderem) der chiffrierten Übertragung von Nachrichten. Wie das funktioniert? Nun, man kann beispielsweise eine an Sie adressierte Nachricht mit Ihrem öffentlichen Schlüssel verschlüsseln. Die Nachricht liegt nun verschlüsselt vor. Nun kommt das Wichtige: Diese Nachricht kann nun *ausschließlich* mit Ihrem eigenen, *privaten* Schlüssel wieder entschlüsselt werden. Das Entschlüsseln ist nur hiermit möglich, es gelingt insbesondere *nicht* mit Ihrem öffentlichen Schlüssel. Da nur Sie über den (geheimen) privaten Schlüssel verfügen, sind nur Sie selbst in der Lage, den Inhalt der Nachricht zu lesen – niemand anderes vermag die Nachricht zu entschlüsseln – allerlei mathematische Tricks machen so etwas möglich.

Wenn sich jemand fälschlicherweise als Sie ausgeben und erfolgreich kommunizieren möchte, dann müsste er folglich im Besitz Ihres privaten Schlüssels sein – und diesen beispielsweise erst einmal gewaltsam von Ihrem Rechner stehlen (schließlich liegt der Schlüssel als Datei vor). Sie sehen: Dieses Schlüsselpaar ermöglicht eine verschlüsselte Kommunikation, ohne dass die Teilnehmer zunächst ein geheimes Passwort austauschen müssen. Man bezeichnet diese Art der Chiffrierung als *asymmetrische* Verschlüsselung: Zur Ver- und Entschlüsselung werden verschiedene Schlüssel verwendet. Und Sie sehen auch: Bei diesem Verfahren ist der öffentliche Schlüssel tatsächlich nicht geheim, ganz im Gegenteil, er muss der Gegenpartei für eine verschlüsselte Kommunikation sogar bekannt sein.

Nun folgt etwas zur Authentifizierung, bei der sichergestellt wird, dass nur bestimmte Personen einen Zugang zu einem Dienst bekommen. Jetzt kommt das Zertifikat ins Spiel, das neben Ihrem öffentlichen Schlüssel weitere öffentlich zugängliche Informationen enthält. Ihr öffentlicher Schlüssel wird nämlich von einer vertrauenswürdigen Stelle bestätigt beziehungsweise unterzeichnet. Im Prinzip sagt die vertrauenswürdige Stelle über Ihren öffentlichen Schlüssel: »Jawohl, dieser Schlüssel gehört definitiv zu dieser einen bestimmten Person. Das garantiere ich.« Man kann das Zertifikat also im übertragenen Sinne mit einem Personalausweis vergleichen. Für Ihr VPN betreiben Sie diese vertrauenswürdige Stelle allerdings selbst. Sie bestimmen selbst, welche Zertifikate Sie anerkennen. Der VPN-Server wird bei jeder eingehenden Verbindung prüfen, ob das Zertifikat des VPN-Clients, das stets vorgezeigt werden muss, tatsächlich von Ihrer eigenen vertrauenswürdigen Stelle bestätigt wurde.

Ein Angreifer kann sich zwar ein Schlüsselpaar und ein Zertifikat erzeugen, dieses ist aber nicht von Ihrer (!) vertrauenswürdigen Stelle bestätigt – Ihr Server wird es also nicht annehmen, und es kommt keine Verbindung zustande. Damit ein Angreifer sich erfolgreich authentifizieren (also erfolgreich Ihre Identität stehlen) kann, muss er von Ihrem Clientrechner sowohl Ihr Zertifikat als auch Ihren privaten Schlüssel stehlen. Während das Zertifikat nicht geheim ist, muss der private Schlüssel streng geschützt werden, denn nur er ermöglicht die Entschlüsselung der übermittelten Daten.

Die zertifikatsbasierte Anmeldung verwendet sehr lange und unglaublich schwierig zu fälschende Prüfwerte, die deutlich länger und komplexer sind als einfache Passwörter. Das macht diese Methode deutlich sicherer.

Sie werden jetzt diese zunächst sehr komplex erscheinende Möglichkeit der Authentifizierung einrichten. Im Folgenden erzeugen Sie mehrere Zertifikate und Schlüsselpaare, damit sich alle beteiligten Parteien entsprechend ausweisen und sicher verschlüsselt miteinander kommunizieren können.

Im Einzelnen benötigt zunächst einmal der VPN-Server sowohl einen öffentlichen als auch einen dazu passenden privaten Schlüssel. Ersterer wird Teil eines Zertifikats, das weitere Identitätsinformationen und die Bestätigung der Prüfung durch die vertrauenswürdige Stelle enthält. Jeder VPN-Client bekommt darüber hinaus je ein eigenes Schlüsselpaar und Zertifikat. Zusätzlich muss die vertrauenswürdige Stelle selbst eingerichtet werden. Auch sie bekommt ein Zertifikat (mit öffentlichem Schlüssel) und einen privaten Schlüssel.

Die vertrauenswürdige Stelle wird die Identität aller Teilnehmer mit ihrem *privaten* Schlüssel verschlüsseln und somit bestätigen. Warum dieser Weg? Nun, Daten, die mit dem eigenen privaten Schlüssel verschlüsselt wurden, können mit dem öffentlichen Schlüssel (der jedem bekannt ist beziehungsweise allgemein bekannt gemacht werden kann) wieder entschlüsselt werden. Dies dient also keineswegs einer vertraulichen Kommunikation. Das soll es aber auch gar nicht. Es bewirkt etwas ganz anderes: Überlegen Sie einmal: Wer kann denn in der Lage gewesen sein, etwas so zu verschlüsseln, dass es genau mit diesem einen – und nur diesem – öffentlichen Schlüssel entschlüsselt werden kann? Das kann nur der Besitzer des dazugehörigen privaten Schlüssels gewesen sein! Und wenn man dieser vertrauenswürdigen Stelle vertraut (und das tun Sie, denn Sie selbst betreiben diese Stelle), dann wissen Sie, dass alles mit rechten Dingen zugeht und zugegangen ist. Offensichtlich muss ein jeder Kommunikationspartner Zugang zum öffentlichen Schlüssel dieser vertrauenswürdigen Stelle haben, was sich bei dem hier gezeigten Verfahren bereits automatisch ergibt.

Die Erstellung der entsprechenden Zertifikate und Schlüssel kann ein sehr komplizierter Vorgang sein, erst recht, wenn die vertrauenswürdige Stelle ins Spiel kommt. Zum Glück gibt es eine sehr hilfreiche Skriptsammlung, die diesen Vorgang sehr angenehm vereinfacht. Diese Skriptsammlung nennt sich *easy-rsa*. Sie kann dazu genutzt werden, entsprechende Zertifikate für eine sogenannte eigene *PKI* zu erzeugen, die für die *RSA*-Verschlüsselung genutzt wird. PKI ist die Abkürzung für *Public-Key-Infrastruktur* und bezeichnet genau das, was ich eben besprochen habe (*public key* bedeutet etwa »öffentlicher Schlüssel«). RSA ist das (Namens-)Kürzel für die Erfinder eines bekannten Verfahrens zur asymmetrischen Verschlüsselung mit dem zuvor besprochenen Schlüsselpaar. Wenn Sie scharf nachdenken, dann werden Sie sich daran erinnern, dass Ihnen dieses Wort auch schon bei der Erstellung von SSL-Zertifikaten für den Webserver begegnet ist.

15.4.1 Die benötigten Zertifikate und Schlüsseldateien erstellen

Für die Erstellung der Zertifikate benötigen Sie die bereits erwähnte Skriptsammlung `easy-rsa`, die Sie bei der Erstellung der benötigten Dateien unterstützen wird. Mittlerweile wird sie bei der Installation von OpenVPN direkt mitinstalliert. Ob sie auf Ihrem Server bereits installiert ist, können Sie mit folgendem Befehl prüfen:

```
apt -qq list --installed easy-rsa
```

Wenn Sie in der Ausgabe des Befehls am Ende die Information `[Installiert]` erhalten, gegebenenfalls auch `[Installiert,automatisch]`, dann ist das Paket bei Ihnen schon vorhanden, und Sie müssen es nicht manuell installieren. Sollte `easy-rsa` bei Ihnen aber noch nicht installiert sein (das erkennen Sie daran, dass der vorige Befehl keine Ausgabe produziert), dann können Sie das Paket mit folgendem Befehl nachinstallieren:

```
sudo apt install easy-rsa
```

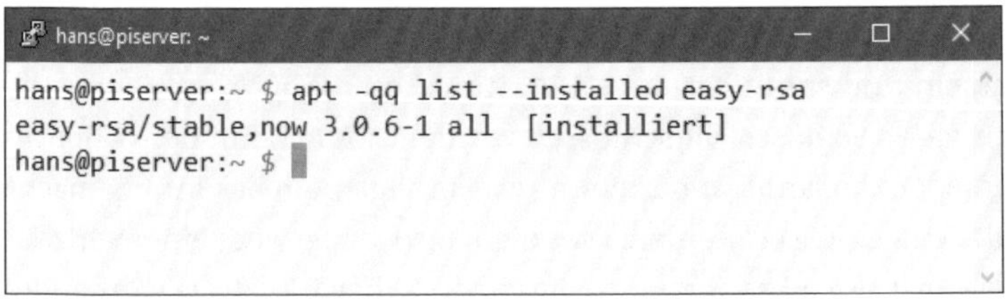

Abbildung 15.3 »easy-rsa« ist auf diesem System schon vorhanden und muss daher nicht erst installiert werden.

Jetzt müssen Sie in Ihrem Home-Verzeichnis ein neues Arbeitsverzeichnis anlegen, das alle Zertifikate und Schlüsseldateien enthalten wird. Wechseln Sie mit

```
cd
```

in Ihr Home-Verzeichnis, und erstellen Sie dort mit

```
mkdir zertifikate
```

ein entsprechendes Verzeichnis. Kopieren Sie nun mit folgendem Befehl die Daten von `easy-rsa` in dieses Arbeitsverzeichnis:

```
cp -R /usr/share/easy-rsa/ ~/zertifikate/
```

Durch den Kopiervorgang haben Sie sich eine Arbeitsversion geschaffen, die Sie gefahrlos nach Ihren eigenen Wünschen anpassen können. Wechseln Sie jetzt mit

```
cd ~/zertifikate/easy-rsa
```

in dieses Arbeitsverzeichnis.

Jetzt müssen Sie eine Konfigurationsdatei mit dem Namen *vars* erstellen, für die es schon eine Vorlage gibt, die stets als Backup dient. Erstellen Sie Ihre Arbeitsversion nun mit dem Befehl

```
cp vars.example vars
```

Öffnen Sie anschließend die eigentliche Datei zur Bearbeitung mit dem Editor `nano`:

```
nano vars
```

Sie finden in dieser Datei verschiedene Werte, die Sie anpassen müssen. Suchen Sie nach folgenden Zeilen:

```
#set_var EASYRSA_REQ_COUNTRY      "US"
#set_var EASYRSA_REQ_PROVINCE     "California"
#set_var EASYRSA_REQ_CITY         "San Francisco"
#set_var EASYRSA_REQ_ORG          "Copyleft Certificate Co"
#set_var EASYRSA_REQ_EMAIL        "me@example.net"
#set_var EASYRSA_REQ_OU           "My Organizational Unit"
```

Bei diesen Einträgen entfernen Sie die ursprünglichen Werte in den Anführungszeichen und ersetzen sie durch die für Sie zutreffenden Eingaben, die Anführungszeichen behalten Sie jedoch bei. Los geht es mit dem Ländercode (`DE` für Deutschland, `AT` für Österreich, `CH` für die Schweiz), dem entsprechenden Bundesland/Kanton, Ihrer Stadt, einem (gegebenenfalls fiktiven) Firmen-/Organisationsnamen, Ihrer E-Mail-Adresse und einer (gegebenenfalls fiktiven) Abteilung.

15

Sie sollten eine gültige E-Mail-Adresse eintragen, es kann aber durchaus Ihre Zweitadresse sein. Entfernen Sie zum Schluss die #-Zeichen am Beginn dieser sechs Zeilen. Ein möglicher Block könnte also wie in Abbildung 15.4 aussehen:

```
set_var EASYRSA_REQ_COUNTRY      "DE"
set_var EASYRSA_REQ_PROVINCE     "NRW"
set_var EASYRSA_REQ_CITY         "Duesseldorf"
set_var EASYRSA_REQ_ORG          "private use"
set_var EASYRSA_REQ_EMAIL        "hans@example.com"
set_var EASYRSA_REQ_OU           "private server"
```

Ändern Sie auch die Zeile:

```
#set_var EASYRSA_KEY_SIZE        2048
```

so um, dass Sie folgenden Inhalt annimmt (achten Sie darauf, auch am Anfang das #-Zeichen zu löschen):

```
set_var EASYRSA_KEY_SIZE        4096
```

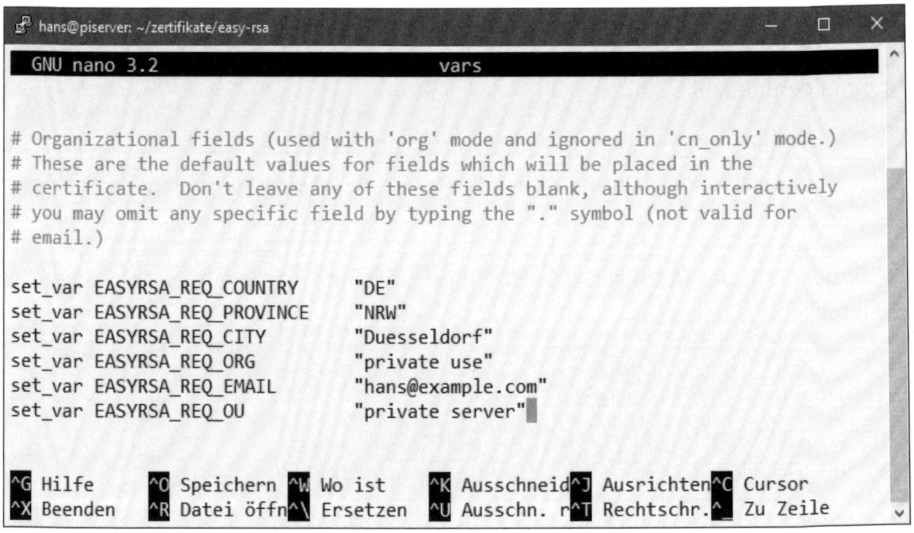

Abbildung 15.4 Die Werte für Ihr Zertifikat

Diese Einstellung legt die Länge der zur (asymmetrischen) Verschlüsselung genutzten Schlüssel fest. 4.096 Bit sind ein sehr hoher Wert. Für die (asymmetrische) Verschlüsselung nach dem RSA-Verfahren werden grundsätzlich sehr lange Schlüssel benötigt, die Länge von 4.096 Bit ist noch auf lange Sicht ausreichend sicher.

Genauso müssen Sie die folgende Zeile

```
#set_var EASYRSA_DN     "cn_only"
```

ändern in:

```
set_var EASYRSA_DN     "org"
```

Damit legen Sie fest, dass Ihre Zertifikate die gesamten Informationen enthalten, die Sie zuvor festgelegt haben, also beispielsweise Ihre Stadt und Ihre E-Mail-Adresse.

Als Letztes ändern Sie bitte

```
#set_var EASYRSA_CERT_EXPIRE     1080
```

in

```
set_var EASYRSA_CERT_EXPIRE     3650
```

Mit dieser Einstellung erzwingen Sie, dass sämtliche Zertifikate für zehn Jahre gültig bleiben. Danach können sie nicht mehr verwendet werden und müssen neu erstellt werden.

Speichern Sie anschließend die Datei, und verlassen Sie nano mit der Tastenkombination [Strg]+[x].

Jetzt müssen Sie einen Befehl ausführen, der die Zertifikatserzeugung initialisiert und beispielsweise Umgebungsvariablen anlegt:

```
./easyrsa init-pki
```

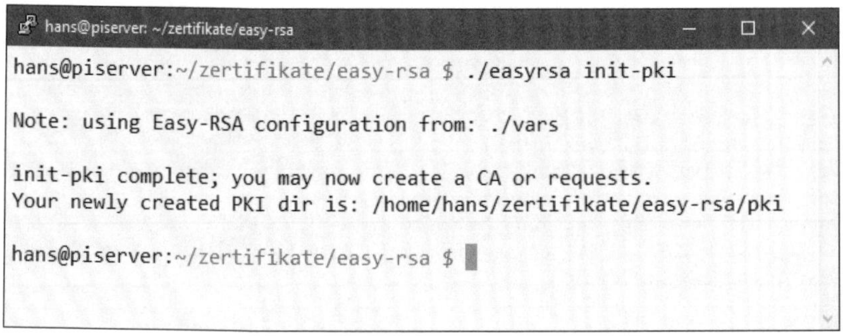

Abbildung 15.5 Die Initialisierung ist abgeschlossen, die Zertifikate können erstellt werden.

Nun sind die Vorbereitungen abgeschlossen, und ein erstes Zertifikat nebst zugehörigem privatem Schlüssel kann erzeugt werden. Los geht es mit der vertrauenswürdigen Stelle, der *Certificate Authority*, wie sie auf Englisch genannt und mit *CA* abgekürzt wird. Geben Sie zur Erzeugung folgenden Befehl ein:

```
./easyrsa build-ca
```

Sie werden nach einigen Angaben gefragt (Abbildung 15.6).

Zunächst müssen Sie ein Passwort eingeben, dass den privaten Schlüssel der vertrauenswürdigen Stelle vor unberechtigtem Zugriff schützt (`Enter New CA Key Passphrase`). Merken Sie sich das Passwort (genannt `Passphrase`) gut, Sie werden es gleich wieder benötigen. Denken Sie daran, dass der private Schlüssel der CA dazu benötigt wird, alle folgenden Zertifikate zu »legitimieren«, so dass Ihr Server ihnen anschließend ohne Rückfrage vertraut. Danach erhalten Sie Fragen zu den Verwaltungsdaten des Zertifikats. Diese Daten haben Sie zuvor in die *vars*-Datei eingetragen. Bei den Feldern COUNTRY NAME, STATE OR PROVINCE NAME, LOCALITY NAME, ORGANIZATION NAME und ORGANIZATIONAL UNIT NAME können Sie einfach auf [↵] drücken und somit die Voreinstellung übernehmen. Aufpassen müssen Sie, wenn Sie nach dem COMMON NAME gefragt werden. Dieser Parameter erfordert stets besondere Aufmerksamkeit und ist für alle Zertifikate besonders wichtig. Hier sollten Sie einen eindeutigen Namen vergeben, der die jeweilige Stelle eindeutig kennzeichnet. Da Sie momentan die vertrauenswürdige Stelle, kurz die *CA*, bearbeiten, sollten Sie hier einen Namen wie *Hans_OpenVPN_CA* vergeben, wobei Sie *Hans* durch Ihren eigenen Namen ersetzen. Als Letztes werden Sie nach der EMAIL ADDRESS gefragt, hier können Sie wieder einfach auf [↵] drücken.

Nach abgeschlossener Eingabe werden die Zertifikatsdaten ohne weitere Rückmeldung erstellt.

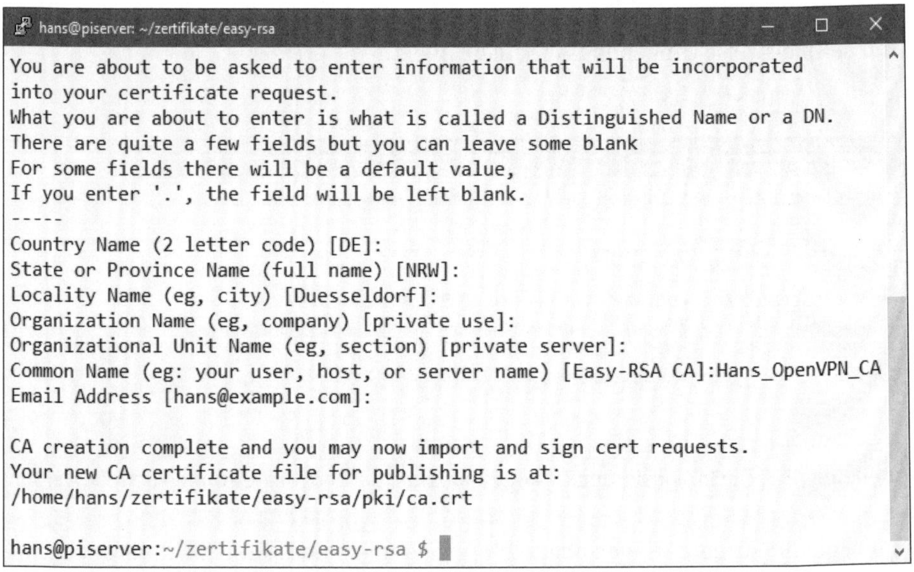

Abbildung 15.6 Das Zertifikat der »vertrauenswürdigen Stelle« wird generiert.

Im nächsten Schritt werden Sie die Dateien für den VPN-Server erzeugen. Führen Sie dazu folgenden Befehl aus:

```
./easyrsa build-server-full server nopass
```

Beachten Sie, dass der Befehl ein `server` im Namen trägt. Das ist der Dateiname der zu erstellenden Dateien, den Sie auf diesem Wert belassen. Daraus wird auch automatisch der `Common Name` des Zertifikats, er lautet also auch `server`.

Der Parameter `nopass` legt fest, dass diesmal der private Schlüssel nicht verschlüsselt wird. Dies ist ein Komfortmerkmal, das dafür sorgt, dass Sie nicht jedes Mal ein Passwort eingeben müssen, wenn Sie den OpenVPN-Server starten – schließlich soll dieser Dienst auch bei einem Neustart des Servers stets automatisch verfügbar sein, und eine manuelle Eingabe eines Passworts ist aus der Ferne ohne VPN-Verbindung nicht möglich. Sie werden jetzt zur Eingabe des Passwortes für den Schlüssel der CA gefragt – geben Sie hier also das Passwort ein, das Sie zuvor bei der Einrichtung der CA festgelegt haben. Das Zertifikat wird automatisch erstellt, und Sie erhalten eine Zusammenfassung auf dem Bildschirm.

Als Nächstes werden die Zertifikate und privaten Schlüssel für die VPN-Clients erstellt. Für jedes zu verwendende Endgerät sind je ein Zertifikat und eine Schlüsseldatei zu erstellen. Im übertragenen Sinne legen Sie also mögliche Benutzerkonten an. Sollen beispielsweise die Benutzer Ulla mit zwei Computern und Peter mit drei Computern das VPN nutzen können, dann müssen Sie jetzt fünf Datensätze erstellen. Mit den folgenden Schritten werden Sie zunächst aber nur Dateien für klassische Computergeräte erzeugen. Dies schließt Desktoprechner und Notebooks ein. Ein Benutzerkonto für ein (modernes) mobiles Endgerät wie ein Smartphone oder ein Tablet erstellen Sie, bei Bedarf, in einem separaten Schritt. Die Anfertigung der Daten für klassische Computer läuft recht ähnlich zu den vorherigen Schritten ab:

```
hans@piserver: ~/zertifikate/easy-rsa
writing new private key to '/home/hans/zertifikate/easy-rsa/pki/private/server.ke
y.5JLZSyCiJM'
-----
Using configuration from /home/hans/zertifikate/easy-rsa/pki/safessl-easyrsa.cnf
Enter pass phrase for /home/hans/zertifikate/easy-rsa/pki/private/ca.key:
Check that the request matches the signature
Signature ok
The Subject's Distinguished Name is as follows
countryName           :PRINTABLE:'DE'
stateOrProvinceName   :ASN.1 12:'NRW'
localityName          :ASN.1 12:'Duesseldorf'
organizationName      :ASN.1 12:'private use'
organizationalUnitName:ASN.1 12:'private server'
commonName            :ASN.1 12:'server'
emailAddress          :IA5STRING:'hans@example.com'
Certificate is to be certified until Oct  1 13:59:08 2030 GMT (3650 days)

Write out database with 1 new entries
Data Base Updated
hans@piserver:~/zertifikate/easy-rsa $
```

Abbildung 15.7 Das Zertifikat des VPN-Servers erzeugen

Zunächst denken Sie sich einen Dateinamen für die jeweils zu erstellenden Datensätze aus. Sie sollten im Dateinamen den Benutzernamen und das Endgerät kombinieren. Der Dateiname darf nur aus einem Wort bestehen und keine Leer- und Sonderzeichen enthalten, als einzige Ausnahme ist der Bindestrich erlaubt. Mögliche Dateinamen sind *peter-notebook* und *ulla-pc*. Führen Sie bitte unbedingt Buch über die von Ihnen vergebenen Dateinamen inklusive der Zuordnung zu den vollständigen Namen und Endgeräten der jeweiligen Personen. Sie werden diese Informationen später noch einmal brauchen. Führen Sie im Anschluss für jeden zu erstellenden Datensatz folgenden Befehl aus, bei dem Sie den alleinstehenden Ausdruck `client` durch den jeweiligen Dateinamen ersetzen:

```
./easyrsa build-client-full client nopass
```

Ein Beispiel dazu sehen Sie in Abbildung 15.8.

Wie zuvor müssen Sie auch hier das Passwort für den privaten Schlüssel der CA eingeben. Erneut wird das Zertifikat mit allen benötigten Dateien anschließend automatisch erstellt. Sie sehen einige Informationen dazu auf dem Bildschirm.

```
hans@piserver:~/zertifikate/easy-rsa $ ./easyrsa build-client-full hans-pc nopass

Note: using Easy-RSA configuration from: ./vars

Using SSL: openssl OpenSSL 1.1.1d  10 Sep 2019
Generating a RSA private key
...........................................++++
...........................................++++
writing new private key to '/home/hans/zertifikate/easy-rsa/pki/private/hans-pc.k
ey.tIwpq78cBb'
-----
Using configuration from /home/hans/zertifikate/easy-rsa/pki/safessl-easyrsa.cnf
Enter pass phrase for /home/hans/zertifikate/easy-rsa/pki/private/ca.key:
Check that the request matches the signature
Signature ok
The Subject's Distinguished Name is as follows
countryName           :PRINTABLE:'DE'
stateOrProvinceName   :ASN.1 12:'NRW'
localityName          :ASN.1 12:'Duesseldorf'
organizationName      :ASN.1 12:'private use'
organizationalUnitName:ASN.1 12:'private server'
commonName            :ASN.1 12:'hans-pc'
emailAddress          :IA5STRING:'hans@example.com'
Certificate is to be certified until Oct  1 14:00:48 2030 GMT (3650 days)

Write out database with 1 new entries
Data Base Updated
hans@piserver:~/zertifikate/easy-rsa $
```

Abbildung 15.8 Ein Clientzertifikat erzeugen

Bei der Erstellung der Datensätze für die VPN-Clients gibt es noch eine Option zur Erhöhung der Sicherheit. Die privaten Schlüssel können nämlich mit einem Passwort verschlüsselt werden. Wenn ein Angreifer irgendwie in den Besitz eines verschlüsselten privaten Schlüssels kommt, dann kann er mit diesem zunächst nicht viel anfangen, er muss ihn erst entschlüsseln. Dies kann er nur mit der Brute-Force-Methode machen. Wenn das Passwort hinreichend komplex ist, dann kann dieser Vorgang eine erhebliche Zeitspanne in Anspruch nehmen. Während dieser Zeit haben Sie die Gelegenheit, den VPN-Server abzuschalten, so dass ihn niemand mehr unbefugt verwenden kann. Sie können ihn dann wieder mit einem komplett neuen Zertifikatssatz aufsetzen. Verschlüsselte private Schlüssel sind vor allem auf mobilen Geräten sinnvoll, denn diese können ja relativ einfach gestohlen werden, womit der Angreifer gleich Zugriff auf Ihren privaten Schlüssel bekommt. Denken Sie daran: Sobald der Angreifer den privaten Schlüssel hat (und den öffentlichen Schlüssel), dann hat er Zugang zu Ihrem VPN/Heimnetz. Die Verschlüsselung ist also eine sinnvolle Option.

Zu den mobilen Endgeräten zähle ich Notebooks, Smartphones und Tablets, wobei ich die beiden letzteren Gerätegruppen erst nachfolgend behandeln werde. Falls zu Ihren VPN-Clients Notebooks zählen, dann sollten Sie die Verschlüsselung der privaten Schlüssel in Erwägung ziehen. Die Verschlüsselung kann aber auch auf einem normalen Desktop-PC sinnvoll sein, beispielsweise, wenn er von mehreren Benutzern verwendet wird.

Um einen verschlüsselten privaten Schlüssel zu erzeugen, geben Sie folgenden Befehl ein:

```
./easyrsa build-client-full client
```

Auch hierbei ersetzen Sie den alleinstehenden Ausdruck `client` wieder wie zuvor durch den Dateinamen, den die Datensätze erhalten sollen – wie es Abbildung 15.9 beispielhaft zeigt.

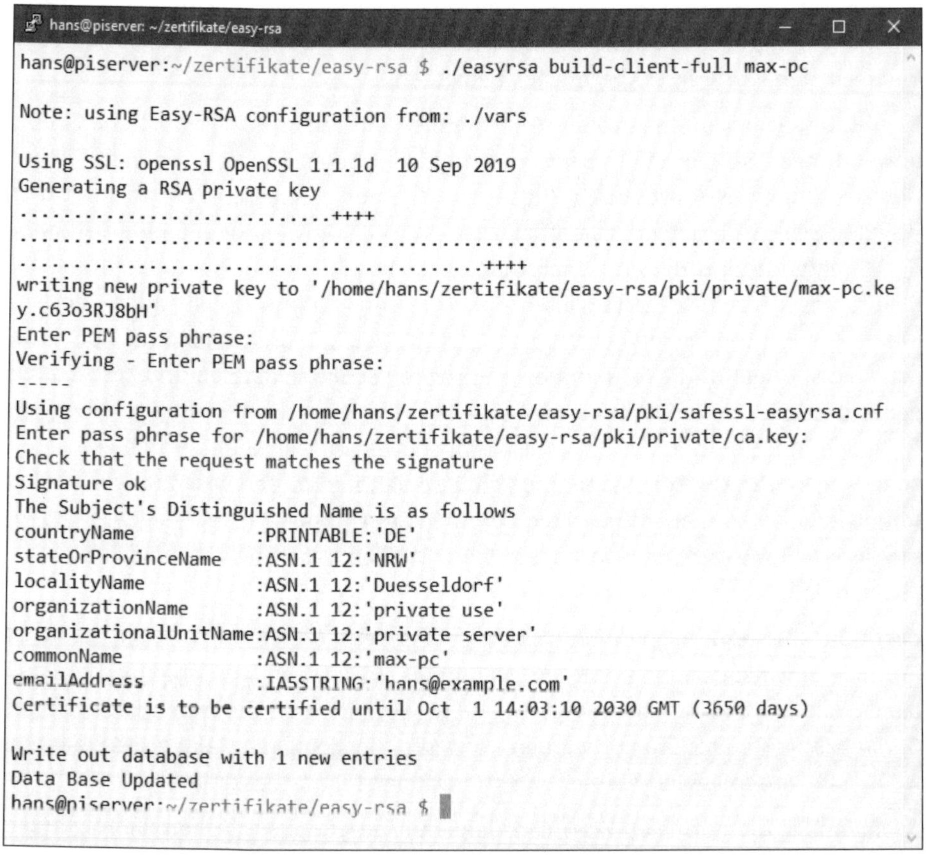

Abbildung 15.9 Die privaten Schlüssel können auf Wunsch auch mit einem Passwort vor unberechtigtem Zugriff geschützt werden.

Zusätzlich zu den Angaben der »normalen« Schlüsselerzeugung werden Sie jetzt nach der `pass phrase` gefragt (`Enter PEM pass phrase`), jenem Passwort, das zur Verschlüsselung genutzt wird. Wählen Sie ein ausreichend sicheres Passwort, das Sie aber keinesfalls vergessen dürfen (sonst müssen Sie ein neues Schlüsselpaar erstellen). Dieses Passwort müssen Sie später bei jedem Verbindungsversuch eingeben. Die weiteren Schritte der Zertifikatserstellung entsprechen dem bekannten Ablauf. Achten Sie aber darauf, dass insbesondere die Clientanwendung auch verschlüsselte private Schlüssel unterstützt (dies ist jedoch bei allen »offiziellen« OpenVPN-Anwendungen der Fall). Es versteht sich von selbst, dass dort die Funktion zur Speicherung des Passwortes nicht angebracht ist.

15.4.2 Zertifikats- und Schlüsseldaten für mobile Endgeräte erstellen

Jetzt möchte ich Ihnen zeigen, wie Sie die Zertifikats- und Schlüsseldaten für ein mobiles Endgerät wie einem Smartphone oder einem Tablet-PC erstellen. Ein Notebook zählt aufgrund seiner Architektur hier zu den »klassischen« Geräten und wurde bereits in den vorherigen Abschnitten behandelt.

Es gibt für alle bekannten großen Smartphone- und Tablet-Betriebssysteme Clientanwendungen für OpenVPN. Selbstverständlich müssen auch die mobilen Versionen der OpenVPN-Anwendung Zugang zu den entsprechenden Zertifikaten und privaten Schlüsseln haben. Die offiziellen OpenVPN-Anwendungen erlauben zwar den direkten Import der einzelnen Dateien, so wie Sie diese bisher erstellt haben, aber sie gestatten zusätzlich sogar eine noch bessere Variante: Es gibt auf modernen Smartphones (und Tablets) einen geschützten Speicherbereich, eine Art von »Tresor«, der speziell für die Aufnahme von privaten Schlüsseldateien und Zertifikaten gedacht ist. Die Dateien darin werden durch das Gerätepasswort vor fremden Zugriffen geschützt. Ein Angreifer hat es also sehr schwer, im Diebstahlfall an diese Daten zu gelangen. Um die Zertifikate und Schlüsseldaten in diesen geschützten Bereich importieren zu können, müssen die Daten ein bestimmtes Format haben, sie müssen als eine *PKCS-#12*-Datei vorliegen. Diese Dateien lassen sich ebenfalls mit `easyrsa` erstellen.

Bevor Sie aber eine solche PKCS-#12-Datei erstellen können, müssen Sie zunächst normale Zertifikatsdateien anlegen, wie ich es im vorigen Abschnitt beschrieben habe. Wählen Sie dabei die unverschlüsselte Variante, weil die Daten ja durch das Gerätepasswort verschlüsselt werden. Notieren Sie sich den exakten Dateinamen, weil Sie ihn anschließend für die PKCS-#12-Dateierstellung benötigen.

Nachdem Sie die normalen Zertifikatsdateien erzeugt haben, führen Sie folgenden Befehl aus, bei dem Sie `dateiname` durch den Dateinamen ersetzen, den Sie soeben verwendet haben:

```
./easyrsa export-p12 dateiname
```

Sie werden bei diesem Befehl nach einem Passwort gefragt (`Enter Export Password:`). Dieses Passwort dient dem Schutz der PKCS-#12-Datei beim Transport auf das mobile Endgerät. Mit ihm werden die Daten temporär verschlüsselt und beim Import in das Endgerät wieder entschlüsselt. Es ist daher beim Importvorgang im mobilen Endgerät einzugeben. Die Datei wird nach der Passwortvergabe automatisch erstellt, und Sie erhalten eine Information über den Speicherort.

```
hans@piserver: ~/zertifikate/easy-rsa
hans@piserver:~/zertifikate/easy-rsa $ ./easyrsa export-p12 hans-mobil

Note: using Easy-RSA configuration from: ./vars

Using SSL: openssl OpenSSL 1.1.1d  10 Sep 2019
Enter Export Password:
Verifying - Enter Export Password:

Successful export of p12 file. Your exported file is at the following
location: /home/hans/zertifikate/easy-rsa/pki/private/hans-mobil.p12

hans@piserver:~/zertifikate/easy-rsa $
```

Abbildung 15.10 Zertifikatsdaten für mobile Endgeräte erzeugen

15.4.3 Diffie-Hellman-Parameter erstellen

Als Nächstes ist eine weitere Sicherheitsmaßnahme zu erstellen, eine Datei, die sogenannte *Diffie-Hellman-Parameter* aufnimmt, die beim Verschlüsselungsprozess genutzt werden und unter anderem dafür sorgen, dass sich die (im weiteren Verlauf der Verbindung) zur Datenverschlüsselung genutzten Schlüssel häufig ändern, so dass eventuell aufgezeichnete Datenübertragungen nicht rückwirkend entschlüsselt werden können.

[!]

Planen Sie jetzt genügend Zeit ein

Der folgende Schritt ist sehr rechen- und zeitintensiv! Er wird auf dem Home Server einen längeren Zeitraum (bis zu mehreren Stunden) in Anspruch nehmen. Normalerweise müssten Sie für die ganze Zeit, die dieser Befehl zur Bearbeitung benötigt, mit dem Home Server über die SSH-Konsole verbunden bleiben und dürften die Verbindung beziehungsweise das Fenster nicht schließen, weil ansonsten der Befehl abgebrochen wird. Sie können den Befehl aber so modifizieren, dass er im Hintergrund arbeitet. Sie können dann die Verbindung zu Ihrem Home Server beenden. Genau das werde ich Ihnen hier auch zeigen.

Führen Sie also folgenden Befehl aus:

```
./easyrsa gen-dh > ~/dh_result.txt 2>&1 &
```

Dieser Befehl lässt den Prozess im Hintergrund arbeiten und schreibt alle Bildschirmausgaben in die Datei *~/dh_result.txt*. Sie erhalten hierauf eine Rückmeldung folgender Form:

```
[1] 3861
```

Hierbei wird die Zahl nach dem Klammerausdruck bei Ihnen jedoch anders lauten. Der Befehl arbeitet von jetzt an im Hintergrund und erstellt die Diffie-Hellman-Parameter. Sie können kontrollieren, ob der Befehl korrekt arbeitet, indem Sie den Befehl

```
jobs
```

ausführen. Sie erhalten eine Rückmeldung in folgender Form:

```
[1]+ Läuft ./easyrsa gen-dh > ~/dh_result.txt 2>&1 &
```

Diese zeigt Ihnen an, dass der Befehl im Hintergrund arbeitet. Sie können die Konsole jetzt schließen und nach längerer Wartezeit (mindestens eine gute Stunde später) erneut öffnen. Wie die Ausgabe aussieht, können Sie sich in Abbildung 15.11 ansehen.

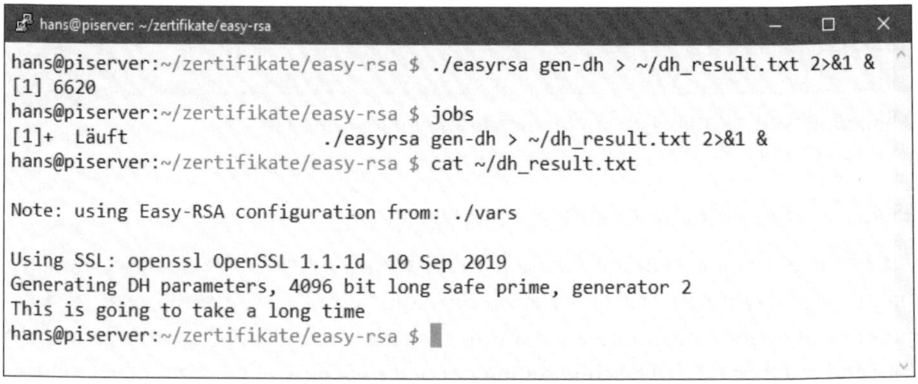

Abbildung 15.11 Erstellung der »Diffie-Hellman«-Parameter

Nach dieser Wartezeit sollten Sie überprüfen, ob der Befehl bereits abgeschlossen ist oder immer noch abgearbeitet wird. Hierzu können Sie jedoch nicht mehr den Befehl `jobs` verwenden (der würde jetzt nicht korrekt funktionieren), sondern müssen das Prozessinformationswerkzeug `top` aufrufen (mit dem Befehl `top`), wie Sie es in Abbildung 15.12 sehen.

Überprüfen Sie die laufenden Prozesse. Ist unter den ersten Einträgen der Prozess `openssl` aufgeführt, der zu einer recht hohen Prozessorauslastung führt, dann arbeitet der Befehl zur Erstellung der Diffie-Hellman-Parameter immer noch. Finden Sie in der Ausgabe den Prozess `openssl` jedoch nicht, dann ist der Prozess abgeschlossen. In diesem Fall können Sie sich nun einmal mit folgendem Befehl die Ausgabe des Befehls ansehen, die in der Datei *~/dh_result.txt* gespeichert wurde.

```
nano ~/dh_result.txt
```

Sie werden viele Zeilen sehen, die hauptsächlich Punkte enthalten. Diese wurden nach und nach im Verlaufe der Berechnung eingefügt. Kontrollieren Sie den Inhalt des Verzeichnisses *~/zertifikate/easy-rsa/pki*. Darin sollte sich jetzt auch die Datei *dh.pem* befinden.

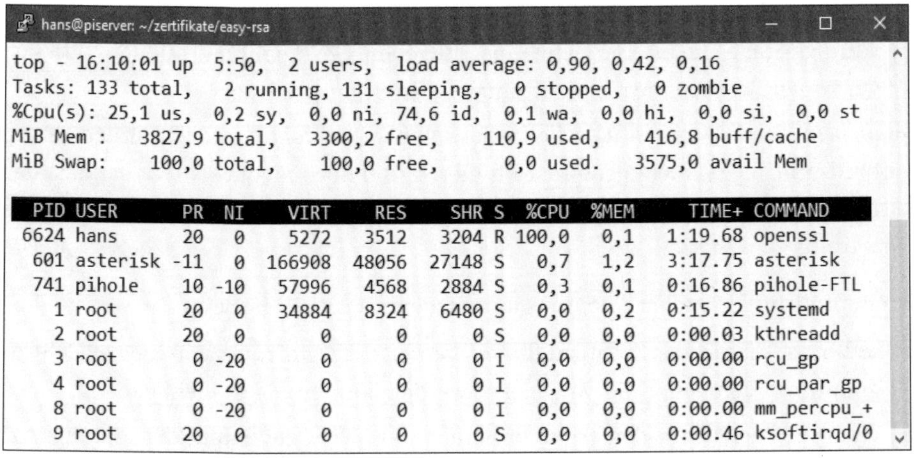

```
hans@piserver: ~/zertifikate/easy-rsa
top - 16:10:01 up  5:50,  2 users,  load average: 0,90, 0,42, 0,16
Tasks: 133 total,   2 running, 131 sleeping,   0 stopped,   0 zombie
%Cpu(s): 25,1 us,  0,2 sy,  0,0 ni, 74,6 id,  0,1 wa,  0,0 hi,  0,0 si,  0,0 st
MiB Mem :   3827,9 total,   3300,2 free,    110,9 used,    416,8 buff/cache
MiB Swap:    100,0 total,    100,0 free,      0,0 used.   3575,0 avail Mem

  PID USER      PR  NI    VIRT    RES    SHR S  %CPU  %MEM     TIME+ COMMAND
 6624 hans      20   0    5272   3512   3204 R 100,0   0,1   1:19.68 openssl
  601 asterisk -11   0  166908  48056  27148 S   0,7   1,2   3:17.75 asterisk
  741 pihole    10 -10   57996   4568   2884 S   0,3   0,1   0:16.86 pihole-FTL
    1 root      20   0   34884   8324   6480 S   0,0   0,2   0:15.22 systemd
    2 root      20   0       0      0      0 S   0,0   0,0   0:00.03 kthreadd
    3 root       0 -20       0      0      0 I   0,0   0,0   0:00.00 rcu_gp
    4 root       0 -20       0      0      0 I   0,0   0,0   0:00.00 rcu_par_gp
    8 root       0 -20       0      0      0 I   0,0   0,0   0:00.00 mm_percpu_+
    9 root      20   0       0      0      0 S   0,0   0,0   0:00.46 ksoftirqd/0
```

Abbildung 15.12 Mit »top« prüfen, ob der Prozess »openssl« noch läuft

Sollte bei Ihnen die Abarbeitung im Hintergrund nicht funktioniert haben (was Sie daran erkennen, dass es auch nach sehr langer Zeit keine Datei *~/zertifikate/easy-rsa/pki/dh.pem* gibt), dann müssen Sie den Befehl im Vordergrund ausführen lassen. Wechseln Sie dazu wieder in das Verzeichnis *~/zertifikate/easy-rsa*.

15

Danach starten Sie die Erstellung der Diffie-Hellman-Parameter mit diesem Befehl:

```
./easyrsa gen-dh
```

Sie müssen jetzt aber die ganze Zeit mit geöffneter Konsole mit Ihrem Home Server verbunden bleiben. Sie sind mit der Erstellung der Zertifikate fertig, wenn der Befehl abgeschlossen ist.

Übrigens: Sie müssen diesen Befehl nicht auf Ihrem Home Server ausführen lassen. Sie können also beispielsweise einen weiteren Linux-Computer benutzen, der deutlich leistungsfähiger ist. Installieren Sie einfach die Komponente `openssl`, und führen Sie folgenden Befehl aus:

```
openssl dhparam -out ~/dh.pem 4096
```

Dies wird in Ihrem Home-Verzeichnis die Datei *dh.pem* erzeugen. Diese Datei ist nicht geheim. Kopieren Sie diese also einfach auf beliebigem Wege in das Verzeichnis *~/zertifikate/easy-rsa/pki* auf Ihrem Home Server. Diesen Schritt können Sie auch mit anderen Betriebssystemen ausführen.

15.4.4 Zertifikats- und Schlüsseldateien auf Vollständigkeit prüfen

In dem Verzeichnis *~/zertifikate/easy-rsa/pki* sollten sich nun (unter anderem) folgende Dateien befinden:

- *ca.crt*: Dies ist das Zertifikat (mit dem öffentlichen Schlüssel) für die vertrauenswürdige Stelle, die CA. Die Datei muss auf jeden VPN-Client und auf den VPN-Server kopiert werden, sie dient zur Authentifizierungsprüfung.
- *dh.pem*: Diese Datei enthält die Diffie-Hellman-Parameter und ist für den Server bestimmt. Sie ist nicht geheim. Falls diese Datei noch nicht existiert, dann ist der Befehl zur Erstellung noch nicht abgeschlossen. Sie müssen also noch etwas länger warten!

Weitere wichtige Dateien sind im Unterverzeichnis *issued* abgelegt:

- *server.crt:* Dies ist das Zertifikat für den Server. Die Datei muss vom openVPN-Programm auf dem Home Server gelesen werden können. Sie ist nicht geheim.
- Weitere Dateien mit den Benutzernamen der VPN-Clients und der Endung *.crt*: Diese Dateien enthalten die Zertifikate für die Clients. Sie müssen die Dateien auf die jeweiligen Clientcomputer kopieren.

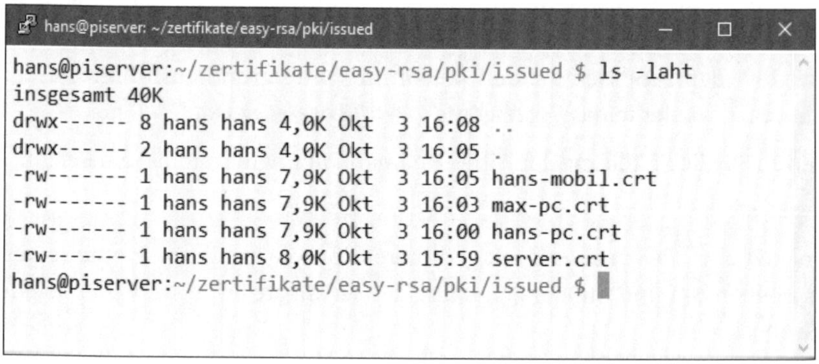

Abbildung 15.13 Im Verzeichnis »issued« sind die eigentlichen Zertifikate enthalten.

Als Letztes befinden sich die besonders sensitiven Dateien im Unterverzeichnis *private* von *~/zertifikate/easy-rsa/pki*:

- *ca.key* ist der private Schlüssel der CA. Achtung: Diese Datei ist besonders sensitiv und darf auf gar keinen Fall in falsche Hände gelangen. Mit ihr können beliebig viele weitere Clients zugefügt werden. Besitzt ein Angreifer diese Datei (und das zugehörige, öffentliche Zertifikat), kann er sich ganz einfach beliebig viele gültige Clientzertifikate erstellen. Sie benötigen diese Datei zwingend, wenn Sie weitere Clients zu Ihrem VPN-Netzwerk hinzufügen möchten.
- *server.key*: Dabei handelt es sich um den privaten Schlüssel des Servers für den OpenVPN-Dienst. Der private Schlüssel ist geheim und darf den Server niemals verlassen. Sie müssen ihn geeignet schützen.
- Sollten Sie eine PKCS-#12-Datei für ein mobiles Endgerät erstellt haben, dann finden Sie in diesem Verzeichnis eine Datei mit einem entsprechenden Dateinamen

und der Endung *.p12*. Diese kombinierte Datei enthält alle relevanten Dateien dieses VPN-Clients und muss auf das mobile Endgerät kopiert werden. Sie ist zwar verschlüsselt, sollte jedoch trotzdem streng privat gehalten werden.

Weitere Dateien mit den Benutzernamen der VPN-Clients und der Endung *.key*: Diese Dateien enthalten die privaten Schlüssel für die Clients. Sie müssen auf sicherem Weg auf die jeweiligen Clientcomputer kopiert werden. Die Schlüsseldateien sind geheim und dürfen nicht in fremde Hände fallen.

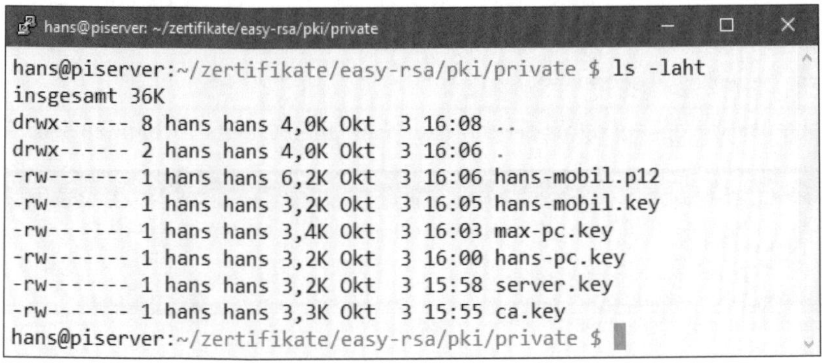

Abbildung 15.14 Im Verzeichnis »private« liegen die privaten Schlüssel, die vor fremdem Zugriff geschützt werden müssen.

15.4.5 HMAC-Schutz

Bevor es an die Konfiguration des OpenVPN-Servers geht, werde ich Ihnen zunächst noch einen weiteren Sicherheitsmechanismus vorstellen. OpenVPN bietet nämlich die Möglichkeit, einen *Keyed-Hash Message Authentication Code*, kurz *HMAC*, zu nutzen. Es handelt sich um eine Art von Prüfsumme. OpenVPN wird nur dann überhaupt ein ankommendes Datenpaket bearbeiten, wenn es den korrekten HMAC aufweist. Der HMAC wird mit Unterstützung einer geheimen Schlüsseldatei erstellt. Damit schützt diese optionale (aber unbedingt einsetzenswerte) Funktion vor einer Reihe von Angriffen. Dazu zählen etwa sogenannte *Denial-of-Service-Attacken*, bei denen sehr viele (ungültige) Login-Versuche an einen Server gesendet werden, die dieser jeweils mit einem eigenen Prozess beantworten müsste, so dass er überlastet wird. Dank eines ungültigen HMAC-Headers werden diese Angriffe gar nicht erst bearbeitet. Daher verlaufen Versuche einer Authentifizierung bereits sehr früh ins Leere und haben keine Aussicht auf Erfolg.

Zusätzlich ergibt sich ein Schutz gegenüber Portscan-Versuchen. Bei einem Portscan werden viele Ports daraufhin untersucht, ob sie auf eingehende Verbindungen warten und Verbindungsanfragen akzeptieren. Auf diese Weise kann ein Angreifer mögliche Ziele aufspüren. Wenn allerdings ein ankommendes Datenpaket keinen gültigen HMAC-Header aufweist, wird es vom OpenVPN-Server nicht bearbeitet und auch nicht beantwortet. Das Erkennen, ob unter einem bestimmten Port ein Dienst arbeitet, wird wesentlich erschwert.

Um diese Hürde zu überwinden, müsste ein Angreifer in den Besitz der HMAC-Schlüsseldatei kommen (oder diese erraten, was aber sehr unwahrscheinlich ist). Da diese Funktion einen großen Sicherheitsgewinn verspricht, sollten Sie sie ruhig einsetzen. Zunächst erzeugen Sie dazu die geheime Schlüsseldatei. Dazu benutzen Sie zum ersten Mal direkt das OpenVPN-Programm. Führen Sie auf Ihrem Home Server folgenden Befehl aus, der die Datei *ta.key* erzeugt – bitte achten Sie darauf, dass Sie sich im Arbeitsverzeichnis *~/zertifikate/easy-rsa/pki/private* befinden.

```
sudo openvpn --genkey --secret ta.key
```

Diese Datei muss sowohl auf dem Server als auch auf allen Clients vorhanden sein.

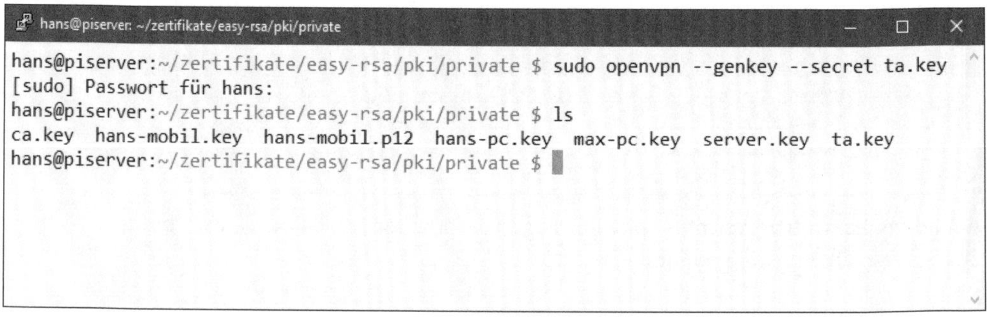

Abbildung 15.15 Erzeugen einer Schlüsseldatei für den HMAC-Schutz

Momentan sind alle sensitiven Daten gut geschützt und können nur von Ihnen (und sudo-berechtigten Benutzern) gelesen werden. Sie sollten die Konsole Ihres Home Servers nicht unbeaufsichtigt geöffnet lassen.

Sie können jetzt mit der Konfiguration des Servers fortfahren.

15.5 Basiskonfiguration des VPN-Servers

Sie sind jetzt so weit, dass Sie mit der eigentlichen Konfiguration des OpenVPN-Servers beginnen können. Auch hier können Sie sehr schön schrittweise vorgehen. Zuerst werden Sie nur eine kleine VPN-Konfiguration erzeugen. Sie wird Ihnen die Möglichkeit bieten, sich von außerhalb mit Ihrem Home Server zu verbinden und seine Dienste zu nutzen. Sie werden jedoch (erst einmal) noch nicht auf andere Rechner in Ihrem Heimnetzwerk zugreifen können, und Sie werden von unterwegs nicht den Internetzugang Ihres Heimnetzes nutzen können, sondern für normale Internetverbindungen Ihres VPN-Clientgerätes (zum Beispiel zum Surfen oder Abrufen von E-Mails) weiterhin den örtlich vorhandenen, direkten Internetzugang verwenden. Falls Sie sich noch an die einleitenden Worte am Anfang dieses Kapitels erinnern: Sie werden also zunächst nur das virtuelle Netzwerk aufbauen, das den Adressbereich 10.8.0.xxx verwendet und in dem sich der VPN-Server und die verbundenen VPN-Clients treffen.

Auch der OpenVPN-Server entnimmt seine Konfiguration einer Konfigurationsdatei, die Sie zunächst neu erstellen müssen.

Öffnen Sie auf dem Home Server `nano` zur Bearbeitung folgender Datei:

```
sudo nano /etc/openvpn/openvpnserver.conf
```

Geben Sie folgende Zeilen in diese neue Datei ein (oder nutzen Sie wie immer bei längeren Texten die Internetadresse *www.rheinwerk-verlag.de/5192*, um den Konfigurationstext als Datei aus dem Internet herunterladen zu können):

```
dev tun
proto udp
port 1194
server 10.8.0.0 255.255.255.0
#
ca /etc/openvpn/certs/ca.crt
cert /etc/openvpn/certs/server.crt
key /etc/openvpn/certs/server.key
dh /etc/openvpn/certs/dh.pem
tls-auth /etc/openvpn/certs/ta.key 0
#
verb 4
status /var/log/openvpn-status.log
log-append /var/log/openvpn.log
#
cipher AES-256-GCM
auth sha256
#
user nobody
group nogroup
persist key
persist-tun
client-to-client
comp-lzo
keepalive 10 120
```

Listing 15.1 Die Konfigurationsdatei »/etc/openvpn/openvpnserver.conf«

Wie die Datei aussehen sollte, finden Sie auch noch einmal in Abbildung 15.16.

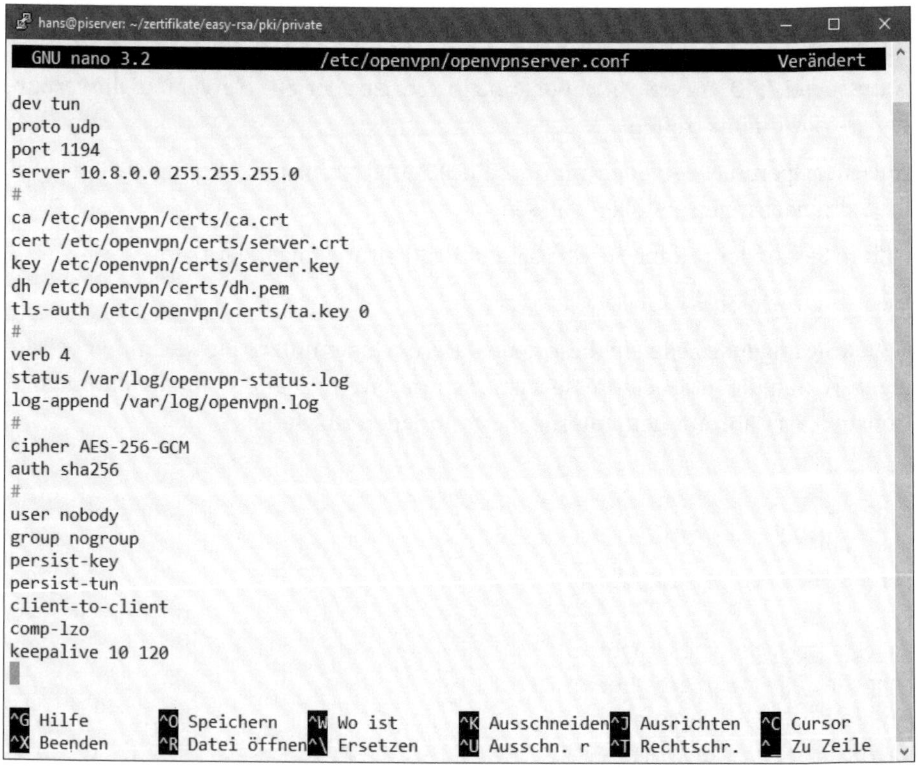

Abbildung 15.16 Die Konfiguration des VPN-Servers

Diese Zeilen bewirken Folgendes: Zunächst wird festgelegt, dass ein virtuelles Netzwerkgerät mit einer sogenannten `tun`-Schnittstelle (als Abkürzung von Englisch: *tunnel*) für OpenVPN verwendet wird. Nachfolgend wird definiert, dass das Netzwerkprotokoll `UDP` über den externen Port `1194` verwendet wird. Beides sind Standardparameter von OpenVPN, die man normalerweise nicht ändern muss. Die nächste Zeile legt fest, dass eine `server`-Konfiguration angegeben ist und ein virtuelles privates Netzwerk aufgebaut werden soll, das als Basisadresse die IP-Adresse `10.8.0.0` mit der Subnetzmaske `255.255.255.0` verwendet – und damit also 254 mögliche nutzbare IP-Adressen bietet. Der Server (also Ihr Home Server) wird unter der Adresse 10.8.0.1 erreichbar sein, die VPN-Clients bekommen automatisch die IP-Adressen ab 10.8.0.3 zugewiesen (die IP-Adresse 10.8.0.2 übernimmt eine hier nicht wichtige Sonderfunktion). Von den Clients aus können Sie Ihren Server also unter der IP-Adresse 10.8.0.1 erreichen. Beachten Sie, dass sich (wie einleitend erwähnt) diese Konfiguration von der Ihres Heimnetzes und von der des entfernten Netzes unterscheiden muss. (Sollte es bei Ihnen zu Adresskollisionen kommen, dann – und nur dann – können Sie an dieser Stelle Änderungen vornehmen.) Bedenken Sie bitte, dass (zunächst) keine Kommunikation von den VPN-Clients zu den anderen Computern in Ihrem Heimnetzwerk möglich ist. Verbindungsversuche der VPN-Clients zu Ihrem Heimnetzwerk schlagen also fehl. In dem großen Block zwischen den beiden Raute-Zeichen werden die Dateipfade zu den Zertifikaten und Schlüsseldateien definiert, die Sie zuvor angelegt, aber noch nicht in das endgültige Zielverzeichnis kopiert haben. Der nächste Block kümmert sich um die Erstellung der Log- und Statusdateien. `verb` (von *verbose*, also »wortreich«) stellt den Umfang der Logdateien ein; `4` ist ein guter Kompromisswert, der sich im Alltag bewährt hat.

Als Nächstes wird die Verschlüsselung auf den gegenwärtig als sicher eingestuften `AES`-Algorithmus mit einer Schlüsselstärke von 256 Bit eingestellt. Dies ist der Algorithmus, der für die *symmetrische* Verschlüsselung der Nutzdaten verwendet wird. Wundern Sie sich nicht, wenn hier scheinbar eine sehr kurze Schlüssellänge von nur 256 Bit verwendet wird. Dieser Verschlüsselungsalgorithmus arbeitet anders als die Mechanismen, die zur asymmetrischen Verschlüsselung mit dem RSA-Algorithmus eingesetzt werden. Diese erfordern deutlich längere Schlüssellängen von mindestens 2.048 Bit. Bei dem hier vorgestellten VPN-Netzwerk wird die sehr rechenaufwendige asymmetrische Verschlüsselung nur verwendet, um einen geheimen Schlüssel zur symmetrischen Verschlüsselung auszutauschen. Letztere arbeitet deutlich ressourcenschonender. Die Zeile `auth sha256` legt fest, dass beim HMAC der gegenwärtig als sicher geltende SHA-256-Algorithmus zur Berechnung der Prüfsummen genutzt wird.

Die Zeilen `user nobody` und `group nogroup` sorgen dafür, dass OpenVPN nach seiner Initialisierung sehr eingeschränkte Benutzerrechte annimmt. Für den unwahrscheinlichen Fall, dass OpenVPN gehackt wird, hat der Angreifer also nur einen sehr eingeschränkten Zugriff auf die Ressourcen Ihres Servers, insbesondere auf die dort vorhandenen Dateien. `persist-key` und `persist-tun` sind Befehle, die bestimmte Einstellungen im Speicher und somit bei Neuverbindungen einfach verfügbar halten, es sind also hauptsächlich Komfortmerkmale. Mit der Option `client-to-client` ermöglichen Sie den VPN-Clients, untereinander zu kommunizieren. Wenn beispielsweise zwei VPN-Clients eine Verbindung aufgebaut haben, dann kann Client 1 auf mögliche Ressourcen von Client 2 zugreifen und umgekehrt. Wenn dieses Verhalten unerwünscht oder nicht erforderlich ist, dann können Sie diese Zeile einfach löschen (oder besser durch ein vorangestelltes Raute-Symbol zu einem nicht zu verarbeitenden Kommentar machen). Die vorletzte Zeile aktiviert eine Kompression bei der Datenübertragung, die den Datendurchsatz Ihrer VPN-Verbindung steigern kann. Zum Schluss wird eine `keepalive`-Direktive gesetzt, die über regelmäßige Ping-Befehle den Fortbestand der Verbindung sichert und notfalls eine Neuverbindung einleitet.

Dies schließt die Konfiguration des VPN-Servers ab. Speichern Sie die Datei, und beenden Sie `nano` mit der Tastenkombination [Strg]+[x].

15.6 Kopieren der Zertifikats- und Schlüsseldateien

Jetzt geht es darum, alle vom Server benötigten Dateien in das OpenVPN-Arbeitsverzeichnis zu kopieren. Dazu erstellen Sie zuerst einmal auf dem Home Server ein entsprechendes Verzeichnis und nutzen dafür folgenden Befehl:

```
sudo mkdir /etc/openvpn/certs
```

Wechseln Sie jetzt in das Verzeichnis *~/zertifikate/easy-rsa/pki*.

Nun kopieren Sie die benötigten Dateien mit folgenden Befehlen in das soeben erstellte Verzeichnis:

```
sudo cp private/server.key /etc/openvpn/certs/

sudo cp issued/server.crt /etc/openvpn/certs/

sudo cp ca.crt /etc/openvpn/certs/

sudo cp dh.pem /etc/openvpn/certs/

sudo cp private/ta.key /etc/openvpn/certs/
```

Jetzt sollten Sie rasch die sensitiven Daten vor unberechtigtem Zugriff schützen. Sie übergeben alle Dateien dem Besitzer *root* und beschränken bei den wichtigen Dateien den Zugriff auf ausschließliche Leserechte für den Besitzer:

```
sudo chown root:root /etc/openvpn/certs/*

sudo chmod 400 /etc/openvpn/certs/*.key
```

Zusammengefasst finden Sie die Aufrufe in Abbildung 15.17.

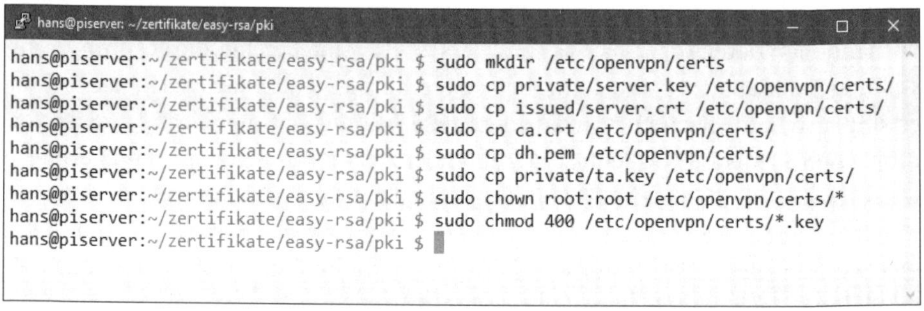

Abbildung 15.17 Die Dateien kopieren

15.7 Installation der Clientanwendungen auf den VPN-Clients

Nun ist ein guter Zeitpunkt für die Installation der Clientanwendungen, die auf den jeweiligen Endgeräten zur Einwahl in Ihr VPN genutzt werden. Wie eingangs erwähnt, gibt es für OpenVPN eine Vielzahl von Clientanwendungen. Relativ einfach haben es die Benutzer mobiler Betriebssysteme wie Android oder iOS. Sie müssen nur in ihren jeweiligen App-Bezugspunkt schauen und die (offizielle) OpenVPN-Clientanwendung installieren.

Installation unter Windows

Für die Nutzer des Windows-Betriebssystems gibt es direkt auf der OpenVPN-Seite Clientanwendungen mit einer grafischen Benutzeroberfläche. Diese Anwendungen finden Sie auf dieser Seite:

https://openvpn.net/index.php/open-source/downloads.html

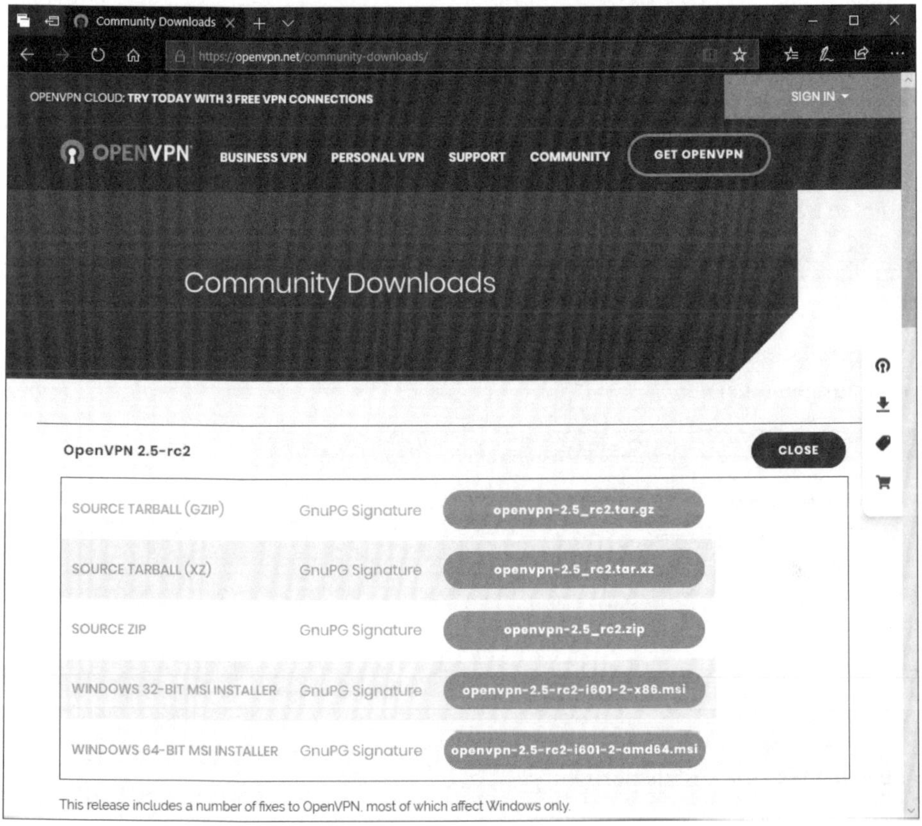

Abbildung 15.18 Der Download der Clientanwendung von »openvpn.net«

Darüber hinaus gibt es einen weiteren Link, falls der erste nicht funktioniert:

http://build.openvpn.net/downloads/releases/latest/

Sie müssen nur noch sicherstellen, dass Sie die zu Ihrer Betriebssystem-Variante passende Version wählen. Hierbei kommt es darauf an, ob Sie eine 64-Bit-Fassung (x86_64) oder eine 32-Bit-Fassung (i686) verwenden. Laden Sie das passende Paket herunter, und installieren Sie es auf dem Clientrechner.

Alternativ nutzen Sie OpenVPN Connect

Wenn Sie mit den hier beschriebenen Clientanwendungen (unabhängig vom Betriebssystem) nicht zurechtkommen, können Sie sich alternativ an das Programm OpenVPN Connect wagen. Es stammt ebenfalls von den OpenVPN-Entwicklern. Zwar ist es eigentlich dafür gedacht, zur kostenpflichtigen OpenVPN-Variante »Access Server« Verbindung aufzunehmen, es funktioniert aber (bisher) auch mit der kostenlosen Open-Source-Version. Das Gute an diesem Programm ist, dass es für diverse Betriebssysteme erhältlich ist und überall praktisch gleich bedient wird.

Sie erhalten es unter der Adresse *https://openvpn.net/download-open-vpn/*. Aufgepasst: Wenn Sie dieses Programm verwenden, dann müssen Sie zunächst die Konfigurationsdatei (siehe nächstes Unterkapitel) mit der Endung *.ovpn* versehen (für alle Systeme!) und im Programm importieren. Die Datei muss sich unbedingt in demselben Verzeichnis befinden, in dem auch die Zertifikatsdateien abgelegt sind. Dabei müssen in der Konfigurationsdatei nicht unbedingt die vollständigen Dateipfade zu diesen Dateien genannt werden, es genügt die Nennung des Dateinamens, zum Beispiel *ca ca.crt*. Nach der ersten Verbindungsaufnahme kann das Verzeichnis mit den Zertifikaten gelöscht werden.

Die Installation ist weitestgehend selbsterklärend und wird durch die nächsten Abbildungen illustriert.

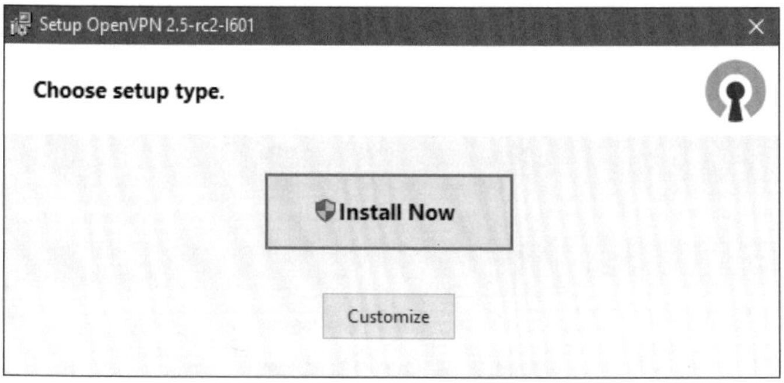

Abbildung 15.19 Die Installation wird gestartet ...

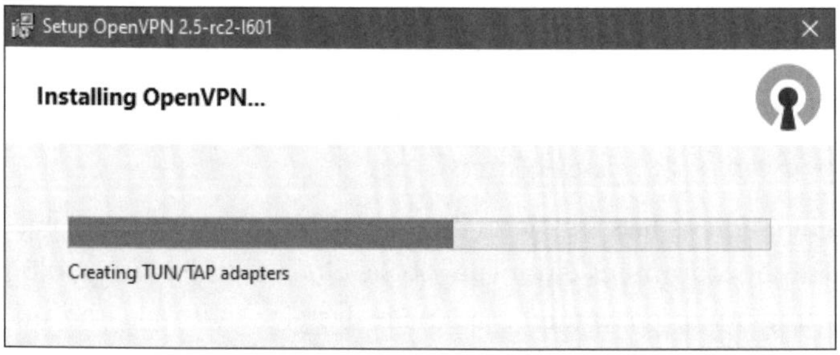

Abbildung 15.20 ... und läuft und ist nach kurzer Zeit fertig.

Installation unter macOS

Nutzen Sie das Betriebssystem macOS, dann wird von den Entwicklern von OpenVPN die Anwendung *Tunnelblick* empfohlen, die Sie über diese Website herunterladen können:

https://tunnelblick.net/

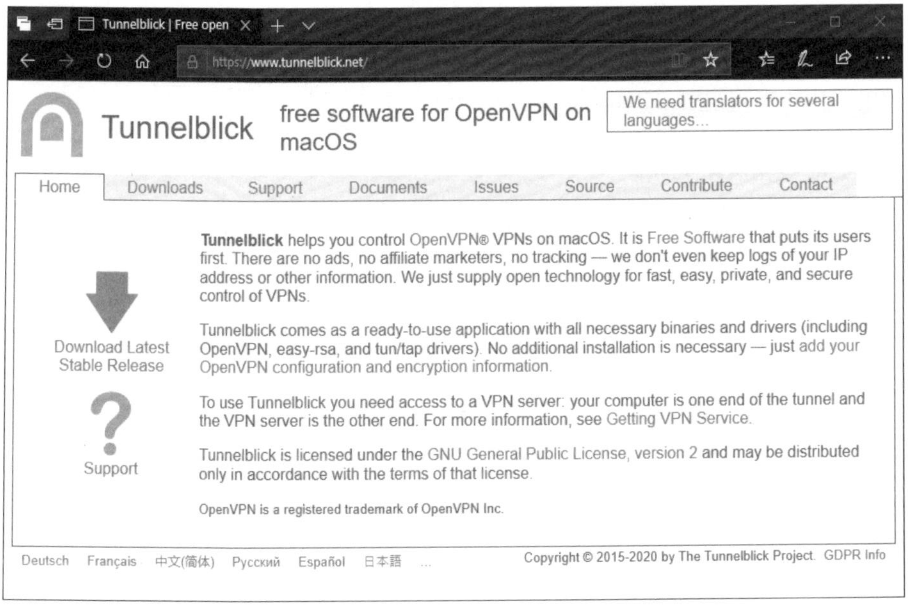

Abbildung 15.21 »Tunnelblick« für macOS

Installation unter Linux

Linux-Nutzer schließlich können zunächst die Kommandozeile zum Aufbau der OpenVPN-Verbindung nutzen. Dieser Weg ist relativ einfach und erfordert keine weitere Konfiguration eines zusätzlichen Programms. Sie brauchen nur direkt auf dem Clientrechner ebenfalls das OpenVPN-Paket zu installieren. Selbstverständlich muss auf dem Clientrechner auch OpenSSL verfügbar sein. Die Installation erledigt (beispielsweise unter Ubuntu oder direkt Debian) folgender Befehl:

```
sudo apt install openvpn openssl
```

Damit ist die nötige Software installiert. Den eigentlichen Aufbau der Verbindung zeige ich Ihnen zu einem späteren Zeitpunkt.

Fortgeschrittene Anwender können darüber hinaus eine grafische Oberfläche bemühen. Im Internet werden mehrere Programme angeboten, von denen Sie sich ein für Sie angenehmes aussuchen können. Eine Alternative bietet der Netzwerk-Manager, der beispielsweise in Ubuntu enthalten ist. Sie können einfach mit dem Befehl

```
sudo apt install network-manager-openvpn
```

eine Zusatzkomponente installieren (das normale openvpn-Paket muss natürlich ebenfalls installiert sein). Anschließend können Sie über das Netzwerk-Dropdown-Menü in der Desktop-Menüleiste am oberen Bildschirmrand eine neue VPN-Verbindung erstellen. Hierbei müssen Sie allerdings alle Optionen von Hand eingeben. Deswegen richtet sich diese Variante eher an fortgeschrittene Nutzer. Die folgenden Abbildungen zeigen Ihnen die Konfiguration:

Abbildung 15.22 Die Konfiguration des »Network-Managers« als VPN-Client

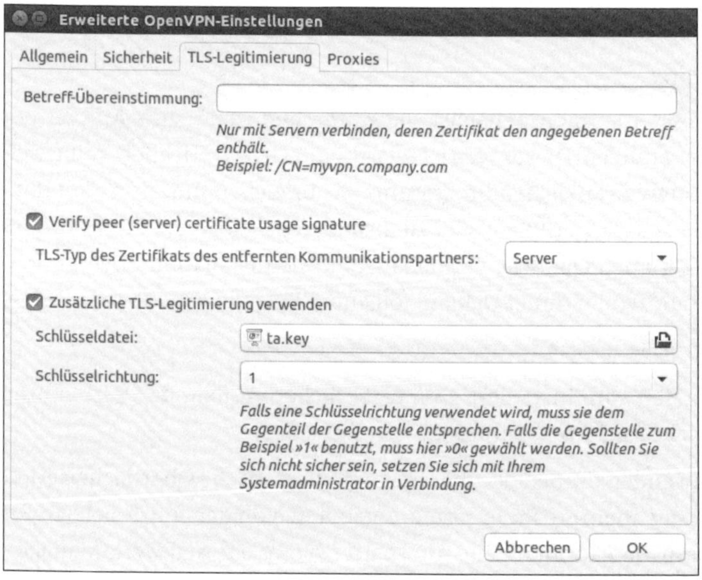

Abbildung 15.23 Die Sicherheitseinstellungen des »Network-Managers« müssen genau zur Serverkonfiguration passen.

15.8 Die Konfiguration der VPN-Clients

Auch die VPN-Clients entnehmen ihre Konfigurationseinstellungen einer Konfigurationsdatei. Diese muss auf die Eigenschaften des OpenVPN-Servers abgestimmt sein. Die Konfigurationsdatei ist für alle Clients nahezu identisch, sie unterscheidet sich jedoch je nach Betriebssystem hinsichtlich der Dateipfade der Schlüssel- und Zertifikatsdateien. Sie können jetzt diese Konfigurationsdateien erstellen.

Kehren Sie zur Konsole Ihres Home Servers zurück, und erstellen Sie im Home-Verzeichnis ein neues Verzeichnis namens *openvpn_config*:

```
mkdir ~/openvpn_config
```

Wechseln Sie anschließend in dieses Verzeichnis:

```
cd ~/openvpn_config
```

Öffnen Sie nun den Editor `nano` mit folgendem Befehl:

```
sudo nano clientconfig.conf
```

Geben Sie zunächst die Zeilen aus Listing 15.2 ein, die Sie jedoch gleich noch einmal bearbeiten und an die jeweiligen Clients anpassen müssen:


```
client
dev tun
remote IHRE.EXTERNE.IP-ADRESSE 1194
proto udp
resolv-retry infinite
nobind
persist-key
persist-tun
#
ca ca.crt
cert client1.crt
key client1.key
tls-auth ta.key 1
#
cipher AES-256-GCM
auth sha256
comp-lzo
verb 3
ns-cert-type server
```

Listing 15.2 Die Konfiguration des OpenVPN-Clients

Zunächst ersetzen Sie den Ausdruck `IHRE.EXTERNE.IP-ADRESSE` durch die externe IP-Adresse Ihres Internetanschlusses oder besser durch Ihre eigene Domain (die Sie ohne Weiteres mit dynamischem DNS verwenden können). Ich empfehle Ihnen, sich bei einem Anbieter für dynamisches DNS eine Domain anzulegen. Im Internet finden sich dafür rasch kostenfreie Angebote. Auch der Hersteller der FritzBox-Geräte bietet einen solchen Service an.

Abbildung 15.24 Die Konfigurationsdatei »clientconfig.conf«

[!]

Portnummer angeben

Die über ein Leerzeichen angeschlossene Zahl 1194 nach der IP- beziehungsweise Domainadresse ist wichtig, denn sie gibt die Portnummer an und muss vorhanden sein! Wenn Sie beispielsweise einen dynamischen DNS-Dienst mit der (fiktiven) Adresse *meinedomain.example.com* nutzen, dann müssten Sie die Zeile so eingeben:

```
remote meinedomain.example.com 1194
```

Speichern Sie die Konfigurationsdatei ab, indem Sie die Tastenkombination `Strg`+`X` verwenden. Die fertige Datei sollte (angepasst) aussehen wie in Abbildung 15.24.

Nun kommt der kniffelige Teil. Sie müssen jetzt in der Konfigurationsdatei die Dateipfade zu den Zertifikaten und Schlüsseldateien anlegen. Diese Pfade unterscheiden sich zwischen den verschiedenen Client-Betriebssystemen. Sie werden diese Konfigurationsdatei nachfolgend zunächst vervielfachen. Kopieren Sie die Konfigurationsdatei für jeden zukünftigen Benutzer beziehungsweise für jedes genutzte

Endgerät des VPNs, und benennen Sie die Dateien nach Benutzernamen, Endgerät und Betriebssystem. Linux und Mac-Benutzer können die Dateiendung *.conf* beibehalten. Nutzer aller anderen Betriebssysteme verwenden aber die Endung *.ovpn*, da diese eine bessere Kompatibilität mit den diversen Clientanwendungen verspricht. Mögliche Befehle lauten beispielsweise:

```
cp clientconfig.conf clientconfig-hans-pc-win.ovpn
cp clientconfig.conf clientconfig-peter-notebook-mac.ovpn
cp clientconfig.conf clientconfig-ulla-tablet-android.ovpn
```

Möglich wäre auch

```
cp clientconfig.conf clientconfig-max-pc-linux.conf
```

Notieren Sie sich unbedingt alle erstellten Client-Konfigurationsdateien.

Nun müssen Sie jede der erstellten Dateien mit dem Editor `nano` öffnen und die Pfade zu den Schlüssel- und Zertifikatsdateien eintragen. Sie kümmern sich also im Folgenden um die Zeilen `ca`, `cert`, `key` und `tls-auth`. Diese Zeilen finden Sie in der Konfigurationsdatei in einem Block, der von zwei eigenständigen Raute-Symbolen umschlossen wird. Dabei geben die Zeilen den jeweiligen Dateipfad zu folgenden Dateien an: `ca` nennt den Pfad zum Zertifikat der vertrauenswürdigen Stelle (CA), `cert` gibt den Pfad zum jeweiligen Clientzertifikat an, `key` spezifiziert den Pfad zum zugehörigen privaten Schlüssel, und `tls-auth` kümmert sich schließlich um die Datei *ta.key*, die für die HMAC-Erzeugung nötig ist. Dabei werden die Dateien für `ca` und `tls-auth` gemeinsam von allen VPN-Clients genutzt. Lediglich das Benutzerzertifikat und der zugehörige private Schlüssel sind für jedes Benutzerkonto verschieden. Die Änderungen erfolgen je nach verwendetem Betriebssystem. Einige Beispiele für die notwendigen Schritte sehen Sie in Abbildung 15.25.

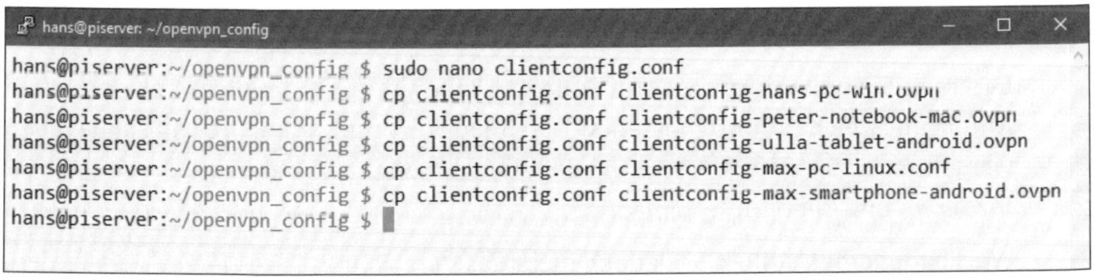

Abbildung 15.25 Kopieren der Konfigurationsdateien

Führen Sie also beispielsweise zunächst den Befehl

```
nano clientconfig-hans-pc-win.ovpn
```

aus, und spezifizieren Sie im Block zwischen den beiden Raute-Symbolen den Dateipfad zu den Zertifikats- und Schlüsseldateien gemäß den folgenden Abschnitten.

15.8.1 Die Dateipfade beim Betriebssystem Windows

Falls Sie einen Windows-Client verwenden, dann geben Sie den Dateipfad in Anführungszeichen und unter Verwendung *doppelter* umgekehrter Schrägstriche (Backslashes) ein. Legen Sie jetzt ein Verzeichnis fest, das auf dem Clientrechner die Zertifikats- und Schlüsseldateien aufnehmen soll. Ich werde zu Illustrationszwecken das Verzeichnis *C:\zertifikate* verwenden. Sie sollten sich jedoch ein anderes Verzeichnis aussuchen. Eine mögliche Alternative wäre ein Unterverzeichnis im jeweiligen Benutzerverzeichnis.

Ein Beispiel für eine Zeile in einer Windows-Umgebung könnte also lauten:

```
ca "C:\\zertifikate\\ca.crt"
```

Für die anderen Dateien müssen Sie die Pfade analog anpassen. Beachten Sie, dass Sie für die Zeilen `cert` und `key` den Dateinamen entsprechend dem jeweiligen Benutzer angeben müssen. Hierfür muss der Dateiname mit den zuvor erstellten Zertifikats- und Schlüsseldateien übereinstimmen – dafür hatten Sie einst extra Buch geführt.

Dazu ein Beispiel: Angenommen, Sie möchten die Konfiguration für den Benutzer mit dem (realen) Namen *Hans* vornehmen. Zuvor haben Sie die Schlüssel- und Zertifikatsdateien mit den Dateinamen *hans-pc* erstellt. Auf Ihrem Home Server finden Sie in den Verzeichnissen *~/zertifikate/easy-rsa/pki/issued* und *~/zertifikate/easy-rsa/pki/private* also (auch) die Dateien *hans-pc.crt* und *hans-pc.key*. Zur Wiederholung: Erstere enthält das Clientzertifikat mit dem öffentlichen Schlüssel und letztere den zugehörigen privaten Schlüssel. Nun müssten Sie in der Client-Konfigurationsdatei also folgende Dateipfade angeben:

```
ca "C:\\zertifikate\\ca.crt"
cert "C:\\zertifikate\\hans-pc.crt"
key "C:\\zertifikate\\hans-pc.key"
tls-auth "C:\\zertifikate\\ta.key" 1
```

Beachten Sie unbedingt die `1` am Ende der Zeile `tls-auth`, die nicht Teil des durch Anführungszeichen umschlossenen Dateipfades ist und unbedingt mit angegeben werden muss. Sie gibt die Richtung der zu verarbeitenden Daten an, die Angabe ist für Server und Client unterschiedlich.

Wie zuvor gesagt, sollten Sie jedoch nicht das Verzeichnis *C:\zertifikate* verwenden. Angenommen, Sie möchten stattdessen das Verzeichnis *zertifikate* unterhalb des Benutzerverzeichnisses nutzen. Für den Benutzer mit dem Benutzernamen `hans` müssten Sie also folgenden Dateipfad verwenden:

```
C:\Users\Hans\zertifikate
```

Entsprechend lautet eine Beispielzeile in der Client-Konfigurationsdatei:

```
tls-auth "C:\\Users\\Hans\\zertifikate\\ta.key" 1
```

Klären Sie vor der Festlegung den entsprechenden Benutzernamen und den jeweiligen Dateipfad auf dem Clientgerät. Bitte notieren Sie sich jetzt den festgelegten Dateipfad, Sie werden ihn nachfolgend noch einmal beim Kopieren der Dateien benötigen. Speichern Sie die Konfigurationsdatei anschließend ab. Einen Überblick der relevanten Zeilen finden Sie in Abbildung 15.26.

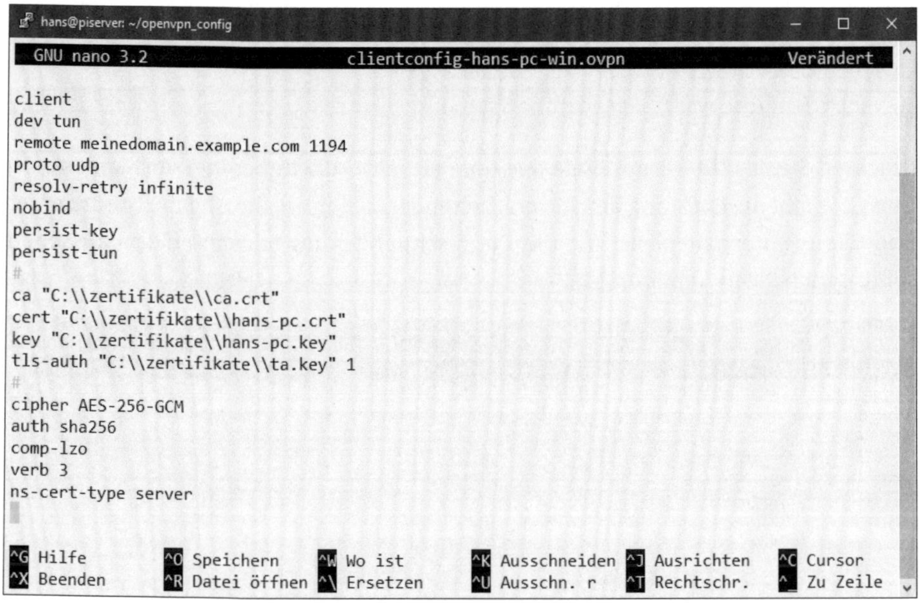

Abbildung 15.26 Die Konfiguration für Windows

Achten Sie unbedingt auf die Endung *.ovpn*, sie ist für die Nutzung unter Windows erforderlich. Hierfür benennen Sie gegebenenfalls die Datei mit dem Befehl `mv` einfach um. Alternativ können Sie den Dateinamen auch erst auf dem Clientendgerät ändern.

15.8.2 Die Dateipfade bei den Betriebssystemen Linux und macOS

Läuft Ihr Client unter einem Linux- oder macOS-Betriebssystem, dann müssen Sie den Dateipfad anders spezifizieren. Bei diesen Betriebssystemen werden normale Schrägstriche (ohne Anführungszeichen) verwendet. Sie müssen sich zunächst einen Verzeichnispfad überlegen, in dem die Zertifikatsdaten auf den jeweiligen Clientrechnern gespeichert werden sollen. Unter Linux und macOS bietet es sich an, die Zertifikatsdaten auf den Clientrechnern im Verzeichnis */etc/openvpn/clientdata* zu speichern. Beachten Sie, dass Sie für das Clientzertifikat und seinen privaten Schlüssel den Dateinamen des jeweiligen »Benutzerkontos« eingeben müssen. Das war der Name, den Sie bei der Erstellung der Zertifikate zuvor direkt beim Befehlsaufruf gewählt und über dessen Vergabe Sie Buch geführt haben. Beachten Sie, dass Sie unbedingt den Dateinamen und nicht etwa den `Common Name` des Zertifikats eingeben müssen. Referenzieren Sie notfalls den Inhalt des Verzeichnisses *~/zertifikate/easy-rsa/issued* auf Ihrem Home Server. Ein Beispielblock könnte folglich so aussehen:

```
ca /etc/openvpn/clientdata/ca.crt
cert /etc/openvpn/clientdata/hans-notebook.crt
key /etc/openvpn/clientdata/hans-notebook.key
tls-auth /etc/openvpn/clientdata/ta.key 1
```

Beachten Sie die Ziffer `1` am Ende der Zeile `tls-auth`, die unbedingt vorhanden sein muss. Sie gibt die Richtung der zu verarbeitenden Daten an, die Angabe ist für Server und Client unterschiedlich. Wie die Datei schließlich im relevanten Teil aussehen sollte, sehen Sie in Abbildung 15.27.

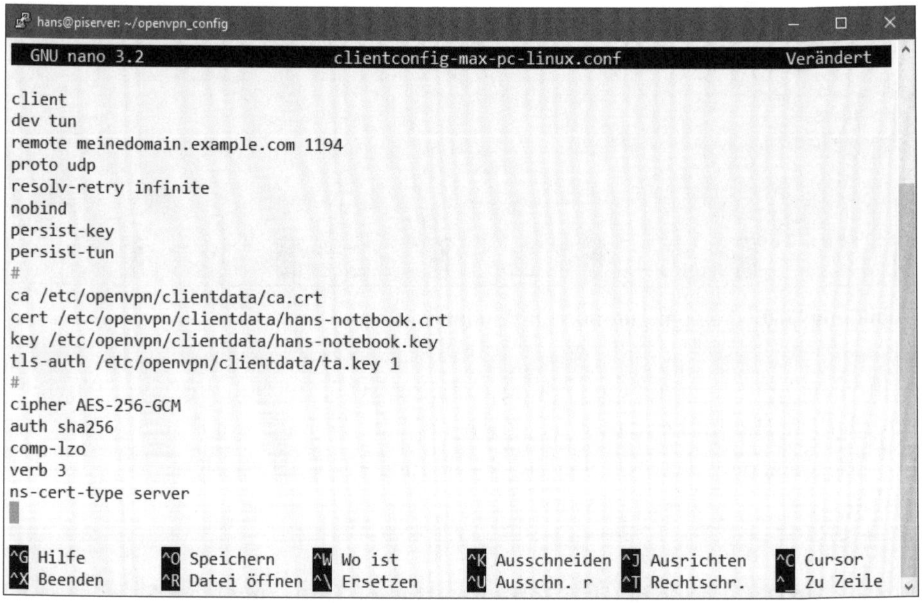

Abbildung 15.27 Die Konfiguration für Linux

Natürlich müssen Sie die benannten Dateien auch auf dem Clientrechner in den angegebenen Verzeichnispfad kopieren. Das zeige ich Ihnen in Abschnitt 15.9. Es schadet also gewiss nicht, sich diesen Pfad jetzt zu notieren. Speichern Sie die Datei anschließend ab.

15.8.3 Die Dateipfade für Mobilgeräte mit dem Android-Betriebssystem

Nutzer des Android-Betriebssystems haben es am einfachsten. Sie brauchen keinen Dateipfad direkt zu benennen. Löschen Sie aus der Konfigurationsdatei die Zeilen beziehungsweise Einträge zu `ca`, `cert` und `key` komplett. Lediglich der `tls-auth`-Eintrag bleibt ohne jede Änderung erhalten. Der gesamte Block zwischen den beiden Raute-Symbolen nimmt also folgende Gestalt an:

```
#
tls-auth ta.key 1
#
```

Speichern Sie die Datei anschließend ab. Geben Sie der Konfigurationsdatei die Dateiendung *.ovpn*. Sie finden einen Auszug der Datei in Abbildung 15.28.

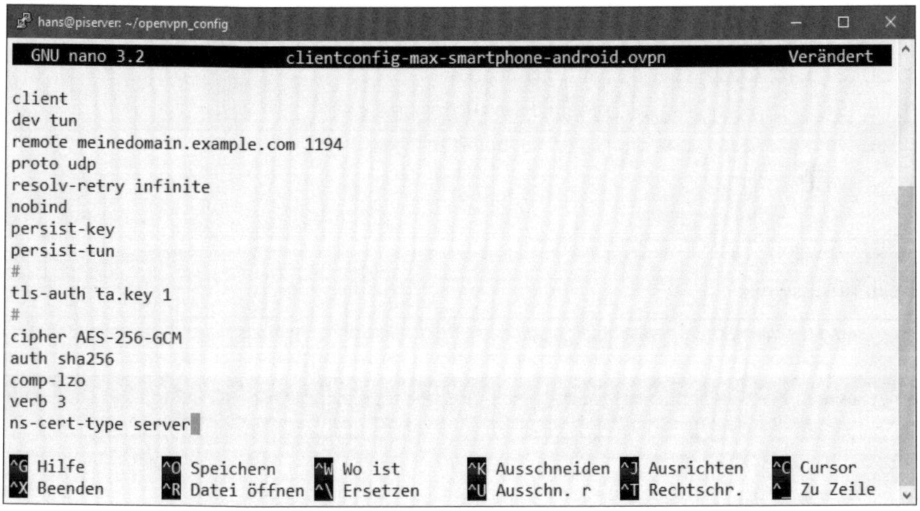

Abbildung 15.28 Die Konfiguration für Android

15.8.4 Die Dateipfade für Mobilgeräte mit dem iOS-Betriebssystem

Nutzen Sie ein Endgerät, das das iOS-Betriebssystem verwendet, dann können Sie zwei Zeilen komplett aus der Konfigurationsdatei löschen, und zwar die Zeilen `cert` und `key`. Die Einträge `ca` und `tls-auth` bleiben unverändert bestehen. Der gesamte Block zwischen den beiden Raute-Symbolen nimmt also folgende Gestalt an:

```
#
ca ca.crt
tls-auth ta.key 1
#
```

Die Angabe eines Dateipfades ist nicht nötig. Speichern Sie die Konfigurationsdatei anschließend ab, und achten Sie darauf, die Dateiendung *.ovpn* zu verwenden.

15.9 Das Kopieren der benötigten Dateien auf die Clientrechner

Nun können Sie alle erstellten Dateien auf die jeweiligen Clientgeräte kopieren. Handelt es sich bei dem Client um ein Desktopgerät unter dem Betriebssystem Windows, Linux oder macOS, dann fahren Sie mit dem folgenden Abschnitt zu den Desktop-Betriebssystemen fort. Für mobile Endgeräte bearbeiten Sie hingegen den entsprechenden Abschnitt.

15.9.1 Die benötigten Dateien für Desktop-Betriebssysteme

Ist das Clientendgerät ein normaler Desktopcomputer oder ein Notebook, dann sind pro Gerät folgende fünf Dateien erforderlich (ich gebe hier den vollständigen Pfad auf Ihrem Home Server an):

```
~/zertifikate/easy-rsa/pki/ca.crt
~/zertifikate/easy-rsa/pki/private/ta.key
~/zertifikate/easy-rsa/pki/issued/benutzername.crt
~/zertifikate/easy-rsa/pki/private/benutzername.key
```

und

```
~/openvpn_config/benutzername.conf
```

beziehungsweise

```
~/openvpn_config/benutzername.ovpn
```

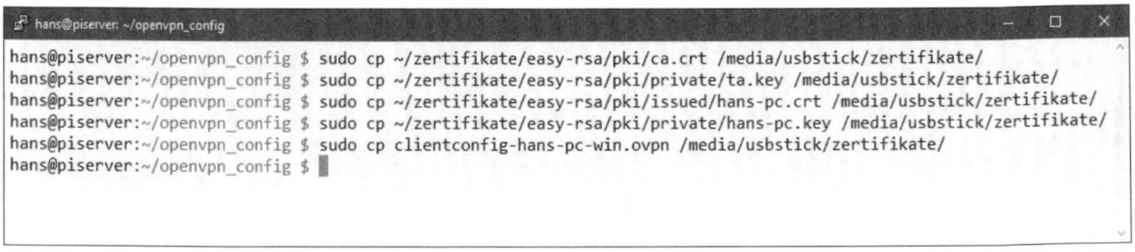

Abbildung 15.29 Die benötigten Dateien auf den USB-Stick kopieren

Dabei ist der Ausdruck `benutzername` durch den Dateinamen zu ersetzen, der bei der Erstellung der jeweiligen Datei verwendet wurde. Sie benötigen also beispielsweise die Dateien *~/openvpn_config/clientconfig-hans-pc-win.ovpn* sowie *~/zertifikate/easy-rsa/pki/issued/hans-pc.crt* und *~/zertifikate/easy-rsa/pki/private/hans-pc.key*.

Sie können die Dateien auf verschiedene Weise kopieren. Möglich ist beispielsweise die Verwendung einer verschlüsselten FTP-Verbindung, am einfachsten wäre hier gemäß Abschnitt 9.4 das SFTP-Verfahren unter Nutzung des SSH-Protokolls. Wenn Sie sich unter Ihrem Benutzernamen anmelden, dann haben Sie für alle Dateien Leserechte. Alternativ können Sie auch einen USB-Stick verwenden. Die zu kopierenden

Dateien haben nur eine geringe Dateigröße. Sie müssen zunächst den USB-Stick in das Dateisystem einhängen. Eine Anleitung dazu habe ich im Grundlagenkapitel in Abschnitt 4.10 gegeben. Angenommen, Sie haben als Einhänge-Verzeichnis */media/usbstick* gewählt und möchten die Zertifikatsdateien in das Verzeichnis *zertifikate* auf dem USB-Stick kopieren, das Sie bereits im Vorfeld angelegt haben. Dann lautet einer der fünf von Ihnen in der Konsole des Home Servers auszuführenden Befehle:

```
sudo cp ~/zertifikate/easy-rsa/pki/private/ta.key ⮐
  /media/usbstick/zertifikate
```

Bitte beachten Sie, dass Sie mit diesen Befehlen sensible Daten kopieren, die nicht in fremde Hände fallen dürfen. Sie sollten die Dateien nach dem Kopiervorgang also umgehend vom USB-Stick löschen. Dabei müssen Sie aber beachten, dass die Daten auf dem USB-Stick jedoch unter Umständen wiederhergestellt werden können. Sie sollten also zum Kopieren keinen USB-Stick nutzen, den Sie häufiger an fremde Personen verleihen. Aus datensicherheitstechnischer Sicht wäre es auch möglich, die Daten vor dem Kopieren in ein passwortgeschütztes Archiv zu verschieben. Fortgeschrittene Anwender können diesen Schritt optional ausführen, für den Einstieg sollten Sie es aufgrund der Komplexität jedoch beim normalen Kopieren und anschließendem sicheren Umgang mit dem USB-Stick belassen. Sollte der Clientrechner (derzeit) jedoch über eine sichere Netzwerkverbindung mit dem Server verbunden sein, dann wäre das SFTP-Protokoll die bessere Alternative. Hinweise zur Nutzung finden Sie in Kapitel 9, »Dateien per FTP übertragen: ein FTP-Server mit ProFTPD«.

15

Kopieren Sie die Dateien anschließend in das Zielverzeichnis auf den Clientrechnern. Kopieren Sie die Schlüssel- und Zertifikatsdateien in genau denjenigen Verzeichnispfad, den Sie auch in der jeweiligen Client-Konfigurationsdatei spezifiziert haben. Jetzt unterstützt Sie die zuvor angelegte Notiz zum Dateipfad.

Etwas Beachtung müssen Sie noch der Konfigurationsdatei für den VPN-Client schenken. Sie hat die Dateiendung *.conf* beziehungsweise *.ovpn*. Linux- und macOS-Nutzer verwenden die Dateiendung *.conf*. Sie können diese Datei nun beispielsweise in Ihr Home-Verzeichnis kopieren. Es ist ebenso ein anderer Verzeichnispfad möglich, den Sie sich jedoch bitte merken. Notieren Sie sich auch den kompletten Namen dieser Konfigurationsdatei. Nutzer von Windows müssen hingegen eine genaue Anleitung befolgen. Zunächst einmal muss die Datei die Endung *.ovpn* haben, der Dateiname ist ansonsten beliebig. Überprüfen Sie zunächst, ob Sie eine 32- oder 64-Bit-Fassung von Windows (vor allem aber von der OpenVPN-Anwendung) verwenden. Dazu öffnen Sie in der SYSTEMSTEUERUNG das Modul SYSTEM und finden die gewünschte Angabe darin unter dem gleichnamigen Eintrag. Nutzen Sie eine 32-Bit-Variante, dann kopieren Sie die Client-Konfigurationsdatei mit der Endung *.ovpn* in das folgende Verzeichnis:

C:\Programme (x86)\OpenVPN\config

Verwenden Sie hingegen eine 64-Bit-Fassung, dann kopieren Sie diese Datei in dieses Verzeichnis:

C:\Programme\OpenVPN\config

Offensichtlich muss für diesen Schritt die OpenVPN-Clientanwendung installiert sein. Sollten Sie bei der Installation einen anderen Verzeichnispfad gewählt haben, dann müssen Sie die Konfigurationsdatei an diesen geänderten Ort kopieren. Mit dem Kopieren dieser Datei ist der Vorgang abgeschlossen. Sie können an dieser Stelle mit weiteren Clientgeräten fortfahren und anschließend die Zertifikatsdateien auf dem Server sichern und zum ersten Test übergehen.

15.9.2 Die benötigten Dateien für mobile Endgeräte

Bei den mobilen Betriebssystemen haben Sie den Vorteil, dass mehrere Dateien in der PKCS-#12-Datei mit der Endung *.p12* zusammengefasst wurden. Daher ist der Kopieraufwand hier insgesamt geringer als bei den klassischen Endgeräten. Dennoch gilt dieselbe Vorgehensweise: Sie können zum Kopieren eine verschlüsselte SFTP-Verbindung nutzen, im sicheren Heimnetzwerk ist auch eine Samba-Dateifreigabe möglich. Natürlich können Sie auch die zuvor beschriebene Methode mit dem USB-Stick verwenden, wenn Ihr Mobilgerät den Umgang mit diesen Speichermedien beherrscht. Alternativ kann das Mobilgerät eventuell auch direkt über eine USB-Verbindung an den Home Server angeschlossen werden. Ansonsten können Sie auch auf eine geeignete (sichere) App zurückgreifen, mit der sich ein Datenaustausch vornehmen lässt. Diese Methode ist jedoch insgesamt weniger sicher, da sie es möglicherweise erfordert, die Daten zuerst auf einen anderen Computer zu kopieren. Schauen Sie sich jetzt an, welche Dateien benötigt werden.

Auf Android basierende Geräte benötigen die Dateien

- *~/zertifikate/easy-rsa/pki/private/ta.key*
- *~/zertifikate/easy-rsa/pki/private/benutzername.p12*
- *~/openvpn_config/konfigurationsdatei.ovpn*

Die Ausdrücke *benutzername* und *konfigurationsdatei* müssen Sie entsprechend ersetzen. Kopieren Sie diese Dateien allesamt in ein beliebiges neues Verzeichnis auf Ihrem Mobilgerät, und notieren Sie sich den gewählten Verzeichnispfad.

Auf Geräte, die auf iOS basieren, müssen folgende Dateien kopiert werden:

- *~/zertifikate/easy-rsa/pki/private/ta.key*
- *~/zertifikate/easy-rsa/pki/ca.crt*
- *~/zertifikate/easy-rsa/pki/private/benutzername.p12*
- *~/openvpn_config/konfigurationsdatei.ovpn*

Auch hier sind die Beispielnamen *benutzername* und *konfigurationsdatei* entsprechend zu ersetzen. Erstellen Sie ebenfalls zunächst ein beliebiges neues Verzeichnis, in das Sie alle benötigten Dateien kopieren.

Spätestens an diesem Punkt müssen Sie die jeweilige OpenVPN-Client-App installiert haben. Sie können sich nun direkt an den Import der fertigen Konfigurationsdateien machen.

Hierbei ergibt sich eine Besonderheit: Die modernen mobilen Betriebssysteme beziehungsweise die modernen mobilen Endgeräte bringen wie zuvor erwähnt einen Hardwarespeicher mit, der speziell der Aufnahme von Benutzerzertifikaten und Zugangsdaten wie privaten Schlüsseln dient. Dieser Speicherbereich wird mit dem Gerätepasswort verschlüsselt, so dass die gespeicherten Daten auch bei einem Verlust des Mobilgerätes nicht einfach ausgelesen werden können. Falls Sie Ihr Smartphone verlieren oder es Ihnen gestohlen wird, dann ist also nicht sofort das gesamte Heimnetz in Gefahr. Trotzdem sollten Sie in dieser Situation die gesamte Zertifikatskette neu aufsetzen und alle Clientdaten komplett austauschen. Bis das erledigt ist, müssen Sie den VPN-Server abschalten. Da die Daten mit dem Gerätepasswort verschlüsselt werden, muss offensichtlich ein solches festgelegt sein. Sie müssen das Endgerät also mit einer Zugangssperre versehen.

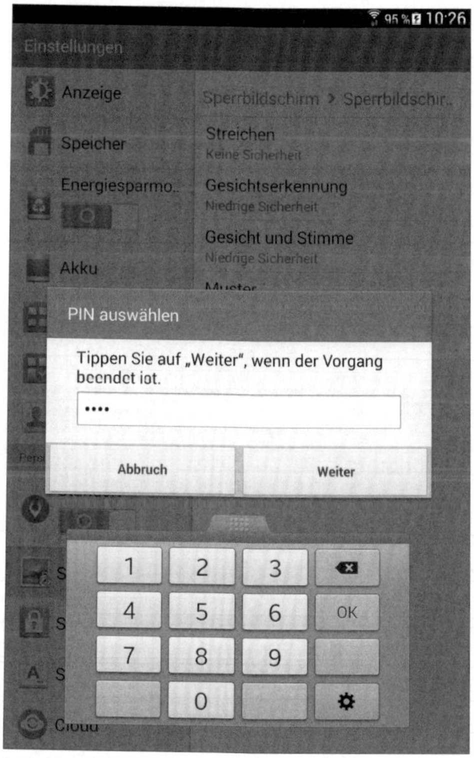

Abbildung 15.30 Das Gerät wird mit einer PIN gesichert.

Vergeben Sie jetzt also (falls nicht schon längst geschehen) zuerst entweder ein alphanumerisches Kennwort oder zumindest (wie Sie in Abbildung 15.30 sehen) eine numerische PIN, die Sie zur Entsperrung Ihres Gerätes verwenden. Eine einfache Wischgeste oder ein Entsperrmuster sind nicht geeignet und werden auch nicht akzeptiert.

Starten Sie jetzt die OpenVPN-App. Öffnen Sie das Menü dieser Anwendung, und wählen Sie den Eintrag IMPORT PROFILE (Abbildung 15.31).

Wechseln Sie zur Ansicht beziehungsweise zum Reiter FILE (Abbildung 15.32).

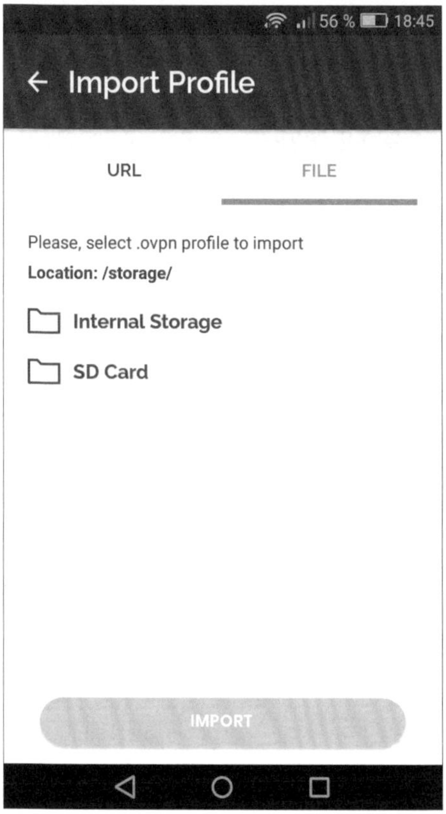

Abbildung 15.31 Das Zertifikat importieren

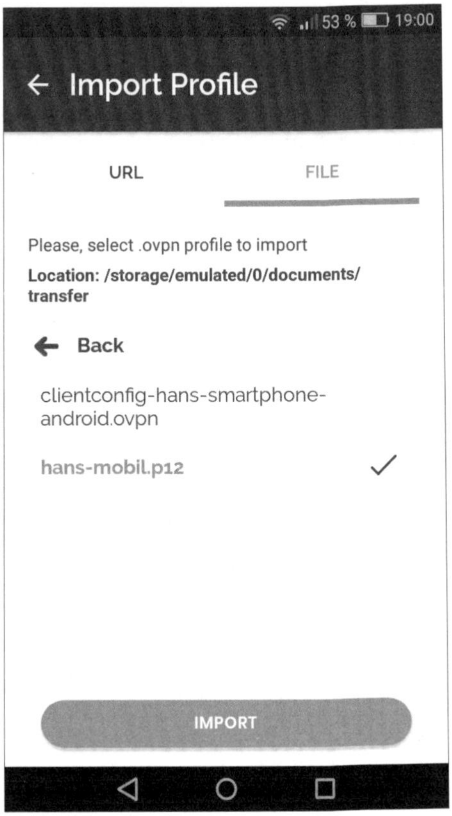

Abbildung 15.32 Zur richtigen Stelle navigieren und eine .p12-Datei auswählen

Navigieren Sie anschließend zu dem Verzeichnis, in das Sie zuvor die Datei mit der Endung *.p12* kopiert haben, und wählen Sie sie aus (Abbildung 15.32). Sie müssen nun zuerst das Passwort zum Entschlüsseln der *.p12*-Datei angeben. Dieses Passwort dient zum Schutz des Dateiinhalts beim Kopiervorgang der Datei. Sie hatten das Passwort bei der Erstellung dieser Datei mit `easy-rsa` festgelegt und sich gegebenenfalls notiert.

Der Dateiinhalt wird anschließend in den geschützten Speicherbereich Ihres Gerätes kopiert, hierfür ist unter Umständen das Gerätepasswort einzugeben. Sie müssen außerdem einen Namen für diesen Datensatz angeben, wählen Sie beispielsweise »homevpn«.

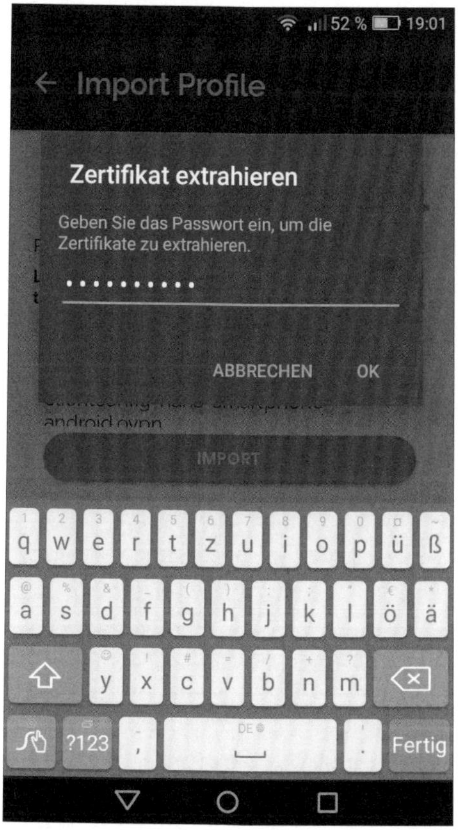

Abbildung 15.33 Der Passwortschutz des Zertifikats

Im nächsten Schritt werden Sie die Konfigurationsdatei für die OpenVPN-Anwendung importieren.

Öffnen Sie wieder das Menü der OpenVPN-Anwendung, und wählen Sie IMPORT PROFILE. Wechseln Sie wieder zur Kategorie FILE. Navigieren Sie erneut in das Verzeichnis, in das Sie die Konfigurationsdatei und die eventuell zugehörigen Dateien *ta.key* (für Android- und iOS-Geräte) und *ca.crt* (nur für iOS-Geräte) kopiert haben. Importieren Sie anschließend die Konfigurationsdatei in die OpenVPN-Anwendung. Die Zusatzdateien *ta.key* und *ca.crt* werden automatisch mitkopiert. Sie können anschließend noch einen Namen für das importierte Profil vergeben, auch hier bietet sich »HomeVPN« an. Damit ist die Einrichtung auf dem mobilen Endgerät abgeschlossen. Die Dateien sind in den speziellen geschützten Hardwarespeicher kopiert. Sie sollten jetzt auf dem Mobilgerät das Verzeichnis, in das Sie die Dateien ursprünglich für den Importvorgang kopiert hatten, wieder löschen.

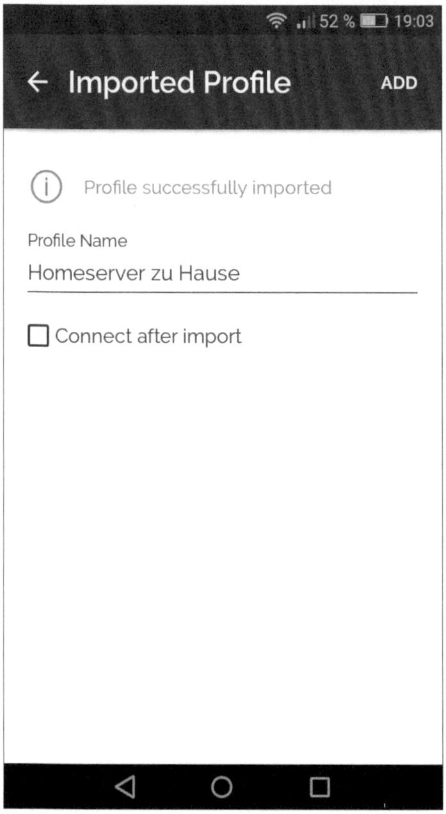

Abbildung 15.34 Das eigentliche OpenVPN-Konfigurationsprofil importieren

15.10 Das Sichern der Zertifikatsdateien für die zukünftige Nutzung

Wenn Sie alle Clientgeräte mit den benötigten Dateien versorgt haben, dann sollten Sie sich jetzt noch um das Arbeitsverzeichnis von `easy-rsa` kümmern, das Sie auf Ihrem Home Server in Ihrem Home-Verzeichnis angelegt haben. Bedenken Sie bitte, dass dieses Verzeichnis alle wichtigen Schlüsseldateien für Ihr VPN enthält und keinesfalls in fremde Hände fallen darf. Der Inhalt ist jedoch erforderlich, um zukünftig weitere Clients zu Ihrem VPN hinzufügen zu können. Sie sollten das Verzeichnis daher jetzt nicht löschen, sondern auf einem USB-Stick sichern, den Sie sicher verwahren und am besten wegschließen. Verschieben Sie die Dateien des Verzeichnisses also auf einen geeigneten USB-Stick. Wenn Sie die Sicherheit erhöhen wollen, dann können Sie die Dateien auch zuerst in ein verschlüsseltes Archiv verschieben. Ich zeige Ihnen jetzt, wie Sie mit Ihrem Home Server ein verschlüsseltes Archiv erzeugen.

Mit folgendem Befehl sichern Sie zunächst den Inhalt des Verzeichnisses *~/zertifikate/easy-rsa* in einem *tar.gz*-Archiv. Den Inhalt dieses Archivs schreiben Sie jedoch nicht auf die Speicherkarte beziehungsweise Festplatte, sondern übergeben ihn OpenSSL. Diese Anwendung wird die Verschlüsselung vornehmen und dann die Archivdatei abspeichern.

```
sudo tar -cz ~/zertifikate/easy-rsa | openssl enc ⮐
  -aes-256-cbc -pbkdf2 -e > ⮐
  ~/zertifikate.tar.gz.enc
```

Dabei werden Sie zur Vergabe eines (sicheren) Passworts aufgefordert. Anschließend können Sie dieses Archiv auf einen angeschlossenen USB-Stick verschieben. Ich gehe im Beispiel davon aus, dass er unter dem Verzeichnispfad */media/usbstick* eingebunden ist.

```
sudo mv ~/zertifikate.tar.gz.enc /media/usbstick
```

Auch wenn die Daten ab jetzt verschlüsselt sind, sollten Sie den USB-Stick trotzdem sicher verwahren. Die einzelnen Schritte sehen Sie noch einmal in Abbildung 15.35.

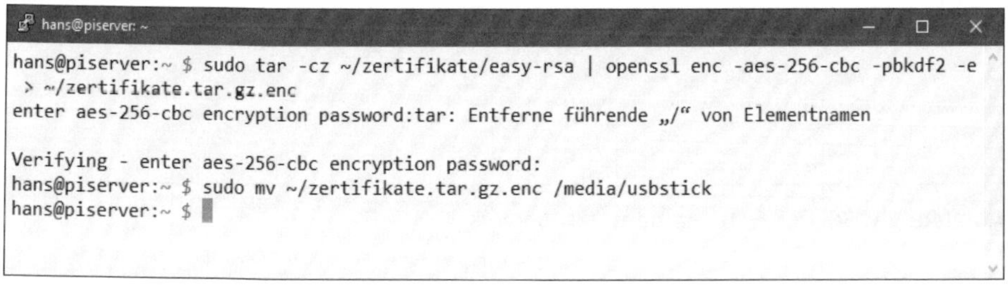

Abbildung 15.35 Backup der Zertifikatsdateien

Anschließend müssen Sie auf Ihrem Home Server das immer noch vorhandene Arbeitsverzeichnis von `easy-rsa` mit folgendem Befehl löschen:

```
sudo rm -rf ~/zertifikate
```

Sollten Sie in der Zukunft wieder Zugriff auf die verschlüsselten Dateien wünschen, dann kopieren Sie das verschlüsselte Archiv zunächst vom USB-Stick in Ihr Home-Verzeichnis. Führen Sie dann folgenden Befehl aus, der das Archiv entschlüsseln und anschließend an der Originalposition im Dateisystem entpacken wird:

```
openssl aes-256-cbc -pbkdf2 -d -in ~/zertifikate.tar.gz.enc | ⮐
  tar -xz -C /
```

Sollte sich die Verzeichnisstruktur zwischenzeitlich geändert haben (oder Sie einen anderen Rechner benutzen), dann lassen Sie den Parameter `-C /` weg.

Möchten Sie an dieser Stelle einen weiteren Client ergänzen, dann wechseln Sie zunächst auf der Kommandozeile in das Arbeitsverzeichnis von `easy-rsa`. Nun können Sie direkt (ohne vorherige Initialisierung!) gemäß Abschnitt 15.4.1 die gewünschten Befehle ausführen und ein neues Zertifikat-Schlüssel-Paar erzeugen. Auch für den neuen Client gelten die bereits vorhandenen Dateien *ca.crt* und *ta.key*.

15.11 Die erste Aktivierung des Servers

Nun wird es Zeit, dass Sie den OpenVPN-Server auf Ihrem Home Server aktivieren, um die erste Verbindung zu testen. Führen Sie zur Aktivierung Ihrer persönlichen Konfiguration folgenden Befehl aus:

```
sudo systemctl start openvpn@openvpnserver.service
```

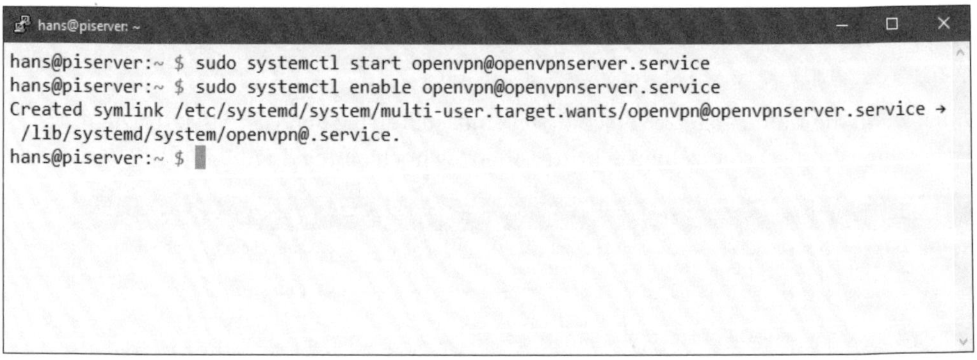

Abbildung 15.36 Der erste Start des VPN-Servers

Dieser Befehl wird die Konfigurationsdatei von OpenVPN laden, die Sie im Verzeichnis */etc/openvpn* abgelegt haben. Dabei sollten keine Fehlermeldungen ausgegeben werden. Falls dem doch so ist, überprüfen Sie nochmals die Schritte und Eingaben zur Serverkonfiguration auf eventuelle Fehler. Kontrollieren Sie auch die Zertifikats- und Schlüsseldateien auf Vollständigkeit. Wiederholen Sie anschließend die Aktivierung des OpenVPN-Servers.

Wissbegierige Leser können einmal einen Blick in die Logdatei von OpenVPN werfen. Dazu benötigen Sie den Texteditor `nano`. Die Logdatei bringen Sie mit folgendem Befehl zur Darstellung:

```
sudo nano /var/log/openvpn.log
```

Bei Interesse sehen Sie sich den Inhalt ruhig einmal an. Er sollte so aussehen wie in Abbildung 15.37.

Wundern Sie sich jedoch nicht, wenn eine Vielzahl der Einträge für Sie noch unverständlich ist. Die meisten Ausgaben benennen lediglich die Konfigurationsoptionen, die in der Konfigurationsdatei eingestellt wurden. Wichtig ist die letzte Zeile; sie sollte folgenden Inhalt haben: `Initialization Sequence Completed`. Wenn Sie diese Wörter in der Logdatei wiederfinden, dann wissen Sie, dass Ihr Server korrekt funktioniert und von nun an auf Verbindungen von außen wartet.

Jetzt müssen Sie OpenVPN noch so konfigurieren, dass der Server stets beim Systemstart geladen wird. Dazu führen Sie folgenden Befehl aus:

```
sudo systemctl enable openvpn@openvpnserver.service
```

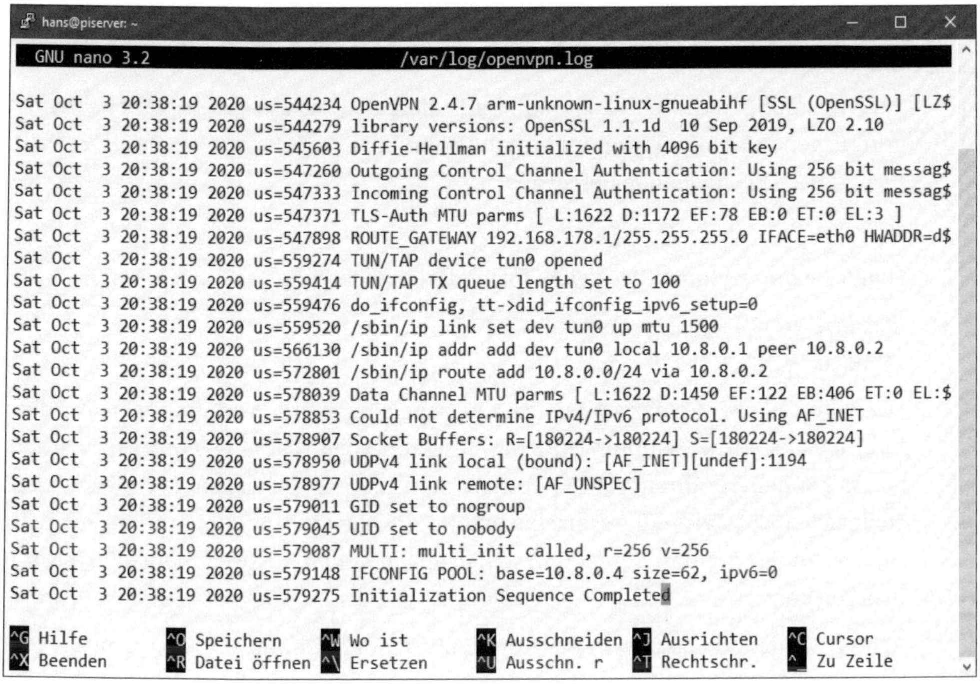

Abbildung 15.37 Die Logeinträge nach einem erfolgreichen Start des VPN-Servers

15.12 Die Konfiguration der Firewall und des Routers im Heimnetzwerk

Bevor Sie den eingerichteten Server testen können, müssen Sie noch Ihren Router und gegebenenfalls die Firewall auf Ihrem Home Server konfigurieren. Zuerst die Firewall auf Ihrem Home Server: Sie muss zwei Arten von eingehenden Verbindungen akzeptieren. Zunächst einmal muss sie Anfragen aus dem Internet annehmen, die an OpenVPN gerichtet sind. Würde die Firewall diese Anfragen blockieren, dann könnte sich niemand mit dem VPN-Server verbinden. Die Anfragen aus dem Internet gehen über Port 1194 ein, genutzt wird das Protokoll UDP. Zusätzlich gibt es einen zweiten Punkt zu beachten, mit dem sich der nächste Abschnitt noch einmal auseinandersetzen wird. Wie Sie wissen, baut OpenVPN ein virtuelles privates Netzwerk auf, das den IP-Adressbereich 10.8.0.1 bis 10.8.0.254 verwendet. In diesem virtuellen Netz werden sich der Home Server sowie alle VPN-Clients befinden. Aus dem VPN-Netzwerk sprechen Sie Ihren Home Server über die IP-Adresse 10.8.0.1 an. Der Home Server erhält folglich Verbindungsanfragen aus dem 10.8.0.x-Netz. Die Firewall auf dem Home Server muss also auch solche eingehenden Verbindungen akzeptieren. Täte sie dies nicht, dann könnten Sie im VPN-Netzwerk nicht mit Ihrem Home Server kommunizieren. Wenn Sie also auf Ihrem Home Server die `iptables`-Firewall aktiviert haben, dann müssen Sie an dieser Stelle aktiv werden.

Zur Anpassung der `iptables`-Firewall informieren Sie sich in Abschnitt 21.5 über die grundlegende Konfiguration und öffnen dann die Datei, die das Regelwerk enthält. Dazu führen Sie folgenden Befehl aus:

```
sudo nano /etc/network/iptables
```

Fügen Sie nun zu Ihrem Regelwerk folgende Zeilen hinzu:

```
-A INPUT -p udp --dport 1194 -j ACCEPT
-A INPUT -s 10.8.0.0/24 -j ACCEPT
```

Die erste Zeile wird dafür sorgen, dass externe eingehende Verbindungen aus dem Internet auf Port 1194 unter Nutzung des Protokolls UDP angenommen werden. Somit können Sie Ihren VPN-Server aus dem Internet erreichen. Die zweite Zeile stellt sicher, dass VPN-Clients nach dem erfolgreichen Verbindungsaufbau auch tatsächlich mit dem Home Server und seinen angebotenen Netzwerkdiensten kommunizieren können.

Achten Sie darauf, dass Sie in der Konfiguration der Firewall zur Sicherheit die globale Oberregel für `FORWARD` auf `ACCEPT` setzen. In diesem Buch habe ich das bereits so vorgegeben, aber es ist wichtig, dass Sie dies nicht geändert haben.

Speichern Sie die Datei nach Ihren Eingaben mit der Tastenkombination [Strg]+[X] ab, und beenden Sie den Editor `nano`.

Laden Sie anschließend das geänderte Regelwerk mit dem Befehl

```
sudo iptables-restore < /etc/network/iptables
```

Es empfiehlt sich übrigens, zunächst die komplette Funktionsfähigkeit des OpenVPN-Netzwerks zu testen, bevor Sie weitere Schutzmaßnahmen aus dem Sicherheitskapitel (Kapitel 21, »Die (Daten-)Sicherheit Ihres Home Servers«) wie ein Port-Knocking oder die Fail2ban-Funktion in Betrieb nehmen.

Für die Portfreigabe in Ihrem Router konsultieren Sie bitte sein Handbuch oder die Hilfefunktion. Sie müssen den Router so konfigurieren, dass er eingehende UDP-Verbindungen auf Port 1194 akzeptiert und an Ihren Home Server weiterleitet. Aktivieren Sie also für das Protokoll UDP und Port 1194 eine entsprechende Portweiterleitung, die häufig auch *Portöffnung* oder auch *Portfreigabe* genannt wird. Als Beispiel sehen Sie in Abbildung 15.38 die Optionen einer FritzBox.

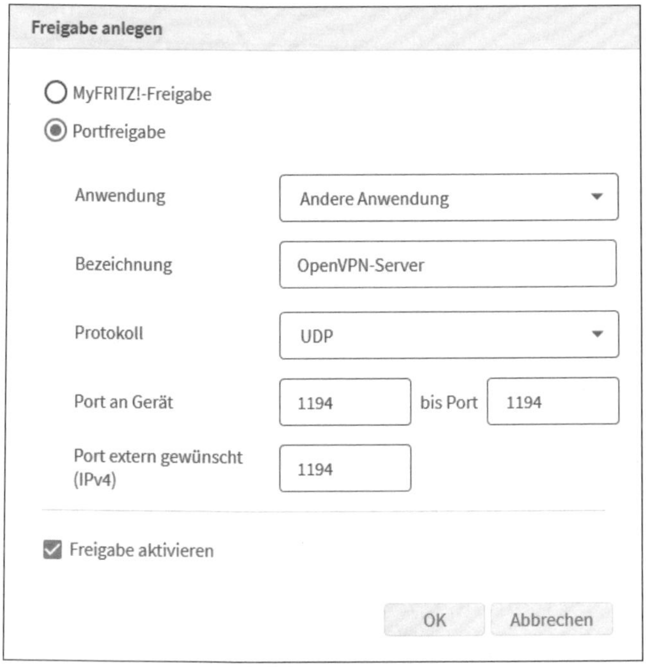

Abbildung 15.38 Die Konfiguration der FritzBox für die Portöffnung

15.13 Die erste Verbindung

Jetzt sind Sie endlich so weit, dass Sie zum ersten Mal eine VPN-Verbindung aufbauen und testen können. Die genaue Vorgehensweise unterscheidet sich an dieser Stelle wieder für die verschiedenen Betriebssysteme.

OpenVPN ist derzeit so konfiguriert, dass Sie die Verbindung zunächst direkt aus Ihrem Heimnetzwerk heraus aufbauen können. So können Sie relativ leicht testen, ob überhaupt eine Verbindung zustande kommt oder der Verbindungsaufbau an einer bestimmten Stelle abbricht. Es ist auch möglich, die grundlegende Funktion zu testen, dazu zählt etwa die Erreichbarkeit des Home Servers über das VPN-Netzwerk. Erweiterte Funktionen sollten Sie jedoch mit einer Verbindung testen, die Sie von außerhalb Ihres Heimnetzwerkes aufbauen.

Hier bietet es sich an, mit einem Smartphone mit mobilem Internetzugang (und abgeschaltetem lokalen WLAN-Zugang) zu arbeiten. Alternativ können Sie auch einen befreundeten Mitmenschen mit Technikaffinität um Hilfe bitten. Halten Sie eine Telefonverbindung zwischen dem Remote-Standort und Ihrem Heimatstandort aufrecht, und prüfen Sie so gemeinsam die Funktionalität der einzelnen Verbindungsoptionen.

15.13.1 Der Aufbau der Verbindung

Am einfachsten haben es die Benutzer von modernen mobilen Endgeräten. Sie öffnen einfach nur die OpenVPN-Client-App und wählen das entsprechende Profil aus – wobei es zuerst nur eines geben sollte. Anschließend müssen Sie nur noch auf das Schaltersymbol neben dem Eintrag tippen, und die Verbindung wird hoffentlich fehlerfrei aufgebaut, wie Ihnen die nächsten Abbildungen zeigen.

Eventuell müssen Sie zuerst noch das im Hardwarespeicher hinterlegte Zertifikat (nebst zugehörigen Schlüsseln) mit dieser Verbindung verknüpfen. Orientieren Sie sich in diesem Fall am Namen des von Ihnen gespeicherten Zertifikats.

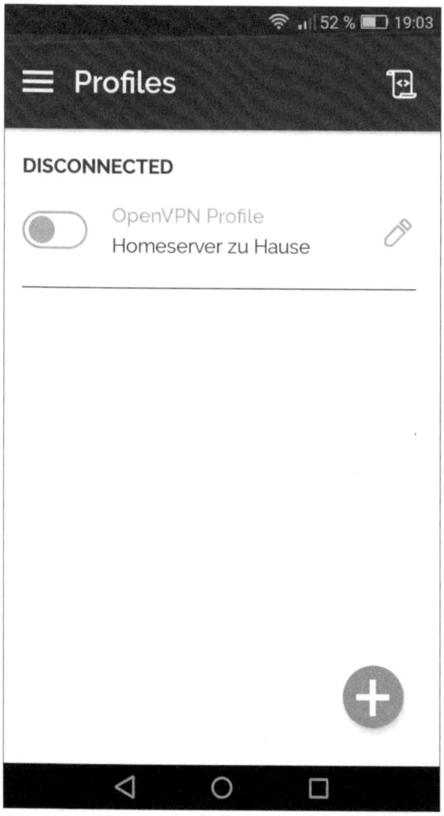

Abbildung 15.39 Tippen Sie den entsprechenden Eintrag an und die Verbindung wird aufgebaut.

Abbildung 15.40 Das Zertifikat wird ausgewählt und mit der Verbindung verknüpft.

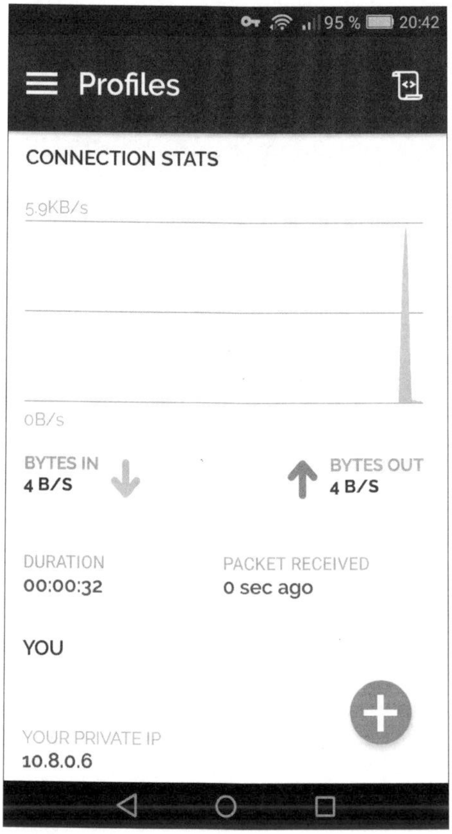

Abbildung 15.41 Glückwunsch! Die Verbindung wurde aufgebaut.

Auch für Windows-Benutzer gibt es eine grafische Benutzeroberfläche. Öffnen Sie das Programm *OpenVPN GUI*, das Sie über das Startmenü erreichen. Anschließend erscheint unten in der Taskleiste neben der Uhr ein neues Symbol mit einem Monitor- und einem Schloss-Zeichen. Klicken Sie es mit der rechten Maustaste an, und wählen Sie VERBINDEN. Alternativ funktioniert meist auch ein simpler Doppelklick auf das Symbol. Hieraufhin wird die Verbindung aufgebaut. Sollten Sie den privaten Schlüssel des Benutzers verschlüsselt haben, dann werden Sie zunächst nach dem Passwort zur Entschlüsselung gefragt. Der Verbindungsaufbau dauert ein paar Sekunden und sollte ohne Fehlermeldung erfolgreich abschließen. Das Ergebnis sehen Sie in Abbildung 15.42.

Nutzen Sie Linux als Betriebssystem, dann führt der Weg zum ersten Verbindungsaufbau am schnellsten über das Terminal. Dafür müssen Sie selbstredend zuvor auf den Clientgeräten die OpenVPN-Software installiert haben. Neben dem Paket `openvpn` ist auch das Paket `openssl` nötig. Navigieren Sie in das Verzeichnis, in dem Sie die Client-Konfigurationsdatei von OpenVPN abgelegt haben. Sie hatten sich den Dateipfad dafür notiert. Starten Sie jetzt die Verbindung mit folgendem Befehl:

```
sudo openvpn konfigurationsdatei.conf
```

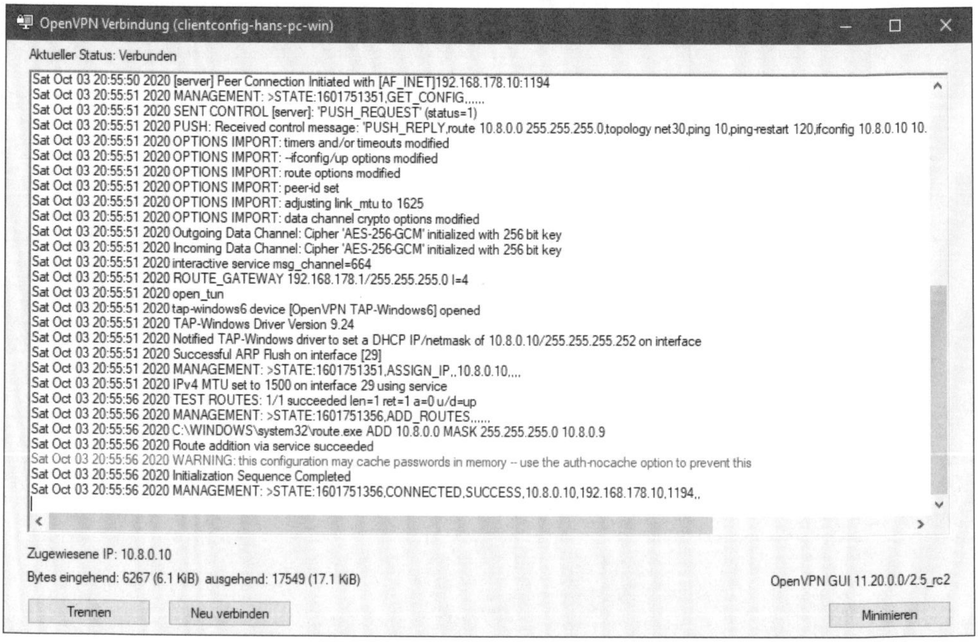

Abbildung 15.42 Der Verbindungsaufbau unter Windows

Dabei ersetzen Sie den Ausdruck `konfigurationsdatei` entsprechend. Wundern Sie sich bitte nicht, wenn eine umfangreiche Textausgabe erfolgt. Am Ende sollte jedoch die Verbindung fehlerfrei aufgebaut werden. Schließen Sie das Terminal nicht, denn das würde die Verbindung gleich wieder beenden.

Dass die Verbindung fehlerfrei aufgebaut wurde, erkennen Sie daran, dass die Ausgabe des VPN-Clientprogramms mit `Initialization Sequence Completed` endet.

Nutzer von macOS verwenden die Software Tunnelblick. Diese bietet gleich beim ersten Start die Option, die Konfigurationsdateien zu importieren (auf Englisch: I HAVE CONFIGURATION FILES). Nutzen Sie diese Möglichkeit, und importieren Sie die Client-Konfigurationsdatei für OpenVPN. Nach dem erfolgreichen Import können Sie die Verbindung aufbauen und erhalten ebenfalls eine informative Rückmeldung über den Verbindungsaufbau.

15.13.2 Der erste Test der Verbindung

Probieren Sie nun die Verbindung zuerst mit einem Ping-Befehl aus. Mit ihm testen Sie die Erreichbarkeit Ihres Home Servers über die VPN-Verbindung. Jetzt müssen Sie beachten, dass Ihr Home Server über das VPN unter der IP-Adresse 10.8.0.1 zu erreichen ist. Führen Sie also einen Ping-Befehl zu dieser Adresse aus, indem Sie in die Eingabeaufforderung von Windows oder in ein Terminal von macOS oder Linux folgenden Befehl eingeben:

```
ping 10.8.0.1
```

Das Ergebnis sehen Sie in Abbildung 15.43.

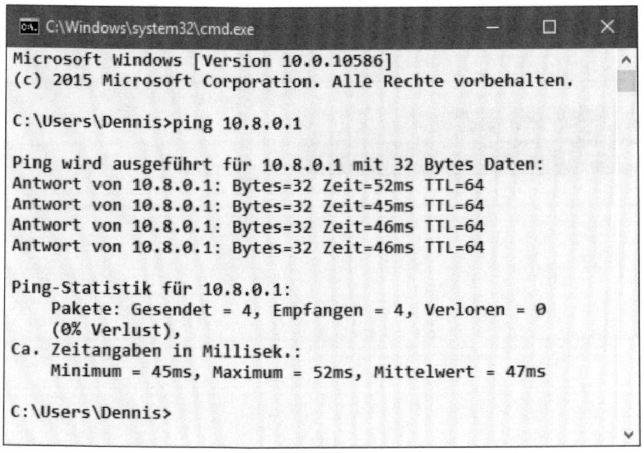

Abbildung 15.43 Der erste Test wurde bestanden.

Nutzer mobiler Betriebssysteme können eine geeignete Ping-App einsetzen. Sie sollten auf alle Fälle von der Gegenstelle Antworten erhalten. In dem Fall funktioniert Ihr VPN einwandfrei. Andernfalls müssen Sie jetzt leider nochmals alle Konfigurationsschritte überprüfen und auf Richtigkeit hin kontrollieren.

Sie können von allen Clients auf die Dienste Ihres Servers zugreifen. Dabei müssen Sie aber beachten, dass der Home Server über das VPN unter der Adresse 10.8.0.1 zu erreichen ist. Nur über diese Adresse können Sie zurzeit auf seine Dienste zugreifen. Diese IP-Adresse gilt nur für VPN-Verbindungen. Innerhalb Ihres Heimnetzwerks ändert sich nichts, der Home Server ist hier weiterhin unter seiner bekannten IP-Adresse zu erreichen. Mit der derzeitigen OpenVPN-Konfiguration ist es den VPN-Clients auch möglich, über diese Adressen untereinander zu kommunizieren und Daten auszutauschen. Sie verwenden dazu auch Adressen aus dem 10.8.0.xxx-Netzwerk. Welche IP-Adresse der jeweilige Client gerade nutzt, verrät die Textausgabe der OpenVPN-Clientanwendung. Auf diese Weise werden zum Beispiel auch Netzwerkspiele möglich. (Allerdings würden Sie »fremden« Teilnehmern momentan Zugriff auf die Ressourcen Ihres Servers gestatten. Für Netzwerkspiele sollten Sie besser einen eigenen, unabhängigen Home Server verwenden oder die Firewall des Home Servers so konfigurieren, dass der Home Server selbst keine Anfragen aus dem 10.8.0.0/24-Netzwerk annimmt. Dazu darf das Regelwerk der Firewall die Zeile `-A`

`INPUT -s 10.8.0.0/24 -j ACCEPT` nicht umfassen, und die globale Oberregel `INPUT` muss auf `DROP` oder `REJECT` gesetzt sein.) Sie müssen außerdem beachten, dass Sie derzeit über die VPN-Verbindung keinen Zugriff auf die anderen Geräte Ihres Heimnetzes haben. Sie können diesen Zugriff jedoch aktivieren, eine Anleitung dazu finden Sie im nächsten Abschnitt. Mit dieser Option wäre dann auch Ihr Home Server unter seiner gewohnten (Heimnetzwerk-)Adresse zu erreichen.

Damit ist die grundlegende Konfiguration abgeschlossen. Sie können nun von unterwegs auf die Ressourcen Ihres Home Servers zugreifen, beispielsweise auf Ihr DokuWiki oder Ihre Webcam, wie Abbildung 15.44 beweist.

Abbildung 15.44 Ihr Wiki ist über Ihr VPN mobil erreichbar.

Natürlich funktionieren auch Dateifreigaben über Samba. Beachten Sie aber bitte Folgendes: Ihr VPN arbeitet auf der sogenannten *Routingebene* des Netzwerk-Protokollstapels. Auf dieser Ebene werden keine Broadcast-Meldungen übertragen. Über diese Meldungen werden jedoch die Namensauflösungen der Dateifreigaben vorgenommen. Sie werden also Ihre Freigaben nicht wie gewohnt mit dem vollen Namen des Servers in der jeweiligen Netzwerkansicht (zum Beispiel der Windows-Netzwerkumgebung) finden. Stattdessen müssen Sie auf die Freigabe explizit über die IP-Adresse Ihres Servers zugreifen. Geben Sie beispielsweise in den Windows-Explorer in dessen Adresszeile also die Adresse

*10.8.0.1**freigabename*

ein, bei der Sie den Namen der Freigabe entsprechend anpassen. Schon können Sie auf die Daten zugreifen, wie Sie in Abbildung 15.45 sehen.

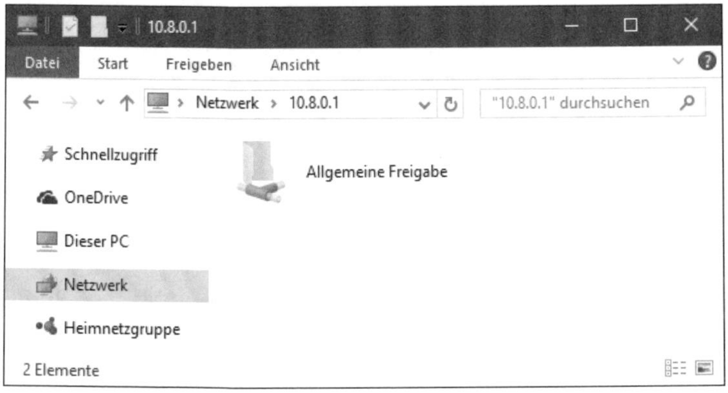

Abbildung 15.45 Samba über die VPN-Verbindung nutzen

Es gibt noch eine weitere Einschränkung, denn da auch keine Multicast-Meldungen übertragen werden, können Sie leider ebenfalls nicht auf UPnP-Medienserver zugreifen, denn diese nutzen diese Meldungen, um ihre Präsenz anzuzeigen.

Und wo ich gerade beim Einschränken bin: Mit der aktuellen Konfiguration können Sie über das VPN noch nicht auf alle Dienste zugreifen. Beispielsweise gelingt derzeit der Zugriff auf Ihre Nextcloud noch nicht. Keine Sorge, das lässt sich ändern. Aber Sie haben die Wahl zwischen zwei Möglichkeiten. Ihnen steht Folgendes zur Wahl:

Entweder Sie belassen es dabei, dass der Home Server über VPN-Verbindungen (nur) über die IP-Adresse 10.8.0.1 zu erreichen ist. Sie realisieren also nicht die Zugriffsmöglichkeit auf den Rest des gesamten Heimnetzes. In diesem Fall müssen Sie die Dienste, die derzeit nicht richtig funktionieren, etwas umkonfigurieren. Das zeigt Ihnen Abschnitt 15.16.

Als Alternative erweitern Sie die Konfiguration von OpenVPN so, dass Sie Zugriff auf das gesamte Heimnetz erhalten. In diesem Fall ist der Home Server auch von unterwegs über seine normale Heimnetz-IP-Adresse zu erreichen. Sie können dann auf Dienste wie Nextcloud ohne weitere Konfigurationsänderungen zugreifen und brauchen sich um das Netzwerk 10.8.0.xxx nicht weiter zu kümmern. Im nächsten Abschnitt werde ich Ihnen diese Option beschreiben.

15.14 Über die VPN-Verbindung auf das gesamte Heimnetzwerk zugreifen

An dieser Stelle zeige ich Ihnen, wie Sie die OpenVPN-Konfiguration erweitern können. Zunächst geht es darum, dass Sie von unterwegs auch Zugriff auf die anderen Geräte des Heimnetzwerkes erhalten. Dazu zählt beispielsweise ein Netzwerkdrucker oder ein weiterer Server. Wenn Sie an dieser Funktion kein Interesse haben, können Sie diesen Schritt überspringen, er ist rein optional.

Sie müssen zunächst die Konfiguration des OpenVPN-Dienstes entsprechend erweitern. Öffnen Sie eine Konsole zu Ihrem Home Server und dort die Konfigurationsdatei von OpenVPN mit dem Texteditor `nano`:

```
sudo nano /etc/openvpn/openvpnserver.conf
```

Am Ende der Datei fügen Sie folgende Zeile hinzu:

```
push "route 192.168.178.0 255.255.255.0"
```

Diese Zeile sorgt dafür, dass der OpenVPN-Server seinen Clients mitteilt, dass hinter ihm noch Ihr Heimnetz erreichbar ist. Sie müssen in dieser Zeile Ihr jeweiliges Heimnetz referenzieren. Sollte Ihr Heimnetz einen anderen IP-Adressbereich verwenden als 192.168.178.0 mit der Subnetzmaske 255.255.255.0, dann müssen Sie diesen Wert folglich entsprechend verändern. Bei der Nutzung der Subnetzmaske 255.255.255.0 referenzieren Sie mit der Adresse x.x.x.0 das gesamte Heimnetzwerk.

Als Nächstes müssen Sie auf Ihrem Home Server noch das *IP-Forwarding* aktivieren, damit dieser auch die Anfragen ins und vom Heimnetz über das VPN-Netzwerk weiterleitet. Zuerst überprüfen Sie, ob das IP-Forwarding auf Ihrem Home Server bereits aktiviert ist. Dazu geben Sie folgenden Befehl ein:

```
sudo cat /proc/sys/net/ipv4/ip_forward
```

Wird Ihnen eine `1` zurückgegeben, dann ist das IP-Forwarding bereits aktiv, und es sind keine weiteren Schritte nötig. Lautet die Ausgabe jedoch `0`, dann müssen Sie diese Funktion zuerst aktivieren. Dies erledigen Sie mit folgendem Befehl:

```
sudo bash -c 'echo 1 > /proc/sys/net/ipv4/ip_forward'
```

Dies wird das IP-Forwarding aktivieren, wie Sie es in Abbildung 15.46 sehen.

Allerdings bleibt das IP-Forwarding nach einem Neustart des Home Servers nicht erhalten. Sie müssen es also so einrichten, dass es auch nach einem Neustart des Servers verfügbar bleibt. Dazu öffnen Sie `nano` mit der Datei */etc/sysctl.conf*:

```
sudo nano /etc/sysctl.conf
```

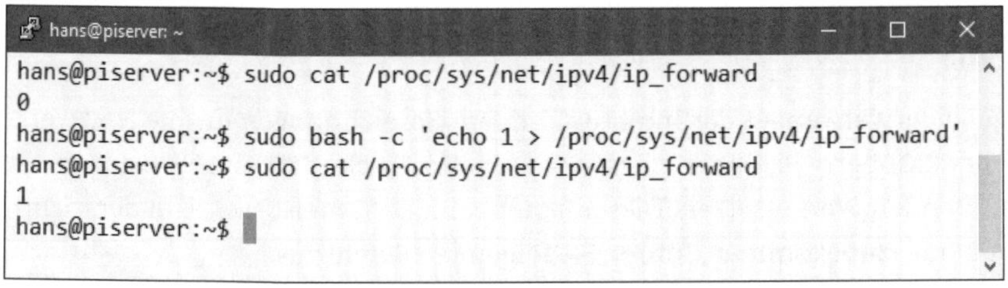

Abbildung 15.46 Das IP-Forwarding ist nun temporär aktiviert.

Suchen Sie nach dem Eintrag `net.ipv4.ip_forward`. Ist er bereits vorhanden und wird ihm der Wert `0` zugewiesen, dann ändern Sie diesen in `1`. Ist der Eintrag mit einer `1` vorhanden, aber am Zeilenanfang steht noch ein Raute-Zeichen, dann entfernen Sie dieses Symbol. Andernfalls fügen Sie einen neuen Eintrag hinzu:

```
net.ipv4.ip_forward=1
```

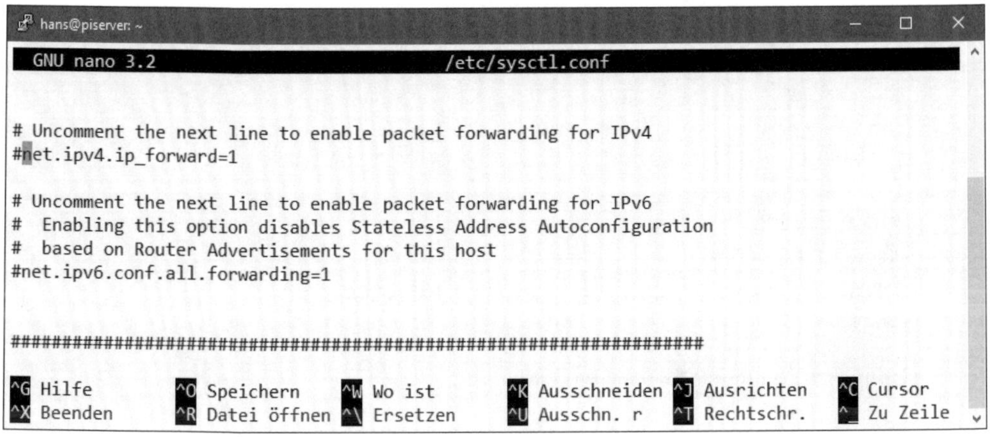

Abbildung 15.47 Aktivierung des permanenten IP-Forwardings am Home Server

Speichern Sie Datei, und beenden Sie nano mit der Tastenkombination [Strg]+[x].

Als Nächstes muss in der Firewall des Home Servers ein besonderer Eintrag aktiviert werden, der das Routing des gesamten Internetverkehrs der VPN-Clients über Ihren Home Server möglich macht. Es ist notwendig, dass auf Ihrem Home Server die Firewall `iptables` aktiv ist. Falls dies noch nicht der Fall ist, dann richten Sie sie bitte gemäß der Anleitung im Abschnitt 21.5 zur Serversicherheit ein (wobei Sie nicht unbedingt Regeln definieren müssen, das Regelwerk kann leer bleiben).

Führen Sie zunächst folgenden Befehl aus, der die nötige Einstellung (die Einrichtung einer entsprechenden NAT-Funktion mit einer Maskierung des lokalen Netzwerkes) vornimmt:

```
sudo iptables -t nat -A POSTROUTING -s 10.8.0.0/24 -o eth0 -j ⮐
  MASQUERADE
```

Achtung: Leider verwendet der Intel NUC andere Bezeichnungen für die Netzwerkkarte als der Raspberry Pi. Daher müssen Sie den Ausdruck `eth0` beim NUC durch den dort zutreffenden Wert ersetzen. Dieser lautet beim NUC meist `eno1`. Um den richtigen Wert herauszubekommen, führen Sie folgenden Befehl aus:

```
netstat -i | awk '{ print $1 }'
```

Kontrollieren Sie die Einträge in der Liste, und wählen Sie den Wert, der die Netzwerkkarte bezeichnet. Er fängt stets mit einem `en` an.

Der `iptables`-Befehl wird sofort aktiv, er erfordert keinen Neustart des Servers. Allerdings geht diese Einstellung bei einem eventuellen Neustart des Servers wieder verloren. Um Sie permanent zu machen, öffnen Sie die Datei *iptables* zur Bearbeitung:

```
sudo nano /etc/network/iptables
```

Fügen Sie am Ende des bisherigen Regelwerks (auf alle Fälle nach dem bisherigen Ausdruck `COMMIT`) folgende Zeilen hinzu:

```
*nat
:PREROUTING ACCEPT
:INPUT ACCEPT
:OUTPUT ACCEPT
:POSTROUTING ACCEPT
-A POSTROUTING -s 10.8.0.0/24 -o eth0 -j MASQUERADE
COMMIT
```

Listing 15.3 Konfiguration von »iptables«

Auch hier müssen Sie beim Intel NUC in der vorletzten Zeile den Ausdruck `eth0` durch den korrekten Ausdruck (meist `eno1`) ersetzen. Die fertige Datei sehen Sie in Abbildung 15.48.

Noch einmal zur Verdeutlichung: Ihre *iptables*-Datei muss jetzt zwei Blöcke enthalten (sofern Sie zuvor schon Regeln definiert haben). Der erste beginnt mit der Zeile `*filter` und endet mit der Zeile `COMMIT`. Der zweite Block beginnt mit der Zeile `*nat` und endet ebenfalls mit der Zeile `COMMIT`. Zur besseren Trennung können Sie die Blöcke mit einer Zeile trennen, die nur ein einzelnes Raute-Symbol enthält.

Sollte Ihr Home Server nicht über eine Kabelverbindung mit Ihrem Netzwerk verbunden sein, sondern über eine WLAN-Verbindung, dann müssen Sie sowohl im `iptables`-Regelwerk als auch im vorhin eingegebenen einleitenden Befehl den Ausdruck `-o eth0` durch den Ausdruck `-o wlan0` ersetzen (beim NUC verwenden Sie bitte die jeweils zutreffenden Bezeichner).

Was dieser Eintrag genau macht? Nun, er aktiviert wie gesagt eine NAT-Funktion. *NAT* steht für *Network Address Translation*. Hier geht es also um die Übersetzung von Netzwerkadressen. (Mehr dazu finden Sie in Kapitel 21, »Die (Daten-)Sicherheit Ihres Home Servers«.) Hier bei der VPN-Verbindung »sammelt« der Home Server alle Verbindungen ein, die über das VPN eingeleitet werden, und baut sie unter seiner eigenen internen IP-Adresse zu den gewünschten Zielgeräten auf. Für das Zielgerät sieht es also stets so aus, als ob der Home Server eine Verbindung aufbaut, von den Geräten im VPN erfährt das Gerät nichts. Durch diese Adressübersetzung wird es für das angesprochene Gerät im Heimnetzwerk einfacher, auf die Anfrage zu antworten. Diese muss es nämlich nicht an das VPN-Gerät leiten, sondern nur an den Home Server. Der leitet dann die Antwort an das ursprünglich anfragende Gerät im VPN weiter.

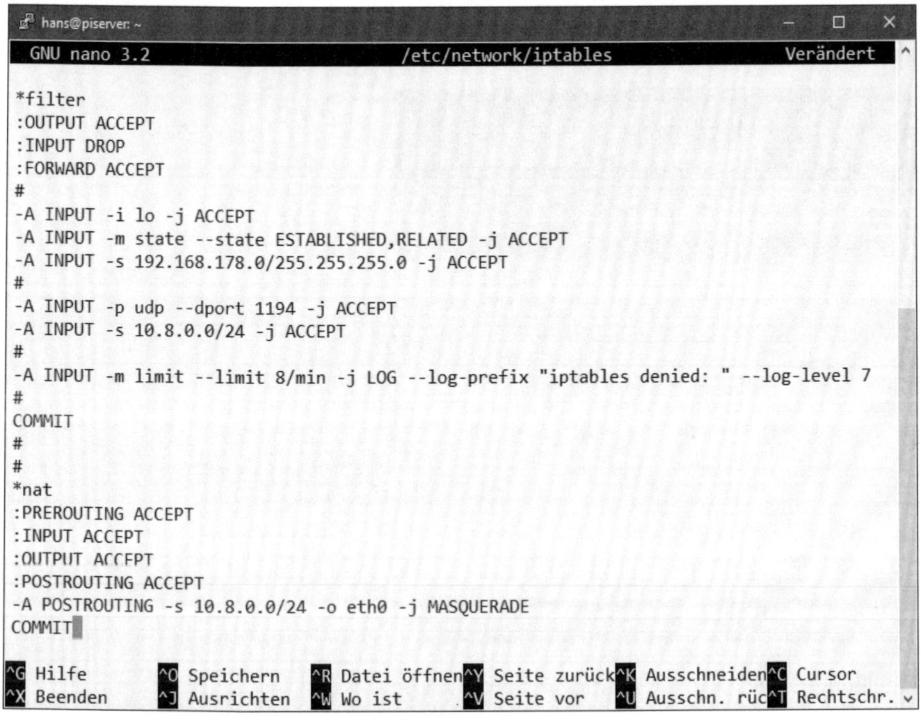

Abbildung 15.48 Die Konfiguration von »iptables«

Ein Neustart von OpenVPN aktiviert die neue Konfiguration:

```
sudo service openvpn restart
```

Hiernach müssten Sie (bei einer neuen VPN-Verbindung) gleich die anderen Rechner im Heimnetzwerk erreichen können, eine Änderung der Konfiguration der Clients ist nicht notwendig.

Dies schließt die Konfigurationsänderungen für den Zugriff auf das Heimnetzwerk für die VPN-Clients ab. Sie können nun von unterwegs auf das gesamte Heimnetz zugreifen. Dies schließt auch Ihren Home Server ein, der jetzt wieder unter seiner normalen IP-Adresse erreichbar ist (wobei die IP-Adresse 10.8.0.1 weiterhin ihre Gültigkeit behält). Sie müssen aber beachten, dass Sie nach wie vor nicht auf Dienste zugreifen können, die auf Broadcast-Meldungen angewiesen sind.

Es gibt hier aber eine Einschränkung. Sie können problemlos vom VPN-Netzwerk aus Geräte im Heimnetzwerk ansprechen. Der umgekehrte Weg funktioniert aber nicht, es ist nicht möglich, aus dem Heimnetzwerk heraus VPN-Geräte anzusprechen. Wenn Sie dies realisieren möchten, dann muss Ihr Router eine bestimmte Funktion unterstützen. In der Konfiguration Ihres Routers müssen Sie unbedingt eine sogenannte *statische Route* anlegen können. Viele hochwertige Geräte bieten diese Funktion. Wenn Sie beispielsweise eine FritzBox besitzen oder ein besser ausgestattetes Modell eines der zahlreichen Netzwerkgerätehersteller, dann stehen die Chancen gut. Das Beispiel mit einer FritzBox sehen Sie in Abbildung 15.49.

Abbildung 15.49 Statisches Routing mit einer FritzBox

Diese Funktion fehlt jedoch im Regelfall bei den einfacheren Geräten, die Ihnen die großen Internetanbieter zur Verfügung stellen. Überprüfen Sie also zunächst, ob Ihr Router diese Funktion anbietet.

Sie fragen sich, wozu diese Funktion nötig ist? Der Grund ist folgender: Sie haben durch den Home Server ein virtuelles Netzwerk im Adressbereich 10.8.0.0/24 mit 254 möglichen Teilnehmern erstellt, in dem der Server und alle Clients zusammentreffen. Was passiert jetzt, wenn ein Gerät im Heimnetzwerk ein Gerät im 10.8.0.0/24-Netz, also im VPN, ansprechen möchte? Wie kommt das Datenpaket dahin?

Ein Beispiel: Das Gerät im Heimnetzwerk hat die IP-Adresse 192.168.178.20 und möchte das Gerät 10.8.0.3 im VPN ansprechen. Diese Adresse ist aber nicht Teil des Heimnetzes, also wendet sich der Rechner an Ihren Router und bittet um Zustellung seiner Anfrage an den Rechner unter der IP-Adresse 10.8.0.3. Der Router hat aber keine Ahnung, wo es zum 10.8.0.0/24-Netz langgeht. Für ihn ist das ein privates Netz (dazu gehören alle 10.x.x.x-Adressen!), und private Netze werden von ihm per Definition nicht geroutet, also wird das Paket schlicht verworfen. Die Anfrage erreicht das VPN-Gerät nicht. Sie müssen dem Router also mitteilen, wie er das 10.8.0.0/24-Netzwerk und damit die IP-Adresse 10.8.0.3 erreicht. Dafür setzen Sie jene statische Route, die besagt, dass das Netzwerk 10.8.0.0/24 über Ihren Home Server zu erreichen ist. Der Router muss die Anfrage also dem Home Server übergeben, der das betreffende Datenpaket dann korrekt zustellen wird.

[*]

Wiederholung: Was bedeuten diese Zahlen nochmal?

Noch einmal zur Wiederholung: Die Angabe 10.8.0.0/24 bezeichnet das gesamte Netzwerk, die IP-Adresse x.x.x.0 adressiert das komplette Netzwerk. Die Angabe /24 ist nur eine andere Form der Subnetzmaske 255.255.255.0, die wiederum angibt, dass das Netzwerk 254 mögliche Teilnehmer umfassen kann.

Setzen Sie in Ihrem Router (die genaue Vorgehensweise entnehmen Sie bitte der entsprechenden Bedienungsanleitung) eine statische Route mit folgenden Daten:

```
Zielnetzwerk: 10.8.0.0
Ziel-Subnetzmaske: 255.255.255.0
Routen über: Interne.IP-Adresse.Ihres.Home.Servers
```

Dabei müssen Sie die interne IP-Adresse Ihres Home Servers aus Ihrem Heimnetz verwenden. Ein möglicher Eintrag lautet beispielsweise 192.168.178.10. Keinesfalls dürfen Sie hier seine IP-Adresse aus dem VPN-Subnetz verwenden, also tragen Sie nicht die Adresse 10.8.0.1 ein.

15.15 Über die VPN-Verbindung den heimischen Internetzugang verwenden

Als nächsten Schritt können Sie Ihr VPN-Netzwerk so erweitern, dass die Clientcomputer auch von unterwegs Ihre heimische Internetverbindung nutzen. Mit anderen Worten: Die gesamte Netzwerkkommunikation wird über Ihr VPN abgewickelt, dazu gehören also gewöhnliches Surfen, Chatten oder das Abrufen von E-Mails. Ausgenommen ist die normale Telefonie über das Mobilnetz Ihres Smartphones. Diese Funktion ist praktisch, wenn Sie sich beispielsweise in einem nicht vertrauenswürdigen öffentlichen WLAN aufhalten (etwa in einem Café, Ladengeschäft oder auf einem öffentlichen Platz). Wie Sie wissen, lässt sich innerhalb eines geschlossenen Netzwerks (insbesondere in einem WLAN) leicht der gesamte Netzwerkverkehr mitschneiden, und jemand könnte Sie ausspionieren, also beispielsweise Ihre Nachrichten mitlesen oder nachverfolgen, welche Internetseiten Sie aufrufen. Das gelingt allerdings nicht, wenn der gesamte Datenverkehr verschlüsselt ist – was ja nun einmal im VPN der Fall ist. Ein Angreifer kann zwar erkennen, dass Sie ständig mit einem einzelnen Rechner (nämlich Ihrem Home Server) kommunizieren, aber dank der Verschlüsselung erfährt er nichts über den Inhalt.

Dieser Schritt ist unabhängig von der zuvor beschriebenen Erweiterung des VPNs um den Zugriff auf Ihr Heimnetzwerk.

Zuerst werden Sie die Konfiguration von OpenVPN auf Ihrem Home Server anpassen. Öffnen Sie dazu in einer Konsole die Konfiguration zur Bearbeitung mit folgendem Befehl:

```
sudo nano /etc/openvpn/openvpnserver.conf
```

Am Ende der Datei fügen Sie die folgenden zwei Zeilen hinzu:

```
push "redirect-gateway def1"
push "dhcp-option DNS IP.Adresse.Ihres.Routers"
```

Zeile eins bewirkt, dass Ihr Router zu Hause in Ihrem Heimnetz für den Internetzugang über das VPN verwendet wird. Diese Zeile können Sie unverändert übernehmen. Mit der zweiten Zeile soll auf dem Client der zu nutzende DNS-Server ebenfalls auf den Router zu Hause geändert werden. Ersetzen Sie dazu den Ausdruck `IP.Adresse.Ihres.Routers` durch die IP-Adresse Ihres Routers zu Hause in Ihrem Heimnetzwerk (zum Beispiel auf die Adresse 192.168.178.1).

Jetzt sind noch zwei weitere Schritte nötig: Sie müssen zuerst unbedingt noch das IP-Forwarding auf Ihrem Home Server aktivieren. Wie das geht, habe ich soeben im vorherigen Erweiterungsschritt besprochen (Clientrechnern den Zugriff auf Ihr Heimnetz ermöglichen). Wenn Sie diesen Schritt bereits zuvor ausgeführt haben, dann brauchen Sie jetzt nichts weiter durchzuführen. Haben Sie den Abschnitt jedoch übersprungen, dann aktivieren Sie das IP-Forwarding so, wie ich es zuvor beschrieben habe.

Als Zweites müssen Sie die NAT-Funktion mit der Firewall `iptables` aktivieren (und abspeichern), die ich ebenfalls im vorigen Abschnitt beschrieben habe.

Dies schließt die Konfiguration ab. Sie müssen an dieser Stelle den OpenVPN-Server einmal neu starten. Dafür geben Sie folgenden Befehl ein:

```
sudo service openvpn restart
```

Bei einer neuen VPN-Verbindung sollten Sie automatisch die Internetverbindung Ihres Heimnetzes verwenden. Sie können dies ausprobieren, indem Sie eine Internetseite aufrufen, die Ihnen die aktuelle externe IP-Adresse anzeigt, beispielsweise *myip.is* oder *www.wieistmeineip.de*.

Wenn Sie keine Verbindung ins Internet erhalten, dann müssen Sie sich die DNS-Einstellungen in OpenVPN noch einmal vornehmen. Besonders die mobilen Betriebssysteme haben bei der Konfiguration gelegentlich Schwierigkeiten. Öffnen Sie noch einmal wie zuvor gezeigt die Konfigurationsdatei des OpenVPN-Servers auf Ihrem Home Server. Fügen Sie am Ende folgenden Eintrag hinzu:

```
push "dhcp-option DNS 8.8.8.8"
```

Dieser Ausdruck bewirkt, dass für DNS-Anfragen ein DNS-Server genutzt wird, der von der Firma Google bereitgestellt wird. Dieser DNS-Server ist frei nutzbar und wird oft aufgrund seiner raschen Antwortzeiten empfohlen. Starten Sie den OpenVPN-Serverdienst neu, und prüfen Sie die Internetverbindung bei einer neuen VPN-Verbindung. Gegebenenfalls müssen Sie die ähnliche Zeile, die Ihren Router im Heimnetzwerk als DNS-Server spezifiziert, entfernen. Spätestens dann sollten Sie über eine funktionierende Internetverbindung verfügen.

15.16 Die Konfiguration von Serverdiensten für die Nutzung im 10.8.0.0-Netzwerk

In diesem Abschnitt befasse ich mich hauptsächlich mit der Nextcloud, die nicht auf Anhieb im 10.8.0.0-Netz zu erreichen ist. Dieser Text ist für Sie nur dann von Belang, wenn Sie nicht vorhaben, auf Ihr gesamtes Heimnetz über eine VPN-Verbindung zuzugreifen. In diesem Fall greifen Sie auf Ihren Home Server über die VPN-Verbindung über die IP-Adresse 10.8.0.1 zu. Die Nextcloud funktioniert gegenwärtig nicht richtig, wenn sie aus dem 10.8.0.0-Netz angesprochen wird, in dem sich auch die VPN-Clients aufhalten. Ich zeige Ihnen jetzt, wie Sie dies ändern können.

15.16.1 Die Konfiguration von Nextcloud

Nextcloud hat eine Sperre eingebaut, die den Zugriff nur über bestimmte IP-Adressen und Domainnamen erlaubt. Derzeit ist das Programm Nextcloud so eingestellt, dass es nur Verbindungen direkt aus Ihrem Heimnetz entgegennimmt. Sie müssen die Konfiguration so anpassen, dass die Nextcloud auch über das VPN 10.8.0.0 angesprochen werden kann. Dazu öffnen Sie zunächst die Konfigurationsdatei der Nextcloud mit folgendem Befehl:

```
sudo nano /var/www/html/nextcloud/config/config.php
```

Suchen Sie in der Datei nach dem Abschnitt `'trusted_domains'`. Sie werden folgenden Block finden, der in der Zeile `0` die IP-Adresse Ihres Home Servers aus Ihrem Heimnetzwerk enthält.

```
'trusted_domains' =>
array (
  0 => '192.168.178.10',
),
```

Sollten Sie Ihre Nextcloud für den Zugriff über das Internet eingerichtet haben, dann gibt es in diesem Abschnitt auch eine Zeile mit einer einleitenden 1 und Ihrer Domain.

Fügen Sie diesem Abschnitt nun eine neue Zeile zu, die auf die IP-Adresse des Home Servers im VPN verweist. Diese Adresse lautet 10.8.0.1. Die Zeile muss dieselbe Form haben wie die Zeile 0, jedoch mit einer 1 beginnen.

Nach dieser Änderung sollte der Block folgende Beispielform angenommen haben:

```
'trusted_domains' =>
array (
  0 => '192.168.178.10',
  1 => '10.8.0.1',
),
```

Sollte bei Ihnen (im Falle der Internetaktivierung) bereits eine Zeile mit einer einleitenden 1 vorhanden sein, dann fügen Sie eine neue Zeile mit der nächsten noch freien Nummer ein. Die Zeile 0 enthält weiterhin die jeweilige IP-Adresse des Home Servers im Heimnetz, die vom angegebenen Beispiel abweichen kann. Ändern Sie also lediglich die Zeile 1 (oder höher).

Speichern Sie diese Konfigurationsdatei mit der Tastenkombination [Strg]+[x] ab, und beenden Sie damit den Editor nano. Wie der relevante Teil der Datei fertig aussehen sollte, sehen Sie in Abbildung 15.50.

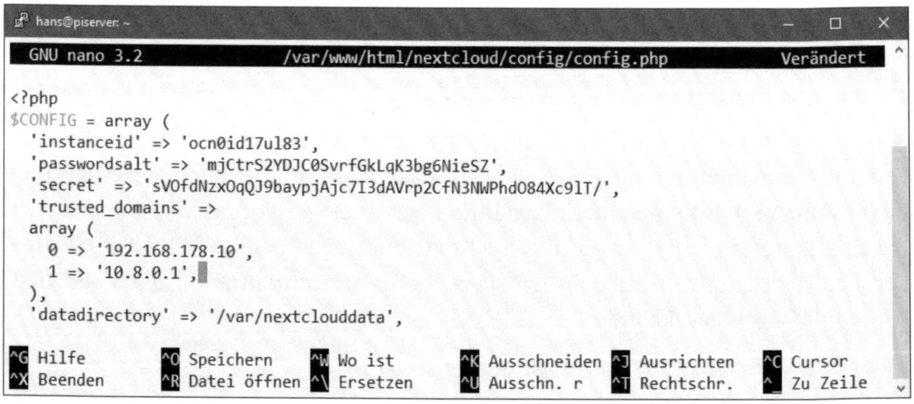

Abbildung 15.50 Die Konfiguration der Nextcloud

Es sind keine weiteren Schritte erforderlich, Ihre Nextcloud ist von jetzt an auch über die VPN-Verbindung vollständig erreichbar und kann von allen Clients genutzt werden.

15.16.2 Noch ein Wort zu Samba-Dateifreigaben

Für Samba sind keine weiteren Konfigurationsänderungen nötig, der Dienst arbeitet sofort korrekt. An dieser Stelle erinnere ich nur noch einmal daran, dass Sie die Freigaben unter der IP-Adresse 10.8.0.1 erreichen. Sollten Sie das Heimnetzwerk über die VPN-Verbindung teilen, dann können Sie auch die normale IP-Adresse des Home Servers im Heimnetzwerk verwenden. Die Freigaben des Home Servers werden aber nicht automatisch im Netzwerk gefunden und angezeigt.

15.17 Nachteile dieser Art von VPN-Verbindungen

Zum Abschluss des VPN-Kapitels möchte ich Ihnen einen kleinen Nachteil dieser VPN-Konfiguration nicht vorenthalten: Wie bereits zuvor gesagt, arbeitet diese Art des VPNs auf der Routingebene des Protokollstapels. Darüber können leider keine Broadcast-Meldungen und (zumindest ohne weitere zusätzliche Software) auch keine Multicast-Meldungen übertragen werden, so dass Sie, wie beschrieben, die Namensauflösung von Servernamen und deren Freigaben nicht verwenden können. Leider führt dies auch dazu, dass Sie keine UPnP-Medienfreigaben verwenden können. Clientanwendungen können über Ihr VPN Ihren UPnP-Medienserver also nicht finden, da dies nur über Multicast-Meldungen funktionieren würde, die der VPN-Server nicht empfängt und weiterleitet. Musik und Videofilme müssen Sie von unterwegs daher auf eine andere Art abspielen, beispielsweise über direkte Dateifreigaben mit Samba oder über die Musik- und Videofunktionen der Nextcloud.

Es gibt zwar auch noch einen zweiten Ansatz, ein VPN-Netzwerk aufzubauen, der eine Ebene tiefer im Protokollstapel arbeitet und auch Broadcast-Meldungen und beliebige Multicast-Übertragungen unterstützt. Dies ist der sogenannte *Bridging-Modus*. OpenVPN unterstützt diesen Modus, der deutlich anders konfiguriert wird. Leider wird dieser Modus jedoch gegenwärtig von keinem mobilen Betriebssystem und entsprechend von keinem mobilen Clientprogramm unterstützt. Es wäre also nutzlos, ihn jetzt einzurichten, da Sie ihn unterwegs mit mobilen Geräten sowieso nicht benutzen könnten. Ich werde ihn daher in diesem Buch nicht weiter besprechen.

Kapitel 16
Daten synchronisieren und Backups erstellen mit »rsync«

Möchten Sie zwei Verzeichnisse miteinander synchronisieren? Oder ein Backup erstellen? Und bei einer Aktualisierung stets nur die geänderten Daten übertragen? »rsync« eignet sich prima dafür!

Über die Wichtigkeit von Backups, also Datensicherungen, braucht man überhaupt nicht zu diskutieren. Wer sich vor einem Datenverlust schützen möchte, der sollte Sicherheitskopien anlegen. Ein Datenverlust kann auf vielfältige Weise eintreten. Oft denkt man zunächst an den Defekt des Speichermediums. Sowohl die klassische Festplatte in mechanischer Ausführung als auch die moderne SSD mit Halbleiterbauelementen können jederzeit ausfallen und den Betrieb einstellen. Zwar gibt es Frühwarnsysteme, zum Beispiel das SMART-System, sie können aber nicht jeden Ausfall vorhersagen. Auch Speicherkarten und optische Medien können von Totalausfällen betroffen sein. Ein Datenverlust kann aber auch durch versehentliches Löschen passieren. Schnell irrt man sich in der Verzeichnisstruktur oder beim Dateinamen, oder man selektiert versehentlich die falschen Daten und löscht sie anschließend. Es kann auch passieren, dass man wichtige Daten aus Versehen überschreibt – auch dann sind die ursprünglichen Daten verloren. Bösartige Software wie Viren oder Verschlüsselungstrojaner (die sogenannte *Ransomware*) kann ebenfalls Daten löschen oder verschlüsseln. Die Liste lässt sich noch lange fortsetzen. Deshalb ist es nie verkehrt, ein Backup seiner wichtigen Daten anzulegen und es auch aktuell zu halten.

Der Home Server eignet sich gut als Speichermedium für Backups, vorausgesetzt, er verfügt über genügend freien Speicherplatz. Diesen können Sie, wie es Kapitel 4, »Grundlagen des Linux-Betriebssystems«, zeigt, problemlos über ein externes Speichermedium bereitstellen. Dessen Speicherplatz können Sie beispielsweise über eine Dateifreigabe im Netzwerk verfügbar machen und ihn mit einem geeigneten Backup-Programm über das Netzwerk nutzen. Somit wird das Backup unabhängig vom Quellgerät und unabhängig vom ursprünglichen Speichermedium gesichert. Backup-Programme gibt es quasi wie Sand am Meer, und eine Variante ist beispielsweise schon direkt in das Betriebssystem Windows eingebaut. Sie kann direkt dazu verwendet werden, einzelne Dateien oder auch die ganze Festplatte zu sichern.

16.1 Wozu dient »rsync«, und wobei kann es behilflich sein?

Auf Ihrem Home Server können Sie darüber hinaus eine interessante Alternative einrichten. Die Rede ist vom Programm *rsync*, dessen Nutzung in diesem Kapitel beschrieben wird. Mit dieser Software können Sie eine 1:1-Kopie von einzelnen Verzeichnissen, ganzen Verzeichnisstrukturen oder sogar dem kompletten Laufwerk erstellen. Nach Ausführung von `rsync` sind ihre Daten also doppelt vorhanden. Das Spannende an `rsync` passiert jedoch nicht beim erstmaligen Aufruf des Programms. Er unterscheidet sich nämlich nicht großartig von einem gewöhnlichen Kopiervorgang mit den grundlegenden Befehlen des Betriebssystems. Nein, spannend wird es, wenn Sie `rsync` zu späterer Zeit mit denselben Verzeichnissen wiederholt ausführen. `rsync` ist nämlich in der Lage, den Inhalt vom Quellverzeichnis mit dem Inhalt des Zielverzeichnisses zu vergleichen. Das Programm erkennt, wenn Dateien bereits 1:1 im Zielverzeichnis vorhanden sind, und kopiert sie nicht nochmals. Beim wiederholten Aufruf kopiert `rsync` nur die Dateien, die sich verändert haben. Dabei orientiert es sich an verschiedenen Dateieigenschaften, zum Beispiel am Änderungsdatum. Auf diese Weise können umfangreiche Verzeichnisse schnell und einfach miteinander synchronisiert werden. Wer `rsync` regelmäßig aufruft, der hat also fortlaufend eine aktuelle Kopie seines Datenbestands. Auf diese Weise können Sie sich vor Datenverlust durch den Ausfall des Speichergeräts oder das versehentliche Löschen von Dateien schützen.

Allerdings haben Sie durch eine simple 1:1-Kopie noch kein wirkliches Backup im klassischen Sinn geschaffen. Zwar bietet eine 1:1-Kopie bereits einen gewissen Schutz, aber Sie können immer noch relativ schnell einen Datenverlust erleiden: Wer etwa eine wichtige Datei versehentlich löscht oder überschreibt oder auch unvorteilhaft verändert, der kann nur so lange auf die Version im Backup-Verzeichnis zugreifen, bis er `rsync` erneut aufruft. Schließlich haben Sie mit diesem Verfahren nur eine einzelne Kopie, die durch einen weiteren Synchronisierungsvorgang schnell verändert oder gelöscht werden kann. Wer also eine Datei versehentlich löscht oder verändert und dies nicht mitbekommt, der führt vielleicht auch in gutem Glauben `rsync` aus und löscht auch noch die Sicherheitskopie.

Aber genau für dieses Problem hat `rsync` eine spezielle Funktion eingebaut. `rsync` kann nicht nur das Quellverzeichnis mit einem Zielverzeichnis synchronisieren, sondern auch mit sogenannten *harten Verknüpfungen* umgehen. Verknüpfungen im Dateisystem kennen Sie sicherlich schon von Ihrem Desktop-PC oder dem Notebook. Eine Verknüpfung ist dort ein Verweis auf eine Datei, die in einem beliebigen Verzeichnis auf die Quelldatei verweist. Auf eine bestimmte Datei kann man somit aus mehreren Verzeichnissen heraus zugreifen, obwohl sie physikalisch nur einmal auf dem Datenträger vorhanden ist. Diese Funktion ist sehr praktisch und wird zum Beispiel im Startmenü von Windows genutzt. Auch auf dem Desktop legt man sich oft eine Verknüpfung zu einer Programmdatei an. Auch hier wird keineswegs die eigentliche Programmdatei auf den Desktop kopiert, sondern es wird nur eine ganz kleine Datei erstellt, deren Inhalt beinahe nur die Angabe des Datei- und Verzeichnispfades zur gewünschten Quelldatei ist. Auf dem Linux-Dateisystem Ihres Home Servers gibt es neben dieser Art der Verknüpfung (man nennt sie dort *symbolische Verknüpfung*) aber noch eine weitere Art, nämlich die *harte Verknüpfung*. Bei dieser Art der Verknüpfung gibt es neben der Originaldatei keine zweite kleine Datei, die den Dateipfad zum Original enthält. Vielmehr ist direkt im Dateisystem bei der entsprechenden Datei vermerkt, dass sie in zwei Verzeichnissen vorhanden ist. Sie ist also quasi »wirklich« in beiden Verzeichnissen komplett vorhanden, obwohl sie nur einmal den Speicherplatz auf dem Speichermedium belegt und nur einmal physikalisch vorhanden ist. Die Datei ist also nur logisch doppelt vorhanden. Dieses Konzept kann sich `rsync` für ein Backup zunutze machen: Dank der harten Verknüpfung können Sie nun problemlos beispielsweise jeden Tag ein Backup anlegen und für jeden Tag eine 1:1-Kopie in einem neuen Verzeichnis erstellen. Sie erhalten also für jeden Tag ein eigenes Verzeichnis, in dem sich jeweils die kompletten Daten befinden. Dabei werden die harten Verknüpfungen genutzt, so dass sämtliche Daten nur jeweils einmal den Speicherplatz belegen, obwohl sie in mehreren Verzeichnissen vorhanden sind. Das gilt natürlich nur so lange, wie die Dateien stets identisch sind. Geänderte Dateifassungen belegen jeweils einmal den jeweiligen Speicherplatz. Dabei müssen nur geänderte Daten vom Quellgerät kopiert werden, unveränderte werden einfach durch harte Verknüpfungen eingefügt. Auf diese Weise haben Sie von Dateien also nicht nur eine Kopie, sondern Sie verfügen über eine Sammlung von Sicherheitskopien, die auch eine längere Zeit zurückreichen. Jetzt macht es gar nichts, wenn Sie eine Datei versehentlich verändern oder löschen und `rsync` ausführen. Zwar ist die Datei dann auch in der aktuellen Backup-Version nicht mehr im Originalzustand enthalten, aber Sie können problemlos in dem Verzeichnis einer früheren Backup-Fassung nachsehen und finden dort die benötigten Daten wieder.

Die harten Verknüpfungen bieten im Unterschied zu den symbolischen Verknüpfungen einen weiteren Vorteil: Eine Datei bleibt so lange im Dateisystem vorhanden und kann jederzeit genutzt werden, wie sie (über diese harte Verknüpfung) in mindestens einem Verzeichnis vorhanden ist. Das bedeutet, dass Sie jederzeit in Ihrem Backup-Verzeichnis »aufräumen« können. Sie können beliebige Duplikate des Backups löschen. Sie können die älteste Version löschen oder irgendeine Fassung mitten aus der Historie. Solange eine Datei noch in einem Verzeichnis vorhanden ist, können Sie auf sie zugreifen. Das macht diese Version des Backups besonders effizient. Speicherplatz wird bei erneuten Backup-Vorgängen nur dann belegt, wenn sich der Dateiinhalt verändert hat. Und Daten werden von `rsync` auch nur dann übertragen, wenn es Veränderungen gegeben hat. Dies bezeichnet man auch als *inkrementelles Backup*. Ein Backup mit `rsync` kann also sehr schnell gehen und (unter Umständen) nur wenig Daten übertragen, weshalb es auch für die Nutzung über das Internet und eine VPN-Verbindung interessant ist. `rsync` hat sogar eine Spezialfunktion eingebaut, die es erlaubt, nur die Teile einer Datei zu übertragen, die sich verändert haben. Das ist praktisch, wenn sich eine große Datei nur in einem Bruchstück verändert hat.

`rsync` kann ganz bequem über das Netzwerk genutzt werden. Auf Linux-Systemen steht es unkompliziert zur Verfügung. Sie können es direkt auf dem Home Server verwenden und ebenso zur Sicherung von Daten eines weiteren Linux-Rechners nutzen. Auch auf anderen Betriebssystemen steht `rsync` zur Verfügung. Unter Windows gibt es das Programm allerdings nicht direkt in gewohnter Form. Hier müssen Sie zunächst eine kleine Linux-Umgebung starten, die `rsync` enthält. Anschließend können Sie das Programm auch hier problemlos nutzen. Über das Netzwerk werden die Daten über eine SSH-Verbindung übertragen. Der Datentransfer erfolgt also verschlüsselt, womit Sie `rsync` theoretisch auch direkt über das Internet nutzen könnten.

16.2 Wo hat »rsync« Nachteile, und wie unterscheidet es sich von anderen Backup-Systemen?

`rsync` hat allerdings nicht nur Vorteile, sondern auch Besonderheiten, die Sie bei der Nutzung berücksichtigen sollten. Zuerst einmal arbeitet `rsync` auf der Ebene des Dateisystems. Es kann problemlos einzelne Dateien, Verzeichnisse oder ein ganzes Laufwerk sichern, berücksichtigt dabei aber stets nur »normale« Dateien und Verzeichnisse. Nicht berücksichtigt werden etwa die Dateisystemtabelle oder der Bootsektor der Festplatte. Sie erhalten also eine 1:1-Kopie von den vorhandenen Dateien, aber keine 1:1-Kopie des gesamten Laufwerks inklusive der Spezialinformationen. `rsync` legt kein *Image* an, wie es etwa der `dd`-Befehl beim Backup aus Kapitel 24, »Das System sichern«, macht. Sie können also mit `rsync` nicht den Systemdatenträger des Rechners so sichern, dass der Rechner nach der Wiederherstellung des kompletten Backups wieder normal startet. Das müssen Sie im Hinterkopf behalten, es gilt aber so für eine Vielzahl »gewöhnlicher« Backup-Programme. Ein zweiter Punkt betrifft die Art, wie `rsync` funktioniert. Es arbeitet nämlich nur »auf Anfrage«, also nur dann, wenn Sie das Programm aufrufen. Dann synchronisiert es den jeweiligen Datenbestand einmal und beendet sich wieder. Keinesfalls überwacht es den Datenbestand fortlaufend in Echtzeit und synchronisiert auch nicht fortwährend im Hintergrund. Damit unterscheidet sich `rsync` deutlich von dem, was moderne Cloud-Umgebungen bieten. Zur Nextcloud, deren Installation in Kapitel 13, »Die eigene Cloud mit Nextcloud« beschrieben ist, gibt es beispielsweise einen Desktopclient, der fortlaufend den

Inhalt einzelner Verzeichnisse überwacht und sofort und automatisch bei einer Dateiänderung aktiv wird und den jeweiligen Verzeichnisinhalt mit der Cloud synchronisiert. Auch dabei werden ältere Dateiversionen beibehalten und können beliebig wiederhergestellt werden. Dabei überwacht die Nextcloud stets auch den zur Verfügung stehenden Speicherplatz auf dem Zielgerät und löscht ältere Backup-Fassungen automatisch und intelligent, so dass sehr viele relativ neue Backup-Fassungen und nur sehr wenige sehr alte Versionen vorhanden sind. Dies geht mit `rsync` nicht so ohne weiteres, beziehungsweise nicht ohne manuelles Zutun und ein wenig Programmieren. Wer also für einen überschaubaren Datenbestand ein komfortables Backup-System sucht, der ist mit der Nextcloud auf dem Home Server und dem zugehörigen Desktopclient besser bedient als mit `rsync`. Dafür hat `rsync` den Vorteil, dass es ressourcensparend arbeitet und sehr flexibel eingesetzt werden kann. Aber genug der Nachteile. Jetzt wissen Sie alles Wichtige über `rsync` und können das Programm einmal ausprobieren. Aber Vorsicht: Die Nutzung von `rsync` ist nicht ganz einfach, das Programm richtet sich eher an Nutzer mit etwas Erfahrung. Sie sollten, bevor Sie mit wichtigen Daten arbeiten, auf alle Fälle zunächst mit unkritischen Testdaten üben, bis Sie das Programm und seine Bedienung verinnerlicht haben.

Im weiteren Verlauf des Kapitels zeige ich Ihnen, wie Sie `rsync` bei sich zu Hause einsetzen können. Nach der Installation können Sie `rsync` zunächst direkt auf dem Home Server ausprobieren und ein wenig damit experimentieren. Danach zeige ich Ihnen, wie Sie das Programm auch unter Windows nutzen und wie Sie es automatisiert starten können, so dass das Programm zu festgelegten Zeiten ohne Zutun aktiv wird.

16.3 Die Installation von »rsync« auf dem Home Server

Auf Ihrem Home Server können Sie `rsync` ganz einfach installieren, denn das Programm ist direkt in den Paketquellen des Betriebssystems enthalten. Dasselbe gilt für allgemeine Linux-Rechner, die auf Debian basieren. Wenn Sie einen Desktoprechner etwa unter Ubuntu nutzen, dann ist die Installation genauso einfach. Aktualisieren Sie zunächst die Referenzierung der Paketquellen mit `sudo apt update`, und führen Sie dann folgenden Befehl aus:

```
sudo apt install rsync
```

Das war es schon. Die eigentliche Installation ist sehr schnell durchgeführt (wie Abbildung 16.1 zeigt), denn `rsync` ist nicht sonderlich groß. Möglicherweise ist das Programm bei Ihnen sogar schon vorhanden, worüber Sie kurz informiert werden. Nach der Installation kann `rsync` sofort verwendet werden.

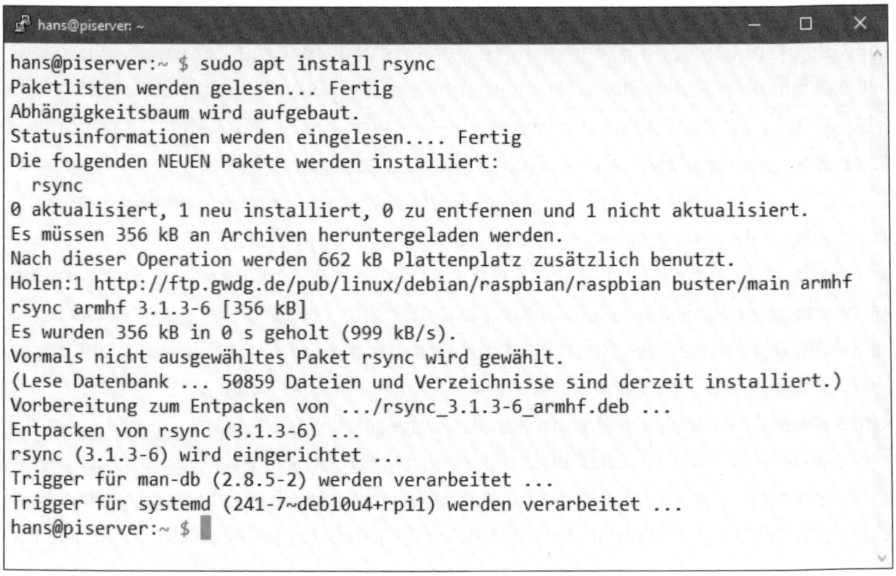

```
hans@piserver:~ $ sudo apt install rsync
Paketlisten werden gelesen... Fertig
Abhängigkeitsbaum wird aufgebaut.
Statusinformationen werden eingelesen.... Fertig
Die folgenden NEUEN Pakete werden installiert:
  rsync
0 aktualisiert, 1 neu installiert, 0 zu entfernen und 1 nicht aktualisiert.
Es müssen 356 kB an Archiven heruntergeladen werden.
Nach dieser Operation werden 662 kB Plattenplatz zusätzlich benutzt.
Holen:1 http://ftp.gwdg.de/pub/linux/debian/raspbian/raspbian buster/main armhf
rsync armhf 3.1.3-6 [356 kB]
Es wurden 356 kB in 0 s geholt (999 kB/s).
Vormals nicht ausgewähltes Paket rsync wird gewählt.
(Lese Datenbank ... 50859 Dateien und Verzeichnisse sind derzeit installiert.)
Vorbereitung zum Entpacken von .../rsync_3.1.3-6_armhf.deb ...
Entpacken von rsync (3.1.3-6) ...
rsync (3.1.3-6) wird eingerichtet ...
Trigger für man-db (2.8.5-2) werden verarbeitet ...
Trigger für systemd (241-7~deb10u4+rpi1) werden verarbeitet ...
hans@piserver:~ $
```

Abbildung 16.1 Rsync wird auf dem Home Server installiert.

16.4 Ein erster Test direkt auf dem Home Server

Für einen ersten Test von `rsync` können Sie direkt auf dem Home Server arbeiten, denn `rsync` kann auch zum Erstellen von Backups auf diesem Gerät genutzt werden. Zum Üben legen Sie am besten zunächst ein Verzeichnis mit einigen Dateien als Quellverzeichnis an. Von diesem Verzeichnis werden Sie mit `rsync` ein Backup erstellen. Ich gehe beispielhaft davon aus, dass Sie das Verzeichnis */home/hans/dokumente* sichern möchten. Beim Backup werden automatisch (sofern vorhanden) alle Unterverzeichnisse mit gesichert. Als Zweites benötigen Sie noch ein Zielverzeichnis. Damit es keine Probleme gibt, sollten Sie dieses (leere) Verzeichnis zunächst auch schon anlegen. Zum Üben kann das Verzeichnis auf der Speicherkarte beziehungsweise dem Speichergerät liegen, auf dem sich auch die Quelldaten befinden. Für ein »richtiges« Backup sollten Sie offensichtlich ein anderes Speichergerät wählen. Als Beispiel wähle ich den Verzeichnispfad */media/usbhdd1/backup/hans/dokumente*. Achten Sie darauf, dass der aktuelle Benutzer für das Backup-Verzeichnis über Schreibrechte verfügt (und die Quelldaten lesen darf). Ich zeige Ihnen nun zunächst, wie Sie mit `rsync` eine einfache 1:1-Kopie erstellen und sie anschließend aktualisieren. Später zeige ich Ihnen, wie Sie mit harten Verknüpfungen und mehreren Versionen arbeiten können. Für die einfache Kopie geben Sie folgenden Befehl ein (den Sie auch in Abbildung 16.2 sehen):

```
rsync -av --progress --stats /home/hans/dokumente/ ⮐
  /media/usbhdd1/backup/hans/dokumente/
```

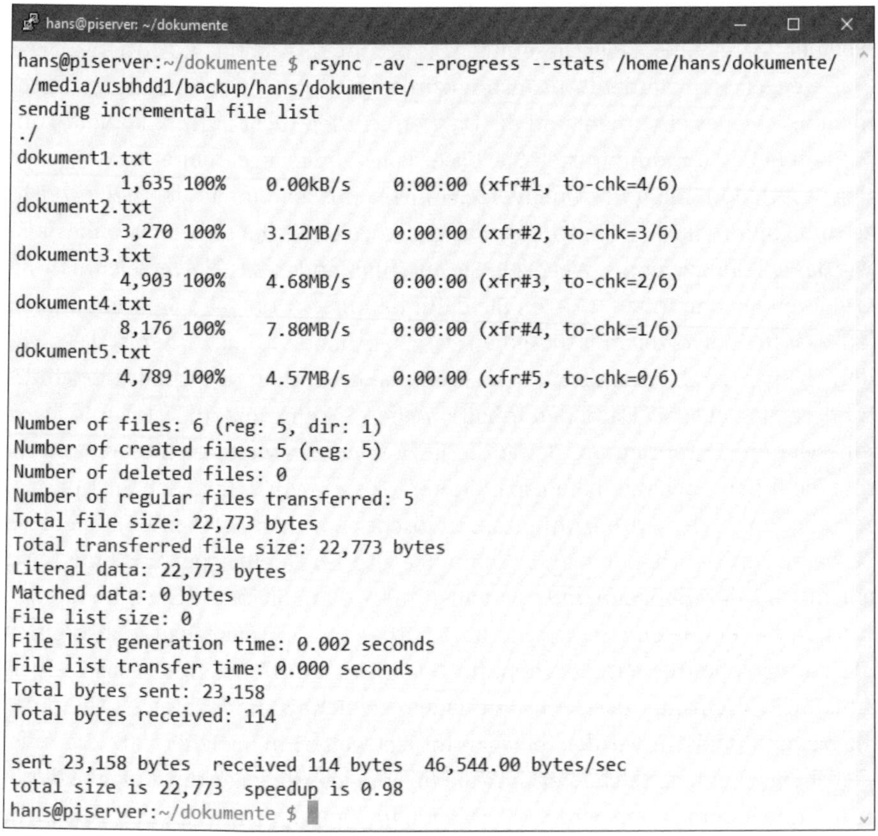

Abbildung 16.2 Rsync hat die ersten Dateien kopiert.

Die Optionen `-av --progress --stats` nach dem `rsync`-Befehl aktivieren verschiedene Funktionen: `-a` ist zunächst einmal ein »Sammelparameter«, der diverse Einzeloptionen zusammenfasst. Wenn er gesetzt ist (und er wird sinnvollerweise fast immer gesetzt), dann werden automatisch auch sämtliche Unterverzeichnisse gesichert. Symbolische Verknüpfungen werden ebenso mitkopiert wie die Datei- und Verzeichnisrechte, die Zeitstempel bei Veränderungen und die Besitzeigenschaften (Besitzer und besitzende Gruppe). Außerdem werden spezielle Dateien und Gerätedateien kopiert. Mit `v` legen Sie fest, dass `rsync` während des Kopiervorgangs ausführliche Informationen ausgibt. (`v` ist genauso wie `a` ein eigenständiger Parameter. Da es Einzelbuchstaben sind, ist es möglich, beide direkt hintereinander zu schreiben und nur ein einleitendes `-`-Zeichen einzugeben.) Der Parameter `--progress` weist `rsync` an, während des Kopiervorgangs Fortschrittsmeldungen auszugeben, und dank `--stats` erhalten Sie am Ende des Vorgangs eine Zusammenfassung. (Die drei letztgenannten Parameter sind rein informativ und optional; sie können auch weggelassen werden.) Anschließend benennen Sie das Quellverzeichnis, dessen Inhalt von `rsync` niemals verändert wird. Als Letztes legen Sie das Zielverzeichnis fest. Dieses wird mit dem

Quellverzeichnis synchronisiert. Achten Sie ganz besonders auf die Schrägstriche am Ende beider Verzeichnispfade! Diese sind ganz besonders wichtig und dürfen auf keinen Fall weggelassen werden! Ansonsten würde `rsync` das entsprechende Verzeichnis nicht als solches erkennen, und die Dateien würden nicht korrekt kopiert. Führen Sie den Befehl aus, und warten Sie, bis er vollständig abgearbeitet wurde. `rsync` vergleicht nun den Inhalt des Quellverzeichnisses mit dem Inhalt des Zielverzeichnisses und kopiert die Dateien so, dass das Zielverzeichnis denselben Datenbestand hat wie das Quellverzeichnis. Wechseln Sie anschließend in das Zielverzeichnis, und kontrollieren Sie den Inhalt. Nutzen Sie dafür den Befehl `ls -laht`. Sie werden feststellen, dass im Zielverzeichnis dieselben Daten vorhanden sind. Bisher ist das nicht sonderlich spannend. Verändern Sie jetzt einmal den Inhalt des Quellverzeichnisses. Ändern Sie bei einer Datei den Inhalt, löschen Sie eine andere Datei, und legen Sie eine weitere Datei neu an. Bevor Sie jetzt `rsync` ein weiteres Mal ausführen, möchte ich Ihnen noch den Befehlsparameter `--delete` vorstellen, den Sie optional nutzen können. In der Grundkonfiguration löscht `rsync` nämlich keine Dateien, die im Zielverzeichnis vorhanden sind. Sollten Sie also im Quellverzeichnis eine Datei versehentlich gelöscht haben und `rsync` ausführen, dann bleibt die Datei im Zielverzeichnis vorhanden (wenn Sie bereits dort vorhanden ist). Sie erhalten also einen Schutz vor versehentlichem Löschen. Im Gegenzug ist offensichtlich das Zielverzeichnis nicht mehr identisch mit dem Quellverzeichnis, und Dateien, die in der Quelle bewusst gelöscht wurden, belegen im Ziel weiterhin Speicherplatz. Sie müssen selbst entscheiden, welche Variante Sie für Ihre jeweilige Backup-Aufgabe benötigen. Mit folgendem Befehl wird `rsync` Dateien im Zielverzeichnis löschen, die nicht (mehr) im Quellverzeichnis vorkommen:

```
rsync -av --progress --stats --delete /home/hans/dokumente/ ⮐
  /media/usbhdd1/backup/hans/dokumente/
```

Sie sehen (auch in Abbildung 16.3), der einzige Unterschied zum vorigen `rsync`-Aufruf ist jener Parameter `--delete`. Testen Sie ruhig beide Varianten, und prüfen Sie jeweils den Inhalt des Zielverzeichnisses. So bekommen Sie schnell ein Gefühl für die Arbeitsweise. Denken Sie aber immer daran, niemals den Schrägstrich am Ende der Verzeichnisketten zu vergessen.

[*]

Auch für »rsync« gelten die üblichen Benutzerrechte

Übrigens: `rsync` muss sich selbstverständlich auch den Rechten des Dateisystems unterwerfen. Hier geht es konkret um den Benutzer, der `rsync` aufruft. Wenn man `rsync` nicht mit *root*-Rechten startet, dann können nur die Daten gelesen werden, auf die der aktuelle Benutzer Zugriff hat. Auch in das Zielverzeichnis kann nur geschrieben werden, wenn dies der aktuelle Benutzer darf. Müssen geschützte Daten gelesen werden, dann rufen Sie `rsync` einfach mit vorgestelltem `sudo` auf.

```
hans@piserver: ~/dokumente
hans@piserver:~/dokumente $ rsync -av --progress --stats --delete /home/hans/dokum
ente/ /media/usbhdd1/backup/hans/dokumente/
sending incremental file list
deleting dokument5.txt
deleting dokument4.txt
./

Number of files: 4 (reg: 3, dir: 1)
Number of created files: 0
Number of deleted files: 2 (reg: 2)
Number of regular files transferred: 0
Total file size: 9,808 bytes
Total transferred file size: 0 bytes
Literal data: 0 bytes
Matched data: 0 bytes
File list size: 0
File list generation time: 0.002 seconds
File list transfer time: 0.000 seconds
Total bytes sent: 126
Total bytes received: 56

sent 126 bytes  received 56 bytes  364.00 bytes/sec
total size is 9,808  speedup is 53.89
hans@piserver:~/dokumente $
```

Abbildung 16.3 Rsync hat im Quellverzeichnis gelöschte Dateien auch im Zielverzeichnis entfernt.

Mit diesem grundlegenden Befehl können Sie problemlos eine einfache Kopie von einem Verzeichnis mit beliebigem Inhalt erstellen. Als Nächstes zeige ich Ihnen, wie Sie `rsync` über eine Netzwerkverbindung mit einem anderen Linux-Rechner nutzen.

16.5 Die Verwendung von »rsync« über das Netzwerk mit einem anderen Linux-Rechner

Wenn Sie im Heimnetzwerk einen anderen Linux-Rechner betreiben, dann können Sie `rsync` problemlos zum Erstellen von Backups verwenden, die auf dem Home Server abgelegt werden sollen. Dabei muss `rsync` sowohl auf dem Home Server als auch auf dem Quellgerät installiert sein. Sofern noch nicht geschehen, installieren Sie also (wie im vorigen Abschnitt gezeigt) zunächst `rsync` auf beiden Computern.

Als Nächstes benötigen Sie auf dem Quellrechner (egal, ob Desktop-PC oder Notebook) zunächst wieder ein Verzeichnis mit einigen Dateien zum Üben. Ich gehe hier beispielhaft vom Verzeichnispfad */home/max/schularbeiten* aus. Auf dem Home Server soll die Kopie für mein Beispiel im Verzeichnis */media/usbhdd1/backup/max/schularbeiten* abgelegt werden. Legen Sie bitte ebenfalls ein frei wählbares (leeres)

Zielverzeichnis auf dem Home Server an, und achten Sie darauf, dass der gewünschte Benutzer Schreibrechte auf dieses Verzeichnis hat.

[+]

Angst vor Fehlbedienungen? Machen Sie einen Trockenlauf!

Bei der Benutzung von rsync gibt es eine Menge Optionen, und Sie müssen genau darauf achten, die richtigen Werte einzugeben. Wenn Sie sich nicht sicher sind, ob der eingegebene Befehl wirklich das gewünschte bewirkt, dann bietet es sich an, rsync in den Simulationsmodus zu versetzen. Fügen Sie dafür einfach den Parameter -n hinzu. Er bewirkt, dass rsync alle Arbeitsschritte auf dem Bildschirm anzeigt, ohne sie wirklich auszuführen. Prüfen Sie, ob alles so ablaufen würde wie gewünscht. Wenn ja, dann können Sie den Befehl ohne das -n ausführen. Dann werden alle Schritte tatsächlich ausgeführt, und Sie können sicher sein, dass das Gewünschte passiert. Im Englischen wird dieser Modus übrigens auch *dry run* (also »Trockenlauf«) genannt.

Der rsync-Befehl für ein Backup über die Netzwerkverbindung unterscheidet sich nur in der Angabe des Zielverzeichnisses vom vorigen Beispiel. Über das Netzwerk wird eine SSH-Verbindung zum Datentransfer verwendet. Über diese Verbindung »unterhalten« sich die beiden rsync-Programme auf dem Quellgerät und dem Home Server miteinander und vergleichen den Verzeichnisinhalt. Daher wird das Zielverzeichnis im folgenden Befehl auch mit einem Vorsatz angegeben, der den (Netzwerk-)Weg zum Zielgerät enthält:

```
rsync -av --progress --stats /home/max/schularbeiten/ ⮐
  max@192.168.178.10:/media/usbhdd1/backup/max/schularbeiten/
```

Sie sehen, dass bei dem Ziel neben der IP-Adresse des Home Servers (hier: 192.168.178.10) auch ein Benutzername angegeben wird (hier: max). Das zeigt auch Abbildung 16.4.

Unter diesem Benutzerkonto wird rsync auf dem Home Server ausgeführt. Deswegen ist es wichtig, dass dieser Benutzer auf dem Home Server über Schreibrechte für das Zielverzeichnis verfügt. Es ist durchaus sinnvoll, denselben Benutzername sowohl auf dem Quellgerät als auch auf dem Zielgerät zu verwenden, aber das muss keineswegs so sein, die Benutzernamen können sich auch unterscheiden. Nach den »Login-Daten« steht ein Doppelpunkt, danach folgt der komplette Verzeichnispfad für die Speicherung auf dem Zielgerät, ausgehend von der Wurzel des Dateisystems – und unterscheidet sich damit ab hier nicht mehr von dem, was Sie im vorigen Abschnitt kennengelernt haben. Wenn Sie den Befehl auf dem Quellrechner ausführen, werden Sie nach dem Passwort für den Home Server gefragt. Geben Sie das Passwort ein, das zum jeweiligen Benutzerkonto gehört. Ich habe hier beispielhaft *max* verwendet, Sie müssen das natürlich Ihrer Situation anpassen. Eventuell erhalten Sie zuerst eine

Sicherheitsabfrage, die Ihnen einen Fingerabdruck des SSH-Zertifikats anzeigt. Hierüber können fortgeschrittene Nutzer sicherstellen, dass sie den korrekten Zielrechner ansprechen und dass sich keine Angreifer in die Verbindung gemogelt haben und diese manipulieren. Bestätigen Sie die Rückfrage mit einem `yes`, und drücken Sie auf [↵].

```
max@desktoprechner: ~/schularbeiten
max@desktoprechner:~/schularbeiten$ rsync -av --progress --stats /home/max/schular
beiten/ max@192.168.178.10:/media/usbhdd1/backup/max/schularbeiten/
max@192.168.178.10's password:
sending incremental file list
./
bio1.txt
        20,527 100%    0.00kB/s    0:00:00 (xfr#1, to-chk=4/6)
deutsch1.txt
        36,388 100%   34.70MB/s    0:00:00 (xfr#2, to-chk=3/6)
englisch1.txt
        12,130 100%    5.78MB/s    0:00:00 (xfr#3, to-chk=2/6)
mathe1.txt
        13,063 100%    4.15MB/s    0:00:00 (xfr#4, to-chk=1/6)
mathe2.txt
         2,800 100%  911.46kB/s    0:00:00 (xfr#5, to-chk=0/6)

Number of files: 6 (reg: 5, dir: 1)
Number of created files: 5 (reg: 5)
Number of deleted files: 0
Number of regular files transferred: 5
Total file size: 84,908 bytes
Total transferred file size: 84,908 bytes
Literal data: 84,908 bytes
Matched data: 0 bytes
File list size: 0
File list generation time: 0.001 seconds
File list transfer time: 0.000 seconds
Total bytes sent: 85,319
Total bytes received: 114

sent 85,319 bytes  received 114 bytes  18,985.11 bytes/sec
total size is 84,908  speedup is 0.99
max@desktoprechner:~/schularbeiten$
```

Abbildung 16.4 Die Schularbeiten wurden vom »desktoprechner« auf den Home Server kopiert.

Nach Ausführung des Befehls kontrollieren Sie den Datenbestand auf dem Home Server. Sie werden sehen, dass dort das Zielverzeichnis den Inhalt des Quellverzeichnisses übernommen hat. Nun können Sie in der Quelle wieder einige Dateien verändern und `rsync` genau wie zuvor erneut aufrufen. Dabei haben Sie wieder die Wahl, ob Sie zusätzlich den Parameter `--delete` verwenden möchten oder nicht. Eine anschließende Überprüfung zeigt Ihnen, dass alle Änderungen übernommen wurden (siehe Abbildung 16.5).

```
hans@piserver: /media/usbhdd1/backup/max/schularbeiten
hans@piserver:~ $ cd /media/usbhdd1/backup/max/schularbeiten/
hans@piserver:/media/usbhdd1/backup/max/schularbeiten $ ls -laht
insgesamt 100K
drwxr-xr-x 3 max max 4,0K Okt  3 12:31 ..
drwxr-xr-x 2 max max 4,0K Okt  3 12:30 .
-rw-r--r-- 1 max max  12K Okt  3 12:30 englisch1.txt
-rw-r--r-- 1 max max  36K Okt  3 12:30 deutsch1.txt
-rw-r--r-- 1 max max 2,8K Okt  3 12:30 mathe2.txt
-rw-r--r-- 1 max max  21K Okt  3 12:30 bio1.txt
-rw-r--r-- 1 max max  13K Okt  3 12:30 mathe1.txt
hans@piserver:/media/usbhdd1/backup/max/schularbeiten $
```

Abbildung 16.5 Die Dateien wurden auf dem Home Server korrekt abgelegt.

Übrigens: Sie können `rsync` auch »umgekehrt« verwenden. Sie können auf dem Linux-Rechner durchaus den Home Server als Quelle angeben und den aktuellen Rechner als Ziel nutzen. So können Sie auch von den Daten des Home Servers (von einem anderen Rechner aus) ein Backup anlegen. Folgender Befehl sichert etwa das gesamte Home-Verzeichnis des Benutzers *hans* (zu finden unter */home/hans/*) vom Home Server in das Verzeichnis */media/exthdd/backup/homeserver/homes/hans* auf dem aktuellen Gerät:

```
rsync -av --progress --stats hans@192.168.178.10:/home/hans/ ⮐
  /media/exthdd/backup/homeserver/homes/hans/
```

Bei der Ausführung (Sie müssen die Daten inklusive der IP-Adresse des Home Servers Ihrer Situation anpassen) werden Sie nach dem Benutzernamen vom Benutzer auf dem Home Server gefragt, anschließend werden die Daten vom Home Server auf den aktuellen Rechner kopiert. Auch hier können Sie wieder problemlos Änderungen ausprobieren.

[+]

Möchten Sie von gelöschten oder veränderten Dateien eine Sicherungskopie erstellen?

Bei wichtigen Projekten kann es vorteilhaft sein, von gelöschten oder veränderten Dateien eine Sicherungskopie zu behalten. Falls Sie etwas versehentlich gelöscht oder verändert haben (und `rsync` ausführen), dann behalten Sie immer eine Kopie des ursprünglichen Zustands (aus dem Zielverzeichnis) bei. Diese Sicherungskopien legt `rsync` in einem separaten Verzeichnis ab, so dass im eigentlichen Zielverzeichnis keine Unordnung entsteht. Das Verzeichnis mit den Sicherungskopien können Sie später – wenn Sie es nicht mehr benötigen – jederzeit löschen. Möchten Sie diese Option nutzen, dann fügen Sie zwei Parameter zum `rsync`-Befehl hinzu: `-b` aktiviert erstens den Sicherungsmodus. Zweitens fügen Sie `--backup-dir=VERZEICHNIS` hinzu. Dabei ersetzen Sie `VERZEICHNIS` durch den Pfad zum gewünschten Sicherungsverzeichnis (das Sie am besten schon vorher angelegt haben). Sein Speicherort kann beliebig gewählt werden.

```
max@piserver: ~
max@piserver:~ $ rsync -av --progress --stats /media/usbhdd1/backup/max/schularbei
ten/ max@desktoprechner:/home/max/schularbeiten_wiederhergestellt/
max@desktoprechner's password:
sending incremental file list
./
bio1.txt
        20,527 100%    0.00kB/s    0:00:00 (xfr#1, to-chk=4/6)
deutsch1.txt
        36,388 100%   34.70MB/s    0:00:00 (xfr#2, to-chk=3/6)
englisch1.txt
        12,130 100%    2.89MB/s    0:00:00 (xfr#3, to-chk=2/6)
mathe1.txt
        13,063 100%    3.11MB/s    0:00:00 (xfr#4, to-chk=1/6)
mathe2.txt
         2,800 100%  683.59kB/s    0:00:00 (xfr#5, to-chk=0/6)

Number of files: 6 (reg: 5, dir: 1)
Number of created files: 5 (reg: 5)
Number of deleted files: 0
Number of regular files transferred: 5
Total file size: 84,908 bytes
Total transferred file size: 84,908 bytes
Literal data: 84,908 bytes
Matched data: 0 bytes
File list size: 0
File list generation time: 0.002 seconds
File list transfer time: 0.000 seconds
Total bytes sent: 85,319
Total bytes received: 114

sent 85,319 bytes  received 114 bytes  24,409.43 bytes/sec
total size is 84,908  speedup is 0.99
max@piserver:~ $
```

Abbildung 16.6 Alle Richtungen sind möglich: Als Beispiel kopiert der Home Server hier Dateien zurück auf den »desktoprechner« und der Befehl wurde am Home Server eingegeben.

Damit können Sie bereits einfache Sicherungskopien zwischen Linux-Rechnern erstellen. Jetzt erkläre ich Ihnen die Nutzung von `rsync` auf Windows-Geräten.

16.6 Die Nutzung von »rsync« auf einem Windows-Computer

Unter dem Betriebssystem Windows steht `rsync` leider nicht direkt ab Werk zur Verfügung und kann auch nicht über ein einfaches Programm nachgerüstet werden. Stattdessen geht der »offizielle« Weg so, dass man zunächst eine kleine Linux-Umgebung installiert, die `rsync` enthält. Sie erhalten also ein kleines Linux-artiges System, das direkt unter Windows ausgeführt wird und Ihnen ein Terminal anzeigt, das genauso aussieht wie das Terminal, das Sie mit dem Home Server verbindet. Dort können Sie ganz normal Linux-Befehle eingeben und eben auch `rsync` ausführen. Die kleine »Linux-Umgebung« (ganz genau trifft es dieser Begriff nicht, aber er beschreibt anschaulich, worum es etwa geht) nennt sich *Cygwin*. Sie erhalten das Installationsprogramm auf der Internetseite *https://cygwin.com/install.html*.

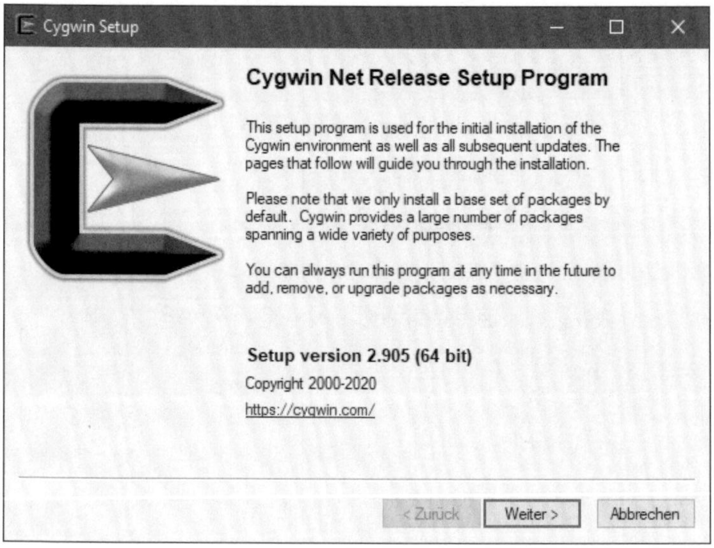

Abbildung 16.7 Das Installationsprogramm von Cygwin

Laden Sie zunächst das Setup-Programm (entweder für ein 32-Bit- oder ein 64-Bit-System) herunter, und starten Sie es. Bei den ersten Schritten können Sie stets auf WEITER klicken (Anpassungen sind selbstverständlich jederzeit möglich). Wenn Sie aufgefordert werden, einen Spiegelserver auszuwählen, dann selektieren Sie einen beliebigen Eintrag aus der Liste. Anschließend können Sie die Komponenten beziehungsweise die Programme und Dienste auswählen, die später im Terminal zur Verfügung stehen sollen. Für die Nutzung von `rsync` benötigen Sie mindestens das Programm `rsync`, den Texteditor `nano` und den SSH-Server (und -Client) `openssh`. Letzteren benötigen Sie für die Kommunikation über das Netzwerk mit dem SSH-Protokoll. Oben im Dialogfenster befindet sich ein Suchfeld. Geben Sie dort nacheinander die drei genannten Programmnamen ein, und tippen Sie jeweils auf [↵]. In der Ergebnisliste öffnen Sie den Eintrag NET beziehungsweise EDITORS und wählen in der Spalte NEW über das Ausklappfeld die höchste (und neueste) Versionsnummer aus. Dadurch wird das ausgewählte Programm für die Installation vorgemerkt. Installieren Sie anschließend Cygwin auf Ihrem Windows-Rechner, indem Sie dem Assistenten folgen. Die Installation wird eine gewisse Zeit in Anspruch nehmen.

Nach der Installation finden Sie Cygwin direkt im Startmenü. Sie können das Programm ganz normal aufrufen und sehen dann (wie in Abbildung 16.9) ein Terminal mit einem Befehls-Prompt, der auf Ihre Eingabe wartet. Hier können Sie die gewohnten Linux-Befehle eingeben, also etwa `cd` zum Wechseln von Verzeichnissen oder `mkdir` zum Anlegen. Auch der Texteditor `nano` ist vorhanden, genauso der `cat`-Befehl zum schnellen Anzeigen von Dateiinhalten.

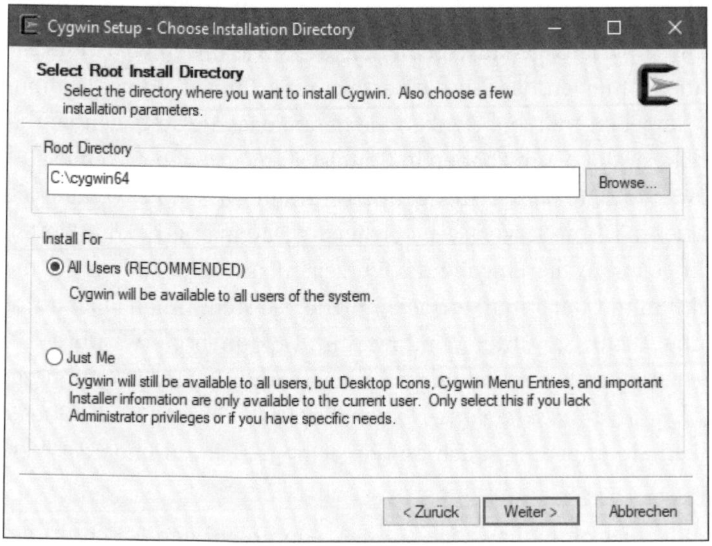

Abbildung 16.8 Der Installer möchte wissen, in welchem Verzeichnis Cygwin installiert werden soll.

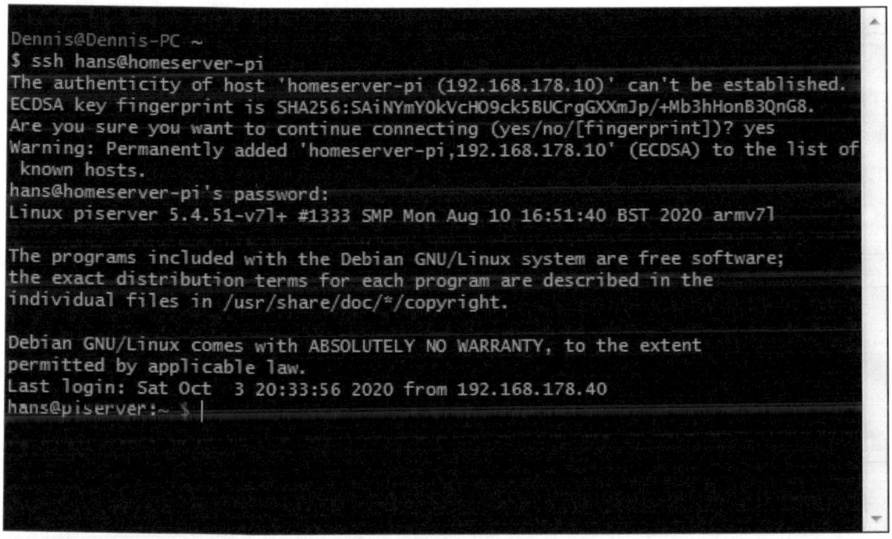

Abbildung 16.9 Das Terminal sieht unter Cygwin sehr vertraut aus.

Eine Besonderheit stellen lediglich die Dateipfade dar. Sie müssen ja irgendwie auf die Laufwerke des Windows-Gerätes zugreifen können. Cygwin bindet alle Windows-Laufwerke unter dem Verzeichnis */cygdrive* ein. Wechseln Sie einmal dorthin, und lassen Sie sich den Inhalt anzeigen. Sie sehen in dem Verzeichnis Unterverzeichnisse, die direkt die jeweiligen Windows-Laufwerke repräsentieren. Unter */cygdrive/c/* finden Sie also das Windows-Laufwerk »C«, also meist die erste eingebaute Festplatte.

Ansonsten können Sie `rsync` jetzt genauso bedienen, wie Sie es in den beiden Absätzen zuvor gelernt haben, nur eben, dass Sie die Verzeichnisse Ihres Windows-Computers auf »Linux-Art« angeben müssen. Denken Sie daran, dass Sie stets den Linux-typischen Schrägstrich / wählen, um Ebenen im Dateisystem anzugeben, keinesfalls darf hier der Windows-typische Backslash \ genutzt werden. Diesen verwenden Sie aber, um – genauso wie am Home Server – Leerzeichen im Dateinamen zu maskieren. Am einfachsten gelingt Ihnen die Eingabe des Verzeichnisnamens, indem Sie die Auto-Complete-Funktion mit der Tabulatortaste nutzen; sie steht Ihnen auch unter Cygwin zur Verfügung. Wenn Sie unter Windows Ihre Dokumente etwa unter *C:\Users\Hans\Documents\Rechnungen und Briefe* finden, dann müssen Sie unter Cygwin entsprechend */cygdrive/c/Users/Hans/Documents/Rechnungen\ und\ Briefe/* eingeben. Bitte denken Sie unbedingt auch an den Schrägstrich am Ende des Verzeichnispfades.

Probieren Sie das ruhig alles einmal aus. Sie können, wie im vorigen Abschnitt gezeigt, auch den Home Server als Quelle verwenden und eine Kopie von seinen Daten auf dem Windows-Gerät abspeichern. Hier gibt es aber einen Stolperstein: Da Windows und Linux unterschiedliche Dateisysteme verwenden, können unter Windows die Dateirechte, die Sie auf dem Home Server verwenden, leider nicht mit gesichert werden. Beim Kopieren können Sie also nur die jeweiligen Dateiinhalte sichern. Nutzen Sie diese Möglichkeit daher nur für »normale« Benutzerdaten wie etwa Dokumente oder Musikstücke, nicht jedoch für Systemdateien, die unbedingt eine Rechteverwaltung erfordern.

Jetzt wird es an der Zeit, dass ich Ihnen zeige, wie Sie ein »richtiges« Backup mit früheren Versionen anlegen.

16.7 Ein Backup mit Versionsgeschichte und harten Verknüpfungen anlegen

Wie eingangs erwähnt, kann `rsync` harte Verknüpfungen nutzen, um frühere Versionen einer Datei (oder besser gesagt, eines ganzen Verzeichnisses) äußerst ressourcenschonend abzulegen. In diesem Abschnitt zeige ich Ihnen, wie das gemacht wird. Wichtig ist, dass diese Art des Backups nur funktioniert, wenn als Ziel ein Linux-Gerät verwendet wird, dessen Speichergerät ein Linux-Dateisystem wie ext2, ext3 oder ext4 nutzt. Auf dem Home Server funktioniert das gut mit dem Systemspeichermedium oder einem entsprechend formatierten externen Datenträger, jedoch beispielsweise nicht mit einem USB-Stick, der ein FAT-Format verwendet.

Als Erstes legen Sie auf dem Quellgerät wieder eine Verzeichnisstruktur mit einigen Daten zum Üben an. Sie können als Quellgerät einen beliebigen Rechner nutzen, am einfachsten ist es jedoch, wenn Sie zum Üben zunächst nur den Home Server verwenden, da die Befehle hier einfacher sind. Beim Zielverzeichnis müssen Sie ein wenig aufpassen, denn nun soll es ja mehrere Zielverzeichnisse geben, die den jeweiligen Datumsstand repräsentieren. Ich gehe einfach einmal davon aus, dass das Verzeichnis */home/hans/dokumente* gesichert werden soll. Als Zielverzeichnis wähle ich */media/usbhdd1/backup/hans/dokumente/2020-12-01*. Ich möchte also vom Verzeichnis *dokumente* am 01. Dezember 2020 ein Backup erzeugen. Ab dann sollen weitere Sicherungskopien angelegt werden, die das jeweilige Datum als Verzeichnisnamen tragen. So wissen Sie stets genau, an welchem Zeitpunkt das Backup erstellt wurde. Legen Sie jetzt zum Üben ruhig eine ähnliche Struktur an. Welches Datum Sie verwenden, spielt keine Rolle, es geht hier nur um Testverzeichnisse. Genauso gut könnten Sie die Backup-Verzeichnisse auch einfach durchnummerieren oder mit den Wochentagen benennen.

Nun zum eigentlichen Backup: Zunächst müssen Sie einen normalen Backup-Lauf mit `rsync` durchführen, um einen ersten »Startwert« für die folgenden Backups zu haben. Führen Sie also, wie zuvor gelernt, einmal `rsync` aus, so dass es das Quellverzeichnis in das soeben erstellte erste Zielverzeichnis kopiert, etwa so:

16

```
rsync -av --progress --stats /home/hans/dokumente/ ⮐
  /media/usbhdd1/backup/hans/dokumente/2020-12-01/
```

Führen Sie den Befehl (angepasst) aus, und kontrollieren Sie anschließend den Inhalt des Zielverzeichnisses. Der Inhalt sollte identisch mit dem Inhalt des Quellverzeichnisses sein. Den Ablauf sehen Sie auch in Abbildung 16.10 und in Abbildung 16.11.

Jetzt verändern Sie den Inhalt des Quellverzeichnisses. Fügen Sie neue Dateien ein, löschen und verändern Sie andere. Danach müssen Sie ein weiteres Verzeichnis für das neue Backup anlegen. Das benennen Sie beispielsweise *2020-12-02* und tun damit so, als wäre ein Tag vergangen (wie gesagt, es geht hier nur um das Üben). Jetzt führen Sie `rsync` erneut aus und teilen ihm dabei über den Parameter `--link-dest=` mit, dass es mit harten Verknüpfungen und einem Verzeichnis als Referenz arbeiten soll. Dem Parameter `--link-dest=` hängen Sie das vorige Verzeichnis an, im Beispiel also das vom 01. Dezember 2020, denn mit diesem soll das neue Verzeichnis vom 02. Dezember 2020 ja »verknüpft« werden. Geben Sie folgenden Befehl ein (und passen Sie ihn an Ihre Situation an):

```
rsync -av --progress --stats /home/hans/dokumente/ ⮐
  --link-dest=/media/usbhdd1/backup/hans/dokumente/2020-12-01/ ⮐
  /media/usbhdd1/backup/hans/dokumente/2020-12-02/
```

```
hans@piserver: ~/dokumente
hans@piserver:~/dokumente $ rsync -av --progress --stats /home/hans/dokumente/ /me
dia/usbhdd1/backup/hans/dokumente/2020-12-01/
sending incremental file list
./
dokument1.txt
          1,635 100%    0.00kB/s    0:00:00 (xfr#1, to-chk=4/6)
dokument2.txt
          3,270 100%    3.12MB/s    0:00:00 (xfr#2, to-chk=3/6)
dokument3.txt
          4,903 100%    4.68MB/s    0:00:00 (xfr#3, to-chk=2/6)
dokument4.txt
         19,041 100%   18.16MB/s    0:00:00 (xfr#4, to-chk=1/6)
dokument5.txt
         54,881 100%   26.17MB/s    0:00:00 (xfr#5, to-chk=0/6)

Number of files: 6 (reg: 5, dir: 1)
Number of created files: 5 (reg: 5)
Number of deleted files: 0
Number of regular files transferred: 5
Total file size: 83,730 bytes
Total transferred file size: 83,730 bytes
Literal data: 83,730 bytes
Matched data: 0 bytes
File list size: 0
File list generation time: 0.002 seconds
File list transfer time: 0.000 seconds
Total bytes sent: 84,125
Total bytes received: 114

sent 84,125 bytes  received 114 bytes  168,478.00 bytes/sec
total size is 83,730  speedup is 0.99
hans@piserver:~/dokumente $
```

Abbildung 16.10 Ein gewöhnlicher Rsync-Lauf kopiert die Dateien für die Einrichtung.

```
hans@piserver: ~/dokumente
hans@piserver:~/dokumente $ ls -laht /media/usbhdd1/backup/hans/dokumente/2020-12-01/
insgesamt 100K
drwxr-xr-x 3 hans hans 4,0K Okt  3 12:47 ..
drwxr-xr-x 2 hans hans 4,0K Okt  3 12:46 .
-rw-r--r-- 1 hans hans  54K Okt  3 12:46 dokument5.txt
-rw-r--r-- 1 hans hans  19K Okt  3 12:46 dokument4.txt
-rw-r--r-- 1 hans hans 4,8K Okt  3 12:21 dokument3.txt
-rw-r--r-- 1 hans hans 3,2K Okt  3 12:21 dokument2.txt
-rw-r--r-- 1 hans hans 1,6K Okt  3 12:21 dokument1.txt
hans@piserver:~/dokumente $
```

Abbildung 16.11 Die erste Kopie war erfolgreich, alle Dateien sind wie gewünscht vorhanden.

Wenn Sie den Befehl ausführen, dann wird in jedem Fall der Inhalt von */home/hans/dokumente/* mit dem Inhalt von */media/usbhdd1/backup/hans/dokumente/2020-12-02/* synchronisiert. Dabei werden in diesem Verzeichnis aber nur die Dateien erneut abgespeichert, die exakt in dieser Form nicht bereits auch schon in */media/usbhdd1/backup/hans/dokumente/2020-12-01/* abgelegt sind. Alle Dateien, die nicht verändert wurden, werden lediglich hart verknüpft.

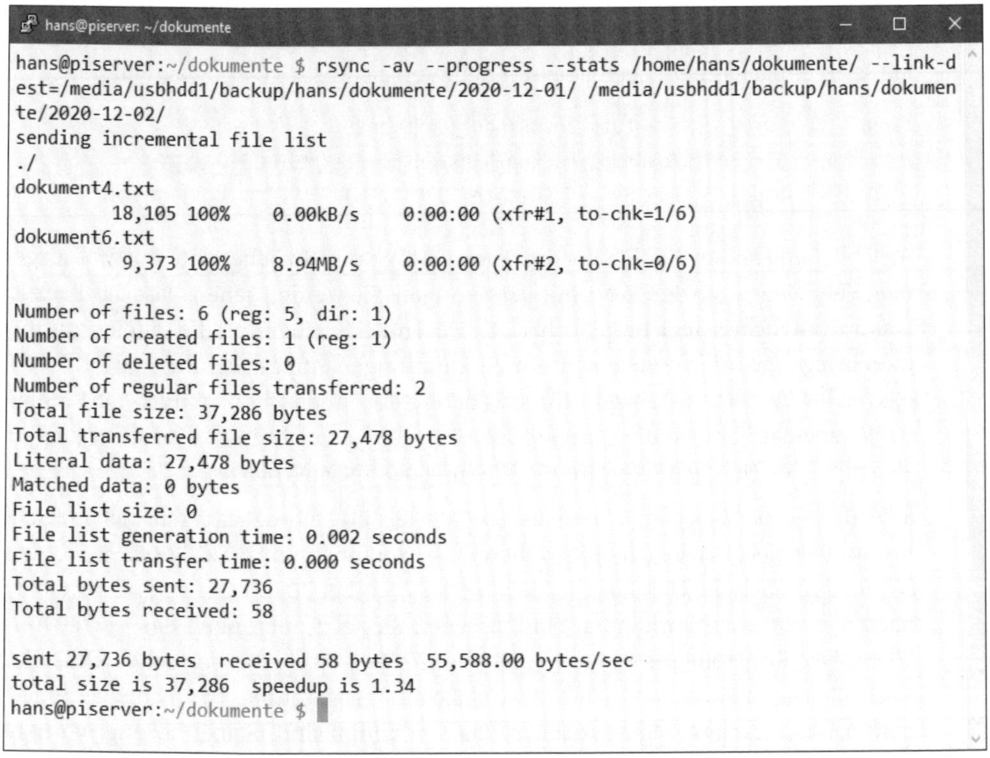

```
hans@piserver:~/dokumente $ rsync -av --progress --stats /home/hans/dokumente/ --link-d
est=/media/usbhdd1/backup/hans/dokumente/2020-12-01/ /media/usbhdd1/backup/hans/dokumen
te/2020-12-02/
sending incremental file list
./
dokument4.txt
         18,105 100%    0.00kB/s    0:00:00 (xfr#1, to-chk=1/6)
dokument6.txt
          9,373 100%    8.94MB/s    0:00:00 (xfr#2, to-chk=0/6)

Number of files: 6 (reg: 5, dir: 1)
Number of created files: 1 (reg: 1)
Number of deleted files: 0
Number of regular files transferred: 2
Total file size: 37,286 bytes
Total transferred file size: 27,478 bytes
Literal data: 27,478 bytes
Matched data: 0 bytes
File list size: 0
File list generation time: 0.002 seconds
File list transfer time: 0.000 seconds
Total bytes sent: 27,736
Total bytes received: 58

sent 27,736 bytes  received 58 bytes  55,588.00 bytes/sec
total size is 37,286  speedup is 1.34
hans@piserver:~/dokumente $
```

Abbildung 16.12 Das differentielle Backup wurde durchgeführt, die geänderten Dateien wurden kopiert und unveränderte Versionen hart verknüpft.

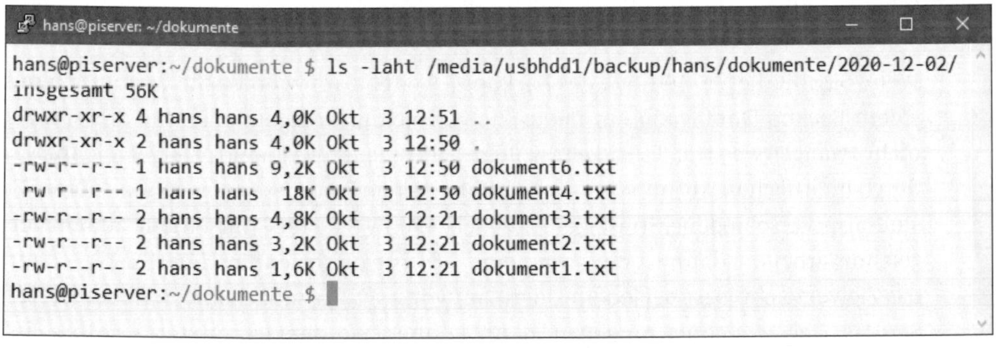

```
hans@piserver:~/dokumente $ ls -laht /media/usbhdd1/backup/hans/dokumente/2020-12-02/
insgesamt 56K
drwxr-xr-x 4 hans hans 4,0K Okt  3 12:51 ..
drwxr-xr-x 2 hans hans 4,0K Okt  3 12:50 .
-rw-r--r-- 1 hans hans 9,2K Okt  3 12:50 dokument6.txt
-rw-r--r-- 1 hans hans  18K Okt  3 12:50 dokument4.txt
-rw-r--r-- 2 hans hans 4,8K Okt  3 12:21 dokument3.txt
-rw-r--r-- 2 hans hans 3,2K Okt  3 12:21 dokument2.txt
-rw-r--r-- 2 hans hans 1,6K Okt  3 12:21 dokument1.txt
hans@piserver:~/dokumente $
```

Abbildung 16.13 Im Zielverzeichnis sind alle Dateien vorhanden, harte Verknüpfungen werden nicht gesondert ausgewiesen.

Sie können das Ganze auch überprüfen: Lassen Sie sich mit `df /` einmal den zur Verfügung stehenden Speicherplatz auf dem Home Server anzeigen. Nutzen Sie bitte nicht den Parameter `-h`, damit Sie den Speicherplatz in Byte angezeigt bekommen. Notieren Sie sich den Wert. Legen Sie jetzt ein drittes Übungsverzeichnis als Zielverzeichnis an, zum Beispiel *2020-12-03*. Verändern Sie keine Dateien, sondern starten Sie `rsync` einfach erneut, jetzt aber mit dem Verzeichnis *2020-12-02* als Referenz:

```
rsync -av --progress --stats /home/hans/dokumente/ ⮐
  --link-dest=/media/usbhdd1/backup/hans/dokumente/2020-12-02/ ⮐
  /media/usbhdd1/backup/hans/dokumente/2020-12-03/
```

Anschließend lassen Sie sich nochmal den verfügbaren Speicherplatz mit `df /` ausgeben. Vergleichen Sie den Wert mit dem vorigen. Sie werden sehen, dass das Backup kaum zusätzlichen Speicherplatz belegt – wesentlich weniger, als die Dateien zusammen belegen würden. Bei den harten Verknüpfungen gibt es allerdings zu beachten, dass jedes Verzeichnis einzeln für sich betrachtet Ihnen dennoch die vollständige Größe anzeigt. Einfach die Dateigrößen über alle Verzeichnisse zu addieren, liefert also nicht den richtigen Wert für die Nutzung des Speicherplatzes.

Jetzt aber noch etwas ganz Wichtiges: Löschen Sie bitte einmal das erste Zielverzeichnis (im Beispiel *2020-12-01*). Kontrollieren Sie den Inhalt von *2020-12-02*. Sie werden sehen, dass auch die Dateien, die Sie am 02. Dezember 2020 *nicht* verändert haben, nach wie vor noch vorhanden sind. Löschen Sie jetzt auch noch das Verzeichnis *2020-12-02*. Kontrollieren Sie den Inhalt von *2020-12-03*. Sie werden sehen, dass hier noch alle Daten vorhanden sind, obwohl Sie am 03. Dezember gar nichts verändert hatten. Wie anfangs gesagt: Dateien, die hart verknüpft sind, bleiben so lange vorhanden, bis Sie das letzte Verzeichnis, in dem sie vorhanden sind, löschen. Dabei spielt es keine Rolle, ob Sie das »Originalverzeichnis« oder eine »Verknüpfung« löschen. Denn diese Begriffe gibt es bei harten Verknüpfungen nicht, es gibt kein »Original«. Die Datei ist einmal auf dem Speichermedium vorhanden, und sie wird gleichberechtigt in allen entsprechenden Verzeichnissen als vorhanden gelistet.

Wenn Sie mit dieser Methode des Backups arbeitet, dann werden Sie vermutlich mit jedem Backup-Durchgang ein neues Zielverzeichnis anlegen, aber das müssen Sie nicht zwangsweise tun. Es ist sehr wohl möglich, den Inhalt eines Zielverzeichnisses durch mehrfachen Aufruf von `rsync` (mit denselben Parametern) zu aktualisieren. Es sind also verschiedene Strategien möglich. Wenn Sie stets mit einem neuen Verzeichnis arbeiten, dann ist der Parameter `--delete` offensichtlich überflüssig – denn das Zielverzeichnis ist bei jedem Durchlauf von `rsync` ja zunächst leer. Aktualisieren Sie das Zielverzeichnis hingegen, dann können Sie den Parameter `--delete` auf Wunsch einsetzen.

Jetzt kennen Sie schon eine ganze Menge über `rsync`. Bevor ich Ihnen zeige, wie Sie das Backup komplett automatisieren, möchte ich Ihnen aber zunächst etwas über die Sicherung und Wiederherstellung von Dateirechten erklären.

16.8 Ein Backup mit Rechteverwaltung für Sonderfälle

Bisher habe ich Ihnen hauptsächlich gezeigt, wie Sie mit rsync mehr oder weniger die eigenen Dateien sichern, also solche Dateien, auf die Sie als Nutzer Zugriff haben. Es gibt auch keine Probleme, wenn Sie als Administrator die Dateien anderer Nutzer direkt auf dem Home Server sichern wollen. Sie nutzen in diesem Fall einfach sowohl für die Sicherung als auch für die Wiederherstellung den sudo-Vorsatz. Das funktioniert auch problemlos, wenn Sie als Ziel ein externes Speichermedium nutzen – dieses sollte nach Möglichkeit auch ein Linux-Dateisystem verwenden. Schwieriger wird es, wenn Sie die Daten auf einen anderen Rechner sichern möchten. rsync liest auf dem Quellrechner sämtliche Dateien und Verzeichnisse mit den Rechten des Nutzers, der das Programm aufgerufen hat, und auf dem Zielrechner werden die Dateien ebenso unter dem Nutzer abgelegt, der das Programm aufruft. Das ist stets der Benutzer, der auf der Kommandozeile angegeben wird. Geben Sie bei rsync also etwa hans@homeserver: ein, dann werden auf dem Home Server alle Dateien auch dem Benutzer *hans* (und der gleichnamigen Gruppe) zugeordnet. Das ist überhaupt kein Problem, solange Sie nur Ihre eigenen Dateien sichern.

Etwas komplizierter wird es, wenn Sie auch »fremde« Dateien auf einen anderen Rechner sichern und sie später mit den Originalrechten und -eigenschaften wiederherstellen möchten. Dabei kann es sich um die eigenen Dateien der anderen Serverbenutzer (zum Beispiel der Familienmitglieder), aber auch um Systemdateien handeln. Schließlich können Sie mit rsync ja auch problemlos den (Datei-)Inhalt der gesamten Systemfestplatte sichern. Nun können Sie rsync auf dem Quellrechner mit dem sudo-Vorsatz problemlos so starten, dass es mit *root*-Rechten ausgeführt wird. Dann kann rsync schon einmal alle Daten auf dem Quellrechner lesen. Allerdings ist es der Zielrechner, auf dem Sie etwas genauer hinsehen müssen. Wenn Sie auf dem (Linux-)Zielrechner Dateien unter anderem Benutzernamen anlegen möchten, dann sind auch dort *root*-Rechte erforderlich, denn nur der Benutzer *root* kann den Besitzer einer Datei beliebig ändern. Aber selbst wenn Sie rsync (auch) auf dem Zielrechner mit *root*-Rechten ausführen, sind Sie nicht am Ziel. Damit dieser Ansatz von Erfolg gekrönt wird, müssen nämlich auf dem Zielrechner (um die Übersichtlichkeit zu wahren) alle Benutzerkonten exakt so angelegt sein wie auf dem Quellrechner. Aber selbst das reicht unter Umständen nicht, denn wenn Sie mit rsync nicht genau aufpassen, dann kann es zu Problemen kommen. Es kann nämlich passieren, dass unterschiedliche Benutzer-IDs zu merkwürdigen Ergebnissen führen. Bedenken Sie: Hinter jedem Benutzerkonto steht in Wahrheit eine Zahl, die sogenannte *UID* (User ID), und Dateien (und Verzeichnisse) werden einer solchen ID zugeordnet, die wiederum mit einem Namen verbunden ist. Es ist leider nur selten der Fall, dass auf zwei Rechnern hier absolute Übereinstimmung herrscht. Wenn Sie mit rsync einfach drauflosarbeiten, dann kann das Resultat sein, dass die Dateien auf dem Zielrechner scheinbar völlig falschen Benutzerkonten zugeordnet werden. So können die Dokumente von Max auf dem Zielgerät plötzlich *www-data* gehören. Auf diese Weise kommen Sie also nicht zum Ziel, und dieser Weg ist für den Einstieg wenig praktikabel.

`rsync` kennt aber noch einen Trick. Und dieser Trick erfordert noch nicht einmal *root*-Rechte. Auf dem Zielserver legt `rsync` die Dateien komplett unter dem Benutzer ab, unter dem das Programm aufgerufen wurde. Sämtliche Dateien des Backups gehören also einem einzigen Benutzer (und dessen gleichnamiger Gruppe). Zusätzlich legt `rsync` zu jeder Datei und zu jedem Verzeichnis aber noch weitere Informationen ab, die es als Attribut (also gewissermaßen als »Tag«) mit in die Dateien schreibt. Diese zusätzlichen Daten geben an, welchen Benutzern die jeweiligen Dateien auf dem Zielgerät gehören. Beim Wiederherstellen der Dateien nutzt `rsync` diese Informationen und kann die Daten wieder den ursprünglichen Benutzern zuordnen. Auf diese Weise ist das Problem gelöst. Offensichtlich sind Sie jetzt aber auch beim Wiederherstellen der Daten auf die Hilfe von `rsync` angewiesen.

Auch diese Methode lernen Sie am besten durch Ausprobieren kennen, wobei sie nur dann überhaupt relevant ist, wenn Sie Daten auf einen weiteren Linux-Rechner sichern möchten. Wenn die Daten den Home Server nicht verlassen, dann werden Sie keine Probleme haben. Ich zeige Ihnen nachfolgend ein Beispiel, wie Sie Daten vom Home Server auf einen anderen Linux-Rechner sichern. Selbstredend ist auch der umgekehrte Weg möglich: Sie können auch Daten eines anderen Linux-Rechners auf den Home Server sichern, dazu müssen Sie nur jeweils die Dateipfade und die Zugangsdaten entsprechend ändern. Wenn Sie das Kopieren auf einen anderen Rechner ausprobieren möchten, dann erstellen Sie zunächst auf dem Home Server ein Übungsverzeichnis als Quelle. Legen Sie einige Dateien ab, die verschiedenen Benutzern gehören sollen. Einige Dateien können Sie sich selbst zuordnen, andere vielleicht den übrigen Serverbenutzern und einige den Nutzern *root* und (sofern vorhanden) *www-data*.

```
hans@piserver: ~/dokumente
hans@piserver:~/dokumente $ ls -lah
insgesamt 80K
drwxr-xr-x 2 hans     hans     4,0K Okt  3 12:56 .
drwxr-xr-x 7 hans     hans     4,0K Okt  3 12:24 ..
-rw-r--r-- 1 root     root     1,1K Okt  3 12:55 Datei_von_root.txt
-rw-r--r-- 1 www-data www-data 6,2K Okt  3 12:56 Datei_von_www-data.txt
-rw-r--r-- 1 hans     hans     1,6K Okt  3 12:21 dokument1.txt
-rw-r--r-- 1 hans     hans     3,2K Okt  3 12:21 dokument2.txt
-rw-r--r-- 1 hans     hans     4,8K Okt  3 12:21 dokument3.txt
-rw-r--r-- 1 hans     hans      18K Okt  3 12:50 dokument4.txt
-rw-r--r-- 1 hans     hans     9,2K Okt  3 12:50 dokument6.txt
-r-------- 1 hans     hans     9,2K Okt  3 12:56 private_Datei.txt
hans@piserver:~/dokumente $
```

Abbildung 16.14 Die Quelle auf dem Home Server: ein paar Dateien mit unterschiedlichen Rechten und Besitzern

Legen Sie ruhig auch ein paar unterschiedliche Zugriffsrechte fest; einige Dateien sollten nur lesbar sein, einige auch veränderbar. Ein Beispiel zeigt Abbildung 16.14.

Legen Sie auf dem Zielrechner auch ein Zielverzeichnis für das Backup an. Nun führen Sie den folgenden Befehl aus:

```
sudo rsync -av --progress --stats --rsync-path="rsync ⤶
  --fake-super" /Pfad/zum/Quellverzeichnis/ ⤶
  BENUTZERNAME@IP.ADRESSE.DES.ZIELRECHNERS:/Pfad/zum/Zielverzeichnis/
```

Natürlich müssen Sie jeweils die Dateipfade und auch die Zugangsdaten zum Zielrechner entsprechend Ihrer Umgebung anpassen. Wenn geschützte Dateien gelesen werden sollen, dann müssen Sie den sudo-Vorsatz verwenden.

```
hans@piserver: ~/dokumente
hans@piserver:~/dokumente $ sudo rsync -av --progress --stats --rsync-path="rsync --fak
e-super" /home/hans/dokumente/ max@desktoprechner:/home/max/spezielles_backup/
max@desktoprechner's password:
sending incremental file list
./
Datei_von_root.txt
          1,045 100%    0.00kB/s    0:00:00 (xfr#1, to-chk=7/9)
Datei_von_www-data.txt
          6,265 100%    5.97MB/s    0:00:00 (xfr#2, to-chk=6/9)
dokument1.txt
          1,635 100%  532.23kB/s    0:00:00 (xfr#3, to-chk=5/9)
dokument2.txt
          3,270 100%  798.34kB/s    0:00:00 (xfr#4, to-chk=4/9)
dokument3.txt
          4,903 100%    1.17MB/s    0:00:00 (xfr#5, to-chk=3/9)
dokument4.txt
         18,105 100%    2.88MB/s    0:00:00 (xfr#6, to-chk=2/9)
dokument6.txt
          9,373 100%    1.28MB/s    0:00:00 (xfr#7, to-chk=1/9)
private_Datei.txt
          9,397 100%    1.12MB/s    0:00:00 (xfr#8, to-chk=0/9)

Number of files: 9 (reg: 8, dir: 1)
Number of created files: 8 (reg: 8)
Number of deleted files: 0
Number of regular files transferred: 8
Total file size: 53,993 bytes
Total transferred file size: 53,993 bytes
Literal data: 53,993 bytes
Matched data: 0 bytes
File list size: 0
File list generation time: 0.002 seconds
File list transfer time: 0.000 seconds
Total bytes sent: 54,663
Total bytes received: 171

sent 54,663 bytes  received 171 bytes  6,451.06 bytes/sec
total size is 53,993  speedup is 0.98
hans@piserver:~/dokumente $
```

Abbildung 16.15 Das Backup mit besonderer Rechteverwaltung wird durchgeführt.

[*]

Das Kopieren geht in beide Richtungen

Denken Sie daran, dass Sie bei der Nutzung von `rsync` über das Netzwerk (sofern es die Rechte zulassen) ziemlich variabel sind. Sie können den Befehl zum Kopieren sowohl am Home Server als auch am anderen Linux-Rechner ausführen und als Quelle dabei sowohl die jeweils eigenen Daten als auch die des jeweils anderen Rechners angeben.

Wenn Sie diesen Befehl ausführen (vergleichen Sie mit Abbildung 16.15), dann erwirkt der Parameter `--fake-super` genau das gewünschte Verhalten. `rsync` imitiert jetzt auf dem Zielrechner quasi den *root*-Nutzer, indem es die nötigen Daten als Attribut in die Dateien schreibt, ohne sie jedoch direkt abzulegen. Das Ganze ist also insofern »fake«, als dass die Dateien später am Zielort eben nicht den ursprünglichen Benutzern gehören. Damit das auch über eine Netzwerkverbindung funktioniert, ist der `--rsync-path`-Parameter erforderlich. Dieser gibt nicht (nur) den Dateipfad zu `rsync` auf dem Zielgerät an, sondern erlaubt es auch, `rsync` auf dem Zielrechner Parameter zu übergeben. Denken Sie daran: Es ist `rsync` auf dem Zielrechner, das zum Schreiben der Daten entsprechend gesteuert werden muss, und Sie müssen diesem Programm entsprechende Befehle erteilen. Das erlaubt der Parameter `--rsync-path`.

Nachdem Sie das Backup angelegt haben, wechseln Sie einmal in das Zielverzeichnis des Backups und lassen sich den Inhalt mit `ls -laht` anzeigen. Sie werden sehen (auch in Abbildung 16.16), dass alle Daten dort dem Nutzer gehören, den Sie beim Befehlsaufruf genannt hatten. Von den ursprünglichen Besitzern auf dem Home Server ist – wie erwartet – keine Spur. Bei den Zugriffsrechten ist es so, dass `rsync` hier (annähernd) die ursprünglichen Rechte gesetzt hat. Ist eine Datei auf dem Quellgerät von allen Benutzern lesbar, dann gilt das auch für das Zielgerät.

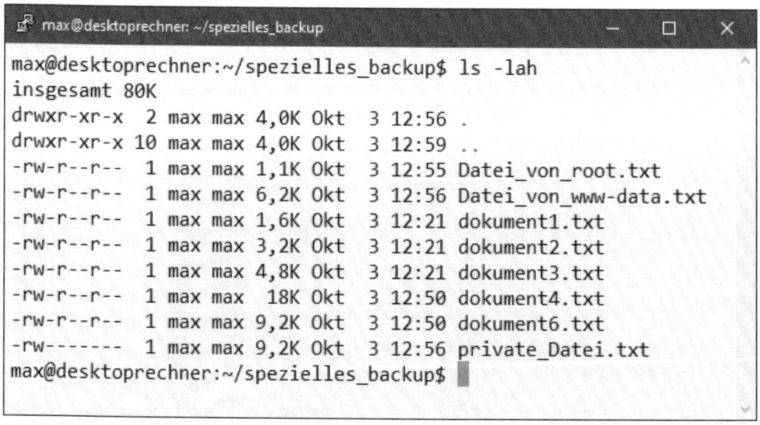

```
max@desktoprechner: ~/spezielles_backup
max@desktoprechner:~/spezielles_backup$ ls -lah
insgesamt 80K
drwxr-xr-x  2 max max 4,0K Okt  3 12:56 .
drwxr-xr-x 10 max max 4,0K Okt  3 12:59 ..
-rw-r--r--  1 max max 1,1K Okt  3 12:55 Datei_von_root.txt
-rw-r--r--  1 max max 6,2K Okt  3 12:56 Datei_von_www-data.txt
-rw-r--r--  1 max max 1,6K Okt  3 12:21 dokument1.txt
-rw-r--r--  1 max max 3,2K Okt  3 12:21 dokument2.txt
-rw-r--r--  1 max max 4,8K Okt  3 12:21 dokument3.txt
-rw-r--r--  1 max max  18K Okt  3 12:50 dokument4.txt
-rw-r--r--  1 max max 9,2K Okt  3 12:50 dokument6.txt
-rw-------  1 max max 9,2K Okt  3 12:56 private_Datei.txt
max@desktoprechner:~/spezielles_backup$
```

Abbildung 16.16 Auf dem »desktoprechner« gehören alle Daten dem Nutzer »max«, die ursprünglichen Besitzer werden nicht angezeigt.

Jetzt geht es erst einmal um das Wiederherstellen, denn das ist jetzt spannend. Wechseln Sie wieder zum Home Server. Legen Sie dort ein Verzeichnis an, das Sie zum Wiederherstellen nutzen möchten. Als Beispiel wähle ich */home/hans/resultat*.

Bereiten Sie nun folgenden Befehl vor:

```
sudo rsync -av --progress --stats --rsync-path="rsync ⮐
  --fake-super" BENUTZERNAME@IP.ADRESSE.DES.QUELLRECHNERS:/Pfad/zum/Backup/ ⮐
  /home/hans/resultat/
```

Passen Sie den Befehl an Ihre eigene Situation an, und führen Sie ihn dann aus. Eine mögliche Ausgabe zeigt Abbildung 16.17.

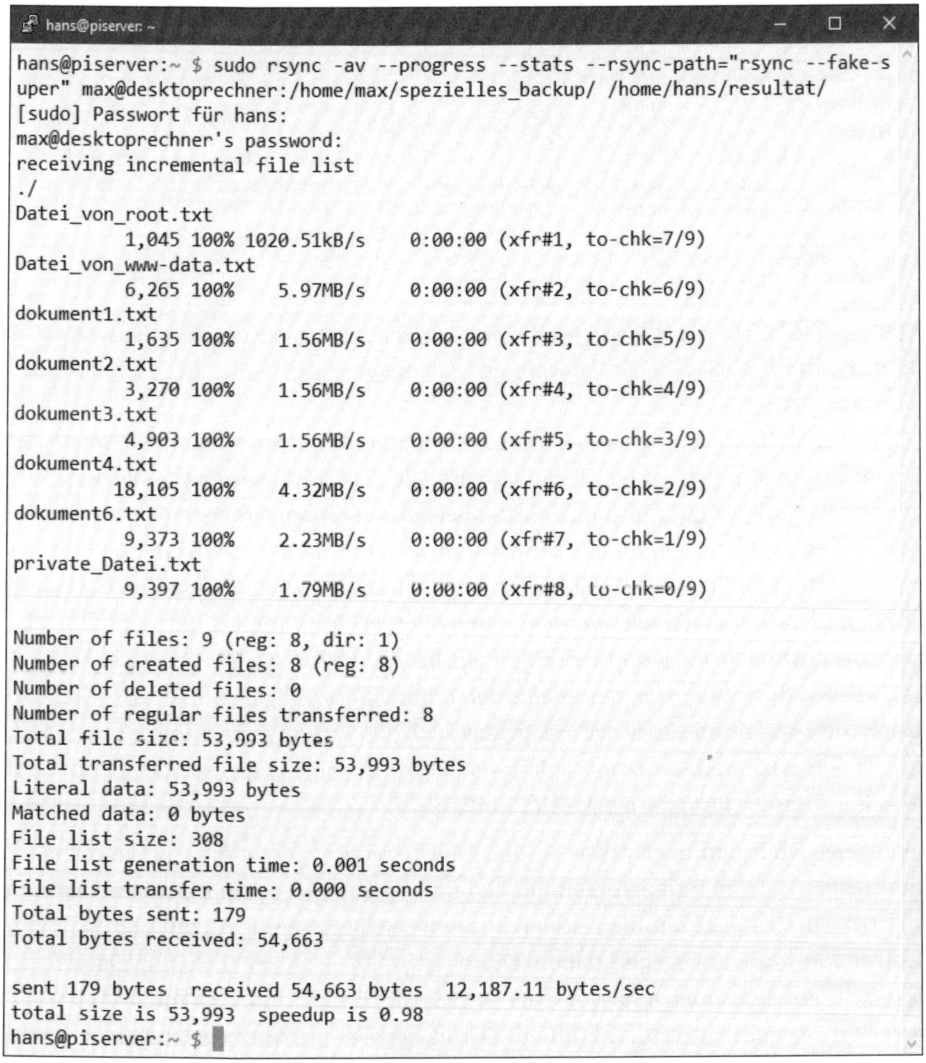

```
hans@piserver:~ $ sudo rsync -av --progress --stats --rsync-path="rsync --fake-s
uper" max@desktoprechner:/home/max/spezielles_backup/ /home/hans/resultat/
[sudo] Passwort für hans:
max@desktoprechner's password:
receiving incremental file list
./
Datei_von_root.txt
          1,045 100% 1020.51kB/s    0:00:00 (xfr#1, to-chk=7/9)
Datei_von_www-data.txt
          6,265 100%    5.97MB/s    0:00:00 (xfr#2, to-chk=6/9)
dokument1.txt
          1,635 100%    1.56MB/s    0:00:00 (xfr#3, to-chk=5/9)
dokument2.txt
          3,270 100%    1.56MB/s    0:00:00 (xfr#4, to-chk=4/9)
dokument3.txt
          4,903 100%    1.56MB/s    0:00:00 (xfr#5, to-chk=3/9)
dokument4.txt
         18,105 100%    4.32MB/s    0:00:00 (xfr#6, to-chk=2/9)
dokument6.txt
          9,373 100%    2.23MB/s    0:00:00 (xfr#7, to-chk=1/9)
private_Datei.txt
          9,397 100%    1.79MB/s    0:00:00 (xfr#8, to-chk=0/9)

Number of files: 9 (reg: 8, dir: 1)
Number of created files: 8 (reg: 8)
Number of deleted files: 0
Number of regular files transferred: 8
Total file size: 53,993 bytes
Total transferred file size: 53,993 bytes
Literal data: 53,993 bytes
Matched data: 0 bytes
File list size: 308
File list generation time: 0.001 seconds
File list transfer time: 0.000 seconds
Total bytes sent: 179
Total bytes received: 54,663

sent 179 bytes  received 54,663 bytes  12,187.11 bytes/sec
total size is 53,993  speedup is 0.98
hans@piserver:~ $
```

Abbildung 16.17 Bei der Wiederherstellung werden die bekannten Texte ausgegeben.

Dabei müssen Sie offensichtlich die IP-Adresse des Rechners eintragen, auf dem die Sicherungskopie gespeichert ist.

Nachdem `rsync` seine Arbeit beendet hat, schauen Sie in das Zielverzeichnis, im Beispiel also */home/hans/resultat*. Lassen Sie sich den Inhalt mit `ls -laht` anzeigen. Sie werden wie in Abbildung 16.18 sehen, dass die Dateien nun wieder den ursprünglichen Besitzern gehören und dass auch die Zugriffsrechte korrekt gesetzt sind. Alles funktioniert so, wie gewünscht.

```
hans@piserver: ~/resultat
hans@piserver:~/resultat $ ls -lah
insgesamt 80K
drwxr-xr-x 2 hans     hans     4,0K Okt  3 12:56 .
drwxr-xr-x 9 hans     hans     4,0K Okt  3 13:29 ..
-rw-r--r-- 1 root     root     1,1K Okt  3 12:55 Datei_von_root.txt
-rw-r--r-- 1 www-data www-data 6,2K Okt  3 12:56 Datei_von_www-data.txt
-rw-r--r-- 1 hans     hans     1,6K Okt  3 12:21 dokument1.txt
-rw-r--r-- 1 hans     hans     3,2K Okt  3 12:21 dokument2.txt
-rw-r--r-- 1 hans     hans     4,8K Okt  3 12:21 dokument3.txt
-rw-r--r-- 1 hans     hans      18K Okt  3 12:50 dokument4.txt
-rw-r--r-- 1 hans     hans     9,2K Okt  3 12:50 dokument6.txt
-r-------- 1 hans     hans     9,2K Okt  3 12:56 private_Datei.txt
hans@piserver:~/resultat $
```

Abbildung 16.18 Nach der Wiederherstellung gehören die Dateien wieder den ursprünglichen Besitzern. Auch die Zugriffsrechte sind wie zuvor.

Mit dieser Methode können Sie also auch Backups von Dateien anderer Nutzer erstellen und müssen sich keine Gedanken um die Besitzereigenschaft machen. Wie gesagt, das funktioniert nur, wenn Sie das Backup auf einem Linux-Dateisystem ablegen, wie es der Home Server auf dem Systemspeichermedium verwendet. Windows als Zielsystem schließt das also aus. Und noch etwas: Das Wiederherstellen der Daten auf den ursprünglichen Rechner (den Home Server) funktioniert nur dann korrekt, wenn es dort noch alle Benutzer so gibt wie bei der Erstellung des Backups. Ansonsten würden die Dateien bei der Wiederherstellung falsch abgelegt. Wer natürlich ein Backup der gesamten Festplatte anlegt, das auch das Systemverzeichnis */etc* umfasst, der ist fein raus, weil so beim Wiederherstellen auch sämtliche Benutzerkonten auf den Stand des Backups zurückgesetzt werden.

Jetzt zeige ich Ihnen noch etwas zu den Zugriffsrechten, denn Sie müssen genauer hinsehen, wenn Sie Daten von einem anderen Rechner und von fremden Personen sichern. Hierbei gehören die Dateien auf dem Zielgerät dem Nutzer, den Sie beim Aufruf von `rsync` angegeben haben. Dieser ist in der Lage, auch solche Dateien zu lesen, die auf dem Quellgerät quasi als »privat« deklariert sind, also nur vom jeweiligen Besitzer gelesen werden können. Damit der Datenschutz gewährleistet bleibt und man nicht versehentlich in fremde Daten blickt, bietet es sich an, auf dem Zielgerät (wie gesagt, das kann je nach Richtung der Home Server oder ein anderer Linux-Rechner sein) ein eigenes Benutzerkonto zu erstellen, das nur für Backups verwendet wird – zum Beispiel unter dem Nutzernamen *rsyncuser*. Jetzt hat keiner der normalen Nutzer (mit Ausnahme von *root*) das Recht, fremde *private* Dateien im Backup-Verzeichnis zu lesen, es sei denn, er meldet sich als *rsyncuser* an. Allerdings kann nach wie vor jeder Nutzer solche Daten lesen, die für alle Nutzer als lesbar deklariert sind. Wenn Sie das Backup-Verzeichnis in jedem Fall komplett schützen möchten, dann sollten Sie auch das übergeordnete Verzeichnis dem Nutzer zuzuweisen, der als *rsyncuser* auftritt. Legen Sie die Zugriffsrechte so fest, dass nur dieser Nutzer das Verzeichnis lesen, schreiben und ausführen darf. (Hierbei kommt es nur auf die Rechte des obersten Verzeichnisses an, die tieferen Verzeichnisebenen sind irrelevant.) Anschließend ist der Zugriff für alle anderen Nutzer (außer *root*) tabu.

Aber genug davon. Jetzt können Sie lernen, wie Sie das Backup automatisieren und sich dadurch eine Menge Arbeit abnehmen lassen.

16.9 Das Backup automatisiert ausführen

Wenn Sie sich bis hierher durchgekämpft haben, dann bietet Ihnen `rsync` schon ein gutes Backup-System, das Sie vor vielen Arten von Datenverlust bewahren kann. Allerdings müssen Sie das Backup bislang stets manuell ausführen und – je nach der Art – zunächst auch noch entsprechende Verzeichnisse vorbereiten. Aber keine Sorge, die Ausführung von `rsync` lässt sich automatisieren, so dass die Sicherungskopie stets zu festgelegten Zeiten ausgeführt wird, ohne dass Sie selbst dafür etwas tun müssen.

Wenn Sie nur eine einfache Kopie wie zuvor beschrieben direkt auf Ihrem Home Server zu festen Zeiten ausführen möchten, dann können Sie einfach die Datei */etc/crontab* bemühen. Für die genaue Syntax möchte ich auf Abschnitt 24.2, »Die Automatisierung des Backups«, verweisen. Darin stelle ich Ihnen weitere Methoden vor, ein Backup des Systemspeichermediums zu erstellen. In dem Zusammenhang beschreibe ich ausführlich, wie Sie ein beliebiges Programm zu einer gewünschten Zeit (wiederholt) ausführen. Konsultieren Sie also das genannte Kapitel, tragen Sie dann einfach in die Datei *crontab* den entsprechenden Eintrag ein, und spezifizieren Sie die gewünschte Startzeit. Den ursprünglichen Zustand der Datei sehen Sie beispielhaft in Abbildung 16.19. Achten Sie darauf, dass Sie `rsync` mit dem passenden Benutzerkonto starten. Hier ein Beispiel, das `rsync` jeden Montag um 12 Uhr startet und die Bildschirmausgaben in der Datei */var/log/rsync.log* sichert (auf die der Benutzer, hier `hans`, Schreibzugriff haben muss):

```
0 12 * * 1 hans rsync -av --stats /home/hans/dokumente/ ⮐
  /media/usbhdd1/backup/hans/dokumente/ > /var/log/rsync.log 2>&1
```

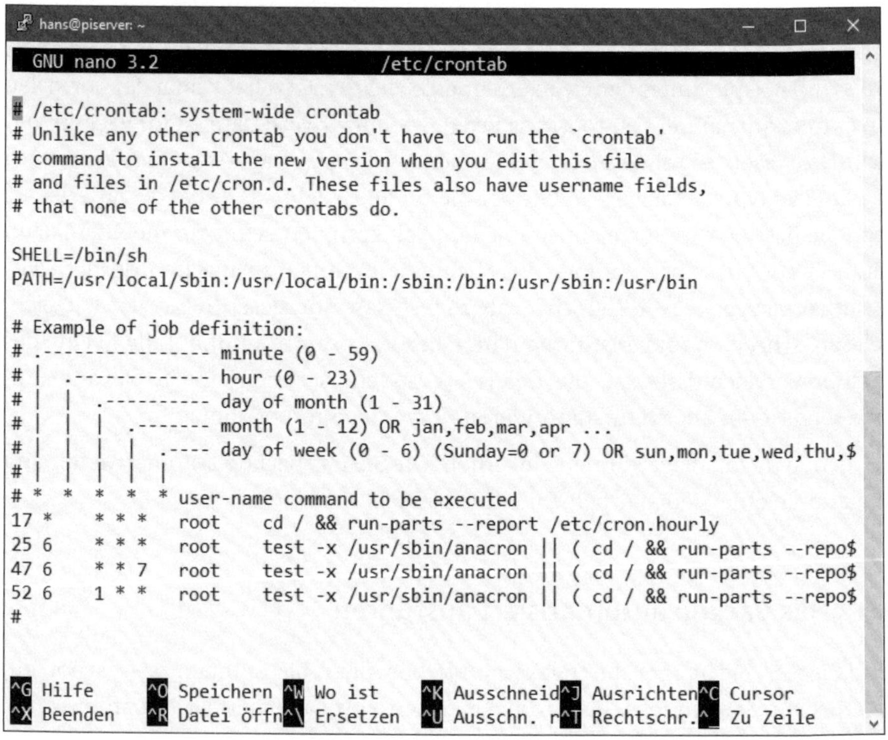

Abbildung 16.19 »crontab« ermöglicht die Ausführung von Programmen und Befehlen zu festgelegten Zeitpunkten.

Auch das Backup mit der Nutzung von harten Verknüpfungen und der Versionshistorie können Sie automatisieren und dabei sogar automatisch die nötigen Verzeichnisse anlegen lassen. Das funktioniert aber nicht, ohne etwas zu programmieren, daher richtet sich dieser Abschnitt eher an den fortgeschrittenen Nutzer. Ich habe dafür ein kleines Skript geschrieben, das Sie für sich übernehmen können. Zunächst zeige ich Ihnen, wie Sie das Backup direkt auf dem Home Server durchführen. So sieht das Skript dafür aus:

```
#!/bin/bash

# Prüfung, ob der ausführende Nutzer root ist,
# damit auch fremde Dateien korrekt gelesen werden
if [ "$(id -u)" != "0" ]; then
   echo "Dieses Skript muss als Nutzer root ausgeführt werden."
   exit 1
fi
# Ende der Überprüfung
#
NOW=$(date +'%Y-%m-%d')
```

```
echo "Lese das Datum des neuesten Backups..."
REF=$(ls -t /Pfad/zum/obersten/Zielverzeichnis/ | tail -1)
echo "Backup mit Referenzdatum=$REF und Tagesdatum von Heute=$NOW"
#
read -p "Mit dem Backup beginnen?" -n 1 -r
echo
if [[ $REPLY =~ ^[YyjJ]$ ]] || [[ $REPLY = "" ]]; then
   rsync -av --stats --link-dest=../$REF/ /Pfad/zur/Quelle/ /Pfad/zum/ ⮐
   obersten/Zielverzeichnis/$NOW/
fi
#
exit 0
```

Den Inhalt müssen Sie in eine neue Datei kopieren – nutzen Sie am besten den Downloadlink aus dem Vorwort. Passen Sie die Verzeichnispfade und die Login-Daten Ihrer persönlichen Situation an. Verändern Sie also die Zeile

```
REF=$(ls -t /Pfad/zum/obersten/Zielverzeichnis/ | tail -1)
```

und natürlich den eigentlichen `rsync`-Aufruf so, dass alles wunschgemäß funktioniert. `rsync` arbeitet hier ohne die Option `--progress`, da das Skript ja automatisiert im Hintergrund ausgeführt werden soll, ohne fortwährend von einem Benutzer beobachtet zu werden. Den `rsync`-Befehl können Sie nach Belieben anpassen.

Zum Verständnis des Skripts sind grundlegende Programmierkenntnisse erforderlich. Im Skript wird über den ersten Block zunächst sichergestellt, dass die Ausführung durch den Benutzer *root* erfolgt. Das funktioniert über eine Abfrage nach der `id` des aufrufenden Benutzers, diese lautet für den *root*-Nutzer `0`. Dieser Schritt ist notwendig, damit das Backup auch Daten fremder Nutzer erfasst. Sollte dies nicht erforderlich sein, dann können Sie den Block entfernen. Löschen Sie dafür folgende Zeilen

```
# Prüfung, ob der ausführende Nutzer root ist,
# damit auch fremde Dateien korrekt gelesen werden
if [ "$(id -u)" != "0" ]; then
   echo "Dieses Skript muss als Nutzer root ausgeführt werden."
   exit 1
fi
# Ende der Überprüfung
```

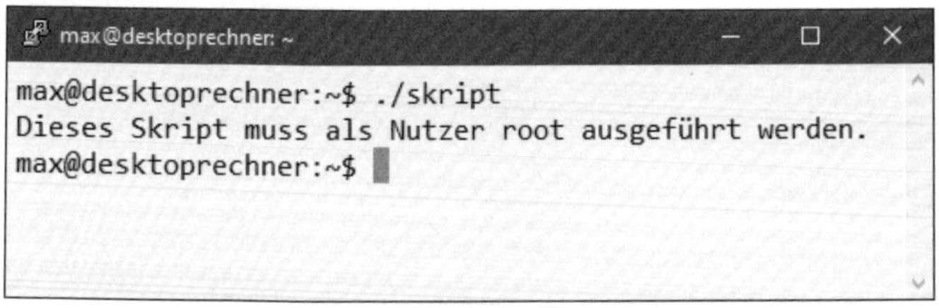

Abbildung 16.20 Fehlende Rechte: Nur der Nutzer »root« darf das Skript ausführen.

Anschließend wird das aktuelle Tagesdatum in der Variablen NOW gesichert – und zwar im Format JJJJ-MM-TT. Anschließend werden alle Einträge im Backup-Verzeichnis nach absteigendem Datum sortiert. Von dieser Liste wird nur der oberste Eintrag verwendet –das erfolgt über den Befehl tail -1. Der erste Eintrag der Liste entspricht nämlich dem bisher neuesten Backup-Verzeichnis. Sie können den kompletten Befehl

```
ls -t /Pfad/zum/obersten/Zielverzeichnis/ | tail -1
```

einmal (entsprechend angepasst) bei sich ausprobieren. Der Name dieses Verzeichnisses wird fortan über die Variable REF als Referenz-Verzeichnis für rsync genutzt. Mit den so gewonnenen Daten wird schließlich das Backup durchgeführt. Dabei werden die Daten durch Variablen übergeben. Dass dabei das neue Verzeichnis für das Ziel noch nicht existiert, ist kein Problem, es wird durch rsync neu angelegt.

Nachdem Sie das Skript erstellt haben, speichern Sie es am gewünschten Ort, zum Beispiel im Verzeichnis */usr/local/bin*. Der Dateiname ist beliebig; ich möchte vorschlagen, etwas Einfaches zu wählen wie etwa *autorsync.sh* Die Dateiendung *.sh* ist rein optional und dient nur der Kennzeichnung eines Skriptes. Das genannte Verzeichnis dient der Aufnahme eigener ausführbarer Dateien. Vergessen Sie nicht, das Skript mit dem (entsprechend anzupassenden) Befehl sudo chmod +x autorsync.sh ausführbar zu machen.

Um das Backup zu automatisieren, können Sie auf dem Home Server wieder direkt einen Eintrag in der Datei */etc/crontab* erzeugen. Beachten Sie, dass das Skript nur dann funktioniert, wenn es im Backup-Verzeichnis schon eine Backup-Fassung gibt, die am besten korrekt benannt ist. Sie müssen also vor dem ersten Einsatz des Skriptes einmal rsync manuell aufrufen. Benennen Sie dabei das Zielverzeichnis zur Wahrung der Ordnung mit dem aktuellen Tagesdatum im Format JJJJ_MM_TT. Damit ist diese Aufgabe im Prinzip schon erledigt.

Bitte beachten Sie, dass das Skript, so wie ich es oben gezeigt habe, vor der eigentlichen Durchführung noch eine Rückfrage stellt. Diese habe ich eingebaut, damit das Skript leichter zu verstehen ist. Für den automatischen Betrieb darf es eine solche Rückfrage aber nicht geben. Sie müssen sie entfernen. Ändern Sie dazu den folgenden Block

```
read -p "Mit dem Backup beginnen?" -n 1 -r
echo
if [[ $REPLY =~ ^[YyjJ]$ ]] || [[ $REPLY = "" ]]; then
   rsync -av --stats --link-dest=../$REF/ /Pfad/zur/Quelle/ /Pfad/zum/ ⮐
   obersten/Zielverzeichnis/$NOW/
fi
```

so ab, dass er folgende Gestalt annimmt:

```
rsync -av --stats --link-dest=../$REF/ /Pfad/zur/Quelle/ ⮐
  /Pfad/zum/obersten/Zielverzeichnis/$NOW/
```

Sie müssen also die Zeilen vor und nach dem eigentlichen `rsync`-Befehl entfernen (jedoch nur die hier gezeigten Zeilen).

Wenn Sie den Home Server aber als Zielmedium für einen anderen Rechner benutzen möchten (ganz egal, ob er unter Linux oder Windows arbeitet), dann ist die Sache mit dem automatischen Start etwas komplexer. Denken Sie daran, dass Sie sich beim Start des Backups (wenn Sie es an einem anderen Rechner starten) zunächst am Home Server anmelden müssen. Das ist für einen automatisierten Start ohne Benutzereingaben hinderlich. Sie können allerdings diese Anmeldung automatisieren. Denken Sie aber bitte nicht, dass Sie dafür das Passwort für den Zugang zum Home Server in einer Datei hinterlegen. Nein, das würde ein zu hohes Risiko bedeuten. Ein besserer Ansatz besteht darin, eine sogenannte *Schlüsseldatei* zu erzeugen. In der Schlüsseldatei steht eine längere Zeichenkette, die als eine Art von Passwortersatz nur für die Anmeldung über SSH verwendet wird. Bei der automatischen Anmeldung weist sich der entsprechende Rechner mit Hilfe dieser Schlüsseldatei gegenüber dem Home Server aus. Wenn der Inhalt mit dem übereinstimmt, was der Home Server erwartet, wird der Zugang gewährt. Jetzt hängt es offensichtlich davon ab, dass die Schlüsseldatei nicht in falsche Hände fällt. Daher ist auch diese Form der Anmeldung nicht völlig ohne Risiko und sollte nur dann vorgenommen werden, wenn ein automatisches Backup für Sie vorteilhaft ist.

16

Als Erstes müssen Sie für die passwortlose Anmeldung die benötigte Schlüsseldatei erstellen. Das machen Sie direkt auf dem Quellgerät, von dem eine Sicherheitskopie erstellt werden soll. Die dort erzeugte Schlüsseldatei wird anschließend in geeigneter Weise auf dem Home Server hinterlegt.

Wenn es sich bei dem Quellgerät um einen Linux-Rechner handelt, dann öffnen Sie dort zunächst ein Terminal. Auf einem Windows-Rechner starten Sie Cygwin, so dass Ihnen ebenfalls ein Terminal-Bildschirm angezeigt wird. Geben Sie dann folgenden Befehl ein:

```
ssh-keygen -t rsa -b 4096
```

Damit starten Sie den Generator für die notwendigen Schlüsseldateien. Eine mögliche Ausgabe des Befehls zeigt Abbildung 16.21. Es wird wieder wie üblich ein Schlüsselpaar bestehend aus einem öffentlichen und einem privaten Schlüssel erzeugt – mehr dazu in Kapitel 15, »VPN-Verbindungen mit OpenVPN«. Die Schlüssel haben eine Länge von 4.096 Bit. Der öffentliche Schlüssel wird im Anschluss auf dem Home Server hinterlegt, der private Schlüssel ist geheim und verbleibt auf dem Quellgerät. Er darf niemals in falsche Hände gelangen und muss gut geschützt werden!

```
rsyncuser@desktoprechner: ~

rsyncuser@desktoprechner:~$ ssh-keygen -t rsa -b 4096
Generating public/private rsa key pair.
Enter file in which to save the key (/home/rsyncuser/.ssh/id_rsa):
Created directory '/home/rsyncuser/.ssh'.
Enter passphrase (empty for no passphrase):
Enter same passphrase again:
Your identification has been saved in /home/rsyncuser/.ssh/id_rsa.
Your public key has been saved in /home/rsyncuser/.ssh/id_rsa.pub.
The key fingerprint is:
SHA256:Buzjh85u37skOKlX49IAHW2efwOjZD20IErrFISM9GA rsyncuser@desktoprechner
The key's randomart image is:
+---[RSA 4096]----+
|.E o.  .         |
|o = o.o + .      |
|   o =o= = .     |
|    =...= *      |
|   o .ooSo +     |
|    ...*+ . o    |
|      *=o... .   |
|     ++oo+       |
|    .++o. +o     |
+----[SHA256]-----+
rsyncuser@desktoprechner:~$
```

Abbildung 16.21 Die Schlüsseldateien werden erstellt.

Wenn Sie den Befehl ausführen, werden Sie nach kurzer Wartezeit nach einem Dateinamen gefragt (ENTER FILE IN WHICH TO SAVE THE KEY). Der Dateiname ist zwar beliebig, aber es bietet sich an, einfach auf [↵] zu drücken. Damit bekommen die Schlüssel den Dateinamen *id_rsa* und werden automatisch im richtigen Verzeichnis abgelegt. Es ist nämlich entscheidend, dass die Schlüssel im Verzeichnis *~/.ssh* abgelegt sind (es handelt sich also um das versteckte Verzeichnis *ssh*, das sich direkt im Home-Verzeichnis des jeweiligen Benutzers befindet). Als Nächstes bekommen Sie die Frage nach einem Passwort (ENTER PASSPHRASE), mit dem der private Schlüssel verschlüsselt werden kann. Normalerweise sollten Sie stets ein Passwort vergeben, denn damit ist der wichtige private Schlüssel vor fremdem Zugriff geschützt (in Abhängigkeit von der Stärke des Passworts und der Art der Verschlüsselung). Allerdings können Sie mit einem verschlüsselten Schlüssel keine automatische, passwortlose Anmeldung durchführen (zumindest nicht mit einfachen Mitteln). Daher verzichten Sie an dieser Stelle auf ein Passwort und drücken direkt zweimal auf [↵]. Natürlich schwächt dies die Sicherheit, denn jeder, der den privaten Schlüssel »entwendet«, hat damit Zugang zum Home Server. Richten Sie diesen Zugang daher nur ein, wenn ein automatisches Backup sehr wichtig ist und ein Schlüsseldiebstahl sehr unwahrscheinlich ist.

Nach kurzer Wartezeit sind die Schlüsseldaten erstellt. Lassen Sie sich die Daten im (angepassten) Verzeichnis *~/.ssh* anzeigen. Sie sehen dort zwei Dateien mit demselben Namen *id_rsa*, aber unterschiedlicher Endung (vergleiche auch Abbildung 16.22). Die Datei ohne Endung ist der geheime private Schlüssel, die Datei mit der Endung *.pub* ist der öffentliche Schlüssel.

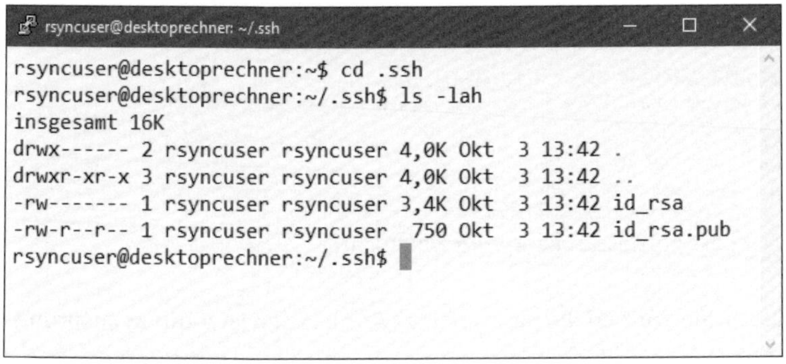

Abbildung 16.22 Die Dateien sind korrekt erstellt.

Bislang handelt es sich lediglich um ein Schlüsselpaar. Damit mit diesem Schlüsselpaar eine passwortlose Anmeldung möglich wird, muss das entsprechende Zielgerät (also der Home Server) dem öffentlichen (nicht-geheimen) Schlüssel vertrauten.

Das werden Sie jetzt einrichten, indem Sie den öffentlichen Schlüssel *id_rsa.pub* entsprechend auf dem Home Server hinterlegen. Dafür gibt es einen speziellen Befehl, der so aussieht:

```
ssh-copy-id -i ~/.ssh/id_rsa rsyncuser@192.168.178.10
```

In diesem Befehl müssen Sie das Nutzerkonto (im Beispiel `rsyncuser`) und die IP-Adresse für den Home Server (im Beispiel `192.168.178.10`) angeben. Es bietet sich an, für das Backup auf dem Home Server ein eigenständiges Benutzerkonto einzurichten, das nicht auf die privaten Daten der übrigen Nutzer auf dem Home Server zugreifen kann und nur für das Backup genutzt wird. So wird der mögliche Schaden, der im Falle eines Schlüsseldiebstahls entstehen kann, ein wenig begrenzt.

Richten Sie also spätestens jetzt auf dem Home Server ein entsprechendes Benutzerkonto an (zum Beispiel mit dem Namen *rsyncuser*). Passen Sie dann den oben genannten Befehl mit den Zugangsdaten des Home Servers an, und führen Sie ihn auf dem Quellgerät (!) des Backups aus. Sie werden nach dem Passwort für das Benutzerkonto auf dem Home Server gefragt. Anschließend wird der Zugang automatisch eingerichtet und aktiviert. Wie das auf dem Bildschirm aussieht, zeigt Ihnen Abbildung 16.23.

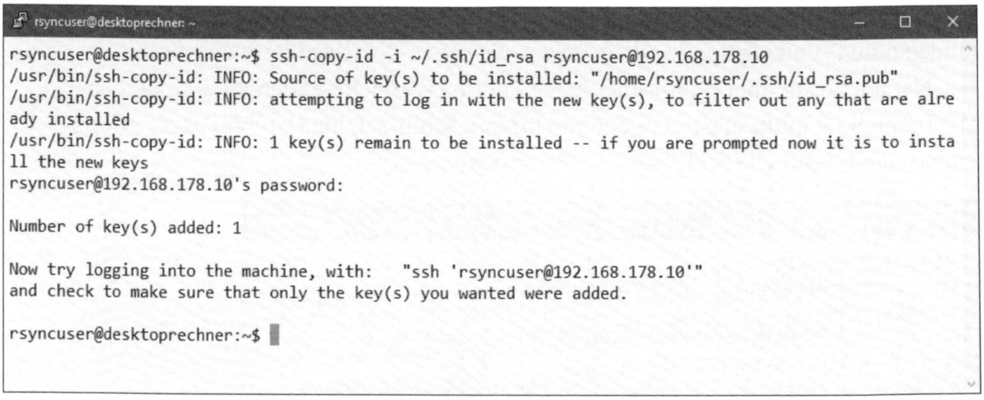

```
rsyncuser@desktoprechner: ~
rsyncuser@desktoprechner:~$ ssh-copy-id -i ~/.ssh/id_rsa rsyncuser@192.168.178.10
/usr/bin/ssh-copy-id: INFO: Source of key(s) to be installed: "/home/rsyncuser/.ssh/id_rsa.pub"
/usr/bin/ssh-copy-id: INFO: attempting to log in with the new key(s), to filter out any that are alre
ady installed
/usr/bin/ssh-copy-id: INFO: 1 key(s) remain to be installed -- if you are prompted now it is to insta
ll the new keys
rsyncuser@192.168.178.10's password:

Number of key(s) added: 1

Now try logging into the machine, with:   "ssh 'rsyncuser@192.168.178.10'"
and check to make sure that only the key(s) you wanted were added.

rsyncuser@desktoprechner:~$
```

Abbildung 16.23 Der passwortlose Zugang wird eingerichtet.

Mehr ist nicht zu tun. Sie können die passwortlose Anmeldung jetzt direkt ausprobieren, indem Sie einmal eine einfache Form von `rsync` mit dem Home Server als Ziel oder Quelle über SSH starten. Sie werden sehen, dass Sie direkt angemeldet werden und kein Passwort eingeben müssen. Alternativ können Sie am Quellrechner (!) auch einfach eine SSH-Sitzung zum Home Server mit folgendem (angepassten) Befehl aufbauen:

```
ssh rsyncuser@192.168.178.10
```

Die Anmeldung am Home Server wird direkt ohne Passwortabfrage erfolgen, Abbildung 16.24 zeigt, wie so etwas aussieht.

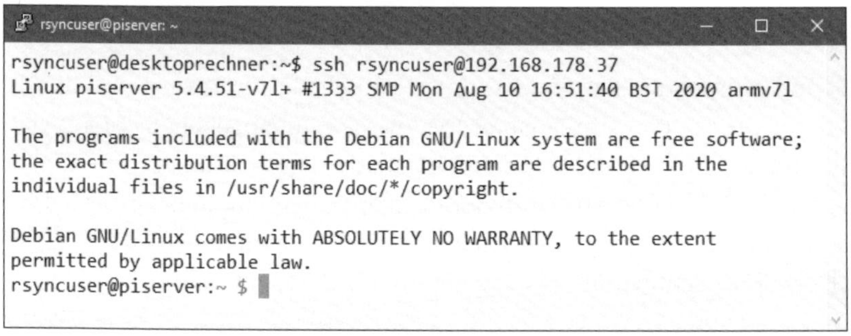

```
rsyncuser@piserver: ~
rsyncuser@desktoprechner:~$ ssh rsyncuser@192.168.178.37
Linux piserver 5.4.51-v7l+ #1333 SMP Mon Aug 10 16:51:40 BST 2020 armv7l

The programs included with the Debian GNU/Linux system are free software;
the exact distribution terms for each program are described in the
individual files in /usr/share/doc/*/copyright.

Debian GNU/Linux comes with ABSOLUTELY NO WARRANTY, to the extent
permitted by applicable law.
rsyncuser@piserver:~ $
```

Abbildung 16.24 Die Anmeldung ohne Passwort war erfolgreich.

Allerdings hat die Sache einen Haken: Wenn Sie `rsync` mit dem `sudo`-Vorsatz ausführen, dann wird `rsync` unter dem Benutzerkonto *root* gestartet. Für dieses haben Sie aber keine SSH-Schlüssel erstellt – folglich funktioniert die passwortlose Anmeldung noch nicht. Sie müssen also auch für den *root*-Nutzer ein Schlüsselpaar erstellen, das Sie auf dem Home Server hinterlegen. Zuerst erstellen Sie wieder das Schlüsselpaar:

```
sudo ssh-keygen -t rsa -b 4096
```

Dabei gehen Sie genauso vor wie eben beschrieben. Insbesondere beim Festlegen des Speicherpfades drücken Sie schlicht auf [↵] und übernehmen die Voreinstellung.

Danach hinterlegen Sie die Daten beim Home Server:

```
sudo ssh-copy-id -i /root/.ssh/id_rsa rsyncuser@192.168.178.10
```

wobei Sie wieder die Zugangsdaten anpassen. Dabei müssen Sie trotzdem ein normales Benutzerkonto für den Home Server nennen (hier `rsyncuser`) und keinesfalls den *root*-Nutzer angeben. Schließlich nutzen Sie zwar *root*-Rechte auf dem Quellcomputer, nicht jedoch auf dem Home Server, dort melden Sie sich mit normalen Benutzerrechten an.

Nun können Sie den nötigen `rsync`-Befehl einfach automatisieren. Hierbei spielt es keine Rolle, ob es sich um ein einfaches direktes Backup handelt, ob Sie die Variante mit den harten Verknüpfungen oder sogar den Fall der besonderen Rechtesicherung nutzen wollen.

[+]

Das geht natürlich auch in die andere Richtung

Hier beschreibe ich gerade, wie Sie Daten von einem anderen Rechner auf den Home Server sichern. Der Home Server bietet also den Speicherplatz für das Backup an. Sie können das aber auch umdrehen und Daten vom Home Server auf einen anderen Rechner sichern. Die Schritte dafür sind praktisch dieselben wie die hier gezeigten – Sie müssen sie nur auf die jeweilige Backup-Richtung übertragen und anpassen.

Für die inkrementelle Sicherung habe ich auch wieder ein Skript geschrieben, das Sie Ihren Bedürfnissen anpassen müssen. Im Folgenden zeige ich Ihnen ein Beispiel für die Ausführung mit besonderer Rechteverwaltung. Sie können den `rsync`-Befehl aber nach Belieben anpassen und auch nur ein einfaches Backup ausführen:

```
#!/bin/bash

# Prüfung, ob der ausführende Nutzer root ist,
# damit auch fremde Dateien korrekt gelesen werden
if [ "$(id -u)" != "0" ]; then
   echo "Dieses Skript muss als Nutzer root ausgeführt werden."
   exit 1
fi
# Ende der Überprüfung
NOW=$(date +'%Y-%m-%d')
echo "Lese das Datum des neuesten Backups vom Home Server..."
REF=$(ssh hans@192.168.178.10 'ls -t /Pfad/zum/obersten/Backupverzeichnis/ | ⮐
   tail -1')
```

```
echo "Backup mit Referenzdatum=$REF und Tagesdatum von Heute=$NOW"
#
rsync --rsync-path="rsync --fake-super" -av --stats --link-dest=../$REF/ ⮐
  /Pfad/zur/Quelle/ rsyncuser@192.168.178.10:/Pfad/zum/obersten/ ⮐
  Backupverzeichnis/$NOW/
#
exit 0
```

Nachdem Sie das Skript entsprechend Ihrer Situation angepasst haben, speichern Sie es ab. Wählen Sie sowohl an einem Linux-Gerät als auch unter Cygwin das Verzeichnis */usr/local/bin*. Denken Sie in jedem Fall daran, das Skript ausführbar zu machen.

[»]

Auch für einfache Aufgaben bitte ein Skript verwenden

Auch wenn Sie nur eine einfache `rsync`-Aufgabe planen möchten, sollten Sie besser ein Skript dafür erstellen. Ein Skript können Sie nämlich ganz einfach über den jeweiligen Dateinamen aufrufen, ohne dass Sie komplexe Parameter übergeben müssen. Damit vereinfachen Sie die Zeitplanung zur automatischen Ausführung deutlich, und sie wird übersichtlicher. Ein einfaches Skript enthält als simple Textdatei nur zwei Zeilen: Zeile 1 enthält stets `#!/bin/bash` – damit legen Sie den Befehlsinterpreter fest. In die zweite Zeile schreiben Sie den kompletten `rsync`-Befehl. Wenn Sie es elegant machen möchten, dann legen Sie am Ende des `rsync`-Befehls fest, dass er seine Aufgaben in eine Logdatei schreibt. Ergänzen Sie den `rsync`-Befehl am Schluss durch `> /var/log/rsync.log 2>&1`. Dann können Sie das Skript schon abspeichern. Legen Sie die Logdatei anschließend gleich an mit dem Befehl `sudo touch /var/log/rsync.log`. Achten Sie darauf, dass der angedachte Nutzer Schreibzugriff auf die Datei hat.

Jetzt geht es darum, das Skript zu festen Zeiten zu starten. An einem Linux-Gerät tragen Sie einfach den jeweiligen Befehl (beziehungsweise den Dateinamen des Skripts) in die Datei */etc/crontab* ein. Sie müssen natürlich darauf achten, dass das Gerät zum festgelegten Zeitpunkt auch aktiv ist.

Unter Windows nutzen Sie die sogenannte *Aufgabenplanung* für den automatischen Start. Diese sehen Sie in Abbildung 16.25. Mit diesem Dienst können Sie beliebige Programme zu beliebigen Zeiten ausführen.

Geben Sie einfach in das Suchfeld im Startmenü »Aufgabenplanung« ein. Klicken Sie einfach auf den Eintrag des Programms. Alternativ können Sie die Tastenkombination [⊞] + [r] nutzen. Geben Sie dort »taskschd.msc« ein, und klicken Sie auf OK.

Anschließend sehen Sie den Taskplaner. Dort klicken Sie rechts auf den Eintrag AUFGABE ERSTELLEN.... Tragen Sie im neuen Fenster auf der Registerkarte ALLGEMEIN zunächst einen NAMEN und eine BESCHREIBUNG für die Aufgabe ein.

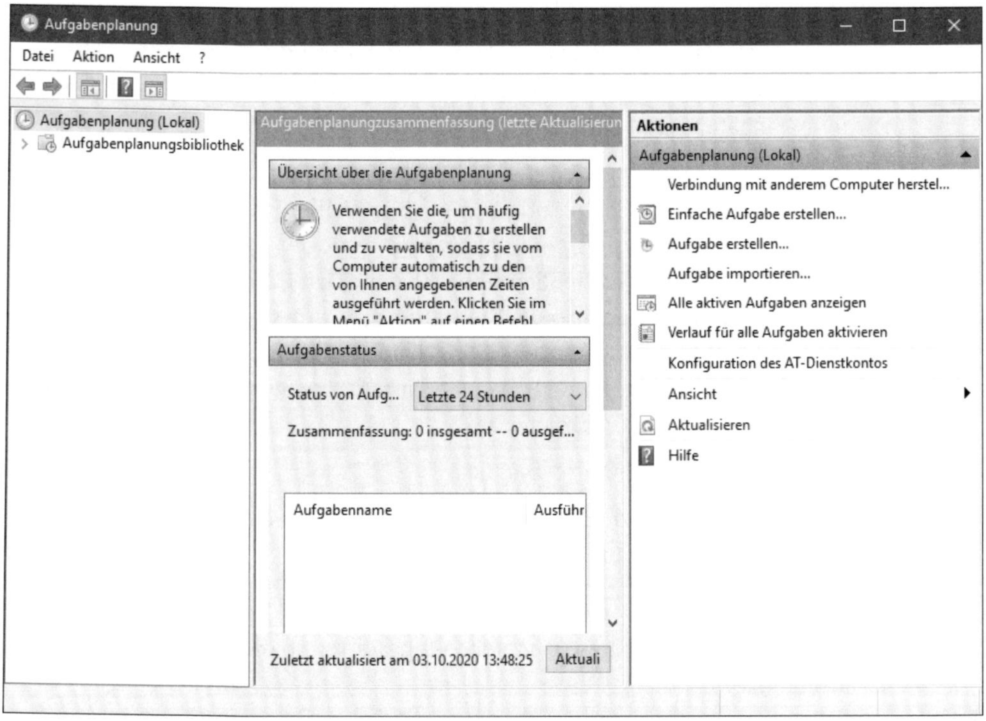

Abbildung 16.25 Die Aufgabenplanung unter Windows

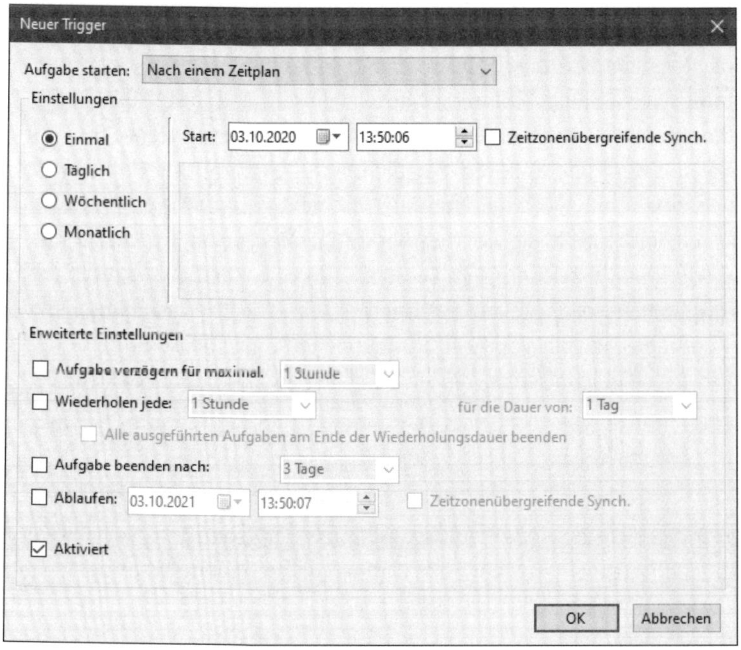

Abbildung 16.26 Im Fenster »Neuer Trigger« kann der Startzeitpunkt festgelegt werden.

Wenn Sie geschützte Verzeichnisse (wie etwa Verzeichnisse mit Benutzerdaten) sichern möchten, dann müssen Sie in der Sektion SICHERHEITSOPTIONEN aktiv werden. Klicken Sie auf BENUTZER ODER GRUPPE ÄNDERN. Tippen Sie im neuen Fenster im unteren Eingabefeld »Administrator«, ein und klicken Sie auf OK.

Auf der Registerkarte TRIGGER können Sie den gewünschten Startzeitpunkt einstellen. Ein Beispiel dazu zeigt Abbildung 16.26. Schließlich müssen Sie auf der Registerkarte AKTIONEN das auszuführende Programm festlegen. Hierbei müssen Sie ein wenig aufpassen. Es gibt ja schließlich keine einzelne Datei, die man direkt ausführen kann, sondern der Weg führt über die Programmdatei von Cygwin. Zunächst spezifizieren Sie den Dateipfad zur *bash.exe*-Datei von Cygwin, die für die Interpretation von Skripten zuständig ist. Ein Beispielpfad lautet *C:\cygwin\bin\bash.exe*. Hängen Sie diesem Befehl folgende Parameter an:

```
--login -i '/usr/local/bin/autorsync.sh'
```

Dabei müssen Sie den Pfad zu Ihrem `rsync`-Skript entsprechend anpassen. Zusammengesetzt könnte das so aussehen:

```
C:\cygwin\bin\bash.exe --login -i '/usr/local/bin/autorsync.sh'
```

Hiermit wird das Skript zur gewünschten Zeit gestartet, so dass das Backup automatisch ausgeführt wird.

[»]

Kann ich auch die ganze Festplatte sichern?

In diesem Kapitel habe ich immer beispielhaft von einem Quellverzeichnis gesprochen, von dem ein Backup erstellt werden soll. Natürlich müssen Sie das Backup nicht auf einzelne Verzeichnisse beschränken, sondern können auch die gesamte Festplatte beziehungsweise Speicherkarte sichern. In diesem Fall lautet der Dateipfad für die Quelle schlicht /. Denken Sie daran: Mit einem / spezifizieren Sie das Wurzelverzeichnis, von dem alle anderen Verzeichnisse abgehen, und damit also das gesamte Speichermedium. Allerdings ist es hiermit nicht getan, weil es im Dateisystem einige Verzeichnisse gibt, die nur temporäre Dateien enthalten, etwa das Verzeichnis */proc* oder das Verzeichnis */sys*. Diese sollten vom Backup ausgeschlossen werden. Dafür gibt es unter `rsync` den Parameter `--exclude`. Diesem hängen Sie in geschweiften Klammern, jeweils von Anführungszeichen umschlossen und durch Kommata getrennt, die Verzeichnisse an, die Sie ausschließen möchten. Etwa so:

```
--exclude={"/swapfile1","/dev/*","/proc/*","/sys/*","/tmp/*","/run/*","/
mnt/*","/media/*","/lost+found/*"}.
```

Denken Sie daran, der Liste das */media*-Verzeichnis zuzufügen, damit eingebundene Datenträger nicht mit gesichert werden. Außerdem muss der gesamte `rsync`-Befehl vom Nutzer *root* ausgeführt werden, damit alle Dateien gelesen werden können.

16.10 Das Wiederherstellen von einzelnen Dateien und ganzen Verzeichnissen

Für das Wiederherstellen einer Sicherheitskopie, die mit `rsync` erstellt wurde, gibt es mehrere Möglichkeiten. Wenn es sich nur um eine einzelne oder einige wenige Dateien handelt, die Sie wiederherstellen möchten, dann bietet sich der manuelle Weg an. Sie können einfach auf die gewünschte Datei im Zielverzeichnis auf dem Heimserver zugreifen. Die Daten, die sich dort befinden, sind nicht verschlüsselt und auch nicht komprimiert. Sie müssen nur darauf achten, dass Sie über Zugriffsrechte auf das jeweilige Verzeichnis und die entsprechenden Dateien verfügen. Am einfachsten ist es, wenn Sie sich am Home Server unter dem Benutzerkonto anmelden, das Sie auch bei der Erstellung des Backups verwendet haben. Es spielt auch keine Rolle, ob Sie Daten direkt vom Home Server oder von einem anderen Computer über eine Netzwerkverbindung kopiert haben. Wenn der Zugriff partout nicht gelingen will, dann hilft es, sich per `sudo`-Befehlsvorsatz temporär *root*-Rechte zu verschaffen – bei fremden Dateien natürlich bitte stets nur mit Einverständnis des Besitzers. Wenn es sich um Dateien des Home Servers handelt, können Sie sie direkt mit einem `cp`-Befehl an den gewünschten Zielort kopieren. Handelt es sich um Daten eines fremden Rechners, dann können Sie einen USB-Stick benutzen, eine Samba-Dateifreigabe verwenden oder die Dateien auch direkt per SFTP kopieren – hier stehen Ihnen alle Möglichkeiten offen.

Sollten Sie ein Backup mit Versionsgeschichte und harten Verknüpfungen erstellt haben, dann können Sie ebenfalls direkt auf die Dateien im gewünschten Verzeichnis zugreifen.

Lediglich wenn Sie die erweiterte Rechteverwaltung von `rsync` genutzt haben, dann wird die Sache etwas komplizierter. Zwar können Sie auch hier direkt auf die Dateien zugreifen, aber Sie sehen nicht direkt, welchem Besitzer sie ursprünglich gehörten und, je nach Einstellungen, auch nicht, welche Zugriffsrechte die Dateien hatten. Wenn Sie dies aus dem Kopf wissen, dann können Sie die Daten jederzeit manuell kopieren und die gewünschten Eigenschaften per Hand über die bekannten Befehle `chown` und `chmod` zuweisen. Beachten Sie, dass Sie für das Ändern der Eigenschaften *root*-Rechte benötigen.

Auch ganze Verzeichnisse können Sie theoretisch per Hand wiederherstellen. Allerdings ist dies mitunter mühselig, erst recht, wenn Sie auch noch Eigenschaften händisch wiederherstellen müssen. Bei größeren Operationen bietet es sich an, einfach direkt `rsync` in »umgekehrter Richtung« zu benutzen. Sie können denselben Befehl verwenden, den Sie bei der Erstellung des Backups benutzt haben, nur müssen Sie jetzt Quelle und Ziel vertauschen. (Für die Wiederherstellung mit besonderer Rechtevergabe habe ich dies zuvor schon gezeigt.) Achten Sie aber darauf, dass Sie nun nicht versehentlich andere Dateien überschreiben; den Befehlsvorsatz `--delete` sollten sie besser nicht einsetzen, es sei denn, Sie wissen genau, dass Sie ihn schadlos verwenden können. Eine weitere Alternative ist die Wiederherstellung in ein anderes Verzeichnis, gegebenenfalls auch auf einen anderen Rechner. Dies bietet sich auch dann an (natürlich wird hier ein Linux-Dateisystem erforderlich), wenn entsprechende Dateirechte wiederhergestellt werden sollen.

Kapitel 17

Von jedem Computer aus fernsehen: TV-Streaming mit TVHeadend

Über Ihr Heimnetzwerk können Sie sogar Fernsehsignale übertragen und sich das Fernsehprogramm auf dem Balkon oder im Garten ansehen. Dieses Kapitel stellt dazu ein geeignetes Programm vor.

Mit Ihrem Home Server können Sie auch recht elegant das aktuelle Fernsehprogramm im Netzwerk verteilen. Diesen Dienst können Sie auf vielfältige Art nutzen. Vielleicht möchten Sie im Arbeitszimmer nebenbei eine wichtige Fernsehübertragung verfolgen, haben dort aber weder einen Fernseher noch einen TV-Anschluss. Eventuell möchten Sie auch im Garten auf Ihrem Tablet-PC eine Fernsehsendung schauen, die Sie nicht per Livestream über das Internet angeboten bekommen? Möglich ist auch, dass Sie ganz einfach eine Fernsehsendung aufnehmen möchten. Wenn Ihr normales Fernsehgerät diese Option nicht bietet oder Sie sich noch ein zusätzliches Empfangsgerät wünschen: Ihr Home Server kann diese Aufgaben wunderbar erfüllen. Sie brauchen dazu lediglich einen USB-TV-Stick, der von Linux unterstützt wird – davon gibt es mittlerweile erfreulich viele. 17

Abbildung 17.1 Ein DVB-USB-Stick

Wenn Sie einen solchen TV-Stick bereits besitzen (zum Beispiel zum Fernsehschauen am Notebook), dann können Sie ihn ja einmal für diesen Zweck ausprobieren. Ansonsten können Sie auch einen neuen Stick erwerben (wenn es möglichst günstig sein soll, dann tut es natürlich auch ein gebrauchtes Exemplar). Achten Sie auf Ihren Empfangsweg: Es gibt USB-Adapter für das terrestrische digitale Fernsehen *DVB-T2*, für das an ein Koaxialkabel gebundene *DVB-C* (also das »Kabelfernsehen«) sowie für die Satellitenalternative *DVB-S* beziehungsweise *DVB-S2*. Dabei sind die DVB-T2 Sticks am günstigsten und teilweise schon für um die 20 Euro erhältlich. Die anderen Alternativen sind etwas kostspieliger und werden meistens zu Preisen zwischen 50 und 100 Euro verkauft. Klären Sie vor dem Kauf, ob Ihr ausgewähltes Modell von Linux unterstützt wird.

17.1 Der richtige DVB-USB-Stick

Es gibt mittlerweile eine große Anzahl von DVB-USB-Sticks, die problemlos unter Linux verwendet werden können. Viele Modelle funktionieren sogar direkt nach dem Anschließen ohne die Installation von Treibern oder zusätzlichen Komponenten. So ein Gerät ist natürlich wunderbar für den Einstieg geeignet. Daneben gibt es eine Vielzahl weiterer Modelle, die zwar nicht sofort startklar sind, für die jedoch nur eine einzige Datei in ein bestimmtes Verzeichnis kopiert werden muss. Diese Lösung ist für diejenigen interessant, die schon ein wenig Erfahrung im Umgang mit dem Linux-Betriebssystem gesammelt haben. Ab diesem Punkt wird es jedoch deutlich schwieriger. Einige DVB-USB-Sticks erfordern leider speziell angepasste Treiber, die selbst kompiliert werden müssen. Oftmals wird ein Patch benötigt. Wenn Sie sich dieser Aufgabe stellen möchten, dann sollten Sie schon über eine gehörige Portion Erfahrung verfügen und am besten auch ein paar Programmierkenntnisse mitbringen. Diese Thematik geht allerdings weit über den Themenbereich hinaus, den dieses kleine Einsteigerbuch behandeln soll.

Nun stellt sich die Frage, wie Sie als Nutzer in Erfahrung bringen, wie es mit der Linux-Unterstützung des favorisierten DVB-USB-Sticks aussieht. Glücklicherweise gibt es auch hier eine Gruppe mit engagierten Mitgliedern, die sich der Fernsehfunktionen von Linux angenommen hat und die unter anderem Modelllisten mit DVB-USB-Sticks pflegen. Von DVB-USB-Sticks, die Sie bereits besitzen, sollten Sie sich zuerst die genaue Modellbezeichnung notieren. Bei einer Neuanschaffung sollten Sie sich die Typenbezeichnungen derjenigen Modelle aufschreiben, die für Sie in Frage kommen beziehungsweise die Ihr Lieblingshändler vorrätig hat. Öffnen Sie dann folgende Internetseite:

http://linuxtv.org/wiki/index.php/DVB-T2_USB_Devices

Auf dieser Seite finden Sie eine umfangreiche Liste mit vielen verschiedenen DVB-T2-USB-Sticks. Analog gibt es natürlich auch entsprechende Seiten für DVB-C-, DVB-S- und DVB-S2-Geräte, die jeweils unter einer der folgenden Adressen erreichbar sind:

- *http://linuxtv.org/wiki/index.php/DVB-C_USB_Devices*
- *http://linuxtv.org/wiki/index.php/DVB-S_USB_Devices*
- *http://linuxtv.org/wiki/index.php/DVB-S2_USB_Devices*

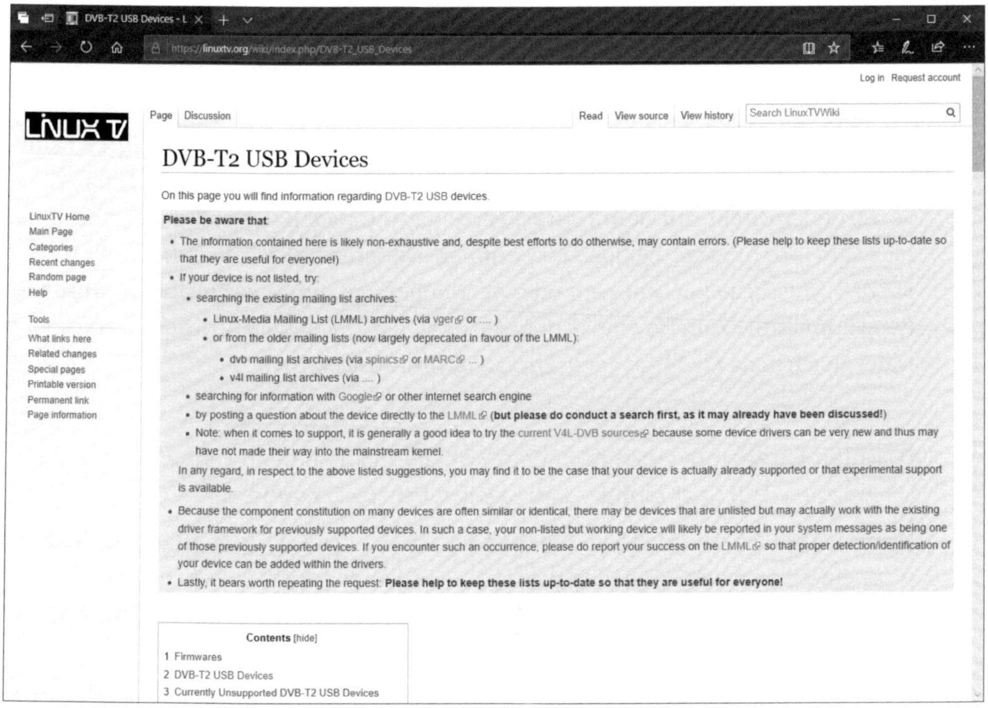

Abbildung 17.2 Das »Linux TV«-Wiki informiert über die Modelle.

Durchsuchen Sie diese Liste nach Ihren jeweiligen Modellen. Zu vielen Geräten gibt es detailliertere Unterseiten, die Sie über einen Link in der linken Tabellenspalte erreichen. Betrachten Sie die zweite Spalte mit dem Titel SUPPORTED. An dieser Stelle sollten unbedingt ein grüner Haken und das Wort YES stehen – in diesem Fall können Sie davon ausgehen, dass der Stick unter Linux funktioniert. Für den Einstieg ist es jetzt am besten, wenn in der Spalte FIRMWARE keine weiteren Angaben stehen. Das bedeutet, dass der jeweilige Stick direkt nach dem Anschluss funktionieren sollte. Es sind keine weiteren Schritte nötig. Trotzdem schadet es gewiss nicht, sofern vorhanden, die zugehörige detaillierte Unterseite zu studieren. Befindet sich ein Eintrag in der Spalte FIRMWARE, dann bedeutet dies meist, dass eine Firmwaredatei auf den Home Server kopiert werden muss. Auch hier sollten Sie zunächst die zugehörige Produktseite konsultieren. Es kann auch sein, dass nur bestimmte Kernelversionen eine Firmwaredatei benötigen und diese vielleicht sogar in der von Ihnen derzeit genutzten Kernelversion bereits integriert ist. Über die aktuelle Kernelversion gibt auf Ihrem Home Server der Befehl `uname -r` Auskunft.

Im Regelfall gibt es auf der Internetseite auch Angaben, wo die benötigte Firmwaredatei bezogen werden kann. Natürlich sollten Sie darauf achten, dass Sie nur rechtlich einwandfreie Quellen bemühen, und sicherheitshalber den Download mit einem Antivirenprogramm überprüfen. Beachten Sie die jeweiligen Anweisungen. Fast immer müssen Sie die heruntergeladene Datei in das Verzeichnis */lib/firmware* kopieren. Hierzu können Sie folgenden – entsprechend angepassten – Befehl verwenden:

```
sudo cp firmwaredatei /lib/firmware
```

Die Firmwaredatei können Sie entweder von Ihrem Desktoprechner auf Ihren Home Server kopieren (beispielsweise über eine Samba-Freigabe oder einen FTP(S)-/SFTP-Server) oder direkt mit dem Home Server herunterladen. Sie sollten sich dazu zunächst in Ihrem Home-Verzeichnis befinden. Notieren Sie sich die Adresse, unter der Sie die Datei beziehen können, oder verwenden Sie die Zwischenablage. Anschließend können Sie zum Download den `wget`-Befehl in folgender Form benutzen, der die Datei gleich in das richtige Verzeichnis */lib/firmware* kopiert:

```
sudo wget -P /lib/firmware www.link-zur-Firmwaredatei
```

Beachten Sie aber, dass Sie nach dem Kopiervorgang einen eventuell schon angeschlossenen DVB-Stick einmal ab- und wieder anstecken müssen.

Wenn Sie jedoch in der Tabelle mit den verschiedenen Modellen in der Spalte SUPPORT ein NO lesen oder Schwierigkeiten beim Download der Firmware (bitte vor dem Kauf üben) haben oder die jeweiligen Anleitungen für Sie (noch) unverständlich sind, dann sollten Sie von diesem Modell besser Abstand nehmen.

Natürlich können Sie auch jederzeit probieren, ob ein bereits vorhandener Stick (oder ein Modell, das Sie sich von einem Bekannten kurz ausgeliehen haben) problemlos mit Ihrem Home Server zusammenarbeitet. Schließen Sie dazu einfach den Stick an Ihren Home Server an. Warten Sie einen kleinen Augenblick, und melden Sie sich dann über eine SSH-Sitzung an Ihrem Home Server an. Wechseln Sie auf der Kommandozeile in das spezielle Verzeichnis */dev*. Lassen Sie sich mit dem Befehl `ls` den Verzeichnisinhalt anzeigen. Wenn Sie in der Ausgabe das Verzeichnis *dvb* finden, dann ist dies ein sehr gutes Zeichen. Sie sollten aber trotzdem stets die oben genannte Website kontrollieren. Prüfen Sie, ob es im Verzeichnis */lib/firmware* die gegebenenfalls benötigte Datei gibt. Wenn nicht, sollten Sie sie zur Sicherheit stets manuell installieren. Es gibt durchaus DVB-Sticks, die sich zunächst korrekt anmelden, bei denen aber erst beim Betrieb auffällt, dass die Firmware nicht vorhanden ist – das äußert sich dann zum Beispiel daran, dass beim späteren Sendersuchlauf keine Sender gefunden werden.

17.2 Die Installation auf dem Home Server

Nachdem Sie geklärt haben, dass Ihre DVB-Hardware problemlos mit Ihrem Home Server zusammenarbeitet, können Sie sich an die Installation und Konfiguration der Software machen. Für dieses Projekt empfehle ich die Software *TVHeadend*. Informationen zu dieser Software finden Sie unter folgender Adresse: *https://tvheadend.org*.

TVHeadend hat als Softwarelösung den Vorteil, dass man es bequem per Webinterface bedienen und konfigurieren kann. Es gibt auch zahlreiche Clientanwendungen für Smartphones, Tablets und auch für stationäre Computer. Selbst für das beliebte Mediacenter *Kodi* gibt es Plugins, so dass Sie über Ihr Mediacenter bequem fernsehen und sogar Aufnahmen programmieren können.

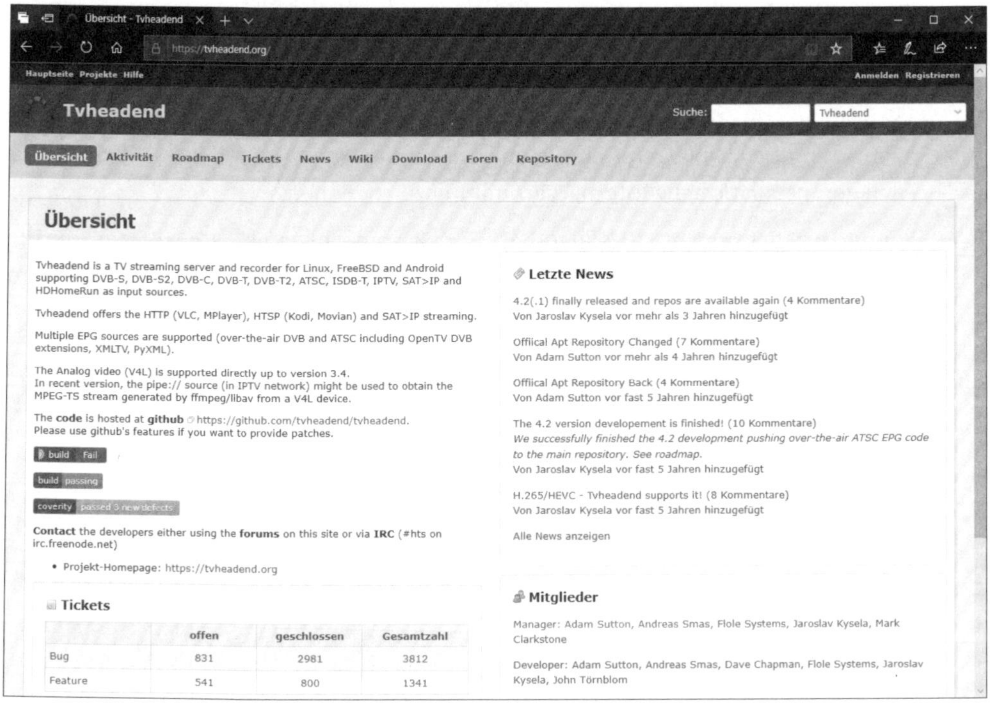

Abbildung 17.3 Die Webseite »tvheadend.org«

TVHeadend hat aber auch den Nachteil, dass es gegenwärtig nicht in den offiziellen Debian-Paketquellen enthalten ist. Sie können es also nicht einfach direkt mit einem `apt`-Befehl installieren. Stattdessen müssen Sie etwas tun, was man nur wohlüberlegt tun sollte: Sie müssen die Paketquellen Ihres Home Servers um die TVHeadend-Pakete erweitern. Das bedeutet Folgendes: Normalerweise fragt der Befehl `apt update` offizielle Debian-Paketquellen-Server ab. Programme und ihre (Sicherheits-)Updates werden dort gelistet und auch von diesen Servern heruntergeladen. Wie Sie wissen, geschieht das nach Befehlseingabe weitestgehend automatisch. Dabei vertrauen Sie den Debian-Entwicklern, dass Sie nur einwandfreie Software ohne Schadcode erhalten. Dieses Vertrauen ist durchaus gerechtfertigt, weil an den offiziellen Paketquellen sehr viele Menschen mitarbeiten und sie überwachen und kontrollieren. Wenn Sie jetzt die Paketquellen erweitern, dann fragt der Server von nun an auch die neu hinzugefügten Quellen nach möglichen Programmen und deren Updates ab. Wenn Sie dann etwas aus einer Fremdquelle installieren, werden Sie in Zukunft ebenfalls für diese Programme Updates erhalten (über den Befehl `apt upgrade`). Dabei müssen Sie aber auch den Fremdquellen vertrauen, dass sie Ihnen einwandfreie Software anbieten. Vor dem Hinzufügen von Fremdquellen müssen Sie dieses Risiko immer genau abwägen. Im Zweifelsfall sollten Sie den Vorgang lieber unterlassen. Natürlich ist die Wahrscheinlichkeit bei einem großen, namhaften Projekt wie TVHeadend relativ gering, dass dort Unsinn getrieben wird. Wichtig ist an dieser Stelle hauptsächlich die Warnung, dass Sie nicht gleich alles Mögliche in die Liste der Paketquellen hineinschreiben und jedem ohne Überlegung vollständig vertrauen. Wenn Sie auch bei TVHeadend trotzdem unsicher sind, dann können Sie dieses Programm natürlich auch auf einem Zweitserver einsetzen. Eine Option wäre sogar, diesem Zweitserver nach der Installation die Internetverbindung zu entziehen.

Für die Installation von TVHeadend müssen Sie zunächst eine Datei anlegen, die die verwendeten Paketquellen enthält. Rufen Sie dazu den Editor `nano` mit folgendem Befehl auf:

```
sudo nano /etc/apt/sources.list.d/tvheadend.list
```

Die einzugebenden Daten sind für Nutzer des Raspberry Pi und des Intel NUC unterschiedlich.

Wenn Sie einen Raspberry Pi verwenden, dann fügen Sie folgende Zeile ein:

```
deb https://apt.tvheadend.org/stable raspbian-stretch main
```

Wenn Sie hingegen einen Intel NUC verwenden, dann müssen Sie folgende Zeile eingeben:

```
deb https://apt.tvheadend.org/stable stretch main
```

Ihre Datei sollte nun so wie in Abbildung 17.4 aussehen.

Abbildung 17.4 Die neue Datei »/etc/apt/sources.list.d/tvheadend.list«

Beenden Sie `nano`, und speichern Sie die Änderungen mit der Tastenkombination [Strg]+[x], gefolgt von den Tasten [j] und [↵].

Nun müssen Sie dem System noch mitteilen, dass Sie der neuen Paketquelle vertrauen, und einen Schlüssel zur Prüfung der Integrität hinterlegen. Das machen Sie mit folgendem Befehl, der diesen Schlüssel mit in den sogenannten Schlüsselbund aufnimmt:

```
sudo wget -qO- https://doozer.io/keys/tvheadend/tvheadend/pgp | ⮐
  sudo apt-key add -
```

Wenn dies erfolgreich ausgeführt wurde, erhalten Sie ein `OK` als Rückmeldung.

Bevor Sie mit der Installation beginnen, müssen Sie sicherstellen, dass das `apt`-System auf Ihrem Home Server bereits mit verschlüsselten Quellen umgehen kann. Führen Sie dazu folgenden Befehl aus, der die nötigen Pakete gegebenenfalls direkt installiert:

```
sudo apt install apt-transport-https
```

Als Nächstes aktualisieren Sie die Paketquellen:

```
sudo apt update
```

Wenn Sie genau auf die Bildschirmausgaben achten, dann werden Sie bemerken, dass auch die Paketquelle von TVHeadend mit aktualisiert wurde. Von nun an können Sie TVHeadend ganz normal installieren. Tun Sie dies mit folgendem Befehl:

```
sudo apt install tvheadend
```

Bestätigen Sie die Installation mit der [↵]-Taste. Seien Sie bitte nicht überrascht, dass gegebenenfalls (weit) mehr als 100 MB installiert werden. Der allergrößte Teil sind Linux-Bibliotheken, die TVHeadend zum Betrieb braucht. Das eigentliche Programm TVHeadend ist weniger als 5 MB groß.

Während der Installation öffnet sich ein graues Fenster auf blauem Hintergrund zur Vergabe eines Benutzernamens und eines Passworts. Diese Daten müssen Sie zur Administration von TVHeadend festlegen.

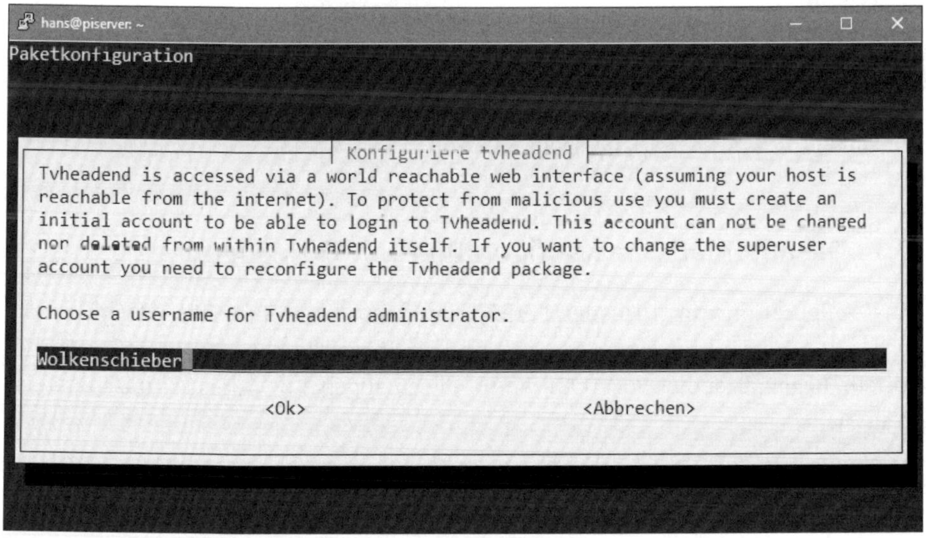

Abbildung 17.5 Einen Benutzernamen für »TVHeadend« eingeben

[!]

Achten Sie auf die korrekte Eingabe der Daten!

Zumindest in der aktuellen Fassung erfolgt keine zweimalige Eingabe des Passworts. Geben Sie es daher unbedingt bereits beim ersten Mal richtig ein.

Sie erhalten noch einen Hinweis darüber, wie Sie nach der Installation das Webinterface zur Konfiguration öffnen. Notieren Sie sich insbesondere den Port zur späteren Verwendung (das ist üblicherweise 9981), und drücken Sie auf die [↵]-Taste. Nun werden die nötigen Dateien installiert. Dabei wird TVHeadend als Service installiert, der von jetzt an immer automatisch gestartet wird. Sie können nun mit dem folgenden Abschnitt weitermachen, in dem ich Ihnen die automatische Konfiguration von TVHeadend mit einem Assistenten zeige. Sollte bei Ihnen der dort angesprochene Assistent nicht verfügbar sein, dann können Sie alternativ auch mit Abschnitt 17.4 weitermachen. Dieser befasst sich mit der manuellen Konfiguration, die ebenfalls zum Ziel führt (aber etwas aufwendiger ist als der Weg über den Assistenten).

Abbildung 17.6 Und das dazu passende Passwort

17.3 Die automatische Konfiguration von TVHeadend

Die Konfiguration von TVHeadend erfolgt im Webbrowser Ihres PCs. Navigieren Sie zu der IP-Adresse Ihres Home Servers, und ergänzen Sie den von Ihnen notierten Port. Im Regelfall ist dies Port 9981, womit die einzugebende Adresse typischerweise so aussieht:

http://IP-Adresse.von.Ihrem.Home.Server:9981

Sie werden nun zur Eingabe Ihres eben vergebenen Benutzernamens und Passworts aufgefordert.

Zu Beginn erscheint ein Konfigurationsassistent, der Ihnen einiges an Arbeit abnimmt. Er fragt (wie in Abbildung 17.7) als Erstes nach Spracheinstellungen. Tragen Sie in der Rubrik Web Interface im Feld Language die Sprache ein, die TVHeadend später für das Interface verwenden soll – Deutsch ist (unter dem Eintrag German) eine der vielen Möglichkeiten. Weiter unten können Sie in der Rubrik EPG Language (Priority Order) einstellen, in welcher Sprache später die elektronische Programmzeitschrift (kurz: der EPG) angezeigt wird. Auch hier ist die deutsche Sprache verfügbar. Klicken Sie anschließend auf Save & Next. Der Assistent lädt anschließend neu, präsentiert sich allerdings zunächst nach wie vor in der englischen Sprachfassung. Erst später wird TVHeadend (bei der Anmeldung als normaler Nutzer, nicht als Administrator) in der gewählten Sprache angezeigt. Klicken Sie erneut auf Save & Next.

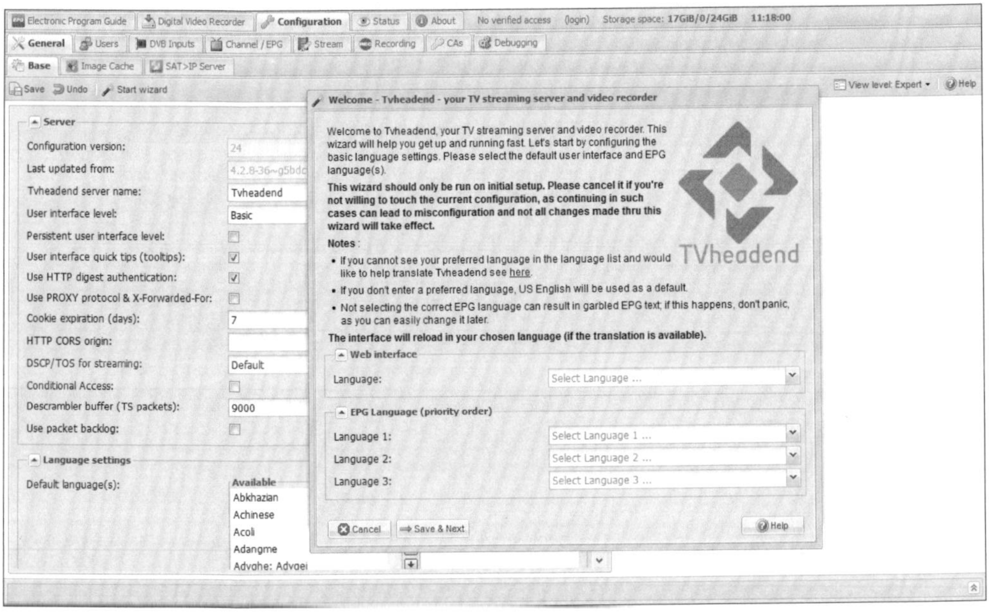

Abbildung 17.7 Im Webinterface von TVHeadend führt Sie ein Assistent durch die Einrichtung.

Nun geht es um die Einrichtung von Zugangsdaten. Abbildung 17.8 zeigt dies beispielhaft. Die Rubrik Network Access müssen Sie nicht ausfüllen. Hiermit legen Sie fest, aus welchen Netzwerkzonen heraus der Zugriff auf TVHeadend möglich sein soll. Wenn Sie die Zeile leer lassen, dann wird keine Einschränkung aktiviert, und Sie können sowohl aus dem Heimnetzwerk als auch über eine VPN-Verbindung auf TVHeadend zugreifen. Direkt über das Internet ist der Dienst nicht verfügbar, Port 9981 wird durch die Firewall auf Ihrem Router blockiert. Auch die Rubrik Administrator Login müssen Sie nicht ausfüllen, denn Sie haben ja bereits bei der Installation auf dem Home Server einen solchen Zugang eingerichtet. (Vorsichtige Naturen können allerdings problemlos ein zweites Administratorkonto anlegen.) Eingaben sind in jedem Fall unter User Login nötig. Dort spezifizieren Sie ein Konto für die normale alltägliche Nutzung von TVHeadend abseits der administrativen Einrichtung. Geben Sie hier also einen Nutzernamen und ein Passwort ein, mit dem der unbefugte Zugang zum Fernsehsystem verhindert wird. Merken Sie sich die Daten gut, denn Sie müssen sie später in der Anwendung, die Sie zum Fernsehen nutzen, eingeben. Klicken Sie danach auf Save & Next.

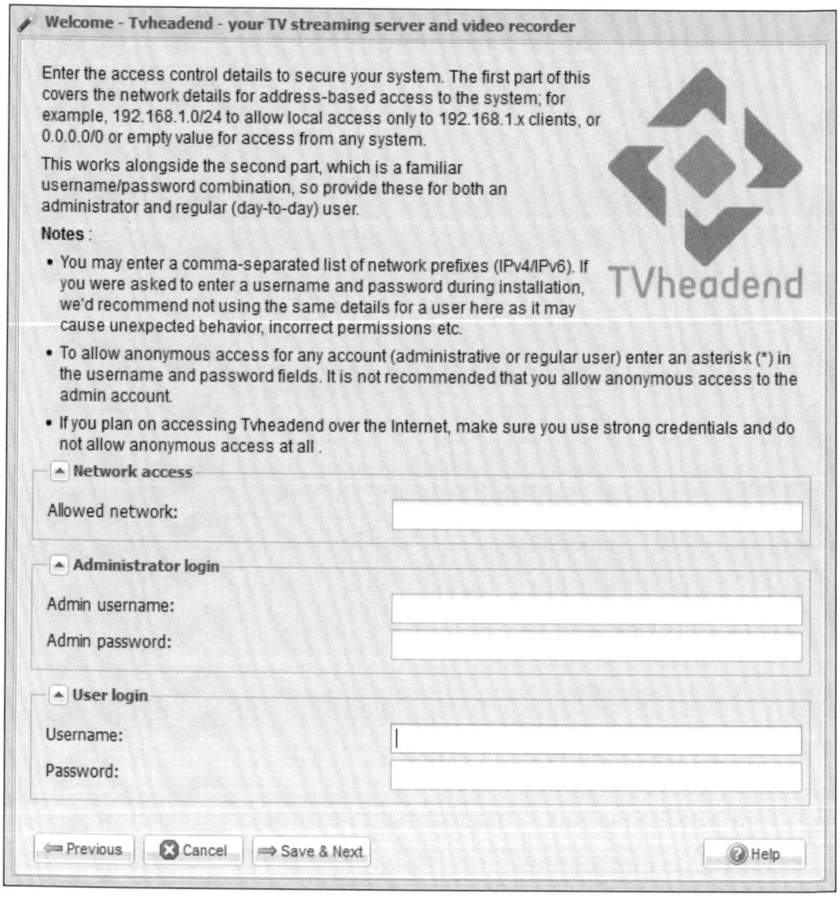

Abbildung 17.8 Legen Sie ein Benutzerkonto für den täglichen Gebrauch an.

Jetzt geht es an die Einrichtung Ihres Empfangsgerätes und an das Anlegen einer Senderliste. Im Hintergrund sehen Sie bereits eine Liste mit den Empfangsgeräten, die TVHeadend erkannt hat. Hier sollte Ihr USB-TV-Stick aufgeführt sein. Im Assistenten sehen Sie nun Rubriken mit der Überschrift Network. Je nachdem, wie viele Empfangswege Ihr USB-TV-Stick bietet beziehungsweise wie viele Tuner er enthält, gibt es unterschiedlich viele Einträge. Suchen Sie nach einem Network-Eintrag, bei dem in der Zeile TUNER Ihr USB-TV-Stick sowie das zu verwendende Empfangsverfahren (zum Beispiel DVB-T) aufgeführt sind. Öffnen Sie dort das Listenfeld NETWORK TYPE und wählen Sie in der Liste den zu nutzenden Empfangsweg aus, zum Beispiel DVB-T NETWORK für den Empfang über eine Antenne oder DVB-S NETWORK für den Empfang über eine Satellitenschüssel (es gibt für beide Verfahren nur einen Eintrag und beispielsweise keine separate Auswahloption für DVB-T2). Damit teilen Sie TVHeadend mit, welche (Empfangs-)Netzwerke genutzt werden sollen. Sollte Ihr Empfangsgerät mehrere Tuner haben oder Sie verschiedene Geräte einsetzen, dann füllen Sie alle zutreffenden Einträge aus. Nachdem Sie Ihre Auswahl getroffen haben, klicken Sie auf SAVE & NEXT.

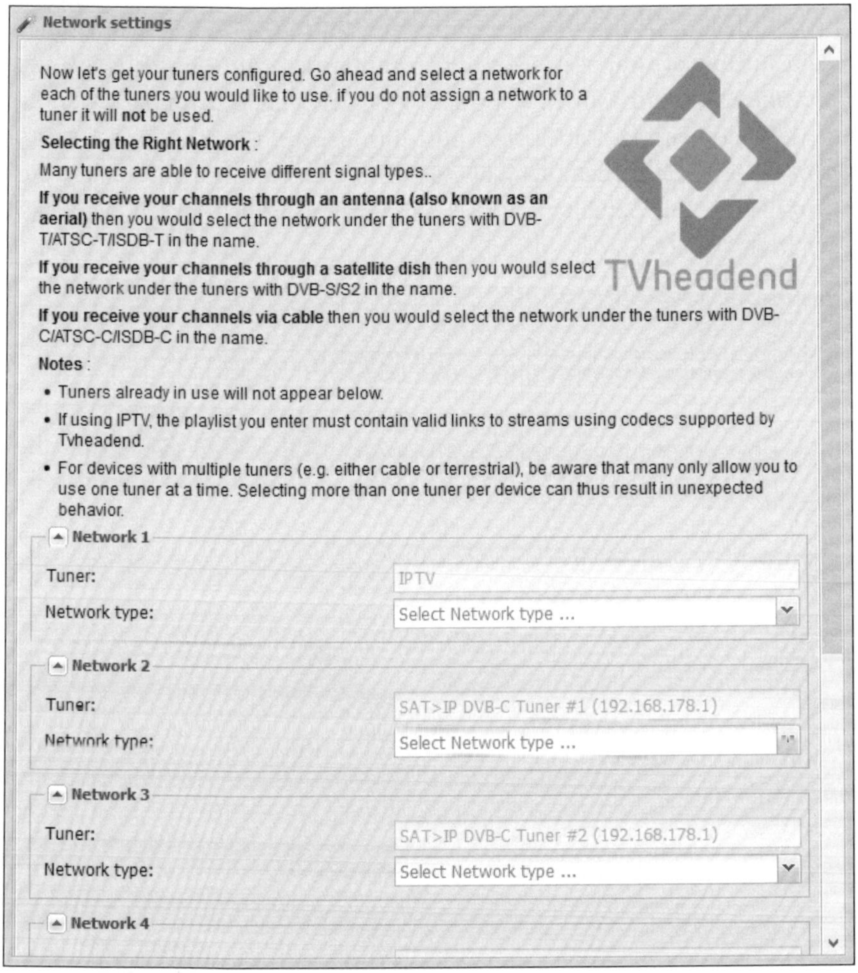

Abbildung 17.9 Ein Netzwerk für den gewünschten Empfangsweg erstellen

[»]

Was hat es mit dem IPTV-Netzwerk auf sich?

Üblicherweise wird als Erstes stets eine Network-Kategorie mit dem Eintrag IPTV als Tuner angezeigt. Hiermit wird der Fernsehempfang über das Internet eingerichtet, mit dem TVHeadend ebenfalls umgehen kann. Die Einrichtung ist jedoch etwas für den fortgeschrittenen Nutzer.

Auf der nächsten Seite des Assistenten (vergleiche Abbildung 17.10) müssen Sie nun für die auf der vorigen Seite erstellten Netzwerke sozusagen Startwerte für den folgenden Sendersuchlauf festlegen. Sie sehen verschiedene Einträge, und zwar genauso viele, wie Sie eben Netzwerke angelegt haben. In jeder Network-Rubrik legen Sie nun im Feld Pre-defined muxes diese Startwerte fest. Öffnen Sie dazu das Ausklappfeld, und wählen Sie den für Sie zutreffenden Eintrag aus. Nutzen Sie DVB-T2, dann wählen Sie hier das Land und das Bundesland (bzw. den Kanton) aus, zum Beispiel Germany: de-Mecklenburg-Vorpommern. Wenn Sie DVB-C verwenden, dann wählen Sie das Land und den Betreiber des Kabelnetzes aus, zum Beispiel Germany: de-Hessen-Unitymedia. Beim Satellitenempfang über DVB-S(2) müssen Sie den Satelliten auswählen, auf den Sie Ihre Satellitenschüssel ausgerichtet haben. Klicken Sie danach wieder auf Save & Next.

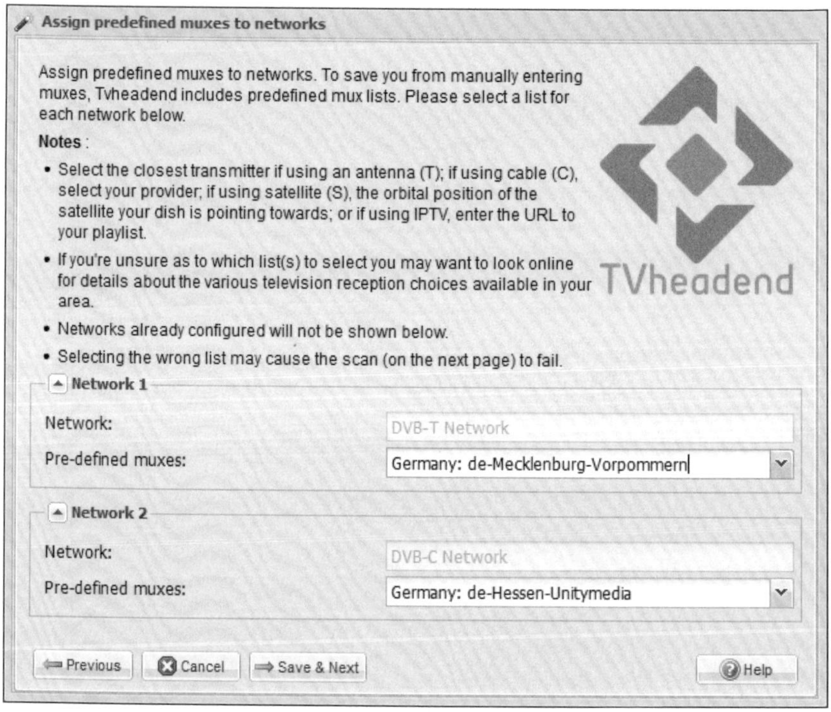

Abbildung 17.10 Das Netzwerk weiter konfigurieren

Nun wird der automatische Sendersuchlauf durchgeführt. Sie sehen den Fortschritt im entsprechenden Balken. Der Suchlauf kann durchaus recht lange dauern. Im unteren Teil des Fensters werden Sie über die Anzahl an gefundenen Sendern informiert. Wenn der Sendersuchlauf abgeschlossen ist (das sieht dann so aus wie in Abbildung 17.11), klicken Sie auf SAVE & NEXT.

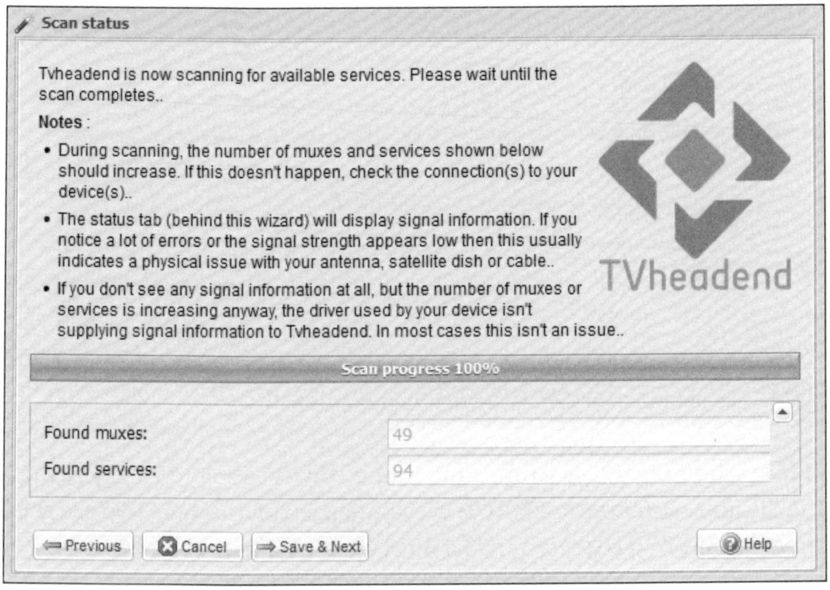

Abbildung 17.11 Der Sendersuchlauf ist abgeschlossen.

Bei einem klassischen Fernsehgerät wären Sie jetzt schon fertig, denn alle gefundenen Sender werden dort direkt abgespeichert, und Sie können sie über die üblichen Kanalnummern auf der Fernbedienung direkt aufrufen. TVHeadend bietet hier jedoch weitaus mehr Optionen, die anfangs schnell verwirren können. So ist es ohne weiteres möglich, nur einen Teil der gefundenen Sender für die spätere Nutzung abzuspeichern. Hierüber freuen sich oftmals Satellitennutzer, die Sender aus dem Ausland in einer nicht beherrschten Sprache oder auch Werbesender einfach ausfiltern können. Für den Anfang ist es aber besser, einfach direkt alle Sender zu übernehmen; genau dies sieht auch der Assistent vor. Aktivieren Sie also im Assistenten das Kästchen MAP ALL SERVICES – damit werden alle gefundenen Sender in die Kanalliste übernommen. Die beiden folgenden Kästchen können Sie optional aktivieren. Damit weisen Sie TVHeadend an, dass es Schlagwörter (die sogenannten *Tags*) sowohl für die Netzwerke als auch für die Dienstanbieter erstellen soll. Mit diesen Schlagwörtern können Sie später (wenn es die jeweilige Anwendung unterstützt) die Senderliste filtern oder sortieren. Klicken Sie auf SAVE & NEXT.

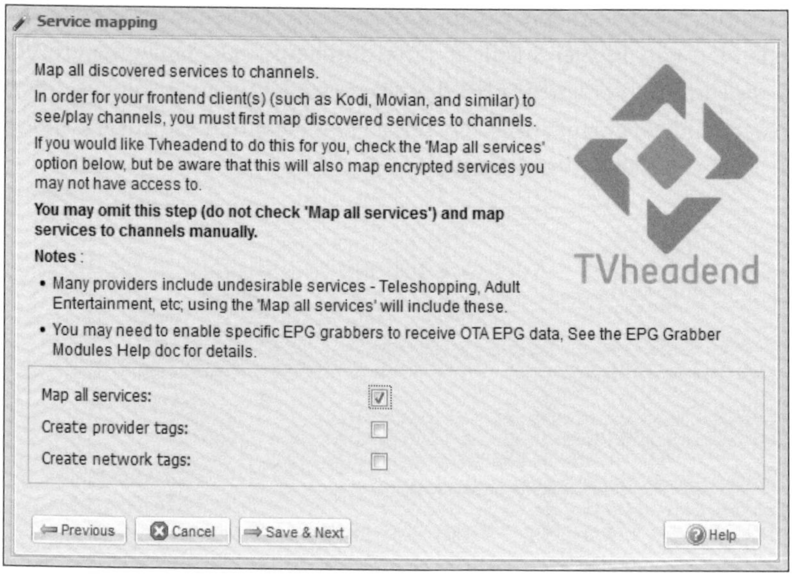

Abbildung 17.12 Die gefundenen Kanäle werden zugeordnet.

Damit sind Sie schon fertig. Die Grundeinrichtung von TVHeadend ist abgeschlossen. Klicken Sie im Assistenten auf FINISH. Sie können jetzt fernsehen. Wie das geht, zeigt Ihnen Abschnitt 17.5, »Zum ersten Mal mit TVHeadend fernsehen«.

17.4 Die manuelle Einrichtung von TVHeadend

Für den Fall, dass Sie der automatischen Einrichtung mit dem Assistenten eine manuelle Einrichtung vorziehen, oder falls die automatische Einrichtung nicht funktioniert hat, zeige ich Ihnen in diesem Abschnitt, wie Sie TVHeadend manuell einrichten. Sollte bei Ihnen noch der Assistent angezeigt werden, dann schließen Sie ihn bitte, so dass Sie direkten Zugriff auf das eigentliche Webinterface von TVHeadend haben.

Zunächst prüfen Sie, ob der USB-TV-Stick problemlos von TVHeadend erkannt wurde. Navigieren Sie dazu auf den Reiter CONFIGURATION. Dieser befindet sich in der obersten Reihe. Klicken Sie in der Reihe darunter auf DVB INPUTS und dann in der dritten Reihe auf TV ADAPTERS. In dem Auswahlfeld darunter sollte Ihr DVB-USB-Stick erscheinen. Klicken Sie direkt das Gerät (und nicht nur das Ordnersymbol) an, um es auszuwählen. Eignet sich Ihr Stick für verschiedene Empfangsarten, dann sehen Sie üblicherweise mehrere Einträge. Wählen Sie dann den Empfangsweg aus, den Sie benutzen wollen. Ist das Feld leer, dann stimmt etwas mit der Installation des Sticks nicht. Überprüfen Sie in diesem Fall noch einmal seine Einbindung in das Betriebssystem.

Wenn Sie das Gerät ausgewählt haben, dann wird sich auf der rechten Seite des Bildschirms ein Konfigurationsfeld öffnen.

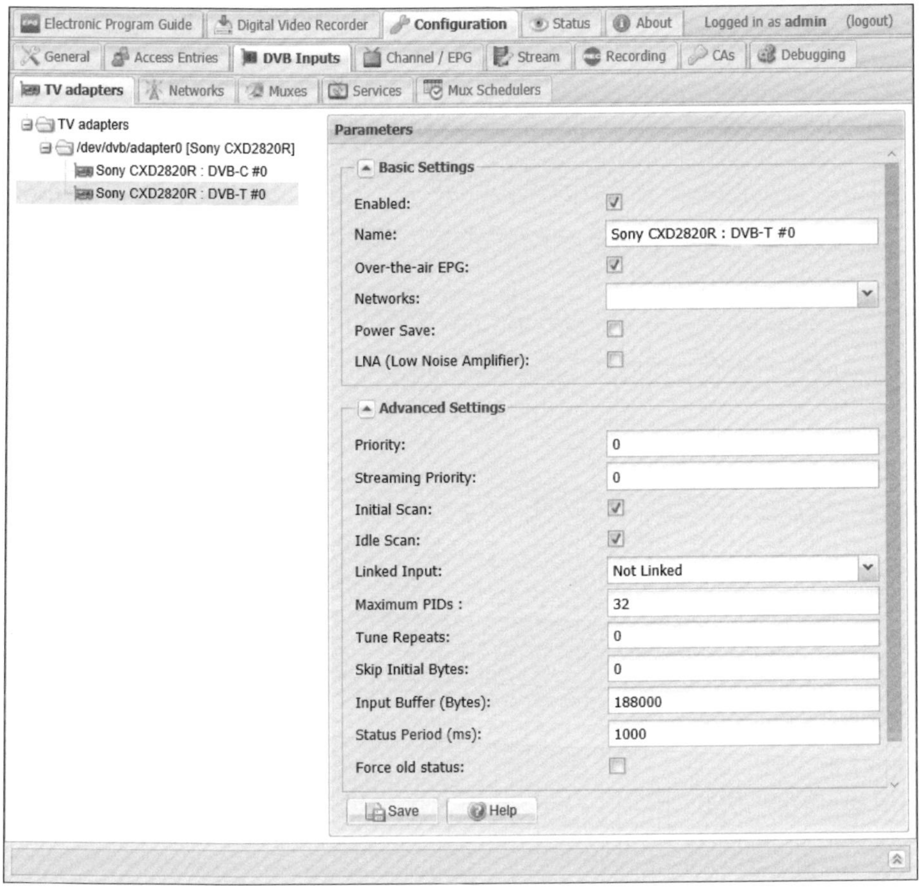

Abbildung 17.13 Den gewünschten Stick aktivieren

Sie müssen dort TVHeadend mitteilen, dass der ausgewählte Stick verwendet werden soll. Suchen Sie im Feld BASIC SETTINGS das Kontrollkästchen ENABLED, und setzen Sie dort ein Häkchen – damit ist der Stick aktiv. Anschließend speichern Sie diese Einstellungen mit einem Klick auf die Schaltfläche SAVE ab.

Spätestens jetzt sollten Sie dafür sorgen, dass an Ihrem Stick auch eine Antenne beziehungsweise eine Verbindung zur Antennendose angeschlossen ist.

Sie müssen jetzt ein sogenanntes *DVB-Netzwerk* erstellen. Dazu wechseln Sie in den Reiter NETWORKS ❶, der sich in der dritten Reiterzeile neben dem Eintrag TV ADAPTERS befindet. Klicken Sie in der Symbolleiste auf den Eintrag ADD ❷, der mit einem grünen kreisförmigen Symbol mit einem weißen Pluszeichen dargestellt wird. Hierauf öffnet sich ein Fenster mit dem Titel ADD NETWORK. Öffnen Sie das Listenfeld, und wählen Sie den für Sie zutreffenden Empfangsweg, beispielsweise DVB-T NETWORK.

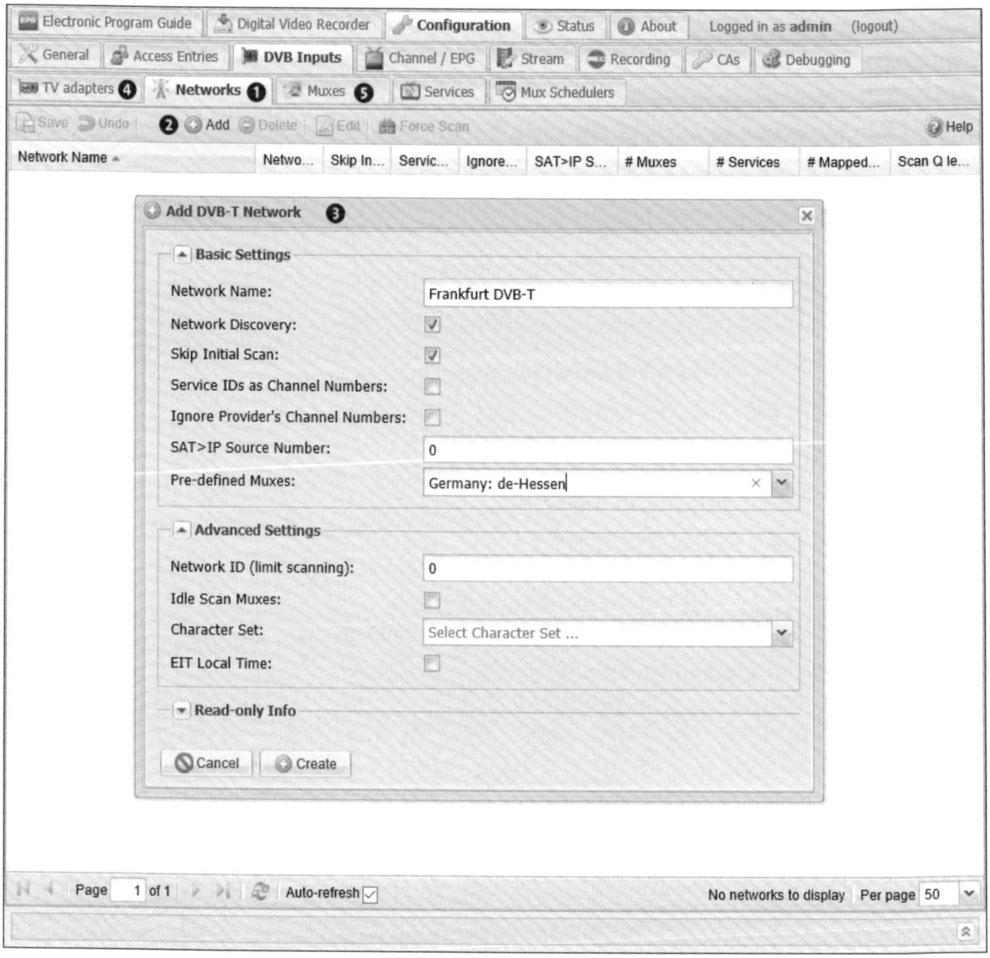

Abbildung 17.14 Ein DVB-Netzwerk erstellen

Es wird sich wie in Abbildung 17.14 ein neues Fenster öffnen, das zum Beispiel den Titel ADD DVB-T NETWORK ❸ trägt.

Vergeben Sie für das neu zu erstellende Netzwerk zunächst einen Namen, den Sie in der Rubrik BASIC SETTINGS in das Feld NETWORK NAME eintragen. Sie können einen beliebigen Namen wählen; ein gutes Beispiel wäre Ihr Wohnort, ergänzt um das jeweilige DVB-Kürzel, beispielsweise »Frankfurt DVB-T2«.

Jetzt öffnen Sie das Listenfeld PRE-DEFINED MUXES und wählen aus der Liste die für Sie zutreffenden Werte, also zum Beispiel das für Sie zutreffende Land und die für Sie zutreffende Region, etwa GERMANY: DE-HESSEN, oder den Satelliten, den Sie empfangen möchten.

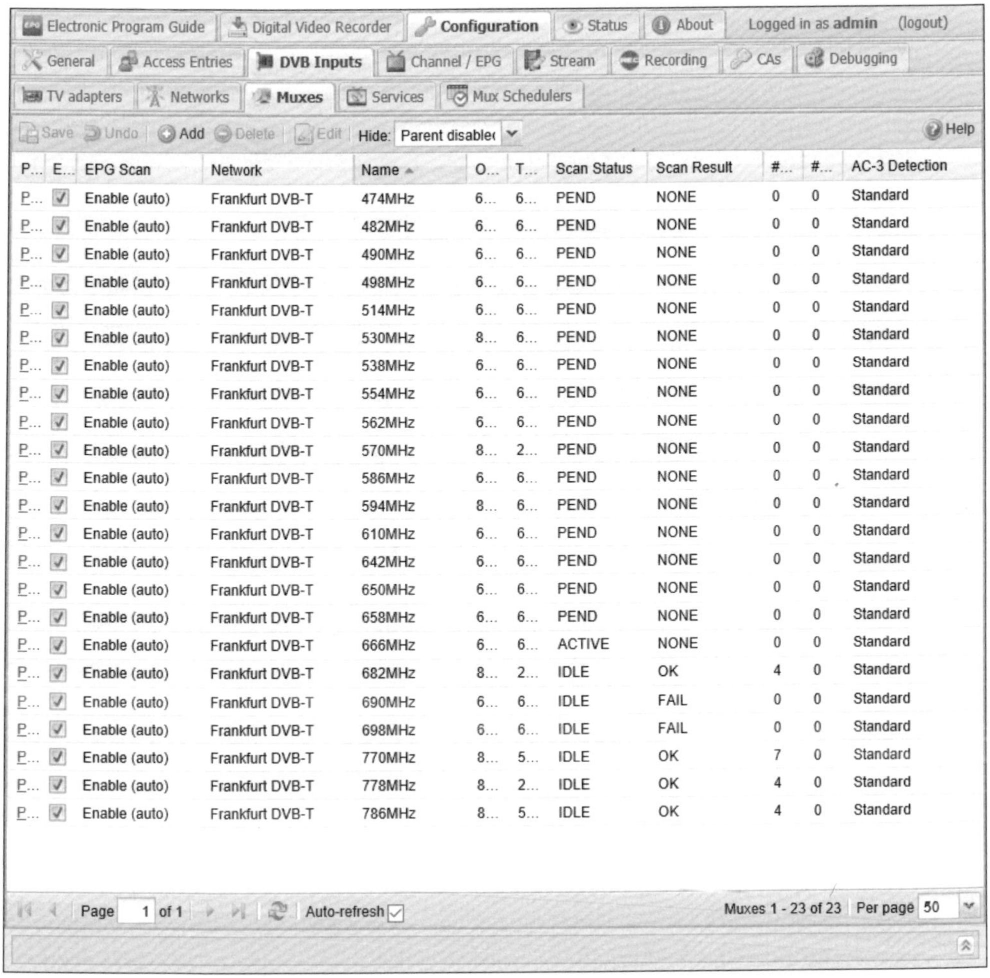

Abbildung 17.15 Eine Liste von »pre-defined Muxes«

Sollten Sie keine passende Einstellung finden, dann versuchen Sie es je nach Empfangsweg mit der Einstellung --GENERIC--: AUTO-DEFAULT. Weitere Einstellungen müssen Sie für eine Grundkonfiguration zunächst nicht vornehmen. Klicken Sie auf die Schaltfläche CREATE, die sich ganz unten im Fenster befindet.

Wechseln Sie jetzt noch einmal zur Registerkarte TV ADAPTERS ❹, die sich links neben dem Eintrag NETWORKS befindet. Klicken Sie noch einmal den aktivierten USB-DVB-Adapter an (direkt das jeweilige Gerät). Es wird sich wieder das Ihnen bekannte Konfigurationsmenü in der rechten Bildschirmhälfte öffnen.

Öffnen Sie darin das Listenfeld NETWORKS, das sich im Bereich BASIC SETTINGS befindet, und aktivieren Sie das soeben von Ihnen erstellte Netzwerk. Klicken Sie anschließend auf die Schaltfläche SAVE am unteren Bildschirmrand.

Wechseln Sie noch einmal zum Reiter NETWORKS ❶ aus Abbildung 17.14. Die Tabelle im Reiter NETWORKS wird nun Ihr soeben zugefügtes Netzwerk enthalten. Klicken Sie den Namen des zugefügten Netzwerks an, der sich in der linken Spalte befindet. Anschließend klicken Sie auf die Schaltfläche FORCE SCAN, die ein Fernglas als Symbol hat. Dies wird einen automatischen Sendersuchlauf starten.

Wechseln Sie auf die Registerkarte MUXES ❺, die sich neben der Registerkarte NETWORKS befindet. Warten Sie einen Augenblick. Konzentrieren Sie sich auf die Spalte SCAN STATUS. Sie zeigt Ihnen den Fortschritt des Scan-Vorgangs an. Zunächst enthalten alle Einträge den Wert PEND, der (als Abkürzung von *pending*) anzeigt, dass diese Einträge noch bearbeitet werden müssen. Der gerade bearbeitete Eintrag enthält nach einiger Wartezeit den Wert ACTIVE. Bereits bearbeitete Einträge sind mit dem Wert IDLE markiert. Wenn dieser Wert bei allen Einträgen zu lesen ist, so ist der Sendersuchlauf abgeschlossen.

Sie können jetzt zu der Registerkarte SERVICES ❻ wechseln, die Sie in Abbildung 17.16 sehen.

In dieser Registerkarte sehen Sie sämtliche Sender, die gefunden wurden. Sie müssen diese jetzt zu einer Senderliste zufügen. Geneigte Leser können sich jetzt mit der Tabelle eingehend beschäftigen und durch eine Deaktivierung des Kästchens ENABLE ❼, das sich relativ weit links in den Tabellenzeilen befindet, einzelne Sender ausschließen. Ansonsten können Sie auch die gesamte Liste übernehmen. Klicken Sie dazu auf MAP SERVICES ❽, und wählen Sie aus, ob Sie MAP ALL SERVICES (alle Sender übernehmen) oder MAP SELECTED SERVICES (nur ausgewählte Sender übernehmen) ausführen möchten. Es wird sich ein kleines Fenster mit dem Titel MAP SERVICES TO CHANNELS öffnen. Hier können Sie noch auswählen, ob Sie verschlüsselte Sender mit in die Liste übernehmen möchten (Kästchen MAP ENCRYPTED SERVICES) und ob Sie Sender, die mehrfach vorkommen, zu einem Eintrag zusammenfassen möchten (Kästchen MERGE SAME NAME). Klicken Sie dann auf MAP SERVICES ❾.

Damit ist die grundlegende Einrichtung fast abgeschlossen. Bevor Sie im folgenden Abschnitt lernen, wie Sie fernsehen können, sollten Sie (sofern noch nicht geschehen) noch ein Benutzerkonto für die tägliche Benutzung anlegen. Das Administratorkonto sollte nur für die Einrichtung genutzt werden. Klicken Sie auf CONFIGURATION • USERS. Dort können Sie auf den Registerkarten ACCESS ENTRIES und PASSWORDS ein eingeschränktes Nutzerkonto einrichten, das nur über Rechte zum normalen TV-Empfang verfügt.

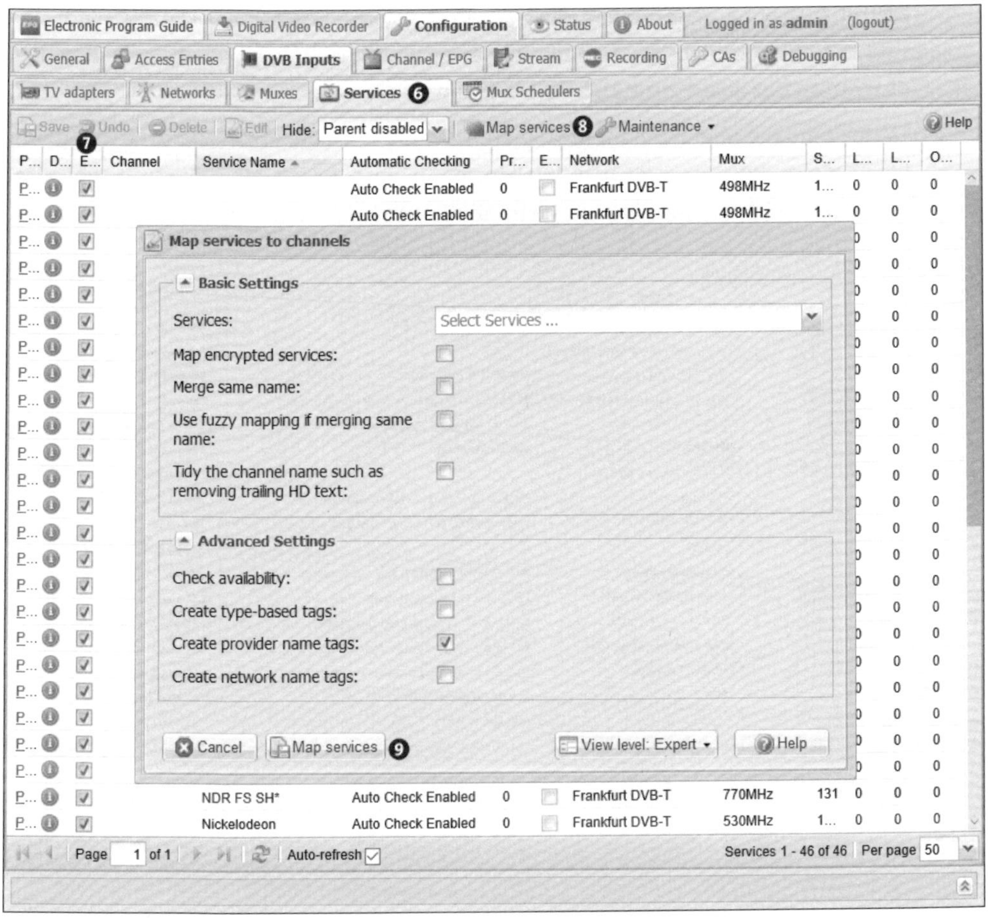

Abbildung 17.16 Die gefundenen Sender

17.5 Zum ersten Mal mit TVHeadend fernsehen

Klicken Sie nach der Ersteinrichtung einmal im Webinterface von TVHeadend auf CONFIGURATION • CHANNEL / EPG • CHANNELS. Sie sehen jetzt eine Liste mit allen gefundenen und abgespeicherten Sendern. Schauen Sie sich die Senderliste in Ruhe an, und klicken Sie dann einmal bei einem beliebigen Sender auf den PLAY-Eintrag, der sich ganz links in der jeweiligen Zeile befindet.

Jetzt wird Ihr Browser Playlist-Daten herunterladen, die Sie mit Ihrem Mediaplayer öffnen beziehungsweise abspielen können – dazu bietet sich beispielsweise der *VLC Media Player* an. Wenn Sie die Dateiendung nicht mit dem VLC Media Player verknüpft haben, dann genügt es, die heruntergeladene Datei in das Hauptfenster von VLC zu ziehen und die Wiedergabe zu starten. Sie werden dann das aktuelle Fernsehprogramm des ausgewählten Senders sehen.

TVHeadend hat aber noch mehr zu bieten: Wenn Sie in der ersten Zeile auf den Reiter ELECTRONIC PROGRAM GUIDE klicken, dann wird Ihnen eine elektronische Programmzeitschrift angezeigt, die Sie in Abbildung 17.17 sehen.

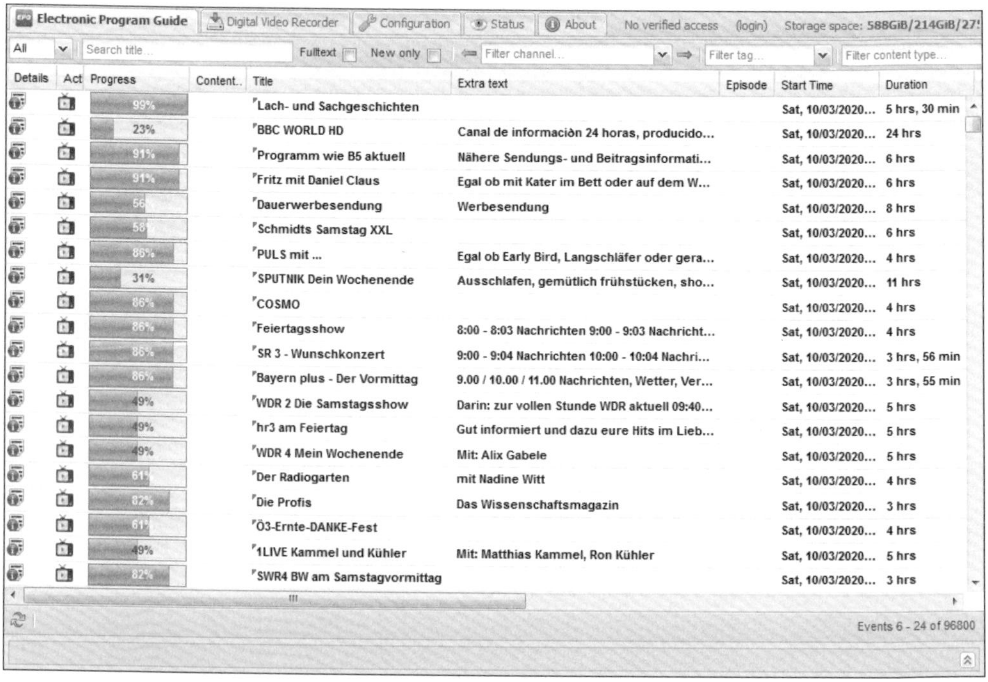

Abbildung 17.17 Ihre elektronische Programmzeitschrift

Wenn Sie einen Eintrag anklicken, dann bekommen Sie ein Fenster mit detaillierten Optionen und können sich über Schaltflächen am unteren Fensterrand das aktuelle Programm ansehen (PLAY PROGRAM) oder sogar aufnehmen (RECORD PROGRAM).

Ihre Aufnahmen können Sie im zweiten Reiter in der ersten Reiterzeile mit dem Namen DIGITAL VIDEO RECORDER verwalten, wie Ihnen Abbildung 17.18 zeigt.

Damit kennen Sie schon die grundlegende Bedienung von TVHeadend für den Alltag. Das Programm hat aber noch mehr zu bieten – einiges zeige ich Ihnen im folgenden Abschnitt.

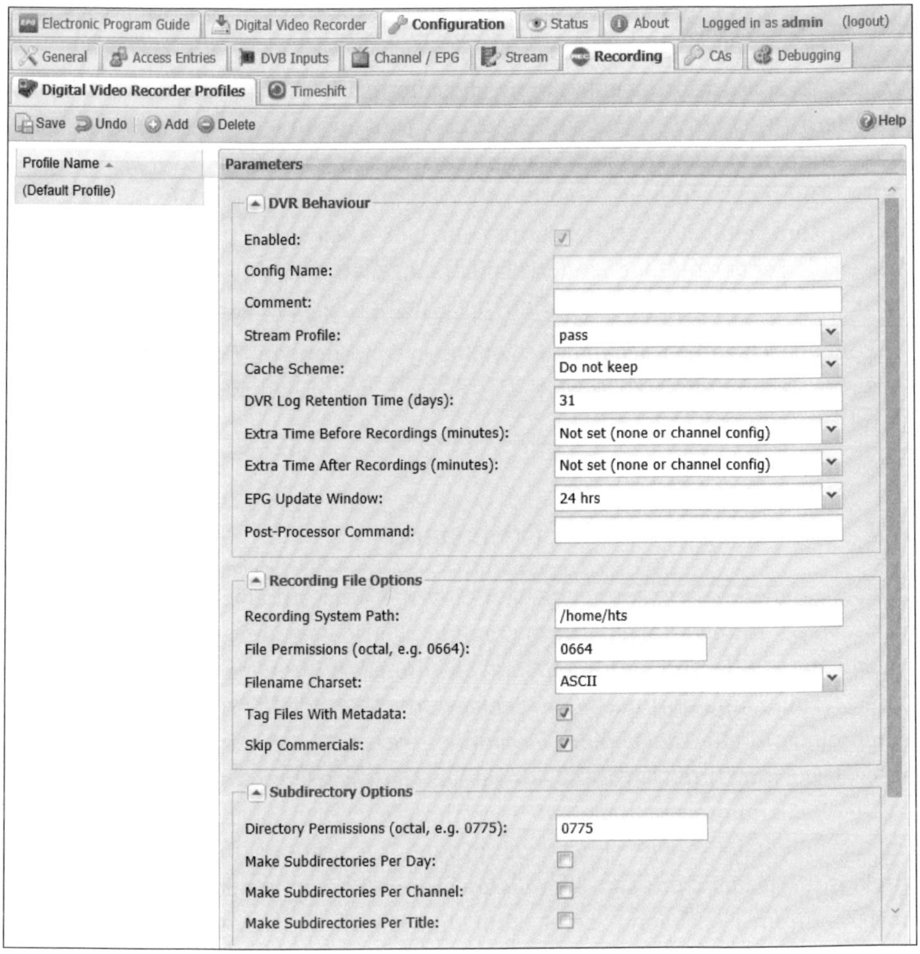

Abbildung 17.18 Die Konfiguration Ihres Videorekorders

17.6 Zusätzliche Optionen

Wie Sie sicherlich gemerkt haben, bietet TVHeadend zahlreiche Optionen, die sich jedoch nicht unbedingt für den Einstieg geeignet sind und den Umfang dieses Buches schnell sprengen würden. Für den Start sei jedoch empfohlen, noch einen Blick auf den Reiter Recording zu werfen, der sich in der mittleren Zeile befindet und sichtbar wird, sobald Sie den Reiter Configuration in der ersten Zeile aktiviert haben. Der Reiter Digital Video Recorder Profiles kümmert sich um Funktionen rund um die Aufnahme von Fernsehprogrammen. Die Aufnahmefunktion wird sicherlich für den einen oder anderen interessant sein, und auf dieser Karte können Sie beispielsweise in der Rubrik Recording File Options den Speicherort der Aufnahmen einstellen. Wenn Sie viele Aufnahmen planen und einen Raspberry Pi oder einen NUC mit einer kleinen SSD als Hauptspeichermedium verwenden, dann sollten Sie den Standardort in ein externes Speichermedium mit ausreichender Kapazität ändern. Beachten Sie, dass der Benutzer *hts* auf diesen Pfad Schreibzugriff haben muss. Außerdem sind vielleicht die Optionen PRE-RECORDING PADDING und POST-RECORDING PADDING in der Rubrik DVR BEHAVIOR interessant. Hiermit lässt sich die Aufnahme einige Zeit früher starten und einige Zeit später beenden, für den Fall, dass es die Sender mit der Sendezeit nicht so genau nehmen. Vergessen Sie nicht, Ihre Einstellungen mit einem Klick auf die Schaltfläche SAVE zu speichern.

Sie können sich gerne noch in den vielfältigen Optionen von TVHeadend umsehen. Ansonsten wären Sie jetzt so weit, dass Sie mit einer Clientanwendung fernsehen könnten.

17.7 Clientprogramme für TVHeadend

Wie Sie gesehen haben, können Sie auf einfache Weise an einem normalen PC das Fernsehprogramm verfolgen. Für die mobilen Betriebssysteme gibt es eine Vielzahl verschiedener Clientprogramme. Wenn Sie einmal in Ihren jeweiligen App-Bezugspunkt schauen und dort nach dem Schlagwort »TVHeadend« suchen, dann werden Ihnen einige Treffer angeboten. Sie können sich mit mehreren geeigneten Apps beschäftigen und Ihren Favoriten auswählen. Natürlich kann ich hier nicht im Detail auf die Bedienung verschiedener Programme eingehen, aber das ist glücklicherweise gar nicht nötig, denn einen Großteil der Konfigurationsarbeit haben Sie bereits direkt in TVHeadend erledigt. Sie müssen sich im Prinzip in der jeweiligen App nur noch an Ihrem TVHeadend-Server anmelden. Hierfür benötigen Sie die IP-Adresse Ihres Home Servers aus dem Heimnetz sowie den Benutzernamen und das Passwort (für den normalen Benutzerzugang). Diese Daten hatten Sie bei der Ersteinrichtung von TVHeadend festgelegt. Die meisten Apps werden Ihnen nach dem erfolgreichen Verbindungsaufbau entweder die Senderliste oder die elektronische Programmzeitschrift anzeigen. Sie können den gewünschten Sender auswählen und die Wiedergabe starten. Eventuell werden Sie noch nach dem zu nutzenden Videoplayer gefragt. In seltenen Fällen – je nach Ausstattung Ihres Mobilgerätes – müssen Sie noch einen Mediaplayer installieren. Hier bietet sich beispielsweise ebenfalls, soweit verfügbar, der VLC Media Player an. Die meisten Apps gestatten auch die Programmierung des in TVHeadend eingebauten Videorekorders.

Zum Schluss sei noch erwähnt, dass Sie von nun an nicht nur mit Ihren Mobilgeräten und Ihrem Desktoprechner fernsehen können. Wenn bei Ihnen ebenfalls das Kodi-Mediacenter in Betrieb ist, das Sie in Abbildung 17.19 sehen, dann können Sie auch dieses jetzt mit einer Fernsehfunktion aufrüsten.

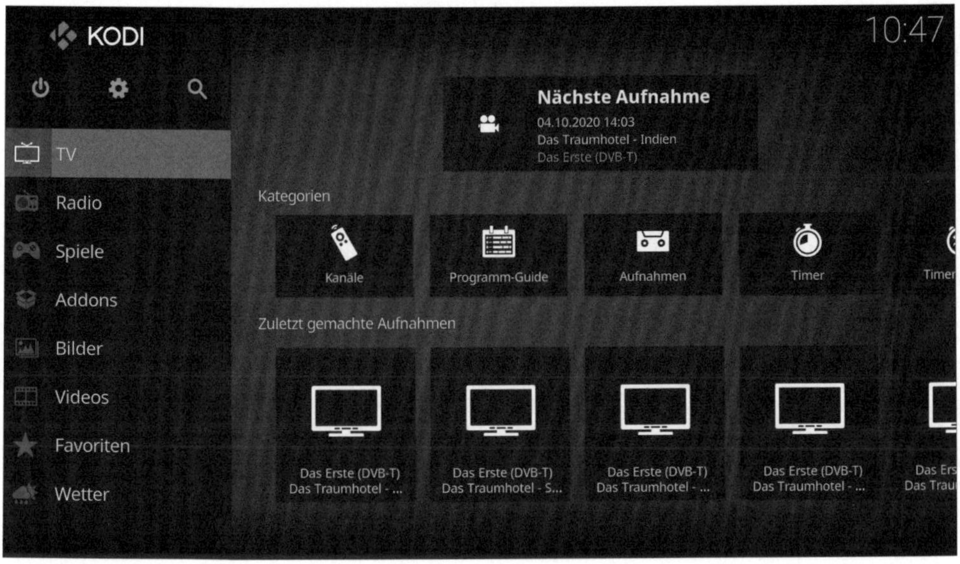

Abbildung 17.19 Das »Kodi-Mediacenter« mit aktivierter TV-Funktion

Kodi bringt nämlich ein Live-TV-Modul mit, das sich ebenfalls zur Benutzung mit TVHeadend konfigurieren lässt. Sie sehen das Addon in Abbildung 17.20.

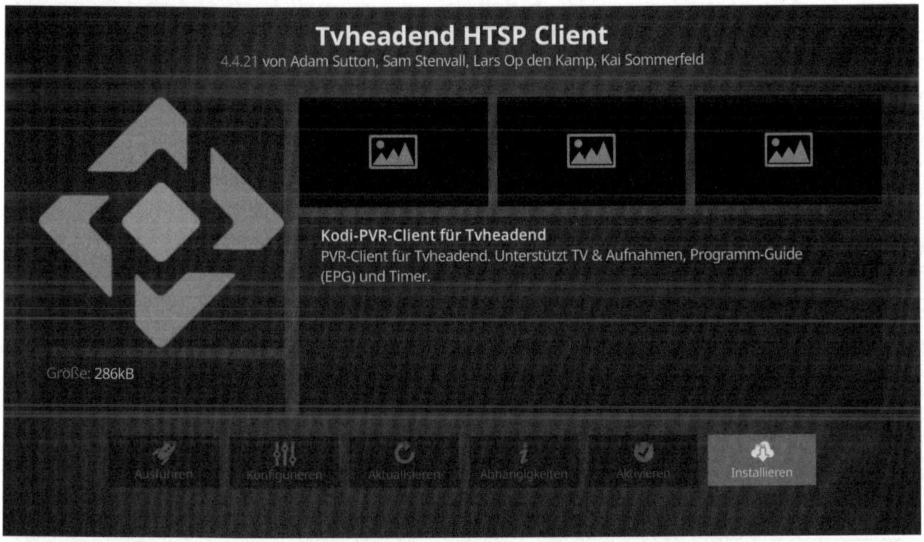

Abbildung 17.20 Das TVHeadend-Addon für Kodi

Sie müssen nur das entsprechende Addon auswählen und sich dann an TVHeadend auf Ihrem Home Server mit dem dazugehörigen Benutzernamen und Passwort anmelden, wie in Abbildung 17.21 gezeigt. Auch dafür verwenden Sie den einfachen Benutzerzugang und nicht die Daten des Administratorkontos.

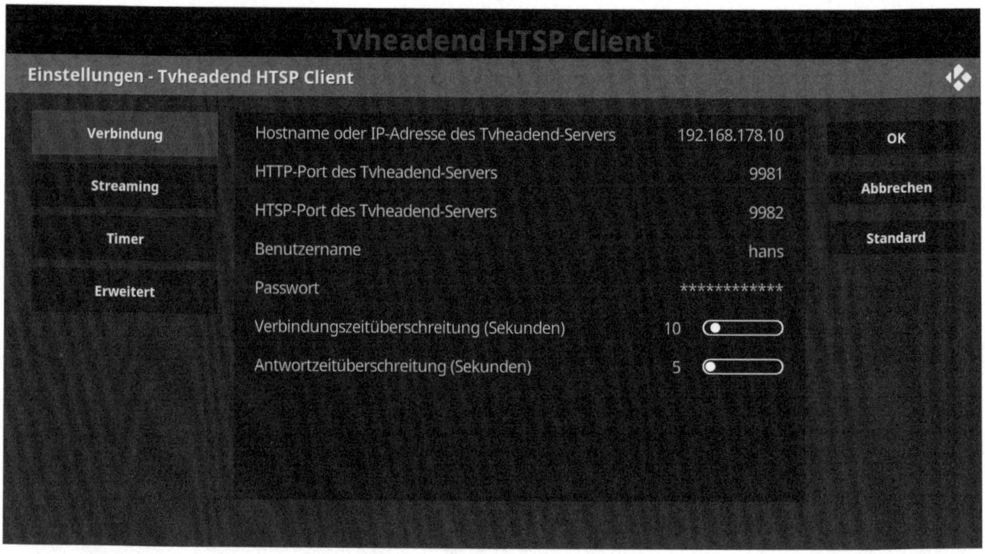

Abbildung 17.21 Die Benutzerdaten in Kodi eingeben

Auch innerhalb von Kodi wird Ihnen dann die Programmzeitschrift präsentiert, und Sie können sich ein Programm anschauen.

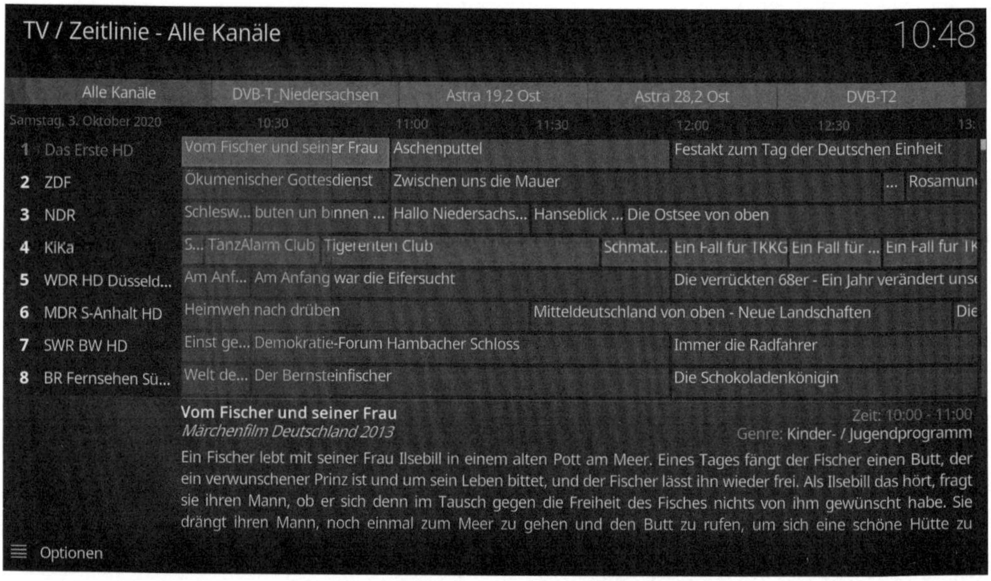

Abbildung 17.22 Ihre Programmzeitschrift in Kodi

Selbstverständlich wird auch die Programmierung des Videorekorders unterstützt. Viel Spaß beim Fernsehen!

17.8 Zurück auf null: die Deinstallation von TVHeadend

Sollten Sie zu einem zukünftigen Zeitpunkt an TVHeadend kein Interesse mehr haben und den Dienst wieder deinstallieren wollen, dann müssen Sie eine Kleinigkeit beachten. Zunächst einmal können Sie TVHeadend wie jeden Serverdienst – genauso wie es in Abschnitt 22.5, »Prüfen des Softwarebestands«, dieses Buches beschrieben ist – mit folgendem Befehl deinstallieren:

```
sudo apt remove tvheadend
```

Wer wirklich alle Daten (also auch Konfigurationsdaten) löschen möchte, der verwendet das `purge`-Kommando:

```
sudo apt purge tvheadend
```

Vermutlich wird Sie `apt` nach der Deinstallation darauf hinweisen, dass auf dem System noch zahlreiche weitere Pakete installiert sind, die jetzt von keinem Programm mehr benötigt werden. Sie können sie mit folgendem Befehl gefahrlos löschen:

```
sudo apt autoremove
```

Jetzt müssen Sie aber beachten, dass Sie ja eingangs extra für TVHeadend eine weitere Paketquelle hinzugefügt und insbesondere auch einen Schlüssel hierfür in Ihren Schlüsselbund importiert hatten. Dies sollten Sie wieder rückgängig machen. Schauen Sie sich zunächst an, welche Schlüssel bei Ihnen derzeit im Schlüsselbund enthalten sind. Dazu führen Sie folgenden Befehl aus:


```
sudo apt-key list
```

Sie erhalten eine Liste mit installierten Schlüsseln, die Sie beispielhaft in Abbildung 17.23 sehen.

```
hans@piserver: ~
hans@piserver:~ $ sudo apt-key list
[sudo] Passwort für hans:
/etc/apt/trusted.gpg
--------------------
pub   rsa2048 2012-04-01 [SC]
      A0DA 38D0 D76E 8B5D 6388  7281 9165 938D 90FD DD2E
uid           [ unbekannt ] Mike Thompson (Raspberry Pi Debian armhf ARMv6+VFP) <mpthompson
@gmail.com>
sub   rsa2048 2012-04-01 [F]

pub   rsa2048 2012-06-17 [SC]
      CF8A 1AF5 02A2 AA2D 763B  AE7E 82B1 2992 7FA3 303E
uid           [ unbekannt ] Raspberry Pi Archive Signing Key
sub   rsa2048 2012-06-17 [E]

pub   rsa2048 2018-04-06 [SC]
      6B5F A951 75E9 0B92 735D  83FC 8994 2AAE 5CEA A174
uid           [ unbekannt ] https://doozer.io/tvheadend/tvheadend

hans@piserver:~ $
```

Abbildung 17.23 Die Liste der installierten Schlüssel

[!]

Hier bitte genau aufpassen!

Die Einträge dieser Liste sind sicherheitsrelevant und für den reibungslosen Betrieb Ihres Servers wichtig. Arbeiten Sie bitte sehr konzentriert.

Suchen Sie in der Liste nach dem Schlüssel für TVHeadend. Schauen Sie dazu in die Einträge mit den Namen `uid`. Beim richtigen Schlüssel ist `https://doozer.io/tvheadend/tvheadend` eingetragen. So könnte der ganze Block aussehen:

```
--------------------
pub   rsa2048 2018-04-06 [SC]
      6B5F A951 75E9 0B92 735D  83FC 8994 2AAE 5CEA A174
uid           [ unbekannt ] https://doozer.io/tvheadend/tvheadend
```

Sie können diesem Eintrag entnehmen, dass der öffentliche Schlüssel eine Größe von 2.048 Bit hat und am 06. April 2018 ausgestellt wurde. Schauen Sie in die zweite Zeile, die die ID des Schlüssels enthält. Diese benötigen Sie zur Entfernung des Schlüssels. Dafür verwenden Sie diesen (angepassten) Befehl:

```
sudo apt-key del 6B5F A951 75E9 0B92 735D  83FC 8994 2AAE 5CEA A174
```

[»]

Wichtig

Bitte entfernen Sie keine anderen Schlüssel!

Abschließend sollten Sie die Fremdquelle von TVHeadend aus der Liste der abzufragenden Paketquellen entfernen. Löschen Sie dazu folgende Datei:

```
sudo rm /etc/apt/sources.list.d/tvheadend.list
```

Bei einer Aktualisierung der Paketquellen mit dem Befehl

```
sudo apt update
```

werden Sie feststellen, dass keine Paketquellen von TVHeadend mehr abgefragt werden. Damit ist die Deinstallation dieses Programms abgeschlossen.

Kapitel 18

Das Fenster nach Hause: Bilder per Webcam übertragen mit »fswebcam« und »motion«

Jetzt wird überwacht! In diesem Kapitel machen Sie aus einer normalen Webcam eine Netzwerkkamera und können mit deren Hilfe kritische Bereiche eines Zimmers überwachen oder den Blick aus dem Fenster zu einem anderen Ort übertragen.

Die Kombination aus einer Webcam und einem Home Server ist vielversprechend, denn sie bietet mehrere interessante Möglichkeiten. Wenn Sie eine übliche Webcam, wie man sie etwa für die Videotelefonie am Computer verwendet, an den Home Server anschließen, dann können Sie daraus eine sogenannte *IP-Cam* machen.

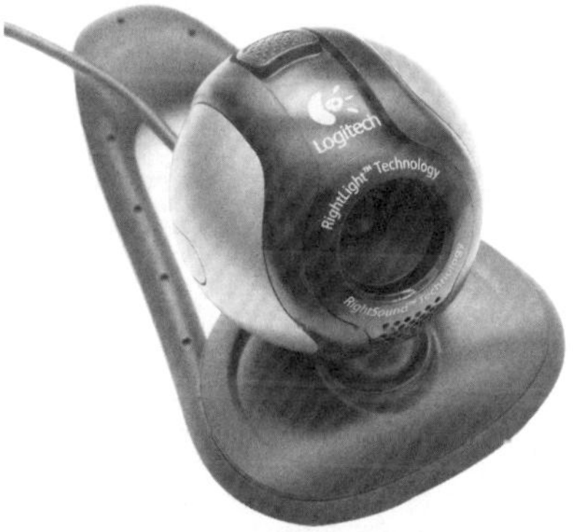

Abbildung 18.1 Eine Webcam für Ihren Computer

Das ist eine Kamera, die aufgenommene Bilder beziehungsweise Videos im Netzwerk bereitstellt. Somit können Sie diese von jedem angeschlossenen Gerät aus betrachten. Damit realisieren Sie also eine Überwachungskamera – vom Babyfon bis hin zur Heimüberwachung –, die Sie etwa auf Reisen nutzen können. Sie können sich dann beispielsweise von unterwegs in Ihr VPN einwählen und sich vergewissern, ob zu Hause alles in Ordnung ist. Sie können die Webcam auch auf Ihre Terrasse oder Ihren Balkon richten und sich auf der Arbeit während der Mittagspause über Ihr Smartphone einen entspannenden Blick gönnen – und auf den Feierabend dort freuen.

Es gibt zahlreiche verschiedene Ideen, was Sie mit dem Bild einer Webcam machen können. Als einfachste Möglichkeit lässt sich über einen Befehl auf der Kommandozeile ein einzelnes Standbild erzeugen. Als Erweiterung ist eine Software möglich, die in festgelegten Intervallen automatisch Einzelbilder aufnimmt. Diese Bilder können abgespeichert werden und stehen so zur späteren Betrachtung und Analyse zur Verfügung. Aus den Fotos lässt sich im Nachhinein auch ein Zeitraffervideo erstellen, das beispielsweise (durch ein Fenster betrachtet) den ganzen Tagesverlauf im Garten zeigt.

Diese sequentielle Aufnahme lässt sich auch so konfigurieren, dass nur dann Bilder abgespeichert werden, wenn im Kamerabild eine Bewegung festgestellt wird. Ist es zu Hause also einfach nur ganz ruhig, dann werden auch keine Bilder aufgenommen. Dank einer solchen Bewegungserkennung kann die Menge an benötigtem Speicherplatz deutlich reduziert werden.

Der nächste Schritt wäre die Bereitstellung eines Live-Videos auf einer Webseite beziehungsweise die Bereitstellung eines Videostreams, den man mit einer Abspielsoftware wie beispielsweise dem Mediaplayer VLC betrachten kann. Sie sehen schon, es gibt viele verschiedene Ansätze und Möglichkeiten.

18.1 Prüfen, ob die eigene Webcam geeignet ist

Bevor Sie sich in die Arbeit mit der Webcam stürzen, müssen Sie zunächst einmal klären, ob Ihr Webcam-Modell auch vom Home Server unterstützt wird. An dieser Stelle gibt es gleich vorweg eine gute Nachricht, denn das Betriebssystem des Home Servers unterstützt schon von Haus aus viele Webcams. Im Regelfall müssen Sie diese nur an einen freien USB-Steckplatz anschließen, die Kamera wird daraufhin vom Linux-System automatisch erkannt und eingerichtet. Die Chancen auf Erfolg sind sicherlich bei weitverbreiteten Modellen von bekannten Herstellern am größten. Da es immer ein bisschen dauert, bis ein Modell von Linux optimal unterstützt wird, sollten Sie sich auf etablierte Modelle konzentrieren und nicht zum allerneuesten Produkt greifen. Probieren Sie doch zunächst einfach eine bereits vorhandene Webcam aus. Öffnen Sie eine Konsole zu Ihrem Home Server, und schließen Sie an ihn Ihre Webcam über eine USB-Verbindung an. Geben Sie danach in der Konsole den Befehl

```
dmesg
```

ein, den Sie mit einem Druck auf die [↵]-Taste ausführen. Ihnen werden nun sehr umfangreiche Informationen zum aktuellen Systemstatus angezeigt, die seit Beginn des Bootvorgangs zusammengetragen wurden und die in etwa so wie in Abbildung 18.2 aussehen werden.

```
hans@piserver: ~
[   29.634183] PHY: sunxi_gmac-0:00 - Link is Up - 100/Full
[   78.554440] EXT4-fs (mmcblk0p2): re-mounted. Opts: (null)
[30250.821750] ehci_irq: port change detect
[30251.039136] ehci_irq: port change detect
[30251.099276] The port change to OHCI now!
[30251.401994] usb 3-1: new full-speed USB device number 2 using sw-ohci
[30251.586666] usb 3-1: New USB device found, idVendor=046d, idProduct=08d7
[30251.599825] usb 3-1: New USB device strings: Mfr=0, Product=0, SerialNumber=0
[30251.663161] gspca_main: v2.14.0 registered
[30251.678589] gspca_main: gspca_zc3xx-2.14.0 probing 046d:08d7
[30253.041972] input: gspca_zc3xx as /devices/platform/sw-ohci.1/usb3/3-1/input/input2
[30253.095953] usbcore: registered new interface driver gspca_zc3xx
[30253.107882] usbcore: registered new interface driver snd-usb-audio
hans@piserver:~$
```

Abbildung 18.2 Ein Beispiel für eine »dmesg«-Ausgabe

Betrachten Sie das Ende der Ausgabe, denn dort stehen die aktuellen Informationen. Sie werden sicherlich einige Zeilen finden, in denen das Wort `USB` vorkommt, eventuell ergänzt um den Ausdruck `High-Speed-Device`. Überprüfen Sie, ob sich auch eine Zeile mit dem Herstellernamen und der Modellbezeichnung Ihrer Kamera finden lässt und ob es eine Information gibt, dass ein `video capture interface` beziehungsweise (bei älteren Modellen) ein `gspca`-Gerät eingerichtet wurde. Wenn dem so ist, können Sie zufrieden sein. Navigieren Sie dann einmal mit folgendem Befehl in das spezielle Verzeichnis */dev*:

```
cd /dev
```

Hierin werden alle Hardwaregeräte angezeigt. Denken Sie noch einmal daran, dass unter Linux »alles eine Datei ist« – so auch jedes Hardwaregerät, das simpel ausgedrückt als Datei angesprochen werden kann. Lassen Sie sich den Verzeichnisinhalt mit dem Befehl

```
ls
```

ausgeben. Dies wird Ihnen eine lange Liste von Namen erzeugen, die so wie in Abbildung 18.3 dargestellt aussehen sollte.

Sie müssten dort ein Gerät mit dem Namen `video0` finden. (Wenn Sie bereits ein anderes Videogerät installiert haben, dann kann die nachgestellte Ziffer auch größer als eine Null sein.) Auch dies ist ein sehr gutes Zeichen, dass alles geklappt hat.

Sollten Sie keinen Erfolg verbuchen können, dann haben Sie wohl ein Modell erwischt, bei dem es mit der automatischen Linux-Unterstützung (bisher noch) schlecht aussieht. Vielleicht haben Sie Glück und es gibt bereits Hardwaretreiber für Ihr Gerät, manchmal genügt auch die Installation einer Firmwaredatei oder die Aktivierung eines Kernelmoduls. Leider ist die Vorgehensweise für den Einstieg ziemlich schwierig. Manchmal müssen Treiber sogar erst selbst kompiliert werden – was häufig recht frustrierend ist. Dazu kommt, dass die Vorgehensweise von Modell zu Modell abweicht – ich kann hier unmöglich alle Kameramodelle besprechen, aber Ihnen einen Vorschlag machen: Wenn Sie es sich zutrauen, dann bemühen Sie einfach Ihre bevorzugte Suchmaschine im Internet mit den Begriffen »Linux« und dem Namen Ihres Kameramodells. Schauen Sie sich dann mehrere Seiten an, auf denen die Einrichtung erläutert wird. Entscheiden Sie anschließend anhand des benötigten Aufwands, ob Sie die Prozedur wagen wollen. Erstellen Sie sicherheitshalber vor der Konfiguration ein System-Backup, für den Fall, dass doch etwas schiefläuft.

```
hans@piserver: /dev
hans@piserver:/dev$ ls
ace_dev         i2c-3         network_latency     rtc0       tty26  tty50   ttyS17    usbdev3.2
ashmem          i2c-4         network_throughput  shm        tty27  tty51   ttyS18    usbdev4.1
audio           input         null                snd        tty28  tty52   ttyS19    usbdev5.1
audio1          kmem          pa_dev              stderr     tty29  tty53   ttyS2     usbmon0
autofs          kmsg          ppp                 stdin      tty3   tty54   ttyS20    usbmon1
binder          log           psaux               stdout     tty30  tty55   ttyS21    usbmon2
block           log_events    ptmx                sunxi-lcd  tty31  tty56   ttyS22    usbmon3
btrfs-control   log_main      pts                 tty        tty32  tty57   ttyS23    usbmon4
bus             log_radio     ram0                tty0       tty33  tty58   ttyS24    usbmon5
cachefiles      log_system    ram1                tty1       tty34  tty59   ttyS25    v4l
char            loop0         ram10               tty10      tty35  tty6    ttyS26    vcs
console         loop1         ram11               tty11      tty36  tty60   ttyS27    vcs1
cpu_dma_latency loop2         ram12               tty12      tty37  tty61   ttyS28    vcs2
cuse            loop3         ram13               tty13      tty38  tty62   ttyS29    vcs3
disk            loop4         ram14               tty14      tty39  tty63   ttyS3     vcs4
disp            loop5         ram15               tty15      tty4   tty7    ttyS30    vcs5
dsp             loop6         ram2                tty16      tty40  tty8    ttyS31    vcs6
dsp1            loop7         ram3                tty17      tty41  tty9    ttyS4     vcsa
fb0             loop-control  ram4                tty18      tty42  ttyS0   ttyS5     vcsa1
fb1             MAKEDEV       ram5                tty19      tty43  ttyS1   ttyS6     vcsa2
fd              mapper        ram6                tty2       tty44  ttyS10  ttyS7     vcsa3
full            md0           ram7                tty20      tty45  ttyS11  ttyS8     vcsa4
fuse            mem           ram8                tty21      tty46  ttyS12  ttyS9     vcsa5
g2d             mmcblk0       ram9                tty22      tty47  ttyS13  urandom   vcsa6
i2c-0           mmcblk0p1     random              tty23      tty48  ttyS14  usbdev1.1 video0
i2c-1           mmcblk0p2     rfkill              tty24      tty49  ttyS15  usbdev2.1 xconsole
i2c-2           net           rtc                 tty25      tty5   ttyS16  usbdev3.1 zero
hans@piserver:/dev$
```

Abbildung 18.3 Der Inhalt von »/dev« zeigt ein Gerät »video0«

Es gibt natürlich noch eine andere Möglichkeit, und das ist der Neu-Erwerb einer Kamera. Dies kann sogar eine sehr gute Idee sein, falls Sie Ihre derzeitige Kamera auch für andere Aufgaben nutzen wollen, als sie von nun an ständig am Home Server anzuschließen. Bevor Sie jedoch ein beliebiges Modell erwerben, prüfen Sie bitte zunächst im Internet, wie es mit der Linux-Unterstützung aussieht, damit Sie sicher sind, dass die Kamera auch auf Anhieb funktionieren wird.

18.2 Die Problematik mit dem Kameramodul

Ich möchte an dieser Stelle noch einmal daran erinnern, dass es für Nutzer des Raspberry Pi noch eine zweite Variante von Kameras gibt, und zwar in Form einer kleinen

Platine in der Größe einer Briefmarke, die eine Kamera und ein paar elektronische Bauteile trägt. Sie wird über ein daumenbreites Flachbandkabel mit einem Anschluss auf dem Pi-Computer verbunden. Sie sehen das Modul in Abbildung 18.4.

Abbildung 18.4 Das Kameramodul zum Anschluss an den Raspberry Pi

Der große Vorteil dieses Moduls ist sein geringer Preis: Es wird für knapp 30 Euro gehandelt. Für diesen Preis liefert es eine erstaunlich gute Bildqualität, die so manche viel teurere Webcam spielend in den Schatten stellt. Fotos sind mit bis zu acht Megapixeln möglich, Videos können in Full HD mit 30 Bildern pro Sekunde aufgenommen werden. Es gibt sogar eine spezielle Infrarotversion, die sich für die Nachtüberwachung mit Infrarotscheinwerfern eignet.

Leider hat dieses Kameramodul aber auch Nachteile: Zum einen ist das Flachbandkabel steif und sehr unhandlich. Das gilt insbesondere deshalb, weil die Kameraplatine so klein und leicht ist, dass sie unkontrolliert in der Gegend herumschlabbert. Ohne eine geeignete Befestigung kann man die Kamera kaum auf das Zielobjekt ausrichten. Außerdem ist die Kamera »offen« – es ist nur eine Platine ohne schützendes Gehäuse. Sie müssen zuerst noch ein kleines Gehäuse für die Kamera kaufen, das es für wenige Euro bei diversen Internethändlern gibt. Das ist dringend empfehlenswert, denn das Kameramodul ist recht empfindlich und sollte (außer vorsichtig am Rand) nicht mit den bloßen Händen angefasst werden. Übrigens sind auch deutlich längere Flachbandkabel erhältlich. So lässt sich die Kamera auch etwas entfernt vom Home Server aufstellen. Wenn Sie ein längeres Flachbandkabel erwerben möchten, dann suchen Sie im Internet nach dem Ausdruck »flex cable raspberry pi«. Manchmal wird auch der Ausdruck »FFC cable« verwendet. Das Kabel für den Raspberry Pi muss 15-polig sein. Leider gibt es bei dieser ansonsten so flexiblen Lösung noch weitere Nachteile. Diese Kameramodule richten sich üblicherweise an Bastler, die damit eigene Projekte ausprobieren möchten und dabei auch vor einiger Fummelei auf der Softwareseite nicht zurückschrecken. Das Kameramodul des Raspberry Pi wird direkt nach der Installation zumeist gar nicht als normales Gerät */dev/video0* in das System eingebunden, sondern verwendet eine eigene Schnittstelle und seine eigene Software, die zwar sehr viele Einstellparameter, aber nur einen recht spartanischen Funktionsumfang bietet. So lassen sich zwar Einzelbilder (und Einzelbildfolgen) sowie

Videodateien aufnehmen, eine Bewegungserkennung oder ein Livestreaming wird jedoch damit nicht geboten. Erst mit einer Zusatzsoftware wird das Kameramodul als normales Gerät */dev/video0* in das System eingebunden und kann so mit normaler Software zusammenarbeiten. Insgesamt sind solche Module also eher etwas für fortgeschrittene Nutzer mit etwas Erfahrung. Ich beginne dieses Kapitel daher mit der klassischen USB-Webcam, bei der die Wahrscheinlichkeit größer ist, dass Sie sie ohne Probleme in Betrieb nehmen können. Gegen Ende des Kapitels zeige ich Ihnen dann die Einrichtung des Kameramoduls für den Raspberry Pi.

18.3 Statische Bilder übertragen mit »fswebcam«

18.3.1 Die Installation auf dem Home Server

Zunächst zeige ich Ihnen, wie Sie von der Kamera ein einzelnes Bild aufnehmen und abspeichern können. Voraussetzung ist natürlich, dass Sie eine funktionsbereite Webcam in das System eingebunden haben. Einzelbildaufnahmen lassen sich sehr gut mit der Software *fswebcam* erstellen. Installieren Sie diese mit dem Befehl

```
sudo apt install fswebcam
```

Da Sie jetzt schon relativ fortgeschritten sind, werde ich auf die vorherige Aktualisierung der Paketquellen nicht nochmals explizit hinweisen.

Das Programm `fswebcam` wird generell nicht als ein Service installiert, der ständig im Hintergrund arbeitet. Sie müssen es stattdessen explizit per Befehl aufrufen. Wechseln Sie mit einem einfachen

```
cd
```

in Ihr Home-Verzeichnis. Dort erstellen Sie am besten zunächst ein Verzeichnis, das Ihre Übungsbilder aufnimmt:

```
mkdir webcambilder
```

Anschließend wechseln Sie in dieses Verzeichnis:

```
cd webcambilder
```

18.3.2 Die ersten Schritte mit »fswebcam«

Nun erstellen Sie mit folgendem Befehl ein erstes Bild:

```
sudo fswebcam -r 640x480 -d /dev/video0 -v testbild.jpg
```

Dieser Befehl nimmt von der Webcam */dev/video0* ein einzelnes Bild mit der Auflösung `640x480` Pixel auf und speichert es in der Datei *testbild.jpg*. Die vollständige Ausgabe sehen Sie in Abbildung 18.5.

```
hans@piserver: ~/webcambilder
hans@piserver:~/webcambilder$ sudo fswebcam -r 640x480 -d /dev/video0 -v testbild.jpg
--- Opening /dev/video0...
Trying source module v4l2...
/dev/video0 opened.
src_v4l2_get_capability,87: /dev/video0 information:
src_v4l2_get_capability,88: cap.driver: "gspca_zc3xx"
src_v4l2_get_capability,89: cap.card: "USB Camera (046d:08d7)"
src_v4l2_get_capability,90: cap.bus_info: "usb-sw-ohci-1"
src_v4l2_get_capability,91: cap.capabilities=0x05000001
src_v4l2_get_capability,92: - VIDEO_CAPTURE
src_v4l2_get_capability,101: - READWRITE
src_v4l2_get_capability,103: - STREAMING
No input was specified, using the first.
src_v4l2_set_input,181: /dev/video0: Input 0 information:
src_v4l2_set_input,182: name = "gspca_zc3xx"
src_v4l2_set_input,183: type = 00000002
src_v4l2_set_input,185: - CAMERA
src_v4l2_set_input,186: audioset = 00000000
src_v4l2_set_input,187: tuner = 00000000
src_v4l2_set_input,188: status = 00000000
src_v4l2_set_pix_format,520: Device offers the following V4L2 pixel formats:
src_v4l2_set_pix_format,533: 0: [0x4745504A] 'JPEG' (JPEG)
Using palette JPEG
src_v4l2_set_mmap,672: mmap information:
src_v4l2_set_mmap,673: frames=4
src_v4l2_set_mmap,722: 0 length=118784
src_v4l2_set_mmap,722: 1 length=118784
src_v4l2_set_mmap,722: 2 length=118784
src_v4l2_set_mmap,722: 3 length=118784
--- Capturing frame...
Captured frame in 0.00 seconds.
--- Processing captured image...
Writing JPEG image to 'testbild.jpg'.
hans@piserver:~/webcambilder$
```

Abbildung 18.5 Ein Bild mit »fswebcam« aufnehmen

Der Parameter `-r` gibt die Auflösung an, `-d` wählt das Gerät, und `-v` steht für *verbose*, also »redsam«, was `fswebcam` anweist, besonders viele Inforationen zur Bilderzeugung auszugeben. Wichtig: Falls Sie mehrere Webcams angeschlossen haben, dann müssen Sie vielleicht als Gerät `-d /dev/video1` angeben.

Wenn Sie sich an dieser Stelle mit `ls` den Verzeichnisinhalt anzeigen lassen, dann werden Sie eine Datei mit dem Namen *testbild.jpg* finden. Natürlich können Sie sich das Foto nicht direkt auf der rein textbasierten Konsole anzeigen lassen. Sie können das Foto aber über eine geeignete Dateiübertragungsmethode (zum Beispiel mit einem USB-Stick oder elegant über einen [S]FTP-Transfer oder eine Samba-Freigabe) auf Ihren Computer übertragen und es dort anschauen. Sie sollten das aktuelle Bild der Webcam sehen. Wie Sie bemerken, hat `fswebcam` automatisch ein kleines Banner am unteren Bildrand angefügt, auf dem das Aufnahmedatum verzeichnet ist. Dies ist gerade für Überwachungsanwendungen eine sehr praktische Funktion.

Vielleicht sind Sie jetzt etwas enttäuscht, weil Sie sich eine bessere Bildqualität versprochen hatten. Möglicherweise haben Sie sich eine Webcam mit voller HD-Auflösung gekauft und haben nun nur ein kleines 640 × 480 Pixel großes Bildchen bekommen. An dieser Stelle ergibt sich ein kleines Problem und eine Experimentieraufgabe für Sie: Ich kann in diesem Buch natürlich nicht wissen, welches Modell Sie genau einsetzen und welche Auflösung dieses unterstützt. Die 640 × 480 Pixel waren deswegen so etwas wie der kleinste gemeinsame Nenner; diese Auflösung sollte eigentlich von allen Kameras geboten werden. Wenn Ihre Kamera allerdings selbst diese Auflösung nicht bietet, dann sollten Sie vielleicht doch noch einmal ernsthaft über eine Neuanschaffung nachdenken. Wenn Sie wissen, dass Ihre Kamera auch höhere Auflösungen unterstützt, dann tragen Sie diese jetzt einmal versuchshalber ein. Nun wartet allerdings möglicherweise ein weiterer Stolperstein: Manche Kameramodelle müssen nämlich für die höchsten Auflösungen anders angesprochen werden. Unter Windows etwa macht dies der Gerätetreiber automatisch, unter Linux müssen Sie das per Hand vornehmen. Einige Kameramodelle müssen beispielsweise für die höchste Auflösung in den YUYV-Modus geschaltet werden, was beispielsweise dieser Befehl vollführt:

```
sudo fswebcam -d /dev/video0 -p YUYV -r 1600x1200 output.jpg
```

Die vollständige Ausgabe sehen Sie in Abbildung 18.6.

```
hans@piserver: ~/webcambilder
hans@piserver:~/webcambilder$ sudo fswebcam -d /dev/video0 -p YUYV -r 1600x1200 output.jpg
--- Opening /dev/video0...
Trying source module v4l2...
/dev/video0 opened.
No input was specified, using the first.
--- Capturing frame...
Captured frame in 0.00 seconds.
--- Processing captured image...
Writing JPEG image to 'output.jpg'.
hans@piserver:~/webcambilder$
```

Abbildung 18.6 Ein Bild mit hoher Auflösung aufnehmen

Das können Sie auch einmal probieren, wenn Sie feststellen, dass die höchste Auflösung nicht korrekt verarbeitet wird. `fswebcam` bricht die Aufgabe dann übrigens nicht einfach ab, sondern nimmt einfach ein Bild in der jeweils höchstmöglichen Auflösung auf. Sie erhalten beispielsweise die Meldung: `Adjusting resolution from 800x600 to 640x480`. Es schadet also nicht, wenn Sie einfach ein wenig experimentieren und ausprobieren, welche Einstellungen bei Ihrem Kameramodell funktionieren. Auch ein unterstützender Blick ins Internet kann sich lohnen.

18.3.3 Anpassen der Kameraeinstellungen

Vielleicht sind Sie aber auch aus anderen Gründen mit dem Bild unzufrieden? Vielleicht ist es viel zu dunkel oder viel zu hell? Das liegt dann daran, dass die Standardparameter, die `fswebcam` gerade nutzt, möglicherweise für die aktuelle Lichtsituation nicht passen. In diesem Fall müssen Sie diese Parameter verändern. Geben Sie (auch wenn Sie ansonsten mit dem Bild zufrieden sind) bitte zur Übung folgenden Befehl ein:

```
sudo fswebcam -d /dev/video0 --list-controls
```

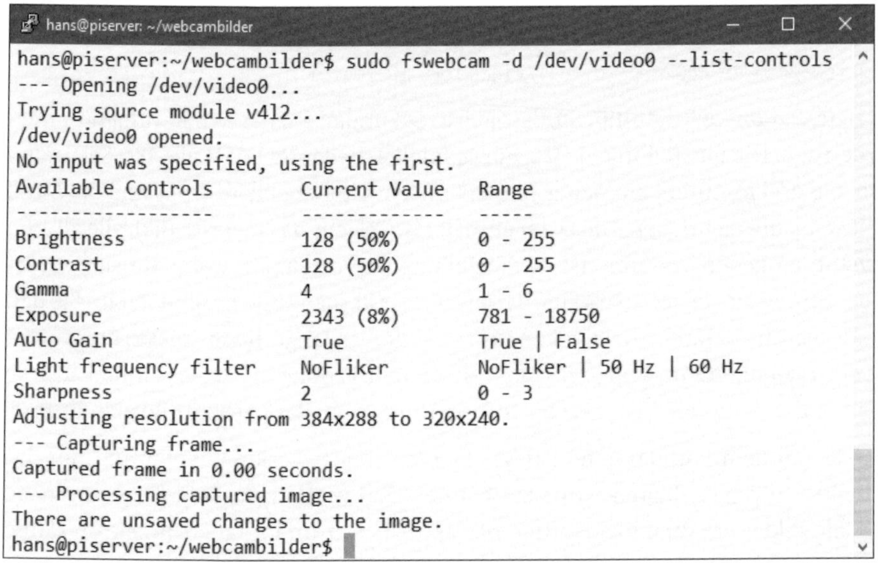

```
hans@piserver: ~/webcambilder
hans@piserver:~/webcambilder$ sudo fswebcam -d /dev/video0 --list-controls
--- Opening /dev/video0...
Trying source module v4l2...
/dev/video0 opened.
No input was specified, using the first.
Available Controls        Current Value   Range
------------------        -------------   -----
Brightness                128 (50%)       0 - 255
Contrast                  128 (50%)       0 - 255
Gamma                     4               1 - 6
Exposure                  2343 (8%)       781 - 18750
Auto Gain                 True            True | False
Light frequency filter    NoFliker        NoFliker | 50 Hz | 60 Hz
Sharpness                 2               0 - 3
Adjusting resolution from 384x288 to 320x240.
--- Capturing frame...
Captured frame in 0.00 seconds.
--- Processing captured image...
There are unsaved changes to the image.
hans@piserver:~/webcambilder$
```

Abbildung 18.7 Die Optionen Ihrer Kamera

Sie erhalten nun, wie in Abbildung 18.7 gezeigt, eine auf Ihr spezielles Kameramodell abgestimmte Liste mit Parametern, die Sie verändern können. Suchen Sie nach einem Eintrag, der für Ihr Problem verantwortlich sein könnte. Ist beispielsweise die Bildhelligkeit unzureichend, dann suchen Sie nach dem Parameter `Exposure`, `Gain` oder `Brightness`. Betrachten Sie die Liste, die Ihnen auch den möglichen Wertebereich angibt. Notieren Sie sich den Namen des Parameters, seinen möglichen Wertebereich und auch den aktuellen Wert. Sie können jetzt noch ein weiteres Bild aufnehmen und dabei gezielt einen Parameter verändern, etwa die Bildhelligkeit. Das geschieht beispielsweise mit folgendem Befehl:

```
sudo fswebcam -r 640x480 -d /dev/video0 -v --set brightness=50% ⮐
  testbild.jpg
```

Je nach verwendetem Kameramodell wird dieser Befehl bei Ihnen möglicherweise nicht funktionieren. Für Ihre spezielle Situation müssen Sie natürlich hinter dem `--set` den Wert und den Parameter einfügen, den Sie verändern wollen. Betrachten Sie das neue Bild, und justieren Sie gegebenenfalls nach. Es schadet übrigens nicht, wenn Sie alle Parameter einmal durchprobieren und so ein Optimum finden. Notieren Sie sich dann die jeweiligen Werte. Bei guten Kameras werden Sie allerdings bereits mit der Voreinstellung und der automatischen Parameterwahl ein sehr gutes Ergebnis erhalten, was ein manuelles Eingreifen überflüssig macht.

18.3.4 Sequentielle Fotoaufnahme

Als Nächstes zeige ich Ihnen, wie Sie mehrere Bilder aufnehmen, und zwar (zunächst) alle zehn Sekunden ein neues. Geben Sie dazu einfach folgenden Befehl ein:

```
sudo fswebcam -r 640x480 -d /dev/video0 -l 10 testbild.jpg
```

Der neue Parameter `-l 10` gibt an, dass alle 10 Sekunden ein neues Bild aufgenommen werden soll. Die Einstellung `-l 180` würde folglich bedeuten, dass alle 180 Sekunden (also alle drei Minuten) ein neues Bild erwünscht ist. Dabei wird jedes Mal die Datei *testbild.jpg* überschrieben. Die Datei enthält also jeweils das neueste Bild, alle älteren Aufnahmen gehen verloren. Diese Einstellung ist vorteilhaft, wenn Sie sich später eine Internetseite erstellen wollen, die jeweils das aktuelle Bild ausgibt. Wenn Sie den Befehl ausführen, läuft `fswebcam` von nun an ewig – so lange, bis Sie dieses Programm mit der Tastenkombination Strg+C abbrechen. Probieren Sie dies einmal aus. Sie erhalten übrigens von `fswebcam` eine Information, wann das nächste Bild erstellt wird.

Stört Sie an dem vorigen Befehl, dass alle Einzelbilder verlorengehen und nur das aktuellste Bild beibehalten wird? Sie können den vorherigen Befehl erweitern, so dass alle Bilder erhalten bleiben und das aktuelle Datum und die Uhrzeit im Dateinamen enthalten. Folgender Befehl realisiert genau das:

```
sudo fswebcam -r 640x480 -d /dev/video0 -l 10 ⮐
  testbild-%Y-%m-%d--%H-%M-%S.jpg
```

Probieren Sie es aus. Den laufenden Befehl können Sie wieder mit der Tastenkombination Strg+C abbrechen.

Abbildung 18.8 zeigt Ihnen das Ergebnis.

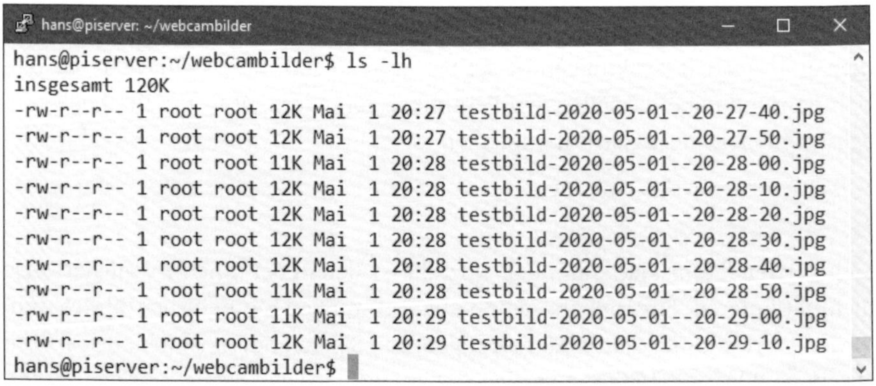


```
hans@piserver:~/webcambilder$ ls -lh
insgesamt 120K
-rw-r--r-- 1 root root 12K Mai  1 20:27 testbild-2020-05-01--20-27-40.jpg
-rw-r--r-- 1 root root 12K Mai  1 20:27 testbild-2020-05-01--20-27-50.jpg
-rw-r--r-- 1 root root 11K Mai  1 20:28 testbild-2020-05-01--20-28-00.jpg
-rw-r--r-- 1 root root 12K Mai  1 20:28 testbild-2020-05-01--20-28-10.jpg
-rw-r--r-- 1 root root 12K Mai  1 20:28 testbild-2020-05-01--20-28-20.jpg
-rw-r--r-- 1 root root 12K Mai  1 20:28 testbild-2020-05-01--20-28-30.jpg
-rw-r--r-- 1 root root 12K Mai  1 20:28 testbild-2020-05-01--20-28-40.jpg
-rw-r--r-- 1 root root 11K Mai  1 20:28 testbild-2020-05-01--20-28-50.jpg
-rw-r--r-- 1 root root 11K Mai  1 20:29 testbild-2020-05-01--20-29-00.jpg
-rw-r--r-- 1 root root 12K Mai  1 20:29 testbild-2020-05-01--20-29-10.jpg
hans@piserver:~/webcambilder$
```

Abbildung 18.8 Ein Datumsstempel organisiert nun die Aufnahmen.

An dieser Stelle ist es etwas unschön, dass `fswebcam` stets die Konsole blockiert – und dabei Text ausgibt, wie Sie in Abbildung 18.9 sehen.

```
hans@piserver: ~/webcambilder
hans@piserver:~/webcambilder$ sudo fswebcam -d /dev/video0 -l 10 testbild-%Y-%m-%d--%H-%M-%S.jpg
>>> Next image due: 2020-05-01 20:24:10 (CEST)
--- Opening /dev/video0...
Trying source module v4l2...
/dev/video0 opened.
No input was specified, using the first.
Adjusting resolution from 384x288 to 320x240.
--- Capturing frame...
Captured frame in 0.00 seconds.
--- Processing captured image...
Writing JPEG image to 'testbild-2020-05-01--20-24-10.jpg'.
>>> Next image due: 2020-05-01 20:24:20 (CEST)
--- Opening /dev/video0...
Trying source module v4l2...
/dev/video0 opened.
No input was specified, using the first.
--- Capturing frame...
Captured frame in 0.00 seconds.
--- Processing captured image...
Writing JPEG image to 'testbild-2020-05-01--20-24-20.jpg'.
>>> Next image due: 2020-05-01 20:24:30 (CEST)
^CReceived TERM signal... exiting.
hans@piserver:~/webcambilder$
```

Abbildung 18.9 Leider wird die Konsole von »fswebcam« blockiert.

`fswebcam` ist jetzt nämlich quasi mit der Konsole »verbunden«. Wenn Sie das Fenster der Konsole schließen, dann beenden Sie damit auch die Anwendung `fswebcam` auf Ihrem Home Server. Das ist keine besonders komfortable Situation – insbesondere nicht für längere Aufnahmen. Wesentlich angenehmer wäre es, wenn `fswebcam` »still und heimlich« im Hintergrund arbeiten und die Fotos aufnehmen würde. Aber auch das geht problemlos. Dafür gibt es extra einen Parameter:

```
sudo fswebcam -r 640x480 -d /dev/video0 -b -q -l 60 ⤶
  testbild-%Y-%m-%d--%H-%M-%S.jpg --pid ~/fswebcampid.info
```

Wenn Sie diesen Befehl ausführen, passiert scheinbar nichts. In Wahrheit jedoch wird `fswebcam` gestartet und nimmt dank des Parameters `-l 60` alle 60 Sekunden ein neues Bild auf. Der Parameter `-b` (von englisch *background*) bewirkt, dass `fswebcam` im Hintergrund arbeitet und nicht mehr sichtbar ist. Die Option `-q` (von englisch *quiet*) führt dazu, dass keine Informationen mehr auf die Konsole geschrieben werden – es bleibt still. Wichtig ist der Parameter `--pid ~/fswebcampid.info`. Er sorgt dafür, dass in Ihrem Home-Verzeichnis eine Datei mit dem Namen *fswebcampid.info* erstellt wird. Öffnen Sie diese Datei mit dem Texteditor `nano`:

```
nano ~/fswebcampid.info
```

Wie Sie sehen, enthält diese Datei nur eine Zahl. Bitte notieren Sie sich diese Zahl. Sie ist nämlich zum Beenden von `fswebcam` dienlich. Vergessen Sie nicht, dass das Programm jetzt ständig im Hintergrund arbeitet – und zwar ohne Unterlass, so lange bis das Speichermedium voll ist und dann »ganz komische Dinge passieren«. Die Zahl in der Datei *fswebcampid.info* gibt die Prozess-ID von `fswebcam` an. Das ist so etwas wie die (Haus-)Nummer eines laufenden Prozesses. Um einen Prozess zu beenden, geben Sie folgenden Befehl ein:

```
sudo kill ID 15
```

Dabei ersetzen Sie den Ausdruck `ID` durch die Prozess-ID von `fswebcam`, also jene Zahl, die Sie soeben der Datei *fswebcampid.info* entnommen haben. Daraufhin wird dank des Parameters `15` (den Sie bitte nicht verändern) eine Terminierungsaufforderung an `fswebcam` gesendet, und `fswebcam` stellt den Betrieb ohne weitere Nachricht ein.

Bitte achten Sie unbedingt auf die richtige Prozess-ID, sonst beenden Sie irgendein anderes Programm, was fatale Folgen haben kann.

Eine weitere Möglichkeit mit gleichem Resultat ist folgender Befehl, bei dem Sie ebenfalls die `ID` entsprechend ersetzen:

```
sudo kill -HUP ID
```

Auch dieser Befehl sendet einen sogenannten *Termination Request*, `HUP` steht als Abkürzung für *hang up*.

Daneben gibt es noch »die große Keule«, die einfach alle Prozesse, die `fswebcam` heißen (das ist nicht die Prozess-ID, sondern der Prozessname), hart beendet. Auch diese Methode können Sie verwenden, denn sie ist etwas bequemer als die Methode mit der Prozess-ID. Sie kann aber nicht benutzt werden, wenn Sie mehrere Instanzen von `fswebcam` geöffnet haben (mit mehreren Webcams) und Sie nur gezielt eine davon beenden möchten. Führen Sie zum Beenden aller `fswebcam`-Instanzen einfach folgenden Befehl aus:

```
sudo killall fswebcam
```

18.3.5 Das Hilfesystem von »fswebcam«

Sie können `fswebcam` selbstverständlich noch ein wenig weiter konfigurieren. Da Sie nun schon ein fortgeschrittener Anwender sind, werden Sie an dieser Stelle jedoch erst einmal aufgefordert, selbst ein wenig das Hilfesystem von Linux zu bemühen. `fswebcam` bietet nämlich sehr viele Funktionen (die Sie niemals alle verwenden werden) und ist darüber hinaus sehr gut dokumentiert. Bitte öffnen Sie zunächst mit folgendem Befehl die ausführliche Anwendungshilfe zu diesem Programm:

```
man fswebcam
```

Der Befehl `man` (als Abkürzung von englisch *manual*) öffnet die zu einem Programm gehörenden Hilfeseiten – auf Englisch abgekürzt: *man pages*. Sie sehen sie in Abbildung 18.10.

```
hans@piserver: ~/webcambilder
FSWEBCAM(1)                    User Commands                    FSWEBCAM(1)

NAME
       fswebcam - Small and simple webcam for *nix.

SYNOPSIS
       fswebcam [<options>] <filename> [[<options>] <filename> ... ]

DESCRIPTION
       fswebcam is a small and simple webcam app for *nix. It can capture images from a
       number of different sources and perform  simple  manipulation  on  the  captured
       image. The image can be saved as one or more PNG or JPEG files.

       The  PNG   or  JPEG image can be sent to stdio using the filename "-". The output
       filename is formatted by strftime.

CONFIGURATION
   Configuration File
       Config files use the long version of options without the "--"  prefix.  Comments
       start with a # symbol at the beginning of the line.

   General Options
       -?, --help
              Show a usage summary.
 Manual page fswebcam(1) line 1 (press h for help or q to quit)
```

Abbildung 18.10 Die »man page« von »fswebcam«

Lesen Sie sich diese Anleitung einmal durch, und probieren Sie verschiedene Einstellungen aus, die Sie interessieren. Dies ist an dieser Stelle eine sehr gute Übung, um Sie auf den Zeitpunkt vorzubereiten, wenn dieses Buch »durch« ist und Sie bei einer neuen Anwendung oder Idee auf sich selbst gestellt sind. Sie verlassen die Anleitung jederzeit durch einen Druck auf die Taste [q] (als Abkürzung von englisch *quit*, also übersetzt etwa »verlassen«).

Übrigens, noch einmal zur Erinnerung: Für fast alle Befehle gibt es entsprechende *man pages*. Wenn Sie also einmal eines Tages mit einem noch unbekannten Programm nicht weiterkommen oder ein bereits bekanntes noch besser kennenlernen möchten, dann lohnt ein Blick in diese Hilfeseiten.

Neben der ausführlichen Version gibt es für `fswebcam` eine Kurzfassung. Diese lassen Sie sich mit dem Befehlsaufruf

```
fswebcam --help
```

ausgeben. Und ja, genau, der Parameter `--help` funktioniert ebenfalls für sehr viele andere Befehle.

18.3.6 Eine Konfigurationsdatei erstellen

Vielleicht ist Ihr Befehl für die Bildaufnahme an dieser Stelle bereits etwas länger geworden, und Sie sind der Tipparbeit überdrüssig? Dann wird es Sie freuen, dass Sie für fswebcam eine Konfigurationsdatei schreiben können, deren Namen Sie beim Programmaufruf als einzigen Parameter auf der Kommandozeile übergeben. In diese Konfigurationsdatei schreiben Sie einfach die Parameter, die Sie ansonsten über die Kommandozeile übergeben hätten, jeden in seine eigene Zeile, nur ohne die vorangehenden Bindestriche.

Aber aufgepasst! Sicher ist es Ihnen aufgefallen, dass für fswebcam (wie für viele andere Programme auch) sowohl Parameter in einer Kurzform als auch in einer Langform existieren. Der Parameter -q (in der Kurzform) kann auch ausgeschrieben in seiner Langform eingegeben werden: --quiet. Die Kurzform wird mit einem einzelnen Bindestrich eingeleitet, für die Langform werden zwei Bindestriche genutzt. Auf der Kommandozeile ist es egal, ob Sie die Kurz- oder Langform verwenden, Sie dürfen beide Varianten sogar mischen. In der Konfigurationsdatei ist jedoch ausschließlich die Langversion erlaubt! Sie dürfen also nur quiet eintragen, keinesfalls lediglich q! So könnte der Inhalt einer solchen Konfigurationsdatei beispielsweise aussehen:

```
resolution 1600x1200
device /dev/video0
input 0
save /home/hans/webcambilder/fswebcam.jpg
#
set brightness=55%
set exposure=100%
set Gamma=6
set "Auto Gain"=False
set gain=100%
set "Backlight Compensation"=2
#
frames 4
log /var/log/fswebcam.log
```

Listing 18.1 Eine mögliche Konfigurationsdatei für »fswebcam«

Sie können den Inhalt dieses Beispiels zum Testen in eine neue Textdatei schreiben und natürlich an Ihre Situation anpassen.

Übrigens: Befehlskomponenten, die aus mehreren Wörtern bestehen, werden in Anführungszeichen eingeschlossen, wie hier beispielsweise "Backlight Compensation". Absichtlich gibt es im obigen Beispiel ein paar Parameter, die Sie noch nicht aus diesem Text kennen und die vielleicht auf Ihrem System und mit Ihrer Kamera auch gar nicht funktionieren werden. Zur Klärung, worum es sich handelt, sollten Sie eine der besprochenen Hilfeoptionen nutzen.

Bevor Sie diese Datei mit `fswebcam` verwenden, sollten Sie jedoch zunächst überlegen, was die einzelnen Punkte überhaupt bewirken. Beantworten Sie auch die wichtige Frage, ob `fswebcam` mit diesen Einstellungen nur ein einzelnes Bild aufnimmt und sich dann beendet oder kontinuierlich arbeiten wird.

Diese Beispieldatei können Sie ganz nach Ihren Bedürfnissen anpassen und sie mit einem beliebigen Namen abspeichern. Nutzen Sie zu Beginn als Speicherort zunächst Ihr Home-Verzeichnis, und benennen diese erste Datei am besten *fswebcam.conf*. Wenn Sie später etwas routinierter mit dieser Konfigurationsdatei sind, dann können Sie als Speicherort auch (mit `sudo`-Rechten) das Verzeichnis */etc* verwenden. Die letztgenannte Variante hat den Vorteil, dass Sie alle Konfigurationsdateien an einem zentralen Ort zusammenhalten.

Alles muss an Ihre Umgebung angepasst werden!

In dem oben genannten Beispiel habe ich als Zielpfad */home/hans/webcambilder/fswebcam.jpg* angegeben und dabei den Beispielbenutzer *hans* verwendet. Sie müssen diese Werte entsprechend Ihrem Benutzernamen anpassen.

Beachten Sie auch, dass Sie in Konfigurationsdateien stets den vollständigen Pfad zu einer Datei oder einem Verzeichnis angeben sollten. Das ist auch nötig, wenn Sie versuchen, `fswebcam` gleich beim Systemstart auszuführen – dazu weiter unten mehr. Sie können für verschiedene Aufgaben auch mehrere Konfigurationsdateien mit verschiedenen Dateinamen erstellen. Beim Aufruf von `fswebcam` müssen Sie stets mit angeben, welche Konfigurationsdatei verwendet werden soll. Wenn Sie beispielsweise (im aktuellen Verzeichnis) die Konfigurationsdatei *fswebcam.conf* erstellt haben, dann lautet der Befehlsaufruf folgenderweise:

```
sudo fswebcam --config fswebcam.conf
```

Hiermit wird `fswebcam` gestartet. Es wird alle Parameter verwenden, die in der Konfigurationsdatei *fswebcam.conf* spezifiziert sind. (Natürlich können Sie auch einen vollständigen Pfad zur Konfigurationsdatei angeben.) Probieren Sie dies nun bitte einmal aus.

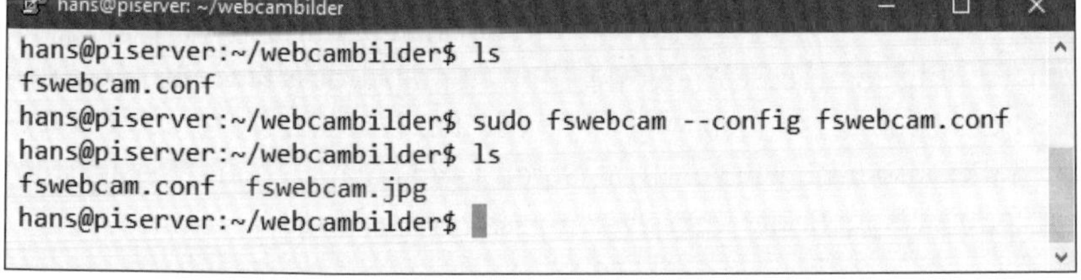

Abbildung 18.11 Eine eigene Konfigurationsdatei für »fswebcam«

Der Aufruf von fswebcam lässt sich für fortgeschrittene Nutzer noch detaillierter an eine bestimmte Situation anpassen: Sie können nämlich an diesen Befehlsaufruf noch weitere Parameter anhängen, wenn Sie sie nicht in die genutzte Konfigurationsdatei mit eingetragen haben. Folgender Befehl ist also auch gültig und funktioniert (soweit die Verzeichnisse und Dateien existieren) einwandfrei:

```
sudo fswebcam --config /etc/fswebcam.conf -q -b -l 180 ⮐
  /home/peter/cam/bild-%Y-%m-%d--%H-%M-%S.jpg --pid ⮐
  /home/peter/cam/pid.info
```

Natürlich könnten Sie den Parameter -q, der hier per Befehlszeile angehängt wurde, auch entsprechend als quiet in die Konfigurationsdatei schreiben. Das können Sie natürlich für alle Parameter machen, in diesem Beispiel etwa:

```
loop 180; background; pid /home/peter/cam/pid.info
```

Bevor Sie diesen Befehl ausprobieren, sollten Sie sich zunächst jedoch eingehend mit den anderen Parametern befassen.

18.3.7 Die Zugriffsrechte auf die Videogeräte

Sicherlich ist Ihnen aufgefallen, dass ich vor allen Befehlsaufrufen von fswebcam bisher den Befehlsvorsatz sudo verwendet habe. Das liegt nicht etwa daran, dass fswebcam diese Rechte benötigt, sondern ist auf die Webcam zurückzuführen. Das Gerät */dev/video0* ist in der Grundkonfiguration nur vom Benutzer *root* und von den Mitgliedern der Benutzergruppe *video* lesbar. Diese eingeschränkten Zugriffsrechte sind nützlich, denn sie verhindern, dass ein jeder einfach Ihre Webcam aktivieren und Sie somit ausspionieren kann. Allerdings sollten Sie einem Programm nicht unnötigerweise sudo-Rechte verleihen, denn mit sudo-Rechten hat dieses Programm quasi vollen Systemzugriff. Zwar kann man davon ausgehen, dass fswebcam keine absichtlichen Schadfunktionen mitbringt, aber es könnten beispielsweise Fehler bei seiner Programmierung entstanden sein. Diese Fehler könnten wiederum dazu führen, dass ein Angreifer diesen Dienst übernimmt und somit ebenfalls volle Systemkontrolle bekommt. Deswegen ist es sinnvoller, Ihren eigenen Benutzer der Benutzergruppe *video* hinzuzufügen. Sie haben dann das Recht, die Webcam zu benutzen. Anschließend können Sie fswebcam mit normalen Rechten starten und die sudo-Problematik umgehen. Diese Änderung führt nur dazu, dass Sie selbst fswebcam ohne sudo-Rechte ausführen können, wie Abbildung 18.12 beweist. Weitere Systembenutzer können dies also nach wie vor nicht. Somit kann auch niemand Sie ausspionieren, es sei denn, er ist in Besitz Ihres Systempassworts gelangt.

Führen Sie also folgenden Befehl aus, bei dem Sie den Ausdruck BENUTZERNAME durch Ihren Benutzernamen ersetzen:

```
sudo usermod -aG video BENUTZERNAME
```

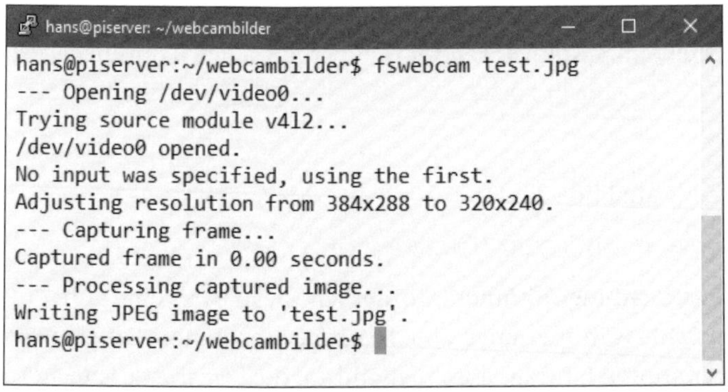

Abbildung 18.12 »fswebcam« funktioniert jetzt auch mit Ihren Benutzerrechten.

Natürlich können Sie auch noch weitere Benutzer zur Benutzergruppe *video* hinzufügen. Sie müssen im obigen Befehl nur den jeweiligen Benutzernamen angeben. Dieser Benutzer wird dann den `fswebcam`-Befehl ohne ein vorgestelltes `sudo` ausführen dürfen. Beachten Sie aber unbedingt, dass Sie sich vom Home Server einmal ab- und wieder anmelden müssen. Erst danach werden die geänderten Gruppenzugehörigkeiten aktiv.

Mit dem (angepassten) Befehlsaufruf

```
sudo deluser BENUTZERNAME video
```

können Sie die Gruppenzugehörigkeit auch wieder rückgängig machen.

18.3.8 »fswebcam« automatisch beim Systemstart ausführen

Natürlich können Sie `fswebcam` auch automatisch beim Systemstart ausführen lassen. Dies ist praktisch, wenn Sie `fswebcam` als einen Dauerdienst auf Ihrem System einrichten möchten.

Aus den zuvor genannten Gründen sollten Sie jedoch `fswebcam` nicht mit *root*-Rechten ausführen. Eine gute Lösung ist, einen neuen eingeschränkten Systembenutzer anzulegen, der kein Passwort erhält und sich auch nicht am System anmelden kann. Etwas Ähnliches habe ich Ihnen schon einmal bei der Einrichtung des FTP-Servers in Abschnitt 9.3 gezeigt.

Legen Sie also zunächst einen neuen eingeschränkten Systembenutzer mit dem Namen *fswebcam* an. Dazu dient folgender Befehl:

```
sudo adduser fswebcam --disabled-login --shell /bin/false
```

Sie müssen diesen Nutzer nun der Benutzergruppe *video* hinzufügen. Damit erhält dieser Benutzer das Recht, auf die Webcam zuzugreifen. Das erledigt folgender Befehl:

```
sudo usermod -aG video fswebcam
```

Nun öffnen Sie die Datei */etc/crontab* mit dem Editor. In dieser Datei können Sie die Programme festlegen, die beim Systemstart gestartet werden sollen. Führen Sie also diesen Befehl aus:

```
sudo nano /etc/crontab
```

Ergänzen Sie folgende Zeile am Ende der Datei:

```
@reboot fswebcam fswebcam --config /etc/fswebcam.conf
```

Auch wenn es heutzutage nicht mehr immer erforderlich ist, so ist es eine gute Praxis, in dieser Datei zum Schluss immer noch eine Leerzeile einzufügen. Drücken Sie also nach Eingabe des genannten Eintrags abschließend auf die [↵]-Taste. Speichern Sie anschließend die Datei mit der Tastenkombination [Strg]+[x] ab. Dies aktiviert den automatischen Start von `fswebcam` beim Bootvorgang des Servers.

Wie Sie merken, wird `fswebcam` jetzt unter dem Benutzerkonto *fswebcam* ausgeführt. Das deklariert das Wort `fswebcam`, das gleich nach dem Ausdruck `@reboot` steht. `fswebcam` läuft somit mit eingeschränkten Rechten, hat aber Zugriff auf die Webcam.

Bitte beachten Sie, dass `fswebcam` mit der Konfigurationsdatei */etc/fswebcam.conf* geladen wird. Sie stellt die Konfigurationsdatei für `fswebcam` dar. Sie haben diese Datei bisher nicht angelegt, aber ich habe Ihnen schon gezeigt, wie eine solche Datei aussehen muss. Bevor Sie diesen Befehl aktivieren, müssen Sie also eine geeignete Konfigurationsdatei anlegen, die Sie zuvor auch gründlich auf Ihre Funktionalität getestet haben. Ein Beispiel dazu sehen Sie in Abbildung 18.13.

```
hans@piserver: ~
hans@piserver:~$ cat /etc/fswebcam.conf
resolution 640x480
device /dev/video0
input 0
save /tmp/fswebcam2.jpg
log /tmp/fswebcam.log
loop 10
background
quiet
pid /tmp/fswebcam.pid
hans@piserver:~$ ls -lh /tmp
insgesamt 52K
-rw-rw-rw- 1 fswebcam fswebcam 45K Mai  1 21:05 fswebcam2.jpg
-rw------- 1 fswebcam fswebcam   0 Mai  1 21:04 fswebcam.log
-rw-rw-rw- 1 fswebcam fswebcam   5 Mai  1 21:04 fswebcam.pid
hans@piserver:~$
```

Abbildung 18.13 Einstellungen über die Konfigurationsdatei »/etc/fswebcam.conf«

Beachten Sie insbesondere, dass `fswebcam` nun unter dem gleichnamigen Benutzer Schreibzugriffsrechte auf das jeweilige Bilderverzeichnis haben muss. Das gilt ebenso für eventuelle Log- und *.pid*-Dateien. Kontrollieren Sie zunächst, ob `fswebcam` diese

Dateien beschreiben darf. Ändern Sie notfalls den jeweiligen Dateibesitzer in *fswebcam*. Sie können das Verzeichnis beispielsweise dem Besitzer *fswebcam* übergeben oder die besitzende Gruppe in *fswebcam* ändern. Es ist auch möglich, als besitzende Gruppe *video* festzulegen.

Wenn Sie eines Tages an der Autostart-Funktion von `fswebcam` nicht mehr interessiert sind, dann löschen Sie einfach die zuvor eingegebene Zeile aus der Datei */etc/crontab*.

Verzögerung

[«]

Manchmal wird `fswebcam` beim Systemstart zu früh ausgeführt, zu einem Zeitpunkt, an dem die Kamera noch gar nicht richtig eingebunden ist. In diesem Fall hilft es, den Start von `fswebcam` einfach etwas zu verzögern, zum Beispiel um 10 Sekunden. Verändern Sie dazu die betreffende Zeile in */etc/crontab* wie folgt:

```
@reboot fswebcam sleep 10 && fswebcam --config /etc/fswebcam.conf
```

18.3.9 Eine einfache Webseite mit dem Kamerabild

Wenn Sie möchten, dann können Sie sich jetzt eine kleine Webseite basteln, die das aktuelle Bild Ihrer Webcam anzeigt und mit jedem Browser innerhalb Ihres Heimnetzwerks aufgerufen werden kann. Das schließt natürlich Computer und Mobilgeräte ein, die über eine VPN-Verbindung angeschlossen sind. Somit können Sie auch von unterwegs – einen Internetzugang vorausgesetzt – komfortabel einen Blick auf das Bild Ihrer Webcam werfen.

Für dieses Projekt verwende ich wieder den Webserver `nginx`. Diese Anleitung richtet sich an den etwas fortgeschrittenen Nutzer, der beispielsweise schon eine Nextcloud oder ein DokuWiki eingerichtet hat. Ich werde daher nicht alle Schritte im Detail besprechen, da ich sie schon in den zurückliegenden Kapiteln erläutert habe. Bei Unklarheiten sollten Sie also (noch einmal) die zurückliegenden Kapitel konsultieren.

Falls noch nicht geschehen, dann installieren Sie den Webserver `nginx` mit diesem Befehl:

```
sudo apt install nginx
```

Für diese Anwendung benötigen Sie keine PHP-Unterstützung, dieses Projekt ist vollkommen unabhängig von einem vorhandenen PHP-Interpreter.

Sie müssen zunächst die Konfigurationsdatei für den Webserver erstellen. Diese benennen Sie *webcam*, und speichern Sie sie im Verzeichnis */etc/nginx/sites-available*. Führen Sie folgenden Befehl aus, um den Editor `nano` aufzurufen:

```
sudo nano /etc/nginx/sites-available/webcam
```

Geben Sie folgenden Text ein:

```
server {
listen 8085;

root /var/www/html/webcam;
index index.html;

server_name IP-ADRESSE.VON.IHREM.HOME.SERVER;
}
```

Passen Sie den Ausdruck `IP-ADRESSE.VON.IHREM.HOME.SERVER` mit der jeweiligen internen IP-Adresse an. Achten Sie auf das Semikolon am Zeilenende. Kontrollieren Sie außerdem den (Netzwerk-)Port. Ich habe ihn in der zweiten Zeile beispielhaft auf `8085` gelegt. Sollte dieser Port bei Ihnen schon vergeben sein, dann ändern Sie auch diese Einstellung in einen noch unbenutzten Port.

Nun müssen Sie wie üblich einen Link der Konfigurationsdatei in das Verzeichnis */etc/nginx/sites-enabled* anlegen. Das machen Sie mit folgendem Befehl:

```
sudo ln -s /etc/nginx/sites-available/webcam ⮐
  /etc/nginx/sites-enabled/webcam
```

Ich gehe an dieser Stelle davon aus, dass Sie den Link zur Datei *default* bereits entfernt haben. Sollte dies jedoch Ihr erstes Website-Projekt überhaupt sein, dann führen Sie folgenden Befehl aus. Bitte informieren Sie sich in einem der zuvor besprochenen Website-Projekte über den Sinn und Zweck dieses Befehls:

```
sudo rm /etc/nginx/sites-enabled/default
```

Nun werden Sie im Verzeichnis */var/www/html* ein neues Unterverzeichnis namens *webcam* erstellen, das Ihre Website und das aktuelle Bild der Webcam aufnimmt. Dazu dient folgender Befehl:

```
sudo mkdir /var/www/html/webcam
```

Innerhalb dieses Verzeichnisses erstellen Sie mit dem Editor `nano` Ihre Website. Öffnen Sie `nano` mit folgendem Befehl:

```
sudo nano /var/www/html/webcam/index.html
```

Geben Sie folgenden Text ein:

```
<html>
   <head>
      <meta http-equiv="expires" content="0">
      <meta http-equiv="pragma" content="no-cache">
      <title>Die Webcam im Serverraum</title>
   </head>
```

```
    <body style="background-color:#170B3B">
     <center>
        <h1><font color = "turquoise">Die Webcam im Serverraum</font></h1>
        <img src="fswebcam.jpg">
     </center>
    </body>
</html>
```

Listing 18.2 Das Gerüst der Webseite mit den Bildern der Webcam

Gegebenenfalls passen Sie die Überschrift `<h1>` und den Titel `<title>` nach Ihren Wünschen an. Speichern Sie die Datei, und beenden Sie den Editor mit der Tastenkombination [Strg]+[x].

Im nächsten Schritt müssen Sie die Rechte des Website-Verzeichnisses anpassen. Sowohl die Webseite als auch das übergeordnete Verzeichnis werden Sie den Besitzern *root:www-data* übergeben. Nur der Benutzer *root* erhält Schreibrechte auf das Verzeichnis.

Führen Sie folgende Befehle aus:

```
sudo chown root:www-data /var/www/html/webcam
```

```
sudo chmod 755 /var/www/html/webcam
```

```
sudo chown root:www-data /var/www/html/webcam/index.html
```

```
sudo chmod 444 /var/www/html/webcam/index.html
```

Nun werden Sie sich um die Rechte von `fswebcam` kümmern. Falls noch nicht geschehen, müssen Sie einen neuen Systembenutzer anlegen, der kein Passwort bekommt und sich auch nicht am System anmelden kann. Dieser Benutzer wird Mitglied der Benutzergruppe *video*. Unter diesem Benutzerkonto wird `fswebcam` seinen Dienst tun. Führen Sie – sofern noch nicht geschehen – dazu folgende bekannte Befehle aus:

```
sudo adduser fswebcam --disabled-login --shell /bin/false
```

```
sudo usermod -aG video fswebcam
```

Sie werden jetzt mit dem Befehl `touch` eine leere Datei erstellen, die zukünftig von `fswebcam` mit dem aktuellen Webcam-Bild gefüllt wird.

```
sudo touch /var/www/html/webcam/fswebcam.jpg
```

Nun werden Sie die Zugriffsrechte auf diese Datei anpassen. Die Datei soll dem Besitzer *fswebcam* gehören (und der Gruppe *fswebcam* übergeben werden). Auf diese Datei soll nur der Besitzer Schreibzugriffsrechte erhalten, jeder andere darf die Datei lesen – das schließt auch den Webserver `nginx` ein:

```
sudo chown fswebcam:fswebcam /var/www/html/webcam/fswebcam.jpg
```

```
sudo chmod 644 /var/www/html/webcam/fswebcam.jpg
```

Jetzt geht es an das Erstellen einer neuen Konfigurationsdatei für fswebcam, deren Inhalte zu Ihrem Website-Projekt passen. Sie sind herzlich eingeladen, Ihre eigenen Parameter zu definieren, und können auch eventuell benötigte set-Parameter-Anweisungen mit aufnehmen. Betrachten Sie daher folgende Datei nur als Vorschlag. Öffnen Sie also den Editor nano mit dem Befehl:

```
sudo nano /etc/fswebcam_www.conf
```

Füllen Sie die Datei mit folgendem (eventuell angepasstem) Inhalt:

```
resolution 640x480
device /dev/video0
input 0
save /var/www/html/webcam/fswebcam.jpg
quiet
background
#
loop 60
#
#Hier können Sie optionale set-Parameter eintragen
#
pid /tmp/fswebcam_www_pid.info
```

Listing 18.3 »fswebcam« für den Serverdienst konfiguriert

Wie Sie sehen, wird mit diesen Einstellungen alle 60 Sekunden ein neues Bild aufgenommen, das *fswebcam.jpg* benannt ist und im Verzeichnis Ihrer Webseite abgelegt wird. Falls Sie den Dienst manuell beenden möchten, dann finden Sie in der Datei */tmp/fswebcam_www_pid.info* die zugehörige Prozess-ID. Sie können natürlich den Pfad jederzeit anpassen, müssen aber darauf achten, dass das Programm fswebcam (also der Benutzer *fswebcam*) hierauf Schreibzugriff hat.

Anschließend können Sie fswebcam mit folgendem Befehl starten, der die neue Konfigurationsdatei verwendet und fswebcam unter dem gleichnamigen Benutzer ausführt:

```
sudo -u fswebcam fswebcam --config /etc/fswebcam_www.conf
```

Nun können Sie den Webserver nginx einmal neu starten und damit die neue Konfiguration aktivieren:

```
sudo service nginx restart
```

Anschließend wird Ihre Website mit dem aktuellen Kamerabild unter dieser angepassten Adresse verfügbar sein:

http://IP-Adresse.von.Ihrem.Home.Server:8085

Wie immer müssen Sie natürlich die IP-Adresse und gegebenenfalls auch den Port an Ihre Situation anpassen. Ihr Ergebnis sollte so aussehen wie in Abbildung 18.14.

Abbildung 18.14 Ihre Bilder live im Heimnetzwerk

Abschließend können Sie Ihren Home Server noch so konfigurieren, dass `fswebcam` automatisch beim Bootvorgang des Servers gestartet wird. Das machen Sie wieder über die Datei */etc/crontab*. Wenn Sie diesen Schritt durchführen möchten, dann öffnen Sie diese Datei zur Bearbeitung mit dem Editor `nano`:

```
sudo nano /etc/crontab
```

Fügen Sie folgende Zeile am Ende neu ein:

```
@reboot fswebcam fswebcam --config /etc/fswebcam_www.conf
```

Speichern Sie diese Datei ab, und beenden Sie `nano`. Jetzt wird `fswebcam` mit der zuvor angelegten Konfiguration bei jedem Neustart des Servers automatisch aktiv sein. Der Webserver `nginx` wird als Service bereits automatisch beim Systemstart ausgeführt.

Wenn Sie die Funktion deaktivieren möchten, dann löschen Sie einfach diese Zeile wieder aus der genannten Datei.

18.4 Bewegte Bilder übertragen: Livestreaming und Bewegungserkennung mit »motion«

Jetzt können Sie sich an Schritt zwei wagen und bewegte Bilder in Form eines Livestreams übertragen.

18.4.1 Video-Codecs und Hardwareanforderungen

Bitte erwarten Sie von Ihrer Webcam keine Bilder in fantastischer Fernsehqualität, insbesondere dann nicht, wenn Sie den Livestream über Ihr VPN, also über das Internet, übertragen wollen. Wobei dies streng genommen sehr wohl möglich ist, denn die Grafikkarte – sowohl die des Raspberry Pi als auch die des Intel NUC – hat sehr wohl entsprechende Encodier-Funktionalitäten. Diese würden es erlauben, ein Full-HD-Video mit 30 Bildern pro Sekunde in Echtzeit mit einem H.264-Codec zu komprimieren. Allerdings nutzt die Software, um die es in diesem Abschnitt gehen soll, ein anderes Verfahren zur Bildübertragung, denn hauptsächlich besteht ihr Einsatzzweck in der Bewegungserkennung und Abspeicherung von Aufnahmen, die eine Bewegung enthalten. Hierbei werden von der Kamera Einzelbilder bezogen und diese anschließend mit dem – was die Rechenleistung betrifft – einigermaßen anspruchslosen Motion-JPG-Verfahren komprimiert. Dieses Verfahren wird auch als MJPG abgekürzt. Wie der Name vermuten lässt, werden hierbei individuell komprimierte Einzelbilder übertragen, die jeweils im JPG-Format vorliegen. Dies hat leider den Nachteil, dass der Livestream eine beachtliche Datenrate erfordert. Im Heimnetz mag dies unkritisch sein, anders sieht es jedoch bei der Nutzung über ein VPN aus. Denken Sie daran, dass Sie hierbei nicht Daten aus dem Internet herunterladen, sondern diese vom Home Server ins Internet hochladen. Die meisten privaten Internetanschlüsse erlauben nur wesentlich geringere Datenraten für den Upload als für den Download.

Daher zeige ich Ihnen im Folgenden, wie Sie einen Beispielstream mit der Auflösung 640 × 480 Pixel und einer Bildrate von 12 Bildern pro Sekunde erstellen. Das klingt jetzt erst einmal wenig (und das ist es auch), aber diese Parameter erlauben es bereits, Bewegungen klar zu erkennen und Objekte zu verfolgen. Selbst die Mundbewegungen beim Sprechen sind gut auszumachen. Dieser Stream erfordert jedoch bereits eine Datenrate von rund 300 kB/s – das sind 2,4 Mbit/s. Das sollte im Heimnetz kein Problem sein. Möchten Sie jedoch eine VPN-Verbindung nutzen und stellt Ihr Internetanschluss diese Datenrate nicht bereit, dann müssen Sie die Auflösung, die Bildrate oder die Bildqualität entsprechend reduzieren. Wenn Sie hingegen über eine großzügige Datenrate für den Upload verfügen, dann können Sie natürlich auch einfach die Qualität entsprechend erhöhen.

Die Auslastung des Prozessors ist bei der Bewegungserkennung im Regelfall aber recht groß und leider auch abhängig davon, in welchem Datenformat die Kamera das Bildmaterial zur Verfügung stellt. Manche Kameras können bereits einen fertigen MJPG-Stream liefern, womit natürlich der Encodierungsschritt durch den Prozessor des Home Servers entfällt. Hier hilft nur Ausprobieren oder das Studieren von Internetforen vor einem eventuellen Neukauf weiter. Stellt Ihre Kamera das Bild nicht bereits in diesem Format zur Verfügung, dann müssen Sie beim Beispielstream damit rechnen, dass beispielsweise ein Prozessorkern des Raspberry Pi bereits zu etwa 40 % ausgelastet ist. Höhere Bildraten und Auflösungen erhöhen die Prozessorauslastung. Sie können die Auslastung – wie Sie wissen – jederzeit mit Hilfe des Anzeigetools `top` überprüfen. Rufen Sie es einfach mit dem Befehl `top` auf der Konsole Ihres Home Servers auf.

Den Livestream und die Bewegungserkennung erzeugt nicht `fswebcam`, denn dieses Programm versteht sich nur auf die Aufnahme von Einzelbildern. Stattdessen erledigt dies das Programm `motion`. Es gibt zwar durchaus noch andere Programme, die teilweise sogar eine bessere Qualität erreichen als `motion`, jedoch auch deutlich schwieriger zu installieren und zu konfigurieren und daher für den Einstieg fehl am Platze sind.

18.4.2 Die Installation und Einrichtung von »motion« für einen Livestream

Die Installation von `motion` geschieht auf dem üblichen Weg mit folgendem Befehl:

```
sudo apt install motion
```

Die Konfiguration von `motion` erfolgt ebenfalls ganz klassisch über eine Konfigurationsdatei. Diese Datei hat es jedoch richtig »in sich« und bringt es bereits im Auslieferungszustand auf über 700 Zeilen. Viele dieser Zeilen sind für das Funktionieren von `motion` unabdingbar, jedoch glücklicherweise bereits »ab Werk« sehr gut konfiguriert. Trotzdem müssen Sie an einigen Stellen Änderungen vornehmen. Am besten ist es, wenn Sie im Texteditor `nano` nach den entsprechenden Textstellen mit der Tastenkombination [Strg]+[W] suchen und nachfolgend den Text entsprechend ersetzen. Wenn Sie den jeweiligen Eintrag nicht in der Datei finden, so versuchen Sie, den Suchbegriff schrittweise zu verkürzen.

Legen Sie zunächst wieder ein Backup der Konfigurationsdatei mit folgendem Befehl an:

```
sudo cp /etc/motion/motion.conf /etc/motion/motion.conf.orig
```

Nun öffnen Sie die Konfigurationsdatei, die Sie in Abbildung 18.15 sehen, mit dem Editor `nano` mit diesem Befehl zur Bearbeitung:

```
sudo nano /etc/motion/motion.conf
```

Als Erstes werden Sie `motion` so einstellen, dass es automatisch als Service im Hintergrund arbeitet und die Konsole sofort wieder »freigibt«. Prüfen Sie, ob es in Ihrer Datei bereits den Eintrag

```
daemon on
```

gibt. Wenn dem so ist, dann müssen Sie hieran nichts ändern. Sollte der Eintrag jedoch

```
daemon off
```

lauten, dann ändern Sie das `off` in ein `on`.

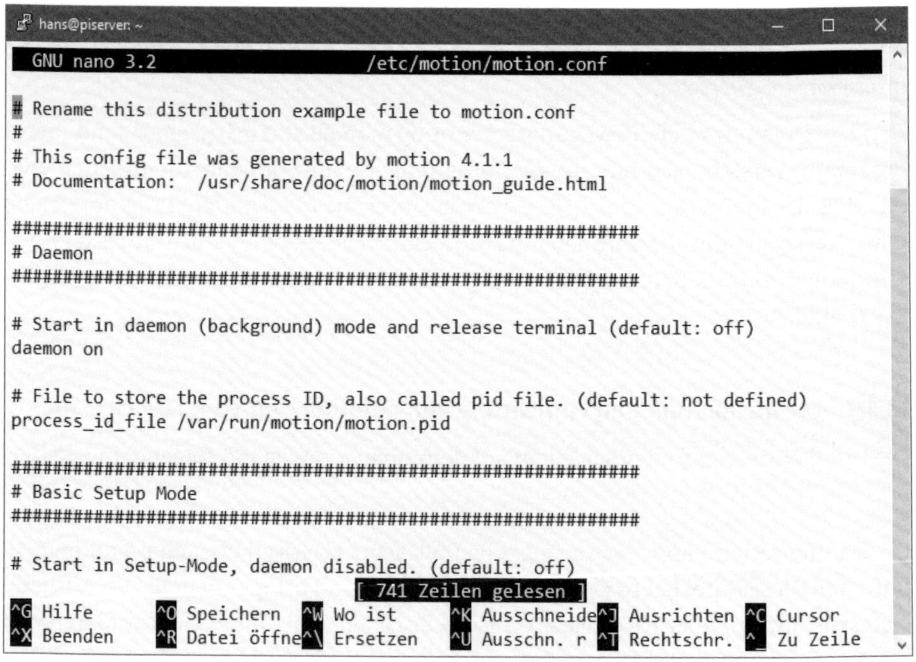

Abbildung 18.15 Die Konfigurationsdatei »/etc/motion/motion.conf«

Haben Sie an Ihrem Server nur eine einzelne Kamera angeschlossen, so benötigen Sie den folgenden Schritt nicht. Haben Sie aber mehrere aktive Kameras und möchten davon nicht die erste benutzen, dann suchen Sie nach dem Eintrag `videodevice` und ändern ihn von `/dev/video0` entsprechend in `/dev/video1` oder je nach Kameraanzahl entsprechend noch höher.

Als Nächstes werden Sie die Abmessungen des Kamerabildes einstellen. Standardmäßig sieht `motion` einen Wert von 320 × 240 Pixel vor, was doch recht wenig ist. Die meisten Kameras können deutlich mehr liefern, und auch der Home Server kann größere Datenmengen verarbeiten. Suchen Sie also nach dem Eintrag

```
width 320
```

und ändern Sie ihn in

```
width 640
```

Ändern Sie danach entsprechend `height 240` in `height 480`. So erhalten Sie eine Auflösung von 640 × 480 Pixel.

Nun werden Sie die Bildrate festlegen, die `motion` maximal von der Webcam zur Verarbeitung anfordert. Hier hat sich ein Wert von 12 Bildern pro Sekunde als Startwert bewährt. Suchen Sie den Eintrag `framerate`, der zuerst lediglich auf `2` gesetzt ist. Weil zwei Bilder pro Sekunde jedoch reichlich wenig sind, ändern Sie die `2` entsprechend in eine `12`.

In diesem Abschnitt wird die Bewegungserkennung von `motion` (noch) nicht genutzt, daher können Sie sie abschalten oder reduzieren. Insbesondere die Deaktivierung der Rauscherkennung kann den Prozessor entlasten. Ändern Sie dazu den Eintrag `noise_tune on` in `noise_tune off`.

Es folgt eine sehr wichtige Einstellung. `motion` kann – wie `fswebcam` – (auch) Einzelbilder ausgeben und diese auf die Festplatte schreiben. Bei den aktuellen Einstellungen wären das jedoch sehr viele Einzelbilder – rund 600 pro Minute, die Ihr Speichermedium sehr schnell füllen würden. Daher sollten Sie diese Funktion abschalten, so dass nur ein Livestream übertragen wird. Dazu suchen Sie den Eintrag `output_pictures` und setzen ihn (falls die Einstellung bei Ihnen abweicht) auf `off`, wie Sie es in Abbildung 18.16 sehen.

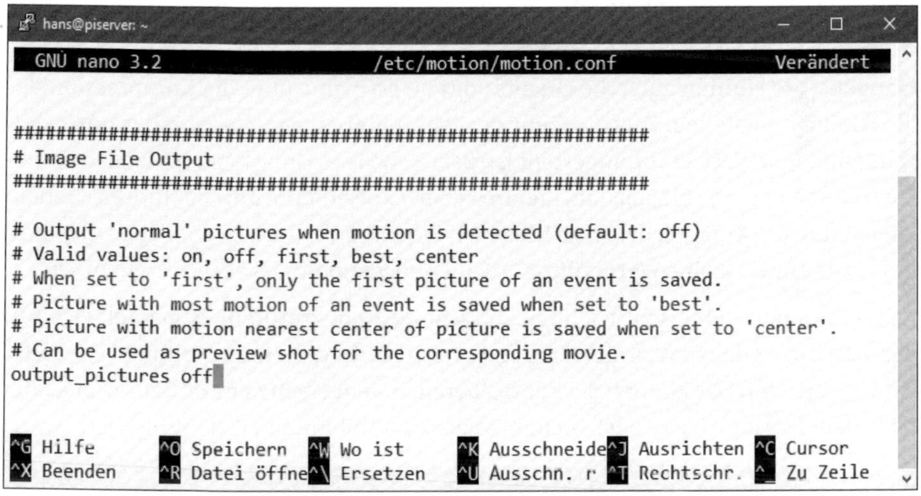

Abbildung 18.16 Einzelbilder in der Datei »/etc/motion/motion.conf« deaktivieren

Wenn Sie diese Funktion vielleicht eines Tages (mit geeigneten Bildraten) verwenden möchten, dann können Sie ein paar Zeilen weiter unten im selben Abschnitt mit `quality` die Kompressionsqualität für Einzelbilder einstellen und zur Schonung des Speicherplatzes den vorgegebenen Wert von `75` entsprechend reduzieren.

`motion` ist übrigens auch in der Lage, den erstellten Livestream als Videodatei abzuspeichern. Dazu nutzt es die Komponente *ffmpeg*. Es vermag auf Wunsch sogar ein MPEG4-Video zu erzeugen, was natürlich eine entsprechend hohe Prozessorauslastung auslöst. Die Videoerstellung ist normalerweise aktiv. Um sie zu deaktivieren, suchen Sie nach dem Eintrag `ffmpeg_output_movies`, der wahrscheinlich auf `on` gesetzt und damit aktiviert ist. Ändern Sie das `on` in ein `off`, um die Funktion zu deaktivieren.

Im Abschnitt zur erweiterten Konfiguration werde ich Ihnen diese Funktion noch ein wenig näher vorstellen.

Nun komme ich zu den Einstellungen des eigentlichen Livestreams und beginne mit der Bildrate. Diese wird durch den Parameter `stream_maxrate` eingestellt. Normalerweise steht hier eine `1`. Mit einem Bild pro Sekunde lassen sich aber Bewegungen nicht vernünftig auflösen. Suchen Sie also nach dem Ausdruck `stream_maxrate 1`, und ändern Sie die `1` in eine `12`. Denken Sie daran, dass höhere Werte als `12` auch eine Veränderung des vorher festgelegten Eintrags `framerate` erfordern, den Sie auf `12` gesetzt hatten. Der Eintrag `framerate` steuert nämlich, wie viele Bilder überhaupt von der Webcam angefordert werden. Dieser Wert ist unabhängig davon, wie viele Bilder für den Stream verwendet werden – er wirkt jedoch nach oben hin begrenzend.

Schließlich müssen Sie `motion` noch mitteilen, dass Sie aus dem Heimnetzwerk auf den Livestream zugreifen wollen. Normalerweise verbietet `motion` dies und gestattet den Zugriff nur vom selben Rechner (`localhost`) aus. Ändern Sie also `stream_localhost on` in `stream_localhost off`.

Übrigens: Sie können auch die Qualität des Livestreams über die Kompression der Einzelbilder einstellen. Hierfür dient der Parameter `stream_quality`, der normalerweise mit dem Wert `50` voreingestellt ist. Belassen Sie es ruhig erst einmal dabei, aber Sie sind später gerne eingeladen, hieran eigene Experimente durchzuführen. Höhere Zahlen (bis `100`) versprechen eine bessere Bildqualität, erfordern aber auch eine größere Datenrate – kleine Werte führen zu entsprechend umgekehrten Ergebnissen.

Jetzt gilt es noch, eine sehr wichtige Einstellung zu überprüfen: Es handelt sich um den Port, unter dem `motion` den Stream bereitstellt. In der Voreinstellung verwendet `motion` Port `8081`. Das können Sie kontrollieren, indem Sie in der Konfigurationsdatei nach dem Eintrag `stream_port` suchen, so wie es Abbildung 18.17 demonstriert.

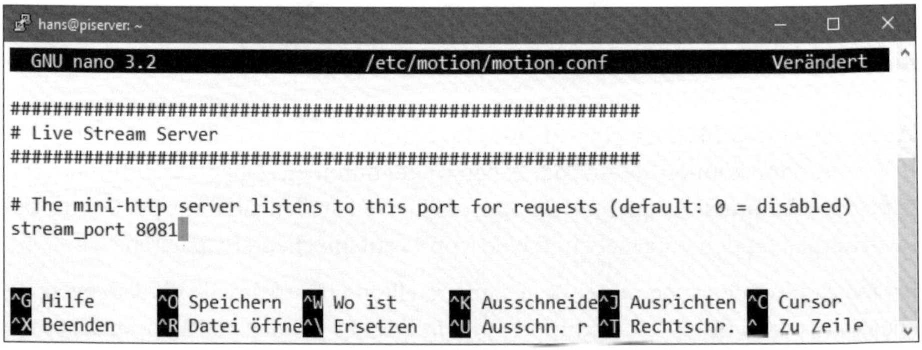

Abbildung 18.17 Den Port in der Datei »/etc/motion/motion.conf« ändern

Sollten Sie Port 8081 bereits für ein anderes Projekt verwendet haben, dann müssen Sie diese Einstellung unbedingt ändern. Wenn Sie bereits mehrere Website-Projekte aus diesem Buch eingerichtet haben, dann ist es sehr wahrscheinlich, dass dieser Port bereits belegt ist, da ich stets den Portbereich 8080 bis 8089 für Websites vorgeschlagen habe. Wenn Sie über Ihre benutzten Ports Buch geführt haben, können Sie nun gleich nachschlagen, ob dieser Port bei Ihnen in Benutzung ist. Sollte dem so sein, dann ändern Sie den Eintrag `stream_port 8081` in einen Port, der bei Ihnen noch ungenutzt ist. Eine Möglichkeit wäre Port 8091. Sie können auch bei eventuellen Unsicherheiten auf diesen Port wechseln, denn die Wahrscheinlichkeit ist groß, dass dieser Port noch nicht in Verwendung ist. An dieser Stelle ein Tipp: Mit dem Befehl

```
sudo netstat -tapen | awk '{print $4}'
```

lassen Sie sich eine Liste mit bereits belegten Ports anzeigen. Die (derzeit) belegten Ports stehen hinter den Doppelpunkten in der Bildschirmausgabe. Ändern Sie die Einstellung also so, dass `motion` einen bisher ungenutzten Port verwendet. Sollte die folgende Inbetriebnahme fehlschlagen, dann ist dieser Punkt ein guter Ansatz für eine erste Fehlersuche.

`Motion` verwendet für sein eigenes kleines Webinterface noch einen zweiten Port, und zwar Port 8080. Sollten Sie diesen Port bereits für ein anderes Projekt verwenden, dann müssen Sie ihn in `motion` verändern. Suchen Sie dafür nach dem Eintrag `webcontrol_port 8080`, und ändern Sie ihn zum Beispiel in 8090. Auch das Webinterface ist zunächst so eingestellt, dass es nur vom Home Server selbst aufgerufen werden kann. Möchten Sie es allgemein über das Heimnetzwerk nutzen, dann ändern Sie den Eintrag `webcontrol_localhost on` in `webcontrol_localhost off`.

So, das war es schon zur grundlegenden Konfiguration für einen Livestream. Speichern Sie die Datei mit der Tastenkombination [Strg]+[X], und beenden Sie damit `nano`. Die Konfiguration ist fast komplett. `motion` hat allerdings noch eine kleine Sperre eingebaut und würde so noch nicht starten. Es gibt noch eine zweite Datei, in der Sie explizit einen Eintrag vornehmen müssen, der `motion` endgültig zur Aktivierung freigibt. Öffnen Sie folgende Datei:

```
sudo nano /etc/default/motion
```

Ändern Sie darin

```
start_motion_daemon=no
```

in

```
start_motion_daemon=yes
```

Die Datei sollte so aussehen wie in Abbildung 18.18.

Speichern Sie die Datei anschließend mit der Tastenkombination [Strg]+[X] ab, und beenden Sie damit `nano`.

18

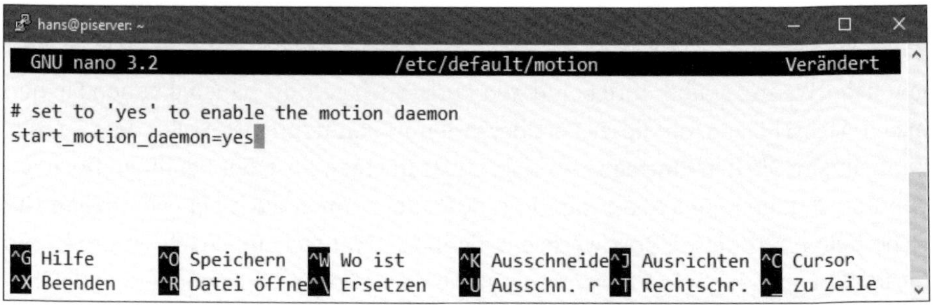

Abbildung 18.18 Die Startsperre in der Datei »/etc/motion/motion.conf« deaktivieren

18.4.3 Der erste Start

Nun können Sie `motion` mit dem Befehl

```
sudo service motion start
```

starten.

Übrigens: Ein `stop` statt `start` beendet `motion` wieder. Dies ist ein nützliches Feature, insbesondere bei einem Prozess, der so viel Rechenleistung erfordert. Vielleicht wäre es eine gute Idee, `motion` nur dann zu starten, wenn es auch aktiv genutzt wird, anstatt es ständig im Hintergrund rechnen zu lassen, denn das würde es sonst tun. Schalten Sie also `motion` nur bei Bedarf an und ansonsten wieder aus. Beachten Sie auch, dass `motion` mit den aktuellen Einstellungen automatisch beim Systemstart ausgeführt wird. Um dies zu verhindern, setzen Sie die im vorigen Abschnitt erläuterte allgemeine Startsperre wieder.

Sie können sich jetzt den Livestream in Ihrem Browser (Firefox unterstützt dies beispielsweise sehr gut) oder in einem Mediaplayer wie beispielsweise VLC unter dieser Adresse ansehen:

http://IP-Adresse.von.Ihrem.Home.Server:8081

wobei Sie natürlich die statische IP-Adresse Ihres Home Servers entsprechend eingeben müssen. Sie müssen außerdem den Port anpassen, wenn Sie einen anderen Port als die Voreinstellung 8081 verwenden. Eben hatte ich die alternative Nutzung von Port 8091 vorgeschlagen. Die Ausgabe wird dann so wie in Abbildung 18.19 aussehen.

Sollte das nicht funktionieren, dann versuchen Sie einen kompletten Neustart von `motion`. Führen Sie dazu folgenden Befehl aus:

```
sudo service motion restart
```

Bitte beachten Sie zum Schluss noch, dass der Stream unverschlüsselt übertragen wird. Sie sollten ihn also auf keinen Fall direkt aus dem Internet erreichbar machen. Es ist (wie immer) eine wesentlich bessere Idee, hierfür eine VPN-Verbindung zu verwenden. Keine Sorge: Der Stream ist von Haus aus nur in Ihrem Heimnetzwerk und über Ihr VPN zu sehen, solange Sie nicht in Ihrem Router (und gegebenenfalls in der Firewall des Home Servers) den verwendeten Port öffnen beziehungsweise freigeben.

Abbildung 18.19 Stream über den Mediaplayer

18.4.4 Die Einrichtung der Bewegungserkennung

Nun geht es in Richtung Heimüberwachung mit einer Bewegungserkennung. Vielleicht möchten Sie – wenn Sie einmal nicht zu Hause sind – sicherheitshalber einen kritischen Bereich Ihres Heims mit einer Videokamera überwachen lassen. Diese Aufgabe lässt sich elegant mit einer Webcam lösen. Nun ist es natürlich nicht sonderlich praktisch, wenn Sie von unterwegs fortwährend den Livestream Ihrer Kamera überwachen müssen. Genauso wenig ist es hilfreich, wenn Sie den gesamten Stream abspeichern, um ihn später in Ruhe analysieren zu können. Erstens würde der Stream in kurzer Zeit Ihr Speichermedium füllen, und zweitens zeigt der Stream (hoffentlich) ständig dasselbe Bild. Zum Glück gibt es das Hilfsmittel der Bewegungserkennung, eine Funktion, die das Programm `motion` von sich aus mitbringt. `motion` überwacht fortlaufend das Bild der Webcam auf mögliche Veränderungen. Nur wenn sich im Bild etwas bewegt, also eine Veränderung auftritt, dann werden auch Fotos abgespeichert. Somit füllt sich Ihre Speicherkarte nur dann, wenn auch tatsächlich etwas passiert. Das schont den Speicherplatz und vereinfacht auch die spätere Auswertung.

Bevor Sie diese Funktion mit `motion` einrichten, müssen Sie zunächst einige Fragen beantworten: Welche Größe sollen die aufgenommenen Fotos haben? In welchem Zeitintervall sollen – sobald eine Bewegung erkannt wurde – Fotos abgespeichert werden? Mit welcher Qualität soll dies geschehen? Sollen die aufgenommenen Fotos gleich zu einem Videofilm verarbeitet werden? Sie sehen schon: `motion` bietet eine Menge an verschiedenen Optionen.

Sie benötigen für diesen Abschnitt eine funktionierende Installation von `motion`. Sie sollten also alles ab Abschnitt 18.4 bereits erfolgreich bearbeitet haben.

Sie werden nachfolgend einige Änderungen an der Konfigurationsdatei von `motion` vornehmen. Zunächst legen Sie wieder ein Backup der Konfigurationsdatei an, das Sie mit der Dateiendung *.statisch* versehen:

```
sudo cp /etc/motion/motion.conf ⮐
  /etc/motion/motion.conf.statisch
```

Dank dieses Backups haben Sie stets einen einfachen Weg zurück zur Konfiguration ohne Bewegungserkennung. Dazu müssen Sie dieses Backup wieder zurückkopieren.

Mit folgendem Befehl öffnen Sie die Konfigurationsdatei zur Bearbeitung:

```
sudo nano /etc/motion/motion.conf
```

Wie Sie wissen, ist die Konfigurationsdatei von `motion` recht umfangreich. Ich werde daher auch an dieser Stelle so vorgehen, dass ich die entsprechenden Parameter nenne, die Sie dann in `nano` mit der Tastenkombination [Strg]+[W] suchen und entsprechend verändern.

Als Erstes müssen Sie wissen, dass Sie ohne weiteres sowohl den im vorigen Abschnitt behandelten Livestream als auch die Bewegungserkennung mit dem Abspeichern von Einzelbildern parallel verwenden können. Dies hat aber eine gewisse Einschränkung: Für beide Betriebsarten definieren Sie nämlich eine gemeinsame Bilderfassungsrate. Für einen Livestream, der eine Bewegung zumindest einigermaßen flüssig auflösen soll, ist es vorteilhaft, einen möglichst hohen Wert zu wählen; ich hatte hier 12 fps empfohlen (*fps* ist die Abkürzung für *frames per second*, also »Bilder je Sekunde«). In Kombination mit der Bewegungserkennung würde dies aber nun bedeuten, dass im Falle einer Bewegung auch 12 einzelne Fotos auf der Speicherkarte landen – und zwar für jede Sekunde, in der eine Bewegung stattfindet. Eine so große Anzahl von Bildern würde viel Speicherplatz erfordern und ist auch für eine spätere Analyse nicht notwendig oder hilfreich. Je nachdem, wie häufig, wie lange und wie intensiv eine Bewegung stattfindet, sind deutlich kleinere Werte angebracht. Im Regelfall werden wohl ein bis drei Bilder pro Sekunde genügen, auch wenn dies den Livestream sehr ruckelig erscheinen lässt. Natürlich können Sie jederzeit mit größeren Werten experimentieren und Ihr persönliches Optimum finden.

Suchen Sie also zunächst nach dem Abschnitt `framerate`. Ändern Sie den Wert der `framerate` entsprechend in einen Wert von `1`, `2` oder `3`, was der Anzahl an aufgenommenen Bildern je Sekunde entspricht. Wenn Sie übrigens noch kleinere Bildraten wünschen, dann sollten Sie sich den Parameter `minimum_frame_time` anschauen.

Wenn Sie ihn beispielsweise auf 2 setzen, dann wird nur alle zwei Sekunden ein Bild aufgenommen.

Für die eigentliche Bewegungserkennung definiert `motion` eine sogenannte *Schwelle*, die die Empfindlichkeit steuert. Dieser Parameter nennt sich `threshold` und hat normalerweise den Wert `1500`, der bereits für viele Situationen angemessen ist. Sollte er bei Ihnen nicht passen, weil entweder eine Bewegung nicht erkannt oder fälschlicherweise ein statisches Bild als Bewegung abgespeichert wurde, dann können Sie diesen Wert einmal experimentell verändern. Für den Anfang sollten Sie jedoch den voreingestellten Wert probieren. Ein kritischer Faktor ist übrigens stets das Bildrauschen, das besonders abends in dunkler Umgebung problematisch werden kann und zu fälschlichen Bewegungserkennungen führt. Auch hierfür hat `motion` eine Einstelloption, die Sie sich anschauen sollten, falls Sie mit den Ergebnissen nicht zufrieden sind. Diese Option versteckt sich unter dem Parameter `noise_level` mit dem Standardwert `32`, den Sie zunächst testen und nur bei Bedarf verändern sollten. Vergrößern Sie den Wert, dann muss eine stärkere Veränderung im Bild auftreten, um als Bewegung erkannt zu werden.

Übrigens: Zu beiden Parametern bietet `motion` auch automatische Optimierungsfunktionen. Bei Problemen mit der Bewegungserkennung kann es nicht schaden, sie einmal optional zu aktivieren und auszuprobieren, ob sie zu einer Verbesserung beitragen. Hierzu suchen Sie nach `threshold_tune` und `noise_tune` und aktivieren sie gegebenenfalls, indem Sie ein `off` in ein `on` ändern. Für den Anfang sollten jedoch zunächst beide Parameter deaktiviert bleiben.

18

Nun können Sie mit den beiden Optionen `width` und `height` die Größe der aufgenommenen Bilder festlegen. Diese Einstellung gilt dann sowohl für den Livestream als auch für die abgespeicherten Fotos bei einer erkannten Bewegung. Hier hatten Sie eingangs die Einstellungen `width 640` und `height 480` gewählt. Diese Einstellungen empfehlen sich auch zunächst für die Bewegungserkennung. Sie können diese Werte nachfolgend auch erhöhen; wählen Sie aber unbedingt Werte, die von Ihrer Kamera auch unterstützt werden. Je größer die Werte sind, desto höher ist der Detailgrad des Bildes, aber desto größer ist auch der Speicherbedarf (beziehungsweise die Datenrate) und vor allem die Auslastung des Prozessors. Sie können natürlich auch größere Werte benutzen, wenn der Speicherplatz nicht arg limitiert ist und die Liveübertragung Sie nicht interessiert.

Sie sollten ebenfalls den Parameter `quality` beachten, denn hiermit steuern Sie die Kompressionsstufe bei der Abspeicherung der Einzelbilder. Diese ist übrigens unabhängig von der Qualitätseinstellung des Livestreams. Für den Anfang hat sich ein Wert von `50` bewährt, höhere Werte (bis zu `100`) erlauben eine bessere Bildqualität bei größerem Speicherbedarf.

Einen Ausschnitt der Datei mit den wichtigsten Änderungen sehen Sie in Abbildung 18.20.

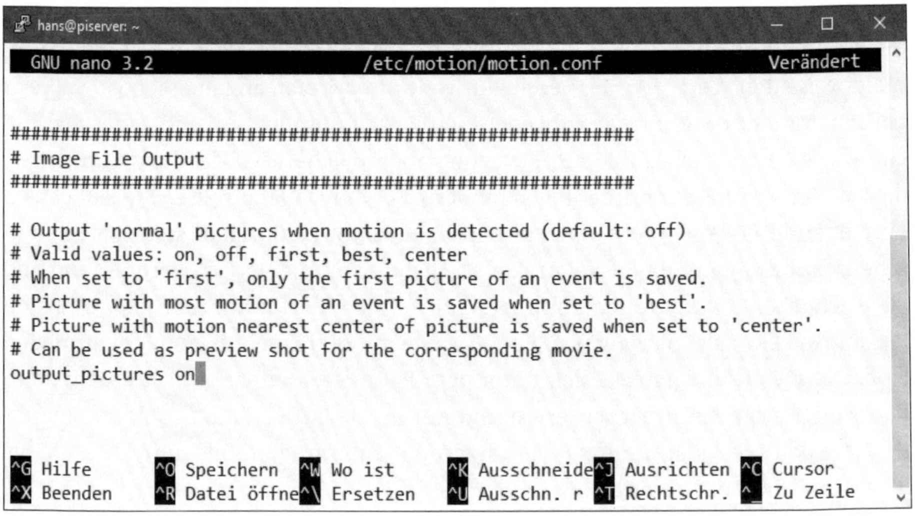

Abbildung 18.20 Die Einstellungen für die Bewegungserkennung

Nun müssen Sie abschließend noch die Bewegungserkennung insgesamt aktivieren. Dies erledigt der Parameter `output_pictures`, der bislang bei Ihnen vermutlich noch auf `off` steht. Ändern Sie ihn in `on`, um die Funktion zu aktivieren. `motion` bietet hier übrigens mehrere Möglichkeiten. `on` ist sozusagen die Standardeinstellung, bei der alle Bilder einer Bewegungssequenz gespeichert werden. Sie können aber auch nur das erste Bild bei einer erkannten Bewegung abspeichern, was vielleicht interessant ist, wenn sehr häufig eine Bewegung auftritt. In diesem Fall tauschen Sie das `on` durch ein `first`. Daneben gibt es die Option `best`, die nur das Bild mit der meisten Bewegung abspeichert. Diese Option ist aber etwas gefährlich, da ein Bild mit einer hohen Bewegungsamplitude durchaus aufgrund der Bewegungsunschärfe stark verwischt sein kann – aktivieren Sie daher diese Funktion nur mit Vorsicht. Als Letztes gibt es die Option `center`, die jenes Bild speichert, bei dem die Bewegung am nächsten zum Bildzentrum stattgefunden hat. Probieren Sie jedoch zuerst einmal ein ganz gewöhnliches `on`, bevor Sie mit den anderen Optionen experimentieren.

Im Prinzip sind Sie jetzt schon fertig und können die Einstellungen ausprobieren. Speichern Sie zunächst die geänderte Konfiguration auf üblichem Wege ab.

Sicherlich fragen Sie sich jetzt, in welchem Verzeichnis `motion` eigentlich die relevanten Bilder abspeichert. Das geschieht in der Voreinstellung im Verzeichnis */var/lib/motion*.

Nun können Sie `motion` mit folgendem Befehl (erneut) starten:

```
sudo service motion restart
```

Jetzt wird `motion` den Betrieb aufnehmen. An Ihrer Webcam wird sich gegebenenfalls die Kontrollleuchte einschalten. Führen Sie im Erfassungsbereich der Webcam eine Bewegung aus.

Wechseln Sie danach mit folgendem Befehl in das Ausgabeverzeichnis von `motion`:

```
cd /var/lib/motion
```

Lassen Sie sich mit dem Befehl

```
ls
```

den Verzeichnisinhalt anzeigen. Das Verzeichnis sollte nun einige Bilddateien enthalten, so wie in Abbildung 18.21.

Kein Zugriff auf das Bilderverzeichnis?

Sollten Sie auf das Verzeichnis keine Zugriffsrechte haben, so ändern Sie diese mit folgendem Befehl:

```
sudo chmod o+rx /var/lib/motion
```

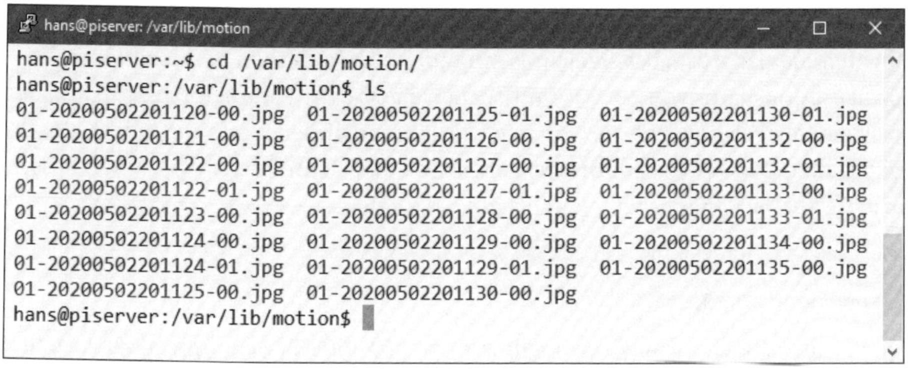

```
hans@piserver: /var/lib/motion
hans@piserver:~$ cd /var/lib/motion/
hans@piserver:/var/lib/motion$ ls
01-20200502201120-00.jpg  01-20200502201125-01.jpg  01-20200502201130-01.jpg
01-20200502201121-00.jpg  01-20200502201126-00.jpg  01-20200502201132-00.jpg
01-20200502201122-00.jpg  01-20200502201127-00.jpg  01-20200502201132-01.jpg
01-20200502201122-01.jpg  01-20200502201127-01.jpg  01-20200502201133-00.jpg
01-20200502201123-00.jpg  01-20200502201128-00.jpg  01-20200502201133-01.jpg
01-20200502201124-00.jpg  01-20200502201129-00.jpg  01-20200502201134-00.jpg
01-20200502201124-01.jpg  01-20200502201129-01.jpg  01-20200502201135-00.jpg
01-20200502201125-00.jpg  01-20200502201130-00.jpg
hans@piserver:/var/lib/motion$
```

Abbildung 18.21 Es wurden bereits einige Bilder aufgenommen und gespeichert.

Sollte dem nicht so sein, dann führen Sie vor der Webcam noch einmal eine intensive Bewegung aus. Wenn das Verzeichnis danach immer noch leer ist, dann ändern Sie gegebenenfalls die vorhin besprochenen Parameter zur Bewegungserkennung. Das sollten Sie auch tun, wenn das Verzeichnis viel zu viele Bilder enthält, weil `motion` eventuell zu empfindlich reagiert.

Denken Sie daran, dass Sie über Ihren Browser oder einen geeigneten Mediaplayer nach wie vor den Livestream empfangen können. Beachten Sie jedoch auch, dass Ihre Webcam ab jetzt ständig eingeschaltet ist und entsprechend Strom verbraucht (auch wenn es nur wenig ist). Aufgrund eventueller Wärmeentwicklung sollte sie außerdem an einem belüfteten Ort stehen.

`motion` hat noch ein kleines Gimmick eingebaut, das bei einer Bewegung nur die Pixel abspeichert, die sich tatsächlich verändert haben. Im Prinzip erhalten Sie hier also beispielsweise nur das Abbild einer bewegten Hand oder eines bewegten Kopfes, was beachtlichen Speicherplatz sparen kann. Interessierte können diese Option einmal ausprobieren, normalerweise wird sie aber wohl deaktiviert bleiben, denn sie erschwert die Auswertung teilweise erheblich. Sie versteckt sich unter dem Parameter `output_debug_pictures`, den Sie zur Aktivierung entsprechend auf `on` setzen müssen.

18.4.5 Zusätzliche Einstellungsoptionen

Es bietet `motion` Ihnen tatsächlich noch mehr Optionen, die vielleicht für den einen oder anderen fortgeschrittenen Nutzer interessant sind.

Zunächst einmal ist es möglich, das Ausgabeverzeichnis von `motion` zu ändern. Sie können beispielsweise ein Verzeichnis unterhalb von */srv* erstellen, das Sie im Rahmen einer Samba-Freigabe im Netzwerk freigeben können. So erhalten Sie (auch von unterwegs über Ihr VPN) einen einfachen Zugriff auf die Ergebnisse von `motion`. (Natürlich können Sie auch das bisherige Ausgabeverzeichnis für eine Samba-Freigabe verwenden).

Möchten Sie das Ausgabeverzeichnis verändern, dann öffnen Sie noch einmal die Konfigurationsdatei von `motion` und suchen nach dem Parameter `target_dir`, der normalerweise auf */var/lib/motion* zeigt. Sie können diesen Wert nun ändern. Beachten Sie aber, dass `motion` auf diesen Verzeichnispfad Schreibrechte benötigt. Passen Sie diese Rechte daher gegebenenfalls mit dem Befehl

```
sudo chown motion:motion VERZEICHNISPFAD
```

entsprechend an.

Wie vorhin bereits erwähnt, ermöglicht es `motion`, eine Bewegungssequenz in eine Videodatei zu konvertieren. Es lässt sich also ein kleiner Film mit der entsprechenden Bewegung erstellen. Hierfür nutzt `motion` die Komponente `ffmpeg`, die sehr viele Funktionen rund um die Videoverarbeitung bietet. Damit `motion` einen Film erstellen kann, muss auf Ihrem Server `ffmpeg` installiert sein. Möchten Sie die Filmerstellung ausprobieren, dann installieren Sie zunächst `ffmpeg` mit folgendem Befehl:

```
sudo apt install ffmpeg
```

Es kann gut sein, dass dieses Paket bei Ihnen bereits installiert ist. Die Ausgabe wird dann so aussehen wie in Abbildung 18.22.

Um mit `motion` einen Film zu erstellen, suchen Sie zuerst in seiner Konfigurationsdatei nach dem Parameter `ffmpeg_output_movies`. Hier finden Sie normalerweise die Einstellung `off`, die besagt, dass die Funktion abgeschaltet ist. Ändern Sie dies in ein `on`, um die Funktion zu aktivieren. Der Film wird mit der vorhin eingestellten global gültigen Bildgröße und Bildrate erstellt, Sie können zusätzlich die Datenrate in der

Einheit Bit/Sekunde einstellen. Hierfür ist der Eintrag ffmpeg_bps zuständig, der normalerweise den Wert 400000 enthält. Gerade bei kleinen Bildauflösungen genügen oftmals kleinere Werte, ein Experimentieren schadet nicht.

```
hans@piserver: ~
hans@piserver:~ $ sudo apt install ffmpeg
Paketlisten werden gelesen... Fertig
Abhängigkeitsbaum wird aufgebaut.
Statusinformationen werden eingelesen.... Fertig
ffmpeg ist schon die neueste Version (7:4.1.6-1~deb10u1+rpt1).
ffmpeg wurde als manuell installiert festgelegt.
0 aktualisiert, 0 neu installiert, 0 zu entfernen und 0 nicht aktualisiert.
hans@piserver:~ $
```

Abbildung 18.22 »ffmpeg« ist bereits installiert.

Natürlich können Sie sich auch dafür entscheiden, motion nur ein Video und keine Einzelbilder abspeichern zu lassen. Hierzu aktivieren Sie zuerst die soeben beschriebene Videooption. Nun können Sie die Bilderausgabe deaktivieren, indem Sie den Eintrag output_pictures von on auf off setzen.

Eine sehr interessante Option im Zusammenhang mit der Filmerstellung ist die Möglichkeit, einen Zeitrafferfilm zu erstellen. Die Option timelapse_interval legt fest, in welchen Zeitintervallen (angegeben in Sekunden) motion jeweils ein Einzelbild für eine Filmaufnahme verwendet. Mit der Standardeinstellung 0 ist die Funktion deaktiviert. Ansonsten erzeugt motion Ihnen abhängig vom Zeitintervall einen Zeitrafferfilm. Normalerweise wird dieser Film jeden Tag neu erstellt und entsprechend benannt. Alternativ können Sie die Option timelapse_mode vom Standardwert daily auch auf weekly-monday setzen, womit jeden Montag eine neue Datei erstellt wird.

Nun betrachten wir noch den Livestream, der Ihnen mit Ausnahme der Bildrate und der globalen Bildgröße noch genauso zur Verfügung steht wie im vorigen Abschnitt besprochen. Wenn Sie keinen Livestream benutzen möchten, dann können Sie die Option auch zum Schonen der Rechenkapazität deaktivieren. Suchen Sie hierfür nach dem Eintrag stream_port, löschen Sie den Standardport 8081 (beziehungsweise Ihren angepassten Wert), und ersetzen Sie ihn durch eine 0. Damit ist der Livestream deaktiviert.

Beim Livestream gibt es eine weitere Option, die im Zusammenhang mit der Bewegungserkennung interessant ist: Der Parameter stream_motion kann eine Funktion aktivieren, die den Livestream normalerweise nur mit einem Bild pro Sekunde überträgt und ihn erst bei einer erkannten Bewegung auf die übliche Bildrate hochsetzt. Das mag mit der derzeitigen Konfiguration nicht sonderlich sinnvoll sein, denn Sie haben ja die Bildrate auf maximal drei Bilder pro Sekunde begrenzt. Je nach Konfiguration ist diese Option jedoch auch interessant. Möchten Sie die Funktion benutzen, dann setzen Sie hier ein on.

Das schließt die Liste mit erweiterten Konfigurationsoptionen ab. Vergessen Sie nicht, die Konfigurationsdatei abzuspeichern und motion neu zu starten. Wenn Sie den Ausgabepfad entsprechend eingestellt haben, dann finden Sie Ihre Aufnahmen nun beispielsweise im Verzeichnis */srv/motion*:

```
hans@piserver:/srv/motion$ ls -lh
insgesamt 1,4M
-rw-r--r-- 1 motion motion  65K Mai  2 20:22 01-20200502202131.avi
-rw-r--r-- 1 motion motion 203K Mai  2 20:25 02-20200502202412.avi
-rw-r--r-- 1 motion motion 1,1M Mai  2 20:31 20200502-timelapse.mpg
hans@piserver:/srv/motion$
```

Abbildung 18.23 Ihre Aufnahmen im Verzeichnis »/srv/motion« inklusive einer Zeitrafferaufnahme (die unterste Datei)

Viel Spaß mit Ihrer automatischen Überwachungskamera!

18.5 Kameramodule für die Anschlüsse auf der Platine

Abschließend zeige ich Ihnen die Einrichtung und Bedienung des vorhin angesprochenen Kameramoduls für den Raspberry Pi. Wie bereits gesagt, richten sich diese Module vorwiegend an fortgeschrittene und experimentierfreudige Benutzer. Für den Einstieg werden Sie eher mit einer normalen Webcam mit einem USB-Anschluss glücklich werden. Betrachten Sie diesen Abschnitt daher eher als Option, wenn Sie einmal Lust zum Basteln haben und bereits ein wenig Ahnung im Umgang mit dem Pi-Computer gesammelt haben. Ich werde daher davon ausgehen, dass Sie bereits etwas Routine mitbringen, und bestimmte Befehle als bekannt voraussetzen.

Wenn Sie ein Kameramodul erwerben möchten, dann finden sich im Internet rasch Angebote. Für den Raspberry Pi werden zwei verschiedene Module angeboten, eine normale Version für übliche Aufnahmen und eine spezielle Version ohne einen Infrarotfilter. Diese Version kann – mit einem geeigneten Infrarotscheinwerfer – beispielsweise für Aufnahmen in absoluter Dunkelheit genutzt werden. Das ermöglicht verschiedene interessante Aufnahmen. Im Gegenzug erzeugt die Version jedoch im normalen Tageslicht verwaschene Bilder mit falscher Farbwiedergabe.

Das Modul wird mit einem Flachbandkabel an einen der beiden Anschlüsse auf dem Pi-Computer angeschlossen, ein entsprechendes Kabel befindet sich im Lieferumfang des Kameramoduls. Abbildung 18.24 vermittelt Ihnen einen Eindruck von der Verkabelung.

Vor dem Anschluss müssen Sie den Pi-Computer natürlich herunterfahren und stromlos machen.

Abbildung 18.24 Die Verkabelung des Kameramoduls

[!]

Bitte Vorsicht beim Anschluss walten lassen

Der Anschluss ist nur etwas für Benutzer mit Erfahrung im Umgang mit elektronischen Komponenten. Wenn es Ihnen hieran noch mangelt, dann bitten Sie einen erfahrenen Freund um Hilfe, denn bei einem falschen Anschluss können im ungünstigsten Fall sowohl der Pi-Computer als auch das Kameramodul beschädigt werden. Es ist daher eine gute Idee, für den Anschluss vielleicht zunächst einen weiteren Pi-Computer zu nutzen und diese Aufgabe nicht mit Ihrem Hauptserver durchzuführen.

Achten Sie darauf, dass Sie das Kameramodul unbedingt an dem richtigen Anschluss anschließen, denn auf dem Raspberry Pi gibt es zwei Anschlüsse. Einer ist für das Kameramodul, der andere für ein optionales Display vorgesehen. Eine Verbindung zum falschen Anschluss ist unbedingt zu vermeiden. Für das Kameramodul müssen Sie den Anschluss verwenden, der sich näher an dem Netzwerkanschluss befindet. Schützen Sie das Equipment vor elektrostatischer Entladung (indem Sie es nur am Rand anfassen und vorher einen geerdeten Gegenstand wie eine Heizung berühren), und öffnen Sie die Entriegelung des Anschlusses auf der Platine. Hierzu können Sie beispielsweise einen Zahnstocher verwenden. Die Entriegelung muss angehoben und dann weggekippt werden. Führen Sie dann das Flachbandkabel der Kamera in den Anschluss ein; achten Sie darauf, die Kontakte entsprechend auszurichten. Führen Sie das Kabel bis zum Anschlag in den Anschluss ein, und schließen Sie anschließend wieder die Verriegelung. Prüfen Sie dann den festen Sitz des Kabels, es darf sich mit einem gefühlvollen Zug nicht wieder aus dem Anschluss entfernen lassen und muss außerdem gerade sitzen. Wenn wirklich alles in Ordnung ist (eine Kontrolle schadet nicht), dann können Sie den Pi-Computer wieder in Betrieb nehmen.

Die Nutzung des Kameramoduls am Raspberry Pi ist etwas spezieller. Zunächst einmal müssen Sie das Modul in der Hardwarekonfiguration aktivieren. Dies geschieht mit dem Tool `raspi-config`, das ich bei der Ersteinrichtung im Grundlagenkapitel besprochen habe. Wählen Sie in diesem Konfigurationsprogramm den Menüpunkt, der das Kameramodul konfiguriert, und aktivieren Sie dieses.

Beachten Sie, dass das Kameramodul zunächst oftmals nicht als normales Gerät */dev/video0* in das System eingebunden wird und Sie erst einmal keines der bisher vorgestellten Programme benutzen können. Überprüfen Sie dies bitte zunächst. Stattdessen stehen Ihnen zwei eigene Befehle zur Verfügung, die nur mit diesem Kameramodul arbeiten. Dies sind die Befehle `raspistill` zur Aufnahme von Einzelbildern und Einzelbildsequenzen und `raspivid` zur Aufnahme eines Videos.

Zuerst empfiehlt es sich, ein Upgrade der installierten Software durchzuführen. Dies ist nützlich, falls es in der Zwischenzeit neue Programmversionen gegeben hat. Führen Sie also nacheinander folgende Befehle aus:

```
sudo apt update
```

```
sudo apt upgrade
```

Probieren Sie jetzt einmal die Kamerabefehle aus. Wechseln Sie dazu in Ihr Home-Verzeichnis (mit dem Befehl `cd`), und geben Sie folgenden Befehl ein:

```
raspistill -o test.jpg
```

Sie erhalten daraufhin im Home-Verzeichnis ein neues Foto mit dem Dateinamen *test.jpg*, das soeben von dem Kameramodul aufgenommen wurde. `raspistill` bietet eine Menge an Optionen an, die ich hier unmöglich alle besprechen kann. Das Programm bietet jedoch eine ausgesprochen gute Hilfefunktion, in der sich ein fortgeschrittener Benutzer sofort zurechtfindet. Führen Sie einmal den Befehl

```
raspistill --help
```

aus. Sie erhalten eine Liste mit Parametern. Lesen Sie sich die Liste durch, und probieren Sie einige Einstellungen aus. Parameter werden wie immer durch einen Bindestrich (für die Kurzfassung) oder zwei Bindestriche (für ausgeschriebene Befehle) an den einleitenden Befehl angehängt. Folgender Befehl wird beispielsweise ein Bild mit der Auflösung 1.280 × 720 Pixel erzeugen, das im Modus `watercolour` (also unter anderem mit Pastellfarben) aufgenommen wird und um 180° gedreht ist:

```
raspistill -ifx watercolour -rot 180 -w 1280 -h 720 -o test.jpg
```

`raspistill` eignet sich auch zur Aufnahme von Bildsequenzen. Folgender Befehl wird beispielsweise für die Zeitdauer von einer Stunde jede Minute ein Bild aufnehmen und die Bilder durchnummeriert im Verzeichnis */tmp/bilder* abspeichern (vorausgesetzt, das Verzeichnis */tmp/bilder* existiert und ist beschreibbar):

```
raspistill -t 3600000 -tl 60000000 -o /tmp/bilder/image%04d.jpg
```

Dabei gibt der Parameter `-t` die Zeitspanne in Millisekunden an, in der die Bilder aufgenommen werden sollen (also 1 Stunde = 3.600.000 Millisekunden), während `-tl` die Zeitspanne in Mikrosekunden zwischen zwei aufgenommenen Bildern angibt (1 Minute = 60.000.000 Mikrosekunden). Das Programm `raspistill` lässt sich also recht gut mit dem Programm `fswebcam` vergleichen und kann beispielsweise auch für die Einrichtung einer Website mit einem Standbild verwendet werden, es bietet jedoch weder Funktionen zur Bewegungserkennung noch zum Livestreaming.

Analog funktioniert die Aufnahme eines Videos mit dem Kommando `raspivid`. Führen Sie einmal den Befehl

```
raspivid -t 10000 -o test.h264
```

aus. Sie erhalten im aktuellen Verzeichnis ein zehnsekündiges Video mit dem Dateinamen *test.h264*. Beachten Sie, dass es sich um ein reines H.264-kodiertes Video ohne umhüllenden Container handelt. Ein geeigneter Videoplayer wie VLC sollte es jedoch problemlos abspielen können. Auch `raspivid` bietet eine Menge an Parametern, die Sie sich mit

```
raspivid --help
```

anzeigen lassen können. Der Befehl

```
raspivid -t 30000 -b 4000000 -o test.h264
```

wird beispielsweise ein 30 Sekunden langes Video mit der Datenrate 4,0 MBit/s erzeugen. Sie sehen schon: Hier gibt es allerhand auszuprobieren! Viel Spaß dabei!

18

Abschließend möchte ich Ihnen noch zeigen, wie Sie das Kameramodul als normales */dev/video0*-Gerät in das System einbinden, so dass es auch von Programmen wie `fswebcam` und `motion` angesprochen werden kann. Für diese Aufgabe gibt es ein entsprechendes Kernelmodul. Wenn auf Ihrem System das Kameramodul bisher nicht als */dev/video0*-Gerät verfügbar ist, dann führen Sie folgenden Befehl aus:

```
sudo modprobe bcm2835-v4l2
```

Dieser Befehl sollte zum gewünschten Resultat führen. (In dem Befehl steht `v4l` als Abkürzung für *video for linux*, daher handelt es sich auch um den Buchstaben `l` und nicht um die Ziffer `1`.) Probieren Sie das einmal aus und testen Sie beispielsweise die Funktion mit `fswebcam`.

Allerdings bleibt diese Einstellung nur bis zum nächsten Neustart des Rechners erhalten. Sie können jedoch eine Einstellung vornehmen, die das Kernelmodul automatisch beim nächsten Rechnerstart lädt. Öffnen Sie dazu folgende Datei mit dem Editor `nano`:

```
sudo nano /etc/modules
```

Ergänzen Sie die Datei um den Eintrag `bcm2835-v4l2`, und speichern Sie die Datei anschließend ab. Das war schon alles! Nun sollten Sie stets über ein entsprechendes */dev/video0*-Gerät verfügen können.

Kapitel 19
Ein eigener Chatserver mit Prosody

Chatten Sie gerne, und wünschen Sie sich einen eigenen Chatserver? Warum so etwas sinnvoll sein kann und wie Sie ihn einrichten, das lernen Sie in diesem Kapitel.

Sicherlich sind Sie mit dem Ablauf eines Chats vertraut. Meistens versteht man darunter – wenn es etwas mit Computern zu tun hat – das gegenseitige Übermitteln von (mehr oder weniger) kurzen Textnachrichten, gegebenenfalls auch Fotos sowie allgemeinen Dateien. Der eine oder andere kennt von früher noch die eigenständigen Chatprogramme, die es in mannigfaltigen Varianten gab und immer noch gibt. Allen anderen ist der Chat vom Smartphone her allgegenwärtig. Wer mit einem Chatprogramm am Computer vertraut ist, der weiß, dass hier sehr häufig die Verbindung über einen Server im Internet aufgebaut wird. Die einzelnen Clients (also die Benutzer) melden sich an einem (häufig sogar zentralen) Server an. Dieser übernimmt die Übermittlung von Nachrichten und Statusmeldungen zur An- und Abwesenheit eines Benutzers. Man könnte auch sagen: Er koordiniert den Datenaustausch. Es ist offensichtlich, dass datenschutzrechtliche Bedenken aufkommen, wenn ein Server in fremder Hand die Übermittlung der Nachrichten vornimmt. Wer dem Server dahingehend nicht vertraut, dass dieser wirklich keinen Blick in die eigenen Nachrichten wirft, der kann gegebenenfalls auf ein komplett (Ende-zu-Ende) verschlüsseltes Protokoll ausweichen – das schützt dann auch allgemein vor neugierigen Blicken irgendwo im Internet.

Wenn Sie allerdings bereits einen Home Server zu Hause haben, dann kann er auch die Rolle eines (vertrauenswürdigen) Chatservers übernehmen. Dieser kann auf zwei verschiedene Arten arbeiten: Entweder ist der Server nur im eigenen Netzwerk verfügbar oder auch über das Internet zu erreichen. Im ersten Fall steht der Chatserver nur innerhalb des lokalen Netzwerks zur Verfügung, was über ein VPN verbundene Computer einschließt. Alle Benutzer mit Computern im Heimnetzwerk können sich nun Chatnachrichten und gegebenenfalls auch Dateien zusenden. Im Prinzip ist das also eine Art textbasiertes Haustelefon, das beispielsweise in einem mehrstöckigen Reihenhaus von Nutzen sein kann. Man könnte so dem Nachwuchs mitteilen, wann die Tafel gedeckt ist, oder Vati, der nicht gestört werden will, eine Nachricht ins Arbeitszimmer schicken, die er bei passender Gelegenheit bearbeiten wird. Man kann auch privat und verschlüsselt mit Mama chatten, die irgendwo auf einer Reise ist und dort über einen VPN-Zugang mit dem Home Server verbunden ist. Der Vorteil liegt darin, dass der Chatserver einem selbst gehört und vor fremdem Zugriff geschützt ist. Der Einsatz ist auch für einen kleinen Verein denkbar, dessen Mitglieder über VPN-Verbindungen sicher verschlüsselt miteinander chatten können. Sie können den Server auch alternativ direkt für das Internet öffnen. Auch dann bearbeitet er nur einen beschränkten Personenkreis und nimmt eine Zugriffskontrolle (Authentifizierung) vor. So können Sie sich mit den Mitarbeitern eines Projektes oder auch mit allen wichtigen Freunden ungestört per eigenem Server unterhalten.

Wenn Sie jetzt denken, dass Sie so ein Chatserver interessieren könnte, dann ist dieses Kapitel für Sie gemacht: Hier zeige ich Ihnen, wie Sie einen solchen Chatserver aufsetzen, den Sie mit vielen verschiedenen Clientprogrammen – natürlich auch für Smartphones und Tablet-PCs – benutzen können.

Der Server wird das *Extensible Messaging and Presence Protocol*, kurz *XMPP*, früher bekannt als *Jabber*, verwenden. Hierfür gibt es eine ganze Reihe von Serverimplementierungen und, wie bereits gesagt, auch Clientprogrammen. Ich wähle hier den XMPP-Server *Prosody*. Diese Implementierung ist ein Open-Source-Projekt und hat einen sehr genügsamen Ressourcenbedarf, was nicht nur die Rechenleistung, sondern auch den Speicherplatz anbelangt. Geschrieben wurde Prosody in der etwas exotischen Skriptsprache *Lua*, für die ein gesonderter Interpreter erforderlich ist, der jedoch automatisch mit installiert wird. Prosody bietet eine umfassende Implementierung von XMPP und ermöglicht auch verschlüsselte Verbindungen.

19.1 Installation

Prosody ist bereits in den Paketquellen von Debian enthalten und ist daher sehr einfach zu installieren. Zur Installation (aktuelle Paketquellen vorausgesetzt) führen Sie einfach folgenden Befehl aus:

```
sudo apt install prosody
```

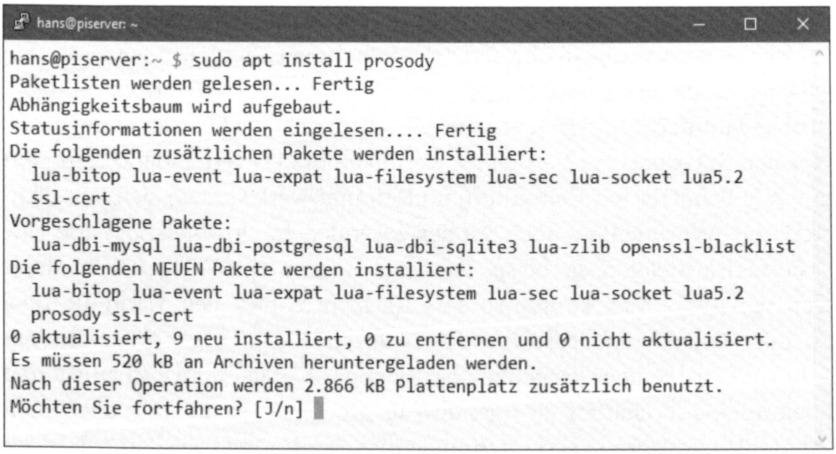

Abbildung 19.1 Die Installation von Prosody

Wenn Sie sich vorher noch kurz anschauen, was alles installiert werden soll, so werden Sie neben dem eigentlichen `prosody`-Paket auch den soeben angesprochenen Lua-Interpreter finden, wie es Ihnen Abbildung 19.1 zeigt.

19.2 Konfiguration

Wie üblich muss Prosody nach der Installation konfiguriert werden. Hier geht es hauptsächlich um die Zuweisung eines Hostnamens. Jeder Chatteilnehmer bekommt nämlich einen eindeutigen Benutzernamen (und ein zugehöriges Passwort). Mit diesem Benutzernamen meldet er sich bei dem jeweiligen Chatserver an, bei dem er sich auch registriert hat. Wenn Sie nur einen einzelnen, isolierten Server betreiben, dann würde als Benutzername theoretisch ein einfacher (Vor-)Name genügen, beispielsweise *hans*. XMPP sieht das aber nicht vor. Normalerweise können sich die einzelnen Server untereinander verbinden, so dass zwei beliebige Teilnehmer miteinander chatten können. Beispielsweise kann Teilnehmer A in Deutschland mit Teilnehmer B in Australien chatten. Natürlich muss der Server von Teilnehmer A wissen, an welchem Server Teilnehmer B zu erreichen ist. Fällt Ihnen auf, dass dies eine ähnliche Problematik ist wie bei der ganz normalen E-Mail? Auch hier kann ja jedermann jeden beliebigen E-Mail-Nutzer anschreiben – weltweit. Sinnigerweise funktioniert die Zuordnung der Benutzer zu ihren Servern bei XMPP fast genauso wie bei der E-Mail. Der komplette Benutzername sieht daher genauso aus wie eine E-Mail-Adresse: Er enthält zuerst einen normalen Namen, wie *hans*, dann ein @-Symbol, das gefolgt wird von der Domain, unter der der Server erreichbar ist, beispielsweise *example.com*. Der komplette Benutzername lautet dann also *hans@example.com*. Sie müssen sich also sowohl einen Benutzernamen als auch einen Hostnamen überlegen. Für den Benutzernamen bieten sich beispielsweise die Vornamen der Familienmitglieder beziehungsweise Systembenutzer an. Beim Hostnamen müssen Sie etwas genauer hinsehen. Normalerweise sollte er aus den geschilderten Gründen weltweit einmalig sein. Wenn Ihr Server an das Internet angeschlossen werden soll, dann muss der Name dieser Forderung auch genügen. Sie benötigen in diesem Fall zwingend eine eigene Domain, glücklicherweise tut es auch ein Anbieter eines dynamischen DNS-Dienstes. Falls Sie eine statische IP-Adresse besitzen (die sich also niemals ändert), dann können Sie auch diese benutzen. Soll Ihr Prosody-Server also aus dem Internet erreichbar sein, dann richten Sie sich zunächst ein Konto bei einem Anbieter für dynamische DNS-Adressen ein und verknüpfen es mit Ihrem Internetzugang. Häufig unterstützt Sie hierbei Ihr Router, der oftmals mit diversen Diensten vorkonfiguriert ist.

Deutlich einfacher wird es, wenn Sie eine Insellösung anstreben, bei der Ihr Chatserver nur innerhalb Ihres lokalen Netzwerks erreichbar sein soll. Hier können Sie sich im Prinzip den Domainnamen frei aussuchen. Es empfiehlt sich aber zur Sicherheit, hier auch eine gewisse Eindeutigkeit zu wahren. Gut geeignet ist der Hostname Ihres

Home Servers, also beispielsweise schlicht *homeserver*. Möglich ist auch dessen (feste) interne IP-Adresse.

Legen Sie zunächst eine Liste mit allen zu erstellenden Benutzerkonten an. Sie benötigen für jedes Konto auch ein Passwort, das selbstverständlich sicher sein sollte. Allerdings lässt sich dieses Passwort von jedem Benutzer später eigenständig ändern, es genügt zu Beginn also ein einfacheres Initialpasswort, das dann aber unbedingt ausgetauscht werden sollte.

19.2.1 Vorbereitungen für eine verschlüsselte Kommunikation

Bevor es mit der Konfiguration richtig losgeht, können Sie noch Zertifikate für eine verschlüsselte Verbindung erstellen. Wenn der Chatserver nur im lokalen Netzwerk erreichbar sein soll, dann ist dieser Schritt zwar theoretisch optional, er ist aber stets eine gute Übung und sollte daher ruhig durchgeführt werden. Außerdem dient er dem Schutz vor neugierigen angehenden Nachwuchs-Hackern. Soll der Server sogar aus dem Internet erreichbar sein, dann ist dieser Schritt unbedingt vorzunehmen! Man benötigt dafür zunächst ein Zertifikat für eine TLS-verschlüsselte Verbindung. Dies erstellen Sie wieder mit OpenSSL, ganz genauso, wie ich es schon an anderer Stelle gezeigt habe. Haben Sie noch keines dieser Projekte realisiert und ist folglich OpenSSL bei Ihnen auf Ihrem Home Server noch gar nicht installiert, dann holen Sie dies bitte mit dem Befehl

```
sudo apt install openssl lua-sec
```

nach.

[+]

Vorher prüfen, erst dann installieren

Der eben genannte Befehl installiert in jedem Fall das Paket `lua-sec` auf Ihrem Home Server. Für die Einrichtung der verschlüsselten Verbindungen benötigen Sie es unbedingt. Allerdings führt dieser Befehl auch dazu, dass dieses Paket als »manuell installiert festgelegt« wird. Das bedeutet, dass es bei einer eventuellen Deinstallation von Prosody nicht mehr automatisch mit gelöscht wird. Es gibt daher – für den fortgeschrittenen Nutzer – eine Möglichkeit, vor der Installation zu prüfen, ob das Paket vielleicht schon automatisch installiert wurde. Führen Sie dazu folgenden Befehl aus: `sudo apt -qq list lua-sec`. Wenn Sie dadurch erfahren, dass das Paket schon vorhanden ist, dann müssen Sie es nicht (erneut) manuell installieren. Sie können diesen Befehl auch auf andere Pakete übertragen.

Der Befehl installiert außerdem (falls es bei Ihnen nicht schon vorhanden ist) das Paket `lua-sec`, das von Prosody zur Erstellung verschlüsselter Verbindungen benötigt wird. Sie werden erneut – was immer eine gute Übung ist – die Zertifikate manuell erstellen. Hierfür benutzen Sie wieder den bekannten `openssl`-Befehl, der ein Zertifikat und den dazugehörenden privaten Schlüssel erstellt. Dazu geben Sie bitte Folgendes ein:

```
sudo openssl req -new -x509 -sha256 -days 3650 -newkey rsa:4096 ⮐
  -nodes -out /var/lib/prosody/homeserver.crt ⮐
  -keyout /var/lib/prosody/homeserver.key
```

Die Dateien mit einer Schlüssellänge von 4.096 Bit werden im Verzeichnis */var/lib/prosody* angelegt. Die Länge des Schlüssels ist nach heutigem Maßstab sehr sicher. Das Zertifikat erhält eine Gültigkeit von zehn Jahren und muss nach dieser Zeitspanne neu erstellt werden.

Nun werden einige Angaben abgefragt, die Sie am besten mit wahren Werten füllen sollten. Ein Beispiel dazu sehen Sie in Abbildung 19.2.

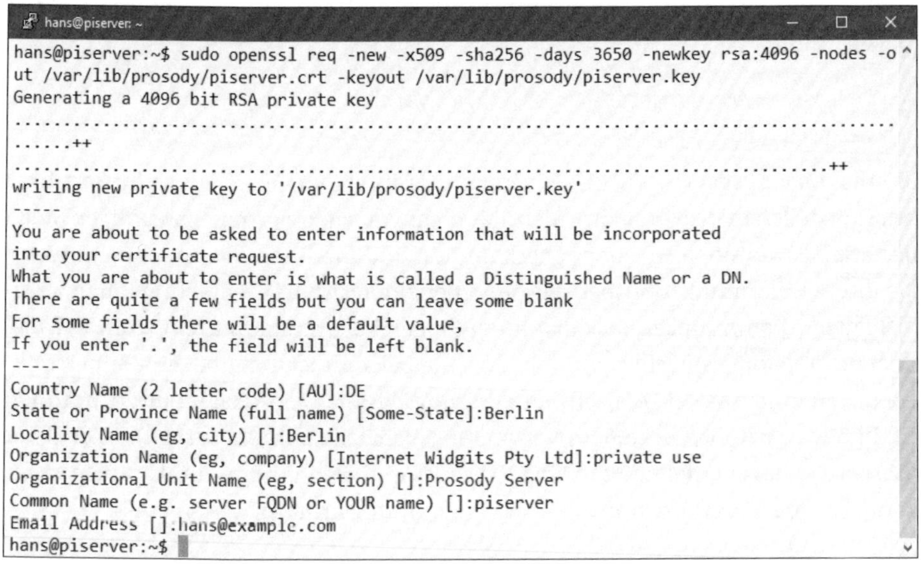

```
hans@piserver: ~
hans@piserver:~$ sudo openssl req -new -x509 -sha256 -days 3650 -newkey rsa:4096 -nodes -o
ut /var/lib/prosody/piserver.crt -keyout /var/lib/prosody/piserver.key
Generating a 4096 bit RSA private key
.....................................................................................
......++
...........................................................................++
writing new private key to '/var/lib/prosody/piserver.key'
-----
You are about to be asked to enter information that will be incorporated
into your certificate request.
What you are about to enter is what is called a Distinguished Name or a DN.
There are quite a few fields but you can leave some blank
For some fields there will be a default value,
If you enter '.', the field will be left blank.
-----
Country Name (2 letter code) [AU]:DE
State or Province Name (full name) [Some-State]:Berlin
Locality Name (eg, city) []:Berlin
Organization Name (eg, company) [Internet Widgits Pty Ltd]:private use
Organizational Unit Name (eg, section) []:Prosody Server
Common Name (e.g. server FQDN or YOUR name) []:piserver
Email Address []:hans@example.com
hans@piserver:~$
```

Abbildung 19.2 Das SSL-Zertifikat wird erstellt.

Zuerst ist das Kürzel des jeweiligen Landes anzugeben (DE für Deutschland, AT für Österreich, CH für die Schweiz, etc.). Als Zweites wird Ihr aktuelles Bundesland beziehungsweise Ihr aktueller Kanton abgefragt (STATE OR PROVINCE), was Sie bitte entsprechend angeben. Es folgt der LOCALITY NAME; hier tragen Sie am besten Ihre Stadt ein, Sonderzeichen sollten Sie entsprechend umschreiben. Danach folgen zwei Werte zu einem Firmennamen (ORGANIZATION NAME) und zu einer Abteilung (ORGANISATIONAL UNIT NAME), hier können Sie gegebenenfalls fiktive Werte verwenden oder die Voreinstellung einfach durch Drücken der ↵-Taste übernehmen. Auch ist der Eintrag *private use* möglich. Es folgt der COMMON NAME, dies ist ein wichtiges Feld. Für die rein interne Kommunikation können Sie den Hostnamen Ihres Home Servers eingeben. Wenn Sie auch eine externe Kommunikation über das

Internet anstreben, dann geben Sie hier Ihre Domain an (die ohne Weiteres auch mit dynamischem DNS arbeiten kann). Als Letztes sollten Sie Ihre gültige E-Mail-Adresse eintragen; Sie können aber ruhig eine »Zweitadresse« verwenden. Damit ist die Zertifikatserstellung abgeschlossen.

Sie sollten unbedingt den privaten Schlüssel vor unberechtigtem Zugriff schützen. Ändern Sie also den Besitzer in den Benutzer *prosody*, unter dem Prosody arbeitet, und legen Sie fest, dass ausschließlich dieser lesend auf den privaten Schlüssel zugreifen kann. Dafür nutzen Sie folgende beiden Befehle:

```
sudo chown prosody:root /var/lib/prosody/homeserver.key
```

```
sudo chmod 400 /var/lib/prosody/ homeserver.key
```

Wenn Sie eine besonders sichere Konfiguration wünschen, dann können Sie sich anschließend noch mit folgendem Befehl den Fingerabdruck Ihres Zertifikats ausgeben lassen:

```
sudo openssl x509 -fingerprint -sha1 -in /var/lib/prosody/ ⮐
  homeserver.crt | head -n 1
```

Es erfolgt die Ausgabe des *SHA1-Fingerabdrucks* Ihres Zertifikats. Da Sie Ihr Zertifikat selbst erstellt haben, wurde Ihre Identität nicht von einer vertrauenswürdigen Stelle bestätigt. Es könnte also jeder daherkommen und Ihre Identität annehmen. Wenn Sie Ihrem Kommunikationspartner nun über einen sicheren, eindeutig Ihnen zuzuordnenden Kommunikationskanal Ihren Fingerabdruck übermitteln (zum Beispiel über ein Telefongespräch, wenn Ihre Stimme bekannt ist, oder bei einem persönlichen Treffen), dann weiß er nach einer Prüfung, dass das Zertifikat Ihnen zuzuordnen ist. Ihm wird nämlich bei einem Verbindungsversuch zu Ihrem Server Ihr Zertifikat präsentiert, das ebenfalls diesen Fingerabdruck enthält. Ihr Kommunikationspartner kann die Fingerabdrücke nun auf Übereinstimmung prüfen.

19.2.2 Konfiguration von Prosody

Genug davon, nun können Sie sich an die Konfiguration von Prosody machen. Die Konfiguration befindet sich in der Textdatei */etc/prosody/prosody.cfg.lua*. Ich empfehle wieder, zuerst ein Backup dieser Datei anzufertigen:

```
sudo cp /etc/prosody/prosody.cfg.lua ⮐
  /etc/prosody/prosody.cfg.lua.orig
```

Nun können Sie mit dem Texteditor `nano` die Datei zur Bearbeitung öffnen:

```
sudo nano /etc/prosody/prosody.cfg.lua
```

Diese Datei verwendet ebenfalls die Lua-Syntax. Dies bringt einige Besonderheiten mit sich, unter anderem, dass Kommentare mit einem doppelten Bindestrich eingeleitet werden. Schauen Sie sich am besten die Konfigurationsdatei einmal kurz an.

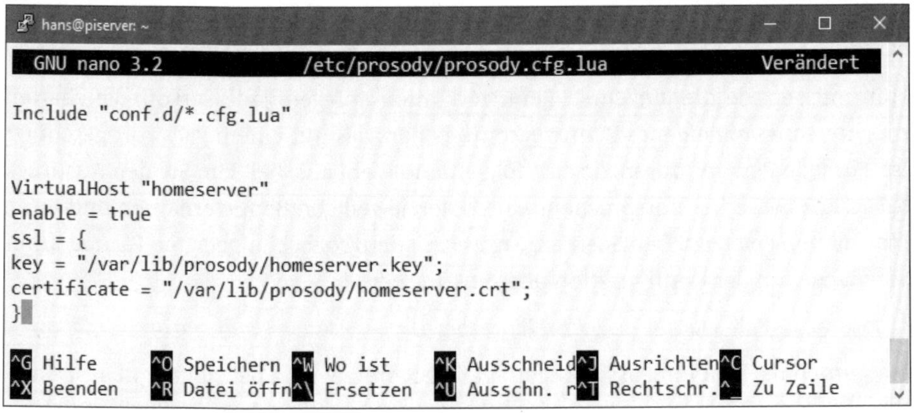

Abbildung 19.3 Die Konfigurationsdatei »/etc/prosody/prosody.cfg.lua«

Prosody hat den Vorteil, dass es schon von Haus aus sehr gute Voreinstellungen mitbringt, an denen ein normaler Nutzer kaum etwas verändern muss. So ist eine Kontaktliste für die Benutzer vorgesehen, genauso wird erzwungen, dass sich diese mit einem Passwort anmelden müssen. Benutzer können ihr Passwort selbst ändern, neue Benutzerkonten darf aber nur der Administrator anlegen. Per Voreinstellung ist die Verschlüsselung der Nachrichtenübermittlung möglich, sie ist aber optional.

Nun komme ich zum Herzstück der Konfiguration: Sie müssen Ihrem Server mitteilen, welche Domain er bedienen soll. Dies geschieht über einen Eintrag mit dem Namen `VirtualHost`. Hier tragen Sie Ihre gewünschte Domain ein. Streben Sie ausschließlich die (heim)netzinterne Kommunikation an, dann tragen Sie hier bitte den Hostnamen Ihres Home Servers oder dessen interne IP-Adresse ein. Soll die externe Kommunikation über das Internet möglich werden, dann müssen Sie Ihre externe Domain eingeben (ohne einleitendes *www*). In diesem Fall müssen Sie darauf achten, dass dieser Eintrag mit dem Common Name übereinstimmt, den Sie vorhin bei der Erzeugung der Zertifikate verwendet haben. Fügen Sie nun bitte ganz am Schluss der Konfigurationsdatei folgenden Block neu hinzu, und passen Sie den Hostnamen (hier `homeserver`) entsprechend an:

```
VirtualHost "homeserver"
enable = true
ssl = {
key = "/var/lib/prosody/homeserver.key";
certificate = "/var/lib/prosody/homeserver.crt";
}
```

Listing 19.1 Die Konfiguration in der Datei »/etc/prosody/prosody.cfg.lua«

Die grundlegende Konfiguration ist damit bereits abgeschlossen – wie es aussehen soll, zeigt Abbildung 19.3. Im weiteren Verlauf werde ich noch Möglichkeiten zur sinnvollen Ergänzung durchgehen. Speichern Sie die Datei nun, und beenden Sie nano.

Nun müssen Sie die einzelnen Benutzerkonten anlegen. Jede Person, die chatten möchte, muss ein eigenes Benutzerkonto haben, das mit einem Passwort geschützt ist. Für jede Person führen Sie also folgenden Befehl aus, bei dem Sie den Ausdruck benutzer@homeserver entsprechend durch den jeweiligen Benutzernamen und Ihren Hostnamen ersetzen. Der Hostname muss mit dem soeben angelegten Eintrag unter VirtualHost in der Konfiguration übereinstimmen.

```
sudo prosodyctl adduser benutzer@homeserver
```

Sie werden nach einem Passwort gefragt. Die Benutzer sind bei einem gut ausgestatteten Clientprogramm in der Lage, ihr Passwort selbst zu ändern. In diesem Fall können Sie also ein Initialpasswort verwenden und Ihre Nutzer zur entsprechenden Änderung aufrufen. Wenn Sie einige Benutzer erstellt haben, sollte es so wie in Abbildung 19.4 aussehen.

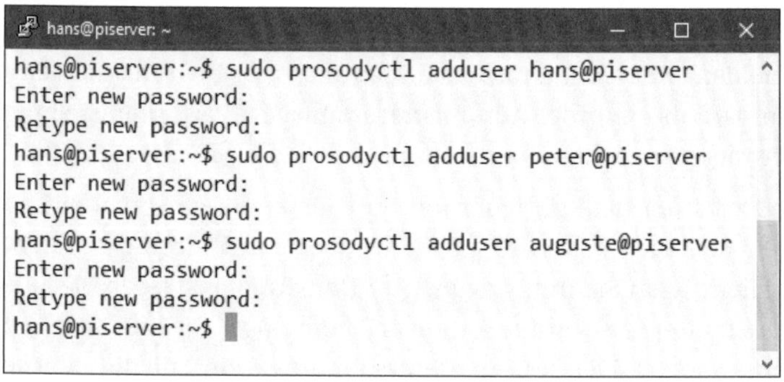

Abbildung 19.4 Die Chatnutzer wurden erstellt.

Das war es schon, zum Abschluss muss Prosody einmal neu gestartet werden, was mit folgendem Befehl möglich ist:

```
sudo service prosody restart
```

Damit wird die geänderte Konfiguration aktiviert, und Ihr Chatserver ist nun einsatzbereit, zumindest für die interne Kommunikation.

19.3 Grundlegende Benutzung

Sie können jetzt ein geeignetes XMPP-Clientprogramm auf Ihren normalen Arbeitsrechnern beziehungsweise Smartphones und Tablets installieren und mit dem Chatten beginnen. Ein universelles Clientprogramm für Desktoprechner ist beispielsweise *Pidgin*. Es handelt sich um ein Open-Source-Programm, das einen sehr großen Funktionsumfang mitbringt, neben XMPP auch diverse andere Chatprotokolle beherrscht und vor allem für diverse Betriebssysteme verfügbar ist. Sie erhalten Pidgin auf seiner Internetsite *http://www.pidgin.im/*, unter Ubuntu ist es beispielsweise auch in den offiziellen Paketquellen integriert.

Ich zeige Ihnen nachfolgend, wie Sie beispielhaft mit Pidgin eine Verbindung zu Ihrem Chatserver aufbauen. Dabei wird zunächst die interne Kommunikation in Ihrem Heimnetzwerk getestet. Das geschieht unabhängig davon, ob Sie die Kommunikation auch über das Internet einrichten wollen.

Starten Sie Pidgin, und klicken Sie zuerst im Begrüßungsbildschirm oder alternativ im Menü KONTEN • VERWALTEN auf HINZUFÜGEN, um ein neues Chatkonto zu erstellen.

Wählen Sie nun unter dem Auswahl-Listenfeld PROTOKOLL entsprechend XMPP aus. Geben Sie dann im Feld BENUTZER den Benutzerteil der jeweiligen Benutzerkennung ein. Dies ist alles vor dem @-Symbol. Im Feld DOMAIN geben Sie nun entsprechend den Domainteil, also alles nach dem @-Symbol, ein.

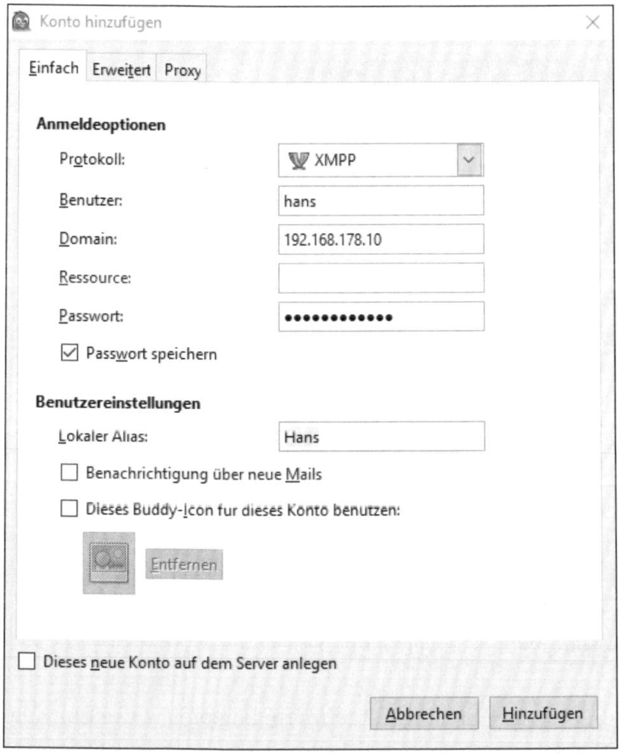

Abbildung 19.5 Ein Chatkonto hinzufügen

Hier stehen drei Optionen zur Auswahl: Je nachdem, wie Sie Prosody bisher konfiguriert haben, müssen Sie hier entweder die interne IP-Adresse Ihres Home Servers oder aber dessen Hostnamen oder Ihre externe (gegebenenfalls das dynamische DNS nutzende) Domain eintragen. Im Feld PASSWORT ist offensichtlich das Passwort anzugeben. Wichtig ist noch das Feld LOKALER ALIAS oder LOKALES PSEUDONYM: Sie können einen Klarnamen, beispielsweise Ihren Vornamen, eintragen. Nun wechseln Sie auf die Registerkarte ERWEITERT.

Wenn Sie zuvor im Feld DOMAIN entweder den Hostnamen Ihres Home Servers oder Ihre externe Domain angegeben haben, dann tragen Sie in das Feld VERBINDUNGSSERVER die interne IP-Adresse Ihres Home Servers ein. Dies ist notwendig, da sich der Hostname des Home Servers in diesem Fall nicht korrekt auflösen lässt beziehungsweise weil Ihr Chatserver noch nicht aus dem Internet erreichbar ist. Wenn es beim Verbindungsaufbau zu Problemen kommt, dann sollten Sie zum Testen in jedem Fall in dieses Feld die interne IP-Adresse Ihres Home Servers eintragen. Gelegentlich gelingt eine Verbindung innerhalb des Heimnetzes erst dann, wenn dieser Wert eingetragen ist. Tragen Sie außerdem im Feld PROXY FÜR DATEIÜBERTRAGUNGEN die interne IP-Adresse Ihres Home Servers ein. Dies ist notwendig für Dateiübertragungen innerhalb Ihres Heimnetzes.

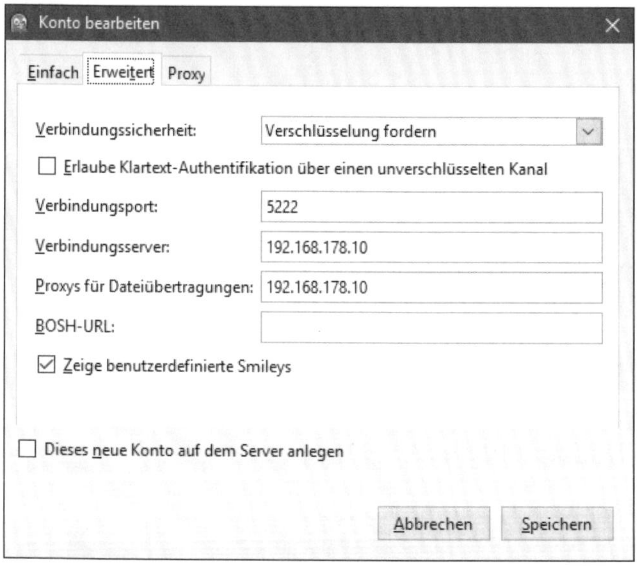

Abbildung 19.6 Die Verbindungsdaten Ihres Servers eingeben

Weitere Einstellungen können Sie auf Wunsch vornehmen, beispielsweise ein Avatar-Bild hinzufügen. Klicken Sie dann auf die Schaltfläche HINZUFÜGEN. Klicken Sie in der Kontenübersicht das Kontrollkästchen in der linken Spalte an, um das neu erstellte Konto zu aktivieren.

Mittlerweile ist bei Prosody die verschlüsselte Übertragung bereits als Standard voreingestellt. Daher wird es in Pidgin nun unweigerlich zu einer Zertifikatswarnung wie in Abbildung 19.7 kommen, die daher rührt, dass Sie ein selbst unterzeichnetes Zertifikat verwenden. Sie müssen daher die Zertifikatswarnung entsprechend bestätigen und das Zertifikat annehmen.

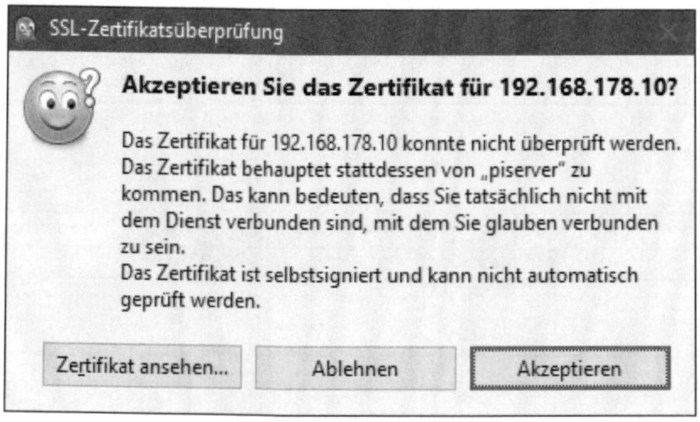

Abbildung 19.7 »Pidgin« warnt vor einem unbekannten Zertifikat.

Sie können auf Wunsch den vorhin erstellten Fingerabdruck zur sicheren Authentifizierung des Servers benutzen.

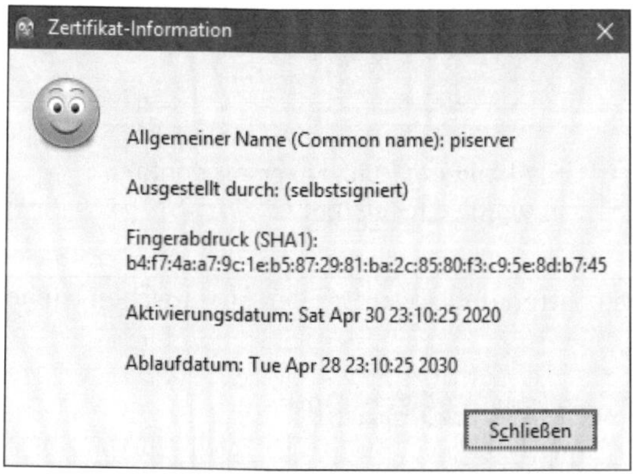

Abbildung 19.8 Über den Fingerabdruck können Sie die Echtheit des Servers prüfen.

Um erfolgreich im Heimnetzwerk chatten zu können, müssen Sie mindestens auf einem anderen Rechner noch einen weiteren Benutzerzugang anlegen. Außerdem müssen sich alle beteiligten Benutzer jeweils gegenseitig in die Kontaktlisten eintragen. Um einen Chatpartner zu Ihrer Kontaktliste zu ergänzen, wählen Sie im Menü BUDDYS den Eintrag BUDDY HINZUFÜGEN. In einigen Versionen von Pidgin heißt das Menü KONTAKTE und der Eintrag folglich KONTAKT HINZUFÜGEN. Geben Sie anschließend den kompletten Benutzernamen der Zielperson an, inklusive des @-Symbols und der Domain. Sie können auch wieder einen ALIAS vergeben – hierunter wird der Anzeigename der Person verstanden –, ansonsten wird als Absender stets der etwas kryptische komplette Benutzername verwendet. Geben Sie hier am besten den Vornamen der Person an. Nach erfolgreicher Eingabe muss die Zielperson ihrerseits den Verbindungsversuch bestätigen und Sie autorisieren, danach steht einer Kommunikation nichts mehr im Wege.

Abbildung 19.9 Eine Kontaktanfrage müssen Sie autorisieren.

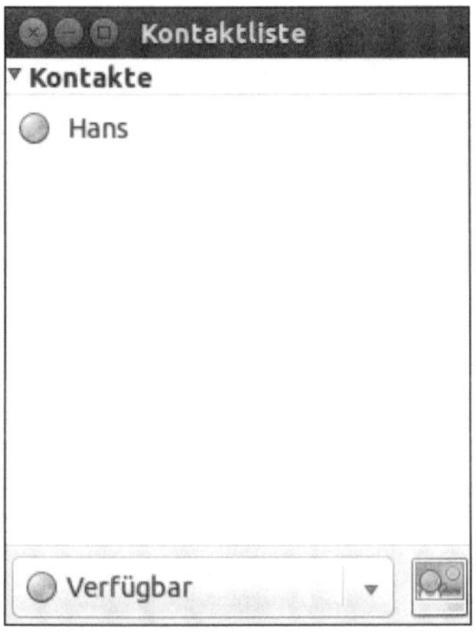

Abbildung 19.10 Ein erster Kontakt wurde hinzugefügt.

Nun können Sie mit Ihren Kontakten chatten und sogar Dateien austauschen (siehe Abbildung 19.11).

Abbildung 19.11 Chat und Dateiaustausch funktionieren.

19.4 Erweiterung der Konfiguration: Gruppenchats

Als optionalen Schritt können Sie Prosody so erweitern, dass auch Gruppenchats möglich werden, bei denen sich nicht nur zwei Teilnehmer privat unterhalten, sondern sich eine ganze Gruppe von Teilnehmern an einem Chat beteiligt. Hierfür richten Sie eine sogenannte *Konferenzumgebung* ein.

Um diese Funktion zu aktivieren, öffnen Sie zuerst mit `nano` die Konfigurationsdatei von Prosody

```
sudo nano /etc/prosody/prosody.cfg.lua
```

und ergänzen diese um folgende Zeile:

```
Component "conference.homeserver" "muc"
```

Beachten Sie, dass diese Zeile nicht Teil Ihrer `VirtualHost`-Konfiguration sein darf. Am sichersten ist es, wenn Sie diese Zeile oberhalb Ihres `VirtualHost`-Blocks anordnen und dazwischen eine Zeile leer lassen. Ändern Sie dabei den Ausdruck `homeserver` entsprechend in Ihren Host- beziehungsweise Domainnamen. Die Änderung finden Sie in Abbildung 19.12.

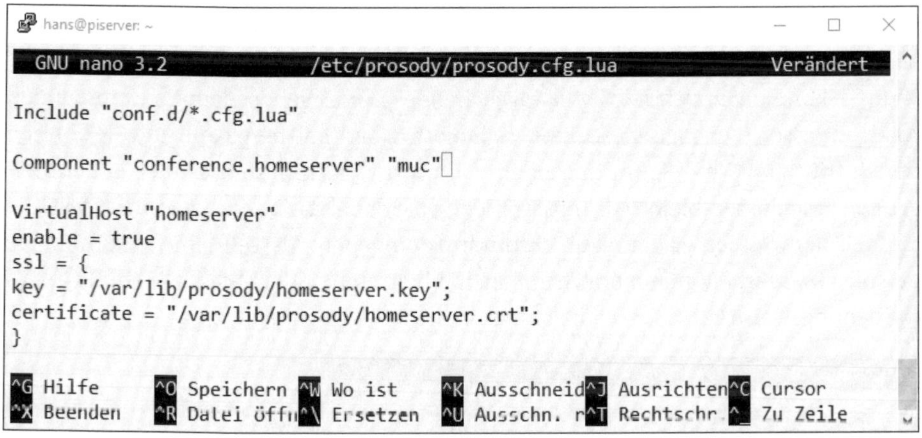

Abbildung 19.12 Die Änderungen an der Datei »/etc/prosody/prosody.cfg.lua«

Der Ausdruck `muc` beschreibt eine *multi-user conference* und muss unverändert so übernommen werden. Wenn Sie anschließend Prosody neu starten (mit dem Befehl: `sudo service prosody restart`), dann können Sie in Ihrem Chatprogramm innerhalb von `conference.homeserver` (natürlich mit Ihrem jeweiligen Host- beziehungsweise Domainnamen) einen weiteren *Raum* erstellen, in dem der Gruppenchat stattfinden wird. Bei Pidgin öffnen Sie beispielsweise einfach über das Menü BUDDYS • CHAT HINZUFÜGEN das entsprechende Eingabefenster, das Sie in Abbildung 19.13 sehen.

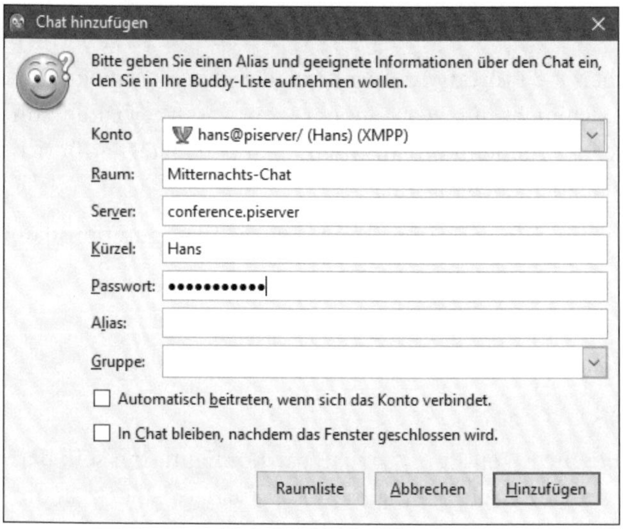

Abbildung 19.13 Einen Chatraum erstellen

Geben Sie dort unter RAUM den Namen des Raums ein, den Sie als Chat-Initiator neu erstellen möchten. Bei SERVER tragen Sie `conference.homeserver` ein und ändern `homeserver` entsprechend in Ihren Hostnamen beziehungsweise Ihre Domain. Auf Wunsch können Sie sich selbst ein abweichendes Kürzel geben, dem Chatraum einen Alias verpassen (beispielsweise bietet sich hierfür das Chatthema an), und Sie können den Zutritt zu diesem Raum mit einem Passwort schützen, so dass die Teilnehmergruppe geschlossen bleibt. Als Initiator legen Sie dabei das Passwort einfach fest, die Teilnehmer müssen es dann zur Verbindung eingeben. Als Teilnehmer können Sie beispielsweise in Pidgin einem Gruppenchat beitreten, indem Sie im Menü BUDDYS (beziehungsweise KONTAKTE) die Funktion EINEN CHAT BETRETEN auswählen.

Abbildung 19.14 Einem Chatraum beitreten

Wenn Sie einen anderen Client als Pidgin verwenden, dann ist die Bedienung vermutlich abweichend. Bitte beachten Sie auch, dass die Funktion des Gruppenchats auch von Ihrem Clientprogramm angeboten werden muss.

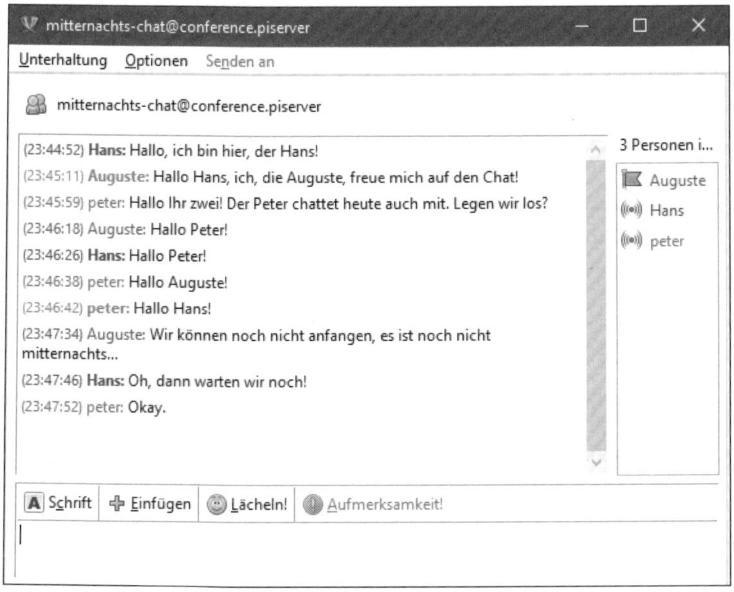

Abbildung 19.15 Der Chat mit mehreren Personen funktioniert.

Wenn Sie Ihren Prosody-Server über das Internet erreichbar machen, dann müssen Sie jedoch beachten, dass nur Personen, die direkt an Ihrem Server angemeldet sind (und dort ein Benutzerkonto haben), einen Chatraum erstellen und betreten können. Normalerweise ist dies auch für Benutzer anderer Server möglich (soweit Ihr Server für die Art der Kommunikation erreichbar ist), allerdings benötigen Sie dafür eine komplett eigene Domain und die Möglichkeit, auch DNS-Einträge für Subdomains zu definieren. Da Sie bei privaten Anchlüssen meistens jedoch eine Adresse eines dynamischen DNS-Anbieters verwenden, ist dies leider oftmals nicht möglich. Möglicherweise sind Sie jedoch über diesen Umstand auch recht froh. Wenn Sie ganz sichergehen wollen (oder wenn Sie über eine eigene Domain verfügen) und die Chatraum-Erstellung nur für lokale Benutzer erlauben wollen (die direkt an Ihrem Server angemeldet sind), dann ergänzen Sie den Ausdruck, der den Conference-Raum aktiviert, um folgende zweite Zeile, die Sie jedoch wie dargestellt einrücken müssen, damit ein zusammenhängender Block entsteht:

```
Component "conference.homeserver " "muc"
  restrict_room_creation = "local"
```

19.5 Erweiterung der Konfiguration: verschlüsselte Verbindungen

Wie zuvor beschrieben, sind die aktuellen Versionen von Prosody bereits bei der Installation so konfiguriert, dass verschlüsselte Verbindungen erzwungen werden. Ob dem wirklich so ist, können Sie einfach überprüfen. Öffnen Sie dazu die Datei `/etc/prosody/prosody.cfg.lua` wie zuvor beschrieben, und suchen Sie darin nach folgender Zeile:

```
c2s_require_encryption
```

`c2s` steht als Kürzel für die Kommunikation zwischen Client und Server (auf Englisch: *client-to-server*). Dort sollte als Wert `true` stehen, damit wird die Verschlüsselung erzwungen. Sollte bei Ihnen ein `false` stehen, dann ändern Sie den Eintrag bitte entsprechend ab.

Die Datei sollte nun so wie in Abbildung 19.16 aussehen.

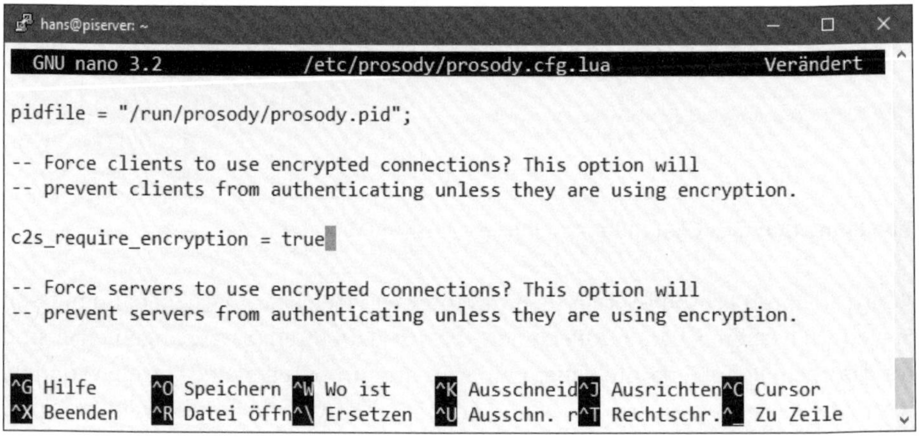

Abbildung 19.16 Die Änderungen an der Datei »/etc/prosody/prosody.cfg.lua«

Jetzt kommt noch ein weiterer wichtiger Schritt. Erinnern Sie sich bitte daran, dass XMPP – wie die klassische E-Mail – ein Netzwerk aufbaut, das es ermöglicht, mit jedermann in Kontakt zu treten, egal, wo er sich aufhält. Hierzu sucht sich der Server, an den Teilnehmer A angeschlossen ist, den entsprechenden Server, mit dem Teilnehmer B verbunden ist. Nun laufen Nachrichten zuerst von Teilnehmer A zu seinem Server, dann von dort zum Server von Teilnehmer B und von diesem dann zum eigentlichen Empfänger, entsprechend Teilnehmer B (und umgekehrt bei einer Antwort). Wie Sie bemerken, kommt es dabei zu einer Kommunikation zwischen zwei Servern. Auch diese sollte natürlich verschlüsselt werden. Dieser Schritt hat für Sie keine Relevanz, wenn Sie die Kommunikation nur innerhalb Ihres eigenen Netzwerks vorgesehen haben. Es besteht auch kein Handlungsbedarf, wenn Sie zwar einen öffentlich erreichbaren Server betreiben wollen, aber keine weiteren Teilnehmer außerhalb Ihres eigenen Servers einbeziehen möchten. Das ist also dann der Fall, wenn Sie einen geschlossenen

Teilnehmerkreis wünschen. Nur wenn Sie die globale Kommunikation ermöglichen wollen, dann sollten Sie die Verschlüsselung ebenfalls für die Kommunikation zwischen zwei Servern erzwingen. Allerdings ist auch dies bereits die Voreinstellung von Prosody. Überprüfen können Sie dies mit folgendem Eintrag:

```
s2s_require_encryption
```

Dieser sollte ebenfalls auf `true` konfiguriert sein. Sollte diese Zeile nicht vorhanden sein, dann können Sie sie manuell ergänzen. In dem Eintrag steht `s2s` für *server-to-server*. Es gibt aber etwas zu beachten: Leider bieten nicht alle Server eine verschlüsselte Verbindung für die Server-to-Server-Kommunikation an, was sehr schade ist. Sie können nun Ausnahmen definieren, wenn Sie auf so einen Fall stoßen. Wenn sich also keine Verbindung zu einem Chatpartner aufbauen lässt, so können Sie versuchen, für den entsprechenden Server die verschlüsselte Verbindung zu deaktivieren, was aber offensichtlich ein Sicherheitsrisiko bedeutet. Fügen Sie für den entsprechenden Server unter der soeben modifizierten Zeile folgenden Eintrag hinzu, und ändern Sie die `kritische.Domain` entsprechend (die Anführungszeichen bleiben erhalten):

```
s2s_insecure_domains = { "kritische.Domain" }
```

Wie gesagt, für die rein interne Kommunikation und die Einrichtung einer geschlossenen Benutzergruppe sind diese Vorkehrungen nicht notwendig.

19.6 Konfiguration der Servererreichbarkeit: weltweit, abgeschlossen oder nur lokal?

Nun lernen Sie etwas zur eigentlichen Erreichbarkeit des Servers. Es geht darum, ob er tatsächlich nur (heim-)netzintern erreichbar sein, einen externen geschlossenen Benutzerkreis bedienen oder sogar die weltweite Kommunikation mit beliebigen anderen Teilnehmern erlauben soll.

19.6.1 Die ausschließlich netzinterne Kommunikation

Im ersten Fall arbeitet Ihr Chatserver rein netzintern und ist für Chatpartner aus dem Internet nicht erreichbar – ausgenommen ist eine VPN-Verbindung, die sehr wohl möglich ist. Das führt auch dazu, dass Sie keine Chatpartner außerhalb Ihres eigenen Netzes ansprechen können – denn eine Antwort kann Sie ja nicht erreichen. Dieser Fall ist im Prinzip die »Voreinstellung«, denn sämtliche eingehenden Verbindungen werden ja von Ihrem Router und gegebenenfalls auch noch von der Firewall auf Ihrem Home Server blockiert. Es ist jedoch empfehlenswert, zusätzlich in der Konfiguration von Prosody einen Eintrag vorzusehen, der den Datentransfer zwischen zwei Servern deaktiviert. Wenn einer Ihrer Clients versuchen sollte, einen externen Chatpartner einzuladen, so wird dies mit einer Fehlermeldung quittiert. Ansonsten könnte es wie gesagt dazu kommen, dass der externe Chatpartner zwar angeschrieben wird, jedoch nicht antworten kann. Um dies zu unterbinden, suchen Sie bitte in der Prosody-Konfiguration (in der Datei */etc/prosody/prosody.cfg.lua*) nach dem Eintrag `modules_disabled`. Ihnen wird Folgendes angezeigt:

```
modules_disabled = {
        -- "offline"; -- Store offline messages
        -- "c2s"; -- Handle client connections
        -- "s2s"; -- Handle server-to-server connections
}
```

Entfernen Sie vor dem Eintrag `-- "s2s";` die beiden Bindestriche. Hierdurch wird der Kommentar-Status der Zeile aufgehoben und das entsprechende Modul für Server-Server-Verbindungen gesperrt.

Zusätzlich können Sie in der Konfigurationsdatei das `dialback`-Modul deaktivieren, was ein wenig Arbeitsspeicher einspart. Suchen Sie zunächst mit der Tastenkombination [Strg]+[w] nach folgender Zeile:

```
"dialback"; -- s2s dialback support
```

Sie deaktivieren dieses Modul, indem Sie zwei Bindestriche vor das Wort `dialback` setzen. Das würde dann so aussehen:

```
--"dialback"; -- s2s dialback support
```

Abbildung 19.17 zeigt Ihnen die Stelle, an der Sie die Bindestriche einfügen müssen.

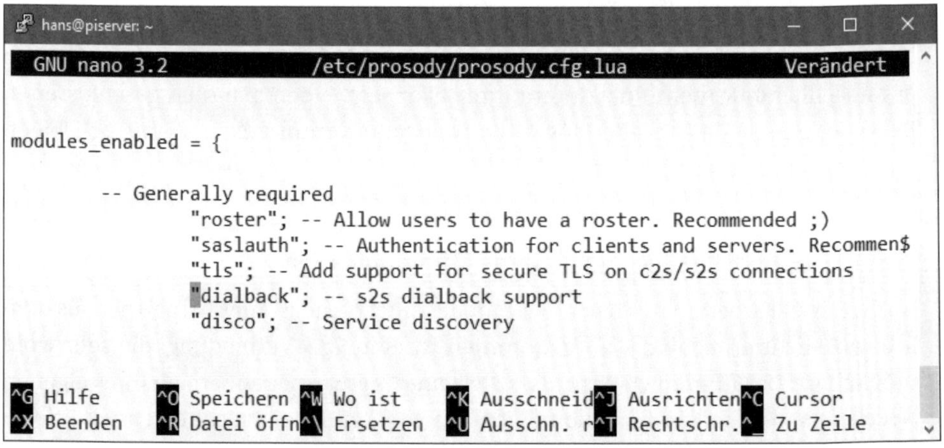

Abbildung 19.17 Weitere Änderungen an der Datei »/etc/prosody/prosody.cfg.lua«

Das führt dazu, dass diese Zeile zu einem Kommentar wird und von Prosody nicht weiter beachtet wird. Dies schließt die Konfiguration für diesen Anwendungsfall ab.

19.6.2 Der geschlossene Teilnehmerkreis über das Internet

Im zweiten Fall möchten Sie, dass Ihr Server für Clients aus dem Internet erreichbar ist. Sie möchten jedoch weiterhin eine geschlossene Benutzergruppe bilden und keine Kommunikation zu anderen Servern erlauben. Dies ist zum Beispiel für eine Projektarbeit interessant. Sie erweitern quasi die Teilnehmerliste auf ausgewählte Mitglieder von außerhalb, die sich explizit an Ihrem Server anmelden müssen, um mit Ihnen zu reden. Hierzu müssen Sie ebenfalls – wie eben beschrieben – die Server-to-Server-Kommunikation deaktivieren. Übernehmen Sie also bitte alle Einstellungen aus dem vorherigen Abschnitt 19.6.1. Sie müssen jetzt aber Ihren Server aus dem Internet erreichbar machen, allerdings nur für Client-to-Server-Verbindungen. Dazu öffnen Sie Port 5222 für TCP-Verbindungen an Ihrem Router und leiten eingehende Pakete an Ihren Home Server weiter. Bitte konsultieren Sie hierfür die Bedienungsanleitung Ihres Routers, denn die Vielfalt der verschiedenen Routermodelle macht eine Anleitung an dieser Stelle unmöglich. Falls Sie auf Ihrem Home Server zusätzlich die `iptables`-Firewall eingerichtet haben, dann müssen Sie auch hier Port 5222 für das TCP-Protokoll für eingehende Verbindungen öffnen. Wie das funktioniert, ist ausführlich im Firewall-Kapitel beschrieben – in Abschnitt 21.5. Für die Eiligen: Fügen Sie Ihrer *iptables*-Datei folgende Zeile hinzu (und vergessen Sie nicht, die geänderte Konfiguration auch zu aktivieren):

```
-A INPUT -p tcp --dport 5222 -j ACCEPT
```

Außerdem müssen Sie über eine Domain verfügen oder einen dynamischen DNS-Dienst einrichten, damit Sie eine eindeutige, unveränderliche Domainadresse erhalten, unter der ein externer Chatteilnehmer Ihren Server zum Einloggen erreichen kann. Denken Sie daran, in der Konfiguration von Prosody für exakt diese Adresse einen `VirtualHost`-Eintrag sowie die nötigen Benutzerkonten hinzuzufügen. Es ist außerdem erforderlich, dass auch der Common Name des Zertifikats zur verschlüsselten Kommunikation diesem Namen entspricht. Wenn dem nicht so ist, dann sollten Sie nun die entsprechenden Schritte erneut ausführen. Wenn Sie nach einem Neustart des Prosody-Serverdienstes dessen Erreichbarkeit testen wollen, müssen Sie beispielsweise in der Konfiguration von Pidgin jetzt keinen Verbindungsserver mehr angeben. Es reicht, wenn Sie den Benutzernamen und die Domain benennen. Nun ist Ihr Prosody-Server aus dem Internet unter der von Ihnen genannten Domain erreichbar.

Da Ihr Chatserver nun aus dem Internet erreichbar ist, sollten Sie unbedingt darauf achten, dass auch die Verschlüsselung genutzt wird. Bitte bedenken Sie, dass Ihr Chatserver nun für jedermann aus dem Internet erreichbar ist. Hierunter könnten auch Subjekte mit negativen Absichten sein, die vielleicht eine Sicherheitslücke im Prosody-Server (oder im XMPP-Protokoll) ausnutzen möchten, um schlimmstenfalls Ihren Home Server zu kapern – auch wenn dies sehr unwahrscheinlich ist. Wie immer gilt: Nutzen Sie diese Funktion nur, wenn sie tatsächlich auch gebraucht wird und für Sie hilfreich ist. Vergessen Sie nicht, dass Familienmitglieder den Dienst auch alternativ problemlos über eine VPN-Verbindung nutzen können; für Freunde und Bekannte ist hingegen ein direkter Zugang die bessere Alternative.

19.6.3 Die weltweite Kommunikation

Der dritte Fall ist der Universalfall, bei dem Sie auch Server-to-Server-Verbindungen erlauben. Wenn Sie diese Alternative anstreben, dann dürfen Sie die Server-to-Server-Verbindungen nicht in der Konfiguration verbieten. Die bisher in diesem Abschnitt getätigten Einstellungen in der Konfigurationsdatei von Prosody dürfen Sie also nicht vornehmen. Kontrollieren Sie in der Konfigurationsdatei, ob diese Verbindungen erlaubt sind (sich also kein Eintrag findet, der sie untersagt). Außerdem müssen Sie – wie im zweiten Fall – sowohl den Router als auch die Firewall auf Ihrem Home Server für eingehende Verbindungen auf Port 5222 für das TCP-Protokoll öffnen. Zusätzlich müssen Sie einen weiteren Port freigeben, und zwar Port 5269 für das TCP-Protokoll. Hierüber läuft die Kommunikation zwischen zwei Servern. Dies muss sowohl am Router als auch in der Firewall des Home Servers geschehen. Haben Sie dies realisiert, steht weltweiten Chats nichts mehr im Wege. Ein Beispiel dazu finden Sie in Abbildung 19.18.

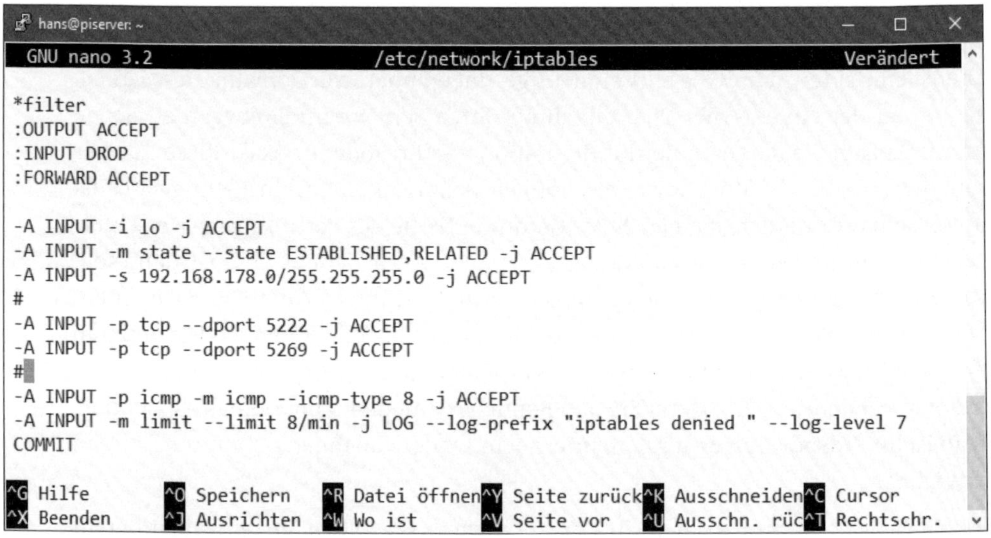

Abbildung 19.18 Die »iptables«-Konfiguration für den weltweiten Zugriff

Offensichtlich müssen Sie auch in diesem Fall über eine Domain verfügen (gegebenenfalls kombiniert mit dynamischem DNS). Für diesen Fall gelten die Sicherheitswarnungen genauso wie für den zweiten Fall.

Aufgrund der neu hinzugekommenen Kommunikation mit Ihnen unbekannten Servern gelten sie sogar in verschärfter Fassung. Es kann nicht schaden, zu überdenken, ob ein eigener Chatserver tatsächlich erforderlich ist. Bedenken Sie insbesondere, dass Sie vielleicht die Verbindung Ihres Clients zu Ihrem Server verschlüsseln, aber Sie wissen nicht, was dann mit den Chatdaten passiert. Auf jedem Server werden die Chatdaten nämlich wieder entschlüsselt und vor dem Weitertransport wieder verschlüsselt. An jedem Server können die Daten also im Klartext mitgelesen werden. Möglicherweise erfordert ein entfernter Server sogar eine unverschlüsselte Verbindung. In diesem Falle sei Ihnen die Funktionalität empfohlen, die es als Plugin für viele Chatprogramme gibt. Sie ermöglicht eine durchgängige Ende-zu-Ende-Verschlüsselung, so dass Ihre Chats vor fremden Blicken sicher sind. Damit ist die Sicherheit der Chatserver (im Hinblick auf die Vertraulichkeit) nicht mehr von höchster Priorität. Wenn es Ihnen also hauptsächlich um die vertrauliche Übermittlung der Daten geht, wäre es vielleicht sicherer, eine solche Protokollerweiterung zu nutzen, die bereits existierende Chatserver verwenden kann. Diese Plugins nutzen das sogenannte *Off-the-Record Messaging*, abgekürzt *OTR*, und ermöglichen eine Ende-zu-Ende-Verschlüsselung. Wenn Sie an dieser Technologie Interesse haben, dann suchen Sie einfach im Internet nach diesem Stichwort, in Kombination mit dem Namen Ihres favorisierten Chatprogramms. Für das bereits oft angesprochene Programm Pidgin ist beispielsweise ein sehr leicht einzurichtendes OTR-Plugin verfügbar.

19.7 Die Fernwartung des Servers

Fast zum Schluss kommt noch etwas Wichtiges. Das XMPP-Protokoll unterstützt nämlich auch Befehle zur Fernwartung. Sie können einen Benutzer zu einem Administrator machen, der wichtige Serverbefehle direkt im Chatprogramm eingeben kann. Benötigt wird dafür ein geeignetes Chatprogramm, beispielsweise Pidgin. Der Administrator kann zum Beispiel ganz einfach neue Benutzer anlegen oder prüfen, welcher Benutzer gerade online ist. Um einen solchen Benutzer anzulegen, suchen Sie in der Konfigurationsdatei von Prosody nach dem Eintrag `admins =` und ergänzen ihn um den kompletten Benutzernamen derjenigen Person, die in den Stand eines Administrators erhoben werden soll, etwa so:

```
admins = { "admin@homeserver" }
```

Beachten Sie, dass die Anführungszeichen obligatorisch sind. Ersetzen Sie `admin@homeserver` durch die jeweiligen Benutzerdaten. Unter diesem Konto können Sie nun beispielsweise in Pidgin im Hauptfenster im Menüpunkt KONTEN unter dem jeweiligen Konto eine ganze Reihe von Administratorbefehlen ausführen, wie Ihnen Abbildung 19.19 zeigt.

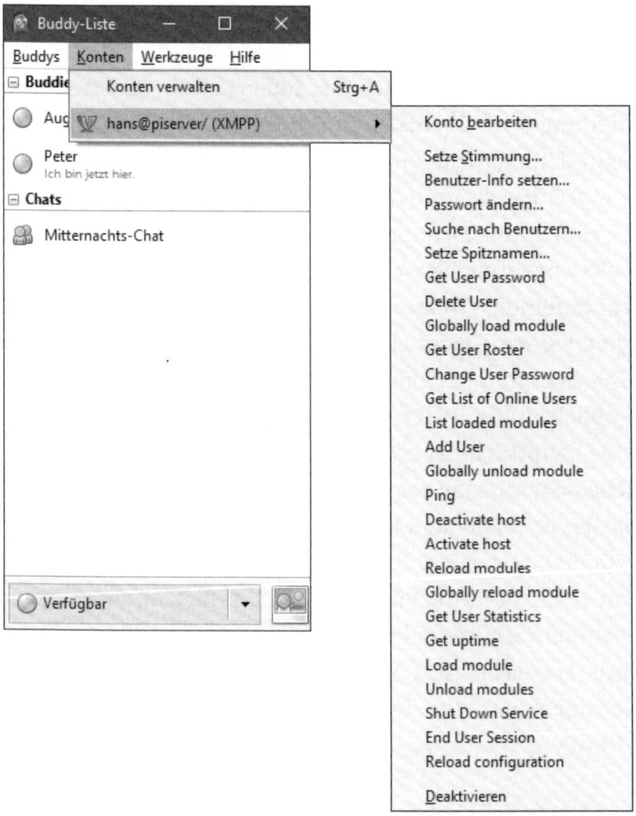

Abbildung 19.19 Die Administrationsbefehle von »Pidgin«

Bitte beachten Sie, dass Sie dieses Konto aus Sicherheitsgründen jedoch nicht zum normalen Chatten verwenden sollten, insbesondere nicht, wenn Ihr Rechner auch öfter für längere Zeit ungeschützt aktiviert bleibt. Nutzen Sie es nur für die Administration – was allerdings wie schon oft gesagt für jedes Administratorkonto gilt. Außerdem ist ein sicheres Passwort Pflicht!

Nun aber los, fangen Sie an zu chatten! Viel Spaß!

Kapitel 20
Die eigene Telefonanlage mit Asterisk

Telefonieren Sie gerne? Dann ist dieses Kapitel wie für Sie gemacht: Hier lernen Sie, wie Sie eine eigene Telefonanlage einrichten, an die Sie moderne VoIP-Telefone anschließen können.

Eine Netzwerkverbindung können Sie für eine Vielzahl von Anwendungsfällen benutzen. Solange die zu übertragenden Daten in digitaler Form vorliegen und sich in Datenpakete verpacken lassen, können Sie sie über die Netzwerkverbindung übertragen. So lassen sich problemlos Computerdateien, aber auch Bild- und Tonsignale versenden und empfangen. Bisher haben Sie Ihren Home Server beispielsweise in Kapitel 11, »Sprachkonferenzen für Spiele mit Mumble«, dazu verwendet, einen eigenen Sprachkonferenz-Server aufzubauen, der Sprachsignale versenden kann. Dabei haben Sie mit einem Mikrofon und einem Lautsprecher (beziehungsweise Kopfhörer) fast schon richtig telefoniert.

Jetzt kann man ein wenig »optimieren« und das Mikrofon und den Lautsprecher nicht direkt an den Server anschließen, sondern diese Geräte in ein externes Gehäuse mit einem Telefonhörer einbauen. Das Gehäuse kann ruhig die Form eines klassischen Telefons haben, das man an den Server anschließen kann. Aber halt – wir leben doch im 21. Jahrhundert. Folglich gehen wir mit der Zeit und geben dem Telefon noch etwas mehr Innenleben. Es bekommt elektronische Schaltkreise, die die Analog-Digital-Umsetzung der Mikrofon- und Lautsprechersignale übernehmen. Und wenn man nun schon digitale Signale hat, dann kann man das Telefon auch gleich über eine Netzwerkverbindung an den Home Server anschließen. Im Prinzip ist das selbstgebastelte Telefon nun auch eine Art von Computer, der über eine Netzwerkverbindung Tonsignale zu einem anderen Computer, nämlich dem Home Server, überträgt.

Wo es sich gerade so schön bastelt: eine Tastatur wäre jetzt noch schön, mit der man Telefonnummern wählen kann. Auf dem Home Server braucht es jetzt nur noch eine geeignete Software, die die gewählten Rufnummern auswertet und eine Telefonverbindung aufbaut. Eine solche Software gibt es schon längst fix und fertig und natürlich auch als Open-Source-Anwendung. Die Rede ist von der mächtigen Telefon(anlagen)software *Asterisk*, in die dieses Kapitel eine kleine Einführung gibt.

[!]

Hier geht es richtig »zur Sache«

Um den Anleitungen in diesem Abschnitt zu folgen, brauchen Sie fortgeschrittenes Wissen und sollten im Umgang mit Konfigurationsdateien geübt sein.

Vorher bleibe ich noch einen Moment bei dem selbstgebastelten Telefon. Wenn bei Ihnen jetzt schon der Lötkolben vorheizt und Sie sich auf das folgende Basteln freuen, dann werden Sie jetzt etwas enttäuscht sein, denn zum Basteln eines eigenen Netzwerktelefons soll dieses Kapitel nicht anleiten, denn auch solche Geräte wurden schon längst erfunden. Diese Geräte sehen genauso aus wie ein klassisches Festnetztelefon. Es gibt kabellose und kabelgebundene Modelle, sie haben einen Hörer, und man wählt zum Telefonieren eine Telefonnummer. Ein solches Gerät haben Sie bestimmt schon einmal in einem Büro gesehen. Übrigens wählt man auch damit eine ganz normale »echte« Telefonnummer, auch wenn die Abwicklung des Gesprächs heutzutage oftmals über das Internet läuft. Das Telefongespräch wird in Form von Datenpaketen über das Internet übertragen und erreicht einen Zielrechner. Der Zielrechner kann ebenfalls ein Netzwerktelefon sein. Es kann sich aber auch um ein spezielles Gerät handeln, das das Telefongespräch in das herkömmliche Telefonnetz weiterleitet. So sind ganz normale Telefongespräche möglich. Willkommen in der Welt von *Voice over IP*, kurz *VoIP*. Oder plakativ formuliert: »So telefoniert man heute.«

Offensichtlich ist in den beteiligten Telefonen nun eine ganze Menge an Elektronik enthalten. Es handelt sich tatsächlich mehr oder weniger um richtige Computer, mit der Aufgabe, Audiosignale zu digitalisieren und zu übertragen. Natürlich muss ein solcher Computer nicht die Form eines Telefons haben. Genauso gut kann diese Aufgabe ein Desktopcomputer übernehmen. Ausgestattet mit Mikrofon, Lautsprecher und einer passenden Software wird auch er zu einem Netzwerk- oder auch VoIP-Telefon. Alternativ können Sie natürlich auch ein Smartphone benutzen, das mit einer geeigneten App ebenfalls zu einem VoIP-Telefon wird.

An die Asterisk-Telefonanlage können Sie beliebige VoIP-Geräte anschließen. Es kann sich dabei um Netzwerktelefone handeln, um Computer mit geeigneter Software und einem Headset oder um ein mit einer passenden App ergänztes Smartphone. Einzige Bedingung (zumindest für die Anleitungen in diesem Buch): Die Geräte müssen dem sogenannten *SIP-Standard* gehorchen und das Protokoll *SIP* (das *Session Initialization Protocol*) beherrschen. Sie können dann als ersten Schritt mit allen angeschlossenen Telefonen untereinander telefonieren und erhalten eine Haustelefonanlage. Da es sich um Netzwerkverbindungen handelt, können Sie ein Telefongerät natürlich auch über eine VPN-Verbindung an Ihren Home Server anschließen. So können Sie unterwegs auf Reisen – einen Internetzugang vorausgesetzt – ein »Interngespräch« nach

Hause führen und völlig kostenfrei (abgesehen vom Internetzugang) mit den Daheimgebliebenen sprechen. Wer sich ein modernes Netzwerktelefon anschafft, das oftmals weniger als 50 Euro kostet, der wird dort häufig einen eingebauten VPN-Client finden. So ausgestattet muss das Telefon nur in eine Netzwerkdose mit Internetzugang angeschlossen werden und baut automatisch eine gesicherte Verbindung zum eigenen Home Server auf.

Im nächsten Schritt können Sie eine Anmeldung bei einem SIP- oder VoIP-Provider tätigen. Dadurch können Sie zusätzlich zu internen Gesprächen ganz normal »nach draußen« telefonieren und Mitmenschen über eine richtige Festnetznummer anrufen. Hiermit sind allerdings Kosten verbunden, aber es gibt mittlerweile sehr günstige Flatrate-Angebote, und deutschlandweite Telefongespräche sind für einen monatlichen Pauschalbetrag von rund 10 € möglich. Selbstverständlich erhalten Sie hierdurch im Gegenzug auch eine normale Telefonnummer, auf der Sie auch angerufen werden können, von jedem Telefonanschluss aus. Diese Telefongespräche können Sie an Ihren VoIP-Telefonen annehmen. Das geht natürlich auch wieder über eine VPN-Verbindung von unterwegs. Dies kann möglicherweise sogar Einbrecher abschrecken, denn scheinbar sind Sie immer daheim erreichbar. Theoretisch könnten Sie mit dieser Lösung sogar Ihr bisheriges Festnetz-Telefonsystem ersetzen. Das sollte jedoch der letzte Schritt sein, nachdem Sie Ihr VoIP-System über längere Zeit gründlich getestet haben. Der komplette Ersatz eines klassischen Telefonsystems ist deswegen auch nicht Ziel dieser einführenden Literatur. Trotzdem möchte ich eine weitere Gerätegattung nicht verschweigen: die sogenannten *ATA-Geräte*. Hierbei handelt es sich um Adaptergeräte, die die analogen Telefonsignale in VoIP-Datenpakete umsetzen. Ein ATA-Gerät hat also auf der einen Seite einen Anschluss für ein klassisches analoges Telefon und auf der anderen Seite einen Netzwerkanschluss. Es macht normale Telefone netzwerkfähig. Deswegen steht die Abkürzung auch für *Analog Telephone Adapter*. Mit diesen Geräten können Sie Urgroßvaters Wählscheibentelefon netzwerkfähig machen und in eine VoIP-Telefonanlage einbinden.

Zusätzlich können Sie einen Anrufbeantworter einrichten, wobei jedes Endgerät einen eigenen Anrufbeantworter bekommen kann. Und als Sahnehäubchen können Sie einen Ansagedienst realisieren und die klassischen Telefonansagen in Ihrem Heimnetz wieder aufleben lassen. Sind Sie bereit? Dann geht es direkt los.

20.1 Die Installation von Asterisk

Sie werden nun auf Ihrem Home Server die Software Asterisk installieren. Dadurch wird er zu einer VoIP-Telefonanlage, und Telefoniegeräte können sich mit ihm verbinden. Asterisk ist sehr leistungsfähig und kann ohne weiteres für eine große Firma als Telefonanlage Verwendung finden. Die gebotene Funktionsvielfalt ist beachtlich, so kann Asterisk auch mit eigenständigen Telefonkarten arbeiten und direkt Kontakt zum örtlichen Telefonnetz aufnehmen, aber ich möchte es hier auf der VoIP-Funktionalität beruhen lassen. Leider führt der große Funktionsumfang – wie so oft – zu einer teilweise recht schwierigen Bedienung und Konfiguration. Ich werde versuchen, möglichst detailliert und übersichtlich vorzugehen, und mich dabei auf die häufig benötigten Funktionen in einem Privathaushalt beschränken. Die Installation auf Ihrem Home Server erledigt folgender Befehl:

```
sudo apt install asterisk asterisk-prompt-de
```

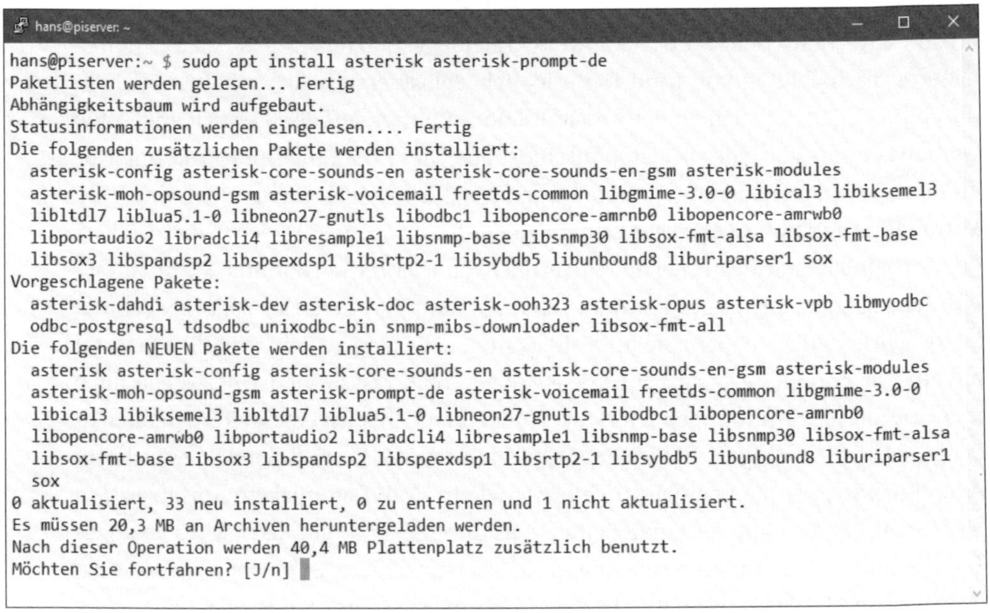

```
hans@piserver:~ $ sudo apt install asterisk asterisk-prompt-de
Paketlisten werden gelesen... Fertig
Abhängigkeitsbaum wird aufgebaut.
Statusinformationen werden eingelesen.... Fertig
Die folgenden zusätzlichen Pakete werden installiert:
  asterisk-config asterisk-core-sounds-en asterisk-core-sounds-en-gsm asterisk-modules
  asterisk-moh-opsound-gsm asterisk-voicemail freetds-common libgmime-3.0-0 libical3 libiksemel3
  libltdl7 liblua5.1-0 libneon27-gnutls libodbc1 libopencore-amrnb0 libopencore-amrwb0
  libportaudio2 libradcli4 libresample1 libsnmp-base libsnmp30 libsox-fmt-alsa libsox-fmt-base
  libsox3 libspandsp2 libspeexdsp1 libsrtp2-1 libsybdb5 libunbound8 liburiparser1 sox
Vorgeschlagene Pakete:
  asterisk-dahdi asterisk-dev asterisk-doc asterisk-ooh323 asterisk-opus asterisk-vpb libmyodbc
  odbc-postgresql tdsodbc unixodbc-bin snmp-mibs-downloader libsox-fmt-all
Die folgenden NEUEN Pakete werden installiert:
  asterisk asterisk-config asterisk-core-sounds-en asterisk-core-sounds-en-gsm asterisk-modules
  asterisk-moh-opsound-gsm asterisk-prompt-de asterisk-voicemail freetds-common libgmime-3.0-0
  libical3 libiksemel3 libltdl7 liblua5.1-0 libneon27-gnutls libodbc1 libopencore-amrnb0
  libopencore-amrwb0 libportaudio2 libradcli4 libresample1 libsnmp-base libsnmp30 libsox-fmt-alsa
  libsox-fmt-base libsox3 libspandsp2 libspeexdsp1 libsrtp2-1 libsybdb5 libunbound8 liburiparser1
  sox
0 aktualisiert, 33 neu installiert, 0 zu entfernen und 1 nicht aktualisiert.
Es müssen 20,3 MB an Archiven heruntergeladen werden.
Nach dieser Operation werden 40,4 MB Plattenplatz zusätzlich benutzt.
Möchten Sie fortfahren? [J/n]
```

Abbildung 20.1 Die Installation von Asterisk

Auch wenn Asterisk nur sehr geringe Hardwareanforderungen stellt und für einen Privathaushalt problemlos auf einem Home Server funktioniert, ist die Installation doch recht umfangreich. Wundern Sie sich bitte nicht, wenn die Installation einen gewissen Zeitrahmen in Anspruch nimmt (und durchaus mehr als 100 MB an freiem Speicherplatz erfordern kann).

20.2 Welche Telefoniegeräte werden Sie benutzen?

Als Nächstes geht es um die Telefoniegeräte. Wie in der Einleitung erwähnt, haben Sie die Wahl zwischen verschiedenen Endgerätetypen. Als Erstes sei ein normaler Desktopcomputer beziehungsweise ein Notebook genannt. Diese Geräte müssen mit einer Soundkarte sowie mit Mikrofon und Lautsprecher ausgerüstet sein. Recht komfortabel können Sie mit einem Headset telefonieren, also jener Kombination aus Kopfhörer und Mikrofon. Einfache Modelle sind bereits für wenige Euro im Handel erhältlich, achten Sie trotzdem auf eine gute Qualität. Der Computer muss mit einer VoIP-Software ausgestattet sein. Die Wikipedia listet unter dem Artikel *https://de.wikipedia.org/wiki/Liste_von_VoIP-Software* diverse Programme für diesen Zweck auf. Es gibt für die verschiedenen Betriebssysteme jeweils verschiedene Anwendungen, viele davon sind als Freeware kostenlos, oftmals handelt es sich auch um Open-Source-Programme. Ich werden in diesem Buch beispielhaft die kostenlose Windows-Anwendung *PhonerLite* verwenden, aber natürlich können Sie jederzeit Ihre favorisierte Anwendung benutzen. Solange diese die angesprochene SIP-Kompatibilität mitbringt, steht der Benutzung mit Asterisk nichts entgegen.

Als zweite Lösung bieten sich Smartphones oder auch Tablets an; sie benötigen lediglich eine geeignete App und werden somit zu einem VoIP-Telefon. Auch hier bietet die obengenannte Wikipedia-Adresse eine Liste mit geeigneten Apps. Beliebte Vertreter sind beispielsweise *Zoiper* und *Linphone*, aber auch hier können Sie natürlich Ihren eigenen Favoriten nutzen.

Möchten Sie ein »richtiges« Telefon verwenden, dann können Sie sich für ein Netzwerktelefon entscheiden (manchmal sagt man auch *IP-Telefon* dazu). Hier bietet der Handel eine reichhaltige Auswahl von diversen Herstellern. Wichtig ist, dass Ihr Favorit das Protokoll SIP beherrscht, dann sollte dieses Gerät auch problemlos mit Asterisk zusammenarbeiten. Das Preisspektrum ist recht breit, aber einfache Geräte sind inzwischen auch für deutlich weniger als 50 € erhältlich. Als Einsteiger schadet es nicht, zu einem günstigen Gerät zu greifen, denn teurere Geräte bieten oft Funktionalitäten, die im Privatgebrauch nicht benötigt werden. Ein kleiner Stolperstein lauert eventuell bei der Stromversorgung. Achten Sie darauf, dass das Telefon über eine eigene Stromversorgung, also ein eigenes Netzteil, verfügt. Professionelle Geräte benötigen oftmals als einzige Option die Stromversorgung über *PoE*, also *Power over Ethernet*. Hierbei wird der Strom über das Netzwerkkabel übertragen. Diese Option ist zwar sehr praktisch, aber nur selten in einem Heimnetzwerk verfügbar. (Wobei sie durch zusätzliche Geräte wie sogenannte *PoE-Injektoren* oder geeignete Switches relativ leicht nachrüstbar ist.)

Als letztgenannte Möglichkeit können Sie die zuvor erwähnten ATA-Geräte einsetzen und ein analoges Telefon mit Asterisk verbinden. Das ATA-Gerät muss ebenfalls dem SIP-Standard genügen. Es spielt keine Rolle, ob Sie ein schnurloses oder ein kabelgebundenes Telefon anschließen möchten. Sie müssen allerdings auf das Wahlverfahren achten. Ältere Telefone beherrschen häufig nur das Impulswahlverfahren, das leider nur von wenigen ATA-Geräten unterstützt wird. ATA-Geräte sind recht preiswert und gebraucht oft für weniger als 15 € erhältlich, womit sie sich ideal zum Ausprobieren eignen.

Allen bisher vorgestellten Lösungen ist eines gemeinsam: Prinzipiell handelt es sich um Computer, die über einen Benutzernamen und ein Passwort eine Verbindung zum Asterisk-Server aufbauen. Das Passwort hat eine Sicherheitsfunktion und verhindert eine missbräuchliche Nutzung von Telefondiensten. In einem Privathaushalt mit frei zugänglichen Telefonen mag dies von untergeordneter Wichtigkeit sein, trotzdem sollten Sie auf alle Fälle sichere Passwörter verwenden, damit ein potentieller Angreifer keinen Zugang zu Telefonfunktionen erhält. Für eine erfolgreiche Verbindung zum Asterisk-Server sind jetzt nur noch seine IP-Adresse und der verwendete Port nötig. Diese Informationen sind also in jedem Telefoniegerät vor dessen Benutzung einzutragen.

20.3 Asterisk mit den verwendeten Endgeräten bekannt machen

Nun beginnt die Konfiguration von Asterisk. Ich zeige Ihnen hier beispielhaft die Einrichtung von drei Telefoniegeräten. Dabei werden Sie Asterisk so einrichten, dass Sie in Ihrem Haushalt zwischen einem und maximal 90 Telefonen anschließen können – dies sollte dem üblichen Privatbedarf genügen. Die drei Telefone erhalten die internen Rufnummern 10, 11 und 12. Sie können jedoch jede Rufnummer zwischen 10 und 99 verwenden. Die Benutzer mit den Rufnummern 10, 11 und 12 erhalten beispielhaft die Passwörter »passwort10«, »passwort11« und »passwort12«.

Wie vorhin erwähnt, sollten Sie für Ihre Telefonanlage unbedingt sichere Passwörter verwenden, die den Regeln für sichere Passwörter entsprechen – mehr dazu in Abschnitt 21.4. Die Konfiguration der drei Beispielgeräte ist völlig unabhängig davon, um was für ein Telefoniegerät es sich handelt. Egal, ob es ein Softwaretelefon auf einem Notebook oder ein Hardware-Netzwerktelefon ist, die Konfiguration ist in Asterisk stets gleich.

Asterisk verwendet für seine Konfigurationsdateien ein eigenes Verzeichnis. Warum das so ist, erkennen Sie sofort, wenn Sie einen Blick in das Verzeichnis */etc/asterisk* werfen. Dort gibt es direkt nach der Installation an die hundert Konfigurationsdateien, wie Ihnen Abbildung 20.2 zeigt.

Sie sehen also, dass die zuvor gemachte Aussage mit der teilweise aufwendigen Konfiguration nicht übertrieben war. Keine Sorge! Für eine Telefonanlage in einem Privathaushalt müssen Sie erstmal nur genau drei Dateien bearbeiten. Und es wird sogar noch etwas einfacher, weil Sie keine Dateien verändern, sondern einfach drei neue Dateien erstellen, die nur die für Sie nötigen Optionen enthalten.

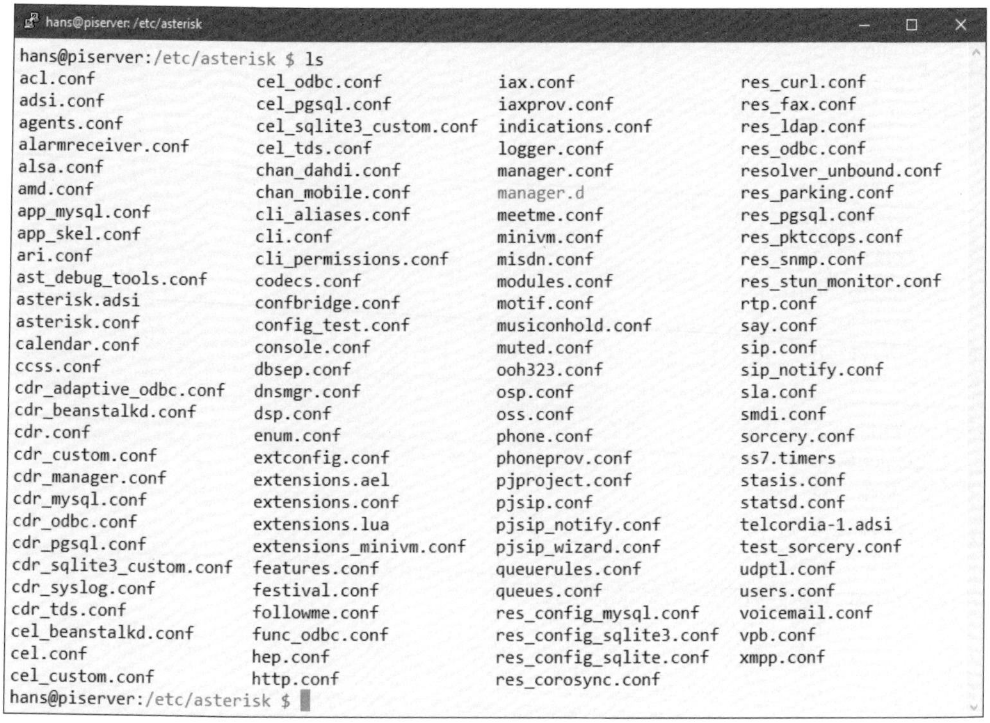

```
hans@piserver: /etc/asterisk
hans@piserver:/etc/asterisk $ ls
acl.conf                   cel_odbc.conf              iax.conf                   res_curl.conf
adsi.conf                  cel_pgsql.conf             iaxprov.conf               res_fax.conf
agents.conf                cel_sqlite3_custom.conf    indications.conf           res_ldap.conf
alarmreceiver.conf         cel_tds.conf               logger.conf                res_odbc.conf
alsa.conf                  chan_dahdi.conf            manager.conf               resolver_unbound.conf
amd.conf                   chan_mobile.conf           manager.d                  res_parking.conf
app_mysql.conf             cli_aliases.conf           meetme.conf                res_pgsql.conf
app_skel.conf              cli.conf                   minivm.conf                res_pktccops.conf
ari.conf                   cli_permissions.conf       misdn.conf                 res_snmp.conf
ast_debug_tools.conf       codecs.conf                modules.conf               res_stun_monitor.conf
asterisk.adsi              confbridge.conf            motif.conf                 rtp.conf
asterisk.conf              config_test.conf           musiconhold.conf           say.conf
calendar.conf              console.conf               muted.conf                 sip.conf
ccss.conf                  dbsep.conf                 ooh323.conf                sip_notify.conf
cdr_adaptive_odbc.conf     dnsmgr.conf                osp.conf                   sla.conf
cdr_beanstalkd.conf        dsp.conf                   oss.conf                   smdi.conf
cdr.conf                   enum.conf                  phone.conf                 sorcery.conf
cdr_custom.conf            extconfig.conf             phoneprov.conf             ss7.timers
cdr_manager.conf           extensions.ael             pjproject.conf             stasis.conf
cdr_mysql.conf             extensions.conf            pjsip.conf                 statsd.conf
cdr_odbc.conf              extensions.lua             pjsip_notify.conf          telcordia-1.adsi
cdr_pgsql.conf             extensions_minivm.conf     pjsip_wizard.conf          test_sorcery.conf
cdr_sqlite3_custom.conf    features.conf              queuerules.conf            udptl.conf
cdr_syslog.conf            festival.conf              queues.conf                users.conf
cdr_tds.conf               followme.conf              res_config_mysql.conf      voicemail.conf
cel_beanstalkd.conf        func_odbc.conf             res_config_sqlite3.conf    vpb.conf
cel.conf                   hep.conf                   res_config_sqlite.conf     xmpp.conf
cel_custom.conf            http.conf                  res_corosync.conf
hans@piserver:/etc/asterisk $
```

Abbildung 20.2 Die vielen Konfigurationsdateien von Asterisk

Los geht es damit, Asterisk zunächst mit den drei Endgeräten bekannt zu machen. Sie können bei sich zum Üben ebenfalls diese drei Geräte einrichten, denn es spielt keine Rolle, ob Sie sie später auch tatsächlich verbinden. Für den Regelbetrieb sollten Sie aus Sicherheitsgründen jedoch nur die benötigten Endgeräte einrichten. Sie nehmen die Spezifizierung in der Datei */etc/asterisk/sip.conf* vor. Die bisherigen Einträge in dieser Datei sind erst einmal nicht von Interesse, Sie können daher die bisherige Datei sichern und eine neue Datei anlegen. Heben Sie die Originalfassung gut auf, denn die Datei enthält viele Tipps und Hinweise zur Konfiguration von Asterisk. Die Sicherung erledigt folgender Befehl, den Sie bitte jetzt ausführen:

```
sudo mv /etc/asterisk/sip.conf /etc/asterisk/sip.conf.orig
```

Nun müssen Sie diese Datei mit dem Editor nano neu erstellen. Rufen Sie diesen Befehl auf:

```
sudo nano /etc/asterisk/sip.conf
```

Füllen Sie die Datei mit folgendem Inhalt:

```
[general]
bindaddr=0.0.0.0:5060
context=default
```

```
allowguest=no
country=de
language=de

[10]
type=friend
secret=passwort10
context=allgemein
host=dynamic
permit=192.168.178.0/255.255.255.0
permit=10.8.0.0/255.255.255.0

[11]
type=friend
secret=passwort11
context=allgemein
host=dynamic
permit=192.168.178.0/255.255.255.0
permit=10.8.0.0/255.255.255.0

[12]
type=friend
secret=passwort12
context=allgemein
host=dynamic
permit=192.168.178.0/255.255.255.0
permit=10.8.0.0/255.255.255.0
```

Listing 20.1 Die Konfigurationsdatei »/etc/asterisk/sip.conf«

Wie die Datei aussehen sollte, sehen Sie in Abbildung 20.3.

In dieser Datei sind verschiedene Blöcke spezifiziert. Der erste Block, `[general]`, nimmt einige Grundeinstellungen vor. Asterisk wird über Port 5060 erreichbar sein – dies ist der Standardport für das Protokoll SIP. Die Telefonanlage wird auf allen Netzwerkadressen Verbindungen akzeptieren, also auch über eine VPN-Verbindung zu erreichen sein, die das 10.8.0.xxx-Netz verwendet (siehe hierzu Kapitel 15, »VPN-Verbindungen mit OpenVPN«). Diese beiden Optionen regelt der Ausdruck `bindaddr = 0.0.0.0:5060`. Die Zeile `context=default` wählt eine Umgebung für die Konfiguration von Endgeräten aus, die dann zum Zuge kommt, wenn keine weiteren Konfigurationen vorgenommen wurden. Es ist also die Defaulteinstellung. Danach wird festgelegt, dass aus Sicherheitsgründen stets eine Authentifizierung erzwungen wird und keine Gäste erlaubt sind. Die letzten Zeilen dieses Blocks setzen die Sprach- und Ländereinstellung auf Deutsch.

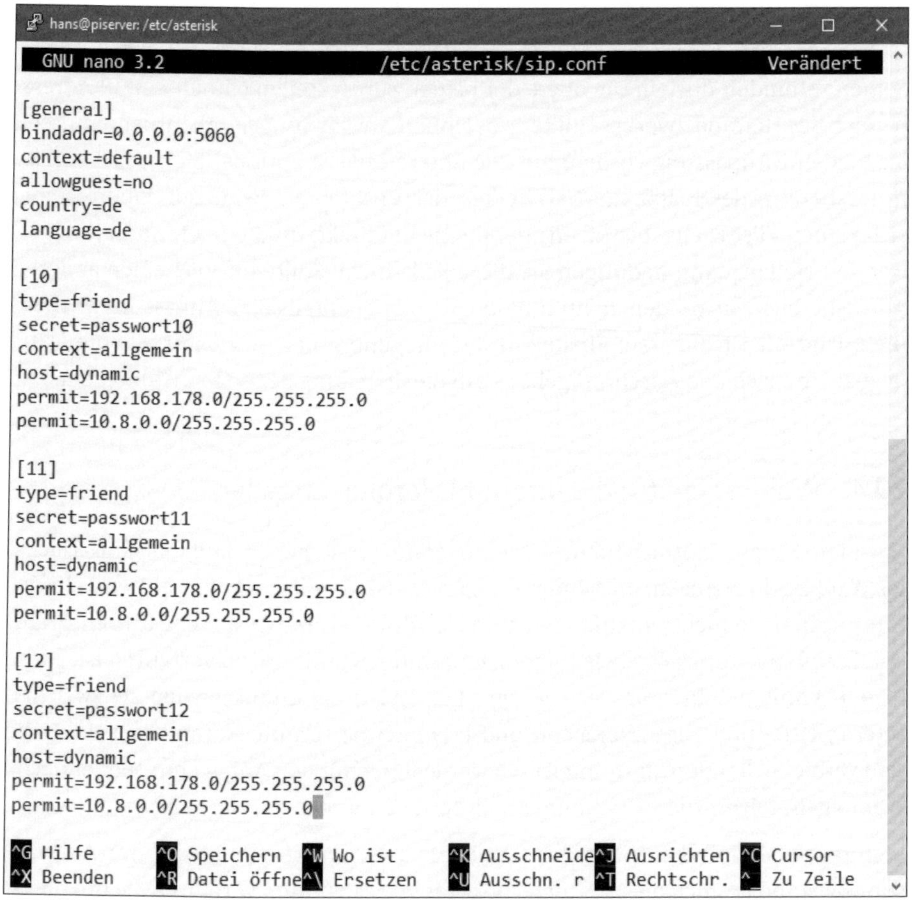

```
hans@piserver: /etc/asterisk
GNU nano 3.2                /etc/asterisk/sip.conf                Verändert

[general]
bindaddr=0.0.0.0:5060
context=default
allowguest=no
country=de
language=de

[10]
type=friend
secret=passwort10
context=allgemein
host=dynamic
permit=192.168.178.0/255.255.255.0
permit=10.8.0.0/255.255.255.0

[11]
type=friend
secret=passwort11
context=allgemein
host=dynamic
permit=192.168.178.0/255.255.255.0
permit=10.8.0.0/255.255.255.0

[12]
type=friend
secret=passwort12
context=allgemein
host=dynamic
permit=192.168.178.0/255.255.255.0
permit=10.8.0.0/255.255.255.0

^G Hilfe     ^O Speichern   ^W Wo ist    ^K Ausschneide ^J Ausrichten  ^C Cursor
^X Beenden   ^R Datei öffne ^\ Ersetzen  ^U Ausschn. r  ^T Rechtschr.  ^_ Zu Zeile
```

Abbildung 20.3 Die Konfiguration in »/etc/asterisk/sip.conf«

Nun folgen drei Blöcke, die jeweils ein Endgerät mit den internen Telefonnummern 10, 11 und 12 spezifizieren. Wie erwähnt entsprechen die internen Telefonnummern gleichzeitig den Benutzernamen, und sie sind für Interngespräche innerhalb des Heimnetzwerks zu wählen.

Die Zeile `type` ist für die interne Bearbeitung von Rufen durch Asterisk zuständig und braucht Sie hier nicht weiter zu interessieren. Die Option `friend` ist für den angedachten Einsatzzweck angemessen, Änderungen sind nur für fortgeschrittene Benutzer relevant.

Die Zeile `secret` enthält das Passwort für das jeweilige Endgerät.

Der `context` legt die Umgebung für Wahlregeln fest, diese werden wir nachfolgend erstellen.

Die Zeile `host=dynamic` teilt Asterisk mit, dass sich dieses Endgerät mit wechselnden IP-Adressen anmelden darf. Das ist in einem Heimnetzwerk, in dem sich die IP-

Adressen dynamisch ändern können, eine gute Option. Zum Schluss wird jedoch der IP-Adressbereich eingeschränkt, aus dem sich die Telefoniegeräte mit dem Asterisk-Server verbinden dürfen. Die obere der beiden `permit`-Zeilen enthält den IP-Adressbereich des Heimnetzwerkes. Sollte es bei Ihnen Abweichungen geben, dann müssen Sie hier eine Anpassung vornehmen. Die untere Zeile ist optional. Sie enthält den IP-Adressbereich des 10.8.0.xxx-Netzwerkes, das VPN-Clients benutzen. Wenn Sie bei sich keinen VPN-Dienst benutzen oder ihn nicht (direkt) für die Telefonfunktion verwenden wollen, dann benötigen Sie diese Zeile nicht. Sollte Ihr VPN einen anderen Adressbereich verwenden, dann müssen Sie hier ebenfalls eine Anpassung vornehmen. Hiermit ist die erste Einstellungshürde genommen. Speichern Sie die Datei jetzt ab. Im nächsten Abschnitt geht es um die Erstellung der ersten Wahlregeln.

20.4 Wahlregeln für die interne Telefonie erstellen

Nachdem Sie nun Einträge für drei Telefongeräte erstellt haben, müssen Sie als Nächstes Wahlregeln erstellen. Im Moment weiß Asterisk nämlich mit gewählten Telefonnummern noch nichts anzufangen, und Sie können keine Gespräche führen. Wahlregeln teilen Asterisk mit, wie mit den gewählten Nummern zu verfahren ist. Diese Regeln können sehr komplex werden. Beispielsweise unterscheiden sie zwischen Intern-, Orts- und Ferngesprächen und erlauben bestimmte Rufnummernbereiche und verbieten Sonderrufnummern. Ich werde Ihnen für den Anfang nur sehr einfache Wahlregeln zeigen, die sich nur um rein interne Telefongespräche kümmern.

Wahlregeln definieren Sie in der Datei */etc/asterisk/extensions.conf*. Im Auslieferungszustand ist auch diese Datei recht komplex. Am besten verfahren Sie mit dieser Datei wie bei der Einrichtung der Telefongeräte und arbeiten mit einer neuen Datei. Von der ursprünglichen Datei legen Sie am besten eine Sicherheitskopie an. Das ermöglicht folgender Befehl:

```
sudo mv /etc/asterisk/extensions.conf /etc/asterisk/extensions.conf.orig
```

Anschließend öffnen Sie `nano` und erstellen darin eine neue Datei. Führen Sie dazu folgenden Befehl aus:

```
sudo nano /etc/asterisk/extensions.conf
```

Füllen Sie die Datei mit folgendem Inhalt:

```
[default]

[allgemein]
exten => _[1-9]X,1,Dial(SIP/${EXTEN})
```

Danach speichern Sie die Datei und verlassen `nano`.

Die Einträge in der Datei regeln Folgendes: Zunächst ist der Block `[default]` aufgeführt, der (noch) keine Einträge hat. Bitte erinnern Sie sich daran, dass dieser Block als Standard in der Datei *sip.conf* definiert wurde, er spiegelt die Voreinstellung wider. Ein leerer Block bedeutet, dass Anrufe nicht bearbeitet werden. Das ist eine Sicherheitsfunktion, die potentielle Angreifer hier erst einmal »ins Leere laufen lässt«. Ihre drei Telefone fallen bisher alle in den Block `[allgemein]` – erreicht wird das durch den Eintrag `context=allgemein` in der Datei *sip.conf*. Hier gibt es genau einen Eintrag. Dieser Eintrag legt die Wahlregel fest. Er enthält zunächst den Ausdruck `exten`, der abgekürzt für den Ausdruck *Extension* steht und grob gesagt für die Wahlregeln gebraucht wird. Danach folgen durch Kommata getrennt ein Muster für die zu wählende Rufnummer, die Priorität dieser Regel und dann die auszuführende Aktion.

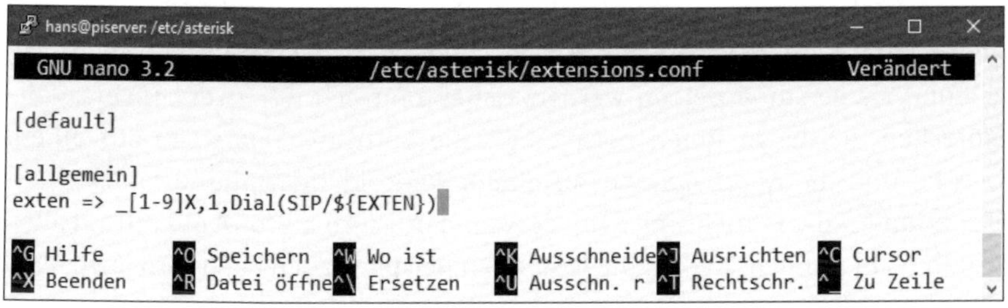

Abbildung 20.4 Die ersten Wahlregeln sind sehr übersichtlich.

Asterisk verfährt durch diesen Eintrag nun folgendermaßen: Die gewählte Rufnummer eines ausgehenden Anrufs wird mit dem Muster verglichen. Die Musterprüfung wird durch den Unterstrich nach dem Pfeilsymbol eingeleitet. Der Inhalt in eckigen Klammern gibt die Ziffern an, die Teil der Rufnummer sind. Hier sind es also die Ziffern 1 bis 9. Der Buchstabe `X` steht für genau eine beliebige Ziffer. Mit anderen Worten: Der Teilausdruck `_[1-9]X` bedeutet ausgesprochen: »Wende die folgende Anweisung an, wenn die eingegebene Rufnummer mit einer Ziffer zwischen 1 und 9 beginnt und als zweite Ziffer eine beliebige Ziffer folgt. Die Rufnummer darf nicht aus mehr als zwei Ziffern bestehen und nicht mit einer Null beginnen.« Dieses Muster trifft also auf Ihre internen Telefonnummern zu. Es handelt sich um heimnetzwerkinterne Gespräche aus dem Telefonnummernbereich 10 bis 99. In diesen Bereich fallen Ihre Telefone mit den Telefonnummern 10, 11 und 12. Wenn also die eingegebene Telefonnummer diesem Muster entspricht, dann fährt Asterisk so fort:

Als Nächstes ist die sogenannte Priorität oder besser gesagt die Rangfolge der auszuführenden Aktion genannt. Hier steht eine `1`, das ist also die erste Aktion, die ausgeführt wird. Das nächste Element ist die eigentliche Aktion: Hier steht die Anweisung, dass ein ausgehendes Gespräch aufgebaut werden soll (Englisch: *dial* = wähle). Das Gespräch wird über das Protokoll SIP aufgebaut, es handelt sich also um ein VoIP-Gespräch. Die Nummer, die gewählt wird, soll der eingegebenen Nummer entsprechen. Dafür steht der Ausdruck `${EXTEN}`. Mit anderen Worten besagt die gesamte

20

Regel Folgendes: Wenn eine interne Rufnummer gewählt wird, dann rufe diese interne Nummer an. Gespräche zu allen anderen Nummern werden abgelehnt.

Mit dieser einfachen Wahlregel können Sie Ihre Telefonanlage nun erstmals in Betrieb nehmen. Starten Sie an dieser Stelle die Asterisk-Telefonanlage einmal neu. Dadurch wird die geänderte Konfiguration aktiv. Den Neustart führen Sie mit folgendem Befehl durch:

```
sudo service asterisk restart
```

20.5 Die Konfiguration der Endgeräte (Telefone)

Nachdem die Telefonanlage nun grundlegend betriebsbereit ist, konfigurieren Sie die eigentlichen Telefone. Natürlich kann ich an dieser Stelle nicht vorhersehen, welche Telefone Sie genau einsetzen werden, daher kann ich nur zwei Universalfälle durchsprechen. Ich zeige Ihnen beispielhaft die Software *PhonerLite* auf einem Windows-PC und die App *Linphone* auf einem Android-Smartphone. Glücklicherweise funktioniert die Einrichtung dank des standardisierten Protokolls SIP auf allen Endgeräten recht ähnlich, so dass die folgenden Beispiele auch bei Ihrem jeweiligen Endgerät zum Ziel führen sollten.

20.5.1 Die Einrichtung von PhonerLite auf einem Windows-PC

Zunächst zeige ich Ihnen die Einrichtung des sogenannten *Softphones* (gebildet aus den Wörtern »Software« und »Phone«) PhonerLite auf einem Windows-PC. Die Installation dieses Programms ist optional, es eignet sich aber gut zum Testen der Asterisk-Installation. Bitte laden Sie PhonerLite von seiner Website *http://www.phonerlite.de/* herunter, und installieren Sie dieses Programm auf Ihrem Desktoprechner.

Abbildung 20.5 Die manuelle Konfiguration von PhonerLite

Öffnen Sie das Programm anschließend. Zu Beginn wird Ihnen der SETUP WIZARD angezeigt. Entscheiden Sie sich für die MANUELLE KONFIGURATION, und geben Sie wie in Abbildung 20.5 in das Feld PROXY/REGISTRAR die interne IP-Adresse Ihres Home Servers ein.

Weitere Einträge sind auf dieser Seite nicht erforderlich, wechseln Sie also auf die nächste Seite, die Sie in Abbildung 20.6 sehen.

Abbildung 20.6 Die Benutzerdaten für PhonerLite

Tragen Sie dort im Feld BENUTZERNAME die Telefonnummer des einzurichtenden Telefons ein, beispielsweise die 10.

Geben Sie in das dafür vorgesehene Feld das zugehörige Passwort ein. Einen AUTHENTIFIZIERUNGSNAMEN müssen Sie nicht vergeben. Wechseln Sie zur nächsten Seite.

Abbildung 20.7 Die passende Soundhardware auswählen

Auf der Registerkarte SOUND (Abbildung 20.7) müssen Sie ein Mikrofon und einen Lautsprecher auswählen. Wenn Ihr PC über mehrere Soundkarten verfügt, dann wird diese Liste entsprechend umfangreich ausfallen. Telefonieren können Sie mit PhonerLite entweder über ein stationäres Mikrofon und Lautsprecher oder über ein angeschlossenes Headset.

Abbildung 20.8 Der Profilname für Asterisk

Auf der nächsten Seite können Sie noch einen PROFILNAMEN vergeben, hier bietet sich vielleicht »Home Server Asterisk« an, allerdings sind Sie nicht hierauf festgelegt. Mit dem grünen Haken schließen Sie den SETUP WIZARD ab. Gegebenenfalls erhalten Sie nun eine Warnmeldung der Windows-Firewall, die Sie in Abbildung 20.9 sehen.

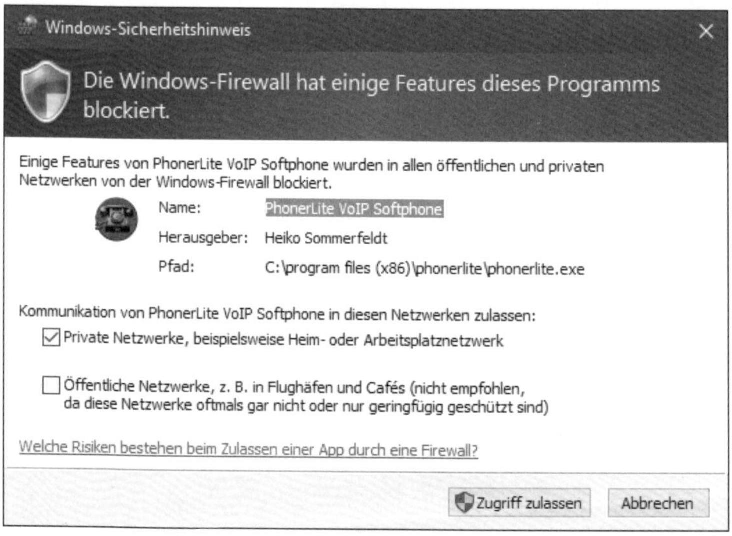

Abbildung 20.9 Noch blockiert die Windows-Firewall Asterisk.

Sie werden gefragt, ob die Kommunikation durch PhonerLite erlaubt werden soll – Sie sollten die Erlaubnis aussprechen, andernfalls wären keine Telefongespräche möglich. Hiernach präsentiert sich Ihnen das Hauptfenster von PhonerLite wie in Abbildung 20.10.

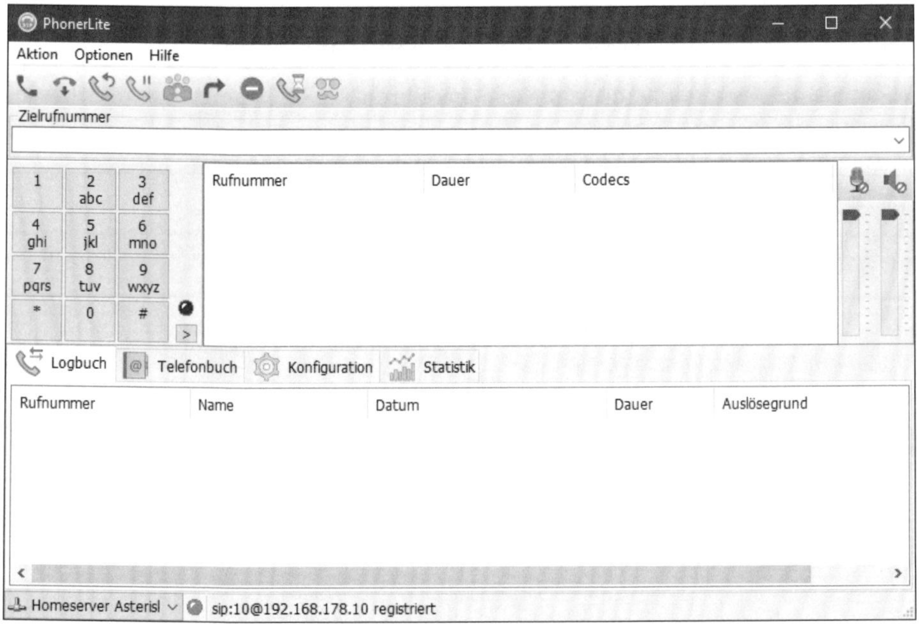

Abbildung 20.10 Das Hauptfenster von PhonerLite

Blicken Sie einmal in die Statuszeile. Dort sollte Sie eine grüne Anzeige darüber informieren, dass die Verbindung zu Ihrem Asterisk-Server erfolgreich aufgebaut wurde. Wenn dem so ist, dann können Sie nun Telefonanrufe tätigen.

Die Bedienung des Programms ist selbsterklärend und für jeden, der schon einmal ein Telefongespräch geführt hat, sofort ersichtlich: Geben Sie mit den Ziffernelementen eine Telefonnummer ein, und klicken Sie anschließend auf das grüne Hörersymbol mit dem Hinweistext VERBINDEN. Beachten Sie aber, dass Sie derzeit offensichtlich nur interne Rufnummern wählen können.

Außerdem können Sie nur solche Gegenstellen anrufen, die sich ebenfalls bereits am Asterisk-Server angemeldet haben. Sollte bei Ihnen in der Statuszeile statt der grünen eine rote Anzeige erscheinen, dann hat die Verbindung nicht funktioniert.

Überprüfen Sie in diesem Fall Ihre Eingaben auf der Registerkarte KONFIGURATION. Kontrollieren Sie auch die Einstellungen der Firewall und die Richtigkeit der Konfigurationsdateien von Asterisk auf Ihrem Home Server.

20.5.2 Die Einrichtung von Linphone auf einem Android-Smartphone

Nun zeige ich Ihnen, wie Sie die Open-Source-Anwendung Linphone auf einem Android-Smartphone oder -Tablet einrichten können. Verstehen Sie diese Anleitung bitte nur als ein Beispiel, das sich problemlos auf gleichartige Apps übertragen lässt. Sie ist auch für andere Betriebssysteme gültig, denn Linphone ist für verschiedene Systeme erhältlich. Installieren Sie also Linphone auf Ihrem Endgerät.

Wenn Sie die Anwendung das erste Mal ausführen, heißt Sie ein Assistent willkommen. Tippen Sie auf den Eintrag SIP-KONTO VERWENDEN. Sie sehen den Assistenten in Abbildung 20.11.

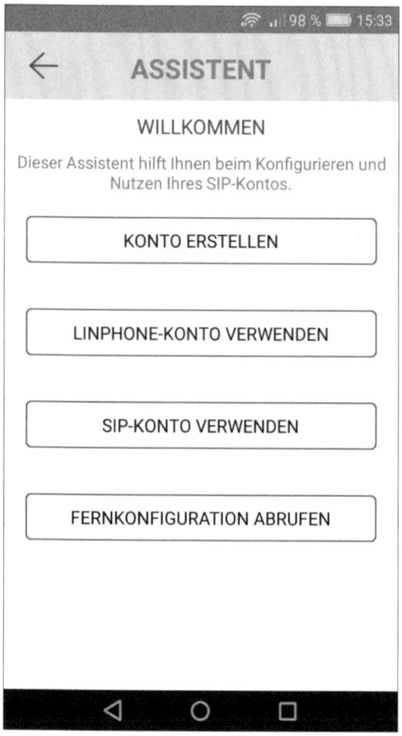

Abbildung 20.11 Der Assistent in Linphone

Auf der nächsten Seite geben Sie Ihre Verbindungsdaten ein. Den Benutzernamen tragen Sie in das gleichnamige Feld ein. Er entspricht der gewünschten (internen) Telefonnummer des Gerätes, beispielsweise 10. Das zugehörige Passwort tragen Sie im nächsten Feld ein.

Den Eintrag DOMAIN füllen Sie mit der internen IP-Adresse Ihres Home Servers. Der ANZEIGENAME ist optional und dient der leichteren Zuordnung. Unten auf der Seite wählen Sie noch das TRANSPORTPROTOKOLL UDP aus und tippen dann auf ANMELDEN. Die fertige Konfiguration sehen Sie in Abbildung 20.12.

Damit sind Sie fertig und können telefonieren.

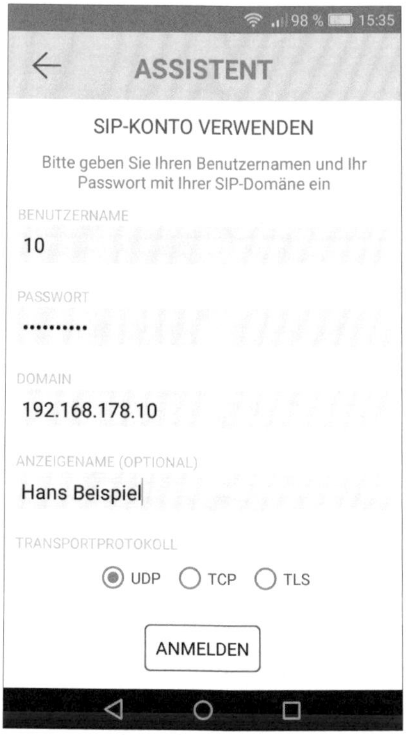

Abbildung 20.12 Die Verbindungsdaten für Linphone

Abbildung 20.13 Die Anmeldung war erfolgreich, Linphone ist bereit.

Sollte dies noch nicht funktionieren, dann öffnen Sie die Einstellungen der App und tippen dort auf den Eintrag SIP-KONTEN. Jetzt sollte Ihr Asterisk-Konto angezeigt werden. Scrollen Sie zur Sektion PRÄFIX, in dem vermutlich 49 für Deutschland eingetragen ist (siehe Abbildung 20.14). Entfernen Sie das Präfix, so dass der Eintrag leer wird. Nun sollten Sie einwandfrei telefonieren können.

Sie bemerken sicherlich, dass die Konfiguration immer auf die Eingabe der drei Werte *IP-Adresse des Home Servers*, *interne Telefonnummer* und *zugehöriges Passwort* hinausläuft und damit auch auf andere Anwendungen einfach übertragen werden kann.

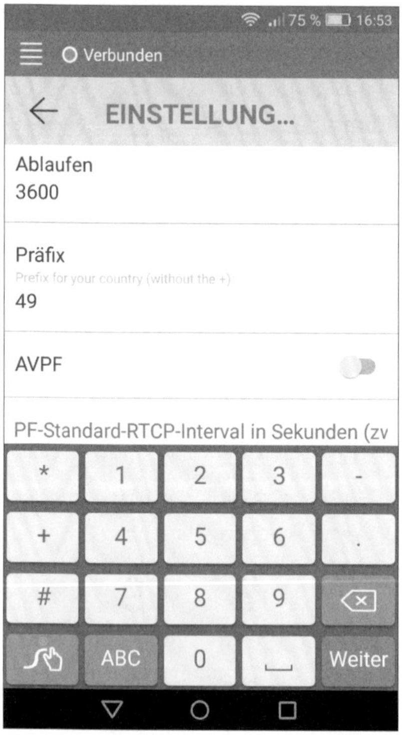

Abbildung 20.14 Entfernen Sie die »49« im Feld »Präfix«.

Übrigens: Wenn Sie sich von unterwegs über eine VPN-Verbindung in Ihr Heimnetz eingewählt haben, dann müssen Sie (je nach der VPN-Konfiguration) unter Umständen im Feld DOMAIN die IP-Adresse 10.8.0.1 eintragen. Dies ist die IP-Adresse des Home Servers im VPN. Weitere Hinweise finden Sie in Kapitel 15, »VPN-Verbindungen mit OpenVPN«, das sich mit der Einrichtung von VPN-Verbindungen befasst. Es bietet sich an, mehrere Profile beziehungsweise Konten anzulegen, wenn sich Ihr Standort öfter ändert. So können Sie einfach zwischen den Verbindungsarten wechseln. Jetzt sollten Sie aber erst einmal ein paar Beispieltelefonate führen und die grundlegende Funktion Ihrer Telefonanlage testen. Sie können dann mit den folgenden Abschnitten fortfahren, in denen Sie interessante Zusatzfunktionen kennenlernen.

20.6 Der Anrufbeantworter

Jetzt können Sie Ihre Telefonanlage um einen Anrufbeantworter erweitern. Asterisk wird für jede Telefonnummer – besser gesagt für jedes Benutzerkonto – einen eigenen Anrufbeantworter führen, so dass jedes Familienmitglied seinen eigenen Nachrichtenbestand verwalten kann.

20.6.1 Die grundlegende Konfiguration

Die Einrichtung des Anrufbeantworters ist etwas komplexer, läuft aber ähnlich ab wie die bisherigen Konfigurationsschritte. Für seine Konfiguration ist die Datei */etc/asterisk/voicemail.conf* zuständig. Mit dem folgenden Befehl können Sie wieder ein Backup der Ursprungsdatei erzeugen:

```
sudo mv /etc/asterisk/voicemail.conf ⮐
  /etc/asterisk/voicemail.conf.orig
```

Anschließend öffnen Sie `nano` mit diesem Befehl:

```
sudo nano /etc/asterisk/voicemail.conf
```

und geben folgenden Inhalt ein:

```
[general]
format=wav
attach=yes
maxsilence=10
silencethreshold=128
maxlogins=3
fromstring=Asterisk Telefonanlage
serveremail=hans@example.com

[default]
10 => 0000,Hans Beispiel,hans@example.com
11 => 0000,Auguste Beispiel,auguste@example.com
12 => 0000,Peter Beispiel,peter@example.com
```

Listing 20.2 Die Konfiguration des Anrufbeantworters in der Datei »/etc/asterisk/voicemail.conf«

Diese Konfiguration bewirkt Folgendes: Im Abschnitt `[general]` werden allgemeine Optionen eingestellt. Der Anrufbeantworter wird mit dem WAV-Dateiformat arbeiten, dies stellt die größte Kompatibilität sicher. Die aufgenommenen Nachrichten können nicht nur per Telefon abgehört, sondern auch gleich per E-Mail versendet werden. So können Sie auch von unterwegs auf Ihre Nachrichten auf dem Anrufbeantworter zugreifen. Der Eintrag `attach=yes` stellt sicher, dass die Nachrichten im Anhang einer E-Mail versendet werden. Für diese Funktion ist es erforderlich, dass Sie den E-Mail-MTA `msmtp` gemäß Kapitel 10, »Statusinformationen per E-Mail erhalten: ›msmtp‹ als MTA«, auf Ihrem Home Server funktionstüchtig eingerichtet haben. Der Anrufbeantworter wird nach einer zehnsekündigen Sprechpause die Aufnahme beenden und auflegen. Dies bewirkt der Eintrag `maxsilence=10`. `silencethreshold` legt die Empfindlichkeit für die Erkennung der resultierenden Stille fest, der Wert `128` ist hierfür ein guter Startwert. Für die Abfrage per Telefon muss man eine PIN eingeben, es sind maximal `drei` fehlgeschlagene Versuche der PIN-Eingabe möglich, danach legt Asterisk dank `maxlogins=3` ebenfalls auf. Die folgenden beiden Zeilen regeln die Absendereinstellungen für das Versenden von E-Mails. In der Zeile `fromstring` legen Sie einen Namen fest, den Ihr E-Mail-Programm als Absender anzeigen wird. Wichtig ist die Zeile `serveremail`, die Sie unbedingt anpassen müssen. Hier tragen Sie die Absenderadresse ein, die der MTA für den Versand von E-Mails nutzt. Sie müssen hier die Adresse eintragen, die `msmtp` standardmäßig verwendet.

Im Block `[default]` legen Sie die Anrufbeantworter für die einzelnen Rufnummern fest. Die Zeilen haben folgenden Aufbau: Zuerst wird die interne Rufnummer genannt, dann folgt ein stilisierter Pfeil. Jetzt wird die PIN festgelegt, die zur Abfrage des Anrufbeantworters über eine Telefonverbindung einzugeben ist. Im Beispiel lautet sie `0000` und sollte von Ihnen dringend geändert werden.

Als Nächstes wird der Name der Person angegeben, der der Anrufbeantworter zuzuordnen ist. Dieser Name wird unter anderem dazu benutzt, die Person per E-Mail persönlich anzusprechen.

Als letzte Angabe wird eine E-Mail-Adresse genannt, an die die aufgenommenen Nachrichten gesendet werden – hier müssen Sie also auch tätig werden und entsprechende Namen und Adressen eintragen. Verfügt eine Person über mehrere Telefone, dann kann trotzdem mehrfach dieselbe E-Mail-Adresse angegeben werden. Speichern Sie die Datei nach Ihrer Eingabe ab, und beenden Sie `nano`.

20.6.2 Wahregeln für den Anrufbeantworter

Als Nächstes müssen Sie die Wahlregeln verändern. Die bisherigen Einstellungen lassen ein angerufenes Telefon ohne zeitliche Begrenzung klingeln. Das werden Sie jetzt ändern und dem Angerufenen 15 Sekunden Zeit geben, das Gespräch anzunehmen. Danach wird der Anrufbeantworter das Telefonat entgegennehmen.

Öffnen Sie zur Veränderung der Wahlregeln noch einmal folgende Datei:

```
sudo nano /etc/asterisk/extensions.conf
```

Ändern Sie den Dateiinhalt so ab, dass er folgende Gestalt annimmt:

```
[default]

[allgemein]
```

```
exten => _[1-9]X,1,Dial(SIP/${EXTEN},15)
exten => _[1-9]X,2,VoiceMail(${EXTEN},u)

exten => 99,1,VoiceMailMain(${CALLERID(num)})
```

Listing 20.3 Die Änderungen in der Datei »/etc/asterisk/extensions.conf«

Sie sehen, dass die Wahlregeln jetzt aus drei Einträgen bestehen. Die erste Regelzeile bleibt fast unverändert bestehen, lediglich am Ende wurde vor der schließenden Klammer der Ausdruck `,15` eingefügt. Dieser Ausdruck spezifiziert die Wartezeit in Sekunden, bevor der Anrufbeantworter in Aktion tritt. Sie können diesen Wert entsprechend Ihren Erfordernissen verändern. Die zweite Zeile übergibt den Anruf nach der Wartezeit dem Anrufbeantworter.

Beachten Sie, dass in dieser Zeile als Rangfolge eine `2` eingetragen ist. Sie kommt also dann zum Zuge, wenn die Zeile mit der Rangfolge `1` abgearbeitet ist. Das `u` ganz zum Schluss spezifiziert die »unavailable message«, also jene Nachricht, die den Anrufer darüber informiert, dass der Angerufene gerade nicht erreicht werden kann.

Die dritte Zeile schließlich spezifiziert eine neue Rufnummer, unter der die Familienmitglieder ihren persönlichen Anrufbeantworter anrufen und abhören können. Da es sich nicht um ein richtiges Telefongerät handelt, bedarf es keiner Änderung der Datei *sip.conf*, es genügt diese eine Zeile am aktuellen Ort.

Der persönliche Anrufbeantworter wird für alle Familienmitglieder unter der Rufnummer 99 verfügbar sein, aber der Nachrichtenbestand ist für jedes Benutzerkonto individuell. Wünschen Sie eine andere Telefonnummer, dann ändern Sie die `99` in der dritten Regelzeile entsprechend. Beachten Sie, dass die Rufnummer, die für den Anrufbeantworter genutzt wird, nicht mehr für ein »normales« Telefongerät verwendet werden kann. Wenn Sie die Eingaben vervollständigt haben, dann speichern Sie die Datei ab und beenden `nano`.

20

20.6.3 Angepasste E-Mail-Texte verwenden

Wenn Sie jetzt Asterisk mit dem Befehl

```
sudo service asterisk restart
```

neu starten, dann können Sie auf Ihren Anrufbeantworter zugreifen. Rufen Sie einmal testweise eine interne Rufnummer an, und warten Sie, bis der Anrufbeantworter aktiv wird. Nachdem Sie eine Nachricht hinterlassen haben, wird der angerufene Teilnehmer eine E-Mail-Nachricht erhalten, die im Anhang den Nachrichteninhalt mitbringt.

Zwar wird Sie der Anrufbeantworter von Asterisk am Telefon auf Deutsch begrüßen (solange Sie die Ländereinstellung wie eingangs gezeigt ebenfalls auf deutsche Ausgaben eingestellt haben), aber die versendete E-Mail wird auf Englisch sein. Wenn Sie eine deutschsprachige E-Mail-Benachrichtigung wünschen, dann erreichen Sie das mit wenigen Schritten. Öffnen Sie noch einmal folgende Datei zur Bearbeitung:

```
sudo nano /etc/asterisk/voicemail.conf
```

Fügen Sie innerhalb des `[general]`-Blocks folgende Zeilen ein:

```
charset=UTF-8
locale=de_DE.UTF-8
emaildateformat=%A, %d %B %Y um %H:%M:%S
emailsubject=Sie haben eine neue Nachricht auf dem Anrufbeantworter von ⮐
  ${VM_CALLERID}
emailbody=Hallo ${VM_NAME}:\n\nVon ${VM_CALLERID} gibt es eine neue ⮐
  ${VM_DUR} lange Nachricht auf dem Anrufbeantworter. Dies ist Nachricht ⮐
  ${VM_MSGNUM} in Mailbox ${VM_MAILBOX}, aufgesprochen am ${VM_DATE}.⮐
  \n\n\nBis bald, Grüße von Asterisk auf dem Home Server\n
```

Listing 20.4 Die Änderungen in der Datei »/etc/asterisk/voicemail.conf«

Beachten Sie, dass alle Einträge unbedingt jeweils komplett in eine eigene Zeile eingegeben werden müssen. Hier im Buch musste der letzte Eintrag aufgrund der Länge auf mehrere Zeilen umbrochen werden.

Speichern Sie die Datei anschließend ab, und starten Sie dann Asterisk wie zuvor gezeigt neu. Anschließend werden die E-Mail-Benachrichtigungen deutschsprachig sein.

20.7 Der Versand und Empfang von SMS-Nachrichten

Vielleicht ist Ihnen schon aufgefallen, dass viele Softphones die Möglichkeit zum SMS-Versand bieten. Auch so manche Hardware-Netzwerktelefone bieten diese Option. Derzeit ist Asterisk auf Ihrem Home Server noch nicht so konfiguriert, dass Sie mit Ihren Telefongeräten SMS-Nachrichten versenden und empfangen können, aber wenn Sie an dieser Option Gefallen finden, dann können Sie diese nun einrichten.

Für die Aktivierung des SMS-Dienstes öffnen Sie zuerst wieder die Datei */etc/asterisk/sip.conf* zur Bearbeitung mit `nano`:

```
sudo nano /etc/asterisk/sip.conf
```

Fügen Sie dem [general]-Block die folgenden beiden Zeilen hinzu:

```
accept_outofcall_message=yes
outofcall_message_context=sms
```

Speichern Sie Ihre Änderungen anschließend, und beenden Sie nano.

Nun kommt der etwas aufwendigere Teil, denn Sie müssen auch für den SMS-Versand Wahlregeln erstellen. Diese sind etwas komplexer als die bisherigen Wahlregeln für Telefongespräche. Öffnen Sie noch einmal die Datei *extensions.conf* mit folgendem Befehl:

```
sudo nano /etc/asterisk/extensions.conf
```

Fügen Sie am Dateiende folgenden neuen Block hinzu; nutzen Sie am besten das Downloadangebot zum Buch:

```
[sms]
exten => _X.,1,Set(ACTUALTO=${CUT(MESSAGE(to),@,1)})
exten => _X.,n,MessageSend(${ACTUALTO},${MESSAGE(from)})
exten => _X.,n,GotoIf($["${MESSAGE_SEND_STATUS}" != "SUCCESS"]?sendfailedmsg)
exten => _X.,n,Hangup()

exten => _X.,n(sendfailedmsg),Set(MESSAGE(body)="[ ⮐
  ${STRFTIME(${EPOCH},,%d.%m.%Y-⮐
  %H:%M:%S)}] Nachricht an ${EXTEN} konnte momentan nicht ⮐
  zugestellt werden.")
exten => _X.,n,Set(ME_1=${CUT(MESSAGE(from),<,2)})
exten => _X.,n,Set(ACTUALFROM=${CUT(ME_1,@,1)})
exten => _X.,n,MessageSend(${ACTUALFROM},Asterisk-SMS-Service)
exten => _X.,n,Hangup()
```

Listing 20.5 Die Änderungen in der Datei »/etc/asterisk/extensions.conf«

Beachten Sie unbedingt, dass ein Eintrag aufgrund der Länge hier im Buch umbrochen werden musste. Sie müssen ihn jedoch komplett in eine Zeile der Konfigurationsdatei schreiben.

Die Anweisungen, die Sie eben eingegeben haben, mögen recht komplex aussehen und sind es auch. Ich werde Ihnen daher hier die vollständige Diskussion ersparen, denn es ist unwahrscheinlich, dass Sie sie für eigene Konfigurationen noch einmal brauchen. Der Großteil der Anweisungen beschreibt die Formatierung der Nachrichten hinsichtlich der Empfänger- und Absenderinformationen sowie einer Zustellbenachrichtigung, wenn der Versand fehlgeschlagen ist.

Abbildung 20.15 Der SMS-Versand über Asterisk

Nach dem obligatorischen Neustart von Asterisk steht Ihnen der SMS-Versand sofort zur Verfügung. Innerhalb Ihres Heimnetzes ist der SMS-Versand direkt über Asterisk natürlich kostenlos.

20.8 Die Videotelefonie

Ihre Asterisk-Telefonanlage bietet sogar die Möglichkeit der Videotelefonie. Leider ist diese noch nicht sonderlich weit verbreitet und wird im Regelfall nur von Softphones geboten. Auch hier wird diese Funktion nur von einer überschaubaren Anzahl an Programmen unterstützt, und dann und wann kommt es auch schon einmal zu Stabilitätsproblemen.

Trotzdem können Sie natürlich die Videotelefonie einmal ausprobieren, wenn Sie eine geeignete Software im Einsatz haben, die diese Funktion unterstützt. Bei Smartphones wird die eingebaute (Front-)Kamera verwendet, bei einem Desktopcomputer muss eine Webcam angeschlossen oder eingebaut sein.

Die Aktivierung der Videotelefonie geschieht ausschließlich in der Datei */etc/asterisk/sip.conf*, die Sie nun bitte zur Bearbeitung öffnen:

```
sudo nano /etc/asterisk/sip.conf
```

Fügen Sie dem [general]-Block folgende Zeile hinzu:

```
videosupport=yes
```

Im Prinzip war es das schon, dies genügt für die Aktivierung. Einige Programme kommen jetzt allerdings bei der Wahl des anzuwendenden Videocodecs ins Straucheln. Es schadet dann nichts, wenn man ihnen durch Asterisk etwas Hilfestellung bietet. Asterisk beherrscht derzeit die folgenden fünf Videocodecs, in aufsteigender Qualität angeordnet:

1. H.261,
2. H.263,
3. H.263p,
4. H.264,
5. VP9.

Sie müssen nun prüfen, welchen Codec Ihre Softwarelösung unterstützt. Der Codec VP9 ist noch nicht weit verbreitet und wird nur von wenigen Programmen (oftmals nur gegen eine Gebühr) angeboten. Probieren Sie also zunächst die übrigen Optionen aus. Betrachten Sie die Videotelefonie vorsichtshalber als »experimentell«. Wie üblich ist die Funktion nach dem Abspeichern der Änderungen und dem Neustart von Asterisk verfügbar.

20.9 Klarnamen verwenden und anonym anrufen

Das Protokoll SIP kann übrigens nicht nur die Rufnummern der Gesprächsteilnehmer übertragen, sondern auch einen Klarnamen. Damit funktioniert es so ähnlich wie die E-Mail, bei der es zusätzlich zur E-Mail-Adresse ja einen Klarnamen gibt, den ein E-Mail-Programm häufig als Absender anzeigt. Innerhalb von Asterisk können Sie für jedes Telefoniegerät einen Klarnamen vergeben.

Diese Zuordnung nehmen Sie in der Datei *sip.conf* vor. Öffnen Sie dazu die Datei mit dem Editor nano:

```
sudo nano /etc/asterisk/sip.conf
```

Fügen Sie innerhalb jedes Telefoniegeräte-Blocks folgende Zeile hinzu, die Sie entsprechend anpassen.

```
callerid=Hans Beispiel <10>
```

Dabei ist `Hans Beispiel` natürlich der zu verwendende Klarname. Innerhalb der spitzen Klammern wird die jeweilige Telefonnummer wiederholt. So könnte ein entsprechender Block also in der Konfigurationsdatei aussehen:

```
[10]
type=friend
callerid=Hans Beispiel <10>
secret=passwort10
context=allgemein
host=dynamic
permit=192.168.178.0/255.255.255.0
permit=10.8.0.0/255.255.255.0
```

Listing 20.6 Die Änderungen in der Datei »/etc/asterisk/sip.conf«

Wenn alle Eingaben komplett sind, dann speichern Sie die Datei, beenden `nano` und starten Asterisk neu. Ihr Name wird nun bei einem Anruf angezeigt, wie Sie in Abbildung 20.16 sehen.

Abbildung 20.16 Nun wird Ihr Name bei einem Anruf angezeigt.

Nun kommt es natürlich dann und wann einmal vor, dass man ein Gespräch gerne anonym führen würde, so dass der Name gerade nicht beim Gegenüber angezeigt wird. Auch diese Funktion bietet Asterisk, sie wird allerdings über die Datei *extensions.conf* gesteuert. Öffnen Sie diese Datei mit folgendem Befehl zur Bearbeitung:

```
sudo nano /etc/asterisk/extensions.conf
```

Fügen Sie innerhalb des `[allgemein]`-Blocks die folgenden beiden Zeilen hinzu:

```
exten => _*31#[1-9]X,1,Set(CALLERID(all)=Anonym <anonym>)
exten => _*31#[1-9]X,2,Dial(SIP/${EXTEN:4})
```

Hier haben wir eine Wahlregel erstellt, die Sie vielleicht schon vom Festnetztelefon her kennen. Die Wahlregel kommt dann zum Zuge, wenn Sie eine zweistellige Telefonnummer wählen, vor die Sie die Kombination `*31#` stellen. Beispielsweise wählen Sie also statt der Rufnummer `10` die Nummer `*31#10`. Jetzt greift die Wahlregel und stellt die Angabe des Anrufernamens auf *Anonym*. Die zweite Zeile ergänzt die Wahlregel und wählt die eigentliche Nummer. Beachten Sie den Klammerausdruck. Die Angabe `:4` sorgt dafür, dass die ersten vier Stellen der Rufnummer (in diesem Fall also `*31#`) nicht mitgewählt werden. Gewählt wird also nur die Rufnummer 10.

Auch hier müssen Sie die Datei natürlich wieder abspeichern. Nach dem obligatorischen Neustart von Asterisk können Sie auch diese Funktion verwenden.

20.10 Die Ansagefunktion

In diesem Abschnitt zeige ich Ihnen eine nette Spielerei, mit der Sie die Zeit der Telefonansagen in Ihrem Heimnetzwerk wieder aufleben lassen können. Asterisk kann nämlich auch als Ansagedienst benutzt werden: Wenn man eine bestimmte Rufnummer anruft, dann wird eine vorher festgelegte Klangdatei abgespielt und das Telefonat nach deren Wiedergabe beendet.

Wenn Sie einen solchen Ansagedienst einmal ausprobieren möchten, dann aktivieren Sie ihn in der Datei *extensions.conf*. Öffnen Sie sie mit `nano` zur Bearbeitung:

```
sudo nano /etc/asterisk/extensions.conf
```

Fügen Sie innerhalb des `[allgemein]`-Blocks folgende drei Zeilen hinzu:

```
exten => 98,1,Answer()
exten => 98,2,Playback(hello-world)
exten => 98,3,Hangup()
```

Diese Zeilen definieren (wie schon beim Anrufbeantworter) eine neue Telefonnummer. Wenn Sie mit einem Ihrer Endgeräte die Telefonnummer 98 anrufen, dann passiert Folgendes: Asterisk nimmt zunächst den Anruf entgegen (erste Zeile), spielt dann eine Datei mit dem Namen *hello-world* ab (mittlere Zeile) und legt danach auf (dritte Zeile).

Nach einem Neustart von Asterisk ist diese Funktion verfügbar.

Die vorgefertigte Klangdatei *hello-world* ist jedoch sehr kurz und besitzt kaum einen aussagekräftigen Inhalt. Sie können sie aber durch eine eigene Aufnahme austauschen. Angenommen, Sie möchten einen Reisebericht als Ansage abspielen. Den Reisebericht haben Sie als MP3-Datei auf Ihrem Desktopcomputer. Nun müssen Sie diese Datei zunächst konvertieren, denn mit dem MP3-Format kann Asterisk so ohne weiteres nichts anfangen. Für eine umfassende Kompatibilität bietet sich das unkomprimierte WAV-Format an. Es muss allerdings ein spezielles Datenformat gewählt werden: Konvertieren Sie Ihre Audiodatei auf eine Abtastrate von 8.000 Hz und eine Bitauflösung von 16 Bit. Außerdem sollte sie in Mono sein. Bezüglich der Dateilänge (und Größe) gibt es kaum Einschränkungen, so sind auch ganze Hörbücher möglich. Zur Konvertierung eignen sich sehr viele Programme, angefangen von Anwendungen zur Audiobearbeitung bis hin zu universellen Kodierungstools aus dem Multimediabereich, selbst mit dem beliebten Mediaplayer VLC gelingt die Konvertierung problemlos. Verwenden Sie einen kurzen, einfachen Dateinamen ohne Sonderzeichen, und nutzen Sie die kleingeschriebene Dateiendung *.wav*. Kopieren Sie die erstellte Datei auf Ihren Home Server in das dortige Verzeichnis */usr/share/asterisk/sounds/de/*.

Nun können Sie die Konfiguration von Asterisk entsprechend anpassen. Wenn Ihre Datei beispielsweise *reisebericht.wav* heißt, dann ändern Sie die mittlere Zeile des zuvor angesprochenen Blocks wie folgt:

```
exten => 98,2,Playback(reisebericht)
```

Hierbei müssen Sie unbedingt beachten, dass Sie die Datei ohne ihre Endung benennen. Die Dateiendung fügt Asterisk bei der Suche nach der passenden Datei automatisch hinzu. Nach dem notwendigen Neustart der Anwendung können Sie den Ansagedienst ausprobieren.

20.11 Die Nutzung von Kurzwahlen

Ist Ihnen bei der Betrachtung der bisherigen Wahlregeln etwas aufgefallen? Bei genauer Betrachtung kommt man vielleicht auf die Idee, mit diesen Regeln auch Kurzwahlen einzurichten. Das funktioniert tatsächlich. Betrachten Sie dazu folgendes Beispiel:

```
exten => 97,1,Dial(SIP/10)
```

Diese Regel träfe dann zu, wenn die Rufnummer `97` gewählt würde. Das Muster beginnt dieses Mal ohne einen einleitenden Unterstrich, weil es hier keinen variablen Zahlenraum gibt, der zu prüfen ist, sondern genau eine feste Nummer – nämlich die 97. Wenn nun diese Nummer gewählt wird, dann wird ein Gespräch aufgebaut – und zwar zu der Rufnummer 10. Natürlich ist dies kein gutes Beispiel für eine Kurzwahl, denn man spart sich überhaupt keine Tastendrücke, aber es verdeutlicht die Sachlage.

Selbstredend können Sie die 10 auch durch eine deutlich längere Nummer ersetzen – so ergibt die Kurzwahlfunktion deutlich mehr Sinn. Sie können beliebig viele dieser Kurzwahlen einführen, müssen aber darauf achten, dass sich die Kurzwahlnummern nicht mit bereits vergebenen Telefonnummern überschneiden. Im Beispiel darf es also kein Telefon mit der Nummer 97 geben – ansonsten sind ungewollte Ergebnisse vorprogrammiert. Die Änderungen an der Datei */etc/asterisk/extensions.conf* sehen Sie in Abbildung 20.17.

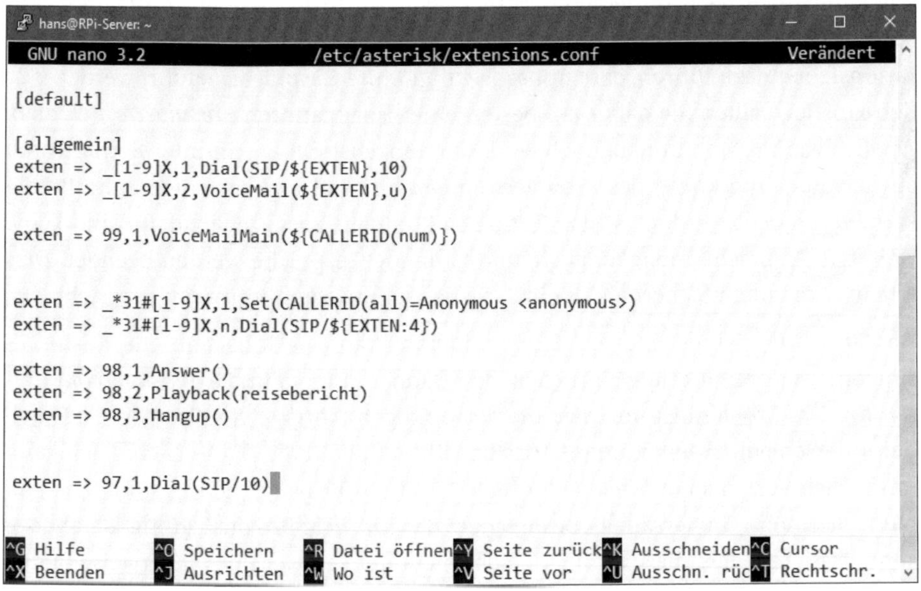

Abbildung 20.17 Die Änderungen an der Datei »/etc/asterisk/extensions.conf«

20.12 Externe Telefonate über einen VoIP-Provider

Bislang kümmert sich Ihre Asterisk-Telefonanlage ausschließlich um die interne Kommunikation innerhalb Ihres Heimnetzwerks. Sie können zwar Interngespräche führen, aber nicht »nach draußen« in das »richtige« Telefonnetz anrufen und auch nicht von einem externen Teilnehmer angerufen werden.

Natürlich ist Asterisk auch in der Lage, mit der »großen weiten Welt« zu telefonieren, und bietet dafür zahlreiche Schnittstellen. Für den Privatnutzer ist hierbei erneut die VoIP-Kommunikation über das Internet am interessantesten. Für die erfolgreiche

Kommunikation in das klassische Telefonnetz sind Sie auf einen externen SIP-Provider angewiesen, der für Sie die Vermittlung der Telefongespräche vom und ins Festnetz übernimmt (das gilt natürlich auch für die Mobilfunknetze). Wenn Sie mit Ihrer Telefonanlage »richtig« telefonieren wollen, dann müssen Sie sich zunächst bei einem SIP-Provider (es ist auch die Bezeichnung *VoIP-Provider* geläufig) für die Nutzung anmelden. Die Nutzung eines externen SIP-Providers ist allerdings mit Kosten verbunden. Es gibt verschiedene Abrechnungsmodelle, angefangen von Minutenpreisen bis hin zu monatlichen Pauschaltarifen. Oftmals sind die Gebühren abhängig von der Art des Zielnetzes und dem Zielland. Ankommende Gespräche sind jedoch häufig kostenlos.

An dieser Stelle wird es natürlich etwas kritisch, denn die Nutzung eines SIP-Providers, der nutzungsabhängig abrechnet, kann teuer werden. Das kann vor allem dann passieren, wenn sich unbefugte Dritte Zugang zu Ihrem Server verschaffen und somit auf Ihre Kosten telefonieren. Ebenso können (zumindest theoretisch) Konfigurationsfehler dazu führen, dass unbeabsichtigt teure Gespräche geführt werden. Für den Einstieg sollten Sie daher am besten einen sogenannten *Prepaid-Tarif* wählen. Ähnlich wie im Mobilfunkbereich wird hier zunächst ein bestimmter Betrag vorab auf das Buchungskonto des Providers eingezahlt, und nur der eingezahlte Betrag kann verbraucht werden. Ist das Guthaben komplett ausgegeben, dann sind keine weiteren Gespräche mehr möglich, und laufende Gespräche werden beendet. Dies gibt deutlich mehr Sicherheit als ein Tarif, der keine Kostenlimitierung vorsieht.

Die Einrichtung eines externen SIP-Providers verläuft nach bekanntem Muster. Es sind erneut Konfigurationseinträge in den Dateien *sip.conf* und *extensions.conf* notwendig. Das Problem ist nur, dass die notwendigen Einträge von Provider zu Provider unterschiedlich sein können. Dies betrifft vor allem die Datei *sip.conf*. Ich kann unmöglich vorhersehen, welche Einträge für Ihren Provider richtig sind. Ich kann hier nur einen »Universalfall« besprechen, der für viele Provider gültig ist, aber es kann passieren, dass dies bei Ihnen leider nicht der Fall ist. Glücklicherweise bieten viele Provider auf ihren Internetseiten Konfigurationstexte für Asterisk-Telefonanlagen an oder sind auf Anfrage bei der Einrichtung behilflich. Bei Problemen schadet ein Blick auf die Website des Providers also keinesfalls.

20.12.1 Die Konfiguration der SIP-Daten

Für den Universalfall nehme ich an, dass Sie den Beispiel-Provider mit der Internetadresse *provider.example.com* verwenden. Ich gehe davon aus, dass diese Domain auch für den Verbindungsaufbau genutzt werden soll. Vom Provider wurde Ihnen die Telefonnummer 0000000000 zugeteilt, und das zugehörige Passwort lautet »Passwort«.

Als Erstes müssen Sie den Provider in der Datei *sip.conf* eintragen. Öffnen Sie diese Datei zur Bearbeitung:

```
sudo nano /etc/asterisk/sip.conf
```

Zunächst werden Sie die sogenannte *Registrierung* beim Provider vornehmen. Dies ist ein Fachausdruck, unter dem Sie sich die Anmeldung von Asterisk zum folgenden Telefonverkehr vorstellen können. Durch die Registrierung werden ankommende Telefongespräche an Asterisk signalisiert – kurz gesagt: Sie können angerufen werden. Die Registrierung nehmen Sie im `[general]`-Block vor. Dort fügen Sie am Ende folgende Zeilen ein:

```
; externer Provider
externhost= Adresse.example.com
externrefresh=180
register => 0000000000:Passwort@provider.example.com/0000000000
```

Die obere Zeile dient nur als Kommentar mit einem Hinweis für Sie. In der zweiten Zeile müssen Sie Ihre Domainadresse eintragen. Verwenden Sie am besten einen dynamischen DNS-Dienst. Die Domain muss stets auf Ihre externe IP-Adresse verweisen. Sie müssen unbedingt einen solchen Dienst verwenden, damit die Telefonie korrekt funktionieren kann, denn Asterisk muss Ihre externe IP-Adresse kennen. Asterisk wird alle drei Minuten die Domain aufrufen und so Ihre IP-Adresse erfahren – dies stellt die dritte Zeile ein. Ersetzen Sie in der letzten Zeile die Beispieldaten mit den Werten, die für Ihren Provider und Ihr Benutzerkonto zutreffen. Beachten Sie, dass Sie Ihre Rufnummer sowohl am Anfang als auch am Ende der Zeile eingeben müssen. Der Doppelpunkt im ersten Teil und der Schrägstrich gegen Ende der Zeile sind essentiell und dürfen auf keinen Fall weggelassen werden.

Als Nächstes werden Sie ein weiteres (virtuelles) Telefoniegerät erzeugen, das zur Kommunikation mit dem externen Provider genutzt wird. Es soll beispielhaft `extern` heißen. Bitte ändern Sie diese Bezeichnung nicht, weil folgende Einträge hierauf zurückgreifen. Fügen Sie der noch geöffneten Datei *sip.conf* folgenden neuen Block hinzu:

```
[extern]
type=friend
host=provider.example.com
fromuser=0000000000
defaultuser=0000000000
secret=Passwort
fromdomain=provider.example.com
context=von-extern
qualify=yes
```

```
canreinvite=no
nat=force_rport
insecure=invite
```

Listing 20.7 Die Änderungen in der Datei »/etc/asterisk/sip.conf«

Ersetzen Sie in diesem Block die Einträge in den Zeilen `host`, `fromuser`, `defaultuser`, `secret` und `fromdomain` durch die für Sie zutreffenden Werte.

[!]

Achten Sie auf die Sicherheit

Diese Konfiguration ist aus sicherheitstechnischer Sicht recht »freizügig« und so ausgelegt, dass sie zumindest zum Testen mit vielen externen Providern zusammenarbeitet. Wenn Ihr Provider andere Konfigurationsoptionen vorsieht, dann sollten Sie unbedingt seine Einträge verwenden!

Dies schließt die Konfigurationsschritte für die Datei *sip.conf* ab. Speichern Sie die Datei, und beenden Sie `nano`.

20.12.2 Die Erstellung von Wahlregeln

Jetzt müssen Sie weitere Wahlregeln in die Datei *extensions.conf* eintragen. Öffnen Sie also diese Datei zur Bearbeitung:

```
sudo nano /etc/asterisk/extensions.conf
```

Fügen Sie innerhalb des `[allgemein]`-Blocks folgende neue Wahlregel hinzu:

```
exten => _0X.,1,Dial(SIP/${EXTEN:1}@extern)
```

Diese Wahlregel wird Folgendes bewirken: Wenn Sie eine Nummer beliebiger Länge wählen (dafür steht das `X.`), die mit einer Null beginnt, dann wird Asterisk diese Nummer über den Provider `extern` wählen und ein Telefongespräch aufbauen. Die vorangehende Null (das erste Zeichen) wird Asterisk jedoch nicht mitwählen. Diese Zeile ist also für externe Gespräche zuständig. Für Sie heißt es also: Wenn Sie »raustelefonieren« wollen, dann müssen Sie eine Null vorwegwählen.

[!]

Alle Gespräche sind erlaubt

Diese Wahlregel erlaubt bedingungslos alle externen Telefongespräche auch zu kostenpflichtigen Auslands- und Sonderrufnummern.

Jetzt zeige ich Ihnen direkt, wie Sie eine weitere Wahlregel definieren, die Telefonate zu Sonderrufnummern aus der Rufnummerngasse 0900 sperrt:

```
exten => _00900.,1,Playback(invalid)
exten => _00900.,2,Hangup
```

Sicherlich erkennen Sie das Muster: Wird eine externe Nummer gewählt, die zunächst mit der führenden Null beginnt und dann mit 0900 fortgesetzt wird, dann wird (egal, welche und wie viele Ziffern folgen) nun statt der Dial-Anweisung eine Playback-Anweisung ausgeführt, die nur eine Audiodatei abspielt, die auf ein Verbot dieser Nummer hinweist. Anschließend beendet Asterisk die Verbindung. Diesem Muster folgend können Sie beliebig viele Ausschlussregeln definieren und innerhalb des [allgemein]-Blocks eintragen. Probieren Sie etwa, eine Wahlregel anzulegen, die Rufnummern im Ausland oder zu weiteren Mehrwertdiensten in Deutschland sperrt.

Jetzt müssen Sie sich noch um Anrufe kümmern, die von extern hereinkommen. Dies ist also der Fall, wenn Sie angerufen werden. Asterisk soll diese ankommenden Rufe an die verbundenen Telefongeräte weiterleiten. Dafür definieren Sie innerhalb der noch geöffneten Datei folgenden neuen Block:

```
[von-extern]
exten => _X.,1,Dial(SIP/10&SIP/11&SIP/12,20)
exten => _X.,2,VoiceMail(10,u)
```

Diese Regel wird Folgendes bewirken: Jedes ankommende Telefonat wird von Asterisk an die internen Telefone mit den Telefonnummern 10, 11 und 12 weitergeleitet. Diese klingeln für 20 Sekunden. Nimmt während dieser Zeit niemand ab, dann wird das Telefongespräch dem Anrufbeantworter Nummer 10 übergeben. Sie können diese Werte beliebig anpassen und beispielsweise externe Anrufe nur auf den Telefonnummern 11 und 12 klingeln lassen. Sollten bei Ihnen ankommende Anrufe nicht signalisiert werden, dann ersetzen Sie den Parameter _X. durch den einfachen Parameter s, der häufig dann weiterhilft, wenn keine gültige Zielrufnummer gesendet wurde.

20

[*]

Manchmal sind Portfreigaben nötig

Die Konfiguration einer Telefonanlage, die SIP zum Aufbau von Verbindungen nutzt, ist immer etwas kompliziert. Das gilt insbesondere, wenn Sie einen IPv4-Internetanschluss haben, der das NAT-Verfahren nutzt. Der Grund für die Schwierigkeiten liegt darin, dass das SIP nicht dafür entwickelt wurde, mit einer NAT umzugehen. Das äußert sich oft darin, dass eine Verbindung gar nicht aufgebaut werden kann, oder dass sich die Gesprächsteilnehmer nicht oder nur einseitig hören. Oft hilft es, wenn man im Router Portfreigaben einrichtet. Bei vielen Routern ist dies nicht nötig, zum Beispiel bei der FritzBox. Diese hat ein sogenanntes *Application Layer Gateway*, kurz *ALG*, eingebaut, das die notwendigen Daten in den SIP-Nachrichten anpasst, so dass keine Portfreigaben nötig sind. Wenn Ihrem Router diese Funktion fehlt, dann müssen Sie selbst aktiv werden. Öffnen Sie `sudo nano /etc/asterisk/rtp.conf`, und ändern Sie die Parameter `rtpstart` und `rtpend` in `rtpstart=10000` und `rtpend=10050`. Geben Sie anschließend diesen Portbereich für das UDP in Ihrem Router frei. Testen

Sie die Verbindung. Gegebenenfalls ist eine zusätzliche Portfreigabe für Port 5060, Protokoll UDP, erforderlich. Wenn dem so ist, dann achten Sie ganz besonders auf sichere Passwörter in Ihrer Asterisk-Konfiguration, und verwenden Sie in jedem Fall einen Prepaid-Anbieter.

Dies schließt die Konfiguration für externe Provider ab. Speichern Sie Ihre Eingaben, und beenden Sie nano. Die Konfiguration sehen Sie in Abbildung 20.18.

Abbildung 20.18 Externe Gespräche konfigurieren in der Datei »/etc/asterisk/extensions.conf«

Wahlregeln, beispielsweise für anonyme Anrufe, können Sie entsprechend ergänzen. Nach einem Neustart von Asterisk können Sie die externe Telefonie ausprobieren.

[»]

Mehr Sicherheit durch unvorhersehbare Gerätenamen

Wenn Sie Asterisk nur intern im Heimnetzwerk nutzen, dann müssen Sie sich über die Gerätebezeichnungen keine großen Gedanken machen. Wenn Sie aber einen externen Anbieter verwenden oder sogar Ihre Asterisk-Anlage für das Internet öffnen (um sich von unterwegs dazu verbinden zu können), dann sollten Sie über die Gerätenamen in der Datei *sip.conf* noch einmal nachdenken. Es ist dann nicht so gut, wenn die Telefongeräte mit ihren Rufnummern bezeichnet werden. Der Grund: Ein Hacker probiert zunächst immer solche Rufnummern aus, um sich Zugang zum System zu verschaffen. Besser ist es, wenn die Geräte unvorhersehbare Bezeichnungen haben. Statt [10] sollte ein Telefongerät besser etwa [HansDiele] heißen. Wenn Sie solche Bezeichnungen verwenden möchten, dann müssen Sie aber komplett neue

Wahlregeln definieren. Mit einer einfachen Mustersuche ist es nicht mehr getan, sondern Sie müssen für jede Rufnummer eine eigene Wahlregel anlegen. Zum Beispiel so:

```
exten => 10,1,Dial(SIP/HansDiele,20)
exten => 10,2,VoiceMail(${EXTEN},u)
```

Sie können dann immer noch ganz normal die Rufnummer `10` wählen, Asterisk ruft aber automatisch das Gerät `HansDiele` an. Auch SMS-Wahlregeln müssen entsprechend angepasst werden.

Damit sind Sie am Ende dieser kleinen Einführung in Asterisk angelangt. Ihnen steht nun eine kleine rudimentäre Telefonanlage zur Verfügung. Bitte verstehen Sie diese Anleitung jedoch nur als Einführung. Asterisk bietet noch weitaus mehr Funktionen, als ich hier besprechen kann. Beachten Sie beispielsweise, dass derzeit sämtliche Telefongespräche unverschlüsselt durchgeführt werden. Für Verbindungen über Ihr VPN in Ihr Heimnetz mag dies nicht gravierend sein (die VPN-Verbindung ist ja verschlüsselt), aber für externe Gespräche mag dies relevant sein. Außerdem habe ich die Konfiguration von Nebenstellen nur grundlegend angerissen und beispielsweise keine getrennten Wahlregeln definiert. Für bestimmte Szenarien könnten Sie noch restriktivere Sicherheitseinstellungen wählen. Diese Spezialfälle sollten jedoch Gegenstand weiterführender Literatur sein, die Ihnen empfohlen sei, wenn Sie sich für eine größere und vor allem eine sichere Asterisk-Installation interessieren.

TEIL III

Sicherheit und Wartung

Kapitel 21
Die (Daten-)Sicherheit Ihres Home Servers

In diesem Kapitel lernen Sie etwas zum sicheren Betrieb Ihres Home Servers. Dabei ist es stets das Ziel, dass nur Sie auf Ihre persönlichen Daten zugreifen können.

Es ist sicherlich nicht verkehrt, wenn Sie sich in diesem Buch auch mit dem Thema (Daten-)Sicherheit des Servers befassen. Schließlich geht es hier um die Sicherheit Ihrer Daten, vielleicht sogar um Ihre digitale Identität. Beim Thema (Daten-)Sicherheit soll es hauptsächlich darum gehen, dass Ihre Daten Ihnen gehören und nur von Ihnen eingesehen und verändert werden können. Möglicherweise möchten Sie noch weiteren Personen explizit erlauben, einen Teil Ihrer Daten einzusehen oder auch zu verändern, aber im Regelfall dieses Recht nicht auf die ganze Menschheit ausweiten. Leider ist ein Computer ziemlich dumm. Er kann zwar vorgegebene (mehr oder weniger starre) Befehle mit atemberaubender Geschwindigkeit abarbeiten, aber er besitzt keine wirkliche Intelligenz, er hat kein Gewissen und kann so auch (noch) nicht zwischen »Gut und Böse« unterscheiden. Wenn jemand den richtigen Befehl eingibt, dann präsentiert ihm der Computer die angeforderten Daten, ohne Wenn und Aber. Sie müssen also dafür sorgen, dass nur bestimmte Personen entsprechende Befehle ausführen können, und – ganz grob und ganz vereinfacht gesagt – darum soll es hier bei dem Thema Sicherheit gehen.

21.1 Die Sicherheit durch die NAT-Funktion Ihres Routers

Dieses Buch beschäftigt sich ja hauptsächlich mit dem Einsatz eines Computers als Heim(netzwerk)server. In einem Heimnetzwerk gibt es im Regelfall mehrere PCs (und Smartphones, Fernseher, Tablets, Waschmaschinen ...), die das Netzwerk aufspannen. Jeder Computer, der Teil dieses Netzwerks ist, kann (bisher) mit dem Home Server kommunizieren. Mit großer Wahrscheinlichkeit hat Ihr Heimnetzwerk auch einen Anschluss an das Internet. Kann nun etwa auch jeder Computer im Internet mit Ihrem Home Server kommunizieren? Zum Glück nicht. Dafür sorgt Ihr Router, der die Verbindung zum Internet, dem »Netz der Netze«, herstellt. Sämtliche Anfragen aller Heimnetzwerkgeräte an IP-Adressen, die außerhalb des eigenen Heimnetzes liegen, werden über diesen Router gesendet. Wie Sie wissen, läuft auch heute noch ein beachtlicher Teil der Kommunikation im Internet über das sogenannte *IPv4* (das Internetprotokoll in Version 4), das mit den bekannten IPv4-Adressen arbeitet. Diese bestehen aus Zahlengruppen im Bereich von 0.0.0.0 bis 255.255.255.255. Wie Sie leicht erkennen können, ist das zwar ein sehr großer, aber keinesfalls unendlicher Bereich. Tatsächlich ist die Menge der zur Verfügung stehenden IP-Adressen für heutige Maßstäbe recht klein. Der Vorrat an IP-Adressen reicht keinesfalls aus, um für jeden Computer, den es auf der Erde gibt, eine eigene IP-Adresse bereitstellen zu können. Deswegen hat man sich einen Trick einfallen lassen, und zwar die sogenannte *Network Address Translation*, kurz *NAT*. Sie haben bei sich zu Hause üblicherweise ein Subnetz aus dem sogenannten *privaten Adressbereich*, beispielsweise das Subnetz 192.168.178.0 mit 256 IP-Adressen (und maximal 254 Teilnehmern). Adressen aus dem privaten Adressbereich werden im Internet nicht über den Router weitergeleitet (neudeutsch: geroutet), sind also von außen nicht erreichbar. Wenn ein PC aus Ihrem privaten Heimnetz eine Anfrage »nach draußen« ins Internet stellt, dann ersetzt die NAT-Funktion des Routers seine interne IP-Adresse durch die öffentliche IP-Adresse, die Ihnen von Ihrem Internetanbieter zugeteilt wurde. Von »außen« gesehen erscheint diese Anfrage nun unter Ihrer externen IP-Adresse. Es ist nicht zu erkennen, von welchem Gerät in Ihrem internen Netzwerk diese Anfrage stammt. Daher leitet sich der Ausdruck »Network Address Translation« ab, die Adressen werden quasi übersetzt. Ihr Router merkt sich in seiner NAT-Tabelle, welcher PC welche Anfragen gestellt hat. Wenn nun von außen eine Antwort eintrifft, dann leitet er diese Antwort an den PC weiter, der die zugehörige Anfrage gestellt hat. Sie sehen also: Alle PCs im Heimnetzwerk teilen sich die gemeinsame externe, öffentliche IP-Adresse, und genau das ist auch der Sinn und Zweck der NAT-Funktion. Somit lassen sich also viele Teilnehmer zu einer einzigen IPv4-Adresse zusammenfassen.

Dank dieser Vorgehensweise kann die NAT-Funktion aktuell jedoch noch einen weiteren Sicherheitsvorteil bieten. Ein so ausgestatteter Router akzeptiert nämlich nur solche externen Antworten, die vorher explizit angefordert wurden. Das geht auch gar nicht anders. Würde nämlich ein beliebiger externer Teilnehmer an Ihre öffentliche IP-Adresse die plumpe Anfrage »Hey, schick mal die Datei mit all deinen Passwörtern!« senden, dann wüsste der Router ja gar nicht, an welches Gerät er diese Anfrage in seinem internen Netz weiterleiten sollte. Schließlich wurde diese Anfrage nicht explizit von innen gewünscht und angefragt. Dies führt dazu, dass die internen Rechner nicht ohne weiteres von außen erreichbar sind. Damit sind sie schon einmal sehr gut geschützt. Ihr Home Server kann also nicht aus dem Internet direkt angesprochen werden. Jemand Fremdes mit böswilligen Interessen kann Ihren Server (und alle anderen Computer in Ihrem Netzwerk) nicht erreichen. Plump (aber nicht falsch) formuliert: *Raus kann jeder, rein nur mit voriger Einladung.*

Aufgrund der Knappheit der IPv4-Adressen und einiger Unzulänglichkeiten der NAT-Funktion hat man sich das *IPv6* ausgedacht. IPv6-Adressen sind deutlich länger als IPv4-Adressen. Sie verwenden eine hexadezimale Notation, bestehen also nicht nur aus Ziffern, sondern auch aus den Buchstaben a bis f. Dank ihrer Länge von 128 Bit stehen insgesamt über 340 Sextillionen IP-Adressen zur Verfügung, so dass jeder Computer auf der Welt problemlos (mindestens) eine eigene IP-Adresse erhalten kann. Wenn man IPv6 nutzt, dann ist eine NAT-Funktion nicht mehr erforderlich. Jedes Gerät kann (nach wie vor über den Router) Anfragen unter seiner eigenen Adresse stellen. Aber auch jetzt muss man sich über die Sicherheit der Geräte im Heimnetzwerk keine Sorgen machen. Im Router ist nämlich eine Firewall eingebaut. Diese überwacht den Datenverkehr mit dem Internet. Eingehende Anfragen aus dem Internet werden auch bei der Nutzung von IPv6 nur dann an das Gerät im Heimnetzwerk weitergeleitet, wenn sie explizit vorher angefragt wurden. Damit sind die Geräte im Heimnetzwerk nach wie vor nicht direkt aus dem Internet ansprechbar. Die Firewall kann allerdings auf Wunsch so konfiguriert werden, dass bestimmte Anfragen an ein Gerät im Heimnetzwerk weitergeleitet werden. Auf diese Weise lassen sich beispielsweise die Dienste des Home Servers auch über das Internet nutzen. Während man beim IPv6 direkt mit dem entsprechenden Gerät kommunizieren und dieses über seine eigene IPv6-Adresse ansprechen kann (der Router leitet die Datenpakete direkt weiter), läuft die Verbindung beim IPv4 (über das Internet) stets über die externe IPv4-Adresse des Routers (der die Daten dann per Portweiterleitung an das Zielgerät leitet).

In einem modernen Heimnetzwerk sind häufig beide IP-Protokolle aktiv. Sie können Ihrem Home Server daher sowohl über seine IPv4-Adresse als auch über seine IPv6-Adresse ansprechen. Während das Gerät nur über eine IPv4-Adresse aus dem privaten Adressbereich verfügt, kann es beim IPv6 mehrere IP-Adressen erhalten. Ansprechbar ist das Gerät im Heimnetzwerk über alle diese Adressen, die teilweise für verschiedene Zwecke gedacht sind. In diesem Buch verwende ich aber stets die IPv4-Adresse. Im Heimnetzwerk bereitet dieses Protokoll keine Probleme, es ist auch nicht langsamer als das modernere IPv6. Die kurzen Adressen des IPv4 sind allerdings wesentlich leichter zu merken, daher bietet die Nutzung dieses Protokolls also gewisse Vorteile.

21.2 Die Sicherheit im Heimnetzwerk

Die Dienste Ihres Servers stehen also allesamt erst einmal nur den Mitgliedern Ihres Heimnetzes zur Verfügung. In Ihrem Heimnetzwerk sollte ein gewisses Vertrauen herrschen – schließlich wird es sich um ein familieninternes Netzwerk handeln, und es ist unwahrscheinlich, dass ein Familienmitglied einem anderen ernsthaften Schaden anrichten möchte. Es kann allerdings schon einmal vorkommen, dass der Nachwuchs einmal etwas neugierig wird und wissen möchte, was die Eltern (oder Geschwister) da so an Daten auf dem Server oder in den einzelnen Anwendungen speichern. Jemand könnte vielleicht auf die Idee eines vermeintlich ulkigen Schabernacks kommen und versuchen, an die »lustigen Partybilder« der Geschwister zu kommen, um mit ihnen dann ebenso »lustige« Aktionen durchzuführen. Da so etwas ganz schnell unlustig werden kann, sollten Sie es von vornherein zu verhindern versuchen. Zunächst ist also Aufklärungsarbeit als Teil der Erziehung gefragt. Es kann aber dennoch nicht schaden, sich auch um die Sicherheit der Daten im Heimnetzwerk zu kümmern, und folglich sollten Sie zumindest grundlegende Vorkehrungen treffen, damit Ihre Daten nicht von jedermann eingesehen werden können.

Wählen Sie also als erste Maßnahme auch für solche Dienste, die nur im Heimnetz zu erreichen sind, sichere Passwörter.

Wichtige und vertrauliche Daten sollten darüber hinaus verschlüsselt werden. Viele Packprogramme bieten beispielsweise an, ein Archiv vor unerlaubtem Zugriff mit einem Passwort zu schützen. Es gibt auch spezielle Programme, die ganze Verzeichnisse (und sogar Festplatten) verschlüsseln. Viele davon sind Freeware (oder gar komplett Open Source) und lassen sich rasch über Suchmaschinen im Internet finden. Auch die Nextcloud bietet die Funktion, alle Daten direkt auf dem Server zu verschlüsseln, so dass nur die jeweiligen Besitzer direkten Zugang haben.

Ein weiterer wichtiger Punkt ist die Regelung der Besitzverhältnisse und der Ausführrechte der Dateien auf Ihrem Server. Sie haben im Grundlagenkapitel gelernt, wie Sie mit den Dateirechten unter einem Linux-Dateisystem umgehen. Setzen Sie also die Rechte der Dateien so, dass sie nur der jeweilige Besitzer lesen und bearbeiten kann – dies sperrt neugierige Augen ohne *root*-Zugriff aus.

Sie müssen aber stets bedenken, dass jemand mit `sudo`-Rechten vollen Zugriff auf alle Daten auf dem Server hat (solange sie nicht verschlüsselt sind). Achten Sie also darauf, dass Ihr Benutzerpasswort geheim bleibt (und sicher gewählt ist). Denken Sie auch genau darüber nach, welchen Benutzer (beziehungsweise welches Familienmitglied) Sie in die *sudo*-Gruppe aufnehmen, also welchem Benutzer Sie gestatten, *root*-Rechte zu übernehmen.

Das Thema Sicherheit im Heimnetz ist aber doch noch etwas größer.

Vielleicht können Sie sich sicher sein, dass Ihre Familienmitglieder, also die Computerbenutzer, keine boshaften Taten ausführen, aber gilt das auch mit Sicherheit für alle Computer? Denken Sie daran, dass Sie – zumindest theoretisch – auch »von innen heraus« angegriffen werden können. Es ist möglich, dass einer Ihrer Computer beim Streifzug durch das Internet mit einer boshaften Software infiziert wird. Das passiert im schlimmsten Fall durch unvorsichtiges Ausprobieren von Programmen aus dubiosen Quellen, teilweise sogar durch das Öffnen von E-Mails eines boshaften Absenders. Theoretisch ist es sogar denkbar, wenn auch weniger wahrscheinlich, dass sich in einem Dienst, der von sich aus eine Verbindung zum Internet aufbaut, eine Sicherheitslücke befindet, die von jemandem ausgenutzt wird. So kann ein PC beispielsweise mit einem trojanischen Pferd infiziert werden, das nicht nur auf dem jeweiligen PC auf die Suche nach vertraulichen Daten geht, sondern vielleicht gleich das ganze Heimnetzwerk danach durchforstet. Auch hier ist also gegebenenfalls Erziehungsarbeit gefragt, und Sie sollten darauf achten, dass zumindest (gute) Virenscanner installiert sind. Übrigens: Die meisten Viren werden nach wie vor für das Windows-Betriebssystem und neuerdings auch für mobile Betriebssysteme geschrieben; das liegt vor allem am hohen Verbreitungsgrad. Für Linux gibt es jedoch kaum Schadware. Das ist auch der Grund dafür, dass unter Linux im Regelfalle keine Virenscanner eingesetzt werden. Falls doch ein Virenscanner verwendet wird, dann ist es im Regelfall ein Scanner, der nach Viren für andere Betriebssysteme sucht.

21.3 Was kann beim Zugriff aus dem Internet passieren?

Manchmal kann ein Punkt erreicht sein, an dem Sie sich wünschen, auf die Daten und Dienste, die Ihr Home Server anbietet, auch von außerhalb Ihres Heimnetzes zuzugreifen. Vielleicht möchten Sie mit Ihrem Smartphone von unterwegs Kalendereinträge lesen und hinzufügen, oder Sie möchten die Einkaufsliste lesen, die Sie auf dem Server angelegt haben, vielleicht möchten Sie auch Ihre Musik hören. Natürlich darf an dieser Stelle auch mein Paradebeispiel (mal wieder) nicht fehlen, Sie wissen schon, die spannenden Urlaubsbilder, die Sie über Ihre Nextcloud Freunden und Bekannten zeigen wollen. Ich möchte Ihnen zunächst einmal zeigen, was (zumindest theoretisch) schiefgehen kann, wenn Sie irgendeinen Dienst Ihres Servers aus dem Internet erreichbar machen.

Zunächst müssen Sie sich bewusst machen, dass Sie einen Dienst im Internet (in der Grundeinstellung) für jeden Menschen auf der Welt erreichbar machen, sobald Sie die Möglichkeit der Nutzung über das Internet aktivieren. Auf Ihre IP-Adresse, unter der Sie im Internet erreichbar sind, kann von der ganzen Welt aus zugegriffen werden – ein Internetzugang genügt. Jeder Mensch (und jeder Computer), egal, in welchem Land er sich befindet, kann mit dem Dienst auf Ihrem Home Server kommunizieren. Unter allen Personen werden sich mit Sicherheit auch boshafte befinden. Was könnten diese anrichten? Nun, zunächst einmal könnten sie Ihr Passwort erraten, das den Zugriff zu Ihrem Dienst regelt. Wenn diese Personen in den Besitz des Passwortes gelangen, dann haben sie genau den gleichen Zugriff wie Sie selbst als rechtmäßiger Besitzer der Daten. Die Angreifer können also alle Daten auslesen und manipulieren. Hierbei gibt es übrigens eine Methode, die garantiert zum Erfolg führt, und das ist die sogenannte *Brute-Force-Methode*. Dabei werden einfach alle möglichen Zahlen- und Buchstabenkombinationen eines Passwortes ausprobiert, bis das richtige gefunden wurde. Dieser Weg führt immer zum Ziel, Sie können aber dafür sorgen, dass er sehr,

sehr lange dauert. Dazu müssen Sie einfach nur ein sicheres Passwort nutzen, das recht lang ist und viele gemischte Zeichen in zufälliger Anordnung enthält sowie nicht in einem Wörterbuch vorkommt. Um ein solches Passwort zu knacken, ist ein erheblicher Zeit- und Rechenaufwand nötig. Dies erzeugt also beachtliche Kosten, und ein Hacker wird dann hoffentlich bald aufgeben und sich einfacheren (und damit günstigeren) Zielen zuwenden.

Es gibt aber eine andere Möglichkeit, an Ihre Daten zu gelangen, und das sind *Sicherheitslücken*. Kein Mensch arbeitet fehlerfrei. Das gilt auch für die Programmierer, die die Dienste auf Ihrem Server entwickelt haben. In einem Dienst kann es also eine Sicherheitslücke geben, die sich ausnutzen lässt. Es könnte beispielsweise sein, dass eine sehr lange Dateneingabe einen Puffer im Programm überlaufen lässt, so dass die Daten an einer ganz anderen Stelle als beabsichtigt landen und dort versehentlich als ein Befehl ausgeführt werden. Der Angreifer muss hierbei speziell präparierte Daten senden, um eine bestimmte Sicherheitslücke auszunutzen. Wenn Sie hin und wieder etwas Computerliteratur lesen, dann sind Ihnen bestimmt schon Meldungen begegnet, dass einmal wieder die eine oder andere Sicherheitslücke gefunden wurde. Im Regelfall läuft das Ganze aber so ab, dass zunächst (oftmals von Sicherheitsexperten) eine Sicherheitslücke gefunden und diese dann erst einmal den Entwicklern des betroffenen Programms mitgeteilt wird. Sie beheben dann die Sicherheitslücke mit einem Update. Erst wenn dieses bereitsteht, wird die Presse informiert (oder ein Bericht veröffentlicht).

Um eine Sicherheitslücke ausnutzen zu können, ist aber schon eine tiefere Sachkenntnis erforderlich. So etwas gelingt normalerweise nur Computerexperten, die sich schon länger und intensiver mit der Materie befasst haben. Leider gibt es Ausnahmen. Man kann nämlich auch ein einfach zu bedienendes Programm schreiben, das explizit eine Sicherheitslücke ausnutzt. Solche Programme können auch von unerfahrenen Anwendern bedient werden. *Skript-Kiddys* bezeichnet man die Benutzer eines solchen Programms. Diese Benutzer haben sich mit geringem Aufwand ein solches Programm beschafft, mit dem sie nun (automatisiert) Angriffe ausführen – ohne jedoch über wirkliche Expertise auf dem Gebiet zu verfügen.

Die vorigen Absätze sollten Ihnen zeigen, dass es keine absolute Sicherheit gibt. Es kann also jederzeit Möglichkeiten für einen erfolgreichen Angriff geben. Jetzt sollte man überlegen, wer ein möglicher Angreifer sein könnte. Am besten unterscheidet man zwei verschiedene Angreifertypen. Zum einen gibt es die Möglichkeit, dass jemand es explizit auf Sie abgesehen hat. Jemand möchte also genau an Ihre Daten kommen. Das ist ein sehr interessanter Fall. Damit sich jemand für exakt Ihre Daten interessiert, müssten sie schon eine gewisse Relevanz haben. Es müssten Daten sein, die jemandem einen Vorteil verschaffen könnten. Hierunter können Geschäftsgeheimnisse fallen, vielleicht Entwicklungspläne für ein neues Produkt. Möglich ist auch, dass es jemanden gibt, der es nicht gut mit Ihnen meint und der auf Ihrem Server nach kompromittierendem Material sucht. Bei allen diesen theoretischen Szenarien müssen Sie sich fragen, wie wahrscheinlich es ist, dass Sie über derartiges Material verfügen, und ob es bekannt ist, dass Sie derartiges Material vorrätig halten. Im Regelfall ist dies ein unwahrscheinliches Szenario. Nur sehr wenige von uns haben überhaupt solches Material, das einen Angriff auf den eigenen Server lukrativ erscheinen lässt. Ein gezielter Angriff kann gefährlich werden, wenn für ihn wahre Computerexperten angeheuert werden, die über tiefe Kenntnisse verfügen und mit dem Einsatz beliebiger Mittel auch zum Erfolg kommen. Diese Angriffe werden sich aber kaum gegen Privatpersonen richten. Für einen gezielten Angriff sind eher die Server von Firmen, die tatsächlich Geheimnisse darauf aufbewahren, oder die Server einer Regierung das Ziel. Man darf schließlich nicht vergessen, dass auch ein gezielter Angriff gewisse Ressourcen, Zeit, Mühe und damit auch schließlich Geld kostet – und welcher (professionelle) Einbrecher steigt schon gezielt in ein Haus ein, ohne zu wissen, dass dort etwas zu holen ist?

Zum anderen gibt es den Angreifer, der ohne ein konkretes Ziel irgendwas angreifen möchte. Das kann jemand sein, der von einer Sicherheitslücke gehört hat und sie nun ausnutzen will. Vielleicht ist es ein »aufstrebender Hacker«, der gerade noch in der Übungsphase ist. Er hat vielleicht gar kein Interesse an Ihren Daten, sondern sucht nur eine beliebige Zielperson. Ab und an hört man in der Presse von Sicherheitslücken in Routern, die von Privatpersonen betrieben werden. Ein Angriff kann zum Beispiel verwendet werden, um mit Hilfe dieser Router Telefonanrufe zu Sonderrufnummern auf Kosten des Routerbesitzers durchzuführen, die die Kasse des Angreifers aufbessern. Hierbei gibt es also keine konkrete Zielperson, sondern eine beliebige aus dem gesamten Benutzerkreis. Dieser Angriffstyp ist für Privatpersonen im Allgemeinen wahrscheinlicher. Hierbei kommen auch wieder die Skript-Kiddys ins Spiel. Sie können beispielsweise ein Skript einsetzen, das einen großen IP-Adressbereich nach Verbindungen zu einem bestimmten Dienst absucht. Werden sie fündig, dann schlagen sie zu. Sie könnten sich das so vorstellen wie einen Taschendieb in einer vollen Innenstadt, der sich auf bestimmte Manteltaschen spezialisiert hat, aus denen er leicht – und ohne dass der Besitzer es merkt – dessen Geldbörse entwendet.

Nachdem Sie nun wissen, wie Sie angegriffen werden können, möchte ich kurz betrachten, was ein Angreifer denn nun so anstellen kann. Zunächst kann er den Dienst, den er angegriffen hat, ganz normal benutzen. Er kann also zum Beispiel alle Daten Ihrer Cloud einsehen und sie kopieren und verändern. Unter Umständen kann er aber noch mehr. Vielleicht hat die Sicherheitslücke, die er ausnutzt, dazu geführt, dass er Zugriff auf Ihren ganzen Server bekommt. Vielleicht kann er den entsprechenden Dienst komplett übernehmen. Dann kann er sich auf Ihrem Server bewegen und beliebige Dateien lesen und schreiben oder sogar Programme ausführen. Normalerweise geht das dann aber nur mit den Benutzerrechten, unter denen der angegriffene Dienst auf Ihrem Rechner läuft. Denken Sie beispielsweise an den Webserver, der unter dem Benutzer *www-data* läuft. Das ist nämlich ein spezieller Benutzer, der nur über wenige Rechte verfügt und kaum Schaden am System anrichten kann. Wenn es dem Angreifer jedoch gelingt, einen Dienst mit *root*-Rechten zu kapern oder sich anderweitig *root*-Rechte zu beschaffen, dann kann er auch beispielsweise Passwörter für andere Dienste auslesen. Er kann auch durchaus Ihre Internetverbindung dazu missbrauchen, Straftaten zu begehen, indem er mit gesetzmäßig verbotenen Inhalten operiert und diese beispielsweise öffentlich zum Download anbietet – von Ihrem Anschluss aus.

Warum steht das alles in diesem Buch? Die vorigen Absätze sollten Sie hauptsächlich dafür sensibilisieren, dass es gewisse Risiken gibt, wenn man einen Dienst aus dem Internet erreichbar macht. Ich wollte Ihnen zeigen, dass es auch in der vermeintlich »virtuellen« Umgebung des Internets genauso Gefahren gibt wie in allen anderen Lebensbereichen auch. Die vorigen Zeilen sind keinesfalls dazu gedacht, Panik zu machen, Sie sollten nur wissen, dass Sie nicht in absoluter Sicherheit sind. Etwa genauso, wie Sie jedes Mal bei einer Autofahrt ein gewisses Risiko eingehen, tun Sie dies auch bei der Freigabe eines Dienstes für das Internet. Sie selbst müssen abschätzen, ob Sie bereit sind, dieses Risiko einzugehen, und wie groß es wohl für Sie sein wird. Wichtig ist eigentlich, dass Sie nicht einfach alle Dienste aus dem Internet verfügbar machen, die »irgendwann einmal bestimmt ganz nützlich sind«, sondern dass Sie sich gezielt überlegen, welche Dienste Sie tatsächlich auch von außerhalb benötigen. Vorsichtige Naturen werden sich vielleicht auch überlegen, wann sie diese Dienste brauchen, und vielleicht die Cloud tatsächlich nur für den Zeitraum der Urlaubsreise von außen zugänglich machen, um dort Fotos hochladen zu können.

Zum Glück gibt es jedoch eine ganze Menge an Methoden, Dienste abzusichern, die aus dem Internet erreichbar sind. Diese Methoden erhöhen alle die Sicherheit. Zwar schützen sie nicht mit absoluter Sicherheit gegen den gezielten Experten-Angriff, aber sie machen oftmals einen Angriff der Skript-Kiddys unmöglich oder führen dazu, dass Ihre Serverdienste für Unbefugte schwerer im Internet aufzufinden sind. Ich zeige Ihnen daher im Folgenden Möglichkeiten, Ihren Server gegenüber Angriffen abzuhärten.

21.4 Nur ich und sonst keiner: sichere Passwörter

Mit den Passwörtern ist das so eine Sache, die so mancher nicht für sonderlich wichtig hält. Das Passwort ist der persönliche Schlüssel zu bestimmten Diensten eines Servers. Diese Art von Schlössern vermag der Schlüssel in Form des Passwortes zu öffnen. Betrachten wir kurz den verschlossenen Nähkorb von Tante Trude. Das Schloss schützt den neugierigen Nachwuchs vor unerwünschten Stichen mit den Nähnadeln. Wie sicher muss das Schloss hier sein? Nun, vermutlich genügt ein Schloss geringer Sicherheit. Wie sieht es mit dem verschlossenen Barfach von Tante

Trudes Wohnzimmerschrank aus? Der Nachwuchs ist erfinderisch und könnte versuchen, das Fach mit gebogenen Drähten zu öffnen. Ein etwas besseres Schloss sollte also schon verwendet werden. Was ist mit Onkel Hugos Kunstsammlung beachtlichen Wertes, die neuerdings mitten auf dem belebten Marktplatz in einem Tresor gelagert ist? Jeder Stadtbewohner kann sich diesem Tresor nähern. Und die dubiose Diebesbande, die neulich gesichtet wurde, verfügt über einen großen Schlüsselsatz. Sie kann etwa 15 Schlüssel pro Minute durchprobieren. Hier muss schon ein deutlich sichereres Schloss zum Einsatz kommen. Wie sieht es mit den Daten Ihres Onlinebanking-Accounts aus? Diese sind weltweit abrufbar – nicht nur auf dem überschaubaren Marktplatz. Der neue Passwortcracker, der mit speziellen Grafikprozessoren arbeitet, kann 152 Milliarden Passwortkombinationen pro Sekunde ausprobieren. Wie sollte man das Schloss hier dimensionieren?

Die Regeln für ein sicheres Passwort sind ganz simpel: Ein sicheres Passwort besteht im Allgemeinen aus einer möglichst großen Anzahl an zufällig gewählten Zeichen aus einem möglichst großen Zeichenvorrat. Mehr ist nicht nötig. Im vorigen Satz ist ein Wörtchen enthalten, das uns das Leben ziemlich schwer macht. Wissen Sie welches? Es ist das Wörtchen »zufällig«. Hier wird es schwer. Wir Menschen haben zwar keine Probleme damit, zufällige Elemente zu erzeugen, aber uns diese dauerhaft zu merken, das ist schwierig. Leider sind viele Menschen geneigt, für Passwörter einfach zu merkende Kombinationen zu wählen. Oftmals handelt es sich um Elemente des Alltags. Gerne werden Namen verwendet, Geburtsdaten, Lieblingsorte oder -gegenstände oder gar Schimpfwörter. Auch kurze Zahlenketten sind beliebt. Das Problem an solchen Passwörtern ist, dass sie eben keinen besonders hohen Zufallsgrad haben. Sie sind in gewisser Weise vorhersagbar. Wenn wir jetzt den vorhin erwähnten Passwortcracker mit ins Spiel nehmen – der übrigens kein Produkt der Phantasie war –, dann wird es schnell kritisch. Was glauben Sie, wie lange es wohl dauert, alle möglichen Vornamen durchzuprobieren, wenn mehrere Milliarden Versuche pro Sekunde möglich sind? Solche Passwörter sind in kurzer Zeit geknackt. Das Gleiche gilt für Wörter, die in Wörterbüchern vorkommen. Und jetzt wird es noch ein wenig gemeiner: Wir glauben oft, besonders schlau zu sein, wenn wir ein bekanntes Wort um eine Ziffer oder ein Sonderzeichen ergänzen. Schließlich erhöht das den möglichen Zeichenumfang. Das ist richtig. Aber erneut ist der Zufall kritisch. Wo werden wir Menschen wohl das Sonderzeichen einfügen? Meistens wird es sich dabei um den Anfang oder das Ende eines Wortes handeln. Oder wir wählen den Platz zwischen zwei Silben. Auch diese Taktik ist also vorhersehbar. Die Suche nach dem Passwort dauert nun zwar etwas länger, ist aber immer noch relativ schnell erledigt. Eine andere Idee ist die Kombination von drei aneinandergereihten Wörtern aus unserem Wortschatz. Die deutsche Sprache ist umfangreich, und die Anzahl möglicher Kombinationen sehr groß. Aber auch hier gibt es ein Problem: Wie groß ist der Wortschatz, den wir tatsächlich aktiv nutzen? Leider ist unser aktiver Wortschatz recht klein, und die Gefahr ist groß, dass wir einfache Begriffe aus dem Alltag nehmen. Wie wahrscheinlich ist es, dass Sie sich für Wörter wie »Kumulation«, »Koryphäe«, »Philippinen«, »präferieren«, »Sisyphusarbeit« oder »Silhouette« entscheiden? Auch hier kann wieder ein Generator ansetzen, der nur den aktiven Wortschatz berücksichtigt, und schon schrumpft unser möglicher Zeichenvorrat rasch zusammen. Nach geläufiger Expertenmeinung ist ein Passwort erst dann (derzeit noch) hinreichend sicher, wenn es aus sieben Wörtern des alltäglichen Wortschatzes besteht. Ein gutes Beispiel wäre also »KopfLaufenDochtBlattSchlaufenTellerBlau«. Wenn Sie sich eine solche Kombination ausdenken und merken können, dann haben Sie ein relativ sicheres Passwort, das mit zusätzlichen Ziffern noch verbessert werden kann. Ansonsten muss für ein Passwort der Zufall das oberste Gebot sein.

Ein gutes Passwort besteht aus Buchstaben mit Groß- und Kleinschreibung, aus Ziffern und auch aus Sonderzeichen. Alle Zeichen müssen zufällig auftreten und dürfen nicht vorhersehbar sein. Das Passwort darf nicht in einem Wörterbuch vorkommen und darf keinesfalls zu erraten sein. Es sollte darüber hinaus eine Mindestlänge von zehn Zeichen haben. Wenn Sie sich keine sieben zufällig gewählten Wörter merken können, dann hilft Ihnen womöglich die Verknüpfung mit Gegenständen, deren Ort oder Anordnung nur Ihnen bekannt ist und von Fremden nicht erraten werden kann. Sie sollten sich eine Eselsbrücke schaffen, die möglichst keinen Regeln gehorcht.

Sie sollten niemals ein Passwort für mehrere Dienste nutzen. Ein Passwort darf immer nur einmal verwendet werden. Spätestens jetzt ist der Zeitpunkt erreicht, wo viele entnervt aufgeben. Vielen gelingt es zwar, sich ein sehr schwer zu erratendes Passwort zu merken, aber eine große Anzahl zu behalten, ist eine recht schwere Aufgabe. Hier kann uns aber der Computer helfen. Oft empfohlen werden heutzutage sichere Passwortmanager wie beispielsweise das Programm *KeePass Password Safe*. Diese führen eine Datenbank mit allen Ihren Passwörtern. Darüber hinaus bieten sie Generatoren für sichere Passwörter beliebiger Länge, die sich kaum jemand merken kann. Diese Datenbanken werden mit modernen Verschlüsselungsalgorithmen vor unerwünschten Zugriffen geschützt. Die eingesetzten Verfahren gelten als besonders sicher und werden auch zur verschlüsselten Kommunikation von Regierungseinrichtungen verwendet. Solange die Software fehlerfrei programmiert wurde (und dabei müssen Sie dem Anbieter vertrauen), dann können Sie diese Datenbank nur mit dem eigenen Passwort entschlüsseln. Und dieses sollte besonders sicher sein. Es ist prinzipiell das einzige Passwort, das Sie sich nun merken müssen. Die Passwort-Datenbanken lassen sich mittlerweile bequem auch über mehrere Geräte hinweg synchronisieren. Viele Programme bieten auch eine Kombination aus mehreren Verschlüsselungstechnologien an und schützen den Inhalt nicht nur mit einem Passwort, sondern oftmals auch mit einer zusätzlichen Schlüsseldatei. Wenn Sie Schwierigkeiten haben, sich sichere Passwörter in ausreichender Zahl zu erzeugen und dauerhaft zu merken, dann sollten Sie sich die Passwortmanager einmal näher anschauen.

Ach ja: Dass Sie Passwörter niemals auf Klebezetteln notieren und diese dann an den Monitor heften sollten, muss ich an dieser Stelle nicht extra erwähnen, oder?

21.5 Eine Firewall für Ihren Home Server?

Zum Thema Sicherheit gehört unbedingt auch die Firewall. Eine Firewall wendet auf den Netzwerkverkehr Regeln an. Diese Regeln erlauben oder verbieten die Kommunikation. In der Grundkonfiguration ist auf dem Home Server zunächst keine Firewall aktiv. Das ist zuerst einmal auch nicht weiter schlimm. In einem üblichen Heimnetzwerk gehen alle angeschlossenen Computer (wie bereits gesagt) über den Router in das Internet. Der Router hat eine eingebaute Firewall und bietet durch die NAT-Funktion bereits einen guten Schutz vor ungewollten eingehenden Verbindungen aus dem Internet. Wenn auf den angeschlossenen Rechnern keine Schadsoftware arbeitet, die explizit Verbindungen nach außen aufbaut, dann können die Rechner also nicht einfach angegriffen werden. Eine Firewall ist also auf dem Home Server nicht zwingend erforderlich, es gibt jedoch einige Anwendungsfälle, für die sie trotzdem sinnvoll oder sogar erforderlich ist und die Ihnen gleich zeigen werde. Deswegen schadet es kaum, trotzdem eine gut konfigurierte Firewall auf dem Server einzusetzen. Zunächst einmal erhalten Sie durch eine korrekt konfigurierte Firewall quasi eine doppelte Sicherheit. Eingehende Verbindungen zum Home Server werden sowohl vom Router als auch vom Home Server selbst überwacht. Die doppelte Sicherheit ist dann interessant, wenn Sie einen Dienst des Servers über das Internet erreichbar machen möchten. Als Erstes müssen Sie nämlich Ihrem Router mitteilen, dass von nun an ein PC (in diesem Fall der Home Server) von außen (also über das Internet) erreichbar sein soll. Das macht man aber auf gar keinen Fall gleich für alle Dienste und Funktionen, die dieser PC bietet, sondern immer nur ganz speziell für einzelne Funktionen. Wenn Sie zum Beispiel von außen auf eine heimische Internetseite zugreifen möchten, dann sagen Sie Ihrem Router: »Dieser eine PC soll von nun an für Anfragen nach dieser einen Internetseite von außen erreichbar sein. Und ansonsten bitte für nichts anderes.«

Im Falle des IPv4 machen Sie das, indem Sie am Router eine (meist sogenannte) *Portweiterleitung* definieren. Anfragen auf diesem einen speziellen Port, auf dem die Webseite läuft, sollen ab jetzt an diesen speziellen PC (im Regelfall wird das offensichtlich der Home Server sein) weitergeleitet werden. Ohne eine Firewall würde der Home Server von nun an diese Anfragen beantworten, und die Webseite wäre aus dem Internet erreichbar. Mit einer (geeignet konfigurierten) Firewall passiert das nicht – die Firewall würde die Anfragen blockieren. Erst wenn Sie ebenso diese (zweite) Firewall-Schutzschicht so konfigurieren, dass die Anfrage zulässig wird, dann ist die Seite erreichbar. Das ist das Konzept der doppelten Sicherheit. Diese Stufe schützt vor allem gegenüber Flüchtigkeitsfehlern, erhöht jedoch ansonsten die Sicherheit nicht.

Die Firewall dient aber nicht nur zur Absicherung gegen menschliche Flüchtigkeitsfehler. Nein, die zusätzliche Firewall auf Ihrem Server kann auch für ganz andere Zwecke dienen.

Denken Sie daran, dass Ihr Server mit allen Diensten normalerweise für alle beliebigen Computer erreichbar ist. In der Grundkonfiguration unterscheidet er nicht zwischen dem Heimnetzwerk und dem Internet. Einzig der Router blockiert (und zwar äußerst zuverlässig) unerwünschte Anfragen aus dem Internet.

Es wäre aber theoretisch möglich, dass ein Angreifer aus dem Internet die NAT-Funktion Ihres Routers überwindet, weil es eine Sicherheitslücke gibt, die er bewusst ausnutzt. Zugegeben, dies mag extrem unwahrscheinlich sein, aber solange der Angreifer unter einer externen IP-Adresse auftritt, wäre Ihr Server dann immer noch geschützt, wenn dessen Firewall solche externen Verbindungen blockieren würde.

Sie können ebenso einen Dienst auch im internen Netzwerk nur für bestimmte IP-Adressen erreichbar machen. Dies ist allerdings (wenn überhaupt) nur ein geringer Schutz, denn jeder angeschlossene PC kann sich ja eine beliebige IP-Adresse geben (selbst die MAC-Adresse lässt sich einfach umprogrammieren), und wenn dann der echte zugelassene PC gerade ausgeschaltet ist, kann relativ einfach dessen Identität angenommen werden.

Das Konzept der Firewall ist auch für weitere Sicherheitsmerkmale wichtig, die ich später besprechen werde, hauptsächlich für das *Port-Knocking*. Auch hierfür werden Sie die Firewall auf Ihrem Server benötigen.

Wie Sie sehen, ist die Firewall hauptsächlich dann von Interesse, wenn Sie vorhaben, Ihren Server auch aus dem Internet erreichbar zu machen. Für den alltäglichen Betrieb müssen Sie sie nicht einrichten, und für den Einstieg handeln Sie sich möglicherweise zusätzliche Stolpersteine ein, die zu Problemen führen können. Sie sollten die Firewall daher nur aktivieren, wenn Sie darin Vorteile sehen oder wenn ein bestimmter Dienst sie erfordert. Ich zeige Ihnen nun ihre Installation und Einrichtung, die Sie auf Wunsch realisieren können.

21.5.1 Die Einrichtung der grundlegenden Filterregeln

Auf dem Home Server bietet sich beim Thema Firewall das Paket `iptables` an. Für diese Firewall werden in einer Textdatei Regeln definiert. Die Regeln besagen, ob eine Kommunikation, die bestimmten Kriterien genügt, zugelassen werden soll oder nicht. Die Kriterien beschreiben zum Beispiel die Richtung der Kommunikation: Ist diese eingehend, kommt sie also von einem anderen Computer, oder ist sie ausgehend, soll sie also zu einem anderen Computer gehen. Sie können auch einen Port oder einen Portbereich definieren, genauso wie das Protokoll, das zur Übertragung dient. Dies sind nur Beispiele, um Ihnen zu zeigen, dass Sie die Art der Kommunikation sehr genau definieren können. Wenn diese Firewall eingerichtet ist, dann wird jede Kommunikation mit diesem Regelwerk abgeglichen und entweder erlaubt oder nicht erlaubt. Für den letzten Fall gibt es zwei Möglichkeiten: Entweder wird die Verbindung aktiv abgelehnt (salopp: »Du kommst hier nicht rein!«) oder aber ohne jeden Kommentar einfach fallengelassen und nicht weiter bearbeitet (sinngemäß: »Wir reden schließlich nicht mit jedem!«).

Ich zeige Ihnen zunächst die Einrichtung einer einfachen Firewall, die erst einmal jede Kommunikation des Servers mit sich selbst grundsätzlich erlaubt. Das ist sehr wichtig, denn viele Dienste kommunizieren auf dem Server untereinander über das sogenannte *Loopback-Netzwerk*. Alle Anfragen an diese Netzwerkschnittstelle landen einfach wieder auf demselben Rechner. Das erlauben Sie natürlich, denn sich selbst sollte der Server schon vertrauen können.

Der zweite Schritt ist, die Kommunikation mit dem eigenen Heimnetzwerk ebenfalls bedingungslos zu erlauben. Schließlich soll der Server allen Netzwerkgeräten seine Dienste anbieten.

Mit der Kommunikation nach außen läuft es so: Die ausgehende Kommunikation wird komplett erlaubt, jeder Dienst darf also ins Internet. Alle Anfragen, die von außen kommen, werden verworfen. Einzige Ausnahme: Sie wurden vorher aktiv angefordert.

Los geht es damit, jene Datei anzulegen, die das Regelwerk erhält. Diese Datei soll den Namen *iptables* tragen und im Verzeichnis */etc/network* zu finden sein. Sie kümmert sich ausschließlich um IPv4-Verbindungen. Bei ihrer Erstellung hilft der Befehl `iptables-save`, der zunächst eine leere Datei anlegt. Aufgepasst: Die Datei hat nichts direkt mit dem Befehl zu tun. Sie könnte auch »dreimalSchwarzerKater« heißen, aber das wäre schlecht zu merken. Erstellen Sie also einfach eine Datei mit dem Befehl `iptables-save`, die Sie *iptables* nennen, damit Sie sie leichter der `iptables`-Funktionalität zuordnen können:

```
sudo bash -c 'iptables-save > /etc/network/iptables'
```

Sie müssen den etwas umständlichen Weg über den Befehlsvorsatz `sudo bash -c` gehen, weil Sie es hier mit einem zusammengesetzten Befehl zu tun haben, der salopp gesagt zweimal *root*-Rechte erfordert.

Schauen Sie sich die soeben erstellte Datei einmal mit dem Editor `nano` an:

```
sudo nano /etc/network/iptables
```

Je nachdem, was auf Ihrem Home Server schon alles installiert und konfiguriert wurde, kann diese Datei sehr unterschiedlich aussehen. Im Regelfall ist sie jedoch komplett leer, wie Sie in Abbildung 21.1 sehen.

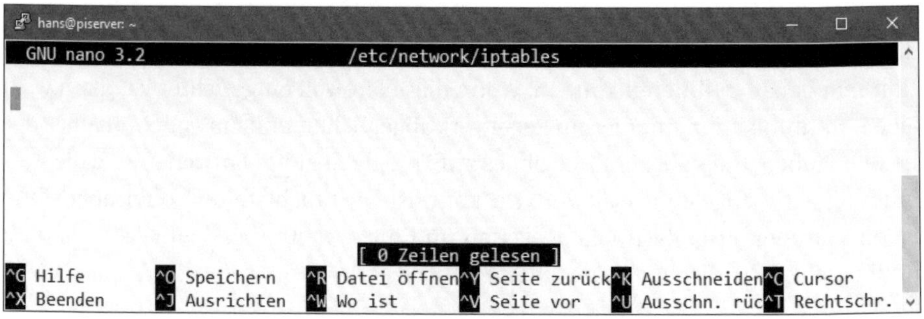

Abbildung 21.1 Die leere Vorlage in »/etc/network/iptables«

Wenn Sie zukünftig einmal Regeln in der Firewall erstellt haben und den zuvor angegebenen Befehl ausführen, dann wird das gesamte Regelwerk von folgenden Zeilen umschlossen:

```
# Generated by iptables-save...
```

und

```
# Completed on
```

Diese Zeilen geben hauptsächlich Informationen zur Version von `iptables` und zum Datum der Regelerstellung an. Wenn Sie jetzt ein neues Regelwerk erstellen, dann ist die Eingabe dieser Zeilen nicht unbedingt nötig.

Sie beginnen das Regelwerk daher mit folgender Zeile:

```
*filter
```

und schließen es mit dem Ausdruck

```
COMMIT
```

Diese beiden Zeilen dürfen Sie nicht vergessen und auch nicht löschen. Dazwischen stehen die Regeln der Firewall. Geben Sie nun folgenden Textblock in die noch leere Datei ein. Wichtig: Wir haben bisher gemeinsam noch keine Regeln in der Firewall erstellt, und die Textdatei sollte leer sein. Vielleicht haben Sie jedoch ein zusätzliches Programm installiert, das bereits Einstellungen für Sie vorgenommen hat. In diesem Fall sollten Sie die bisherigen Regeln in der Textdatei zunächst genau analysieren.

[!]

Bitte nicht einfach etwas löschen!

Bedenken Sie, dass die folgende Konfiguration Ihre bisherigen Regeln überschreibt. Sollten Sie eine vorhandene Regel benötigen, dann behalten Sie sie unbedingt bei.

Ansonsten tippen Sie nun bitte die Zeilen aus Listing 21.1 ab und löschen gegebenenfalls einen vorigen Dateiinhalt. Fertig muss Ihre Datei wie in Abbildung 21.2 aussehen. Ich werde die Bedeutung der einzelnen Zeilen gleich besprechen.

```
*filter
:OUTPUT ACCEPT
:INPUT DROP
:FORWARD ACCEPT
#
-A INPUT -i lo -j ACCEPT
-A INPUT -m state --state ESTABLISHED,RELATED -j ACCEPT
-A INPUT -s 192.168.178.0/255.255.255.0 -j ACCEPT
#
#Nach dieser Zeile eigene Regeln einfügen
#
-A INPUT -m limit --limit 8/min -j LOG --log-prefix "iptables denied: " ⮐
  --log-level 7
#
COMMIT
```

Listing 21.1 Der Inhalt der Datei »/etc/network/iptables«

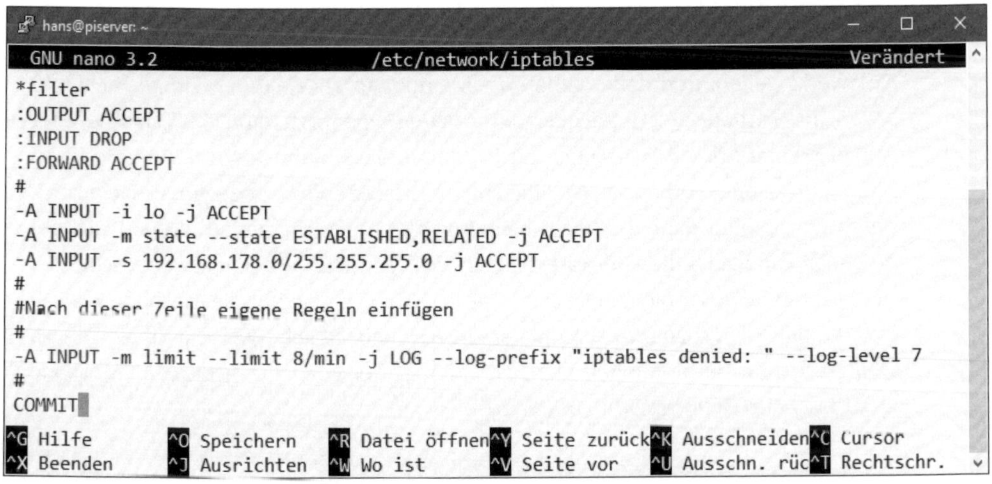

Abbildung 21.2 Die ersten Regeln für »iptables«

Die drei Zeilen mit den Doppelpunkten legen globale Oberrichtlinien für eine bestimmte Kommunikationsart fest. Diese Oberrichtlinien werden immer dann angewendet, wenn die Art der Kommunikation von keiner der nachfolgend spezifizierten Regeln bearbeitet wird. Sie stellen also die Voreinstellung dar. Dabei können Sie aus zwei Aktionen auswählen. Die Kommunikation wird demnach:

- mit ACCEPT bedingungslos erlaubt
- mit DROP unbearbeitet verworfen

Die Zeilen 2, 3 und 4 besagen also Folgendes:

Wenn eine nachfolgende Regel nichts anderes festlegt, dann:

- Erlaube alle ausgehenden Verbindungen ohne Einschränkungen,
- lasse alle eingehenden Verbindungen ohne jede Bearbeitung kommentarlos fallen und
- erlaube alle Weiterleitungsanfragen ohne Einschränkungen. (Diese letzte Zeile hat für Sie derzeit noch keine Bedeutung.)

[*]

Reden ist Silber, Schweigen ist Gold?

Bei der Festlegung der Oberrichtlinien haben Sie nur die Wahl, ob Verbindungen erlaubt oder kommentarlos verworfen werden. Später, bei der Einrichtung von spezifischen Regeln, haben Sie zusätzlich die Methode REJECT zur Wahl. Hierbei wird der anfragende Rechner darüber informiert, dass die Verbindung nicht möglich ist. Bei der Entscheidung, ob Sie zur Ablehnung einer Verbindung die Methode DROP oder REJECT nehmen sollten, gibt es verschiedene Ansätze. Die beiden Methoden haben in einem großen Netzwerk durchaus ihre Einsatzgebiete, und manchmal ist nur eine der beiden Optionen korrekt. Hier soll es jedoch um den Schutz eines einfachen privaten Netzwerks gehen, und dabei gehen die Meinungen auseinander. Einige Fachleute sagen, die Methode DROP wäre geeigneter. Wird sie genutzt, dann weiß ein Angreifer mangels einer Rückantwort noch nicht einmal, dass hinter einer IP-Adresse überhaupt ein Rechner vorhanden ist. Eine andere Gruppe spricht dagegen, weil ein kompetenter Angreifer dann erst recht hellhörig wird und auf anderem Wege trotzdem erkennen kann, dass diese IP-Adresse doch aktiv genutzt wird und ein angeschlossener Rechner bewusst nicht antwortet. Diese Gruppe bevorzugt die Methode REJECT. Entscheiden Sie, welcher Ansicht Sie eher vertrauen. Üblicherweise wird der Aktion DROP jedoch für Verbindungen über das Internet der Vorzug gegeben, die Methode REJECT wird im Heimnetzwerk präferiert.

Nun zu den eigentlichen (Unter-)Regeln, die auf eine genau passende Kommunikationsart angewendet werden und die globalen Regeln außer Kraft setzen können. Diese Regeln werden mit dem Befehl -A für APPEND (also »hinzufügen«) definiert. Dabei gilt Folgendes: Alle Regeln werden von oben nach unten abgearbeitet. Fällt die Kommunikation erstmals unter eine dieser Regeln, wird diese Regel angewendet. Falls beispielsweise der Webserver von einer Regel erlaubt, später jedoch verboten wird, dann wird die Kommunikation erlaubt, weil die Erlaubnis zuerst ausgesprochen wurde. Es gilt also: Sobald eine Regel passt, wird sie bearbeitet und danach die Tabelle verlassen. Für den Fall, dass auf die Kommunikation keine der Regeln passt, wird die globale Oberrichtlinie angewendet. Im Beispiel besagen die definierten Regeln also Folgendes:

- *Zeile 6:* Erlaube die eingehende Kommunikation über das Interface *lo*. Das ist das Loopback-Netzwerk, also die Kommunikation des Servers mit sich selbst. Die Zeile ist essentiell!
- *Zeile 7:* Erlaube eingehende Verbindungen, die vorher angefordert wurden oder die schon bestehen. Sie bemerken: Die Zeile ist ebenfalls essentiell; ohne sie könnten Sie zwar Anfragen verschicken, aber niemals Antworten empfangen – von niemandem, weil die globale Oberrichtlinie ansonsten alle eingehenden Verbindungen blockieren würde.
- *Zeile 8:* Erlaube alle eingehenden Verbindungen aus dem Heimnetzwerk – auch solche, die nicht vorher angefragt wurden. Damit öffnen Sie den Server für alle Anfragen aus dem Heimnetz. Ohne diese Regel wäre Ihr Server für Ihr Heimnetz nicht erreichbar, und Sie könnten keinen seiner Dienste nutzen. Es ist absolut wichtig, dass Sie diese Regel an den IP-Adressbereich Ihres Heimnetzwerks anpassen! Kontrollieren Sie diese Zeile also noch einmal auf Richtigkeit.

Zeile 12 hat eine etwas geringere Wichtigkeit. Sie besagt nur, dass ein Kommunikationsversuch, der nicht zu einer Regel passte, im globalen *syslog* (also Systemlog) eingetragen werden soll. Hinter einem NAT-Router dürfte dies so gut wie niemals auftreten. Der Grund, warum diese Zeile ganz am Ende des Regelwerkes steht, liegt darin, dass dieses von oben nach unten durchgearbeitet wird. Es ist sozusagen die (vor-)letzte Instanz für alle Pakete, die bisher nicht von einer anderen Regel bearbeitet wurden. Diese Regel wird also sozusagen auf »den Rest« angewendet, bevor die globale Oberrichtlinie zum Zuge kommt. Es gibt übrigens ein wichtiges Beispiel für Pakete, die von dieser Regel betroffen sind, und das sind DHCP-Anfragen nach Vergabe einer dynamischen IP-Adresse. Wenn sich ein neues Gerät bei Ihnen im Netzwerk anmeldet (also angeschaltet wird), dann wird es – wenn nicht anders konfiguriert – um eine dynamische IP-Adresse bitten. Das macht es mit einer sinngemäßen Anfrage an alle: »Hallo, ist da wer? Ich hätte gerne eine IP-Adresse.« Da es noch keine IP-Adresse hat, meldet es sich mit »Hallo, ich bin 0.0.0.0, ist da wer? Ich hätte gerne eine IP-Adresse.« Ihr Home Server ist konsequent streng. Anfragen mit einer IP-Adresse außerhalb Ihres Heimnetzes werden nicht beantwortet. 0.0.0.0 gehört nicht zu Ihrem Heimnetz, und die Anfrage wird im *syslog* gemeldet. Sie erhalten also durch die Kontrolle des *syslog*-Datei (zu finden unter */var/log/syslog*) ab jetzt immer eine Möglichkeit, zu prüfen, welches Gerät wann angeschaltet wurde. Sie sollten diese Regel zunächst so übernehmen. Außerdem informiert Sie diese Regel, falls eine (möglicherweise) beabsichtigte Kommunikation von der Firewall blockiert wurde. Bei eigenen (fehlgeschlagenen) Experimenten schadet also ein Blick in das *syslog* unter */var/log/syslog* keineswegs.

21.5.2 Die Erweiterung mit eigenen Regeln

Jetzt können Sie die Firewall auf Wunsch gezielt erweitern. Das machen Sie genau für die Dienste, die nicht nur aus dem lokalen Heimnetzwerk, sondern auch von außen über das Internet erreichbar sein sollen.

Bitte beachten Sie unbedingt: Selbst wenn Sie diese Zeilen einfügen, sind die Dienste trotzdem nicht von außen erreichbar. Denken Sie an die doppelte Sicherheit: Sie müssen ebenfalls in Ihrem Router eine Freigabe über eine Portweiterleitung erteilen.

Ihre eigenen Regeln fügen Sie einfach in die obige Datei ein, und zwar nach der Zeile `#Nach dieser Zeile eigene Regeln einfügen` und unbedingt vor der `COMMIT`-Zeile.

Möchten Sie beispielsweise, dass Ihre Webseite von außen erreichbar ist, dann fügen Sie folgende Zeilen hinzu:

```
-A INPUT -p tcp --dport 80 -j ACCEPT
-A INPUT -p tcp --dport 443 -j ACCEPT
```

Die vollständige Datei sehen Sie in Abbildung 21.3.

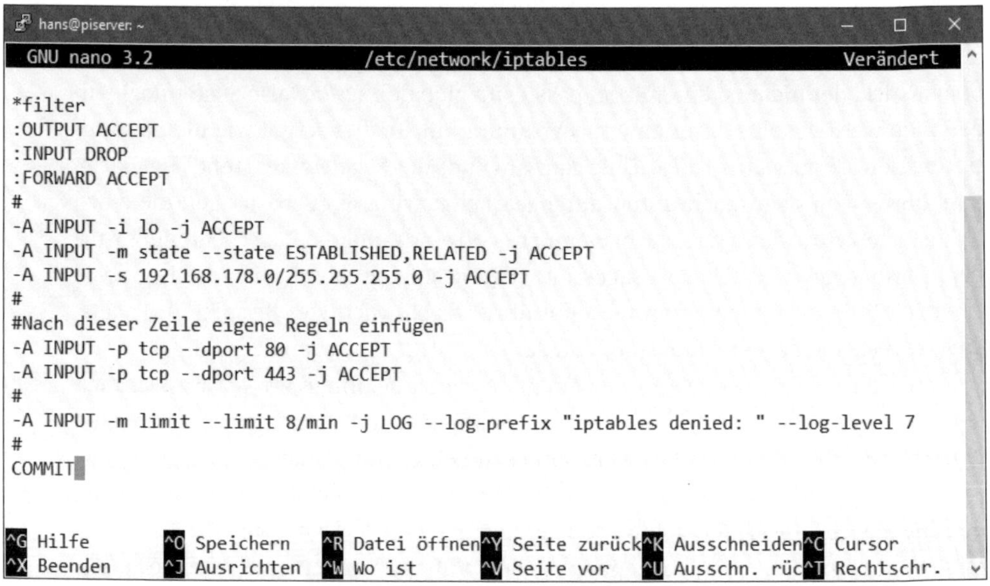

Abbildung 21.3 Eigene Regeln für »iptables« hinzufügen

Dies wird in der Firewall die Ports 80 und 443 für das TCP-Protokoll öffnen. Eingehende Verbindungen auf diesen Ports werden von nun an akzeptiert. Befindet sich Ihre Webseite nicht auf Port 80, dann ändern Sie diesen Wert bitte entsprechend. Der Port 443 ist übrigens für die verschlüsselte *https://*-Verbindung zuständig (es sei denn, Sie haben auch hier einen anderen Wert vergeben). Hier ergibt sich eine interessante Möglichkeit: Sie können auch nur Port 443 über die zweite Zeile in der

Firewall freigeben und die erste Zeile weglassen. In diesem Fall können Sie vom Internet aus nur eine verschlüsselte Verbindung zu Ihrer Webseite aufbauen. Eine unverschlüsselte Verbindung ist nicht möglich. Diese können Sie aber jederzeit innerhalb Ihres Heimnetzes nutzen. Beachten Sie dafür aber, dass Ihre Webseite für eine verschlüsselte Verbindung eingerichtet sein muss (siehe dazu die entsprechende Konfiguration des Webservers in Abschnitt 13.3.3).

Natürlich sollten Sie sich fragen, ob eine unverschlüsselte Verbindung überhaupt sinnvoll ist. Da die Verschlüsselung kaum Rechenleistung kostet, spricht eigentlich nichts dagegen, sie einfach auch innerhalb des Heimnetzes zu nutzen. Sie sollten sich dann überlegen, ob Sie – in der Konfiguration des Webservers – nicht gleich Port 80 auf Port 443 weiterleiten und somit eine verschlüsselte Verbindung erzwingen, wie ich es etwa bei der Nextcloud gezeigt habe.

Ein anderes Beispiel: Zur Fernwartung Ihres Home Servers über das Internet müsste Port 22 für SSH-Verbindungen geöffnet sein. Bitte überlegen Sie sich an dieser Stelle, was das genau bedeutet: Im Prinzip stellen Sie damit Ihren Server mit Monitor und Tastatur offen auf die Straße. Es handelt sich außerdem um eine Schnellstraße, die von jedermann in Sekundenschnelle erreicht werden kann. Ihr Server ist lediglich mit einem – hoffentlich sicheren – Passwort geschützt. An dieser Stelle sollten Sie aber auch nicht überängstlich sein. Es gibt im Internet nämlich sehr, sehr viele Server, deren SSH-Port freigegeben ist. Vielfach ist das auch notwendig, weil der Server buchstäblich »sonstwo« steht. Teilweise ist »sonstwo« irgendwo in der Cloud, und man kann als Nutzer den Server gar nicht wirklich physisch aufsuchen.

Trotzdem sollten Sie sich aus Sicherheitsgründen genau überlegen, warum und ob Sie Port 22 freigeben möchten, also für welchen Zweck. Wenn es nicht absolut erforderlich ist, sollten Sie es besser unterlassen. Oft ist es eine bessere Idee, für die Fernwartung eine VPN-Verbindung zu nutzen, da eine solche – zumindest im Anfängerbereich – eine höhere Sicherheit verspricht. Beachten Sie auch, dass Sie für die Nutzung von SFTP, also FTP über SSH, ebenfalls Port 22 öffnen müssen. Wenn sich die Freigabe von Port 22 über das Internet nicht vermeiden lässt, dann ist es eine gute Idee, die Authentifizierung nicht mehr wie bisher passwortbasiert zu gestalten, sondern mittels Zertifikaten zu kontrollieren, wie ich es beispielsweise auch bei `rsync` in Kapitel 16, »Daten synchronisieren und Backups erstellen mit ›rsync‹«, gezeigt habe.

Diese Zeile gäbe also Port 22 für das TCP-Protokoll frei:

```
-A INPUT -p tcp --dport 22 -j ACCEPT
```

Wie Sie gesehen haben, folgen die Anweisungen stets demselben Muster. Sie können durch eine Bearbeitung jeden beliebigen Port und das entsprechende Protokoll für jeden beliebigen Dienst freigeben. Falls ein Programm oder ein Dienst die Freigabe mehrerer Ports erfordert, dann können Sie diese über mehrere Zeilen verteilen. Alternativ, was etwas aufgeräumter wirkt, lassen sich mehrere Ports auch in einer

Zeile freigeben. Damit die Einträge leichter zu unterscheiden sind, sollten Sie dies aber nur für solche Ports machen, die zu einem Programm gehören. Wenn ein Programm einen Bereich aufeinanderfolgender Ports verwendet, dann können Sie diesen Portbereich ganz einfach durch einen Doppelpunkt definieren. Ist es beispielsweise erforderlich, die Ports 8000, 8001, 8002 und 8003 freizugeben, dann spezifiziert dies die folgende Zeile:

```
-A INPUT -p tcp --dport 8000:8003 -j ACCEPT
```

Wenn Sie nicht aufeinanderfolgende Ports freigeben möchten, dann wird es etwas aufwendiger. Die entsprechende Zeile erfordert nun die Spezifizierung eines zusätzlichen Moduls mit dem Namen `multiport`, dessen Funktion durch diesen Namen sofort ersichtlich wird. Die einzelnen Ports werden nun durch Kommata voneinander getrennt. Auch wenn es theoretisch optional ist und von `iptables` sowieso automatisch gesetzt wird, sollten Sie nun anstelle des Ausdrucks `dport` den Ausdruck `dports` verwenden. Erfordert ein Programm beispielsweise die Freigabe der Ports 8005, 8007 und 8009, dann müssen Sie folgende Zeile eingeben:

```
-A INPUT -p tcp -m multiport --dports 8005,8007,8009 -j ACCEPT
```

Es ist übrigens eine gute Idee, eigene Regeln mit einem Kommentar zu versehen, damit Sie auch zukünftig wissen, für welchen Zweck Sie die Regel erstellt haben. Ergänzen Sie daher vor der eigentlichen Regel eine entsprechende Kommentarzeile, die Sie am Zeilenbeginn mit einem #-Zeichen als Kommentar ausweisen.

Folgende Zeile ist im gesamten Regelwerk eher theoretischer Natur:

```
-A INPUT -p icmp -m icmp --icmp-type 8 -j ACCEPT
```

Sie erlaubt es dem Home Server, auf Ping-Anfragen aus dem Internet zu reagieren. Das ist eigentlich unnötig, denn dies übernimmt in einem Heimnetzwerk normalerweise der Router. Diese Zeile ist eher etwas zum Lernen und damit Sie sehen, was man mit der Firewall alles für lustige Sachen machen kann.

Vergessen Sie nicht, die Textdatei nach Abschluss der Eingaben abzuspeichern und den Texteditor zu beenden.

21.5.3 Die Firewall aktivieren und automatisch laden

Jetzt komme ich zu einem sehr wichtigen Abschnitt. Bislang haben Sie lediglich Regeln in einer Textdatei zusammengestellt. Damit funktioniert die Firewall aber noch nicht. Sie müssen den Inhalt der Textdatei erst aktiv an die Hauptkomponente von `iptables` übergeben. Damit ist diesmal die Programmkomponente der Firewall gemeint, nicht der Name der Textdatei mit den Regeln. Um die Firewall-Regeln zu aktivieren, führen Sie folgenden Befehl aus:

```
sudo iptables-restore < /etc/network/iptables
```

Jetzt ist die Firewall »scharfgeschaltet«!

Damit sind jetzt Ihre Firewall-Regeln aktiv. Wenn Ihre Einstellung fehlerhaft ist, dann haben Sie sich möglicherweise aus Ihrem Home Server ausgesperrt. Das erkennen Sie daran, dass er jetzt nicht mehr auf Tastatureingaben reagiert.

Keine Panik: Falls Sie sich ausgesperrt haben, dann hilft ein simpler Neustart des Home Servers. Ihre Änderungen waren bisher nur temporär, sie werden nicht automatisch beim Systemstart geladen. Überprüfen Sie in diesem Fall nochmals das Regelwerk auf Fehler, und laden Sie nach einer Korrektur erneut die Regeln in die Firewall. Übrigens: Ein beliebter Fehler ist es, zu vergessen, den IP-Adressbereich des eigenen Heimnetzwerks im Regelwerk korrekt anzugeben. Ihre Aufgabe ist es an dieser Stelle, Ihren Home Server gründlich daraufhin zu testen, ob Ihre Firewall-Konfiguration genauso funktioniert wie gedacht.

Erst wenn Sie sich sicher sind, dass die Firewall so funktioniert wie erhofft, sollten Sie die Regeln permanent machen und diese automatisch bei jedem Systemstart laden. Dazu legen Sie mit folgendem Befehl mit dem Texteditor nano eine neue Skriptdatei an, die beim Systemstart ausgeführt wird und die Firewall-Regeln lädt:

```
sudo nano /etc/network/if-pre-up.d/iptablesload
```

Fügen Sie dieser neuen Datei folgenden Inhalt hinzu:

```
#!/bin/sh
iptables-restore < /etc/network/iptables
exit 0
```

Listing 21.2 Ihre Firewall-Einstellungen automatisch anwenden

Speichern Sie die Datei, und beenden Sie nano durch die Betätigung der Tastenkombination Strg+x, mit anschließender Betätigung der Tasten j und ↵. Die Datei wird nun so wie in Abbildung 21.4 aussehen.

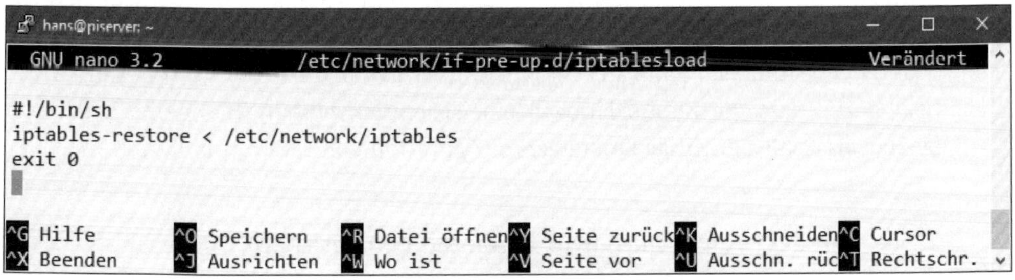

Abbildung 21.4 Die bearbeitete Datei »/etc/network/if-pre-up.d/iptablesload«

Diese Skriptdatei muss nun mit Ausführrechten versehen werden, das erledigt folgender Befehl:

```
sudo chmod +x /etc/network/if-pre-up.d/iptablesload
```

Damit werden die Regeln nun beim Systemstart automatisch geladen. (Hinweis: Sie sollten keinesfalls die hier gezeigte Methode nutzen, um eigene Programme beim Systemstart zu laden.)

Starten Sie nun Ihren Home Server einmal neu:

```
sudo reboot
```

Nach dem Neustart sollten Ihre Firewall-Regeln aktiv sein. Sie können dies jederzeit überprüfen, indem Sie sich von `iptables` die derzeit gültigen Regeln ausgeben lassen. Dies machen Sie mit dem Befehl:

```
sudo iptables -S
```

Die Ausgabe, die Sie in Abbildung 21.5 sehen, sollte sich mit dem Inhalt Ihrer Regeldatei für die Firewall decken. Damit haben Sie nun eine grundlegende Firewall auf Ihrem Home Server aktiviert.

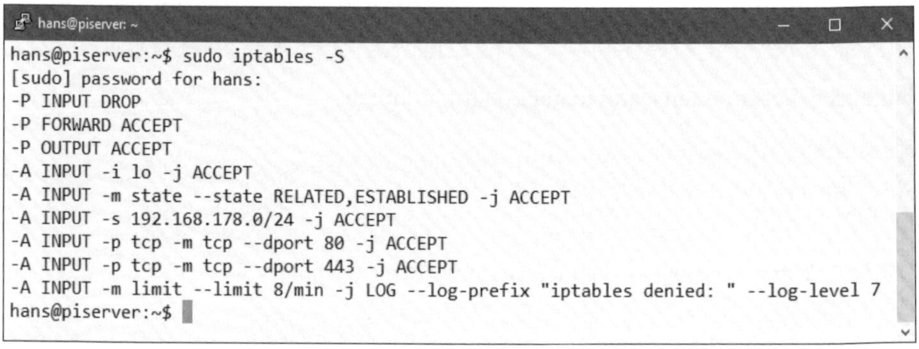

Abbildung 21.5 Ihre Einstellungen wurden nach dem Neustart übernommen.

Übrigens: Die Firewall auf Ihrem Home Server sollten Sie immer nur zusätzlich zur Firewall in Ihrem Router einsetzen. Es ist keine gute Idee, die Firewall im Router zu deaktivieren und sich ganz auf `iptables` im Home Server zu verlassen. Der Grund liegt darin, dass die Router-Firewall ein wesentlich leistungsfähigeres Regelwerk besitzt, als es die derzeitige Einsteigerkonfiguration von `iptables` bietet.

21.5.4 Mit der Firewall auch IPv6-Verbindungen absichern

Bisher hat sich bei der Betrachtung der Firewall alles nur um das klassische IPv4 gedreht. Mittlerweile hat jedoch das modernere IPv6 längst Einzug in das Internet und auch in viele Heimnetzwerke gehalten.

Die Firewall iptables kümmert sich aber nur um IPv4-Verbindungen. IPv6-Verkehr bleibt unberücksichtigt. Für solche Verbindungen gibt es eine eigene Firewall, die ip6tables heißt. Ihr Regelwerk ist unabhängig vom IPv4-Regelwerk. Keine Sorge: Die Syntax für beide Regelwerke ist dieselbe, Sie müssen hier also nicht etwas komplett Neues lernen.

Wenn Sie auch den IPv6-Verkehr überwachen möchten, dann müssen Sie zunächst sämtliche Schritte, die Sie zuvor mit iptables durchgeführt haben, wiederholen. Dabei ersetzen Sie den Ausdruck iptables stets durch ip6tables. Das heißt, Sie legen also beispielsweise das Regelwerk in der Datei */etc/network/ip6tables* an und nutzen die Befehle ip6tables-restore und ip6tables-save.

Beim Erstellen des Regelwerks gelten fast alle Zeilen unverändert. Ein bestimmtes Programm geben Sie in ip6tables genauso frei wie in iptables. Folgende Zeile (für den SSH-Port) ist also nach wie vor gültig:

```
-A INPUT -p tcp --dport 22 -j ACCEPT
```

Sie müssen erst dann genauer hinsehen, wenn IP-Adressen spezifiziert werden. Im Standardregelwerk muss also die Zeile angepasst werden, welche eingehende Verbindungen aus dem Heimnetzwerk erlaubt. Hier müssen Sie den IPv6-Adressbereich angeben, den Ihre Netzwerkgeräte verwenden. Im Unterschied zum IPv4 geht es hier vornehmlich um die Nennung des sogenannten Präfixes. Das *Präfix* ist sozusagen der Beginn (beziehungsweise der vordere Teil) der IPv6-Adresse, den alle Geräte im Heimnetzwerk gemeinsam verwenden. Der hintere Teil ist für jedes Gerät einzig. Das Präfix erhalten Sie von Ihrem Internetanbieter zugewiesen. Oft umfasst das Präfix vier Blöcke im IPv6-Format. Welches Präfix Sie nutzen, sagt Ihnen beispielsweise Ihr Router. In dessen Webinterface finden Sie in der Sektion, die sich mit dem Internetzugang befasst, einen entsprechenden Eintrag. Kopieren Sie diesen kompletten Eintrag in die Zwischenablage. Achten Sie darauf, dass Sie auch das Segment, das die Länge des Präfixes und damit die Größe des Netzwerkes festlegt, mitkopieren. Es lautet beispielsweise /62 oder /64. Ein möglicher Eintrag hat folgende Form: xxxx:xxxx:xxxx:xxxx::/62, wobei x Werte zwischen 0 und 9 sowie zwischen a und f annimmt.

Im Regelwerk der ip6tables geben Sie nun für die Freigabe von IPv6-Quelladressen aus dem Heimnetzwerk dieses Präfix beim Parameter -s an. Die entsprechende Zeile sieht (mit Ihrem Präfix) also so aus:

```
-A INPUT -s xxxx:xxxx:xxxx:xxxx::/62 -j ACCEPT
```

Insgesamt hat das Standardregelwerk für die ip6tables-Firewall also folgende Gestalt:

```
*filter
:OUTPUT ACCEPT
:INPUT DROP
```

21

```
:FORWARD ACCEPT
#
-A INPUT -i lo -j ACCEPT
-A INPUT -m state --state ESTABLISHED,RELATED -j ACCEPT
-A INPUT -s xxxx:xxxx:xxxx:xxxx::/62 -j ACCEPT
#
#Nach dieser Zeile eigene Regeln einfügen
#
-A INPUT -m limit --limit 8/min -j LOG --log-prefix "iptables denied: ⮐
  " --log-level 7
#
COMMIT
```

Damit ist schon alles konfiguriert. Bedenken Sie, dass Sie für den Aufbau von Verbindungen über das Internet nun die jeweilige IPv6-Adresse des Zielgerätes benötigen. Für den Home Server liefert Ihnen diese der Befehl `sudo ifconfig`. Sie müssen die Adresse verwenden, deren Beginn mit dem Präfix übereinstimmt. Auch im Router müssen Sie eine Freigabe in der Firewall für IPv6-Verbindungen einrichten. Die Freigaben sind für das IPv6 unabhängig von eventuellen Freigaben für das IPv4.

[»]

Es gibt auch private Adressbereiche beim IPv6

Auch beim IPv6 gibt es so etwas wie private Adressen. Diese nutzen salopp gesagt ein »spezielles Präfix«, das die Verwendung von Adressen festlegt. Manche Router sind beispielsweise so konfiguriert, dass Sie neben dem öffentlichen Präfix auch einen privaten Adressbereich vorsehen. Solche IPv6-Adressen beginnen beispielsweise mit dem Präfix `fd00::`. Sollten Sie zu Hause auch diesen Adressbereich nutzen, dann müssen Sie ihn auch in der `ip6tables`-Firewall freigeben. Ob dem so ist, erfahren Sie im Webinterface des Routers. Alternativ nutzen Sie wieder den Befehl `sudo ifconfig`. Wenn Sie dort eine IPv6-Adresse finden, die mit `fd00:` beginnt, dann müssen Sie einen Eintrag im Regelwerk vornehmen. Erlauben Sie in diesem Fall den Adressbereich `-s fd00::/8`.

21.6 Eine kleine Hilfe gegen ungebetene Gäste: »chkrootkit«

Ein Helferlein, das die Sicherheit Ihres Servers ein wenig erhöht, ist *chkrootkit*. Es ist, wie der Name vermuten lässt, ein Rootkitscanner. Das ist ein Programm, das eine Auswahl von wichtigen Dateien daraufhin überprüft, ob sich darin Rootkits eingenistet haben. Rootkits sind eine Form von Schadware, die ein Angreifer auf dem Computer installiert hat. Diese dienen beispielsweise dazu, zukünftige Einbrüche vor dem Benutzer zu verstecken. `chkrootkit` versucht nun, Änderungen an ausgewählten Systemdateien zu entdecken und den Administrator dann zu informieren. Sie müssen allerdings beachten, dass `chkrootkit` keinen hundertprozentigen Schutz bietet, insbesondere dann nicht, wenn es vom zu untersuchenden System direkt ausgeführt wird. Schließlich kann ein Angreifer `chkrootkit` so modifiziert haben, dass es den Angriff nicht mehr erkennt. Dies sollten Sie bei der Benutzung im Hinterkopf behalten. Es ist also mehr ein Schutz vor nicht allzu gerissenen Angreifern oder solchen, die Angriffe mit wenig Aufwand breit streuen, um aus einer großen Anzahl einige Treffer zu erhalten. Da `chkrootkit` aber kaum Ressourcen belegt und auch sonst praktisch keine Nachteile mit sich bringt, schadet es sicherlich nicht, es zu installieren.

Wie immer erfordert die Installation eine aktuelle Liste der Paketquellen (die Sie mit dem Befehl `sudo apt update` erhalten). Die Installation erfolgt mit dem Befehl:

```
sudo apt install chkrootkit
```

Eine mögliche Bildschirmausgabe dazu sehen Sie in Abbildung 21.6.

```
hans@piserver: ~
hans@piserver:~$ sudo apt install chkrootkit
Paketlisten werden gelesen... Fertig
Abhängigkeitsbaum wird aufgebaut.
Statusinformationen werden eingelesen.... Fertig
Die folgenden zusätzlichen Pakete werden installiert:
  binutils
Vorgeschlagene Pakete:
  binutils-doc
Die folgenden NEUEN Pakete werden installiert:
  binutils chkrootkit
0 aktualisiert, 2 neu installiert, 0 zu entfernen und 2 nicht aktualisiert.
Es müssen 3.778 kB an Archiven heruntergeladen werden.
Nach dieser Operation werden 18,4 MB Plattenplatz zusätzlich benutzt.
Möchten Sie fortfahren? [J/n]
```

Abbildung 21.6 Die Installation von »chkrootkit«

Sie können `chkrootkit` nun manuell mit dem Befehl

```
sudo chkrootkit
```

ausführen und sich die Ausgabe des Befehls einmal ansehen. `chkrootkit` hat Ihren Server nach bekannten Rootkits untersucht und teilt Ihnen mit, ob es etwas entdeckt hat. Wenn alles in Ordnung ist, dann können Sie hinter jedem Eintrag ein NOTHING FOUND oder ein NOT FOUND oder auch den Eintrag NOT INFECTED lesen, wie auch Abbildung 21.7 zeigt.

Diese Art der Durchführung ist jedoch wenig komfortabel. Besser wäre es, wenn `chkrootkit` automatisiert starten würde und dann über das Ergebnis per E-Mail informiert. Dazu editieren Sie zunächst die Datei */etc/chkrootkit.conf* mit `nano`:

```
sudo nano /etc/chkrootkit.conf
```

21

Ändern Sie in dieser Datei den Eintrag `RUN_DAILY="false"` in `RUN_DAILY="true"`. Beenden Sie dann `nano`, und speichern Sie die Änderungen mit der Tastenkombination [Strg]+[x] und [j]. Ihre Datei sollte wie in Abbildung 21.8 aussehen.

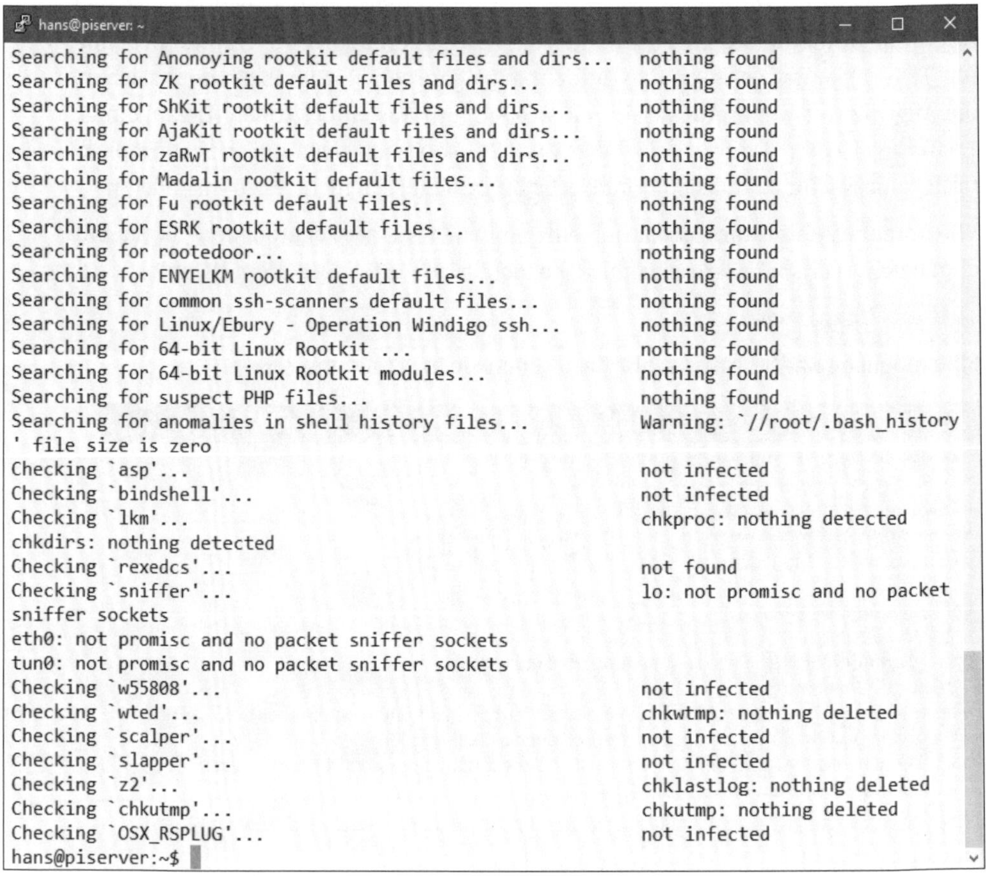

Abbildung 21.7 Chkrootkit hat keine Rootkits gefunden.

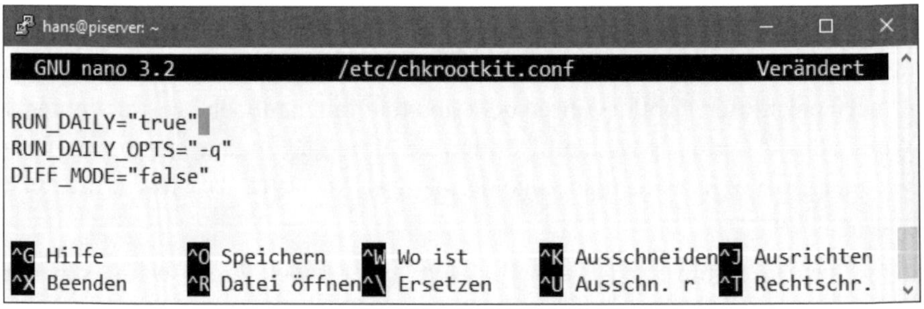

Abbildung 21.8 Die Konfiguration von »chkrootkit«

Wenn Sie den E-Mail-MTA `msmtp` gemäß der Anleitung in Kapitel 10, »Statusinformationen per E-Mail erhalten: ›msmtp‹ als MTA«, korrekt konfiguriert haben, dann werden an die Systembenutzer adressierte E-Mails an die konfigurierte externe E-Mail-Adresse weitergeleitet. Sie erhalten automatisch eine E-Mail, wenn `chkrootkit` etwas Verdächtiges auf Ihrem System festgestellt hat. Sollten Sie also noch keinen MTA installiert haben, dann müssen Sie dies an dieser Stelle gemäß Kapitel 10 unbedingt nachholen.

Sollten Sie zukünftig eine E-Mail von `chkrootkit` bekommen, dann analysieren Sie sie erst einmal gründlich. Es kann sich auch um einen Fehlalarm handeln. Kontrollieren Sie, ob sich eventuell nur eine Prozess-ID geändert hat, also nur eine Zahl in einem Eintrag. Dass tatsächlich ein erfolgreicher Angriff stattgefunden hat, ist weniger wahrscheinlich. Wenn dem doch so ist und `chkrootkit` einen eindeutigen Fund meldet, dann sollten Sie umgehend Ihren Server von Netz nehmen und das letzte Backup ohne die Infektion einspielen. Beenden Sie dann alle Freigaben Ihrer Dienste ins Internet. Prüfen Sie, ob es in der Zwischenzeit Sicherheitsupdates für die Programme gibt, die Sie im Internet freigeschaltet hatten, und spielen Sie sie mit den Befehlen

```
sudo apt update
```

und

```
sudo apt upgrade
```

ein. Kontrollieren Sie nochmals gründlich, ob Sie alle Sicherheitsvorkehrungen getroffen haben. Machen Sie die Programme erst nach einer längeren Wartezeit wieder über das Internet erreichbar, und kontrollieren Sie dann Ihren Server in der nächsten Zeit besonders gründlich.

An dieser Stelle müssen Sie aber etwas aufpassen, denn es kann sein, dass `chkrootkit` im Moment ein wenig übervorsichtig agiert und Fehlalarme produziert. Wenn Sie den Port-Knocking-Dienst `knockd` installiert haben, den ich nachfolgend in Abschnitt 21.8 besprechen werde, dann ist es normal, dass er von `chkrootkit` als *Packet-Sniffer* gelistet wird. Schließlich handelt es sich dabei in der Tat um ein solches Werkzeug. Da Sie ihn aber absichtlich installiert haben und er ein sicheres Werkzeug ist, handelt es sich bei dieser Meldung um einen Fehlalarm.

Wenn Sie den Raspberry Pi verwenden, dann erkennt `chkrootkit` häufig in den harmlosen Netzwerkdiensten `dhcpcd` und (wenn Sie eine WLAN-Verbindung nutzen) `wpa_supplicant` einen Packet-Sniffer und versendet ebenfalls Fehlalarme. Offensichtlich führt dies dazu, dass Sie von nun an täglich eine E-Mail bekommen, in der `chkrootkit` Sie auf die Existenz dieses Packet-Sniffers hinweist. Man bezeichnet eine solche Meldung übrigens mit dem Begriff *false positive*. Es handelt sich also um eine fälschliche Erkennung eines vermeintlichen Schädlings. Sie können sich in diesem Fall aber behelfen und `chkrootkit` so einstellen, dass es täglich eine Referenzdatei mit den aktuellen Ergebnissen vergleicht. In dieser Referenzdatei wird vermerkt, dass es den Packet-Sniffer `knockd` beziehungsweise die Dienste `dhcpcd` und `wpa_supplicant` auf dem System gibt. Von nun an werden Sie nur dann per E-Mail informiert, wenn die Ausgabe von `chkrootkit` von dieser Referenzdatei abweicht. Hierbei müssen Sie sehr genau aufpassen, denn Sie nehmen den aktuellen Zustand des Servers als sicher an. Sie sollten daher diesen Schritt aus Sicherheitsgründen nur dann ausführen, wenn bei Ihnen tatsächlich `knockd` zum Einsatz kommt oder Sie den Raspberry Pi verwenden und Sie die täglichen E-Mails von `chkrootkit` verhindern möchten.

Öffnen Sie zunächst noch einmal die Konfigurationsdatei von `chkrootkit` mit dem Editor `nano`:

```
sudo nano /etc/chkrootkit.conf
```

Ändern Sie den Eintrag `DIFF_MODE` von `"false"` in `"true"`. Die recht kurze Datei sollte bei Ihnen nun folgende Form angenommen haben:

```
RUN_DAILY="true"
RUN_DAILY_OPTS="-q"
DIFF_MODE="true"
```

Speichern Sie die Datei nun mit der Tastaturkombination [Strg]+[X] ab und beenden damit den Editor. Nun müssen Sie einmal `chkrootkit` ausführen. Das erledigen Sie mit einem besonderen Befehl, der auch beim täglichen Start des Schutzprogramms ausgeführt wird:

```
sudo /etc/cron.daily/chkrootkit
```

Kontrollieren Sie die Ausgabe des Befehls besonders gründlich. Ein Beispiel dazu sehen Sie in Abbildung 21.9.

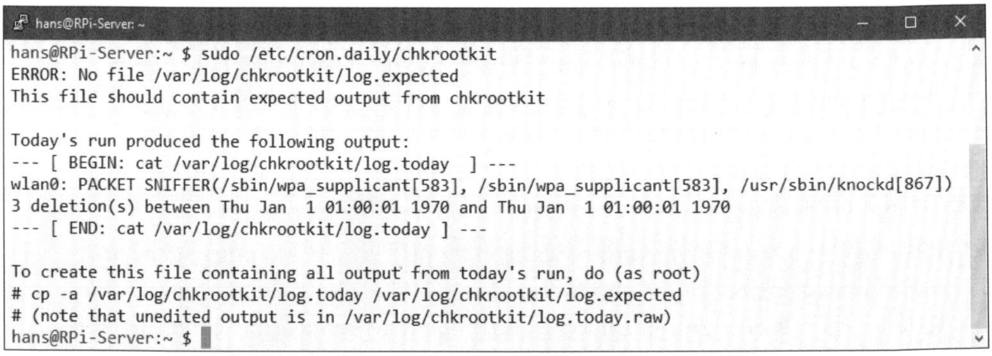

Abbildung 21.9 Einige harmlose Funde von »chkrootkit«

Als einziger Fund sollte(n) der Port-Knocking-Dienst `knockd` beziehungsweise `dhcpcd` und/oder `wpa_supplicant` (Letzteres nur bei WLAN-Verbindungen) aufgeführt sein.

Sie sollten also beispielsweise folgende Zeile in der Ausgabe finden; der Wert in eckigen Klammern gibt die Prozess-ID an, die bei Ihnen höchstwahrscheinlich anders lauten wird:

```
eth0: PACKET SNIFFER(/usr/sbin/knockd[3325])
```

Diese Angabe wird von den Zeilen

```
Today's run produced the following output:
--- [ BEGIN: cat /var/log/chkrootkit/log.today ] ---
```

und

```
--- [ END: cat /var/log/chkrootkit/log.today ] ---
```

umschlossen. Unter Raspberry Pi OS finden Sie entsprechend eventuell auch eine der folgenden Zeilen (oder sogar beide):

```
eth0: PACKET SNIFFER(/sbin/dhcpcd5[xxxx], /sbin/dhcpcd5[xxxx])
wlan0: PACKET SNIFFER(/sbin/wpa_supplicant[xxxx], /sbin/wpa_supplicant[xxxx])
```

Der Rest der Ausgabe enthält Anweisungen, wie die entsprechende Referenzdatei zu erstellen ist. Diese werden Sie nun umsetzen. Führen Sie also zur Erzeugung der Referenzdatei folgenden Befehl aus:

```
sudo cp -a /var/log/chkrootkit/log.today ⮐
  /var/log/chkrootkit/log.expected
```

Die Option `-a` sorgt dafür, dass alle Dateiattribute mitkopiert werden. Anschließend können Sie noch einmal `chkrootkit` mit dem täglichen Startbefehl ausführen:

```
sudo /etc/cron.daily/chkrootkit
```

Nun sollten keine Bildschirmausgaben mehr erfolgen.

Diese Methode hat jedoch einen kleinen Nachteil: Bei einem Neustart des Servers ändert sich die Prozess-ID von `knockd` sowie `dhcpcd` und `wpa_supplicant`. Das ist übrigens auch bei einem Neustart dieser Dienste der Fall. Leider ist – wie zuvor gezeigt – die Prozess-ID in der Referenzdatei von `chkrootkit` enthalten. Daher müssen Sie die Datei nach einem Neustart des Servers einmal neu erstellen. Das machen Sie genauso wie oben angegeben. Zuerst führen Sie den Befehl

```
sudo /etc/cron.daily/chkrootkit
```

aus und kontrollieren seine Ausgaben. Dann erzeugen Sie die Referenzdatei mit dem Befehl

```
sudo cp -a /var/log/chkrootkit/log.today ⮐
  /var/log/chkrootkit/log.expected
```

Damit ist die Konfiguration von `chkrootkit` abgeschlossen.

21.7 Keine Chance für Ratefüchse: Fail2ban

Ein weiteres sehr wichtiges Programm, mit dem Sie sich unbedingt befassen sollten, ist *Fail2ban*. Erinnern Sie sich, dass es eine einfache, simple Methode gibt, sich Zugang zu einer passwortgeschützten Seite zu beschaffen? Richtig, die sogenannte Brute-Force-Methode, bei der man einfach alle möglichen Passwortkombinationen durchprobiert. Diese Methode führt garantiert irgendwann zum Erfolg, hinterlässt aber auch sehr deutliche Spuren. Ein Angreifer versucht schließlich mitunter mehrere Millionen Mal, sich Zugang zu Ihrem Server zu verschaffen, bevor er irgendwann Erfolg hat. Üblicherweise merkt das auch Ihr Server und legt entsprechende Logdateien an, die Sie informieren, dass es ungültige Zugriffsversuche gegeben hat. Was liegt da näher, als ein Programm regelmäßig die Logdateien durchsuchen zu lassen und bei Überschreiten einer bestimmten Zahl an Login-Versuchen den Benutzer einfach für eine gewisse Zeitdauer vom System auszusperren? Genau das macht Fail2ban.

Sicherlich kennen Sie diese Vorgehensweise schon von anderen Internetseiten. Wenn Sie zu oft ein falsches Passwort eingegeben haben, dann bekommen Sie eine Zeitstrafe, bevor Sie es wieder versuchen können. Dies behindert eine Brute-Force-Attacke beachtlich und lässt Sie im Zeitraum eines Menschenlebens praktisch unmöglich werden (ein sicheres Passwort vorausgesetzt). Nicht alle Dienste bringen dieses Verhalten von Haus aus mit, und hier springt Fail2ban ein. Sie sollten Fail2ban daher unbedingt einsetzen, wenn Sie einen Dienst haben, der im Internet verfügbar ist oder wenn es in Ihrem Heimnetzwerk Naturen mit einem ausgeprägten Spieltrieb gibt.

Fail2ban kann mehrere Aktionen vornehmen; in diesem Buch zeige ich Ihnen hauptsächlich, wie das Programm die IP-Adresse des Angreifers für einen bestimmten Zeitrahmen für den Zugang zu Ihrem Server sperrt und anschließend wieder freigibt. Zusätzlich können Sie sich über den Einbruchsversuch per E-Mail informieren lassen.

Für den Betrieb von Fail2ban ist es nicht erforderlich, dass Ihr Home Server bereits mit einer Firewall gemäß Abschnitt 21.5 arbeitet. Es ist aber auch nicht von Nachteil, wenn sie bereits ordnungsgemäß eingerichtet ist. Wenn keine Firewall eingerichtet ist, dann werden die nötigen Einstellungen direkt von Fail2ban vorgenommen.

21.7.1 Fail2ban installieren

Fail2ban installieren Sie mit folgendem Befehl (denken Sie bitte an aktuelle Paketquellen):

```
sudo apt install fail2ban
```

Die vollständige Installation sehen Sie in Abbildung 21.10.

```
hans@piserver:~ $ sudo apt install fail2ban
Paketlisten werden gelesen... Fertig
Abhängigkeitsbaum wird aufgebaut.
Statusinformationen werden eingelesen.... Fertig
Die folgenden zusätzlichen Pakete werden installiert:
  python3-pyinotify python3-systemd
Vorgeschlagene Pakete:
  monit sqlite3 python-pyinotify-doc
Die folgenden NEUEN Pakete werden installiert:
  fail2ban python3-pyinotify python3-systemd
0 aktualisiert, 3 neu installiert, 0 zu entfernen und 1 nicht aktualisiert.
Es müssen 446 kB an Archiven heruntergeladen werden.
Nach dieser Operation werden 2.153 kB Plattenplatz zusätzlich benutzt.
Möchten Sie fortfahren? [J/n]
```

Abbildung 21.10 Die Installation von »fail2ban«

Nach der Installation müssen Sie Fail2ban konfigurieren. Fail2ban arbeitet mit Filtern, welche die Logdateien nach bestimmten Einträgen, zum Beispiel fehlgeschlagenen Login-Versuchen, durchforsten. Es ist also notwendig, dass das jeweilige zu überwachende Programm eine Logdatei anlegt und dort auch Login-Versuche protokolliert. Wenn nun in einem bestimmten Zeitraum eine einstellbare Anzahl von (fehlgeschlagenen) Login-Versuchen stattgefunden hat, dann kann Fail2ban eine vorgegebene Aktion durchführen. Beispielweise wird die IP-Adresse des potentiellen Angreifers für den Zugriff auf den Port, den die jeweilige Anwendung nutzt, für einen gewissen Zeitraum gesperrt. Dies geschieht durch Zufügen einer Filterregel zu der `iptables`-Firewall (zur Funktionsweise siehe Abschnitt 21.5). Nach Ablauf der Sperrzeit wird diese Filterregel wieder entfernt. Dies alles erledigt Fail2ban für Sie automatisch, es sind keine komplizierten Konfigurationen hierfür notwendig. Was allerdings zu tun ist, das ist, Fail2ban zu lehren, welche Logdateien es nach welchen bestimmten Einträgen durchsuchen soll und welcher Port für die Anwendung zu sperren ist. Die Filter, die Fail2ban hierfür verwendet, basieren auf den sogenannten *regulären Ausdrücken*. Mit einem regulären Ausdruck lässt sich eine bestimmte Zeichenkette innerhalb einer (umfangreichen) Textdatei eindeutig auffinden. Sie spezifizieren also genau diejenigen Zeichen, die in der Datei stehen müssen, und können dabei auch Zeichen angeben, die sich innerhalb des zu findenden Textes bei jedem Eintrag ändern können. Hierzu zählen beispielsweise das Datum, die Uhrzeit oder auch eine Session-Nummer, die vom Webserver vergeben wird. Im Prinzip ist das vergleichbar mit einem »Suche nach ..., und zähle die Treffer«.

21.7.2 Das Konzept der Überwachungsregeln und die grundlegende Konfiguration

Fail2ban bringt bereits von Haus aus einige vorkonfigurierte Filter für einige bekannte Programme mit. Für die meisten Programme müssen Sie jedoch eine entsprechende Filterregel selbst zusammenbasteln. Dabei ist der Umgang mit regulären Ausdrücken unausweichlich. Reguläre Ausdrücke basieren auf logischen Regeln. Wenn Sie diese erst einmal verstanden haben, dann ist der Umgang mit dieser Form der Sprache recht einfach. Für den Einstieg gilt das aber keineswegs. Da reguläre Ausdrücke viele Platzhalter und Steuerzeichen zum Erkennen der jeweiligen Textelemente enthalten können, erscheinen sie zunächst wie ein willkürlicher Zeichenwirrwarr, dessen Regeln sich kaum erschließen lassen. Daher werde ich in diesem Buch bereits fertige Regeln besprechen, die Sie direkt übernehmen können. Das hat den Vorteil, dass Sie vom Selbsterstellen dieser regulären Ausdrücke zunächst verschont bleiben. Es hat aber auch den Nachteil, dass eine solche starre Regel möglicherweise mit neueren Programmversionen nicht mehr gut zusammenarbeitet, falls das Programm das Format seiner Logdatei ändert.

Für die Arbeit mit Fail2ban sind drei Typen von Dateien relevant. Als Erstes ist die allgemeine Konfigurationsdatei zu nennen. Sie befindet sich in */etc/fail2ban/fail2-ban.conf*, ist erstaunlich kurz und muss von Ihnen gar nicht bearbeitet werden. Daneben gibt es die Dateien, die die eigentlichen Filter enthalten. Diese Filter sind im Verzeichnis */etc/fail2ban/filter.d* abgelegt. Schauen Sie einmal in dieses Verzeichnis hinein, dessen Inhalt Sie auch in Abbildung 21.11 sehen, und betrachten Sie mit `nano` (ohne etwas zu ändern) oder mit dem `cat`-Befehl einige dieser Dateien.

```
hans@piserver: /etc/fail2ban/filter.d
hans@piserver:~$ cd /etc/fail2ban/filter.d
hans@piserver:/etc/fail2ban/filter.d$ ls
3proxy.conf               dropbear.conf          openwebmail.conf       sieve.conf
apache-auth.conf          ejabberd-auth.conf     pam-generic.conf       sogo-auth.conf
apache-badbots.conf       exim-common.conf       perdition.conf         solid-pop3d.conf
apache-common.conf        exim.conf              php-url-fopen.conf     squid.conf
apache-modsecurity.conf   exim-spam.conf         postfix.conf           sshd.conf
apache-nohome.conf        freeswitch.conf        postfix-sasl.conf      sshd-ddos.conf
apache-noscript.conf      groupoffice.conf       proftpd.conf           suhosin.conf
apache-overflows.conf     gssftpd.conf           pure-ftpd.conf         uwimap-auth.conf
assp.conf                 horde.conf             qmail.conf             vsftpd.conf
asterisk.conf             lighttpd-auth.conf     recidive.conf          webmin-auth.conf
common.conf               mysqld-auth.conf       roundcube-auth.conf    wuftpd.conf
courierlogin.conf         nagios.conf            selinux-common.conf    xinetd-fail.conf
couriersmtp.conf          named-refused.conf     selinux-ssh.conf
cyrus-imap.conf           nginx-http-auth.conf   sendmail-auth.conf
dovecot.conf              nsd.conf               sendmail-reject.conf
hans@piserver:/etc/fail2ban/filter.d$
```

Abbildung 21.11 Die bereits bereitgestellten Regeln für »fail2ban«

Sie werden in diesen Dateien stets das Element `failregex =` finden. Dieses Element repräsentiert den entsprechenden regulären Ausdruck und stellt das Kernstück der Filterregel dar. Bei der Erstellung einer neuen Filterregel geht es hauptsächlich um diesen Eintrag. Als Letztes kommt die Datei */etc/fail2ban/jail.conf* ins Spiel. Sie benennt die eigentlichen Logdateien, die von den entsprechenden Filtern zu untersuchen sind. Hier können Sie auch die Anzahl der maximalen Login-Versuche festlegen sowie den jeweiligen Port, der per Firewall zu sperren ist.

Zusammengefasst bedeutet dies, dass für ein bestimmtes Programm zunächst eine Filterregel im Ordner */etc/fail2ban/filter.d* zu erstellen ist und dann noch ein entsprechender Steuereintrag in der Datei */etc/fail2ban/jail.conf* eingegeben werden muss.

Achten Sie dabei darauf, dass Sie Änderungen nicht in der Datei *jail.conf*, sondern in einer lokalen Kopie namens *jail.local* (im gleichen Verzeichnispfad) vornehmen. Zunächst sind beide Dateien identisch, die Datei *jail.local* hat jedoch eine höhere Priorität. Warum gibt es die Datei *jail.local*? Der Grund ist ganz einfach: Wenn es ein Update von Fail2ban gibt, dann wird möglicherweise die Datei *jail.conf* überschrieben, und alle Einstellungen sind weg. Das passiert aber nicht mit der Datei *jail.local*, sie bleibt erhalten. Warum gibt es dann überhaupt die Datei *jail.conf*? Nun, vielleicht kommen ja auch neue Einstelloptionen hinzu, und *jail.conf* zeigt Ihnen dann als Muster, wie die jeweiligen Einstellungen zu nutzen sind – was aber wiederum in der Datei *jail.local* geschehen sollte. Merken Sie sich also, dass Sie Änderungen nur in der Datei *jail.local* vornehmen sollten.

Als ersten Schritt können Sie nun die Regeln aktivieren, die Fail2ban bereits für solche Programme mitbringt, die Sie auch bereits nutzen. Die Regeln sind zunächst einmal (fast) alle deaktiviert, da Fail2ban nicht wissen kann, welche Programme Sie bereits aktiv nutzen und auch schützen möchten.

21.7.3 Die SSH-Konsole absichern

Los geht es mit der Absicherung der SSH-Konsole – die übrigens durchaus auch von experimentierfreudigen und neugierigen Nachwuchs-Hackern aus dem eigenen Heimnetz attackiert werden könnte (gemeint sind hierbei natürlich wissbegierige Familienmitglieder ohne ernsthaft boshafte Absichten, keinesfalls professionelle Hacker aus dem Internet). Die Konsole nutzen Sie schließlich jedes Mal, wenn Sie sich beispielsweise über PuTTY mit Ihrem Home Server verbinden. Die Konsole sieht zwar jedes Mal, wenn ein Passwort falsch eingegeben wird, eine Zeitstrafe von einigen Sekunden vor und erschwert somit Brute-Force-Angriffe bereits deutlich, sie sperrt jedoch Angreifer nicht für einen längeren Zeitrahmen aus. Betrachten Sie zunächst mit folgendem Befehl die Filterdatei für SSH:

```
nano /etc/fail2ban/filter.d/sshd.conf
```

Schauen Sie sich die `cmnfailre`-Regeln an, die Sie in Abbildung 21.12 sehen. (Die Regeln in dieser Datei sind etwas umfangreicher, daher sind sie in dem separaten Block `cmnfailre` zusammengefasst. Der ansonsten zuständige `failregex`-Block enthält hier nur Verweise auf die verschiedenen Regeln.)

Es gibt mehrere Regeln für unterschiedliche Fehlerarten, die auftreten können. Gleich in der ersten Zeile finden Sie unter anderem das Muster `Authentication failure` – ein Hinweis, dass hier ein Authentifizierungsversuch fehlgeschlagen ist. Sehr wichtig ist übrigens der Ausdruck `<HOST>`, denn ihn nutzt Fail2ban zum Auffinden der zu sperrenden IP-Adresse. Verlassen Sie nun den Editor ohne jede Änderung dieser Datei mit der Tastenkombination Strg + X.

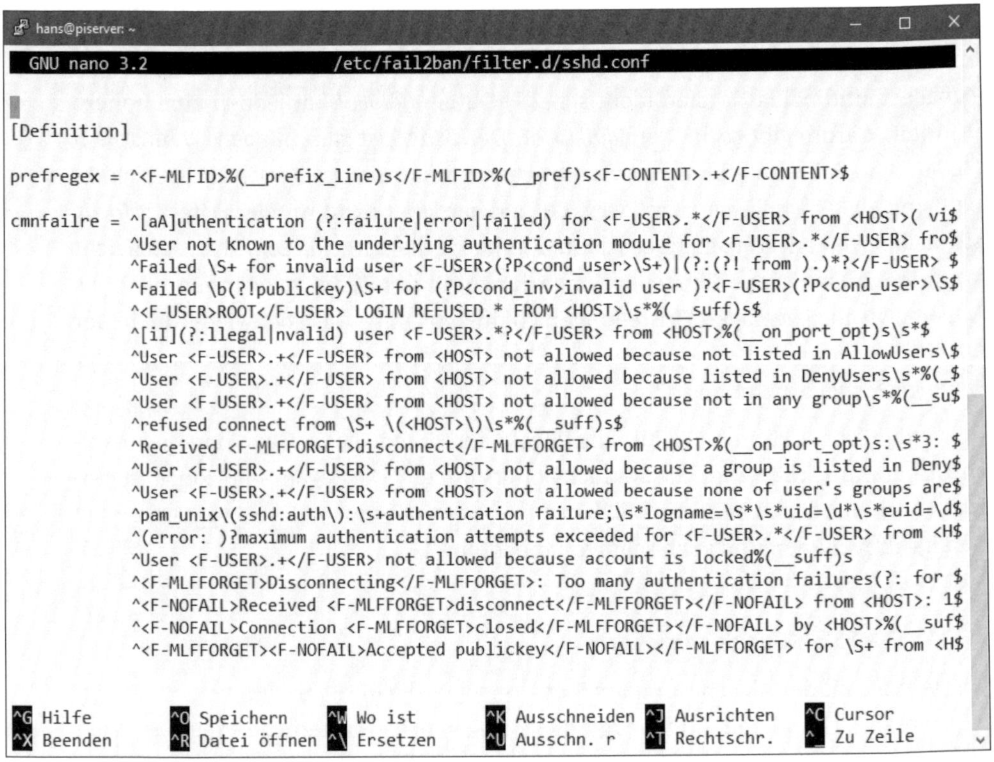

```
hans@piserver: ~
  GNU nano 3.2                    /etc/fail2ban/filter.d/sshd.conf

[Definition]

prefregex = ^<F-MLFID>%(__prefix_line)s</F-MLFID>%(__pref)s<F-CONTENT>.+</F-CONTENT>$

cmnfailre = ^[aA]uthentication (?:failure|error|failed) for <F-USER>.*</F-USER> from <HOST>( vi$
            ^User not known to the underlying authentication module for <F-USER>.*</F-USER> fro$
            ^Failed \S+ for invalid user <F-USER>(?P<cond_user>\S+)|(?:(?! from ).)*?</F-USER> $
            ^Failed \b(?!publickey)\S+ for (?P<cond_inv>invalid user )?<F-USER>(?P<cond_user>\S$
            ^<F-USER>ROOT</F-USER> LOGIN REFUSED.* FROM <HOST>\s*%(__suff)s$
            ^[iI](?:llegal|nvalid) user <F-USER>.*?</F-USER> from <HOST>%(__on_port_opt)s\s*$
            ^User <F-USER>.+</F-USER> from <HOST> not allowed because not listed in AllowUsers\$
            ^User <F-USER>.+</F-USER> from <HOST> not allowed because listed in DenyUsers\s*%(_$
            ^User <F-USER>.+</F-USER> from <HOST> not allowed because not in any group\s*%(__su$
            ^refused connect from \S+ \(<HOST>\)\s*%(__suff)s$
            ^Received <F-MLFFORGET>disconnect</F-MLFFORGET> from <HOST>%(__on_port_opt)s:\s*3: $
            ^User <F-USER>.+</F-USER> from <HOST> not allowed because a group is listed in Deny$
            ^User <F-USER>.+</F-USER> from <HOST> not allowed because none of user's groups are$
            ^pam_unix\(sshd:auth\):\s+authentication failure;\s*logname=\S*\s*uid=\d*\s*euid=\d$
            ^(error: )?maximum authentication attempts exceeded for <F-USER>.*</F-USER> from <H$
            ^User <F-USER>.+</F-USER> not allowed because account is locked%(__suff)s
            ^<F-MLFFORGET>Disconnecting</F-MLFFORGET>: Too many authentication failures(?: for $
            ^<F-NOFAIL>Received <F-MLFFORGET>disconnect</F-MLFFORGET></F-NOFAIL> from <HOST>: 1$
            ^<F-NOFAIL>Connection <F-MLFFORGET>closed</F-MLFFORGET></F-NOFAIL> by <HOST>%(__suf$
            ^<F-MLFFORGET><F-NOFAIL>Accepted publickey</F-NOFAIL></F-MLFFORGET> for \S+ from <H$

^G Hilfe      ^O Speichern      ^W Wo ist     ^K Ausschneiden ^J Ausrichten   ^C Cursor
^X Beenden    ^R Datei öffnen   ^\ Ersetzen   ^U Ausschn. r   ^T Rechtschr.   ^_ Zu Zeile
```

Abbildung 21.12 Die Filterregeln in der Datei »/etc/fail2ban/filter.d/sshd.conf«

Weiter geht es mit der Datei */etc/fail2ban/jail.local*, die Sie zuerst neu erstellen müssen. Normalerweise gibt man in diese Datei nur diejenigen Optionen ein, die man selbst auch anpassen und aktivieren möchte. Das wäre für Sie jedoch etwas umständlich und recht schwierig. Sie können daher einfach eine Kopie der Konfigurationsdatei erstellen. In dieser Kopie werden Sie die entsprechenden Einstellungen schnell finden, und Sie können dann einfach die entsprechenden Filter aktivieren. Legen Sie also zunächst die Kopie mit folgendem Befehl an:

```
sudo cp /etc/fail2ban/jail.conf /etc/fail2ban/jail.local
```

Öffnen Sie diese Datei nun zur Bearbeitung:

```
sudo nano /etc/fail2ban/jail.local
```

Wie bereits beschrieben, können Sie in dieser Datei alle Einstellungen überschreiben, die in der Datei */etc/fail2ban/jail.conf* vorgenommen wurden. Ich zeige Ihnen jetzt die Programmkonfiguration für das SSH-Protokoll. Eine Programmkonfiguration steht immer in einem Block, der einleitend in eckigen Klammern den Namen des jeweiligen Programms (und gleichzeitig den Namen der Konfigurationsdatei für den Filter) spezifiziert. Suchen Sie nun als Erstes nach dem Block für SSH, der `[sshd]` benannt ist und folgenden Inhalt hat (betrachten Sie dabei den Block `[sshd]`, nicht jedoch `# [sshd]`):

```
[sshd]

# To use more aggressive sshd modes set filter parameter "mode" in
# jail.local:
# normal (default), ddos, extra or aggressive (combines all).
# See "tests/files/logs/sshd" or "filter.d/sshd.conf" for usage
# example and details.
#mode   = normal
port    = ssh
logpath = %(sshd_log)s
backend = %(sshd_backend)s
```

Listing 21.3 Fail2ban für SSH konfigurieren

Die einzelnen Zeilen haben folgende Bedeutung:

- Zunächst gibt es einige Kommentarzeilen zur Funktionsweise dieses Blocks, sie sind wie immer durch ein einleitendes #-Zeichen gekennzeichnet.
- Der Eintrag `mode` (hier zu einem Kommentar degradiert) steuert den Modus des Filters. Die Voreinstellung ist für den Einstieg und die Nutzung im Heimnetzwerk praxistauglich und muss nicht verändert werden.
- Die Zeile `port` legt den Netzwerkport fest. Dieser Port wird in der Firewall bei einem Fehlzugriff geblockt. Das bedeutet also, dass ein Angreifer nicht in Gänze von Ihrem Server ausgeschlossen wird, sondern immer nur speziell von dem Dienst, den er zu attackieren versucht. Für einige wichtige Ports können sprechende Namen vergeben werden, wie es hier mit `ssh` getan wurde, es lassen sich jedoch immer auch die Portnummern eingeben. Die Zeile `port = 22` hat also die gleiche Bedeutung wie `port = ssh`.
- Mit der Zeile `logpath` wird die zu untersuchende Logdatei benannt, damit Fail2ban auch weiß, auf welche Datei es den Filter anwenden soll. Im aktuellen Beispiel wird mit einem Verweis gearbeitet, der durch das Programm während des Betriebs mit den richtigen Daten gefüllt wird. SSH-Ereignisse werden vom Betriebssystem automatisch in der Datei */var/log/auth.log* eingetragen – diese Datei wird dann

also später verwendet. Genauso gut hätte man auch den vollständigen Pfad zur Logdatei angeben können – das werden Sie bei eigenen Ergänzungen auch stets tun.

- Über den Steuereintrag `backend` wird festgelegt, auf welche Art sich Fail2ban über den aktuellen Inhalt einer Logdatei informiert. Hier gibt es unterschiedliche Möglichkeiten. Fail2ban kann etwa vom Betriebssystem über Änderungen einer Datei informiert werden oder selbst regelmäßig nach Veränderungen schauen. Für den Einstieg müssen Sie sich mit diesen Einträgen zunächst nicht beschäftigen. Erst wenn das Programm sehr viele Logdateien verarbeiten muss, können entsprechende Einstellungen zu deutlichen Leistungsverbesserungen führen. Diese Zeile muss bei eigenen Einträgen auch nicht spezifiziert werden.

Jetzt müssen Sie aktiv werden und den SSH-Filter aktivieren. Im Grundzustand ist nämlich keiner der Filter aktiv und Fail2ban praktisch funktionslos. Sie aktivieren einen Block beziehungsweise die Überwachung einer Logdatei, indem Sie im entsprechenden Block den Eintrag `enabled` ergänzen. Dieser legt fest, ob der jeweilige Filter aktiv verwendet wird oder nicht. Bei der Einstellung `enabled = false` wird er ignoriert, bei `true` wird er angewendet. Ergänzen Sie am Ende des aktuell betrachteten Konfigurationsblocks also die Zeile `enabled = true` und aktivieren damit die Überwachung von SSH-Anmeldungen. Anhaltende Fehlzugriffe auf die Authentifikation in der Konsole werden damit zukünftig geblockt.

Nach der Bearbeitung sollte die Datei wie in Abbildung 21.13 aussehen.

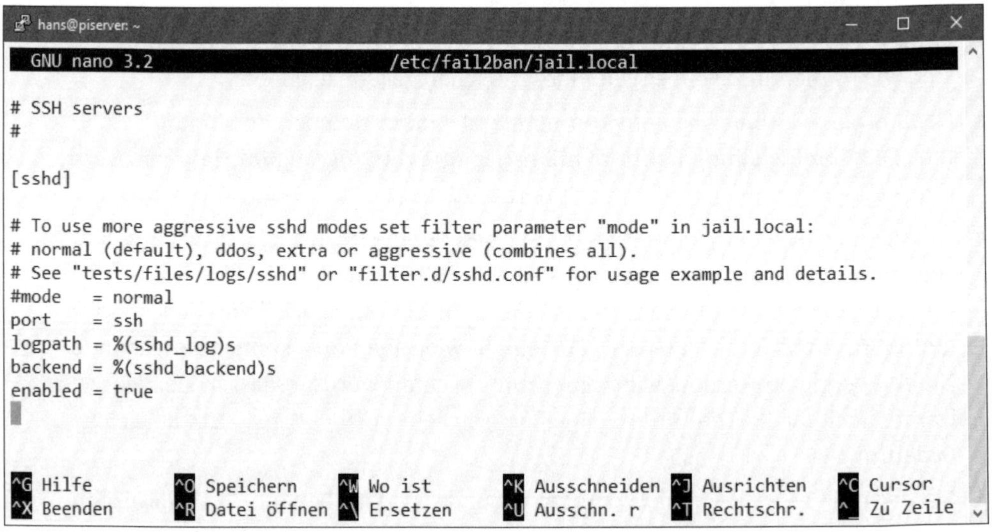

Abbildung 21.13 Die Konfiguration in der Datei »/etc/fail2ban/jail.local«

Das war es schon. Diese Einträge müssen nun für jedes zu sperrende Programm vorgenommen beziehungsweise angepasst werden.

Wenn Sie später eigene Einträge anlegen, dann achten Sie unbedingt auf die Benennung des Blocks in der ersten Zeile. Der Eintrag in den eckigen Klammern (hier `[sshd]`) ist nicht willkürlich gewählt. Er spezifiziert die zugehörige Filterdatei im Ordner *filter.d*. Dies ist in diesem Fall die Datei *sshd.conf*, das war die Datei, die Sie sich zuvor in `nano` angeschaut haben und die das Regelwerk enthält. Beachten Sie, dass die Dateiendung *.conf* hier explizit nicht angegeben wird! Ansonsten müssen Sie aber auf die exakte Benennung achten (wie immer auch auf die Groß- und Kleinschreibung).

21.7.4 Vorgefertigte Regeln aktivieren

Jetzt zeige ich Ihnen noch schnell die Programme, die Fail2ban bereits fertig konfiguriert hat und die für Sie von Nutzen seien könnten. Betrachten Sie dafür einmal in der immer noch in `nano` geöffneten Datei */etc/fail2ban/jail.local* die Liste mit den anderen Programmblöcken (die Sie im hinteren Teil der Datei finden).

Dort werden Sie einige der Programme finden, die ich Ihnen hier im Buch schon vorgestellt habe. Die Liste umfasst folgende Programme:

- den FTP-Server `proftpd`
- die Sprachkonferenzsoftware Murmur (also den Serverdienst für Mumble)
- den für die Nextcloud genutzten Datenbank-Server MariaDB, hier insbesondere die zur Anmeldung benötigte Komponente `mysqld-auth`
- die Telefonanlagensoftware Asterisk

Wenn Sie eines der gelisteten Programme einsetzen und den Schutz durch Fail2ban wünschen, dann müssen Sie den entsprechenden Filter aktivieren. Dafür müssen Sie – wie zuvor gezeigt – am Ende des jeweiligen Blocks die Zeile `enabled = true` ergänzen. Die Überwachung durch Fail2ban bietet sich immer an, wenn der jeweilige Dienst über das Internet genutzt wird und fremde Personen Zugang zum Anmeldevorgang haben.

Etwas mehr Arbeit ist beim Eintrag `mysqld-auth` nötig. Damit Fail2ban ungültige Anmeldeversuche an der Datenbank erkennt, müssen Sie zuerst in der (neuen) Datei */etc/my.cnf* die beiden Zeilen `log error=/var/log/mysqld.log` und `log-warning = 2` hinzufügen.

21.7.5 Eigene Überwachungsregeln erstellen

Nun müssen Sie sich noch die allgemeinen Einstellungen in der Datei *jail.local* ansehen. Ziemlich zu Beginn, nach den einleitenden Kommentarzeilen, finden Sie den Block `[DEFAULT]`. Er enthält die Voreinstellungen, die erst einmal grundsätzlich gelten und von den jeweiligen Programmen in ihren eigenen Blöcken überschrieben werden können. Zwischen einigen Kommentarzeilen (!) werden Sie (unter anderem) diese Einträge finden:

```
[DEFAULT]
#ignorself = true
#ignoreip = 127.0.0.1/8 ::1
bantime = 10m
findtime = 10m
maxretry = 5
```

Listing 21.4 Eigene Regeln in der Datei »jail.local« erstellen

Darin beschreibt `ignorself` zunächst den eigenen Rechner, der das Programm ausführt – also Ihren Home Server selbst. Diese Zeile führt dazu, dass Sie als Nutzer niemals gebannt werden, wenn Sie sich direkt am Home Server einloggen, das heißt, wenn Sie eine Tastatur direkt an den Home Server anschließen und sich lokal anmelden möchten. Auch wenn die Zeile mit einem Kommentar versehen ist, so ist sie als Voreinstellung in Fail2ban stets aktiviert. Das können Sie auch so lassen, denn Sie gehen davon aus, dass ein Angreifer keinen direkten Zugang zum Server bekommt. Andernfalls könnte er dann gleich beispielsweise die Speicherkarte oder die Festplatte mit allen Daten mitnehmen und sich umständliche Anmeldeversuche ersparen. Wenn Sie wünschen, dann können Sie die Einstellung auch durch Löschen des #-Zeichens und Setzen der Option `false` deaktivieren. Optional können auch einzelne IP-Adressen oder Subnetzbereiche von der Überwachung durch Fail2ban ausgenommen werden. Dafür ist der Eintrag `ignoreip` zuständig. Als Beispiel ist der Adressbereich für den Localhost (also den eigenen Rechner) gezeigt. Sie können hier auch andere IP-Adressen vergeben und notfalls auch Ihr ganzes Heimnetz einschließen (und zwar mit dem an Ihre Netzwerksituation angepassten Wert 192.168.178.0/24). Bedenken Sie aber, dass Sie damit die Sicherheit schwächen.

`bantime` ist schließlich die Zeit, die ein Angreifer per Sperr-Regel gebannt wird. Sie ist in der Grundeinstellung auf zehn Minuten festgelegt. Sie können diesen Eintrag nach eigenen Wünschen anpassen. Es ist auch möglich, ihn zusätzlich in die jeweiligen Programmblöcke einzufügen, wenn Sie möchten, dass für ein bestimmtes Programm eine von diesem Wert abweichende Sperrzeit verwendet wird.

Die `findtime` spezifiziert die Zeitspanne, in dem die angegebene Anzahl an möglichen Fehleingaben auftreten darf. Sie können hiermit also festlegen, dass maximal fünf Fehlversuche innerhalb von zehn Minuten auftreten dürfen – was übrigens auch der Voreinstellung entspricht. Auch hier gilt, dass Sie diesen Eintrag zusätzlich in einen Block aufnehmen können, wenn Sie für ein bestimmtes Programm eine eigene Einstellung wählen möchten. Ansonsten gilt die hier vorgenommene globale Festlegung.

`maxretry` ist schließlich der voreingestellte Wert für die Anzahl der erlaubten fehlgeschlagenen Anmeldeversuche. Der Benutzer wird gesperrt, wenn er mehr als die hier angegebenen Anmeldeversuche innerhalb der `findtime` unternimmt. Als Voreinstellung sind maximal fünf fehlgeschlagene Anmeldeversuche zulässig.

Sie werden hier auch Voreinstellungen für die schon beim SSH-Filter besprochenen Einträge `backend` und `mode` finden. Diese sind wie schon zuvor erwähnt für den Einstieg passend konfiguriert und müssen daher bei eigenen Einträgen nicht mit angegeben werden.

Einen Auszug der Datei zeigt Ihnen Abbildung 21.14.

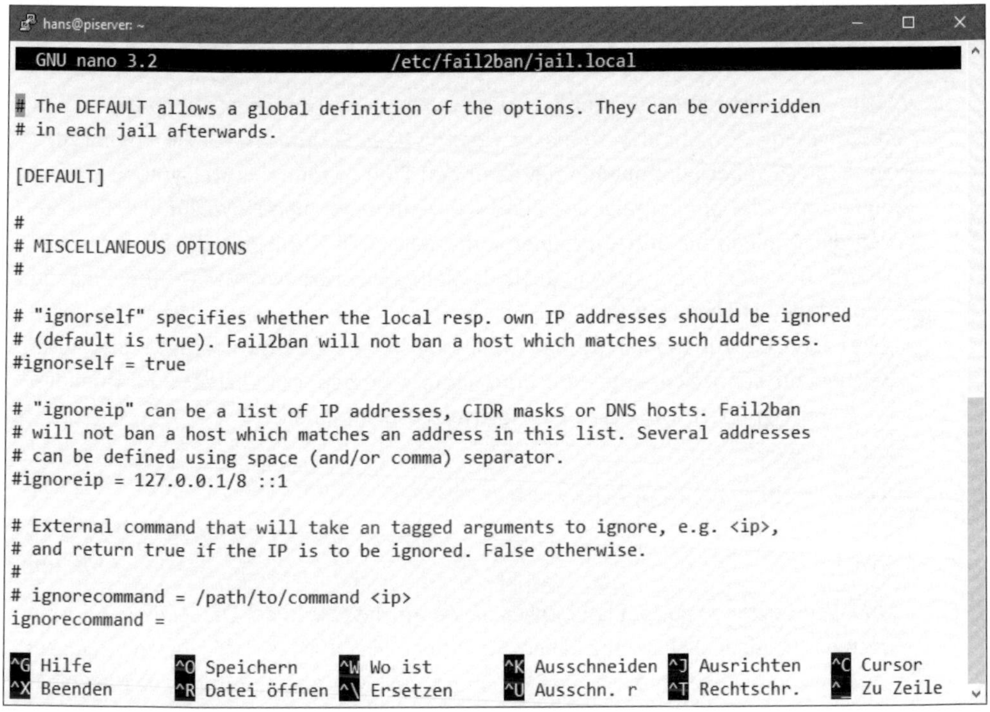

```
hans@piserver: ~
  GNU nano 3.2                    /etc/fail2ban/jail.local

# The DEFAULT allows a global definition of the options. They can be overridden
# in each jail afterwards.

[DEFAULT]

#
# MISCELLANEOUS OPTIONS
#

# "ignorself" specifies whether the local resp. own IP addresses should be ignored
# (default is true). Fail2ban will not ban a host which matches such addresses.
#ignorself = true

# "ignoreip" can be a list of IP addresses, CIDR masks or DNS hosts. Fail2ban
# will not ban a host which matches an address in this list. Several addresses
# can be defined using space (and/or comma) separator.
#ignoreip = 127.0.0.1/8 ::1

# External command that will take an tagged arguments to ignore, e.g. <ip>,
# and return true if the IP is to be ignored. False otherwise.
#
# ignorecommand = /path/to/command <ip>
ignorecommand =

^G Hilfe       ^O Speichern     ^W Wo ist     ^K Ausschneiden ^J Ausrichten  ^C Cursor
^X Beenden     ^R Datei öffnen  ^\ Ersetzen   ^U Ausschn. r   ^T Rechtschr.  ^_ Zu Zeile
```

Abbildung 21.14 Die »Default«-Einstellungen von fail2ban

21.7.6 Benachrichtigungen per E-Mail konfigurieren

Fail2ban bietet die Möglichkeit, Sie mit einer E-Mail zu informieren, wenn eine Filterregel angeschlagen hat. Wenn Sie in diesem Fall eine Information erhalten möchten, dann müssen Sie zuerst einen MTA, einen Mail Transfer Agent, auf Ihrem Server installieren, wie ich es in Kapitel 10, »Statusinformationen per E-Mail erhalten: ›msmtp‹ als MTA«, beschrieben habe. Suchen Sie dann in der Datei *jail.local* von Fail2ban (etwas weiter unten als der `DEFAULT`-Block, notfalls nutzen Sie zum Suchen die Tastaturkombination [Strg]+[W]) den Eintrag

```
destemail = root@localhost
```

Ersetzen Sie `root@localhost` durch die E-Mail-Adresse, an die Sie die Meldungen von Fail2ban senden möchten.

Nun müssen Sie die E-Mail-Benachrichtigung noch aktivieren. Suchen Sie weiter unten nach der Zeile

```
action = %(action_)s
```

Ändern Sie diesen Eintrag in

```
action = %(action_mw)s
```

[+]

Sichern Sie stets die Originalwerte!

Wenn Sie Angst haben, die Konfiguration durch einen Tippfehler salopp gesagt »zu zerschießen«, also ungültig zu machen, dann setzen Sie einfach vor die Originalzeile ein Raute-Symbol (#). Kopieren Sie dann den Eintrag (ohne Raute-Symbol) einmal direkt unter die Originalzeile und ändern ihn mit den neuen Einstellungen. Sie können die Originalzeile auch mit einer vorgestellten Zeile mit dem Inhalt `#original` kenntlich machen, ebenso können Sie die Zeile `#Änderung von mir` vor Ihre eigenen Änderungen stellen. So wissen Sie auch in Zukunft immer, welche Werte Sie geändert haben. Das funktioniert deshalb, weil – wie bereits mehrfach gesagt – das Raute-Zeichen zur Kennzeichnung eines Kommentars verwendet wird, der vom lesenden Programm ignoriert wird. So könnte so etwas also aussehen:

```
#original
#value = 10
#Änderung von mir
value = 11
```

Und wenn es schon zu spät ist: Denken Sie daran, dass Sie in der Datei *jail.conf* immer noch das Original als Referenz haben. Sie können die Originalwerte jederzeit in dieser Datei nachschlagen. An dieser Stelle auch noch einmal die Erinnerung, dass es nicht verkehrt ist, von der Datei *jail.local* – wie von jeder Datei, die Sie ändern – mit dem `cp`-Befehl eine Sicherheitskopie, etwa mit dem Namen *jail.local.orig*, anzulegen.

Wenn Sie alle Eingaben komplettiert haben, dann speichern Sie die Konfigurationsdatei mit der Tastaturkombination [Strg]+[x].

Um die geänderte Konfiguration zu aktivieren, müssen Sie Fail2ban einmal neu starten. Das geschieht mit folgendem Befehl:

```
sudo service fail2ban restart
```

Sie werden, wenn Sie die E-Mail-Benachrichtigung aktiviert haben, sogleich einige E-Mails bekommen, die Sie informieren, dass die entsprechenden Filter aktiv sind. Diese Information bekommen Sie von nun an jedes Mal, wenn Sie den Server oder Fail2ban neu starten.

Haben Sie keine E-Mails bekommen?

Wenn Sie nach dem Neustart von Fail2ban keine E-Mails bekommen haben, dann öffnen Sie noch einmal die Konfigurationsdatei */etc/fail2ban/jail.local*. Suchen Sie darin nach dem Eintrag `mta = sendmail`, und ändern Sie ihn in `mta = mail`. Mit der ursprünglichen Einstellung kann es bei einigen E-Mail-Providern zu Problemen kommen, wenn diese sehr streng auf den Absendernamen einer E-Mail achten (dabei handelt es sich um einen Schutz vor Spam). Der Wechsel zur Einstellung `mail` ändert den Absendernamen auf einen korrekten Wert.

Wenn Sie dies nicht wünschen, dann deaktivieren Sie diese Option. Für das Senden dieser E-Mails sind Einträge in der Datei */etc/fail2ban/action.d/sendmail-whois.conf* zuständig. Sie sollten diese Datei jedoch nicht ändern, sondern sich wieder einer Ersatzdatei mit der Endung *.local* bedienen. Wenn Sie also keine E-Mail-Benachrichtigungen über den Start der Jail-Dienste erhalten möchten, dann erstellen Sie folgende Datei mit dem Editor `nano`:

```
sudo nano /etc/fail2ban/action.d/sendmail-whois.local
```

und fügen Sie folgende Zeilen ein:

```
[Definition]
# Keine E-Mails bei Start und Stopp der Jails
actionstart =
actionstop =
```

Listing 21.5 E-Mail-Versand von Fail2ban stoppen

Damit überschreiben Sie die `actionstart`- und `actionstop`-Aktionen in der zuvor genannten Datei. Speichern Sie Ihre Eingaben anschließend mit der Tastaturkombination [Strg]+[x]. Damit ist die Änderung bereits aktiv.

Sie können jetzt noch einmal Fail2ban neu starten und sollten keine E-Mail-Information über den Start des Programms mehr bekommen. Möchten Sie zukünftig wieder E-Mails beim Start erhalten, dann löschen Sie die eben erstellte Datei einfach wieder (dazu sind *root*-Rechte erforderlich). Von diesen Einstellungen sind die E-Mails beim Blocken eines Angreifers übrigens nicht betroffen.

21.7.7 Der erste Test der Überwachungsregeln

Als Nächstes können Sie die Filterregeln einmal testen. Verwenden Sie einen weiteren (!) Computer, und versuchen Sie dort, sich mehrfach fehlerhaft über die SSH-Konsole anzumelden (wichtig ist, dass Sie den SSH-Filter auch aktiviert haben). Sie werden merken, dass Sie nach der in `maxretry` festgelegten Zahl an Versuchen von weiteren Versuchen ausgesperrt werden. Außerdem erhalten Sie eine Information per E-Mail, dass jemand in Ihre Falle getappt ist. Greifen Sie dabei von einem Rechner mit klassischer IPv4-Verbindung auf Ihren Home Server zu.

Auf der noch funktionierenden Konsole auf dem ursprünglichen Rechner können Sie sich nun einmal den Eintrag der Firewall anzeigen lassen. Das geschieht mit folgendem Befehl:

```
sudo iptables -S
```

Die vollständige Ausgabe des Befehls finden Sie in Abbildung 21.15.

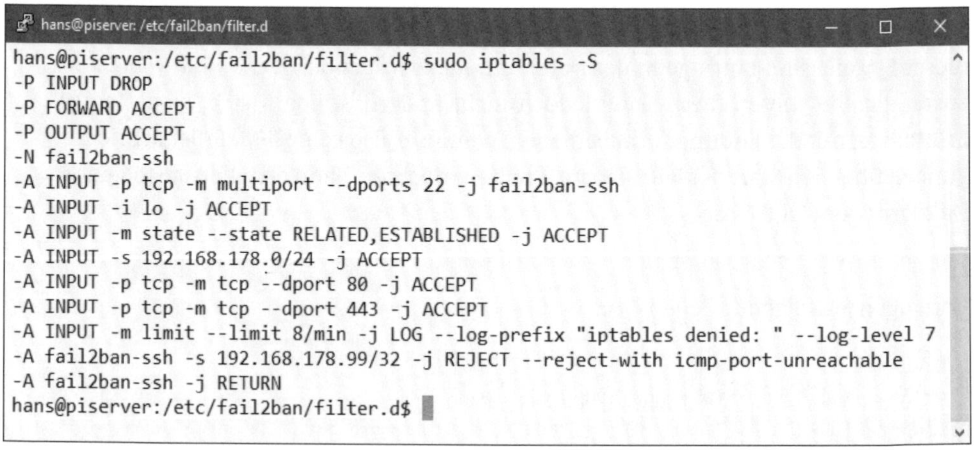

Abbildung 21.15 Die konfigurierten »iptables«-Regeln

Sie werden im unteren Teil, bei dem Filter `ssh` von Fail2ban, einen Eintrag über die gesperrte IP-Adresse mit der Aktion `-j REJECT --reject-with icmp-port-unreachable` finden. Diese Regel ist für das Aussperren des zweiten Rechners verantwortlich. Nach Ablauf der `bantime` wird der Zugang wieder automatisch freigegeben. Dies können Sie in der *iptables*-Datei überprüfen, in denen der Eintrag dann wieder entfernt ist, sowie auf dem anderen Rechner, auf dem Sie wieder einen Login-Versuch unternehmen können.

Im nächsten Schritt werde ich Ihnen zeigen, wie Sie zu Fail2ban weitere Programme hinzufügen, die Sie aus diesem Buch kennen und bei denen eine Überwachung sinnvoll ist. Denken Sie daran: Die Überwachung durch Fail2ban ist immer dann anzuraten, wenn ein Programm aus dem Internet erreichbar ist. Im lokalen Netzwerk ist die Überwachung nur dann nötig, wenn es dort potentielle Angreifer gibt, denen eine Brute-Force-Attacke zuzutrauen ist. Die Wahrscheinlichkeit hierfür ist allerdings in einem privaten Familiennetzwerk äußerst gering.

[+]

Versehentlich ausgesperrt? So geben Sie den Zugang wieder frei

Wenn Fail2ban aktiv geworden ist, dann wird der Zugang für den blockierten Rechner automatisch nach Ablauf der `bantime` wieder freigegeben. Danach erhält man wieder ganz normal Zugriff auf das jeweilige Programm. Auf Wunsch können Sie auch manuell eingreifen und eine blockierte IP-Adresse jederzeit wieder freigeben. Nutzen Sie dafür den Befehl `sudo fail2ban-client set JAILNAME unbanip GESPERRTE.IP.ADRESSE`. Darin ersetzen Sie `JAILNAME` durch den Filtereintrag des gesperrten Programms, so wie Sie ihn in der Datei *jail.local* spezifiziert haben. Außerdem müssen Sie `GESPERRTE.IP.ADRESSE` durch die IP-Adresse des gesperrten Rechners ersetzen. Diese erhalten Sie z. B. durch den Befehl `sudo iptables -S` oder durch einen Blick in die Logdatei von Fail2ban, die Sie unter */var/log/fail2ban.log* finden.

Im Folgenden betrachte ich die Programme OpenVPN, Nextcloud und DokuWiki. Ich beginne mit dem etwas einfacher zu konfigurierenden DokuWiki. Das Programm selbst legt zwar keine Logdateien an, Sie können aber die Logdatei des zugrundeliegenden Webservers auswerten, die die gewünschten Informationen enthält.

21.7.8 Die Einrichtung für das DokuWiki

Wenn Sie sich einmal mehrfach falsch am DokuWiki anmelden und anschließend die Logdatei von dem Webserver `nginx` betrachten, die sich in */var/log/nginx/access.log* befindet, werden Sie mehrere Einträge in folgender Form finden:

```
[IP-Adresse] - - [Datum, Uhrzeit] "POST /start HTTP/1.1" 403 ...
```

Abbildung 21.16 zeigt ein Beispiel. Darin kennzeichnet der Statuscode `403` das Verbot, auf eine Ressource zuzugreifen. Der Grund liegt in der fehlgeschlagenen Anmeldung.

Abbildung 21.16 Die Logeinträge des Wikis

Wie Sie sehen, steht die jeweilige IP-Adresse zuerst, danach kommen das Datum und dann die angeforderte Seite. Sie müssen diese nun mit einem geeigneten regulären Ausdruck ausfiltern, der so aussieht:

```
^<HOST> .* "POST /start HTTP/1.1" 403 [0-9]{1,5}
```

Dabei steht das `.*` für eine beliebige Anzahl beliebiger Zeichen, in dem Fall unter anderem das Datum und die Uhrzeit.

Jetzt müssen Sie eine Filterdatei im Ordner *filter.d* von Fail2ban anlegen. Öffnen Sie also `nano` zum Anlegen dieser Datei mit folgendem Befehl:

```
sudo nano /etc/fail2ban/filter.d/dokuwiki.conf
```

und fügen Folgendes ein:

```
[Definition]
failregex = ^<HOST> .* "POST /start HTTP/1.1" 403 [0-9]{1,5}
```

Listing 21.6 Filterdatei für DokuWiki anlegen

Speichern Sie diese Datei ab, und beenden Sie `nano`.

Im nächsten Schritt müssen Sie in der Datei *jail.local* von Fail2ban noch einen Eintrag für DokuWiki erstellen. Öffnen Sie die Datei mit diesem Befehl zur Bearbeitung mit `nano`:

```
sudo nano /etc/fail2ban/jail.local
```

Fügen Sie am Ende der Datei folgenden Block ein:

```
[dokuwiki]
enabled = true
port = XXXX
logpath = /var/log/nginx/access.log
```

Listing 21.7 DokuWiki und Fail2ban konfigurieren

Passen Sie noch den Porteintrag `port = XXXX` an Ihre Situation an, wie Sie es in Abbildung 21.17 beispielhaft sehen. Hierfür müssen Sie den Port nehmen, unter dem Ihr DokuWiki erreichbar ist. Dies ist der Port, den Sie auch bei der Installation des Wikis vergeben haben und den Sie zum Aufruf der Seite benutzen. Eine mögliche Zeile könnte lauten:

```
port = 8081
```

Bei Bedarf ergänzen Sie `maxretry` und `bantime` nach eigenen Wünschen – ohne diese fakultativen Einträge gilt die Voreinstellung aus dem zuvor besprochenen `DEFAULT`-Block.

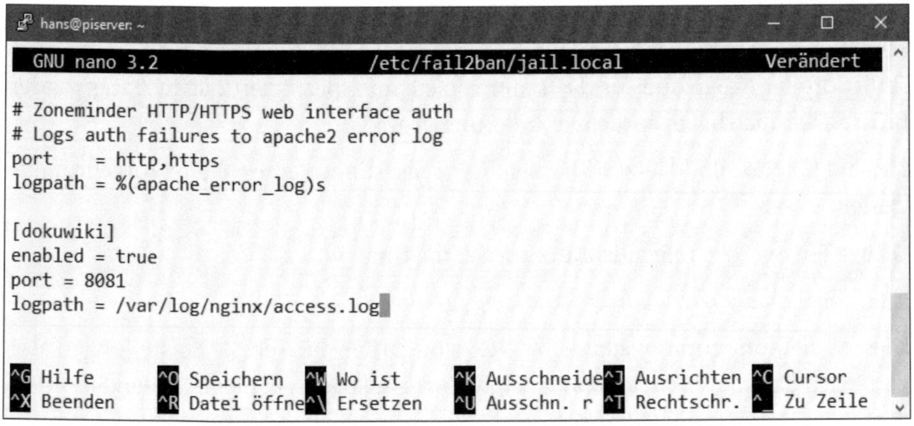

Abbildung 21.17 Die Filterregeln für das Wiki

Das war es schon für das DokuWiki, ein abschließender Neustart von Fail2ban macht die Regel aktiv. Sie können sie nun gleich ausprobieren.

21.7.9 Die Einrichtung für Nextcloud

Für Nextcloud ist die Einrichtung zwar ohne weiteres möglich, aber vielleicht nicht unbedingt nötig, denn seit einiger Zeit ist bereits direkt in Nextcloud ein Schutz eingebaut, der eine Zeitstrafe bei wiederholten Anmeldeversuchen vorsieht. Trotzdem ist die Einrichtung von Fail2ban für Nextcloud stets eine gute Übung. Damit das Programm aktiv werden kann, sollten Sie jedoch eine längere Zeit konfigurieren, in der fehlerhafte Login-Vorgänge erfasst und aufsummiert werden – die Voreinstellung der `findtime` von 10 Minuten ist bereits gut geeignet. Erstellen Sie in */etc/fail2ban/filter.d* folgende Datei mit dem Namen *nextcloud.conf* und diesem Inhalt:


```
[Definition]
failregex= {"reqId":".*","remoteAddr":".*","app":".*", ⮐
  "message":"Login failed: .*\(Remote IP: <HOST>.*"}
```

Listing 21.8 Filterregel für Nextcloud anlegen

Beachten Sie, dass der `failregex`-Eintrag in eine einzelne Zeile geschrieben werden muss.

Jetzt ergänzen Sie folgenden Block am Ende der Datei */etc/fail2ban/jail.local*:

```
[nextcloud]
enabled = true
port = https
logpath = /var/nextclouddata/nextcloud.log
```

Listing 21.9 Nextcloud und Fail2ban konfigurieren

Dabei müssen Sie, falls Sie dies auf Ihrem Server von meiner Anleitung abweichend konfiguriert haben, */var/nextclouddata/* durch den Pfad ersetzen, den Sie bei der Installation der Nextcloud für das Datenverzeichnis spezifiziert haben. Tätig werden müssen Sie auch bei eventuellen Änderungen am Port.

Sie sind für Nextcloud jetzt noch nicht fertig, es ist noch eine weitere Vorkehrung zu treffen.

Öffnen Sie mit `nano` folgende Datei zur Bearbeitung:

```
sudo nano /var/www/html/nextcloud/config/config.php
```

Dies ist die Konfigurationsdatei der Nextcloud. Hier müssen Sie Einstellungen aktivieren, so dass die Nextcloud auch eine korrekte Logdatei anlegt. Stellen Sie sicher, dass diese Datei folgende Einträge enthält:

```
'logtimezone' => 'Europe/Berlin',
'loglevel' => 2,
```

Wenn die Einträge mit anderen Werten existieren, dann passen Sie sie entsprechend an. Fügen Sie die Zeilen neu hinzu, wenn die Einträge noch nicht existieren. Oftmals ist die `logtimezone` mit einem abweichenden Wert definiert, das `loglevel` hingegen nicht angelegt. Achten Sie jedoch darauf, dass die Datei mit dem Eintrag

```
);
```

schließt, Sie müssen die Zeilen also noch vor diesem Ausdruck einfügen. Ein funktionierendes Beispiel finden Sie in Abbildung 21.18.

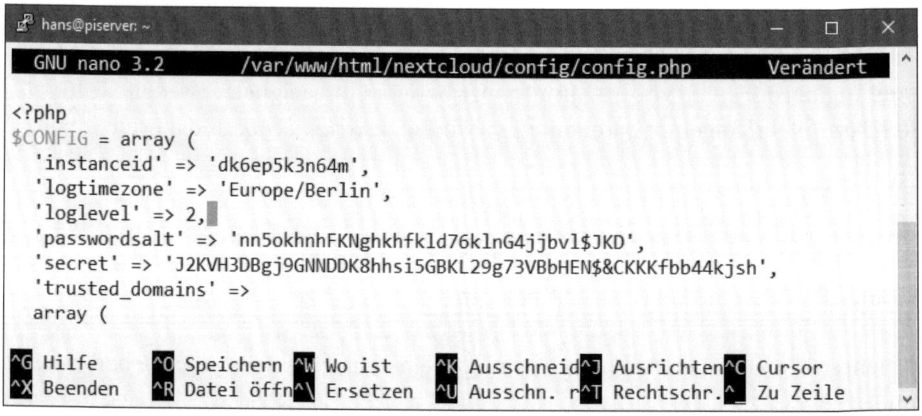

Abbildung 21.18 Die Konfiguration der Nextcloud

Das war es für Nextcloud; ein Neustart von Fail2ban macht diese Regel aktiv, die Sie nun gleich ausprobieren können.

21.7.10 Die Einrichtung für OpenVPN

Abschließend zeige ich Ihnen noch die Einrichtung für OpenVPN. Auch hier beginne ich mit der Filterregel.

Erstellen Sie die Datei */etc/fail2ban/filter.d/openvpn.conf* mit folgendem Inhalt:

```
[Definition]
failregex = .*TLS Error:.*\[AF_INET\]<HOST>:\d{1,5}|
.*TLS Auth Error.*\[AF_INET\]<HOST>:\d{1,5}|
.*VERIFY ERROR:.*\[AF_INET\]<HOST>:\d{1,5}
```

Listing 21.10 Filterregel für OpenVPN anlegen

Diesmal müssen Sie die `failregex`-Regel wie gezeigt auf drei Zeilen verteilen.

Danach ergänzen Sie am Dateiende von */etc/fail2ban/jail.local* folgenden Block:

```
[openvpn]
enabled = true
port = 1194
protocol = udp
logpath = /PFAD/ZUM/LOG/VON/OPENVPN
```

Listing 21.11 OpenVPN und Fail2ban konfigurieren

Hierin müssen Sie den `logpath` anpassen. Dies ist der Pfad zur Logdatei von OpenVPN, wie Sie ihn bei der Installation von OpenVPN festgelegt haben. Wenn Sie ihn vergessen haben, so schauen Sie noch einmal in der Konfigurationsdatei von OpenVPN nach, die sich in */etc/openvpn/* befindet und dort von Ihnen mit der Dateiendung *.conf* und einem eigenen Namen abgelegt wurde. Für den Logdateipfad hatte ich */var/log/openvpn.log* vorgeschlagen.

21

Wie üblich können Sie noch `maxretry` und eine eventuelle `bantime` anpassen. Falls Sie den Port von OpenVPN geändert haben, dann müssen Sie den Eintrag auch entsprechend ändern. Ein Neustart von Fail2ban aktiviert diese Regel.

Insgesamt sind Sie jetzt vor Brute-Force-Attacken gegen die überwachten Programme gut abgesichert.

Sie können auch weitere Programme selbst hinzufügen, wenn sie eine Logdatei mit Login-Versuchen anlegen. Versuchen Sie, sich eine `failregex`-Datei aus den Beispielen hier im Buch selbst zu erstellen. Ansonsten gibt es im Internet eine Menge Informationen zu regulären Ausdrücken, die dieses Buch aber sehr schnell sprengen würden.

Wenn Sie keine Angst vor vielen technischen Details haben, dann bietet Fail2ban noch eine nette und vielleicht sogar hilfreiche Zusatzfunktion: Es kann nämlich automatisch Informationen über eine gebannte IP-Adresse beim Dienst *whois* anfragen und Ihnen diese per E-Mail übermitteln. Anhand dieser Informationen erhalten Sie möglicherweise Informationen über einen Angreifer, beispielsweise lässt sich oft sein (grober) Standort ausfindig machen (wenn dieser nicht verschleiert wurde). Um diese Funktion nutzen zu können, müssen Sie (zusätzlich zur vorhin beschriebenen Aktivierung der E-Mail-Benachrichtigung) lediglich folgendes Programm installieren, das keine fortlaufenden Ressourcen beansprucht und nur im Bedarfsfalle aufgerufen wird:

```
sudo apt install whois
```

21.8 »Sesam, öffne dich!« mit Port-Knocking

Eine weitere sehr interessante und durchaus realisierenswerte Methode, Dienste im Internet vor fremdem Zugriff zu schützen oder diesen zumindest zu erschweren, ist das *Port-Knocking*, also das Anklopfen. Das Stichwort lautet: Sesam, öffne dich! Wenn Sie die Technik des Port-Knockings nutzen, dann ist der entsprechende Port eines Programms zunächst nicht aus dem Internet erreichbar, der Zugriff wird durch die Firewall blockiert. Nun definieren Sie einen oder mehrere andere Ports, an die Sie zunächst von außen eine (allgemeine) Verbindungsanfrage senden. Sie klopfen sozusagen an. Diese Anfrage erkennt der Port-Knocking-Dienst und gibt daraufhin den eigentlichen Port für das konfigurierte Programm frei – erst jetzt ist dieses aus dem Internet erreichbar. Beim Anklopfen bietet es sich für eine noch höhere Sicherheit an, nicht nur einen, sondern mehrere Ports zu definieren und eine bestimmte Reihenfolge festzulegen. Das Anklopfen muss also nach einem bestimmten Muster erfolgen, bevor das entsprechende Programm freigegeben wird – Sie müssen sozusagen »Sesam, öffne dich!« sagen, dann geht, im übertragenen Sinne, das Tor auf. Übrigens: Die Freigabe erfolgt zweckmäßigerweise nur für die IP-Adresse, die den erfolgreichen Anklopfvorgang vorgenommen hat – nicht etwa für das ganze Internet. Somit ist das Programm nur für den richtig Anklopfenden erreichbar und bleibt ansonsten im Verborgenen. Die Ports für das Anklopfen werden nicht für eine richtige Verbindung genutzt. Es geht nur um eine Verbindungsanfrage. Daher müssen diese Ports durch die Firewall nicht für die Kommunikation freigegeben werden. Es genügt, die eingehenden Anfragen zu registrieren – genauso, wie bei einem Klopfzeichen eine echte Tür nicht geöffnet werden muss.

Mittels Port-Knocking lässt sich also der betreffende Dienst vor einem Angreifer verstecken. Wenn ein Angreifer einen *Portscan* Ihrer externen IP-Adresse durchführt, also wenn er herausfinden möchte, welche Dienste Sie unter Ihrer IP-Adresse anbieten, dann wird er den geschützten Dienst nicht finden – schließlich sind die entsprechenden Ports durch die Firewall vor jedem Zugriff geschützt. Auch die speziellen

Ports, die für das Anklopfen verwendet werden, sind durch die Firewall geschlossen. Auch sie erkennt der Angreifer nicht. Lediglich der Port-Knocking-Dienst auf Ihrem Server erkennt Verbindungsanfragen auf diesen Ports – ohne sie jedoch in irgendeiner Form zu bearbeiten oder gar zu beantworten. Von außen betrachtet ist unter Ihrer IP-Adresse also gar nichts zu erkennen. Man bezeichnet diesen Ansatz als *Security through Obscurity*, also *Sicherheit durch Verschleierung*. Port-Knocking ist eine sehr effektive Methode, zufällige Angriffe abzuwehren. Sie richtet sich also gegen Angreifer, die bloß irgendein Opfer suchen und nicht speziell an Ihrer Person interessiert sind. Sie erinnern sich: Die sogenannten Skript-Kiddys durchsuchen mit vorgefertigten Programmen das Internet und schlagen bei einem Fund zu. Nur finden Sie von jetzt an bei Ihnen nichts mehr.

Das Port-Knocking bietet, wie alle Sicherheitslösungen, keine 100 %ige Sicherheit – insbesondere nicht gegenüber Angreifern, die speziell an Ihrer Person interessiert sind. Jemand, der genau Sie im Blick hat, könnte zum Beispiel, wenn auch mit gewissem Aufwand, zunächst Ihren gesamten Internetverkehr abhören (das ist aber nicht so einfach!). Dann sieht er, dass es hin und wieder Anfragen an bestimmte Ports gegeben hat und dass danach eine Kommunikation auf einem anderen Port stattgefunden hat – Sie sind enttarnt. Allerdings hat das Port-Knocking eine weitere Sicherheitsschranke aufgebaut, die der Angreifer erst zu überwinden hat, wofür er entsprechende Kenntnisse mitbringen muss.

21.8.1 Welche Dienste eignen sich?

Das Port-Knocking erkauft man sich mit einem kleinen Komfortnachteil: Bei aktiviertem Port-Knocking muss man vor der eigentlichen Verbindung ja erst einmal erfolgreich anklopfen. Dieser Vorgang lässt sich zwar bequem in eine Skriptdatei schreiben, die man nur ausführen muss, aber der Anklopfschritt bleibt bestehen. Dies schränkt den Anwendungsbereich für das Port-Knocking ein wenig ein. Denken Sie etwa an den Anwendungsfall, dass Sie Ihre Kalender und Aufgabenlisten mit Ihrem Smartphone und Tablet von unterwegs aus synchronisieren möchten. Die Synchronisation läuft ja meistens automatisch ab – nur wird sie ohne Port-Knocking niemals erfolgreich starten. Sie müssten also vor jeder Synchronisierung erst das Port-Knocking-Signal liefern – das wird kaum gelingen.

Ebenso wenig ist das Port-Knocking hilfreich, wenn Sie die beliebte Urlaubsbildersammlung Ihren Freunden über Ihre Nextcloud zeigen möchten. Schließlich müssten Ihre Freunde ja auch erst einmal anklopfen, und Sie müssten jedem dafür zuvor das richtige Programm und die richtige Portsequenz zusenden. Anders sieht es jedoch aus bei Verbindungen, die Sie manuell aufbauen und dann über einen längeren Zeitraum nutzen, etwa eine VPN-Verbindung. Diese bauen Sie ja nur einmal auf, und sie bleibt dann über einen langen Zeitraum (oftmals mehrere Stunden) ununterbrochen bestehen. Auch ist das Port-Knocking gut geeignet, um den SSH-Port auf diese Weise zu verstecken – wobei ja, wie bereits gesagt, die Nutzung über ein VPN hier die bessere Wahl ist. Denkbar ist auch die Nutzung bei einer Website, zum Beispiel Ihrem DokuWiki, das Sie von unterwegs bearbeiten und mit Ideen für Kochrezepte füllen. Hier stört es auch nicht, wenn Sie (nur bei Verbindungen aus dem Internet) ein-, eventuell zweimal am Tag vor dem Schreiben neuer Beiträge einmal anklopfen müssen. Innerhalb des Heimnetzes erhalten Sie natürlich auch ohne ein Anklopfen sofort Zugang zu Ihren Ressourcen.

Am besten ist es nun, wenn Sie die Dienste, die Sie eventuell aus dem Internet erreichbar machen möchten, einmal im Kopf durchgehen und überlegen, ob Sie das Port-Knocking sinnvoll einsetzen können. Gegenargumente sind automatisiertes (aber nicht konfigurierbares), häufiges und fremdes (gerechtfertigtes) Zugreifen auf Ihre Ressourcen.

Auch ein Ausprobieren kann nicht schaden, und zwar aus folgendem Grund: Beim Port-Knocking wird nach dem Anklopfen für eine bestimmte Zeit der Port für den Anklopfenden geöffnet. Jetzt steht Ihnen eine bestimmte Zeit zur Verfügung, um eine Verbindung aufzubauen. Danach wird in jedem Fall der Port wieder geschlossen, auch wenn Sie sich erfolgreich verbunden haben – das ist sehr wichtig! Ihre Firewall hat nämlich eine Funktion, die »bereits bestehende Verbindungen« beibehält. Ihre Verbindung zu Ihrem Dienst bleibt also auch dann bestehen, wenn der Port schon längst wieder zu ist. Jetzt hängt es von der jeweiligen Anwendung ab, wie lange sie eine Verbindung »offen hält«. Erst wenn sie nämlich die Verbindung schließt, wird ein erneutes Port-Knocking erforderlich. Diese Zeitspannen sind von Anwendung zu Anwendung verschieden. Ausprobieren und Testen lohnt sich also.

Bevor Sie sich an die Installation und Einrichtung dieser Anwendung machen, ist es in jedem Fall erforderlich, auf Ihrem Home Server zunächst die eingangs in diesem Kapitel erwähnte Firewall `iptables` einzurichten – denn schließlich ist diese für das Port-Knocking unerlässlich.

21.8.2 Die Installation und grundlegende Konfiguration

Jetzt sind Sie bereit für die Installation und Konfiguration des Port-Knocking-Dienstes in Form des Pakets `knockd`. Installieren Sie es über den Befehl (Abbildung 21.19):

```
sudo apt install knockd
```

`knockd` ist sehr einfach zu konfigurieren und verwendet nur eine einzelne Konfigurationsdatei. Zunächst einmal sollten Sie sich für Ihr Programm eine bestimmte Sequenz von Ports ausdenken, die in einer bestimmten Reihenfolge angeklopft werden müssen. Das Minimum ist ein einziger Port, aber eine höhere Anzahl steigert prinzipiell die Sicherheit. Vielleicht beginnen Sie mit drei bis fünf Ports. Sie sollten solche Ports auswählen, die nicht von anderen Diensten verwendet werden. Sie können also durchaus auch sehr hohe Portnummern benutzen, etwa aus dem Bereich größer 50000 (das Maximum ist 65000). Die Ports, die Sie auswählen können, müssen nicht aus einem zusammenhängenden Bereich stammen. Sie könnten also folgende Portsequenz festlegen:

```
52821, 19611, 62496
```

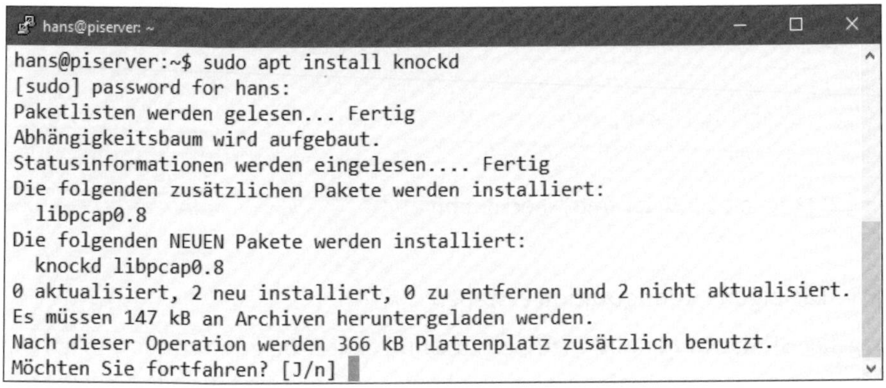


```
hans@piserver:~$ sudo apt install knockd
[sudo] password for hans:
Paketlisten werden gelesen... Fertig
Abhängigkeitsbaum wird aufgebaut.
Statusinformationen werden eingelesen.... Fertig
Die folgenden zusätzlichen Pakete werden installiert:
  libpcap0.8
Die folgenden NEUEN Pakete werden installiert:
  knockd libpcap0.8
0 aktualisiert, 2 neu installiert, 0 zu entfernen und 2 nicht aktualisiert.
Es müssen 147 kB an Archiven heruntergeladen werden.
Nach dieser Operation werden 366 kB Plattenplatz zusätzlich benutzt.
Möchten Sie fortfahren? [J/n]
```

Abbildung 21.19 Die Installation von »knockd«

Genauso gut ist aber auch die Sequenz:

```
51001, 51004, 51002, 51003
```

möglich. Diese Ports müssen Sie nun über Ihren Router freigeben und zu Ihrem Home Server leiten.

Zusätzlich müssen Sie die `iptables`-Firewall auf Ihrem Home Server so konfigurieren, dass alle Anfragen von außerhalb Ihres Heimnetzwerkes abgelehnt werden. Die Ports für das Port-Knocking brauchen nicht geöffnet zu werden! Ebenso wenig darf der Port für den Dienst, den Sie schützen möchten, bereits in der *iptables*-Datei eingetragen sein. Mit anderen Worten: In der *iptables*-Datei dürfen Sie gar keine Einstellungen für das Port-Knocking vornehmen. Lediglich im Router sind die Ports für den eigentlichen Dienst und das Port-Knocking freizugeben.

Im nächsten Schritt müssen Sie die Konfigurationsdatei von `knockd` bearbeiten. Sie befindet sich in */etc/knockd.conf*. Öffnen Sie sie mit `nano` zur Bearbeitung:

```
sudo nano /etc/knockd.conf
```

Es schadet in diesem Fall wie immer nicht, vorher eine Sicherheitskopie der Konfigurationsdatei anzulegen. Die Datei enthält zu Beginn nur sehr wenige Einträge. Löschen Sie zunächst den kompletten bisherigen Dateiinhalt. Gleich spezifizieren Sie in einem neuen Block `[options]` zunächst nur den Pfad zu einer Logdatei; es bietet sich an, die Logdatei in */var/log/knockd.log* zu speichern, also an zentraler Stelle. Der zweite Punkt, den Sie in diesem Block konfigurieren, ist das Interface, auf dem knockd nach Anklopfversuchen lauscht. Hierbei gilt Folgendes: Ist Ihr Home Server über die LAN-Schnittstelle per Kabel an das Netzwerk angeschlossen, so müssen Sie beim Raspberry Pi eth0 eingeben. Der Intel NUC verwendet (wie bereits zuvor mehrfach erwähnt) andere Bezeichnungen, zum Beispiel eno1. Tragen Sie den für Ihren Rechner zutreffenden Typen ein. Sollte Ihr Server per WLAN verbunden sein, dann müssen Sie die entsprechende Schnittstelle benennen. Die Datei sollte also lediglich folgenden Inhalt aufweisen:

```
[options]
logfile = /var/log/knockd.log
interface = eth0
```

Listing 21.12 Inhalt der Datei »/etc/knockd.conf«

21.8.3 Die eigene Konfiguration erstellen

Nun geben Sie die Konfiguration für das zu schützende Programm ein. So ähnlich wie bei Fail2ban erfolgt die Konfiguration hier in einem Block, der folgende Gestalt hat:

```
[nextcloud_SSL]
sequence = 51001:tcp,51003:tcp,51002:tcp
seq_timeout = 15
tcpflags = syn
start_command = iptables -I INPUT 1 -s %IP% -p tcp --dport 443 -j ACCEPT && ⤸
  echo "Dies ist die IP-Adresse: %IP%" | mail -s "Sesam offen" IHRE_ ⤸
  EMAIL@EXAMPLE.COM
cmd_timeout = 14
stop_command = iptables -D INPUT -s %IP% -p tcp --dport 443 -j ACCEPT
```

Listing 21.13 Weitere Optionen für die Datei »/etc/knockd.conf«

Zunächst steht in eckigen Klammern der Name des zu schützenden Programms, den Sie beliebig zur eigenen Erinnerung angeben können.

In der ersten Zeile mit der Bezeichnung sequence wird die Sequenz definiert, die Sie für das Anklopfen festgelegt haben. Sie müssen immer die Portnummer gefolgt von einem Doppelpunkt und dem jeweiligen Protokoll eingeben. Ich empfehle für das Anklopfen hier das TCP-Protokoll, das die Einrichtung zunächst einfacher macht. Die einzelnen Ports trennen Sie mit einem Komma voneinander. Die Ports müssen später in genau der Reihenfolge angeklopft werden, wie sie hier eingetragen sind. Die Zeile hat also stets dieses Format:

```
sequence = Port1:tcp,Port2:tcp,Port3:tcp
```

Tragen Sie also hier die gewünschte (beliebige) Portsequenz ein. Sie können beliebig viele Ports definieren.

Mit seq_timeout legen Sie die Zeit in Sekunden fest, innerhalb der die Portsequenz erfolgreich abgeschlossen sein muss. Schließlich sollte das Anklopfen schnell erfolgen und nicht über einen längeren Zeitraum ausgedehnt werden. Daher gibt es diese Zeitschwelle, die eine angefangene Portsequenz ignoriert, wenn sie nicht innerhalb des Zeitrahmens abgeschlossen wurde. Sie können beispielsweise einen Wert von 15 oder auch 30 Sekunden vorgeben, je nachdem, wie viel Zeit Sie zum Anklopfen einplanen. Warum dieser Wert mit bis zu 30 Sekunden relativ lang sein kann, werde ich gleich erklären.

Die Zeile mit den tcpflags steuert die Art der Datenpakete, die zum Anklopfen berücksichtigt werden. Sie sollten den Eintrag syn belassen.

Die nächste Zeile ist sehr wichtig. Hier definieren Sie das Kommando, das knockd beim erfolgreichen Anklopfen ausführen soll. Dies ist das Kommando, das in der Firewall eine Regel hinzufügt, die das entsprechende Programm aus dem Internet erreichbar macht. Zur Konfiguration müssen Sie den Port und das Protokoll kennen, über die die Anwendung kommuniziert.

Die Zeile hat folgendes Format: iptables heißt das Kommando für die Firewall. I bedeutet INSERT, also dass eine Regel eingefügt werden soll. Die 1 kennzeichnet die erste Position im Regelwerk. Die Regel wird also ganz oben eingefügt, so dass sie in jedem Fall zum Tragen kommt. Denken Sie dabei bitte daran, dass iptables bei der Regelabarbeitung nach dem Prinzip: »Wer zuerst kommt, mahlt zuerst« arbeitet. -s %IP% wird von knockd automatisch mit der IP-Adresse gefüllt, die erfolgreich angeklopft hat. Nun kommt der Parameter -p . Er regelt das Protokoll, für das der Firewall-Eintrag gilt. Hier tragen Sie das Protokoll ein, das die entsprechende Anwendung verwendet. Bei den Anwendungen, die Sie aus diesem Buch bisher kennen, ist das tcp, lediglich OpenVPN verwendet udp. Es folgt mit --dport die Angabe des Ports, die mit einem doppelten Bindestrich eingeleitet wird. Hier müssen Sie den Port angeben, den die Anwendung verwendet. Im Beispiel ist das Port 443, den beispielsweise Nextcloud für die verschlüsselte Kommunikation nutzt. Für OpenVPN in der Basiskonfiguration wäre dies Port 1194. Es folgt die eigentliche Firewall-Bedingung mit dem Schalter -j. Hier steht ein ACCEPT, dieses kennzeichnet, dass die Verbindung akzeptiert werden soll – was ja schließlich das Ziel ist. Damit ist der Befehl vollständig.

Wenn Sie möchten, dann erweitern Sie den Befehl noch wie gezeigt. Wenn Sie den Teil ab den beiden &&-Zeichen auch noch eingeben, dann werden Sie per E-Mail informiert, sobald jemand erfolgreich angeklopft hat. In diesem Fall ersetzt %IP% wieder die IP-Adresse. Sie müssen noch IHRE_EMAIL@EXAMPLE.COM entsprechend durch Ihre eigene E-Mail-Adresse ersetzen. Beachten Sie, dass Sie für diese Funktion einen MTA installiert haben müssen, wie ich es in Kapitel 10, »Statusinformationen per E-Mail erhalten: ›msmtp‹ als MTA« erörtert habe.

Wenn Sie also OpenVPN kontrollieren möchten und keine E-Mail-Benachrichtigungen erhalten wollen, dann könnten Sie diese Beispielzeile verwenden:

```
start_command = iptables -I INPUT 1 -s %IP% -p udp --dport 1194 -j ACCEPT
```

Die Konfiguration geht weiter mit der `cmd_timeout` (*command timeout*). Diese Zeitspanne in Sekunden gibt an, wie lange die Firewall-Regel besteht, also wie lange der Port geöffnet bleibt. Während dieser Zeit müssen Sie die Verbindung zum Programm aufbauen. Danach wird die Portfreigabe in der Firewall wieder entfernt. Achtung: Damit wird dann selbstredend, wie oben gesagt, nicht etwa Ihre Verbindung wieder getrennt. Die Firewall hat ja die Funktion »bestehende Verbindungen beibehalten«. Beachten Sie, dass diese Zeit kürzer sein muss als die `seq_timeout` (*sequence timeout*). Überlegen Sie also, wie lange Sie benötigen, um nach erfolgreichem Port-Knocking die Verbindung aufzubauen. Dies könnte die Zeit sein, die Sie brauchen, um ein bestimmtes Programm zu starten oder auch um ein Passwort einzugeben. Passen Sie die Werte gegebenenfalls an. Da diese Zeitdauer kürzer als die `seq_timeout` sein muss, wissen Sie nun auch, warum jene Zeitspanne vorhin so großzügig bemessen wurde.

Die letzte Zeile schließlich ist dafür zuständig, die Regel aus der Firewall wieder zu entfernen. Dies muss (fast) der gleiche Befehl sein, wie er zur Öffnung der Firewall verwendet wurde, das heißt, alle Parameter müssen übereinstimmen. Es gibt zwei Ausnahmen: Statt des `I` für `INSERT` steht in diesem Befehl jetzt `D` für `DROP`. Das sorgt dafür, dass diese Regel aus der Liste der Firewall-Regeln entfernt wird. Die zweite Änderung ist die Ziffer `1` für die Position der Regel, die in diesem Befehl nicht auftauchen soll. Auch ist in diesem Befehl keine E-Mail-Benachrichtigung vorgesehen.

Das war es schon. Sie können diese Konfiguration, die Sie zusammengefasst in Abbildung 21.20 sehen, für beliebig viele Programme mit jeweils unterschiedlichen Ports vornehmen.

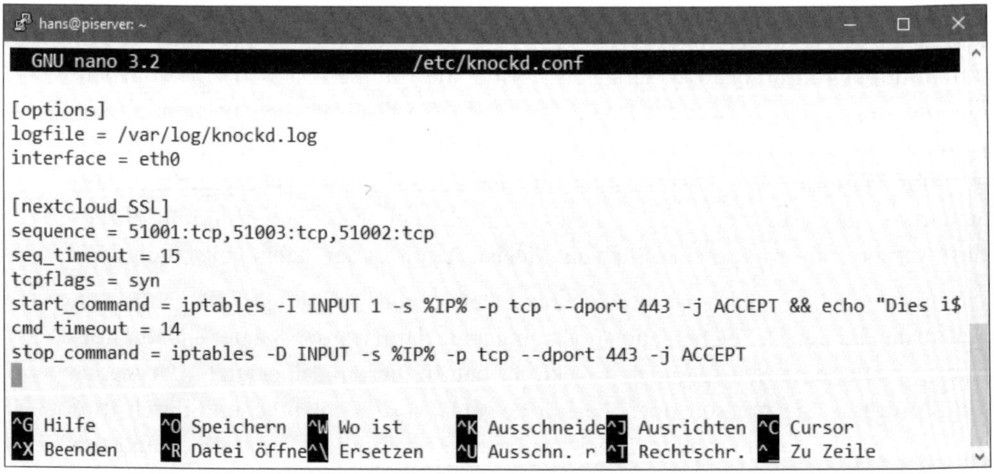

```
hans@piserver: ~
  GNU nano 3.2                    /etc/knockd.conf

[options]
logfile = /var/log/knockd.log
interface = eth0

[nextcloud_SSL]
sequence = 51001:tcp,51003:tcp,51002:tcp
seq_timeout = 15
tcpflags = syn
start_command = iptables -I INPUT 1 -s %IP% -p tcp --dport 443 -j ACCEPT && echo "Dies i$
cmd_timeout = 14
stop_command = iptables -D INPUT -s %IP% -p tcp --dport 443 -j ACCEPT

^G Hilfe      ^O Speichern   ^W Wo ist     ^K Ausschneide^J Ausrichten  ^C Cursor
^X Beenden    ^R Datei öffne^\ Ersetzen    ^U Ausschn. r ^T Rechtschr.  ^_ Zu Zeile
```

Abbildung 21.20 Die Konfiguration von »knockd« für die »Nextcloud«

Vergessen Sie nicht, die Datei zu speichern und den Editor zu beenden. Die geänderte Konfiguration wird aktiv, wenn Sie `knockd` neu starten. Vorher müssen Sie jedoch zuerst eine Sperre für den Start von `knockd` entfernen. Öffnen Sie folgende Datei mit `nano`:

```
sudo nano /etc/default/knockd
```

Suchen Sie in der recht kurzen Datei die Zeile

```
START_KNOCKD=0
```

und ändern diese um in

```
START_KNOCKD=1
```

Wie es aussehen soll, sehen Sie in Abbildung 21.21.

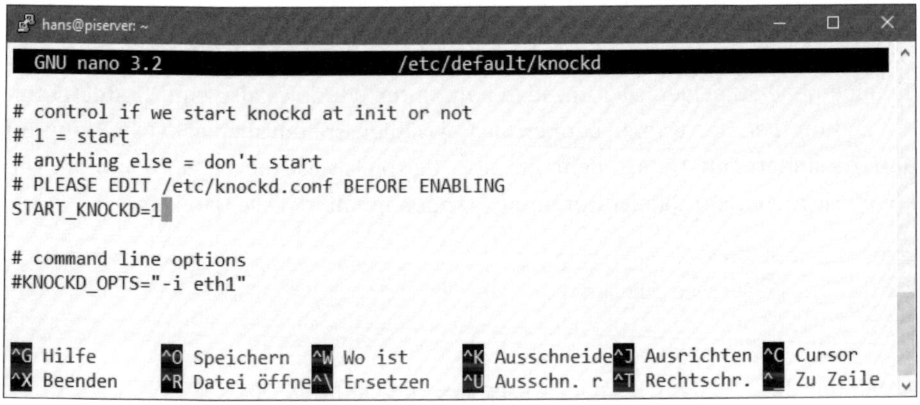

Abbildung 21.21 Die Startsperre von »knockd« entfernen

Nach dem Speichern dieser Datei können Sie `knockd` mit diesem Befehl starten:

```
sudo service knockd restart
```

Jetzt ist Ihr Portknock-Dienst aktiv und kann verwendet werden.

Wie Ihnen vielleicht aufgefallen ist, können Sie das Kommando, das `knockd` beim erfolgreichen Anklopfen ausführt, frei wählen. Es muss sich nicht um einen Firewall-Befehl handeln, nein, jeder Befehl ist möglich. Sie können mittels Port-Knocking also auch bestimmte Aufgaben, zum Beispiel Wartungsarbeiten, durchführen lassen oder sich per E-Mail einen aktuellen Systembericht zusenden lassen. Achten Sie nur darauf, dass die Portsequenz so sicher ist, dass sie nicht zufällig durch Fremde »getroffen« wird. Sie sollten also nicht direkt aufeinanderfolgende Ports verwenden, die in dieser Reihenfolge bei einem automatisierten Portscan aufgerufen werden.

21.8.4 Der Anklopfvorgang auf der Clientseite

Vielleicht fragen Sie sich jetzt, womit Sie das eigentliche Anklopfen ausführen können. Nun, dafür gibt es eigene Programmpakete, die genau diese Funktion erfüllen. Diese sogenannten *Clients* können Sie ganz einfach von der Seite des knockd-Entwicklers herunterladen.

Öffnen Sie einfach mit Ihrem Browser folgenden Link:

https://www.zeroflux.org/projects/knock

Dort finden Sie unter OTHER DOWNLOADS Links zu Clientprogrammen für diverse Betriebssysteme. Suchen Sie beispielsweise einen Client für Windows, dann laden Sie die entsprechende Datei herunter. Das Archiv enthält neben dem Sourcecode eine ausführbare Version. Am Beispiel für Windows finden Sie im Ordner *Release* jene fertig kompilierte Version, die Sie direkt ausführen können. Nun gehen Sie am besten wie folgt vor: Entpacken Sie die Datei *knock.exe* in ein neues Verzeichnis. Dort legen Sie eine neue Stapelverarbeitungsdatei an, unter Windows also eine Textdatei mit der Endung *.bat*. Den Namen können Sie frei wählen, sollten aber vielleicht Bezug auf den zu steuernden Dienst nehmen, also beispielsweise *nextcloud-portknock.bat*. Fügen Sie mit einem Dateieditor nun folgenden Inhalt in diese Datei ein:

```
knock Ziel.IP-Adresse 51001:tcp
knock Ziel.IP-Adresse 51003:tcp
knock Ziel.IP-Adresse 51002:tcp
```

Abbildung 21.22 zeigt ein Beispiel, wie es aussehen könnte.

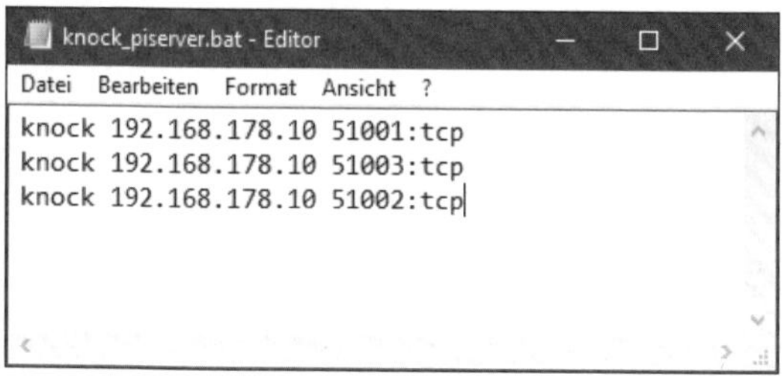

Abbildung 21.22 Über Windows anklopfen

Für jeden Port, den Sie anklopfen möchten, sollten Sie eine separate Zeile wählen. Das führt zwar dazu, dass jedes Mal der Knock-Client neu aufgerufen wird, sorgt aber auch dafür, dass eine kurze Zeitdauer zwischen den einzelnen Knocks vergeht. Dies stellt sicher, dass die Pakete auch in der richtigen Reihenfolge an Ihrem Server ankommen. Ersetzen Sie den Ausdruck `Ziel.IP-Adresse` nun entweder durch die direkte öffentliche IP-Adresse Ihres Servers oder durch Ihre Domain. In der dritten Spalte geben Sie schließlich die jeweilige Portnummer zum Anklopfen an. Achten Sie auf die Reihenfolge von oben nach unten. Sie müssen diese Zeile so oft in die Datei schreiben, wie Sie Ports zum Anklopfen definiert haben. Wenn Sie fertig sind, speichern Sie diese Datei ab und nehmen den ganzen Ordner mit zum entfernten Ort außerhalb Ihres Heimnetzwerks. Wenn Sie die *.bat*-Datei dort per Doppelklick ausführen, dann wird die Port-Knocking-Sequenz abgearbeitet, und Sie erhalten Zugang zu Ihrem Dienst. Bevor Sie damit tatsächlich auf Reisen gehen, schadet es sicherlich nicht, wenn Sie die Funktion einmal von zu Hause aus testen – natürlich auch mit Ihrer externen IP-Adresse oder Ihrer entsprechenden Domain. Erst wenn alles klappt, steht dem Einsatz von außen nichts mehr im Weg. Wenn Sie am Zielort nur über eine schlechte Internetverbindung verfügen, dann kann es passieren, dass schnell hintereinander abgesendete Knock-Aufrufe am Home Server in verkehrter Reihenfolge ankommen. In diesem Fall sollten Sie zwischen den Knock-Aufrufen in Ihrer *.bat*-Datei folgende Zeile hinzufügen:

```
timeout 2
```

Sie sorgt dafür, dass zwischen zwei Knock-Aufrufen zwei Sekunden gewartet wird. Dadurch kommen die Pakete mit großer Wahrscheinlichkeit in der richtigen Reihenfolge an.

Auch wenn Sie einen Linux- oder Mac-Rechner verwenden, gibt es für Sie geeignete Clientanwendungen. Linux-Nutzer haben es besonders einfach. Sie können auf einem Clientrechner einfach das Paket

```
sudo apt install knock
```

installieren und erhalten somit den Knock-Client. Diesen rufen Sie ebenfalls mit dieser (anzupassenden) Befehlsstruktur auf:

```
knock Ziel.IP-Adresse Portnummer:tcp
```

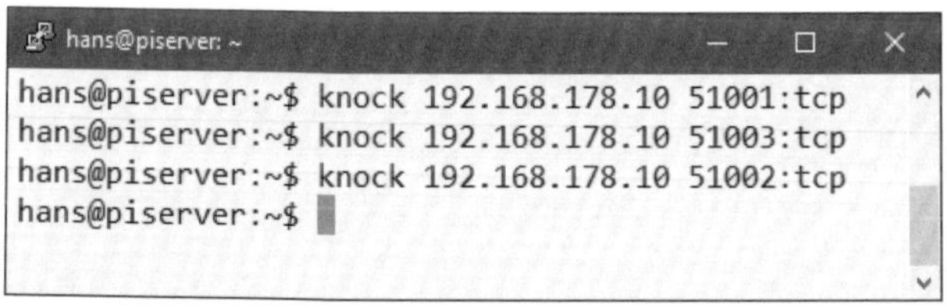

Abbildung 21.23 Anklopfen über die Linux-Konsole

In Kapitel 16, »Daten synchronisieren und Backups erstellen mit ›rsync‹«, habe ich Ihnen einige Tipps gegeben, wie Sie unter Linux eine Skriptdatei schreiben, die mehrere `knock`-Aufrufe hintereinander ausführt.

Nutzer von macOS finden auf der eingangs vorgestellten Internetseite auch einen Client für dieses Betriebssystem. Hierbei handelt es sich um eine Terminal-Anwendung. Entpacken Sie das heruntergeladene Archiv in ein geeignetes Verzeichnis, in dem sich ausführbare Programmdateien befinden. Anschließend können Sie ebenfalls den `knock`-Befehl wie beschrieben nutzen.

Beachten Sie, dass es auch für mobile Betriebssysteme zahlreiche Port-Knocking-Clients gibt. Sie sind hier nicht auf das Programm des knockd-Entwicklers angewiesen. Durchstöbern Sie einfach das offizielle App-Angebot zu Ihrem Smartphone, und probieren Sie diverse Clientprogramme aus, die oftmals direkt das Wort »knock« im Namen tragen und so auf ihre Funktion hinweisen.

```
hans@piserver: ~
hans@piserver:~$ sudo iptables -S
-P INPUT DROP
-P FORWARD ACCEPT
-P OUTPUT ACCEPT
-N fail2ban-ssh
-A INPUT -s 192.168.178.103/32 -p tcp -m tcp --dport 443 -j ACCEPT
-A INPUT -p tcp -m multiport --dports 22 -j fail2ban-ssh
-A INPUT -i lo -j ACCEPT
-A INPUT -m state --state RELATED,ESTABLISHED -j ACCEPT
-A INPUT -s 192.168.178.0/24 -j ACCEPT
-A INPUT -p tcp -m tcp --dport 80 -j ACCEPT
-A INPUT -p tcp -m tcp --dport 443 -j ACCEPT
-A INPUT -m limit --limit 8/min -j LOG --log-prefix "iptables denied: " --log-level 7
-A fail2ban-ssh -j RETURN
hans@piserver:~$
```

Abbildung 21.24 Nach dem erfolgreichen Anklopfen enthält die »iptables«-Firewall einen Eintrag, der Port 443 für eine spezifische IP-Adresse öffnet.

```
hans@piserver: ~
hans@piserver:~$ sudo iptables -S
-P INPUT DROP
-P FORWARD ACCEPT
-P OUTPUT ACCEPT
-N fail2ban-ssh
-A INPUT -p tcp -m multiport --dports 22 -j fail2ban-ssh
-A INPUT -i lo -j ACCEPT
-A INPUT -m state --state RELATED,ESTABLISHED -j ACCEPT
-A INPUT -s 192.168.178.0/24 -j ACCEPT
-A INPUT -p tcp -m tcp --dport 80 -j ACCEPT
-A INPUT -p tcp -m tcp --dport 443 -j ACCEPT
-A INPUT -m limit --limit 8/min -j LOG --log-prefix "iptables denied: " --log-level 7
-A fail2ban-ssh -j RETURN
hans@piserver:~$
```

Abbildung 21.25 Nach Ablauf der festgelegten Zeit wird dieser Eintrag wieder automatisch entfernt.

21.9 Wo war das noch mal? – Die Portverlegung

Es gibt eine weitere Möglichkeit, die Sicherheit Ihres Servers noch ein wenig zu erhöhen. Es handelt sich ebenfalls um einen Ansatz aus dem Bereich der *Security through Obscurity*, den Sie (auch) dank des Routers in Ihrem Heimnetzwerk ganz einfach umsetzen können. Wie Sie wissen, kommunizieren die einzelnen Dienste miteinander über Ports, und bei der Einrichtung von bestimmten Diensten haben Sie oft solche Ports definiert. Dabei sind diese Ports nicht unbedingt komplett festgezurrt, sondern können zumindest theoretisch beliebig genutzt werden. Wo kann dies nützlich sein? Nun, es gibt durchaus weniger intelligent gemachte Skripte für automatisierte Angriffe, die zwar einen großen IP-Adressbereich nach potentiellen Zielen absuchen, dies aber nur auf dem offiziellen Port des jeweiligen Dienstes machen. Angenommen, Ihre Webseite ist nicht unter dem üblichen Port 80 zu finden, sondern unter Port 11563 – sie wird dann nicht von dem Scanner-Programm des Angreifers gefunden. Zugegeben, dies ist nur ein Schutz vor »dummen« Angreifern, denn ein gründlicher Portscan wird auch solche »versteckten« Dienste auffinden, weshalb diese Methode nur für ungerichtete, einfache Angriffe funktioniert.

Es empfiehlt sich, bei dieser Technik eine große Portnummer zu verwenden, die jenseits der 2000 liegt. Sie können ruhig noch höhere Werte verwenden. Der Grund ist, dass in höheren Portbereichen nicht mehr so viele Ports offiziell vergeben sind und daher auch nicht nach möglichen Angriffszielen durchsucht werden. Hingegen würde es nicht viel bringen, wenn Sie beispielsweise den HTTP-Port, der ein sehr großes und weit genutztes Angriffsziel darstellt, auf den SSH-Port legen, der mindestens ebenso häufig attackiert wird. Dabei müssen Sie immer beachten, dass Sie Ihre jeweilige Clientanwendung für den Zugriff auf Ihr Heimnetzwerk umprogrammieren müssen. Diese muss die Portverlegung auch unterstützen und Sie den zu benutzenden Port konfigurieren lassen. Bei Webadressen lassen sich relativ einfach neue Ports vergeben und bequem als Lesezeichen abspeichern. So wird zum Beispiel bei der Adresse *www.example.com:1234/index.html* Port 1234 statt des üblichen Standardports 80 verwendet.

Sie haben zwei Möglichkeiten, diese Portverlegung zu realisieren. Die erste Option wäre, direkt auf Ihrem Server die Konfigurationsdateien des jeweiligen Dienstes entsprechend einzustellen. Die meisten Dienste bieten nämlich die Option, den genutzten Port einzustellen. Hier sehen Sie etwa ein Beispiel für die Nextcloud:

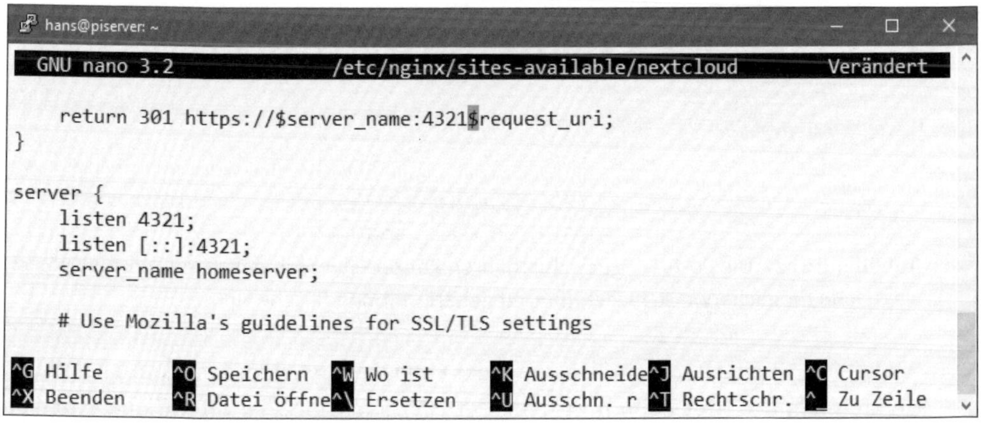

Abbildung 21.26 Die Portverlegung in der »Nextcloud«-Konfiguration

Diese Methode hat den Vorteil, dass der Dienst seinen tatsächlichen Port kennt. Das kann beispielsweise bei Nextcloud von Nutzen sein, wenn Sie eine Galerie von Urlaubsfotos freigeben möchten und sich dafür einen Link generieren lassen. Dieser Link, den Sie nun an Freunde versenden können, wird gleich den benötigten Port korrekt enthalten.

Bei der Auswahl des geeigneten Ports müssen Sie insbesondere bei Systemdiensten ein wenig vorsichtig vorgehen. Die Portnummern kleiner als 1000 können nämlich nur vom *root*-Benutzer belegt werden. Das bedeutet, dass ein Angreifer auf Ihrem Server nicht ohne *root*-Rechte einen Dienst auf einem Port kleiner als 1000 einrichten kann. Er könnte also keinen gefälschten SSH-Service auf Port 22 einrichten, mit dem er beispielsweise Passwortdaten stehlen möchte. Er kann dies aber sehr wohl unter Port 1234 machen. Und wenn Sie nun Ihren »echten« SSH-Dienst auf ebendiesen Port verlegen, dann könnte der Angreifer Sie überlisten. Sie sollten also systemkritische Dienste nicht auf Portnummern größer als 1000 verlegen.

Jetzt komme ich zu Methode zwei: die Portverlegung auf Ihrem Router, wie Sie sie beispielhaft in einer FritzBox in Abbildung 21.27 sehen.

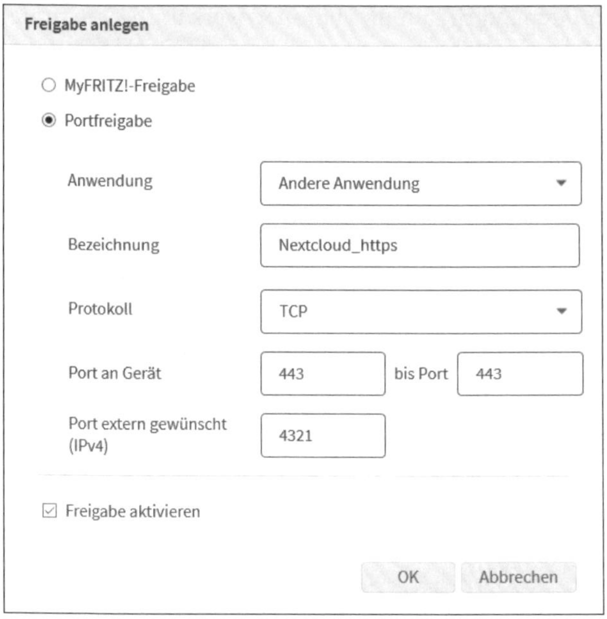

Abbildung 21.27 Die Portverlegung durch Ihren Router – hiervon bekommt beispielsweise Nextcloud möglicherweise nichts mit und generiert Ihnen falsche Links.

Wenn Sie dort eine Portweiterleitung (oder Freigabe) erstellen, dann kann bei vielen Geräten nämlich (nur beim IPv4 dank der NAT-Funktion) der öffentliche Port von dem wahren internen Port abweichen. So kann beispielsweise die Anfrage aus dem Internet an Port 5000 auf Port 80 Ihres Home Servers zugestellt werden. Nun könnten Sie auch den SSH-Port beispielsweise auf Port 20000 erreichbar machen. So große Portnummern werden nur von sehr intensiven Portscans untersucht. Allerdings besteht jetzt die Möglichkeit, dass Ihnen beispielsweise Nextcloud falsche Links generiert, weil dieses Programm ja von dem geänderten »offiziellen« Port gar nichts weiß.

Es gibt noch einen Unterschied zwischen beiden Methoden. Im ersten Fall sind die Dienste von nun an auch innerhalb des Heimnetzwerks unter der geänderten Portnummer erreichbar. Im zweiten Fall ist die interne Kommunikation von der Portverlegung nicht betroffen.

Wann bietet sich nun aber die Portverlegung überhaupt an? Sie ist immer dann eine Option, wenn das Port-Knocking nicht gemacht werden kann. Beispielsweise kann sie zum Schutz der Nextcloud-Installation genutzt werden. Nextcloud wird auch von automatisierten Diensten verwendet, beispielsweise zur Synchronisation eines Kalenders. Ein automatisierter Dienst kann (im Regelfall) keine Port-Knocking-Signale senden, oftmals aber sehr wohl auf abweichende Ports konfiguriert werden. Beachten Sie aber unbedingt, dass es sich um eine Maßnahme mit recht geringer Schutzwirkung handelt.

21.10 Wie mache ich denn nun endlich Dienste aus dem Internet erreichbar?

Wie ich bereits erläutert habe, sind die Dienste Ihres Home Servers in der Grundkonfiguration eines üblichen Heimnetzwerks normalerweise nicht aus dem Internet erreichbar. Wenn Sie auf Ihrem Home Server die Firewall aufgesetzt haben, dann werden seine Dienste an zwei Stellen blockiert: einmal von der Firewall auf Ihrem Home Server und einmal von Ihrem Router. Um einen Dienst aus dem Internet erreichbar zu machen, müssen Sie für beide Sicherungsebenen Ausnahmen festlegen, beziehungsweise anders gesagt, die Sicherungen für einen bestimmten Dienst öffnen. An Ihrem Router müssen Sie den entsprechenden Port freigeben, den der jeweilige Dienst nutzt. Je nach Router heißt diese Funktion etwas unterschiedlich, manchmal ist von einer »Freigabe« die Rede, manchmal heißt die Funktion »Portweiterleitung«, gelegentlich wird auch von »Portöffnung« gesprochen. Bitte konsultieren Sie also das Handbuch zu Ihrem Router. Sie müssen dann den öffentlichen Port (der, wie ich bereits zuvor bei der Portverlegung erwähnt habe, nicht mit dem privaten Port identisch sein muss) öffnen und die eingehende Kommunikation zu dem jeweiligen Port an Ihrem Home Server weiterleiten. Das war es schon auf Seiten des Routers. Bisher hatte der Router eingehende Verbindungsanfragen verworfen, nun werden Verbindungsanfragen aus dem Internet für die freigegebenen Ports an Ihren Home Server weitergeleitet.

Auf Ihrem Server werden diese Anfragen nun eventuell durch die Firewall blockiert, wobei das nur zutrifft, wenn Sie die Firewall eingerichtet haben. Sie müssen also gegebenenfalls die Firewall für die jeweiligen Ports öffnen. Wenn Sie die Funktion des Port-Knockings verwenden, dann regeln Sie die Freigabe bitte über dessen Konfigurationseinstellungen. Wenn Sie kein Port-Knocking benutzen, dann müssen Sie die Freigabe manuell in der Server-Firewall vornehmen.

Eine genaue Anleitung für diesen Vorgang habe ich Ihnen bereits bei der Einrichtung der Firewall in Abschnitt 21.5 gegeben. Daher folgt an dieser Stelle nur eine kurze Wiederholung. Möchten Sie beispielsweise für den Dienst OpenVPN, der das Protokoll UDP über Port 1194 verwendet, eine Freigabe einrichten, dann wäre folgender Befehl einzugeben:

```
sudo iptables -I INPUT -p udp --dport 1194 -j ACCEPT
```

Für einen Webserver, der das Protokoll TCP unter Port 443 nutzt, wäre dieser Befehl nötig:

```
sudo iptables -I INPUT -p tcp --dport 80 -j ACCEPT
```

Diese Änderung gilt jedoch nur bis zu einem Neustart. Deswegen ergänzen Sie bitte den entsprechenden Eintrag auch noch in Ihrer *iptables*-Datei unter */etc/network/iptables*, wie ich es im Abschnitt zur Firewall erörtert habe.

Das war es schon auf Seiten des Servers, Ihr Dienst ist jetzt aus dem Internet erreichbar. Offensichtlich gilt diese Freigabe nur für diesen einen Dienst und nur für den Home Server. Auf dieselbe Weise können Sie nun noch weitere Dienste über das Internet erreichbar machen.

[*]

Und bei IPv6?

Die bisherigen Anleitungen gelten nur für Freigaben, die das IPv4 mit den zugehörigen IPv4-Adressen verwenden. Sollte Ihr Internetzugang bereits IPv6-tauglich sein und möchten Sie dieses Protokoll für Verbindungen nutzen, dann ist die Vorgehensweise ein klein wenig anders. Da es beim IPv6 ja keine Notwendigkeit mehr für die NAT-Funktion gibt, müssen Sie keine Portweiterleitung einrichten. Stattdessen müssen Sie im Router die Firewall für den Home Server und das gewünschte Protokoll sowie den gewünschten Port öffnen. Für den Zugriff über das Internet nutzen Sie jetzt nicht die IP-Adresse des Routers, sondern die IP-Adresse des Home Servers. Diese erhalten Sie beispielsweise über den Befehl `sudo ifconfig`. Wichtig ist: Für jedes Internetprotokoll müssen stets eigene Freigaben verwendet werden, die sich jeweils nur mit dem jeweiligen Protokoll und dessen Adressen nutzen lassen. Sollten Sie auf dem Home Server eine IPv6-Version der `iptables`-Firewall aktiviert haben, dann müssen Sie auch in dieser eine Freigaberegel erstellen.

Vielleicht fragen Sie sich nun, welche Dienste überhaupt für die Erreichbarkeit aus dem Internet geeignet sind. Grundsätzlich sollten Sie nur solche Dienste freigeben, die Sie auch tatsächlich benötigen und verwenden werden, weniger ist hier mehr. Generell eignen sich nur solche Dienste für eine Freigabe, die auch für eine Kommunikation über das Internet gedacht sind. Die eigene Cloud ist hierfür ein gutes Beispiel, ebenso das eigene Wiki oder die Sprachkonferenzsoftware. Systemdienste sind hingegen nicht für die Kommunikation über das Internet gedacht. Keinesfalls sollten Sie etwa eine Samba-Dateifreigabe über das Internet erreichbar machen – dafür ist das Protokoll nicht ausgelegt, unter anderem bietet es keine Verschlüsselung und auch keine inhaltliche Verschleierung. Ebenfalls ist die Freigabe eines UPnP-Medienservers absolut tabu. Auch hierbei gibt es keine Verschlüsselung, und was noch viel schlimmer ist, es gibt noch nicht einmal einen passwortgeschützten Zugriff. Sie sollten es überhaupt vermeiden, unverschlüsselte Verbindungen über das Internet zuzulassen. Versuchen Sie immer, eine verschlüsselte Verbindung einzurichten, das haben Sie insbesondere für Internetseiten ja auch beispielsweise bei Nextcloud in Kapitel 13, »Die eigene Cloud mit Nextcloud«, gelernt. Ein Dienst, der über das Internet erreichbar ist, sollte auch (je nach Anwendungsfall) über eine sichere Möglichkeit zur Authentifizierung verfügen.

Ein Dienst, der explizit für die Kommunikation über das Internet gedacht ist, ist die VPN-Verbindung. Sie bietet eine starke Verschlüsselung, so dass auch auf eigentlich unverschlüsselte Dienste von außen zugegriffen werden kann (dazu zählen auch Systemdienste). Es empfiehlt sich ebenso, nur über eine VPN-Verbindung auf Ihre SSH-Konsole zuzugreifen. Die direkte Freigabe des SSH-Ports ist hingegen oft ein Angriffsziel und damit ein unnötiges Risiko, das die Privatperson nicht eingehen muss. Geben Sie ferner keine normalen unverschlüsselten FTP-Verbindungen frei, sondern verwenden Sie, wenn es erforderlich ist, nur verschlüsselte FTPS-Verbindungen. Auch hier gilt (das möchte ich noch einmal betonen), dass Sie stets der Verbindung über ein VPN den Vorzug geben sollten, wenn es sich einrichten lässt. Beschränken Sie sich jedoch immer auf notwendige Freigaben. Und aktivieren Sie sie am besten nur zu den Zeitpunkten, wenn sie auch genutzt werden, zum Beispiel während der Urlaubsreise.

21.11 Offizielle Zertifikate mit Let's Encrypt erhalten

Wenn Sie mit Ihrem Home Server bereits eines der Website-Projekte aus diesem Buch realisiert haben (zum Beispiel die Nextcloud), dann werden Ihnen bestimmt auch schon Zertifikatswarnungen begegnet sein. Diese erscheinen im Browser, wenn Sie eine verschlüsselte HTTPS-Verbindung zu Ihrem Home Server aufbauen. Bei der *Zertifikatswarnung* handelt es sich um eine Funktion aus dem Bereich der Sicherheit. Denken Sie daran: Ein Zertifikat ist eine Art von Ausweis, mit dem sichergestellt werden soll, dass tatsächlich der gewünschte Server antwortet und niemand die Verbindung manipuliert. Bisher verwenden Sie ein selbsterstelltes Zertifikat, dieses haben

Sie selbst auf Ihrem Home Server angelegt. Allerdings hat niemand die Korrektheit des Zertifikats überprüft und dessen Gültigkeit bestätigt (der »Ausweis« ist also nicht »amtlich«). Daher ist es nicht verwunderlich, dass sich der Browser beschwert und eine Warnung anzeigt. Offensichtlich sind solche Warnungen etwas befremdlich und störend, insbesondere, wenn Freunde oder Bekannte auf den Server zugreifen möchten und ob der Warnung verunsichert sind.

Solange Sie innerhalb des Heimnetzwerks über die interne IP-Adresse auf Ihren Home Server zugreifen oder dies über das Internet direkt über die öffentliche IP-Adresse tun, sind solche Zertifikatswarnungen unvermeidlich. Die Warnungen verschwinden erst dann, wenn über eine Domain auf den Server zugegriffen wird und (im Zertifikat) von offizieller Stelle bestätigt wurde, dass unter dieser Domain der korrekte Server antwortet (wobei es hier immer um verschlüsselte Verbindungen geht).

Wenn Sie Zertifikatswarnungen stören, dann müssen Sie sich also zunächst eine Domain besorgen. Diese Aufgabe lässt sich schnell lösen. Im Internet gibt es zahlreiche Angebote. Für Privatnutzer sind die dynamischen DNS-Dienste interessant. Hier erhalten Sie eine eigene Domain (meist in Form einer Subdomain), die stets auf die aktuelle öffentliche IP-Adresse Ihres Home Servers verweist. Mit den Zugangsdaten des dynamischen DNS-Anbieters konfigurieren Sie (für IPv4-Verbindungen) Ihren Router im Heimnetzwerk. Sobald sich die öffentliche IP-Adresse des Routers ändert, nimmt er Kontakt zum dynamischen DNS-Anbieter auf und aktualisiert so dessen Daten. Somit ist sichergestellt, dass sich auch bei einer Änderung der IP-Adresse Ihr Home Server stets unter derselben Domain erreichen lässt. Neben kostenpflichtigen Angeboten gibt es einige kostenlose Anbieter. Wer eine FritzBox sein Eigen nennt, der kann auch den kostenlosen MyFRITZ! genannten Service des Herstellers AVM nutzen. Auch hier erhalten Sie eine eigne (Sub-)Domain in der Form *xxx.myfritz.net*, die stets mit Ihrer öffentlichen IP-Adresse verbunden ist.

So weit, so gut; nach diesem Schritt ist Ihr Home Server also unter einem festen Domainnamen über das Internet zu erreichen. Allerdings verschwindet dadurch die Zertifikatswarnung im Browser noch nicht, es fehlt noch die Beglaubigung durch eine offizielle Stelle.

Hier kommt der kostenlose Dienst Let's Encrypt ins Spiel. Über diesen Dienst können Sie ein beglaubigtes Zertifikat erhalten, dem der Browser vertrauen wird. Let's Encrypt betreibt dazu eine eigene Zertifizierungsstelle, der alle wichtigen Browser und Betriebssysteme vertrauen. Neben Let's Encrypt gibt es viele weitere Zertifizierungsstellen, deren Dienste jedoch im Regelfall nicht kostenlos angeboten werden. Bevor es Let's Encrypt gab, waren beglaubigte Zertifikate stets eine mehr oder weniger kostspielige Angelegenheit.

Damit Let's Encrypt Ihnen ein korrektes Zertifikat ausstellen kann, muss der Dienst zunächst sicherstellen, dass Sie die Kontrolle über die jeweilige (Sub-)Domain haben. Es muss also garantiert sein, dass tatsächlich Ihr Server auf Anfragen auf der genannten Domain antwortet. Dazu wird auf Ihrem Home Server ein kleines Programm installiert. Der Zertifizierungsdienst wird mit diesem Programm kommunizieren und so überprüfen, ob unter der gewünschten Domain die erwarteten Dienste antworten. Wenn diese Prüfung erfolgreich verläuft, erhalten Sie das gewünschte Zertifikat, das den von Let's Encrypt bestätigten öffentlichen Schlüssel enthält sowie natürlich den zugehörigen privaten Schlüssel. Keine Sorge: Diese Daten werden nicht etwa extern erstellt, sondern nur extern beglaubigt. Insbesondere der private Schlüssel wird auf Ihrem Home Server erstellt und verlässt diesen zur Prüfung nicht.

Das angesprochene kleine Programm, dass sich um die Zertifikatserstellung kümmert, heißt *Certbot*. Bei seiner Erstellung haben sich die Entwickler viel Mühe gegeben, so dass es sehr einfach zu bedienen ist. Mit seiner Hilfe erhalten Sie das Zertifikat schon nach wenigen Minuten. In den aktuellen Paketquellen ist Certbot für Ihren Home Server sogar direkt verfügbar. Sie können praktisch sofort loslegen. Halten Sie für die Einrichtung Ihre (Sub-)Domain parat, und rufen Sie sich die Einrichtung von Portfreigaben auf Ihrem Router sowie gegebenenfalls die Freigaben der `iptables`-Firewall auf Ihrem Home Server ins Gedächtnis.

Installieren Sie also den Certbot mit folgendem Befehl (und einer aktualisierten Liste der Paketquellen):

```
sudo apt install certbot
```

```
hans@piserver: ~
hans@piserver:~ $ sudo apt install certbot
Paketlisten werden gelesen... Fertig
Abhängigkeitsbaum wird aufgebaut.
Statusinformationen werden eingelesen.... Fertig
Die folgenden zusätzlichen Pakete werden installiert:
  python-pyicu python3-acme python3-asn1crypto python3-certbot python3-cffi-backend
  python3-configargparse python3-configobj python3-cryptography python3-distutils
  python3-future python3-josepy python3-lib2to3 python3-mock python3-openssl
  python3-parsedatetime python3-pbr python3-requests-toolbelt python3-rfc3339
  python3-setuptools python3-tz python3-zope.component python3-zope.event
  python3-zope.hookable python3-zope.interface
Vorgeschlagene Pakete:
  python3-certbot-apache python3-certbot-nginx python-certbot-doc python-acme-doc
  python-configobj-doc python-cryptography-doc python3-cryptography-vectors
  python-future-doc python-mock-doc python-openssl-doc python3-openssl-dbg
  python-setuptools-doc
Die folgenden NEUEN Pakete werden installiert:
  certbot python-pyicu python3-acme python3-asn1crypto python3-certbot
  python3-cffi-backend python3-configargparse python3-configobj python3-cryptography
  python3-distutils python3-future python3 josepy python3-lib2to3 python3-mock
  python3-openssl python3-parsedatetime python3-pbr python3-requests-toolbelt
  python3-rfc3339 python3-setuptools python3-tz python3-zope.component
  python3-zope.event python3-zope.hookable python3-zope.interface
0 aktualisiert, 25 neu installiert, 0 zu entfernen und 1 nicht aktualisiert.
Es müssen 2.215 kB an Archiven heruntergeladen werden.
Nach dieser Operation werden 11,4 MB Plattenplatz zusätzlich benutzt.
Möchten Sie fortfahren? [J/n]
```

Abbildung 21.28 Für den Betrieb von Certbot müssen einige Python3-Bibliotheken installiert werden, was der Installer automatisch erledigt.

Für die Erstellung der Zertifikate wird Certbot einen temporären Webserver erstellen. Dieser wird von der Zertifizierungsstelle von Let's Encrypt angesprochen. Dabei wird überprüft, ob der korrekte Server (sprich: Ihr Home Server) unter der IP-Adresse, die mit der zu prüfenden Domain verbunden ist, antwortet. Wenn unter der zu prüfenden Domain wirklich Ihr Home Server antwortet, dann werden die Zertifikate erstellt und »mit dem Stempel« von Let's Encrypt versehen. Dadurch werden zukünftig alle Browser den Zertifikaten vertrauen, und Warnungen werden ausbleiben. Damit diese Identitätsprüfung funktionieren kann, muss der temporäre Webserver von Certbot offensichtlich über das Internet erreichbar sein. In der Standardeinstellung verwendet Certbot für die Prüfung die Ports 80 und 443 (jeweils für das TCP). Diese werden vom unverschlüsselten HTTP beziehungsweise vom verschlüsselten HTTPS verwendet. Sie müssen diese Ports für die korrekte Funktion also in Ihrem Router freigeben. Sollten Sie auf dem Home Server die `iptables`-Firewall aktiviert haben, dann müssen Sie auch dort beide Ports freischalten und eingehende Verbindungen erlauben. Legen Sie also entsprechende Freigaben sowohl in Ihrem Router als auch gegebenenfalls in der `iptables`-Firewall an. Sollten Sie auf dem Home Server bereits den Webserver `nginx` aktiviert haben, der Port 80 und/oder Port 443 für eine Website nutzt, dann müssen Sie ihn vorübergehend deaktivieren. Davon unabhängig sollten Sie den Webserver `nginx` sowieso jetzt abschalten, da Sie ja nachfolgend die erstellten Zertifikatsdaten in seiner Konfiguration hinterlegen müssen. Halten Sie den Webserver also mit folgendem Befehl an:

```
sudo service nginx stop
```

Nachdem Sie diese Vorbereitungen getroffen haben, geht es an die eigentliche Zertifikatserstellung. Geben Sie folgenden Befehl ein, der automatisch die benötigen Zertifikate erstellen und sich die Legitimation von der Zertifizierungsstelle von Let's Encrypt besorgen wird:

```
sudo certbot certonly --standalone -d example.com
```

Anstelle von `example.com` geben Sie dabei Ihre persönliche komplette Domain ein, die Sie beispielsweise von Ihrem dynamischen DNS-Anbieter erhalten haben. Führen Sie den Befehl anschließend aus. Ihnen werden einige Fragen gestellt. Unter anderem müssen Sie eine E-Mail-Adresse angeben, unter der Sie vor einem Ablauf der Gültigkeit der Zertifikate gewarnt werden. Außerdem müssen Sie den Nutzungsbedingungen zustimmen. Es dauert einen Augenblick, bis alle Prüfungen erfolgreich abgeschlossen sind.

Wenn alles erfolgreich geklappt hat, dann wechseln Sie einmal in das Verzeichnis */etc/letsencrypt/live*. Hierfür sind *root*-Rechte erforderlich. Der `sudo`-Vorsatz funktioniert nicht, Sie müssen daher in die *root*-Umgebung wechseln. Sie erhalten sie über das Kommando `sudo -i` und verlassen sie anschießend wieder mit dem Befehl `exit`.

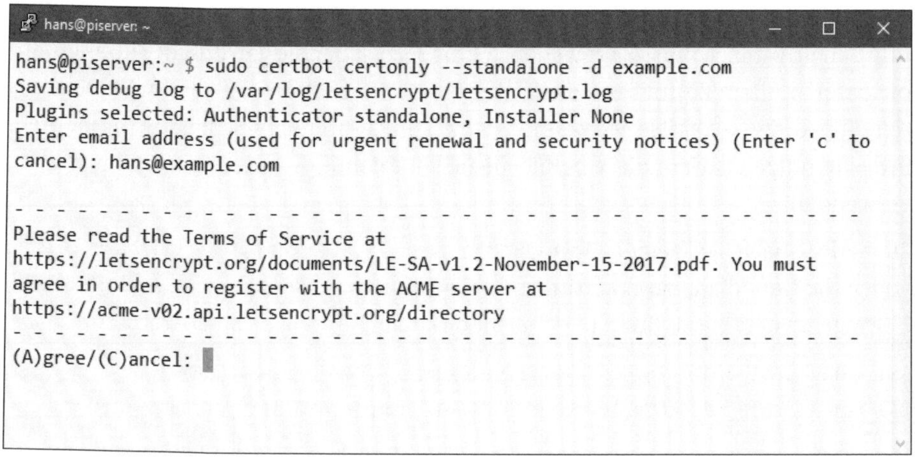

Abbildung 21.29 Die Zertifikatserstellung läuft.

Lassen Sie sich mit `ls` den Inhalt anzeigen. Sie werden sehen, dass es dort ein Unterverzeichnis gibt, das mit Ihrem Domainnamen benannt ist. Wechseln Sie in dieses Unterverzeichnis, und rufen Sie erneut `ls` auf. In diesem Verzeichnis wird es unter anderem folgende Dateien geben:

- *cert.pem*
- *privkey.pem*
- *chain.pem*
- *fullchain.pem*

Dabei ist das eigentliche Zertifikat in der Datei *cert.pem* gespeichert, der private Schlüssel befindet sich in der Datei *privkey.pem*. Diese Datei ist absolut geheim und darf niemals in falsche Hände fallen. Daher wurde sie von Certbot so erstellt, dass sie nur der *root*-Nutzer lesen darf. Die Datei *chain.pem* enthält die Vorstufen in der Zertifikatskette, hier also das sogenannte *root*-Zertifikat sowie die Zertifikate der anderen beteiligten Stellen (etwa Let's Encrypt). Die Datei *fullchain.pem* enthält neben den Zertifikaten aus *chain.pem* auch noch Ihr eigenes Zertifikat und erlaubt damit eine weitreichende Rückverfolgbarkeit der Beglaubigungen. Dies ist auch die Datei, die im Webserver `nginx` als Zertifikatsdatei hinterlegt werden sollte.

Abbildung 21.30 Die Zertifikatsanfrage war erfolgreich und alle Dateien wurden erstellt.

21

Sie müssen als Nächstes den Webserver `nginx` so konfigurieren, dass er das Zertifikat und den privaten Schlüssel verwendet. Öffnen Sie daher die gewünschte Konfigurationsdatei mit dem Editor `nano`. Sie finden die Konfigurationsdateien im Verzeichnis */etc/nginx/sites-available*. Sie können das Zertifikat (mit dem Schlüssel) für mehrere Projekte nutzen (sofern diese bereits die SSL- beziehungsweise TLS-Verschlüsselung verwenden).

Suchen Sie nach den beiden Einträgen `ssl_certificate` und `ssl_certificate_key`; sie geben die Dateipfade zum Zertifikat und zum privaten Schlüssel an. Ändern Sie die Einträge, so dass sie zu Ihren persönlichen Dateien führen, beispielsweise so:

```
ssl_certificate /etc/letsencrypt/live/example.com/fullchain.pem;
ssl_certificate_key /etc/letsencrypt/live/example.com/privkey.pem;
```

Dabei müssen Sie `example.com` durch Ihren persönlichen Domainnamen ersetzen.

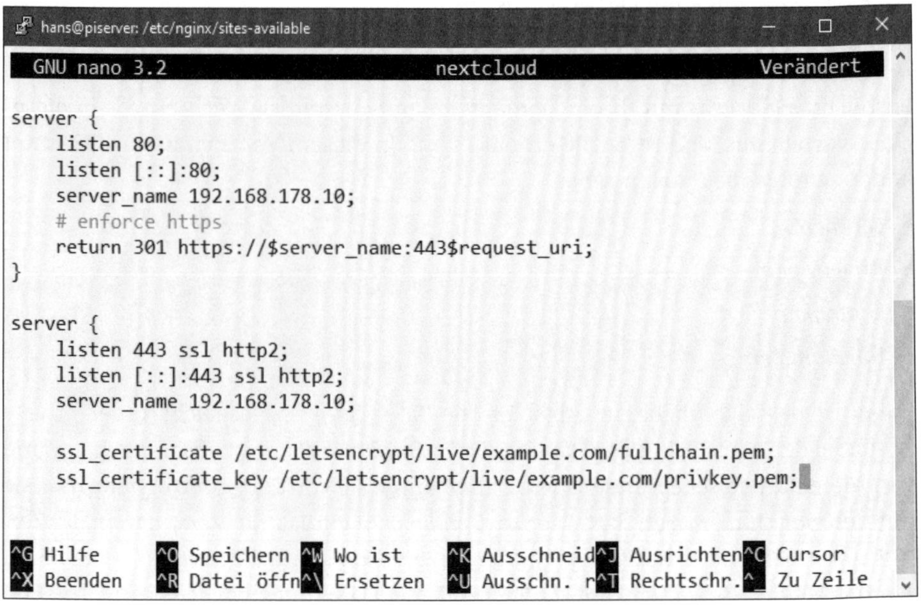

Abbildung 21.31 Am Beispiel der Nextcloud wird nginx so konfiguriert, dass er das Zertifikat von Let's Encrypt verwendet.

Speichern Sie die Datei anschließend, und verlassen Sie den Editor. Damit sind alle Konfigurationsarbeiten abgeschlossen, und Sie können den Webserver `nginx` abschießend neu starten:

```
sudo service nginx start
```

Von jetzt an wird er die neuen Zertifikate nutzen. Wenn Sie die konfigurierte Website über Ihren Domainnamen aufrufen, dann wird es von nun an keine Zertifikatswarnung mehr geben. Die Browser werden dem Zertifikat vertrauen. Auch innerhalb Ihres Heimnetzwerkes können Sie diese Domain für den Aufruf der Website nutzen – dabei brauchen Sie übrigens keine Geschwindigkeitseinbußen zu befürchten, weil die Daten nicht wirklich über das Internet gesendet, sondern intelligent von Ihrem Router weitergereicht werden. Bedenken Sie, dass es nach wie vor zu einer Warnung kommt, wenn Sie direkt eine IP-Adresse für den Seitenaufruf nutzen. Hierfür gibt es keine Zertifikate, eine Warnung ist daher unvermeidlich.

[!]

Denken Sie an eine Sicherheitskopie!

Das Verzeichnis */etc/letsencrypt* enthält in seinen Unterverzeichnissen nicht nur die Zertifikats-, sondern auch wichtige Konfigurationsdaten. Sie sollten unbedingt ein Backup erstellen.

Das ist schon alles sehr schön. Jetzt gibt es allerdings noch ein kleines Problem: Zertifikate haben grundsätzlich nur eine begrenzte Gültigkeit. Wenn diese abgelaufen ist, wird der Browser dem Zertifikat nicht mehr vertrauen und erneut die bekannten Warnungen anzeigen. Zertifikate, die von Let's Encrypt ausgestellt werden, haben eine gewollt kurze Gültigkeitsdauer von drei Monaten. Nach Ablauf dieser Zeit werden sie automatisch ungültig. Allerdings lassen sie sich kostenlos verlängern. Auch zur Verlängerung können Sie das Programm Certbot nutzen.

Die Verlängerung kann recht zügig und vor allem unkompliziert durchgeführt werden. Bevor es losgeht, müssen Sie allerdings wieder die bereits zuvor genannten Portfreigaben (beziehungsweise Portweiterleitungen) für die Ports 80 und 443 (TCP) einrichten, denn sie werden von Certbot benötigt. Anschließend starten Sie die Aktualisierung mit folgendem Befehl:

```
sudo certbot renew
```

Sie können diesen Befehl innerhalb eines Monats vor Ablauf der Gültigkeit ausführen. Es bietet sich an, ihn rechtzeitig vor Ablauf der Gültigkeitsdauer auszuführen – erstellen Sie sich also am besten einen Kalendereintrag.

Nach der Aktualisierung müssen Sie den Webserver `nginx` neu starten, damit er mit den erneuerten Zertifikatsdateien arbeitet. Das erledigen Sie wie immer mit dem Befehl

```
sudo service nginx restart
```

Damit sind Sie am Ziel – die Zertifikate sind wieder aktuell, und Sie sowie alle weiteren Nutzer des Home Servers bleiben vor Zertifikatswarnungen bei verschlüsselten Verbindungen verschont, solange die zertifizierte Domain für den Zugriff genutzt wird.

21.12 Das »root«-Konto für den Fernzugriff deaktivieren

Bereits ganz zu Anfang dieses Buches hatte ich im Grundlagenteil bei der Einrichtung Ihres Home Servers darüber gesprochen, dass es einen Sicherheitsvorteil darstellt, den Login des *root*-Benutzers über den SSH-Zugang zu verbieten. Diese Einstellung bewirkt, dass sich der *root*-Benutzer nicht mehr über eine SSH-Verbindung am Home Server anmelden kann. Dabei bleibt der Benutzer als solcher unverändert bestehen. Ebenso können Sie sich weiterhin ohne Einschränkung direkt am Home Server als Benutzer *root* einloggen – hiermit ist die Nutzung einer angeschlossenen Tastatur und eines Monitors gemeint. Lediglich der (Fern-)Zugang über eine Netzwerkverbindung wird dem *root*-Nutzer untersagt. Es ist offensichtlich, dass dies einen Sicherheitsvorteil bewirkt, denn schließlich hat der *root*-Nutzer besonders weitreichende Rechte und kann den Server komplett umgestalten (oder funktionsunfähig machen).

Wenn Sie den SSH-Login für den *root*-Benutzer deaktivieren möchten, dann müssen Sie zunächst bereits (mindestens) ein weiteres, normales Benutzerkonto eingerichtet haben – wie Sie es in Kapitel 3, »Erste Inbetriebnahme Ihres Servers«, zu Beginn des Buches ja auch gemacht haben. Ansonsten könnten Sie sich ja überhaupt nicht mehr am System anmelden. Dieses Benutzerkonto sollte auch der *sudo*-Benutzergruppe angehören, damit Sie (passwortgeschützt) über *root*-Rechte verfügen können.

Um den SSH-Login für den *root*-Benutzer zu deaktivieren, legen Sie zunächst ein Backup der zuständigen Konfigurationsdatei an und nutzen dafür folgenden Befehl:

```
sudo cp /etc/ssh/sshd_config /etc/ssh/sshd_config.orig
```

Jetzt öffnen Sie die ursprüngliche Datei mit dem Editor `nano` zur Bearbeitung:

```
sudo nano /etc/ssh/sshd_config
```

Suchen Sie nun in dieser Datei entweder manuell oder mit dem Tastaturkommando [Strg]+[w] nach dem Eintrag

```
#PermitRootLogin prohibit-password
```

Ändern Sie ihn so, dass er folgende Gestalt annimmt:

```
PermitRootLogin no
```

Damit sind die Änderungen bereits komplett. Einen Ausschnitt dieser Datei zeigt Abbildung 21.32.

Sie können nun `nano` mit der Tastenkombination [Strg]+[x] beenden und die Eingaben abspeichern.

Um die neue Konfiguration zu aktivieren, ist ein Neustart des SSH-Dienstes erforderlich. Das erledigt folgender Befehl:

```
sudo service ssh restart
```

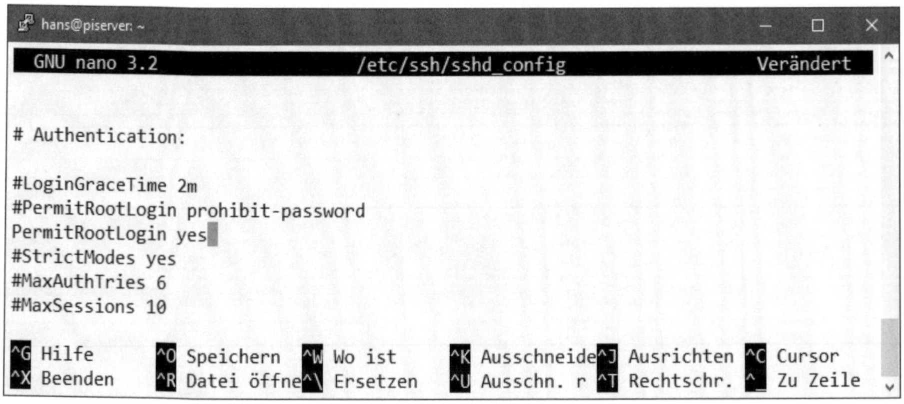

Abbildung 21.32 Das »root«-Konto kann hier für den Fernzugriff deaktiviert werden.

Von nun an kann sich der *root*-Benutzer nicht mehr per SSH-Konsole am System anmelden. Sie können dies einmal bei Gelegenheit überprüfen.

Kapitel 22
Wartung des Servers

Auch der Home Server benötigt ab und zu etwas Wartung und Pflege. In diesem Kapitel lernen Sie, wie Sie einen solchen Wartungsvorgang durchführen.

Wenn Sie Ihren Home Server erst einmal mit allen benötigten Programmen und Diensten aufgesetzt haben und er genau das tut, was Sie von ihm erwarten, dann ist er fast ein Kästchen zum Hinstellen und Vergessen. Fast. Denn er wird zwar in seinem Eckchen seine Aufgaben erfüllen, aber es ist trotzdem sehr wichtig, dass Sie regelmäßig nach dem Rechten sehen. Dies ist besonders wichtig, wenn es Dienste gibt, die aus dem Internet erreichbar sind. Aber selbst wenn Sie keine Dienste im Internet anbieten, müssen Sie doch auf einige Punkte achten. Insbesondere sind das:

- die Überprüfung des freien Speicherplatzes
- das Lesen von wichtigen Logdateien
- das Aktualisieren der Software auf den neuesten Stand
- das Prüfen des Programmbestandes (wird noch alles benötigt?)
- das Einspielen von Updates
- die Aktualisierung des Betriebssystems

Ich werde diese Punkte im Folgenden besprechen.

22

22.1 Die Überprüfung des freien Speicherplatzes

Es ist wichtig, dass Sie regelmäßig den freien Speicherplatz auf dem Speichermedium überprüfen. Einige Programme schreiben häufiger Daten auf die Speicherkarte oder die Festplatte, allen voran sind das Logdateien. Vielleicht legen einige Ihrer Programme aber auch Nutzdaten ab. Dies könnte beispielsweise die Anwendung `fswebcam` sein, die regelmäßig Fotos von einer Webcam sichert. Natürlich können auch die Benutzer des Servers, etwa über Dateifreigaben, ihre Daten auf den Server kopieren und Festplatte oder Speicherkarte füllen. Es ist schlecht, wenn dieses Speichermedium plötzlich voll ist und kein freier Speicherplatz mehr vorhanden ist. Hierdurch stürzen unter Umständen sogar Programme ab. Sie sollten also besser darauf achten, dass stets ausreichend freier Speicherplatz vorhanden ist.

Lassen Sie sich daher regelmäßig den freien Speicherplatz mit dem Befehl

```
df -h
```

anzeigen. Die Ausgabe wird dabei so wie in Abbildung 22.1 aussehen.

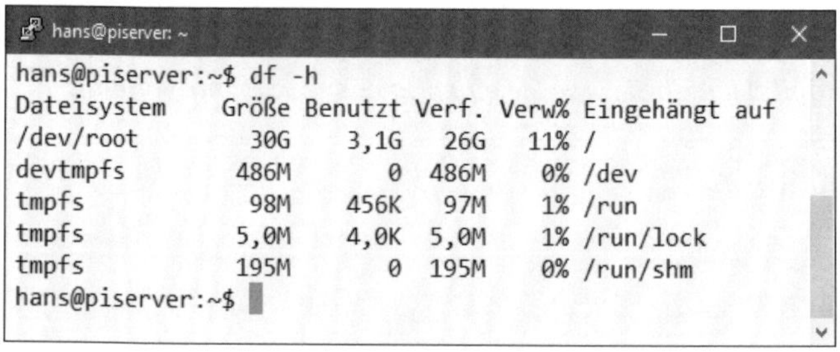

Abbildung 22.1 Kontrolle des Speicherplatzes mit »df -h«

Kontrollieren Sie auch die Größe der Benutzerverzeichnisse. Gehen Sie dabei aber taktvoll vor. Benutzen Sie etwa folgenden (angepassten) Befehl, um sich die Größe eines Nutzerverzeichnisses anzeigen zu lassen:

```
sudo du -sh /home/hans
```

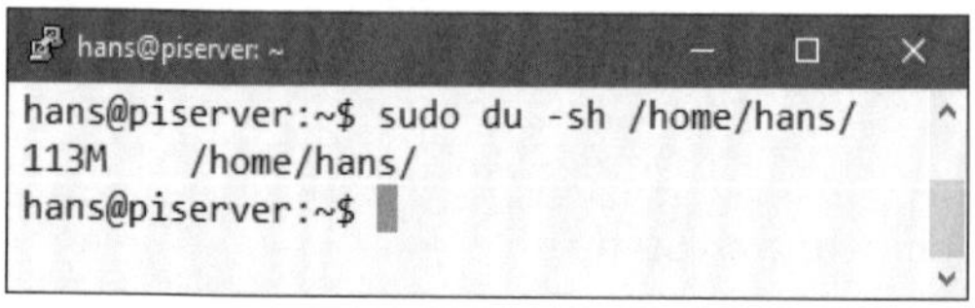

Abbildung 22.2 Die Speicherbelegung mit »du -sh«

Ersetzen Sie dabei den Beispielnamen hans entsprechend. Dieser Befehl gibt Ihnen die Speicherbelegung des jeweiligen Benutzers aus, ohne jedoch dessen Daten selbst anzuzeigen. Somit stellen Sie sicher, dass die Privatsphäre der Nutzer gewahrt bleibt. Ist eine Speicherbelegung unangemessen, dann sprechen Sie die betreffende Person an, und bitten Sie um ein Aufräumen und Löschen.

Kontrollieren Sie auch mit dem Befehl

```
sudo du -sh /var/log
```

die Größe des *log*-Verzeichnisses, damit es nicht zu ungewöhnlich großen Logdateien kommt.

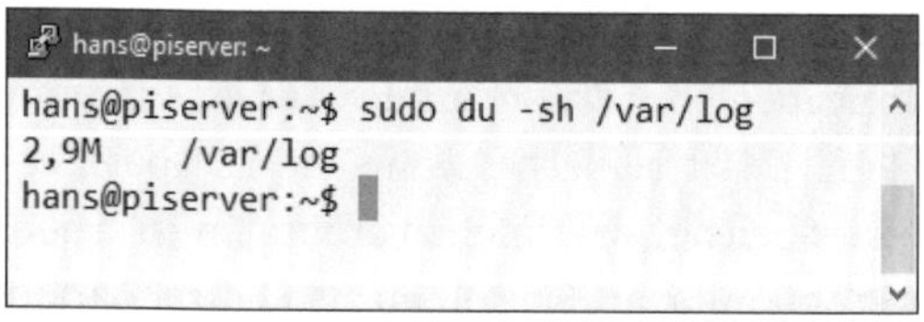

Abbildung 22.3 Die Größe von »/var/log/«

Übrigens: Das Befehlskürzel `du` steht ausgeschrieben für *disk usage*, also auf Deutsch etwa für »Belegung der (Speicher-)Disk«. Ist die Speicherbelegung zu groß, dann wechseln Sie mit

```
cd /var/log
```

in das *log*-Verzeichnis und lassen sich mit

```
ls -lha
```

die dort vorhandenen Dateien anzeigen. Achten Sie auf deren Größe. Es kann auch sein, dass sich große Dateien in einem Unterverzeichnis befinden. In diesem Fall lassen Sie sich mit

```
sudo du -h /var/log
```

ohne den Parameter `s` die Größe aller Unterverzeichnisse anzeigen. So finden Sie den Übeltäter rasch.

Öffnen Sie dann mit `nano` die entsprechende Logdatei, und sehen Sie sich den Inhalt an. Prüfen Sie, ob es sich um einen behebenswerten Umstand handelt. Reduzieren Sie gegebenenfalls in der Konfiguration des zugehörigen Programms den Detailgrad der Logfunktion – vielleicht ist diese zu detailliert eingestellt. Ein guter Kandidat, nach dem Sie in der Programmkonfiguration suchen können, ist `log-level`. Wenn das Programm ungewöhnlich redselig ist und auch nicht anders konfiguriert werden kann, dann müssen Sie öfter nach der Größe der Logdatei sehen und deren Umfang manuell reduzieren.

Übrigens: Mit dem Parameter `-d1` lassen Sie sich genau eine weitere (beziehungsweise tiefere) Verzeichnisebene anzeigen, wie Abbildung 22.4 demonstriert.

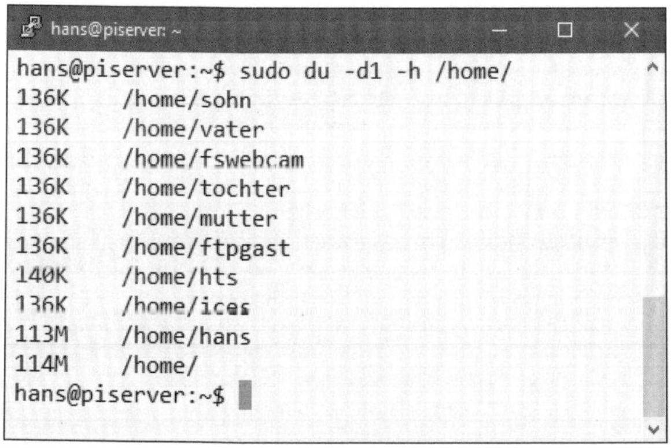

Abbildung 22.4 Mit dem Parameter »-d1« können Sie die Größe einer tieferen Verzeichnisebene anzeigen.

Als guter Administrator oder Administratorin sollten Sie sich auch in Ihre Nextcloud, so vorhanden, einloggen und dort die Speicherbelegung überprüfen.

22.2 Das Lesen von Logdateien

Es ist sehr wichtig, dass Sie regelmäßig einen Blick in die Logdateien des Servers werfen und ihren Inhalt kontrollieren. Dies gilt insbesondere für sicherheitsrelevante Logdateien und für solche, die von Programmen stammen, die ihre Dienste über das Internet anbieten. Bitte lesen Sie in Ihrem eigenen Interesse regelmäßig die Logdateien.

Die Logdateien der meisten Programme befinden sich im Verzeichnis */var/log*. Wechseln Sie in dieses Verzeichnis. Nicht alle Programme legen ihre Logdaten darin ab, teilweise können Sie den Speicherort auch selbst in den Konfigurationsdateien bestimmen. Führen Sie bei abweichenden Positionen eine Liste, oder verlegen Sie den Log-Speicherort entsprechend, so dass alles zentral in */var/log* gesammelt wird.

Das Lesen der Logdateien erfordert gewisse Kenntnisse. Sie müssen nämlich wissen, was die einzelnen Einträge bedeuten. Keine Sorge, denn bereits rudimentäre Kenntnisse genügen.

Sehr wichtig ist die zentrale *syslog*-Datei. Ihr Pfad lautet */var/log/syslog*. *syslog* ist prinzipiell ein Universal- beziehungsweise Hauptlog, in dem systemkritische Ereignisse wie auch Logdaten von Programmen ohne eigene Logdatei eingetragen werden. Das *syslog* können Sie sich mit `nano` anzeigen lassen (`sudo nano /var/log/syslog`).

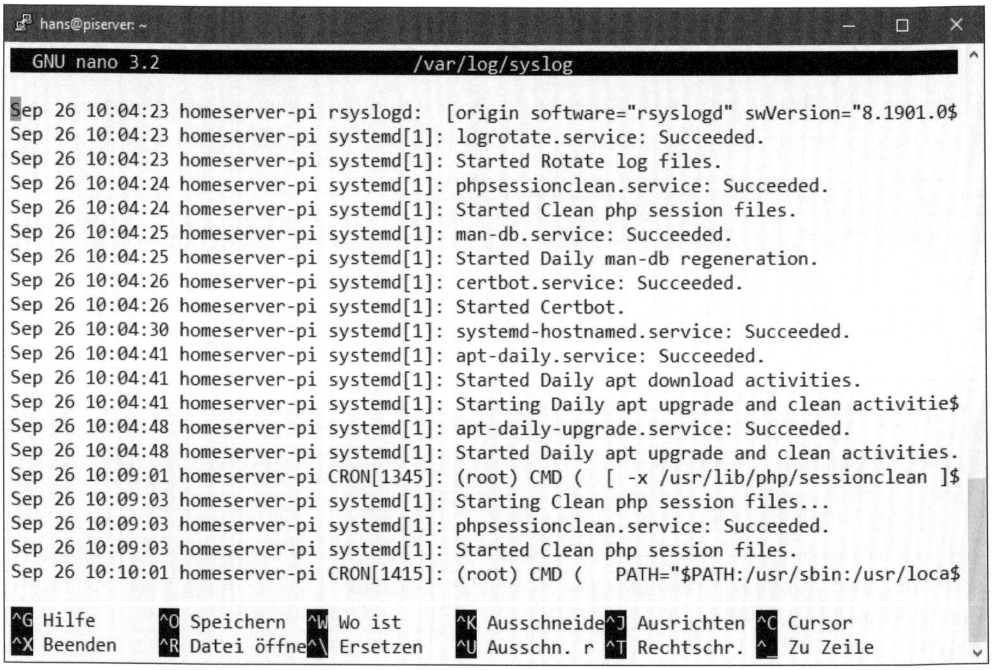

```
hans@piserver: ~
 GNU nano 3.2                          /var/log/syslog

Sep 26 10:04:23 homeserver-pi rsyslogd:  [origin software="rsyslogd" swVersion="8.1901.0$
Sep 26 10:04:23 homeserver-pi systemd[1]: logrotate.service: Succeeded.
Sep 26 10:04:23 homeserver-pi systemd[1]: Started Rotate log files.
Sep 26 10:04:24 homeserver-pi systemd[1]: phpsessionclean.service: Succeeded.
Sep 26 10:04:24 homeserver-pi systemd[1]: Started Clean php session files.
Sep 26 10:04:25 homeserver-pi systemd[1]: man-db.service: Succeeded.
Sep 26 10:04:25 homeserver-pi systemd[1]: Started Daily man-db regeneration.
Sep 26 10:04:26 homeserver-pi systemd[1]: certbot.service: Succeeded.
Sep 26 10:04:26 homeserver-pi systemd[1]: Started Certbot.
Sep 26 10:04:30 homeserver-pi systemd[1]: systemd-hostnamed.service: Succeeded.
Sep 26 10:04:41 homeserver-pi systemd[1]: apt-daily.service: Succeeded.
Sep 26 10:04:41 homeserver-pi systemd[1]: Started Daily apt download activities.
Sep 26 10:04:41 homeserver-pi systemd[1]: Starting Daily apt upgrade and clean activitie$
Sep 26 10:04:48 homeserver-pi systemd[1]: apt-daily-upgrade.service: Succeeded.
Sep 26 10:04:48 homeserver-pi systemd[1]: Started Daily apt upgrade and clean activities.
Sep 26 10:09:01 homeserver-pi CRON[1345]: (root) CMD (  [ -x /usr/lib/php/sessionclean ]$
Sep 26 10:09:03 homeserver-pi systemd[1]: Starting Clean php session files...
Sep 26 10:09:03 homeserver-pi systemd[1]: phpsessionclean.service: Succeeded.
Sep 26 10:09:03 homeserver-pi systemd[1]: Started Clean php session files.
Sep 26 10:10:01 homeserver-pi CRON[1415]: (root) CMD (   PATH="$PATH:/usr/sbin:/usr/loca$

^G Hilfe      ^O Speichern   ^W Wo ist     ^K Ausschneide^J Ausrichten  ^C Cursor
^X Beenden    ^R Datei öffne^\ Ersetzen    ^U Ausschn. r ^T Rechtschr.  ^_ Zu Zeile
```

Abbildung 22.5 Die Anzeige von »syslog« mit »nano«

Ebenfalls geeignet ist das bereits in Kapitel 4, »Grundlagen des Linux-Betriebssystems«, vorgestellte Kommando `tail`, hier in der Form `sudo tail /var/log/syslog`. Mit diesem Befehl lassen Sie sich nur die neuesten zehn Einträge anzeigen, wie Ihnen Abbildung 22.6 zeigt.

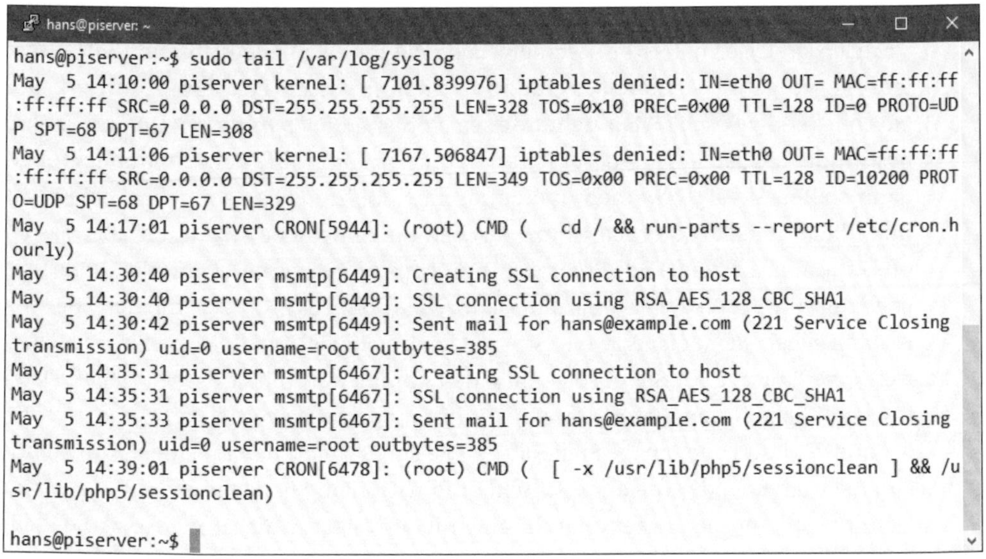

Abbildung 22.6 Die Anzeige von »syslog« mit »tail«

Die Datei kann unterschiedlich lang sein und auch unterschiedliche Einträge enthalten. Am Anfang einer Zeile ist immer eingetragen, von welchem Programm ein Eintrag stammt. Lesen Sie die Einträge durch – Sie werden feststellen, dass sich öfter Einträge wiederholen. Halten Sie Ausschau nach Fehlermeldungen von Programmen, die auf Ihrem Server laufen. Die Meldungen lassen möglicherweise eine Störung im Verhalten erkennen (beispielsweise informieren sie über Dienste, die nicht mehr antworten). Gerade das *syslog* kann sehr groß beziehungsweise sehr lang werden. Erinnern Sie sich also an die Tastenkombination von `nano`, die es Ihnen erlauben, direkt zum Dateiende zu springen – Sie finden sie im Grundlagenkapitel.

Ganz wichtig sind die Logdateien des Port-Knocking-Dienstes `knockd`, von Fail2ban und von OpenVPN. Prüfen Sie die Einträge auf Plausibilität. Gab es Verbindungen oder Verbindungsversuche zu ungewöhnlichen Zeitpunkten oder von fremden Personen? Traten sie nur selten (also versehentlich) auf, oder hat jemand versucht, ein Passwort zu erraten? Überprüfen Sie, ob einmal von Fail2ban eine IP-Adresse wegen falscher Passworteingabe gesperrt wurde. Normalerweise ist es jedoch unwahrscheinlich, dass tatsächlich ausgerechnet bei Ihnen jemand einbrechen wollte oder will. Im Regelfall wird es sich um Irrtümer oder Falscheingaben der echten Benutzer handeln. Wenn Sie sich aber merkwürdige Ereignisse partout nicht erklären können, dann ist es besser, wenn Sie den entsprechenden Dienst vom Internet trennen und erst nach einer längeren Wartezeit wieder ans Internet anschließen. Dies erhöht die Wahrscheinlichkeit, dass ein Angreifer – so es ihn denn tatsächlich gibt – aufgibt oder zwischenzeitlich bereits woanders Erfolg hat.

Sie sollten auch regelmäßig nach der Größe der Logdateien schauen. Im Laufe der Zeit können sich sehr viele Einträge ansammeln, was die Dateigröße beachtlich anwachsen lässt. Normalerweise werden Logdateien nach einer bestimmten Zeit ausgetauscht. Vorgängerversionen werden für einen gewissen Zeitraum archiviert und anschließend gelöscht. Man nennt diesen Vorgang die *Logrotation*. Unterliegt eine bestimmte Logdatei nicht dieser Rotation und wird im Laufe der Zeit immer größer, dann sollten Sie aktiv werden und aufräumen. Meistens ist es möglich, eine nicht mehr benötigte Logdatei schlicht zu löschen und eine neue anzulegen, aber das ist oft keine feine Lösung. Viele Programme mögen es nicht gerne, wenn man ihnen ihre Logdatei »unter den Füßen wegzieht«, außerdem kann es Probleme mit den Zugriffsrechten geben. Besser ist es, wenn Sie sich den Inhalt der Logdatei ansehen und dann, wenn die Einträge für Sie obsolet sind, den kompletten Inhalt der jeweiligen Datei löschen. Dazu öffnen Sie die Datei im Editor `nano` und bewegen den Cursor an den Anfang der Datei oder an die Stelle, ab der Sie den Rest löschen möchten. Nun betätigen Sie nacheinander folgende Tastenkombinationen: Sie beginnen mit [Alt]+[a]. Damit aktivieren Sie die Textmarkierung mit der Tastatur. Sie können jetzt die Pfeiltasten benutzen, um den zu löschenden Text zu markieren. Möchten Sie den gesamten Rest der Datei löschen, dann betätigen Sie zunächst [Strg]+[-] gefolgt von [Strg]+[v]. Damit springen Sie an das Dateiende und markieren den gesamten »überfahrenen« Text. Den markierten Text löschen Sie nun mit der Tastenkombination [Strg]+[k]. Anschließend speichern Sie die bereinigte Datei mit [Strg]+[x] ab und beenden damit `nano`.

22.3 Weitere wichtige Kontrollschritte

Kontrollieren Sie mit dem kurzen Befehl `w`, wer derzeit an Ihrem Server eingeloggt ist und ob dies mit Ihren Erwartungen konform geht. Werfen Sie mit `top` einen Blick auf die Prozessorauslastung und die Prozessanzahl, und kontrollieren Sie die Speicherauslastung (insbesondere die der *swap*-Partition). Ist die Prozessorauslastung ungewöhnlich hoch, dann kontrollieren Sie, welcher Dienst dafür verantwortlich ist. Bedenken Sie, dass manche Dienste auch im Hintergrund Wartungsaufgaben ausführen können und dadurch den Prozessor in Anspruch nehmen. Es ist auch möglich, dass ein Endgerät gerade einen Datenabgleich mit der Cloud-Anwendung durchführt. Bleibt die Prozessorauslastung jedoch über einen längeren Zeitraum für Sie unerklärlich hoch, dann sollten Sie ein Update der installierten Softwareprogramme und des Betriebssystems durchführen. Möglicherweise hat es in der Zwischenzeit für ein bekanntes Problem eine Lösung gegeben.

Ist die Speicherbelegung ungewöhnlich hoch, dann denken Sie über einen Neustart des Servers nach. Beachten Sie aber, dass Linux den Speicher dynamisch verwaltet und daher stets mit sehr hohen Speicherbelegungen arbeitet.

Ein Beispiel: Angenommen, ein Programm läuft und belegt einen großen Bereich des Arbeitsspeichers. Nun beenden Sie das Programm. Linux leert den belegten Arbeitsspeicher jedoch nicht sofort, sondern erst dann, wenn ein neues Programm weiteren Speicherbedarf anmeldet. Es lässt die Daten also absichtlich im Speicher für den Fall, dass sie noch einmal benötigt werden. Es ist daher völlig normal, dass der Speicher stets nahezu vollständig belegt ist. Dies ist keine Fehlfunktion! Deswegen ist es wichtig, dass Sie nicht die Belegung des normalen Arbeitsspeichers (auf Englisch: *RAM*) kontrollieren, sondern die Auslastung des Auslagerungsspeichers (also die der *swap*-Partition) überprüfen. Hierbei handelt es sich um die Erweiterung des Arbeitsspeichers durch die Verwendung der Speicherkarte beziehungsweise Festplatte. Und diese Form der Speichererweiterung sollte minimal sein und aus Geschwindigkeitsgründen am besten ganz unterbleiben. Ist nach einem Neustart und nach einer gewissen Wartezeit erneut eine ungewöhnlich hohe (Swap-)Speicherbelegung festzustellen, dann kann ebenfalls eine Aktualisierung der Programme und des Betriebssystems weiterhelfen.

Prüfen Sie auch kurz die Prozessortemperatur.

Benutzer des Raspberry Pi verwenden das Kommando

```
sudo vcgencmd measure_temp
```

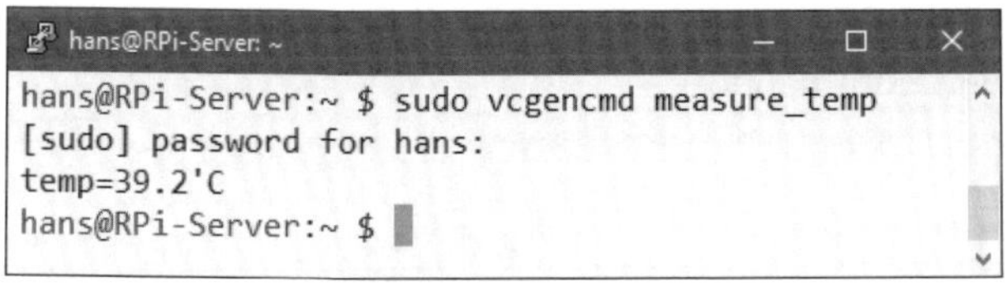

Abbildung 22.7 Die Temperatur Ihres Raspberry Pi

Benutzer des Intel NUC müssen zuerst eine neue Softwarekomponente installieren, weil das Betriebssystem ohne solche Routinen installiert wurde:

```
sudo apt install lm-sensors
```

Das Paket `lm-sensors` dient dazu, die Sensordaten aus dem Bereich des Hardware-Monitorings abzufragen. Es ist nach der Installation allerdings nicht direkt arbeitsfähig, sondern muss zuerst konfiguriert werden. Führen Sie dazu folgenden Befehl aus:

```
sudo sensors-detect
```

Das Programm `sensors-detect` wird nun Ihre Hardware untersuchen und Ihnen einige Fragen stellen. Diese dienen dazu, herauszufinden, wie die Temperatursensoren Ihres NUC-Gerätes abgefragt werden müssen. Wenn Sie einen normalen Intel

NUC betreiben, dann können Sie alle Fragen bis einschließlich der Zusammenfassung bejahen.

Das Programm wird Ihnen zum Schluss eine Liste mit Kernelmodulen anzeigen, die geladen werden müssen, bevor die Sensoren abgefragt werden können. So eine Liste könnte auf dem NUC wie folgt aussehen:

```
To load everything that is needed, add this to /etc/modules:
#----cut here----
# Chip drivers
coretemp
#----cut here----
```

Der Beispielausgabe können Sie entnehmen, dass als einziges das Modul `coretemp` geladen werden muss. Sie haben nun die Wahl, ob Sie dies manuell durchführen möchten oder ob Sie das Modul automatisch beim Systemstart laden möchten. Es hängt davon ab, wie häufig Sie die Abfrage starten möchten. Generell muss das Modul nur einmal zur Laufzeit des Servers geladen werden und steht dann bis zum nächsten Neustart zur Verfügung. Möchten Sie das Modul manuell laden, dann geben Sie auf die Frage, die Ihnen zum Schluss gestellt wird

```
Do you want to add these lines automatically to /etc/modules? (yes/NO)
```

ein `NO` ein (oder drücken Sie direkt auf [↵]).

Alternativ geben Sie `yes` ein und drücken erst danach auf [↵].

Wenn Sie sich für das manuelle Laden entschieden haben, dann müssen Sie jeden Eintrag der obigen Liste mit dem Kommando

```
sudo modprobe EINTRAG
```

laden, im Beispiel also lediglich

```
sudo modprobe coretemp
```

ausführen.

Wenn Sie die Module automatisch laden wollen, dann führen Sie jetzt bitte

```
sudo /etc/init.d/kmod start
```

aus oder starten alternativ den gesamten Home Server neu.

Anschließend können Sie die Sensordaten abfragen. Das erledigen Sie mit dem Kommando

```
sensors
```

In der Ausgabe finden Sie auch die Prozessortemperaturen, darunter sogar Einzelwerte für jeden Rechenkern des Prozessors.

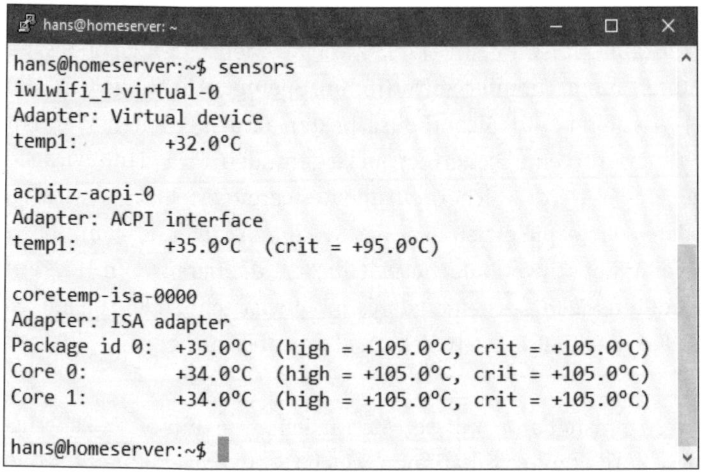

Abbildung 22.8 »sensors« zeigt die Prozessortemperatur eines Intel NUC an.

Die Temperaturen werden sich meistens unterhalb von 55 °C bewegen und bei großer Rechenlast ansteigen. Solange die Werte unter 70 °C sind (für den NUC können Sie 80 °C als Grenze nehmen), können Sie von normalem Verhalten ausgehen. Sind die Temperaturwerte dauerhaft erhöht, dann sollten Sie über ein besser belüftetes Gehäuse, die Nutzung von Kühlkörpern aus dem Zubehörbereich (beim Raspberry Pi), die Reinigung der Lüftungsöffnungen oder einen besser belüfteten Standort nachdenken.

Abschließend kann auch die Überprüfung der Liste der fehlgeschlagenen Login-Versuche über die SSH-Konsole nicht schaden. Hierzu hilft ein Blick in die etwas unübersichtliche Logdatei, die Sie mit dem folgenden Befehl leichter lesbar gestalten können:

```
sudo grep "login\[" /var/log/auth.log
```


22.4 Die Software aktuell halten

Ein Linux-System, das auf Debian basiert, hat eine wohldurchdachte Politik, wie mit Softwareaktualisierungen zu verfahren ist. Es gibt immer mehrere Debian-Zweige, unter anderem einen *Testing*- und einen *Stable*-Zweig. Neue Software wird zunächst in den Testing-Zweig aufgenommen, in dem sie, wie der Name vermuten lässt, gründlich getestet wird. Ab einem bestimmten Zeitpunkt werden keine neuen Features mehr aufgenommen, sondern es wird nur die Stabilität verbessert. Wenn eine hinreichende Stabilität garantiert werden kann, dann wird die gesamte getestete und optimierte Softwaresammlung zum Stable-Zweig, der für den sicheren Produktiveinsatz empfohlen wird. Auch Ihr Home Server nutzt standardmäßig den Stable-Zweig, er enthält getestete und stabile Software. Im Stable-Zweig werden, vereinfacht gesagt, keine neuen Funktionen mehr zu einer Software hinzugefügt. Allerdings wird die Software sehr wohl fortlaufend unter Sicherheitsaspekten aktuell gehalten. Wenn in einem bestimmten Programm eine Sicherheitslücke gefunden wird, dann wird sie relativ zügig behoben, und es werden Sicherheitsupdates bereitgestellt. Es ist wichtig, diese Sicherheitsupdates einzuspielen, so dass das System aktuell und damit bestmöglich geschützt bleibt. Bei schweren Sicherheitslücken, die bereits von Hackern ausgenutzt werden, sollten Sie Sicherheitsupdates möglichst schnell einspielen. Es ist also wichtig, dass Sie regelmäßig nach Sicherheitsupdates suchen und sie auch installieren.

Um Sicherheitsupdates zu installieren, müssen Sie zunächst wie immer die Paketlisten aktualisieren. Diese enthalten Informationen, welche Softwareversionen auf den Debian-Servern derzeit verfügbar sind. Das geschieht wie gewohnt mit dem Kommando

```
sudo apt update
```

Dieses Kommando vergleicht auch gleich diese Listen mit der Software, die auf Ihrem System installiert ist. Sie erhalten zum Schluss eine Information darüber, ob es Aktualisierungen für Ihren Softwarebestand gibt. Wenn es anwendbare Updates gibt, sollten Sie sie direkt installieren. Führen Sie dazu den Befehl

```
sudo apt upgrade
```

aus. Abbildung 22.9 zeigt Ihnen beispielhaft, wie so ein Update abläuft.

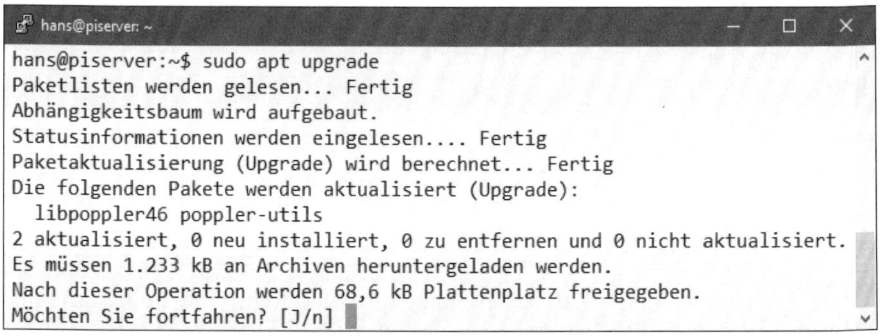

Abbildung 22.9 Ein Update Ihres Systems mit »apt upgrade«

Sie vertrauen damit den Debian-Servern, dass sie Ihnen nur »saubere« Software ausliefern. Im Falle offizieller Debian-Server (und offizieller Mirror, also Spiegelserver) ist dieses Vertrauen gerechtfertigt. Wenn Sie Ihrem System fremde Paketquellen zugefügt haben, kann dies kritisch sein, weswegen hiervor häufig gewarnt wird. In diesem Buch habe ich nur einmal ausnahmsweise beim TVHeadend-Server das Hinzufügen einer Fremdquelle erwähnt, und das nur deshalb, weil TVHeadend ein offizielles, etabliertes Projekt ist.

Das Paketverwaltungssystem apt behält stets eine Sicherungskopie von heruntergeladenen Paketen. Diese speichert es im Verzeichnis */var/cache/apt/archives*. Im Laufe der Zeit kann sich dort eine beachtliche Anzahl an Sicherungskopien ansammeln, die durchaus mehrere Hundert Megabyte Speicherplatz beanspruchen. Von Zeit zu Zeit schadet es nicht, diese Sicherungskopien zu löschen, um Speicherplatz zurückzugewinnen. Sie sollten in diesem Verzeichnis jedoch besser nicht selbst »irgendwelche« Dateien löschen, sondern den dafür vorgesehenen Befehl benutzen. Führen Sie – in größeren Zeitintervallen von mehreren Monaten – daher ruhig einmal den Befehl

```
sudo apt-get clean
```

aus. Sie können dann überprüfen, wie viel Speicherplatz Sie zurückgewonnen haben.

Natürlich müssen Sie die Überprüfung auf vorliegende Updates und deren Einspielung regelmäßig durchführen. Dies gilt besonders dann, wenn Sie Services eingerichtet haben, die aus dem Internet erreichbar sind. Möglicherweise ist es Ihnen jedoch ein wenig lästig, regelmäßig diese Befehle auszuführen. Zum Glück lassen sie sich automatisieren. Es gibt dazu zwei Ansätze, die Sie sich anschauen können. Bei dem ersten Ansatz wird automatisch die Paketliste aktualisiert und auf Updates überprüft. Diese Updates werden auch heruntergeladen, aber nicht automatisch installiert. Sie erhalten stattdessen eine Information per E-Mail. Sie können sich diese Updates in Ruhe ansehen (die E-Mail enthält dazu ein paar Informationen) und dann die Installation manuell vornehmen. Dies erspart Ihnen die manuelle Suche, Sie werden ja automatisch informiert, wenn es etwas zu tun gibt. Lediglich installieren müssen Sie dann die Updates selbst. Dies ist normalerweise die empfohlene Vorgehensweise, die auch sehr viele professionelle Administratoren anwenden. Der Grund ist folgender: Theoretisch kann bei der Installation eines Updates – auch wenn es »nur« ein Sicherheitsupdate ist, das die Funktion nicht ändert – etwas schiefgehen. Dabei könnte möglicherweise ein Dienst auf dem Server ausfallen. Das wäre natürlich für ein professionelles Produktivsystem, das möglicherweise direkt an der Wertschöpfung eines Unternehmens beteiligt ist, sehr schlecht. Besonders dumm wird es, wenn es nachts passiert, niemand da ist und der Fehler erst am nächsten Morgen entdeckt und behoben wird. Ganz unangenehm wird es, wenn dabei ein Server ausfällt, der mehrere Hundert Kilometer entfernt an einem abgelegenen (womöglich auch noch menschenleeren) Ort steht. Deswegen installiert man die Updates dann, wenn Zeit und jemand da ist – trotzdem aber so schnell wie möglich. Im Fehlerfall müsste man das betreffende Update zurücknehmen und nach Lösungsansätzen suchen. Sie können sich zu Hause auch für dieses Vorgehen entscheiden, müssen dann aber immer selbst ran.

Dass ein Update schiefläuft, ist allerdings sehr selten. Und dass Sie im unwahrscheinlichen Fehlerfall sofort die passende Lösung parat haben, ist nicht sehr wahrscheinlich. Für den Einstieg werden daher gerne die automatischen Updates empfohlen, die Ihnen alles abnehmen. Es schadet aber nichts, auch den halbautomatischen Weg zu gehen. Hierbei behalten Sie stets etwas mehr Kontrolle, können sich mit den Updates erst beschäftigen, lernen etwas über die Updatepolitik von Debian und eventuell auch etwas über Sicherheitslücken.

22.4.1 Automatische Information über verfügbare Updates

Wenn es Ihnen nicht vor dem gelegentlichen (aber bitte raschen!) Einspielen von Updates graut, dann bitte: Installieren und konfigurieren Sie *apticron*. Dies ist das Programm, das automatisch die Paketlisten aktualisiert und Sie per E-Mail über Updates informiert. Die Einrichtung ist besonders einfach und nach wenigen Sekunden erledigt, vorausgesetzt, Sie haben bereits einen MTA, einen Mail Transfer Agent, installiert. Dies ist das Programm, das Linux zum Versenden von E-Mails befähigt. Es ist offensichtlich, dass dies für `apticron` essentiell ist und unbedingt funktionsbereit sein muss.

Falls Sie noch keinen MTA installiert haben, dann holen Sie dies bitte nach. Lesen und bearbeiten Sie dazu bitte Kapitel 10, »Statusinformationen per E-Mail erhalten: ›msmtp‹ als MTA«. Überprüfen Sie auch die Funktionsfähigkeit des MTAs, indem Sie sich, wie im bezeichneten Kapitel beschrieben, eine Test-E-Mail zusenden. Wenn alles erledigt ist, dann installieren Sie `apticron` mit dem Befehl:

```
sudo apt install apticron
```

Im Prinzip müssen Sie nichts weiter tun. Sobald es Updates gibt, wird `apticron` eine E-Mail an den Systemnutzer *root* senden. Damit dies korrekt funktioniert, ist es erforderlich, dass Sie `msmtp` gemäß Kapitel 10 korrekt eingerichtet haben, so dass E-Mails an Systembenutzer wie gewünscht an Ihre externe E-Mail-Adresse zugestellt werden. Sollten Sie das nicht vorgenommen haben oder eine andere Empfängeradresse wünschen, dann müssen Sie dies jetzt `apticron` mitteilen. Kopieren Sie in diesem Fall zunächst die Konfigurationsdatei von `apticron` aus dessen Stammverzeichnis an die richtige Stelle. Frühen Sie dazu folgenden Befehl aus:

```
sudo cp /usr/lib/apticron/apticron.conf /etc/apticron/apticron.conf
```

Öffnen Sie mit `nano` dann diese Konfigurationsdatei:

```
sudo nano /etc/apticron/apticron.conf
```

Tragen Sie im Feld

```
EMAIL="root"
```

anstelle von `root` Ihre E-Mail-Adresse ein, die von Anführungszeichen eingeschlossen sein muss. Ein Beispiel könnte lauten:

```
EMAIL="IhreMail@example.com"
```

Bei Ihnen könnte es so wie in Abbildung 22.10 aussehen.

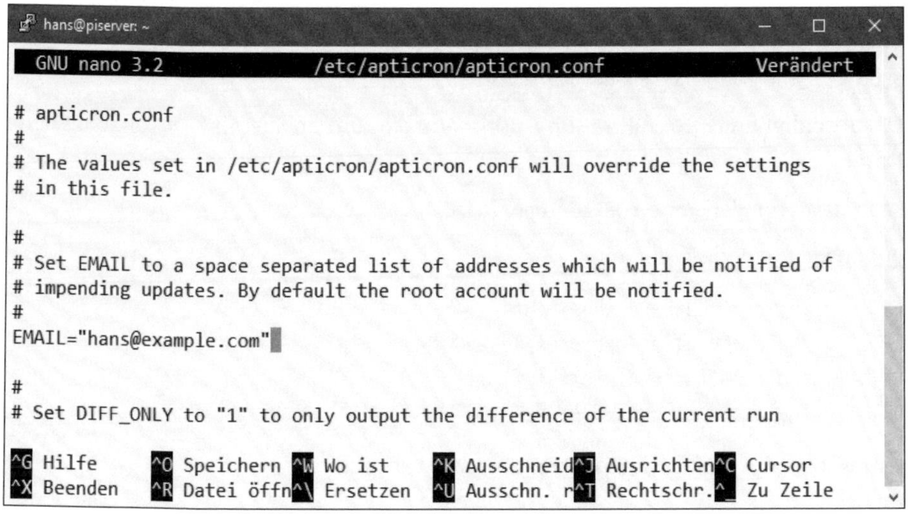

Abbildung 22.10 Ihre E-Mail-Adresse in der Datei »/etc/apticron/apticron.conf«

Speichern Sie, beenden Sie `nano`, und schon sind Sie fertig. Sobald Updates vorliegen, wird `apticron` Sie benachrichtigen. `apticron` hat sich automatisch so installiert, dass es regelmäßig aufgerufen wird, Sie brauchen nichts weiter zu unternehmen. Sie können `apticron` jedoch auch jederzeit zusätzlich selbst ausführen. Der Befehl dazu lautet:

```
sudo apticron
```

22

Wenn gerade Updates verfügbar sind, dann erhalten Sie eine informierende E-Mail. Vergessen Sie nicht, die Updates dann auch mit dem Befehl

```
sudo apt upgrade
```

und einer entsprechenden Bestätigung zu installieren.

22.4.2 Vollautomatische Installation von Updates

Nun zeige ich Ihnen die zweite Möglichkeit, die komplett automatische Installation von Sicherheitsupdates. Hier müssen Sie selbst nicht aktiv werden, das System hält sich selbst auf dem aktuellen Stand. Dies mag für den Einstieg zunächst bequemer und einfacher sein.

Übrigens: Der folgende Weg wird dafür sorgen, dass nur Updates von den offiziellen Debian-Paketquellen installiert werden. Updates aus Fremdquellen werden zur Sicherheit nicht automatisch installiert, bitte nutzen Sie hierfür weiterhin die manuelle Upgradefunktion, wie ich sie oben beschrieben habe.

Das Programm, das die automatischen Updates vornimmt, ist eine Erweiterung zum normalen `apt` namens *unattended-upgrades*. Installieren Sie es mit dem Befehl

```
sudo apt install unattended-upgrades
```

Die anschließende Konfiguration ist sehr einfach. Öffnen Sie mit `nano` folgende neue Datei:

```
sudo nano /etc/apt/apt.conf.d/10periodic
```

Fügen Sie folgende Zeilen ein:

```
APT::Periodic::Update-Package-Lists "1";
APT::Periodic::Download-Upgradeable-Packages "1";
APT::Periodic::AutocleanInterval "7";
APT::Periodic::Unattended-Upgrade "1";
```

Listing 22.1 »apt« mit automatischen Upgrades versorgen

Speichern Sie die Datei, die so wie in Abbildung 22.11 aussehen sollte, und beenden Sie dann `nano`.

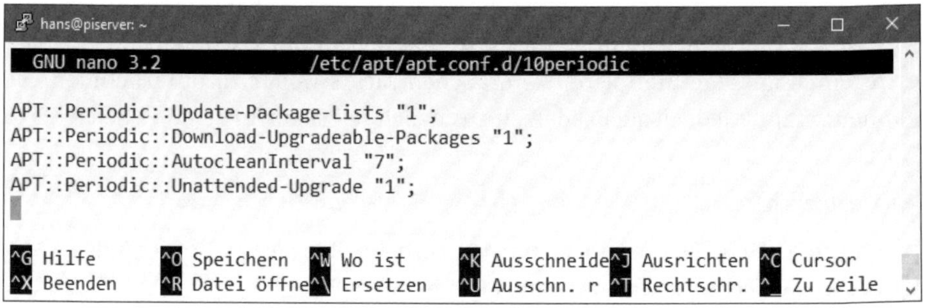

Abbildung 22.11 Die periodischen Updates konfigurieren

Die Zeilen werden dafür sorgen, dass täglich nach Updates gesucht wird und diese gegebenenfalls automatisch installiert werden. Alle sieben Tage werden nicht mehr benötigte Installationspakete von Ihrem Server gelöscht. Das war es schon. Sie werden nun mit automatischen Updates versorgt. `unattended-upgrades` wird für Sie unter */var/log/unattended-upgrades* eine Logdatei führen, die Sie regelmäßig kontrollieren sollten.

Auf Wunsch können Sie `unattended-upgrades` jetzt auch so einstellen, dass Ihnen eine E-Mail gesendet wird, sobald eine Aktualisierung erfolgt ist. Hierfür müssen Sie – wie immer bei automatisch versendeten E-Mails – einen MTA installiert haben, wie ich es im Kapitel zur E-Mail-Funktion besprochen habe.

Öffnen Sie anschließend mit nano folgende Datei:

```
sudo nano /etc/apt/apt.conf.d/50unattended-upgrades
```

Suchen Sie nach der Zeile

```
//Unattended-Upgrade::Mail "";
```

Entfernen Sie die beiden führenden Schrägstriche, und schreiben Sie zwischen die Anführungszeichen Ihre eigene E-Mail-Adresse, beispielsweise:

```
Unattended-Upgrade::Mail "IhrName@example.com";
```

Speichern Sie die Datei, die Sie in Abbildung 22.12 sehen, beenden Sie nano, und in Zukunft erhalten Sie eine E-Mail, die Sie darüber informiert, welche Updates vorgenommen wurden.

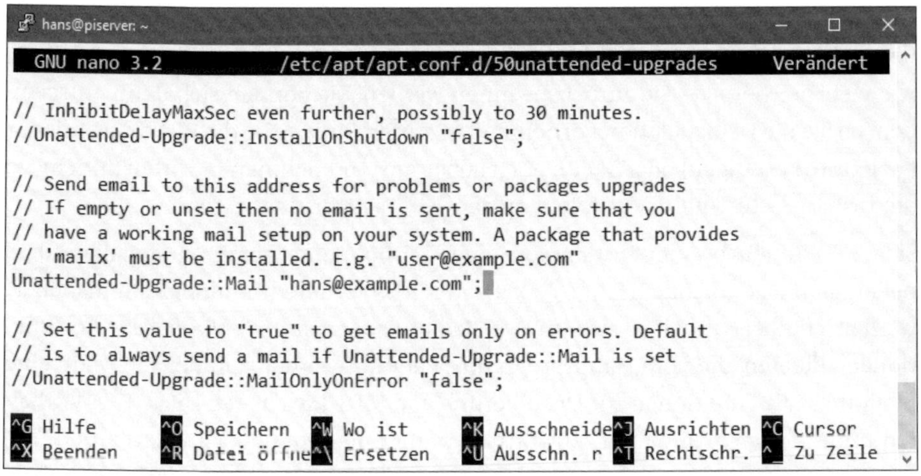

Abbildung 22.12 Die geänderte Datei »/etc/apt/apt.conf.d/50unattended-upgrades«

Beachten Sie, dass diese Funktion nur Sicherheitsupdates automatisch installiert. Sie sollten daher trotzdem gelegentlich einen manuellen Upgradevorgang durchführen, um gegebenenfalls vorhandene weitere Updates zu erhalten.

22.5 Prüfen des Softwarebestands

Im Laufe der Zeit kann es dazu kommen, dass es auf Ihrem Server Programme und Dienste gibt, die Sie nicht mehr benötigen. Vielleicht haben Sie irgendwann einmal einen Dienst installiert, von dem Sie sich einen größeren Nutzen versprachen, und mussten dann feststellen, dass Sie ihn doch nicht so häufig wie gedacht benutzen. Oder Sie haben eine Funktion ausprobiert und anschließend vergessen. Ungenutzte Dienste sollten auf einem Server vermieden werden. Sie belegen unnötig Systemressourcen und stellen im ungünstigsten Fall Einfallstore für Personen mit bösen Absichten dar. Sie sollten insbesondere vermeiden, nicht benötigte Dienste aus dem Internet heraus erreichbar zu halten, und am besten nicht benötigte Dienste wieder deinstallieren.

Am besten ist es, wenn Sie Buch darüber führen, welchen Dienst und welches Programm Sie wann installiert haben. Dann können Sie ein Programm auch recht einfach wieder deinstallieren.

Angenommen, Sie möchten das fiktive Paket beziehungsweise den fiktiven Dienst `unbenötigte_Komponente` wieder deinstallieren. Dazu führen Sie folgenden Befehl aus:

```
sudo apt remove unbenötigte_Komponente
```

Der Paketmanager `apt` wird daraufhin überprüfen, welche Komponenten zu deinstallieren sind, und Ihnen eine Übersicht anzeigen. Sie erhalten außerdem eine Meldung, wie viel Speicherplatz Sie zurückgewinnen werden. Sie können sich dann entscheiden, ob Sie die Deinstallation vornehmen möchten (indem Sie die Rückfrage mit der [↵]-Taste bestätigen) oder davon doch lieber Abstand nehmen möchten (indem Sie die Taste [n] – für »nein« – gefolgt von der [↵]-Taste drücken).

Sicher ist Ihnen bei der Installation einer Komponente bereits aufgefallen, dass neben dem eigentlichen (Haupt-)Paket zahlreiche weitere Komponenten installiert werden. Hierbei handelt es sich im Regelfall um sogenannte *Bibliotheken*, die Funktionen anbieten, die vom Hauptprogramm benötigt werden. Ein Beispiel wäre eine Bibliothek, die Funktionen zur Dekodierung von MP3-Tags bietet. Diese Tags enthalten Informationen zu einem Musikstück, unter anderem den Künstlernamen und den Titel. Solche Informationen werden beispielsweise von einem Medienserver wie MiniDLNA benötigt. Diese Bibliotheken können durchaus von mehreren Diensten und Programmen auf Ihrem Server gemeinsam verwendet werden. Es ist daher überhaupt keine gute Idee, sich bei der Installation eines Programms die mitinstallierten Bibliotheken aufzuschreiben und diese nun manuell zu löschen. Warum? Angenommen, Sie hätten im Beispielfall kein Interesse mehr an MiniDLNA. Sie deinstallieren das Programm. Sie haben sich gemerkt, dass es einst `lib_mp3tag` mitinstalliert hatte. Nun löschen Sie ebenfalls `lib_mp3tag`. Der Paketmanager wird dieser Bitte nachkommen. Er erkennt aber automatisch, dass auf Ihrem System auch ein anderes Musikprogramm von dieser Komponente abhängt. Mehr noch: Er erkennt, dass das andere Musikprogramm ohne diese Bibliothek nicht korrekt arbeiten kann. Folglich wird `apt` auch gleich dieses deinstallieren. Und das war in diesem Fall nicht Ihre Absicht. Deswegen sollten Sie immer nur die jeweiligen Hauptkomponenten löschen. Aber keine Sorge: `apt` unterstützt Sie ebenfalls bei zusätzlich installierten Komponenten. Wenn Sie ein Hauptprogramm deinstallieren, das Zusatzkomponenten installiert hat, die nun von keinem anderen Programm mehr benötigt werden, dann informiert `apt` Sie darüber. Um diese Komponenten nun zu deinstallieren, können Sie ganz einfach den Befehl

```
sudo apt autoremove
```

ausführen. Dieser Befehl wird jene automatisch mitinstallierten Komponenten löschen, die nun nicht mehr benötigt werden. Im Regelfall können Sie diesen Befehl gefahrlos ausführen.

Der Befehl `apt remove` löscht nur die installierten Programmkomponenten, nicht jedoch die (von Ihnen angepassten) Konfigurationsdateien der jeweiligen Programme. Diese behalten Sie als Sicherheitskopie an Ort und Stelle und können sie bei einer erneuten Installation eines Programms wieder benutzen. Wenn Sie dies nicht wünschen und stattdessen das entsprechende Programm restlos entfernen möchten, dann führen Sie den Befehl

```
sudo apt purge unbenötigte_Komponente
```

aus. Hierbei werden auch die Konfigurationsdateien gelöscht.

Was ist aber zu tun, wenn Sie gar kein Buch über die Installationen geführt haben? Nun, auch dann hilft Ihnen `apt` ein wenig weiter. `apt` führt nämlich ebenfalls Buch über sämtliche Installationen. Allerdings bekommen Sie (scherzhaft gesagt) eine kleine Strafe für Ihre Nachlässigkeit, denn Sie müssen nun die Logdateien von `apt` manuell durchsuchen. Wechseln Sie zunächst in das Verzeichnis

```
cd /var/log/apt
```

Sie finden dort eine Datei namens *history.log*. Diese Datei können Sie mit `nano` betrachten.

```
nano history.log
```

Sie finden in dieser Datei (möglicherweise) eine größere Anzahl von Blöcken, die folgende Struktur haben:

```
Start-Date: Datum Uhrzeit
Commandline: apt upgrade
Upgrade: Komponente Version
End-Date: Datum Uhrzeit
```

Wie eine vollständige Datei aussehen kann, sehen Sie in Abbildung 22.13.

Abbildung 22.13 Die »history« der installierten Programme

Nach der Angabe des Startdatums nebst der entsprechenden Uhrzeit sehen Sie den einst ausgeführten Befehl. Die dritte Zeile gibt an, ob ein Upgrade oder eine Installation durchgeführt wurde. Anschließend können Sie die Namen der Pakete lesen, die aktualisiert oder installiert wurden. Der Block schließt mit Datum und Uhrzeit der Beendigung des Vorgangs. Sie können nun die gesamte Datei durchgehen und sich anschauen, wann Sie eine bestimmte Komponente installiert haben. Achten Sie darauf, dass die dritte Zeile mit dem Wort `Install` beginnt. Haben Sie einen Kandidaten gefunden, den Sie deinstallieren möchten, dann heißt es jetzt: Sie dürfen keinesfalls einfach alle Pakete deinstallieren, die in der dritten Zeile angegeben sind. Diese Zeile enthält nämlich auch jene Komponenten, von denen andere Programme abhängig sein können. Eine sorglose Deinstallation kann fatal sein. Nein, stattdessen dürfen Sie ausschließlich die Komponenten deinstallieren, die in der zweiten Zeile unter `Commandline:` angegeben sind. Denn diese Zeile enthält diejenigen Befehle, die Sie einst auch eingegeben haben. Das müssen Sie unbedingt berücksichtigen.

Auch hierzu ein Beispiel: Angenommen, Sie hatten einst den bekannten Musikplayer MPD installiert, den Sie nun wieder deinstallieren möchten. Sie finden in der Datei *history.log* folgenden Eintrag:

```
Start-Date: 2020-02-30 24:30:00
Commandline: apt install mpd
Install: mpd:armhf (x.xx.xx-0+deb10u1), lib_id3tag:armhf (x.xx.xx-0+deb10u1),
lib_mp3decode (x.xx.xx-0+deb10u1)
End-Date: 2020-02-31 24:31:00
```

Sie dürfen an dieser Stelle nicht die Bibliotheken `lib_id3tag` und `lib_mp3decode` deinstallieren. Orientieren Sie sich nur an der zweiten Zeile. Dort ist als Einziges `mpd` angegeben, und nur diese Komponente dürfen Sie nun mit dem Befehl

```
sudo apt remove mpd
```

wieder deinstallieren.

Wenn Sie sich die Datei *history.log* ansehen, dann werden Sie erkennen, dass sie gar nicht sonderlich viele Einträge enthält. Das liegt daran, dass sie der Logrotation unterliegt und regelmäßig erneuert wird. Dabei werden jedoch komprimierte Sicherungskopien der alten Revisionen angelegt, die Sie im Verzeichnis mit der Dateiendung *.1.gz* und fortlaufender Nummerierung finden. Um diese älteren Dateien betrachten zu können, müssen Sie sie zuerst entpacken. Dafür dient das Kommando `gunzip`. Angenommen, Sie möchten die Datei *history.log.2.gz* entpacken. Dann geben Sie folgenden Befehl ein:

```
sudo gunzip history.log.2.gz
```

Anschließend können Sie sich die Datei *history.log.2* ganz normal mit `nano` ansehen:

```
nano history.log.2
```

Wenn Sie Ihre Recherche beendet und `nano` verlassen haben, dann sollten Sie die Datei wieder komprimieren. Dazu dient der Befehl `gzip`, den Sie folgendermaßen auf die Beispieldatei anwenden:

```
sudo gzip history.log.2
```

Allerdings ist dies ein recht umständlicher Weg. Wesentlich einfacher ist es, wenn Sie den speziellen Befehl `zless` verwenden, der direkt Dateien im gzip-Format lesen kann. Nutzen Sie einfach folgendes Format:

```
sudo zless history.log.2
```

Sie erhalten nun die Ausgabe der Logdatei direkt auf dem Bildschirm und können mit den Pfeil- sowie den Bildlauftasten navigieren. Das Programm `zless` beenden Sie mit der Taste [q].

Kapitel 23
Testen der Netzwerkgeschwindigkeit

Nicht nur für Technik-Fans ist es interessant, einmal die Geschwindigkeit der Netzwerkverbindung zu testen. In diesem Kapitel lernen Sie, wie Sie dies relativ einfach durchführen können.

Manchmal ist es hilfreich, die reine Geschwindigkeit der Datenübertragung zwischen einem Server und einem angeschlossenen Clientcomputer zu bestimmen. Vielleicht haben Sie schon einmal festgestellt, dass ein bestimmter Computer nur sehr langsam mit dem Server kommuniziert oder bestimmte datenintensive Dienste nicht »so richtig in Gang kommen wollen«. Bevor Sie nun über Ihren vermeintlich zu langsamen Server schimpfen, sollten Sie zuerst kontrollieren, ob er überhaupt Schuld an der zu langsamen Verbindung hat. Denn auch das Netzwerk an sich, also die physikalische Verbindung der Computer untereinander, ist nicht frei von Fehlerquellen. Es könnte zum Beispiel durch andere Kommunikationen stark ausgelastet sein. Möglich ist auch, dass ein Bindeglied, vielleicht ein älterer Switch oder gar ein Kabel, nicht mehr »gut in Schuss« ist und somit die Datenübertragungsrate unnötig limitiert. Deswegen ist es sinnvoll, einmal die reine Bruttodatenübertragungsrate zu messen. Dies ist naturgemäß besonders angebracht, wenn Sie ein WLAN betreiben (müssen), das ja bekanntlich häufig mit Empfangsstörungen zu kämpfen hat und in dem Hindernisse wie Wände oder Metallelemente die Datenrate reduzieren. Wenn Sie die Datenübertragungsrate durch eine Messung kennen, dann können Sie beispielsweise den Standort optimieren. Das gilt natürlich nicht nur für den Server, sondern auch für den Clientcomputer. Schließlich ist es denkbar, dass Sie den Server zwar über eine Kabelverbindung an Ihren Router angeschlossen haben, ein bestimmter Clientcomputer aufgrund seines Standortes jedoch auf eine WLAN-Verbindung angewiesen ist.

Sie können aber auch ein Kabelnetzwerk optimieren. Wenn Sie beispielsweise eine zu geringe Datenübertragungsrate feststellen und wissen, dass eventuell veraltete Technik im Einsatz ist oder neulich der Hund an einem Netzwerkkabel geknabbert hat, dann können Sie durch Austausch der Komponenten die Ursache finden. Eine Messung ist aber auch interessant, wenn Sie eine »abenteuerliche« Netzwerkkonfiguration haben und ein Rechner beispielsweise zusätzlich nur über eine Powerline-Anbindung erreichbar ist und Sie auch diese in eine Messung einbeziehen möchten.

Zum Testen der Bruttoübertragungsrate im Netzwerk bietet sich das kleine Programm `iperf` an, das genau für diesen Zweck entworfen wurde. `iperf` verwendet eine

Server-Client-Architektur. Das bedeutet, dass ein Computer Daten sendet (der Server) und ein anderer Computer diese Daten empfängt (der Client). `iperf` ist für verschiedene Betriebssysteme erhältlich, insbesondere gibt es Versionen für Linux, macOS und Windows. `iperf` kann, wenn es einmal installiert ist, sowohl als Client wie auch als Server betrieben werden. Zunächst installieren Sie bitte `iperf` auf Ihrem Home Server. Dazu geben Sie folgenden Befehl ein:

```
sudo apt install iperf
```

Wie immer sollten Sie zuvor Ihre Referenzierung der Paketquellen aktualisieren (mit dem Befehl `sudo apt update`).

`iperf` steht Ihnen nun zur Verfügung. Es wird über die Kommandozeile gesteuert, die Befehle sind recht einfach gehalten.

Nach der Installation können Sie `iperf` auf Ihrem Home Server als Server starten. Geben Sie dazu einfach folgenden Befehl ein:

```
iperf -s
```

Dies sorgt dafür, dass `iperf` als Server arbeitet und von nun an auf die Verbindung eines Clients wartet. Achtung: Das Programm ist an das Konsolenfenster gebunden. Sie dürfen dieses Fenster nicht schließen, es muss geöffnet bleiben, ansonsten wird `iperf` beendet.

Jetzt geht es um den Clientcomputer. Bestimmen Sie denjenigen Computer, von dem Sie die Messung durchführen möchten. Dies kann zweckmäßigerweise das Gerät sein, an dem Sie gerade arbeiten. Falls es ein Linux-Computer ist, dann können Sie dort `iperf` genauso installieren wie auf Ihrem Home Server. Verwenden Sie hingegen einen Windows-PC oder einen Mac-Rechner, dann müssen Sie sich `iperf` zunächst aus dem Internet herunterladen. Sie finden `iperf` auf seiner Projektsite, auf der auch Versionen für mobile Betriebssysteme vorrätig gehalten werden:

https://iperf.fr

Zu der älteren Version 2, die für den angedachten Zweck vollkommen ausreicht, finden Interessierte den Quellcode und weitere Informationen auch auf der entsprechenden Sourceforge-Seite:

http://sourceforge.net/projects/iperf2

Normalerweise genügt jedoch der Besuch der erstgenannten Seite. Klicken Sie dort auf den Reiter DOWNLOAD IPERF BINARIES. Auf der sich öffnenden Webseite wählen Sie aus der Übersichtstabelle die Datei, die zu Ihrem Betriebssystem passt. Für einfache Messungen genügt die ältere Version 2.09, die kompatibel mit der Version auf Ihrem Home Server ist. Für Windows verwenden Sie beispielsweise die Datei *iperf-2.0.9-win64.zip*. Laden Sie diese Datei auf Ihren Rechner, und entpacken Sie sie in ein beliebiges Verzeichnis. Als Nächstes öffnen Sie eine Eingabeaufforderung beziehungsweise ein Terminal. Unter Windows beispielsweise geschieht dies durch die Tastenkombination ⊞+r. Geben Sie dann `cmd` ein, und drücken Sie ↵. Nutzen Sie macOS, dann führt der einfachste Weg über das Dock. Klicken Sie dort auf PROGRAMME, wählen Sie anschließend im Menü den Eintrag DIENSTPROGRAMME, und öffnen Sie schließlich das TERMINAL. Navigieren Sie mit dem Befehl `cd` zu dem Verzeichnis, in das Sie `iperf` entpackt haben.

Die Befehle, die Sie nun eingeben müssen, sind für alle Betriebssysteme gleich. Starten Sie `iperf` im Clientmodus mit folgendem Befehl:

```
iperf -c IP-Adresse.Ihres.Home.Servers
```

Ersetzen Sie dort `IP-Adresse.Ihres.Home.Servers` durch die IP-Adresse, unter der Ihr Home Server erreichbar ist. Ein Beispiel dazu sehen Sie in Abbildung 23.1.

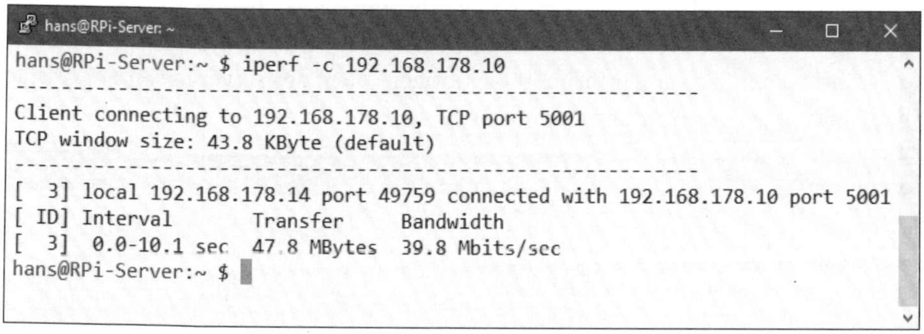

```
hans@RPi-Server:~ $ iperf -c 192.168.178.10
------------------------------------------------------------
Client connecting to 192.168.178.10, TCP port 5001
TCP window size: 43.8 KByte (default)
------------------------------------------------------------
[  3] local 192.168.178.14 port 49759 connected with 192.168.178.10 port 5001
[ ID] Interval       Transfer     Bandwidth
[  3]  0.0-10.1 sec  47.8 MBytes  39.8 Mbits/sec
hans@RPi-Server:~ $
```

Abbildung 23.1 Eine Geschwindigkeitsmessung mit »iperf«

Die Messung beginnt automatisch. In der Standardeinstellung wird die Datentransferrate über einen zehnsekündigen Zeitraum gemessen. Anschließend wird Ihnen das Ergebnis präsentiert.

Bedenken Sie, dass die Zahlenangaben zur Datentransferrate Ihres Netzwerks (theoretische) Maximalwerte sind. Die Nettotransferrate, die für Anwendungen zur Verfügung steht, ist immer geringer. Der Rest, der sogenannte *Overhead*, wird unter anderem zur Protokollabwicklung benötigt. In einem Kabelnetzwerk ist der Overhead recht klein, so dass Sie recht nahe an den theoretischen Maximalwert herankommen können. Ganz anders ist dies im WLAN. Hier ist die Datentransferrate wesentlich geringer, im Regelfall beträgt sie maximal die Hälfte des theoretischen Maximalwerts; oftmals ist sie noch einmal deutlich kleiner und hängt vor allen Dingen auch davon ab, was sonst noch so gerade in Ihrem Netzwerk los ist. Anders ist dies im Kabelnetzwerk, in dem ein Switch ja stets die Kommunikation zweier Partner mehr oder weniger exklusiv realisiert. Bedenken Sie dies bitte bei der Interpretation des Ergebnisses. Natürlich sollten Sie bei der Messung auch die momentane Auslastung Ihres Netzwerks berücksichtigen. Damit ist nicht gemeint, dass Sie zur Messung

23

alle anderen Dienste abschalten. Nein, es kann sogar sinnvoll sein, während einer normalen Lastsituation zu messen, damit Sie wirklich wissen, was im Alltagsbetrieb tatsächlich am Zielrechner ankommt. Natürlich kann die Umkehrmessung mit möglichst wenig anderer Kommunikation auch sinnvoll und interessant sein. Sie sollten die Messung daher mehrfach wiederholen, möglichst auch in verschiedenen Lastsituationen.

Sie können übrigens auch die Zeitdauer, die für eine Messung verwendet wird, einstellen. Dies kann gerade für Untersuchungen in WLAN-Umgebungen interessant sein. Die Zeitdauer stellen Sie über den Parameter `--t` ein. Der Standardwert beträgt, wie gesagt, 10 Sekunden. Die Eingabe erfolgt in Sekunden. Der Befehl

```
iperf -c 192.168.178.10 -t 60
```

misst also die Datentransferrate zum Server 192.168.178.10 über einen Zeitraum von 60 Sekunden und zeigt Ihnen dann das gemittelte Ergebnis so wie in Abbildung 23.2 an. Während der Messung informiert Sie übrigens auch der Server in seiner Konsole über eine eingegangene Clientanforderung.

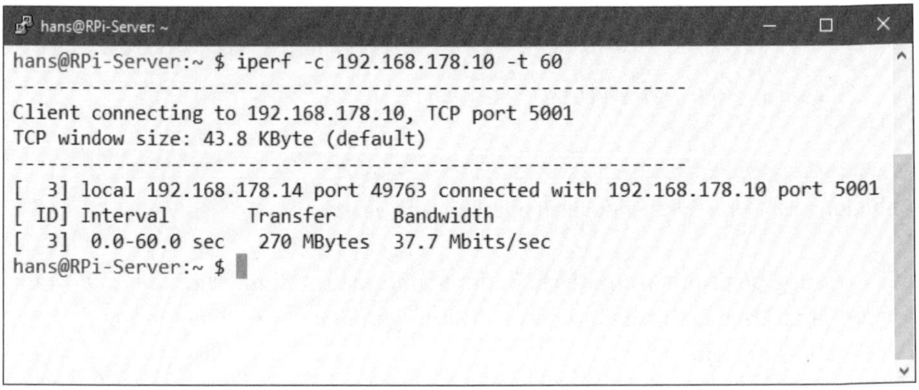

Abbildung 23.2 Die Messung über 60 Sekunden

Es gibt noch einen zweiten interessanten Parameter, nämlich `-R`. Das `R` steht für *reverse*. Dadurch tauschen Server und Client ihre Rollen, ohne dass weitere Befehle nötig sind. Der Befehl

```
iperf -R -c 192.168.178.10
```

baut also erneut eine Verbindung zu dem Home Server unter der IP-Adresse 192.168.178.10 auf, auf dem `iperf` im Servermodus läuft; jetzt sendet allerdings der Client Daten zum Server, die dieser entgegennimmt. Testen Sie einmal, ob beide Datentransferraten identisch sind.

Übrigens: `iperf` ist auch interessant zum Testen der Geschwindigkeit einer VPN-Verbindung. Hier sind die involvierten Rechner ja über das Internet miteinander verbunden. Auch wenn sie sich logisch im selben Netzwerk befinden, geschieht der

Datentransfer über die Internetverbindung. Mit dem `iperf`-Test können Sie also auch die Geschwindigkeit Ihrer Internetverbindung testen und prüfen, inwieweit sie Ihre VPN-Verbindung limitiert. Wenn Sie übliche Internetverbindungen mit verschiedenen Upload- und Downloadgeschwindigkeiten nutzen, dann müssen sich natürlich bei einer Messung im Reverse-Modus andere Geschwindigkeiten ergeben.

Zum Abschluss beenden Sie `iperf` auf Ihrem Home Server mit der Tastenkombination [Strg]+[c]. Sie können dann die Konsole wieder schließen. Wie Sie sicherlich bemerkt haben, beendet sich die Clientanwendung automatisch.

Kapitel 24
Das System sichern

In diesem Kapitel werden Sie lernen, wie Sie mit unterschiedlichen Methoden eine Sicherungskopie vom Speichermedium des Home Servers erstellen. Damit sind Sie vor einem Datenverlust gut geschützt.

Wie Sie sicherlich schon festgestellt haben, arbeitet Ihr kleiner Home Server sehr stabil. Softwarefehler kommen so gut wie überhaupt nicht vor. Was aber passieren kann, das sind Fehlkonfigurationen und Fehlbedienungen durch den Benutzer, womit im ungünstigsten Fall der komplette Server seinen Betrieb einstellt. Solche menschlichen Fehler können uns allen unterlaufen, dann und wann sogar professionellen Systemadministratoren.

Natürlich kann es auch zu einem Hardwaredefekt kommen. Besonders kritisch ist ein Defekt des Speichermediums. Dieses ist prinzipiell ein Verschleißteil und kann nur eine bestimmte (wenn auch recht hohe) Anzahl an Schreibzyklen fehlerfrei verarbeiten. Wenn man Glück hat, dann sind die Daten am Ende der Lebensdauer noch (teilweise) lesbar, häufig stellt das Gerät den Betrieb jedoch komplett ein – häufig sogar ohne Vorwarnung. Normalerweise müsste man nach einem derartigen Fehlerfall den gesamten Server von Grund auf neu installieren und alle Dienste wieder der jeweiligen Situation entsprechend konfigurieren. Das bedeutet einen erheblichen Arbeitsaufwand. Dieser Umstand wird dadurch noch unangenehmer, dass möglicherweise auch eine Menge an persönlichen Daten wie Dokumente oder Mediendateien verlorengegangen sind.

Aus diesem Grund sollten Sie in regelmäßigen Zeitabständen eine Sicherungskopie, ein sogenanntes *Backup*, des Systems anlegen. Der Home Server macht es Ihnen hier ziemlich einfach, weil alle systemrelevanten Daten und Einstellungen auf dem zentralen Speichermedium abgelegt sind.

In der Literatur wird stets gebetsmühlenartig die Wichtigkeit der regelmäßigen Backups betont – was auch völlig richtig und angemessen ist. Im professionellen Umfeld wird die Backup-Strategie auch tatsächlich sehr ernst genommen. Leider ist dies im privaten Umfeld oftmals nicht der Fall. Meistens wird hier die Wichtigkeit eines Backups erst dann erkannt, wenn einmal eines benötigt wird und dann eben nicht zur Hand ist. Damit Ihnen dies nicht passiert, beschreibe ich in diesem Kapitel, wie Sie am besten so ein Backup anlegen.

Ich stelle Ihnen insgesamt drei verschiedene Ansätze für ein Backup vor. Variante eins kennen Sie schon aus Kapitel 16, »Daten synchronisieren und Backups erstellen mit ›rsync‹«. Dort habe ich die Nutzung des Programms `rsync` beschrieben. Es eignet sich gut für wiederkehrende Backups einzelner Verzeichnisse oder der gesamten Festplatte. Es speichert allerdings keine Bootinformationen. Sie müssen also im Defektfalle zuerst ein Betriebssystem installieren, damit der Server wieder startet. Variante zwei, die ich zuerst im aktuellen Kapitel beschreibe, sichert die gesamte Speicherkarte beziehungsweise die gesamte Festplatte 1:1 in eine Datei und berücksichtigt auch die Bootinformationen. Mit dieser Methode lässt sich der Server in kurzer Zeit komplett wiederherstellen. Dafür belegen die Backups aber auch sehr viel Speicherplatz, und es dauert sehr lange, sie zu erstellen. Mit der dritten Variante können Sie »zwischendurch« ein Backup »auf die Schnelle« anlegen – hier werden die relevanten Daten in ein einfaches Archiv komprimiert, das einzeln für sich steht. Diese Methode beschreibe ich am Ende dieses Kapitels.

Natürlich sollte beim Thema Backup auch die Frage beantwortet werden, wie oft ein Backup erstellt werden soll. Das Intervall hängt davon ab, wie intensiv Sie Ihren Server nutzen und wie oft Sie kritische Daten ändern. Sie müssen beachten, dass Sie die Daten im Fehlerfall auf die Version des letzten Backups zurücksetzen werden. Alle seitdem getätigten Änderungen werden verlorengehen. Sie müssen selbst entscheiden, wie groß das Backup-Intervall sein soll. Sie sollten generell das Backup nicht seltener als einmal im Monat erstellen. In den meisten Fällen genügt ein Backup im Abstand von einer Woche oder 14 Tagen. Wenn Sie an wichtigen Projekten arbeiten, deren Daten nicht verlorengehen dürfen, dann können Sie die Häufigkeit natürlich auch erhöhen. Hier ist es zweckmäßig, nur den Teil der Daten zu sichern, der häufig geändert wird, und dazu ein Programm wie etwa `rsync` zu nutzen, das ich in Kapitel 16, »Daten synchronisieren und Backups erstellen mit ›rsync‹«, vorgestellt habe. Es ist zum Beispiel sinnvoller, täglich das Datenverzeichnis der Nextcloud-Installation zu sichern, als dies mit dem gesamten Speichermedium zu erledigen.

Ein Backup des zentralen Speichermediums können Sie auf verschiedene Weise erstellen. Zum einen ist es möglich, das gesamte Speichermedium in eine Datei zu kopieren. Zu einer solchen Kopie sagt man auch *Image*, man erstellt also ein *Abbild*. Ein solches Image hat zunächst einmal dieselbe Größe, wie das zu sichernde Speichermedium an Speicherkapazität bietet, und seine Erstellung bedarf eines beachtlichen Zeitaufwands. Mit jeder Erneuerung des Backups wird stets wieder das gesamte Medium gesichert – und dies erfordert ein entsprechend großes Zielmedium, auf dem die Sicherungen gespeichert werden. Dafür bietet diese Methode aber einen entscheidenden Vorteil: Gesichert werden nämlich sämtliche Informationen, die auf dem zu sichernden Medium vorhanden sind. Dazu zählen auch die Boot-Informationen und die Hardwaredaten. Sie können ein solches Image sehr einfach auf ein neues Speichermedium zurückspielen, und das gesamte System ist sofort wieder betriebsbereit. Insbesondere Nutzer eines Raspberry Pi profitieren von einer solchen Strategie ungemein. Ein Image der Speicherkarte können Sie schnell auf eine neue Speicherkarte kopieren. Sobald Sie die so beschriebene Speicherkarte in den Raspberry Pi einlegen, startet der Rechner ganz normal mit der jeweiligen Konfiguration. Nichts anderes passiert übrigens bei der Installation des Betriebssystems dieses Kleinstrechners, das als Image-Datei aus dem Internet heruntergeladen wird.

Nach der Extraktion der Daten auf die Speicherkarte steht das System sofort zur Verfügung. Da Speicherkarten für den Raspberry Pi zumindest im Verhältnis zu klassischen Festplatten eine überschaubare Speicherkapazität haben, können so auch problemlos mehrere Backup-Stände aufbewahrt werden. Auch Nutzer eines Intel NUC mit einem eingebauten Flash-Speicher können von dieser Art des Backups profitieren. Zwar lässt sich der festverlötete Speicher im Falle eines Defekts nicht einfach austauschen, aber das Backup hilft ja nicht nur beim Hardwaredefekt, sondern auch bei versehentlich gelöschten Daten oder Falschkonfigurationen. Deswegen ist es auch bei einer überschaubar großen SSD nützlich.

Theoretisch ist diese Art des Backups auch bei größeren Festplatten möglich – aber hier stößt man schnell auf Probleme, denn das Zielspeichermedium, das das Backup aufnimmt, muss ja über genügend große Speicherkapazität verfügen, und es lassen sich meist nur einige wenige Backup-Versionen aufbewahren. Außerdem erfordern solche 1:1-Kopien einer großen Festplatte (da ja stets das gesamte Medium gesichert wird) einen erheblichen Zeitbedarf. Bei großen Festplatten bietet es sich eher an, nur den tatsächlich belegten Speicherplatz zu sichern – etwa mit dem in Kapitel 16, »Daten synchronisieren und Backups erstellen mit ›rsync‹«, beschriebenen Programm `rsync`. Bei dieser Methode werden die Bootinformationen meistens nicht mitgesichert. Nach einem Hardwaredefekt müssen Sie daher oftmals zuerst wieder ein Betriebssystem installieren, danach können Sie die Daten aus dem Backup zurückspielen. Wenn Sie aber nur versehentlich einige Daten gelöscht oder fehlerhaft verändert haben, dann können Sie mit einem solchen Backup schnell nur die benötigten Daten zurückspielen. Außerdem lassen sich mit diesem Verfahren auch sogenannte *inkrementelle Backups* erstellen. Hier werden bei aufeinanderfolgenden Backup-Versionen nur jeweils die Änderungen zur Vorversion gespeichert. Auf diese Weise lassen sich nicht nur verschiedene Dateiversionen verwalten, sondern der Speicherplatz auf dem Zielmedium wird auch wesentlich effizienter genutzt.

24.1 Ein vollständiges Abbild des Speichermediums erstellen

Bei dieser Art des Backups, der sogenannten *Image-Erstellung*, sichern Sie das gesamte Speichermedium mit allen Informationen, inklusive der Boot-Daten. Die Dateigröße des Backups entspricht genau dem Speicherplatz des zu sichernden Mediums. Im Fehlerfall wird stets der gesamte Datenbestand wiederhergestellt. Es ist nicht möglich, gezielt nur eine Datei wiederherzustellen. Dieses Backup macht sich besonders bei einem Hardwaredefekt des (austauschbaren) ursprünglichen Speichermediums bezahlt, es eignet sich also besonders für die Speicherkarte eines Raspberry Pi. Wird die Speicherkarte unbrauchbar, dann können Sie das Backup einfach auf eine neue Speicherkarte (gleicher Größe) zurückspielen, und der Raspberry Pi ist sofort wieder einsatzbereit. Da stets der gesamte (auch der ungenutzte) Speicherplatz gesichert wird, dauert ein solches Backup entsprechend lange.

Für das Backup der Speicherkarte gibt es zwei verschiedene Methoden. Zum einen können Sie den Home Server ordnungsgemäß herunterfahren und abschalten. Sie entnehmen dazu die Speicherkarte und legen sie in einen anderen Rechner ein. Dort erstellen Sie eine Sicherungskopie. Der Vorteil dieser Methode ist, dass das Backup relativ zügig geschieht und je nach Größe und Geschwindigkeit der Speicherkarte weniger als eine Stunde in Anspruch nimmt. Bei einer moderaten Kartengröße von 64 Gigabyte und einer schnellen Lesegeschwindigkeit von 50 MB/s kann das Backup bereits in rund 20 Minuten erledigt sein. Das Backup liegt anschließend gleich als Image-Datei auf einem Rechner vor, mit dem es sich notfalls auch wieder auf eine Speicherkarte zurückspielen lässt. Die Datei lässt sich auf dem Rechner nach Abschluss des Kopiervorgangs mit einem Kompressionsprogramm komprimieren, so dass oftmals einiges an Speicherplatz eingespart werden kann. Der Nachteil dieser Methode ist, dass der Home Server für dieses Backup unbedingt heruntergefahren und ausgeschaltet werden muss. Während des Backups stehen seine Dienste nicht zur Verfügung. Dieses ist eine ungünstige Situation. Sie müssen anhand Ihres Anforderungsprofils entscheiden, ob dies ein für Sie gangbarer Weg ist.

Es gibt daher auch die Methode, das Backup direkt mit dem Home Server zu erstellen. Hierfür muss der Server nicht heruntergefahren werden, das Backup wird während des normalen Betriebs erstellt. Die Sicherung erfolgt auf ein verbundenes Speichermedium. Sie müssen für diese Strategie also ein weiteres Speichermedium wie einen USB-Stick mit ausreichend freiem Speicherplatz oder eine externe Festplatte angeschlossen haben. Bei diesem Vorgang können die Daten direkt komprimiert werden, so dass die Image-Datei weniger Platz auf dem Zielspeichermedium belegt. Das Backup benötigt bei dieser Methode erheblich mehr Zeit. Zwar spart die Kompression einen beachtlichen Teil an Speicherplatz, führt jedoch dazu, dass das Backup aufgrund der begrenzten Rechenkapazität des Home Servers durchaus mehrere Stunden in Anspruch nimmt. Dabei läuft das Backup allerdings vollständig automatisiert ab und erfordert keinerlei Interaktionen. Da während dieser Zeit ein Teil der Rechenleistung des Servers für das Backup benötigt wird und nicht für andere Dienste zur Verfügung steht, sollten Sie es am besten über Nach durchführen. Ein sehr wichtiger Vorteil dieser Methode ist, dass sich das Backup automatisch planen lässt. Es wird dann zu festgelegten Zeitpunkten automatisch ausgeführt. Dafür ist lediglich ein angeschlossenes Speichermedium mit ausreichend freiem Speicherplatz erforderlich. Diese Methode des Backups ist auch beim Intel NUC möglich, bei dem die interne

SSD ja nur schwierig ausgebaut werden kann (oder – je nach Modell – sogar fest verlötet ist). Ich zeige Ihnen nachfolgend beide Methoden zur Erstellung eines Images.

24.1.1 Das Backup der Speicherkarte eines Raspberry Pi mit einem externen Rechner

Möchten Sie ein Backup der Speicherkarte Ihres Raspberry Pi mit einem externen Rechner erstellen, dann müssen Sie das Gerät zunächst herunterfahren und abschalten. Niemals sollten Sie die Speicherkarte einfach so im laufenden Betrieb entfernen, da dies, besonders wenn gerade Schreibzugriffe auf Systemdaten stattfinden, zu einem kompletten Datenverlust führen kann. Sie sollten den Server zu einem Zeitpunkt abschalten, an dem seine Auslastung gering ist und alle Benutzer kurzzeitig auf seine Dienste verzichten können. Sprechen Sie daher zunächst den Zeitpunkt des Backups mit den jeweiligen Benutzern ab. In einem kleinen Familiennetzwerk dürfte es sich hierbei um einen überschaubaren Personenkreis handeln. Beachten Sie aber auch, dass diese Strategie für Sie ungeeignet ist, wenn Ihr Server fortwährend erreichbar sein muss. In diesem Fall sollten Sie der zweiten Strategie den Vorzug geben und das Backup im laufenden Betrieb erstellen.

Wenn Sie alle Benutzer über das bevorstehende Backup informiert haben, dann fahren Sie den Home Server herunter. Dazu öffnen Sie zunächst eine normale Konsolensitzung und führen folgenden Befehl aus:

```
sudo halt
```

Wenn Sie die Erweiterung Molly-Guard (wie in Abschnitt 4.6) installiert haben, dann werden Sie nun zur Eingabe des Hostnamens Ihres Home Servers aufgefordert. Ansonsten fährt der Rechner direkt herunter und schaltet sich ab. Sie können nach einer kurzen Wartezeit (sobald die LEDs aufgehört haben zu blinken und keine Aktivität mehr erkennen lassen) das Netzteil des Servers vom Strom trennen und nun die Speicherkarte aus dem Home Server entfernen. Legen Sie die Karte an einem anderen Rechner in einen Speicherkartenleser ein. Das weitere Vorgehen hängt davon ab, welches Betriebssystem dieser Rechner verwendet.

Backup mit Windows-Systemen

Das Backup erfolgt unter dem Windows-Betriebssystem am besten mit dem Programm *Win32DiskImager*, das ich Ihnen schon bei der Installation des Betriebssystems vorgestellt habe. Mehr dazu finden Sie in Kapitel 2, »Installation des Betriebssystems«. Der Win32DiskImager bietet nicht nur eine WRITE-, sondern auch eine READ-Schaltfläche. Diese arbeitet genau umgekehrt wie die WRITE-Schaltfläche: Diese Funktion liest den Inhalt der gesamten Speicherkarte ein und speichert ein Abbild in einer Image-Datei. Diese Funktion eignet sich wunderbar für ein Backup.

Für das Backup müssen Sie zuerst prüfen, welchen Laufwerksbuchstaben die Speicherkarte besitzt. Öffnen Sie den Win32DiskImager, und wählen Sie bei DEVICE den jeweiligen Laufwerksbuchstaben aus. Unter IMAGE FILE klicken Sie auf das blaue Icon und geben dann den Dateinamen der zu erstellenden Datei an, zum Beispiel *Backup_homeserver_DATUM.img*. Wählen Sie auch einen passenden Zielordner aus. Zum Starten des Vorgangs klicken Sie anschließend auf READ. Wie eingangs beschrieben, müssen Sie sich nun auf eine unter Umständen längere Wartezeit einstellen. Nach erfolgtem Backup erhalten Sie eine kurze Information. Sie können die Speicherkarte entfernen und wieder in den Home Server einlegen. Diesen können Sie nun neu starten.

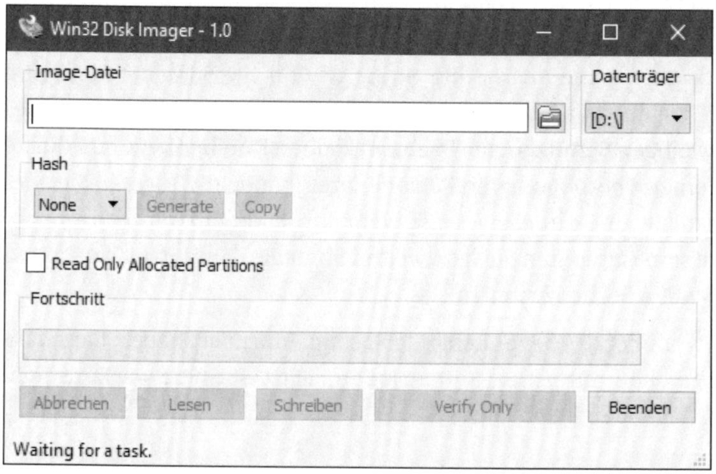

Abbildung 24.1 Der »Win32 Disk Imager« kann ein Backup der Speicherkarte erstellen.

Falls gewünscht, können Sie jetzt die soeben erstellte Backup-Datei mit einem üblichen Programm komprimieren. Im Regelfall dürfte die gepackte Version des Backups deutlich kleiner ausfallen. Sie müssen hierbei allerdings beachten, dass der gesamte Speicherplatz der Speicherkarte eingelesen wurde. Dies umfasst auch solche Sektoren, die schon einmal mit Daten belegt waren, diese Information noch enthalten und nur gegenwärtig nicht benutzt werden. Daher kann die Reduktion der Dateigröße auch nur relativ gering ausfallen.

Im Störungsfall können Sie dieses Backup genauso zurückspielen, wie Sie bei der ursprünglichen Installation des Betriebssystems vorgegangen sind. Dafür können Sie Ihr favorisiertes Programm benutzen. Komprimierte Image-Dateien müssen zuvor gegebenenfalls erst entpackt werden.

Backup mit einem Mac-Gerät

Das Backup unter macOS wird am einfachsten über das Terminal ausgeführt und ist in wenigen Schritten abgeschlossen. Öffnen Sie zuerst beispielsweise über das Dock ein Terminal. Als Erstes müssen Sie herausfinden, hinter welchem Hardwaregerät sich die Speicherkarte des Home Servers verbirgt. Führen Sie daher zuerst den folgenden Befehl aus:

```
diskutil list
```

Kontrollieren Sie die Ausgabe des Befehls, und stellen Sie fest, welches Hardwaregerät der Speicherkarte zugeordnet wurde. Orientieren Sie sich dazu am besten an der Speicherkapazität. Im Folgenden gehe ich davon aus, dass es sich um das Gerät */dev/disk2* handelt. Je nach Ausstattung Ihres Mac-Gerätes müssen Sie hier gegebenenfalls eine Anpassung vornehmen. Beachten Sie insbesondere, dass Sie direkt mit dem Gerät */dev/disk2* (und nicht mit einer der angelegten Partitionen) arbeiten werden.

Für das Backup verwenden Sie den Befehl `dd`, den Sie schon zur Installation des Betriebssystems genutzt haben. Der Befehlszusatz `sudo` wird normalerweise erforderlich sein und Sie zur Eingabe Ihres macOS-Passworts auffordern. Mit dem Parameter `of` spezifizieren Sie die Zieldatei. Ich zeige Ihnen beispielhaft das Ablegen direkt auf dem Desktop. Sie können die Datei dann anschließend in ein beliebiges Zielverzeichnis verschieben. Natürlich ist es auch möglich, direkt einen anderen Pfad und Dateinamen anzugeben. Mit folgendem Befehl starten Sie das Backup, das wie eingangs erwähnt durchaus eine längere Zeit in Anspruch nehmen kann. Bitte beachten Sie, dass Sie keine Rückmeldung über den Fortgang des Backups erhalten.

```
sudo dd if=/dev/disk2 of=~/Desktop/Backup_homeserver.img
```

Als Resultat erhalten Sie im spezifizierten Verzeichnis die unkomprimierte Image-Datei. Ihre Dateigröße wird der Kapazität der Speicherkarte entsprechen. Sie können diese Datei anschließend mit Ihrem favorisierten Programm komprimieren, um Speicherplatz zu sparen. Das Kompressionsergebnis hängt von der bisherigen Nutzung der Speicherkarte ab. Eingelesen wurde die gesamte Karte, das schließt auch solche Sektoren ein, die schon einmal verwendet wurden und Daten enthalten, die nur gegenwärtig nicht genutzt werden. Wundern Sie sich bitte nicht, wenn die Einsparung möglicherweise also recht gering ausfällt.

Es ist darüber hinaus möglich, die Kompression gleich bei der Erstellung des Backups durchzuführen. Dazu dient das Programm `gzip`. Folgender Befehl wird ein Backup erstellen, das sofort komprimiert wird. Auch hier können Sie gegebenenfalls den Zielort anpassen. Tragen Sie auch das korrekte Hardwaregerät für die Speicherkarte ein.

```
sudo dd bs=1m if=/dev/disk2 | gzip > ⮐
  ~/Desktop/Backup_homeserver.gz
```

Das erstellte Backup können Sie im Fehlerfalle wie eingangs in Abschnitt 2.1 gezeigt wieder auf eine Speicherkarte zurückspielen. Wenn Sie die Datei komprimiert haben, dann müssen Sie sie natürlich zuvor wieder entpacken.

Backup mit einem Linux-Computer

Aufgrund der Verwandtschaft der Betriebssysteme ähnelt das Vorgehen unter dem Linux-Betriebssystem erneut stark demjenigen unter macOS. Auch unter einem Linux-System gelingt der Vorgang am einfachsten direkt in einem Terminal. Öffnen Sie also zuerst ein Terminal. Sie müssen dann herausfinden, welches Hardwaregerät der Speicherkarte zugewiesen wurde. Hierfür nutzen Sie den Befehl `fdisk` mit dem Parameter `-l`. Beachten Sie die Notwendigkeit des `sudo`-Vorsatzes. Bitte weichen Sie nicht von der Befehlssyntax ab, denn `fdisk` gehört zu den Befehlen, die tiefgreifende Änderungen am Dateisystem vornehmen und somit zum Ausfall des Rechners führen können.

```
sudo fdisk -l
```

Finden Sie anhand der Ausgabe heraus, welches Hardwaregerät der Speicherkarte zugeordnet wurde. Eine gute Orientierungshilfe bietet die Größe des Datenträgers. Ich gehe im Folgenden davon aus, dass sich die Speicherkarte hinter dem Gerät */dev/sdb* verbirgt. Sie arbeiten im Folgenden direkt mit dem jeweiligen (gesamten) Gerät und explizit nicht mit den darunterliegenden Partitionen.

Zur Erstellung des Backups verwenden Sie den Befehl `dd`. Passen Sie gegebenenfalls das Hardwaregerät an Ihre persönliche Situation an. Der folgende Befehl erstellt die Backup-Datei direkt in Ihrem Home-Verzeichnis und nennt sie *Backup_homeserver.img*. Natürlich können Sie den Befehl nach eigenen Wünschen anpassen oder die Datei alternativ nach der Erstellung an einen anderen Speicherort verschieben.

```
sudo dd bs=1M if=/dev/sdb of=~/Backup_homeserver.img
```

Mit dem vorangegangenen Befehl haben Sie ein unkomprimiertes Backup der Speicherkarte erstellt. Die Dateigröße wird exakt der Speicherkapazität der Speicherkarte entsprechen. Sie können die Datei anschließend mit einem Packprogramm komprimieren. Damit sparen Sie Speicherplatz. Die Höhe der Einsparung hängt nicht nur vom aktuellen Datenbestand ab, sondern auch von der bisherigen Nutzung der Speicherkarte. Sie haben ein Backup der gesamten Speicherkapazität gemacht, und es enthält auch diejenigen Sektoren, die schon einmal mit Daten belegt waren und diese Information noch vorhalten, auch wenn sie gegenwärtig nicht genutzt wird.

Alternativ können Sie eine Kompression auch direkt bei der Erstellung des Backups vornehmen. Folgender Befehl wird genau das ausführen. Dazu nutzt er das Programm `gzip`, das auf Ihrem Rechner installiert sein muss. Auch hier können Sie den Speicherort beziehungsweise den Dateinamen sowie gegebenenfalls das Hardwaregerät anpassen.

```
sudo dd bs=1M if=/dev/sdb | gzip > ~/Backup_homeserver.gz
```

Im Fehlerfall können Sie das Backup nun genauso wie bei der ursprünglichen Installation wieder auf eine Speicherkarte zurückschreiben. Wenn Sie die Backup-Datei komprimiert haben, müssen Sie sie zuerst wieder dekomprimieren. Hierbei können Sie den Befehl `gunzip` verwenden.

24.1.2 Das Backup des zentralen Speichermediums im laufenden Betrieb

Wie zuvor erwähnt, lässt sich das Backup des zentralen Speichermediums auch während des normalen Betriebs des Home Servers durchführen. Damit eignet es sich nicht nur für den Raspberry Pi, sondern es kann auch beim Intel NUC eingesetzt werden, vorzugsweise dann, wenn das Gerät einen eingebauten Speicher mit überschaubarer Größe nutzt. Für diese Art des Backups müssen Sie an den Home Server ein externes Speichermedium anschließen, das das Backup aufnehmen wird. Dabei kann es sich um eine externe Festplatte oder einen großen USB-Stick handeln. Wichtig ist, dass dieses Gerät über genügend freien Speicherplatz verfügt, der mindestens der jeweiligen Kapazität des Sever-Speichermediums entspricht. Es ist erforderlich, dass Sie den externen Speicher korrekt in das Dateisystem einhängen, wie ich es im Grundlagenkapitel besprochen habe. Der Verzeichnispfad, den Sie für den auch als *Mounten* bezeichneten Vorgang wählen, ist nebensächlich. Ich gehe im Folgenden davon aus, dass Sie das Speichermedium in das Verzeichnis */media/usbdisk1* eingehängt haben. Wenn Sie einen anderen Verzeichnispfad gewählt haben, dann müssen Sie die folgenden Befehle entsprechend anpassen.

Die folgenden Befehle sind beispielhaft für den Raspberry Pi angegeben – sie nutzen nämlich das Gerät */dev/mmcblk0* als Quelle für das Backup. Mit diesem Gerätenamen wird am Raspberry Pi die eingelegte Speicherkarte angesprochen. Die Bezeichnung ist auch für Desktop-Kits vom Intel NUC gültig, wenn er einen eingebauten Massenspeicher in Form aufgelöteter Speicherchips nutzt. Ansonsten müssen Sie beim Intel NUC das Quellgerät so spezifizieren: `if=/dev/sda`. Welches die richtige Bezeichnung ist, sagt Ihnen der Befehl `sudo fdisk -l`. Suchen Sie in der Ausgabe nach dem Gerät mit der passenden Größe des Speicherplatzes. Wählen Sie stets das komplette Gerät ohne weitere Zifferangaben am Schluss.

Ich zeige Ihnen zuerst, wie Sie ein unkomprimiertes Backup der Speicherkarte erstellen. Dieser Vorgang läuft am schnellsten ab. Während des Backups, das durchaus länger dauern kann, können Sie Ihren Home Server normal weiterbenutzen. Es ist jedoch von einer kleineren Verringerung der Systemleistung auszugehen. Damit der Datenbestand konsistent bleibt, sollten Sie auf Schreiboperationen auf die Speicherkarte möglichst verzichten.

```
sudo dd if=/dev/mmcblk0 of=/media/usbdisk1/Backup_homeserver.img
```

Mit diesem Befehl erstellen Sie ein unkomprimiertes Backup der Speicherkarte. Die Dateigröße wird exakt der Kapazität der Speicherkarte entsprechen. Bitte beachten Sie, dass Sie während des Backups keine Informationen über den Fortschritt erhalten.

24

Es ist insbesondere wichtig, dass Sie das Konsolenfenster während des Backups nicht schließen, da der Vorgang ansonsten abgebrochen wird. Es gibt hier jedoch einen Trick, den ich im Buch schon mehrfach vorgestellt habe: Wenn Sie während des Backups Ihren Arbeitsrechner ausschalten möchten, dann fügen Sie direkt nach dem Befehl zur Ausführung des Backups das »&«-Zeichen (mit einem vorangestellten Leerzeichen) an. Mit diesem Befehlszusatz wird der Befehl im Hintergrund ausgeführt. Die Konsole wird sofort wieder für weitere Befehle frei, und das Fenster kann geschlossen werden. So sähe der entsprechende Befehl dann aus:

```
sudo dd if=/dev/mmcblk0 of=/media/usbdisk1/Backup_homeserver.img &
```

(Wenn Sie einen Intel NUC nutzen, muss auch hier gegebenenfalls ein anderes if-Quellgerät angeben werden.) In Abbildung 24.2 sehen Sie, dass der Befehl im Hintergrund ausgeführt wird.

```
hans@RPi-Server: ~
hans@RPi-Server:~ $ sudo dd if=/dev/mmcblk0 of=/media/usbdisk1/Backup_Pi-Server.img &
[1] 12924
hans@RPi-Server:~ $
```

Abbildung 24.2 Ein Backup wird im Hintergrund ausgeführt.

Sie müssen nun so lange warten, bis das Backup komplett ist. Das erkennen Sie beispielsweise daran, dass die Kontroll-LED des Speichermediums erlischt oder – je nach Modell – aufhört zu blinken. Außerdem können Sie mit top überprüfen, ob der Prozess noch läuft:

```
hans@RPi-Server: ~
top - 15:37:13 up 36 min,  1 user,  load average: 1,40, 0,59, 0,37
Tasks: 121 total,   1 running, 120 sleeping,   0 stopped,   0 zombie
%Cpu(s):  0,1 us,  3,7 sy,  0,0 ni, 59,0 id, 37,2 wa,  0,0 hi,  0,0 si,  0,0 st
KiB Mem:    948012 total,   936568 used,    11444 free,   221480 buffers
KiB Swap:   102396 total,        0 used,   102396 free.   542444 cached Mem

  PID USER      PR  NI    VIRT    RES    SHR S  %CPU %MEM     TIME+ COMMAND
12924 root      20   0    3428    348    288 D  12,6  0,0   0:06.23 dd
  795 root      20   0    4180   3304   3144 S   1,3  0,3   0:37.96 knockd
   33 root      20   0       0      0      0 S   0,7  0,0   0:00.17 kswapd0
12491 root      20   0       0      0      0 S   0,7  0,0   0:13.35 kworker/u8:1
12935 hans      20   0    5108   2436   2084 R   0,7  0,3   0:00.12 top
   50 root      20   0       0      0      0 S   0,3  0,0   0:01.35 mmcqd/0
12788 root      20   0       0      0      0 D   0,3  0,0   0:00.73 usb-storage
    1 root      20   0   24004   4128   2740 S   0,0  0,4   0:04.07 systemd
    2 root      20   0       0      0      0 S   0,0  0,0   0:00.00 kthreadd
    3 root      20   0       0      0      0 S   0,0  0,0   0:06.39 ksoftirqd/0
```

Abbildung 24.3 Mit »top« sehen Sie die laufenden Prozesse.

Beachten Sie unbedingt, dass ein Backup recht lange dauern kann. Sie können anschließend das Ziel-Speichermedium (also etwa die USB-Festplatte) aus dem Dateisystem aushängen, wie ich es im Grundlagenkapitel gezeigt habe. Bitte beachten Sie, dass Sie sich dafür nicht in dem Verzeichnis des Ziel-Speichermediums befinden dürfen. Nun können Sie dieses Speichermedium an einen anderen Rechner anschließen und die Backup-Datei dort beispielsweise mit einem geeigneten Programm komprimieren. Auch hier gilt, dass die Einsparung aufgrund der bisherigen Nutzung des Server-Speichermediums möglicherweise nur gering ausfällt.

Auch mit Ihrem Home Server können Sie die Komprimierung direkt während der Erstellung des Backups durchführen. Dazu dient der folgende Befehl, bei dem den Sie erneut das Zielverzeichnis, den Dateinamen und das jeweilige Hardwaregerät anpassen können. Im Zielverzeichnis müssen Sie über Schreibrechte verfügen.

```
sudo dd bs=1M if=/dev/mmcblk0 | gzip > /media/usbdisk1/Backup_homeserver.gz
```

(Nutzer des Intel NUC müssen auch hier gegebenenfalls ein anderes `if`-Quellgerät angeben.) Die Ausgabe des Befehls sehen Sie in Abbildung 24.4.

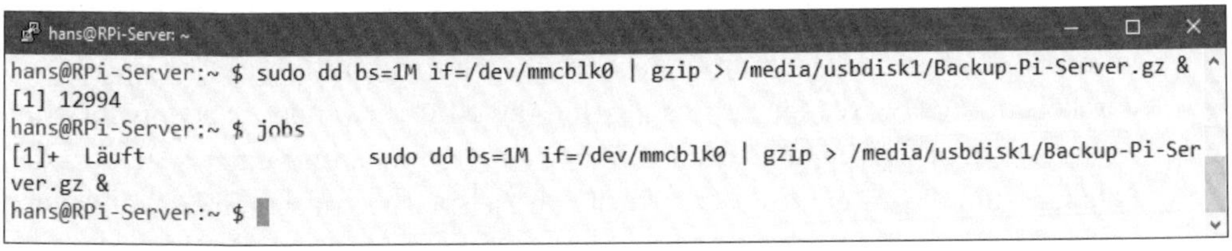

Abbildung 24.4 Das Backup komprimieren

Auch hier können Sie sich mit `top` Informationen über den Prozess anzeigen lassen:

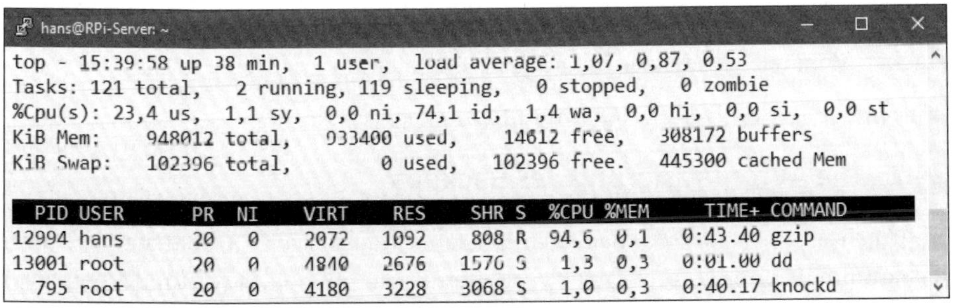

Abbildung 24.5 Das Backup wird gerade erstellt.

Beachten Sie, dass die Kompression mit dem Home Server einen erheblichen Zeitbedarf erfordert. Gehen Sie von einer Zeitdauer von mehreren Stunden aus. Es empfiehlt sich daher dringend, diesen Befehl wie oben gezeigt mit einem nachgestellten »&« (inklusive eines vorangehenden Leerzeichens) zu versehen, damit Sie die Konsolensitzung an Ihrem Arbeitsrechner beenden können. Für die Kompression muss das Programm `gzip` installiert sein, was Sie gegebenenfalls mit dem Befehl

```
sudo apt install gzip
```

nachholen können. Beachten Sie bitte auch, dass die Kompression einen erheblichen Rechenaufwand bedeutet. Die zur Verfügung stehende Rechenleistung Ihres Home Servers wird also während des Backup-Vorgangs entsprechend reduziert sein.

Im Bedarfsfalle können Sie als Nutzer des Raspberry Pi das erstellte Backup (das gegebenenfalls zuerst dekomprimiert werden muss) wieder mit der von Ihnen präferierten Methode auf eine Speicherkarte zurückspielen, so wie ich es im Grundlagenkapitel bei der Installation des Betriebssystems besprochen habe.

Nutzer des Intel NUC müssen den Rechner mit einem Behelfssystem von einem USB-Stick starten. Verwenden Sie dazu einen USB-Stick, den Sie zum Beispiel mit einer Live-Version von Ubuntu vorbereitet haben, und nutzen Sie ihn zum direkten Start des Betriebssystems (ohne Installation). Wenn Sie nämlich mit der Installationsdatei von Ubuntu einen USB-Stick zur Installation erstellen, dann können Sie eine sogenannte *Live-Version* starten. Dabei laden Sie das vollständige Betriebssystem direkt vom USB-Stick und können Ihren Rechner ganz normal nutzen. Leider ist dies mit der Debian-Version, die Sie zur Installation des NUC verwendet haben, nicht ohne weiteres möglich. Öffnen Sie unter Ubuntu ein Terminal, und nutzen Sie dort den Befehl `dd`, um die Daten des Backups auf den Zielspeicher zu schreiben. Verwenden Sie zur Spezifizierung der Image-Datei den Schalter `if` und zur Angabe des Zielgerätes den Schalter `of`. Welches Hardwaregerät das Zielgerät ist, das die Daten des Backups aufnimmt, erfahren Sie durch den Befehl `sudo fdisk -l`.

Ansonsten können Sie sich an den Hinweisen zur Installation des Betriebssystems des Raspberry Pi unter Linux orientieren. Die Schritte sind auf den Intel NUC übertragbar. Mehr dazu finden Sie in Kapitel 2, »Installation des Betriebssystems«.

24.2 Die Automatisierung des Backups

Natürlich lässt sich auch das Backup mit Ihrem Home Server automatisieren. Damit das automatisierte Backup korrekt ablaufen kann, müssen Sie dafür sorgen, dass stets ein Speichermedium mit ausreichend freier Speicherkapazität angeschlossen und verfügbar ist. Im Folgenden lernen Sie, den Home Server so zu konfigurieren, dass er zu den von Ihnen festgelegten Zeitpunkten das Backup der Speicherkarte ausführt. Dabei können Sie die Häufigkeit und sogar die Startzeit beliebig einstellen. Sie müssen aber beachten, dass mit dieser Methode das zuvor erstellte Backup stets überschrieben wird. Sie haben im Ergebnis also jeweils nur das zuletzt erstellte

Backup. Wenn Sie ein Backup-Archiv wünschen, dann müssen Sie manuell aktiv werden und die Backup-Dateien entweder umbenennen oder an einen anderen Ort verschieben.

Für die automatisierte Durchführung des Backups eignet sich die `crontab`-Funktionalität des Home Servers. Mit Hilfe von `crontab` können Sie beliebige Befehle zu beliebigen Zeitpunkten ausführen. Die folgende Anleitung ist daher nicht nur für ein Backup gültig, sondern kann auch allgemein verwendet werden.

Wie könnte es auch anders sein, erfolgt auch die Programmierung der Backup-Aufgaben über die Bearbeitung einer Konfigurationsdatei mit dem Texteditor. `crontab` bietet verschiedene Dateien an, die mit Aufgaben gefüllt werden können. Für den Einstieg benötigen Sie lediglich die Hauptdatei, deren Dateiname */etc/crontab* lautet. Öffnen Sie zunächst diese Datei mit dem Texteditor `nano`:

```
sudo nano /etc/crontab
```

In dieser Datei planen Sie die Ausführung von Aufgaben beziehungsweise Befehlen zeitlich. Die Festlegung des Startpunktes einer Aufgabe erfolgt nach einer ganz genauen Syntax, die Sie unbedingt einhalten müssen. Im Einzelnen müssen Sie folgende Daten eintragen, die Sie durch Leerzeichen voneinander trennen und ansonsten in einer Zeile hintereinanderschreiben:

- Sie geben als Erstes die Uhrzeit an, zu der der Befehl starten soll. Zuerst werden die Minuten genannt, dann folgen die Stunden. Getrennt werden die Angaben wie gesagt durch ein Leerzeichen, andere Zeichen sind nicht zulässig.
- Es folgt der Tag des Monats, zu dem der Befehl ausgeführt werden soll.
- Hiernach wird der ausgewählte Monat genannt. Ihn müssen Sie als Zahl eingeben. Der Januar bekommt die Ziffer `1`, der Dezember die Zahl `12`.
- Als Nächstes nennen Sie den Wochentag. Er muss ebenfalls spezifiziert werden. Der Sonntag erhält die Ziffer `0`, der Freitag die Ziffer `5`, der Samstag die Ziffer `6`. Alternativ kann der Sonntag (und nur dieser eine Tag) auch mit der Ziffer `7` eingestellt werden.
- Nun kommt der Benutzer-Account, unter dem der Befehl ausgeführt werden soll. Wählen Sie für das Backup den *root*-Benutzer, weil nur er die Befehle ausführen kann. Hier müssen Sie bei eigenen Experimenten besonders vorsichtig sein und genau überlegen, welche Befehle Sie ausführen lassen möchten.
- Als Letztes wird der eigentliche Befehl genannt, der zum spezifizierten Zeitpunkt ausgeführt werden soll. Hier können Sie einfach die Befehle eingeben, die das Backup ausführen. Den Vorsatz `sudo` benötigen Sie hierbei nicht, da der Befehl ja sowieso direkt unter dem *root*-Benutzer-Account ausgeführt wird.

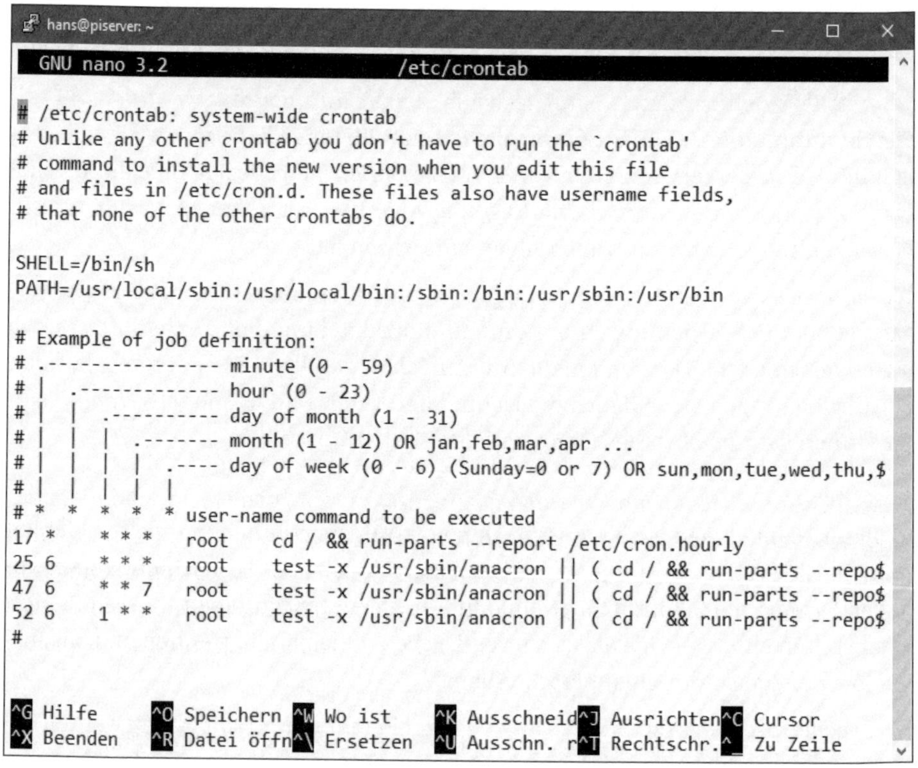

```
hans@piserver: ~
 GNU nano 3.2                        /etc/crontab

# /etc/crontab: system-wide crontab
# Unlike any other crontab you don't have to run the `crontab'
# command to install the new version when you edit this file
# and files in /etc/cron.d. These files also have username fields,
# that none of the other crontabs do.

SHELL=/bin/sh
PATH=/usr/local/sbin:/usr/local/bin:/sbin:/bin:/usr/sbin:/usr/bin

# Example of job definition:
# .---------------- minute (0 - 59)
# |  .------------- hour (0 - 23)
# |  |  .---------- day of month (1 - 31)
# |  |  |  .------- month (1 - 12) OR jan,feb,mar,apr ...
# |  |  |  |  .---- day of week (0 - 6) (Sunday=0 or 7) OR sun,mon,tue,wed,thu,$
# |  |  |  |  |
# *  *  *  *  * user-name command to be executed
17 *    * * *   root    cd / && run-parts --report /etc/cron.hourly
25 6    * * *   root    test -x /usr/sbin/anacron || ( cd / && run-parts --repo$
47 6    * * 7   root    test -x /usr/sbin/anacron || ( cd / && run-parts --repo$
52 6    1 * *   root    test -x /usr/sbin/anacron || ( cd / && run-parts --repo$
#

^G Hilfe      ^O Speichern  ^W Wo ist     ^K Ausschneid^J Ausrichten^C Cursor
^X Beenden    ^R Datei öffn^\ Ersetzen    ^U Ausschn.  ^T Rechtschr.^_ Zu Zeile
```

Abbildung 24.6 Die Datei »crontab« fungiert als »Zeitschaltuhr« und startet Programme zu festgelegten Zeitpunkten.

Beim Festlegen des Ausführdatums ist es wahrscheinlich, dass Sie nicht ganz exakt ein bestimmtes Datum festlegen möchten, an dem der Backup-Befehl ausgeführt werden soll. Vermutlich möchten Sie das Backup beispielsweise jeden ersten Tag im Monat oder etwa alle fünf Tage ausführen. Da hilft der *-Parameter weiter. Er besagt, dass die Aufgabe zu allen zeitlichen Ereignissen ausgeführt werden soll. Dieser Parameter ist insbesondere in der Spalte des Wochentages interessant. Wenn Sie in der Spalte des Wochentags ein Sternchen setzen, dann wird die Aufgabe unabhängig vom Wochentag ausgeführt. Steht das Sternchen auch in der Monatsspalte, dann wird die Aufgabe unabhängig vom Kalendermonat gestartet.

Dazu ein Beispiel:

```
25 13 1 * * root dd bs=1M if=/dev/mmcblk0 | gzip > ⮐
  /media/usbdisk1/Backup_homeserver.gz
```

Diese Zeile startet das Backup (hier wurde der Befehl für das komprimierte Backup beim Raspberry Pi gewählt, Nutzer des Intel NUC müssen gegebenenfalls ein anderes

Quellgerät spezifizieren) als Benutzer *root* zu folgendem Zeitpunkt: um 13 Uhr 25 Minuten, am ersten Tag des Monats, jeden Monat, egal an welchem Wochentag.

Möchten Sie alternativ, dass das Backup jeden dritten Tag automatisch durchgeführt wird, dann ist folgende Zeile einzugeben. Hier habe ich mich beispielsweise für die unkomprimierte Speicherung der Datei entschieden:

```
00 10 */3 * * root dd if=/dev/mmcblk0 of=/media/usbdisk1/ ⮐
  Backup_homeserver.img
```

Dieser Befehl startet das Backup um 10 Uhr 00 Minuten, jeden dritten Tag, über alle Monate des Jahres, unabhängig vom Wochentag.

Sie sehen: Der Parameter `*/3` sorgt dafür, dass das Backup jeden dritten Tag gestartet wird. Dieser Parameter kann auch für die anderen Einträge in der Datei */etc/crontab* spezifiziert werden.

Der Befehl wird nun zum angegebenen Zeitpunkt gestartet und läuft automatisch im Hintergrund. Ein &-Zeichen ist also nicht erforderlich. Sie müssen unbedingt darauf achten, dass das jeweilige Speichermedium zum festgelegten Zeitpunkt auch unter dem angegebenen Pfad verfügbar ist. Natürlich können Sie den auszuführenden Befehl zwischen beiden Klammern an Ihre Erfordernisse anpassen und beispielsweise das Zielverzeichnis entsprechend wählen. Wenn Sie Ihre Eintragung vollendet haben, dann speichern Sie die Datei mit der Tastenkombination [Strg]+[x] ab und beenden `nano`. Die Konfiguration ist sofort aktiv, es sind keine weiteren Schritte erforderlich.

24.3 Die Speicherkarte beim Raspberry Pi wechseln

Im Fehlerfall können Sie als Nutzer des Raspberry Pi die Backup-Datei auch auf eine andere Speicherkarte zurückspielen. Sollte die ursprüngliche Speicherkarte beschädigt worden sein, dann können Sie ein Modell gleicher Speicherkapazität benutzen. Am besten verwenden Sie ein baugleiches Modell, denn Speicherkarten mit nominell gleicher Kapazität können in der Realität geringfügige Unterschiede aufweisen. Sie können keinesfalls das Backup auf eine kleinere Speicherkarte zurückspielen. Sie können das Backup allerdings problemlos auf eine Speicherkarte zurückschreiben, die eine größere Speicherkapazität als die ursprünglich genutzte bietet. Solange diese Karte von Ihrem Home Server unterstützt wird (hier hilft oftmals nur das Ausprobieren), wird es keine Probleme geben. Sie müssen allerdings – wie einst bei der Erstinstallation – in diesem Fall das Konfigurationsprogramm des Betriebssystems aufrufen und das Dateisystem so erweitern, dass es die gesamte Speicherkapazität der Speicherkarte nutzt. Die genauen Schritte, die dafür nötig sind, können Sie Kapitel 2, »Installation des Betriebssystems«, und Kapitel 3, »Erste Inbetriebnahme Ihres Servers«, entnehmen.

24.4 Die Sicherung einzelner Verzeichnisse

Nicht immer ist es erforderlich, stets das relativ langwierige Backup der gesamten Speicherkarte durchzuführen. Wenn Sie beispielsweise an einem Projekt arbeiten, das Sie in Ihrer Nextcloud verwalten, dann genügt es, wenn Sie das Datenverzeichnis von Nextcloud sichern. Dieser Vorgang hat einen wesentlich kleineren Zeit- und Speicherplatzbedarf.

Neben dem in Kapitel 16, »Daten synchronisieren und Backups erstellen mit ›rsync‹«, gezeigten Befehl `rsync`, der besonders für wiederkehrende Backup-Aufgaben mit einer Synchronisation geeignet ist, gibt es den bekannten Befehl `tar`. Dieser eignet sich dazu, den Inhalt eines bestimmten Verzeichnisses in ein komprimiertes Archiv zu packen und dieses an einem anderen Ort zu speichern. An dieser Stelle benutzen Sie den Befehl `tar` also in umgekehrter Weise, als Sie es gewöhnt sind. Ein Backup mit dem `tar`-Kommando eignet sich besonders für einfache Aufgaben, die nicht so häufig durchgeführt werden und die eine überschaubare Größe haben. Angenommen, Sie möchten eine Sicherheitskopie des Verzeichnisses */var/nextclouddata* erstellen. Diese Sicherheitskopie soll in ein *tar.gz*-Archiv gepackt und unter dem Dateinamen *NextcloudBackup.tar.gz* in Ihrem Home-Verzeichnis abgespeichert werden. Diesem Wunsch genügt der folgende Befehl:

```
sudo tar -cvzf ~/NextcloudBackup.tar.gz /var/nextclouddata/
```

Da Sie als normaler Systembenutzer keinen Zugriff auf das Datenverzeichnis von Nextcloud haben, ist der `sudo`-Befehlsvorsatz nötig. Natürlich können Sie diesen Befehl nach eigenen Wünschen anpassen und andere Verzeichnisse sichern. Sie sehen: Der Befehl lautet zunächst `tar -cvzf`. Anschließend geben Sie den Speicherort und den Dateinamen des zu erstellenden Archivs an.

Als Zweites benennen Sie dasjenige Verzeichnis, das gesichert werden soll. Beachten Sie, dass dabei das benannte Verzeichnis mit allen enthaltenen Dateien und Unterverzeichnissen gesichert wird.

Natürlich können Sie diesen Befehl auch zeitlich steuern. Das geschieht genauso, wie ich es Ihnen beim Backup der Speicherkarte gezeigt habe. Denken Sie daran, dass Sie den Befehl eventuell als Nutzer *root* ausführen und dass Sie deshalb den `sudo`-Vorsatz nicht benötigen. Ferner ist es wichtig, dass Sie bei der Spezifizierung des Eintrags in der Datei */etc/crontab* den gesamten Befehl in normalen, runden Klammern einschließen.

Möchten Sie ein beliebiges Backup an der Originalposition im Dateisystem wiederherstellen, dann nutzen Sie folgenden Befehl:

```
sudo tar -xvzf /pfad/zum/archiv.tar.gz -C /
```

Möchten Sie hingegen das Backup im aktuellen Verzeichnis entpacken, dann lassen Sie den Parameter `-C /` einfach weg.

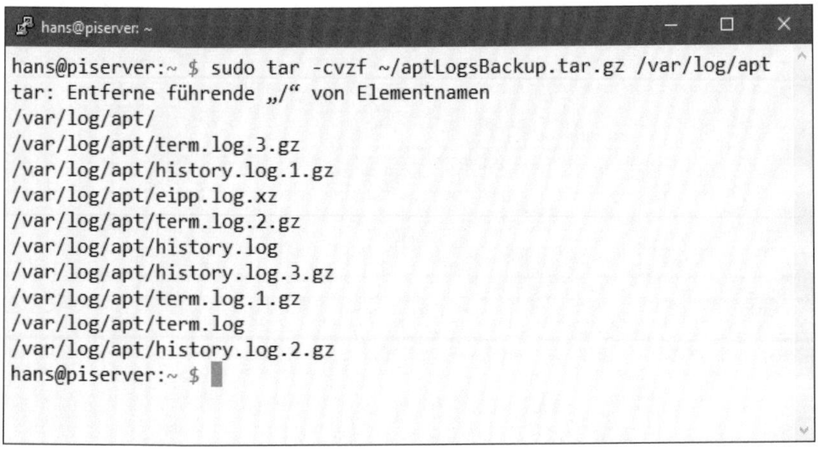

Abbildung 24.7 Ein Beispiel-Backup von Logdateien im Verzeichnis »/var/log/apt«

Schlusswort

Das war die kleine Einführung in die Welt der Home Server mit einem Intel NUC und einem Raspberry Pi. Mit Hilfe dieses Buches haben Sie sich nun einen eigenen Home Server aufgebaut und sich dabei auch mit dem Betriebssystem Linux vertraut gemacht. Das Schöne an Ihrem persönlichen Server ist, dass Sie ihn vollständig selbst aufgesetzt haben und dabei genau die Dienste einrichten konnten, die Sie am meisten interessieren. Oftmals hatten Sie sogar die Wahl, welche Optionen einer bestimmten Anwendung Sie aktivieren möchten. Das ist sicherlich ein großer Vorteil, den solch ein selbst aufgesetztes System zu bieten hat, denn diese Flexibilität weist kaum eine fertige kommerzielle Lösung »von der Stange« auf. Es ist schon erstaunlich, was heutzutage mit Open-Source-Software möglich ist, die einem jeden frei zur Verfügung steht und die von sehr vielen Menschen entwickelt und gepflegt wird. Diesen Menschen sollte man für ihren Einsatz also sehr dankbar sein.

Das vorliegende Buch ist ganz bewusst eine praktische Einführung. Die Welt der Home Server ist noch viel größer, als ich sie Ihnen hier vorstellen konnte. Sie sind jetzt gut gerüstet, um sich mit Literatur für den fortgeschrittenen Anwender zu beschäftigen. Vielleicht interessiert Sie ein bestimmter Serverdienst ganz besonders? Möglicherweise möchten Sie die (erstaunlich komplexe) Welt der E-Mail kennenlernen und einen eigenen E-Mail-Server aufsetzen? Vielleicht hat es Ihnen auch die Telefonanlage angetan, und Sie möchten sich auf diesem Gebiet weiterbilden? Eventuell sind Sie auch an leistungsfähigerer Hardware interessiert, weil Sie einen Server für einen Verein oder eine kleine Firma aufbauen möchten. In jedem Fall können Sie solche Wünsche mit einem Server, der auf dem Linux-System basiert, problemlos erfüllen. Das liegt erneut an der großartigen Flexibilität, die dieses System bietet. Deswegen gibt es auch zu diesem Betriebssystem noch eine Menge zu lernen – was sich durchaus lohnt.

Nicht ganz unwahrscheinlich ist es auch, dass Sie sich jetzt noch mehr für Ihren Raspberry Pi oder Ihren Intel NUC interessieren und etwas darüber lernen wollen, was man noch so alles mit ihm machen kann. Viele Menschen setzen beispielsweise den Raspberry Pi und auch den Intel NUC als Mediencenter ein und spielen damit Mediendateien ab. Eine solche Clientanwendung wäre übrigens eine ideale Ergänzung zu einem Home Server. Genauso gut wäre denkbar, dass Sie sich nun für die Heimautomatisierung interessieren und Geräte und Installationen in Ihrem Zuhause steuern und regeln wollen.

Vielleicht sind Sie aber auch ganz einfach zufrieden mit Ihrem derzeitigen Home Server und möchten sich nun – nach der teilweise umfangreichen Einrichtung – an ihm erfreuen. Wofür Sie sich auch entscheiden, ich wünsche Ihnen weiterhin viel Spaß damit und bedanke mich abschließend dafür, dass Sie sich für dieses Buch entschieden haben.

Index

A

B

C

D

G

H

I

S